Diccionario básico de la lengua española

con láminas temáticas a color

everest

Dirección editorial:
Raquel López Varela

Coordinación editorial:
Ana Rodríguez Vega

Maquetación:
Carmen García Rodríguez
Mercedes Fernández Caballero

Revisión y corrección de contenidos:
Patricia Martínez Fernández
Ana Rodríguez Vega

Ilustración:
Felipe López Salán
Ana Bragado Moro
Saturio González García
Miguel Ángel Gómez Martín
Gerardo Gutiérrez Antolín
Antonio Chaves Fuentes
José María Álvarez Fernández
Gustavo Alejandro Otero
Ignacio Junquera
Bruno Martínez Tabares

Diseño de cubierta:
Maite Rabanal

Diseño de interior:
Javier Robles

PRIMERA EDICIÓN, primera reimpresión 2012

© EDITORIAL EVEREST, S. A.
Carretera León-La Coruña, km. 5 - LEÓN
ISBN: 978-84-441-1070-7
Depósito legal: LE.: 1-2012
Printed in Spain - Impreso en España

EDITORIAL EVERGRÁFICAS, S. L.
Carretera León-La Coruña, km. 5
LEÓN (España)

www.everest.es
Atención al cliente: 902 123 400

Presentación

Al realizar este diccionario, hemos querido hacer un libro de consulta a tu medida, que te ayude a entender todo aquello que no comprendas. Un diccionario en el que encuentres casi lo mismo que en uno para mayores, pero que sea más adecuado para tu edad.

Como verás, solo con echarle un vistazo podrás distinguir toda la información sobre una misma **voz** o **entrada**, simplemente, fijándote en los distintos tipos y tamaños de letras. ¿No sabes lo que es una voz? Es cada una de las palabras que aparecen definidas en un diccionario.

La voz siempre aparece en un color diferente al del resto del texto, para que te sea más fácil reconocerla. Le sigue la partición silábica y, tras ella, van numeradas las distintas definiciones. Este número señala las diferentes **acepciones** que tiene una palabra. Las acepciones, como ya te habrán explicado en clase de Lengua, son los distintos significados de una voz según el contexto o la frase en el que se usen. Para que puedas comprender y utilizar correctamente las acepciones de una palabra, siempre te escribiremos después de cada una de ellas un ejemplo de su uso correcto.

Además, en cada voz puedes hallar aún más información. Descubrirás el femenino, cuántas sílabas tiene la voz y qué sílaba se acentúa, y si se trata de un sustantivo, adjetivo, adverbio o verbo. También encontrarás aquellos términos que significan lo mismo que la palabra definida, o **sinónimos**, y también aquellas que quieren decir lo contrario, o **antónimos**.

En el caso de los verbos, además de lo que ya te hemos contado, te daremos información sobre cómo conjugarlos. Si el verbo es irregular, lo acompañaremos con un cuadro con su conjugación, o te enviaremos a la página correspondiente al verbo tomado como modelo de dicha irregularidad. Si, por el contrario, no aparece ninguna información sobre su conjugación, significa que es un verbo regular. En ese caso, si el verbo acaba en -*ar* y quieres saber cómo se conjuga, tendrás que localizar el modelo, que es *amar*; si termina en -*er*, buscarás *temer*; y si acaba en -*ir*, deberás encontrar *partir*.

Ahora ya sabes cómo funciona este diccionario; no tengas miedo y aprende con él todas las palabras que no entiendes.

EDITORIAL EVEREST

Cómo utilizar este diccionario

Entradas o voces

Verás que te hemos señalado las voces en un color diferente al resto del texto del diccionario; también te las hemos puesto en línea aparte porque sabemos que aún no dominas demasiado bien el uso del abecedario, así encontrarás de una manera más fácil la palabra que buscas. Ten cuidado cuando busques una palabra que empiece o que contenga las letras *ch* y *ll*, ya que estas han dejado de existir como letras, siguiendo la decisión adoptada por las Academias de la Lengua de los países de habla castellana. Si quieres encontrar la voz *chorizo*, has de buscarla en la letra *c*, delante de *chorrear* y detrás de *choque*. Lo mismo sucede con la voz *llamar*, que está en la letra *l*, detrás de *llamada* y delante de *llamativo*.

Si alguna vez no encontraras una palabra que empiece por vocal, por si acaso, búscala en la letra *h*.

También es importante que sepas que en este diccionario podrás encontrar no solo aquellas palabras aceptadas por la Real Academia Española, sino también palabras extranjeras de uso frecuente en nuestro idioma, y que dicha institución todavía no ha incluido en su diccionario.

Categorías gramaticales

Encontrarás las categorías gramaticales detrás de la palabra definida y en letra más pequeña. Cuando hay definiciones que no tienen la misma categoría, se coloca esta detrás del número; si no es así, se entiende que es igual a la anterior. Hemos evitado la utilización de abreviaturas, por lo que las encontrarás escritas al completo: sustantivo, adjetivo, adverbio, artículo, preposición, conjunción, interjección, pronombre, verbo, expresión, etc. No aparece el género cuando puede ser tanto masculino como femenino, en caso contrario, se especifica.

Acepciones

Hemos procurado que las definiciones sean lo más claras y sencillas posibles, evitando las definiciones circulares —de unas entradas a otras—, que lo único que hacen es confundirte más.

Podrás encontrar cada acepción o definición en un párrafo independiente, precedida por un número. Igualmente, detrás de todas las acepciones, y con el fin de que puedas comprenderlas y utilizarlas correctamente, aparece siempre un ejemplo de uso.

Expresiones

Por si no lo sabías aún, una expresión es la unión de dos o más palabras que expresa un único significado, diferente al de cada una de las palabras que forman la expresión vistas por separado. Entre las páginas de este diccionario podrás encontrar el significado de expresiones como *echar de menos, tercera edad* o *sin embargo*, colocadas siempre en párrafos independientes y numeradas a continuación de las definiciones.

Sinónimos y antónimos

También encontrarás aquellas palabras que significan lo mismo que la palabra definida, que es lo que conocemos como *sinónimos*, y también aquellas que significan lo contrario, llamadas *antónimos*. Aparecen incluidos en cada voz detrás de las acepciones o significados respectivos, precedidos por las abreviaturas **SIN.**, en el caso de los sinónimos, y **ANT.**, en el caso de los antónimos. De esta manera se consigue una mejor comprensión de la definición a la que se refieren y se amplía el vocabulario.

Observaciones

Después de cada definición hemos recogido todo tipo de indicaciones gramaticales, ortográficas, semánticas o fonéticas que afectan a la voz solo en esa definición. Siempre aparecen detrás del signo ✎ en negro y a continuación de la definición.

Por otra parte, al final de cada voz se apuntan también otro tipo de indicaciones gramaticales, ortográficas, semánticas o fonéticas que afectan a todas las definiciones de la voz. Aparecen detrás del signo ✎ en color y en párrafo aparte del resto de las definiciones.

Estas observaciones te servirán para saber si su plural es igual a su singular, si se dice igual en masculino que en femenino, para saber cuál es su superlativo, para conocer su femenino, o para saber cómo se pronuncia una palabra de origen extranjero.

En el caso de los verbos, estas observaciones te indicarán si el verbo en cuestión es irregular y qué modelo sigue, si tiene dos participios o solo uno pero irregular, o si solo se conjuga en tercera persona del singular.

La lista de verbos conjugados te la ofrecemos en la página 7, en la que te señalamos además la página en la que aparece conjugado cada verbo.

Ilustraciones

Para hacértelo más fácil y más divertido, te ofrecemos también 54 láminas de ilustraciones a color, que tratan de ejemplificar gráficamente las palabras dentro de su contexto. Las hemos agrupado en nueve entornos diferentes, que podrás diferenciar por la banda de color:

■ Mi cuerpo: cuido mi cuerpo
■ Mi hogar: mi casa y mi familia
■ Mi ciudad, mi barrio y mi colegio
■ Mi planeta y el universo
■ Un paseo por la naturaleza
■ Vacaciones y ocio
■ Nos comunicamos con el mundo
■ ¿Qué quieres ser de mayor?
■ Nos vamos de compras
■ Un paseo por la historia

5

Guía de consulta

PARTICIÓN
SILÁBICA
de cada voz
con indicación
de la sílaba
tónica, siguiendo
las normas
de la Real
Academia
Española.

ENTRADA O VOZ
diferenciada
en color,
en la que puedes
distinguir
el masculino
y el femenino
cuando la palabra
tenga
las dos formas.

SINÓNIMOS
Y ANTÓNIMOS
que ofrecen
una valiosa
información para
conseguir
una mejor
comprensión
de la acepción
a la que se refieren.

desgracia
(des-gra-cia) sustantivo femenino
Suceso que causa dolor. *Su muerte fue una desgracia para todos.* **SIN.** Desastre, mal, desdicha, daño. **ANT.** Suerte, dicha.

desgreñar (des-gre-ñar) verbo
Desordenar el cabello. *El viento le desgreñó todo el peinado.* **SIN.** Despeinar(se), desmelenar(se).

desguazar (des-gua-zar) verbo
Desmontar un barco, avión, automóvil, etc. para chatarra. *Desguazaron la avioneta.* **SIN.** Desarmar. **ANT.** Montar.
Se conjuga como *abrazar*.

deshacer (des-ha-cer) verbo
1. Destruir lo que está hecho. *Como no le gustaba el color, deshizo el jersey.* **SIN.** Desarmar, desmontar.
2. Convertir una sustancia sólida en líquida. *Se deshizo el hielo.* **SIN.** Derretir(se). **ANT.** Solidificar(se).
3. Hacer huir a un ejército, banda, etc. *La Policía deshizo un comando terrorista.* **SIN.** Vencer.
4. **deshacerse de algo** expresión
Desprenderse de ello. *Me quiero deshacer de la ropa vieja.*
Verbo irregular, se conjuga como *hacer*.

desharrapado, desharrapada
(des-ha-rra-pa-do) adjetivo y sustantivo
Andrajoso, roto y vestido de harapos. *Iba por la calle todo desharrapado.* **SIN.** Harapiento, zarrapastroso. **ANT.** Pulcro.
También *desarrapado*.

EJEMPLOS
de cada acepción
con el fin
de comprenderlas
mejor, y utilizar
correctamente
todas las voces.

CATEGORÍA
GRAMATICAL
de cada acepción.

OBSERVACIONES
sobre plurales
irregulares,
pronunciación
de extranjerismos,
conjugación, etc.

EXPRESIONES
de uso más
frecuente.

6

Listado de verbos conjugados

a preposición

1. Une el verbo con el complemento indirecto, y con el directo cuando este es de persona. *Di la mitad de mi bocadillo a Luis.*

2. Indica la dirección que lleva o el lugar al que se dirige una persona o cosa. *Mi padre fue ayer a Madrid.*

3. Indica también lugar o tiempo. *Estaba a la orilla del río. El partido dará comienzo a las cinco.*

4. Marca la distancia en el tiempo y en el espacio. *De seis a siete de la tarde. De acera a acera.*

5. Expresa modo. *Iba a caballo.*

6. Indica finalidad. *Fui a la estación a esperar al abuelo.*

7. Expresa distribución de cosas. *Tocamos a tres peras por cabeza.*

8. Señala el precio de una cosa. *Las manzanas están a 1,50 euros el kilo.*

9. Indica una orden. *¡A cenar! ¡Al ataque!*

10. sustantivo femenino Primera letra del abecedario español y primera de sus vocales. *Ana empieza por* a.

✎ No debe confundirse con *ha* del verbo *haber (Se ha roto)* o con la interjección *ah (¡Ah, no me había dado cuenta!).*

ábaco (á-ba-co) sustantivo masculino

Tablero compuesto de un marco de madera que sostiene diez cables paralelos, en cada uno de los cuales corren diez bolas. Se usa para aprender a contar o hacer otras operaciones matemáticas. *En la escuela le están enseñando a contar con un ábaco.*

abad, abadesa (a-bad) sustantivo

Superior de un monasterio o comunidad religiosa en la que viven frailes o monjas. *El abad presidió el rezo comunitario.*

abadía (a-ba-dí-a) sustantivo femenino

Monasterio o comunidad religiosa regida por un abad o una abadesa. *Al lado de la abadía se podía contemplar un paisaje maravilloso.* **SIN.** Colegiata, convento.

abajo (a-ba-jo) adverbio

1. Hacia lugar o parte inferior. *De arriba abajo.* **ANT.** Arriba.

2. En lugar o parte inferior. *Voy al garaje, que está abajo.* **SIN.** Debajo. **ANT.** Arriba.

3. ¡abajo! interjección Grito que se da contra algo o alguien. *¡Abajo la opresión!* **SIN.** Fuera, muera. **ANT.** Arriba, viva.

✎ No debe confundirse con la forma *a bajo*: *a*, preposición, y *bajo*, adjetivo *(Compré este abrigo a bajo precio)*, ni con *debajo*, que significa «en lugar o parte inferior» *(Está colocado debajo).*

abalanzarse - abarrotar

abalanzarse
(a-ba-lan-**zar**-se) verbo
Lanzarse, arrojarse en dirección a alguien o algo. *Al oír el insulto no pudo contenerse y se abalanzó sobre él.* **SIN.** Arremeter, acometer. **ANT.** Contenerse, reprimirse.

abandonar (a-ban-do-**nar**) verbo
1. Dejar solo a alguien o descuidar algo. *No podía entender que algunas personas abandonaran a sus animales de compañía.* **SIN.** Desamparar, desatender, desasistir. **ANT.** Atender, cuidar.
2. Irse de un lugar. *Pablo abandonó su país para buscar trabajo en el extranjero.*
3. Dejar sin terminar una cosa que se había comenzado. *Hay que ser constante para no abandonar la tarea comenzada.* **SIN.** Renunciar, desistir. **ANT.** Insistir, seguir.
4. Retirarse de una prueba deportiva. *Tiene mucho coraje y, aunque se torció un tobillo, no abandonó hasta terminar el recorrido.* **ANT.** Continuar.
5. abandonarse Descuidar alguien sus intereses, sus obligaciones o su aspecto físico. *Después de la muerte de su esposa, mi profesor se abandonó totalmente.*

abandono
(a-ban-**do**-no) sustantivo masculino
1. Acción de dejar solo a alguien o descuidar algo. *El abandono de los perros durante las vacaciones es muy egoísta.*
2. Acción de irse de un lugar. *Se vieron obligados al abandono de su casa por no poder pagar el alquiler.*
3. Acción de descuidar el aseo personal y aspecto. *Su actitud de abandono no lo beneficia nada.*

abanicar (a-ba-ni-**car**) verbo
Dar aire con el movimiento del abanico o de otra cosa semejante. *Hacía tanto calor que no paraba de abanicarse.* ✎ Se conjuga como *abarcar*.

abanico (a-ba-**ni**-co) sustantivo masculino
1. Instrumento plegable de tela o papel sujeto con varillas usado para dar aire que, cuando está abierto, tiene forma de semicírculo. *Le regalaron un abanico de vistosos colores.*
2. Conjunto de posibilidades entre las que es posible elegir. *Si terminas la carrera, tendrás un amplio abanico de empleos a los que puedes optar.* **SIN.** Gama.

abaratar (a-ba-ra-**tar**) verbo
Disminuir o bajar el precio de algo. *La bajada de impuestos abarata el coste de la vida.* **SIN.** Rebajar, desvalorizar. **ANT.** Encarecer.

abarcar (a-bar-**car**) verbo
1. Rodear algo con los brazos o con las manos. *No podrás abarcar un paquete tan grande.* **SIN.** Abrazar, ceñir, rodear.
2. Contener una cosa en sí misma. *Esta comarca abarca la mayor parte de la provincia.* **SIN.** Englobar, incluir, comprender.
3. Alcanzar con la vista. *El mar es tan grande que la mirada no lo abarca.* **SIN.** Dominar.
4. Ocuparse de varias cosas a la vez. *No se puede abarcar todo, es mejor hacer las cosas de una en una.* ✎ Verbo con irregularidad ortográfica. Ver pág. 11.

abarrotar (a-ba-rro-**tar**) verbo
Llenar por completo un recipiente o lugar. *Una hora antes del concierto, la gente abarrotaba ya la plaza.* **SIN.** Colmar, atestar. **ANT.** Vaciar, descargar.

abarcar

MODO INDICATIVO		MODO SUBJUNTIVO	
Tiempos simples	Tiempos compuestos	Tiempos simples	Tiempos compuestos

Presente	Pret. perf. compuesto / Antepresente	Presente	Pret. perf. compuesto / Antepresente
abarco	he abarcado	abarque	haya abarcado
abarcas / abarcás	has abarcado	abarques	hayas abarcado
abarca	ha abarcado	abarque	haya abarcado
abarcamos	hemos abarcado	abarquemos	hayamos abarcado
abarcáis / abarcan	habéis abarcado	abarquéis / abarquen	hayáis abarcado
abarcan	han abarcado	abarquen	hayan abarcado

Pret. imperfecto / Copretérito	Pret. pluscuamperfecto / Antecopretérito	Pret. imperfecto / Pretérito	Pret. pluscuamperfecto / Antepretérito
abarcaba	había abarcado	abarcara o abarcase	hubiera o hubiese abarcado
abarcabas	habías abarcado	abarcaras o abarcases	hubieras o hubieses abarcado
abarcaba	había abarcado	abarcara o abarcase	hubiera o hubiese abarcado
abarcábamos	habíamos abarcado	abarcáramos o abarcásemos	hubiéramos o hubiésemos abarcado
abarcabais / abarcaban	habíais abarcado	abarcarais o abarcaseis	hubierais o hubieseis abarcado
abarcaban	habían abarcado	/ abarcaran o abarcasen	/ hubieran o hubiesen abarcado
		abarcaran o abarcasen	

Pret. perf. simple / Pretérito	Pret. anterior / Antepretérito
abarqué	hube abarcado
abarcaste	hubiste abarcado
abarcó	hubo abarcado
abarcamos	hubimos abarcado
abarcasteis / abarcaron	hubisteis abarcado
abarcaron	hubieron abarcado

Futuro simple / Futuro	Futuro compuesto / Antefuturo
abarcare	hubiere abarcado
abarcares	hubieres abarcado
abarcare	hubiere abarcado
abarcáremos	hubiéremos abarcado
abarcareis / abarcaren	hubiereis abarcado
abarcaren	hubieren abarcado

Futuro simple / Futuro	Futuro compuesto / Antefuturo
abarcaré	habré abarcado
abarcarás	habrás abarcado
abarcará	habrá abarcado
abarcaremos	habremos abarcado
abarcaréis / abarcarán	habréis abarcado
abarcarán	habrán abarcado

MODO IMPERATIVO

abarca (tú) / abarcá (vos) / abarque (usted)
abarcad (vosotros)
abarquen (ustedes)

Condicional simple / Pospretérito	Condicional compuesto / Antepospretérito
abarcaría	habría abarcado
abarcarías	habrías abarcado
abarcaría	habría abarcado
abarcaríamos	habríamos abarcado
abarcaríais / abarcarían	habríais abarcado
abarcarían	habrían abarcado

FORMAS NO PERSONALES

Infinitivo	Infinitivo compuesto
abarcar	haber abarcado
Gerundio	**Gerundio compuesto**
abarcando	habiendo abarcado
Participio	
abarcado	

abastecer - abertura

abastecer (a-bas-te-**cer**) verbo
Proporcionar alimentos y cosas necesarias. *Se abasteció de carne para toda la semana.* **SIN.** Surtir, proveer, suministrar. **ANT.** Desproveer, desabastecer.
✎ Verbo irregular, se conjuga como *parecer.*

abasto (a-**bas**-to)
dar abasto expresión Ser capaz de hacer una cosa aunque requiera mucho esfuerzo, o de hacer varias al mismo tiempo. *No doy abasto con tanto trabajo.*

abatimiento (a-ba-ti-**mien**-to) sustantivo masculino
Bajo estado de ánimo de una persona. *Su abatimiento es tan profundo que nada consigue despertar su interés.* **SIN.** Desánimo.

abatir (a-ba-**tir**) verbo
1. Derribar, echar por tierra. *El leñador abatió el árbol a hachazos.* **SIN.** Derrumbar, tirar.
2. Poner tumbado lo que estaba de pie. *Los asientos de su nuevo coche se pueden abatir.* **SIN.** Inclinar, tumbar. **ANT.** Alzar, elevar.
3. Hacer perder el ánimo o las fuerzas. *La noticia de su enfermedad le abatió mucho.* **SIN.** Decaer, desanimar. **ANT.** Animar, excitar.

abceso (ab-**ce**-so) verbo
Acumulación de pus en cualquier parte del cuerpo. *Cuando tuve el abceso, el médico me recetó antibióticos.*
✎ No debe confundirse con la palabra *acceso.*

abdicar (ab-di-**car**) verbo
Renunciar, abandonar cargos, creencias, ideas, etc. *El rey abdicó en favor de su hijo. Abdicó de su religión.* **SIN.** Dimitir, ceder, abandonar. **ANT.** Asumir, conservar.
✎ Se conjuga como *abarcar.*

abdomen (ab-**do**-men) sustantivo masculino
1. Vientre, cavidad del cuerpo de los animales vertebrados que contiene muchos órganos, como el estómago, los riñones, los intestinos, etc. *Tuvo que ir al médico porque tenía un fuerte dolor en el abdomen.* **SIN.** Tripa, panza, barriga, vientre.
2. Una de las tres partes principales en que se divide el cuerpo de los insectos. *El abdomen de los insectos contiene sus órganos reproductores.*

abecedario
(a-be-ce-**da**-rio) sustantivo masculino
Conjunto ordenado de las letras de un idioma. *Aprendí de memoria el abecedario.* **SIN.** Alfabeto.

ABECEDARIO
A, B, C, D, E, F, G, H, I, J, K, L, M, N, Ñ, O, P, Q, R, S, T, U, V, W, X, Y, Z
a, b, c, d, e, f, g, h, i, j, k, l, m, n, ñ, o, p, q, r, s, t, u, v, w, x, y, z

abedul (a-be-**dul**) sustantivo masculino
1. Árbol que crece en zonas montañosas y frías, de corteza plateada y ramas flexibles y colgantes. *El abedul abunda en los montes de Europa.*
2. Madera de este árbol. *La madera de abedul no sirve para muebles de exterior.*

abeja (a-**be**-ja) sustantivo femenino
Insecto que vive en enjambres y produce cera y miel, cuya picadura es dolorosa. *Las abejas se alimentan de polen y néctar.*

abertura (a-ber-**tu**-ra) sustantivo femenino
Espacio que se abre entre dos partes de una cosa, o agujero que permite el paso a través de ella. *Entró por una abertura que había en la tapia.* **SIN.** Rendija, boquete, hendidura.
✎ No debe confundirse con la palabra *apertura.*

abeto (a-**be**-to) sustantivo masculino
Árbol en forma de cono, de ramas horizontales y tronco alto y recto. Está siempre verde y crece en las montañas altas. *Los pinos y los abetos son los árboles más típicos de Navidad, pero es poco ecológico cortarlos solo para adornar.*

abierto, abierta (a-**bier**-to) adjetivo
1. Llano, raso, sin obstáculos. *Aunque ha nevado esta noche, el camino a la cabaña está abierto.* **SIN.** Despejado. **ANT.** Escarpado.
2. Se dice de la persona sincera y fácil de tratar. *Es una persona muy abierta, tiene muchos amigos.* **SIN.** Espontáneo, franco. **ANT.** Reservado, cerrado.
3. participio Participio irregular del verbo *abrir*. *He abierto todas las ventanas de la casa para ventilar mientras limpio.*

abismo (a-**bis**-mo) sustantivo masculino
1. Profundidad inmensa y peligrosa, como la del mar o un desfiladero. *El coche se salió de la carretera y se precipitó al abismo.* **SIN.** Sima, precipicio.
2. haber un abismo expresión Haber una diferencia muy grande entre dos o más personas o cosas. *Hay un abismo entre lo que dices y lo que haces.*

abjurar (ab-ju-**rar**) verbo
Renunciar solemnemente a una doctrina, creencia o religión. *En presencia de los súbditos, el rey abjuró de su religión.* **SIN.** Renegar, retractarse, renunciar. **ANT.** Abrazar.

ablandar (a-blan-**dar**) verbo
1. Poner suave o blanda una cosa. *La mantequilla se ablandó fuera de la nevera.* **ANT.** Endurecer.
2. Calmar el enfado o la indignación de alguien. *Al final consiguió ablandar a sus padres y le dejaron ir a la excursión.* **SIN.** Enternecer, conmover. **ANT.** Enfadar.

abnegación (ab-ne-ga-**ción**) sustantivo femenino
Sacrificio que una persona hace voluntariamente, renunciando a su propio interés, para ayudar a otras personas, por un ideal, etc. *La abnegación de los misioneros y misioneras es admirable.* **SIN.** Altruismo, desinterés, filantropía. **ANT.** Egoísmo, interés.

abochornar (a-bo-chor-**nar**) verbo
1. Producir sensación de ahogo el exceso de calor. *Aquel solazo abochornaba porque no hacía nada de viento.*
2. Avergonzar, sentir verguenza. *Cuando le dije que mentía, se abochornó.* **SIN.** Ruborizar(se). **ANT.** Enorgullecer(se).

abofetear (a-bo-fe-te-**ar**) verbo
Dar bofetadas o tortas a alguien. *Le abofeteó porque le había insultado, pero no es bueno recurrir a la violencia para solucionar los problemas.*

abogado, abogada (a-bo-**ga**-do) sustantivo
Licenciado en Derecho que, como profesión, asesora en cuestiones legales y defiende ante los tribunales de justicia los intereses de las personas que van a juicio. *La abogada tuvo una buena intervención y consiguió que lo declarasen inocente.* **SIN.** Letrado, jurisconsulto, jurista.

abolir (a-bo-**lir**) verbo
Hacer que no tenga valor una ley, norma o costumbre. *Abolieron la pena de muerte.* **SIN.** Derogar, anular. **ANT.** Instaurar.
✎ Antiguamente, se consideraba verbo defectivo. Ver pág. 14.

abolladura (a-bo-lla-**du**-ra) sustantivo femenino
Hundimiento de una superficie producido por un golpe. *El coche tiene una abolladura en la puerta izquierda.*

abollar (a-bo-**llar**) verbo
Hundir una superficie con un golpe. *Al caer al suelo, la lata se abolló.* **SIN.** Hender, aplastar.

abolir

MODO INDICATIVO		MODO SUBJUNTIVO	
Tiempos simples	Tiempos compuestos	Tiempos simples	Tiempos compuestos
Presente	**Pret. perf. compuesto / Antepresente**	**Presente**	**Pret. perf. compuesto / Antepresente**
abolo	he abolido	abola	haya abolido
aboles / abolís	has abolido	abolas	hayas abolido
abole	ha abolido	abola	haya abolido
abolimos	hemos abolido	abolamos	hayamos abolido
abolís	habéis abolido	aboláis / abolan	hayáis abolido
abolen	han abolido	abolan	hayan abolido
Pret. imperfecto / Copretérito	**Pret. pluscuamperfecto / Antecopretérito**	**Pret. imperfecto / Pretérito**	**Pret. pluscuamperfecto / Antepretérito**
abolía	había abolido	aboliera o aboliese	hubiera o hubiese abolido
abolías	habías abolido	abolieras o abolieses	hubieras o hubieses abolido
abolía	había abolido	aboliera o aboliese	hubiera o hubiese abolido
abolíamos	habíamos abolido	aboliéramos o aboliésemos	hubiéramos o hubiésemos abolido
abolíais / abolían	habíais abolido	abolierais o abolieseis	hubierais o hubieseis abolido
abolían	habían abolido	/ abolieran o aboliesen	hubieran o hubiesen abolido
Pret. perf. simple / Pretérito	**Pret. anterior / Antepretérito**	abolieran o aboliesen	
abolí	hube abolido		
aboliste	hubiste abolido	**Futuro simple / Futuro**	**Futuro compuesto / Antefuturo**
abolió	hubo abolido	aboliere	hubiere abolido
abolimos	hubimos abolido	abolieres	hubieres abolido
abolisteis / abolieron	hubisteis abolido	aboliere	hubiere abolido
abolieron	hubieron abolido	aboliéremos	hubiéremos abolido
		aboliereis	hubiereis abolido
Futuro simple / Futuro	**Futuro compuesto / Antefuturo**	abolieren	hubieren abolido
aboliré	habré abolido		
abolirás	habrás abolido	**MODO IMPERATIVO**	
abolirá	habrá abolido		
aboliremos	habremos abolido	abole (tu) / abolí (vos) / abola (usted)	
aboliréis / abolirán	habréis abolido	abolid (vosotros)	
abolirán	habrán abolido	abolan (ustedes)	
Condicional simple / Pospretérito	**Condicional compuesto / Antepospretérito**	**FORMAS NO PERSONALES**	
		Infinitivo abolir	**Infinitivo compuesto** haber abolido
aboliría	habría abolido		
abolirías	habrías abolido		
aboliría	habría abolido	**Gerundio** aboliendo	**Gerundio compuesto** habiendo abolido
aboliríamos	habríamos abolido		
aboliríais / abolirían	habríais abolido	**Participio** abolido	
abolirían	habrían abolido		

abombar (a-bom-**bar**) verbo
Dar forma redondeada y saliente a una superficie. *La pared se está abombando.* **SIN.** Arquear.

abominable (a-bo-mi-**na**-ble) adjetivo
Que merece ser rechazado y odiado. *La guerra es algo abominable.* **SIN.** Aborrecible, atroz, detestable. **ANT.** Admirable.

abonar (a-bo-**nar**) verbo
1. Echar en la tierra sustancias químicas o naturales, para que aumente su fertilidad. *Esta tarde abonaré la finca.* **SIN.** Fertilizar.
2. Pagar, entregar una cantidad de dinero. *Ayer abonó lo que debía.* **ANT.** Adeudar, deber.
3. abonarse Inscribirse, pagando la cuota correspondiente, para poder ir a algún lugar o recibir un servicio. *Se ha abonado a la revista y la recibirá en casa cada mes.*

abono (a-bo-no) sustantivo masculino
1. Sustancia química o natural que se echa a la tierra para mejorar su productividad. *El estiércol es un abono natural.*
2. Documento o tarjeta que tienen las personas que se han abonado a un servicio o espectáculo y que les permite disfrutar de ello. *He sacado un abono para las corridas de toros de la feria.* **SIN.** Suscripción.

abordaje (a-bor-**da**-je)
al abordaje expresión Modo de ocupar, luchando, una embarcación, pasando a ella desde el barco atacante. *Tomaron al abordaje el barco de los contrabandistas.*

abordar (a-bor-**dar**) verbo
1. Dirigirse a alguien para hablarle de un asunto o pedirle algo. *Iba tan tranquilo por la calle, cuando lo abordó un señor preguntándole la hora.*
2. Emprender o plantear un tema o asunto peligroso o difícil. *El ministro de Trabajo abordó el tema de las huelgas con los sindicatos.*
3. Acercarse una embarcación a otra o chocar con ella. *El navío pirata abordó a la galera española.*

aborigen (a-bo-**ri**-gen) adjetivo y sustantivo
Se dice de los habitantes originarios de un país o lugar. *He visto un documental sobre los aborígenes de África.* **SIN.** Indígena.

aborrecer (a-bo-rre-**cer**) verbo
Tener odio, detestar a alguien o algo. *Juan aborrece la hipocresía y la mentira.* **SIN.** Odiar. **ANT.** Amar.
✎ Verbo irregular, se conjuga como *parecer*.

abortar (a-bor-**tar**) verbo
1. Interrumpir un embarazo por causas naturales o de forma provocada. *Debido a su delicado estado de salud, se presentaron complicaciones en el embarazo de mi hermana y abortó a los tres meses.*
2. Malograr o hacer fracasar algo. *La policía abortó el plan de los ladrones.* **SIN.** Frustrar.

aborto (a-**bor**-to) sustantivo masculino
Interrupción del embarazo por causas naturales o medios artificiales. *Su prima sufrió un aborto al caerse de una escalera.*

abotonar (a-bo-to-**nar**) verbo
Ajustar las dos partes de una prenda de vestir, metiendo cada botón en su ojal. *Abotónate el abrigo, que hace mucho frío y te vas a resfriar.* **SIN.** Abrocharse.

abrasar (a-bra-**sar**) verbo
1. Reducir a cenizas o quemar alguna cosa. *El fuego abrasó el bosque entero.* **SIN.** Incendiar, calcinar. **ANT.** Congelar, apagar.

2. Calentar demasiado. *A primeras horas de la tarde, el sol abrasa.* **SIN.** Arder, quemar. **ANT.** Enfriar.
3. Hacer heridas o quemaduras por el fuego. *Estaba echando leña en la chimenea y se abrasó la mano.*
4. abrasarse Sentir demasiado calor. *Esta calefacción me está abrasando.*

abrazadera (a-bra-za-**de**-ra) sustantivo
Pieza que se ciñe en torno a alguna cosa y que sirve para sujetarla. *Puse una abrazadera en la tubería del gas.*

abrazar (a-bra-**zar**) verbo
1. Estrechar entre los brazos en señal de cariño. *La madre abrazó a su hijo con amor.*
2. Seguir una religión o un ideal. *Numerosos pueblos abrazaron el cristianismo.* **SIN.** Aceptar, adoptar. **ANT.** Renegar, rechazar.
✎ Verbo con irregularidad ortográfica. Ver pág. 17.

abrazo (a-**bra**-zo) sustantivo masculino
Acción de rodear con los brazos como muestra de cariño. *Se dieron un fuerte abrazo.*

abrebotellas
(a-bre-bo-**te**-llas) sustantivo masculino
Instrumento para abrir botellas. *Mete el abrebotellas en la mochila.*
✎ Es igual en singular y en plural.

abrecartas (a-bre-**car**-tas) sustantivo masculino
Instrumento, parecido a un puñal, pero con la hoja mucho menos afilada, que sirve para abrir los sobres de las cartas. *Guarda el abrecartas en el cajón de la mesa.*
✎ Es igual en singular y en plural.

abrefácil (a-bre-**fá**-cil) sustantivo masculino
Sistema de apertura fácil que se incorpora a la tapa de algunos envases de cierre hermético. *Prefiero el abrefácil a las anillas que hay en muchas de la latas de bonito.*

abrelatas (a-bre-**la**-tas) sustantivo masculino
Instrumento metálico que se usa para abrir latas de conserva. *Utiliza el abrelatas para abrir estas latas de berberechos.* **SIN.** Abridor.
✎ Es igual en singular y en plural.

abreviar (a-bre-**viar**) verbo
1. Hacer que una cosa sea más corta. *El profesor abrevió la frase del dictado porque era muy larga.* **SIN.** Re-ducir, resumir. **ANT.** Extender, alargar.
2. Apresurar una cosa para que dure menos. *Abreviemos la reunión, es muy tarde.* **SIN.** Aligerar, acelerar. **ANT.** Retardar, retrasar.
✎ Se conjuga como *cambiar*.

abreviatura (a-bre-via-**tu**-ra) sustantivo femenino
Representación escrita de una palabra por medio de alguna de sus letras, pero no de todas. *La abreviatura de señor es Sr. y la de señora, Sra.* **SIN.** Sigla.

abrigar (a-bri-**gar**) verbo
Proteger del frío a alguna persona, animal o cosa, cubriéndole con algo. *Los servicios de rescate repartieron mantas entre los refugiados para que se abrigasen.* **SIN.** Arropar, tapar, cubrir. **ANT.** Desabrigar, desarropar.
✎ Se conjuga como *ahogar*.

abrigo (a-**bri**-go) sustantivo masculino
1. Prenda de vestir que se coloca sobre las demás para protegerse del frío. *Ponte el abrigo de lana, está nevando y hace frío.* **SIN.** Pelliza, gabán, tabardo.
2. Lugar protegido del viento, la lluvia, etc. *La vieja cabaña nos sirvió de abrigo.* **SIN.** Refugio.
3. Protección frente a un daño o peligro. *Cuando le pasa algo, siempre busca el abrigo de sus padres.* **SIN.** Resguardo.

abril (a-**bril**) sustantivo masculino
1. Cuarto mes del año, con treinta días. *Mi padre se irá al extranjero el próximo mes de abril.*

abrazar

MODO INDICATIVO		MODO SUBJUNTIVO	
Tiempos simples	Tiempos compuestos	Tiempos simples	Tiempos compuestos

Presente	Pret. perf. compuesto / Antepresente		Presente	Pret. perf. compuesto / Antepresente	
abrazo	he	abrazado	abrace	haya	abrazado
abrazas / abrazás	has	abrazado	abraces	hayas	abrazado
abraza	ha	abrazado	abrace	haya	abrazado
abrazamos	hemos	abrazado	abracemos	hayamos	abrazado
abrazáis / abrazan	habéis	abrazado	abracéis / abracen	hayáis	abrazado
abrazan	han	abrazado	abracen	hayan	abrazado

Pret. imperfecto / Copretérito	Pret. pluscuamperfecto / Antecopretérito		Pret. imperfecto / Pretérito	Pret. pluscuamperfecto / Antepretérito	
abrazaba	había	abrazado	abrazara o		hubiera o
abrazabas	habías	abrazado	abrazase		hubiese abrazado
abrazaba	había	abrazado	abrazaras o		hubieras o
abrazábamos	habíamos	abrazado	abrazases		hubieses abrazado
abrazabais / abrazaban	habíais	abrazado	abrazara o		hubiera o
abrazaban	habían	abrazado	abrazase		hubiese abrazado
			abrazáramos o		hubiéramos o
			abrazásemos		hubiésemos abrazado
			abrazarais o		hubierais o

Pret. perf. simple / Pretérito	Pret. anterior / Antepretérito		abrazaseis / abrazaran o		hubieseis abrazado hubieran o
abracé	hube	abrazado	abrazasen		hubiesen abrazado
abrazaste	hubiste	abrazado	abrazaran o		
abrazó	hubo	abrazado	abrazasen		
abrazamos	hubimos	abrazado			
abrazasteis / abrazaron	hubisteis	abrazado	**Futuro simple / Futuro**	**Futuro compuesto / Antefuturo**	
abrazaron	hubieron	abrazado	abrazare	hubiere	abrazado
			abrazares	hubieres	abrazado

Futuro simple / Futuro	Futuro compuesto / Antefuturo		abrazare	hubiere	abrazado
abrazaré	habré	abrazado	abrazáremos	hubiéremos	abrazado
abrazarás	habrás	abrazado	abrazareis / abrazaren	hubiereis	abrazado
abrazará	habrá	abrazado	abrazaren	hubieren	abrazado
abrazaremos	habremos	abrazado			
abrazaréis / abrazarán	habréis	abrazado	**MODO IMPERATIVO**		
abrazarán	habrán	abrazado			

abraza (tú) / abrazá (vos) / abrace (usted)
abrazad (vosotros)
abracen (ustedes)

Condicional simple / Pospretérito	Condicional compuesto / Antepospretérito		**FORMAS NO PERSONALES**	
			Infinitivo abrazar	**Infinitivo compuesto** haber abrazado
abrazaría	habría	abrazado		
abrazarías	habrías	abrazado		
abrazaría	habría	abrazado	**Gerundio** abrazando	**Gerundio compuesto** habiendo abrazado
abrazaríamos	habríamos	abrazado		
abrazaríais / abrazarían	habríais	abrazado	**Participio** abrazado	
abrazarían	habrían	abrazado		

2. sustantivo masculino plural Edad de una persona joven. *María tiene trece abriles.* **SIN.** Años, primaveras.

abrillantar (a-bri-llan-**tar**) verbo
Dar o sacar brillo a una cosa. *Este fin de semana abrillantaremos los suelos.* **SIN.** Pulir, bruñir, lustrar. **ANT.** Deslucir.

abrir (a-**brir**) verbo
1. Quitar, separar o descorrer cualquier cosa con la que está cerrada o tapada una abertura, un objeto o un lugar. *La puerta se abrió con el viento. No puedo abrir la botella de agua. Abrió el regalo.* **SIN.** Descubrir, destapar. **ANT.** Cerrar, tapar.
2. Extender, levantar o desplegar algo. *Abrió el paraguas. Abrió el mapa de carreteras.* **SIN.** Desplegar. **ANT.** Cerrar, plegar.
3. Hacer un agujero o corte en una superficie. *El labrador abrió una zanja en la huerta. Se abrió una brecha en la cabeza.*
4. Dar comienzo a algunas cosas o actividades. *La letra a abre el abecedario. Se abrió el concierto con una obra de Albéniz.* **SIN.** Iniciar, comenzar. **ANT.** Clausurar.
5. Separar las partes movibles de algo. *Abre los párpados.*
6. Hacer que un líquido o gas salga al exterior o pase por determinado conducto. *Abre el grifo y deja correr el agua.*
7. Rasgar, agrietar. *El techo de la cocina se abrió. Abrió el sobre.* **SIN.** Rajar, despegar.
8. abrirse Confiar una persona a otra sus pensamientos, sentimientos, etc. *Por fin Juan decidió abrirse y contarnos sus problemas.* **SIN.** Sincerarse, franquearse.
✎ Su participio es *abierto.*

abrochar (a-bro-**char**) verbo
Sujetar las dos partes de una cosa, generalmente una prenda de vestir, con broches o botones para que esta quede bien cerrada. *Abróchate la chaqueta.* **SIN.** Abotonar(se). **ANT.** Desabrochar(se).

abrumar (a-bru-**mar**) verbo
1. Cargar a alguien con algo que difícilmente puede llevar o soportar. Puede ser un peso físico o la preocupación por un asunto, una obligación, etc. *El exceso de trabajo le abruma. Está abrumado por las deudas.* **SIN.** Agotar, cansar. **ANT.** Aliviar, confortar.
2. Molestar a alguien. *Me está abrumando todo el día con sus problemas.* **SIN.** Agobiar, atosigar, cansar. **ANT.** Aliviar.

abrupto, abrupta (a-**brup**-to) adjetivo
Se dice del terreno lleno de rocas o cuestas que resulta difícil de atravesar. *El paso por aquel lugar era muy abrupto.* **SIN.** Escarpado, accidentado. **ANT.** Llano.

absolución
(ab-so-lu-**ción**) sustantivo femenino
Acción de declarar inocente o perdonar. *El sacerdote le dio la absolución después de escuchar su confesión.* **SIN.** Perdón.

absoluto, absoluta (ab-so-**lu**-to) adjetivo
1. Que excluye toda otra relación o posibilidad. *Lo sé con absoluta seguridad.* **SIN.** Completo, tajante. **ANT.** Relativo.
2. Ilimitado. *Su poder en el grupo era absoluto.* **SIN.** Total.
3. en absoluto expresión De ningún modo. *No pienso en ello en absoluto.*

absolver (ab-sol-**ver**) verbo
1. Considerar un tribunal que la persona acusada de algún delito es inocente. *Ante las pruebas de la defensa, el juez le absolvió.* **SIN.** Eximir, exculpar. **ANT.** Condenar.

2. Perdonar los pecados en la confesión. *El sacerdote le absolvió después de imponerle la penitencia.* ✎ Verbo irregular, se conjuga como *mover.* Su participio es *absuelto.*

absorber (ab-sor-**ber**) verbo
1. Recoger un cuerpo a otro y retenerlo, tratándose de líquidos y gases. *El secante absorbió la tinta del borrón. Los animales absorben el oxígeno del aire.* **ANT.** Expulsar.
2. Atraer la atención o el interés de alguien. *El paisaje absorbió a María y perdió el hilo de la conversación.* **SIN.** Ensimismar, embeber. **ANT.** Distraer, aburrir.

absorto, absorta (ab-**sor**-to) adjetivo
1. Se dice de la persona que está concentrada en sus propios pensamientos o fantasías. *Estaba absorto en su lectura, no se enteró de nada.* **SIN.** Abstraído, enfrascado.
2. Que se queda admirado ante lo que está viendo u oyendo. *Se quedó absorto mirando las estrellas.* **SIN.** Atónito, asombrado.

abstemio, abstemia (abs-**te**-mio) adjetivo
Se dice de la persona que no toma bebidas alcohólicas. *Cuando sale por la noche bebe zumos, porque es abstemio.* **SIN.** Sobrio, sereno. **ANT.** Borracho, alcohólico.

abstenerse (abs-te-**ner**-se) verbo
Privarse de hacer, decir o tomar algo. *Los informes sanitarios indican que es mejor para la salud abstenerse de fumar.* **SIN.** Prescindir, inhibirse. **ANT.** Participar. ✎ Verbo irregular, se conjuga como *tener.*

abstracto, abstracta (abs-**trac**-to) adjetivo
1. Se dice de aquello que no puede ser visto, oído o tocado por no tener una realidad física. *Los sentimientos son abstractos.*

2. Se dice del arte y de los artistas que no pretenden representar cosas concretas, sino formas y colores. *Es una gran admiradora de la pintura abstracta de Picasso.*

absurdo, absurda (ab-**sur**-do) adjetivo
Se dice de todo lo que va contra la razón y la lógica. *Es absurdo que vayas a esquiar si no te gusta.* **SIN.** Ilógico. **ANT.** Lógico.

abuchear (a-bu-che-**ar**) verbo
Censurar a alguien o burlarse públicamente de esa persona con ruidos o murmullos. *El público abucheó al árbitro porque había pitado penalti a su equipo.* **SIN.** Abroncar, silbar. **ANT.** Aplaudir, ovacionar.

abultar (a-bul-**tar**) verbo
1. Ocupar un cuerpo un espacio. *Esta maleta abulta mucho y no cabe en el maletero del coche.*
2. Exagerar algo. *Abultaron mucho los hechos, no era para tanto.* **SIN.** Exorbitar, acrecentar. **ANT.** Minimizar, disminuir.
3. Aumentar de volumen o tamaño una cosa. *Se le abultó la cara por la infección de muelas.* **SIN.** Hincharse, inflamarse.

abundancia
(a-bun-**dan**-cia) sustantivo femenino
Gran cantidad de alguna cosa. *Este año hay abundancia de ciruelas en la huerta, así que haremos mermelada.* **SIN.** Exceso, multitud. **ANT.** Escasez, pobreza.

abundar (a-bun-**dar**) verbo
Darse una cosa en gran cantidad. *En la selva abundan los animales salvajes.* **SIN.** Multiplicarse.

aburrir (a-bu-**rrir**) verbo
Cansarse de algo, sentir desgana o fastidio. *Aunque te aburras, has de ser*

constante y terminar tus deberes. **SIN.** Hastiarse, hartarse.

abusar (a-bu-**sar**) verbo

1. Hacer uso excesivo de alguna cosa. *No hay que abusar de los medicamentos.* **SIN.** Excederse, pasarse. **ANT.** Moderarse.

2. Aprovecharse de una persona más débil o con menos experiencia. *La profesora les castigó por haber abusado de los más pequeños, que no podían defenderse.*

abuso (a-**bu**-so) sustantivo masculino

1. Acción de abusar de algo o alguien. *Siempre se excede en su autoridad y comete abusos intolerables.* **SIN.** Injusticia.

2. Mal uso o uso excesivo de algo. *El abuso del tabaco le ha producido problemas de salud.* **SIN.** Exceso. **ANT.** Moderación.

acá (a-**cá**) adverbio

Indica proximidad a la persona que está hablando. *Las cosas marchan muy bien por acá.* **ANT.** Allá.

acabado, acabada

(a-ca-**ba**-do) adjetivo

Se dice de aquello a lo que se ha puesto fin. *El trabajo está acabado, ya lo puedes entregar.* **SIN.** Concluido, terminado. **ANT.** Incompleto, inacabado.

acabar (a-ca-**bar**) verbo

1. Dar fin a una cosa, terminarla. *Acabé pronto el trabajo que me encargaron, así que me puse a ayudar a mis compañeros.* **SIN.** Terminar(se), consumir(se). **ANT.** Empezar.

2. Consumir algo hasta el final o hacer que se agote. *Acabé la botella de leche, así que fui por otra a la despensa.* **SIN.** Apurar, gastar.

3. acabar con algo expresión Ponerle fin, destruirlo, aniquilarlo. *Su grave*

enfermedad acabó con él. *Acabarás con mi paciencia.*

4. acabar de expresión Seguido de un verbo en infinitivo, indica que algo ha ocurrido recientemente. *Acaba de salir hace un momento; si echas una carrera, lo alcanzarás.*

acacia (a-**ca**-cia) sustantivo femenino

Árbol de madera dura y flores olorosas que cuelgan como racimos. *Esta mesa es de acacia.*

academia

(a-ca-**de**-mia) sustantivo femenino

1. Centro particular dedicado a la enseñanza. *Como refuerzo al colegio, va a clase de Matemáticas a una academia.*

2. Sociedad formada por estudiosos de las diversas especialidades de la literatura, el arte y la ciencia, para favorecer la cultura en un país. *La Real Academia Española fue fundada en 1713.*

acaecer (a-ca-e-**cer**) verbo

Suceder, producirse un hecho. *El accidente acaeció a las ocho de la mañana.* **SIN.** Ocurrir, pasar.

✎ Verbo defectivo, solo se conjuga en tercera persona del singular.

INDICATIVO	
Presente: acaece, acaecen.	
Pret. imperf. / Copretérito: acaecía, acaecían.	
Pret. perf. simple / Pretérito: acaeció, acaecieron.	
Futuro simple / Futuro: acaecerá, acaecerán.	
Cond. simple / Pospretérito: acaecería, acaecerían.	
SUBJUNTIVO	
Presente: acaezca, acaezcan.	
Pret. imperf. / Pretérito: acaeciera/se, acaeciera/sen.	
Futuro simple / Futuro: acaeciere, acaecieren.	
FORMAS NO PERSONALES	
Infinitivo: acaecer	**Inf. comp.:** haber acaecido
Gerundio: acaeciendo	**Ger. comp.:** habiendo acaecido
Participio: acaecido	*Solo se conjugan las formas que aparecen en el cuadro.

acalorarse

(a-ca-lo-**rar**-se) verbo
1. Fatigarse con el trabajo o con el ejercicio. *Se acaloró mucho durante el partido.* **SIN.** Sofocarse.
2. Excitarse alguien durante una discusión. *Se acaloraron tanto que llegaron a las manos.* **SIN.** Exaltarse. **ANT.** Calmarse, apaciguarse.

acampar (a-cam-**par**) verbo

Quedarse en campo abierto o en un campamento a descansar, dormir, etc. *Acampamos junto al río y pasamos allí dos días.* **SIN.** Asentarse, instalarse.

acaparar (a-ca-pa-**rar**) verbo

1. Adquirir y retener muchas cosas. *Acapararon todo el azúcar porque habían oído que iba a subir el precio.* **SIN.** Acumular, almacenar, especular, retener.
2. Apropiarse o aprovecharse de algo. *Siempre acapara el mando de la televisión y solamente podemos ver lo que él quiere.* **SIN.** Monopolizar, centralizar. **ANT.** Compartir.
3. Atraer la atención de otras personas. *Con sus gracias, Luis acaparó la simpatía de todos.* **SIN.** Centrar, absorber.

acariciar (a-ca-ri-**ciar**) verbo

Rozar suavemente, pasar la mano con delicadeza por encima de una persona o un animal como muestra de cariño. *El niño acarició a su gata.* **SIN.** Mimar. **ANT.** Maltratar, pegar.
✎ Se conjuga como *cambiar*.

acarrear (a-ca-rre-**ar**) verbo

1. Transportar algo de un lugar a otro. *Está acarreando las patatas hasta el almacén.* **SIN.** Llevar.
2. Ocasionar algo un daño o un mal. *No estudió y eso le acarreó el suspenso.* **SIN.** Originar, causar.

acaso (a-**ca**-so) adverbio

1. Por casualidad. *¿Acaso no sabes lo que ha ocurrido aquí?*
2. Quizá, tal vez. *Acaso venga.*

acatar (a-ca-**tar**) verbo

Obedecer una orden o ley. *Hay que acatar las normas de circulación.* **SIN.** Aceptar, someterse. **ANT.** Rebelarse, desobedecer.

acatarrarse (a-ca-ta-**rrar**-se) verbo

Coger un catarro por enfriarse. *Salió sin abrigo y se acatarró.* **SIN.** Constiparse, resfriarse.

acceder (ac-ce-**der**) verbo

1. Dar voluntariamente el consentimiento a lo que otra persona necesita o quiere. *El juez accedió a la petición de clemencia.* **SIN.** Permitir, autorizar, transigir. **ANT.** Rehusar, denegar.
2. Llegar, entrar en un lugar. *Accedió a los camerinos sin que nadie lo viese.* **ANT.** Salir.
3. Lograr una situación o puesto. *Aprobó las oposiciones y accedió a un cargo público.*

accesible (ac-ce-**si**-ble) adjetivo

1. Fácil de alcanzar o traspasar. *El ladrón pudo entrar en casa por la ventana porque estaba muy accesible.* **SIN.** Abordable, alcanzable, asequible, cercano. **ANT.** Inalcanzable.
2. Que se comprende con facilidad. *Esta novela, aunque extraña, es bastante accesible.* **SIN.** Comprensible. **ANT.** Incomprensible.
3. Se dice de las personas que son sencillas y amables con los demás. *Aunque tiene un puesto muy importante, es una persona muy accesible.* **SIN.** Abierto, cordial. **ANT.** Orgulloso, intratable.
✎ No debe confundirse con la palabra *asequible*.

acceso - accionar

acceso (ac-ce-so) sustantivo masculino
1. Acción de llegar o aproximarse. *El acceso a la cabaña resultó más fácil de lo que pensábamos.* **SIN.** Acercamiento, llegada.
2. Camino o paso de entrada a un lugar. *Por ese puente hay acceso al castillo.* **SIN.** Paso, entrada.
3. Ataque repentino y violento. *Tuvo un acceso de tos y se puso completamente rojo.*
✎ No debe confundirse con la palabra *abceso*.

accesorio, accesoria
(ac-ce-so-rio) adjetivo
1. Secundario, de menor importancia que otra cosa. *Para él era una cuestión accesoria.* **SIN.** Complementario. **ANT.** Fundamental, esencial, principal.
2. sustantivo femenino Utensilio auxiliar que se emplea en determinado trabajo o función. *Necesitaba más accesorios de jardinería.*
3. sustantivo plural Adornos que se añaden a una persona o cosa. *Ya tenía el traje pero le faltaban los accesorios.* **SIN.** Complementos.

accidentado, accidentada
(ac-ci-den-ta-do) adjetivo
1. Agitado, con muchas dificultades. *Tuvo un día muy accidentado.*
2. Se dice del terreno abrupto, con bruscas subidas y bajadas. *La subida a la montaña fue difícil porque el terreno era muy accidentado.* **SIN.** Escarpado, montañoso. **ANT.** Llano.
3. Se dice de la persona que ha sufrido un accidente. *Una ambulancia de la Cruz Roja recogió a los accidentados y los llevó al hospital.*

accidental (ac-ci-den-tal) adjetivo
1. No esencial. *Es un hecho accidental que no tiene importancia.* **SIN.** Secundario, accesorio.

2. Se dice de aquello que depende de la suerte. *Fue un encuentro accidental.* **SIN.** Casual, impensado. **ANT.** Premeditado, previsto.

accidente
(ac-ci-den-te) sustantivo masculino
1. Suceso imprevisto que normalmente causa algún daño y ocurre sin quererlo nadie. *Tuvo un accidente: chocó contra un árbol.* **SIN.** Percance.
2. Brusca subida o bajada del terreno. *La montaña tenía muchos accidentes.*
3. Lo que no es principal. *La belleza en una persona es un accidente, lo importante son sus sentimientos.*
4. Cada uno de los tipos de modificaciones que pueden sufrir las palabras. *El género es un accidente gramatical.*

acción
(ac-ción) sustantivo femenino
1. Obra o hecho realizados por una persona. *Esta asociación ha recibido un premio por sus acciones solidarias.* **SIN.** Acto.
2. Hecho de ejercer o practicar una fuerza o capacidad. *El volcán entró en acción de forma imprevista alarmando a los lugareños.* **SIN.** Actividad. **ANT.** Inacción, inactividad.
3. Valor que representa cada una de las partes en las que se divide el capital de una sociedad anónima. *Compró un paquete de acciones.* **SIN.** Valor, título.
4. Desarrollo de los hechos que integran el argumento de una obra literaria o de una película. *La acción de la novela se desarrolla en un pueblo de la costa.*

accionar (ac-cio-nar) verbo
1. Poner en funcionamiento o movimiento un mecanismo. *Accioné el*

mecanismo de seguridad. **SIN.** Manipular, mover, operar.

2. Hacer movimientos y gestos para dar a entender algo. Lo reconocí por la manera de accionar.

accionista (ac-cio-**nis**-ta) sustantivo masculino y femenino

Propietario de acciones en una sociedad comercial o industrial. Los accionistas cobraron la parte correspondiente a sus acciones.

acebo (a-**ce**-bo) sustantivo masculino

Árbol silvestre poblado todo el año de hojas de color verde oscuro, duras y espinosas, con flores blancas, y madera de este árbol. El fruto de los acebos sirve de alimento a los urogallos.

acechar (a-ce-**char**) verbo

Vigilar con cautela algo o a alguien con alguna intención. Los ladrones estuvieron acechando a la víctima. **SIN.** Espiar.

acecho (a-**ce**-cho)

al acecho expresión Observando a escondidas. El detective privado está al acecho de todos sus movimientos.

aceite (a-**cei**-te) sustantivo masculino

Líquido graso de color amarillo verdoso, que se saca de ciertos frutos o semillas, como la aceituna, el girasol, la soja, etc., y de algunos animales como la ballena, la foca, etc., e incluso de sustancias minerales. Aliño las ensaladas con aceite y vinagre.

aceituna (a-cei-**tu**-na) sustantivo femenino

Fruto del olivo. Es comestible y de él se extrae aceite. Echa aceitunas a la ensalada. **SIN.** Oliva.

acelerador

(a-ce-le-ra-**dor**) sustantivo masculino

Mecanismo del automóvil, que se pone en funcionamiento mediante un pedal, el cual permite aumentar la velocidad. No pises tanto el acelerador, en esta carretera hay límite de velocidad.

acelerar (a-ce-le-**rar**) verbo

Aumentar la velocidad. Aceleró el paso para llegar antes. No aceleres tanto, que vas a atropellar a alguien. **SIN.** Apresurar, avivar, precipitar. **ANT.** Retardar, frenar.

acelga (a-**cel**-ga) sustantivo femenino

Planta que se siembra en las huertas, de hojas muy anchas, lisas y jugosas, que se comen como verdura. Hoy hay acelgas con patatas en el comedor del colegio.

acento (a-**cen**-to) sustantivo masculino

1. Mayor intensidad con que se pronuncia determinada sílaba de una palabra y signo ortográfico con que se indica. El acento de acelga recae en la penúltima sílaba.

2. Signo ortográfico con que se indica la intesidad de la pronunciación. Cañón lleva acento en la o. **SIN.** Tilde.

3. Tono característico de cada país o región. Conserva el acento gallego aunque hace años que vive aquí. **SIN.** Dejo, deje, tonillo.

acentuar (a-cen-tu-**ar**) verbo

1. Pronunciar las palabras con su debido acento y poner el acento ortográfico en la escritura. Acentúa camión, porque es una palabra aguda que termina en n. **SIN.** Recalcar, realzar, abultar.

2. Recalcar, decir palabras lentamente y con mayor fuerza expresiva para llamar la atención sobre ellas. En su discurso acentuó las frases que trataban sobre la necesidad de solidaridad con los más necesitados. **SIN.** Subrayar, insistir, hacer hincapié.

3. Resaltar alguna cosa o hacer que cobre mayor importancia o intensidad. *Aquel collar acentuaba su belleza. El paro se acentuó con la crisis económica del país.* **SIN.** Realzar.
✎ Se conjuga como *actuar*.

aceptable (a-cep-ta-ble) adjetivo
Que posee las cualidades mínimas necesarias para ser aceptado. *Su comportamiento es aceptable, pero no demasiado recomendable.* **SIN.** Admisible, tolerable.

aceptar (a-cep-tar) verbo
1. Admitir alguien voluntariamente lo que se le ofrece o entrega. *Aceptó casarse con él cuando se lo pidió.* **SIN.** Acoger, tomar. **ANT.** Rechazar, rehusar.
2. Dar por bueno algo, aprobarlo. *Aceptó hacer el trabajo en el tiempo acordado.* **SIN.** Acceder, consentir. **ANT.** Rechazar.

acequia (a-ce-quia) sustantivo femenino
Zanja o canal por donde se conduce el agua para el riego u otros fines. *Una acequia bordeaba la carretera.* **SIN.** Reguero.

acera (a-ce-ra) sustantivo femenino
Orilla pavimentada a ambos lados de la calle, un poco más elevada que el centro, por donde pasan los peatones. *Sube a la acera, que te va a atropellar un coche.*

acerca de (a-cer-ca) expresión
En cuanto a, sobre, respecto a. *No diré nada acerca de ese tema.*

acercar (a-cer-car) verbo
1. Poner una cosa a menor distancia de lugar o tiempo. *Acercó sus manos al fuego para calentarse.* **SIN.** Aproximar, unir, juntar. **ANT.** Alejar, separar, apartar.
2. Estar próximo a suceder algo. *Se acerca una fuerte tormenta.* **SIN.** Aproximarse. **ANT.** Alejarse.
✎ Se conjuga como *abarcar*.

acero (a-ce-ro) sustantivo masculino
1. Hierro mezclado con otras sustancias para que sea más duro y elástico. *El cuchillo es de acero.*
2. **acero inoxidable** expresión Acero especial al que es difícil que salga óxido. *Compré una cubertería de acero inoxidable.*

acertar (a-cer-tar) verbo
1. Dar en el punto al que se dirige algo. *Acertó en el blanco, aunque estaba muy lejos.* **SIN.** Atinar.
2. Encontrar la respuesta o solución a algo dudoso, desconocido u oculto. *Acerté los resultados de todos los problemas de matemáticas.* **SIN.** Adivinar, descifrar, resolver, solucionar. **ANT.** Errar, equivocarse.
✎ Verbo irregular. Ver pág. 25.

acertijo (a-cer-ti-jo) sustantivo masculino
Especie de enigma o adivinanza para entretenerse en resolverlo. *Ganó el concurso de acertijos porque es muy inteligente.* **SIN.** Jeroglífico, adivinanza.

acetona (a-ce-to-na) sustantivo femenino
Líquido incoloro que se emplea para disolver grasas, resinas y otros compuestos orgánicos. *Usa acetona para quitarse el esmalte de uñas.*

achacar (a-cha-car) verbo
Acusar a alguien de ser el responsable de algo malo. *Le achacaron la mala organización de la fiesta de fin de curso.* **SIN.** Imputar. **ANT.** Disculpar.
✎ Se conjuga como *abarcar*.

achaque (a-cha-que) sustantivo masculino
Molestia o enfermedad habitual o de poca importancia. *El abuelo tenía los achaques propios de su edad.* **SIN.** Dolencia, mal.

achatar (a-cha-tar) verbo
Poner plana una cosa que antes sobresalía o era puntiaguda. *La esqui-*

acertar

MODO INDICATIVO		MODO SUBJUNTIVO	
Tiempos simples	Tiempos compuestos	Tiempos simples	Tiempos compuestos

Presente	Pret. perf. compuesto / Antepresente	Presente	Pret. perf. compuesto / Antepresente
acierto	he acertado	acierte	haya acertado
aciertas / acertás	has acertado	aciertes	hayas acertado
acierta	ha acertado	acierte	haya acertado
acertamos	hemos acertado	acertemos	hayamos acertado
acertáis / aciertan	habéis acertado	acertéis / acierten	hayáis acertado
aciertan	han acertado	acierten	hayan acertado

Pret. imperfecto / Copretérito	Pret. pluscuamperfecto / Antecopretérito	Pret. imperfecto / Pretérito	Pret. pluscuamperfecto / Pretérito
		acertara o acertase	hubiera o hubiese acertado
acertaba	había acertado	acertaras o acertases	hubieras o hubieses acertado
acertabas	habías acertado	acertara o acertase	hubiera o hubiese acertado
acertaba	había acertado	acertáramos o acertásemos	hubiéramos o hubiésemos acertado
acertábamos	habíamos acertado	acertarais o acertaseis	hubierais o hubieseis acertado
acertabais / acertaban	habíais acertado	/ acertaran o acertasen	hubieran o hubiesen acertado
acertaban	habían acertado	acertaran o acertasen	

Pret. perf. simple / Pretérito	Pret. anterior / Antepretérito		
acerté	hube acertado		
acertaste	hubiste acertado		
acertó	hubo acertado		
acertamos	hubimos acertado	Futuro simple / Futuro	Futuro compuesto / Antefuturo
acertasteis / acertaron	hubisteis acertado	acertare	hubiere acertado
acertaron	hubieron acertado	acertares	hubieres acertado
		acertare	hubiere acertado
		acertáremos	hubiéremos acertado
Futuro simple / Futuro	Futuro compuesto / Antefuturo	acertareis / acertaren	hubiereis acertado
acertaré	habré acertado	acertaren	hubieren acertado
acertarás	habrás acertado		
acertará	habrá acertado	MODO IMPERATIVO	
acertaremos	habremos acertado		
acertaréis / acertarán	habréis acertado	acierta (tú) / acertá (vos) / acierte (usted)	
acertarán	habrán acertado	acertad (vosotros)	
		acierten (ustedes)	

Condicional simple / Pospretérito	Condicional compuesto / Antepospretérito	FORMAS NO PERSONALES	
		Infinitivo acertar	Infinitivo compuesto haber acertado
acertaría	habría acertado		
acertarías	habrías acertado	Gerundio acertando	Gerundio compuesto habiendo acertado
acertaría	habría acertado		
acertaríamos	habríamos acertado	Participio acertado	
acertaríais / acertarían	habríais acertado		
acertarían	habrían acertado		

na de la mesa se acható con el golpe. **SIN.** Aplastar. **ANT.** Afilar.

achicar (a-chi-**car**) verbo

1. Reducir el tamaño de una cosa. *Achica un poco el largo de las cortinas, casi arrastran.* **SIN.** Acortar, disminuir. **ANT.** Agrandar.

2. Hacer perder el ánimo o la valentía. *En el juicio, el ladrón se achicó en seguida.* **SIN.** Acobardar, intimidar, apocar, achantar. **ANT.** Animar, alentar, envalentonar.

3. Sacar el agua de algo que se ha inundado: una embarcación, mina, etc. *La canoa se quebró y tuvimos que achicar el agua que entraba.*

✎ Se conjuga como *abarcar*.

achicharrar (a-chi-cha-**rrar**) verbo

1. Quemar demasiado una cosa. *Se le olvidó mirar el asado que estaba en el horno y se achicharró.* **SIN.** Chamuscar, quemar, abrasar. **ANT.** Enfriar.

2. achicharrarse Padecer demasiado calor, quemarse, por la acción del aire, el sol, etc. *Estuve demasiado tiempo al sol el primer día y me achicharré.*

achicoria (a-chi-**co**-ria) sustantivo femenino

Planta de hojas y raíces amargas. *Una variedad de achicoria se utiliza como sucedáneo del café.*

achuchar (a-chu-**char**) verbo

1. Aplastar, estrujar con un peso, golpe o empujón. *Saltó encima de la cama y la achuchó toda.*

2. Dar excesivos abrazos y muestras de cariño a alguien. *Cada vez que nos encontramos me achucha como si hiciera años que no nos vemos.*

acicate (a-ci-**ca**-te) sustantivo masculino

Estímulo, algo que impulsa a alguien a hacer alguna cosa. *Quiero que este aprobado te sirva de acicate para que estudies más.* **SIN.** Incentivo, atractivo. **ANT.** Freno.

ácido, ácida (**á**-ci-do) adjetivo

1. De sabor parecido al vinagre o al limón. *La leche se ha estropeado, está ácida.* **SIN.** Agrio, avinagrado. **ANT.** Dulce.

2. De carácter áspero y desagradable. *Era tan ácido que nadie le aguantaba.*

3. ácido sustantivo masculino Compuesto químico que puede corroer metales y otras materias. *Maneja con cuidado los ácidos en el laboratorio.*

acierto (a-**cier**-to) sustantivo masculino

1. Hecho de acertar. *Fue un acierto ir de vacaciones al sur, en el norte ha llovido todo el verano.* **SIN.** Puntería, éxito. **ANT.** Desacierto.

2. Habilidad en lo que se realiza. *Tiene mucho acierto para la cocina, da gusto que te invite a comer.* **SIN.** Destreza, aptitud. **ANT.** Incompetencia, torpeza.

aclamar (a-cla-**mar**) verbo

Dar voces la gente en honor y aplauso de una persona. *La multitud aclamaba al papa entusiasmada.* **SIN.** Vitorear, ovacionar.

aclarar (a-cla-**rar**) verbo

1. Explicar algo hasta que se comprenda. *Me aclaró cómo llegar a la estación.* **SIN.** Clarificar, despejar, manifestar, esclarecer. **ANT.** Oscurecer, ensombrecer.

2. Volver a lavar la ropa solo con agua, para quitar el jabón. *Aclárame esa ropa, voy a tenderla.* **SIN.** Enjuagar. **ANT.** Jabonar.

3. Disiparse las nubes o la niebla. *Por la tarde el día aclaró y salió el sol.* **SIN.** Clarear, despejar, abrir. **ANT.** Encapotarse, cubrirse.

4. aclararse Ordenar las propias ideas. *Dijo que necesitaba tiempo para aclararse.*

aclimatar (a-cli-ma-**tar**) verbo
Lograr que un ser se acostumbre a un ambiente distinto del suyo. *Los osos polares se aclimataron perfectamente en el zoológico.* **SIN.** Adaptarse, habituarse. **ANT.** Desaclimatarse, inadaptarse.

acné (ac-**né**) sustantivo masculino
Granos e inflamaciones en la piel, muy frecuentes en la adolescencia. *Le han recetado una pomada para el acné juvenil.*

acobardar (a-co-bar-**dar**) verbo
Hacer que una persona sienta miedo. *Al ver el toro se acobardó.* **SIN.** Intimidar, amilanarse. **ANT.** Envalentonarse, crecerse.

acogedor, acogedora
(a-co-ge-**dor**) adjetivo
1. Se dice de una habitación o casa agradable y cómoda. *Con la nueva decoración, el salón te ha quedado muy acogedor.*
2. Se dice de las personas que reciben o tratan a la gente de forma agradable, haciendo que se sientan a gusto. *Tu familia me ha parecido muy acogedora.*

acoger (a-co-**ger**) verbo
1. Recibir alguien en su casa a otra u otras personas o aceptar su compañía. *Acogieron a su amigo extranjero con entusiasmo.* **ANT.** Rehusar, rechazar, expulsar.
2. Dar refugio una cosa a alguien. *La cabaña nos acogió durante la tormenta.* **SIN.** Cobijar.
3. Aceptar, considerar buena una idea o propuesta. *Todos acogimos el plan con entusiasmo.*
4. acogerse Refugiarse, buscar protección o defensa en algo. *Se acogieron al derecho internacional para pedir su libertad.*
✎ Se conjuga como *proteger*.

acogida (a-co-**gi**-da) sustantivo femenino
1. Protección o ayuda que se da a alguien que lo necesita. *Dieron acogida a los jóvenes que se habían perdido en la montaña.*
2. Aceptación o aprobación de una persona, cosa o idea. *Su acogida en el nuevo colegio fue buena.*

acometer (a-co-me-**ter**) verbo
1. Comenzar una actividad. *La empresa acometió una nueva etapa con éxito.* **SIN.** Iniciar, empezar, abordar. **ANT.** Abandonar, cesar.
2. Abalanzarse sobre alguien o algo con fuerza. *Estaba tan enfadado que lo acometió con violencia.* **SIN.** Embestir, arremeter.
3. Empezar a sentir alguien repentinamente cierto estado físico o moral. *Unas fuertes ganas de gritar la acometieron de repente.*

acomodado, acomodada
(a-co-mo-**da**-do) adjetivo
1. Que tiene bastante dinero y vive con comodidad. *Este lujoso chalé es de una familia muy acomodada.* **SIN.** Rico. **ANT.** Pobre.
2. Que resulta oportuno o apropiado para algo. *Tiene un horario acomodado a sus necesidades.* **SIN.** Conveniente, adecuado.

acomodador, acomodadora
(a-co-mo-da-**dor**) sustantivo
Persona que en el cine, teatro y otros espectáculos indica a los espectadores el lugar o butaca que les corresponde. *El acomodador nos indicó la fila.*

acomodar (a-co-mo-**dar**) verbo
1. Colocar a una persona o cosa en el lugar adecuado o preparar algo de modo conveniente. *Acomodó a los asistentes en la sala de conferencias.* **SIN.** Situar, colocar.

2. acomodarse Conformarse con una situación, adaptándose a ella. *Tuvo que acomodarse a su nuevo trabajo, aunque no perdía la esperanza de encontrar otro mejor.* **SIN.** Transigir, avenirse.

acompañamiento (a-com-pa-ña-**mien**-to) sustantivo masculino
1. Gente que acompaña a alguien. *El príncipe llevaba una gran acompañamiento en su viaje oficial.* **SIN.** Séquito, cortejo, escolta.
2. En una composición musical, elementos que complementan a la melodía principal. *Interpretó una pieza al piano, con acompañamiento de violín.*

acompañar (a-com-pa-**ñar**) verbo
1. Estar o ir con otras personas. *Cuando estuve enfermo, mis amigos me acompañaron y no me dejaron sentirme mal.* **ANT.** Abandonar, dejar.
2. Juntar o agregar una cosa a otra. *Acompañaron la comida con un buen vino.* **SIN.** Guarnecer, adjuntar, añadir, anexar. **ANT.** Separar, aislar.
3. Interpretar el acompañamiento musical de una pieza. *Un músico acompañó al piano a la cantante.*

acompasado, acompasada (a-com-pa-**sa**-do) adjetivo
Realizado según un ritmo regular o con el mismo ritmo que otra cosa. *Todos los instrumentos de una orquesta deben sonar acompasados.* **ANT.** Desacompasado.

acomplejado, acomplejada (a-com-ple-**ja**-do) adjetivo y sustantivo
Se dice de la persona que se siente inferior a los demás por padecer algún complejo. *Se sentía tan acomplejado por su gordura que le costaba hacer amigos.*

acondicionar (a-con-di-cio-**nar**) verbo
1. Colocar una cosa de modo que se ajuste o adapte a otra. *Acondiciona-*

mos la calefacción para que funcionara con gas natural. **SIN.** Adaptar, adecuar, amoldar, encajar. **ANT.** Desajustar, desencajar.
2. Preparar alguna cosa de manera adecuada a determinado fin. *Estuvimos acondicionando el salón para la fiesta.* **SIN.** Arreglar, acomodar. **ANT.** Desarreglar.

acongojar (a-con-go-**jar**) verbo
Llenar de tristeza y aflicción. *No te acongojes, ya verás como pronto se soluciona todo.* **SIN.** Apenar, angustiar, apesadumbrar. **ANT.** Consolar, alegrar.

aconsejar (a-con-se-**jar**) verbo
Dar consejos, sugerencias o indicaciones para que alguien actúe o se comporte bien. *Le aconsejó que estudiara para aprobar el curso.* **SIN.** Asesorar, advertir, guiar, recomendar, avisar. **ANT.** Desaconsejar.

acontecimiento (a-con-te-ci-**mien**-to) sustantivo masculino
Hecho importante que sucede. *El descubrimiento de América fue un gran acontecimiento histórico.* **SIN.** Suceso, evento, incidente, caso.

acoplar (a-co-**plar**) verbo
Ajustar exactamente una pieza al sitio donde debe colocarse. *Acopló todas las piezas del rompecabezas perfectamente.* **SIN.** Unir, ajustar, encajar. **ANT.** Desacoplar, desencajar.

acordar (a-cor-**dar**) verbo
1. Llegar a una conclusión por mayoría, ponerse de acuerdo. *Acordaron repartir la herencia entre todos.* **SIN.** Convenir, pactar.
2. acordarse Tener una cosa en la memoria y recordarla. *No me acuerdo de dónde dejé el lapicero.* **SIN.** Rememorar, evocar. **ANT.** Olvidar.

acorde (a-**cor**-de) adjetivo

1. Se dice de las personas o ideas que están de acuerdo, sin oponerse, y de las cosas que hacen juego o combinan entre sí. *Sus gustos musicales eran acordes.* **SIN.** Armónico, conforme, concorde. **ANT.** Disconforme, discordante.

2. sustantivo masculino Tres o más notas musicales interpretadas a la vez. *Me han enseñado a tocar varios acordes con la guitarra.*

acordeón

(a-cor-de-**ón**) sustantivo masculino

1. Instrumento musical de viento, que se toca haciendo entrar y salir el aire de un fuelle. *La gente de la romería bailaba muy animada al son del acordeón.*

2. Apunte para usarlo disimuladamente en los exámenes. *Me metí el acordeón entre la oreja y el pelo, bien escondido para que no me lo viera el maestro.* **SIN.** Chuleta.

acorralar

(a-co-rra-**lar**) verbo

1. Encerrar a alguien dentro de unos límites estrechos o espacio reducido, impidiéndole escapar. *La policía acorraló a los atracadores y no pudieron huir.* **SIN.** Cercar, rodear, arrinconar, atenazar. **ANT.** Soltar, dejar, escapar.

2. Dejar a alguien confundido, sin saber qué responder o cómo actuar. *Lo acorralaron con tantas preguntas que no supo cómo defenderse.* **SIN.** Confundir, turbar, aturdir.

acortar (a-cor-**tar**) verbo

Reducir la longitud, cantidad o duración de algo. *Los jueces acortaron el recorrido de la carrera porque llovía.* **SIN.** Abreviar, recortar. **ANT.** Alargar, prolongar, extender.

acosar (a-co-**sar**) verbo

Perseguir o molestar a una persona o animal sin darle descanso. *El perro se pasa todo el día acosando al pobre gato.* **SIN.** Hostigar, estrechar, asediar, cercar. **ANT.** Dejar escapar, dejar huir.

acostar (a-cos-**tar**) verbo

1. Poner a alguien tumbado para que duerma o descanse, o hacerlo uno mismo. *Acostó al niño en la cuna después de bañarlo.* **SIN.** Tender(se), echar(se), tumbar(se). **ANT.** Levantar(se), alzar(se).

2. acostarse con expresión Mantener relaciones sexuales con una persona. *Afirmaba que se había acostado con él.*

✎ Verbo irregular, se conjuga como *contar*.

acostumbrar (a-cos-tum-**brar**) verbo

1. Hacer que uno mismo o alguien, persona o animal, adquiera la costumbre de realizar alguna cosa de forma habitual, o adaptarse a una nueva situación. *Acostúmbrate a sentarte con la espalda bien derecha.* **SIN.** Habituar(se), familiarizar(se), hacerse. **ANT.** Desacostumbrar(se), deshabituar(se).

2. Tener la costumbre de hacer algo habitualmente. *Acostumbro a dar un paseo por las mañanas.* **SIN.** Soler, usar.

acre (a-cre) adjetivo

1. Áspero, picante al gusto y el olfato. *No me gusta su sabor, es muy acre.* **ANT.** Suave, dulce.

2. sustantivo masculino Medida inglesa de superficie. *Tiene una finca de 100 acres en el sur de Escocia.*

acrecentar (a-cre-cen-**tar**) verbo

Hacer algo más grande o que alguna cosa se haga mayor. *En po-*

co tiempo acrecentó sus negocios. **SIN.** Aumentar(se), desarrollar(se), incrementar(se). **ANT.** Disminuir, menguar, reducir(se).

✎ Verbo irregular, se conjuga como *acertar.*

acreditar (a-cre-di-**tar**) verbo

1. Demostrar una persona con sus acciones que es merecida la idea que los demás tienen de ella. *La ventaja que lleva a los otros ciclistas lo acredita como favorito para ganar la Vuelta a España.*
2. Probar una persona mediante un documento que está autorizada para hacer algo. *Tuvo que acreditarse como periodista para poder asistir a la rueda de prensa.* **SIN.** Justificar, demostrar.

acreedor, acreedora

(a-cre-e-**dor**) adjetivo y sustantivo

Se dice de la persona que tiene derecho a exigir que se le pague lo que se le debe. *Es uno de los acreedores de la empresa.*

acribillar (a-cri-bi-**llar**) verbo

1. Abrir muchos agujeros en algo. *Los topos acribillaron el césped.* **SIN.** Agujerear, picar.
2. Hacer muchas heridas o picaduras. *Las abejas lo acribillaron.* **SIN.** Picar, herir.
3. Molestar mucho y con frecuencia. *Me acribilló con preguntas estúpidas.* **SIN.** Fastidiar, abrumar.

acrobacia

(a-cro-**ba**-cia) sustantivo femenino

Giro, salto, pirueta o ejercicio de equilibrio. *El equilibrista hacía acrobacias sobre el alambre.*

acróbata (a-**cró**-ba-ta) sustantivo

Persona que hace habilidades sobre el trapecio, la cuerda floja, o realiza ejercicios gimnásticos en los espec-

táculos públicos. *El circo tenía muy buenos acróbatas.* **SIN.** Equilibrista, saltimbanqui, trapecista.

acrónimo

(a-**cró**-ni-mo) sustantivo masculino

Palabra constituida por las iniciales de un grupo de palabras. *ESO es el acrónimo de Enseñanza Secundaria Obligatoria.*

acta (**ac**-ta) sustantivo femenino

1. Escrito donde se explica lo sucedido, hablado o acordado en una junta o reunión. *Tengo que redactar el acta de la reunión.* **SIN.** Memoria.
2. Certificación oficial de un hecho. *Necesita un acta de bautismo para poder casarse por la iglesia.*

actitud (ac-ti-**tud**) sustantivo femenino

Disposición para hacer o no hacer una cosa. *Su actitud de diálogo es muy positiva para la solución del conflicto.* **SIN.** Postura.

✎ No debe confundirse con *aptitud.*

activar (ac-ti-**var**) verbo

1. Acelerar la realización de un asunto. *Activaron las obras porque se acercaba la fecha de la inauguración.* **SIN.** Apresurar, avivar. **ANT.** Retardar, frenar.
2. Poner en funcionamiento un mecanismo. *Activa el resorte y se abrirá.*

actividad

(ac-ti-vi-**dad**) sustantivo femenino

1. Todos y cada uno de los movimientos de un ser o cosa. *Es una persona con muy poca actividad, se pasa el día sentado o tumbado.* **ANT.** Inactividad, pasividad.
2. Prontitud al hacer algo. *Solucionó todos los papeles con una actividad asombrosa.* **SIN.** Diligencia, dinamismo, celeridad.
3. Trabajo o tarea de una persona o entidad. *Su empresa se dedica a acti-*

vidades comerciales. **SIN.** Ocupación, profesión.

4. Ejercicio para practicar lo que se ha aprendido. *Al final de cada lección hay actividades para el alumno.*

activo, activa (ac-**ti**-vo) adjetivo

1. Se dice de la persona que actúa rápidamente y con eficacia. *Es una persona muy activa, por eso le da tiempo a hacer tantas cosas.* **SIN.** Diligente, laborioso, dinámico. **ANT.** Inactivo, abúlico.

2. Se dice de lo que está funcionando o está preparado para hacerlo en cuanto haga falta. *No te acerques a la puerta, que está activa la alarma y va a sonar.*

acto (**ac**-to) sustantivo masculino

1. Acción o hecho. *Eres responsable de tus actos.* **SIN.** Obra.

2. Reunión pública o solemne. *El acto de la entrega de premios se celebrará en el aula magna.*

3. Cada una de las partes principales en que se divide una obra de teatro. *Nos gustó mucho el primer acto de la comedia.* **SIN.** Jornada, cuadro.

4. en el acto expresión En seguida. *Voy a buscarte en el acto.*

5. acto seguido expresión Inmediatamente después. *Iré al colegio y, acto seguido, nos vamos al cine.*

actor, actriz (ac-**tor**) sustantivo

Artista que representa un papel en el teatro, en el cine o en la televisión. *Está estudiando Arte Dramático porque quiere ser actriz.* **SIN.** Cómico, intérprete.

✎ El plural de *actriz* es *actrices*.

actual (ac-**tual**) adjetivo

De ahora, del momento presente. *La moda actual estará anticuada en poco tiempo.* **SIN.** Moderno. **ANT.** Pasado, anticuado.

actualidad

(ac-tua-li-**dad**) sustantivo femenino

1. Tiempo presente. *En la actualidad está grabando su segundo disco, que pronto saldrá a la venta.* **SIN.** Contemporaneidad.

2. Cosa o suceso que atrae y ocupa la atención de la mayoría de la gente en un momento dado. *En los años sesenta, la llegada a la luna fue noticia de actualidad.*

actualizar (ac-tua-li-**zar**) verbo

Convertir una cosa ya pasada en actual. *Deberías actualizar tu vestuario, esto se llevaba hace mil años.* **SIN.** Renovar, modernizar.

✎ Se conjuga como *abrazar*.

actuar (ac-tu-**ar**) verbo

1. Hacer algo o comportarse de una determinada manera. *La Policía actuó con mucha rapidez. Actuó con honradez y reconoció que se había equivocado.* **SIN.** Portarse, proceder. **ANT.** Abstenerse, inhibirse.

2. Hacer una persona o cosa su función. *Actuó como director durante la enfermedad de este.* **SIN.** Ejercer, desempeñar.

3. Representar un papel en el teatro, en el cine o en la televisión. *Actúa como protagonista femenina en una teleserie.*

4. Producir algo efecto sobre una persona o cosa. *El antiinflamatorio actuó rápidamente.*

✎ Verbo con acentuación irregular. Ver pág. 32.

acuarela (a-cua-**re**-la) sustantivo femenino

1. Pintura que se aplica sobre papel o cartón con colores diluidos en agua. *Me gusta más pintar con acuarela que con óleo.*

2. Cuadro que se realiza con esta técnica. *Mi abuela conserva la acuare-*

actuar

MODO INDICATIVO		MODO SUBJUNTIVO	
Tiempos simples	Tiempos compuestos	Tiempos simples	Tiempos compuestos
Presente	**Pret. perf. compuesto / Antepresente**	**Presente**	**Pret. perf. compuesto / Antepresente**
actúo	he actuado	actúe	haya actuado
actúas / actuás	has actuado	actúes	hayas actuado
actúa	ha actuado	actúe	haya actuado
actuamos	hemos actuado	actuemos	hayamos actuado
actuáis / actúan	habéis actuado	actuéis / actúen	hayáis actuado
actúan	han actuado	actúen	hayan actuado
Pret. imperfecto / Copretérito	**Pret. pluscuamperfecto / Antecopretérito**	**Pret. imperfecto / Pretérito**	**Pret. pluscuamperfecto / Antepretérito**
		actuara o actuase	hubiera o hubiese actuado
actuaba	había actuado	actuaras o actuases	hubieras o hubieses actuado
actuabas	habías actuado	actuara o actuase	hubiera o hubiese actuado
actuaba	había actuado	actuáramos o actuásemos	hubiéramos o hubiésemos actuado
actuábamos	habíamos actuado	actuarais o actuaseis	hubierais o hubieseis actuado
actuabais / actuaban	habíais actuado	/ actuaran o actuasen	hubieran o hubiesen actuado
actuaban	habían actuado	actuaran o actuasen	
Pret. perf. simple / Pretérito	**Pret. anterior / Antepretérito**	**Futuro simple / Futuro**	**Futuro compuesto / Antefuturo**
actué	hube actuado	actuare	hubiere actuado
actuaste	hubiste actuado	actuares	hubieres actuado
actuó	hubo actuado	actuare	hubiere actuado
actuamos	hubimos actuado	actuáremos	hubiéremos actuado
actuasteis / actuaron	hubisteis actuado	actuareis / actuaren	hubiereis actuado
actuaron	hubieron actuado	actuaren	hubieren actuado
Futuro simple / Futuro	**Futuro compuesto / Antefuturo**	**MODO IMPERATIVO**	
actuaré	habré actuado	actúa (tú) / actuá (vos) / actúe (usted)	
actuarás	habrás actuado	actuad (vosotros)	
actuará	habrá actuado	actúen (ustedes)	
actuaremos	habremos actuado		
actuaréis / actuarán	habréis actuado		
actuarán	habrán actuado		
Condicional simple / Pospretérito	**Condicional compuesto / Antepospretérito**	**FORMAS NO PERSONALES**	
		Infinitivo actuar	**Infinitivo compuesto** haber actuado
actuaría	habría actuado		
actuarías	habrías actuado	**Gerundio** actuando	**Gerundio compuesto** habiendo actuado
actuaría	habría actuado		
actuaríamos	habríamos actuado	**Participio** actuado	
actuaríais / actuarían	habríais actuado		
actuarían	habrían actuado		

la que le regaló mi padre cuando era pequeño.

acuario (a-**cua**-rio) sustantivo masculino

Recipiente o depósito con agua donde se tienen animales o vegetales acuáticos vivos. *Fuimos al acuario a ver cómo daban de comer a los delfines.* **SIN.** Pecera, vivero.

acuático, acuática

(a-**cuá**-ti-co) adjetivo

Que vive o tiene lugar en el agua. *Los animales acuáticos tienen aletas para nadar.*

acudir (a-cu-**dir**) verbo

1. Ir alguien al sitio adonde le conviene o es llamado. *Acudió al despacho en cuanto lo llamaron.* **SIN.** Ir, presentarse, llegar, asistir. **ANT.** Marchar, partir.

2. Buscar la ayuda de alguna persona o cosa para conseguir algo. *Acudió a sus padres para que le prestasen dinero.* **SIN.** Apelar, recurrir.

acuerdo (a-**cuer**-do) sustantivo masculino

1. Decisión tomada por varias personas juntas. *A pesar de hablar durante horas, no llegaron a un acuerdo sobre lo que se debía hacer.* **SIN.** Determinación, disposición. **ANT.** Desacuerdo.

2. Pacto, tratado entre dos países o grupos de personas. *El acuerdo de paz se firmó entre las dos partes en conflicto.* **SIN.** Unión, armonía, consonancia, conformidad. **ANT.** Desacuerdo, disconformidad.

3. de acuerdo expresión Se usa cuando se está conforme con lo que piensa o dice otra persona. *Deberíamos ponernos de acuerdo antes de hacer nada.*

acumular (a-cu-mu-**lar**) verbo

Juntar o juntarse en un grupo o montón personas, animales o cosas.

El cartero acumuló todas las cartas que tenía que repartir, para clasificarlas por calles. **SIN.** Amontonar(se), acopiar, hacinar(se), reunir(se), almacenar. **ANT.** Esparcir(se), distribuir(se), disgregar(se), desperdigar(se).

acunar (a-cu-**nar**) verbo

Mecer al niño en la cuna para que duerma. *Su hermanito cantaba una canción al tiempo que lo acunaba.* **SIN.** Arrullar.

acuñar (a-cu-**ñar**) verbo

Sellar o fabricar piezas metálicas o monedas. *Acuñaron las medallas para la competición de atletismo.* **SIN.** Grabar, estampar.

acupuntura

(a-cu-pun-**tu**-ra) sustantivo femenino

Sistema curativo de la medicina oriental que utiliza el procedimiento de introducir agujas muy finas en diversas partes del cuerpo por donde se cree que fluyen las fuerzas de la vida. *Va a un centro de acupuntura para adelgazar.*

acurrucarse (a-cu-rru-**car**-se) verbo

Encogerse para resguardarse del frío o por miedo. *Hacía tanto frío que todos se acurrucaron junto a la hoguera.* **SIN.** Acuclillarse, agacharse, agazaparse. **ANT.** Estirarse, extenderse, desencogerse.

✎ Se conjuga como *abarcar*.

acusado, acusada

(a-cu-**sa**-do) sustantivo

Persona a quien se acusa de haber cometido un delito o una mala acción. *El acusado del robo negó todos los hechos.* **SIN.** Inculpado, reo, procesado.

acusar (a-cu-**sar**) verbo

1. Echar la culpa a alguien de un delito o mala acción. *Lo acusaron de robo y no pudo negarlo.* **SIN.** Culpar, inculpar. **ANT.** Defender, exculpar, interceder.

2. Decir algo malo de una persona a otra que puede castigarla. *Siempre nos está acusando ante el profesor de que hablamos en clase.* **SIN.** Denunciar, delatar, chivar(se). **ANT.** Defender, exculpar, interceder, encubrir.

acústico, acústica

(a-**cús**-ti-co) adjetivo

1. Que pertenece o se refiere a los sonidos o al órgano del oído. *Nervio acústico.* **SIN.** Auditivo.

2. Se dice del instrumento musical no electrónico. *Me regalaron una guitarra acústica.*

3. Que favorece la propagación o producción del sonido. *Ese anfiteatro tiene muy buena acústica.*

adaptación

(a-dap-ta-**ción**) sustantivo femenino

1. Acción de acostumbrarse a nuevas situaciones. *Su adaptación al nuevo colegio fue asombrosa.* **SIN.** Aclimatación, acomodación.

2. Proceso por el que un animal o planta se acomoda al medio ambiente. *El pelo espeso y las orejas y rabos cortos de los mamíferos árticos son adaptaciones al frío.* **SIN.** Aclimatación.

3. Modificación o cambio de una obra artística. *Hizo una adaptación cinematográfica de La Celestina.*

adaptar (a-dap-**tar**) verbo

1. Modificar algo a fin de que sirva para una finalidad distinta o se ajuste a otra cosa. *Los expertos adaptaron el avión con esquíes para que pudiera aterrizar sobre el agua.* **SIN.** Adecuar, acomodar, amoldar.

2. Modificar una obra científica, literaria, musical, etc., para hacerla

más comprensible para un determinado grupo de personas. *Adaptamos ese diccionario para niños, haciendo definiciones sencillas.* **SIN.** Arreglar.

3. adaptarse Acostumbrarse a una situación diferente a la habitual. *Se adaptó pronto a vivir sola en Francia.* **SIN.** Acomodarse, aclimatarse, amoldarse.

adecuado, adecuada

(a-de-**cua**-do) adjetivo

Apropiado o conveniente en determinadas situaciones. *Esa finca no es el lugar adecuado para hacer la casa, porque el terreno es demasiado húmedo.* **SIN.** Idóneo.

adecuar (a-de-cu-**ar**) verbo

Acomodar, hacer que una cosa se adapte a otra. *Hay que adecuarse a las circunstancias.* **SIN.** Acomodar(se), acompasar.

✎ Se conjuga como *actuar* (*adecúo*) y como *averiguar* (*adecuo*).

adefesio (a-de-**fe**-sio) sustantivo masculino

Persona o cosa extravagante y ridícula. *Venía hecho un adefesio y todo el mundo se le quedaba mirando.* **SIN.** Esperpento, mamarracho, facha, espantajo.

adelantar (a-de-lan-**tar**) verbo

1. Mover o llevar una cosa hacia delante. *Tiene que adelantar el asiento del coche para llegar a los pedales.* **SIN.** Avanzar.

2. Aventajar, ir por delante de alguien o algo. *Adelantó a los otros corredores y llegó primero a la meta.* **SIN.** Rebasar, sobrepasar.

3. Progresar en los estudios, la posición social, etc. *Estoy adelantando mucho en este curso porque estudio todos los días.* **SIN.** Mejorar.

4. Correr las agujas del reloj con más velocidad de la debida. *El reloj* *de la cocina adelanta cinco minutos.* **ANT.** Atrasar.

5. Suceder o hacer que suceda una cosa antes del tiempo previsto o señalado. *La cosecha se adelantó este año por el calor.*

6. adelantarse alguien a su tiempo expresión Tener ideas o actitudes que son más propias de un tiempo futuro que del presente. *Leonardo da Vinci se adelantó a su tiempo*

adelante (a-de-**lan**-te) adverbio

1. Más allá. *Siguió adelante, sin mirar atrás.* **ANT.** Atrás.

2. en adelante expresión En el futuro. *De hoy en adelante, estudiaré más.*

✎ No se debe decir *alante.

adelanto (a-de-**lan**-to) sustantivo masculino

1. Anticipación de algo. *Tuvimos antes los exámenes por el adelanto de las vacaciones.* **ANT.** Retraso.

2. Progreso o desarrollo que supone una mejora. *El mundo de la informática se ha revolucionado con tantos adelantos.* **SIN.** Avance, progreso, evolución.

3. Cantidad de dinero que se paga o recibe antes del tiempo señalado. *Pidió un adelanto del sueldo.* **SIN.** Anticipo.

adelgazar (a-del-ga-**zar**) verbo

Disminuir una persona o cosa de peso y volumen. *Estoy a régimen para adelgazar.* **SIN.** Enflaquecer. **ANT.** Engordar.

✎ Se conjuga como *abrazar*.

además (a-de-**más**) adverbio

Se utiliza para añadir más información a lo ya dicho. *Y además tuvo que pagar una multa.* **SIN.** Encima de, todavía más, también, asimismo. **ANT.** Excepto.

adentrarse (a-den-**trar**-se) verbo

Penetrar en el interior de una cosa o lugar. *Se adentraron en el bosque*

hasta que se perdieron por completo. **SIN.** Profundizar, entrar, internarse. **ANT.** Salir.

adentro (a-**den**-tro) adverbio

Hacia o en el interior de algo o alguien. *Vámonos adentro, aquí hace frío.* **ANT.** Fuera.

adepto, adepta

(a-**dep**-to) adjetivo

Partidario de alguna idea o miembro de alguna secta, grupo o asociación. *Su partido consiguió muchos adeptos.* **SIN.** Adicto, seguidor. **ANT.** Opositor, contrario.

aderezar

(a-de-re-**zar**) verbo

1. Añadir adornos a algo para embellecerlo. *Aderezaron la carroza para el desfile.* **SIN.** Adornar.

2. Condimentar los alimentos con ingredientes o salsas que mejoren su sabor. *Adereza la ensalada con aceite y vinagre.* **SIN.** Aliñar.

✎ Se conjuga como *abrazar*.

adeudar (a-deu-**dar**) verbo

Deber dinero a alguien. *Adeuda dinero a su hermano.* **ANT.** Pagar.

adherir (adhe-**rir**) verbo

1. Pegar una cosa a otra. *El sello se adhiere bien al papel.* **SIN.** Unir(se), juntar(se). **ANT.** Separar(se), despegar(se).

2. Estar de acuerdo con una idea o entrar a formar parte de un grupo. *Se adhirieron todos a su propuesta y salió ganadora en la votación.* **SIN.** Unirse, aceptar, afiliarse. **ANT.** Discrepar, separarse, darse de baja.

✎ Verbo irregular, se conjuga como *sentir*.

adhesivo, adhesiva

(adhe-**si**-vo) adjetivo

1. Que puede pegarse. *Pon cinta adhesiva al paquete.*

adicción - administrador

2. sustantivo masculino Objeto que tiene una sustancia pegajosa que sirve para unirle a una superficie. *Puso un adhesivo en el cristal del coche.* **SIN.** Pegatina.

adicción (a-dic-**ción**) sustantivo femenino
Dependencia de una droga o de una costumbre. *Le costó dejar su adicción a la cocaína.*

✎ No debe confundirse con *adición*.

adición (a-di-**ción**) sustantivo femenino
Acción de añadir o sumar unas cosas o cantidades a otras. *La adición de trabajo supuso un mayor esfuerzo por su parte.* **SIN.** Incremento, suma. **ANT.** Disminución, resta.

✎ No debe confundirse con *adicción*.

adicto, adicta (a-**dic**-to) adjetivo
1. Se dice de la persona que está muy apegada a algo o a alguien. *Es adicto a sus amigos.*
2. Partidario, admirador. *Contaba con el apoyo de todos sus adictos.* **SIN.** Incondicional, adepto.
3. Se dice de la persona que tiene una dependencia física o psíquica de alguna droga, sustancia o hábito. *Es adicta a la heroína.*

adiestrar (a-dies-**trar**) verbo
Preparar a alguien para que pueda realizar alguna actividad. *Se está adiestrando en el arte de la cocina.* **SIN.** Enseñar, ejercitar, amaestrar, entrenar.

adivinanza
(a-di-vi-**nan**-za) sustantivo femenino
Juego que consiste en acertar la solución de una pregunta o el significado de una frase, con la información y pistas que contienen. *¿A que no aciertas esta adivinanza?* **SIN.** Acertijo.

adivinar (a-di-vi-**nar**) verbo
1. Saber antes de que ocurra lo que va a suceder en el futuro. *Adivinó*

que iba a nevar. **SIN.** Profetizar, vaticinar, pronosticar.
2. Descubrir algo que no se sabía o dar con la solución de una pregunta o adivinanza. *Adivinó la respuesta correcta.* **SIN.** Resolver, solucionar, descifrar.

adjetivo (ad-je-**ti**-vo) sustantivo masculino
Tipo de palabras que sirven para señalar alguna característica o cualidad del sustantivo al que acompañan. *En la oración: «El cielo oscuro amenazaba lluvia», oscuro es un adjetivo.*

adjudicar (ad-ju-di-**car**) verbo
1. Dar a una persona algo que otras también habían solicitado. *Le adjudicaron las obras del campo de fútbol.* **SIN.** Asignar, entregar. **ANT.** Expropiar, quitar.
2. adjudicarse En las competiciones deportivas u otras actividades, lograr el triunfo. *Nuestro equipo se adjudicó el triunfo del torneo de baloncesto.*

✎ Se conjuga como *abarcar*.

adjuntar (ad-jun-**tar**) verbo
Enviar juntamente con una carta o escrito, notas, facturas, muestras, etc. *Le adjunto las muestras que me pidió.* **SIN.** Acompañar.

administración
(ad-mi-nis-tra-**ción**) sustantivo femenino
Acción de administrar el dinero o los bienes, y de organizar la forma de conseguirlos o gastarlos. *Se le da muy bien la administración de la casa.* **SIN.** Gerencia, gestión, gobierno.

administrador, administradora
(ad-mi-nis-tra-**dor**) sustantivo
Persona que cuida los negocios, dinero o propiedades de otra, de un grupo, de una empresa, etc. *Nombró un administrador para que se ocupara*

de su herencia. **SIN.** Gerente, apoderado.

administrar (ad-mi-nis-**trar**) verbo
1. Ocuparse de gobernar o dirigir una comunidad. *El Gobierno se ocupa de administrar el Estado.*
2. Cuidar de los bienes que uno tiene a su cargo. *Le administra la herencia hasta la mayoría de edad.* **SIN.** Apoderar, disponer.
3. Dar o tomar medicamentos. *Decidí administrarle pastillas para dormir.*

administrativo, administrativa
(ad-mi-nis-tra-**ti**-vo) adjetivo
1. Se dice de lo relacionado con la administración. *Se pasó toda la mañana solucionando asuntos administrativos.* **SIN.** Burocrático.
2. sustantivo masculino y femenino Persona que se ocupa de los trabajos de administración de una empresa, organismo, etc. *Mi hermano trabaja de administrativo en una editorial.*

admiración
(ad-mi-ra-**ción**) sustantivo femenino
1. Sorpresa, acción de admirar o admirarse. *Su actuación es digna de admiración.*
2. Signo ortográfico (¡!) que, en español, se pone antes y después de frases o palabras para expresar admiración, queja, lástima, etc. *Pon la frase entre admiraciones.*

admirar (ad-mi-**rar**) verbo
1. Causar sorpresa una cosa extraordinaria o inesperada. *La llegada del ser humano a la luna admiró al mundo.* **SIN.** Asombrar, maravillar, chocar.
2. Ver una cosa con placer. *Desde el coche admiramos el hermoso paisaje.* **SIN.** Contemplar.
3. Sentir entusiasmo por una persona o cosa que está fuera de lo

normal. *Admira a su hermana porque sabe mucho.* **SIN.** Apreciar.

admitir (ad-mi-**tir**) verbo
1. Dejar entrar a algo o alguien. *En ese restaurante no admiten clientes sin corbata.* **ANT.** Rechazar.
2. Decir que sí o aceptar la validez de algo. *Admitió la propuesta pero con cierto recelo.* **SIN.** Acceder. **ANT.** Desaprobar, negar.

adobe (a-**do**-be) sustantivo masculino
Ladrillo hecho de barro secado al aire. *Hizo una tapia de adobes.*

adolescencia
(a-do-les-**cen**-cia) sustantivo femenino
Período de la vida humana entre la niñez y la edad adulta. *Recordaba con nostalgia su adolescencia.* **SIN.** Pubertad.

adonde (a-**don**-de) adverbio
A la parte que, al lugar que. *Iré adonde tú quieras.*

adónde (a-**dón**-de) adverbio
Se usa en frases interrogativas y exclamativas, y significa «hacia qué lugar, a qué parte». *¿Adónde vas?*

adoptar (a-dop-**tar**) verbo
1. Admitir o tomar como propia una opinión, doctrina, etc., que antes no lo era. *Adoptó la defensa de la paz como objetivo.* **SIN.** Abrazar.
2. Tomar legalmente como hijo a quien no lo es por nacimiento. *Como ellos no podían tener hijos, adoptaron una niña.* **SIN.** Prohijar.
3. Tomar una decisión o actuar de determinada forma. *Adoptó el enfado como medida de presión.* **SIN.** Elegir, acoger. **ANT.** Dejar, rehusar.

adoptivo, adoptiva
(a-dop-**ti**-vo) adjetivo
Se aplica a la persona adoptada y a la que adopta un hijo. *Sus dos hijos eran adoptivos.*

adoquín (a-do-**quín**) sustantivo masculino

Piedra de forma rectangular que sirve para pavimentar los suelos, las calles, etc. *Están poniendo adoquines en esa calle.* **SIN.** Losa.

adorable (a-do-**ra**-ble) adjetivo

Que se hace querer por ser agradable o encantador. *Tu hermano pequeño es realmente adorable.* **SIN.** Delicioso, encantador. **ANT.** Detestable, repugnante.

adorar (a-do-**rar**) verbo

1. Mostrar respeto y obediencia a Dios o a lo que se considera como cosa divina. *Adoraban al dios del sol.* **SIN.** Venerar.

2. Amar algo o a alguien intensamente. *Adora la lectura desde pequeño.* **SIN.** Querer, apreciar, estimar. **ANT.** Detestar, odiar.

adormecer (a-dor-me-**cer**) verbo

1. Producir o sentir sueño. *El calor de la tarde me adormecía.* **SIN.** Adormilar(se), amodorrar(se). **ANT.** Despabilar, despertar(se).

2. Calmar la intensidad de un sentimiento o deseo. *El tiempo adormeció su deseo de venganza.* **SIN.** Aplacar, mitigar. **ANT.** Avivar.

✎ Verbo irregular, se conjuga como *parecer*.

adormilarse (a-dor-mi-**lar**-se) verbo

Dormirse a medias. *Me había adormilado un poco cuando sonó el timbre.* **SIN.** Adormecerse.

adornar (a-dor-**nar**) verbo

Poner adornos a una cosa para que esté más bonita. *Adornamos el árbol de Navidad con luces de colores.* **SIN.** Ornar.

adorno (a-**dor**-no) sustantivo masculino

Lo que se pone a alguien o algo para que esté más bonito. *Tenía el salón lleno de adornos.*

adosado, adosada

(a-do-**sa**-do) adjetivo

Que está pegado o unido a otra cosa. *Están construyendo una urbanización de chalés adosados.*

adquirir (ad-qui-**rir**) verbo

1. Conseguir alguna cosa. *Cuando estuve de vacaciones en Estados Unidos, adquirí importantes conocimientos de inglés.* **SIN.** Alcanzar, lograr, obtener. **ANT.** Perder.

2. Comprar algo. *Adquirí las papeletas del sorteo en la oficina.*

✎ Verbo irregular. Ver pág. 39.

adrede (a-**dre**-de) adverbio

Se aplica a lo que se hace intencionadamente, de forma voluntaria. *Se manchó la camiseta adrede porque no le gustaba y quería cambiarse.* **SIN.** Deliberadamente, a propósito, aposta. **ANT.** Sin querer, involuntariamente, inconscientemente.

aduana (a-**dua**-na) sustantivo femenino

Oficina que existe en las fronteras de los distintos países, cuya misión es la de cobrar los impuestos de las mercancías u objetos procedentes del extranjero. *Se cerró la aduana con el país vecino por problemas políticos.*

adueñarse (a-due-**ñar**-se) verbo

Hacerse alguien el dueño o propietario de una cosa, o comportarse como si así fuera. *Se adueñó de la empresa al desaparecer su socio.* **SIN.** Apoderarse, posesionarse. **ANT.** Desprenderse.

adulación

(a-du-la-**ción**) sustantivo femenino

Acción de alabar exageradamente o de forma poco sincera a alguien para conseguir algo de él. *Pedro es una persona muy dada a la adulación para conseguir sus intereses, así que*

adquirir

MODO INDICATIVO		MODO SUBJUNTIVO	
Tiempos simples	Tiempos compuestos	Tiempos simples	Tiempos compuestos

Presente	**Pret. perf. compuesto / Antepresente**	**Presente**	**Pret. perf. compuesto / Antepresente**
adquiero	he adquirido	adquiera	haya adquirido
adquieres / adquirís	has adquirido	adquieras	hayas adquirido
adquiere	ha adquirido	adquiera	haya adquirido
adquirimos	hemos adquirido	adquiramos	hayamos adquirido
adquirís /adquieren	habéis adquirido	adquiráis / adquieran	hayáis adquirido
adquieren	han adquirido	adquieran	hayan adquirido

Pret. imperfecto / Copretérito	**Pret. pluscuamperfecto / Antecopretérito**	**Pret. imperfecto / Pretérito**	**Pret. pluscuamperfecto / Antepretérito**
adquiría	había adquirido	adquiriera o adquiriese	hubiera o hubiese adquirido
adquirías	habías adquirido	adquirieras o adquirieses	hubieras o hubieses adquirido
adquiría	había adquirido	adquiriera o adquiriese	hubiera o hubiese adquirido
adquiríamos	habíamos adquirido	adquiriéramos o adquiriésemos	hubiéramos o hubiésemos adquirido
adquiríais / adquirirían	habíais adquirido	adquirierais o adquirieseis	hubierais o hubieseis adquirido
adquirían	habían adquirido	/ adquirieran o adquiriesen	hubieran o hubiesen adquirido
		adquirieran o adquiriesen	

Pret. perf. simple /Pretérito	**Pret. anterior / Antepretérito**		
adquirí	hube adquirido		
adquiriste	hubiste adquirido		
adquirió	hubo adquirido		
adquirimos	hubimos adquirido		
adquiristeis / adquirieron	hubisteis adquirido		
adquirieron	hubieron adquirido		

		Futuro simple / Futuro	**Futuro compuesto / Antefuturo**
		adquiriere	hubiere adquirido
		adquirieres	hubieres adquirido
		adquiriere	hubiere adquirido
		adquiriéremos	hubiéremos adquirido
		adquiriereis / adquirieron	hubiereis adquirido
		adquirieren	hubieren adquirido

Futuro simple / Futuro	**Futuro compuesto / Antefuturo**
adquiriré	habré adquirido
adquirirás	habrás adquirido
adquirirá	habrá adquirido
adquiriremos	habremos adquirido
adquiriréis / adquirirán	habréis adquirido
adquirirán	habrán adquirido

MODO IMPERATIVO

adquiere (tú) / adquirí (vos) / adquiera (usted)
adquirid (vosotros)
adquieran (ustedes)

Condicional simple / Pospretérito	**Condicional compuesto / Antepospretérito**
adquiriría	habría adquirido
adquirirías	habrías adquirido
adquiriría	habría adquirido
adquiriríamos	habríamos adquirido
adquiriríais / adquirirían	habríais adquirido
adquirirían	habrían adquirido

FORMAS NO PERSONALES

Infinitivo	**Infinitivo compuesto**
adquirir	haber adquirido
Gerundio	**Gerundio compuesto**
adquiriendo	habiendo adquirido
Participio	
adquirido	

39

adular - aeróbic

no te fíes de él. **SIN.** Carantoña, embeleco, halago, lisonja, coba.

adular (a-du-**lar**) verbo

Alabar a alguien cuando está delante para ganarse su amistad y lograr que haga lo que se quiere. *Con adular a tu jefe no conseguirás nada.* **SIN.** Halagar, lisonjear, dar coba, dar jabón. **ANT.** Ofender, despreciar.

adulterar (a-dul-te-**rar**) verbo

1. Falsificar alguna cosa. *Adulteraron las pruebas para despistar a la Policía.* **SIN.** Falsear.

2. Alterar una sustancia mezclándola con otra distinta, de peor calidad. *Adulteraron el producto para aumentar sus beneficios.* **SIN.** Depurar, purificar.

adulterio (a-dul-**te**-rio) sustantivo masculino

Relaciones sexuales que mantiene una persona casada con otra que no es su cónyuge. *El adulterio fue la causa de su divorcio.* **SIN.** Infidelidad.

adulto, adulta (a-**dul**-to) adjetivo y sustantivo

Se dice de la persona que ha alcanzado pleno desarrollo mental, físico, sexual, etc. *Juan ha madurado mucho, es casi un adulto.* **SIN.** Maduro, mayor. **ANT.** Adolescente, niño, inmaduro.

adverbio (ad-**ver**-bio) sustantivo masculino

Tipo de palabras que sirven para modificar el significado del verbo, del adjetivo o de otro adverbio. Los adverbios no tienen masculino ni femenino, ni singular y plural. *Bastante, poco, alto, muy lejos, etc.*

adversario, adversaria

(ad-ver-**sa**-rio) sustantivo

Persona que es contraria o enemiga de otra. *Tiene un debate con su adversario político.* **SIN.** Contrario, antagonista, oponente. **ANT.** Simpatizante, aliado.

adversidad

(ad-ver-si-**dad**) sustantivo femenino

Suceso o situación desgraciada, mala suerte. *En la adversidad, sigue siendo una persona optimista.* **SIN.** Desdicha, desgracia, infortunio. **ANT.** Fortuna, dicha.

adverso, adversa (ad-**ver**-so) adjetivo

Se dice de los hechos y situaciones desfavorables. *A pesar del resultado adverso del partido, estaba satisfecho con su equipo.*

advertencia

(ad-ver-**ten**-cia) sustantivo femenino

Aviso de un peligro que podría suceder y consejos para actuar de forma apropiada. *No hizo caso de las advertencias de su padre y ahora está pagando las consecuencias.*

advertir (ad-ver-**tir**) verbo

1. Fijar en algo la atención. *No advirtió que venía detrás.* **SIN.** Reparar, percatarse, observar, notar. **ANT.** Pasar por alto.

2. Dar consejos, enseñanzas o avisos. *Le advirtió para que no lo volviera a hacer.* **SIN.** Amonestar, prevenir.

✎ Verbo irregular, se conjuga como *sentir.*

adyacente (ad-ya-**cen**-te) adjetivo

Se dice de lo que está cerca de algo. *Los jardines adyacentes a la casa están muy bien cuidados.* **SIN.** Aledaño, anejo, lindante.

aéreo, aérea (a-**é**-re-o) adjetivo

Que tiene que ver con el aire o tiene lugar en él. *El transporte aéreo es más rápido que el terrestre.* **ANT.** Terrestre, marítimo.

aeróbic (a-e-**ró**-bic) sustantivo masculino

Serie de ejercicios físicos realizados al ritmo de la música. *María hace aeróbic todos los días.*

✎ También *aerobic.* No tiene plural.

aerodinámico, aerodinámica

(a-e-ro-di-**ná**-mi-co) adjetivo

Se dice de la forma dada a ciertos vehículos para disminuir la resistencia del aire, y de los vehículos que la tienen. *Este coche tiene una forma muy aerodinámica.* **SIN.** Esbelto.

aeródromo

(a-e-**ró**-dro-mo) sustantivo masculino

Lugar preparado para la entrada y salida de aviones, etc., y sus maniobras. *El avión tuvo que aterrizar en otro aeródromo a causa de la niebla.* **SIN.** Aeropuerto.

aeromodelismo

(a-e-ro-mo-de-**lis**-mo) sustantivo masculino

Actividad que consiste en construir aviones de pequeño tamaño y hacerlos volar. *Es una persona muy aficionada al aeromodelismo.*

aeronáutica

(a-e-ro-**náu**-ti-ca) sustantivo femenino

Ciencia o arte de la navegación aérea. *Quería estudiar Ingeniería Aeronáutica.*

aeronave (a-e-ro-**na**-ve) sustantivo femenino

Vehículo que sirve para viajar por el aire. *Su mayor ilusión es construir una aeronave y pilotarla.*

aeroplano

(a-e-ro-**pla**-no) sustantivo masculino

Vehículo con motor y alas que viaja por el aire. *Visité una exposición de aeroplanos antiguos.* **SIN.** Avión, aeronave, avioneta.

aeropuerto

(a-e-ro-**puer**-to) sustantivo masculino

Lugar destinado al aterrizaje y despegue de los aviones. *Tomamos el vuelo en el aeropuerto de Barajas.* **SIN.** Aeródromo.

aerosol (a-e-ro-**sol**) sustantivo masculino

Recipiente que sirve para lanzar al exterior en forma de pequeñas gotas, como si fuera polvo, un líquido almacenado bajo presión, y el líquido mismo. *Utiliza un aerosol para perfumar su casa.* **SIN.** Vaporizador.

afable (a-**fa**-ble) adjetivo

Se dice de la persona que es amable en el trato y la conversación. *Hizo pronto amigos gracias a su carácter afable.* **SIN.** Atento, cortés, cordial, tratable, agradable. **ANT.** Descortés, brusco, intratable, antipático, huraño.

afán (a-**fán**) sustantivo masculino

1. Deseo grande de hacer algo. *Tiene mucho afán de terminar ese trabajo.* **SIN.** Ansia, interés. **ANT.** Desilusión, desencanto.

2. Esmero e interés que se pone al realizar algo. *Estudió con afán para aprobar el examen.* **SIN.** Empeño, ahínco. **ANT.** Desgana.

afanar (a-fa-**nar**) verbo

1. Robar hábilmente a alguien sin que se dé cuenta. *Me afanaron la cartera en el autobús.*

2. afanarse Trabajar con mucho empeño. *Se afanó mucho para conseguir una buena cosecha y lo logró.* **SIN.** Esmerarse.

afear (a-fe-**ar**) verbo

1. Poner fea a una persona o cosa. *La maleza del jardín afeaba la entrada de la casa.* **SIN.** Deformar, estropear. **ANT.** Embellecer, favorecer.

2. Echar en cara algo malo a alguien. *Le afearon su mal comportamiento en la reunión.* **SIN.** Reprender, tachar, vituperar. **ANT.** Encomiar, alabar, elogiar.

afectado, afectada (a-fec-**ta**-do) adjetivo

1. Impresionado por algo. *Estaba muy afectado por el accidente.*

2. Poco natural o extravagante. *Tu nuevo amigo es demasiado afectado y* *pedante.* **SIN.** Esnob, cursi, petulante. **ANT.** Sencillo, natural, espontáneo. **3.** Que no es real, sino fingido. *Sabíamos que estaba triste a pesar de su afectada alegría.* **SIN.** Aparente, ficticio. **ANT.** Verdadero, real.

afectar (a-fec-**tar**) verbo

1. Causar impresión una cosa en una persona, provocando en ella gran sensación. *Estas cosas le afectan mucho.* **SIN.** Impresionar(se), conmover(se).

2. Producir alteración en algún órgano. *Las pastillas que tomaba le afectaron al estómago.*

3. Estar relacionado con algo o alguien. *La medida afectará a varios trabajadores.* **SIN.** Concernir, atañer, incumbir.

afectividad

(a-fec-ti-vi-**dad**) sustantivo femenino

1. Conjunto de los sentimientos y emociones. *Es una persona frágil, de gran afectividad.* **SIN.** Emotividad, sentimiento.

2. Forma en que afectan a las personas. *El accidente de su hermano ha influido en su afectividad.*

afecto (a-**fec**-to) sustantivo masculino

Amor y cariño que se siente hacia una persona, animal o cosa. *Sentía mucho afecto por su amigo.* **SIN.** Inclinación, apasionamiento, ternura, amistad. **ANT.** Desamor, malquerencia, antipatía.

afeitar (a-fei-**tar**) verbo

Cortar o rapar el pelo con una navaja o con una maquinilla apropiada. *Se afeita todas las mañanas.* **SIN.** Rasurar.

afeminado, afeminada

(a-fe-mi-**na**-do) adjetivo

Se dice del modo de hablar o actuar que se considera propio de mujeres,

y del hombre que los emplea. *Tu nuevo amigo es un poco afeminado. Sus modales son algo afeminados.*

aferrar (a-fe-**rrar**) verbo

1. Coger algo con fuerza. *Aferró a su compañero de la mano para que no resbalase.* **SIN.** Agarrar, atrapar. **ANT.** Soltar, desasir.

2. Obstinarse en mantener una idea u opinión. *Se aferró a su idea de no asistir a la fiesta y no cedió.* **SIN.** Porfiar. **ANT.** Ceder, desistir.

afianzar (a-fian-**zar**) verbo

1. Dejar bien sujeta o clavada una cosa. *Tienes que afianzar bien la estantería para que no se venza con el peso de los libros.* **SIN.** Afirmar, asegurar, amarrar. **ANT.** Soltar, abandonar, aflojar.

2. Asegurar, hacer más firme una idea. *Los nuevos datos afianzaron su opinión.* **SIN.** Consolidar, reforzar, afirmar.

✎ Se conjuga como *abrazar*.

afición (a-fi-**ción**) sustantivo femenino

1. Gusto especial que se siente hacia una cosa o actividad. *Tiene afición a hablar en otros idiomas.* **SIN.** Apego, predilección.

2. Conjunto de personas amantes de un espectáculo o deporte. *Nuestro equipo de baloncesto está muy orgulloso de su afición.* **SIN.** Hinchada, peña.

aficionado, aficionada

(a-fi-cio-**na**-do) adjetivo y sustantivo

1. Se dice de la persona a la que le gusta mucho una cosa o practicar una actividad. *Es aficionada a la natación.* **SIN.** Entusiasta, seguidor, hincha. **ANT.** Indiferente, desinteresado.

2. Que practica algún deporte o actividad sin tenerlo por oficio y sin cobrar por ello. *Es una función de* actores *aficionados*. **SIN.** *Amateur*. **ANT.** Profesional.

aficionar (a-fi-cio-**nar**) verbo

1. Ayudar a que una persona le empiece a gustar algo. *Su madre le aficionó al teatro.* **SIN.** Encariñar, interesar. **ANT.** Desinteresar.

2. aficionarse Interesarse por alguna cosa. *Se aficionó al coleccionismo de sellos.* **SIN.** Inclinarse, simpatizar, apegarse. **ANT.** Desinteresarse, despegarse.

afilar (a-fi-**lar**) verbo

Sacar punta a un objeto o hacer más delgada la que ya tiene. *Afilé el lapicero antes de escribir.* **SIN.** Afinar, aguzar. **ANT.** Embotar.

afiliarse (a-fi-**liar**-se) verbo

Asociarse una persona a otras que forman un grupo. *Se afilió al sindicato.* **SIN.** Adherirse, inscribirse, incorporarse. **ANT.** Darse de baja.

✎ Se conjuga como *cambiar*.

afín (a-**fín**) adjetivo

Que tiene parecido o contacto con otra cosa. *Tienen gustos afines; por eso se llevan tan bien.* **SIN.** Parecido, similar, análogo. **ANT.** Distinto, contrario, diferente.

afinar (a-fi-**nar**) verbo

1. Preparar los instrumentos musicales para que suenen bien. *Afina la guitarra para la actuación de esta tarde.* **SIN.** Templar.

2. Dar el último toque de perfección a una cosa. *Le gusta afinar en sus trabajos.* **SIN.** Pulir.

3. Cantar o tocar entonando con perfección los sonidos. *El coro afinó muy bien en el concierto.*

afincarse (a-fin-**car**-se) verbo

Instalarse en un lugar para vivir. *Se afincó en Francia.* **SIN.** Establecerse. **ANT.** Emigrar.

✎ Se conjuga como *abarcar*.

afirmar (a-fir-**mar**) verbo

1. Poner firme, dar firmeza. *Su amistad se afirmó con el tiempo.* **SIN.** Consolidar, afianzar, asegurar. **ANT.** Debilitar, desafianzar.

2. Decir que sí o asegurar que una cosa es cierta. *Mi hermana afirmó que había ido a visitar a la abuela a la residencia.* **SIN.** Aseverar, confirmar, ratificarse. **ANT.** Negar.

aflicción (a-flic-**ción**) sustantivo femenino

Tristeza y pena muy grande. *Siente una gran aflicción por la muerte de su amigo.* **SIN.** Desolación, amargura, abatimiento. **ANT.** Alegría, contento, felicidad.

afligir (a-fli-**gir**) verbo

Causar o sentir tristeza o angustia. *Se afligió mucho cuando oyó la mala noticia.* **SIN.** Entristecer(se), abatir(se). **ANT.** Consolar(se).

✎ Se conjuga como *urgir*.

aflojar (a-flo-**jar**) verbo

1. Disminuir la presión o la tirantez. *Afloja un poco la venda, me hace daño.* **SIN.** Ceder, relajarse. **ANT.** Apretar, ceñir.

2. Perder fuerza o intensidad una cosa. *La presión va aflojando.* **SIN.** Debilitarse. **ANT.** Fortalecer.

afluente (a-**fluen**-te) sustantivo masculino

Arroyo o río que va a parar a otro mayor y más importante. *El Sil es afluente del Miño.*

afonía (a-fo-**ní**-a) sustantivo femenino

Pérdida total o parcial de la voz. *Ayer cogí frío y tengo mucha afonía.* **SIN.** Ronquera.

afortunado, afortunada (a-for-tu-**na**-do) adjetivo

Que tiene buena suerte. *Tiene un trabajo que le gusta mucho, es muy afortunado.* **SIN.** Dichoso, próspero. **ANT.** Desafortunado.

afrontar (a-fron-**tar**) verbo

Hacer frente a una situación o peligro. *Hay que intentar afrontar la realidad con valentía.* **SIN.** Desafiar, enfrentar(se), oponerse. **ANT.** Eludir, soslayar, evitar.

afuera (a-**fue**-ra) adverbio

1. Hacia o en el exterior. *Vámonos afuera, aquí hace demasiado calor.* **ANT.** Adentro.

2. sustantivo femenino plural Alrededores de una ciudad, cercanías. *Vive en un chalé a las afueras de la ciudad.* **SIN.** Extrarradio. **ANT.** Centro.

agachar (a-ga-**char**) verbo

1. Inclinar la cabeza o una parte del cuerpo. *Agachó la cabeza avergonzado y se fue.* **SIN.** Bajar. **ANT.** Enderezar, levantar, alzar.

2. agacharse Encogerse, doblando mucho el cuerpo hacia el suelo. *Se agachó para ver qué había debajo del armario.* **SIN.** Agazaparse, acurrucarse.

agalla (a-**ga**-lla) sustantivo femenino

1. Órgano de un animal que vive en el agua, como el pez, y que sirve para respirar. *Quita las agallas del besugo cuando lo limpies.* **SIN.** Branquia.

2. sustantivo femenino plural Valor, osadía para hacer frente a una situación difícil. *Tiene muchas agallas y se enfrentará a quien haga falta.* **SIN.** Audacia, redaños.

agarrar (a-ga-**rrar**) verbo

Coger con fuerza una cosa o asirse a algo. *Agarra una maleta con cada mano y sígueme.* **SIN.** Aferrar, sujetar. **ANT.** Soltar.

agarrotar (a-ga-rro-**tar**) verbo

1. Quedarse un miembro del cuerpo humano inmóvil o rígido. *Se me agarrotaron las piernas por el frío.* **SIN.** Entumecerse, endurecerse, inmovi-

lizarse. **ANT.** Desentumecerse, relajarse.

2. No poder moverse un mecanismo por producirse una unión rígida entre dos de sus piezas. *El freno de la bici se agarrotó.*

agazaparse (a-ga-za-**par**-se) verbo

Agacharse para no ser visto. *El conejo se agazapó entre unos matorrales.* **SIN.** Doblarse, encogerse, esconderse. **ANT.** Levantarse.

agencia (a-**gen**-cia) sustantivo femenino

Empresa dedicada a llevar a cabo asuntos por encargo de sus clientes o a prestar servicios determinados. *Fuimos a la agencia de viajes a recoger los billetes de avión.* **SIN.** Oficina, despacho.

agenda (a-**gen**-da) sustantivo femenino

Libro pequeño o cuaderno con calendario, en el que se anota lo que se quiere recordar. *En mi agenda he anotado tu dirección, teléfono y el día de tu cumpleaños.*

agente (a-**gen**-te) sustantivo masculino

1. Fuerza o cosa que produce una acción o efecto. *Los agentes meteorológicos son los causantes de que el tiempo sea bueno o malo.*

2. sustantivo Persona que actúa en nombre de otra. *Nos visitó un agente comercial ofreciendo sus productos.* **SIN.** Delegado.

3. agente de policía expresión Funcionario de policía encargado de mantener el orden público, dirigir la circulación, etc. *Pregunta la dirección a un agente de policía.*

agilidad (a-gi-li-**dad**) sustantivo femenino

Facilidad para moverse con rapidez y elasticidad. *Su agilidad le permitió escalar la montaña sin problemas.* **SIN.** Ligereza, viveza. **ANT.** Lentitud, torpeza.

agitación

(a-gi-ta-**ción**) sustantivo femenino

Movimiento e intranquilidad que se produce en una persona o en un ambiente en momentos de excesivo trabajo, peligro o desconcierto. *Había mucha agitación en la ciudad en los días de las elecciones.* **SIN.** Revuelo, inquietud.

agitar (a-gi-**tar**) verbo

1. Mover o moverse enérgicamente algo en una o varias direcciones. *Agita la botella para que se disuelva bien el contenido.* **SIN.** Remover(se), sacudir(se).

2. Poner nervioso o inquieto a alguien, o intranquilizarse uno mismo. *Aquellas palabras agitaron el ánimo de sus seguidores.* **SIN.** Inquietar(se), perturbar(se). **ANT.** Calmar(se), tranquilizar(se).

aglomeración

(a-glo-me-ra-**ción**) sustantivo femenino

Gran acumulación o amontonamiento de personas o de cosas. *En la romería había una gran aglomeración de coches.* **SIN.** Hacinamiento. **ANT.** Dispersión.

aglutinar (a-glu-ti-**nar**) verbo

1. Unir una cosa con otra. *Ambas sustancias se aglutinaron.* **SIN.** Pegar, unir. **ANT.** Despegar.

2. Poner de acuerdo a distintas personas u opiniones. *Aglutinaba todas las posturas.* **SIN.** Armonizar, aunar.

agobiar (a-go-**biar**) verbo

Causar o sentir gran angustia, molestia o fatiga por exceso de trabajo o por la escasez de aire y espacio. *Le agobiaba la falta de noticias sobre su amigo.* **SIN.** Angustiar(se), atosigar, abrumar. **ANT.** Aliviar, descansar.

✎ Se conjuga como *cambiar*.

agolpar (a-gol-**par**) verbo

Juntarse de golpe en un lugar muchas cosas o personas. *Los vecinos se agolparon en el lugar del suceso.* **SIN.** Amontonar(se), hacinar(se). **ANT.** Dispersar(se).

agonía

(a-go-**ní**-a) sustantivo femenino

Angustia y dolor muy grandes, especialmente los de quienes están a punto de morir. *Está pasando una dolorosa agonía.*

agonizar (a-go-ni-**zar**) verbo

1. Luchar entre la vida y la muerte. *El pobre animal agonizaba y nadie podía salvarle.* **SIN.** Acabar, perecer.

2. Extinguirse o terminarse una cosa. *El fuego está agonizando.*

✎ Se conjuga como *abrazar*.

agosto (a-**gos**-to) sustantivo masculino

1. Octavo mes del año, que tiene 31 días. *Me dan vacaciones en agosto.*

2. hacer alguien su agosto expresión Enriquecerse una persona, aprovechando una ocasión oportuna. *Está haciendo su agosto vendiendo helados en la playa.*

agotamiento

(a-go-ta-**mien**-to) sustantivo masculino

Gran cansancio o extenuación. *Llevaba tantas horas sin dormir que al final le venció el agotamiento.*

agotar (a-go-**tar**) verbo

1. Gastar del todo, consumir por completo. *La larga sequía hizo que se agotaran las reservas de agua.* **SIN.** Acabar, apurar, terminar. **ANT.** Llenar, reponer.

2. Causar gran cansancio y fatiga. *No sé si acabaremos de cavar este pozo, porque nos estamos agotando ya.* **SIN.** Extenuar, fatigar, debilitar. **ANT.** Vigorizar, robustecer, reanimar.

agraciado, agraciada

(a-gra-**cia**-do) adjetivo

1. Hermoso, atractivo. *Salió muy poco agraciado en la foto.*

2. adjetivo y sustantivo Se dice de la persona a quien le ha tocado algo en suerte. *Los agraciados con el número premiado de la lotería están celebrándolo.* **SIN.** Afortunado, favorecido.

agradar (a-gra-**dar**) verbo

Gustar una cosa o persona a alguien. *Me agrada salir cuando hace calor.* **SIN.** Satisfacer, contentar. **ANT.** Desagradar, disgustar.

agradecer (a-gra-de-**cer**) verbo

Dar las gracias o mostrar gratitud por un favor o servicio recibido. *Mi vecino me agradeció que le ayudara a pintar la puerta.*

✎ Verbo irregular, se conjuga como *parecer*.

agradecimiento

(a-gra-de-ci-**mien**-to) sustantivo masculino

Sentimiento de alguien que reconoce algo bueno que han hecho por él y al que le gustaría devolver el favor. *Me regaló un libro como agradecimiento por mi ayuda.* **SIN.** Gratitud, reconocimiento.

agrado (a-**gra**-do) sustantivo masculino

Gusto o satisfacción que algo produce a alguien. *Lo hizo con sumo agrado.* **SIN.** Placer.

agrandar (a-gran-**dar**) verbo

Hacer más grande alguna cosa. *Agrandaron la terraza del café.* **SIN.** Aumentar, ampliar. **ANT.** Empequeñecer, reducir.

agrario, agraria (a-**gra**-rio) adjetivo

Se dice de lo que se refiere al campo. *Vende maquinaria agraria.*

agravar (a-gra-**var**) verbo

Aumentar la gravedad de una situación o de una persona enferma. *La inestabilidad política se agravó en pocos días.* **SIN.** Empeorar.

agraviar (a-gra-**viar**) verbo

Insultar o perjudicar a alguien. *Le agravió con sus falsas acusaciones.* **SIN.** Ultrajar, deshonrar. **ANT.** Honrar, desagraviar.

✎ Se conjuga como *cambiar*.

agredir (a-gre-**dir**) verbo

Atacar a alguien violentamente con la intención de hacerle daño. *Agredió a un joven para quitarle el dinero.* **SIN.** Golpear, pegar, sacudir, maltratar, atacar. **ANT.** Huir, esquivar.

✎ Verbo defectivo, se conjuga como *abolir*.

agregar (a-gre-**gar**) verbo

1. Juntar o añadir unas personas o cosas a otras. *Tienes que agregar sal y pimienta al guiso.* **SIN.** Sumar, incorporar. **ANT.** Separar, quitar.

2. Decir o escribir algo sobre lo ya dicho o escrito. *Agregó unas palabras de agradecimiento al acabar la conferencia.* **SIN.** Añadir.

✎ Se conjuga como *ahogar*.

agresión (a-gre-**sión**) sustantivo femenino

Ataque violento a una persona. *Cuando volvía del trabajo sufrió la agresión de un desconocido.*

agresividad

(a-gre-si-vi-**dad**) sustantivo femenino

Tendencia a ser violento y ofensivo con los demás. *Debes contener tu agresividad si quieres jugar en el equipo de baloncesto.*

agriar (a-**griar**) verbo

1. Poner o ponerse agria alguna cosa. *No bebas el vino, se ha agriado.* **SIN.** Acedificar, avinagrarse.

2. Irritar a una persona y ponerla de mal humor. *Sus problemas le agriaron el carácter.* **SIN.** Alterar(se), exasperar(se). **ANT.** Serenar(se).

agricultor, agricultora

(a-gri-cul-**tor**) sustantivo

Persona que se dedica a cultivar la tierra. *La maquinaria ha facilitado mucho el trabajo de los agricultores.* **SIN.** Campesino, labriego.

agricultura

(a-gri-cul-**tu**-ra) sustantivo femenino

Cultivo de la tierra para que dé frutos. *El oficio de los campesinos es la agricultura.* **SIN.** Agronomía.

agrietar (a-grie-**tar**) verbo

Abrir grietas en una cosa. *Las paredes de la casa vieja se están agrietando.* **SIN.** Abrir, rajar, resquebrajar. **ANT.** Cerrar, unir.

agrio, agria (a-**grio**) adjetivo

1. De sabor parecido al vinagre. *El limón tiene un sabor agrio.* **SIN.** Ácido. **ANT.** Dulce.

2. Hiriente y agresivo. *Tiene un carácter tan agrio que nadie le aguanta.* **ANT.** Agradable.

3. sustantivo masculino plural Frutas de sabor ácido, como el limón, la naranja, etc. *España exporta agrios.*

agrupación

(a-gru-pa-**ción**) sustantivo femenino

1. Acción de agrupar o agruparse. *Haz la agrupación de los niños para la excursión según los cursos.*

2. Conjunto de personas agrupadas para algún fin. *La agrupación a la que pertenezco se dedica a actividades benéficas.* **SIN.** Asociación, asamblea, comunidad.

agrupar (a-gru-**par**) verbo

Reunir en grupo o formar una asociación. *Nos agrupamos junto al autobús.* **SIN.** Asociar(se), reunir(se). **ANT.** Desunir(se).

agua (a-**gua**) sustantivo femenino

1. Líquido sin color, olor ni sabor, imprescindible para la vida y que

forma la lluvia, las fuentes, los ríos y los mares. *Lo mejor para la sed es beber agua.*

2. agua de colonia expresión Perfume que las personas se echan para oler bien. *Se echa mucha agua de colonia.*

3. agua mineral expresión Agua con sustancias minerales disueltas. *Pidió una botella de agua mineral.*

4. agua oxigenada expresión Agua destilada con mucho oxígeno que se utiliza para desinfectar. *Se lavó la herida con agua oxigenada.*

5. hacerse la boca agua expresión Pensar con gusto en algo, particularmente de comer. *Este aroma a comida me está haciendo la boca agua.*

6. volver las aguas a su cauce expresión Marchar las cosas otra vez como antes. *Las aguas volverán a su cauce cuando se arregle el problema.*

✎ Aunque es femenino, en singular va con los artículos *el* o *un*.

aguacate (a-gua-**ca**-te) sustantivo masculino

Árbol con hojas siempre verdes y cuyo fruto, del mismo nombre, es parecido a una pera grande. *Me gustan los aguacates rellenos con gambas.*

aguacero

(a-gua-**ce**-ro) sustantivo masculino

Lluvia repentina, abundante y de corta duración. *Cayó un aguacero y nos mojamos todos.* **SIN.** Chaparrón.

aguadilla (a-gua-**di**-lla) sustantivo femenino

Zambullida que se da a una persona, en broma, manteniendo sumergida su cabeza durante unos instantes. *Se enfadó porque sus amigos le hicieron aguadillas y tragó agua.*

aguafiestas

(a-gua-**fies**-tas) sustantivo masculino y femenino

Persona que estropea una diversión. *No quiero que venga a la excur-*

sión, *es un aguafiestas*. **SIN.** Casca-rrabias, pesimista. **ANT.** Optimista, simpático.

✎ Es igual en plural y en singular.

aguanieve (a-gua-**nie**-ve) sustantivo femenino
Precipitación compuesta por lluvia y nieve. *Esa aguanieve que está cayendo no creo que cuaje y cubra el suelo.*

✎ También *agua nieve*. No hay que confundirlo con *aguanieves*, que es un pájaro.

aguantar (a-guan-**tar**) verbo
1. Contener un impulso, deseo o necesidad. *Le costó mucho trabajo aguantar su enfado y no decirle cuatro cosas.* **SIN.** Reprimir. **ANT.** Ceder.
2. Sufrir los disgustos y las cosas desagradables. *Después de la opera-ción tuvo que aguantar muchos dolo-res.* **SIN.** Soportar.
3. aguantarse Reprimirse para de-jar de hacer o decir algo que gusta-ría. *Tuve que aguantarme la risa cuan-do me miró el profesor.*
4. aguantarse Resignarse para aceptar las cosas como son, aunque no sean agradables. *Tenía que aguan-tarse con esa dolorosa situación, le gustase o no.*

aguante (a-guan-te) sustantivo masculino
Paciencia y fortaleza para soportar una situación desagradable o un dolor físico. *Gracias a su aguante y optimismo, se recuperó pronto de la operación.*

aguar (a-guar) verbo
1. Mezclar agua con vino u otra be-bida. *Suele aguar la leche para que en-fríe más pronto.*
2. Interrumpir una diversión. *Nos aguó la fiesta con la noticia de su mar-cha.* **SIN.** Fastidiar, frustrar, chafar. **ANT.** Alentar, animar.

✎ Se conjuga como *averiguar*.

aguardar (a-guar-**dar**) verbo
Estar esperando a que llegue al-guien o a que suceda algo. *Aguár-dame un momento, llegaré enseguida.* **SIN.** Esperar.

aguarrás (a-gua-**rrás**) sustantivo masculino
Sustancia que sirve para disolver pinturas y barnices. *Trae aguarrás para quitar esa mancha de pintura.*

✎ Su plural es *aguarrases*.

agudo, aguda (a-gu-do) adjetivo
1. Se dice de lo que tiene un bor-de o contorno delgado y afilado. *El punzón tiene una punta muy aguda.* **SIN.** Aguzado. **ANT.** Romo.
2. Se dice del dolor vivo y penetran-te. *Sintió un dolor muy agudo cuando se le salió el hombro.* **SIN.** Lacerante. **ANT.** Suave, sordo.
3. Se dice de la persona de inte-ligencia rápida. *Es una chica muy aguda, no hay quien la engañe.* **SIN.** Sagaz, vivo, perspicaz. **ANT.** Necio, simple, torpe.
4. Se dice del ángulo menor que el recto. *Dibuja un ángulo agudo.*
5. Se dice de la palabra que lleva acento en la última sílaba. *Canción es una palabra aguda.*
6. sustantivo y adjetivo masculino Se dice del sonido alto, por contraposición al grave. *Las mujeres suelen tener una voz más aguda que los hombres.* **SIN.** Alto. **ANT.** Bajo, grave.

aguijón (a-gui-**jón**) sustantivo masculino
Especie de pincho trasero que tie-nen algunos insectos. *Le clavó el aguijón una avispa y se le infectó la pi-cadura.*

águila (**á**-gui-la) sustantivo femenino
1. Ave rapaz diurna, que supera a las demás aves en fuerza y en la ra-pidez de su vuelo. *Las crías del águila se llaman aguiluchos.*

2. Persona con mucha inteligencia y habilidad. *Es un águila para los negocios.*

✎ Aunque es femenino, en singular va con los artículos *el* o *un*.

aguileño, aguileña (a-gui-**le**-ño) adjetivo

Se dice del rostro largo y delgado. *La reconocerás en seguida por su rostro aguileño y su pelo rizado.*

aguinaldo (a-gui-**nal**-do) sustantivo masculino

Regalo o paga extra que se da en Navidad. *Los niños de la parroquia irán por las casas del barrio pidiendo el aguinaldo.*

aguja (a-**gu**-ja) sustantivo femenino

1. Barrita de metal, madera o hueso, con un ojo por donde pasa el hilo, y que sirve para coser, bordar, etc. *Necesito una aguja más fina para coser este botón.*

2. Manecilla del reloj. *La aguja corta del reloj es la que marca las horas.* **SIN.** Saeta.

3. Tubito metálico de pequeño diámetro para inyectar medicamentos. *Esteriliza la aguja antes de colocarla en la jeringuilla.*

agujerear (a-gu-je-re-**ar**) verbo

Hacer uno o varios agujeros en alguna cosa. *Agujerea una caja de cartón para meter dentro el grillo.* **SIN.** Atravesar, horadar, taladrar, acribillar. **ANT.** Taponar.

agujero (a-gu-**je**-ro) sustantivo masculino

Abertura más o menos redonda. *El ratón se metió en un agujero que había en la pared de la bodega.* **SIN.** Boquete, orificio.

agujetas (a-gu-**je**-tas) sustantivo femenino plural

Dolor que se siente por hacer ejercicio sin un entrenamiento previo. *Después de la caminata tenía unas agujetas espantosas.*

ahí (a-**hí**) adverbio

1. Indica el lugar o la cosa donde hay algo. *Ahí tienes la merienda.* **SIN.** Allí, allá.

2. En esto, o en eso. *Ahí reside el problema.*

ahijado, ahijada (ahi-**ja**-do) sustantivo

Cualquier persona respecto de sus padrinos de bautismo. *Mi sobrino es también mi ahijado.*

ahínco (a-**hín**-co) sustantivo masculino

Empeño o esfuerzo grande con que se hace o se solicita una cosa. *Estudió con ahínco para aprobarlo todo.* **SIN.** Tesón, afán, ansia. **ANT.** Desgana, apatía.

ahogar (a-ho-**gar**) verbo

1. Quitar la vida a un ser vivo al impedirle respirar. *Le apretó tan fuerte que casi le ahoga.* **SIN.** Asfixiar.

2. Apagar el fuego, una cualidad, deseo, etc. *Si echas tanta leña, ahogarás el fuego.* **SIN.** Extinguir, sofocar.

✎ Verbo con irregularidad ortográfica. Ver pág. 50.

ahogo (a-**ho**-go) sustantivo masculino

Opresión, fatiga en el pecho que impide respirar bien. *Tuvo que parar, porque el ahogo le impedía seguir subiendo la montaña.*

ahondar (a-hon-**dar**) verbo

1. Investigar en lo más profundo de un asunto. *Hay que ahondar más en los motivos de su actuación.* **SIN.** Profundizar, calar.

2. Hacer más profunda una cavidad o agujero. *Ahondaron la zanja un metro más.* **SIN.** Cavar, penetrar. **ANT.** Cerrar, tapar.

ahora (a-**ho**-ra) adverbio

1. En el momento presente. *Hazlo ahora, después no tendrás tiempo.* **SIN.** Hoy, actualmente.

2. Dentro de poco tiempo. *Ahora te lo mostraré.*

ahogar

MODO INDICATIVO		MODO SUBJUNTIVO	
Tiempos simples	Tiempos compuestos	Tiempos simples	Tiempos compuestos
Presente	**Pret. perf. compuesto / Antepresente**	**Presente**	**Pret. perf. compuesto / Antepresente**
ahogo	he ahogado	ahogue	haya ahogado
ahogas/ ahogás	has ahogado	ahogues	hayas ahogado
ahoga	ha ahogado	ahogue	haya ahogado
ahogamos	hemos ahogado	ahoguemos	hayamos ahogado
ahogáis / ahogan	habéis ahogado	ahoguéis / ahoguen	hayáis ahogado
ahogan	han ahogado	ahoguen	hayan ahogado
Pret. imperfecto / Copretérito	**Pret. pluscuamperfecto / Antecopretérito**	**Pret. imperfecto / Pretérito**	**Pret. pluscuamperfecto / Antepretérito**
ahogaba	había ahogado	ahogara o	hubiera o
ahogabas	habías ahogado	ahogase	hubiese ahogado
ahogaba	había ahogado	ahogaras o	hubieras o
ahogábamos	habíamos ahogado	ahogases	hubieses ahogado
ahogabais / ahogaban	habíais ahogado	ahogara o	hubiera o
ahogaban	habían ahogado	ahogase	hubiese ahogado
		ahogáramos o	hubiéramos o
		ahogásemos	hubiésemos ahogado
		ahogarais o	hubierais o
Pret. perf. simple / Pretérito	**Pret. anterior / Antepretérito**	ahogaseis	hubieseis ahogado
		/ ahogaran o ahogasen	hubieran o
ahogué	hube ahogado	ahogaran o	hubiesen ahogado
ahogaste	hubiste ahogado	ahogasen	
ahogó	hubo ahogado		
ahogamos	hubimos ahogado	**Futuro simple / Futuro**	**Futuro compuesto / Antefuturo**
ahogasteis / ahogaron	hubisteis ahogado		
ahogaron	hubieron ahogado	ahogare	hubiere ahogado
		ahogares	hubieres ahogado
		ahogare	hubiere ahogado
		ahogáremos	hubiéremos ahogado
Futuro simple / Futuro	**Futuro compuesto / Antefuturo**	ahogareis / ahogaren	hubiereis ahogado
		ahogaren	hubieren ahogado
ahogaré	habré ahogado		
ahogarás	habrás ahogado		
ahogará	habrá ahogado	**MODO IMPERATIVO**	
ahogaremos	habremos ahogado		
ahogaréis / ahogarán	habréis ahogado	ahoga (tú) / ahogá (vos) / ahogue (usted)	
ahogarán	habrán ahogado	ahogad (vosotros)	
		ahoguen (ustedes)	
Condicional simple / Pospretérito	**Condicional compuesto / Antepospretérito**	**FORMAS NO PERSONALES**	

Condicional simple / Pospretérito	**Condicional compuesto / Antepospretérito**
ahogaría	habría ahogado
ahogarías	habrías ahogado
ahogaría	habría ahogado
ahogaríamos	habríamos ahogado
ahogaríais / ahogarían	habríais ahogado
ahogarían	habrían ahogado

FORMAS NO PERSONALES	
Infinitivo ahogar	**Infinitivo compuesto** haber ahogado
Gerundio ahogando	**Gerundio compuesto** habiendo ahogado
Participio ahogado	

3. de ahora en adelante expresión Desde este momento. *No lo vuelvas a hacer de ahora en adelante.*

4. por ahora expresión De momento. *Por ahora me arreglo sin comprar eso.*

ahorcar (a-hor-**car**) verbo
Matar a alguien o suicidarse colocando un lazo al cuello y colgando de él en la horca u otra parte a esa persona. *Se ahorcó en un árbol.* **SIN.** Ajusticiar, linchar, colgar(se).

✎ Se conjuga como *abarcar.*

ahorrar (a-ho-**rrar**) verbo
Guardar para algo parte del dinero que se tiene o gastarlo con prudencia. *Estoy ahorrando para comprarte un regalo a mi padre.* **SIN.** Economizar, reservar, restringir. **ANT.** Gastar, derrochar.

ahuecar (ahue-**car**) verbo
1. Poner hueca o cóncava alguna cosa. *Ahueca un poco el cojín, está muy aplastado.* **SIN.** Mullir.
2. Ausentarse de una reunión, salir o irse de un lugar. *Cuando nos dimos cuenta, había ahuecado y nadie le volvió a ver.* **SIN.** Marcharse, irse, largarse. **ANT.** Llegar, quedarse.

✎ Se conjuga como *abarcar.*

ahumado, ahumada
(ahu-**ma**-do) adjetivo
1. Se dice de los cuerpos transparentes que tienen color sombrío. *Este espejo tiene un cristal ahumado, no podrás mirarte en él.*
2. adjetivo y sustantivo masculino Se dice del alimento, especialmente pescado, que se ha preparado con humo. *Le encanta el salmón ahumado.*

ahumar (ahu-**mar**) verbo
1. Llenar de humo. *La habitación se ahumó porque la chimenea no tiraba bien.*
2. Tratar con humo algún alimento para su conservación o para darle

cierto sabor. *Siempre ahuman los chorizos y los jamones.* **SIN.** Curar, acecinar.

✎ Se conjuga como *aullar.*

ahuyentar (ahu-yen-**tar**) verbo
Hacer huir a alguien. *Los pastores ahuyentaron al lobo.* **SIN.** Espantar, asustar. **ANT.** Atraer.

aire (**ai**-re) sustantivo masculino
1. Atmósfera, capa de gases que envuelve la tierra. *Me gusta respirar el aire del campo.*
2. Viento, corriente, brisa. *¡Qué aire más fuerte!*
3. Aspecto de una persona o cosa. *Esa persona tiene aires de grandeza.* **SIN.** Apariencia.
4. aire acondicionado expresión Atmósfera de un sitio cerrado que, por medio de aparatos, tiene temperatura, humedad y presión determinadas. *Enciende el aire acondicionado, que hace mucho calor.*

airear (ai-re-**ar**) verbo
1. Poner al aire o ventilar algo. *Airea un poco el saco de dormir antes de recogerlo.* **SIN.** Orear, oxigenar. **ANT.** Encerrar.
2. Hacer público algo que quería mantenerse en secreto. *Aireó la noticia de su boda y él se enfadó.* **SIN.** Propagar, divulgar.

airoso, airosa (ai-ro-**so**) adjetivo
Se dice del que lleva a cabo un trabajo o una misión difícil con éxito. *A pesar de las dificultades, salió airoso del asunto.*

aislante (ais-**lan**-te) sustantivo masculino
Material que no conduce la electricidad o que no deja pasar el calor o el frío. *Pusieron aislante en las ventanas para ahorrar calefacción.*

aislar (ais-**lar**) verbo
1. Dejar a una persona o cosa sola y separada de las demás. *Aislaron al en-*

fermo para que no contagiase a nadie.
SIN. Incomunicar, separar, desunir, apartar. **ANT.** Comunicar, unir.

2. Recubrir un local público con los materiales necesarios para que el ruido no moleste fuera. *Les dieron la licencia para abrir el bar después de aislarlo.* **SIN.** Insonorizar.

✎ Se conjuga como *enraizar*.

ajedrez (a-je-**drez**) sustantivo masculino

Juego practicado con un tablero de 64 cuadros negros y blancos, en el que intervienen dos jugadores que mueven 16 piezas cada uno. *La pieza más importante del ajedrez es el rey, porque cuando la comen se termina la partida.*

ajeno, ajena (a-je-no) adjetivo

1. Que pertenece a otro y no es propio. *No te metas en asuntos ajenos y te evitarás muchos problemas.*

2. Que no corresponde o tiene relación con uno. *Esa cuestión es ajena al tema que estamos tratando.* **SIN.** Extraño, impropio. **ANT.** Propio, personal.

ajo (a-jo) sustantivo masculino

Planta cuyo bulbo en forma de diente se usa mucho como condimento. *Machaca ajo y perejil.*

ajustar (a-jus-**tar**) verbo

1. Adaptar, acomodar o encajar una cosa en otra. *Esta pata de la mesa no ajusta bien, habrá que serrarla un poco.* **SIN.** Acoplar, unir, amoldar. **ANT.** Desajustar.

2. Ponerse de acuerdo en algo por anticipado. *Ajustaron el precio de mutuo acuerdo.* **SIN.** Arreglar, convenir, acordar.

ajusticiar (a-jus-ti-**ciar**) verbo

Hacer que muera el que ha sido condenado a la pena de muerte. *Padilla, Bravo y Maldonado fueron ajus-*

ticiados en Villalar de los Comuneros. **SIN.** Ejecutar.

✎ Se conjuga como *cambiar*.

al contracción

Unión de la preposición *a* y el artículo *el. Voy al campo.*

✎ Cuando el artículo *el* forma parte del sustantivo, no debe contraerse. *Vamos a El Escorial.*

ala (a-la) sustantivo femenino

1. Parte del cuerpo de algunos animales que utilizan para volar. *El pajarillo no podía volar porque tenía un ala herida.*

2. ala delta expresión Aparato para volar sin motor, que consiste en una tela extendida sobre un soporte metálico en forma de flecha. *Me gusta volar en ala delta.*

✎ Aunque es femenino, en singular va con los artículos *el* o *un.*

alabar (a-la-**bar**) verbo

Expresar de palabra o por escrito elogios en favor de algo o de alguien. *Siempre alaba las virtudes de su amigo.* **SIN.** Elogiar, loar. **ANT.** Censurar, condenar.

alacena (a-la-**ce**-na) sustantivo femenino

Hueco hecho en la pared a modo de armario. *Guarda el queso en la alacena de la bodega.* **SIN.** Armario, despensa, fresquera.

alambre (a-lam-**bre**) sustantivo masculino

Hilo de cualquier metal. *Utilizó un trozo de alambre para desatascar el lavabo.* **SIN.** Cable.

álamo (**á**-la-mo) sustantivo masculino

Árbol de gran altura, cuya madera es blanca, ligera y resistente al agua. *Me gusta sentarme a la sombra de los álamos, a la orilla del río.*

alarde (a-lar-de) sustantivo masculino

Ostentación de algo que se tiene, se sabe o se puede hacer. *Hizo un alar-*

de de fuerza al levantar aquella piedra.
SIN. Jactancia.

alargar (a-lar-**gar**) verbo

Dar a una cosa mayor longitud o duración. *Alargaron el estante para poner más libros.* **SIN.** Prolongar, extender. **ANT.** Acortar, reducir.

✎ Se conjuga como *ahogar*.

alarido (a-la-**ri**-do) sustantivo masculino

Grito lastimero de dolor, espanto o pena. *Dio grandes alaridos de dolor cuando se rompió la pierna.* **SIN.** Chillido, rugido, bramido.

alarma (a-**lar**-ma) sustantivo femenino

1. Señal o aviso que se da para que alguien se prepare para la lucha o cualquier servicio de urgencia. *Sonó la alarma de robo del coche y la Policía llegó al momento.*

2. Inquietud o intranquilidad ante algo. *Hubo alarma ante el temor de una inundación.* **SIN.** Temor.

alarmar (a-lar-**mar**) verbo

Sentir o hacer sentir a alguien miedo o sobresalto ante un peligro cercano. *La población se alarmó ante la crisis económica.* **SIN.** Asustar(se). **ANT.** Tranquilizar(se).

alba (**al**-ba) sustantivo femenino

Momento en que sale el sol y comienza el día. *Se levantaron al alba.* **SIN.** Aurora, amanecer.

✎ Aunque es femenino, en singular va con los artículos *el* o *un*.

albañilería (al-ba-ñi-le-**rí**-a) sustantivo femenino

Actividad que consiste en construir edificios y obras en que se emplean ladrillos, piedra, cal u otros materiales parecidos. *Se dedica a la albañilería y construyó su propia casa.*

albaricoque (al-ba-ri-**co**-que) sustantivo masculino

Fruto amarillo y de sabor dulce, del árbol que tiene el mismo nombre. *El hueso de albaricoque es amargo.*

alberca (al-**ber**-ca) sustantivo femenino

1. Depósito grande de agua que se emplea para regar las huertas. *No te bañes en la alberca, el agua estará sucia.* **SIN.** Estanque.

2. Piscina deportiva. *En verano, nos bañamos en la alberca todos los días.*

albergar (al-ber-**gar**) verbo

Dar alojamiento, ser hospedado por alguien, o buscar cobijo en algún sitio. *Se albergó en una cueva.* **SIN.** Alojar(se), cobijar(se).

✎ Se conjuga como *ahogar*.

albergue (al-**ber**-gue) sustantivo masculino

Lugar o edificio en el que una persona encuentra hospedaje, refugio o cobijo. *Fueron a pasar la semana a un albergue de montaña*

albino, albina (al-**bi**-no) adjetivo y sustantivo

Se dice de los animales y personas que tienen la piel, el pelo, etc., más o menos blancos. *Eva es albina y eso le ha producido problemas de vista.*

albóndiga

(al-**bón**-di-ga) sustantivo femenino

Bolita de carne o pescado picado muy menudo y mezclado con pan rallado, huevos batidos y especias, que se fríe y después se guisa. *Prepara unas deliciosas albóndigas de carne con tomate.*

albornoz (al-bor-**noz**) sustantivo masculino

Bata de felpa para después del baño o para estar en casa. *Compró un albornoz a juego con las toallas.*

✎ Su plural es *albornoces*.

alborotar (al-bo-ro-**tar**) verbo

Alterar el ánimo o las situaciones causando desorden o bullicio. *Alborotó la reunión con sus quejas.* **SIN.** Inquietar, excitar.

alboroto (al-bo-**ro**-to) sustantivo masculino

Vocerío o tumulto causado por una o varias personas. *Había gran alboro-*

to en la calle y bajamos a ver qué pasaba. **SIN.** Bullicio, estrépito, bulla. **ANT.** Calma.

álbum (ál-bum) sustantivo masculino

Libro en blanco para poner fotografías, sellos, firmas, etc. *Le regalé un álbum de fotos.*

✎ Su plural es *álbumes*.

alcachofa (al-ca-cho-fa) sustantivo femenino

1. Planta de huerta comestible. *Puso alcachofas en la menestra.*

2. Cabeza de la regadera, de un grifo o ducha, parecida a un colador, por donde sale el agua en chorritos. *Desmontó la alcachofa de la ducha.*

alcalde (al-cal-de) sustantivo masculino

Persona que dirige el Ayuntamiento de cada municipio. *El alcalde inauguró el nuevo parque.*

✎ Su femenino es *alcaldesa*.

alcance (al-can-ce) sustantivo masculino

1. Acción de alcanzar algo o a alguien. *Le dio alcance.*

2. Distancia máxima a que llega cierta cosa. *Las ondas de la radio tienen largo alcance.*

3. Importancia o influencia de un discurso, de una obra, etc. *La noticia tuvo gran alcance en todo el país.* **SIN.** Difusión, peso, interés. **ANT.** Intrascendencia.

alcantarilla

(al-can-ta-ri-lla) sustantivo femenino

Conducto subterráneo donde van a parar las aguas de la lluvia o las aguas sucias. *Llovió tanto, que la alcantarilla se atascó.* **SIN.** Cloaca, colector, sumidero.

alcanzar (al-can-zar) verbo

1. Llegar a juntarse con una persona o cosa que iba delante. *Logró alcanzarlo después de una larga carrera.* **SIN.** Atrapar, rebasar, cazar. **ANT.** Rezagarse.

2. Llegar a tocar algo con la mano. *No alcanzo al estante de arriba, está demasiado alto.*

3. Acercar una cosa a alguien que no llega a cogerla. *Alcánzame la mantequilla, por favor.* **SIN.** Pasar, aproximar.

4. Llegar a poseer lo que se busca o solicita. *Alcanzó su sueño de ser escritor.* **SIN.** Lograr, obtener, conseguir. **ANT.** Perder.

5. Ser suficiente o bastante una cosa para un fin. *Dame más dinero, con mil pesetas no alcanza.*

✎ Se conjuga como *abrazar*.

alcoba (al-co-ba) sustantivo femenino

Habitación para dormir. *Las ventanas de su alcoba daban al jardín.* **SIN.** Dormitorio, aposento.

alcohol (al-co-hol) sustantivo masculino

1. Sustancia líquida y transparente que arde con facilidad. *Usó alcohol para desinfectar la herida.*

2. Bebida que contiene alcohol. *No me gusta beber alcohol.*

alcohólico, alcohólica

(al-co-hó-li-co) adjetivo

1. Que contiene alcohol. *Con estos medicamentos no se pueden tomar bebidas alcohólicas.*

2. sustantivo Persona enferma por tomar demasiado alcohol. *Se ha dado cuenta de que es un alcohólico y ha decidido ponerse en tratamiento.*

alcornoque

(al-cor-no-que) sustantivo masculino

1. Árbol siempre verde, de madera muy dura, y cuya gruesa corteza constituye el corcho. *Las bellotas son el fruto del alcornoque.*

2. Persona ignorante y torpe. *Es un alcornoque, nunca entiende nada.* **SIN.** Necio, estúpido, tarugo, zote. **ANT.** Inteligente, agudo.

aldaba (al-**da**-ba) sustantivo femenino
Pieza de hierro o bronce para golpear y llamar en una puerta. *El portón tenía una enorme aldaba de bronce.* **SIN.** Llamador.

aldea (al-**de**-a) sustantivo femenino
Pueblo muy pequeño. *Pasamos las vacaciones de verano en una aldea de la montaña.*

aleccionar (a-lec-cio-**nar**) verbo
Adoctrinar, decir a alguien lo que tiene que hacer. *Le habían aleccionado sobre lo que tenía que decir.* **SIN.** Aconsejar, instruir, enseñar. **ANT.** Aprender.

alegar (a-le-**gar**) verbo
Citar algo que sirve de prueba o excusa. *Alegó motivos de salud para no presentarse.* **SIN.** Aducir, exponer, pretextar.
✎ Se conjuga como *ahogar*.

alegrar (a-le-**grar**) verbo
Causar o sentir alegría y satisfacción por algo. *Le alegró saber que venías ya.* **SIN.** Animar(se). **ANT.** Entristecer(se).

alegre (a-**le**-gre) adjetivo
1. Contento, que siente alegría. *Está alegre porque hace un buen día.* **SIN.** Gozoso. **ANT.** Triste.
2. Cosa o lugar que da alegría porque tiene colores vivos, luminosidad, etc. *Esta tela es muy alegre.*
3. Que ha bebido con cierto exceso, sin llegar a estar borracho. *En la fiesta se tomó alguna copa de más y acabó un poco alegre.*

alegría (a-le-**grí**-a) sustantivo femenino
1. Contento que se siente por tener, recibir o realizar algo bueno o que se deseaba, y forma en que se expresa ese sentimiento. *Sintió gran alegría ante aquel premio.* **SIN.** Dicha, felicidad. **ANT.** Tristeza, pena.

2. Falta de responsabilidad, no tomarse las cosas en serio. *Se toma el trabajo con demasiada alegría.*

alejar (a-le-**jar**) verbo
Poner o ponerse lejos o más lejos. *Aleja al niño del fuego, es muy peligroso.* **SIN.** Separar(se), distanciar(se). **ANT.** Acercar(se).

alentar (a-len-**tar**) verbo
Dar aliento o ánimos a alguien. *Le alentó para que siguiera con su trabajo.* **SIN.** Estimular, confortar. **ANT.** Desalentar, desanimar.
✎ Verbo irregular, se conjuga como *acertar*.

alergia (a-**ler**-gia) sustantivo femenino
Reacción que siente una persona a ciertas sustancias como el polvo, el polen, etc. que se manifiesta en picor, estornudos y otras molestias. *La fiebre del heno es una alergia al polen.* **SIN.** Rechazo.

alero (a-**le**-ro) sustantivo masculino
Borde del tejado que sobresale fuera de la pared y sirve para desviar el agua de la lluvia. *La pelota quedó enganchada en el alero del tejado.* **SIN.** Ala, saliente.

alerón (a-le-**rón**) sustantivo masculino
Parte movible del ala de algunos aeroplanos, que permite que se incline o enderece por los lados. *Tenían avería en el alerón y tuvieron que hacer un aterrizaje de emergencia.*

alerta (a-**ler**-ta) adverbio
1. Con los verbos *estar*, *andar*, etc. significa «vigilar atentamente, estar pendiente por si sucede algo malo». *Estaba alerta por si ocurría algo.*
2. sustantivo femenino Situación de vigilancia o atención. *La alerta se extendió por toda la ciudad.*

aleta (a-**le**-ta) sustantivo femenino
Membrana externa, parecida a un ala, con la que nadan los peces y

otros animales. *El pez movió las aletas con fuerza.*

aletargar (a-le-tar-**gar**) verbo

Producir sueño profundo durante mucho tiempo. *Las lagartijas se aletargan durante los meses de invierno.* **SIN.** Adormecer(se), adormilar(se). **ANT.** Desvelar(se), despabilar(se), despertar(se).

aletear (a-le-te-**ar**) verbo

1. Mover las alas sin volar. *El canario aletea porque está contento.*

2. Mover los peces las aletas cuando se les saca del agua. *Las pobres truchas aleteaban en la orilla del río seco.*

alevín (a-le-**vín**) sustantivo masculino

1. Cría de peces de agua dulce. *Es mejor no pescar alevines.*

2. Joven principiante que se inicia en un deporte o afición. *Participó en una carrera para alevines.*

alfabetizar (al-fa-be-ti-**zar**) verbo

1. Ordenar según el albabeto. *Hay que alfabetizar este índice, está mal ordenado.*

2. Enseñar a leer y escribir. *Es una importante campaña para alfabetizar a los niños.* **SIN.** Instruir.

✎ Se conjuga como *abrazar.*

alfabeto (al-fa-**be**-to) sustantivo masculino

Abecedario, serie ordenada de las letras de un idioma. *El alfabeto español tiene 27 letras.*

alfalfa (al-**fal**-fa) sustantivo femenino

Planta cultivada para alimentar al ganado. *No ha podido empezar a segar la alfalfa porque llueve.*

alfanje (al-**fan**-je) sustantivo masculino

Especie de sable ancho y curvo. *Los árabes luchaban con alfanjes.*

alfarería (al-fa-re-**rí**-a) sustantivo femenino

1. Técnica con la que un artesano llamado alfarero realiza objetos de barro. *Fuimos a ver la feria de alfarería.* **SIN.** Cerámica.

2. Taller en el que se fabrican o tienda donde se venden los objetos de barro. *Compramos esta vasija en la alfarería del barrio viejo.*

alfiler (al-fi-**ler**) sustantivo masculino

1. Especie de aguja de metal muy fino, con punta en uno de sus extremos y una cabecilla en el otro. *Sujeta el bajo del vestido con alfileres.*

2. Broche de adorno. *Lleva un alfiler en la chaqueta.* **SIN.** Pasador.

alfombra (al-**fom**-bra) sustantivo femenino

Tejido grueso con el que se cubre el piso de las habitaciones, escaleras, etc. *En el salón quedaría bien una alfombra de colores vivos.* **SIN.** Tapiz, moqueta.

alforja (al-**for**-ja) sustantivo femenino

Bolsa doble que se cuelga del hombro o del lomo de un animal para repartir bien el peso. *El burro llevaba las alforjas muy cargadas.*

alga (**al**-ga) sustantivo femenino

Planta acuática, con tallos en forma de cintas. *Los japoneses hacen sopa con algas marinas.*

algarabía

(al-ga-ra-**bí**-a) sustantivo femenino

Griterío confuso de personas que hablan al mismo tiempo. *Se formó una gran algarabía en la reunión.* **SIN.** Bulla **ANT.** Silencio.

algazara (al-ga-**za**-ra) sustantivo femenino

Ruido de muchas voces que, por lo general, nacen de la alegría. *Lo celebraron con gran algazara.*

algo (**al**-go) pronombre indefinido

1. Expresa una cosa que no se quiere o no se puede nombrar. *Nos dijo algo sobre aquello.*

2. Cantidad indeterminada. *Tengo algo de dinero.*

3. adverbio Un poco, no completamente o del todo, hasta cierto punto. *Estoy algo mareado.*

algodón (al-go-**dón**) sustantivo masculino

Pelusa blanca y larga que nace de la planta del mismo nombre, con la que se realiza un tipo de tejido. *Trae un poco de algodón empapado en alcohol para desinfectar la herida.*

alguien (**al**-guien) pronombre indefinido

Persona que no se nombra ni determina. *¿Vino alguien de tu familia a la boda?* **SIN.** Alguno. **ANT.** Nadie, ninguno.

algún (al-**gún**) adjetivo indefinido

Forma breve de *alguno.* Solo se usa delante de los sustantivos masculinos en singular. *Algún defecto tendrá. Lo he tenido que poner en algún sitio.*

alguno, alguna (al-**gu**-no) adjetivo indefinido

1. Que expresa persona o cosa indeterminada dentro de un grupo. *Alguna cosa tendría que hacer.*

2. Ni poco ni mucho. *Recibió algunos premios por su trabajo.*

3. pronombre indefinido Persona que no se nombra ni determina. *¿Se lo has dicho a alguno de tus amigos?* **SIN.** Alguien.

alhaja (al**ha**-ja) sustantivo femenino

1. Pieza de oro, plata o platino que tiene mucho valor y que sirve para adornar. *Vendió sus alhajas para poder pagar la deuda.* **SIN.** Joya. **ANT.** Baratija.

2. Cosa de mucho valor y estima. *Este libro es una verdadera alhaja.* **SIN.** Reliquia, joya.

3. Persona o animal con grandes cualidades. *Da gusto tratar con tu hermano, es una alhaja.*

alhelí (alhe-**lí**) sustantivo masculino

Planta de flores de varios colores y olor agradable. *Le trajo un ramo de alhelíes.*

✎ Su plural es *alhelíes* o *alhelís.*

aliado, aliada (a-li-**a**-do) adjetivo

Se dice de la persona, entidad o nación que se asocia con otra, para la defensa u otros fines. *Aquel país tenía muchos aliados.* **ANT.** Adversario, contrario.

alianza (a-**lian**-za) sustantivo femenino

1. Asociación o acuerdo entre personas o naciones para lograr algo en común. *Firmaron una alianza con el país vecino.* **SIN.** Unión, coalición. **ANT.** Rivalidad.

2. Anillo de compromiso. *Se intercambiaron las alianzas de boda.*

aliarse (a-li-**ar**-se) verbo

Unirse para lograr algo en común. *En la Segunda Guerra Mundial, Inglaterra se alió con Estados Unidos.* **SIN.** Asociarse, confederarse, pactar. **ANT.** Desunirse.

✎ Se conjuga como *desviar.*

alias (a-lias) sustantivo masculino

Apodo, forma de llamar a una persona que no es su nombre. *Nadie sabe su nombre, todo el mundo lo conoce por el alias.* **SIN.** Mote, seudónimo.

alicaído, alicaída

(a-li-ca-**í**-do) adjetivo

1. Débil, sin fuerzas. *Se encuentra alicaído después de su enfermedad.*

2. Triste y desanimado. *Estaba muy alicaída y sin ganas de hacer nada.* **SIN.** Decaído, abatido. **ANT.** Entusiasmado, alegre.

alicatar (a-li-ca-**tar**) verbo

Poner azulejos en las paredes. *El albañil está alicatando la cocina.*

alicate (a-li-**ca**-te) sustantivo masculino

Tenacilla de acero que se utiliza para torcer alambres, enroscar tornillos, etc. *Trae los alicates para sacar esta punta.* **SIN.** Tenaza.

✎ Es más usado en plural *alicates* que en singular.

aliciente - allanar

aliciente (a-li-**cien**-te) sustantivo masculino

Algo que anima a empezar algo o proseguir en ello. *No tenía ningún aliciente en el trabajo, así que decidió buscar otro.* **SIN.** Acicate, estímulo, incentivo. **ANT.** Inconveniente, pega, dificultad.

aliento (a-**lien**-to) sustantivo masculino

1. Respiración, aire que se respira. *Le faltaba aliento para continuar la carrera.* **SIN.** Resuello.

2. Fuerza de ánimo para hacer o continuar algo. *No tenía aliento para hacerlo.* **SIN.** Brío, voluntad. **ANT.** Desaliento, desánimo.

aligerar (a-li-ge-**rar**) verbo

1. Hacer ligero o menos pesado algo. *Debería aligerar la mochila o no podrá con ella.*

2. Abreviar, acelerar. *Aligera el paso si no quieres llegar tarde.* **SIN.** Apresurar. **ANT.** Retardar.

alijo (a-**li**-jo) sustantivo masculino

Conjunto de géneros de contrabando o ilegales. *La policía descubrió un importante alijo de drogas.*

alimaña (a-li-ma-ña) sustantivo femenino

Animal perjudicial para la caza o la ganadería. *Se deshicieron de unas alimañas que mataban las ovejas.*

alimentar (a-li-men-**tar**) verbo

1. Dar alimento o comer. *Alimentaba al ganado con pienso.* **SIN.** Nutrir(se), mantener(se).

2. Fomentar hábitos, vicios, esperanzas, etc. *Alimentaba su ilusión de conseguirlo con continuas palabras de ánimo.* **SIN.** Sostener, avivar, estimular. **ANT.** Desistir.

alimento (a-li-**men**-to) sustantivo masculino

Comida y bebida que toman los seres vivos para seguir viviendo. *Las verduras son un alimento sano.* **SIN.** Manjar, vianda, comida.

alinear (a-li-ne-**ar**) verbo

1. Poner en línea recta. *Se alinearon unos tras otros.* **SIN.** Formar.

2. Incluir a un jugador en un equipo deportivo para un determinado partido. *Al final decidió alinear al polémico delantero.*

aliñar (a-li-**ñar**) verbo

Añadir condimentos a la comida para hacerla más sabrosa. *Aliña las patatas con ajo y perejil.* **SIN.** Condimentar, sazonar.

alisar (a-li-**sar**) verbo

Poner lisa alguna cosa. *Se alisó el pelo con el cepillo.* **SIN.** Pulir, planchar, aplanar. **ANT.** Arrugar.

alistarse (a-lis-**tar**-se) verbo

Inscribirse como soldado en el Ejército. *Se alistó en la Marina.*

aliviar (a-li-**viar**) verbo

Disminuir un mal físico o moral. *Este analgésico te aliviará el dolor de cabeza.* **SIN.** Mejorar, mitigar, confortar. **ANT.** Agravar.

✍ Se conjuga como *cambiar*.

allá (a-**llá**) adverbio

Indica lugar o tiempo alejado de la persona que habla. *No sabemos nada de allá.* **SIN.** Más lejos, al otro lado. **ANT.** Acá, aquí.

allanar (a-lla-**nar**) verbo

1. Poner llana o igual la superficie de un terreno, suelo o cualquier cosa. *Allanaron la explanada.* **SIN.** Aplanar, nivelar. **ANT.** Desnivelar, desigualar.

2. Vencer alguna dificultad o inconveniente. *Se allanaron todas las dificultades y firmaron el acuerdo.* **SIN.** Resolver, zanjar.

3. Entrar por la fuerza en una casa contra la voluntad de su dueño. *Los ladrones allanaron su casa durante la noche.*

allende (a-**llen**-de) adverbio

De la parte de allá. *Allende los mares.* **SIN.** Allá, lejos.

allí (a-**llí**) adverbio

1. En aquel lugar. *Te esperamos allí.* **SIN.** Allá. **ANT.** Aquí, acá.
2. A aquel lugar. *Se fue allí por motivos de trabajo.*

alma (**al**-ma) sustantivo femenino

1. Parte espiritual e inmortal que, junto al cuerpo, forma al ser humano. *Defendía la inmortalidad del alma.* **SIN.** Espíritu.
2. Lo que sostiene, anima y da fuerzas. *Su madre es el alma de la familia.* **SIN.** Ánimo, energía.
3. como alma que lleva el diablo expresión Con extraordinaria velocidad e inquietud del ánimo. *Salió corriendo como alma que lleva el diablo.*
4. caérsele a alguien el alma a los pies expresión Abatirse, desanimarse por no corresponder la realidad a lo que esperaba o creía. *Se le cayó el alma a los pies cuando vio la nota.*
✎ Aunque es femenino, en singular va con los artículos *el* o *un*.

almacén (al-ma-**cén**) sustantivo masculino

Lugar donde se guardan géneros de cualquier clase o se vende al por mayor. *En la esquina hay un almacén de vinos.* **SIN.** Depósito, factoría.

almacenar (al-ma-ce-**nar**) verbo

1. Guardar cosas en un almacén u otro sitio. *Almacenaron trigo en el granero.* **SIN.** Reservar.
2. Reunir o guardar muchas cosas. *No almacenes los juguetes en el cuarto de estar, llévalos a tu habitación.* **SIN.** Guardar, acumular.
3. En informática, guardar información y retenerla para usos futuros. *Almacena estos datos en un archivo distinto.*

almanaque

(al-ma-**na**-que) sustantivo masculino

Calendario de los días del año distribuidos por meses y semanas, con indicaciones astronómicas, meteorológicas, de festividades religiosas, etc. *En su mesa de trabajo tenía un almanaque.*

almena (al-**me**-na) sustantivo femenino

Torre rectangular en los muros de una fortaleza. *Vigilaba desde las almenas del castillo.*

almendra (al-**men**-dra) sustantivo femenino

Fruto del almendro, que se puede comer seco, sin su envoltura. *Echó almendras molidas a la tarta.*

almendro

(al-**men**-dro) sustantivo masculino

Árbol de madera dura y flores blancas o rosadas, cuyo fruto es la almendra. *En el huerto había almendros.*

almíbar (al-**mí**-bar) sustantivo masculino

Líquido dulce hecho con membrillo y azúcar, o bien con agua y azúcar. *De postre pidió melocotón en almíbar.*

almidón (al-mi-**dón**) sustantivo masculino

Sustancia blanca que se encuentra en las semillas de varias plantas y que es muy útil para la alimentación y la industria. *Echó almidón a los cuellos de la camisa para ponerlos rígidos.*

almohada

(al-mo-**ha**-da) sustantivo femenino

Colchoncillo que sirve para apoyar la cabeza en la cama. *No le gusta dormir sin almohada.*

almorzar (al-mor-**zar**) verbo

Tomar algo a media mañana o la comida del mediodía. *Suelo almorzar siempre sobre las dos.*
✎ Verbo irregular, se conjuga como *contar*. Se escribe *c* en vez de *z*, se-

guido de -*e*, como en la palabra *almuerce*.

alojamiento (a-lo-ja-**mien**-to) sustantivo masculino
Lugar donde alguien está alojado u hospedado. *No encontramos alojamiento en ningún hotel.* **SIN.** Posada, hospedaje, residencia.

alojar (a-lo-**jar**) verbo
Dar alojamiento u hospedarse. *Nos alojamos en un pequeño refugio de la montaña para pasar la noche.* **SIN.** Albergar, cobijar.

alondra (a-**lon**-dra) sustantivo femenino
Pájaro de color pardo, de mayor tamaño que el gorrión y cuyo canto es muy agradable. *La alondra se alimenta de insectos.*

alpargata (al-par-**ga**-ta) sustantivo femenino
Calzado de esparto, cáñamo, goma y tela. *Ponte las alpargatas para ir al campo, estarás más cómoda.*

alpinismo (al-pi-**nis**-mo) sustantivo masculino
Deporte que consiste en escalar las montañas altas. *Está practicando alpinismo en los Alpes.*

alpiste (al-**pis**-te) sustantivo masculino
Semilla que se utiliza como alimento de pájaros. *Echa alpiste al canario, que ya casi no tiene.*

alquilar (al-qui-**lar**) verbo
Dar a una persona una cosa para que haga uso de ella, durante un tiempo determinado, mediante el pago de un dinero convenido. *Alquilé el piso por tres años.* **SIN.** Arrendar.

alquiler (al-qui-**ler**) sustantivo masculino
Cantidad de dinero que se paga por alquilar algo. *El primer día de mes viene a cobrar el alquiler.*

alrededor (al-re-de-**dor**) adverbio
1. Indica la situación de un persona o cosa que rodea algo. *Hay una valla alrededor del jardín.*

2. Poco más o menos. *Vendrá alrededor de las cinco.*

3. sustantivo masculino prural Cercanías, proximidades de una ciudad o pueblo. *Dimos una vuelta por los alrededores de París.* **SIN.** Afueras, aledaños, contornos.

alta (**al**-ta) sustantivo femenino
Orden que se comunica al enfermo para que deje el hospital cuando ya está curado. *Estaba mejor y le dieron el alta.* **ANT.** Baja.
✎ Aunque es femenino, en singular va con los artículos *el* o *un*.

altar (al-**tar**) sustantivo masculino
Mesa para celebrar la misa u otros actos religiosos. *El sacerdote fue hacia el altar.* **SIN.** Ara.

altavoz (al-ta-**voz**) sustantivo masculino
Aparato eléctrico que sirve para ampliar el tono de los sonidos. *Se estropeó uno de los altavoces del equipo de música.* **SIN.** Amplificador, megáfono.
✎ Su plural es *altavoces*.

alteración (al-te-ra-**ción**) sustantivo femenino
1. Cambio que se da en una cosa. *Este texto tiene tantas alteraciones que ya no parece el mismo.*
2. Sobresalto, inquietud. *Sufrió una fuerte alteración al ver que había suspendido.* **SIN.** Trastorno.

alterar (al-te-**rar**) verbo
1. Cambiar la esencia o forma de una cosa. *Alteraron el color del vestido por lavarlo con lejía.* **SIN.** Variar, modificar. **ANT.** Mantener.
2. Quitar o quitarse la tranquilidad y el sosiego. *Se alteró mucho al enterarse del accidente de su padre.* **SIN.** Inquietar(se), perturbar(se). **ANT.** Calmar(se).

altercado (al-ter-**ca**-do) sustantivo masculino
Pelea entre dos o más personas. *Había un altercado en la calle.* **SIN.** Disputa, riña. **ANT.** Conciliación.

alternar (al-ter-**nar**) verbo

1. Repetirse dos acciones, cosas o personas distintas, cada vez una. *Alterna ahora el rojo y el negro en el dibujo.* **SIN.** Relevar, turnar.

2. Tener trato amistoso unas personas con otras. *Alternábamos con unos amigos.* **SIN.** Tratar(se), relacionarse. **ANT.** Aislarse.

alternativo, alternativa

(al-ter-na-**ti**-vo) adjetivo

1. Que se dice, hace o sucede de forma sucesiva o por turnos. *Trabajan en turnos alternativos.* **SIN.** Alterno, rotatorio.

2. Que se refiere a posibilidades diferentes a las habituales. *Se están encontrando energías alternativas, como la solar.*

3. sustantivo femenino Opción para poder elegir entre dos cosas. *No tienes más alternativa que hacerlo.*

alterno, alterna (al-**ter**-no) adjetivo

Que se dice, hace o sucede de forma sucesiva o por turnos. *Tiene clases de inglés en días alternos.* **SIN.** Alternativo

altibajos (al-ti-**ba**-jos) sustantivo masculino plural

1. Desigualdades o altos y bajos de un terreno. *No lleves el coche por ese camino lleno de altibajos.*

2. Sucesión de hechos buenos y malos alternados. *Tiene muchos altibajos en su estado de ánimo.*

altitud (al-ti-**tud**) sustantivo femenino

Altura de un lugar con relación al nivel del mar. *El pueblo se encuentra a más de 2000 metros.*

altivo, altiva (al-**ti**-vo) adjetivo

Que actúa con orgullo. *Es muy altivo.* **SIN.** Soberbio.

alto, alta (**al**-to) adjetivo

1. Se dice de la persona de gran estatura o de la cosa elevada sobre el nivel del suelo. *Los jugadores de baloncesto son altos. Era un árbol alto.* **ANT.** Bajo.

2. sustantivo masculino Sitio elevado en el campo, como una colina o mirador. *Subimos a un alto desde el que se veía toda la comarca.* **SIN.** Cerro.

3. sustantivo masculino Altura. *Mide más de tres metros de alto.*

4. sustantivo masculino Detención o parada en medio de una actividad. *Hicimos un alto en la marcha para descansar.*

5. adverbio En un lugar elevado. *Ponlo en alto para que no lo coja el niño.*

6. adverbio En voz fuerte o que suene bastante. *Habla demasiado alto.*

altruismo (al-**truis**-mo) sustantivo masculino

Procurar el bien y la felicidad de los demás, incluso haciendo cosas que cuestan esfuerzo. *Su altruismo es lo que le ha hecho dedicar su vida a cuidar de los pobres.* **SIN.** Filantropía, humanitarismo. **ANT.** Egoísmo.

altura (al-**tu**-ra) sustantivo femenino

Elevación de cualquier cuerpo sobre la superficie de la tierra. *El edificio tenía 18 metros de altura.* **SIN.** Altitud. **ANT.** Bajura.

alubia (a-**lu**-bia) sustantivo femenino

Planta leguminosa de fruto comestible. *La fabada se hace con alubias.* **SIN.** Judía.

alucinación

(a-lu-ci-na-**ción**) sustantivo femenino

Engaño de los sentidos corporales, consistente en ver lo que no hay y oír lo que nadie más está oyendo. *Tenía tanta fiebre que sufría alucinaciones.* **SIN.** Pesadilla, visión. **ANT.** Realidad.

alucinar (a-lu-ci-**nar**) verbo

1. Engañar haciendo que se tome una cosa por otra. *Ciertas drogas* hacen *alucinar al que las toma.* **SIN.** Ofuscar, cegar.

2. Impresionar mucho una cosa. *Aluciné con los efectos especiales de la película.*

alucine (a-lu-**ci**-ne) sustantivo masculino

Algo que causa asombro y admiración. *Tu moto es un alucine.*

alud (a-**lud**) sustantivo masculino

1. Gran masa de nieve o rocas que se derrumba de los montes con violencia. *Cayó un alud sobre la carretera y tuvieron que desviar el tráfico.* **SIN.** Avalancha.

2. Lo que se acumula, desborda o precipita impetuosamente en gran cantidad. *Un alud de problemas se nos vino encima.*

aludir (a-lu-**dir**) verbo

1. Referirse a alguien o algo sin mencionarlo. *Todos nos dimos cuenta de que estaba aludiendo a su hermano.* **SIN.** Insinuar.

2. Referirse a personas o cosas. *Aludió en su conferencia a* El Quijote, *su obra preferida.* **SIN.** Mencionar, citar. **ANT.** Omitir.

alumbrado, alumbrada

(a-lum-**bra**-do) adjetivo

1. Que tiene mucha luz. *El túnel estaba muy bien alumbrado.*

2. sustantivo masculino Conjunto de luces de un pueblo o ciudad. *Ya comenzaron las obras del alumbrado del pueblo.*

alumbrar (a-lum-**brar**) verbo

1. Dar luz. *Una pequeña lámpara alumbraba la habitación.* **SIN.** Iluminar. **ANT.** Apagar, oscurecer.

2. Poner luz o luces en un lugar. *Tenemos que alumbrar el sótano, porque de noche no se ve nada.*

3. Acompañar con luz a otro. *Alúmbrame con la linterna.*

aluminio (a-lu-**mi**-nio) sustantivo masculino

Metal de color y brillo parecidos a los de la plata. *El marco de la ventana es de aluminio.*

alumno, alumna (a-**lum**-no) sustantivo

Persona que aprende una materia con la ayuda de un maestro. *El maestro aprobó a la mayoría de los alumnos del último curso.* **SIN.** Discípulo, estudiante, aprendiz. **ANT.** Maestro.

alusión (a-lu-**sión**) sustantivo femenino

Cita o recuerdo breve que se hace de algo o alguien. *Hizo una alusión al tema.* **SIN.** Mención, referencia.

aluvión (a-lu-**vión**) sustantivo masculino

1. Tierra, ramas, etc. arrastrados por un río desbordado, que se depositan y acumulan en lugares donde la corriente es menor. *Esa vaguada se rellenó con tierras de aluvión.*

2. Cantidad de personas o cosas agolpadas. *Un aluvión de gente se echó a la calle para protestar.* **SIN.** Muchedumbre, multitud, masa.

alza (**al**-za) sustantivo femenino

Aumento del precio de las cosas. *En las fiestas se produjo un alza de precios.* **SIN.** Encarecimiento. **ANT.** Baja, descenso.

✎ Aunque es femenino, en singular va con los artículos *el* o *un.*

alzar (al-**zar**) verbo

1. Mover hacia arriba y poner una cosa más alta de lo que está. *Alzó la mano.* **SIN.** Elevar, subir, ascender. **ANT.** Bajar, descender.

2. alzarse Rebelarse, sublevarse contra quien tiene el poder. *Los ejércitos se alzaron contra el rey.*

✎ Se conjuga como *abrazar.*

ama (**a**-ma) sustantivo femenino

1. Poseedora o propietaria de alguna cosa. *Es el ama de la casa de la colina.* **SIN.** Dueña.

2. ama de casa expresión Mujer que trabaja atendiendo su hogar. *El trabajo de las amas de casa no siempre se valora lo suficiente.*

3. ama de llaves expresión Mujer que administra una casa. *Contrataron un ama de llaves para cuidar la mansión.*

✎ Aunque es femenino, en singular va con los artículos *el* o *un*.

amabilidad (a-ma-bi-li-**dad**) sustantivo femenino

Actitud de la persona que trata a los demás con bondad y educación. *En el banco nos trataron con mucha amabilidad.* **SIN.** Afabilidad, cortesía. **ANT.** Grosería, descortesía.

amable (a-**ma**-ble) adjetivo

Que es o se muestra cortés y atento con los demás. *El taxista era tan amable que le subió las maletas a su casa.* **SIN.** Afable, cordial, simpático. **ANT.** Desatento, descortés, antipático.

amaestrar (a-ma-es-**trar**) verbo

Hacer doméstico un animal salvaje. *Debes amaestrar al gato desde pequeñito.* **SIN.** Adiestrar, domesticar.

amamantar (a-ma-man-**tar**) verbo

Dar de mamar. *Se dice que una loba amamantó a Rómulo y Remo.*

amanecer (a-ma-ne-**cer**) verbo

1. Empezar a salir la luz del día. *En esta época del año amanece muy tarde.* **SIN.** Alborear. **ANT.** Anochecer.

2. Llegar a un sitio o estar en un estado determinado al comenzar el día. *Ayer amanecí con muchas ganas de hacer cosas.*

3. sustantivo masculino Comienzo del día, momento en que amanece. *Desde mi ventana veo un bonito amanecer.* **SIN.** Alba, aurora. **ANT.** Anochecer.

✎ Verbo irregular, se conjuga como *parecer*.

amansar (a-man-**sar**) verbo

1. Hacer manso a un animal. *Están amansando un caballo salvaje.* **SIN.** Domar, amaestrar, domesticar.

2. Sosegar, apaciguar. *Su fuerte carácter se ha amansado con los años.* **SIN.** Calmar. **ANT.** Excitar.

amante (a-**man**-te) adjetivo

1. Que ama, aprecia o siente afición por algo o por alguien. *Es una gran amante de la música.*

2. sustantivo masculino y femenino Persona con la que se tienen relaciones sexuales sin estar unidos por vínculos legales. *Tiene un amante.*

amapola (a-ma-**po**-la) sustantivo femenino

Planta de flores rojas muy frecuente entre los cereales. *En el campo se veía el contraste del verde del trigo y el rojo de la amapola.*

amar (a-**mar**) verbo

Tener cariño a personas, animales o cosas. *Nosotros amamos la naturaleza.* **SIN.** Estimar, querer. **ANT.** Odiar.

✎ Verbo regular de la primera conjugación. Ver pág. 64.

amargar (a-mar-**gar**) verbo

1. Tener algo un sabor desagradable. *Este limón amarga mucho.* **SIN.** Acibarar. **ANT.** Endulzar.

2. Causar o sentir tristeza o disgusto. *Aquella triste noticia amargó la fiesta.* **SIN.** Disgustar, apenar. **ANT.** Alegrar, animar, contentar.

✎ Se conjuga como ahogar.

amargo, amarga (a-**mar**-go) adjetivo

1. De sabor desagradable. *El café sin azúcar tiene sabor amargo.* **ANT.** Dulce.

2. Que produce pena o dolor. *El fracaso fue muy amargo y tardó mucho tiempo en recuperarse.* **SIN.** Doloroso, penoso, triste.

amar

MODO INDICATIVO		MODO SUBJUNTIVO	
Tiempos simples	Tiempos compuestos	Tiempos simples	Tiempos compuestos
Presente	**Pret. perf. compuesto / Antepresente**	**Presente**	**Pret. perf. compuesto / Antepresente**
amo	he amado	ame	haya amado
amas / amás	has amado	ames	hayas amado
ama	ha amado	ame	haya amado
amamos	hemos amado	amemos	hayamos amado
amáis / aman	habéis amado	améis / amen	hayáis amado
aman	han amado	amen	hayan amado
Pret. imperfecto / Copretérito	**Pret. pluscuamperfecto / Antecopretérito**	**Pret. imperfecto / Pretérito**	**Pret. pluscuamperfecto / Antepretérito**
amaba	había amado	amara o	hubiera o
amabas	habías amado	amase	hubiese amado
amaba	había amado	amaras o	hubieras o
amábamos	habíamos amado	amases	hubieses amado
amabais / amaban	habíais amado	amara o	hubiera o
amaban	habían amado	amase	hubiese amado
		amáramos o	hubiéramos o
		amásemos	hubiésemos amado
Pret. perf. simple / Pretérito	**Pret. anterior / Antepretérito**	amarais o	hubierais o
		amaseis	hubieseis amado
amé	hube amado	/ amaran o	hubieran o
amaste	hubiste amado	amasen	hubiesen amado
amó	hubo amado	amaran o	
amamos	hubimos amado	amasen	
amasteis / amaron	hubisteis amado		
amaron	hubieron amado	**Futuro simple / Futuro**	**Futuro compuesto / Antefuturo**
		amare	hubiere amado
		amares	hubieres amado
Futuro simple / Futuro	**Futuro compuesto / Antefuturo**	amare	hubiere amado
		amáremos	hubiéremos amado
amaré	habré amado	amareis / amaren	hubiereis amado
amarás	habrás amado	amaren	hubieren amado
amará	habrá amado		
amaremos	habremos amado	**MODO IMPERATIVO**	
amaréis / amarán	habréis amado		
amarán	habrán amado	ama (tú) / amá (vos) / ame (usted) amad (vosotros) amen (ustedes)	
Condicional simple / Pospretérito	**Condicional compuesto / Antepospretérito**	**FORMAS NO PERSONALES**	
amaría	habría amado	**Infinitivo** amar	**Infinitivo compuesto** haber amado
amarías	habrías amado		
amaría	habría amado	**Gerundio** amando	**Gerundio compuesto** habiendo amado
amaríamos	habríamos amado		
amaríais / amarían	habríais amado	**Participio** amado	
amarían	habrían amado		

amarillo, amarilla

(a-ma-**ri**-llo) adjetivo y sustantivo masculino

Se dice del color del limón, del oro, de la paja seca, etc. y de lo que tiene ese color. *Los narcisos son amarillos.* **SIN.** Dorado, rubio.

amarrar (a-ma-**rrar**) verbo

Atar y asegurar por medio de cuerdas, especialmente un barco en el puerto. *Amarraron la barca en el puerto.* **SIN.** Atar. **ANT.** Desamarrar, desatar, soltar.

amasar (a-ma-**sar**) verbo

Hacer una masa mezclando agua con harina, con cemento, con tierra, etc. *Está amasando la tierra para hacer una vasija de barro.*

amasijo (a-ma-**si**-jo) sustantivo masculino

Mezcla o unión de cosas diferentes que causa confusión. *Tenía tal amasijo de ideas que nadie sabía de qué lado estaba.*

amateur adjetivo y sustantivo

Palabra francesa que se aplica a las personas que practican una actividad o deporte como afición, no como trabajo. *Es una gimnasta* amateur. **SIN.** Aficionado. **ANT.** Profesional.

✎ Se pronuncia /amatér/. Su plural es *amateurs*.

amazona (a-ma-**zo**-na) sustantivo femenino

1. Mujer de alguna de las razas guerreras de las leyendas, que combatía con arco e iba a caballo. *Leí un libro sobre las amazonas.*
2. Mujer que monta a caballo. *Es una buena amazona.*

ámbar (**ám**-bar) sustantivo masculino

Resina de color marrón claro de algunos árboles, que se endurece y puede contener insectos atrapados. Se emplea en cuentas de collares, etc. *Le regalaron unos pendientes de ámbar.*

ambición (am-bi-**ción**) sustantivo femenino

Deseo de conseguir poder, riquezas, etc. *Tenía ambición por conseguir el primer premio.* **SIN.** Aspiración, pretensión, ansia.

ambicionar (am-bi-cio-**nar**) verbo

Desear con fuerza una cosa. *Ambicionaba ser el jefe del equipo.* **SIN.** Codiciar, ansiar, anhelar, querer, apetecer. **ANT.** Despreciar, desdeñar, renunciar.

ambientador

(am-bien-ta-**dor**) sustantivo masculino

Sustancia que se utiliza para perfumar un sitio cerrado. *Colocó un ambientador con olor a rosas.*

ambientar (am-bien-**tar**) verbo

1. Dar a una cosa el ambiente adecuado al fin que se pretende. *Ambientó la película en la sociedad del siglo xix.*
2. ambientarse Acostumbrarse o adaptarse una persona a un ambiente o lugar nuevo. *Te ambientarás pronto en tu nueva casa.* **SIN.** Aclimatar, acomodar.

ambiente (am-**bien**-te) sustantivo masculino

1. Aire en el que se respira. *Con tantas personas, el ambiente estaba muy cargado.* **SIN.** Atmósfera.
2. Circunstancias que rodean a las personas o cosas. *En el agua, el pez está en su ambiente.* **SIN.** Medio, ámbito, situación.

ambiguo, ambigua (am-**bi**-guo) adjetivo

Que puede entenderse de varias maneras. *Me dio una respuesta ambigua.* **SIN.** Confuso, equívoco. **ANT.** Claro, preciso, simple.

ámbito (**ám**-bi-to) sustantivo masculino

Espacio comprendido dentro de unos límites y todo lo que forma parte de él. *Se siente integrada en el ámbito familiar.* **SIN.** Campo, medio.

ambos, ambas (am-bos) adjetivo plural

El uno y el otro, los dos. *Pedro y Juan son hermanos gemelos, ambos nacieron el mismo día.*

ambulancia

(am-bu-**lan**-cia) sustantivo femenino

Vehículo con camilla que sirve para transportar heridos y enfermos. *La llevaron en ambulancia al hospital porque estaba muy grave.*

ambulante (am-bu-**lan**-te) adjetivo

Que va de un lugar a otro sin tener un sitio fijo. *Es un vendedor ambulante que va por todas las ferias de la región.* **SIN.** Nómada, vagabundo, trashumante. **ANT.** Sedentario, permanente.

ambulatorio

(am-bu-la-**to**-rio) sustantivo masculino

Clínica en la que se presta atención médica. *Fue al ambulatorio porque le dolía mucho el estómago.* **SIN.** Consultorio, consulta, centro de salud.

amedrentar (a-me-dren-**tar**) verbo

Infundir miedo o sentirse acobardado. *Solía amedrentar a la gente con sus amenazas.* **SIN.** Atemorizar(se), asustar(se). **ANT.** Envalentonar(se), animar(se).

amenaza

(a-me-**na**-za) sustantivo femenino

Dicho, gesto o hecho con que se advierte de una amenaza. *Sus amenazas no le hicieron cambiar de opinión.* **SIN.** Advertencia.

amenazar (a-me-na-**zar**) verbo

1. Dar a entender que se quiere hacer algún mal a otro. *Le amenazó con castigarlo, pero no lo hizo.* **SIN.** Advertir. **ANT.** Halagar.

2. Acercarse un peligro. *Las nubes negras amenazaban una fuerte tormenta.* **SIN.** Presagiar.

✎ Se conjuga como *abrazar*.

ameno, amena (a-me-no) adjetivo

Que agrada o entretiene. *Pasamos una tarde muy amena jugando al parchís.* **SIN.** Divertido.

americano, americana

(a-me-ri-**ca**-no) sustantivo y adjetivo

1. Se dice de la persona o cosa que es de América. *El americano nos contó anécdotas de su juventud.*

2. sustantivo femenino Tipo de chaqueta de hombre o mujer. *Lleva la camisa blanca con la americana azul.*

ametralladora

(a-me-tra-lla-**do**-ra) sustantivo femenino

Arma de fuego que dispara automáticamente y con gran rapidez las balas. *Disparó con una ametralladora durante los entrenamientos.*

amígdala (a-**míg**-da-la) sustantivo femenino

Cada una de las dos glándulas rojas situadas en la entrada de la garganta. *Las amígdalas protegen a los pulmones de las infecciones.*

amigo, amiga

(a-**mi**-go) adjetivo y sustantivo

Se dice de la persona a la que se quiere mucho y con la que se tiene confianza. *Juan es mi mejor amigo.* **SIN.** Compañero, camarada. **ANT.** Enemigo, adversario.

amilanar (a-mi-la-**nar**) verbo

Causar o sentir mucho miedo y desánimo ante las dificultades o las amenazas. *No te amilanes, todo se arreglará.* **SIN.** Acobardar(se), intimidar(se).

aminorar (a-mi-no-**rar**) verbo

Disminuir la intensidad de una cosa. *Aminora la velocidad, que viene una curva.* **SIN.** Reducir, atenuar. **ANT.** Aumentar, acentuar.

amistad (a-mis-**tad**) sustantivo femenino

Afecto y confianza entre las personas, que se hace más fuerte con el trato. *Su falta de sinceridad acabó con la amistad que había entre ellos.* **SIN.** Intimidad, cariño.

amistoso, amistosa
(a-mis-**to**-so) adjetivo
1. Que pertenece o se refiere a la amistad. *Cae bien a todo el mundo porque tiene un carácter muy amistoso.* **SIN.** Accesible, afable, amigable, cordial. **ANT.** Desagradable, hosco.
2. Se dice de los partidos y competiciones deportivas que no pertenecen a un torneo oficial. *La recaudación de este partido amistoso es para la sociedad protectora de animales.*

amnistía (am-nis-**tí**-a) sustantivo femenino
Perdón de los delitos políticos que se otorga mediante una ley. *El presidente concedió una amnistía general.* **SIN.** Indulto, perdón. **ANT.** Condena.

amo (a-mo) sustantivo masculino
Dueño o poseedor de una cosa. *Habló con el amo del caballo a ver si le dejaba montarlo.* **SIN.** Propietario, patrón. **ANT.** Empleado, asalariado.

amodorrarse (a-mo-do-**rrar**-se) verbo
Adormilarse, dormirse a medias. *Siempre se amodorra un poco después de las comidas.* **SIN.** Adormecerse, dormitar. **ANT.** Desvelarse, despabilarse.

amoldarse (a-mol-**dar**-se) verbo
Adaptarse al carácter de otra persona o a una nueva situación. *Se amoldó muy bien al nuevo colegio.* **SIN.** Avenirse, transigir. **ANT.** Resistirse, cuadrarse.

amonestar (a-mo-nes-**tar**) verbo
Avisar a alguien para que sepa lo que tiene que hacer y lo que no puede hacer. *Amonestó a los alumnos para que se portaran bien.* **SIN.** Advertir, aconsejar, reprender, regañar.

amoníaco
(a-mo-**ní**-a-co) sustantivo masculino
Gas que se puede disolver en agua, de olor muy fuerte y que se utiliza como producto de limpieza. *El amoníaco es incoloro.*
✎ También *amoniaco*.

amontonar (a-mon-to-**nar**) verbo
1. Poner unas cosas sobre otras sin ningún tipo de orden. *Amontona los ladrillos allí, que luego los iré usando según necesite.* **SIN.** Acumular, hacinar, apilar. **ANT.** Esparcir, separar.
2. Juntar o reunirse muchas cosas, personas o animales. *La gente se amontonaba a la entrada del concierto.* **SIN.** Aglomerar(se), hacinar(se). **ANT.** Esparcir(se).

amor (a-**mor**) sustantivo masculino
1. Sentimiento de afecto y cariño. *Siente un gran amor por los animales.* **SIN.** Cariño, apego, estimación. **ANT.** Odio, aborrecimiento.
2. Esmero y cuidado con el que se hacen las cosas. *Hizo el dibujo de su madre con todo su amor.*
3. amor propio expresión Orgullo, deseo de reafirmarse. *No te ayudó por cariño, sino por amor propio.*

amordazar (a-mor-da-**zar**) verbo
Ponerle a alguien algo en la boca para que no pueda hablar, ni gritar. *Amordazaron a la víctima para evitar que la oyeran.*
✎ Se conjuga como *abrazar*.

amorío (a-mo-**rí**-o) sustantivo masculino
Relación amorosa de escasa importancia y corta duración. *Han publicado todos sus amoríos en la revista.* **SIN.** Romance.

amortajar (a-mor-ta-**jar**) verbo
Envolver en una mortaja o tela a una persona que ha fallecido. *Amortajaron el cadáver.*

amortiguar - análisis

amortiguar

(a-mor-ti-**guar**) verbo

Hacer menos viva, intensa o violenta alguna cosa. *La colchoneta que tenía debajo amortiguó el golpe.* **SIN.** Mitigar, atenuar, suavizar. **ANT.** Recrudecer, intensificar.

✎ Se conjuga como *averiguar*.

amortizar (a-mor-ti-**zar**) verbo

Acabar de pagar un préstamo o deuda o recuperar el dinero invertido en algún negocio. *Han amortizado ya el préstamo de la casa.* **SIN.** Liquidar, compensar.

✎ Se conjuga como *abrazar*.

amotinar (a-mo-ti-**nar**) verbo

Llevar a cabo un levantamiento o rebelión contra la persona que manda. *Varios oficiales del ejército se amotinaron y se negaron a obedecer a sus superiores.* **SIN.** Sublevar(se), insubordinar(se). **ANT.** Aplacar, someter(se).

amparar (am-pa-**rar**) verbo

1. Proporcionar ayuda o protección. *Ampararon a los heridos del accidente.* **SIN.** Auxiliar, ayudar, salvaguardar, proteger. **ANT.** Desamparar, abandonar.

2. ampararse Valerse de la ayuda o protección de alguien. *Se ampara en el dinero de su padre, pero no le servirá de nada.* **SIN.** Apoyarse.

ampliar (am-pli-**ar**) verbo

1. Hacer más grande o extensa una cosa. *Va a ampliar la casa para tener más habitaciones.* **SIN.** Agrandar, aumentar, desarrollar. **ANT.** Reducir, disminuir.

2. Reproducir una fotografía en tamaño mayor del que tiene. *Quiero ampliar esta foto para colgarla en mi habitación.*

✎ Se conjuga como *desviar*.

amplio, amplia (**am**-plio) adjetivo

Extenso, espacioso. *Tiene una habitación muy amplia, con un gran armario.* **SIN.** Ancho. **ANT.** Estrecho.

ampolla (am-**po**-lla) sustantivo femenino

1. Tubito de vidrio cerrado, que contiene el líquido de las inyecciones u otras medicinas. *El médico le recetó cinco ampollas de vitaminas.*

2. Abultamiento de la piel con agua o pus. *Le salieron ampollas en los pies después de la caminata.*

amputar (am-pu-**tar**) verbo

Cortar y separar del cuerpo un miembro o parte de él. *Le tuvieron que amputar la pierna para salvarle.* **SIN.** Cercenar, mutilar.

amueblar (a-mue-**blar**) verbo

Poner los muebles necesarios en un edificio, habitación, etc. *Ya sé cómo amueblar mi cuarto.*

amuleto (a-mu-**le**-to) sustantivo masculino

Figura, medalla o cualquier objeto pequeño que se piensa que da suerte. *A los exámenes lleva siempre su amuleto de la suerte.* **SIN.** Mascota, talismán, fetiche.

anagrama (a-na-**gra**-ma) sustantivo masculino

Símbolo constituido por letras de otras palabras. *Crearon un anagrama con las iniciales de los socios: LIS (Luis, Ignacio y Silvia).*

analfabeto, analfabeta

(a-nal-fa-**be**-to) adjetivo y sustantivo

Persona que no sabe leer ni escribir o ignora otros conocimientos elementales. *Da clases a personas analfabetas.* **SIN.** Inculto, iletrado.

análisis (a-**ná**-li-sis) sustantivo masculino

1. Separación de las partes de un todo hasta llegar a conocer sus principios o elementos. *Realizaron un análisis del suelo.* **SIN.** Descomposición. **ANT.** Síntesis.

2. Examen que se hace de algo. *Se hizo un análisis de sangre.*

✎ Es igual en plural y en singular.

analizar (a-na-li-**zar**) verbo

Hacer análisis de alguna cosa. *Le están analizando la sangre para ver dónde puede estar la infección.* **SIN.** Descomponer, estudiar, examinar. **ANT.** Sintetizar.

analogía (a-na-lo-**gí**-a) sustantivo femenino

Relación de semejanza entre dos o más cosas. *Existen varias analogías entre esas dos novelas.* **SIN.** Similitud, parecido.

anarquía (a-nar-**quí**-a) sustantivo femenino

Ausencia de todo gobierno y autoridad, y desorden producido por ello. *En aquel país reinaba la anarquía tras la muerte del presidente.* **SIN.** Acracia, confusión.

anatomía

(a-na-to-**mí**-a) sustantivo femenino

Ciencia que estudia las diversas partes del cuerpo de los seres vivos. *Le gusta estudiar anatomía.*

anatómico, anatómica

(a-na-**tó**-mi-co) adjetivo

1. Que pertenece o se refiere a la anatomía. *Estudio anatómico.*

2. Se dice de cualquier objeto construido para que se adapte perfectamente al cuerpo humano o a alguna de sus partes. *Se ha comprado una silla anatómica para trabajar más a gusto.*

anca (**an**-ca) sustantivo femenino

Parte posterior de algunos animales. *Uno de sus platos favoritos son las ancas de rana.*

✎ Aunque es femenino, en singular va con los artículos *el* o *un.*

ancho, ancha (**an**-cho) adjetivo

1. Que tiene anchura o amplitud. *Compró una cama más ancha.* **SIN.** Amplio. **ANT.** Reducido.

2. Que se manifiesta con orgullo y satisfacción. *Estaba todo ancho con su trofeo.* **SIN.** Satisfecho, ufano, orgulloso. **ANT.** Insatisfecho, modesto.

3. a mis, a tus, a sus anchas expresión Cómodamente. *Me siento a mis anchas en casa de mi padrino.*

anchoa (an-**cho**-a) sustantivo femenino

Pez marino comestible conservado en aceite y sal. *Merendó un bocadillo de anchoas.*

anchura (an-**chu**-ra) sustantivo femenino

Extensión entre los laterales de una cosa. **SIN.** Ancho.

anciano, anciana

(an-**cia**-no) adjetivo y sustantivo

Se dice de la persona de mucha edad y de lo que es propio de ellos. *Los ancianos suelen dar buenos consejos.* **SIN.** Viejo.

ancla (**an**-cla) sustantivo femenino

Instrumento de hierro que se echa al mar para sujetar un barco. *Echaron el ancla en el puerto más cercano.* **SIN.** Áncora.

✎ Aunque es femenino, en singular va con los artículos *el* o *un.*

anclar (an-**clar**) verbo

Quedar sujeto un barco por medio del ancla. *El barco ancló en el puerto.* **SIN.** Fondear.

andamio (an-**da**-mio) sustantivo masculino

Armazón de madera o metal en el que se suben los obreros para trabajar en la construcción, en la reparación de edificios, etc. *Los obreros estaban sobre el andamio pintando la fachada del edificio.* **SIN.** Andamiaje, plataforma.

andar (an-**dar**) verbo

1. Ir de un lugar a otro dando pasos. *Va andando al trabajo porque está cerca de su casa.* **SIN.** Caminar. **ANT.** Detener, parar.

2. Funcionar una máquina. *El nuevo tractor anda muy bien, no nos ha dado ningún problema.*

3. Con gerundios, indica que se está haciendo lo que expresan estos. *Estaba leyendo unos papeles.*

4. Recorrer un lugar, espacio o distancia. *Anduvo 12 kilómetros.*

5. sustantivo masculino Modo de caminar que tiene una persona. *Tiene unos andares inconfundibles.*

✎ Verbo irregular. Ver pág. 71.

andén (an-**dén**) sustantivo masculino
En las calles, muelles, vías de ferrocarril, etc., lugar destinado para los peatones. *Me gusta ver pasar los trenes desde el andén.*

andrajo (an-**dra**-jo) sustantivo masculino
1. Trozo de ropa vieja. *Este vestido parece un andrajo.*
2. Persona o cosa despreciable. *Es un andrajo de amigo, no te puedes fiar de él para nada.*

andrajoso, andrajosa
(an-dra-**jo**-so) adjetivo
Se dice de la ropa vieja y rota, y de quienes la llevan puesta. *Tengo la ropa tan vieja que parezco andrajosa.*

anécdota (a-**néc**-do-ta) sustantivo femenino
Narración breve de algún suceso más o menos importante. *Nos contó varias anécdotas de su viaje.*

anegar (a-ne-**gar**) verbo
Inundar o encharcarse de agua un sitio o cosa. *Los campos se anegaron con la riada.*

anejo, aneja (a-**ne**-jo) adjetivo
Es otra forma de decir anexo. *Vive en un piso anejo a la consulta.*

anestesia (a-nes-**te**-sia) sustantivo femenino
Sustancia para hacer dormir o perder la sensibilidad total o parcialmente. *Le pusieron anestesia local para sacarle la muela.*

anexionar (a-ne-xio-**nar**) verbo
Unir una cosa a otra. *Anexionaron nuevas tierras a su país.* **SIN.** Incorporar(se). **ANT.** Separar(se).

anexo, anexa
(a-**ne**-xo) adjetivo y sustantivo
Unido a otra cosa y dependiente de ella. *Aquella situación llevaba anexos grandes cambios.* **SIN.** Anejo, adjunto. **ANT.** Separado.

anfibio, anfibia
(an-fi-bio) adjetivo y sustantivo masculino
1. Se dice de los animales, normalmente provistos de cuatro patas y de piel húmeda, que viven tanto en la tierra, como en el agua. *La rana es un anfibio.*
2. Se dice de los vehículos de motor adaptados para circular por agua y tierra. *El ejército usa carros anfibios.*

anfiteatro (an-fi-te-**a**-tro) sustantivo masculino
Edificio de forma circular con asientos alrededor, en el cual se celebraban espectáculos. *Visitamos el anfiteatro romano de Mérida.*

anfitrión, anfitriona
(an-fi-**trión**) sustantivo
Persona que tiene invitados y se ocupa de ellos. *La anfitriona estaba pendiente de sus invitados.*

ánfora (**án**-fo-ra) sustantivo femenino
Cántaro alto y estrecho, de cuello largo y con dos asas. *Los antiguos griegos usaban ánforas.*

✎ Aunque es femenino, en singular va con los artículos *el* o *un*.

ángel (**án**-gel) sustantivo masculino
1. En la religión cristiana, espíritu que es mensajero de Dios y ayuda a los seres humanos a hacer el bien. *Rezo cada día a mi ángel de la guarda.* **ANT.** Demonio.
2. Persona muy buena. *Carlos es un ángel, me ayuda siempre que le necesito.*

andar

MODO INDICATIVO		MODO SUBJUNTIVO	
Tiempos simples	Tiempos compuestos	Tiempos simples	Tiempos compuestos
Presente	**Pret. perf. compuesto / Antepresente**	**Presente**	**Pret. perf. compuesto / Antepresente**
ando	he andado	ande	haya andado
andas / andás	has andado	andes	hayas andado
anda	ha andado	ande	haya andado
andamos	hemos andado	andemos	hayamos andado
andáis / andan	habéis andado	andéis / anden	hayáis andado
andan	han andado	anden	hayan andado
Pret. imperfecto / Copretérito	**Pret. pluscuamperfecto / Antecopretérito**	**Pret. imperfecto / Pretérito**	**Pret. pluscuamperfecto / Antepretérito**
andaba	había andado	anduviera o anduviese	hubiera o hubiese andado
andabas	habías andado	anduvieras o anduvieses	hubieras o hubieses andado
andaba	había andado	anduviera o anduviese	hubiera o hubiese andado
andábamos	habíamos andado	anduviéramos o anduviésemos	hubiéramos o hubiésemos andado
andabais / andaban	habíais andado	anduvierais o anduvieseis	hubierais o hubieseis andado
andaban	habían andado	/ anduvieran o anduviesen	hubieran o hubiesen andado
Pret. perf. simple / Pretérito	**Pret. anterior / Antepretérito**	anduvieran o anduviesen	
anduve	hube andado	**Futuro simple / Futuro**	**Futuro compuesto / Antefuturo**
anduviste	hubiste andado	anduviere	hubiere andado
anduvo	hubo andado	anduvieres	hubieres andado
anduvimos	hubimos andado	anduviere	hubiere andado
anduvisteis / anduvieron	hubisteis andado	anduviéremos	hubiéremos andado
anduvieron	hubieron andado	anduviereis / anduvieren	hubiereis andado
		anduvieren	hubieren andado
Futuro simple / Futuro	**Futuro compuesto / Antefuturo**	**MODO IMPERATIVO**	
andaré	habré andado	anda (tú) / andá (vos) / ande (usted)	
andarás	habrás andado	andad (vosotros)	
andará	habrá andado	anden (ustedes)	
andaremos	habremos andado		
andaréis / andarán	habréis andado		
andarán	habrán andado		
Condicional simple / Pospretérito	**Condicional compuesto / Antepospretérito**	**FORMAS NO PERSONALES**	

Condicional simple / Pospretérito	**Condicional compuesto / Antepospretérito**
andaría	habría andado
andarías	habrías andado
andaría	habría andado
andaríamos	habríamos andado
andaríais / andarían	habríais andado
andarían	habrían andado

FORMAS NO PERSONALES	
Infinitivo andar	**Infinitivo compuesto** haber andado
Gerundio andando	**Gerundio compuesto** habiendo andado
Participio andado	

71

anginas (an-**gi**-nas) sustantivo femenino plural
Inflamación del interior de la garganta, que produce fiebre y dolor de cabeza. *No pudo ir a clase porque tenía anginas.*

angosto, angosta (an-**gos**-to) adjetivo
Estrecho o reducido. *No pude pasar por ese sendero tan angosto.* **SIN.** Ajustado, ceñido, encajonado. **ANT.** Ancho, amplio.

anguila (an-**gui**-la) sustantivo femenino
Pez de cuerpo largo y cilíndrico, comestible, y que es parecido a una culebra. *Pescó una anguila.*

angula (an-**gu**-la) sustantivo femenino
Cría de la anguila, de color oscuro, que, cocida, se vuelve blanca, y es un sabroso manjar. *Siempre que va a ese restaurante pide angulas, porque le gusta cómo las preparan.*

ángulo (**án**-gu-lo) sustantivo masculino
1. Abertura formada por dos líneas que parten de un mismo punto. *Los ángulos del cuadrado tienen 90°.*
2. Rincón, esquina. *En un ángulo del salón tenía el piano.*
3. Punto de vista. *Cada uno tratará el tema desde su propio ángulo.*

angustia (an-**gus**-tia) sustantivo femenino
Sentimiento grande de tristeza, pena o miedo ante algo. *Sintió una gran angustia al enterarse de la mala noticia.* **SIN.** Dolor, desconsuelo. **ANT.** Serenidad, gozo.

anhelar (anhe-**lar**) verbo
Tener grandes deseos de conseguir algo. *Anhelaba ese viaje a Praga desde hacía años.* **SIN.** Ansiar, ambicionar, desear.

anhelo (anhe-lo) sustantivo masculino
Deseo ardiente de algo. *Todos conocíamos su anhelo por estudiar Bellas Artes.* **SIN.** Ambición, pasión, ansia. **ANT.** Indiferencia.

anidar (a-ni-**dar**) verbo
Hacer el nido las aves o vivir en él. *Las cigüeñas anidan en la torre.*

anilla (a-**ni**-lla) sustantivo femenino
1. Pieza en forma de anillo que sirve para colgar cortinas, para sujetar un objeto, etc. *Tiene una carpeta de anillas.*
2. sustantivo femenino plural Aros de gimnasia colgados de cuerdas o cadenas en los que se hacen diferentes ejercicios. *Es campeón olímpico de anillas.*

anillo (a-**ni**-llo) sustantivo masculino
1. Aro pequeño. *Se le perdió un anillo de oro en el mar.*
2. Cada uno de los segmentos en que se divide el cuerpo de algunos animales. *El cangrejo tiene su cuerpo segmentado en anillos.*

animación (a-ni-ma-**ción**) sustantivo femenino
1. Actividad o bullicio que se produce en un ambiente donde hay mucha gente divirtiéndose. *Había gran animación en aquella fiesta.* **SIN.** Movimiento, excitación. **ANT.** Calma, quietud.
2. Viveza, expresividad en las acciones, palabras o movimientos. *Me gusta la animación y expresividad de sus descripciones.* **SIN.** Vivacidad, excitación. **ANT.** Abatimiento, desánimo.

animal (a-ni-**mal**) sustantivo masculino
1. Ser vivo que puede moverse y sentir. *En la selva, los animales viven en libertad.* **SIN.** Bestia.
2. adjetivo y sustantivo masculino y femenino Persona grosera o muy ignorante. *Siempre mete la pata, es un animal.* **SIN.** Torpe, bruto, zote.
3. adjetivo Que pertenece o se refiere al animal. *Dentro del reino animal hay muchas y variadas especies.*
✎ No tiene femenino.

animar (a-ni-**mar**) verbo

Dar o recibir ánimos, aliento y vigor. *El público animaba a su equipo. Anímate y ven.* **SIN.** Confortar, alentar. **ANT.** Desanimar.

ánimo (**á**-ni-mo) sustantivo masculino

1. Valor, esfuerzo, energía. *Tiene mucho ánimo y no se dará fácilmente por vencida.* **SIN.** Brío. **ANT.** Desánimo, desaliento.

2. Intención, voluntad de hacer algo. *Su ánimo es de ir contigo.*

aniquilar (a-ni-qui-**lar**) verbo

Destruir o arruinar algo por completo. *Los soldados aniquilaron la ciudad.* **SIN.** Exterminar, suprimir. **ANT.** Crear, levantar.

anís (a-**nís**) sustantivo masculino

1. Planta de flores pequeñas y blancas, cuyo fruto son unas semillas aromáticas y de sabor agradable. *Recogí anises e hice una infusión con ellos.*

2. Bebida preparada con esta planta. *Tomó una copa de anís.*

aniversario

(a-ni-ver-**sa**-rio) sustantivo masculino

Día en que se cumplen años de algún suceso. *Celebraron el aniversario de boda con toda la familia.* **SIN.** Cumpleaños.

ano (**a**-no) sustantivo masculino

Orificio en que termina el intestino y por el cual se eliminan los excrementos. *Tiene una inflamación en el ano.* **SIN.** Recto, culo.

anoche (a-**no**-che) adverbio

En la noche de ayer. *Anoche llovió mucho y esta mañana había humedad.*

anochecer

(a-no-che-**cer**) sustantivo masculino

1. Tiempo en el que se hace de noche. *Era un anochecer triste y lluvioso.* **SIN.** Ocaso, crepúsculo. **ANT.** Amanecer, aurora, alba.

2. verbo Empezar a faltar la luz del día y venir la noche. *Estaba anocheciendo en la ciudad y ya se encendían las primeras farolas.* **SIN.** Ensombrecer. **ANT.** Amanecer.

3. verbo Llegar o estar en un lugar, situación o condición determinados al empezar la noche. *Anocheceré en Sevilla si el viaje sale bien.*

✎ Verbo irregular, se conjuga como *parecer.*

anómalo, anómala

(a-**nó**-ma-lo) adjetivo

Se dice de aquello que no sucede ordinariamente o se sale de la regla. *Tenía un comportamiento anómalo, algo le pasaba.* **SIN.** Anormal, insólito, extraño. **ANT.** Regular, correcto, normal.

anonadar (a-no-na-**dar**) verbo

Confundir, impresionar a alguien. *Les dejó a todos anonadados con sus trucos de magia.* **SIN.** Sorprender, desconcertar, apabullar.

anónimo, anónima

(a-**nó**-ni-mo) adjetivo

1. Se dice de la obra o escrito que no lleva el nombre de su autor. *El Cantar de Mio Cid es una obra anónima.*

2. Desconocido. *Le llegó un paquete de un amigo anónimo.*

3. sustantivo masculino Escrito que no va firmado, cuyo contenido su autor no se atrevería a decir si la persona a quien va dirigido supiera su nombre. *Recibió varios anónimos amenazándole, pero no se asustó.*

anorak (a-no-**rak**) sustantivo masculino

Chaqueta corta de tejido ligero e impermeable, forrada, y con capucha incorporada o separable. *Los anoraks son ideales para la lluvia.* **SIN.** Impermeable.

✎ Su plural es *anoraks.*

anorexia (a-no-**re**-xia) sustantivo femenino

Enfermedad que quita las ganas de comer. *Se quedó tan delgada porque tiene anorexia.* **SIN.** Inapetencia.

anormal (a-nor-**mal**) adjetivo

Se dice de aquello que se sale de las condiciones ordinarias. *Fue muy anormal que se levantara tan temprano, siempre es muy perezoso.* **SIN.** Anómalo, irregular.

anotar (a-no-**tar**) verbo

Escribir una nota o apuntar alguna cosa en un papel. *Anota mi número de teléfono.*

anquilosarse (an-qui-lo-**sar**-se) verbo

Detenerse una cosa en su progreso. *La investigación se anquilosó durante meses por falta de presupuesto.* **SIN.** Estancarse, atrofiarse. **SIN.** Desarrollarse, progresar.

ansia (**an**-sia) sustantivo femenino

1. Deseo grande de hacer o de que ocurra alguna cosa. *Tenía un ansia terrible de comer un pastel.* **SIN.** Ilusión, ambición, afán.

2. Inquietud producida por la excitación o la incertidumbre. *Estaba tan nerviosa por la falta de noticias, que no podía controlar su ansia.* **SIN.** Ansiedad, zozobra.

ansiar (an-si-**ar**) verbo

Desear con ansia. *Ansiaba tanto verlo que los minutos le parecían horas.* **SIN.** Ambicionar, anhelar. **ANT.** Ignorar, despreocuparse.

✎ Se conjuga como *desviar*.

antagonismo

(an-ta-go-**nis**-mo) sustantivo masculino

Oposición entre personas o doctrinas y opiniones. *El antagonismo entre los dos era evidente, siempre estaban discutiendo.* **SIN.** Contraposición, conflicto, lucha. **ANT.** Acuerdo, concordia.

antaño (an-ta-ño) adverbio

En un tiempo pasado. *Los mayores recuerdan las costumbres de antaño que ya se han perdido.* **SIN.** Antiguamente. **ANT.** Ahora, hoy.

ante (**an**-te) sustantivo masculino

1. Piel curtida de algunos animales que se usa para hacer zapatos, bolsos y ropa. *Se compró una cazadora de ante.*

2. preposición En presencia de, delante de. *Se presentó ante ellos vestido de uniforme.*

3. preposición En comparación con, respecto de. *Ante esta situación, no se puede hacer nada.*

anteanoche (an-te-a-**no**-che) adverbio

En la noche de anteayer. *Anteanoche me llamó por teléfono.*

anteayer (an-te-a-**yer**) adverbio

En el día anterior al de ayer. *Anteayer fui al cine.*

antebrazo (an-te-**bra**-zo) sustantivo masculino

Parte del brazo que va desde el codo a la muñeca. *Tenía escayolados la mano y el antebrazo.*

antecedente (an-te-ce-**den**-te) adjetivo

1. Que antecede, que va antes en el tiempo, lugar u orden. *Obtuvo el puesto porque la persona antecedente de la lista no se presentó.* **SIN.** Precedente, anterior. **ANT.** Siguiente.

2. sustantivo masculino Acción, dicho o circunstancia anterior que sirve para juzgar hechos posteriores. *Con sus antecedentes de robo no le cogerán para trabajar en ningún sitio.* **SIN.** Precedente, referencia.

antecesor, antecesora

(an-te-ce-**sor**) sustantivo

1. Persona que precedió a otra en un cargo o empleo. *Visitó a su antecesor en el cargo.* **SIN.** Predecesor. **ANT.** Sucesor.

2. sustantivo masculino plural Antepasados de los que desciende una persona, como sus abuelos y bisabuelos. *Estoy orgulloso de los antecesores de mi familia.* **SIN.** Progenitores. **ANT.** Descendientes.

antelación
(an-te-la-**ción**) sustantivo femenino
Anticipación con respecto a otra cosa. *Vino con dos días de antelación.* **SIN.** Anterioridad. **ANT.** Demora, tardanza.

antemano (an-te-**ma**-no)
de antemano expresión Con anticipación, anteriormente. *Yo sabía la noticia de antemano, por eso no me sorprendió.* **SIN.** Por anticipado, por adelantado, previamente. **ANT.** Después, posteriormente.

antena (an-**te**-na) sustantivo femenino
1. Vara metálica que sirve para recoger las ondas en los aparatos de radio y televisión. *La tele se veía mal porque la antena estaba estropeada.*
2. Órgano sensorial que tienen en la cabeza muchos insectos. *El caracol movió sus antenas.*

anteojo (an-te-o-jo) sustantivo masculino
1. Instrumento óptico preparado para poder ver objetos lejanos. *Miró por el anteojo para ver si conseguía divisar la barca.* **SIN.** Catalejo, telescopio.
2. sustantivo masculino plural Instrumento óptico con dos tubos que sirve para mirar a lo lejos con ambos ojos. *Llevó los anteojos a la excursión.* **SIN.** Prismáticos, gemelos.
3. sustantivo masculino plural Gafas, lentes. *De lejos uso anteojos porque soy miope.*

antepasado
(an-te-pa-**sa**-do) sustantivo masculino
Persona que nos ha precedido en el tiempo. *Nuestros antepasados descubrieron América.*

antepenúltimo, antepenúltima
(an-te-pe-**núl**-ti-mo) adjetivo y sustantivo
Inmediatamente anterior al penúltimo. *Prismáticos va acentuada en la antepenúltima sílaba.*

anteponer (an-te-po-**ner**) verbo
1. Poner delante. *Cuando santo se antepone al nombre, se escribe san.* **ANT.** Posponer.
2. Preferir, dar más importancia. *Siempre antepone el campo a la playa.* **ANT.** Posponer.
✎ Verbo irregular, se conjuga como *poner*. Su participio es *antepuesto*.

anterior (an-te-**rior**) adjetivo
Que precede, que va delante. *El cuatro es anterior al cinco.* **SIN.** Precedente. **ANT.** Posterior.

antes (**an**-tes) adverbio
1. Indica anterioridad de tiempo o lugar. *Antes del lunes va el domingo.*
2. Indica preferencia de una posibilidad frente a otra. *Prefiero llevar el traje negro antes que el verde.*

antibiótico
(an-ti-**bió**-ti-co) sustantivo masculino
Medicina que elimina las bacterias que producen ciertas enfermedades. *El médico le recetó antibióticos porque tenía mucha fiebre.*

anticiclón
(an-ti-ci-**clón**) sustantivo masculino
Zona con altas presiones atmosféricas, en la cual hay un tiempo agradable. *Se acercaba un anticiclón.* **ANT.** Borrasca.

anticipar (an-ti-ci-**par**) verbo
1. Hacer o decir algo antes de lo normal o previsto. *Al final tuvo que anticipar su viaje.* **SIN.** Adelantar, avanzar. **ANT.** Retrasar.
2. Entregar el dinero antes del momento señalado para ello. *Le anticipó dinero para comprarse la casa que tanto*

le gustaba. **SIN.** Adelantar, fiar, prestar. **ANT.** Retrasar, posponer, demorar.

3. anticiparse Hacer o decir alguna cosa antes que los demás. *Galileo Galilei se anticipó a su época con sus revolucionarias teorías.* **SIN.** Adelantarse.

4. anticiparse Suceder una cosa antes de tiempo. *El verano se ha anticipado, hace mucho calor.* **SIN.** Adelantarse. **ANT.** Retrasarse, demorarse.

anticipo (an-ti-**ci**-po) sustantivo masculino

Dinero que se da por adelantado. *Dio un anticipo para comprar el piso.* **SIN.** Préstamo, señal.

anticonceptivo, anticonceptiva

(an-ti-con-cep-**ti**-vo) adjetivo y sustantivo

Se dice de algunos medicamentos o métodos que sirven para evitar que una mujer se quede embarazada. *El preservativo es un método anticonceptivo.*

anticuado, anticuada

(an-ti-**cua**-do) adjetivo

Se dice de lo que está pasado de moda. *Su modo de vestir es tan anticuado que llama la atención.* **SIN.** Desusado, antiguo. **ANT.** Moderno, actual.

anticuario

(an-ti-**cua**-rio) sustantivo masculino

Persona que colecciona cosas antiguas o negocia con ellas. *Visitó a un anticuario de París para comprar unos candelabros.*

antídoto (an-**tí**-do-to) sustantivo masculino

Remedio o medicamento contra un veneno. *No encontró ningún antídoto que calmara su dolor.*

antifaz (an-ti-**faz**) sustantivo masculino

Máscara para cubrirse el rostro. *Fue al baile de disfraces con un antifaz.* **SIN.** Careta.

✎ Su plural es *antifaces.*

antigüedad

(an-ti-güe-**dad**) sustantivo femenino

1. Cualidad de lo que es antiguo. *Tiene mucha antigüedad en la empresa.*

2. adjetivo y sustantivo Tiempo de nuestros antepasados. *Le gusta estudiar la antigüedad griega.* **SIN.** Pasado. **ANT.** Presente, hoy, actualidad.

3. sustantivo femenino plural Monumentos u objetos artísticos de tiempo antiguo. *En el barrio viejo hay tiendas de antigüedades.*

antiguo, antigua (an-**ti**-guo) adjetivo

1. Que existe desde hace mucho tiempo o que sucedió hace muchos años. *Ese reloj es muy antiguo.* **SIN.** Viejo. **ANT.** Moderno, reciente.

2. sustantivo Anticuado, pasado de moda. *Eres un antiguo, ya no se llevan esas ropas.*

3. sustantivo masculino plural Los que vivieron en siglos remotos. *Los antiguos inventaron el fuego.*

✎ Su superlativo es *antiquísimo.*

antipático, antipática

(an-ti-**pá**-ti-co) adjetivo y sustantivo

Que causa un sentimiento de oposición o repugnancia hacia alguna persona o cosa. *Es tan antipático que nunca hace amigos.* **SIN.** Odioso. **ANT.** Simpático.

antípoda (an-**tí**-po-da) adjetivo y sustantivo

Se dice del lugar de la Tierra opuesto al punto que ocupamos nosotros, y de sus habitantes. *Nueva Zelanda y sus habitantes son los antípodas de España.*

antiséptico, antiséptica

(an-ti-**sép**-ti-co) adjetivo y sustantivo

Se dice de las sustancias utilizadas para limpiar heridas y esterilizar instrumentos médicos. *Los antisépticos previenen el contagio de enfermedades.*

antojarse (an-to-**jar**-se) verbo

Querer una cosa repentinamente y a veces sin razón para ello. *Se le antojó ese pantalón, aunque tenía otro casi igual.* **SIN.** Apetecer, desear, encapricharse.

✎ Verbo defectivo, solo se conjuga en tercera persona con los pronombres *me, te, se, le*, etc.

antojo (an-**to**-jo) sustantivo masculino

1. Deseo caprichoso de una cosa, que suele durar poco. *No suele tener antojos, pero hoy se ha encaprichado por un helado.*

2. Lunar o mancha que algunas personas tienen en la piel. *Tengo un antojo en la espalda.*

antología (an-to-lo-**gí**-a) sustantivo femenino

Colección de poesías o de textos seleccionados. *Compró una antología de poetas románticos.*

antónimo, antónima

(an-**tó**-ni-mo) adjetivo y sustantivo masculino

Se dice de las palabras que expresan ideas opuestas o contrarias. *Claro es el antónimo de oscuro.* **SIN.** Contrario, opuesto. **ANT.** Sinónimo.

antorcha (an-**tor**-cha) sustantivo femenino

Mezcla de esparto y alquitrán a la que se prende fuego, con un mango que permite llevarla de la mano. *Durante la noche se alumbraron con antorchas.* **SIN.** Tea.

antropófago, antropófaga

(an-tro-**pó**-fa-go) adjetivo y sustantivo

Se dice de la persona que come carne humana. *Se encontraron en la jungla con una tribu de antropófagos.* **SIN.** Caníbal.

anual (a-**nual**) adjetivo

1. Que sucede o se repite cada año. *Asistió a la fiesta anual del colegio.*

2. Que dura un año. *Es un curso anual.*

anudar (a-nu-**dar**) verbo

Hacer o hacerse nudos. *Anuda bien esta cuerda para que no se desenvuelva el paquete.* **SIN.** Atar, amarrar. **ANT.** Desatar.

anular (a-nu-**lar**) verbo

1. Dar por nulo o dejar sin validez una cosa. *Anularon esa norma.* **SIN.** Abolir, derogar, invalidar. **ANT.** Aprobar, ratificar.

2. adjetivo Con forma de anillo. *La lámpara tiene figura anular.*

3. adjetivo y sustantivo masculino Se dice del dedo de la mano que está entre el meñique y el corazón. *Se rompió el dedo anular.*

anunciar (a-nun-**ciar**) verbo

1. Hacer saber algo. *Han anunciado la llegada del tren.* **SIN.** Advertir, comunicar, decir, informar. **ANT.** Ocultar, callar.

2. Informar a la gente sobre algo por medio de periódicos, carteles, radio, etc. *Para anunciar algo en televisión hay que pagar mucho dinero.* **SIN.** Divulgar.

3. Predecir lo que va a suceder. *Habían anunciado fuertes tormentas, pero nadie tomó precauciones.* **SIN.** Presagiar, pronosticar, prever, vaticinar.

✎ Se conjuga como *cambiar*.

anuncio (a-**nun**-cio) sustantivo masculino

Conjunto de palabras o imágenes con que se da un aviso o se anima a comprar un producto. *Pusieron un anuncio en el tablón, para que todo el mundo pudiera leerlo.* **SIN.** Informe, cartel.

anverso (an-**ver**-so) sustantivo masculino

Cara principal de las monedas o medallas, o de cualquier cosa plana. *El anverso de las hojas de ese árbol es verde.* **SIN.** Haz, cara. **ANT.** Cruz, reverso, envés.

anzuelo (an-**zue**-lo) sustantivo masculino

Gancho utilizado para pescar. *Ni un pez mordió el anzuelo en toda la mañana.*

añadir (a-ña-**dir**) verbo

Unir o juntar una cosa a otra. *Añade más agua al guiso.* **SIN.** Agregar, sumar, adicionar. **ANT.** Quitar, restar, mermar.

añejo, añeja (a-**ñe**-jo) adjetivo

Que tiene varios años. *Nos sirvieron un vino muy añejo.* **SIN.** Añoso, viejo. **ANT.** Nuevo.

añicos (a-**ñi**-cos) sustantivo masculino plural

Pedazos en que se divide una cosa al romperse. *Se cayó la botella y se hizo añicos.* **SIN.** Trozos, fragmentos, trizas, migajas.

año (**a**-ño) sustantivo masculino

1. Tiempo que emplea un planeta en recorrer su órbita, especialmente el que emplea la Tierra en dar la vuelta alrededor del sol. *El año solar dura 365,2422 días.*

2. Período de doce meses a contar desde el día 1 de enero hasta el 31 de diciembre, ambos inclusive. *Un año consta de 365 días.*

3. año bisiesto expresión El que excede al año común en un día, que se añade al mes de febrero, para mantener el calendario acorde con el año solar. *Este año es bisiesto.*

añoranza (a-ño-**ran**-za) sustantivo femenino

Pesar por la ausencia de una persona o cosa. *Sentía añoranza de su tierra.* **SIN.** Melancolía, nostalgia. **ANT.** Olvido, desapego.

añorar (a-ño-**rar**) verbo

Recordar con tristeza la pérdida o ausencia de una persona o cosa muy querida. *Añoraba los buenos momentos de su infancia.* **SIN.** Evocar, rememorar.

apabullar (a-pa-bu-**llar**) verbo

Dejar a alguien confuso y sin saber qué responder. *Al pobre le apabullaron entre todos.* **SIN.** Anonadar, avergonzar.

apacible (a-pa-**ci**-ble) adjetivo

Dulce y agradable en el trato. *Se puede hablar con él sin ningún problema, es muy apacible.* **SIN.** Bondadoso, pacífico, tranquilo. **ANT.** Brusco, revoltoso, duro.

✎ Su superlativo es *apacibilísimo*.

apaciguar (a-pa-ci-**guar**) verbo

Poner en paz, adquirir serenidad. *Tras la discusión, se apaciguaron los ánimos.* **SIN.** Calmar, aplacar. **ANT.** Excitar, irritar.

✎ Se conjuga como *averiguar*.

apadrinar (a-pa-dri-**nar**) verbo

1. Ejercer de padrino en la boda o el bautizo de una persona. *El padre apadrinará a la novia.*

2. Patrocinar, proteger. *Su exposición la apadrina un famoso pintor.*

apagado, apagada (a-pa-**ga**-do) adjetivo

1. Que no está encendido o en funcionamiento. *La radio está apagada.* **ANT.** Encendido.

2. De carácter muy tranquilo y sosegado. *Nunca destaca en las reuniones porque es muy tímido y apagado.* **ANT.** Brillante.

3. De color, brillo, etc., poco vivo. *No deberías vestir con colores tan apagados, no te favorecen.* **SIN.** Mortecino, tenue, amortiguado. **ANT.** Vivo, chillón.

4. Con poco ánimo, triste. *Lleva unos días muy apagada.*

apagar (a-pa-**gar**) verbo

1. Extinguir el fuego o la luz. *Los bomberos apagaron el incendio. Apaga la luz, vamos a ver unas diapositivas sobre el universo.*

2. Hacer que un aparato deje de funcionar. *Apaga la televisión antes de salir.* **ANT.** Encender.

3. Aplacar, disipar, extinguir. *Su intervención logró apagar la discusión y pudieron llegar a un acuerdo. Su amor se fue apagando poco a poco.* **ANT.** Excitar(se).

✎ Se conjuga como *ahogar*.

apagón (a-pa-**gón**) sustantivo masculino
Corte repentino y momentáneo de la corriente de luz eléctrica. *Se produjo un apagón de luz en toda la ciudad.*

apaisado, apaisada
(a-pai-**sa**-do) adjetivo
Se dice de lo que es más ancho que alto. *Pon la hoja apaisada.* **SIN.** Horizontal. **ANT.** Vertical.

apalabrar (a-pa-la-**brar**) verbo
Llegar a un acuerdo de palabra. *Apalabraron la venta de la casa.* **SIN.** Tratar, convenir, pactar.

apalear (a-pa-le-**ar**) verbo
Dar golpes a una persona o cosa con un palo. *Unos gamberros apalearon al pobre mendigo.* **SIN.** Aporrear, zurrar.

apaño (a-pa-ño) sustantivo masculino
Reparación o remiendo que se hace en alguna cosa. *Hizo un apaño para que siguiera funcionando.* **SIN.** Chapuza, arreglo.

aparador (a-pa-ra-**dor**) sustantivo masculino
Mueble donde se guarda o que contiene lo necesario para poner la mesa. *Compramos un aparador de madera de roble para el comedor.* **SIN.** Vitrina, estantería.

aparato (a-pa-**ra**-to) sustantivo masculino
1. Utensilio u objeto formado por un conjunto de piezas que realizan una función. *Mi canción favorita sonó en el aparato de radio.* **SIN.** Máquina, artefacto.

2. Conjunto de órganos de un animal o planta que tienen la misma función. *Aparato digestivo.*

aparcamiento
(a-par-ca-**mien**-to) sustantivo masculino
Lugar en el que se dejan los coches. *Tengo el coche en el aparcamiento.*

aparcar (a-par-**car**) verbo
1. Colocar en un lugar público destinado a ello los coches u otros vehículos. *Había un sitio libre frente a tu casa y aparcamos allí.*

2. Aplazar algo para hacerlo más tarde. *Aparcó ese trabajo durante algunos meses.*

✎ Se conjuga como *abarcar*.

aparecer (a-pa-re-**cer**) verbo
1. Ponerse a la vista algo que estaba oculto. *La luna apareció entre las nubes.* **SIN.** Asomar(se), mostrarse. **ANT.** Desaparecer.

2. Llegar alguien a un sitio. *Seguro que aparecerá cuando nadie lo espere.* **SIN.** Presentarse.

3. Ser encontrado algo que se había perdido. *Ya aparecieron las llaves.* **SIN.** Hallar.

✎ Verbo irregular, se conjuga como *parecer*.

aparejador, aparejadora
(a-pa-re-ja-**dor**) sustantivo
Persona que ayuda al arquitecto a proyectar y dirigir las obras de construcción. *El aparejador hizo los planos del edificio.*

aparentar (a-pa-ren-**tar**) verbo
1. Manifestar o dar a entender lo que no es o no hay. *Aparentaba alegría para que nadie sospechara nada.* **SIN.** Fingir, simular.

2. Aspecto que tiene una persona de tener cierta edad, igual o distinta de la que tiene. *Aparenta menos años de los que tiene.*

aparente (a-pa-**ren**-te) adjetivo

1. Que parece lo que no es. *Era una verdad solo aparente.* **SIN.** Simulado, fingido. **ANT.** Real.

2. De buena presencia, que llama la atención. *Ese peinado te queda muy aparente.*

aparición (a-pa-ri-**ción**) sustantivo femenino

1. Acción de aparecer o aparecerse. *Su aparición en la fiesta fue una gran sorpresa para todos.* **SIN.** Manifestación, presentación.

2. Visión de un ser sobrenatural o fantástico. *Una vidente dice que ha tenido una aparición de la Virgen.* **SIN.** Fantasma, espectro.

apariencia

(a-pa-**rien**-cia) sustantivo femenino

Aspecto exterior de una persona o cosa. *En apariencia es una persona muy educada.* **SIN.** Forma, figura.

apartado, apartada

(a-par-**ta**-do) adjetivo

1. Que se encuentra lejos o a larga distancia. *Vive solo en una casa apartada del resto del pueblo.* **SIN.** Remoto, alejado. **ANT.** Próximo, cercano.

2. sustantivo masculino Cada uno de los párrafos o partes de un escrito. *El examen consta de cinco apartados.*

apartamento

(a-par-ta-**men**-to) sustantivo masculino

Vivienda pequeña y con pocas habitaciones. *Compraron un apartamento en la playa para ir de vacaciones.* **SIN.** Estudio, piso.

apartar (a-par-**tar**) verbo

1. Separar, desunir, dividir. *Aparta los lapiceros azules de los rojos.* **SIN.** Escoger, separar(se).

2. Quitar a una persona o cosa del lugar en que estaba. *Apartaron a los curiosos.* **SIN.** Alejar(se), separar(se). **ANT.** Acercar(se).

aparte (a-**par**-te) adverbio

1. En otro lugar separado. *Como le molestaba el ruido, se sentó aparte para leer.*

2. Separadamente, por separado. *Envuelve aparte los dos paquetes.*

apasionar (a-pa-sio-**nar**) verbo

Causar alguna pasión. *Hace años que se apasionó con la pintura y ahora es un pintor famoso.* **SIN.** Entusiasmar(se). **ANT.** Desinte-resar(se), desengañar(se).

apatía (a-pa-**tí**-a) sustantivo femenino

Falta de energía. Desinterés por las cosas. *Mostraba mucha apatía ante lo que antes le interesaba.* **SIN.** Desgana, desidia.

apear (a-pe-**ar**) verbo

Desmontar, bajar alguien de un caballo o un medio de transporte. *Se apean en la siguiente estación.* **SIN.** Descender, desmontar. **ANT.** Subir(se), montar(se).

apego (a-**pe**-go) sustantivo masculino

Inclinación especial hacia alguien o algo. *Tiene mucho apego a su ciudad natal, siempre que puede va allí.* **SIN.** Amistad, simpatía, cariño. **ANT.** Desapego.

apelar (a-pe-**lar**) verbo

1. Pedir que un tribunal superior corrija o anule la sentencia dada por otro tribunal. *Apeló ante el Supremo.* **SIN.** Reclamar.

2. Recurrir a la ayuda de una persona o cosa. *Apeló a su hermano para que le ayudase.*

3. Referirse, aludir. *En el discurso apeló a la buena labor del director.*

apellido (a-pe-**lli**-do) sustantivo masculino

Nombre de familia con que se distinguen las personas, transmitido de padres a hijos. *Su primer apellido es González.*

apelotonar (a-pe-lo-to-**nar**) verbo
Reunirse muchas personas o cosas formando un grupo sin orden. *Se apelotonaron todos en la entrada.* **SIN.** Apiñar(se).

apenar, apenarse (a-pe-**nar**) verbo
Causar o sentir pena o aflicción. *Se apenó mucho al enterarse de su enfermedad.* **SIN.** Entristecer(se). **ANT.** Alegrar(se).

apenas (a-**pe**-nas) adverbio
1. Casi no, con dificultad. *Apenas lo he visto esta semana.*
2. En cuanto, en el momento en que. *Apenas llegó, se lo contaron.*

apéndice (a-**pén**-di-ce) sustantivo masculino
1. Parte saliente del cuerpo de un animal. *El elefante tiene un apéndice nasal muy pronunciado, que se llama trompa.*
2. Prolongación del intestino grueso. *Le dolía el apéndice.*
3. Cosa adjunta o añadida a otra, de la cual es parte accesoria o dependiente. *El diccionario tiene al final un apéndice de gramática.* **SIN.** Anexo, suplemento, añadido.

apendicitis (a-pen-di-**ci**-tis) sustantivo femenino
Inflamación del apéndice, que produce mucho dolor. *Le dio un ataque de apendicitis.*

apercibirse (a-per-ci-**bir**-se) verbo
Darse cuenta de algo. *Se apercibió de lo sucedido en cuanto lo vio.*

aperitivo (a-pe-ri-**ti**-vo) sustantivo masculino
Tapa y bebida que se toma antes de comer. *Tomaron el aperitivo en la terraza.* **SIN.** Tentempié, entrante.

apertura (a-per-**tu**-ra) sustantivo femenino
1. Inauguración de un local o acto. *Asistimos a la apertura del curso académico.* **ANT.** Clausura, cierre.

2. Tendencia a la comprensión de actitudes ideológicas, políticas, etc., distintas de las que alguien sostiene. *El gobierno defiende una apertura del país a las nuevas ideas.*

apesadumbrar (a-pe-sa-dum-**brar**) verbo
Entristecer o entristecerse. *Se apesadumbró al saber que había suspendido.* **SIN.** Apenar(se).

apestar (a-pes-**tar**) verbo
Oler muy mal. *La cuadra apestaba a abono.* **SIN.** Heder.

apetecer (a-pe-te-**cer**) verbo
Tener ganas de alguna cosa o desearla. *Me apetece ver esa película, es muy divertida.* **SIN.** Querer, ambicionar. **ANT.** Detestar.
✎ Verbo irregular, se conjuga como *parecer.*

apetito (a-pe-**ti**-to) sustantivo masculino
Hambre, ganas de comer. *Tiene apetito a cualquier hora, así que está siempre comiendo.*

apiadarse (a-pia-**dar**-se) verbo
Tener piedad. *Se apiadaba de los débiles.* **SIN.** Compadecerse.

ápice (**á**-pi-ce) sustantivo masculino
Extremo superior o punta de alguna cosa. *Ápice de la lengua.*

apicultura (a-pi-cul-**tu**-ra) sustantivo femenino
Cría de las abejas para aprovechar sus productos. *Se dedica a la apicultura porque le gusta la miel.*

apilar (a-pi-**lar**) verbo
Hacer un montón de algo. *Apilaron la leña en el patio.* **SIN.** Amontonar, acumular. **ANT.** Esparcir, desperdigar, desparramar.

apiñar (a-pi-**ñar**) verbo
Juntar apretadamente muchas personas o cosas. *Se apiñaron todos en el autobús como pudieron.* **ANT.** Dispersar(se).

aplacar (a-pla-**car**) verbo

Quitar el enfado, calmar la excitación o el dolor. *Consiguió aplacar su mal humor.* **SIN.** Mitigar(se), suavizar(se). **ANT.** Irritar(se), excitar(se).

✎ Se conjuga como *abarcar*.

aplanar (a-pla-**nar**) verbo

Allanar, dejar una superficie plana. *Aplanaron el terreno con una máquina apisonadora.* **SIN.** Igualar, explanar.

aplastar (a-plas-**tar**) verbo

1. Deformar una cosa mediante un golpe o presión, aplanándola o haciendo disminuir su grosor. *Al caerse al suelo las cajas de huevos, se aplastaron todos.* **SIN.** Estrujar, desparruchar.

2. Vencer al enemigo o al adversario de manera clara. *Aplastaron al enemigo en una dura batalla.* **SIN.** Derrotar. **ANT.** Perder.

3. Dejar a alguien confuso y sin saber qué decir o responder. *Aplastó claramente a su oponente en el debate.* **SIN.** Avergonzar, humillar, abatir. **ANT.** Exaltar.

aplaudir (a-plau-**dir**) verbo

1. Golpear una palma de la mano contra otra en señal de entusiasmo. *Al acabar la actuación, el público aplaudió a los actores emocionado.* **SIN.** Ovacionar, palmotear. **ANT.** Abuchear, patear.

2. Aprobar con palabras u otras demostraciones a personas o cosas. *Aplaudió su decisión delante de todos.* **SIN.** Alabar, felicitar. **ANT.** Censurar, condenar

aplauso (a-plau-SO) sustantivo masculino

Golpe dado con ambas plantas de las manos entre sí en señal de aprobación o entusiasmo. *El cantante recibió muchos aplausos, el público estaba entusiasmado.*

aplazar (a-pla-**zar**) verbo

Dejar un acto para más tarde. *Aplazaron el partido para otro día a causa de la lluvia.* **SIN.** Retrasar, posponer, retardar. **ANT.** Adelantar, anticipar.

✎ Se conjuga como *abrazar*.

aplicar (a-pli-**car**) verbo

1. Extender una crema o líquido sobre uno mismo o sobre algo. *Le aplicaron pomada en la herida.*

2. aplicarse Dedicarse a un estudio o ejercicio con esmero y cuidado. *Se aplica mucho en el estudio.* **SIN.** Afanarse, esmerarse, concentrarse. **ANT.** Distraerse, descuidarse.

✎ Se conjuga como *abarcar*.

apocar (a-po-**car**) verbo

Humillar, hacer a alguien sentirse inferior. *Se apocó al ver que los demás se reían de él.* **SIN.** Abatir(se), acobardar(se).

✎ Se conjuga como *abarcar*.

apoderar (a-po-de-**rar**) verbo

1. Dar poder una persona a otra para que la represente. *Apoderó a su hermano para que asistiera por él a la reunión.* **SIN.** Facultar. **ANT.** Desautorizar.

2. apoderarse Hacerse alguien el dueño de una cosa, o ponerla bajo su dirección. *Los ladrones se apoderaron de todo el dinero del banco.* **SIN.** Tomar, coger, adueñarse, apropiarse. **ANT.** Renunciar, ceder, restituir.

apodo (a-**po**-do) sustantivo masculino

Nombre que suele darse a una persona, tomado generalmente de alguno de sus defectos o circunstancias personales. *Todos lo conocen por su apodo.* **SIN.** Alias, mote, sobrenombre.

apogeo (a-po-**ge**-o) sustantivo masculino

Punto superior que puede alcanzar una cosa, como el poder, la virtud, la gloria, etc. *La nación estaba en su apogeo.* **SIN.** Auge, culminación, esplendor, plenitud. **ANT.** Decadencia, ruina.

apolillar (a-po-li-**llar**) verbo

Estropear las cosas la polilla. *Se apolilló un abrigo en el armario.* **SIN.** Carcomer, deteriorar.

apología (a-po-lo-**gí**-a) sustantivo femenino

Defensa o elogio de algo. *Hace apología de la paz en sus discursos.* **SIN.** Elogio, loa, alabanza. **ANT.** Censura, reprobación.

aporrear (a-po-rre-**ar**) verbo

Dar varios golpes fuertes seguidos. *Aporrearon la puerta.* **SIN.** Golpear(se), sacudir(se).

aportar (a-por-**tar**) verbo

Contribuir con algo a alguna causa o situación. *Cada uno aportó lo que pudo para las misiones.* **SIN.** Dar, proporcionar.

aposento (a-po-**sen**-to) sustantivo masculino

1. Habitación de una casa. *Su casa de campo es muy pequeña, solo tiene tres aposentos.* **SIN.** Dormitorio, cuarto, sala.

2. Posada, hospedaje. *Tomó aposento en un refugio cercano.*

aposta (a-**pos**-ta) adverbio

Deliberadamente, de forma voluntaria y expresa. *Lo hizo aposta, porque sabía que no le gustaba.* **SIN.** Adrede, ex profeso. **ANT.** Involuntariamente, sin querer.

apostar (a-pos-**tar**) verbo

Hacer una apuesta. *Apostó a las quinielas de caballos.* **SIN.** Aventurar, arriesgar, jugar.

✎ Verbo irregular, se conjuga como *contar.*

apoteosis (a-po-te-**o**-sis) sustantivo femenino

Punto culminante de algo. *Recibir el Premio Nobel fue la apoteosis de su*

carrera. **SIN.** Exaltación, glorificación. **ANT.** Humillación.

✎ Es igual en plural y en singular.

apoyar (a-po-**yar**) verbo

1. Hacer que una cosa descanse sobre otra. *Apoyó su cabeza en la almohada.* **SIN.** Asentar, basar.

2. Prestar ayuda o protección a alguien. *Apoyaba su candidatura a presidente del partido.* **SIN.** Favorecer, proteger, defender. **ANT.** Combatir, abandonar.

3. Sostener con pruebas una opinión o doctrina. *Apoyó sus argumentos con sólidas pruebas.* **SIN.** Avalar. **ANT.** Rechazar.

apoyo (a-**po**-yo) sustantivo masculino

1. Lo que sostiene o soporta algo. *Varios pilares servían de apoyo a la vivienda.*

2. Protección física o moral. *Contaba con el apoyo de su padre para llevar a cabo el negocio.* **SIN.** Amparo, defensa.

3. Fundamento o prueba de una opinión o doctrina. *Necesitaba encontrar un apoyo más firme para su teoría.* **SIN.** Confirmación. **ANT.** Rechazo, desaprobación.

apreciar (a-pre-**ciar**) verbo

1. Reconocer y estimar el mérito de las personas o de las cosas. *Apreciaba su colaboración porque siempre le había resultado muy útil.* **SIN.** Estimar, considerar, valorar. **ANT.** Despreciar, desestimar.

2. Sentir cariño por una persona o cosa. *Aprecia mucho el libro que le regalaste por su cumpleaños.* **SIN.** Querer, estimar, valorar.

✎ Se conjuga como *cambiar.*

aprecio (a-**pre**-cio) sustantivo masculino

Estimación que se tiene a una persona o cosa. *Me demostró mucho aprecio.* **SIN.** Consideración, cariño. **ANT.** Desprecio, odio.

apremiar (a-pre-**miar**) verbo

Meter prisa a alguien para que haga una cosa lo más pronto posible. *No apremies tanto, que luego sale mal.* **SIN.** Apurar, acelerar. **ANT.** Tranquilizar, sosegar.

✎ Se conjuga como cambiar.

aprender (a-pren-**der**) verbo

Adquirir conocimientos mediante el estudio o la experiencia. *Estoy aprendiendo a conducir.* **SIN.** Estudiar, practicar. **ANT.** Olvidar.

aprendiz, aprendiza

(a-pren-**diz**) sustantivo

1. Persona que aprende un oficio o un arte. *Ahora está de aprendiz en un taller.* **SIN.** Discípulo, principiante. **ANT.** Maestro, experto.

2. Trabajador que está situado en el primer grado de una profesión manual, antes de llegar a ser oficial. *Ahora es aprendiza, pero le queda poco para ascender a oficial.*

✎ Su plural es *aprendices*. También se usa la forma masculina para designar el femenino (*Laura es aprendiz*).

aprensivo, aprensiva

(a-pren-**si**-vo) adjetivo y sustantivo

Se dice de la persona que ve peligros en todo, o imagina que es grave cualquier leve enfermedad que tiene. *Es tan aprensivo que se pasa todo el día en el médico.* **SIN.** Desconfiado, miedoso, temeroso. **ANT.** Confiado.

apresar (a-pre-**sar**) verbo

Tomar por la fuerza a alguien o algo. *Apresaron un pesquero en aguas del Mediterráneo.* **SIN.** Prender, capturar, aprisionar. **ANT.** Soltar, liberar.

apresurar (a-pre-su-**rar**) verbo

Meter prisa, acelerarse. *No te apresures tanto, todavía es pronto.* **SIN.** Aligerar(se), avivar(se), activar(se). **ANT.** Retardar(se).

apretar (a-pre-**tar**) verbo

1. Presionar contra el pecho; estrechar rodeando con la mano o los brazos. *Aprieta tanto al saludar que casi hace daño.* **SIN.** Abrazar, estrujar. **ANT.** Soltar.

2. Quedar demasiado estrecho el calzado, una prenda de vestir, etc. *Los zapatos me aprietan.*

3. Reducir una cosa a menor volumen presionando sobre ella. *Ayúdame a apretar la maleta, así no cierra.* **SIN.** Apretujar.

4. Apiñar(se) en exceso, poner(se) muy juntos. *Tuvimos que apretarnos mucho en el autobús para caber todos.* **SIN.** Juntar(se).

5. Tratar a alguien con excesiva dureza y exigencia. *El nuevo profesor les aprieta mucho.*

6. Acosar a alguien. *Le apretaron tanto que al final confesó que había sido él.* **SIN.** Hostigar. **ANT.** Sosegar, dejar en paz.

✎ Verbo irregular, se conjuga como *acertar*.

aprieto (a-**prie**-to) sustantivo masculino

Apuro, dificultad, problema. *Se vio en grandes aprietos para devolver el dinero que había pedido.*

aprisa (a-**pri**-sa) adverbio

Con toda rapidez. *Ven aprisa, es urgente.* **ANT.** Despacio.

aprisionar (a-pri-sio-**nar**) verbo

1. Meter en prisión. *Aprisionaron a los ladrones.* **SIN.** Prender, encarcelar. **ANT.** Libertar.

2. Atar, sujetar. *Estaba aprisionado entre dos barrotes.* **SIN.** Coger, asir. **ANT.** Soltar.

aprobado (a-pro-**ba**-do) sustantivo masculino

Nota mínima para pasar un examen. *Solo saqué un aprobado.* **ANT.** Suspenso.

aprobar (a-pro-**bar**) verbo

1. Dar por bueno o estar de acuerdo. *Aprobaron los presupuestos. Aprobaron su propuesta.*

2. Conseguir la calificación suficiente para superar un examen. *Aprobó Física con buena nota.* **ANT.** Suspender.

✎ Verbo irregular, se conjuga como *contar*.

apropiado, apropiada

(a-pro-**pia**-do) adjetivo

Adaptado o proporcionado para su fin o destino. *Adoptaron las medidas apropiadas.* **SIN.** Conveniente, oportuno. **ANT.** Inadecuado.

apropiarse (a-pro-**piar**-se) verbo

Tomar para sí alguna cosa haciéndose dueño de ella. *Se apropió de su idea.* **SIN.** Apoderarse, tomar. **ANT.** Ceder, dejar.

✎ Se conjuga como *cambiar*.

aprovechar (a-pro-ve-**char**) verbo

1. Hacer servir para algo útil alguna cosa. *Mi madre aprovechó unas maderas para hacer un armario.* **SIN.** Servir. **ANT.** Ser inútil.

2. Usar algo al máximo. *Aprovecha el tiempo libre para estudiar.* **SIN.** Disfrutar, explotar. **ANT.** Desaprovechar, desperdiciar.

3. aprovecharse Usar algo para el propio beneficio aunque dañe a otros. *Se aprovechó de que llegué tarde para elegir el mejor asiento.* **SIN.** Servirse de.

aprovisionar (a-pro-vi-sio-**nar**) verbo

Abastecer de comida, bebida y todo lo necesario a un grupo. *Aprovisionó de agua al colegio.*

aproximar (a-pro-xi-**mar**) verbo

Arrimar, poner más cerca. *Aproximó sus manos al fuego para calentarse.* **ANT.** Alejar(se).

aptitud (ap-ti-**tud**) sustantivo femenino

Capacidad para desarrollar una actividad, ejercer un empleo o cargo, etc. *Demostró su aptitud para la natación.* **SIN.** Habilidad, talento. **ANT.** Ineptitud.

✎ No debe confundirse con *actitud*.

apto, apta (ap-to) adjetivo

Preparado para realizar algo. *Le declararon apto para el trabajo.* **SIN.** Competente. **ANT.** Inepto.

apuesto, apuesta (a-**pues**-to) adjetivo

1. Guapo, de muy buena presencia. *Era un apuesto caballero.*

2. sustantivo femenino Pacto entre dos o más personas por el que el perdedor se compromete a dar al que gana una cantidad de dinero o alguna otra cosa acordada antes. *Hizo la apuesta de que si no le ganaba, le invitaría a un helado.*

apuntador, apuntadora

(a-pun-ta-**dor**) sustantivo

Persona que en el teatro va diciendo en voz baja a los actores lo que tienen que decir. *El actor se quedó en blanco y las siguientes frases se las tuvo que decir el apuntador.*

apuntar (a-pun-**tar**) verbo

1. Señalar algo con el dedo o de otra manera. *La flecha apunta hacia la derecha.* **SIN.** Indicar.

2. Tomar nota por escrito de alguna cosa. *Apunta mi dirección.*

3. Sugerir algo a la persona que está hablando para que recuerde lo olvidado o para que corrija lo que está diciendo. *Cuando le preguntó el profesor, su compañero de atrás le apuntaba.*

4. Inscribir a alguien o inscribirse uno mismo en una asociación, curso, actividad, etc. *Me apunté a un curso de cocina.*

apunte (a-**pun**-te) sustantivo masculino

Nota que se hace por escrito para recordar lo que se está oyendo o leyendo. *Cristina era muy rápida tomando apuntes.*

apuñalar (a-pu-ña-**lar**) verbo

Herir a alguien clavándole un puñal o cuchillo. *Tuvo que apuñalar al tigre para salvarse.*

apurar (a-pu-**rar**) verbo

1. Aprovechar, agotar, consumir una cosa hasta el extremo. *Apuró hasta la última gota de agua.* **SIN.** Extremar. **ANT.** Desaprovechar, desperdiciar.

2. apurarse Sentir preocupación o congoja. *No te apures, seguro que no le ha pasado nada.* **SIN.** Acongojarse, preocuparse. **ANT.** Animarse, tranquilizarse.

apuro (a-**pu**-ro) sustantivo masculino

Situación de difícil solución que hay que resolver. *Estuve en un apuro cuando me quedé encerrado en el ascensor.* **SIN.** Aprieto.

aquel, aquella, aquello

(a-**quel**) adjetivo y pronombre demostrativo

Designa una persona o cosa que está lejos del hablante y del oyente. *Dame aquella silla. Acércame aquel libro.*

✎ Cuando son pronombres, se pueden escribir con tilde, aunque se recomienda no hacerlo: *Dame aquella de allí.*

aquí (a-**quí**) adverbio

1. En este lugar. *Lo haremos aquí.* **SIN.** Acá. **ANT.** Allí.

2. A este lugar. *Vendrá aquí.*

3. Ahora, en el tiempo presente. *Estamos aquí, no hace cien años.*

arado (a-ra-do) sustantivo masculino

Instrumento que sirve para trabajar la tierra haciendo surcos en ella. *Salió al campo con el arado y las vacas.* **SIN.** Reja.

arandela (a-ran-**de**-la) sustantivo femenino

Pieza en forma de corona o anillo metálico de uso frecuente en las máquinas. *Al quitar los tornillos de la rueda, perdí una arandela.*

araña (a-**ra**-ña) sustantivo femenino

1. Insecto de pequeño tamaño, con ocho patas, que fabrica una especie de tela en la que apresa a los insectos de los que se alimenta. *Tiene miedo a las arañas.*

2. Lámpara con varios brazos para colgarla en el techo. *Se fundió una bombilla de la araña.*

arañar (a-ra-**ñar**) verbo

Herir ligeramente la piel con las uñas, un alfiler, etc. *Se arañó con una zarza.* **SIN.** Raspar.

arañazo (a-ra-**ña**-zo) sustantivo masculino

Rasgadura hecha en la piel con las uñas, un alfiler u otra cosa. *El gato le hizo un arañazo.* **SIN.** Rasguño.

arar (a-**rar**) verbo

Hacer surcos en la tierra con el arado. *Estuvieron arando toda la tarde.* **SIN.** Roturar, labrar.

árbitro, árbitra (**ár**-bi-tro) sustantivo

Persona que, en ciertos deportes o juegos, cuida del cumplimiento del reglamento y castiga las faltas. *El árbitro pitó penalti.*

árbol (**ár**-bol) sustantivo masculino

1. Planta de tronco grueso y elevado, que a partir de una determinada altura se divide en ramas. *Plantó árboles en el paseo.*

2. árbol genealógico expresión Cuadro que explica los parentescos de una familia a lo largo del tiempo. *Investiga su árbol genealógico.*

arboleda (ar-bo-**le**-da) sustantivo femenino

Lugar lleno de árboles. *A las afueras del pueblo hay una bonita arboleda.* **SIN.** Alameda, soto.

arbusto (ar-**bus**-to) *sustantivo masculino*
Planta más pequeña que un árbol con numerosas ramas que crecen de su base y no de un tronco. *No podemos pasar por este camino lleno de arbustos.*

arca (**ar**-ca) *sustantivo femenino*
Caja de madera con tapa llana para guardar cosas. *Tenía guardadas las sábanas en un arca.* **SIN.** Cofre, baúl, arcón.
✎ Aunque es femenino, en singular va con los artículos *el* o *un*.

arcaico, arcaica (ar-**cai**-co) *adjetivo*
Anticuado, antiguo. *El uso de esa palabra es arcaico.* **SIN.** Viejo, primitivo. **ANT.** Reciente, moderno.

arcén (ar-**cén**) *sustantivo masculino*
Orilla de las carreteras que sirve para que puedan detenerse los vehículos sin obstaculizar el tráfico. *Tuve que parar en el arcén.*

archipiélago
(ar-chi-**pié**-la-go) *sustantivo masculino*
Conjunto de islas. *Pronosticaron buen tiempo para los archipiélagos canario y balear.*

archivador
(ar-chi-va-**dor**) *sustantivo masculino*
Carpeta o mueble de oficina que sirven para guardar en orden documentos u otros papeles. *La ficha está en el archivador.* **SIN.** Clasificador, archivo.

archivar (ar-chi-**var**) *verbo*
Clasificar papeles o documentos, guardándolos de forma ordenada en un archivo. *Archiva todos los recibos de la luz para que no se pierdan.*

archivo (ar-**chi**-vo) *sustantivo masculino*
1. Lugar en que se custodian documentos. *Visitamos el archivo de Simancas para consultar documentos históricos.* **SIN.** Registro.

2. En informática, conjunto de datos guardados bajo un mismo nombre. *Crea un archivo nuevo.*

arcilla (ar-**ci**-lla) *sustantivo femenino*
Sustancia mineral de color rojizo, que si se mezcla con agua forma una masa blanda, con la que se pueden moldear objetos. *La cerámica se hace con arcilla.*

arco (**ar**-co) *sustantivo masculino*
1. Arma que sirve para arrojar flechas. *Tensó el arco y disparó.*
2. Porción de una línea curva. *Dibuja un arco con el compás.*
3. Elemento arquitectónico de forma curva sostenido por dos columnas. *Los griegos no utilizaron nunca el arco en sus edificios.*
4. arcoíris *expresión* Arco con los siete colores que aparece en el cielo después de llover. *El arcoíris sale cuando llueve y hace sol a la vez.*

arder (ar-**der**) *verbo*
1. Quemarse en el fuego o estar muy caliente. *Los leños ardían en la chimenea.* **SIN.** Abrasar, encender. **ANT.** Estar apagado.
2. Sentir grandes deseos de hacer o decir algo. *Ardía en deseos de contárselo.*

ardid (ar-**did**) *sustantivo masculino*
Treta que se emplea con astucia para lograr algo. *Usa un ardid para conseguir lo que quiere.* **SIN.** Estratagema.
✎ Su plural es *ardides*.

ardiente (ar-**dien**-te) *adjetivo*
1. Que está quemándose o que abrasa. *Las ascuas estaban ardientes.* **SIN.** Caliente, abrasador, candente. **ANT.** Frío.
2. Se dice de la persona que actúa con apasionamiento. *Su ardiente deseo de conseguirlo le animó a seguir*

adelante. **SIN.** Fogoso, enérgico, apasionado. **ANT.** Frío.

ardilla (ar-**di**-lla) sustantivo femenino

Mamífero roedor de cola larga, que vive en los bosques y es muy inquieto. *Las ardillas llevan el alimento a la boca con la mano.*

ardor (ar-**dor**) sustantivo masculino

1. Impetuosidad, pasión. *Lo defendió con mucho ardor.*

2. ardor de estómago expresión Sensación de calor que se produce cuando sientan mal las comidas. **SIN.** Acidez. *El picante le produce ardor de estómago.*

área (**á**-re-a) sustantivo femenino

1. Pequeña porción de terreno. *En esta pequeña área del jardín, cultivaremos tulipanes.*

2. Superficie de las figuras geométricas. *Calcula el área del cubo.*

3. Cada uno de los cuadrados que hay delante de una portería de fútbol, de balonmano, etc. *Chutó desde fuera del área.*

4. Medida de superficie que equivale a un cuadrado de 10 metros de lado. *Una hectárea equivale a 100 áreas.*

✎ Aunque es femenino, en singular va con los artículos *el* o *un.*

arena (a-**re**-na) sustantivo femenino

1. Partículas muy finas de piedra que se encuentran acumuladas en la orilla de los ríos o del mar y en algunos terrenos. *En el desierto hay mucha arena.*

2. Círculo central en una plaza de toros o en un circo romano, cubierto de arena, donde tiene lugar el espectáculo. *El torero hizo una buena faena en la arena.*

arenal (a-re-**nal**) sustantivo masculino

Extensión grande de terreno cubierto de arena. *Se paseó a camello por el arenal.*

arete (a-**re**-te) sustantivo masculino

Pendiente en forma de aro. *Me he comprado unos aretes nuevos.*

argolla (ar-**go**-lla) sustantivo femenino

Aro grueso de metal. *Coloca las cortinas con estas argollas.*

argot (ar-**got**) sustantivo masculino

Lenguaje especial que usan algunas personas para entenderse entre sí. *Es una palabra propia del argot médico.* **SIN.** Jerga.

✎ Su plural es *argots.*

argumentar (ar-gu-men-**tar**) verbo

1. Demostrar con razones una cosa. *Argumentó su afirmación con el apoyo de datos estadísticos.* **SIN.** Probar, apoyar, argüir.

2. Impugnar la opinión ajena y oponer argumentos contra ella. *Argumentó que había sido entregado fuera de plazo.* **SIN.** Objetar, refutar. **ANT.** Aceptar.

argumento

(ar-gu-**men**-to) sustantivo masculino

1. Asunto o tema de un libro o una película. *Nos contó el argumento de la obra.* **SIN.** Materia, trama, guion.

2. Razonamiento que se emplea para convencer a alguien de lo que se afirma o se niega. *No le convencieron sus argumentos.* **SIN.** Argumentación, pruebas.

árido, árida (**á**-ri-do) adjetivo

1. Se dice del terreno que no produce y que está falto de humedad. *Estas tierras son muy áridas y poco fértiles.* **SIN.** Estéril, infecundo, seco. **ANT.** Fecundo.

2. Se dice de lo que resulta aburrido o difícil. *Le costó mucho estudiar la lección porque era muy árida y aburrida.* **SIN.** Fastidioso, cansado, monótono. **ANT.** Ameno, atractivo, placentero, agradable.

arisco, arisca (a-ris-co) adjetivo
Que es de trato seco y desagradable. *Es una persona muy arisca.* **SIN.** Antipático, huraño, insociable. **ANT.** Sociable, afable, cordial, tratable, amable.

arista (a-ris-ta) sustantivo femenino
1. Esquina, borde, punta afilada. *Me herí con la arista de la mesa.*
2. En geometría, línea de intersección de dos superficies de un cuerpo. *El cubo tiene 12 aristas.* **SIN.** Ángulo.

aristocracia
(a-ris-to-cra-cia) sustantivo femenino
Clase social noble de una provincia, región, nación, etc. *Pertenece a la aristocracia.* **SIN.** Nobleza. **ANT.** Plebe.

arma (ar-ma) sustantivo femenino
1. Instrumento que sirve para atacar y defenderse en un combate. *El escudo y la espada son dos armas: una sirve para defenderse y la otra para atacar.*
2. Cada una de las secciones del ejército, según sus funciones en la batalla. *Pertenece al arma de caballería.*
3. sustantivo femenino plural Medios para conseguir una cosa. *Utilizó todas sus armas para conseguir que se contentara.*
4. arma blanca expresión La que está formada por una hoja de acero. *Presenta heridas de arma blanca.*
5. arma de fuego expresión Aquella en que se emplea la pólvora. *Los revólveres y rifles son armas de fuego.*
✎ Aunque es femenino, en singular va con los artículos *el* o *un.*

armadura
(ar-ma-du-ra) sustantivo femenino
Traje hecho con piezas metálicas, que se empleaba para pelear en las guerras. *En el museo había una sala con armaduras medievales.*

armar (ar-mar) verbo
1. Proporcionar armas y preparar para la guerra. *Los traficantes armaron al grupo terrorista.* **ANT.** Desarmar(se).
2. Juntar y colocar en su sitio las distintas partes o piezas de que se compone alguna cosa. *He armado un puzle de 5000 piezas.* **SIN.** Montar, componer, construir. **ANT.** Desarmar, desmontar.

armario (ar-ma-rio) sustantivo masculino
Mueble con puertas, cajones, perchas, etc. para guardar ropa y otros objetos. *Coloca el abrigo en el armario.* **SIN.** Ropero.

armazón
(ar-ma-zón) sustantivo masculino y femenino
Pieza o conjunto de piezas que sostienen a otra. *El armazón de la casa es de madera.* **SIN.** Armadura, montura, andamiaje.

armonía (ar-mo-ní-a) sustantivo femenino
1. Agradable unión y combinación de sonidos. *Esta pieza guarda una armonía perfecta.* **SIN.** Cadencia. **ANT.** Discordancia.
2. Conveniente proporción y correspondencia de unas cosas con otras. *Hay mucha armonía entre todos los elementos del cuadro.* **SIN.** Concordancia, equilibrio.
3. Amistad y buena relación con las personas. *Hay buena armonía entre ellos.* **SIN.** Concordia, simpatía. **ANT.** Discordia

armónica
(ar-mó-ni-ca) sustantivo femenino
Pequeño instrumento musical de viento en el que, soplando o aspirando, se producen sonidos. *Toca muy bien la armónica.*

armonioso, armoniosa

(ar-mo-**nio**-so) adjetivo

1. Que es agradable al oído. *Melodía armoniosa.* **SIN.** Melodioso.

2. Que tiene armonía o correspondencia entre sus partes. *Forman una pareja muy armoniosa.* **SIN.** Equilibrado, simétrico.

aro (**a**-ro) sustantivo masculino

Pieza de hierro, madera u otro material duro que tiene la forma de una circunferencia. *Lleva unos pendientes de aro.* **SIN.** Anillo.

aroma (a-**ro**-ma) sustantivo femenino

Olor agradable, perfume. *Le gustaba el aroma de las rosas.* **SIN.** Fragancia. **ANT.** Fetidez, hedor.

arpa (ar-pa) sustantivo femenino

Instrumento musical de cuerda de forma triangular que se toca con ambas manos. *Tocaba el arpa.*

✎ Aunque es femenino, en singular va con los artículos *el* o *un*.

arpón (ar-**pón**) sustantivo masculino

Especie de lanza que termina en una punta de hierro que sirve para cazar o para pescar. *Clavó un arpón en el lomo de la ballena.*

arquear (ar-que-**ar**) verbo

Curvarse, adoptar figura de arco. *El gato arqueó el lomo.* **SIN.** Combar, doblar. **ANT.** Enderezar, erguir.

arqueología

(ar-que-o-lo-**gí**-a) sustantivo femenino

Ciencia que se ocupa del estudio de las civilizaciones de la antigüedad, basándose en el arte, las ruinas o lo que está escrito en los monumentos. *Se dedica a la arqueología.*

arquitecto, arquitecta

(ar-qui-**tec**-to) sustantivo

Persona que se dedica a la arquitectura. *Ese edificio es obra de una famosa arquitecta.*

arquitectura

(ar-qui-tec-**tu**-ra) sustantivo femenino

Arte y técnica de proyectar o construir edificios. *La catedral de León es un ejemplo de arquitectura gótica.*

arraigar (a-rrai-**gar**) verbo

1. Echar raíces una planta. *El árbol que plantamos ya ha arraigado.* **SIN.** Enraizar(se).

2. Hacerse muy firme y difícil de evitar una virtud, vicio, etc. *Tiene muy arraigado el vicio de fumar y le va a costar dejarlo.*

3. Establecerse en un lugar. *Se han arraigado definitivamente en la ciudad.* **SIN.** Afincarse, avecindarse. **ANT.** Desarraigarse.

✎ Se conjuga como *ahogar*.

arrancar (a-rran-**car**) verbo

1. Sacar de raíz, separar una cosa del lugar donde está sujeta o del que forma parte. *Arrancaron el árbol seco.* **SIN.** Extraer, extirpar, sacar. **ANT.** Enraizar, meter.

2. Obtener o conseguir algo de una persona con trabajo, violencia o astucia. *Al final le arrancaron la verdad.*

3. Ponerse en marcha un motor. *El coche estaba estropeado y no arrancaba.* **SIN.** Funcionar, marchar. **ANT.** Detener, parar.

4. Originarse. *El río arranca de esas montañas.* **ANT.** Terminar.

✎ Se conjuga como *abarcar*.

arrasar (a-rra-**sar**) verbo

Destruir violentamente y por completo. *La manada entró en la tierra y arrasó toda la cosecha.* **SIN.** Asolar, devastar.

arrastrar (a-rras-**trar**) verbo

1. Llevar a una persona o cosa detrás, tirando de ella. *La locomotora arrastraba varios vagones de mercancías.* **SIN.** Remolcar.

2. arrastrarse Moverse tocando el suelo con el cuerpo. *Las serpientes se arrastran por la tierra para desplazarse.* **SIN.** Reptar.

3. arrastrarse Humillarse una persona para pedir algo, sin mantener su dignidad. *Se arrastró para conseguir su perdón.*

arrear (a-rre-**ar**) verbo

1. Estimular a los animales para que comiencen a andar o vayan más de prisa. *El pastor llevaba un vara para arrear a las vacas.* **SIN.** Espolear, aguijonear.

2. Meter prisa, estimular. *Deja de arrearme, me vas a confundir.*

arrebatar (a-rre-ba-**tar**) verbo

1. Quitar o tomar alguna cosa con violencia o fuerza. *El ladrón le arrebató el bolso de un tirón.* **SIN.** Arrancar, desposeer, despojar. **ANT.** Devolver, ceder, dar.

2. Llevar tras sí o consigo con fuerza irresistible. *La música le cautivó y arrebató su espíritu.* **SIN.** Cautivar, encantar. **ANT.** Repugnar.

arrebujarse (a-rre-bu-**jar**) verbo

Cubrirse bien y envolverse con la ropa de cama, o con una prenda de abrigo. *Se arrebujó en la cama y se volvió a quedar dormida.* **SIN.** Arroparse, taparse.

arreciar (a-rre-**ciar**) verbo

Dar o cobrar fuerza y vigor. *Comienza a arreciar la lluvia.* **SIN.** Acrecentar, aumentar, recrudecer. **ANT.** Amainar, disminuir.

✎ Se conjuga como *cambiar*.

arrecife (a-rre-**ci**-fe) sustantivo masculino

Conjunto de rocas que se forma en el mar como resultado de la actividad de animales como los corales. *Un enorme arrecife impedía el paso de los barcos.*

arreglar (a-rre-**glar**) verbo

1. Poner las cosas como deben estar. *Tienes que arreglar tu habitación, que está hecha un desastre.* **SIN.** Ordenar, reparar. **ANT.** Desordenar, estropear.

2. Poner bien de nuevo algo que estaba en mal estado. *Mi reloj no funciona y nadie sabe arreglarlo.* **SIN.** Reparar. **ANT.** Estropear.

3. Lavar, peinar, vestir, etc., a una persona. *Ha arreglado a su hermana para ir a la fiesta.*

arremeter (a-rre-me-**ter**) verbo

Acometer con ímpetu y furia. *El toro arremetió contra el caballo.* **SIN.** Abalanzarse, atacar.

arremolinarse (a-rre-mo-li-**nar**-se) verbo

Amontonarse en torno a un sitio. *Los curiosos se arremolinaron en el lugar del accidente.* **SIN.** Apiñarse. **ANT.** Esparcirse.

arrendar (a-rren-**dar**) verbo

Ceder o adquirir por un precio convenido el uso temporal de las cosas, obras o servicios. *Hemos arrendado un piso por tres años.* **SIN.** Alquilar, ceder.

✎ Verbo irregular, se conjuga como *acertar*.

arrepentirse (a-rre-pen-**tir**-se) verbo

Pesarle a alguien haber hecho algo o haber dejado de hacerlo. *Se arrepintió de haber ido a la fiesta, era un aburrimiento.* **SIN.** Lamentar. **ANT.** Alegrarse.

✎ Verbo irregular, se conjuga como *sentir*.

arrestar (a-rres-**tar**) verbo

Quitar la libertad, poner en prisión. *Arrestaron a varios soldados por haber salido del cuartel sin permiso.* **SIN.** Apresar, prender, encarcelar, recluir. **ANT.** Soltar, libertar, liberar.

arriar (a-rri-**ar**) verbo

Bajar las velas o las banderas que están izadas. *Arriaron la bandera.* **SIN.** Recoger. **ANT.** Izar.

✎ Se conjuga como desviar.

arriba (a-**rri**-ba) adverbio

1. A lo alto, hacia lo alto. *Dijo que iba un poco más arriba, para poder ver mejor el paisaje.*

2. En lo alto, en la parte alta. *Voy al desván, que está arriba.*

3. de arriba abajo expresión De un extremo a otro. *Le miró de arriba abajo con desprecio.*

arribar (a-rri-**bar**) verbo

Llegar la nave al puerto en que termina su viaje. *El barcó arribó a primeras horas de la mañana.* **SIN.** Recalar. **ANT.** Zarpar.

arriesgar (a-rries-**gar**) verbo

Exponer a algún peligro. *Se ha arriesgado mucho al meterse en ese negocio.* **SIN.** Aventurar(se), atreverse, osar. **ANT.** Proteger(se).

✎ Se conjuga como *ahogar*.

arrimar (a-rri-**mar**) verbo

Acercar o poner una cosa junto a otra de modo que toque con ella. *Arrima la silla a la mesa.* **SIN.** Juntar(se), aproximar(se). **ANT.** Separar(se), alejar(se).

arrinconar (a-rrin-co-**nar**) verbo

1. Dejar a alguien o algo de lado, no hacerle caso. *Desde el primer día de clase se arrinconó y no quiso hacer amigos.* **SIN.** Aislar(se).

2. Acorralar a alguien de modo que no pueda escapar. *La Policía arrinconó al ladrón en el callejón.* **SIN.** Acosar, sitiar, rodear.

arrodillarse (a-rro-di-**llar**-se) verbo

Ponerse de rodillas. *Se arrodillaron ante el altar.* **SIN.** Postrarse, hincarse. **ANT.** Levantarse.

arrogancia

(a-rro-**gan**-cia) sustantivo femenino

Soberbia, altivez. *Su arrogancia y chulería me sacan de quicio.* **SIN.** Desdén, orgullo, insolencia. **ANT.** Humildad, modestia.

arrojar (a-rro-**jar**) verbo

Lanzar, tirar o echar algo lejos o al suelo. *Me arrojó la pelota. Se arrojó al vacío.* **SIN.** Despedir, expeler, expulsar, echar(se), tirar(se). **ANT.** Parar(se), recoger.

arrollar (a-rro-**llar**) verbo

1. Arrastrar el viento, el agua, un coche, etc. lo que encuentra a su paso. *El coche se salió de la carretera y arrolló a un peatón.*

2. Causar una derrota total, física o moral. *Arrollaron al equipo contrario.* **SIN.** Aplastar, vencer, dominar.

arropar (a-rro-**par**) verbo

Cubrir o abrigar con ropa. *Arrópate bien, que hace frío.* **SIN.** Abrigar(se), tapar(se). **ANT.** Desarropar(se), destapar(se).

arroyo (a-**rro**-yo) sustantivo masculino

Río pequeño y lento. *Siguió el curso del arroyo para no perderse.*

arroz (a-**rroz**) sustantivo masculino

Planta propia de terrenos muy húmedos y climas cálidos, cuyo fruto, del mismo nombre, tiene forma de grano blanco y es comestible. *Comí arroz con pollo.*

arruga (a-**rru**-ga) sustantivo femenino

Pliegue o surco que se hace en la piel o en la ropa. *Plancha la camisa antes de ponerla, tiene arrugas.* **SIN.** Rugosidad, doblez, frunce.

arrugar (a-rru-**gar**) verbo

Hacer arrugas. *Esta tela se arruga mucho.* **SIN.** Fruncir(se), plegar(se). **ANT.** Planchar, alisar.

✎ Se conjuga como *ahogar*.

arruinar (a-rrui-**nar**) verbo

1. Destruir, causar un grave daño. *La tormenta arruinó los campos de trigo.* **SIN.** Aniquilar, deshacer(se), asolar, devastar. **ANT.** Construir, reparar, levantar.

2. Empobrecer, quedarse sin dinero. *Se arruinó al invertir todo su dinero en ese mal negocio.* **SIN.** Quebrar. **ANT.** Enriquecer(se).

arrullar (a-rru-**llar**) verbo

1. Atraer con cantos el palomo a la hembra, o al contrario. *Las palomas arrullaban de un modo ensordecedor.* **SIN.** Zurear.

2. Adormecer al niño con cantos o palabras suaves y cariñosas. *Arrullaba al niño entre sus brazos.* **SIN.** Cantar, acunar.

arte (**ar**-te) sustantivo masculino y femenino

1. Manera en que se hace o debe hacerse una cosa. *Domina el arte de la conversación.*

2. sustantivo femenino Actividad humana dedicada a crear cosas bellas. *Las bellas artes son siete: arquitectura, pintura, escultura, literatura, música, danza y cine.*

3. sustantivo femenino Habilidad, facilidad para conseguir algo. *Empleó todas sus artes para convencerlo.*

4. séptimo arte expresión El cine. *Soy muy aficionado al séptimo arte.*

artefacto (ar-te-**fac**-to) sustantivo masculino

Aparato, mecanismo, máquina. *No sé para qué sirve ese artefacto.* **SIN.** Artilugio.

artesanía (ar-te-sa-**ní**-a) sustantivo femenino

Arte o trabajo de los artesanos. *Esta semana hay una feria de artesanía.*

artesano, artesana

(ar-te-**sa**-no) sustantivo

Persona que trabaja ejerciendo un arte u oficio manual. *Los artesanos expusieron sus obras.*

ártico, ártica (**ár**-ti-co) adjetivo

Perteneciente, cercano o relativo al Polo Norte. *El tiempo cambió por culpa de un frente frío del ártico.* **SIN.** Boreal. **ANT.** Antártico.

articulación

(ar-ti-cu-la-**ción**) sustantivo femenino

Unión de dos huesos o dos piezas que encajan uno en otro. *Las articulaciones están sujetas por los ligamentos.*

articular (ar-ti-cu-**lar**) verbo

1. Unir una cosa con otra para su funcionamiento. *Se desarticularon las dos piezas del engranaje.* **SIN.** Vincular, relacionar, trabar. **ANT.** Desarticular.

2. Pronunciar las palabras. *Articula mejor, no se te entiende nada.*

artículo

(ar-**tí**-cu-lo) sustantivo masculino

1. Tipo de palabra que acompaña al sustantivo y al adjetivo e indica género y número. *El y la son formas del artículo determinado singular.*

2. Todo aquello que se puede comprar y vender. *Han llegado los artículos de la nueva temporada.*

3. Cada una de las partes en que de divide un escrito. *Leyó los artículos principales.* **SIN.** Apartado, capítulo.

4. Escrito breve sobre algún tema concreto que se publica en periódicos y revistas. *El periódico dedica un artículo a mi colegio.*

artificial (ar-ti-fi-**cial**) adjetivo

1. Se dice de aquello que no es natural. *No me gusta su sonrisa, es muy artificial.* **SIN.** Postizo, engañoso. **ANT.** Auténtico, real.

2. Se dice de aquello que ha sido hecho por los seres humanos. *En el parque hay un lago artificial.* **SIN.** Fabricado. **ANT.** Natural.

artimaña (ar-ti-**ma**-ña) sustantivo femenino
Astucia para engañar a alguien. *Le hizo caer en la trampa con sus artimañas.* **SIN.** Engaño, treta, trampa, emboscada.

artista (ar-**tis**-ta) sustantivo
Persona dedicada a las bellas artes. *Acudieron muchos artistas a la exposición de sus cuadros.*

arzobispo (ar-zo-**bis**-po) sustantivo masculino
Obispo que tiene autoridad sobre otros. *El arzobispo convocó a los obispos de su archidiócesis.*

as sustantivo masculino
1. Primera carta de cada palo de la baraja, que representa el número uno. *Tiró el as de copas.*
2. Persona que sobresale en algo. *Es un as del deporte.* **SIN.** Campeón, triunfador.

asa (a-sa) sustantivo femenino
Parte saliente de una vasija, bandeja, sartén, etc., que sirve para cogerla. *Se rompió el asa de la taza.* **SIN.** Agarradero, mango, empuñadura.
✎ Aunque es femenino, en singular va con los artículos *el* o *un*.

asado (a-sa-do) sustantivo masculino
Carne asada. *Comimos un exquisito asado de cordero.* **SIN.** Churrasco.

asaltar (a-sal-**tar**) verbo
1. Acometer violentamente contra un lugar para entrar en él. *El enemigo asaltó la ciudad.* **SIN.** Abordar, atacar, invadir.
2. Acometer por sorpresa a una persona. *Le asaltaron unos ladrones y le robaron todo el dinero.* **SIN.** Atracar, saltear.
3. Ocurrir de pronto alguna cosa, como una enfermedad, un pensamiento, etc. *El temor le asaltó al ver que no llegaba.* **SIN.** Irrumpir, sobrevenir, acometer.

asalto (a-**sal**-to) sustantivo masculino
1. Acción de asaltar un lugar o a una persona. *El banco sufrió un asalto.* **SIN.** Atraco, abordaje.
2. En el boxeo, cada uno de los tiempos de que se compone un combate. *El combate solo duró dos asaltos.*

asamblea (a-sam-**ble**-a) sustantivo femenino
Reunión numerosa de personas para tratar algún asunto. *Mañana habrá una asamblea para decidir la fecha de los exámenes de junio.* **SIN.** Junta, congreso.

asar (a-**sar**) verbo
1. Preparar alimentos al fuego o al horno. *Hemos asado manzanas.* **SIN.** Dorar, guisar, hornear.
2. asarse Sentir demasiado calor. *Abre un poco la ventana, me aso.* **SIN.** Ahogarse, asfixiarse.

ascender (as-cen-**der**) verbo
1. Subir de un sitio bajo a otro más alto. *Ascendimos al pico más alto.* **SIN.** Alzar, elevar, levantar. **ANT.** Descender, bajar.
2. Dar o conceder un puesto mejor en el trabajo o mejor categoría social. *Decidieron ascenderla por su buen trabajo.* **SIN.** Progresar. **ANT.** Relegar.
✎ Verbo irregular, se conjuga como *entender.*

ascendiente (as-cen-**dien**-te) sustantivo
Padres o abuelos de una persona. *Dibujó el árbol geneálogico de sus ascendientes.* **SIN.** Antepasados. **ANT.** Descendientes.
✎ No debe confundirse con la palabra *ascendente*, que significa «que asciende».

ascenso (as-**cen**-so) sustantivo masculino
1. Aumento de categoría o sueldo en un empleo. *Ganó el ascenso por*

méritos propios. **SIN.** Adelanto, subida, progreso. **ANT.** Degradación, descenso.

2. Escalada, subida. *El ascenso a la montaña se complicó porque empezó a nevar.*

ascensor (as-cen-**sor**) sustantivo masculino

Aparato que sirve para subir y bajar personas de unos pisos a otros. *El ascensor se quedó entre dos pisos.* **SIN.** Montacargas.

asco (**as**-co) sustantivo masculino

Repugnancia producida por algo que nos desagrada. *Le daba asco aquella comida porque tenía mal aspecto.* **SIN.** Repulsión, grima, náusea. **ANT.** Atracción, encanto.

asear (a-se-**ar**) verbo

Poner las cosas en su sitio, hacer limpieza y orden. *Se asea todas las mañanas antes de salir.* **SIN.** Acicalar(se), lavar(se), arreglar(se). **ANT.** Desordenar, ensuciar(se).

asediar (a-se-**diar**) verbo

1. Rodear un lugar para impedir que salgan los que están dentro o que reciban ayuda del exterior. *El enemigo asedió la ciudad.* **SIN.** Sitiar, cercar, incomunicar, bloquear.

2. Molestar a alguien sin descanso con peticiones o preguntas. *Le estaba asediando todo el día.* **SIN.** Fastidiar, acorralar.

✎ Se conjuga como *cambiar.*

asegurar (a-se-gu-**rar**) verbo

1. Hacer que una cosa quede bien sujeta y no se mueva. *Aseguró bien la ventana para que el viento no la abriera.* **SIN.** Consolidar, afianzar, fijar. **ANT.** Aflojar.

2. Asumir una compañía de seguros el compromiso de que en caso de accidente, pérdida o robo de una cosa, se va a hacer cargo de los gas-

tos que esto suponga a las personas afectadas, a cambio de una cantidad de dinero pagada con anterioridad. *Decidió asegurar su casa contra incendios.*

3. Afirmar que lo que se dice es cierto. *Aseguró que nos visitaría.* **SIN.** Garantizar. **ANT.** Dudar.

4. asegurarse Tener la seguridad de que todo es o está como debe. *Se aseguró de tener gasolina antes de empezar el viaje.* **SIN.** Cerciorarse. **ANT.** Despreocuparse.

asentar (a-sen-**tar**) verbo

1. Poner o colocar alguna cosa de modo que permanezca firme. *Esta banqueta no asienta bien.*

2. Dar por cierto un hecho. *Asentó su opinión con datos serios.* **SIN.** Sostener. **ANT.** Negar.

3. asentarse Establecerse en algún lugar para vivir. *En la península ibérica se asentaron diversos pueblos.* **SIN.** Instalarse.

✎ Verbo irregular, se conjuga como *acertar.*

asentir (a-sen-**tir**) verbo

Admitir como cierto o conveniente lo que otra persona ha dicho o propuesto. *Asintió con la cabeza.* **SIN.** Afirmar, aceptar. **ANT.** Disentir, negar.

✎ Verbo irregular, se conjuga como *sentir.*

aseo (a-**se**-o) sustantivo masculino

1. Limpieza personal. *Lavarse los dientes forma parte del aseo diario.*

2. Lugar para lavarse y arreglarse. *Me lavé las manos en el aseo antes de comer.* **SIN.** Servicio.

asequible (a-se-**qui**-ble) adjetivo

Que se puede conseguir. *Prefería ponerse metas asequibles, para animarse al ir alcanzándolas.* **SIN.** Alcanzable, factible. **ANT.** Imposible.

asesinar (a-se-si-**nar**) verbo

Quitar la vida a una persona, pensándolo bien antes de hacerlo. *Lo acusaban de haberle asesinado, pero era inocente.*

asesinato

(a-se-si-**na**-to) sustantivo masculino

Acción de quitar la vida a alguien. *Cometieron un asesinato.* **SIN.** Crimen, homicidio.

asesor, asesora (a-se-**sor**) sustantivo

Se dice de la persona cuyo trabajo es aconsejar sobre ciertos temas. *Acudió a un asesor jurídico para que lo orientara sobre cómo plantear la demanda judicial.*

asesorar (a-se-so-**rar**) verbo

Dar o recibir consejo sobre cuestiones técnicas o profesionales. *Le asesoró su abogado.* **SIN.** Aconsejar(se), guiar(se).

asfalto (as-**fal**-to) sustantivo masculino

Sustancia negra procedente del petróleo. Se emplea para pavimentar las carreteras. *Echaron una capa de asfalto en la carretera.*

asfixia (as-**fi**-xia) sustantivo femenino

1. Dificultad o paro en la función respiratoria, por gases, inmersión en el agua o por estrangulamiento. *Casi se asfixia con tanto humo.* **SIN.** Ahogo.

2. Sensación de agobio producida por el excesivo calor o por el enrarecimiento del aire. *Abre las ventanas, siento una asfixia insoportable.* **SIN.** Sofoco, agobio.

así (a-**sí**) adverbio

1. De esta, o de esa manera. *Debes hacerlo así.*

2. Se usa para expresar una maldición. *¡Así te quedes sin amigos!*

3. conjunción Aunque, por más que. *No estudiará, así lo castiguen.*

4. así que expresión De manera que, de forma que. *El concierto era un rollo, así que me fui.*

asiento (a-**sien**-to) sustantivo masculino

Mueble o lugar para sentarse. **SIN.** Butaca, silla, localidad. *No queda ni un asiento libre en el cine.*

asignar (a-sig-**nar**) verbo

Señalar lo que corresponde a una persona o cosa. *Les asignó a cada uno una tarea distinta.*

asignatura

(a-sig-na-**tu**-ra) sustantivo femenino

Cada una de las materias que se enseñan en un instituto, colegio o universidad. *Este curso tengo ocho asignaturas.*

asilo (a-**si**-lo) sustantivo masculino

1. Lugar donde una persona que es perseguida se puede refugiar. *Pidió asilo político en España, porque era perseguido en su país.* **SIN.** Amparo, protección, refugio.

2. Lugar donde se acoge a los pobres o ancianos. *Tuvo que ir a un asilo porque no tenía familia.*

asimilar (a-si-mi-**lar**) verbo

1. Establecer semejanza entre dos o más cosas. *Se asimilan bastante las dos materias.* **SIN.** Equiparar(se), comparar(se).

2. Aprender bien aquello que se estudia. *Asimiló bien la lección.*

asimismo (a-si-**mis**-mo) adverbio

De la misma manera, también. *Asimismo mostró su desacuerdo con el siguiente punto.*

✎ También *así mismo.*

asir (a-**sir**) verbo

Tomar o coger con la mano. *Le asió por el cinturón para que no se cayera.* **SIN.** Agarrar(se), atrapar. **ANT.** Desasir(se), soltar(se).

✎ Verbo irregular. Ver pág. 97.

asir

MODO INDICATIVO		MODO SUBJUNTIVO	
Tiempos simples	Tiempos compuestos	Tiempos simples	Tiempos compuestos
Presente	**Pret. perf. compuesto / Antepresente**	**Presente**	**Pret. perf. compuesto / Antepresente**
asgo	he asido	asga	haya asido
ases / asís	has asido	asgas	hayas asido
ase	ha asido	asga	haya asido
asimos	hemos asido	asgamos	hayamos asido
asís / asen	habéis asido	asgáis / asgan	hayáis asido
asen	han asido	asgan	hayan asido
Pret. imperfecto /Copretérito	**Pret. pluscuamperfecto / Antecopretérito**	**Pret. imperfecto /Pretérito**	**Pret. pluscuamperfecto / Antepretérito**
asía	había asido	asiera o asiese	hubiera o hubiese asido
asías	habías asido	asieras o asieses	hubieras o hubieses asido
asía	había asido	asiera o asiese	hubiera o hubiese asido
asíamos	habíamos asido	asiéramos o asiésemos	hubiéramos o hubiésemos asido
asíais / asían	habíais asido	asierais o asieseis / asieran o asiesen	hubierais o hubieseis asido / hubieran o hubiesen asido
asían	habían asido	asieran o asiesen	
Pret. perf. simple / Pretérito	**Pret. anterior / Antepretérito**		
así	hube asido		
asiste	hubiste asido		
asió	hubo asido		
asimos	hubimos asido	**Futuro simple / Futuro**	**Futuro compuesto / Antefuturo**
asisteis / asieron	hubisteis asido		
asieron	hubieron asido	asiere	hubiere asido
		asires	hubieres asido
		asiere	hubiere asido
Futuro simple / Futuro	**Futuro compuesto / Antefuturo**	asiéremos	hubiéremos asido
		asiereis / asieren	hubiereis asido
		asieren	hubieren asido
asiré	habré asido		
asirás	habrás asido		
asirá	habrá asido	**MODO IMPERATIVO**	
asiremos	habremos asido		
asiréis / asirán	habréis asido	ase (tú) / así (vos) / asga (usted)	
asirán	habrán asido	asid (vosotros)	
		asgan (ustedes)	
Condicional simple / Pospretérito	**Cond. compuesto / Antepospretérito**	**FORMAS NO PERSONALES**	
asiría	habría asido	**Infinitivo** asir	**Infinitivo compuesto** haber asido
asirías	habrías asido		
asiría	habría asido	**Gerundio** asiendo	**Gerundio compuesto** habiendo asido
asiríamos	habríamos asido		
asiríais / asirían	habríais asido	**Participio** asido	
asirían	habrían asido		

asistir (a-sis-**tir**) verbo

1. Estar presente en un lugar o acto. *Asistió mucho público al estreno de su última película.* **SIN.** Ir, acudir. **ANT.** Faltar, ausentarse.

2. Cuidar enfermos y personas necesitadas. *En el hospital se asiste a los enfermos.* **SIN.** Atender.

asno (**as**-no) sustantivo masculino

Mamífero de cuatro patas, más pequeño que el caballo, y con las orejas largas; suele utilizarse para llevar cargas. *Cargó el saco de harina en el asno.* **SIN.** Burro.

asociación

(a-so-cia-**ción**) sustantivo femenino

Conjunto de personas unidas para un fin común. *Hemos formado una asociación deportiva.*

asociar (a-so-**ciar**) verbo

1. Juntar una cosa con otra, de modo que tengan un mismo fin. *Asociaron sus capitales.* **SIN.** Afiliar, hermanar. **ANT.** Disociar.

2. asociarse Reunirse varias personas para algún fin. *Se asociaron para emprender un negocio.* **SIN.** Agruparse, afiliarse. **ANT.** Separarse.

✎ Se conjuga como *cambiar*.

asolar (a-so-**lar**) verbo

Destruir por completo algo. *Los soldados enemigos asolaron el poblado.* **SIN.** Arrasar, desolar.

✎ Verbo irregular, se conjuga como *contar*.

asomar (a-so-**mar**) verbo

1. Comenzar a verse una cosa. *A lo lejos asomaba el tren.* **SIN.** Surgir, brotar. **ANT.** Desaparecer.

2. Sacar o mostrar alguna cosa por una abertura o por detrás de algún sitio. *Se asomó al balcón para ver pasar la cabalgata.* **SIN.** Exhibir(se), aparecer, enseñar.

asombrar (a-som-**brar**) verbo

Causar o sentir gran admiración. *El hermoso espectáculo los asombró.* **SIN.** Fascinar, admirar(se), sorprender(se).

asombro (a-**som**-bro) sustantivo masculino

Admiración o sorpresa grande. *Miraban el arcoíris con asombro.* **SIN.** Estupor, fascinación, pasmo. **ANT.** Indiferencia, frialdad.

aspa (**as**-pa) sustantivo femenino

Lo que tiene forma de una X. *Apuntalaron las puertas con unos maderos colocados en aspa.* **SIN.** Cruz, equis.

✎ Aunque es femenino, en singular va con los artículos *el* o *un*.

aspecto (as-**pec**-to) sustantivo masculino

1. Apariencia exterior que tienen las personas o las cosas. *Ese señor tenía un aspecto muy extraño y misterioso.* **SIN.** Semblante, presencia, físico, facha.

2. Puntos de vista. *Este tema presenta diferentes aspectos.* **SIN.** Enfoque, perspectiva.

áspero, áspera (**ás**-pe-ro) adjetivo

1. Que no es suave al tacto. *Esa toalla es muy áspera.*

2. Que ofrece una superficie desigual con altibajos. *El terreno era muy áspero y presentaba muchas cuestas.* **SIN.** Abrupto, escabroso, escarpado. **ANT.** Llano, liso.

3. Falto de afabilidad o suavidad. *Tiene un carácter muy áspero.* **SIN.** Arisco, insociable, seco, rudo. **ANT.** Afable, amable.

aspirador, aspiradora

(as-pi-ra-**dor**) sustantivo

Máquina que sirve para aspirar el polvo. *Limpia la moqueta con la aspiradora.*

aspirante (as-pi-**ran**-te) sustantivo

Persona que desea ocupar un cargo o premio, y compite por él. *Entrevis-*

tó al aspirante al título. **SIN.** Candidato, pretendiente.

aspirar (as-pi-**rar**) verbo

1. Atraer el aire exterior a los pulmones, o gases o líquidos a una máquina aspiradora. *Tienes que aspirar el polvo de la alfombra.* **SIN.** Inspirar. **ANT.** Exhalar.

2. Pretender o desear alguna cosa. *Aspiraban a ganar el partido.* **SIN.** Ambicionar, anhelar, ansiar. **ANT.** Renunciar, desistir.

aspirina (as-pi-**ri**-na) sustantivo femenino

Pastilla que se toma para combatir los dolores y bajar la fiebre. *Se tomó una aspirina para ver si se le pasaba el dolor de cabeza.*

asquear(as-que-**ar**) verbo

Sentir o producir asco o rechazo. *Me asqueaba aquella situación.* **SIN.** Desagradar, repugnar. **ANT.** Atraer.

asqueroso, asquerosa

(as-que-**ro**-so) adjetivo

1. Que causa asco. *Salía un olor asqueroso de la alcantarilla.* **SIN.** Nauseabundo, repulsivo.

2. adjetivo y sustantivo Que tiene asco. *Es tan asqueroso que cualquier comida le produce repugnancia.*

asta (**as**-ta) sustantivo femenino

1. Cuerno de un animal. *El toro le golpeó con el asta.*

2. Palo que sostiene la bandera. *La bandera ondeaba a media asta.*

3. a media asta expresión Expresión que indica que una bandera está medio izada en señal de luto. *La bandera ondeaba a media asta por las víctimas del atentado.*

Aunque es femenino, en singular va con los artículos *el* o *un*. No debe confundirse con la preposición *hasta*.

asterisco (as-te-**ris**-co) sustantivo masculino

Signo ortográfico que tiene la forma de estrella (*) y que se emplea para diversos usos. *Pon un asterisco delante de todos los adjetivos que hay en el texto.*

astigmatismo

(as-tig-ma-**tis**-mo) sustantivo masculino

Defecto del ojo que hace confusa la visión. *Tiene astigmatismo en el ojo derecho.*

astilla (as-**ti**-lla) sustantivo femenino

Trozo pequeño de madera que se parte o rompe. *Hizo astillas el tronco con el hacha.*

astillero (as-ti-**lle**-ro) sustantivo masculino

Lugar en el que se construyen y reparan buques. *En el astillero están construyendo un nuevo barco.*

astro (**as**-tro) sustantivo masculino

Cualquier cuerpo del espacio celeste. *Le encantaba contemplar los astros con su telescopio.*

astrología (as-tro-lo-**gí**-a) sustantivo femenino

Estudio que intenta predecir el destino de los hombres por la posición de los astros. *Lee el horóscopo en las revistas porque cree en la astrología.*

astronauta (as-tro-**nau**-ta) sustantivo

Persona que pilota una nave espacial. *Los astronautas regresaron a la Tierra después de su viaje a Marte.* **SIN.** Cosmonauta.

astronave

(as-tro-**na**-ve) sustantivo femenino

Nave espacial adecuada para surcar el espacio cósmico. *El lanzamiento de la astronave se aplazó por problemas técnicos.* **SIN.** Cosmonave.

astronomía

(as-tro-no-**mí**-a) sustantivo femenino

Ciencia que estudia los astros y principalmente las leyes de sus movimientos. *Publicó varios libros sobre astronomía.*

astucia (as-**tu**-cia) sustantivo femenino

Habilidad para lograr algo o para engañar a alguien. *Tiene mucha astucia. Empleó alguna de sus astucias.* **SIN.** Sagacidad, picardía. **ANT.** Ingenuidad, simpleza.

astuto, astuta (as-**tu**-to) adjetivo

Se dice de la persona hábil para engañar a otros y no dejarse engañar. *Es muy astuto.* **SIN.** Sagaz, pícaro. **ANT.** Simple, tonto.

asumir (a-su-**mir**) verbo

Tomar para sí, hacerse cargo. *Asumió toda la responsabilidad de los hechos.* **SIN.** Posesionarse, adjudicarse, aceptar. **ANT.** Rehusar, delegar, dejar.

asunto (a-**sun**-to) sustantivo masculino

1. Materia de que se trata. *Este asunto no te importa.* **SIN.** Tema, materia, razón, propósito.

2. Negocio o actividad. *Está siempre muy ocupado con sus asuntos.* **SIN.** Trato, operación.

asustar (a-sus-**tar**) verbo

Sentir o causar un sobresalto o temor. *Se asustaron mucho al ver que la niña no volvía.* **SIN.** Atemorizar(se), espantar(se). **ANT.** Animar(se), tranquilizar(se).

atacar (a-ta-**car**) verbo

1. Venir con ímpetu contra una persona o cosa para apoderarse de ella o causarle daño. *El enemigo nos atacó por la noche.* **SIN.** Arremeter, agredir. **ANT.** Defender, proteger

2. Rechazar con pruebas o razones lo que otros dicen. *Le atacaron fuertemente en la discusión.* **SIN.** Contradecir, refutar. **ANT.** Sostener.

✎ Se conjuga como *abarcar*.

atajar (a-ta-**jar**) verbo

1. Tomar el camino más corto. *Fueron por ese sendero para atajar en vez de ir por la carretera.* **SIN.** Acortar. **ANT.** Rodear.

2. Detener o cortar el paso. *Aquella estratagema atajó el avance del enemigo.* **SIN.** Parar, impedir. **ANT.** Permitir, dejar, seguir.

atajo (a-**ta**-jo) sustantivo masculino

1. Senda por donde se llega antes al punto adonde queremos ir. *Fueron por un atajo.*

2. Procedimiento o medio rápido. *Empleó un atajo para resolver el problema.*

atañer (a-ta-**ñer**) verbo

Ser de la obligación o interés de una persona. *Puedes irte, este asunto no te atañe.* **SIN.** Concernir, incumbir, corresponder.

✎ Verbo irregular, se conjuga como *tañer*, y es defectivo. Se usan solo el infinitivo, el gerundio, el participio y las terceras personas de los tiempos conjugados.

ataque (a-**ta**-que) sustantivo masculino

1. Acción y efecto de atacar, acometer, embestir. *Aguantaron el ataque enemigo.* **SIN.** Combate, lucha. **ANT.** Defensa, resistencia.

2. Manifestación fuerte y repentina de una enfermedad o sentimiento. *Le dio un ataque de nervios.* **SIN.** Colapso, patatús.

atar (a-**tar**) verbo

Unir o sujetar con cuerdas anudadas. *Le ató el cordón del zapato.* **SIN.** Anudar(se).

atardecer (a-tar-de-**cer**) sustantivo masculino

1. Último período de la tarde, próximo ya a la noche. *Al atardecer, dimos un paseo por la playa.* **SIN.** Crepúsculo, ocaso. **ANT.** Amanecer.

2. <small>verbo</small> Llegar la tarde. *En invierno siempre atardece antes.* **SIN.** Anochecer. **ANT.** Amanecer.

✎ Verbo irregular, se conjuga como *parecer*.

atascar (a-tas-**car**) <small>verbo</small>
1. Obstruir, taponarse un conducto. *La arena atascó el desagüe del fregadero.* **SIN.** Obturar.
2. atascarse Quedarse detenido en un terreno con barro. *El coche se atascó en el charco.*
3. atascarse Detenerse ante alguna dificultad. *Se atascó al primer problema.* **SIN.** Pararse.
✎ Se conjuga como *abarcar*.

ataúd (a-ta-**úd**) <small>sustantivo masculino</small>
Caja donde se pone el cadáver para enterrarlo. *Condujo el ataúd hasta el cementerio.* **SIN.** Féretro.

atemorizar (a-te-mo-ri-**zar**) <small>verbo</small>
Causar o sentir miedo. *Los niños se atemorizaron al saber que había un ladrón por allí.* **SIN.** Asustar(se), aterrar(se). **ANT.** Envalentonar(se).
✎ Se conjuga como *abrazar*.

atención (a-ten-**ción**) <small>sustantivo femenino</small>
1. Acción de escuchar o leer haciendo esfuerzo por enterarse. *Los alumnos escuchaban con mucha atención.* **SIN.** Interés, aplicación. **ANT.** Desatención.
2. Demostración de respeto y agradecimiento. *Tuvo muchas atenciones conmigo.* **SIN.** Cortesía, consideración. **ANT.** Descortesía, desconsideración.
3. llamar la atención <small>expresión</small> Despertar interés o curiosidad una persona o cosa. *Me llama la atención el llamativo color de ese vestido.*
4. llamar la atención a alguien <small>expresión</small> Reprenderlo, reñirlo. *Como no te calles, nos llamarán la atención.*

atender (a-ten-**der**) <small>verbo</small>
1. Cuidar de una persona o cosa. *Atendió a su hijo mientras estuvo enfermo.* **SIN.** Asistir. **ANT.** Desatender, abandonar, descuidar.
2. Satisfacer un deseo, ruego o mandato. *Atendió mi propuesta con interés.* **SIN.** Satisfacer, considerar. **ANT.** Despreciar, rechazar.
3. Esforzarse y poner interés por enterarse de algo. *Atiende, lo que voy a decirte es importante.* **SIN.** Prestar atención, fijarse. **ANT.** Desatender, distraerse.
✎ Verbo irregular, se conjuga como *entender*.

atenerse (a-te-**ner**-se) <small>verbo</small>
Ajustarse a alguna cosa. *Yo me atengo a lo que tú me habías comentado.* **SIN.** Adherirse, limitarse, amoldarse, ceñirse.
✎ Verbo irregular, se conjuga como *tener*.

atentado (a-ten-**ta**-do) <small>sustantivo masculino</small>
Delito, en especial los cometidos por los grupos terroristas. *Detuvieron a los autores del atentado.* **SIN.** Asesinato, golpe.

atento, atenta (a-**ten**-to) <small>adjetivo</small>
1. Que se comporta con educación y cortesía. *Juan es una persona muy atenta.* **SIN.** Amable, cortés, complaciente. **ANT.** Desatento, descortés, maleducado.
2. Que tiene fija la atención en algo. *Escuchaba muy atento lo que decía el profesor.* **SIN.** Interesado, observador, vigilante. **ANT.** Desatento, distraído.

ateo, atea (a-**te**-o) <small>adjetivo y sustantivo</small>
Se dice de la persona que no cree en la existencia de Dios. *No rezaba nunca, porque era atea.* **SIN.** Incrédulo. **ANT.** Creyente.

aterir (a-te-**rir**) verbo

Enfriar mucho y bruscamente. *Tuvimos que encender la estufa porque nos ateríamos de frío.* **SIN.** Enfriarse, helarse. **ANT.** Calentarse.

✎ Verbo irregular y defectivo. Ver pág. 103.

aterrar (a-te-**rrar**) verbo

Atemorizar, sentir miedo o terror. **SIN.** Espantar(se), horrorizar(se). **ANT.** Tranquilizar(se).

aterrizar (a-te-rri-**zar**) verbo

Descender a tierra un avión. *El avión no tuvo ningún problema para aterrizar.* **SIN.** Descender, bajar, tomar tierra. **ANT.** Despegar.

✎ Se conjuga como *abrazar*.

aterrorizar (a-te-rro-ri-**zar**) verbo

Causar o sentir terror o miedo. *La fuerte tormenta aterrorizó a la población.* **SIN.** Atemorizar(se).

✎ Se conjuga como *abrazar*.

atesorar (a-te-so-**rar**) verbo

Guardar dinero o cosas de valor. *Atesoró una gran cantidad de propiedades.* **SIN.** Acumular, ahorrar. **ANT.** Dilapidar.

atestar (a-tes-**tar**) verbo

Llenar una cosa hueca apretando lo que se mete en ella. *Atestó la maleta de ropa.* **SIN.** Abarrotar.

atestiguar (a-tes-ti-**guar**) verbo

Afirmar como testigo alguna cosa. *Atestiguaron ante el juez.* **SIN.** Testificar, testimoniar, declarar. **ANT.** Callar, ocultar.

✎ Se conjuga como *averiguar*.

atiborrar (a-ti-bo-**rrar**) verbo

1. Llenar algo hasta que quede bien repleto. *Atiborró la habitación de juguetes.* **SIN.** Abarrotar.

2. atiborrarse Hartarse de comida. *Se atiborró de dulces y luego le dolía el estómago.*

ático (**á**-ti-co) sustantivo masculino

Último piso de un edificio. *Desde el ático del rascacielos se veía toda la ciudad.*

atinar (a-ti-**nar**) verbo

1. Dar con una cosa que se busca o una solución que se necesita. *Atinó a abrir la puerta en plena oscuridad.* **SIN.** Acertar.

2. Acertar o dar en el blanco. *Atinó a dar en la diana.*

atisbar (a-tis-**bar**) verbo

Observar disimuladamente o desde gran distancia. *Atisbaba por la mirilla de la puerta. Te atisbé a lo lejos.* **SIN.** Espiar, otear.

atizar (a-ti-**zar**) verbo

1. Remover el fuego o echarle más leña. *Atiza la lumbre, que se está apagando el fuego.* **SIN.** Avivar. **ANT.** Sofocar, apagar.

2. Hacer más viva una pasión o discordia. *Les atizaba continuamente para que discutieran.* **SIN.** Fomentar, estimular, reanimar, excitar. **ANT.** Sofocar, aplacar.

3. Dar un bofetón, un puntapié, etc. *Le atizó una patada para que se callara.* **SIN.** Pegar, propinar.

✎ Se conjuga como *abrazar*.

atlas (**at**-las) sustantivo masculino

Libro en el que vienen mapas geográficos de los distintos países. *Buscó el mapa físico de Europa en el atlas.*

atleta (at-**le**-ta) sustantivo

Persona que participa en las competiciones deportivas. *Se presentaron a la prueba muchos atletas.* **SIN.** Deportista.

atmósfera (at-**mós**-fe-ra) sustantivo femenino

1. Masa de aire que rodea la Tierra. *La atmósfera está formada por nitrógeno, oxígeno, vapor de agua y otros gases.*

aterir(se)

MODO INDICATIVO		MODO SUBJUNTIVO	
Tiempos simples	Tiempos compuestos	Tiempos simples	Tiempos compuestos
Presente	**Pret. perf. compuesto / Antepresente**	**Presente**	**Pret. perf. compuesto / Antepresente**
	he aterido		haya aterido
	has aterido		hayas aterido
aterís	ha aterido		haya aterido
aterimos / aterís	hemos aterido		hayamos aterido
aterís	habéis aterido		hayáis aterido
	han aterido		hayan aterido
Pret. imperfecto / Copretérito	**Pret. pluscuamperfecto / Antecopretérito**	**Pret. imperfecto / Pretérito**	**Pret. pluscuamperfecto / Antepretérito**
atería	había aterido	ateriera o	hubiera o
aterías	habías aterido	ateriese	hubiese aterido
atería	había aterido	aterieras o	hubieras o
ateríamos	habíamos aterido	aterieses	hubieses aterido
ateríais / aterían	habíais aterido	ateriera o	hubiera o
aterían	habían aterido	ateriese	hubiese aterido
		ateriéramos o	hubiéramos o
		ateriésemos	hubiésemos aterido
		aterierais o	hubierais o
Pret. perf. simple / Pretérito	**Pret. anterior / Antepretérito**	aterieseis	hubieseis aterido
		/ aterieran o	hubieran o
aterí	hube aterido	ateriesen	hubiesen aterido
ateriste	hubiste aterido	aterieran o	
aterió	hubo aterido	ateriesen	
aterimos	hubimos aterido		
ateristeis / aterieron	hubisteis aterido	**Futuro simple / Futuro**	**Futuro compuesto / Antefuturo**
aterieron	hubieron aterido		
		ateriere	hubiere aterido
		aterieres	hubieres aterido
Futuro simple / Futuro	**Futuro compuesto / Antefuturo**	ateriere	hubiere aterido
		ateriéremos	hubiéremos aterido
ateriré	habré aterido	ateriereis / aterieren	hubiereis aterido
aterirás	habrás aterido	aterieren	hubieren aterido
aterirá	habrá aterido		
ateriremos	habremos aterido	**MODO IMPERATIVO**	
ateriréis / aterirán	habréis aterido		
aterirán	habrán aterido	aterí (vos)	
		aterid (vosotros)	
Condicional simple / Pospretérito	**Condicional compuesto / Antepospretérito**	**FORMAS NO PERSONALES**	
		Infinitivo aterir	**Infinitivo compuesto** haber aterido
ateriría	habría aterido		
aterirías	habrías aterido	**Gerundio** ateriendo	**Gerundio compuesto** habiendo aterido
ateriría	habría aterido		
ateriríamos	habríamos aterido	**Participio** aterido	
ateriríais / aterirían	habríais aterido		
aterirían	habrían aterido		

2. Ambiente, inclinación de los ánimos de la gente que rodea a una persona. *Le anima la buena atmósfera de trabajo que hay.*

atolladero

(a-to-lla-**de**-ro) sustantivo masculino

Situación difícil que cuesta solucionar. *Le costó salir del atolladero.*

atómico, atómica

(a-**tó**-mi-co) adjetivo

Que se refiere al átomo o a la energía que se obtiene de él. *Tiraron una bomba atómica.*

átomo (**á**-to-mo) sustantivo masculino

Parte más pequeña de un elemento químico o de cualquier otra cosa. *El hidrógeno es el átomo más sencillo.*

atónito, atónita (a-**tó**-ni-to) adjetivo

Que está asombrado por algo. *Se quedó atónito ante la noticia.* **SIN.** Sorprendido. **ANT.** Sereno.

átono, átona (**á**-to-no) adjetivo

Se aplica a la vocal, sílaba o palabra que se pronuncia sin acento. *La sílaba le de la palabra lección es átona.* **SIN.** Inacentuado. **ANT.** Tónico, acentuado.

atontado, atontada

(a-ton-**ta**-do) adjetivo

Se dice de la persona tonta o que no sabe cómo actuar. *Se quedó atontada.* **SIN.** Embobado, pasmado. **ANT.** Avispado.

atormentar (a-tor-men-**tar**) verbo

Causar dolor corporal o disgustos. *El dolor de espalda me está atormentando.* **SIN.** Torturar, martirizar. **ANT.** Consolar.

atornillar (a-tor-ni-**llar**) verbo

1. Introducir un tornillo haciéndolo girar alrededor de su eje. *No consigo atornillarlo.* **SIN.** Enroscar.

2. Sujetar con tornillos. *Atornilla las baldas.*

atosigar (a-to-si-**gar**) verbo

Fatigar a alguien, metiéndole mucha prisa. *Si me atosigas no acabaré nunca este trabajo.* **SIN.** Abrumar.

✎ Se conjuga como *ahogar.*

atracar (a-tra-**car**) verbo

1. Comer y beber con exceso, hartar. *Se atracó de chorizo y luego le dolía el estómago.* **SIN.** Empachar(se), atiborrar(se).

2. Asaltar a alguien para robarle. *Los ladrones atracaron un banco.* **SIN.** Desvalijar, saquear.

3. Arrimar una embarcación a tierra o junto a otra nave. *El barco acababa de atracar en el puerto.* **SIN.** Anclar, fondear.

✎ Se conjuga como *abarcar.*

atracción (a-trac-**ción**) sustantivo femenino

1. Fuerza que hace que una cosa o persona se sienta atraída hacia otra. *María y Juan sentían una mutua atracción.* **SIN.** Afinidad, simpatía, cordialidad. **ANT.** Antipatía, rechazo, repulsa.

2. sustantivo femenino plural Espectáculos o diversiones variadas que se celebran en un mismo lugar o en la misma ocasión. *Le encantan las atracciones de la feria.*

atraco (a-**tra**-co) sustantivo masculino

Robo realizado con armas. *Cometieron un atraco en una tienda para robar la caja.*

atractivo, atractiva

(a-trac-**ti**-vo) adjetivo

1. Persona o proyecto que atrae o interesa. *Aquel viaje le parecía atractivo.* **SIN.** Atrayente.

2. sustantivo masculino Gracia física o moral que atrae a otros. *Su atractivo cautiva.* **SIN.** Encanto.

atraer (a-tra-**er**) verbo

1. Hacer que una persona o cosa se acerque. *Las playas atraen a los turistas.* **ANT.** Repeler, rechazar.

2. Despertar el gusto o el afecto de alguien por una persona o cosa. *Le atraen las novelas policiacas.* **SIN.** Seducir, encantar, interesar. **ANT.** Desinteresar.

✎ Verbo irregular, se conjuga como *traer*.

atragantarse

(a-tra-gan-**tar**-se) verbo

No poder tragar algo que se atraviesa en la garganta. *Se atragantó con una espina.* **SIN.** Atascarse.

atrancar (a-tran-**car**) verbo

1. Asegurar una puerta por dentro con un palo u otra cosa, para que no la puedan abrir desde fuera. *Atrancó la puerta de la entrada.* **SIN.** Cerrar, reforzar. **ANT.** Desatrancar.

2. Atascar un conducto. *La tubería se atrancó.*

✎ Se conjuga como *abarcar*.

atrapar (a-tra-**par**) verbo

1. Coger a la persona que huye o va de prisa. *La policía atrapó a los ladrones.* **SIN.** Alcanzar, agarrar, pillar. **ANT.** Soltar, liberar.

2. Coger alguna cosa. *El portero atrapó el balón.* **SIN.** Asir, apoderarse. **ANT.** Soltar, dejar.

atrás (a-**trás**) adverbio

1. Hacia la parte posterior. *Dio un paso atrás.*

2. En un tiempo ya pasado. *Su enemistad quedó atrás, ahora se llevan bien.*

3. ¡atrás! expresión Se usa para mandar retroceder a alguien. *¡Atrás! No te muevas.*

atrasar (a-tra-**sar**) verbo

1. Dejar algo para más tarde. *Decidieron atrasar un poco la hora del partido.* **SIN.** Retrasar(se), posponer(se), retardar(se). **ANT.** Adelantar(se), anticipar(se).

2. Mover las agujas del reloj en sentido contrario. *Cuando viajas de Europa a América tienes que atrasar el reloj.* **SIN.** Retrasar(se). **ANT.** Adelantar(se).

3. atrasarse Quedarse atrás. *Como estuvo tantos días enferma, se atrasó en clase.* **SIN.** Retardarse, rezagarse. **ANT.** Adelantarse, anticiparse.

atraso (a-**tra**-so) sustantivo masculino

1. Efecto de atrasar o atrasarse. *El atraso de la reunión me viene fatal.* **SIN.** Demora, aplazamiento, retraso. **ANT.** Adelanto.

2. sustantivo masculino plural Pagas o rentas no cobradas en su día. *Les pagaron los atrasos.* **SIN.** Deuda.

atravesar (a-tra-ve-**sar**) verbo

1. Penetrar un cuerpo de parte a parte. *El taco atravesó la pared.* **SIN.** Perforar, traspasar.

2. Pasar de una parte a otra. *Atravesaron el río.*

3. Poner algo delante que impida el paso o que haga caer. *Atravesaron un tronco en la carretera.* **SIN.** Cruzar, interponer.

✎ Verbo irregular, se conjuga como *acertar*.

atreverse (a-tre-**ver**-se) verbo

Decidirse a hacer o decir algo difícil o arriesgado. *Se atrevió a entrar sola en la cueva. No creo que se atreva a decirle la verdad.* **SIN.** Arriesgarse. **ANT.** Acobardarse.

atribuir (a-tri-bu-**ir**) verbo

1. Señalar que ciertos hechos o cualidades pertenecen a alguna persona o cosa. *Se atribuyó la propiedad de la casa de la playa.*

2. Señalar algo a alguien para indicarle su responsabilidad sobre ello. *Me atribuyeron la jefatura del departamento de contabilidad.*

✎ Verbo irregular, se conjuga como *huir*.

atributo (a-tri-**bu**-to) sustantivo masculino

1. Cada una de las cualidades o propiedades de un ser. *La sinceridad es uno de sus mejores atributos.* **SIN.** Calidad, propiedad.

2. Cualidad que se dice del sujeto de una frase, sobre todo con el verbo *ser*. *En la frase «Juan es alto», alto es el atributo.*

atril (a-**tril**) sustantivo masculino

Mueble o aparato para sostener libros abiertos. *Junto al altar mayor había un atril.*

atrio (a-trio) sustantivo masculino

Patio interior rodeado de pórticos. *Visitamos el atrio del convento.* **SIN.** Galería, porche.

atrocidad (a-tro-ci-**dad**) sustantivo femenino

Acción cruel e inhumana. *Aquello fue una atrocidad.* **SIN.** Barbaridad, salvajada, crueldad.

atrofia (a-**tro**-fia) sustantivo femenino

Falta de desarrollo de alguna parte del cuerpo. *Tenía atrofia en una mano.*

atropellar (a-tro-pe-**llar**) verbo

1. Pasar precipitadamente por encima de alguna persona, o derribarla para abrirse paso. *Un coche atropelló a un peatón.* **SIN.** Derribar, tirar, arrollar.

2. atropellarse Apresurarse demasiado al actuar o hablar. *Se atropella al hablar.*

atroz (a-**troz**) adjetivo

1. Que es cruel. *Recibió un trato atroz.* **SIN.** Fiero, salvaje.

2. De gran tamaño o intensidad. *Tenía un hambre atroz.* **SIN.** Enorme, tremendo, desmesurado. **ANT.** Insignificante.

atuendo (a-**tuen**-do) sustantivo masculino

Conjunto de prendas que componen el vestido. *Me gustaba el atuendo que llevaba.* **SIN.** Atavío.

atufar (a-tu-**far**) verbo

Oler mal o hacer difícil la respiración. *Los huevos podridos atufan.* **SIN.** Apestar, asfixiar, heder.

atún (a-**tún**) sustantivo masculino

Pez marino muy apreciado en la alimentación. *Pidió atún a la plancha.* **SIN.** Bonito.

aturdir (a-tur-**dir**) verbo

Causar o sentir perturbación en los sentidos o en el ánimo. *Le aturdía tanto ruido.* **SIN.** Azarar(se), turbar(se). **ANT.** Serenar(se), calmar(se).

audaz (au-**daz**) adjetivo

Se dice de la persona que no teme al riesgo ni al peligro. *Es muy audaz, no le da miedo nada.* **SIN.** Osado, atrevido, valiente, arriesgado. **ANT.** Cobarde, prudente, tímido.

✎ Su plural es *audaces*.

audiovisual

(au-dio-vi-**sual**) adjetivo y sustantivo masculino

Que se refiere conjuntamente al oído y la vista. *En la enseñanza se usan los métodos audiovisuales.*

auditivo, auditiva

(au-di-**ti**-vo) adjetivo

Que pertenece o se refiere al órgano del oído. *Las orejas también reciben el nombre de pabellón auditivo.* **SIN.** Acústico.

auditorio (au-di-**to**-rio) sustantivo masculino

1. Conjunto de personas presentes en un acto. *Había un numeroso auditorio.* **SIN.** Público.

2. Local convenientemente preparado para conferencias, discursos, etc. *Cerraron el auditorio.*

auge (**au**-ge) sustantivo masculino

Momento de mayor esplendor y éxito de algo. *Estaba en su mayor auge.* **SIN.** Progreso, florecimiento, apogeo, culminación. **ANT.** Ocaso, decadencia, ruina.

augurio (au-**gu**-rio) sustantivo masculino

Presagio, anuncio de algo futuro. *Tenía malos augurios acerca de su trabajo.* **SIN.** Profecía, pronóstico, vaticinio.

aula (**au**-la) sustantivo femenino

Sala preparada para impartir clases o enseñanzas. *Cerraron las aulas por vacaciones.* **SIN.** Clase.

✎ Aunque es femenino, en singular va con los artículos *el* o *un*.

aullar (au-**llar**) verbo

Dar aullidos o voces lastimeras. *Los lobos aullaban en aquella noche de invierno.* **SIN.** Bramar, gemir, gruñir, rugir.

✎ Verbo con irregularidad acentual. Ver pág. 108.

aullido (au-**lli**-do) sustantivo masculino

Voz triste y prolongada del lobo, el perro y otros animales. *El lobo dio un aullido.* **SIN.** Gemido, rugido, bramido.

aumentar (au-men-**tar**) verbo

Hacer que algo tenga mayor extensión o cantidad de la que tenía. *Las lluvias aumentaron el cauce del río.* **SIN.** Crecer, incrementar, acrecentar. **ANT.** Decrecer, disminuir, reducir.

aun conjunción

1. Incluso. *Aun estando enfermo, trabaja.*

2. aun cuando expresión Aunque, si bien. *Aun cuando quisiera, no podría.*

aún (a-**ún**) adverbio

Todavía. *Aún no ha venido mi hermano de su viaje.*

aunque (**aun**-que) conjunción

Denota o expresa oposición. *Lo haré, aunque no me apetece.* **SIN.** Pero, sin embargo, no obstante.

aupar (au-**par**) verbo

Levantar o subir a una persona. *El niño quería que su padre lo aupara.* **SIN.** Alzar(se), encaramar(se).

✎ Se conjuga como *aullar*.

aureola

(au-re-**o**-la) sustantivo femenino

1. Resplandor, disco o círculo luminoso que suele ponerse detrás de la cabeza de imágenes religiosas. *El santo de la parroquia tenía rota la aureola.* **SIN.** Nimbo, resplandor, cerco.

2. Fama que rodea a una persona o cosa. *Su aureola le precedía.* **SIN.** Renombre, reputación.

✎ También *auréola*.

aurora (au-**ro**-ra) sustantivo femenino

Luz rosada que precede a la salida del sol. *Los gallos cantan a la aurora.* **SIN.** Alba, amanecer.

auscultar (aus-cul-**tar**) verbo

Escuchar los sonidos del interior del cuerpo con un aparato adecuado. *El médico me auscultó con el fonendoscopio.*

ausentarse (au-sen-**tar**-se) verbo

Alejarse o partir de un lugar. *Se ausentó de casa un momento para ir a hacer la compra.* **SIN.** Exiliarse, emigrar, marcharse, abandonar. **ANT.** Presentarse, llegar, asistir.

austero, austera

(aus-**te**-ro) adjetivo

Se dice de la persona severa, que es muy exigente consigo misma y lleva una vida dura, con solo lo imprescindible. *El ermitaño llevaba una vida muy austera.* **SIN.** Riguroso, rígido, severo. **ANT.** Blando.

austral (aus-**tral**) adjetivo

Que pertenece o se refiere sur. *El capitán Cook navegó por los mares australes.* **SIN.** Antártico. **ANT.** Boreal.

auténtico, auténtica

(au-**tén**-ti-co) adjetivo

Que es verdadero. *Es un Picasso auténtico.* **SIN.** Genuino. **ANT.** Falso.

aullar

MODO INDICATIVO		MODO SUBJUNTIVO	
Tiempos simples	Tiempos compuestos	Tiempos simples	Tiempos compuestos

Presente	**Pret. perf. compuesto / Antepresente**	**Presente**	**Pret. perf. compuesto / Antepresente**
aúllo	he aullado	aúlle	haya aullado
aúllas / aullás	has aullado	aúlles	hayas aullado
aúlla	ha aullado	aúlle	haya aullado
aullamos	hemos aullado	aullemos	hayamos aullado
aulláis / aúllan	habéis aullado	aulléis / aúllen	hayáis aullado
aúllan	han aullado	aúllen	hayan aullado

Pret. imperfecto / Copretérito	**Pret. pluscuamperfecto / Antecopretérito**	**Pret. imperfecto / Pretérito**	**Pret. pluscuamperfecto / Antepretérito**
		aullara o	hubiera o
aullaba	había aullado	aullase	hubiese aullado
aullabas	habías aullado	aullaras o	hubieras o
aullaba	había aullado	aullases	hubieses aullado
aullábamos	habíamos aullado	aullara o	hubiera o
aullabais / aullaban	habíais aullado	aullase	hubiese aullado
aullaban	habían aullado	aulláramos o	hubiéramos o
		aullásemos	hubiésemos aullado
		aullarais o	hubierais o

Pret. perf. simple / Pretérito	**Pret. anterior / Antepretérito**		
		aullaseis	hubieseis aullado
		/ aullaran o	hubieran o
aullé	hube aullado	aullasen	hubiesen aullado
aullaste	hubiste aullado	aullaran o	
aulló	hubo aullado	aullasen	
aullamos	hubimos aullado		
aullasteis / aullaron	hubisteis aullado		
aullaron	hubieron aullado		

		Futuro simple / Futuro	**Futuro compuesto / Antefuturo**
		aullare	hubiere aullado
		aullares	hubieres aullado
Futuro simple / Futuro	**Futuro compuesto / Antefuturo**	aullare	hubiere aullado
		aulláremos	hubiéremos aullado
aullaré	habré aullado	aullareis / aullaren	hubiereis aullado
aullarás	habrás aullado	aullaren	hubieren aullado
aullará	habrá aullado		
aullaremos	habremos aullado		
aulláreis / aullarán	habréis aullado	**MODO IMPERATIVO**	
aullarán	habrán aullado		

	aúlla (tú) / aullá (vos) / aúlle (usted)
	aullad (vosotros)
	aúllen (ustedes)

Condicional simple / Pospretérito	**Condicional compuesto / Antepospretérito**	**FORMAS NO PERSONALES**	
		Infinitivo	**Infinitivo compuesto**
		aullar	haber aullado
aullaría	habría aullado	**Gerundio**	**Gerundio compuesto**
aullarías	habrías aullado	aullando	habiendo aullado
aullaría	habría aullado		
aullaríamos	habríamos aullado	**Participio**	
aullaríais / aullarían	habríais aullado	aullado	
aullarían	habrían aullado		

auto (au-to) sustantivo masculino
Forma reducida de decir automóvil.
Mi abuelo tenía un auto rojo muy veloz.
SIN. Coche, vehículo, carro.

autobiografía
(au-to-bio-gra-**fí**-a) sustantivo femenino
Vida de una persona escrita por ella
misma. *El Diario de Ana Frank es una
autobiografía.*

autobús
(au-to-**bús**) sustantivo masculino
Automóvil grande dedicado al
transporte de viajeros. *Pagué tu billete de autobús.*

autocar (au-to-**car**) sustantivo masculino
Autobús para viajar por carretera,
haciendo trayectos más largos. *Iré
de excursión en autocar.*

autóctono, autóctona
(au-**tóc**-to-no) adjetivo y sustantivo
Se dice de lo que es originario del
mismo lugar en que vive o de desarrolla. *Los indígenas americanos son
la población autóctona de Estados
Unidos.* **SIN.** Originario, aborigen,
oriundo, nativo. **ANT.** Forastero, extranjero.

autoescuela
(au-to-es-**cue**-la) sustantivo femenino
Centro donde se enseña a conducir
automóviles. *Estudia en una autoescuela.*

autógrafo, autógrafa
(au-**tó**-gra-fo) adjetivo y sustantivo masculino
Se aplica a lo que ha sido escrito
por la mano de su autor. *Le pidió un
autógrafo a su actor favorito. Estudia
un manuscrito autógrafo de Góngora.*

automático, automática
(au-to-**má**-ti-co) adjetivo
1. Se dice del acto realizado sin voluntad consciente. *Saludó de forma
automática.* **SIN.** Involuntario. **ANT.**
Voluntario.

2. Se dice de las máquinas que funcionan sin que una persona tenga
que hacer nada. *Tengo una lavadora
automática.*
3. automático sustantivo masculino Especie de corchete que se cierra por
presión. *Abrocha el automático.*

automóvil
(au-to-**mó**-vil) sustantivo masculino
Cualquier vehículo movido por un
motor. *Se ha comprado un automóvil
nuevo.* **SIN.** Auto, coche.

automovilismo
(au-to-mo-vi-**lis**-mo) sustantivo masculino
Deporte que consiste en hacer carreras de automóviles. *Es muy aficionada al automovilismo.*

autonomía
(au-to-no-**mí**-a) sustantivo femenino
Situación de un pueblo o persona
que no depende de las decisiones
de otro. *La región consiguió su autonomía.*

autopista (au-to-**pis**-ta) sustantivo femenino
Carretera que tiene vías indepen-
dientes para cada dirección. *Hicimos
el viaje por la autopista.*

autopsia (au-**top**-sia) sustantivo femenino
Examen médico de un cadáver. *Es-
peró el resultado de la autopsia.*

autoridad (au-to-ri-**dad**) sustantivo femenino
1. Persona que por su cargo tiene
facultad para mandar. *El presidente
es la mayor autoridad de una nación.*
SIN. Jefe, gobernante.
2. Poder o facultad que tiene una
persona para dar órdenes a otras
y obligar a que se cumplan. *Los padres tienen autoridad sobre los hijos
cuando son pequeños.* **SIN.** Mando.

autorización
(au-to-ri-za-**ción**) sustantivo femenino
1. Consentimiento, permiso. *Pidió
autorización para salir de paseo.*

2. Documento en el que consta el permiso de algo. *Tenía autorización para conducir automóviles.*

autorizar (au-to-ri-**zar**) verbo

1. Dar poder o autoridad a alguien para hacer algo. *Le autorizaron a construir en aquel solar.* **SIN.** Consentir, permitir, acceder, tolerar, facultar. **ANT.** Desautorizar, denegar, prohibir.

2. Aprobar una cosa. *Autorizaron el festejo.*

✎ Se conjuga como *abrazar*.

autorretrato

(au-to-rre-**tra**-to) sustantivo masculino

Retrato de una persona hecho por ella misma. *Tenía un famoso autorretrato.*

autoservicio

(au-to-ser-**vi**-cio) sustantivo masculino

Establecimiento en el que el cliente se sirve a sí mismo. *Comimos en un restaurante autoservicio.*

autostop (au-tos-**top**) sustantivo masculino

Modo de viajar que consiste en hacerse llevar gratis por coches a los que se pide que paren en la carretera. *Hicieron el viaje de vuelta en autostop.* **SIN.** A dedo.

✎ También *auto-stop*.

autovía (au-to-**ví**-a) sustantivo femenino

Carretera con dos o más vías en cada sentido, parecida a la autopista, pero con cruces a nivel. *Inauguró la autovía a Ponferrada.*

auxiliar (au-xi-**liar**) adjetivo

1. Que sirve de complemento y ayuda. *El libro tiene un cuaderno con material auxiliar.*

2. sustantivo masculino y femenino Persona cuyo trabajo es ayudar a otra de mayor categoría a realizar alguna tarea. *Es auxiliar de laboratorio.* **SIN.** Ayudante, adjunto, subalterno.

3. verbo Prestar ayuda, física o moral a alguien. *Auxilió a los heridos.* **SIN.** Socorrer, amparar, ayudar. **ANT.** Dañar, perjudicar.

✎ Se conjuga como *cambiar*.

aval (a-**val**) sustantivo masculino

Firma puesta en un escrito o documento por la que una persona responde por otra. *Necesito un aval para que me den el préstamo.*

avalancha (a-va-**lan**-cha) sustantivo femenino

Invasión de algo que se precipita de manera repentina. *De repente se produjo una tremenda avalancha de nieve.* **SIN.** Alud.

avance (a-**van**-ce) sustantivo masculino

Acción de adelantar, progresar o mover hacia delante. *No ha logrado ningún avance.* **SIN.** Progreso, desarrollo. **ANT.** Retroceso.

avanzado, avanzada

(a-van-**za**-do) adjetivo

1. Hablando de edad, que tiene muchos años. *Mi abuelo tiene una edad muy avanzada.*

2. De ideas políticas o doctrinas atrevidas o muy nuevas. *Su ideología política era muy avanzada.*

3. Se dice de todo lo que aparece en primera línea, bien de cosas que están en primer término o bien refiriéndose a seres vivos y personas que están delante de otras. *Esa figura ocupa una posición avanzada en el cuadro.*

avanzar (a-van-**zar**) verbo

1. Ir o mover una cosa hacia delante. *Avanzó la ficha roja dos casillas hacia delante.* **SIN.** Adelantar. **ANT.** Retroceder.

2. Conseguir una mejor condición o estado. *Avanza mucho en sus estudios.* **SIN.** Mejorar, prosperar, progresar.

✎ Se conjuga como *abrazar*.

avaricia (a-va-**ri**-cia) sustantivo femenino
Afán exagerado de poseer y adquirir riquezas para atesorarlas. *Tenía mucha avaricia.* **SIN.** Codicia, tacañería. **ANT.** Generosidad.

avaro, avara (a-**va**-ro) adjetivo y sustantivo
Que reserva, oculta o escatima alguna cosa. *Es una persona muy avara.* **SIN.** Agarrado, codicioso, mezquino. **ANT.** Generoso.

avasallar (a-va-sa-**llar**) verbo
Dominar por la fuerza, sin ningún respeto. *Trataba de avasallarlos.* **SIN.** Someter, oprimir, tiranizar. **ANT.** Emancipar, liberar.

ave (**a**-ve) sustantivo femenino
Animal con alas y el cuerpo cubierto de plumas, que pone huevos. *Algunas aves, como los pingüinos, no vuelan.*
✎ Aunque es femenino, en singular va con los artículos *el* o *un.*

avecinar (a-ve-ci-**nar**) verbo
Acercar, aproximarse. *Se avecina una tormenta: ya se oyen los truenos en la lejanía.*

avecindar (a-ve-cin-**dar**) verbo
Convertirse en vecinos de un lugar, por irse a vivir a él. *Se avecindaron en el barrio.* **SIN.** Establecer(se), instalar(se).

avellana (a-ve-**lla**-na) sustantivo femenino
Fruto del avellano. *Las avellanas son pequeñas y redondeadas.*

avellano (a-ve-**lla**-no) sustantivo masculino
Arbusto que crece en los bosques de las regiones templadas. *Me senté a la sombra del avellano.*

avemaría (a-ve-ma-**rí**-a) sustantivo femenino
Oración dirigida a la Virgen María. *Rezaron tres avemarías antes de acostarse.*
✎ Aunque es femenino, en singular va con los artículos *el* o *un.*

avenida (a-ve-**ni**-da) sustantivo femenino
Calle ancha con árboles a los lados. *Esta mañana pasé por la avenida.* **SIN.** Paseo, bulevar.

aventajar (a-ven-ta-**jar**) verbo
Adelantar, poner en mejor estado o circunstancias, dar alguna ventaja. *Les aventaja a todos en simpatía.* **SIN.** Superar, adelantar, sobresalir, progresar.

aventura
(a-ven-**tu**-ra) sustantivo femenino
Suceso poco habitual. *Vivimos una auténtica aventura: vimos cocodrilos y nos montamos en elefante.* **SIN.** Hazaña, peripecia.

aventurar (a-ven-tu-**rar**) verbo
Arriesgar, poner en peligro. *Nos aventuramos a cruzar el río a nado.* **SIN.** Exponer(se), atreverse.

aventurero, aventurera
(a-ven-tu-**re**-ro) adjetivo y sustantivo
Que ama las aventuras y el riesgo. *Es una persona muy aventurera.* **SIN.** Explorador, trotamundos.

avergonzar (a-ver-gon-**zar**) verbo
Causar o sentir vergüenza. *Deberías avergonzarte de lo que has hecho.* **SIN.** Ruborizar(se), sonrojar(se), abochornar(se). **ANT.** Presumir, enorgullecer(se).
✎ Verbo irregular, se conjuga como *contar*. Se escribe *c* en vez de *z* seguido de -*e*, como en *avergüence.*

avería (a-ve-**rí**-a) sustantivo femenino
Daño que sufre una máquina, mercancía, etc. *Tuvimos una avería en el coche.* **SIN.** Accidente, deterioro, desperfecto. **ANT.** Arreglo.

averiar (a-ve-ri-**ar**) verbo
Producir un daño; dejar de funcionar un aparato o hacerlo mal por causa de una avería. *La televisión se ha averiado y la hemos llevado a repa-*

rar. **SIN.** Dañar(se), deteriorar(se). **ANT.** Arreglar(se).

✎ Se conjuga como *desviar*.

averiguar (a-ve-ri-**guar**) verbo

Hacer lo necesario para conocer algo que no se sabe, o solucionar un problema. *Después de mucho preguntar, conseguí averiguar dónde vivía.* **SIN.** Indagar, investigar, descubrir. **ANT.** Ignorar, desconocer.

✎ Verbo con acentuación irregular. La *-u* final de *averigu-* nunca lleva acento y se une a la vocal que la sigue, formando diptongo. Ver pág. 113.

avestruz (a-ves-**truz**) sustantivo masculino

Ave de gran tamaño y peso, de cuello largo y cabeza pequeña, que corre en vez de volar. *Los avestruces corren muy deprisa.*

✎ Su plural es *avestruces*.

aviación (a-via-**ción**) sustantivo femenino

Navegación aérea por medio de aparatos más pesados que el aire. *Me interesa la historia de la aviación.*

aviador, aviadora (a-via-**dor**) sustantivo

Persona que pilota un avión. *Quería ser aviadora.* **SIN.** Aeronauta, piloto.

ávido, ávida (**á**-vi-do) adjetivo

Ansioso, codicioso. *Estaba ávido de venganza.* **SIN.** Hambriento.

avinagrar (a-vi-na-**grar**) verbo

1. Poner agria una cosa. *El vino se ha avinagrado.* **SIN.** Acedar(se).

2. Volverse áspero y desagradable el carácter de una persona. *Con los años se ha avinagrado.* **ANT.** Dulcificarse.

avión (a-**vión**) sustantivo masculino

Aparato grande, más pesado que el aire, que vuela por medio de un motor y sirve para transportar personas y cosas. *Se marea cuando viaja en avión.*

avioneta (a-vio-**ne**-ta) sustantivo femenino

Avión pequeño y de poca potencia. *Le hacía ilusión atravesar el desierto en una avioneta.*

avisar (a-vi-**sar**) verbo

1. Informar de algún hecho. *Me avisó de la reunión con una hora de adelanto.* **SIN.** Anunciar, comunicar, notificar. **ANT.** Ocultar, callar.

2. Advertir o aconsejar. *Me avisó para que no fuera.* **SIN.** Prevenir.

aviso (a-**vi**-so) sustantivo masculino

1. Noticia que se da a alguien. *Me llegó el aviso.* **SIN.** Informe.

2. Advertencia. *Era mi último aviso.* **SIN.** Observación.

avispa (a-**vis**-pa) sustantivo femenino

Insecto parecido a la abeja, provisto de un aguijón cuya picadura produce inflamación y escozor. *La avispa es de color amarillo con franjas negras.*

avispero
(a-vis-**pe**-ro) sustantivo masculino

Conjunto o multitud de avispas, y lugar en que se hallan. *No te acerques ahí, hay un avispero.*

avistar (a-vis-**tar**) verbo

Alcanzar con la vista alguna cosa. *Avistamos el coche a lo lejos.* **SIN.** Divisar, ver, descubrir.

avituallar (a-vi-**tua**-llar) verbo

Proveer, abastecer. *En ese control avituallan a los corredores.* **SIN.** Aprovisionar.

avivar (a-vi-**var**) verbo

1. Dar viveza, excitar, animar. *Avivó a sus seguidores.* **SIN.** Vigorizar, reavivar, reanimar, acalorar, enardecer. **ANT.** Frenar.

2. Tratándose del fuego o de la luz artificial, hacer que arda más o dé más luz. *El viento avivó el fuego.* **SIN.** Atizar, reavivar, encender. **ANT.** Apagar.

averiguar

MODO INDICATIVO		MODO SUBJUNTIVO	
Tiempos simples	Tiempos compuestos	Tiempos simples	Tiempos compuestos

Presente	Pret. perf. compuesto / Antepresente	Presente	Pret. perf. compuesto / Antepresente
averiguo	he averiguado	averigüe	haya averiguado
averiguas / averiguás	has averiguado	averigües	hayas averiguado
averigua	ha averiguado	averigüe	haya averiguado
averiguamos	hemos averiguado	averigüemos	hayamos averiguado
averiguáis / averiguan	habéis averiguado	averigüéis /averigüen	hayáis averiguado
averiguan	han averiguado	averigüen	hayan averiguado

Pret. imperfecto / Copretérito	Pret. pluscuamperfecto / Antecopretérito	Pret. imperfecto / Pretérito	Pret. pluscuamperfecto / Antepretérito
averiguaba	había averiguado	averiguara o	hubiera o
averiguabas	habías averiguado	averiguase	hubiese averiguado
averiguaba	había averiguado	averiguaras o	hubieras o
averiguábamos	habíamos averiguado	averiguases	hubieses averiguado
averiguabais / averiguaban	habíais averiguado	averiguara o	hubiera o
averiguaban	habían averiguado	averiguase	hubiese averiguado
		averiguáramos o	hubiéramos o
		averiguásemos	hubiésemos averiguado
		averiguarais o	hubierais o
Pret. perf. simple / Pretérito	**Pret. anterior / Antepretérito**	averiguaseis	hubieseis averiguado
		/ averiguarais o	hubieran o
averigüé	hube averiguado	averiguaseis	hubiesen averiguado
averiguaste	hubiste averiguado	averiguaran o	
averiguó	hubo averiguado	averiguasen	
averiguamos	hubimos averiguado		
averiguasteis / averiguaron	hubisteis averiguado	**Futuro simple / Futuro**	**Futuro compuesto / Antefuturo**
averiguaron	hubieron averiguado		
		averiguare	hubiere averiguado
		averiguares	hubieres averiguado
Futuro simple / Futuro	**Futuro compuesto / Antefuturo**	averiguare	hubiere averiguado
		averiguáremos	hubiéremos averiguado
averiguaré	habré averiguado	averiguareis / averiguaren	hubiereis averiguado
averiguarás	habrás averiguado	averiguaren	hubieren averiguado
averiguará	habrá averiguado		
averiguaremos	habremos averiguado		
averiguaréis / averiguarán	habréis averiguado	**MODO IMPERATIVO**	
averiguarán	habrán averiguado		

Condicional simple / Pospretérito	Condicional compuesto / Antepospretérito
averiguaría	habría averiguado
averiguarías	habrías averiguado
averiguaría	habría averiguado
averiguaríamos	habríamos averiguado
averiguaríais /averiguarían	habríais averiguado
averiguarían	habrían averiguado

MODO IMPERATIVO

averigua (tú) / averiguá (vos) / averigüe (usted)
averiguad (vosotros)
averigüen (ustedes)

FORMAS NO PERSONALES

Infinitivo	Infinitivo compuesto
averiguar	haber averiguado
Gerundio	**Gerundio compuesto**
averiguando	habiendo averiguado
Participio	
averiguado	

axila (a-**xi**-la) sustantivo femenino

Hueco que forma el comienzo del brazo con el cuerpo. *Se depiló las axilas.* **SIN.** Sobaco.

ayer (a-**yer**) adverbio

1. El día anterior a hoy. *Ayer se acostó temprano y hoy madrugó.*

2. sustantivo masculino Tiempo pasado. *El ayer ya pasó, pensemos en el mañana, que está por llegar.*

ayudante (a-yu-**dan**-te) sustantivo

Persona cuyo trabajo consiste en ayudar a otra de mayor categoría a realizar su labor. *Su primo trabaja como ayudante de laboratorio en la universidad.*

ayudar (a-yu-**dar**) verbo

1. Hacer algo con alguien para que este logre una cosa. *Le ayudó a pintar la ventana.* **SIN.** Colaborar, cooperar.

2. Asistir a una persona necesitada o en apuros. *Los perros guía ayudan a los ciegos.* **SIN.** Auxiliar.

ayunar (a-yu-**nar**) verbo

Dejar de comer y de beber. *Ayunó durante todo el día.* **SIN.** Renunciar, sacrificarse. **ANT.** Henchirse, hartarse, saciarse.

ayunas (a-**yu**-nas)

en ayunas expresión Sin haber desayunado. *Para hacer los análisis, debes estar en ayunas.*

ayuno (a-**yu**-no) sustantivo masculino

Acción de no comer o comer poco. *El próximo viernes, celebramos el día del ayuno voluntario.* **SIN.** Dieta, privación.

ayuntamiento

(a-yun-ta-**mien**-to) sustantivo masculino

1. Grupo de personas dirigidas por el alcalde, que administran un municipio. *El Ayuntamiento ha decidido plantar más árboles.*

2. Edificio donde ese grupo trabaja. *La fachada del Ayuntamiento tiene un reloj.* **SIN.** Alcaldía.

azabache (a-za-**ba**-che) sustantivo masculino

Mineral bastante duro y de color negro. *Sus ojos eran negros como el azabache.*

azada (a-**za**-da) sustantivo femenino

Herramienta agrícola que sirve para cavar la tierra. *Hacía pequeños surcos con la azada.*

azafata (a-za-**fa**-ta) sustantivo femenino

1. Persona encargada de atender a los pasajeros a bordo de un avión, tren, autocar, etc. *Las azafatas estaban muy pendientes de los pasajeros.*

2. Persona que proporciona información y ayuda a quienes participan en reuniones, congresos, etc. *Le preguntó a la azafata del congreso.*

azafrán (a-za-**frán**) sustantivo masculino

Planta que se usa como condimento y para teñir de amarillo. *Le gusta echar azafrán a la paella.*

azahar (a-za-**har**) sustantivo masculino

Flor del naranjo, del limonero y del cidro, que es blanca y muy olorosa. *La novia llevaba un ramo de azahar.*

✎ No debe confundirse con *azar*, que significa «casualidad».

azar (a-**zar**) sustantivo masculino

1. Hecho que no se prepara, ni se provoca. *Nos encontramos por azar.* **SIN.** Destino, hado.

2. al azar expresión A la suerte, a la ventura, sin pensarlo. *Di un número al azar.*

azarar (a-za-**rar**) verbo

Asustar, sobresaltarse. *Se azaró mucho.* **SIN.** Alterar(se).

azor (a-**zor**) sustantivo masculino

Ave rapaz diurna que habita en los bosques. *El azor se alimenta de reptiles e insectos.* **SIN.** Milano.

azotaina (a-zo-**tai**-na) sustantivo femenino
Paliza, tunda de golpes. *Le dio una buena azotaina.*

azotar (a-zo-**tar**) verbo
Dar azotes a alguien. *Le habían azotado.* **SIN.** Sacudir, zurrar.

azote (a-zo-te) sustantivo masculino
1. Golpe, especialmente el que se da con la mano abierta. *Como te portes mal, te daré un azote.*
2. Desgracia muy grande. *Sufrieron el azote del temporal.* **SIN.** Plaga, epidemia, cataclismo.

azotea (a-zo-**te**-a) sustantivo femenino
Tejado llano de un edificio. *Tenían la azotea llena de plantas.* **SIN.** Terraza.

azúcar
(a-**zú**-car) sustantivo masculino y femenino
Sustancia blanca y sólida que se extrae de la remolacha y la caña de azúcar y sirve para endulzar. *Los dulces están hechos con bastante azúcar.*
✎ En plural se usa siempre *los azúcares*, en masculino.

azucarar (a-zu-ca-**rar**) verbo
Bañar o endulzar con azúcar. *Lo había azucarado demasiado, estaba muy empalagoso.* **SIN.** Edulcorar.

azucarillo (a-zu-ca-**ri**-llo) sustantivo masculino
Terrón pequeño de azúcar. *Toma el café con dos azucarillos.*

azucena (a-zu-**ce**-na) sustantivo femenino
Planta de tallo alto y flores grandes, blancas y muy olorosas. *Me regaló un ramo de azucenas, que perfumaron toda la casa.*

azufre (a-zu-fre) sustantivo masculino
Metal de color amarillento, que produce un fuerte olor al quemarse. *El azufre abunda en las regiones volcánicas.*

azul (a-**zul**) adjetivo y sustantivo masculino
1. Del color del cielo sin nubes. *Esa chaqueta azul es muy bonita. El azul te queda muy bien.*
2. azul celeste expresión El más claro. *El cielo es azul celeste.*
3. azul marino expresión El oscuro, parecido al que suelen tener las aguas del mar. *Tenían un uniforme azul marino y blanco.*

azulejo (a-zu-**le**-jo) sustantivo masculino
Placa de cerámica recubierta por un esmalte. *Hay que limpiar los azulejos de la cocina.*

azuzar (a-zu-**zar**) verbo
1. Animar a los perros para que muerdan a alguien. *No azuces al perro contra el cartero.*
2. Estimular, irritar. *Me azuzó para que montara bronca.*
✎ Se conjuga como *abrazar.*

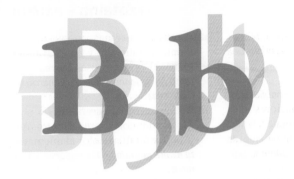

b sustantivo femenino

Segunda letra del abecedario español y primera de sus consonantes. Su nombre es *be*. Bota *se escribe con b.*

baba (ba-ba) sustantivo femenino

1. Saliva espesa y abundante que a veces cae de la boca de las personas y de algunos animales. *Límpiale la baba al bebé.* **SIN.** Babaza, espumajo, espumarajo.

2. caérsele a alguien la baba expresión Estar alguien entusiasmado viendo u oyendo algo que le agrada. *Se le cae la baba mirando a su bebé.*

babear (ba-be-ar) verbo

Caérsele a alguien la baba. *Ponle el babero, está babeando.*

babero (ba-be-ro) sustantivo masculino

Pieza de tela que se coloca a los niños pequeños en el cuello para evitar que se manchen la ropa con la baba o la comida. *Ponle el babero antes de darle el biberón.*

babi (ba-bi) sustantivo masculino

Bata que usan los niños y las niñas en el colegio para no mancharse la ropa. *Llevan un babi de cuadros.*
✎ *Baby* es incorrecto.

babor (ba-bor) sustantivo masculino

Parte o lado izquierdo de una embarcación. *En aquel momento íbamos a babor.* **ANT.** Estribor.

babosa (ba-bo-sa) sustantivo femenino

Molusco sin concha parecido al caracol, que al andar segrega una baba clara y pegajosa. *Las babosas son muy perjudiciales para las huertas.*

babucha

(ba-bu-cha) sustantivo femenino

Zapato ligero y sin tacón, descalzo por la parte de atrás, que se usa para estar en casa. *Le resultan más cómodas las babuchas que las zapatillas.* **SIN.** Chancleta.

baca (ba-ca) sustantivo femenino

Parte superior del coche, en la que se coloca el equipaje. *Coloca las bicis en la baca.*
✎ No debe confundirse con *vaca*, que es un animal.

bacalao (ba-ca-la-o) sustantivo masculino

Pez comestible de cuerpo cilíndrico y de tamaño variable, que se suele conservar salado. *En Portugal existen más de mil maneras de preparar el bacalao.*

bache (ba-che) sustantivo masculino

1. Hoyo que se forma en un camino, calle o carretera. *Por esta carretera pasan tantos camiones que está llena de baches.* **SIN.** Socavón, zanja, hundimiento.

2. Mala situación, generalmente pasajera, que afecta a la salud, al ánimo o a la buena marcha de un negocio. *Pasó un bache tras la muerte de su amigo, pero ya lo ha superado.*

bachillerato

(ba-chi-lle-**ra**-to) sustantivo masculino

En España, etapa educativa formada por dos cursos posteriores a la ESO. En general, se llama así a los estudios previos a la universidad. *Estudia bachillerato en el instituto.*

bacilo (ba-**ci**-lo) sustantivo masculino

Microbio cilíndrico en forma de bastón. *Los bacilos provocan algunas enfermedades.*

✎ No debe confundirse con *vacilo*, del verbo *vacilar*.

bacín (ba-**cín**) sustantivo masculino

Vasija para recoger los excrementos de las personas. *A los más pequeños hay que enseñarles a usar el bacín correctamente.* **SIN.** Orinal, bacinica.

bacteria (bac-**te**-ria) sustantivo femenino

Microbio del que hay varias especies y algunas de ellas causan enfermedades. Viven en el aire, en el agua, en la tierra, en los cuerpos de los seres vivos, etc. *Algunas bacterias, como las intestinales, son imprescindibles.*

badajo (ba-**da**-jo) sustantivo masculino

Pieza colgante del interior de las campanas, cencerros, esquilas, etc., que sirve para golpear el interior y producir sonido. *Golpeó la campana con el badajo.*

bádminton

(**bád**-min-ton) sustantivo masculino

Juego de raqueta entre dos personas o por parejas, sobre un campo más pequeño que el de tenis y con una pelota de corcho con plumas a modo de cometa. *Le gusta mucho jugar al bádminton.*

bafle (ba-fle) sustantivo masculino

Altavoz de un equipo de alta fidelidad. *Tiene un buen equipo de música y* unos buenos bafles, por eso se oye tan bien.

✎ Su plural es *bafles*.

bagaje (ba-**ga**-je) sustantivo masculino

Con adjetivos como *intelectual, artístico*, etc., conjunto de conocimientos que tiene una persona. *Tiene un gran bagaje cultural, puedes hablar con ella de cualquier cosa.*

bahía (ba-**hí**-a) sustantivo femenino

Entrada de mar en la costa, de extensión menor que el golfo. *La bahía estaba llena de barcos.* **SIN.** Cala, ensenada.

bailaor, bailaora (bai-la-**or**) sustantivo

Bailarín o bailarina de flamenco. *En Granada estuvimos en un tablao para ver actuar a los bailaores.*

bailar (bai-**lar**) verbo

Mover el cuerpo, los brazos y los pies siguiendo el compás de la música. *Para bailar hay que tener sentido del ritmo.* **SIN.** Danzar.

bailarín, bailarina

(bai-la-**rín**) sustantivo y adjetivo

1. Persona que tiene por oficio bailar. *Su hermano es un famoso bailarín y trabaja actualmente en el Ballet Nacional.*

2. Persona a la que le gusta mucho bailar y lo hace bien. *Antonio es muy bailarín; todos los sábados va a bailar salsa.* **SIN.** Danzarín.

baile (bai-le) sustantivo masculino

1. Movimiento del cuerpo que se hace al ritmo de la música. *Todos los invitados de la boda participaron en el baile.* **SIN.** Danza.

2. Cada una de las maneras de bailar que reciben un nombre particular, como vals, jota, pasodoble, bolero, salsa, etc. *El tango es uno de los bailes que más me gustan.*

3. Fiesta o local en los que se baila. *¿Vendrás conmigo al baile?*

baja (ba-ja) sustantivo femenino

1. Disminución del precio, valor y estimación de alguna cosa. *La baja de las acciones de esa empresa ha causado gran alarma.* **SIN.** Descenso, caída.

2. Permiso temporal que tiene una persona para faltar a su trabajo por motivos de enfermedad, accidente, etc. *Lleva dos semanas de baja porque se rompió una pierna.*

3. darse de baja expresión Dejar de pertenecer voluntariamente a una asociación o club. *Se dio de baja del club porque las cuotas eran altas.*

bajada (ba-ja-da) sustantivo femenino

1. Descenso desde algún lugar o posición más alta a otra más baja. *Vete despacio, esa bajada es muy peligrosa.* **SIN.** Pendiente.

2. Disminución de la intensidad o el valor de una cosa. *Este invierno habrá una bajada de las temperaturas. Bajada de precios.*

bajar (ba-jar) verbo

1. Ir desde una posición o lugar a otro que esté más bajo. *Bajó las escaleras corriendo.* **SIN.** Descender. **ANT.** Subir, ascender.

2. Disminuir los sonidos, los precios, el peso, etc. *Ha bajado el precio del pan.* **SIN.** Menguar, decrecer. **ANT.** Aumentar, crecer.

bajo, baja (ba-jo) adjetivo

1. De poca altura o estatura. *Juan es bajo.* **SIN.** Pequeño, chico. **ANT.** Alto, elevado, grande.

2. Se dice de lo que está por debajo de otras cosas en lugar, cantidad o calidad. *Ahora está a bajo precio. Empleó un lenguaje muy bajo.* **SIN.** Inferior, peor, ordinario. **ANT.** Alto, elevado, superior, mayor, refinado.

3. sustantivo masculino Piso situado debajo del primero en algunas casas. *Vive en el bajo.*

4. sustantivo masculino Instrumento de cuerda de gran tamaño que produce sonidos muy graves. *Toca el bajo en un conjunto.*

5. adverbio En voz baja, sin que apenas se oiga. *Habla más bajo, el niño está durmiendo.*

bajón (ba-jón) sustantivo masculino

Disminución importante en las ganancias, las facultades mentales, la salud, etc. *Ha dado un gran bajón en las notas en esta última evaluación.*

bala (ba-la) sustantivo femenino

1. Proyectil arrojado por las armas de fuego. *Disparó tres balas seguidas.* **SIN.** Balín, munición, plomo, proyectil.

2. Paquete o fardo con mercancías apretadas y atadas. *Estaban descargando las balas.* **SIN.** Paca.

3. como una bala expresión A toda velocidad, con gran rapidez. *Salió como una bala hacia el hospital en cuanto se enteró del accidente.*

balance (ba-lan-ce) sustantivo masculino

Análisis que valora el desarrollo de una actividad, con el fin de decidir qué ha resultado bien y qué ha ido mal. *El balance del curso fue bastante positivo.*

balancear (ba-lan-ce-ar) verbo

Mover, mecer de un lado a otro. *Se balanceaba en la mecedora.* **SIN.** Oscilar, columpiar(se).

balancín (ba-lan-cín) sustantivo masculino

En los jardines, playas, terrazas, etc., asiento colgante cubierto con toldo. *Se sentaron en el balancín a charlar un rato.*

balanza (ba-lan-za) sustantivo femenino

Instrumento formado por una barra de brazos iguales, con un platillo en cada extremo, que sirve para pesar.

Pon las peras en la balanza. **SIN.** Báscula romana.

balar (ba-lar) verbo
Dar balidos o voces las ovejas y ciervos. *Se oye balar a las ovejas.*

balaustre (ba-laus-tre) sustantivo masculino
Cada una de las columnitas de las barandillas de balcones, azoteas, escaleras y corredores. *Están pintando los balaustres de la escalera.*
✎ También *balaústre*.

balazo (ba-la-zo) sustantivo masculino
Disparo realizado con arma de fuego y herida causada por él. *Se oyeron varios balazos.* **SIN.** Tiro.

balbucear (bal-bu-ce-ar) verbo
Hablar o leer con dificultad. *Balbuceó algo, pero no le entendimos.*

balbucir (bal-bu-cir) verbo
Hablar o leer con dificultad. *El niño balbucía sus primeras palabras.*
✎ Verbo irregular. Ver pág. 120.

balcón (bal-cón) sustantivo masculino
Saliente en la fachada de un edificio con una barandilla, al que se entra a través de una ventana que llega al suelo. *Me asomé al balcón para ver la cabalgata.*

balda (bal-da) sustantivo femenino
Repisa de un armario o alacena. *Ponlo en la balda de abajo.*

balde (bal-de) sustantivo masculino
1. Recipiente grande de plástico, madera o de otro material, destinado a diferentes usos. *Llena el balde de agua.* **SIN.** Barreño.
2. de balde expresión Gratuitamente, sin tener que pagar precio alguno. *Es muy avaro y no da nada de balde.*

baldosa (bal-do-sa) sustantivo femenino
Ladrillo fino que sirve para recubrir el suelo y las paredes. *Las baldosas del suelo son pequeñas y rectangulares.* **SIN.** Azulejo.

balido (ba-li-do) sustantivo masculino
Voz del carnero, la oveja, la cabra, el gamo y el ciervo. *El cervatillo daba fuertes balidos porque no encontraba a su madre.*

ballena (ba-lle-na) sustantivo femenino
Mamífero acuático que tiene forma de pez, y es el mayor de los animales conocidos. *La ballena azul puede pesar más de 146 toneladas.*

ballenato
(ba-lle-na-to) sustantivo masculino
Cría de la ballena. *El protagonista de la película era un ballenato que se perdía en el océano.*

ballesta (ba-lles-ta) sustantivo femenino
1. Arma parecida al arco, que sirve para disparar piedras y flechas. *Tiene una excelente puntería con la ballesta.*
2. Cada una de las barras metálicas y flexibles sobre las que descansa la carrocería de un coche. *En un bache grande se rompió una ballesta del coche.* **SIN.** Amortiguador.

ballet (ba-llet) sustantivo masculino
1. Espectáculo de danza, constituido esencialmente por los movimientos de la danza clásica. *Desde pequeño va a clase de* ballet. **SIN.** Coreografía, danza, baile.
2. Conjunto de personas que realizan este baile. *Es la bailarina principal de esa compañía de* ballet.
✎ Su plural es *ballets*.

balneario (bal-ne-a-rio) sustantivo masculino
Establecimiento para tomar baños medicinales. *Sus padres fueron a pasar quince días a un balneario.* **SIN.** Termas, caldas.

balón (ba-lón) sustantivo masculino
Pelota grande que se utiliza en varios deportes, entre ellos el fútbol y el baloncesto. *Le regalaron un balón*

balbucir

MODO INDICATIVO		MODO SUBJUNTIVO	
Tiempos simples	Tiempos compuestos	Tiempos simples	Tiempos compuestos

Presente	**Pret. perf. compuesto / Antepresente**		**Presente**	**Pret. perf. compuesto / Antepresente**	
balbuceo	he	balbucido	balbucee	haya	balbucido
balbuces / balbucís	has	balbucido	balbucees	hayas	balbucido
balbucea	ha	balbucido	balbucee	haya	balbucido
balbucimos	hemos	balbucido	balbuceemos	hayamos	balbucido
balbucís / balbucen	habéis	balbucido	balbuceéis / balbuceen	hayáis	balbucido
balbucen	han	balbucido	balbuceen	hayan	balbucido

Pret. imperfecto / Copretérito	**Pret. pluscuamperfecto / Antecopretérito**		**Pret. imperfecto / Pretérito**	**Pret. pluscuamperfecto / Antepretérito**	
balbucía	había	balbucido	balbuciera o balbuciese	hubiera o hubiese balbucido	
balbucías	habías	balbucido	balbucieras o balbucieses	hubieras o hubieses balbucido	
balbucía	había	balbucido	balbuciera o balbuciese	hubiera o hubiese balbucido	
balbucíamos	habíamos	balbucido	balbuciéramos o balbuciésemos	hubiéramos o hubiésemos balbucido	
balbucíais / balbucían	habíais	balbucido	balbucierais o balbucieseis / balbucieran o balbuciesen	hubierais o hubieseis balbucido / hubieran o hubiesen balbucido	
balbucían	habían	balbucido	balbucieran o balbuciesen		

Pret. perf. simple / Pretérito	**Pret. anterior / Antepretérito**	
balbucí	hube	balbucido
balbuciste	hubiste	balbucido
balbució	hubo	balbucido
balbucimos	hubimos	balbucido
balbucisteis / balbucieron	hubisteis	balbucido
balbucieron	hubieron	balbucido

Futuro simple / Futuro	**Futuro compuesto / Antefuturo**	
balbuciere	hubiere	balbucido
balbucieres	hubieres	balbucido
balbuciere	hubiere	balbucido
balbuciéremos	hubiéremos	balbucido
balbuciereis / balbucieren	hubiereis	balbucido
balbucieren	hubieren	balbucido

Futuro simple / Futuro	**Futuro compuesto / Antefuturo**	
balbuciré	habré	balbucido
balbucirás	habrás	balbucido
balbucirá	habrá	balbucido
balbuciremos	habremos	balbucido
balbuciréis / balbucirán	habréis	balbucido
balbucirán	habrán	balbucido

MODO IMPERATIVO

balbuce (tú) / balbucí (vos) / balbuzca (usted)
balbucid (vosotros)
balbuzcan (ustedes)

Condicional simple / Pospretérito	**Condicional compuesto / Antepospretérito**	
balbuciría	habría	balbucido
balbucirías	habrías	balbucido
balbuciría	habría	balbucido
balbuciríamos	habríamos	balbucido
balbuciríais / balbucirían	habríais	balbucido
balbucirían	habrían	balbucido

FORMAS NO PERSONALES

Infinitivo	**Infinitivo compuesto**
balbucir	haber balbucido
Gerundio	**Gerundio compuesto**
balbuciendo	habiendo balbucido
Participio	
balbucido	

con las firmas de todos los jugadores del equipo.

balonazo (ba-lo-**na**-zo) sustantivo masculino
Golpe dado con el balón. *Recibió un fuerte balonazo en la cara y perdió el conocimiento.*

baloncesto
(ba-lon-**ces**-to) sustantivo masculino
Juego de pelota entre dos equipos de cinco jugadores cada uno. Se practica con las manos y consiste en introducir el balón el mayor número de veces posible en la canasta del contrario, situada a una altura determinada. *Jugamos un partido de baloncesto.*

balonmano
(ba-lon-**ma**-no) sustantivo masculino
Juego de pelota entre dos equipos de siete jugadores cada uno. Se juega con las manos y consiste en introducir el balón en la portería del contrario siguiendo unas reglas determinadas. *Es árbitro de balonmano.*

balonvolea
(ba-lon-vo-**le**-a) sustantivo masculino
Voleibol. *¿Jugamos a balonvolea?*

balsa (**bal**-sa) sustantivo femenino
1. Conjunto de maderas que, unidos entre sí, forman una especie de barca. *Navegó por el lago en balsa.*
2. Hueco del terreno que se llena de agua, de forma natural o artificial. *Con tanta lluvia, se ha formado una balsa en medio de la finca.* **SIN.** Estanque, poza.

bálsamo (**bál**-sa-mo) sustantivo masculino
Medicamento que se echa sobre la piel y alivia el dolor. *Es un buen bálsamo para las quemaduras.* **SIN.** Remedio, calmante.

bambú (bam-**bú**) sustantivo masculino
Planta originaria de la India, cuyos tallos, muy resistentes, se emplean en la construcción de casas y en la fabricación de muebles, armas, etc. *En la tienda venden muebles de bambú.*
✎ Su plural es *bambúes* o *bambús*.

banana (ba-**na**-na) sustantivo femenino
Fruta con piel amarilla y forma curva, cuyo interior es amarillento, blando y de sabor agradable. *Dale bananas al gorila del zoo.* **SIN.** Plátano.

banca (**ban**-ca) sustantivo femenino
1. Conjunto de bancos o banqueros. *La banca se manifestó en contra de aquellas medidas.*
2. En ciertos juegos, se llama así al dinero que se llevará el jugador que gane. *Gana la banca.*

banco (**ban**-co) sustantivo masculino
1. Establecimiento abierto al público en el que se guarda y presta dinero. *La gente guarda sus ahorros en los bancos.*
2. Asiento largo y estrecho, generalmente de madera, hierro o piedra. *El abuelo se sienta en el banco del jardín.*

banda (**ban**-da) sustantivo femenino
1. Grupo de gente de actitud violenta. En ocasiones, pueden portar armas. *La Policía detuvo a una banda de atracadores.*
2. Lo que está a la derecha o a la izquierda de un todo. *El profesor puso las calificaciones de cada pregunta a la banda de la página.*
3. Conjunto de músicos que tocan a la vez. *Aquella banda tocaba muy bien.* **SIN.** Grupo, conjunto, charanga, comparsa.
4. Cinta ancha que se lleva atravesada desde un hombro al costado opuesto. *El alcalde llevaba una banda de color rojo.*
5. banda sonora expresión Música de una película cinematográfica. *Compré un CD con bandas sonoras.*

bandada (ban-**da**-da) sustantivo femenino

Grupo numeroso de aves que vuelan juntas. *Vimos pasar una bandada de cigüeñas.*

bandeja (ban-**de**-ja) sustantivo femenino

1. Pieza plana o algo cóncava, con bordes de poca altura, que sirve para llevar o servir algo. *Trae las copas en una bandeja.*

2. Superficie plana situada detrás de los asientos traseros de un coche y que separa estos del maletero. *No pongas los abrigos en la bandeja, no me dejan ver.*

bandera (ban-**de**-ra) sustantivo femenino

1. Tela de varios colores que, sujeta a un palo largo, se emplea como símbolo de una nación, una ciudad, algún equipo, alguna sociedad, etc. *Un soldado llevaba la bandera.* **SIN.** Insignia, enseña, estandarte.

2. bandera blanca, o de paz expresión La que se lleva para dar a entender que se desea hablar de paz, o que se es amigo. *Los soldados vencidos llevaban una bandera blanca.*

banderilla (ban-de-**ri**-lla) sustantivo femenino

Palo adornado y con un pincho de hierro en un extremo, que se clava en la cerviz de los toros. *Le puso las dos banderillas.*

banderín (ban-de-**rín**) sustantivo masculino

Pequeña bandera de forma triangular. *Agitó un banderín del equipo.*

bandido, bandida

(ban-**di**-do) adjetivo y sustantivo

Se dice de la persona que comete robos u otros crímenes. *La Policía arrestó al jefe de los bandidos.* **SIN.** Malhechor, bandolero.

bando (**ban**-do) sustantivo masculino

1. Conjunto de personas que tienen unas mismas ideas. *Durante la guerra, estaban en distinto bando.*

2. Mandato que se da a conocer solemnemente por orden de la autoridad. *El alcalde publicó un bando.* **SIN.** Proclama, edicto.

bandolero, bandolera

(ban-do-**le**-ro) sustantivo

Persona con armas que solía huir a la montaña y que robaba por los caminos. *Les atacaron unos bandoleros en el camino del bosque.* **SIN.** Bandido, salteador.

bandurria (ban-**du**-rria) sustantivo femenino

Instrumento musical de cuerda semejante a la guitarra, pero de menor tamaño. *Aprendió a tocar la bandurria de pequeña.*

banqueta (ban-**que**-ta) sustantivo femenino

Asiento pequeño de tres o cuatro patas y sin respaldo. *Tráeme la banqueta que hay debajo de la mesa de la cocina.* **SIN.** Taburete.

banquete (ban-**que**-te) sustantivo masculino

Comida a la que asisten muchas personas para celebrar algún acontecimiento destacado. *En el banquete de bodas sirvieron una tarta enorme.* **SIN.** Festín, convite.

banquillo (ban-**qui**-llo) sustantivo masculino

1. Asiento en que se coloca al acusado en un juicio. *El acusado se sentó en el banquillo.*

2. Lugar donde permanecen los entrenadores y los jugadores que están de reservas durante un partido. *Todo el banquillo celebró el gol.*

bañador (ba-ña-**dor**) sustantivo masculino

Traje para bañarse. *Se puso el bañador para ir a su clase de natación.*

bañar (ba-**ñar**) verbo

1. Meter el cuerpo o parte de él en un líquido, generalmente agua. *La madre baña a su bebé todos los días por la noche.* **SIN.** Duchar(se), lavar(se).

2. Cubrir algo con una capa de una determinada sustancia. *Baño el bizcocho con chocolate y nata.* **SIN.** Impregnar, cubrir.

bañera (ba-ñe-ra) sustantivo femenino

Pila que sirve para bañar todo o parte del cuerpo. *Llenó la bañera de agua caliente y se metió dentro.* **SIN.** Tina.

bañista (ba-ñis-ta) sustantivo

Persona que acude a bañarse al mar, a la piscina, etc. *La playa estaba abarrotada de bañistas.*

baño (ba-ño) sustantivo masculino

1. Acción de lavarse o de nadar en el agua. *Nos dimos un baño en el río.* **SIN.** Chapuzón, remojón.

2. Habitación donde se encuentran los instrumentos y productos necesarios para asearse. *Voy al baño a lavarme las manos.*

3. baño de sol expresión Exposición del cuerpo humano al sol, desnudo y por tiempo limitado. *Se echó crema protectora para tomar un baño de sol en la piscina.*

bar sustantivo masculino

Establecimiento donde se sirven bebidas y cosas ligeras para comer, que se suelen consumir de pie ante el mostrador. *Tomamos un pincho de tortilla en el bar.* **SIN.** Taberna, mesón.

baraja (ba-ra-ja) sustantivo femenino

Conjunto de cartas que sirven para varios juegos de mesa. *Saca la baraja, vamos a jugar al tute.* **SIN.** Naipes.

barajar (ba-ra-jar) verbo

1. Mezclar las cartas antes de repartirlas. *Te toca barajar a ti.*

2. Tener en cuenta varias posibilidades. *Barajaba varias opciones.*

barandilla (ba-ran-di-lla) sustantivo femenino

Valla con barrotes de madera o hierro que sirve para proteger balcones, terrazas, huecos de la escalera, etc. *Se asomaron a la barandilla para ver la cabalgata.*

baratija (ba-ra-ti-ja) sustantivo femenino

Cosa menuda y de poco valor. *Compró unas baratijas en el Rastro.*

barato, barata (ba-ra-to) adjetivo

1. Vendido o comprado a bajo precio. *Los coches de segunda mano son más baratos que los nuevos.* **SIN.** Rebajado, económico. **ANT.** Caro.

2. adverbio Por poco precio. *En el restaurante de la esquina se come barato.* **ANT.** Caro.

barba (bar-ba) sustantivo femenino

Pelo que nace en la cara, debajo de la boca y en los carrillos. *Se afeitó la barba.*

barbacoa
(bar-ba-co-a) sustantivo femenino

Parrilla usada para asar al aire libre carne o pescado, y lo que se asa de esta forma. *Asa carne en la barbacoa.*

barbaridad
(bar-ba-ri-dad) sustantivo femenino

1. Dicho o hecho tonto o fuera de lugar. *Dijo una barbaridad.* **SIN.** Disparate, desatino.

2. Dicho o hecho atroz y duro. *Aquello que hicieron fue una barbaridad.* **SIN.** Atrocidad, salvajada.

3. Cantidad excesiva de algo. *Comió una barbaridad.* **SIN.** Exageración. **ANT.** Nimiedad, escasez.

bárbaro, bárbara
(bár-ba-ro) adjetivo y sustantivo

1. Se dice de la persona que se comporta con crueldad y fiereza. *Eres un bárbaro.* **SIN.** Fiero, cruel, feroz. **ANT.** Cariñoso, dulce.

2. Se dice de la persona que carece de cultura y educación. *Eres un bárbaro.* **SIN.** Ignorante, tosco. **ANT.** Culto, educado.

barbilla (bar-**bi**-lla) sustantivo femenino

Saliente de la parte inferior de la cara, debajo de la boca. *Le golpeó en la barbilla.* **SIN.** Mentón.

barca (**bar**-ca) sustantivo femenino

Embarcación pequeña que se usa para pescar o atravesar ríos. *Fueron a dar un paseo en barca por el lago.* **SIN.** Lancha, bote.

barcaza (bar-**ca**-za) sustantivo femenino

Lancha muy grande para transportar carga de los buques a tierra, o al contrario. *Estaban descargando la barcaza.*

barco (**bar**-co) sustantivo masculino

Vehículo que flota y que puede transportar por el agua personas o cosas. *Hicimos el viaje en un barco velero.* **SIN.** Buque, navío, nave.

barniz (bar-**niz**) sustantivo masculino

Sustancia que se da a las pinturas, maderas, etc., para protegerlas y darles brillo. *Le dio una capa de barniz a la mesa y quedó como nueva.*

✎ Su plural es *barnices.*

barnizar (bar-ni-**zar**) verbo

Cubrir con barniz una cosa. *Deberías darle otra mano de pintura antes de barnizarlo.* **SIN.** Encerar.

✎ Se conjuga como *abrazar.*

barómetro

(ba-**ró**-me-tro) sustantivo masculino

Instrumento que sirve para medir la presión atmosférica. *El barómetro fue inventado por el científico italiano Evangelista Torricelli.*

barón, baronesa (ba-**rón**) sustantivo

Título de algunos nobles. *Esa finca es propiedad de la baronesa y de su familia.*

✎ No debe confundirse con *varón.*

barquilla (bar-**qui**-lla) sustantivo femenino

Cesto en el que van los tripulantes de un globo. *No cabían más de tres personas en la barquilla del globo.*

barquillo (bar-**qui**-llo) sustantivo masculino

Hoja delgada de pasta de harina y azúcar en forma de canuto. *Adornó la copa de helado con un barquillo.* **SIN.** Oblea, galleta.

barra (**ba**-rra) sustantivo femenino

1. Pieza de metal, madera u otra materia, generalmente de forma cilíndrica y mucho más larga que gruesa. *Necesitamos una barra de hierro para hacer palanca.* **SIN.** Barrote, estaca, palo.

2. Mostrador de bares y otros establecimientos semejantes. *Se tomó el café en la barra.*

3. Pieza de pan de forma alargada. *Compra una barra pequeña.*

barraca (ba-**rra**-ca) sustantivo femenino

1. Caseta de materiales ligeros. *Guarda las herramientas en la barraca.* **SIN.** Choza, cabaña.

2. Vivienda típica de la huerta valenciana. *La novela se situaba en una barraca valenciana.*

3. barraca de feria expresión Construcción provisional desmontable, que se destina a espectáculos, diversiones, etc., en las fiestas. *En una barraca de feria vimos a un hombre que tragaba fuego.*

barracón

(ba-rra-**cón**) sustantivo masculino

Caseta construida para diversos fines. *Construyeron barracones para alojar temporalmente a los refugiados.*

barranco

(ba-**rran**-co) sustantivo masculino

1. Hoyo profundo hecho en la tierra por las aguas de lluvia o por otros fenómenos. *Por el barranco corría un arroyo.*

2. Lugar o sitio alto, peñascoso y escarpado. *Se cayó por un barranco y se rompió una pierna.* **SIN.** Precipicio.

barrendero, barrendera

(ba-rren-**de**-ro) sustantivo

Persona cuya profesión es barrer y mantener limpias las calles. *Es barrendero en un pueblo de la sierra.*

barreño (ba-**rre**-ño) sustantivo masculino

Vasija de barro o de metal, de boca más ancha que la base. *Echa agua caliente en el barreño.*

barrer (ba-**rrer**) verbo

1. Quitar la basura y el polvo del suelo con una escoba. *Los limpiadores tenían que barrer las hojas de los árboles que habían caído en el jardín.* **SIN.** Limpiar, cepillar, arrastrar. **ANT.** Ensuciar, manchar.

2. Arrastrar algo. *El viento barrió los papeles que tenía sobre la mesa.* **SIN.** Dispersar, apartar.

3. No dejar nada de lo que había. *Los soldados barrieron cuanto encontraron a su paso.* **SIN.** Arrollar, arrasar. **ANT.** Dejar.

4. En deporte, derrotar al equipo contrario por una gran diferencia. *El Atlético de Madrid barrió al Fútbol Club Barcelona por cinco goles a cero.* **SIN.** Batir, arrollar, arrasar. **ANT.** Perder.

barrera (ba-**rre**-ra) sustantivo femenino

1. Valla de palos u otro material, o cualquier tipo de obstáculo, que corta el paso en un camino. *La barrera del paso a nivel estaba estropeada y no se podía bajar cuando pasaba el tren.* **SIN.** Muro.

2. En ciertos juegos deportivos, fila de jugadores que, uno junto a otro, se colocan delante de su meta para protegerla de un lanzamiento contrario. *El balón rebotó contra la barrera y salió del campo.*

3. Valla de madera con la que se cierra el redondel de las plazas de toros. *Los familiares del torero vieron la corrida desde la barrera.*

4. Obstáculo entre una cosa y otra. *No hablar el mismo idioma era una barrera entre ellos, que les impedía comunicarse.* **SIN.** Impedimento.

barriada (ba-**rria**-da) sustantivo femenino

Barrio o parte de un barrio que forma una unidad dentro de la población en que se encuentra. *Era una de las barriadas más afectadas por las inundaciones.*

barricada

(ba-rri-**ca**-da) sustantivo femenino

Barrera que se hace rápidamente con piedras, tablas, palos, etc., para impedir el paso del enemigo. *Los manifestantes colocaron barricadas para impedir el paso de la Policía.* **SIN.** Parapeto.

barriga (ba-**rri**-ga) sustantivo femenino

Parte del cuerpo que está entre el pecho y las piernas, que contiene diversos órganos. *El estómago y el intestino están en la barriga.* **SIN.** Panza, vientre.

barril (ba-**rril**) sustantivo masculino

Vasija grande de madera que sirve para contener líquidos. *En la bodega tenía varios barriles de vino.* **SIN.** Cuba, pipa, tonel.

barrio (ba-**rrio**) sustantivo masculino

Cada una de las partes en las que se divide un pueblo grande o ciudad, sobre todo las alejadas del centro. *En mi barrio hay un parque muy grande y un polideportivo.*

barrizal (ba-rri-**zal**) sustantivo masculino

Terreno lleno de barro o lodo. *Se cayó en un barrizal.*

barro (**ba**-rro) sustantivo masculino

1. Mezcla de tierra y agua que se forma en los caminos cuando llueve. *Como mis zapatos tenían barro, me los quité al entrar en casa para no ensuciar.* **SIN.** Lodo.

2. Masa compuesta por tierra y agua que se utiliza para hacer jarras, vasijas y otros utensilios. *Los alfareros trabajan el barro con sus manos.* **SIN.** Arcilla.

barroco, barroca

(ba-**rro**-co) adjetivo y sustantivo masculino

1. Se dice del estilo artístico que se desarrolló en Europa y América durante los siglos XVII y XVIII. *Murillo es un pintor barroco.*

2. Se dice de lo que está excesivamente cargado de adornos. *La fachada de su casa es muy barroca.*

barrote (ba-**rro**-te) sustantivo masculino

Barra gruesa y fuerte. *La ventana tenía gruesos barrotes.* **SIN.** Reja.

bártulos (**bár**-tu-los) sustantivo masculino plural

Utensilios que se manejan habitualmente para hacer una cosa o actividad. *Recoge tus bártulos de pintura.* **SIN.** Enseres.

barullo (ba-**ru**-llo) sustantivo masculino

Mezcla desordenada de cosas de varias clases o de personas alborotadas. *Había mucho barullo en la feria.* **SIN.** Confusión, ruido.

basar (ba-**sar**) verbo

Apoyar en unas ideas o hechos principales el desarrollo de un razonamiento. *Me gustaría saber en qué te basas para decir eso.* **SIN.** Fundamentar(se).

báscula (**bás**-cu-la) sustantivo femenino

Aparato que sirve para pesar. *Me pesé en la báscula y había engordado un kilo.* **SIN.** Balanza.

base (**ba**-se) sustantivo femenino

1. Parte en la que se apoya o descansa alguna cosa. *La base de la lámpara era de bronce.* **SIN.** Asiento, apoyo, cimiento, pie.

2. Las razones más importantes de una religión o teoría. *La base de la ley es la igualdad.*

3. base militar expresión Lugar donde el Ejército se prepara para luchar. *Los aliados construyeron una base militar en nuestro país.*

básico, básica (**bá**-si-co) adjetivo

Fundamental, esencial. *Nos dijo cuatro ideas básicas.* **SIN.** Primordial. **ANT.** Accesorio.

basílica (ba-**sí**-li-ca) sustantivo femenino

Iglesia importante por su antigüedad o grandeza. *Fueron a la basílica de La Virgen del Camino, en León.*

bastante (bas-**tan**-te) adverbio

Ni mucho ni poco, lo suficiente. *Hay bastante comida para todos.*

bastar (bas-**tar**) verbo

1. Ser suficiente para alguna cosa. *Con un poco de dinero, me basta para ir al cine.*

2. ¡basta! interjección Manifestación de desagrado, orden de que cese algo. *¡Basta! No sigas hablando.*

bastardo, bastarda (bas-**tar**-do) adjetivo

1. Se decía, antiguamente, del hijo nacido fuera del matrimonio. *Era hijo bastardo.*

2. sustantivo y adjetivo Persona miserable, que actúa indignamente. *Ese bastardo trató cruelmente a su madre.*

bastidor (bas-ti-**dor**) sustantivo masculino

1. Armazón de palos o listones en el que se fijan los lienzos o telas para pintar o bordar, y para otros usos. *Conservaba el viejo bastidor de la abuela.*

2. Armazón de listones o maderos sobre el cual se fija un lienzo pintado, y especialmente los que se ponen ambos lados del escenario y forman parte de la decoración teatral. *Se rompió el bastidor del decorado.*

basto, basta (**bas**-to) adjetivo

1. Se dice de aquello que no ha sido terminado con perfección o tiene un tacto rugoso. *Esta tela es muy basta. Es un diseño basto.* **SIN.** Áspero. **ANT.** Pulido.

2. Se dice de la persona sin educación ni delicadeza. *Deberías mejorar tus bastos modales.* **SIN.** Grosero, burdo, zafio. **ANT.** Educado, fino.

3. sustantivo masculino plural Uno de los cuatro palos de la baraja española, que representa una o varias figuras con leños a modo de bastones. *El triunfo es bastos.*

✎ No debe confundirse con *vasto*.

bastón (bas-**tón**) sustantivo masculino
Palo o vara que sirve para apoyarse al andar. *Se ayudaba de un bastón para caminar.*

bastoncillo
(bas-ton-**ci**-llo) sustantivo masculino
Palo pequeño de plástico con algodón en sus extremos que se usa para limpiarse los oídos. *Coge un bastoncillo para limpiar los oídos al bebé.*

basura (ba-**su**-ra) sustantivo femenino
1. Suciedad, polvo y cosas que se tiran porque no sirven para nada. *Las mondas de las frutas y hortalizas son basura.* **SIN.** Porquería, desperdicios.
2. Lugar donde se arroja, que generalmente es un cubo. *Tiramos las revistas viejas a la basura.*

basurero, basurera
(ba-su-**re**-ro) sustantivo
1. Persona que recoge la basura. *Los basureros pasan a primera hora de la mañana.*
2. sustantivo masculino Lugar donde se arroja la basura. *A las afueras de ese pueblo está ubicado el basurero municipal.* **SIN.** Vertedero.

bata (**ba**-ta) sustantivo femenino
1. Prenda de vestir larga, con mangas y abierta por delante, que se usa para estar en casa con comodidad. *Se puso el pijama y la bata.*

2. Prenda de uso exterior utilizada sobre el vestido en algunos trabajos (laboratorios, clínicas, oficinas, etc.). *Los médicos de esta clínica usan bata blanca.*

batacazo (ba-ta-**ca**-zo) sustantivo masculino
Golpe fuerte y ruidoso que da una persona al caer. *Se dio un buen batacazo al caerse de la silla.*

batalla (ba-**ta**-lla) sustantivo femenino
Lucha de un ejército contra otro en tierra o el mar. *En la batalla de Waterloo, Napoleón fue derrotado.* **SIN.** Combate. **ANT.** Paz, tregua.

batallón (ba-ta-**llón**) sustantivo masculino
1. Unidad militar compuesta de varias compañías. *Nuestro batallón fue el primero que atacó.*
2. Grupo numeroso de gente. *Vino con todo el batallón de amigos.*

batería (ba-te-**rí**-a) sustantivo femenino
1. Conjunto de instrumentos de percusión en una orquesta o grupo. *Mi amigo toca la batería.*
2. Conjunto de pilas, máquinas, etc. conectadas en serie para un mismo fin. *El coche se quedó sin batería.*
3. batería de cocina expresión Utensilios necesarios para cocinar. *Para hacer cualquier plato utiliza toda la batería de cocina.*

batidora (ba-ti-**do**-ra) sustantivo femenino
Utensilio empleado para batir huevos, claras, salsas, etc. *Trae la batidora para hacer la mahonesa.*

batir (ba-**tir**) verbo
1. Dar golpes. *Las olas batían el muro con fuerza.* **SIN.** Azotar.
2. Mover con fuerza una cosa. *La mariposa batía con fuerza sus alas. Bate los huevos para hacer una tortilla.* **SIN.** Agitar, remover.
3. Causar una derrota a los contrarios. *Batieron al equipo contrario en casa.* **SIN.** Vencer, arrollar.

4. Explorar un terreno. *Batieron el monte en busca del lobo.* **SIN.** Registrar, inspeccionar.

5. En una competición deportiva, superar un récord. *Batió su propia marca.*

batuta (ba-**tu**-ta) sustantivo femenino
Vara corta que usa el director de la orquesta para dirigir a los músicos. *El director sacó su batuta.*

baúl (ba-**úl**) sustantivo masculino
Caja grande de madera con tapa de forma ahuecada, que sirve para guardar ropa u otras cosas. *Saca las sábanas del baúl.* **SIN.** Arca, cofre.

bautismo (bau-**tis**-mo) sustantivo masculino
Sacramento del cristianismo que lava el pecado original e imprime carácter cristiano al bautizado. *Es mi padrino de bautismo.*

bautizar (bau-ti-**zar**) verbo
1. Dar el sacramento del bautismo. *El sacerdote bautizó a un niño.*
2. Poner un nombre a una persona o cosa distinto al que tiene. *Le bautizaron con el mote de «Turbito».* **SIN.** Apodar, nombrar.
✎ Se conjuga como *abrazar*.

bautizo (bau-**ti**-zo) sustantivo masculino
1. Acción de bautizar. *Estamos invitados al bautizo de mi sobrino.*
2. Fiesta posterior a la acción de bautizar. *Estamos invitados al bautizo de mi sobrino.*

baya (ba-ya) sustantivo femenino
Fruto carnoso, sin hueso y generalmente con varias semillas. *La frambuesa es una baya.*
✎ No debe confundirse con *vaya*, ni con *valla*.

bayeta (ba-**ye**-ta) sustantivo femenino
Paño para fregar o limpiar el polvo. *Limpia esta mancha con una bayeta húmeda.*

bayoneta (ba-yo-**ne**-ta) sustantivo femenino
Cuchillo que se ajusta en la boca del fusil. *Los soldados colocaron las bayonetas en sus fusiles.*

baza (ba-za) sustantivo femenino
1. En algunos juegos de cartas, número de cartas que recoge el jugador que gana la jugada. *Ha sido una buena baza.* **SIN.** Tanto.
2. no dejar meter baza expresión Hablar una persona de modo que no deje hablar a otra u otras. *Habla tanto que no deja meter baza a nadie.*

bazar (ba-**zar**) sustantivo masculino
1. Tienda en la que se venden objetos o productos muy diversos. *Entramos en un bazar y compramos unos platos como recuerdo.* **SIN.** Feria, mercado, lonja.
2. En Oriente, mercado público. *Lo compré en el bazar.* **SIN.** Zoco.

bazo (ba-zo) sustantivo masculino
Órgano blando situado en la parte izquierda del cuerpo, entre el estómago y el diafragma. *Fue operado del bazo.*

be sustantivo femenino
Nombre de la letra *b. Se escribe* eme *antes de* be.
✎ Su plural es *bes*. En algunas zonas de América, también se llaman *be alta* y *be larga*.

beato, beata (be-a-to) adjetivo y sustantivo
1. Persona que la Iglesia católica presenta como un modelo para los cristianos, sin haberla declarado aún santa. *El papa ha declarado beato a un antepasado mío.*
2. Persona que finge ser muy buena y rezar mucho. *¡Menudo beato! Mucho rezar, pero luego es un egoísta.*

bebé (be-**bé**) sustantivo masculino
Recién nacido, niño o niña de pocos meses que aún no sabe andar o empie-

EL CUERPO HUMANO

pelo

hombro

mano

codo

pie

nalga

cuello

cabeza

tronco

tripa

piernas

mano

espalda

palma de la mano

cadera

rodilla

tobillo

pie

ceja

ojos

oreja

brazo

boca

pecho

dedos de la mano

cintura

dedos del pie

rodilla

planta del pie

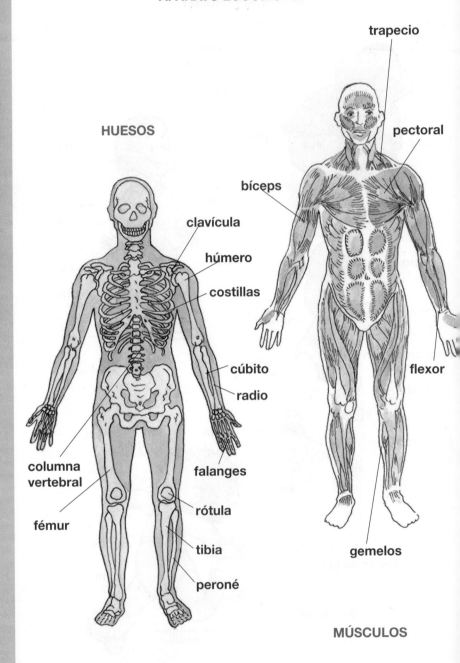

APARATO LOCOMOTOR

HUESOS

trapecio

pectoral

bíceps

clavícula

húmero

costillas

cúbito

radio

columna vertebral

falanges

flexor

fémur

rótula

tibia

peroné

gemelos

MÚSCULOS

APARATO RESPIRATORIO

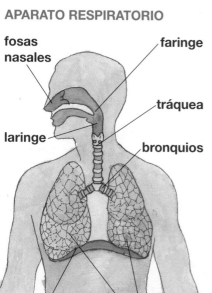

fosas nasales

faringe

tráquea

laringe

bronquios

diafragma

pulmones

APARATO DIGESTIVO

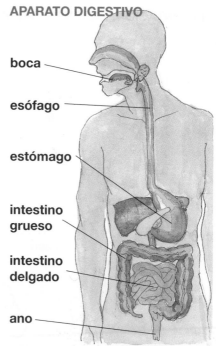

boca

esófago

estómago

intestino grueso

intestino delgado

ano

APARATO EXCRETOR

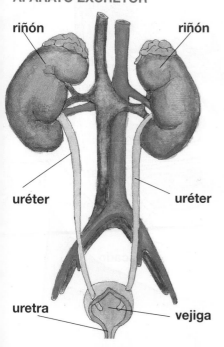

riñón

riñón

uréter

uréter

uretra

vejiga

APARATO CIRCULATORIO

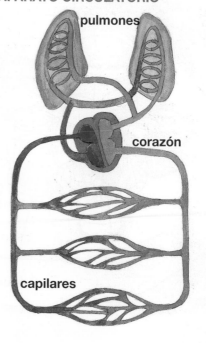

pulmones

corazón

capilares

ALIMENTACIÓN, HIGIENE Y SALUD

lámpara

toalla

cuchara

vaso

sopa

cuchillo

tenedor

ensalada

carne

pan

pescado

fruta

agua

espejo

luz

ducha

cepillo

enchufe

pasta de dientes

grifo

lavabo

bañera

champú

gel

esponja

jabón

LOS ALIMENTOS

leche

yogur

mantequilla

fruta

huevos

agua

helado

flan

queso

pan

carne

pastel

verdura

pescado

zumo

za a hacerlo. *El bebé duerme en la cuna tras tomar su biberón.*

beber (be-**ber**) verbo

1. Hacer que un líquido pase de la boca al estómago. *Suelo beber un vaso de leche para desayunar.*

2. Abusar de las bebidas alcohólicas. *Bebe demasiado, por eso se pone tan agresivo.*

bebida (be-**bi**-da) sustantivo femenino

Cualquier líquido que se bebe. *Tomamos la bebida muy fría porque teníamos mucha sed.*

beca (be-ca) sustantivo femenino

Ayuda económica que se concede a un estudiante para que pueda realizar sus estudios. *Tenía una beca para estudiar en el extranjero.*

becerro, becerra (be-**ce**-rro) sustantivo

Toro o vaca de menos de un año. *Torearon un becerro en la capea que organizamos en la finca.*

bedel, bedela (be-**del**) sustantivo

Especie de portero en las universidades y otros centros docentes, que cuida del orden, anuncia la hora de entrada y salida de las clases, etc. *El bedel del instituto nos ha regañado.*

✎ También se puede usar *la bedel* para el femenino.

begonia (be-**go**-nia) sustantivo femenino

Planta de hojas grandes en forma de corazón, de color oscuro con bordes plateados, y grandes flores rosadas. *La begonia se ha puesto preciosa.*

beicon (**bei**-con) sustantivo masculino

Carne de cerdo con grasa ahumada. *Me preparé unos huevos fritos con beicon.* **SIN.** Panceta.

beige adjetivo y sustantivo masculino

Se dice del color natural de la lana, pajizo amarillento. *Te iría bien un jersey de color beige.* **SIN.** Ocre, crema, crudo.

✎ Se puede escribir *beis*. Se pronuncia /béis/.

béisbol (**béis**-bol) sustantivo masculino

Juego entre dos equipos, en que los jugadores han de recorrer ciertos puestos de un circuito, en combinación con el lanzamiento de una pelota desde el centro del mismo. *Vimos juntos un partido de béisbol en la televisión.*

✎ También *beisbol.*

belén (be-**lén**) sustantivo masculino

Representación del nacimiento de Jesús en Belén. *Hicieron un belén viviente en la plaza mayor.*

bélico, bélica (**bé**-li-co) adjetivo

Que pertenece o se refiere a la guerra. *Estaba en contra de los juguetes bélicos.* **SIN.** Militar.

belleza (be-**lle**-za) sustantivo femenino

Propiedad de las cosas o de las personas que agradan por su hermosura. *La belleza de esa catedral es realmente fascinante.* **SIN.** Encanto, gracia. **ANT.** Fealdad.

bello, bella (be-llo) adjetivo

Que agrada cuando se mira o se oye. *Desde la ventana se ve un bello paisaje.* **SIN.** Hermoso, precioso. **ANT.** Feo, horrible.

✎ No debe confundirse con *vello.*

bellota (be-**llo**-ta) sustantivo femenino

Fruto de la encina, del roble y otros árboles parecidos. *Estos cerdos se crían con bellotas.*

bendecir (ben-de-**cir**) verbo

1. Alabar, hablar bien de una cosa o persona. *Dicen los labradores que hay que bendecir la lluvia.* **ANT.** Injuriar, insultar.

2. Pedir la protección divina para alguien o algo. *Cuando bautizaron a mi hermano, el cura le bendijo.*

✎ Verbo irregular, se conjuga como *decir.* Tiene dos participios: *bendecido* y *bendito.*

bendición (ben-di-**ción**) sustantivo femenino

1. Acción de bendecir a alguien. *Recibió toda clase de bendiciones.* **SIN.** Alabanza, glorificación. **ANT.** Ofensa, injuria.

2. Cosa muy buena y agradable. *Esta lluvia es una bendición para el campo.* **SIN.** Ayuda, fortuna, favor, protección. **ANT.** Maldición, infortunio.

bendito, bendita (ben-**di**-to) adjetivo

1. Persona especialmente buena y ejemplar. *Se comporta como un bendito.* **SIN.** Santo.

2. Que trae alegría y felicidad. *Fue una bendita casualidad.* **SIN.** Feliz, afortunado. **ANT.** Infeliz.

3. Se dice de la persona sencilla y con poca malicia. *Juan es un bendito.* **SIN.** Cándido.

beneficiar (be-ne-fi-**ciar**) verbo

1. Hacer bien a alguna persona o cosa. *Benefició a su familia en la herencia.* **SIN.** Favorecer(se), servir(se). **ANT.** Perjudicar(se).

2. beneficiarse Sacar provecho o beneficio de algo. *Se benefició de las mejoras hechas.* **SIN.** Aprovecharse.

✎ Se conjuga como *cambiar*.

beneficio (be-ne-**fi**-cio) sustantivo masculino

Bien, utilidad o ganancia que recibe una persona o cosa debido a lo que otra hace o da. *Me hiciste un gran beneficio viniendo conmigo al médico.* **SIN.** Favor, servicio. **ANT.** Perjuicio.

beneficioso, beneficiosa

(be-ne-fi-**cio**-so) adjetivo

Provechoso, útil. *La medida es beneficiosa para todos.* **SIN.** Productivo, rentable. **ANT.** Dañino.

benéfico, benéfica

(be-**né**-fi-co) adjetivo

Que pertenece o se refiere a la ayuda generosa que se presta a las personas necesitadas. *Participó en un baile benéfico.*

benigno, benigna (be-**nig**-no) adjetivo

Que es benévolo, suave o poco grave. *Tiene un tumor benigno.*

benjamín, benjamina

(ben-ja-**mín**) sustantivo

El más joven de una familia o de un grupo. *Este es el benjamín de la casa.* **ANT.** Mayor.

berberecho

(ber-be-**re**-cho) sustantivo masculino

Molusco que se cría en el norte de España, y se come crudo o guisado. *Pide una ración de berberechos.*

berenjena (be-ren-**je**-na) sustantivo femenino

Planta de huerta con fruto comestible del mismo nombre, de forma alargada y color morado. *Probé las berenjenas rellenas.*

bermellón

(ber-me-**llón**) sustantivo y adjetivo masculino

Se dice del color rojo vivo. *El bermellón es mi color favorito.*

bermudas

(ber-**mu**-das) sustantivo femenino plural

Pantalones cortos que casi llegan a la rodilla. *Se pasa el verano en bermudas.*

berrear (be-rre-**ar**) verbo

1. Dar berridos un animal. *Un becerro estaba berreando.*

2. Llorar o gritar mucho una persona. *El bebé no dejaba de berrear.* **SIN.** Chillar, vociferar.

berrido (be-**rri**-do) sustantivo masculino

1. Voz del becerro y de otros animales. *A lo lejos se oían los berridos que daba.* **SIN.** Bramido.

2. Grito fuerte de una persona, o nota alta y desafinada al cantar. *Deja de dar berridos, no es para tanto.* **SIN.** Chillido, gallo.

berrinche (be-**rrin**-che) sustantivo masculino

Enfado grande, sobre todo el de los niños. *Se llevó un berrinche cuando no le dejé ir.*

berro (**be**-rro) sustantivo masculino

Planta cuyas hojas se comen en ensalada. *Pedí ensalada de berros.*

berza (**ber**-za) sustantivo femenino

Planta de huerta que se suele comer cocida. *Preparó unas berzas con patatas.* **SIN.** Col, repollo.

besamel (be-sa-**mel**) sustantivo femenino

Salsa que se hace con manteca fresca, harina y leche tibia, y se condimenta, generalmente, con sal, pimienta y nuez moscada. *La besamel ha quedado espesa.*

besar (be-**sar**) verbo

Tocar cariñosamente con los labios. *La madre besó a su hijo al acostarlo.*

beso (**be**-so) sustantivo masculino

Roce de los labios de una persona que se hace como muestra de cariño. *Me dio un beso en la mejilla.*

bestia (**bes**-tia) sustantivo y adjetivo

1. Animal de cuatro patas, sobre todo, los de carga. *Las bestias tiraban del carro.*

2. Persona grosera e ignorante. *No seas bestia.* **SIN.** Zafio, bruto.

3. Persona que se comporta con brusquedad y violencia. *Se portó como un bestia.* **SIN.** Bárbaro.

4. Persona con mucho aguante y resistencia. *Es un bestia, puede correr durante horas.*

bestial (bes-**tial**) adjetivo

1. Que implica brutalidad o irracionalidad. *Su comportamiento fue bestial.* **SIN.** Brutal, salvaje.

2. De enorme grandeza o intensidad. *Pescó un pez bestial. Fue una excursión bestial.*

besugo (be-**su**-go) sustantivo masculino

1. Pescado de mar, de cuerpo aplanado, de carne blanca muy sabrosa. *Esta noche cenamos besugo al horno.* **SIN.** Pagel.

2. Persona torpe en comprender algo. *No me seas besugo.*

3. diálogo de besugos expresión Conversación que no tiene sentido, en la que cada persona habla de una cosa. *En la reunión de vecinos, no alcanzaron ningún acuerdo: fue un diálogo de besugos.*

betún (be-**tún**) sustantivo masculino

Crema para limpiar el calzado. *Da betún a los zapatos, están sucios.*

biberón (bi-be-**rón**) sustantivo masculino

1. Botella pequeña de cristal, con una tetina en uno de los extremos, que sirve para dar la leche a los niños. *Hierve el biberón.*

2. Leche que contiene este envase y que toma el bebé cada vez. *A las dos le toca el próximo biberón.*

Biblia (**bi**-blia) nombre propio

La Sagrada Escritura, que comprende el Antiguo y el Nuevo Testamento. *Leyó en alto un pasaje de la Biblia.*

bibliografía

(bi-blio-gra-**fí**-a) sustantivo femenino

Especie de catálogo o lista de libros sobre una determinada materia. *Estoy encontrando mucha bibliografía sobre Cervantes.* **SIN.** Índice, relación.

biblioteca (bi-blio-**te**-ca) sustantivo femenino

1. Lugar en el que hay muchos libros ordenados, que se pueden leer, consultar y pedir prestados. *Me gusta leer en la biblioteca municipal.*

2. Conjunto de estos libros. *Tiene una gran biblioteca.*

3. Armario especial para guardar libros. *Pon el libro en la biblioteca.*

bicarbonato

(bi-car-bo-**na**-to) sustantivo masculino

Sustancia que facilita la digestión de las comidas. *Tomó bicarbonato porque le sentó mal la cena.*

bicho (**bi**-cho) sustantivo masculino

1. Cualquier animal, especialmente los pequeños. *No quiere dormir en el campo porque tiene miedo a los bichos.* **SIN.** Sabandija, alimaña.

2. Persona muy inquieta y traviesa. *Esta niña es un bicho.*

3. bicho raro expresión Persona que tiene un comportamiento extraño. *Ese amigo tuyo es un bicho raro.*

bicicleta (bi-ci-**cle**-ta) sustantivo femenino

Vehículo de dos ruedas que se mueve a pedales. *Le regalaron una bicicleta de montaña.*

bicolor (bi-co-**lor**) adjetivo

De dos colores. *La bandera de España es bicolor, roja y gualda.*

bidé (bi-**dé**) sustantivo masculino

Lavabo bajo y ovalado destinado a la higiene de ciertas partes del cuerpo. *Aunque el cuarto de baño no era muy grande, tenía espacio para el bidé.* Su plural es *bidés.*

bidón (bi-**dón**) sustantivo masculino

Recipiente de hojalata, generalmente de forma cilíndrica y con cierre hermético, que sirve para transportar líquidos. *El camión iba cargado de bidones de leche.* **SIN.** Barril, lata.

bien sustantivo masculino

1. Ausencia de mal. *Hablaron sobre el bien y el mal.*

2. Cosa buena, provechosa o favorable que se hace o se recibe. *Le hice un bien.* **SIN.** Favor, don, regalo. **ANT.** Detrimento, mal, perjuicio, daño.

3. sustantivo masculino plural Riqueza y propiedades de una persona. *Es muy rico, tiene muchos bienes.*

4. adverbio De manera adecuada o conveniente. *Pórtate bien.* **SIN.** Correctamente. **ANT.** Mal.

5. adverbio Con buena salud. *No se encontraba bien y se acostó.*

6. adverbio Se usa cuando se quiere decir que sí o que se está conforme. *¿Nos acompañarás? Bien.*

7. adverbio Equivale a *muy* o *mucho. Me ducho con agua bien fría.*

8. conjunción Expresa dos alternativas. *Iré de vacaciones, bien en agosto, bien en septiembre.*

bienaventurado, bienaventurada

(bie-na-ven-tu-**ra**-do) adjetivo y sustantivo

Feliz, dichoso. *Celebraron el bienaventurado acontecimiento.*

bienestar (bie-nes-**tar**) sustantivo masculino

Vida cómoda y tranquila de la persona que se siente bien y tiene todo lo que necesita. *Desde que no se preocupa por todo, goza de gran bienestar.* **SIN.** Riqueza, comodidad. **ANT.** Pobreza, carencia, malestar, infortunio.

bienhechor, bienhechora

(bienhe-**chor**) adjetivo y sustantivo

Se dice de la persona que hace el bien a otra. *Es uno de sus bienhechores.* **SIN.** Protector, benefactor, filántropo.

bienio (**bie**-nio) sustantivo masculino

Período de dos años. *Fue elegido presidente durante un bienio.*

bienvenido, bienvenida

(bien-ve-**ni**-do) adjetivo

1. Se dice de la persona que es recibida con agrado y alegría. *Eres bienvenido en esta casa.*

2. sustantivo femenino Recibimiento y acogida que se da a alguien que acaba de llegar a un sitio. *Numerosísimo público esperaba al artista para darle la bienvenida.*

bies

al bies expresión En diagonal, oblicuamente. *Está cortado al bies.*

bifocal (bi-fo-**cal**) adjetivo

Que tiene dos focos. Se dice principalmente de las lentes de dos focos, uno para ver de cerca y otro para ver de lejos. *Se ha comprado unas gafas bifocales.*

bifurcarse (bi-fur-**car**-se) verbo
Dividirse en dos una cosa, especialmente un camino que toma dos direcciones diferentes. *El camino se bifurcó y tuvimos que elegir entre caminar hacia la derecha o hacia la izquierda.* **SIN.** Ramificarse, escindirse. **ANT.** Unirse, juntarse.

bigote (bi-**go**-te) sustantivo masculino
Pelo que nace sobre el labio superior. *Se dejó bigote y barba para no tener que afeitarse.*

bikini (bi-**ki**-ni) sustantivo masculino
Conjunto de dos prendas femeninas de baño, formado por un sujetador y una braga. *Para tomar el sol le gusta más el bikini que el bañador.*

bilingüe (bi-**lin**-güe) adjetivo
1. Se dice de la persona que habla dos lenguas. *Pedían una secretaria bilingüe que hablara español y francés.*
2. Que está escrito en dos idiomas. *Se compró un diccionario bilingüe español-inglés.*

billar (bi-**llar**) sustantivo masculino
Juego que consiste en impulsar con una vara de madera unas bolas de marfil sobre una mesa rectangular con agujeros en los bordes; su finalidad es introducir las bolas en esos agujeros o troneras. *Jugamos una partida de billar.*

billete (bi-**lle**-te) sustantivo masculino
1. Papel impreso que representa cantidades de dinero. *Me dio un billete de 20 euros.*
2. Tarjeta o papel que da derecho para entrar u ocupar asiento en alguna parte o para viajar en un tren, autobús, etc. *El revisor de tren nos pidió los billetes.* **SIN.** Bono, entrada.

3. Papel que acredita la participación en una rifa o lotería. *Nos regaló un billete de lotería.*

billetero (bi-lle-**te**-ro) sustantivo masculino
Cartera de bolsillo que sirve para llevar billetes de banco, tarjetas, etc. *Perdió el billetero con la documentación.* **SIN.** Monedero.

billón (bi-**llón**) sustantivo masculino
Un millón de millones. *Un billón se escribe 1 000 000 000 000.*

bimestre (bi-**mes**-tre) sustantivo masculino
Período de dos meses. *Pagamos los recibos cada bimestre.*

bingo (**bin**-go) sustantivo masculino
1. Juego de azar que consiste en que cada jugador tacha en un cartón los números que coinciden con los que ganan en el sorteo. *Jugamos al bingo en las fiestas.*
2. Local público en que se juega. *Nunca he estado en un bingo.*

biodegradable (bio-de-gra-**da**-ble) adjetivo
Se dice de los residuos y basuras que pueden eliminarse fácilmente de forma natural y no dañan el medioambiente. *Ese material plástico no es biodegradable.*

biografía (bio-gra-**fí**-a) sustantivo femenino
Historia de la vida de una persona. *Estoy leyendo una biografía de Julio César.* **SIN.** Vida.

biología (bio-lo-**gí**-a) sustantivo femenino
Ciencia que estudia los seres vivos. *Le encanta la biología.*

biombo (**biom**-bo) sustantivo masculino
Mampara plegable, formada por varias piezas unidas por bisagras, planas y de forma rectangular, que se mantiene en pie. *Me escondí detras del biombo.*

birlar (bir-**lar**) verbo

Quitar una cosa a alguien por medio de un engaño. *Le birlaron la cartera sin que se diera cuenta.* **SIN.** Robar, hurtar.

birria (**bi**-rria) sustantivo femenino

Cosa mal hecha, deforme o ridícula. *Ese trabajo es una birria.*

bis sustantivo masculino y adverbio

1. Repetición de una pieza musical a petición del público. *Tocó varios bises al final del concierto.*

2. Se usa para indicar repetición. *Al final del estribillo ponía bis.*

✎ Su plural es *bises*.

bisabuelo, bisabuela

(bi-sa-**bue**-lo) sustantivo

Respecto de una persona, el padre o la madre de su abuelo o de su abuela. *Mi bisabuela tenía cuatro bisnietos.*

bisagra (bi-**sa**-gra) sustantivo femenino

Conjunto de dos planchitas unidas por medio de cilindros huecos atravesados con un pasador, que permiten el giro de las cosas que se abren y cierran, como una puerta o una ventana. *Se rompió una bisagra de la ventana.* **SIN.** Gozne, articulación.

bisbisear (bis-bi-se-**ar**) verbo

Hablar en voz baja de forma que los de alrededor no puedan oírlo. *Bisbiseo porque el bebé acaba de dormirse.*

bisiesto

(bi-**sies**-to) adjetivo y sustantivo masculino

Se dice del año de 366 días, en el que el mes de febrero tiene 29. *Este año es bisiesto.*

bisílabo, bisílaba

(bi-**sí**-la-bo) adjetivo y sustantivo

Se dice de las palabras que tienen dos sílabas. *Mesa es una palabra bisílaba.*

bisnieto, bisnieta (bis-**nie**-to) sustantivo

Respecto de una persona, hijo o hija de su nieto o nieta. *Con solo setenta años, ya tenía dos bisnietos.*

bistec (bis-**tec**) sustantivo masculino

Trozo de carne de vaca o toro, generalmente lomo, asado a la parrilla o frito. *Pidió un bistec muy pasado.* **SIN.** Filete.

✎ Su plural es *bistecs*.

bisturí (bis-tu-**rí**) sustantivo masculino

Especie de cuchillo pequeño que emplean los cirujanos para cortar en las operaciones. *El cirujano pidió el bisturí a su ayudante.*

✎ Su plural es *bisturíes* o *bisturís*.

bisutería (bi-su-te-**rí**-a) sustantivo femenino

Joyería de imitación, hecha con materiales de peor calidad. *No son perlas de verdad, sino bisutería.*

bizarría (bi-za-**rrí**-a) sustantivo femenino

1. Buena presencia y garbo. *Con su bizarría, cualquier traje le queda espectacular.* **SIN.** Gallardía.

2. Valentía en las acciones. *Demostró mucha bizarría en el torneo.* **SIN.** Valor.

bizco, bizca (**biz**-co) adjetivo y sustantivo

Que tiene la mirada o el ojo torcidos. *Era un poco bizca y no se sabía dónde miraba.* **SIN.** Bisojo.

bizcocho (biz-**co**-cho) sustantivo masculino

Pastel hecho con harina, huevos y azúcar, cocido al horno. *Mi abuela prepara unos bizcochos sabrosos.*

blandir (blan-**dir**) verbo

Mover un arma u otra cosa haciéndola vibrar en el aire. *Blandía su espada.* **SIN.** Agitar, enarbolar.

blando, blanda (**blan**-do) adjetivo

1. Que se hunde fácilmente o resulta suave al tacto. *Este colchón es muy blando.* **SIN.** Esponjoso, tierno. **ANT.** Duro, firme.

2. Se dice de la persona poco enérgica o débil. *Eres muy blando con tus hijos.*

blanquear (blan-que-**ar**) verbo

Poner blanca una cosa o quitarle la suciedad. *Blanquearon las paredes. Si lo metes en lejía, blanqueará un poco.* **SIN.** Emblanquecer, lavar. **ANT.** Ennegrecer.

blasfemia (blas-**fe**-mia) sustantivo femenino
Insulto contra Dios o las cosas sagradas. *No digas blasfemias.*

bledo (**ble**-do) sustantivo masculino
Cosa que no tiene valor. *Me importa un bledo lo que digas.*

blindar (blin-**dar**) verbo
Proteger exteriormente las cosas o lugares contra el fuego, las balas, etc. *La puerta estaba blindada.* **SIN.** Acorazar, fortificar.

bloc sustantivo masculino
Conjunto de hojas de papel, para escribir o dibujar, cosidas y grapadas en forma de cuaderno y que pueden desprenderse fácilmente. *Llevó un bloc a la conferencia para tomar notas.* **SIN.** Cuaderno, libreta.

bloque (**blo**-que) sustantivo masculino
1. Trozo grande de piedra sin labrar. *El puente está hecho con bloques de granito.*
2. Edificio que comprende varias viviendas semejantes. *Antes vivíamos en ese bloque.*

bloquear (blo-que-**ar**) verbo
1. Aislar, dejar incomunicado y sin poder recibir ayuda del exterior un lugar por medios militares. *Las tropas bloquearon la ciudad.* **SIN.** Sitiar, cercar, asediar.
2. Paralizar el funcionamiento de un mecanismo o frenar el desarrollo de un proceso. *Bloquearon las negociaciones.* **SIN.** Congelar(se), detener(se), inmovilizar(se). **ANT.** Activar(se).
3. Interrumpir el paso a través de un lugar. *La nieve bloqueó la carretera.* **SIN.** Incomunicar, aislar.
4. Paralizar la capacidad de pensar o de actuar de una persona. *Cuando le*

preguntaron, se bloqueó y no supo qué contestar.

blusa (**blu**-sa) sustantivo femenino
Prenda de vestir femenina, de tela fina, que cubre la parte superior del cuerpo. *Llevaba una blusa blanca.* **SIN.** Camisa.

blusón (blu-**són**) sustantivo masculino
Blusa larga y suelta. *Se puso un blusón azul.* **SIN.** Túnica, camisola.

boa (**bo**-a) sustantivo femenino
Serpiente americana no venenosa de gran tamaño, que ahoga a su presa. *La piel de las boas es de vistosos colores.*

bobada (bo-**ba**-da) sustantivo femenino
Tontería, algo que se dice o se hace que demuestra poca inteligencia. *No digas más bobadas.* **SIN.** Necedad, majadería.

bobina (bo-**bi**-na) sustantivo femenino
Cilindro, generalmente de madera, que sirve para enrollar hilo, alambre, etc. *Trae la bobina de hilo negro para coser este botón.*
✎ No debe confundirse con *bovina*.

bobo, boba (**bo**-bo) sustantivo y adjetivo
1. Se dice de la persona con muy poca inteligencia y capacidad. *No seas tan bobo y piensa un poco las cosas.* **SIN.** Tonto, necio. **ANT.** Listo, sagaz.
2. Persona exageradamente inocente, que se cree cualquier cosa que le dicen. *Pareces boba, te estás dejando engañar.* **SIN.** Pazguato, ingenuo, simple, cándido.

boca (**bo**-ca) sustantivo femenino
1. En los seres vivos, abertura en la cara por la cual se come. *Es de mala educación hablar con la boca llena.*
2. Abertura que sirve para entrar o salir. *La boca del túnel está oscura.* **SIN.** Agujero, entrada.
3. bocabajo expresión Tendido con la cara hacia el suelo. *Tropezó y cayó bocabajo.*
✎ También *boca abajo*.

4. bocarriba expresión Tendido de espaldas. *Los bebés deben dormir bocarriba.*

✎ También *boca arriba*.

bocacalle (bo-ca-**ca**-lle) sustantivo femenino
Calle secundaria que da a otra. *Mi casa está en la cuarta bocacalle.*

bocadillo (bo-ca-**di**-llo) sustantivo masculino
1. Panecillo o trozo de pan relleno con algún alimento. *Se preparó un bocadillo de chorizo.*
2. En los tebeos, cómics, etc., espacio rodeado por una línea curva que sale de la boca de algún personaje y donde se escribe lo que este dice o piensa. *Dibújale un bocadillo al perro.*

bocado (bo-**ca**-do) sustantivo masculino
1. Porción de comida que cabe de una vez en la boca. *Mete bocados más pequeños, te vas a atragantar.* **SIN.** Trozo, mordisco.
2. Herida que se hace con los dientes. *Su hámster le metió un buen bocado.*
3. Un poco de comida. *Tomé un bocado a media mañana.* **SIN.** Refrigerio, tentempié.

bocajarro (bo-ca-**ja**-rro)
1. a bocajarro expresión Tratándose de un disparo, desde muy cerca. *El asesino disparó a bocajarro.*
2. a bocajarro expresión Algo que se dice de repente y sin delicadeza. *No tuvo tacto, se lo soltó a bocajarro.*

bocamanga
(bo-ca-**man**-ga) sustantivo femenino
Parte de la manga que está más cerca de la muñeca. *La camisa tenía una bocamanga muy ancha.*

bocanada (bo-ca-**na**-da) sustantivo femenino
1. Cantidad de líquido, aire o humo que de una vez se toma en la boca o se expulsa de ella. *Echó una bocanada de humo.* **SIN.** Boqueada.

2. Ráfaga repentina de viento. *Sentí una bocanada de aire fresco.*

bocata (bo-**ca**-ta) sustantivo masculino
Forma breve de decir *bocadillo*. *Dame un bocata de jamón.*

bocazas (bo-**ca**-za) sustantivo
Persona que habla más de lo conveniente o que dice tonterías. *Eres un bocazas, no se te puede contar nada.* **SIN.** Fanfarrón.

✎ Se usa generalmente en plural con valor de singular.

boceto (bo-**ce**-to) sustantivo masculino
1. Primera prueba que hacen los artistas antes de realizar un cuadro o una escultura, solo con los trazos generales. *Me enseñó un boceto del cuadro antes de empezar a pintarlo.* **SIN.** Esbozo, bosquejo.
2. Esquema general y provisional de un proyecto. *Nos presentó un boceto de su plan.* **SIN.** Apunte, proyecto.

bochorno (bo-**chor**-no) sustantivo masculino
1. Calor excesivo. *Hace tanto bochorno que no puedo dormir.*
2. Enrojecimiento pasajero de la cara o mal rato que se pasa por algo que ofende o avergüenza. *Sentí bochorno cuando me acusó.*

bocina (bo-**ci**-na) sustantivo femenino
Aparato que llevan los automóviles para hacer señales sonoras. *Tocó la bocina del coche.*

boda (**bo**-da) sustantivo femenino
1. Ceremonia en la que dos personas contraen matrimonio. *La boda de Víctor y Vanesa fue en junio.* **SIN.** Nupcias. **ANT.** Divorcio.
2. bodas de plata 25.º aniversario de un hecho. *Son las bodas de plata de la empresa.*
3. bodas de oro expresión 50.º aniversario de un hecho. *Celebran las bodas de oro de sus abuelos.*

bodega (bo-**de**-ga) sustantivo femenino

1. Lugar donde se guarda y cría el vino. *Bajó a la bodega para coger unas botellas de vino.*

2. Tienda en la que se vende vino y otras bebidas alcohólicas. *En ese local van a abrir una bodega.*

bodegón (bo-de-**gón**) sustantivo masculino

1. Establecimiento donde se sirven comidas. *Cenamos en un bodegón.*

2. Cuadro que representa cosas comestibles y objetos de uso en la vida normal. *Es una excelente pintora de bodegones.*

body sustantivo masculino

Palabra inglesa que se usa para nombrar a una prenda de ropa interior femenina de una sola pieza. *Llevaba puesto un* body.

✎ También *bodi*.

bofetada (bo-fe-**ta**-da) sustantivo femenino

Golpe que se da en la cara con la mano abierta. *Le dio una bofetada.* **SIN.** Cachete, sopapo.

bohemio, bohemia

(bo-**he**-mio) adjetivo y sustantivo

Se dice de la persona que tiene una forma de vivir poco organizada y distinta a la de la mayoría de la gente. *Llevaba una vida muy bohemia.*

boicot (boi-**cot**) sustantivo masculino

Presión que se ejerce sobre una persona, un grupo o un país, que consiste en no tener ninguna relación con él hasta que no cambie su forma de actuar. *La crisis del país se debía al boicot de sus vecinos.* **SIN.** Aislamiento.

✎ También *boicoteo*. Su plural es *boicots*.

bóiler (**bó**-i-ler) sustantivo masculino

Calentador de aire doméstico, alimentado con gas o electricidad. *Dentro del cuarto de baño estaba el bóiler, que no consumía mucho.* **SIN.** Aislamiento.

boina (**boi**-na) sustantivo femenino

Gorra sin visera, redonda, de lana y generalmente de una sola pieza. *Mi abuelo lleva boina.*

bol sustantivo masculino

Recipiente en forma de cuenco, semiesférico, sin asa, que se emplea para lavar frutas, preparar ensaladas, batir cremas, etc. *Bate los huevos en ese bol.*

bola (**bo**-la) sustantivo femenino

1. Cuerpo esférico hecho de cualquier material. *Los adivinos ven el futuro en su bola de cristal.* **SIN.** Pelota, esfera, globo.

2. Dicho que carece de verdad. *No le creas, te está contando bolas.* **SIN.** Mentira, embuste, trola.

bolero (bo-**le**-ro) sustantivo masculino

Tipo de composición musical y baile que se ejecuta al ritmo de esta música. *Todas las canciones de su nuevo disco son boleros.*

boletín (bo-le-**tín**) sustantivo masculino

1. Revista que informa solo sobre ciertas materias o instituciones. *Aparece en el boletín comercial.* **SIN.** Gaceta, circular.

2. Publicación que hacen ciertos organismos del Estado. *Su nombramiento salió publicado en el* Boletín Oficial del Estado *(BOE).*

3. Programa de noticias que, a determinadas horas, transmiten la radio o la televisión. *Lo oí en el boletín informativo de la noche.*

boleto (bo-**le**-to) sustantivo masculino

1. Papeleta que acredita la participación en un sorteo, lotería, etc. *No encontraba el boleto premiado.* **SIN.** Cupón.

2. Billete de teatro, tren, etc. *Vete a sacar los boletos.* **SIN.** Entrada, localidad.

bólido - bombazo

bólido (bó-li-do) sustantivo masculino

Vehículo a motor que alcanza grandes velocidades. *El bólido atravesó la meta.*

bolígrafo (bo-lí-gra-fo) sustantivo masculino

Utensilio para escribir que lleva en su interior un tubo de tinta y que termina en una pequeña bolita metálica que gira según se escribe. *Escribe con bolígrafo azul.*

bollo (bo-llo) sustantivo masculino

1. Panecillo cocido al horno que está hecho con harina, azúcar, leche, huevos, etc. *Me encantan los bollos rellenos de crema.*

2. Abolladura, señal que deja un golpe en una superficie. *Me hizo unos cuantos bollos en el coche.*

bolo (bo-lo) sustantivo masculino

1. Objeto de madera o plástico de forma alargada y con la base plana, que se usa para jugar. *Quedaba un bolo en pie.*

2. sustantivo masculino plural Juego que consiste en colocar cierto número de bolos e intentar derribarlos con una bola. *Juego a los bolos.*

bolsa (bol-sa) sustantivo femenino

1. Especie de saco que sirve para llevar o guardar alguna cosa. *Mete la ropa en la bolsa de deporte.*

2. Abultamiento de la piel debajo de los ojos. *No había dormido bien y tenía bolsas.*

3. Lugar donde se compran y venden las acciones de las empresas y otros valores comerciales. *Mi marido trabaja en la bolsa.*

bolsillo (bol-si-llo) sustantivo masculino

1. Bolsa pequeña cosida a los pantalones y vestidos, en la que se pueden guardar el dinero y otras pequeñas cosas. *Tengo un agujero en el bolsillo del pantalón.*

2. de bolsillo expresión Que tiene la forma y el tamaño adecuados para poder llevarse en el bolsillo. *Compré un libro de bolsillo.*

bolso (bol-so) sustantivo masculino

Bolsa de mano, pequeña y con una o dos asas, o correa, utilizada para llevar objetos de uso personal. *Sacó las gafas del bolso.*

bomba (bom-ba) sustantivo femenino

1. Máquina para extraer, elevar o impulsar agua u otro líquido. *Sacan el agua con una bomba.*

2. Cualquier pieza hueca llena de material explosivo. *Desactivaron la bomba.* **SIN.** Granada.

3. adverbio Muy bien, estupendamente. *Lo pasaremos bomba, ya verás.*

bombacho

(bom-ba-cho) adjetivo y sustantivo masculino

Se dice del pantalón ancho y ceñido por abajo. *Se compró unos bombachos para ir al monte.*

bombardear (bom-bar-de-ar) verbo

1. Disparar bombas desde un avión. *Bombardearon la fábrica.*

2. Hacer muchas preguntas o peticiones a alguien en un breve espacio de tiempo. *Los periodistas le bombardearon con sus preguntas.* **SIN.** Hostigar, acosar.

bombardeo

(bom-bar-de-o) sustantivo masculino

1. Lanzamiento de bombas desde un avión. *El bombardeo causó numerosas víctimas.*

2. Larga serie de preguntas o peticiones. *Soportó un bombardeo de preguntas sobre su divorcio.*

bombazo (bom-ba-zo) sustantivo masculino

1. Explosión y estallido de una bomba. *Se oyó un bombazo.*

2. Noticia inesperada y que causa sensación. *Eso será un bombazo.*

bombear (bom-be-**ar**) verbo
Elevar agua u otro líquido. *Estaban bombeando agua del pozo.*

bombero, bombera
(bom-**be**-ro) sustantivo
Operario encargado de apagar los incendios y prestar ayuda en caso de accidente. *Los bomberos consiguieron controlar el incendio.*

bombilla (bom-**bi**-lla) sustantivo femenino
Globo de cristal con un hilo adecuado en su interior que permite el paso de la electricidad, produciendo luz. *Se fundieron las bombillas y quedamos a oscuras.* **SIN.** Lámpara.

bombo (**bom**-bo) sustantivo masculino
1. Tambor muy grande que se toca únicamente con una maza. *Toca el bombo en una banda de música.*
2. Alabanza exagerada con que se elogia a alguien o se anuncia una cosa. *Le dio mucho bombo.*

bombón (bom-**bón**) sustantivo masculino
Dulce de chocolate que puede estar relleno de licor o crema. *Me regaló bombones por mi cumpleaños.* **SIN.** Chocolatina.

bombona (bom-**bo**-na) sustantivo femenino
Recipiente metálico, generalmente de forma cilíndrica, utilizado para contener gases. *Coloca la bombona de butano.*

bondad (bon-**dad**) sustantivo femenino
Cualidad que tienen las personas y las cosas buenas o que hacen el bien. *Juan es una persona de enorme bondad.* **SIN.** Benignidad. **ANT.** Maldad, perversidad.

bonito (bo-**ni**-to) sustantivo masculino
1. Pez comestible parecido al atún, pero más pequeño. *Con el bonito se pueden hacer conservas.*
2. adjetivo De aspecto hermoso y agradable. *Ese cuadro es muy bonito.*

bono (**bo**-no) sustantivo masculino
1. Vale que se puede cambiar por cosas o por dinero. *Con el bono le hacían descuento en la tienda.*
2. Tarjeta que da derecho a utilizar un servicio durante un número determinado de veces o durante cierto tiempo. *Sacó un bono para ir a la piscina todo el verano.*

bonobús (bo-no-**bús**) sustantivo masculino
Tarjeta que da derecho a realizar cierto número de viajes en autobús. *Mi abuela visita muchos lugares de la ciudad utilizando su bonobús de jubilada.*

bonometro
(bo-no-**me**-tro) sustantivo masculino
Tarjeta que da derecho a realizar cierto número de viajes en metro. *Compraré un bonometro, pues tendré que ir varias veces a su casa.*

bonsái (bon-**sái**) sustantivo masculino
Árbol de adorno, enano, sometido a una técnica de cultivo que impide su crecimiento normal cortando sus brotes y raíces. *Colecciona bonsáis.*
✎ Su plural es *bonsáis*.

boñiga (bo-**ñi**-ga) sustantivo femenino
Excremento del ganado vacuno y el semejante de otros animales. *El corral estaba lleno de boñigas.*

boquerón (bo-que-**rón**) sustantivo masculino
Pez marino comestible parecido a la sardina, pero más pequeño. *Comí boquerones fritos.*

boquete (bo-**que**-te) sustantivo masculino
Entrada estrecha de un lugar, agujero. *Había un gran boquete en la pared.* **SIN.** Orificio, brecha.

boquiabierto, boquiabierta
(bo-quia-**bier**-to) adjetivo
Que está embobado mirando algo, con la boca abierta. *Se quedó boquiabierto al abrir el regalo.*

boquilla (bo-**qui**-lla) sustantivo femenino

1. Pieza por donde se sopla en ciertos instrumentos musicales. *Limpia la boquilla de la trompeta.*

2. Tubo pequeño en cuyo extremo se introduce el cigarrillo. *Mi hermana fuma siempre con boquilla.*

borda (**bor**-da) sustantivo femenino

Parte superior del costado de un barco. *Se asomó por la borda.*

bordado, bordada (bor-**da**-do) adjetivo

1. Perfecto, acabado. *El trabajo le quedó bordado, no le faltaba detalle.*

2. sustantivo masculino Dibujo en relieve hecho con aguja e hilo. *El bordado de la colcha representa unas flores.*

borde (**bor**-de) sustantivo masculino

1. Extremo u orilla de alguna cosa. *El borde de una acera se llama bordillo.* **SIN.** Margen, límite.

2. adjetivo Arisco, de mal carácter. *Has sido un poco borde con él.*

bordear (bor-de-**ar**) verbo

Andar por la orilla o borde. *Bordeamos el río.* **SIN.** Orillar.

bordillo (bor-**di**-llo) sustantivo masculino

Borde de una acera. *Se cayó y se dio contra el bordillo.*

bordo (**bor**-do)

a bordo expresión Dentro de un barco o avión. *No quisieron subir a bordo.*

boreal (bo-re-**al**) adjetivo

Que pertenece o se refiere al Polo Norte. *Aurora boreal.*

borrachera (bo-rra-**che**-ra) sustantivo femenino

Estado después de beber demasiada bebida alcohólica. *Se puso a beber vino y al final cogió una buena borrachera.* **SIN.** Embriaguez, ebriedad, moña. **ANT.** Sobriedad, abstinencia.

borracho, borracha

(bo-**rra**-cho) adjetivo y sustantivo

1. Persona que ha bebido demasiado alcohol. *No deberías beber tanto; borracho, te pones insoportable.* **SIN.** Beodo, bebido, ebrio. **ANT.** Sereno.

2. Se dice del pastel, bizcocho, etc., empapado en vino, almíbar, etc. *Nos hizo unos pasteles borrachos.*

borrador (bo-rra-**dor**) sustantivo masculino

1. Escrito o redacción en el que se pueden añadir, quitar o corregir cosas, ya que no es definitivo. *Tengo que corregir el borrador del trabajo antes de pasarlo a limpio.*

2. Utensilio que se usa para borrar lo escrito con tiza en una pizarra. *Me manché con el borrador.*

borrar (bo-**rrar**) verbo

1. Hacer desaparecer lo escrito o dibujado con tinta, lápiz, etc. *Borró las últimas palabras porque no le gustaban.*

2. Abandonar alguien una actividad o lista en la que estaba apuntado. *Borró a María del equipo de baloncesto.*

borrasca (bo-**rras**-ca) sustantivo femenino

Tempestad fuerte, causada por el ímpetu y violencia del viento. *La borrasca destrozó el muelle.*

borrego, borrega

(bo-**rre**-go) sustantivo y adjetivo

1. Cordero o cordera de uno a dos años. *En la granja estaban criando varios borregos.*

2. Persona de poca personalidad e ignorante. *Pareces un borrego, todo el día viendo la tele.*

borrico (bo-**rri**-co) sustantivo masculino y adjetivo

1. Burro, asno. *Colocó el saco encima del borrico.* **SIN.** Pollino.

2. adjetivo y sustantivo Persona muy necia. *No seas borrico y piensa un poco.*

borrón (bo-**rrón**) sustantivo masculino

1. Mancha de tinta que se hace en el papel. *La hoja tenía un borrón.*

2. Imperfección que desluce o afea algo. *Ese suspenso es un borrón en sus notas.*

borroso, borrosa (bo-**rro**-SO) adjetivo
Se dice de lo que no se percibe con claridad. *Lo veía todo muy borroso.* **ANT.** Claro.

bosque (**bos**-que) sustantivo masculino
Sitio donde hay muchos árboles y plantas. *Un pinar es un bosque de pinos.*

bostezar (bos-te-**zar**) verbo
Abrir la boca sin querer por el hambre, el sueño o el cansancio. *Bostezó y se quedó dormido.*
✎ Se conjuga como *abrazar*.

bota (**bo**-ta) sustantivo femenino
Calzado que cubre la parte superior del pie y parte de la pierna. *Me puse las botas de agua.*

botánica (bo-**tá**-ni-ca) sustantivo femenino
Ciencia que estudia las plantas. *Me gustaría saber más de botánica.*

botar (bo-**tar**) verbo
1. Salir despedida una cosa después de chocar contra el suelo, una pared u otra superficie. *El balón botó contra el suelo.*
2. Saltar una persona o animal. *Está botando como un loco.*

bote (**bo**-te) sustantivo masculino
1. Salto desde el suelo o al chocar con él que da una persona, animal o cosa cualquiera. *Se asustó y pegó un bote.*
2. Recipiente cilíndrico, generalmente de pequeño tamaño, que muchas veces sirve de envase de alimentos en conserva. *Compra un bote de pimientos.* **SIN.** Lata.
3. Barca pequeña con remos y sin techo que la cubra. *Salió a pescar en su bote.* **SIN.** Lancha.

botella (bo-te-lla) sustantivo femenino
Vasija con el cuello estrecho que sirve para contener líquidos. *Saca la botella de vino.*

botijo (bo-**ti**-jo) sustantivo masculino
Vasija de barro, con un asa en la parte superior, que se usa para mantener fresca el agua. Tiene una boca para llenarlo de agua y un saliente para beber. *Se puso a beber por el botijo y se mojó.*

botín (bo-**tín**) sustantivo masculino
1. Calzado que cubre la parte superior del pie y parte de la pierna. *Estrené los botines de ante.*
2. Dinero u otros bienes que se obtienen de un robo, estafa, guerra, etc. *Los atracadores consiguieron un buen botín.*

botiquín (bo-ti-**quín**) sustantivo masculino
Mueble, caja o maletín para guardar medicinas e instrumental de primeros auxilios. *El frasco de alcohol está en el botiquín.*

botón (bo-**tón**) sustantivo masculino
1. Pieza pequeña y de distintas formas que sirve para abrochar o adornar una prenda de vestir. *Perdí un botón de la chaqueta.*
2. Pieza que, cuando se oprime, regula el funcionamiento de un mecanismo. *Si aprietas ese botón, vendrá el ascensor.* **SIN.** Llamador.

botones (bo-**to**-nes) sustantivo
Persona que en los hoteles y otros establecimientos hace los recados o encargos. *El botones recogió el correo.*
✎ Es igual en plural y en singular.

bóveda (**bó**-ve-da) sustantivo femenino
Techo semicircular que cubre el espacio comprendido entre dos muros o pilares. *Por culpa de un rayo se cayó la bóveda de la ermita.*

bovino, bovina
(bo-**vi**-no) adjetivo y sustantivo masculino
Se dice de todo mamífero rumiante, de cuerpo grande y robusto, cuernos lisos, hocico ancho y cola larga. *Los bovinos son animales domesticables.*

boxeador (bo-xe-a-**dor**) sustantivo masculino
Persona que se dedica al boxeo. *Fue un famoso boxeador.*

boxeo (bo-**xe**-o) sustantivo masculino

Deporte que consiste en la lucha de dos boxeadores con las manos cubiertas por guantes especiales, de acuerdo con unas reglas determinadas. *Vimos un combate de boxeo.*

bóxer (**bó**-xer) sustantivo masculino

Prenda interior masculina, holgada, que va desde la cintura hasta la mitad del muslo. *Los calzones tipo bóxer están muy bien para deportes activos, como correr o marcha.*

✎ Se pronuncia /bókser/.

boya (**bo**-ya) sustantivo femenino

Objeto que flota, sujeto al fondo del mar, de un lago, etc., para funcionar como señal indicadora de peligro. *Estaban delimitando la zona con boyas.*

bozal (bo-**zal**) sustantivo masculino

Aparato que se pone en la boca a algunos animales para que no muerdan. *Cuando saca el perro a pasear, siempre le pone el bozal.*

braga (**bra**-ga) sustantivo femenino

Prenda interior que usan las mujeres y los niños pequeños. Cubre desde la cintura hasta el comienzo de las piernas, con aberturas para el paso de estas. *Ponle la braguita a la niña.*

bragueta

(bra-**gue**-ta) sustantivo femenino

Abertura delantera del pantalón. *Se me ha descosido la bragueta.*

bramar (bra-**mar**) verbo

1. Dar ciertos gritos los animales. *Las vacas bramaban en el establo.* **SIN.** Mugir, bufar, gruñir.

2. Protestar o quejarse a gritos. *Se puso a bramar como un loco.*

branquia (**bran**-quia) sustantivo femenino

Órgano respiratorio de muchos animales acuáticos. *Los peces tienen branquias.* **SIN.** Agalla.

brasa (**bra**-sa) sustantivo femenino

1. Leña o carbón encendido e incandescente. *Quedaban aún más brasas en la lumbre.* **SIN.** Ascua.

2. a la brasa expresión Cocinado directamente al fuego o en una parrilla. *Preparé carne a la brasa.*

brasero (bra-**se**-ro) sustantivo masculino

Pieza metálica, honda y circular, para poner lumbre. *Hay braseros que funcionan con energía eléctrica.* **SIN.** Estufa, estufilla.

bravo, brava (**bra**-vo) adjetivo

1. Se dice de la persona que actúa con valentía. *Es muy brava, no le teme a nada.* **SIN.** Valiente, intrépido. **ANT.** Cobarde, gallina.

2. Animal fiero o feroz. *Se dedicaba a la cría de toros bravos.* **ANT.** Manso.

3. ¡bravo! interjección Exclamación que se emplea para expresar aplauso, complacencia. *¡Bravo! ¡Gran actuación!*

braza (**bra**-za) sustantivo femenino

Estilo de natación que consiste en nadar bocabajo moviendo simultáneamente los brazos de delante atrás, a la vez que se estiran y encogen las piernas. *Ganó el primer puesto en braza.*

brazada (bra-**za**-da) sustantivo femenino

1. Porción de algo que se abarca con los brazos. *Traía una brazada de hierba.*

2. Movimiento del brazo para avanzar dentro del agua. *Con pocas brazadas atravesó el río.*

brazalete (bra-za-**le**-te) sustantivo masculino

Aro de adorno que se lleva en el brazo, un poco más arriba de la muñeca. *Llevaba un brazalete de plata.* **SIN.** Pulsera, esclava.

brazo (**bra**-zo) sustantivo masculino

1. Cada uno de los dos miembros del cuerpo, que comprende desde el hombro a la extremidad de la mano. *Levantó el brazo para saludar.* **SIN.** Extremidad.

2. Cada una de las partes largas y estrechas de los sillones donde se pueden apoyar los brazos. *Los brazos del sillón son muy cómodos.*

brecha (bre-cha) sustantivo femenino
1. Cualquier abertura hecha en una pared. *Aquel edificio estaba lleno de brechas.* **SIN.** Grieta, raja.
2. Herida, especialmente en la cabeza. *Le curaron la brecha.*

breve (bre-ve) adjetivo
De corta extensión o duración. *El examen fue muy breve.* **SIN.** Corto, reducido. **ANT.** Largo.

bribón, bribona (bri-bón) adjetivo y sustantivo
Se dice de la persona holgazana o que no actúa correctamente. *Está hecho un bribón y no hace nada de provecho.* **SIN.** Vago pícaro, pillo. **ANT.** Trabajador, honrado, digno.

bricolaje (bri-co-la-je) sustantivo masculino
Conjunto de actividades de carpintería, electricidad, fontanería, etc. que una persona realiza en su propia vivienda, sin necesidad de acudir a un profesional. *En su tiempo libre, se dedicaba al bricolaje.*
✎ *Bricolage* es incorrecto.

brida (bri-da) sustantivo femenino
Conjunto de correas que lleva el caballo en la cabeza. *Ponle la brida al caballo.* **SIN.** Rienda.

brigada (bri-ga-da) sustantivo femenino
Grupo de personas que va a socorrer a alguien. *Acudió la brigada contra incendios.*

brillantina (bri-llan-ti-na) sustantivo femenino
Cosmético para dar brillo al cabello. *Se echó brillantina en el pelo.*

brillar (bri-llar) verbo
1. Resplandecer, despedir rayos de luz. *La luz de la luna hacía brillar el agua.* **SIN.** Refulgir, relucir.
2. Sobresalir en belleza, talento, etc. *Cuando estuvo en la universidad, brilló*

por sus notas. **SIN.** Destacar, descollar, señalarse.

brillo (bri-llo) sustantivo masculino
1. Reflejo luminoso que despiden algunas cosas. *El diamante tiene mucho brillo.* **SIN.** Centelleo, fulgor, resplandor. **ANT.** Oscuridad, opacidad.
2. Lucimiento, gloria. *Era una novelista de mucho brillo.* **SIN.** Fama, notoriedad. **ANT.** Anonimato.

brinco (brin-co) sustantivo masculino
Movimiento que se hace impulsando el cuerpo hacia arriba y levantando los pies del suelo con ligereza. *Se asustó cuando aparecí de repente y pegó un brinco.* **SIN.** Salto, bote, pirueta.

brindar (brin-dar) verbo
1. Desear algo bueno al mismo tiempo que se levanta una copa. *Brindo porque volvamos a vernos.*
2. Dedicar u ofrecer un logro personal a alguien. *Brindó la victoria del partido a su madre.*
3. brindarse Ofrecerse alguien para hacer un trabajo o favor. *Mi amigo se brindó a prestarme dinero.* **SIN.** Prestarse. **ANT.** Negarse.

brindis (brin-dis) sustantivo masculino
1. Acción de brindar. *Propusimos un brindis por su éxito.*
2. Lo que se dice al brindar. *Se puso un poco pesado con el brindis.*
✎ Es igual en plural y en singular.

brío (brí-o) sustantivo masculino
1. Fuerza grande para hacer algo. *Aquel caballo tenía mucho brío y saltaba muy bien.* **SIN.** Poder, fortaleza, arranque, potencia. **ANT.** Debilidad, endeblez.
2. Cualidad que mueve a llevar adelante cualquier acción. *Luchaba por conseguirlo con mucho brío.* **SIN.** Valor, ánimo, decisión, resolución. **ANT.** Decaimiento, desaliento, cansancio.

brisa (**bri**-sa) sustantivo femenino

Aire suave que en las costas viene del mar durante el día y de la tierra durante la noche. *Soplaba brisa.*

brocado (bro-**ca**-do) sustantivo masculino

Tela de seda entretejida con oro o plata. *El vestido llevaba bonitos brocados como adorno.*

brocha (bro-cha) sustantivo femenino

Escobilla de cerda atada al extremo de un mango, que sirve para pintar. *Compra una brocha estrecha para pintar la ventana.*

broche (bro-che) sustantivo masculino

Conjunto de dos piezas de metal u otra materia, una de las cuales se encaja o engancha en la otra. *Se me estropeó el broche del bolso.* **SIN.** Cierre, hebilla.

broma (bro-ma) sustantivo femenino

Lo que hace o dice alguien para engañar sin mala intención o para reírse. *Su hermano le despertó una hora antes para gastarle una broma.* **SIN.** Cachondeo, guasa.

bromear (bro-me-**ar**) verbo

Gastar bromas o decir chistes. *Le gusta bromear con los demás.* **SIN.** Divertirse, burlarse.

bronca (bron-ca) sustantivo femenino

Riña o disputa entre varias personas, o regañina dura. *Cuando pasamos, había bronca en la calle.* **SIN.** Trifulca, pelotera.

bronce (bron-ce) sustantivo masculino

Metal de color amarillo rojizo que resulta de la mezcla del cobre con el estaño. *Le dedicaron un busto de bronce.*

bronceador

(bron-ce-a-**dor**) sustantivo masculino

Producto cosmético que sirve para ponerse moreno. *Utiliza un bronceador para estar morena.*

broncear (bron-ce-**ar**) verbo

1. Dar a algo color de bronce. *Broncearon el jarrón.*

2. broncearse Tomar color moreno la piel debido a la acción del sol. *Les encantaba broncearse en la playa.* **SIN.** Dorarse.

bronquio (**bron**-quio) sustantivo masculino

Cada uno de los dos tubos en que se divide la tráquea al llegar a los pulmones. *El tabaco es perjudicial para los bronquios.*

brotar (bro-tar) verbo

1. Empezar a manifestarse alguna cosa. *Ya brotaban las primeras protestas.* **SIN.** Emerger.

2. Comenzar a salir agua de un manantial o pozo. *El agua brota detrás de esa roca.* **SIN.** Manar.

3. Echar nuevas hojas o brotes las plantas. *En primavera brotan las hojas de los árboles.*

brujo, bruja (bru-jo) sustantivo

Persona que dice saber el futuro o poder hacer cosas extraordinarias. *Los habitantes del lugar decían que era brujo.* **SIN.** Mago.

brújula (**brú**-ju-la) sustantivo femenino

Instrumento formado por una aguja con imán que marca los puntos cardinales Norte y Sur. *Lleva la brújula al monte para orientarse.*

bruma (bru-ma) sustantivo femenino

Niebla, especialmente la que se forma sobre el mar. *El barco apenas podía navegar entre la bruma.* **SIN.** Neblina. **ANT.** Claridad.

brusco, brusca (brus-co) adjetivo

1. Sin afabilidad o suavidad. *Tu comportamiento ha sido brusco.* **SIN.** Descortés, grosero, violento.

2. Que ocurre impensada y rápidamente. *Cambio brusco.* **SIN.** Súbito, imprevisto, repentino.

brutal (bru-**tal**) adjetivo
Grande, enorme o exagerado en su tamaño, calidad o cualidad. *Fue una impresión brutal.* **SIN.** Bestial, colosal, estupendo.

bruto, bruta (bru-to) adjetivo
1. Que obra sin pensar o que es corto de inteligencia. *Es un poco bruto.* **SIN.** Tonto. **ANT.** Listo.
2. Que tiene modales poco finos. *No deberías ser tan bruta.* **SIN.** Grosero. **ANT.** Educado.

bucal (bu-**cal**) adjetivo
Que se refiere a la boca. *Tenía una infección bucal.* **SIN.** Oral.

bucear (bu-ce-**ar**) verbo
Nadar bajo el agua. *Le gusta bucear en el mar.* **SIN.** Sumergirse.

bucle (**bu**-cle) sustantivo masculino
Rizo del cabello en forma de hélice. *Sobre la frente le caía un gracioso bucle.* **SIN.** Tirabuzón.

budismo (bu-**dis**-mo) sustantivo masculino
Doctrina religiosa y filosófica fundada en la India por Buda en el siglo VI antes de Cristo. *El budismo se ha extendido por todo el mundo.*

buen adjetivo
Forma breve de decir *bueno.* Se usa delante de un sustantivo masculino singular o un verbo en infinitivo. *Tenemos buen tiempo. Le gusta el buen comer.*

buenaventura
(bue-na-ven-**tu**-ra) sustantivo femenino
Adivinación que hacen las gitanas de la suerte de las personas, leyendo las líneas de la palma de la mano. *Una gitana nos echó la buenaventura.* **SIN.** Predicción.

bueno, buena (**bue**-no) adjetivo
1. Se dice de la persona que hace cosas buenas. *Mi hermana es muy buena, siempre cuida de mi abuela.* **SIN.** Bondadoso. **ANT.** Malo.

2. Se aplica a lo que conviene o es útil, y a lo que no está deteriorado y puede servir. *El perro es bueno para guiar a los ciegos.* **SIN.** Provechoso, utilizable, aprovechable. **ANT.** Inútil, inservible.
3. Que no padece enfermedad. *Ya está bueno.* **SIN.** Fuerte, robusto, sano. **ANT.** Enfermo, malo.
✎ Tiene dos formas para los superlativos: *buenísimo* y *bonísimo.*

buey sustantivo masculino
Toro castrado o capado. *Dos bueyes tiraban de un carro.*
✎ Su plural es *bueyes.*

búfalo (**bú**-fa-lo) sustantivo masculino
Animal salvaje parecido al toro, que tiene los cuernos vueltos hacia atrás. *Unos búfalos corrían por la llanura.*

bufanda (bu-**fan**-da) sustantivo femenino
Prenda con que se abriga el cuello y la parte inferior de la boca. *Ponte la bufanda nueva.*

bufar (bu-**far**) verbo
1. Dar soplidos con ira y furor los animales. *El toro salió bufando.* **SIN.** Bramar, gruñir, resoplar.
2. Manifestar una persona su enojo. *Se puso a bufar.* **SIN.** Refunfuñar, rezongar, gruñir.

bufé (bu-**fé**) sustantivo masculino
Comida en la que todos los alimentos y bebidas se disponen a la vez en la mesa, para que los asistentes puedan escoger lo que prefieran. *En el hotel daban un desayuno de tipo bufé.*
✎ Su plural es *bufés.*

bufete (bu-**fe**-te) sustantivo masculino
Despacho de un abogado. *Abrió un bufete.* **SIN.** Oficina, estudio.

bufido (bu-**fi**-do) sustantivo masculino
1. Voz del animal que bufa. *El toro dio un bufido.* **SIN.** Resoplido.
2. Expresión de enojo o enfado. *Llegó dando bufidos.*

bufón, bufona (bu-**fón**) sustantivo

Payaso, especialmente en la Edad Media, que se dedicaba a hacer reír. *Era bufón de la corte.*

buhardilla (buhar-**di**-lla) sustantivo femenino

Habitación con el techo en forma descendente, situada justo debajo del tejado de la casa. *Tenía el desván en la buhardilla.* **SIN.** Ático, desván. **ANT.** Sótano.

búho (**bú**-ho) sustantivo masculino

Ave nocturna de vuelo silencioso, color rojo y negro, ojos grandes y pico curvo. *Los búhos tienen una vista muy aguda.*

buitre (**bui**-tre) sustantivo masculino

1. Ave de gran tamaño que se alimenta de carne muerta y vive en grupo. *Unos buitres estaban comiendo una oveja muerta.*

2. Persona que se aprovecha de la desgracia o de la buena fe de otra. *Es un buitre: se aprovechó de la necesidad de su amigo para comprarle la casa muy barata.*

bulbo (**bul**-bo) sustantivo masculino

Tallo que crece debajo de tierra de algunas plantas. *En el bulbo se almacena el alimento.*

bulevar (bu-le-**var**) sustantivo masculino

Paseo público o calle ancha y con árboles, dispuestos generalmente a lo largo de un andén central. *Dimos un paseo por los bulevares de París.* **SIN.** Avenida.

✎ Su plural es *bulevares.*

bulimia (bu-**li**-mia) sustantivo femenino

Enfermedad nerviosa que produce gran deseo de comer, sin sentir hambre. Después, el enfermo siente culpa por haber comido demasiado, por lo que se provoca el vómito. *Tuvo bulimia cuando se quedó viuda.*

bulla (**bu**-lla) sustantivo femenino

Griterío o ruido que hace una o más personas. *Los niños armaron mucha bulla.* **SIN.** Alboroto, bullicio, jaleo. **ANT.** Calma, quietud.

bullicio (bu-**lli**-cio) sustantivo masculino

Ruido y rumor que causa mucha gente reunida. *Había gran bullicio.* **SIN.** Bulla, alboroto, jaleo, jarana. **ANT.** Calma, tranquilidad, silencio, quietud.

bullir (bu-**llir**) verbo

1. Hervir el agua u otro líquido. *El agua del puchero empezaba a bullir.* **SIN.** Borbotar, borbotear.

2. Moverse o agitarse una persona con viveza excesiva u ocuparse en muchas cosas. *Los niños bullían ante la llegada de las vacaciones.* **SIN.** Agitarse, pulular.

✎ Verbo irregular, se conjuga como *mullir.*

bulto (**bul**-to) sustantivo masculino

1. Hinchazón producida por un grano o una infección. *Le salió un bulto en la cara.*

2. Paquete grande donde transportan las cosas. *Llevaba tantos bultos que no cabían en el maletero del taxi.* **SIN.** Caja, fardo.

buñuelo (bu-**ñue**-lo) sustantivo masculino

Dulce hecho con masa de harina batida y frita en aceite. *Estaba haciendo buñuelos.*

buque (bu-**que**) sustantivo masculino

Barco con cubierta. *La Armada española tiene varios buques.*

burbuja (bur-**bu**-ja) sustantivo femenino

Esfera de aire u otro gas que sale a la superficie de los líquidos. *Hizo burbujas de jabón.* **SIN.** Pompa.

burdo, burda (bur-do) adjetivo

1. Poco trabajado o mal rematado. *Era una tela muy burda.* **SIN.** Tosco, basto. **ANT.** Pulido.

2. Se dice de la persona que carece de cultura y delicadeza. *No seas burdo.* **SIN.** Basto, grosero, ordinario. **ANT.** Culto, refinado.

burgués, burguesa

(bur-**gués**) sustantivo

Persona de la clase media adinerada. *Vive como un burgués.* **SIN.** Acomodado, pudiente, rico. **ANT.** Proletario, obrero.

burguesía

(bur-gue-**sí**-a) sustantivo femenino

Conjunto de personas pertenecientes a una clase poderosa y adinerada. *La burguesía apareció en la Edad Media.*

buril (bu-**ril**) sustantivo masculino

Instrumento de acero que se utiliza para abrir y hacer líneas en los metales. *El grabador era muy hábil con el buril.* **SIN.** Cincel, punzón.

burla (**bur**-la) sustantivo femenino

Acción o palabras con las que se procura poner en ridículo a personas o cosas. *Le hizo burla delante de todos.* **SIN.** Mofa, pitorreo, rechifla, sarcasmo.

burlarse (bur-**lar**-se) verbo

Reírse de alguien o algo. *Mis amigos se burlaron de mi nuevo peinado.* **SIN.** Mofarse, tomar el pelo. **ANT.** Respetar, tolerar.

burlón, burlona

(bur-**lón**) adjetivo y sustantivo

1. Inclinado a decir burlas o a hacerlas. *Es una persona muy burlona.* **SIN.** Guasón, bromista.
2. Que implica o denota burla. *Lo dijo en un tono burlón.*

burro, burra (**bu**-rro) sustantivo

1. Animal de cuatro patas que se utiliza como bestia de carga. *Cargó el saco en el lomo del burro.* **SIN.** Asno, pollino, jumento.
2. Persona poco inteligente. *No me seas burro.* **SIN.** Torpe, necio, ignorante. **ANT.** Listo, águila.

bus sustantivo masculino

Forma breve para la palabra *autobús*. *Estoy esperando el bus.*

buscar (bus-**car**) verbo

Intentar encontrar personas o cosas. *Estoy buscando una palabra en el diccionario.* **SIN.** Indagar, inquirir, investigar, perseguir. **ANT.** Abandonar, desistir.

✎ Se conjuga como *abarcar*.

busto (**bus**-to) sustantivo masculino

1. Escultura o pintura que reproduce la parte superior del cuerpo humano. *En el jardín hay un busto de Antonio Machado.*
2. Parte superior del cuerpo humano. *Ese vestido realza mucho el busto de la mujer.* **SIN.** Pecho.

butaca (bu-**ta**-ca) sustantivo femenino

1. Asiento más cómodo que la silla, con brazos y respaldo echado hacia atrás. *Se sentó en una butaca.* **SIN.** Sillón, butacón.
2. Asiento de cine o de teatro. *Se sentaron en butacas contiguas.*

butano (bu-**ta**-no) sustantivo masculino

Gas que se usa como combustible en las casas y las fábricas. *Tiene cocina de butano.*

butifarra (bu-ti-**fa**-rra) sustantivo femenino

Embutido de carne de cerdo, a la que se añaden distintos condimentos, típico de Cataluña. *Nunca he probado la butifarra.*

buzo (**bu**-zo) sustantivo masculino

Persona que trabaja sumergida en el agua. *El buzo se puso la escafandra y se sumergió en las profundidades.*

buzón (bu-**zón**) sustantivo masculino

Abertura por donde se echan las cartas para enviarlas por correo postal y caja donde caen. *No te olvides de echar la carta al buzón.*

c sustantivo femenino

1. Tercera letra del abecedario español y segunda de sus consonantes. Su nombre es *ce*. Seguida de *-e* o *-i* (*ce*, *ci*) suena como la *z*, y en los demás casos (*ca*, *co*, *cu*), como la *k*.

2. Letra numeral romana que expresa el valor del número cien.

cabalgar (ca-bal-**gar**) verbo

Andar o montar a caballo. *Pasé la tarde cabalgando por el bosque.*

✎ Se conjuga como *ahogar*.

cabalgata (ca-bal-**ga**-ta) sustantivo femenino

Desfile de carrozas, bailarines, jinetes, etc. *Salimos a ver la cabalgata de los Reyes Magos.*

caballa (ca-**ba**-lla) sustantivo femenino

Pez comestible de carne roja. *No le gusta nada comer caballa.*

caballería

(ca-ba-lle-**rí**-a) sustantivo femenino

1. Animal que sirve para montar en él y cabalgar. *Las caballerías iban cargadas con sacos.* **SIN.** Cabalgadura, montura.

2. Soldados que luchan a caballo. *Luego entró en combate la caballería.*

caballeriza

(ca-ba-lle-**ri**-za) sustantivo femenino

Establo donde se guardan los caballos y bestias de carga. *Durmió en la caballeriza por si la yegua paría.* **SIN.** Cuadra, establo.

caballero (ca-ba-**lle**-ro) sustantivo masculino

1. Hombre que pertenece a la nobleza. *Le nombraron caballero.* **SIN.** Aristócrata. **ANT.** Plebeyo.

2. Hombre que trata con especial galantería a las mujeres. *Cedió su sitio a esa señora mayor porque es un auténtico caballero.*

3. Forma cortés de llamar a los hombres. *Por favor, caballero, ¿me deja pasar?* **SIN.** Señor.

caballete (ca-ba-**lle**-te) sustantivo masculino

Especie de soporte con tres patas, sobre el que los pintores colocan el cuadro que están pintando. *Le regalaron un caballete.*

caballo (ca-**ba**-llo) sustantivo masculino

1. Animal mamífero doméstico de cuatro patas que sirve para el transporte y para las tareas de campo. *Le gusta montar a caballo.* **SIN.** Potro.

2. Pieza de ajedrez, única que salta sobre las demás. *Movió el caballo y le comió un peón.*

3. Carta de la baraja que representa un caballo con su jinete. *Tira el caballo de copas.*

4. a caballo expresión Montado en una caballería o sobre otra persona. *Llevó al niño a la cama a caballo.*

5. caballo de vapor expresión Unidad para medir la potencia de una máquina. *Tiene 110 caballos de vapor.*

cabaña (ca-**ba**-ña) sustantivo femenino
Casa pequeña y rústica, construida con palos o maderos. *Nos refugiamos en la cabaña de unos pastores.* **SIN.** Choza, chamizo.

cabecear (ca-be-ce-**ar**) verbo
Dejar caer la cabeza hacia el pecho una persona que se está durmiendo. *Tuvo que dejar de leer porque cabeceaba de sueño.*

cabecera (ca-be-**ce**-ra) sustantivo femenino
1. Parte superior de la cama donde se pone la almohada. *Dio tantas vueltas que amaneció con los pies en la cabecera.*
2. Sitio de honor en un lugar o acto. *El rey se sentó en la cabecera de la mesa.* **SIN.** Presidencia.
3. Adorno que se coloca en la parte superior de una página de un libro, periódico, etc. *El título del capítulo va en la cabecera.*

cabecilla (ca-be-**ci**-lla) sustantivo
Persona que manda en un grupo. *La Policía detuvo al cabecilla de la banda.* **SIN.** Caudillo, líder.

cabellera (ca-be-**lle**-ra) sustantivo femenino
El pelo de la cabeza, sobre todo el que cae sobre la espalda. *Tenía una hermosa cabellera negra.* **SIN.** Melena.

cabello (ca-be-llo) sustantivo masculino
1. Pelo de la cabeza de una persona o conjunto de todos ellos. *Me arranqué un cabello sin querer.*
2. cabello de ángel expresión Dulce hecho de calabaza en almíbar. *Tomó un pastel relleno de cabello de ángel.*

caber (ca-**ber**) verbo
Poder entrar en algún sitio, tener espacio. *El armario está tan lleno que no cabe más ropa en él.* **SIN.** Encajar, entrar, pasar. **ANT.** Sobrepasar, exceder.
✎ Verbo irregular. Ver pág. 156.

cabeza (ca-**be**-za) sustantivo femenino
1. Parte superior del cuerpo del ser humano, y superior o anterior del de muchos animales, en donde se encuentra, el cerebro y algunos órganos de los sentidos. *No podía pensar con claridad porque le dolía mucho la cabeza.* **SIN.** Mollera, testa.
2. Principio o parte inicial de una cosa. *El alcalde iba a la cabeza de la manifestación.* **SIN.** Arranque, comienzo.
3. Inteligencia y capacidad para pensar y recordar. *Podrías estudiar esa carrera, tienes cabeza para ello.* **SIN.** Cerebro.
4. Cada animal que forma parte de un rebaño de ganado. *Tiene un rebaño de cien cabezas.* **SIN.** Res.
5. sustantivo masculino Jefe que gobierna o preside una comunidad, institución o grupo de personas. *El cabeza del grupo se presentó ante todos sus seguidores.* **SIN.** Director.
6. a la cabeza expresión En los primeros puestos. *El general iba a la cabeza de su ejército.*
7. en cabeza expresión Por delante, en primer lugar. *El atleta fue en cabeza de la carrera casi hasta el final.*
8. meterse algo en la cabeza expresión Empeñarse en una cosa. *Cuando se le mete algo en la cabeza, no hay quien le convenza para no hacerlo.*

cabezada (ca-be-**za**-da) sustantivo femenino
Movimiento que hace con la cabeza la persona que, sin estar acostada, se va durmiendo. *Está dando cabezadas sobre el libro.*

cabezonería
(ca-be-zo-ne-**rí**-a) sustantivo femenino
Acción propia de una persona terca, que se empeña en mantener sus ideas por encima de todo. *Fue una cabezonería suya.*

caber

MODO INDICATIVO		MODO SUBJUNTIVO	
Tiempos simples	Tiempos compuestos	Tiempos simples	Tiempos compuestos

Presente	**Pret. perf. compuesto / Antepresente**	**Presente**	**Pret. perf. compuesto / Antepresente**
quepo	he cabido	quepa	haya cabido
cabes / cabés	has cabido	quepas	hayas cabido
cabe	ha cabido	quepa	haya cabido
cabemos	hemos cabido	quepamos	hayamos cabido
cabéis / caben	habéis cabido	quepáis / quepan	hayáis cabido
caben	han cabido	quepan	hayan cabido

Pret. imperfecto / Copretérito	**Pret. pluscuamperfecto / Antecopretérito**	**Pret. imperfecto / Pretérito**	**Pret. pluscuamperfecto / Antepretérito**
cabía	había cabido	cupiera o cupiese	hubiera o hubiese cabido
cabías	habías cabido	cupieras o cupieses	hubieras o hubieses cabido
cabía	había cabido	cupiera o cupiese	hubiera o hubiese cabido
cabíamos	habíamos cabido	cupiéramos o cupiésemos	hubiéramos o hubiésemos cabido
cabíais / cabían	habíais cabido	cupierais o cupieseis / cupieran o cupiesen	hubierais o hubieseis cabido
cabían	habían cabido	cupieran o cupiesen	hubieran o hubiesen cabido

Pret. perf. simple / Pretérito	**Pret. anterior / Antepretérito**		
cupe	hube cabido		
cupiste	hubiste cabido		
cupo	hubo cabido		
cupimos	hubimos cabido	**Futuro simple / Futuro**	**Futuro compuesto / Antefuturo**
cupisteis / cupieron	hubisteis cabido	cupiere	hubiere cabido
cupieron	hubieron cabido	cupieres	hubieres cabido
		cupiere	hubiere cabido
Futuro simple / Futuro	**Futuro compuesto / Antefuturo**	cupiéremos	hubiéremos cabido
cabré	habré cabido	cupiereis / cupieren	hubiereis cabido
cabrás	habrás cabido	cupieren	hubieren cabido

Futuro simple / Futuro	**Futuro compuesto / Antefuturo**
cabré	habré cabido
cabrás	habrás cabido
cabrá	habrá cabido
cabremos	habremos cabido
cabréis / cabrán	habréis cabido
cabrán	habrán cabido

MODO IMPERATIVO

cabe (tú) / cabé (vos) / quepa (usted)
cabed (vosotros)
quepan (ustedes)

Condicional simple / Pospretérito	**Condicional compuesto / Antepospretérito**
cabría	habría cabido
cabrías	habrías cabido
cabría	habría cabido
cabríamos	habríamos cabido
cabríais / cabrían	habríais cabido
cabrían	habrían cabido

FORMAS NO PERSONALES

Infinitivo	**Infinitivo compuesto**
caber	haber cabido
Gerundio	**Gerundio compuesto**
cabiendo	habiendo cabido
Participio	
cabido	

cabezudo (ca-be-**zu**-do) sustantivo masculino
Persona disfrazada de enano con gran cabeza que suele salir en los desfiles en algunas fiestas. *Desfiló disfrazado de cabezudo.*

cabida (ca-**bi**-da) sustantivo femenino
Espacio que tiene una cosa para contener a otra. *El estadio de fútbol tiene una cabida de noventa mil espectadores.* **SIN.** Aforo, capacidad, volumen.

cabina (ca-**bi**-na) sustantivo femenino
1. Pequeño recinto de un avión o un camión, aislado del resto del aparato, donde están los mandos. *Monté en la cabina del camión.*
2. Lugar para llamar por teléfono. *Voy a llamar desde una cabina.*

cabizbajo, cabizbaja
(ca-biz-**ba**-jo) adjetivo
Se dice de la persona que tiene la cabeza inclinada hacia abajo, porque está triste, desanimada, etc. *Entró cabizbajo a causa de las malas notas.* **SIN.** Abatido, triste.

cable (ca-ble) sustantivo masculino
Hilo metálico para la conducción eléctrica. *Nos quedamos sin luz porque se rompió un cable del tendido eléctrico.*

cabo (ca-bo) sustantivo masculino
1. Extremo de cualquier cosa. *El cabo de vela se consumió y todo quedó oscuro.* **SIN.** Punta, terminación, fin, límite.
2. Cuerda para atar o amarrar. *El pescador amarró el bote con el cabo.* **SIN.** Soga, cordel, cordón.
3. Punta de tierra rodeada de mar. *Al sur de la costa africana se encuentra el cabo de Buena Esperanza.* **SIN.** Promontorio, saliente.
4. En el Ejército, grado intermedio entre soldado y sargento. *El cabo da órdenes a los soldados.*
✎ El femenino es *la cabo.*

5. al cabo de expresión Después de. *Al cabo de un rato, terminé mi tarea*
6. al fin y al cabo expresión Después de todo. *Te perdono; al fin y al cabo, no lo hiciste a propósito.*
7. de cabo a rabo expresión Del comienzo al término. *Me sé la lección de cabo a rabo.*
8. llevar a cabo expresión Realizar una cosa hasta el final. *Están llevando a cabo un proyecto humanitario.*

cabra (ca-bra) sustantivo femenino
1. Mamífero doméstico, de cuatro patas y con cuernos, cuya carne y leche consumen los seres humanos. *Le gusta el queso de leche de cabra.*
2. estar como una cabra expresión Estar un poco loco. *Está como una cabra, siempre haciendo bromas.*

cabrear (ca-bre-**ar**) verbo
Enfadar a alguien o enfadarse. *Me cabrea que me mientan.* **SIN.** Irritar.

cabreo (ca-**bre**-o) sustantivo masculino
Enfado, malhumor. *Tiene un cabreo que no hay quien le hable.* **SIN.** Irritación, indignación.

cabrío, cabría (ca-**brí**-o) adjetivo
Que se refiere a las cabras. *Ganado cabrío.* **SIN.** Caprino.

cabriola (ca-**brio**-la) sustantivo femenino
Salto o voltereta con movimiento de los pies en el aire. *Hizo una cabriola y se fue.* **SIN.** Pirueta.

cabrón, cabrona (ca-**brón**) sustantivo
1. Persona con malas intenciones. *Eres un cabrón, lo hiciste a propósito.*
2. sustantivo masculino Macho de la cabra. *Al cabrón adulto se le suele llamar macho cabrío.* **SIN.** Chivo.

cabús (ca-**bús**) sustantivo masculino
1. Vagón de un tren de carga que se enganchaba en la parte de atrás, para uso de los tripulantes. *Las autorida-*

des quieren rehabilitar el cabús tras el accidente sufrido la semana pasada.

cacahuete (ca-ca-**hue**-te) sustantivo masculino

Planta cuyos frutos, que también se llaman así, están encerrados en una cáscara seca que contiene varios granos. *El cacahuete viene de América.*

cacao (ca-**ca**-o) sustantivo masculino

1. Árbol pequeño propio de los países tropicales y con cuyas semillas se hace el chocolate. *El nombre científico del cacao significa «alimento de los dioses».*

2. Polvo que se extrae de las semillas del cacao y que, disuelto en leche o agua, se utiliza como alimento. *Se tomó una taza de leche con cacao.*

3. Sustancia grasa que se usa para hidratar los labios. *Compró una barra de cacao.*

4. Pelea, jaleo. *Se armó un buen cacao.* **SIN.** Follón.

cacarear (ca-ca-re-**ar**) verbo

1. Dar voces repetidas el gallo o la gallina. *Las gallinas cacareaban en el corral.* **SIN.** Cloquear.

2. Presumir de lo que uno tiene o ha hecho. *No hace falta que cacarees tanto tu éxito.*

cacería (ca-ce-**rí**-a) sustantivo femenino

Grupo de personas y animales que salen de caza. *Se fueron al monte de cacería.*

cacerola (ca-ce-**ro**-la) sustantivo femenino

Vasija de metal con asas o mango que se emplea para cocinar los alimentos. *Echa agua en la cacerola y ponla a hervir.* **SIN.** Pote, cazo, olla, puchero.

cachalote (ca-cha-**lo**-te) sustantivo masculino

Mamífero marino parecido a la ballena, cuya cabeza alcanza casi la tercera parte de la longitud total del cuerpo. *El cachalote macho puede medir hasta 18 metros.*

cacharro (ca-**cha**-rro) sustantivo masculino

1. Recipiente, sobre todo el que sirve para cocinar. *Dame un cacharro para echar estas sobras.* **SIN.** Caldero, pote, perol.

2. Aparato viejo o que funciona mal. *Este reloj es un cacharro, siempre se atrasa.* **SIN.** Cachivache, bártulo, trasto.

cachear (ca-che-**ar**) verbo

Registrar a una persona porque se sospecha que puede llevar algo prohibido. *En la frontera les cachearon por si llevaban armas.*

cachete (ca-**che**-te) sustantivo masculino

Golpe dado con la mano en la cara o en el culo. *Le dio un cachete para que estuviera quieto.*

cachivache (ca-chi-**va**-che) sustantivo masculino

Objeto que no sirve para nada. *Tira esos cachivaches, lo único que hacen es ocupar sitio.*

cachondearse (ca-chon-de-**ar**-se) verbo

Burlarse de alguien o algo. *Estuvo cachondeándose de él porque había perdido el partido.* **SIN.** Mofarse, pitorrearse, reírse.

cachondeo (ca-chon-**de**-o) sustantivo masculino

Burla o broma para reírse de algo o para divertirse. *Se pasaron un gran cachondeo con sus bromas.*

cachondo, cachonda (ca-**chon**-do) adjetivo

Divertido, que bromea o se ríe mucho. *Es una persona muy cachonda, se pasa el día de broma.* **ANT.** Tristón, aburrido.

cachorro, cachorra (ca-**cho**-rro) sustantivo

Cría de poco tiempo del perro o de otros animales mamíferos. *En el zoo vimos un cachorro de león.*

cacique (ca-**ci**-que) sustantivo masculino
1. Persona que tiene mucha influencia en un pueblo o región. *El alcalde hacía lo que el cacique del pueblo quería.* **SIN.** Tirano.
2. Jefe en algunas tribus indígenas de América Central y del Sur. *El cargo de cacique se transmitía de padres a hijos.*

caco (ca-co) sustantivo masculino
Ladrón, persona que roba. *La policía logró detener a los cacos que merodeaban por la zona.* **SIN.** Ratero, desvalijador.

cactus (cac-tus) sustantivo masculino
Planta propia de climas secos, que tiene sus tallos cubiertos de espinas. *Riega poco el cacto para que no se ahogue.*
✎ También *cacto*.

cada (ca-da) adjetivo
1. Sirve para designar por separado una o más cosas o personas que forman parte de un grupo. Puede ir acompañado de las palabras *uno* y *cual*, que actúan como sustantivos. *Que cada uno diga su opinión.*
2. Establece una correspondencia entre los miembros de dos grupos distintos. *A cada deportista le dieron una medalla.*
3. Se usa para dar más fuerza a aquello de lo que se está hablando. *Tiene cada ocurrencia...*

cadáver (ca-dá-ver) sustantivo masculino
Cuerpo muerto. *Enterraron el cadáver en la fosa.* **SIN.** Difunto.

cadena (ca-de-na) sustantivo femenino
1. Conjunto de muchos eslabones unidos entre sí por los extremos. *Tuvo que poner las cadenas al coche porque había mucha nieve en la carretera.* **SIN.** Sarta, esposas, grilletes.
2. Sucesión de cosas o hechos. *Todas esas cosas se fueron sucediendo en ca-dena.* **SIN.** Serie, continuación, ciclo, hilera, sarta.
3. Conjunto de máquinas dedicadas a la fabricación o montaje de un producto industrial. *Trabaja en una cadena de coches.*
4. Grupo de transmisores y receptores de televisión o radio que emiten el mismo programa. *No sé en qué cadena ponen esa película.*

cadencia (ca-den-cia) sustantivo femenino
Serie de sonidos o movimientos que se suceden de un modo regular o rítmico. *Me gusta la cadencia de esa melodía.*

cadera (ca-de-ra) sustantivo femenino
Parte del cuerpo humano donde se unen el muslo y el tronco. *Se le caen los pantalones porque ha adelgazado mucho de cadera.*

caducar (ca-du-car) verbo
1. Estropearse un alimento o una medicina por haber tardado demasiado en consumirlo. *Esos yogures están caducados, no te los tomes.*
2. Terminar, acabar. *El plazo de matrícula caducó hace tres días.* **SIN.** Anularse, extinguirse. **ANT.** Renovarse, crearse, empezar.
✎ Se conjuga como *abarcar*.

caduco, caduca (ca-du-co) adjetivo
1. Se dice de aquello que es de poca duración. *El chopo es un árbol de hoja caduca.* **SIN.** Pasajero, efímero, breve, corto. **ANT.** Duradero, permanente, perenne.
2. Se dice de lo que ha perdido sus cualidades o valor por el paso del tiempo. *Su belleza está ya caduca.* **SIN.** Decrépito, viejo, anciano, agotado, decadente. **ANT.** Lozano, joven.

caer (ca-er) verbo
1. Venir un cuerpo hacia el suelo por su propio peso. *En otoño caen las ho-*

café - caja

jas de los árboles. **SIN.** Desplomar(se), derrumbar(se), descender. **ANT.** Levantar(se).

2. Perder algo su fuerza o vigor. *Sus esperanzas caían poco a poco.* **SIN.** Apagarse, debilitarse. **ANT.** Avivarse, recrudecerse.

3. Captar, comprender algo. *En seguida cayó en la cuenta de lo que quería decir.* **SIN.** Entender, percatarse.

4. Incurrir en algún error o peligro. *A veces caemos en la mismas faltas.* **SIN.** Equivocarse, fallar, tropezar. **ANT.** Rehacerse.

5. dejar caer expresión Decir alguna cosa aparentando despiste. *En mitad de la conversación dejó caer que me quería.*

✎ Verbo irregular. Ver pág. 161.

café (ca-**fé**) sustantivo masculino

1. Semilla de un árbol con la que, una vez tostada y molida, se hace una bebida amarga de color marrón. *Vamos a tomar un café.*

2. Establecimiento público donde se sirven café y otras bebidas. *Te espero en el café de la esquina de mi casa.* **SIN.** Bar, cafetería.

✎ Su plural es *cafés*.

cafeína (ca-fe-**í**-na) sustantivo femenino

Sustancia estimulante que se obtiene de las semillas y hojas del café, té y otros vegetales. *Bebía refresco de cola sin cafeína.*

cafetera (ca-fe-**te**-ra) sustantivo femenino

Recipiente para hacer o servir café. *Me he comprado una cafetera eléctrica.*

cafetería (ca-fe-te-**rí**-a) sustantivo femenino

Local público donde se sirven café y otras bebidas. *Entraron en una cafetería para tomar un refresco.*

cagar (ca-**gar**) verbo

Expulsar por el ano los restos de comida que el cuerpo no necesita. *Tenía tanto miedo que se cagó en los pantalones.* **SIN.** Defecar, evacuar.

✎ Se conjuga como *ahogar*.

cagarruta (ca-ga-**rru**-ta) sustantivo femenino

Cada una de las porciones del excremento de algunos animales. *Está en la cuadra limpiando las cagarrutas de los conejos.*

caído, caída (ca-**í**-do) adjetivo y sustantivo

1. Se dice de la persona que ha muerto defendiendo un ideal. *Celebraron el homenaje a los caídos en la guerra.* **SIN.** Víctima.

2. sustantivo femenino Acción de venir de arriba abajo debido al propio peso. *Sufrió una caída mientras patinaba en la pista de hielo.* **SIN.** Desplome, derrumbe.

3. sustantivo femenino Manera de plegar o de colgar las telas y la ropa. *Esa falda tiene mucha caída.*

caja (ca-ja) sustantivo femenino

1. Pieza hueca con tapa que sirve para guardar algo. *Saca el juguete de la caja.* **SIN.** Bote, cofre.

2. Mueble metálico para guardar dinero, joyas u otras cosas de valor. *Los ladrones no pudieron llevarse el dinero porque estaba guardado en la caja.*

3. Ventanilla de un banco o de un comercio donde se hacen los cobros y los pagos. *Ponte en la cola de la caja para pagar.*

4. Ataúd, recipiente de madera donde se mete a los muertos para enterrarlos. *Los familiares llevaron la caja a hombros hasta la capilla.*

5. caja de ahorros expresión Establecimiento bancario. *Fui a recargar la tarjeta del móvil a la caja de ahorros.*

6. caja fuerte expresión La que tiene cerradura de seguridad o está blindada y sirve para guardar el dinero u objetos de valor. *Guardé mis joyas en la caja fuerte del hotel.*

caer

MODO INDICATIVO		MODO SUBJUNTIVO	
Tiempos simples	Tiempos compuestos	Tiempos simples	Tiempos compuestos
Presente	**Pret. perf. compuesto / Antepresente**	**Presente**	**Pret. perf. compuesto / Antepresente**
caigo	he caído	caiga	haya caído
caes / caés	has caído	caigas	hayas caído
cae	ha caído	caiga	haya caído
caemos	hemos caído	caigamos	hayamos caído
caéis / caen	habéis caído	caigáis / caigan	hayáis caído
caen	han caído	caigan	hayan caído
Pret. imperfecto / Copretérito	**Pret. pluscuamperfecto / Antecopretérito**	**Pret. imperfecto / Pretérito**	**Pret. pluscuamperfecto / Antepretérito**
caía	había caído	cayera o cayese	hubiera o hubiese caído
caías	habías caído	cayeras o cayeses	hubieras o hubieses caído
caía	había caído	cayera o cayese	hubiera o hubiese caído
caíamos	habíamos caído	cayéramos o cayésemos	hubiéramos o hubiésemos caído
caíais / caían	habíais caído	cayerais o cayeseis o cayeran o cayesen	hubierais o hubieseis caído
caían	habían caído	cayeran o cayesen	hubieran o hubiesen caído
Pret. perf. simple / Pretérito	**Pret. anterior / Antepretérito**		
caí	hube caído	**Futuro simple / Futuro**	**Futuro compuesto / Antefuturo**
caíste	hubiste caído	cayere	hubiere caído
cayó	hubo caído	cayeres	hubieres caído
caímos	hubimos caído	cayere	hubiere caído
caísteis / cayeron	hubisteis caído	cayéremos	hubiéremos caído
cayeron	hubieron caído	cayereis / cayeren	hubiereis caído
		cayeren	hubieren caído
Futuro simple / Futuro	**Futuro compuesto / Antefuturo**		
caeré	habré caído	**MODO IMPERATIVO**	
caerás	habrás caído		
caerá	habrá caído	cae (tú) / caé (vos) / caiga (usted)	
caeremos	habremos caído	caed (vosotros)	
caeréis / caerán	habréis caído	caigan (ustedes)	
caerán	habrán caído		
Condicional simple / Pospretérito	**Condicional compuesto / Antepospretérito**	**FORMAS NO PERSONALES**	
		Infinitivo caer	**Infinitivo compuesto** haber caído
caería	habría caído		
caerías	habrías caído		
caería	habría caído	**Gerundio** cayendo	**Gerundio compuesto** habiendo caído
caeríamos	habríamos caído		
caeríais / caerían	habríais caído	**Participio** caído	
caerían	habrían caído		

7. caja registradora expresión Máquina usada en las tiendas que suma de forma automática el precio de los artículos. En ella, además, se guarda el dinero. *Robaron el dinero que había en la caja registradora.*

cajero, cajera (ca-je-ro) sustantivo

1. Persona que en un banco, supermercado o tienda está encargada de la caja. *El cajero me atendió bien.*

2. cajero automático expresión Máquina que permite sacar dinero o realizar otras operaciones bancarias por medio de una tarjeta o libreta. *Saqué dinero en el cajero automático.*

cajetilla (ca-je-ti-lla) sustantivo femenino

Paquete de tabaco. *Fuma al día media cajetilla de tabaco rubio.*

cajón (ca-jón) sustantivo masculino

Caja que se puede sacar y meter, ajustada a mesas, armarios, etc. *Busca mis guantes en el cajón de arriba.*

cal sustantivo femenino

1. Sustancia blanca que se usa para hacer cemento y para blanquear las paredes. *Dio de cal la pared del patio.*

2. una de cal y otra de arena expresión Alternar cosas distintas o contrarias para compensar. *Le pedí más, pero no me lo dio; en fin, una de cal y otra de arena.*

cala (ca-la) sustantivo femenino

Pequeña entrada del mar dentro de la costa. *La costa de esta región está llena de pequeñas calas.* **SIN.** Bahía, ensenada.

calabaza (ca-la-ba-za) sustantivo femenino

1. Planta de huerta, cuyo fruto, del mismo nombre, es grande, redondeado y de color amarillo o anaranjado. *Con una calabaza hicimos una máscara para la fiesta.*

2. Suspender a alguien en un examen. *Me dieron calabazas en el examen... ¡con lo que había estudiado!*

3. dar calabazas expresión Rechazar la proposición amorosa de una persona. *Antonio estaba loco por Cristina, pero ella le dio calabazas.*

calabobos (ca-la-bo-bos) sustantivo masculino

Lluvia fina y duradera. *Parecía que aquel calabobos no mojaba, pero al final llegamos empapados.*

✎ Es igual en plural y en singular.

calabozo (ca-la-bo-zo) sustantivo masculino

1. Cárcel, prisión. *Pasará unos cuantos años en el calabozo.*

2. Celda incomunicada de una cárcel. *El preso fue incomunicado en un calabozo.* **SIN.** Mazmorra.

calada (ca-la-da) sustantivo femenino

Chupada que se da a un cigarro. *Como está dejando de fumar, solo da caladas de vez en cuando.*

calado (ca-la-do) sustantivo masculino

1. Labor que se hace con aguja en alguna tela, sacando o juntando hilos. *Este mantel tiene una fina labor de calado.*

2. Labor hecha en los papeles, maderas, etc., taladrándolos y formando dibujos. *Era un artista haciendo calados en madera.*

3. Profundidad que alcanza en el agua la parte sumergida de un barco. *El barco tenía un calado de varios metros.*

calamar (ca-la-mar) sustantivo masculino

Molusco comestible cuyo cuerpo se parece a una bolsa y de cuya cabeza salen unos tentáculos o brazos. Segrega un líquido negro llamado *tinta*, que utiliza para defenderse. *Pedimos una ración de calamares fritos.*

calambre (ca-lam-bre) sustantivo masculino

Contracción repentina, involuntaria y dolorosa de ciertos músculos, en especial los de la pantorrilla. *Estando en el río me dio un calambre y tuvieron que ayudarme a salir.*

calamidad (ca-la-mi-**dad**) sustantivo femenino

1. Suceso que produce grandes sufrimientos o daños a muchas personas. *Aquella prolongada sequía fue una calamidad.* **SIN.** Catástrofe, tragedia.

2. Gran desgracia o dolor que sufre una persona. *Desde que se quedó sin trabajo, todo fueron calamidades.* **SIN.** Tragedia.

3. Persona incapaz, inútil o molesta. *Es una calamidad, nada de lo que hace le sale bien.*

calaña (ca-**la**-ña) sustantivo femenino

Forma de ser de una persona o cosa. *Son gente de mala calaña.* **SIN.** Calidad, ralea.

calar (ca-**lar**) verbo

1. Penetrar un líquido en un cuerpo. *La lluvia caló a través del techo.* **SIN.** Humedecer, empapar.

2. Atravesar un instrumento otro cuerpo de una parte a otra. *La grapa caló el taco de hojas.* **SIN.** Horadar, perforar, traspasar.

3. Conocer la manera de ser o intenciones de una persona. *Le calé desde el primer día.* **SIN.** Adivinar, descubrir, comprender.

4. Cortar un trozo de melón u otras frutas para probarlas. *Caló el melón para ver si estaba maduro.*

5. calarse Mojarse una persona hasta que el agua penetra la ropa y llega al cuerpo. *Llovía tanto que nos calamos en unos segundos.*

6. calarse Pararse de repente el motor de un vehículo. *Se le caló el coche.*

calavera (ca-la-**ve**-ra) sustantivo femenino

1. Conjunto de los huesos de la cabeza mientras permanecen unidos, pero sin carne ni piel. *Encontraron varias calaveras enterradas.*

2. Persona alocada, muy poco responsable. *No estudia nada porque es un calavera y siempre está de juerga.*

calcar (cal-**car**) verbo

1. Sacar copia de un dibujo con ciertos procedimientos. *Usa papel vegetal y calca este mapa.* **SIN.** Copiar, reproducir.

2. Imitar o copiar con exactitud. *Calcó la redacción de su compañero porque a él no se le ocurría nada.* **SIN.** Remedar, plagiar.

calcetín (cal-ce-**tín**) sustantivo masculino

Media que cubre los pies y las piernas, como máximo hasta la rodilla. *Se puso unos calcetines de lana.*

calcio (**cal**-cio) sustantivo masculino

Sustancia blanca y blanda que se encuentra en el yeso y en los huesos de los animales. *El símbolo del calcio es Ca.*

calco (**cal**-co) sustantivo masculino

Copia, imitación o reproducción igual o muy parecida al original. *Es un calco de la estatua.*

calcomanía

(cal-co-ma-**ní**-a) sustantivo femenino

Papel con una imagen que se puede pasar a otro objeto. *Siempre lleva alguna calcomanía en el brazo.*

calculadora

(cal-cu-la-**do**-ra) sustantivo femenino

Máquina que realiza operaciones aritméticas. *Utiliza la calculadora para sumar estas cantidades.*

calcular (cal-cu-**lar**) verbo

1. Realizar operaciones matemáticas para hallar un resultado. *Calculé los ladrillos que necesitamos para hacer la pared.*

2. Deducir algo a partir de ciertos datos u observaciones. *Como hay nubes, calculo que lloverá hoy.* **SIN.** Conjeturar, suponer.

cálculo (**cál**-cu-lo) sustantivo masculino

1. Cuenta que se hace de alguna cosa por medio de operaciones matemáticas. *Hizo un cálculo mental de la suma.*

2. Conjetura o suposición a partir de ciertos datos. *Al final sus cálculos fueron ciertos, cayó una buena tormenta.*

3. Especie de piedra que se forma en ciertas partes del cuerpo y resulta dolorosa para el que la tiene. *Le tuvieron que operar porque tenía cálculos en la vejiga.*

caldear (cal-de-**ar**) verbo

1. Calentar mucho algo. *El ambiente se caldeó mucho y tuvimos que abrir un poco la ventana.*

2. Alterarse el estado de ánimo de una o varias personas que estaban tranquilas. *Los aficionados se caldearon cuando marcó el equipo contrario.*

caldera (cal-de-ra) sustantivo femenino

Recipiente de metal donde se produce calor, que luego se difunde por un edificio o hace que salga agua caliente de los grifos. *Se estropeó la caldera de la calefacción.*

caldo (**cal**-do) sustantivo masculino

Líquido que resulta de cocer en agua los alimentos, con el que se hace sopa. *De primero tomó un caldo de pollo con verduras.*

calefacción

(ca-le-fac-**ción**) sustantivo femenino

Conjunto de aparatos destinados a calentar un edificio o parte de él. *En su casa tienen calefacción de carbón.*

calendario

(ca-len-**da**-rio) sustantivo masculino

Conjunto de hojas impresas en las que se distribuye el año por días y meses. *Mira en el calendario si mañana es día festivo.*

calentador

(ca-len-ta-**dor**) sustantivo masculino

Aparato para producir agua caliente y que puede funcionar mediante gas, electricidad, etc. *Enciende el calentador antes de fregar.*

calentar (ca-len-**tar**) verbo

1. Dar calor a un cuerpo para hacer que aumente su temperatura. *Calenté la salsa de los espaguetis.* **SIN.** Caldear(se). **ANT.** Enfriar(se), refrescar(se).

2. Pegar a alguien o pelearse dos personas. *Los dos estaban muy enfadados y se calentaron bien.* **SIN.** Golpear(se).

3. Antes de practicar un deporte, hacer una serie de ejercicios para prepararse. *Calentaron un rato antes de empezar el partido.*

4. calentarse Apasionarse en una discusión. *Los del debate se calentaron y aquello parecía un gallinero.* **SIN.** Exaltarse, excitarse, irritarse, enardecerse. **ANT.** Calmarse, sosegarse, apaciguarse.

✎ Verbo irregular, se conjuga como *acertar*.

calentón (ca-len-**tón**) sustantivo masculino

Acto de calentarse rápidamente. *El coche sufrió un calentón en la cuesta y se quedó parado.*

calentura (ca-len-**tu**-ra) sustantivo femenino

Elevación de la temperatura normal del cuerpo, producida por alguna enfermedad. *Tenía calentura.* **SIN.** Fiebre.

calibre (ca-li-bre) sustantivo masculino

1. Diámetro interior de las armas de fuego o de muchos objetos huecos. *Era un arma de nueve milímetros de calibre.* **SIN.** Anchura.

2. Importancia de una cosa. *Era un asunto de gran calibre.* **SIN.** Trascendencia, dimensión.

calidad (ca-li-**dad**) sustantivo femenino

1. Conjunto de propiedades que permiten comparar una persona o cosa con otra, y saber si es mejor, igual o peor. *El jersey ha encogido porque la lana era de mala calidad.* **SIN.** Clase, categoría.

2. Superioridad o importancia de algo. *La calidad de sus productos hace que tenga muchos clientes.* **SIN.** Excelencia. **ANT.** Inferioridad, insignificancia.

cálido, cálida (cá-li-do) adjetivo

1. De temperatura alta. *Las islas del Caribe tienen clima cálido.* **SIN.** Caluroso, caliente, tórrido. **ANT.** Frío, helado, gélido.

2. Afectuoso y acogedor. *El rey tuvo un cálido recibimiento.* **SIN.** Caluroso. **ANT.** Frío, hostil.

caliente (ca-lien-te) adjetivo

1. Que posee un temperatura superior a la normal. *Esta leche está muy caliente, espera un poco si no quieres quemarte.* **SIN.** Cálido, caldeado, ardiente. **ANT.** Frío, fresco.

2. Irritado, exaltado. *Más vale que no le provoques, que está caliente.*

✎ Los superlativos son *calientísimo* y *calentísimo*.

calificar (ca-li-fi-car) verbo

1. Decir de una persona o cosa que tiene cierta cualidad o circunstancia. *Calificaron de mediocre su última película.* **SIN.** Considerar.

2. Dar a alguien o algo un grado en una escala convenida. *Calificaron mi examen con un cinco.* **SIN.** Puntuar, evaluar, valorar.

✎ Se conjuga como *abarcar*.

calificativo, calificativa

(ca-li-fi-ca-ti-vo) adjetivo y sustantivo masculino

Se dice del adjetivo que indica alguna cualidad del sustantivo. *En «persona buena», buena es un calificativo.*

caligrafía

(ca-li-gra-fí-a) sustantivo femenino

Arte o habilidad de escribir con letra muy clara y muy bien formada. *Tiene muy buena caligrafía.*

calina (ca-li-na) sustantivo femenino

Niebla ligera o poco densa. *Había un poco de calina.* **SIN.** Bruma.

✎ También *calima*.

cáliz (cá-liz) sustantivo masculino

1. Vaso sagrado en que el sacerdote consagra el vino en la misa. *El sacerdote elevó el cáliz.*

2. Cubierta externa de las flores formada por hojas casi siempre verdes. *El cáliz de esa flor es persistente.*

✎ Su plural es *cálices*.

callar (ca-llar) verbo

Guardar silencio, no hablar o dejar de hacerlo. *Mi hermano calla cuando mis padres lo regañan.* **SIN.** Enmudecer. **ANT.** Hablar.

calle (ca-lle) sustantivo femenino

Camino, en el interior de una población, que suele estar limitado por dos hileras de edificios. *Vive en la calle principal de la ciudad.*

callejear (ca-lle-je-ar) verbo

Andar de calle en calle, sin necesidad ni rumbo fijo. *Estuvo callejeando toda la noche para ver si se le aclaraban las ideas.* **SIN.** Caminar, deambular, pasear.

callejero (ca-lle-je-ro) sustantivo masculino

Lista de las calles de una gran ciudad. *Nada más llegar a Londres, nos bajamos un callejero al móvil.*

callejón (ca-lle-jón) sustantivo masculino

1. Calle estrecha y larga. *Decidimos dar un rodeo y no pasar por aquel callejón tan oscuro.*

2. callejón sin salida expresión Asunto muy difícil de solucionar. *Me encuentro en un callejón sin salida y no sé cómo me las voy a arreglar.*

callo (ca-llo) sustantivo masculino

1. Dureza que, por roce o presión, se llega a formar en los pies, manos, rodillas, etc. *Me salió un callo porque me* *rozaron mucho los zapatos.* **SIN.** Callosidad.

2. sustantivo masculino plural Pedazos de estómago de la vaca, ternera o carnero, que se comen guisados. *Su plato favorito son los callos con chorizo.*

calma (cal-ma) sustantivo femenino

1. Estado del mar cuando no hay olas, y de la atmósfera cuando no hay viento. *Los barcos zarparon, pues el mar estaba en calma.*

2. Paz, tranquilidad. *Tómate las cosas con calma.* **SIN.** Sosiego, placidez, reposo. **ANT.** Inquietud, intranquilidad.

3. Lentitud al hablar o actuar. *Su calma me produjo sueño.*

calmante

(cal-man-te) sustantivo masculino

Medicamento que calma el dolor. *Le dolían mucho las muelas y se tomó un calmante.* **SIN.** Analgésico, tranquilizante, sedante.

calmar (cal-mar) verbo

Disminuir la fuerza de algo o la inquietud de alguien. *Estaba tan nerviosa que nada de lo que le decía conseguía calmarla.* **SIN.** Tranquilizar(se), serenar(se).

calor (ca-lor) sustantivo masculino

1. Elevación de la temperatura. *Esta estufa desprende mucho calor.*

2. Sensación que experimenta un cuerpo al lado de otro de temperatura más alta. *Teníamos mucho calor, así que apagamos la estufa.* **SIN.** Bochorno, sofocación. **ANT.** Frialdad.

3. Buena acogida. *El pueblo recibió la visita del presidente con calor.* **SIN.** Pasión, entusiasmo,

caloría (ca-lo-rí-a) sustantivo femenino

Medida que equivale al calor necesario para elevar un grado la temperatura de un litro de agua. *Los dulces tienen muchas calorías.*

calumnia (ca-lum-nia) sustantivo femenino

Acusación falsa, hecha con malicia para causar daño. *Sabíamos que lo que estaba diciendo de él eran calumnias, porque se llevaban mal.* **SIN.** Difamación, falsedad, murmuración.

caluroso, calurosa (ca-lu-ro-so) adjetivo

1. Que siente o causa calor. *Hace un día muy caluroso.* **SIN.** Cálido, ardiente, caliente.

2. Que manifiesta gran afecto y alegría. *Le agasajaron con un recibimiento muy caluroso.* **SIN.** Vivo, efusivo, animado. **ANT.** Frío, flemático.

calvario (cal-va-rio) sustantivo masculino

Sufrimientos y desgracias que padece una persona. *La recuperación de la operación fue un auténtico calvario.* **SIN.** Suplicio, adversidad, martirio.

calvo, calva (cal-vo) adjetivo y sustantivo

1. Se dice de la persona que ha perdido el pelo de la cabeza. *Es muy joven, pero ya se está quedando calvo.*

2. sustantivo femenino Zona sin pelo en el cuero cabelludo. *Tenía algunas calvas.*

calzada (cal-za-da) sustantivo femenino

Parte de la calle que se encuentra entre dos aceras, por donde circula el tráfico. *Fue atropellado por un coche en la calzada.* **SIN.** Carretera, pista.

calzado (cal-za-do) sustantivo masculino

Cualquier tipo de zapato, bota, alpargata, etc., que sirve para cubrir y adornar el pie. *Le gusta usar calzado cómodo.*

calzador (cal-za-dor) sustantivo masculino

Trozo de metal o asta, de forma acanalada, que sirve para hacer que el pie entre en el zapato. *Usa el calzador para no estropear el zapato.*

calzar (cal-zar) verbo

1. Cubrir el pie con el calzado. *Se calzó las botas y se fue.* **SIN.** Poner(se). **ANT.** Descalzar(se).

2. Poner una cuña o calzo junto a la rueda de un vehículo para impedir que se mueva, o bajo un mueble para equilibrarlo y que no cojee. *Calza la pata de la mesa.* **SIN.** Afianzar.
✎ Se conjuga como *abrazar.*

calzón (cal-**zón**) sustantivo masculino
Especie de pantalón corto. *Un boxeador lleva calzón blanco y el otro, rojo.*

calzoncillo
(cal-zon-**ci**-llo) sustantivo masculino
Prenda interior masculina que cubre desde la cintura hasta el comienzo de las piernas, con aberturas para que estas pasen. *Le regalaron unos calzoncillos con dibujos de la Pantera Rosa.*

cama (**ca**-ma) sustantivo femenino
1. Mueble donde descansan y duermen las personas. *En esta habitación tenemos dos camas para que duerman los dos mayores.* **SIN.** Lecho, catre.
2. Plaza para un enfermo en un hospital. *No podía ingresar porque no había camas.*
3. cama nido expresión Mueble formado por dos camas, en el que una se recoge debajo de otra, que también se suele usar como sofá. *Hay una cama nido en la habitación.*
4. guardar cama expresión Tener que estar acostado y en reposo a causa de una enfermedad. *Tuve que guardar cama porque tenía gripe.*

camaleón
(ca-ma-le-**ón**) sustantivo masculino
1. Reptil de cuerpo alargado, patas delgadas y redondeadas, que puede cambiar fácilmente el color de su piel. *Los camaleones se alimentan de insectos.*
2. Persona que cambia de opinión según le conviene. *Es un poco camaleón, no te fíes.*

cámara
(**cá**-ma-ra) sustantivo femenino
1. Habitación principal de una casa. *La recepción será en la cámara del palacio.* **SIN.** Aposento.
2. Asamblea que realiza las leyes de un país. *Llevaron el tema a la Cámara de los Diputados.*
3. En cine y televisión, aparato para filmar. *Les enfocaron con la cámara para rodar un primer plano.*
4. Persona que maneja la cámara de cine o televisión. *Era ayudante del cámara.* **SIN.** Cameraman.
5. cámara fotográfica Aparato que sirve para capturar imágenes y almacenarlas, bien en una película o carrete, o bien en una tarjeta de memoria. *Ha comprado una cámara digital para utilizarla en su viaje a Jamaica.*
6. cámara lenta expresión Procedimiento que consiste en el rodaje acelerado de una película, para producir la sensación de movimiento lento cuando se proyectan las imágenes a la velocidad normal. *La escena de la carrera se rodó a cámara lenta.*

camarada (ca-ma-**ra**-da) sustantivo
1. Persona que sale frecuentemente con otra por haber entre ellas amistad y confianza. *Fuimos de excursión a la montaña unos cuantos camaradas.* **SIN.** Compañero, amigo, colega.
2. Nombre con que se suelen denominar entre sí las personas que tienen una misma ideología. *Se encontró con varias camaradas del partido.* **SIN.** Correligionario.

camarero, camarera
(ca-ma-**re**-ro) sustantivo
Persona que atiende al público en un bar o restaurante. *Cuatro camareros sirvieron el banquete.*

cambiar (cam-**biar**) verbo

1. Dar o recibir una cosa por otra. *Cambió su coche viejo por una moto.* **SIN.** Canjear, trocar, intercambiar. **ANT.** Conservar.

2. Reemplazar alguna cosa por otra igual. *Cambió las hojas de su agenda al comenzar el año.* **SIN.** Sustituir.

3. Mover algo o alguien de un lugar a otro. *Cambiamos las sillas de lugar para poder sentarnos todos juntos.* **SIN.** Trasladar.

4. Sustituir una cantidad de dinero de un país por su equivalente en la moneda de otro. *Tuve que cambiar los euros por dólares.*

5. Modificar o transformarse una persona o cosa de forma que sea o parezca distinta. *Manuel cambió mucho desde que encontró trabajo.* **SIN.** Alterar, evolucionar.

6. cambiarse Ponerse ropa diferente a la que se llevaba puesta. También, irse a vivir a otra casa. *Se cambió de ropa porque tenía una fiesta. Se han cambiado de barrio.*

✎ Verbo con irregularidad acentual. Ver pág. 169.

cambio (cam-**bio**) sustantivo masculino

1. Acción de cambiar, transformación. *Hubo un cambio de planes porque se puso enfermo.* **SIN.** Alteración, trueque.

2. Mecanismo para cambiar el tren de vía o el automóvil de velocidad. *No le gustaba el cambio de marchas de su coche.*

3. Dinero suelto, en monedas o billetes de poco valor. *No tengo cambio de cien libras.*

camello (ca-me-llo) sustantivo masculino

Mamífero rumiante con dos jorobas que puede permanecer durante muchos días sin beber agua. *El camello es el animal más representativo del desierto.*

camerino (ca-me-**ri**-no) sustantivo masculino

En los teatros, cuarto para cambiarse de ropa los actores y actrices. *Llevó flores a la actriz principal a su camerino.*

camilla (ca-mi-lla) sustantivo femenino

1. Cama estrecha y portátil que se utiliza para trasladar enfermos o heridos. *Fue trasladado en camilla hasta la ambulancia.*

2. Mesa redonda cubierta por un tapete largo, debajo de la cual se puede poner un brasero. *Nos sentamos junto a la camilla.*

caminar (ca-mi-**nar**) verbo

Recorrer un camino, andar. *Esa tarde caminamos cinco kilómetros.* **SIN.** Deambular, pasear. **ANT.** Pararse, detenerse.

caminata (ca-mi-**na**-ta) sustantivo femenino

Paseo largo y fatigoso. *Nos dimos una gran caminata hasta encontrar la cabaña del bosque.*

camino (ca-mi-no) sustantivo masculino

1. Franja de tierra pisada o asfaltada para andar de un lugar a otro. *Aquel camino conducía a la carretera general.* **SIN.** Senda.

2. Distancia de un lugar a otro y tiempo que se emplea en recorrerla. *Empleé un día de camino.* **SIN.** Trayecto, recorrido, trecho, itinerario.

3. Medio para conseguir una cosa. *Ese camino que has elegido no me parece el más correcto.* **SIN.** Manera, procedimiento, sistema.

4. de camino expresión De paso a otro lugar. *Paso por la tienda, que me queda de camino al trabajo.*

camión (ca-**mión**) sustantivo masculino

Vehículo grande y pesado que sirve para transportar grandes cargas. *Adelanta a ese camión.*

cambiar

MODO INDICATIVO		MODO SUBJUNTIVO	
Tiempos simples	Tiempos compuestos	Tiempos simples	Tiempos compuestos
Presente	**Pret. perf. compuesto / Antepresente**	**Presente**	**Pret. perf. compuesto / Antepresente**
cambio	he cambiado	cambie	haya cambiado
cambias / cambiás	has cambiado	cambies	hayas cambiado
cambia	ha cambiado	cambie	haya cambiado
cambiamos	hemos cambiado	cambiemos	hayamos cambiado
cambiáis / cambian	habéis cambiado	cambiéis / cambien	hayáis cambiado
cambian	han cambiado	cambien	hayan cambiado
Pret. imperfecto / Copretérito	**Pret. pluscuamperfecto / Antecopretérito**	**Pret. imperfecto / Pretérito**	**Pret. pluscuamperfecto / Antepretérito**
		cambiara o	hubiera o
cambiaba	había cambiado	cambiase	hubiese cambiado
cambiabas	habías cambiado	cambiaras o	hubieras o
cambiaba	había cambiado	cambiases	hubieses cambiado
cambiábamos	habíamos cambiado	cambiara o	hubiera o
cambiabais / cambiaban	habíais cambiado	cambiase	hubiese cambiado
cambiaban	habían cambiado	cambiáramos o	hubiéramos o
		cambiásemos	hubiésemos cambiado
		cambiarais o	hubierais o
Pret. perf. simple / Pretérito	**Pret. anterior / Antepretérito**	cambiaseis / cambiaran o	hubieseis cambiado
		cambiasen	hubieran o
		cambiaran o	hubiesen cambiado
cambié	hube cambiado	cambiasen	
cambiaste	hubiste cambiado		
cambió	hubo cambiado		
cambiamos	hubimos cambiado	**Futuro simple / Futuro**	**Futuro compuesto / Antefuturo**
cambiasteis / cambiaron	hubisteis cambiado		
cambiaron	hubieron cambiado	cambiare	hubiere cambiado
		cambiares	hubieres cambiado
		cambiare	hubiere cambiado
Futuro simple / Futuro	**Futuro compuesto / Antefuturo**	cambiáremos	hubiéremos cambiado
		cambiareis / cambiaren	hubiereis cambiado
		cambiaren	hubieren cambiado
cambiaré	habré cambiado		
cambiarás	habrás cambiado		
cambiará	habrá cambiado	**MODO IMPERATIVO**	
cambiaremos	habremos cambiado		
cambiaréis / cambiarán	habréis cambiado	cambia (tú) / cambiá (vos) / cambie (usted)	
cambiarán	habrán cambiado	cambiad (vosotros)	
		cambien (ustedes)	
Condicional simple / Pospretérito	**Condicional compuesto / Antepospretérito**	**FORMAS NO PERSONALES**	

FORMAS NO PERSONALES	
Infinitivo cambiar	**Infinitivo compuesto** haber cambiado
Gerundio cambiando	**Gerundio compuesto** habiendo cambiado
Participio cambiado	

Condicional simple / Pospretérito column:

Condicional simple / Pospretérito	**Condicional compuesto / Antepospretérito**
cambiaría	habría cambiado
cambiarías	habrías cambiado
cambiaría	habría cambiado
cambiaríamos	habríamos cambiado
cambiaríais / cambiarían	habríais cambiado
cambiarían	habrían cambiado

camioneta

(ca-mio-**ne**-ta) sustantivo femenino

Vehículo más pequeño que el camión, que sirve para transporte de toda clase de mercancías. *Cargó los sacos en la camioneta.*

camisa (ca-**mi**-sa) sustantivo femenino

1. Prenda de vestir, con mangas y cuello, que cubre del cuello a la cintura. *Ponte la camisa azul con esa corbata.*

2. camisa de fuerza expresión La de tela fuerte, abierta por detrás y con las mangas cerradas en los extremos, que se usa para inmovilizar a algunas personas especialmente agresivas. *Aunque se resistía, el enfermero le puso una camisa de fuerza.*

camiseta (ca-mi-**se**-ta) sustantivo femenino

1. Prenda interior que se pone debajo de la camisa. *En invierno lleva camisetas de franela.*

2. Especie de camisa que se ponen algunos deportistas para distinguir un equipo de otro. *La camiseta de su equipo es roja.*

camisón (ca-mi-**són**) sustantivo masculino

Camisa larga usada para dormir. *Le gusta más dormir con camisón que con pijama.*

campamento

(cam-pa-**men**-to) sustantivo masculino

Lugar donde acampa o se establece temporalmente un ejército o un grupo de personas. *Los montañeros tenían su campamento junto al arroyo.*

campana (cam-**pa**-na) sustantivo femenino

1. Instrumento hueco de metal, que suena al ser golpeado con una pieza metálica llamada *badajo*. *Tocan las campanas de la iglesia como señal de alarma.*

2. campana extractora expresión Electrodoméstico que se coloca encima de la cocina para extraer el humo. *Si vas a freír las sardinas, enciende antes la campana extractora.*

campanario

(cam-pa-**na**-rio) sustantivo masculino

Torre donde se colocan las campanas. *Por esa escalera se sube al campanario de la iglesia.*

campanilla

(cam-pa-**ni**-lla) sustantivo femenino

1. Campana pequeña que se toca agitándola con la mano. *Deja de tocar la campanilla.*

2. Trozo de carne que cuelga en la parte posterior del paladar. *Se hizo daño en la campanilla con un trozo de pan.* **SIN.** Úvula.

campaña

(cam-**pa**-ña) sustantivo femenino

1. Campo llano, sin montes. *Las ovejas pastaban en la campaña.* **SIN.** Campiña, llanura.

2. Conjunto de actividades para lograr un fin. *Los políticos realizan campañas electorales.* **SIN.** Plan.

campeón, campeona

(cam-pe-**ón**) sustantivo

Persona que gana o destaca en una competición deportiva, lucha, juego, etc. *María es campeona de tenis.* **SIN.** Vencedor, líder, as.

campeonato

(cam-pe-o-**na**-to) sustantivo masculino

Competición deportiva en que se disputa un premio. *Juega el campeonato de fútbol de primera división.* **SIN.** Concurso, liga.

campesino, campesina

(cam-pe-**si**-no) sustantivo

1. Persona que vive y trabaja en el campo. *Los campesinos están satisfechos por la buena cosecha de este año.* **SIN.** Agricultor, labriego, labrador, aldeano.

2. adjetivo Que pertenece o se refiere al campo. *Algunas casas campesinas tenían molino.* **SIN.** Rural.

campestre (cam-**pes**-tre) adjetivo

1. Que pertenece o se refiere al campo. *Casa campestre.* **SIN.** Silvestre, rústico, campesino.

2. Que se produce o se hace en el campo. *Comida campestre.*

camping (**cam**-ping) sustantivo masculino

Lugar preparado para hacer vida al aire libre, en tiendas de campaña. *Ese camping está muy bien, tiene supermercado y servicio de cafetería.*

✎ También *campin*, cuyo plural es *cámpines*.

campo (**cam**-po) sustantivo masculino

1. Terreno amplio fuera de los pueblos y ciudades. *Los domingos salimos a comer al campo.* **SIN.** Campiña. **ANT.** Ciudad.

2. Terreno cultivable. *La sequía estropeó el campo.* **SIN.** Sembrado, cultivo, plantación, huerto.

3. Espacio real o imaginario que abarca o en el que se desarrolla una cosa. *Trabaja en el campo de la electrónica.* **SIN.** Área, dominio.

4. Terreno preparado para practicar un deporte. *El campo de fútbol estaba encharcado y no se pudo jugar el partido.* **SIN.** Estadio.

5. campo de batalla expresión Lugar donde se desarrolla un combate. *Luchó en varios campos de batalla.*

camuflaje (ca-mu-**fla**-je) sustantivo masculino

Disfraz, cambio en el color, forma o tamaño, que hace que un animal o persona no sea visto con facilidad. *El insecto palo tiene un camuflaje perfecto.*

camuflar (ca-mu-**flar**) verbo

Dar a una cosa la apariencia de otra, o cambiar u ocultar la propia apariencia. *Camuflaron el coche entre la maleza cubriéndolo con ramas.* **SIN.** Ocultar(se).

cana (**ca**-na) sustantivo femenino

Cabello que se ha vuelto blanco. *Tenía canas aunque era todavía muy joven.*

canal (ca-**nal**) sustantivo masculino

1. Paso natural o construido artificialmente para comunicar dos mares. *El canal de la Mancha está situado entre Francia e Inglaterra.*

2. Paso construido para que el agua tome la dirección deseada y sirva a un fin concreto. *Un canal riega la huerta.* **SIN.** Acequia.

3. Emisora de radio o televisión. *Cambia de canal, que van a poner nuestro programa favorito.*

canalizar (ca-na-li-**zar**) verbo

1. Abrir o hacer canales. *Estaban canalizando el terreno.*

2. Dirigir por un lugar determinado las aguas de un río o arroyo. *Los ingenieron canalizaron el río por ese valle.* **SIN.** Encauzar.

3. Dirigir hacia un mismo fin varias actividades, opiniones, iniciativas, etc. *Debemos canalizar nuestros esfuerzos.*

canalla (ca-na-**lla**) sustantivo

Persona despreciable y de malas intenciones. *Se portó como un canalla.* **SIN.** Sinvergüenza.

canalón (ca-na-**lón**) sustantivo masculino

Conducto que recibe y vierte el agua de los tejados. *El granizo atascó los canalones.*

canapé (ca-na-**pé**) sustantivo masculino

Aperitivo consistente en una rebanada de pan sobre la que se extienden o colocan otros alimentos. *Le encantan los canapés de salmón.*

canasta (ca-**nas**-ta) sustantivo femenino

1. Cesto de mimbre con dos asas. *Traía la canasta llena de fruta.* **SIN.** Cesto, canasto, banasto.

2. En baloncesto, aro metálico del que cuelga una red, montada a bastante altura a cada extremo de la cancha. *El balón entró en la canasta.*

canastilla
(ca-nas-**ti**-lla) sustantivo femenino

Ropa que se prepara para el niño que va a nacer. *Ya tiene la canastilla preparada y todavía faltan más de tres meses para que nazca el niño.* **SIN.** Equipo.

canasto (ca-**nas**-to) sustantivo masculino

Cesta de forma cilíndrica. *Llenó el canasto de ropa.*

cancelar (can-ce-**lar**) verbo

Anular algo que estaba previsto. *Canceló la visita de esta semana por motivos de salud.* **SIN.** Derogar, suprimir, eliminar. **ANT.** Confirmar.

cáncer (**cán**-cer) sustantivo masculino

1. Tumor maligno que destruye los tejidos del cuerpo. *La medicina ha hecho grandes avances en el tratamiento del cáncer.*

2. Problema o mal social que avanza rápidamente. *El terrorismo es un cáncer social.*

cancha (**can**-cha) sustantivo femenino

Lugar donde se practican diversos deportes, sobre todo los de pelota. *Hemos alquilado la cancha de tenis para esta tarde.*

canción (can-**ción**) sustantivo femenino

1. Composición en verso que se canta. *Es un gran compositor de canciones de amor.* **SIN.** Copla, romanza, tonada.

2. canción de cuna expresión Canción para dormir a los niños. *Entonó una canción de cuna para dormir a su bebé.*

cancionero
(can-cio-**ne**-ro) sustantivo masculino

Colección de canciones y poemas, generalmente de diversos autores. *Una* de las joyas de la literatura española es el Cancionero de Baena.

candado (can-**da**-do) sustantivo masculino

Cerradura suelta metida dentro de una caja de metal. *Pon un candado en la puerta del corral.*

candelabro
(can-de-**la**-bro) sustantivo masculino

Soporte con brazos para colocar velas. *Tenía unos candelabros de plata.*

candelero
(can-de-**le**-ro) sustantivo masculino

1. Utensilio que sirve para colocar una vela, manteniéndola derecha. **SIN.** Palmatoria. *Tenía un precioso candelero de bronce.*

2. estar, o poner, en el candelero expresión Expresa la gran publicidad y fama de algo o alguien. *Esa actriz está ahora en el candelero.*

candidato, candidata
(can-di-**da**-to) sustantivo

Persona que desea ocupar algún cargo o que es propuesta por otros para ocuparlo. *Se presentó como candidato a la presidencia.*

cándido, cándida (**cán**-di-do) adjetivo

Sencillo, que no tiene malicia y no desconfía de los demás. *No me extraña que todo el mundo te engañe, eres una cándida.* **SIN.** Sincero, bueno. **ANT.** Malicioso.

candil (can-**dil**) sustantivo masculino

Lámpara de aceite. *Encendieron el candil.* **SIN.** Farolillo, quinqué.

candor (can-**dor**) sustantivo masculino

Gran sinceridad y sencillez. *Le agrada el candor de los niños.* **SIN.** Inocencia. **ANT.** Malicia.

canela (ca-**ne**-la) sustantivo femenino

Sustancia aromática, de color marrón y sabor agradable. *Siempre le echa un poquito de canela por encima al arroz con leche.*

canesú (ca-ne-**sú**) sustantivo masculino
Pieza superior de una camisa o blusa. *La camisa era azul, con el canesú de rayas azules y blancas.*
✎ Su plural es *canesús.*

cangrejo (can-**gre**-jo) sustantivo masculino
Animal comestible, con pinzas y cubierto de un caparazón duro. Hay cangrejos de mar y cangrejos de río. *Por las noches íbamos al río a pescar cangrejos.*

canguro (can-**gu**-ro) sustantivo masculino
1. Animal que anda a saltos por tener las extremidades delanteras mucho más cortas que las posteriores. Lleva a sus crías en una pequeña bolsa que tiene en el vientre. *Cuando estuvimos en Australia, vimos muchos canguros.*
2. Persona contratada por horas para cuidar niños. *Esta noche necesitaremos canguro si vamos al cine.*

caníbal (ca-**ní**-bal) adjetivo y sustantivo
Se dice de la persona que come carne humana. *Tengo un libro sobre antiguos pueblos caníbales.*

canica (ca-**ni**-ca) sustantivo femenino
Bola de vidrio, barro, acero, etc. que se emplea en un juego infantil. *Colecciona canicas de cristal de colores.*

canijo, canija (ca-**ni**-jo) adjetivo y sustantivo
Se dice de la persona débil y enfermiza. *El médico le recetó unas vitaminas porque estaba un poco canijo.* **SIN.** Enclenque, raquítico. **SIN.** Fuerte, robusto, sano.

canino, canina (ca-**ni**-no) adjetivo
1. Que se refiere al perro o es propio de él. *Alimentación canina.* **SIN.** Perruno.
2. sustantivo masculino Colmillo, diente. *Le están saliendo los caninos.*

canjear (can-je-**ar**) verbo
Hacer un cambio. *Canjearon los productos deteriorados por otros en bue-* nas condiciones. **SIN.** Sustituir, trocar, cambiar.

canoa (ca-**no**-a) sustantivo femenino
Embarcación de remo muy estrecha. *Navegamos por el río en una canoa.* **SIN.** Piragua, bote.

canonizar (ca-no-ni-**zar**) verbo
Declarar la Iglesia católica santa a una persona. *La canonizaron en una solemne ceremonia.*
✎ Se conjuga como *abrazar.*

cansancio (can-**san**-cio) sustantivo masculino
Falta de fuerzas. *Siento cansancio porque he dormido mal esta noche.* **SIN.** Fatiga, agotamiento. **ANT.** Energía, fuerza, viveza.

cansar (can-**sar**) verbo
1. Causar o sentir cansancio. *Se cansaba mucho y no pudo acabar de jugar el partido de fútbol.* **SIN.** Aburrir(se), fatigar(se), derrengar(se). **ANT.** Descansar.
2. Causar o sentir molestia, enfado o aburrimiento. *Me cansan mucho tus bromas, no te aguanto más.* **SIN.** Molestar(se), incordiar.

cantante (can-**tan**-te) sustantivo
Persona que se dedica a cantar como profesión. *Le gustaría ser cantante de rock.*

cantaor, cantaora (can-ta-**or**) sustantivo
Persona que se dedica profesionalmente a ser cantante de flamenco. *Trabajaba como cantaor en un tablao flamenco.*

cantar (can-**tar**) verbo
1. Producir con la boca, por medio de la voz, sonidos musicales. *Cantamos una canción en su fiesta de cumpleaños.* **SIN.** Interpretar, entonar, vocalizar.
2. Confesar un secreto. *El ladrón cantó, nos dijo dónde había escondido el dinero.* **SIN.** Revelar, descubrir. **ANT.** Callar.

3. sustantivo masculino Poema breve que tiene música. *Mi abuela me enseñó los cantares tradicionales de su pueblo.* **SIN.** Copla, canción.

cántaro

(**cán**-ta-ro) sustantivo masculino

Vasija grande de barro o metal. *Fue a buscar agua a la fuente con un cántaro.* **SIN.** Ánfora, jarro.

cante (**can**-te) sustantivo masculino

Cualquier tipo de canto popular. *Le gusta el cante flamenco.*

cantera (can-te-ra) sustantivo femenino

1. Lugar de donde se saca piedra. *Trabajo en una cantera de mármol.*

2. Lugar, institución, etc., de los que provienen personas con especial talento para alguna actividad. *Esa región del norte del país tiene una fabulosa cantera de futbolistas.*

cantidad

(can-ti-**dad**) sustantivo femenino

1. Cualidad de las cosas que se pueden medir o contar. *Resuelve el problema hallando la cantidad exacta de ganancias que tiene la empresa al año.* **SIN.** Medida, número.

2. Porción o número grande de algo. *Puedes llevarte algunas manzanas, tengo cantidad.*

3. Suma indeterminada de dinero. *Cada uno pagará la cantidad que le corresponda.* **SIN.** Cuota, parte.

cantimplora

(can-tim-**plo**-ra) sustantivo femenino

Vasija plana y forrada que sirve para llevar agua y otros líquidos. *Si vas de excursión a la montaña, no olvides llevar tu cantimplora.*

cantinflear (can-tin-**fle**-ar) verbo

Hablar de manera disparatada y sin sentido. *En México, todos cantinflean, y en el cantinfleo mexicano no hay respeto ni por nada ni por nadie.*

canto (**can**-to) sustantivo masculino

1. Acción de producir con la voz sonidos melodiosos. *Daba lecciones de canto. Le gustaba escuchar el canto de los pájaros.* **SIN.** Canción, melodía, tonada.

2. Poema breve. *Compuso un canto a la naturaleza.*

3. Piedra pequeña. *El niño se entretuvo tirando cantos al río.*

4. Extremo o lado de una cosa. *Se dio con el canto de la mesa.* **SIN.** Arista, esquina, borde.

canturrear (can-tu-rre-**ar**) verbo

Cantar a media voz y con monotonía mientras se está haciendo otra cosa. *Canturreaba mientras limpiaba el polvo.*

caña (**ca**-ña) sustantivo femenino

1. Planta de hojas anchas cuyo esbelto tallo puede tener hasta 3 o 4 metros de altura. *Las cañas crecen en los terreños húmedos.* **SIN.** Bambú, mimbre, junco.

2. En algunos lugares, vaso de cerveza. *Tomamos una caña y una ración de calamares fritos.*

3. caña de pescar expresión Vara de la que cuelga un hilo fuerte. En el hilo se engancha el anzuelo y ahí se pone el cebo para atrapar a los peces. *He pescado dos truchas con la caña de pescar que me regalasteis por mi cumpleaños.*

cañería (ca-ñe-**rí**-a) sustantivo femenino

Conducto formado por varios tubos por donde se distribuyen el agua o el gas. *Hay una fuga en la cañería del agua.* **SIN.** Tubería.

caño (**ca**-ño) sustantivo masculino

1. Tubo corto de metal, vidrio o barro. *Vi una fuente con tres caños.*

2. Líquido que sale de un orificio formando un chorro. *El caño tenía tanta presión que no se podía beber directamente.*

cañón (ca-**ñón**) sustantivo masculino

1. Arma de fuego de artillería. *El obús es un tipo de cañón.*

2. Tubo de un arma de fuego por donde sale el proyectil. *Le apuntó con el cañón del fusil.*

3. Paso estrecho entre dos montañas. *Gran Cañón del Colorado.* **SIN.** Garganta, desfiladero.

caos (ca-os) sustantivo masculino

Estado de desorden de las cosas. *Su habitación era un caos, con toda la ropa por el suelo.* **SIN.** Embrollo. **ANT.** Orden.

capa (ca-pa) sustantivo femenino

1. Ropa larga y suelta, sin mangas y abierta por delante, que se usa sobre los vestidos. *Se colocó su capa y su sombrero y salió a dar una vuelta.* **SIN.** Manto, capote.

2. Cada una de las aplicaciones de una sustancia o material que cubre algo. *He dado dos capas de pintura a la puerta.* **SIN.** Baño.

capacidad

(ca-pa-ci-**dad**) sustantivo femenino

1. Espacio que tiene una cosa para contener otras. *La plaza de toros tiene capacidad para 10 000 personas.* **SIN.** Cabida, aforo, espacio.

2. Cualidades o condiciones que tiene una persona para hacer algo. *Juan tiene mucha capacidad para jugar al baloncesto.* **SIN.** Facultad, habilidad. **ANT.** Ineptitud.

capar (ca-**par**) verbo

Extirpar o inutilizar los órganos genitales. *El veterinario capó el cerdo.* **SIN.** Castrar.

caparazón

(ca-pa-ra-**zón**) sustantivo masculino

Cubierta dura que envuelve a algunos animales. *El cangrejo y la tortuga tienen caparazón.* **SIN.** Concha.

capataz (ca-pa-**taz**) sustantivo masculino

Persona que vigila y manda a un grupo de trabajadores. *Eran órdenes del capataz.* **SIN.** Vigilante.

✎ Su plural es *capataces.*

capaz (ca-**paz**) adjetivo

Con habilidad o con capacidad suficiente para hacer determinada cosa. *No se consideraba capaz de hacerlo.* **SIN.** Hábil, apto. **ANT.** Incapaz, inepto.

✎ Su plural es *capaces.*

capellán (ca-pe-**llán**) sustantivo masculino

Sacerdote que dice misa y se ocupa de una capilla privada. *Era el capellán del convento.*

caperuza (ca-pe-**ru**-za) sustantivo femenino

Gorro terminado en punta e inclinado hacia atrás. *La capa tenía una caperuza que cubría la cabeza.* **SIN.** Capucha.

capicúa

(ca-pi-**cú**-a) adjetivo y sustantivo masculino

Se dice de los números que son iguales si se leen de izquierda a derecha que si se leen de derecha a izquierda. *El 6776 es capicúa.*

capilla (ca-**pi**-lla) sustantivo femenino

1. Lugar dedicado a la oración. *Fue a rezar a la capilla.*

2. capilla ardiente expresión Lugar en que se vela el cadáver de una persona que acaba de morir. *Enviaron flores a la capilla ardiente del bombero que les salvó la vida.*

capital (ca-pi-**tal**) adjetivo

1. Importante o destacado. *Es de capital importancia para mí pasar de curso.* **SIN.** Esencial, básico, principal. **ANT.** Insignificante, mínimo, secundario, menor.

2. sustantivo femenino Ciudad en la que viven los gobernantes de una provincia, nación, etc. *La capital de Estados Unidos es Washington D. C.*

3. sustantivo masculino Dinero, fincas, joyas, etc., que posee alguien. *El abuelo ha dejado un gran capital en herencia.* **SIN.** Riqueza.

capitán, capitana
(ca-pi-**tán**) sustantivo

1. Oficial del ejército, superior a un teniente e inferior a un comandante. *Pidió permiso al capitán para salir del cuartel.*

✎ En el Ejército, se usa la forma *la capitán* para el femenino.

2. Persona que manda en un barco. *En un naufragio el capitán es el último en abandonar el barco.*

3. Jefe de un equipo deportivo. *Han nombrado a mi hermano capitán del equipo de fútbol.*

capítulo (ca-**pí**-tu-lo) sustantivo masculino
Parte de un libro o escrito que trata de un mismo tema. *Estoy leyendo el primer capítulo de la novela.* **SIN.** Apartado, sección.

capota (ca-**po**-ta) sustantivo femenino
Cubierta plegable de algunos coches. *Sube la capota que llueve.*

capote (ca-**po**-te) sustantivo masculino
Capa corta para torear. *El torero dio unos pases con el capote.*

capricho (ca-**pri**-cho) sustantivo masculino
Deseo repentino e innecesario de algo. *Este niño tiene muchos caprichos.* **SIN.** Antojo, obstinación.

cápsula (**cáp**-su-la) sustantivo femenino
1. Cabina donde están los mandos en una nave espacial y viajan los tripulantes. *Cápsula espacial.*

2. Envoltorio digestible de algunos medicamentos. *El médico le recetó unas cápsulas para la gripe.*

captar (cap-**tar**) verbo
1. Percibir por medio de los sentidos. *Captamos algunos ruidos extraños con el sensor.*

2. Darse cuenta, percatarse de algo. *Captó en seguida la indirecta.* **SIN.** Percibir, entender.

3. Atraer el afecto o la atención de una persona. *Se captó las simpatías de todos.* **SIN.** Seducir, conquistar. **ANT.** Rechazar.

capturar (cap-tu-**rar**) verbo
Apresar a una persona o animal. *La policía capturó al delincuente.* **SIN.** Arrestar, detener, sujetar. **ANT.** Soltar, liberar, perder.

capturista
(cap-tu-**ris**-ta) sustantivo masculino y femenino
Persona que trabaja haciendo acopio de datos a través de un ordenador o computadora. *Las empresas solicitan capturistas de datos para registrar y procesar información de vital importancia para el futuro de la empresa.*

capucha (ca-**pu**-cha) sustantivo femenino
Gorro puntiagudo que sirve para cubrir la cabeza y que puede caer sobre la espalda. *Ponte la capucha, que está nevando.*

capullo (ca-**pu**-llo) sustantivo masculino
Brote o yema de las flores. *Cortamos unos capullos de rosa.*

caqui
(**ca**-qui) adjetivo y sustantivo masculino
1. Tela de algodón o de lana, cuyo color varía desde el amarillo ocre al verde gris. *Van vestidos de caqui.*

2. Color de esta tela. *Es la de la falda color caqui.*

cara (**ca**-ra) sustantivo femenino
1. Parte anterior de la cabeza de las personas y animales que va de la frente hasta la barbilla. *En la cara tenemos los ojos, la boca y la nariz.* **SIN.** Rostro, faz.

2. Expresión del rostro. *Después de descansar un rato tenía muy buena cara.* **SIN.** Aspecto.

3. Superficie de algunos objetos, sobre todo de los planos. *Una moneda tiene dos caras.*

4. dar la cara expresión Hacer frente a una situación. *Ya que te has comportado mal, da la cara y pídele perdon a tu hermano.*

carabela (ca-ra-**be**-la) sustantivo femenino
Antigua embarcación a vela, larga y estrecha. *Cristóbal Colón descubrió América con tres carabelas.*

caracol (ca-ra-**col**) sustantivo masculino
Animal invertebrado comestible, cuyo cuerpo está protegido con una concha. *Mi padre preparó caracoles para comer.*

caracola (ca-ra-**co**-la) sustantivo femenino
Caracol marino grande de forma cónica. *Al soplar la concha de las caracolas se obtiene un sonido.*

carácter (ca-**rác**-ter) sustantivo masculino
1. Modo de ser de cada persona. *Tiene muchos amigos por su buen carácter.* **SIN.** Temperamento, personalidad, naturaleza.
2. Letra o palabra de un sistema de escritura. *Este libro está escrito en caracteres chinos.* **SIN.** Signo.
3. Firmeza o fortaleza de ánimo. *Tiene mucho carácter para soportar las adversidades.* **SIN.** Entereza, energía. **ANT.** Debilidad.
✎ Se pronuncia /karak'téres/.

caracterizar (ca-rac-te-ri-**zar**) verbo
1. Poseer una persona o cosa ciertas características o cualidades que las distinguen de otras. *Mi abuela se caracteriza por su bondad.* **SIN.** Distinguir(se).
2. caracterizarse Vestirse un actor conforme a la figura que ha de representar. *Se caracterizó como Groucho Marx.*
✎ Se conjuga como *abrazar.*

caradura (ca-ra-**du**-ra) adjetivo y sustantivo
Se dice de la persona descarada y atrevida. *Ese individuo es un caradura y no me merece confianza.*

caramelo (ca-ra-**me**-lo) sustantivo masculino
Pasta de azúcar endurecida. *Le encantan los caramelos de limón.*

caravana (ca-ra-**va**-na) sustantivo femenino
1. Grupo de personas y animales que se reúnen para atravesar juntos el desierto. *Cuando estuvimos en el desierto, nos encontramos con varias caravanas.*
2. Fila de vehículos en la carretera, que van muy despacio y en la misma dirección. *Nos topamos con una caravana para salir de Madrid.*
3. Remolque habitable. *Les gusta ir de viaje con su caravana.*

carbón (car-**bón**) sustantivo masculino
Materia sólida, negra y que arde fácilmente, que se quema para producir calor y energía. *Trabajaba en una mina de carbón.*

carbonizar (car-bo-ni-**zar**) verbo
Convertirse en carbón un cuerpo que ha sido quemado. *El incendio lo carbonizó todo.* **SIN.** Calcinar(se), quemar(se).
✎ Se conjuga como *abrazar.*

carcajada (car-ca-**ja**-da) sustantivo femenino
Risa impetuosa y ruidosa. *Soltó una carcajada cuando le conté este chiste.* **SIN.** Risotada.

cárcel (**cár**-cel) sustantivo femenino
Edificio donde se custodia a las personas que han cometido un delito. *Le condenaron a tres años de cárcel.* **SIN.** Prisión, penal, penitenciaría, presidio.

carcoma (car-**co**-ma) sustantivo femenino
Insecto cuya larva roe y taladra la madera, y polvo que deja este insecto al roer la madera. *Ese viejo baúl tiene carcoma.*

cardenal (car-de-nal) sustantivo masculino

1. Cada uno de los obispos que forman el consejo del papa. *Los cardenales acudieron al concilio.*

2. Mancha amoratada que aparece en la piel como consecuencia de un golpe. *Se dio un golpe en la rodilla y le salió un cardenal.*

cardíaco, cardíaca (car-dí-a-co) adjetivo

Que pertenece o se refiere al corazón. *Tuvo un paro cardíaco.*

✎ También *cardiaco*.

cardinal (car-di-nal) adjetivo

1. Se dice de cada uno de los cuatro puntos que sirven para orientarse. *Los puntos cardinales son: Norte, Sur, Este y Oeste.*

2. adjetivo y sustantivo masculino Se dice del número que expresa cuántas son las personas o cosas de que se trata, sin indicar su orden. *Cuatro es un numeral cardinal.*

cardo (car-do) sustantivo masculino

Planta de hojas grandes y espinosas. *El monte estaba lleno de cardos.*

carecer (ca-re-cer) verbo

No tener alguna cosa. *El vagabundo carece de casa.* **SIN.** Faltar, estar desprovisto. **ANT.** Poseer, tener.

✎ Verbo irregular, se conjuga como *parecer*.

carencia (ca-ren-cia) sustantivo femenino

Falta de alguna cosa. *El médico le dijo que tenía carencia de vitaminas.* **SIN.** Escasez. **ANT.** Sobra.

careta (ca-re-ta) sustantivo femenino

Máscara de cartón u otra materia utilizada para cubrir la cara. *Las personas que practican esgrima llevan una careta de red metálica.* **SIN.** Antifaz.

carga (car-ga) sustantivo femenino

1. Acción de cargar. *Ayudó en la carga de los sacos.* **ANT.** Descarga.

2. Lo que se transporta a hombros o en un vehículo. *El coche no podía correr mucho porque llevaba una carga muy pesada.* **SIN.** Fardo, bulto, embalaje, paquete.

3. Obligación propia de un estado, empleo o profesión. *Tenía muchas cargas familiares.* **SIN.** Deber.

4. Molestia, aflicción. *Llevaba con resignación sus cargas.* **SIN.** Peso.

cargante (car-gan-te) adjetivo

Que molesta o cansa por su insistencia o modo de ser. *Cuando tiene sueño, se pone muy cargante.* **SIN.** Insoportable, fastidioso.

cargar (car-gar) verbo

1. Poner cosas sobre algo o alguien para ser transportadas. *Cargaron los sacos en el remolque del tractor.* **ANT.** Descargar.

2. Llenar un aparato con lo que necesita para funcionar. *Tienes que cargar la batería del coche.*

3. Causar molestias o cansancio. *Me carga con sus continuas protestas.* **SIN.** Enojar, fastidiar, molestar. **ANT.** Satisfacer, agradar.

4. Suspender un examen. *He cargado las Matemáticas.*

5. cargarse a alguien expresión Matarle, asesinarle. *Los gánsteres se cargaron a mucha gente.*

✎ Se conjuga como *ahogar*.

cargo (car-go) sustantivo masculino

1. Empleo de una persona. *Ocupa el cargo de director comercial.* **SIN.** Destino, función, plaza.

2. Custodia que se tiene sobre alguien o algo. *Tiene dos niños a su cargo.* **SIN.** Cuidado.

3. Falta o delito que se atribuye a alguien. *El juez juzgó los cargos que se le imputaban.* **SIN.** Acusación, imputación.

caricatura

(ca-ri-ca-**tu**-ra) sustantivo femenino

Representación gráfica o literaria de una persona o cosa en la que se deforman su aspecto o carácter. *Me hizo una caricatura en la que solo se me veían las orejas.* **SIN.** Parodia, ridiculización.

caricia (ca-**ri**-cia) sustantivo femenino

Demostración de cariño que alguien realiza con la mano. *A este gato le encanta que le hagan caricias.* **SIN.** Mimo, zalamería.

caridad (ca-ri-**dad**) sustantivo femenino

Sentimiento que nos impulsa a ayudar a los demás. *Le ayudé por caridad, al verle tan necesitado.* **SIN.** Amor, misericordia, compasión, generosidad. **ANT.** Envidia, egoísmo, inhumanidad.

caries (**ca**-ries) sustantivo femenino

Picadura de la dentadura. *Tenía caries en una muela y se la tuvieron que empastar.*

✎ Es igual en plural y en singular.

cariño (ca-**ri**-ño) sustantivo masculino

1. Sentimiento de amor hacia los demás. *La madre tiene cariño a su bebé.* **SIN.** Ternura, afecto. **ANT.** Aversión, odio, enemistad.

2. Afecto a las cosas. *La casa es vieja, pero le tengo cariño.* **SIN.** Apego, estima, afición.

3. Cuidado, esmero en hacer una cosa. *Lo hizo con todo cariño porque era para ti.*

carisma (ca-**ris**-ma) sustantivo masculino

Don que tienen algunas personas para agradar y atraer a los demás con su presencia. *Es un político con mucho carisma.*

caritativo, caritativa

(ca-ri-ta-**ti**-vo) adjetivo

Se dice de la persona que practica la caridad. *Es una persona muy caritativa,* que siempre trata de ayudar a las personas necesitadas. **SIN.** Compasivo, desinteresado.

carmesí

(car-me-**sí**) adjetivo y sustantivo masculino

De color rojo intenso. *La blusa era de color carmesí.* **SIN.** Colorado, encarnado, rojo.

✎ Su plural es *carmesíes.*

carnaval (car-na-**val**) sustantivo masculino

Fiesta que se celebra el día anterior al miércoles de ceniza, en la que es frecuente disfrazarse. *Salió disfrazada en carnaval.*

carne (**car**-ne) sustantivo femenino

1. Parte blanda y muscular del cuerpo de los animales. *Compró dos kilos de carne de ternera.*

2. Parte más sabrosa de una fruta. *Estos melocotones tienen una carne muy sabrosa.*

3. Alimento constituido por los animales terrestres y aves. *No deberías comer tanta carne.*

4. ser de carne y hueso expresión Sentir los sufrimientos de la vida. *No puedo trabajar más, soy de carne y hueso.*

carné (car-**né**) sustantivo masculino

Documento o tarjeta de una persona con su fotografía, nombre, apellidos, etc., que demuestra quién es esa persona o si pertenece a un club, a un colegio, etc. *El policía no creyó que era él hasta que vio su carné de identidad.*

✎ Su plural es *carnés.*

carnero (car-**ne**-ro) sustantivo masculino

Animal mamífero con cuernos en espiral, muy apreciado por su carne y por su lana. *En aquel rebaño había ocho carneros.*

carnicería (car-ni-ce-**rí**-a) sustantivo femenino

1. Tienda donde se vende carne. *Compra en la carnicería unas chuletas de cerdo.*

2. Elevado número de personas muertas causado por la guerra u otra catástrofe. *El bombardeo del centro de la ciudad fue una auténtica carnicería.* **SIN.** Degollina, hecatombe, matanza.

carnicero, carnicera

(car-ni-**ce**-ro) adjetivo y sustantivo

1. Se dice del animal que da muerte a otros para comérselos. *El león es un animal carnicero.* **SIN.** Carnívoro.

2. sustantivo Persona que vende carne. *Su padre trabaja como carnicero en un supermercado.*

carnívoro, carnívora

(car-**ní**-vo-ro) adjetivo y sustantivo

1. Se dice del animal que come carne. *El gato es un animal carnívoro.*

2. Se dice de las plantas que se alimentan de insectos. *No te acerques a esa planta, es carnívora.*

caro, cara

(**ca**-ro) adjetivo y adverbio

Se dice de aquellos artículos que pasan o exceden de su precio normal. *No puedo permitirme comprar ropa muy cara.* **SIN.** Costoso. **ANT.** Barato.

carpa (**car**-pa) sustantivo femenino

1. Pez comestible, de agua dulce, verdoso por encima y amarillo por abajo, con boca pequeña, escamas grandes y una sola aleta en la espalda. *Pide carpas escabechadas.*

2. Construcción de lona, montable y desmontable, en la que se venden o exponen cosas o se dan funciones de circo. *En la carpa de exposiciones de la feria había objetos interesantes.* **SIN.** Pabellón, toldo, tenderete.

3. En hispanoamérica, tienda de campaña. *El grupo de montañismo ya se ha dividido para montar las carpas.*

carpeta (car-**pe**-ta) sustantivo femenino

Cartera plana para guardar papeles o libros. *Como no tenía mesa, se apoyó en la carpeta para escribir.* **SIN.** Cartapacio, archivador.

carpintería

(car-pin-te-**rí**-a) sustantivo femenino

1. Taller donde trabaja el carpintero. *Fue a la carpintería a serrar unas maderas.* **SIN.** Ebanistería, taller.

2. Oficio y arte del carpintero. *Está aprendiendo carpintería.*

carpintero, carpintera

(car-pin-**te**-ro) sustantivo

Persona cuya profesión consiste en trabajar la madera. *Un carpintero me hizo las sillas y la mesa del comedor.*

carrera (ca-**rre**-ra) sustantivo femenino

1. Paso rápido de una persona o de un animal para ir de un sitio a otro. *Echó una carrera hasta la oficina porque llegaba tarde.*

2. Competición de velocidad entre personas, animales o vehículos. *Fuimos a ver una carrera de motos.* **SIN.** Prueba, certamen.

3. Profesión y estudios que requiere. *Hizo la carrera de Medicina.* **SIN.** Licenciatura.

4. Trayectoria profesional. *Su carrera en todos estos años de trabajo es intachable.*

carrerilla (ca-rre-**ri**-lla) sustantivo femenino

1. Carrera breve para tomar impulso y saltar. *Tomó carrerilla y saltó al arroyo.*

2. aprender, o saber, de carrerilla expresión Saber algo de memoria. *Mi hermana se sabe de carrerilla la tabla de multiplicar.*

carreta (ca-**rre**-ta) sustantivo femenino

Carro largo, estrecho y bajo. *Llevaba la carreta cargada de sacos de harina.* **SIN.** Carromato.

carrete (ca-**rre**-te) sustantivo masculino

1. Cilindro taladrado por el eje que sirve para enrollar en él hilos, cordones, alambres, etc. *Compré un carrete de hilo para coser.* **SIN.** Bobina, canilla.

2. Rueda en que llevan los pescadores rodeado el sedal. *Se le atascó el carrete de la caña de pescar.*

3. Rollo de película para hacer fotografías. *Mis abuelos tienen una cámara analógica, y después de las vacaciones, siempre van a revelar sus fotos.*

carretera (ca-rre-**te**-ra) sustantivo femenino
Camino público asfaltado por el que circulan los vehículos. *Había un gran atasco en la carretera porque los semáforos estaban estropeados.*

carretilla (ca-rre-**ti**-lla) sustantivo femenino
Carro pequeño de mano, con una rueda delantera y dos varas detrás para conducirlo. *Lleva los ladrillos en la carretilla.*

carril (ca-**rril**) sustantivo masculino
1. En una calle o carretera, cada banda longitudinal destinada al paso de una sola fila de vehículos. *En esa autopista había tres carriles.*
2. Cada una de las dos barras por las que avanzan los trenes. *El tren se salió del carril y provocó un accidente.* **SIN.** Raíl, vía.

carrillo (ca-**rri**-llo) sustantivo masculino
Parte carnosa de la cara, que va desde los pómulos hasta la mandíbula. *Tenía inflamado el carrillo por la infección de la muela.* **SIN.** Moflete, mejilla.

carriola (ca-**rrio**-la) sustantivo femenino
Carro pequeño donde se transporta a los bebés. *Si vas a pasear por las calles de la ciudad ten en consideración una carriola con asientos suaves y cómodos para tu bebé.*

carro (ca-**rro**) sustantivo masculino
1. Carruaje de dos ruedas, con una vara para enganchar los animales que tiran de él. *Una pareja de vacas tiraba del carro.* **SIN.** Carreta.
2. En América se llama así a los automóviles. *Estacionó el carro en la acera de enfrente.*

3. carro de combate expresión Tanque. *Mi hermano pertenece a una unidad de carros de combate.*

carrocería
(ca-rro-ce-**rí**-a) sustantivo femenino
Cubierta exterior metálica de un vehículo y que determina su forma. *Me gusta la carrocería de ese coche.*

carromato (ca-rro-**ma**-to) sustantivo masculino
Carro grande con toldo. *Los de la compañía ambulante de teatro pasaron por aquí con sus carromatos.*

carroza (ca-**rro**-za) sustantivo femenino
1. Carruaje grande ricamente adornado. *En la cabalgata de Reyes salieron muchas carrozas.*
2. sustantivo Persona que se comporta y piensa de forma anticuada. *Es un carroza, se escandaliza de todo lo que hacen los jóvenes.* **SIN.** Carca.

carruaje (ca-**rrua**-je) sustantivo masculino
Vehículo formado por un armazón de madera o hierro montado sobre ruedas. *Dieron una vuelta turística montados en un carruaje.* **SIN.** Calesa.

carrusel (ca-rru-**sel**) sustantivo masculino
Atracción de feria consistente en unos aparatos fijados alrededor de un eje, que dan vueltas uno detrás de otro. *Montó en un carrusel de la feria.* **SIN.** Tiovivo.

carta (**car**-ta) sustantivo femenino
1. Escrito que se manda por correo dentro de un sobre. *Me escribió una carta muy larga.*
2. Cada una de las cartulinas que forman la baraja. *Cuando llueve, solemos jugar a las cartas.* **SIN.** Naipe.
3. Mapa en el que se dibujan ríos, mares, montañas, etc. *Las cartas de navegación indican el rumbo.*

cartel (car-**tel**) sustantivo masculino
Papel que contiene avisos, noticias, anuncios, etc., y que se fija en algún

lugar público. *Colocaron los carteles de las fiestas por toda la ciudad.* **SIN.** Anuncio.

cartelera (car-te-**le**-ra) sustantivo femenino
Armazón adecuado para fijar carteles. *Esa película lleva en cartelera un montón de semanas.*

cartera (car-te-ra) sustantivo femenino
1. Utensilio plegable de bolsillo que sirve para llevar dinero, papeles y documentos. *Siempre lleva el carné de identidad en la cartera.* **SIN.** Monedero, billetero.
2. Bolsa para guardar libros, documentos, etc. *Lleva la cartera llena de libros.*

carterista (car-te-**ris**-ta) sustantivo
Ladrón que roba carteras de bolsillo. *Un carterista le robó el bolso.*

cartero, cartera (car-te-ro) sustantivo
Repartidor del correo. *El cartero nos trajo un paquete.*

cartilla (car-**ti**-lla) sustantivo femenino
1. Libro para aprender a leer. *Cada alumno lleva su cartilla a clase.* **SIN.** Silabario, abecedario.
2. leer la cartilla expresión Reprender a alguien. *Como sigas así de caprichoso, te voy a tener que leer la cartilla.*

cartón (car-**tón**) sustantivo masculino
1. Hoja gruesa y resistente de pasta de papel formada por un conjunto de hojas, superpuestas y unidas a presión. *Tengo mi colección de conchas guardada en una caja de cartón.*
2. cartón piedra expresión Pasta de cartón o papel, yeso y aceite secante que, después de seca, adquiere la dureza de la piedra. *Compré una figura en cartón piedra para decorar.*

cartucho (car-**tu**-cho) sustantivo masculino
Cilindro metálico, de cartón o plástico, que contiene la pólvora necesaria para hacer disparar un arma de fuego. *Compró cartuchos en una armería.*

cartulina (car-tu-**li**-na) sustantivo femenino
Cartón delgado, fino y limpio. *Haced el dibujo en una cartulina.*

casa (**ca**-sa) sustantivo femenino
1. Edificio para habitar. *Enfrente del parque han construido una casa.*
2. Piso o parte de una casa en que vive una familia o una persona. *Le encantaba pasar los domingos en su casa.* **SIN.** Vivienda.
3. Familia que tiene un mismo apellido y origen. *El rey de España, don Juan Carlos, pertenece a la casa de los Borbones.* **SIN.** Linaje, estirpe.
4. Empresa industrial o mercantil. *En esta casa trabajan más de 50 mecánicos.* **SIN.** Firma.
5. de andar por casa expresión Se dice de procedimientos, soluciones, explicaciones, etc., de poco valor y sin profesionalidad. *No soy fontanero, pero hago trabajos de fontanería de andar por casa.*

casar (ca-**sar**) verbo
1. Unir a dos personas para que formen un matrimonio. *Nos hemos casado.* **SIN.** Desposar(se). **ANT.** Separar(se), divorciar(se).
2. Unir o juntar una cosa con otra. *Uní las baldosas casando los dibujos.* **SIN.** Acoplar, encajar.

cascabel (cas-ca-**bel**) sustantivo masculino
Bola de metal, hueca y agujereada, con un pedacito de hierro dentro que la hace sonar al moverse. *Le puso un cascabel al gato.*

cascada (cas-**ca**-da) sustantivo femenino
Caída desde cierta altura del agua de un río u otra corriente por un desnivel brusco del terreno. *Vimos la cascada desde abajo.* **SIN.** Catarata, salto.

cascanueces
(cas-ca-**nue**-ces) sustantivo masculino
Utensilio parecido a una tenaza, que se usa para partir nueces, avellanas,

etc. *Parte la nuez con el cascanueces, no con los dientes.*

✎ Es igual en plural y en singular.

cascar (cas-**car**) verbo

1. Romper o romperse una cosa. *Se me cayó el plato y se cascó.* **SIN.** Agrietar(se), rajar(se).

2. Dar a alguien golpes con la mano u otra cosa. *Empezaron discutiendo y al final se cascaron.* **SIN.** Pegar(se), zurrar(se).

3. Disminuir las fuerzas o la salud de alguien. *Después de tantos fracasos, su fuerza de voluntad se cascó y todo se vino abajo.* **SIN.** Debilitar(se). **ANT.** Mejorar(se).

4. Hablar mucho y fuera de tiempo. *Estaban cascando en clase y el profesor les castigó.* **SIN.** Charlar, parlotear.

✎ Se conjuga como *abarcar*.

cáscara (**cás**-ca-ra) sustantivo femenino

Corteza exterior de los huevos, frutos, etc. *Cuece unos huevos y quítales la cáscara cuando estén fríos.* **SIN.** Cubierta, piel, monda.

cascarón (cas-ca-**rón**) sustantivo masculino

Cáscara de huevo de cualquier ave, en especial la rota al salir el pollo. *El patito rompió el cascarón.*

cascarrabias (cas-ca-**rra**-bias) sustantivo

Persona que se enfada fácilmente. *Es un poco cascarrabias, pero es buena persona.* **SIN.** Enfadadizo, quisquilloso.

✎ Es igual en plural y en singular.

casco (**cas**-co) sustantivo masculino

1. Cada uno de los trozos de algo que se rompe. *El camarero recogió los cascos de botella.*

2. Gorra dura, generalmente de metal, para proteger la cabeza. *Para entrar a ver esa obra, tienes que ponerte el casco.*

3. Recipiente que sirve para contener líquidos. *Tira los cascos de las botellas de gaseosa al contenedor del vidrio.* **SIN.** Botella, frasco, garrafa.

4. casco urbano expresión Centro de una población. *Vivimos a las afueras de la ciudad, ya fuera del casco urbano.*

caserío (ca-se-**rí**-o) sustantivo masculino

Casa o grupo de casas en el campo. *Vive en un caserío cercano.*

casero, casera (ca-**se**-ro) adjetivo

1. Que se hace o cría en casa. *Prueba este chorizo casero, está buenísimo.*

2. Que le gusta estar en casa. *Luis es una persona muy casera.* **SIN.** Doméstico, familiar.

3. sustantivo Dueño de una casa que alquila a otro. *Vino el casero a cobrar el alquiler.* **SIN.** Arrendador, propietario, rentista.

4. sustantivo Persona que cuida de una casa. *Los caseros de la finca son gente de confianza.*

caserón (ca-se-**rón**) sustantivo masculino

Casa muy grande y destartalada. *Ese viejo caserón pertenece a una familia que ya no viene por el pueblo.*

caseta (ca-**se**-ta) sustantivo femenino

Casa pequeña hecha con materiales ligeros. *Había una caseta de madera en el monte, para refugio de los pastores.*

casi (**ca**-si) adverbio

Cerca de, poco menos de, aproximadamente, por poco. *Se está poniendo el sol, casi no hay luz.*

casilla (ca-**si**-lla) sustantivo femenino

1. Cada uno de los compartimentos de algunas cajas, estanterías, etc. *En el despacho, cada profesor tiene su casilla para las cartas.*

2. Cada una de las divisiones del papel rayado verticalmente o en cuadrículas. *Cada dato va en una casilla, procura no confundirte al rellenar el formulario.*

3. Cada uno de los cuadros en que está dividido el tablero del ajedrez o las damas. *No puedes poner la ficha en* *esa casilla porque es trampa.* **SIN.** Escaque.

casino (ca-si-no) sustantivo masculino

1. Asociación cuyos miembros se reúnen para conversar, leer, jugar, etc., y en la que se paga una cuota periódica. *Solía ir todas las tardes al casino a charlar con los amigos.* **SIN.** Club, círculo, sociedad, ateneo.

2. Casa de juegos de azar. *Perdió mucho dinero en el casino.*

caso (ca-so) sustantivo masculino

1. Cosa que sucede. *Están hablando del caso del robo del siglo.* **SIN.** Incidente, peripecia, circunstancia, acontecimiento.

2. Asunto de que se trata. *Es un caso difícil de explicar.* **SIN.** Cuestión, materia, tema.

3. Situación en que alguien se encuentra. *Estando en mi caso, no puedo hacer nada.*

4. hacer caso expresión Atender a alguien o a algo, prestarle atención. *Haz caso a tu padre cuando te habla.*

5. hacer caso omiso expresión No atender a alguien o a algo. *Hizo caso omiso a los consejos que le dieron, así que ahora no se puede quejar.*

caspa (cas-pa) sustantivo femenino

Motitas blancas que se forman en el pelo. *Compra un champú contra la caspa.*

castaño, castaña

(cas-ta-ño) adjetivo y sustantivo masculino

1. De color pardo oscuro. *Le dieron un barniz castaño al armario.* **SIN.** Marrón, pardo.

2. sustantivo masculino Árbol de considerable altura y de copa ancha y redonda que produce las castañas. *Galicia es tierra de castaños.*

3. sustantivo femenino Fruto del castaño, del tamaño de la nuez, cubierto de cáscara correosa. *Las castañas son muy nutritivas.*

4. sacar las castañas del fuego expresión Solucionarle un problema a alguien. *Estoy harta de sacarte las castañas del fuego, así que esta vez tendrás que resolver el problema tú.*

castañuela

(cas-ta-ñue-la) sustantivo femenino

Instrumento de percusión que se compone de dos piezas, generalmente de madera, en forma de conchas. *Tocaba las castañuelas mientras bailaba flamenco.*

castidad (cas-ti-dad) sustantivo femenino

Abstención de la práctica de relaciones sexuales. *Al entrar en el convento, hizo voto de castidad.* **SIN.** Continencia. **ANT.** Lujuria.

castigar (cas-ti-gar) verbo

Imponer a alguien una pena porque ha cometido una falta, un error, etc. *Para castigar al mal conductor, le han quitado el carné.* **SIN.** Sancionar, condenar. **ANT.** Perdonar, premiar, absolver.

✎ Se conjuga como *ahogar*.

castigo (cas-ti-go) sustantivo masculino

Pena impuesta al que ha cometido una falta o delito. *Le pusieron como castigo no ver la tele esta semana.* **SIN.** Sanción, correctivo, escarmiento. **ANT.** Perdón.

castillo (cas-ti-llo) sustantivo masculino

Lugar fortificado con murallas, fosos, etc., para defenderse. *Los castillos florecieron en la Edad Media.* **SIN.** Alcázar, ciudadela.

casto, casta (cas-to) adjetivo

Opuesto a la sensualidad. *Su comportamiento fue siempre muy casto.* **SIN.** Puro. **ANT.** Lujurioso.

castrar (cas-trar) verbo

Cortar o inutilizar los órganos genitales. *Avisó al veterinario para castrar los cerdos.* **SIN.** Esterilizar, capar.

casual (ca-**sual**) adjetivo
Que sucede de forma inesperada.
*Ambos se alegraron de aquel encuentro
casual.* **SIN.** Accidental, fortuito. **ANT.**
Previsto.

casualidad
(ca-sua-li-**dad**) sustantivo femenino
1. Combinación de circunstancias
que no se pueden prever ni evitar. *La
lotería toca por casualidad.* **SIN.** Azar,
eventualidad, contingencia. **ANT.**
Premeditación.
2. Suceso que ocurre por azar. *Nos
vimos por casualidad.* **SIN.** Eventualidad, suerte, chiripa.

cataclismo
(ca-ta-**clis**-mo) sustantivo masculino
Trastorno grave de la Tierra. *Sucedió
un cataclismo y muchas especies de animales desaparecieron.* **SIN.** Hecatombe, catástrofe.

catalejo (ca-ta-**le**-jo) sustantivo masculino
Instrumento óptico para ver a larga
distancia. *Observaba el paisaje con un
catalejo desde la torre.* **SIN.** Anteojo,
prismáticos.

catálogo
(ca-**tá**-lo-go) sustantivo masculino
Lista de personas, cosas o sucesos
puestos en orden. *En la biblioteca hay
catálogos de libros.* **SIN.** Inventario, registro, relación.

catar (ca-**tar**) verbo
1. Probar una cosa para conocer su
sabor. *Mi padre cató el melón.* **SIN.** Degustar, saborear.
2. Examinar una cosa con mucho cuidado y rapidez. *Caté enseguida lo que
había en la habitación.*

catarata (ca-ta-**ra**-ta) sustantivo femenino
1. Gran salto de agua que cae por un
descenso brusco del terreno. *Visitó las
cataratas del Niágara.* **SIN.** Cascada,
torrente.

2. Afección del ojo que impide total
o parcialmente la visión. *Fue operado
de cataratas.*

catarina (ca-ta-**ri**-na) sustantivo femenino
Insecto pequeño del orden de los co-
leópteros, de cuerpo semiesférico y
de color amarillo, anaranjado o rojo
brillante con puntitos negros. *Las ca-
tarinas se encuentran a menudo en los
jardines.* **SIN.** Mariquita.

catarro (ca-**ta**-rro) sustantivo masculino
Enfermedad infecciosa cuyos sínto-
mas afectan al aparato respiratorio.
Tenía un fuerte catarro. **SIN.** Constipa-
do, resfriado.

catástrofe (ca-**tás**-tro-fe) sustantivo femenino
Suceso desgraciado que altera el or-
den regular de las cosas. *Una guerra es
una catástrofe para todos.* **SIN.** Cataclismo, hecatombe.

catear (ca-te-**ar**) verbo
Suspender en los exámenes a un
alumno. *Le catearon en el segundo
examen de las oposiciones.*

catecismo
(ca-te-**cis**-mo) sustantivo masculino
Libro que contiene la doctrina cristiana en forma de diálogo. *Se sabe el
catecismo de memoria.*

catedral (ca-te-**dral**) sustantivo femenino
Se dice de la iglesia principal en la
que tiene su sede el obispo. *Visitamos
la catedral de León.*

catedrático, catedrática
(ca-te-**drá**-ti-co) sustantivo
Profesor de la categoría profesional
más alta. *Es catedrático de matemáticas en el instituto.*

categoría
(ca-te-go-**rí**-a) sustantivo femenino
1. Cada uno de los grupos de personas o cosas ordenadas por su importancia. *Era un tejido de primera categoría.* **SIN.** Clase, especie.

2. Cada uno de los grados de una profesión. *Tiene la categoría de jefe.* **SIN.** Escala, nivel.

3. Condición social de unas personas respecto a las demás. *Solo quiere relacionarse con los de su categoría.* **SIN.** Posición, rango.

cateto (ca-**te**-to) sustantivo masculino

Cada uno de los dos lados que forman el ángulo recto en el triángulo rectángulo. *Señala los dos catetos.*

catolicismo

(ca-to-li-**cis**-mo) sustantivo masculino

Doctrina de la Iglesia cristiana romana, cuyo jefe espiritual es el papa. *El catolicismo es una religión monoteísta.*

catorce (ca-**tor**-ce)

numeral y sustantivo masculino

Diez más cuatro, o que ocupa el último lugar en una serie ordenada de 14. *Dos semanas son catorce días.*

cauce (**cau**-ce) sustantivo masculino

Terreno por donde corren las aguas de los ríos y arroyos. *Como no llovía, el cauce del río estaba seco.* **SIN.** Lecho, madre.

caucho (**cau**-cho) sustantivo masculino

Sustancia elástica que se extrae de ciertas plantas tropicales. *Los neumáticos de los automóviles son de caucho.*

caudal (cau-**dal**) sustantivo masculino

1. Cantidad de agua que lleva un río o arroyo. *El río con mayor caudal del mundo es el Amazonas.*

2. Dinero o cualquier clase de bienes que pertenecen a alguien. *Sus abuelos son muy ricos, poseen un gran caudal.* **SIN.** Hacienda, fortuna, riqueza, bienes.

caudillo (cau-**di**-llo) sustantivo masculino

Persona que manda o dirige un país, ejército, partido, etc. *Bolívar fue el caudillo de la independencia americana.* **SIN.** Cabecilla.

causa (**cau**-sa) sustantivo femenino

1. Lo que se considera como origen de algo. *La rotura de la presa fue la causa de la inundación.* **SIN.** Fundamento, base, principio.

2. Motivo o razón para actuar. *No sé la causa de su dimisión.*

causar (cau-**sar**) verbo

Ser causa o motivo de una cosa. *Un descuido del conductor causó el accidente.* **SIN.** Originar, acarrear.

cautela (cau-**te**-la) sustantivo femenino

Precaución y sigilo con que se hace algo. *Se acercaron con cautela para escuchar tras la puerta.* **ANT.** Imprudencia, ingenuidad.

cautivar (cau-ti-**var**) verbo

1. Apresar al enemigo en la guerra. *Miguel de Cervantes fue cautivado durante la guerra de Lepanto.* **SIN.** Aprisionar, capturar, prender. **ANT.** Libertar, liberar, soltar.

2. Atraer, captar la atención. *El conferenciante cautivó a toda la sala con sus palabras.* **SIN.** Seducir, fascinar, conquistar. **ANT.** Aburrir, repeler, asquear.

cauto, cauta (**cau**-to) adjetivo

Que obra con cuidado o precaución. *Es una persona muy cauta, que siempre piensa antes de actuar.* **SIN.** Prudente, precavido. **ANT.** Incauto, imprudente.

cava (**ca**-va) sustantivo masculino

Vino blanco espumoso, originario de Cataluña. *Brindamos con cava.* **SIN.** Champán.

cavar (ca-**var**) verbo

1. Levantar y remover la tierra con la azada u otro instrumento semejante. *Estuvo cavando en el huerto.* **SIN.** Excavar, abrir.

2. Hacer más profunda una cavidad o agujero. *Cavaron mucho pero no encontraron agua.* **SIN.** Profundizar, ahondar, excavar.

caverna (ca-**ver**-na) sustantivo femenino

Cueva profunda, subterránea o entre rocas. *Los hombres primitivos vivían en cavernas.* **SIN.** Cueva, gruta, agujero, grieta.

caviar (ca-**viar**) sustantivo masculino

Huevas de un pez llamado *esturión*, muy apreciadas como comida. *Hicimos canapés de caviar para la cena de Año Nuevo.*

cavidad (ca-vi-**dad**) sustantivo femenino

Hueco de un cuerpo cualquiera. *Tenía una infección en la cavidad nasal.*

cavilar (ca-vi-**lar**) verbo

Reflexionar sobre un tema, dándole una importancia que no tiene. *Aunque era una tontería, se pasó toda la noche cavilando.* **SIN.** Rumiar, meditar.

cayado (ca-**ya**-do) sustantivo masculino

Palo o bastón curvado por la parte superior. *Cuando iba al monte, llevaba siempre su cayado.* **SIN.** Cachava, báculo, cacha.

caza (**ca**-za) sustantivo femenino

1. Acción de cazar. *La caza del zorro se hace a caballo.*

2. Animales salvajes, antes y después de cazados. *Un conejo fue la única caza que consiguieron.*

3. sustantivo masculino Avión de guerra muy veloz. *En la pista de aterrizaje había catorce cazas.*

cazar (ca-**zar**) verbo

1. Perseguir animales para cogerlos o matarlos. *Fueron a cazar perdices al monte.*

2. Ganarse a alguien con halagos o engaños. *Logró cazarlo a base de regalos.* **SIN.** Conquistar.

3. Sorprender a alguien en un descuido, error o acción que desearía ocultar. *Lo cacé comiendo galletas de chocolate y decía que estaba a régimen.* **SIN.** Pillar.

4. Descubrir la solución de un chiste o enigma. *¡A que no cazas el acertijo!* **SIN.** Acertar.

✎ Se conjuga como *abrazar*.

cazo (**ca**-zo) sustantivo masculino

Utensilio de cocina, semiesférico y con mango largo. *Pon la leche a hervir en el cazo.*

cazuela (ca-**zue**-la) sustantivo femenino

Recipiente de cocina, más ancho que hondo, que sirve para guisar y otros usos. *Guisó en la cazuela patatas con carne.*

CD-ROM sustantivo masculino

Disco compacto de memoria que sólo permite lectura, con capacidad para almacenar y leer y ver textos e imágenes. *La enciclopedia en CD-ROM tiene videos muy interesantes.*

ce sustantivo femenino

Nombre de la letra *c*. *Acción se escribe con dos ces.*

cebada (ce-**ba**-da) sustantivo femenino

Planta parecida al trigo, que sirve como alimento del ganado y para fabricar la cerveza. *Esas tierras están sembradas de cebada.*

cebar (ce-**bar**) verbo

1. Dar comida a los animales para alimentarlos, engordarlos o atraerlos. *Cebaba a las vacas con hierba y un poco de pienso.*

2. cebarse Ensañarse, encarnizarse. *La desgracia se cebó en él.*

cebo (**ce**-bo) sustantivo masculino

1. Comida u otra cosa que se da a los animales para atraerlos y cogerlos. *Utilizaba lombrices como cebo para pescar.* **SIN.** Señuelo.

2. Engaño para atraer a alguien. *El cebo era un regalo que en realidad no servía para nada.*

cebolla (ce-**bo**-lla) sustantivo femenino

Planta de huerta, cuyo bulbo comestible tiene un olor fuerte y un sabor picante. *Le gusta echar mucha cebolla a la tortilla de patata.*

cebolleta (ce-bo-**lle**-ta) sustantivo femenino

Planta muy parecida a la cebolla, con el bulbo pequeño y parte de las hojas comestibles. *Hicimos una ensalada con cebolleta.*

cebra (ce-bra) sustantivo femenino

1. Mamífero parecido al asno, de pelaje blanco amarillento, con listas o rayas pardas o negras.

2. paso de cebra expresión Zona señalizada en una calzada para el paso de peatones. *Cruza por el paso de cebra.*

ceder (ce-der) verbo

1. Dar una persona a otra un objeto, acción o derecho. *Le cedí el asiento porque se le veía muy cansado.* **SIN.** Transferir, traspasar. **ANT.** Apropiarse, retener.

2. Ceder la resistencia de una persona hacia el deseo de otra. *Al final cedió y le dejó ir a la fiesta.* **SIN.** Doblegarse, transigir. **ANT.** Resistirse.

3. Doblarse, romperse. *Las patas de la silla cedieron al sentarse, porque pesaba mucho.*

4. Calmarse el viento, la fiebre, etc. *La fiebre cedió con los antibióticos.* **SIN.** Mitigarse, amainar, aflojar. **ANT.** Arreciar, aumentar.

cegar (ce-gar) verbo

1. Privar de la vista a alguien, especialmente de manera momentánea. *Miró hacia arriba y el sol le cegó.* **SIN.** Deslumbrar(se).

2. Obcecar la razón, no siendo capaz de razonar. *Tenía que ser blanco si él lo decía, le cegaba su orgullo.* **SIN.** Ofuscar(se).

3. Cerrar o tapar una cosa que estaba hueca o abierta. *En nuestra casa se cegó la cañería.* **SIN.** Taponar(se). **ANT.** Desatascar(se).

Verbo irregular, se conjuga como acertar. Se escribe -gu- en vez de g- seguido de -e.

ceguera (ce-**gue**-ra) sustantivo femenino

1. Pérdida del sentido de la vista. *El accidente le produjo ceguera.*

2. Dificultad para pensar o razonar con claridad. *Su ceguera le impedía ver que le engañaban.* **SIN.** Ofuscación. **ANT.** Lucidez.

ceja (ce-ja) sustantivo femenino

Parte abultada que hay sobre el ojo, cubierta de pelo. *Tenía las cejas muy pobladas.*

cejilla (ce-**ji**-lla) sustantivo femenino

Pieza que se coloca sobre las cuerdas de la guitarra para elevar el tono del sonido. *No pongas la cejilla.*

celda (**cel**-da) sustantivo femenino

1. Habitación en la que vive un religioso o una religiosa dentro de un convento. *Tras el rezo, los frailes se retiraron a sus celdas.*

2. Habitación en la que vive un preso dentro de la cárcel. *El preso fue conducido a la celda.*

celebrar (ce-le-**brar**) verbo

1. Hacer una fiesta por algo que se considera importante, como un cumpleaños, aniversario, etc. *Celebramos nuestro aniversario de boda.* **SIN.** Festejar, rememorar.

2. Ponerse contento por algo. *Celebro que hayas llegado a tiempo.* **ANT.** Lamentar.

célebre (**cé**-le-bre) adjetivo

Que tiene mucha fama. *Einstein fue un científico muy célebre.* **SIN.** Ilustre, renombrado, distinguido, insigne. **ANT.** Desconocido.

celebridad

(ce-le-bri-**dad**) sustantivo femenino

1. Fama que tiene una persona o cosa. *Gracias a su celebridad ha viajado* *por todo el mundo.* **SIN.** Notoriedad, renombre, popularidad. **ANT.** Anonimato.

2. Persona ilustre y famosa. *A la conferencia asistieron muchas celebridades.* **SIN.** Personaje.

celeste (ce-**les**-te) adjetivo

1. Que pertenece o se refiere al cielo. *Las estrellas son cuerpos celestes.* **SIN.** Celestial.

2. adjetivo y sustantivo masculino Se dice del color azul claro. *Sus ojos son azul celeste.*

✎ Es igual en masculino y femenino.

celo (ce-lo) sustantivo masculino

1. Entusiasmo con que se realiza un trabajo, deber, etc. *Trabaja con mucho celo.* **SIN.** Cuidado, esmero, eficacia. **ANT.** Descuido.

2. Época de actividad sexual que los animales tienen cada cierto tiempo. *El perro no nos dejaba dormir porque estaba en celo y quería salir.*

3. Cinta adhesiva transparente. *Pega este póster roto con celo.*

4. sustantivo masculino plural Temor que uno siente de que el bien o afecto que posee pase a otro o sea compartido por otro. *Tenía celos de su hermana pequeña.*

celofán (ce-lo-**fán**) sustantivo masculino

Papel fino y transparente que se utiliza para envolver. *La caja venía envuelta en papel de celofán.*

célula (**cé**-lu-la) sustantivo femenino

Parte más pequeña de un ser vivo que tiene vida por sí misma. *Las células constan de tres partes: membrana, protoplasma y núcleo.*

celular

(ce-lu-**lar**) sustantivo femenino

Teléfono portátil. *En los últimos meses, ha habido una campaña importante para el buen uso del celular.* **SIN.** Móvil.

cementerio

(ce-men-**te**-rio) sustantivo masculino

Sitio donde se entierra a los cadáveres. *Acompañaron el féretro hasta el cementerio.*

cemento (ce-**men**-to) sustantivo masculino

Polvo gris que se obtiene con cal y arcilla y se emplea, mezclado con arena y agua, en la construcción. *Haz un poco de cemento para tapar ese agujero de la pared.*

cena (**ce**-na) sustantivo femenino

Comida que se toma por la noche. *Después de la cena, nos quedamos charlando un rato.*

cencerro (cen-**ce**-rro) sustantivo masculino

Campana hecha con chapa de hierro o cobre que se ata al cuello de algunos animales. *Supo que bajaban las vacas del monte porque oyó los cencerros.* **SIN.** Esquila.

cenicero (ce-ni-**ce**-ro) sustantivo masculino

Platillo donde se echan la ceniza y la colilla del cigarro. *Echa las colillas en el cenicero.*

ceniza (ce-**ni**-za) sustantivo femenino

Polvo de color gris claro que queda después de haberse quemado algo. *El monte quedó hecho cenizas tras el incendio.*

censo (**cen**-so) sustantivo masculino

1. Lista oficial de los habitantes, riquezas, etc., de una nación o lugar. *Trabajó en la elaboración del censo de su ciudad.* **SIN.** Padrón, registro, catastro.

2. Lista de los ciudadanos con derecho a voto. *Votó el noventa por ciento del censo.*

censura (cen-**su**-ra) sustantivo femenino

1. Crítica, juicio que se hace o da acerca de una cosa, especialmente si es negativo. *Su censura siempre tiene mala intención.* **SIN.** Parecer, opinión, condena.

2. Organismo y normas que se encargan de controlar o prohibir la difusión de ciertas obras, imágenes, etc. *La censura es propia de los gobiernos autoritarios.*

censurar (cen-su-**rar**) verbo

1. Hacer un juicio sobre algo, especialmente si es negativo. *Censuró su mal comportamiento con los compañeros.* **SIN.** Juzgar.

2. Examinar si una obra literaria, película, etc., cumple las normas estipuladas para su publicación o difusión. *Censuraron varias escenas de la película porque eran muy sangrientas.*

centella (cen-**te**-lla) sustantivo femenino

1. Rayo, chispa eléctrica en las nubes. *La tormenta no fue muy fuerte, pero hubo varias centellas.*

2. Persona o cosa muy rápida. *Casi no pudimos ni saludarla, porque pasó como una centella.*

centellear (cen-te-lle-**ar**) verbo

Lanzar destellos. *Sus ojos centelleaban de emoción.* **SIN.** Brillar.

✎ También *centellar*.

centena

(cen-**te**-na) sustantivo femenino

Conjunto de cien unidades. *Acudieron varias centenas de personas.*

centenar

(cen-te-**nar**) sustantivo masculino

Conjunto de cien unidades. *Más de un centenar de candidatos aspiraban a ese puesto.*

centenario, centenaria

(cen-te-**na**-rio) adjetivo y sustantivo

1. Se dice de la persona que ha cumplido cien años. *En aquella aldea vivía un abuelo centenario.*

2. sustantivo masculino Tiempo de cien años y fiesta que se celebra con esa ocasión. *Celebraron el quinto centenario de su independencia.*

centésimo, centésima

(cen-**té**-si-mo) numeral

1. Se dice de cada una de las cien partes iguales en que se divide un todo y de lo que ocupa el último lugar en una serie ordenada de cien. *Has sido el centésimo en llegar a la meta.*

2. Fracción de las monedas de ciertos países americanos. *Me devolvieron cinco centésimos de balboa.*

centígrado, centígrada

(cen-**tí**-gra-do) adjetivo

Que tiene la escala dividida en cien grados. *El agua hierve a 100 ºC.*

centigramo

(cen-ti-**gra**-mo) sustantivo masculino

Medida de peso que es la centésima parte de un gramo.

centilitro (cen-ti-**li**-tro) sustantivo masculino

Medida de capacidad que tiene la centésima parte de un litro.

centímetro

(cen-**tí**-me-tro) sustantivo masculino

Medida de longitud que tiene la centésima parte de un metro.

céntimo, céntima (**cén**-ti-mo) numeral

1. Se dice de cada una de las cien partes iguales en que se divide un todo. *Éramos tantos en la fiesta, que me tocó una céntima porción de la tarta.*

2. Fracción de algunas monedas, p. ej., el euro. *Una barra de pan vale ochenta céntimos, según los datos oficiales.*

centinela (cen-ti-**ne**-la) sustantivo

1. Soldado que vigila un sitio. *Dos centinelas se pasaban toda la noche en la puerta.*

2. Persona que vigila o protege algo. *Se quedó de centinela por si llamaba alguien.*

central (cen-**tral**) adjetivo

1. Que pertenece o se refiere al centro. *Trabaja en el departamento de servicios centrales del hospital.*

2. Que está en el centro. *La parte central de la célula es el núcleo.* **SIN.** Céntrico, centrado, medio.

3. Primordial, fundamental. *Se pasó una hora hablando y no dijo nada del asunto central.*

4. sustantivo femenino Oficina principal de un organismo, empresa, complejo comercial, etc. *La central de la empresa está en Nueva York.*

5. sustantivo femenino Instalación para transformar otras energías en energía eléctrica. *A las afueras de la ciudad hay una central térmica.*

centralita (cen-tra-**li**-ta) sustantivo femenino
Aparato que conecta una o varias llamadas del exterior con los teléfonos interiores, o viceversa. *Está aprendiendo el manejo de la centralita.*

centro (**cen**-tro) sustantivo masculino
1. Punto situado a igual distancia de todos los de una circunferencia o de la superficie de una esfera. *El eje es el centro de la rueda del coche.*

2. Punto medio de una cosa. *Dio en el centro de la diana.*

3. Lugares o calles más concurridos de una ciudad. *A mediodía no hay quien ande por el centro.*

4. Lo que, por alguna razón, tiene mayor importancia. *Levante es el principal centro productor de agrios de España.*

ceñir (ce-**ñir**) verbo
1. Apretar la cintura, el cuerpo u otra cosa. *No le gustaba ese jersey porque le ceñía mucho.* **SIN.** Ajustar, oprimir. **ANT.** Aflojar.

2. Abreviar una cosa. *Se ciñó a lo esencial porque quedaba poco tiempo.* **SIN.** Resumir.

3. ceñirse Moderarse en los gastos u otra cosa. *Hay que ceñirse a los gastos básicos para ahorrar.*

4. ceñirse Amoldarse a una ocupación o trabajo. *Se ciñe únicamente a sus funciones.* **SIN.** Limitarse. **ANT.** Extralimitarse.

✎ Verbo irregular. Ver pág. 192.

ceño (**ce**-ño) sustantivo masculino
Señal de enfado que se hace con el rostro, arrugando la frente. *Frunció el ceño con indignación.*

cepillar (ce-pi-**llar**) verbo
1. Quitar el polvo o limpiar algo con un cepillo. *Cepilla el abrigo, está muy sucio.*

2. Desenredar el pelo o lana con un cepillo. *Cepíllate el pelo. Cepilló las pelusas de la chaqueta.*

3. Alisar con un cepillo la madera o los metales. *Está cepillando las tablas antes de barnizarlas.*

4. cepillarse Matar a una persona o animal. *En esa película se cepillan hasta al apuntador.*

cepillo (ce-pi-**llo**) sustantivo masculino
1. Instrumento para limpiar o desenredar, que consiste en una pieza de madera u otro material, a la que van sujetas unas púas o cerdas. *No olvides meter el cepillo de dientes y el del pelo en tu bolsa de aseo.*

2. Instrumento de carpintería que sirve para pulir o alisar la madera. *En su taller tiene muchos tipos de cepillos.*

cera (**ce**-ra) sustantivo femenino
Sustancia que producen las abejas para hacer panales y que se usa para fabricar velas, muñecos, etc. *El domingo iré con la clase a ver el museo de cera.*

cerámica (ce-**rá**-mi-ca) sustantivo femenino
Arte de fabricar objetos de barro, loza y porcelana. *Este fin de semana hay una feria regional de cerámica.* **SIN.** Alfarería.

cerca (**cer**-ca) adverbio
1. Que está a poca distancia. *Mi casa está muy cerca de la iglesia.* **ANT.** Lejos.

ceñir

MODO INDICATIVO		MODO SUBJUNTIVO	
Tiempos simples	Tiempos compuestos	Tiempos simples	Tiempos compuestos

Presente	**Pret. perf. compuesto / Antepresente**	**Presente**	**Pret. perf. compuesto / Antepresente**
ciño	he ceñido	ciña	haya ceñido
ciñes / ceñís	has ceñido	ciñas	hayas ceñido
ciñe	ha ceñido	ciña	haya ceñido
ceñimos	hemos ceñido	ciñamos	hayamos ceñido
ceñís / ciñen	habéis ceñido	ciñáis / ciñan	hayáis ceñido
ciñen	han ceñido	ciñan	hayan ceñido

Pret. imperfecto / Copretérito	**Pret. pluscuamperfecto / Antecopretérito**	**Pret. imperfecto / Pretérito**	**Pret. pluscuamperfecto / Antepretérito**
		ciñera o ciñese	hubiera o hubiese ceñido
ceñía	había ceñido	ciñeras o ciñeses	hubieras o hubieses ceñido
ceñías	habías ceñido	ciñera o ciñese	hubiera o hubiese ceñido
ceñía	había ceñido	ciñéramos o ciñésemos	hubiéramos o hubiésemos ceñido
ceñíamos	habíamos ceñido	ciñerais o	hubierais o
ceñíais / ceñían	habíais ceñido	ciñeseis / ciñeran o	hubieseis ceñido
ceñían	habían ceñido	ciñesen	hubieran o
		ciñeran o ciñesen	hubiesen ceñido

Pret. perf. simple / Pretérito	**Pret. anterior / Antepretérito**		
ceñí	hube ceñido		
ceñiste	hubiste ceñido		
ciñó	hubo ceñido	**Futuro simple / Futuro**	**Futuro compuesto / Antefuturo**
ceñimos	hubimos ceñido	ciñere	hubiere ceñido
ceñisteis / ciñeron	hubisteis ceñido	ciñeres	hubieres ceñido
ciñeron	hubieron ceñido	ciñere	hubiere ceñido
		ciñéremos	hubiéremos ceñido
		ciñereis / ciñeren	hubiereis ceñido
		ciñeren	hubieren ceñido

Futuro simple / Futuro	**Futuro compuesto / Antefuturo**
ceñiré	habré ceñido
ceñirás	habrás ceñido
ceñirá	habrá ceñido
ceñiremos	habremos ceñido
ceñiréis / ceñirán	habréis ceñido
ceñirán	habrán ceñido

MODO IMPERATIVO

ciñe (tú) / ceñí (vos) / ciña (usted)
ceñid (vosotros)
ciñan (ustedes)

Condicional simple / Pospretérito	**Condicional compuesto / Antepospretérito**
ceñiría	habría ceñido
ceñirías	habrías ceñido
ceñiría	habría ceñido
ceñiríamos	habríamos ceñido
ceñiríais / ceñirían	habríais ceñido
ceñirían	habrían ceñido

FORMAS NO PERSONALES

Infinitivo	**Infinitivo compuesto**
ceñir	haber ceñido
Gerundio	**Gerundio compuesto**
ciñendo	habiendo ceñido
Participio	
ceñido	

2. cerca de expresión Aproximadamente. *Tardaré cerca de una hora.*

cercano, cercana (cer-**ca**-no) adjetivo
Se dice de aquello que está próximo a una persona o cosa, en el espacio o en el tiempo. *Era un pariente cercano.* **SIN.** Contiguo.

cercar (cer-**car**) verbo
1. Rodear un sitio con una valla, muro, etc. *Cercaron la finca con alambre.* **SIN.** Circundar, vallar, tapiar, cerrar. **ANT.** Abrir.
2. Rodear mucha gente a una persona o cosa. *El actor fue cercado por una avalancha de gente.* cerciorar

cerciorar (cer-cio-**rar**) verbo
Asegurarse o asegurar a alguien la verdad de una cosa. *Fue a la estación a cerciorarse de que el tren salía a las cinco.* **SIN.** Confirmar.

cerciorar (cer-cio-**rar**) verbo
Asegurarse, o asegurar a alguien, la verdad de una cosa. *Fue a la estación a cerciorarse de que el tren salía a las cinco.* **SIN.** Confirmar.

cerco (cer-co) sustantivo masculino
1. Aquello que ciñe o rodea una cosa. *Un cerco de soldados protegía la casa del presidente.*
2. Espacio o marca circular. *En el suelo había un cerco de aceite.*

cerda (cer-da) sustantivo femenino
Pelo grueso que tienen algunos animales. *Con las cerdas de jabalí se hacen cepillos.*

cerdo, cerda (cer-do) sustantivo
1. Mamífero doméstico de patas cortas y cuerpo grueso, que se cría para aprovechar su carne. *En la granja hay tres cerdas para criar.* **SIN.** Cochino, puerco.
2. adjetivo y sustantivo Persona sucia y de malos modales. *Le dijo que no fuera tan cerdo y que se cambiara de ropa.* **SIN.** Grosero, mugriento, desaseado. **ANT.** Limpio, educado.

cereal (ce-re-**al**) sustantivo masculino
Planta de cuyas semillas se puede obtener harina, como la cebada, el trigo, el centeno, etc. *Una tormenta arrasó gran parte de los cereales cultivados.*

cerebro (ce-**re**-bro) sustantivo masculino
1. Tejido, formado por una masa blanda, que está alojado en el cráneo y es el centro del sistema nervioso. *Nuestra inteligencia está en el cerebro.*
2. Cabeza, talento. *Ese científico es un gran cerebro.* **SIN.** Inteligencia, ingenio, talento.
3. Persona que concibe o dirige un plan de acción. *Capturaron al cerebro de la banda.*

ceremonia (ce-re-**mo**-nia) sustantivo femenino
1. Acción o acto exterior ajustado a unas normas o costumbres, que se celebra en determinadas ocasiones para dar reverencia, honor o culto. *La ceremonia del bautizo fue muy emotiva.* **SIN.** Ceremonial, rito.
2. Seriedad afectada. *Luis tiene mucha ceremonia, pero en el fondo es agradable.*

cereza (ce-re-za) sustantivo femenino
Fruto del cerezo. Es casi redonda, de piel encarnada y carne dulce y jugosa. *Me gusta comer las cerezas directamente del árbol.*

cerezo (ce-re-zo) sustantivo masculino
1. Árbol cuyo fruto es la cereza. *Plantamos dos cerezos.*
2. Madera de este árbol. *Heredó un precioso tocador de cerezo.*

cerilla (ce-**ri**-lla) sustantivo femenino
Trocito alargado de madera, papel u otra cosa, provisto de una cabeza de fósforo. *Déjame la caja de cerillas, no tengo mechero.*

cero (ce-ro) numeral y sustantivo masculino
Signo matemático sin valor propio. *Ha tenido cero faltas, es decir, no ha tenido ninguna.*

cerrado, cerrada (ce-**rra**-do) adjetivo

1. Asegurado con una tapa o cerradura. *La caja está cerrada y no tenemos la llave.* **SIN.** Clausurado, tapado. **ANT.** Abierto.

2. Se dice de aquello que no se comprende, o que no se deja ver ni sentir. *Es un asunto muy cerrado, apenas se sabe nada de lo que sucedió.* **SIN.** Oculto, oscuro.

3. Se dice del cielo o de la atmósfera cuando están cargados de nubes. *Está el día muy cerrado, creo que va a llover.* **SIN.** Encapotado, nuboso. **ANT.** Despejado.

4. Se dice de la persona muy callada y poco sociable. *Es un poco cerrada, por eso le cuesta hacer amigos.* **SIN.** Reservado. **ANT.** Comunicativo, sociable, abierto.

5. Se dice de la pronunciación que marca mucho los acentos de su país. *Nos costaba entenderle porque hablaba un inglés muy cerrado.*

cerradura (ce-rra-**du**-ra) sustantivo femenino

Mecanismo metálico que, por medio de llaves o pestillos, sirve para cerrar puertas, cajones, etc. *No podíamos entrar en casa porque la cerradura estaba estropeada.* **SIN.** Cerrojo, candado.

cerrar (ce-**rrar**) verbo

1. Cercar un lugar. *Cerraron la finca con una valla de madera.*

2. Encajar una puerta o una ventana en su marco. *Cierra la puerta de la cocina, hace frío.*

3. Asegurar algo con cerradura, tapa, etc. *Cierra la cajita con llave.* **SIN.** Trancar, candar.

4. Hacer entrar en su hueco los cajones de un mueble, después de haber tirado de ellos hacia fuera. *Cierra el cajón de la cómoda.*

5. Plegar lo que estaba extendido. *Cierra el plano para que no se estropee.* **SIN.** Doblar.

6. Juntar los párpados. *Cerró los ojos para dormirse.* **ANT.** Abrir.

7. Volver a unirse la piel de una llaga o de una herida. *La herida se cerró y no quedó cicatriz.* **SIN.** Cicatrizar, curar. **ANT.** Reabrirse.

8. Estar en último lugar. *La letra z cierra el abecedario.*

✎ Verbo irregular, se conjuga como *acertar.*

cerro (ce-**rro**) sustantivo masculino

Elevación de tierra de menor altura que el monte. *Desde el cerro se divisaba todo el pueblo.* **SIN.** Altozano, collado. **ANT.** Valle.

cerrojo (ce-**rro**-jo) sustantivo masculino

Pasador de metal con manilla para cerrar una puerta o ventana. *Cuando entres, echa el cerrojo de la puerta.* **SIN.** Candado.

certamen

(cer-**ta**-men) sustantivo masculino

Concurso con premios para estimular la literatura o el arte. *Ganó un certamen de poesía.*

certero, certera (cer-**te**-ro) adjetivo

Acertado, seguro. *Estuvo muy certero en lo que dijo.* **SIN.** Cierto. **ANT.** Dudoso, inseguro.

certeza (cer-**te**-za) sustantivo femenino

Conocimiento seguro y claro de alguna cosa. *Lo dijo con toda certeza porque ella misma lo había visto.* **SIN.** Seguridad, certidumbre. **ANT.** Duda, inseguridad.

certificado, certificada

(cer-ti-fi-**ca**-do) adjetivo

1. Se dice de la carta o paquete que se certifica. *Le envió una carta certificada porque el asunto era muy importante.*

2. sustantivo masculino Certificación, documento. *Me entregaron un certificado de haber asistido al cursillo con aprovechamiento.* **SIN.** Acta.

certificar - chal

certificar (cer-ti-fi-**car**) verbo
1. Dar por cierta una cosa. *El médico certificó que yo había estado en su consulta.* **SIN.** Confirmar, probar, asegurar. **ANT.** Negar.
2. Asegurar el envío de una carta o un paquete, mediante un resguardo. *Vete a la oficina de correos a certificar el paquete.*
✎ Se conjuga como *abarcar*.

cerveza (cer-**ve**-za) sustantivo femenino
Bebida hecha con granos de cebada fermentada y aromatizada con lúpulo. *Se bebió una cerveza porque tenía mucha sed.*

cesar (ce-**sar**) verbo
1. Acabarse una cosa, dejar de producirse. *La tormenta ha cesado, está saliendo el sol.* **SIN.** Parar, finalizar, concluir.
2. Dejar de hacer algo que se estaba haciendo. *El niño ha cesado de llorar.* **SIN.** Parar. **ANT.** Seguir.
3. Dejar un cargo o empleo. *No ha vuelto a trabajar desde que cesó en su puesto.* **SIN.** Retirarse.

cesárea (ce-**sá**-re-a) sustantivo femenino
Operación que consiste en extraer un feto, abriendo el vientre de la madre. *A mi tía le tuvieron que hacer la cesárea porque tenía problemas con el parto.*

césped (**cés**-ped) sustantivo masculino
1. Hierba menuda y fina que cubre el suelo. *El jardín tenía el césped muy cuidado.*
2. Terreno de juego en algunos deportes. *El equipo de fútbol local salió al césped con mucha moral.*

cesta (**ces**-ta) sustantivo femenino
Recipiente redondeado y hecho de mimbre entretejido, que se utiliza para contener ropa, frutas y otros objetos. *Llevaba una cesta con manzanas.* **SIN.** Canasta.

cesto (**ces**-to) sustantivo masculino
Cesta grande y más ancha que alta. *Traía un poco de hierba en el cesto para los conejos.*

ch sustantivo femenino
Conjunto de dos letras (dígrafo) que se corresponden con un único sonido. *Charco empieza por ch-.*

chabacano, chabacana (cha-ba-**ca**-no) adjetivo
Ordinario, vulgar, de mal gusto. *Viste de forma un poco chabacana.* **SIN.** Tosco, basto. **ANT.** Fino.

chabola (cha-**bo**-la) sustantivo femenino
1. Vivienda muy pequeña y pobre, hecha con materiales de desecho, situada generalmente en las afueras de las grandes ciudades. *Las chabolas se denominan favelas en Brasil.* **SIN.** Barracón.
2. Choza hecha en el campo. *Guarda las herramientas de trabajo en una chabola.* **SIN.** Chamizo.

chachi (cha-chi) adjetivo y adverbio
Fantástico, estupendo. *Lo de ir al cine fue una idea chachi.*

chacotear (cha-co-te-**ar**) verbo
1. Jugar, bromear. *No llores, solo estaba chacoteando.*
2. Vagar. *No quiero estar en casa, saldré a chacotear al parque.*
3. Conversar animadamente. *Estuve chacoteando con mis amigas.*

chador (cha-**dor**) sustantivo masculino
Prenda de ropa femenina tradicional de Irán. Cubre todo el cuerpo salvo la cara, y suele ser de color negro. *La justicia la sentenció con 99 latigazos por hacerse la foto sin el chador.*

chal sustantivo masculino
Prenda de vestir femenina que se coloca sobre los hombros y la espalda. *Llevaba un elegante chal negro como adorno.*

195

chalado - chapucero

chalado, chalada (cha-la-do) adjetivo
Falto de juicio, chiflado. *No le hagas caso, está un poco chalado.*

chalé (cha-lé) sustantivo masculino
Casa con jardín para una sola familia. *Se han comprado un chalé de dos plantas y buhardilla.*
✎ Su plural es *chalés*.

chaleco (cha-le-co) sustantivo masculino
1. Prenda de vestir sin mangas que se pone encima de la camisa. *Se quitó la chaqueta y se quedó en chaleco.*
2. chaleco salvavidas expresión Chaleco hinchable para flotar en el agua en casos de naufragio. *Se puso el chaleco salvavidas antes de saltar.*

chamarra (cha-ma-rra) sustantivo femenino
Chaqueta; prenda exterior de vestir para la parte alta del cuerpo, abierta al frente, con un sistema de cierre. *En aquella tienda puedes encontrar con chamarras de piel de señora y caballero.*

chamaquear (cha-ma-que-ar) verbo
Engañar a alguien para aprovecharse de él o perjudicarlo, debido a su inexperiencia o ingenuidad. *Lo que pasa es que tú me quieres chamaquear dándome un billete falso.*

champán (cham-pán) sustantivo masculino
Vino blanco espumoso, originario de Francia. *Brindamos por ella con una copa de champán.*
✎ También *champaña*.

champiñón (cham-pi-ñón) sustantivo masculino
Seta comestible que se cultiva con estiércol y otros abonos artificiales en lugares húmedos. *En esa bodega ya no hay vino; ahora cultivan champiñones.*

champú (cham-pú) sustantivo masculino
Líquido jabonoso para lavar el cabello. *Existen champús para los diferentes tipos de cabello.*

chamuscar (cha-mus-car) verbo
Quemar algo por fuera. *El asado se chamuscó un poco, pero estaba buenísimo.* **SIN.** Quemar(se).

chanchullo (chan-chu-llo) sustantivo masculino
Negocio poco limpio o hecho que no está claro. *No sé en qué chanchullo estará metido, pero no me gusta nada.* **SIN.** Embrollo.

chancla (chan-cla) sustantivo femenino
Zapato que tiene el talón caído y aplastado. *No podía correr porque iba en chanclas.*

chándal (chán-dal) sustantivo masculino
Prenda deportiva compuesta por pantalón y sudadera. *Necesito un chándal para salir a correr.*
✎ Su plural es *chándales*.

chantaje (chan-ta-je) sustantivo masculino
Presión y amenazas para obligar a alguien a hacer cosas que de otra forma no haría. *Le hicieron chantaje con hacer daño a su familia si no les vendía el local.* **SIN.** Extorsión, coacción.

chapa (cha-pa) sustantivo femenino
Hoja o lámina de metal, madera, etc. *Tapó el pozo con una chapa metálica.* **SIN.** Placa, plancha.

chaparrón (cha-pa-rrón) sustantivo masculino
Lluvia fuerte y que dura poco. *El chaparrón nos pilló desprevenidos.* **SIN.** Chubasco, aguacero.

chapotear (cha-po-te-ar) verbo
Hacer ruido en el agua agitando los pies o las manos. *A mi hermano pequeño le encanta chapotear en la bañera.* **SIN.** Salpicar.

chapucero, chapucera (cha-pu-ce-ro) adjetivo y sustantivo
Se dice de la persona que trabaja con poco esmero o poca limpieza. *Qué chapucero, me ha manchado toda la casa para pintar una habitación.*

chapuza (cha-**pu**-za) sustantivo femenino
1. Trabajo mal hecho o sucio. *Este trabajo es una chapuza, tendrás que volver a hacerlo.*
2. Trabajo de poca importancia que una persona hace fuera de las horas de su jornada laboral. *Gana dinero extra haciendo chapuzas de albañilería.*

chapuzón (cha-pu-**zón**) sustantivo masculino
Zambullida de alguien en el agua. *Como hacía calor, me di un chapuzón en el río.* **SIN.** Baño.

chaqueta (cha-**que**-ta) sustantivo femenino
Prenda de vestir exterior con mangas, que se ajusta al cuerpo y llega hasta la cintura o un poco más abajo. *Llevaba una chaqueta de lana negra.* **SIN.** Americana, cazadora, rebeca.

chaquetón
(cha-que-**tón**) sustantivo masculino
Prenda exterior más larga y abrigada que la chaqueta. *Ponte el chaquetón, que hace frío.*

charanga (cha-**ran**-ga) sustantivo femenino
Orquesta popular formada especialmente por instrumentos de metal. *Durante las fiestas había muchas charangas por las calles.*

charca (**char**-ca) sustantivo femenino
Depósito de agua estancada. *En esa charca había muchas ranas.* **SIN.** Poza, lagunajo.

charco (**char**-co) sustantivo masculino
Agua contenida en un hoyo de la tierra. *Como había llovido, la calle estaba llena de charcos.*

charcutería
(char-cu-te-**rí**-a) sustantivo femenino
Tienda en la que se venden toda clase de embutidos. *Compró unas morcillas en la charcutería.*

charla (**char**-la) sustantivo femenino
1. Conversación sin importancia. *Nos encontramos en la calle y estuvimos de charla más de media hora.* **SIN.** Conversación.
2. Conferencia ante un público. *Un profesor dio una charla a los niños.*

charlar (char-**lar**) verbo
1. Conversar, mantener un diálogo. *Estuvieron charlando para aclarar las cosas.* **ANT.** Callar.
2. Hablar mucho sin decir nada interesante. *Charló con el vecino acerca del tiempo.* **SIN.** Parlotear.

charlatán, charlatana
(char-la-**tán**) adjetivo y sustantivo
Se dice de la persona que habla mucho y sin sentido, o más de la cuenta. *Como es tan charlatán, siempre mete la pata.* **SIN.** Cotorra, indiscreto. **ANT.** Callado.

charol (cha-**rol**) sustantivo masculino
Barniz muy brillante y flexible, con el que se trabaja el cuero. *Estrenó unos zapatos de charol.*

chasco (**chas**-co) sustantivo masculino
Decepción que produce algo contrario a lo esperado. *Se llevó un buen chasco al ver el suspenso.* **SIN.** Desilusión, decepción. **ANT.** Éxito, logro.

chasquido (chas-**qui**-do) sustantivo masculino
1. Ruido seco que produce una materia cuando se raja o rompe. *Las hojas secas producían un chasquido al pisarlas.* **SIN.** Crujido.
2. Ruido que se produce con la lengua al separarla bruscamente del paladar. *Tenía la costumbre de hacer chasquidos con la lengua.*

chatarra (cha-**ta**-rra) sustantivo femenino
1. Hierro viejo, principalmente de aparatos que ya no funcionan. *Se dedicaba a recoger chatarra para luego venderla.*
2. Cosa de poco valor. *No podía empeñar nada, porque todo lo que tenía era chatarra.*

chatear (cha-te-**ar**) verbo

Mantener un diálogo entre uno o más usuarios a través de una computadora u ordenador. *Les han reprendido porque se pasan el día chateando.*

chato, chata (**cha**-to) adjetivo y sustantivo

Que tiene la nariz pequeña y aplastada. *No le gusta ser tan chata.* **SIN.** Romo. **ANT.** Narigón.

chaval, chavala (cha-**val**) sustantivo

Joven. *Los chavales del pueblo organizaron la fiesta.* **SIN.** Muchacho, mozo, chico.

chepa (**che**-pa) sustantivo femenino

Joroba, bulto o curvatura permanente de la espalda. *Mira para arriba, que te va a salir chepa.*

cheque (**che**-que) sustantivo masculino

Documento que permite sacar dinero de un banco. *Cuando viaja, siempre lleva cheques de viaje.*

chequeo (che-**que**-o) sustantivo masculino

1. Revisión médica general que se hace a una persona para ver si padece alguna enfermedad. *Se hizo un chequeo porque no se encontraba bien de salud.* **2.** Examen de una máquina o mecanismo para comprobar que funciona bien. *Pedí que hicieran un chequeo a mi ordenador antes de empezar a trabajar.* **SIN.** Control.

chichón (chi-**chón**) sustantivo masculino

Bulto que sale en la cabeza producido por un golpe. *Se dio con la puerta y le salió un chichón enorme.* **SIN.** Bollo, inflamación.

chicle (**chi**-cle) sustantivo masculino

Goma de mascar con sabores. *No masques chicle en clase.*

chico, chica (**chi**-co) adjetivo

1. Pequeño o de poco tamaño. *Esta caja es muy chica, no caben todos los libros.* **SIN.** Minúsculo, reducido. **ANT.** Grande.

2. sustantivo Niño o niña. *Tu hermano es un buen chico.* **SIN.** Muchacho, crío. **ANT.** Adulto.

3. sustantivo Persona que hace recados y ayuda en las oficinas, comercios, etc. *Tiene un chico para ayudarle en las horas de más jaleo.*

4. sustantivo femenino Persona contratada para hacer las tareas de la casa, generalmente una mujer. *De dar la merienda al niño se ocupa la chica.*

chiflado, chiflada

(chi-**fla**-do) adjetivo y sustantivo

1. Se dice de la persona que se ha vuelto loca. *El pobre hombre está un poco chiflado.* **ANT.** Cuerdo. **2.** Se dice de la persona que siente gran atracción por otra. *Está chiflada por él.*

chile (**chi**-le) sustantivo masculino

Pimiento. *Prueba esta carne con chiles picantes.*

chillar (chi-**llar**) verbo

Hablar en tono alto y malhumorado. *Se puso a chillar y no atendía a razones.* **SIN.** Gritar, vociferar.

chillón, chillona (chi-**llón**) adjetivo

1. Que chilla mucho. *Es un niño muy chillón, se le oye en toda la casa.* **SIN.** Alborotador, gritón. **2.** Se dice del sonido agudo y desagradable. *El altavoz estaba estropeado y solo se oía un ruido chillón.* **3.** Se dice del color muy vivo. *Llevaba un vestido de un color chillón.* **SIN.** Estridente. **ANT.** Discreto.

chimenea

(chi-me-**ne**-a) sustantivo femenino

1. Conducto para dar salida al humo. *No salía el humo porque estaba atascada la chimenea.* **2.** Hueco hecho en la pared de una habitación, que comunica con el exterior, en el que se hace fuego para calentarse. *Al llegar el frío, les gustaba encender la chimenea del salón.*

chimpancé

(chim-pan-**cé**) sustantivo masculino

Mono africano, de cabeza grande, brazos largos, nariz aplastada y pelaje de color pardo negruzco. *Saqué una fotografía de los chimpancés del parque zoológico.*

chinche (**chin**-che) sustantivo femenino

Insecto maloliente y de color rojo oscuro que chupa la sangre de las personas, produciendo picaduras irritantes. *Aquella cama estaba llena de chinches.*

chincheta (chin-**che**-ta) sustantivo femenino

Clavo pequeño de cabeza grande y plana y punta corta y fina. *Clavó el calendario en la pared con una chincheta.*

chiquillo, chiquilla

(chi-**qui**-llo) adjetivo y sustantivo

Chico, muchacho. *Los chiquillos jugaban en el parque alegremente.*

chirriar (chi-rri-**ar**) verbo

Producir un sonido agudo y desagradable cualquier cosa que roce con otra. *Esta cerradura chirría, hay que engrasarla un poco.* **SIN.** Rechinar, crujir.

✎ Se conjuga como *desviar*.

chisme (**chis**-me) sustantivo masculino

1. Noticia que se cuenta a alguien para enemistarle con otra persona. *Le fue contando chismes de su socio.* **SIN.** Murmuración, cotilleo, intriga, habladuría.

2. Baratija o trasto pequeño. *Compré este chisme porque me gustaba, pero en realidad no sé para qué sirve.* **SIN.** Bártulo, trasto, cachivache.

chispa (**chis**-pa) sustantivo femenino

1. Partícula de fuego que salta. *Una chispa que saltó de la hoguera quemó la manta.* **SIN.** Chiribita, centella, chispazo, pavesa.

2. Pequeña descarga eléctrica. *Cayó una chispa.*

3. Porción muy pequeña de algo, material o inmaterial. *Una chispa de pan. Una chispa de inteligencia.* **SIN.** Miaja, átomo, pizca.

4. Ingenio, gracia. *Sus chistes tienen mucha chispa.* **SIN.** Agudeza, viveza.

chispazo (chis-**pa**-zo) sustantivo masculino

Acción de saltar la chispa. *Se produjo un chispazo y se fue la imagen.* **SIN.** Chisporroteo.

chispear (chis-pe-**ar**) verbo

1. Echar chispas. *Estaba soldando y chispeaba mucho.* **SIN.** Chisporrotear.

2. Llover muy poco. *Solo está chispeando, no hace falta que abras el paraguas.* **SIN.** Lloviznar.

chiste (**chis**-te) sustantivo masculino

1. Dicho ingenioso y gracioso. *Sabe muchos chistes que nos hacen reír.* **SIN.** Ocurrencia, gracia, broma.

2. Suceso más o menos gracioso. *Lo que me pasó fue de chiste.*

3. Burla. *Hace chiste de cualquier cosa, no se toma nada en serio.* **SIN.** Chanza, broma.

chistera (chis-**te**-ra) sustantivo femenino

Sombrero de copa alta. *El ilusionista sacó un conejo de la chistera.*

chivarse (chi-**var**-se) verbo

Hablar demasiado o decir algo que perjudica a otra persona. *Se chivó al profesor de que copié en el examen.* **SIN.** Acusar, delatar. **ANT.** Encubrir.

chivo, chiva (**chi**-vo) sustantivo

1. Cría de la cabra. *En el rebaño que vimos en el monte había chivos.* **SIN.** Cabrito.

2. chivo expiatorio expresión Víctima. *Cuando hace una travesura, busca un chivo expiatorio al que castiguen.*

chocar (cho-**car**) verbo

1. Encontrarse violentamente una cosa con otra. *Los dos coches choca-*

ron porque se saltó la señal de stop. **SIN.** Tropezar(se), colisionar.

2. Tener una discusión o pelea con otra persona. *Chocaron en materia de trabajo.* **SIN.** Reñir, disputar. **ANT.** Reconciliarse.

3. Causar extrañeza o enfado. *Me choca mucho lo que me cuentas de él.* **SIN.** Sorprender, extrañar. **ANT.** Concordar.

4. Darse las manos en señal de saludo, enhorabuena, etc. *¡Chócala, hemos ganado!*

✎ Se conjuga como *abarcar*.

chochear (cho-che-ar) verbo
Tener debilitadas las facultades mentales a causa de la edad. *A su edad, era lógico que chocheara.*

chocolate (cho-co-la-te) sustantivo masculino
1. Pasta hecha con cacao y azúcar molidos. *Me dieron una pastilla de chocolate para merendar.*

2. Bebida que se hace cociendo esa pasta en agua o leche. *Para desayunar, suelo tomarme una taza de chocolate con churros.*

3. Forma de referirse a a una droga llamada *hachís*. *En el colegio me ofrecieron chocolate, pero no acepté.*

chocolatina
(cho-co-la-ti-na) sustantivo femenino
Tableta o trozo pequeño de chocolate fino y selecto. *Le gustan mucho las chocolatinas de chocolate blanco.*

chófer (chó-fer) sustantivo masculino y femenino
Persona que conduce un automóvil. *Mi vecino es chófer de un camión.* **SIN.** Conductor.

✎ También *chofer*. El femenino adopta las formas *la chófer/chofer* y *la choferesa*.

chollo (cho-llo) sustantivo masculino
Situación favorable en la que se saca mucho provecho sin esfuerzo. *Encontró un buen chollo al comprar ese piso tan barato.* **SIN.** Ganga, ventaja.

choque (cho-que) sustantivo masculino
1. Encuentro violento de una cosa con otra. *Hubo un choque de trenes.* **SIN.** Encontronazo, colisión, topetazo, golpe.

2. Enfrentamiento violento de unas personas con otras. *Se produjo un choque entre las dos familias.* **SIN.** Roce, riña, disputa.

chorizo, choriza (cho-ri-zo) sustantivo
1. Caco, ladrón. *Unos chorizos intentaron robar en el supermercado, pero la Policía los detuvo.*

2. sustantivo masculino Embutido de carne de cerdo, picada y adobada. *Me gusta el chorizo curado al humo.*

chorrear (cho-rre-ar) verbo
1. Caer un líquido formando un chorro o gota a gota. *Cierra bien el grifo de la bañera, que está chorreando.* **SIN.** Gotear, fluir.

2. Estar empapada una cosa. *Como no llevaba paraguas, cuando llegué a casa el abrigo estaba chorreando.*

3. Ir viniendo las cosas poco a poco y sin interrupción. *Sus quejas llevaban chorreando mucho tiempo, el resultado se veía venir.*

chorro (cho-rro) sustantivo masculino
1. Golpe de agua u otro líquido que sale con fuerza por una abertura o parte estrecha. *Salía un fuerte chorro de la fuente.*

2. Caída continua de cosas iguales y pequeñas. *Un chorro de minúsculas lucecitas iluminó el cielo.*

3. a chorros expresión En abundancia. *Sangraba a chorros por la herida.*

choza (cho-za) sustantivo femenino
1. Cabaña hecha con estacas y cubierta de ramas o paja. *Los pastores se refugiaron en la choza.* **SIN.** Barraca, chabola.

2. Casa tosca y pobre. *Vive en una choza al final del pueblo.* **SIN.** Cabaña.

chubasco

(chu-**bas**-co) sustantivo masculino

Lluvia que cae de repente y que dura poco tiempo. *La previsión del tiempo dio chubascos para mañana.* **SIN.** Chaparrón.

chubasquero

(chu-bas-**que**-ro) sustantivo masculino

Prenda plastificada que sirve para protegerse de la lluvia. *No me mojé mucho porque llevaba el chubasquero.* **SIN.** Impermeable.

chuchería (chu-che-**rí**-a) sustantivo femenino

1. Cosa de poco valor, pero que se estima. *Te traje unas chucherías.*

2. Alimento ligero, pero sabroso. *Estás comiendo chucherías y cuando llegue la hora de comer no vas a tener hambre.*

chufa (**chu**-fa) sustantivo femenino

Tubérculo de la raíz de una planta, que se utiliza para fabricar refrescos y aceite. *Me gusta la horchata de chufa.*

chuleta (chu-**le**-ta) sustantivo femenino

1. Costilla con carne de ternera, carnero, cerdo, etc. *Cené unas chuletas de ternera con pimientos.*

2. Papel con notas para copiar en los exámenes escritos. *El profesor le pilló la chuleta y le echó del examen.*

3. adjetivo y sustantivo Presumido y orgulloso. *Es un poco chuleta.* **SIN.** Chulo.

chulo, chula (**chu**-lo) adjetivo y sustantivo

1. Que actúa o habla con chulería. *Se cree muy guapo, por eso es tan chulo.* **SIN.** Jactancioso, fanfarrón, perdonavidas.

2. Lindo, bonito, gracioso. *Me he comprado una postal muy chula.*

chupado, chupada (chu-**pa**-do) adjetivo

1. Muy flaco y débil. *Con el régimen, se ha quedado muy chupado.* **SIN.** Esquelético, consumido.

2. Se dice de las cosas sencillas o fáciles de hacer o aprender. *Estos ejercicios están chupados.*

chupar (chu-**par**) verbo

1. Sacar con los labios el jugo de una cosa. *Chupaba el biberón con todas las ganas.* **SIN.** Sorber.

2. Absorber una cosa un líquido. *Este bizcocho chupa mucho almíbar.* **SIN.** Empapar, embeber.

3. Ir gastando los bienes de alguien con pretextos o engaños. *Le chuparon los pocos ahorros que tenía.* **SIN.** Consumir, explotar.

4. chuparse Ir adelgazando. *En los meses de enfermedad se le fue chupando la cara.* **SIN.** Consumirse.

chupete

(chu-**pe**-te) sustantivo masculino

Pieza de goma elástica que chupan los bebés. *Hierve el chupete para desinfectarlo.*

churro (**chu**-rro) sustantivo masculino

1. Masa hecha con harina y agua, cortada en trozos alargados y frita. *Me encanta desayunar chocolate con churros.*

2. Algo que está mal hecho. *Este dibujo es un auténtico churro, es mejor que lo repitas.* **SIN.** Chapuza.

churruscar (chu-rrus-**car**) verbo

Dejar que se queme una cosa. *Se churruscó el pollo.*

✎ Se conjuga como *abarcar*.

chutar (chu-**tar**) verbo

En el fútbol, lanzar el balón con el pie. *Chutó a puerta.*

cicatriz (ci-ca-**triz**) sustantivo femenino

1. Señal que queda después de curada una herida. *La herida le dejó cicatriz.* **SIN.** Herida, marca.

2. Impresión que deja en una persona algún hecho pasado. *Su dura estancia en las misiones le dejó una profunda cicatriz.* **SIN.** Huella, marca, señal.

✎ Su plural es *cicatrices*.

ciclismo (ci-**clis**-mo) sustantivo masculino

Deporte de los aficionados a la bicicleta. *Practica el ciclismo casi desde la infancia.*

ciclo (**ci**-clo) sustantivo masculino

1. Período de tiempo completo. *La llegada del hombre a la luna cerró un ciclo de la historia de la humanidad.* **SIN.** Etapa, época.

2. Serie de acciones o fenómenos que se repiten en el mismo orden. *El ciclo de la cosecha se divide en siembra, crecimiento y recogida.* **SIN.** Proceso.

3. Serie de conferencias y actos culturales relacionados entre sí. *Asiste a un ciclo de conferencias sobre literatura rusa.*

ciego, ciega (**cie**-go) adjetivo y sustantivo

1. Que carece del sentido de la vista. *Un perro entrenado guiaba al ciego.* **SIN.** Invidente.

2. adjetivo Dominado por alguna pasión, de tal modo que no ve lo que hace. *Está ciego de rabia.* **SIN.** Obsesionado, ofuscado, obcecado. **ANT.** Clarividente.

3. adjetivo Se dice de un tubo lleno de tierra o suciedad, de modo que no se puede usar. *El caño de esa fuente está ciego, no sale agua.*

cielo (**cie**-lo) sustantivo masculino

1. Espacio que rodea la Tierra, claro y azul de día, y oscuro y con estrellas de noche. *Hoy el cielo está muy nublado.* **SIN.** Firmamento, bóveda celeste.

2. En la religión cristiana, el lugar donde están Dios, los ángeles, los santos, etc. *Las personas buenas van al cielo.* **ANT.** Infierno.

cien numeral

Forma breve de decir *ciento*. *Hubo cien participantes en la carrera.*

✎ Se usa siempre delante de los sustantivos en plural.

ciencia (**cien**-cia) sustantivo femenino

1. Conjunto de conocimientos que los seres humanos tienen sobre las cosas. *La ciencia ha evolucionado mucho desde el principio de los tiempos.* **SIN.** Saber, cultura. **ANT.** Ignorancia.

2. Conjunto de conocimientos sobre materias concretas. *Las matemáticas son una ciencia.*

3. ciencia ficción expresión Género de cine o de novelas que se sitúan en un futuro imaginario, con una tecnología superior a la actual. *Julio Verne escribió novelas de ciencia ficción.*

cieno (**cie**-no) sustantivo masculino

Barro blando y sucio que se forma en el fondo de las aguas estancadas. *Se cayó al estanque y salió cubierto de cieno.* **SIN.** Fango.

científico, científica

(cien-**tí**-fi-co) adjetivo

1. Relativo a la ciencia. *Trabaja en un interesante proyecto científico.*

2. adjetivo y sustantivo Se dice de la persona que se dedica a una o más ciencias. *Einstein fue un gran científico.*

ciento

(**cien**-to) numeral y sustantivo masculino

Diez veces diez. *La colección consta de ciento veinte fotos a todo color.*

cierto, cierta (**cier**-to) adjetivo

1. Que es verdad. *Es cierto que hoy es mi cumpleaños.* **SIN.** Indiscutible, verdadero, evidente. **ANT.** Dudoso, falso, erróneo.

2. Delante del sustantivo: *alguno, un*. *Cierta vez viajé a Roma.*

✎ Los superlativos son *ciertísimo* y *certísimo*.

3. adverbio Sí, ciertamente, verdaderamente. *Cierto, él tiene razón.*

ciervo, cierva (**cier**-vo) sustantivo

Animal mamífero de cuerpo esbelto, veloz y con astas en forma de ramas.

La cierva es más pequeña que el ciervo y no tiene astas.

cifra (ci-fra) sustantivo femenino
Cada uno de los signos con que se representa un número. *423 es un número de tres cifras.* **SIN.** Dígito.

cigarrillo
(ci-ga-**rri**-llo) sustantivo masculino
Cigarro pequeño envuelto en papel. *Fumaba un cigarrillo al día.*

cigarro (ci-**ga**-rro) sustantivo masculino
Rollo prensado de hojas de tabaco para fumar. *Se fumó un cigarro habano.* **SIN.** Puro.

cigüeña (ci-**güe**-ña) sustantivo femenino
Ave de cuello largo, cuerpo blanco, alas negras y patas largas y rojas, que anida en lugares altos. *La cigüeña es un ave de paso.*

cilindro (ci-**lin**-dro) sustantivo masculino
Cuerpo geométrico limitado por una superficie curva cerrada y dos planos circulares que forman sus bases. *Esta bobina de hilo tiene forma de cilindro.*

cima (ci-ma) sustantivo femenino
1. Lo más alto de una montaña o árbol. *La expedición logró alcanzar la cima del Everest.* **SIN.** Cumbre, pico, remate, punta.
2. Fin de alguna obra o cosa. *Llegó a la cima de su trabajo antes de lo previsto.* **SIN.** Término, final.

cimiento (ci-**mien**-to) sustantivo masculino
1. Parte del edificio que está bajo tierra y que sirve para que se sostenga la construcción. *No sé cuándo acabarán la casa, solo están hechos los cimientos.*
2. Fundamento de una cosa. *Los cimientos de nuestra amistad son la sinceridad y la confianza.*

cinco (**cin**-co) numeral y sustantivo masculino
Cuatro y uno, o que ocupa el último lugar en una serie ordenada de cinco. *Los cinco amigos siempre iban juntos.*

cincuenta
(cin-**cuen**-ta) numeral y sustantivo masculino
Cinco veces diez o que ocupa el último lugar en una serie ordenada de cincuenta. *Hay una cola de cincuenta niños.*

cine (**ci**-ne) sustantivo masculino
1. Local con asientos y pantalla donde se proyectan películas. *Ayer vimos una película en el cine.*
2. Arte de hacer películas cinematográficas o filmes. *El cine está considerado como el séptimo arte.*

cinematógrafo
(ci-ne-ma-**tó**-gra-fo) sustantivo masculino
Aparato que sirve para tomar fotografías animadas y proyectarlas con tal rapidez que parecen producir el movimiento de las imágenes. *Tiene dos cinematógrafos antiguos de gran valor.*

cínico, cínica (**cí**-ni-co)
Se dice de una persona, actitud, etc., descarada y desvergonzada. *Su postura era tan cínica que nadie le apoyó.* **SIN.** Sarcástico, satírico, falso. **ANT.** Respetuoso.

cinta (**cin**-ta) sustantivo femenino
1. Tira de tela, larga y estrecha, que se emplea para atar algo. *Te hice un bonito lazo con la cinta azul.* **SIN.** Faja, orla, banda.
2. cinta magnetofónica expresión Tira especialmente preparada para grabar sonidos. *Grabé la canción en una cinta magnetofónica.*
3. cinta métrica expresión La que tiene marcada la longitud del metro y sus divisores, y sirve para medir. *Trae la cinta métrica para medir la tela.*
4. cinta transportadora expresión Aparato que sirve para transportar personas o cosas. *Las botellas se colocaban en una cinta transportadora.*

cintura (cin-**tu**-ra) sustantivo femenino

Parte más estrecha del cuerpo humano, comprendida entre las caderas y el tronco. *No le valen los pantalones porque ha engordado de cintura.* **SIN.** Talle.

cinturón (cin-tu-**rón**) sustantivo masculino

1. Cinta que se utiliza para ceñir las prendas de vestir a la cintura. *Ponte el cinturón de cuero con los pantalones vaqueros.* **SIN.** Cinto, correa.

2. Serie de cosas que rodean a otra. *Madrid está rodeado por un cinturón de urbanizaciones.*

circo (**cir**-co) sustantivo masculino

Recinto circular, casi siempre de lona, donde hay espectáculos con payasos, animales amaestrados, acróbatas, etc. *Los niños querían ir al circo a ver los elefantes.*

circuito (cir-**cui**-to) sustantivo masculino

1. Terreno incluido dentro de unos límites. *Le encantó el circuito automovilístico de Le Mans.*

2. Trayectoria que recorre la corriente eléctrica. *Una avería en el circuito dejó sin luz a todo el edificio.*

circulación

(cir-cu-la-**ción**) sustantivo femenino

1. Paso de personas o vehículos por las calles. *Los semáforos regulan la circulación.* **SIN.** Tráfico.

2. Movimiento continuo de la sangre por el cuerpo. *Esta medicina es buena para la circulación.*

circular (cir-cu-**lar**) adjetivo

1. De figura de círculo. *Haz un agujero circular para meter el palo.* **SIN.** Redondo.

2. sustantivo femenino Orden que una autoridad dirige a todos o gran parte de sus subordinados. *El alcalde envió una circular.* **SIN.** Notificación.

3. verbo Ir y venir. *La gente circulaba con prisa.* **SIN.** Deambular.

4. verbo Pasar alguna cosa o noticia de unas personas a otras. *Circularon varios rumores, pero todos falsos.* **SIN.** Divulgarse, propagarse, extenderse, expandirse.

círculo (**cír**-cu-lo) sustantivo masculino

1. Circunferencia. *Hizo un sol dibujando un círculo al que añadió rayos.* **SIN.** Redondel.

2. Lugar para reuniones de personas que pertenecen a un grupo determinado. *Mi amigo el pintor suele ir al Círculo de Bellas Artes.* **SIN.** Club, sociedad.

circunferencia

(cir-cun-fe-**ren**-cia) sustantivo femenino

Línea curva, cerrada y plana, cuyos puntos están a la misma distancia de otro interior que se llama *centro. Una rueda tiene forma de circunferencia.*

circunstancia

(cir-cuns-**tan**-cia) sustantivo femenino

Conjunto de de tiempo, lugar, modo, etc., que influyen en los hechos. *Estaban en crisis y las circunstancias eran adversas.*

ciruela (ci-**rue**-la) sustantivo femenino

Fruto del ciruelo; es redonda y pequeña, y su carne es jugosa y dulce. *Me gustan mucho las ciruelas claudias.*

ciruelo (ci-**rue**-lo) sustantivo masculino

Árbol frutal de flores blancas, cuyo fruto es la ciruela. *En la huerta tenían varios ciruelos.*

cirugía (ci-ru-**gí**-a) sustantivo femenino

1. Parte de la medicina que tiene por objeto curar las enfermedades por medio de operaciones. *Estudió la especialidad de cirugía.*

2. cirugía estética expresión Rama de la cirugía plástica cuyo objetivo es embellecer una parte del cuerpo. *Se hizo la cirugía estética de la nariz.*

3. cirugía plástica expresión Especialidad médica cuyo objetivo es reparar o

cirujano - claridad

reconstruir partes del cuerpo dañadas o marcadas con cicatrices. *Quedó deforme tras el accidente y se hizo la cirugía plástica de la cara.*

cirujano, cirujana (ci-ru-**ja**-no) sustantivo
Médico que practica la cirugía. *Un experto cirujano operó a mi hermano en el hospital.*

cisne (**cis**-ne) sustantivo masculino
Ave de cuello largo, patas cortas y alas grandes, generalmente de plumaje blanco. *Me gustaba ver nadar a los cisnes.*

cisterna (cis-**ter**-na) sustantivo femenino
1. Depósito de agua. *La cisterna del pueblo está a punto de agotarse.*
2. Depósito de agua de un retrete. *No vayas al baño, la cisterna está rota.*

cita (**ci**-ta) sustantivo femenino
1. Acuerdo de día, hora y lugar para verse dos o más personas. *Me voy, tengo una cita ahora.*
2. Mención de un texto, dato o autor que se presenta como prueba de lo que se dice. *El orador leyó una cita de Unamuno.*

cítrico, cítrica (**cí**-tri-co) adjetivo
1. Que se refiere al limón. *El limón tiene ácido cítrico.*
2. sustantivo masculino plural Frutas agrias. *El limón, el pomelo, la mandarina y la naranja son cítricos.*

ciudad (ciu-**dad**) sustantivo femenino
Población grande. *Vive en una gran ciudad.* **SIN.** Urbe.

cívico, cívica (**cí**-vi-co) adjetivo
Que tiene una actitud cortés y generosa hacia los otros ciudadanos. *No es cívico tirar los papeles al suelo, para eso están las papeleras.*

civil (ci-**vil**) adjetivo
1. Perteneciente a la ciudad o a los ciudadanos. *El alcalde habló sobre los beneficios civiles que habría.* **SIN.** Ciudadano, cívico.

2. Se dice de la persona que no es militar ni eclesiástico. *La población civil sufría las consecuencias de la guerra en su propia ciudad.* **SIN.** Laico, paisano.

civilización
(ci-vi-li-za-**ción**) sustantivo femenino
Conjunto de conocimientos, cultura, arte y medios de vida de un pueblo o de una raza. *Están investigando sobre la civilización inca.*

civilizar (ci-vi-li-**zar**) verbo
Educar, instruir. *Era tan bruto que todos dudaban de que se pudiera civilizar algún día.* **SIN.** Cultivar(se), culturizar.
✎ Se conjuga como *abrazar*.

cizaña (ci-**za**-ña) sustantivo femenino
1. Planta perjudicial que crece en los sembrados. *Limpiaron los campos de trigo de cizaña.*
2. Discordia, enemistad. *Los dos se llevaban bien hasta que Pedro sembró la cizaña.* **SIN.** Prejuicio.

clamar (cla-**mar**) verbo
Dar voces lastimeras pidiendo ayuda. *Clamó al cielo pidiendo justicia.* **SIN.** Gritar, gemir.

clan sustantivo masculino
1. Familia o tribu. *Estuvimos hablando con el jefe del clan.*
2. Grupo de personas unidas por un interés común. *Detuvieron a varios contrabandistas que formaban parte del clan.*

clandestino, clandestina
(clan-des-**ti**-no) adjetivo
Se dice de lo que se hace o se dice secretamente por temor a la ley o para eludirla. *No podían reunirse libremente porque su organización era clandestina.* **SIN.** Ilegal, prohibido, secreto, oculto. **ANT.** Público.

claridad (cla-ri-**dad**) sustantivo femenino
1. Cualidad de lo que es claro y tiene luz. *Me gusta mucho su casa porque tiene*

mucha claridad. **SIN.** Diafanidad, luminosidad, resplandor. **ANT.** Oscuridad.

2. Distinción con la que se dice, percibe o comprende una idea o sensación. *Habló con claridad para que todos pudieran entenderle.* **SIN.** Perspicacia, lucidez.

3. Forma sencilla y sincera de expresar algo a alguien. *Le habló con claridad, a pesar de que el asunto era muy desagradable.* **SIN.** Franqueza, sinceridad.

clarinete (cla-ri-ne-te) sustantivo masculino
Instrumento musical de viento, formado por un tubo de madera con agujeros que se tapan con los dedos mientras se sopla. *Toca el clarinete desde que era pequeño.*

clase (cla-se) sustantivo femenino
1. Conjunto de personas o cosas del mismo grado, calidad u oficio. *Si la clase de madera es roble: te costará mucho dinero.* **SIN.** Categoría, tipo.
2. Grupo de alumnos que reciben la misma enseñanza y lugar donde se recibe. *La clase de mi hermano va al museo esta tarde.* **SIN.** Curso, grado, aula.
3. Materia que explica el profesor a sus alumnos. *Da clase de Matemáticas.* **SIN.** Asignatura.

clasificar (cla-si-fi-car) verbo
1. Ordenar por clases. *Estuvimos clasificando los minerales que habíamos recogido.* **SIN.** Separar, catalogar, ordenar, archivar.
2. clasificarse Conseguir determinado puesto en una competición o torneo deportivo. *El equipo local se clasificó en segundo lugar de la liga.*
✎ Se conjuga como *abarcar.*

claustro (claus-tro) sustantivo masculino
1. Galería que rodea el patio principal de una iglesia, convento, etc. *Visitamos el claustro del monasterio.* **SIN.** Corredor, pórtico.

2. Reunión del rector, decanos y profesorado de una universidad o de cualquier otro centro de enseñanza. *Esta tarde tienen claustro los profesores.*

clausura (clau-su-ra) sustantivo femenino
1. Acto solemne con el que finaliza una actividad. *Mañana será la clausura del curso.* **SIN.** Cierre. **SIN.** Inauguración, apertura.
2. Parte de un convento en la que no pueden entrar los seglares. *Solo a su padre le dejaron pasar a la clausura del convento.*
3. Vida religiosa sin salir del convento. *Tiene una hermana que es monja de clausura.*

clausurar (clau-su-rar) verbo
1. Poner fin oficial y solemnemente a una asamblea, exposición, certamen, etc. *Muchas personalidades acudieron a clausurar la exposición.* **ANT.** Inaugurar.
2. Cerrar un local público por orden del Gobierno. *El Ayuntamiento clausuró varios comercios por no tener las debidas licencias.* **SIN.** Anular, disolver. **ANT.** Abrir.

clavar (cla-var) verbo
1. Asegurar con clavos una cosa. *Clavó el cuadro en la pared.* **SIN.** Enclavar, pinchar, hundir, incrustar. **ANT.** Desclavar.
2. Introducir una cosa puntiaguda en un cuerpo. *Se cayó en unas zarzas y se le clavó una espina.* **SIN.** Pinchar.
3. Mirar fijamente algo. *Clavó los ojos en él desde que llegó.*

clave (cla-ve) sustantivo femenino
1. Explicación de los signos secretos con que se escribe en cifra. *Necesito conocer la clave para saber lo que dice aquí.*
2. Lo que explica o resuelve algo. *Saben muchos datos del robo, pero todavía les falta la clave.*

3. Razón o fundamento de algo. *Aquel lema de solidaridad era la clave del grupo.* **SIN.** Quid.

4. Signo que se pone al comienzo del pentagrama para determinar el nombre de las notas. *Esta partitura está en clave de sol.*

clavel (cla-vel) sustantivo masculino
Planta de tallos nudosos, hojas largas y estrechas, con flores del mismo nombre, olorosas y de colorido diverso. *Le regaló un ramo de claveles.*

clavícula
(cla-ví-cu-la) sustantivo femenino
Hueso alargado que va desde el esternón al omóplato. *Se rompió la clavícula en un accidente.*

clavija (cla-vi-ja) sustantivo femenino
1. Llave de madera que llevan los instrumentos musicales para sujetar y tensar las cuerdas. *Perdió una clavija de la guitarra.*

2. Pieza que se encaja en un agujero para sujetar algo. *La chapa estaba sujeta por una clavija.*

clavo (cla-vo) sustantivo masculino
1. Pieza de metal larga y delgada, con cabeza y punta, que sirve para fijarla en alguna parte, o para asegurar una cosa a otra. *Utiliza clavos de todos los tamaños en sus labores de tapicería.*

2. Callo duro que sale generalmente en los dedos de los pies o de las manos. *Se curaba con pomada el clavo que tenía en el dedo.*

claxon (cla-xon) sustantivo masculino
Bocina de los automóviles. *Casi le atropella porque no oyó el claxon.*

✎ Su plural es *cláxones.*

clemencia (cle-men-cia) sustantivo femenino
Bondad, misericordia. *El acusado pidió clemencia al juez.* **SIN.** Indulgencia. **ANT.** Crueldad, rigor.

clérigo (clé-ri-go) sustantivo masculino
Sacerdote o diácono de la Iglesia católica. *Había una reunión de los clérigos de esta diócesis.* **ANT.** Laico.

clero (cle-ro) sustantivo masculino
Conjunto de los clérigos. *Estaban presentes las máximas autoridades del clero mundial.*

clic sustantivo masculino
Señal que se da con el mando del ratón, o golpe leve con el dedo sobre una pantalla táctil para activar una casilla de una página digital. *El visitante con un solo clic podrá acceder a toda la información catalogada por destinos y servicios.*

cliente, clienta (clien-te) sustantivo
Persona que compra habitualmente en una misma tienda o que utiliza los servicios de otra persona. *El supermercado tiene muchos clientes. Soy cliente de ese abogado.* **SIN.** Usuario.

✎ La forma *cliente* se puede usar también para el femenino (*la cliente/la clienta*).

clima (cli-ma) sustantivo masculino
Tiempo atmosférico. *Las ciudades de la costa tienen clima húmedo.*

climatizar (cli-ma-ti-zar) verbo
Mantener en un lugar cerrado cierta temperatura, grado de humedad, presión del aire, etc. *Van a climatizar las oficinas.*

clip sustantivo masculino
Barrita de metal o plástico doblada sobre sí misma, que sirve para sujetar papeles. *Une estas hojas con clips.*

✎ El plural es *clips.*

cloaca (clo-a-ca) sustantivo femenino
Conducto subterráneo por donde van las aguas sucias de las poblaciones. *Se fugaron de la cárcel por una cloaca.* **SIN.** Sumidero, alcantarilla, vertedero.

cloro (clo-ro) sustantivo masculino

Gas de color verde amarillento y de fuerte olor. *Echaron mucho cloro al agua de la piscina.*

clorofila (clo-ro-fi-la) sustantivo femenino

Sustancia que permite a las plantas verdes utilizar la energía de la luz del sol para elaborar su alimento. *La clorofila es fundamental en el proceso de la fotosíntesis.*

club sustantivo masculino

Nombre que se da a una asociación con fines sociales, deportivos o de recreo, y al lugar donde tiene sus reuniones. *Son socios de un club de natación.* **SIN.** Agrupación, asociación, sociedad.

✎ Su plural es *clubs* o *clubes*.

coalición (co-a-li-ción) sustantivo femenino

Confederación de unas personas o países con otros. *Una coalición de varios países aprobó el bloqueo.* **SIN.** Alianza, federación.

coartada (co-ar-ta-da) sustantivo femenino

Argumento o prueba que da el acusado para demostrar que estaba en otro sitio, distinto al lugar del delito. *Tenía una coartada perfecta, estaba en México cuando ocurrió el crimen.*

coartar (co-ar-tar) verbo

No conceder enteramente una cosa, limitándola. *Coartaba su libertad con tantas amenazas.* **SIN.** Limitar, restringir, cohibir. **ANT.** Permitir.

coba (co-ba) sustantivo femenino

Elogios excesivos que se hacen de alguien que está presente para conseguir algo de él. *Le daba coba para tenerle contento.* **SIN.** Lisonja, jabón.

cobardía (co-bar-dí-a) sustantivo femenino

Falta de ánimo y valor. *Demostró no tener cobardía al salvar al niño de las llamas.* **SIN.** Temor, miedo. **ANT.** Valentía, valor.

cobertizo

(co-ber-ti-zo) sustantivo masculino

1. Tejado que sale fuera de la pared. *Se refugiaron todos en el cobertizo de la casa hasta que dejó de llover.*

2. Caseta con techado rústico para cobijarse cuando hace mal tiempo. *Metió el remolque en el cobertizo porque nevaba.*

cobijar (co-bi-jar) verbo

Albergar, refugiar a alguien o a uno mismo, generalmente de la intemperie. *Se cobijaron en la cabaña.* **SIN.** Guarecer(se).

cobra (co-bra) sustantivo femenino

Serpiente venenosa de países tropicales, con más de dos metros de largo. *En algunas culturas, la cobra fue un animal sagrado.*

cobrar (co-brar) verbo

1. Recibir dinero como pago de algo. *El fontanero cobró mucho dinero por arreglar el grifo.* **SIN.** Recaudar, recibir. **ANT.** Pagar, abonar.

2. Recibir golpes. *Como no te portes bien vas a cobrar.*

cobre (co-bre) sustantivo masculino

Metal de color rojizo pardo, que se emplea en la industria. *Le regalaron un candelabro de cobre.*

cocer (co-cer) verbo

1. Meter un alimento en un líquido y calentarlo hasta hacerlo comestible. *Cuece un par de huevos para la ensalada.* **SIN.** Hervir.

2. Poner una cosa al fuego para darle determinadas propiedades. *Coció la cerámica de barro en el horno.*

✎ Verbo irregular, se conjuga como *mover*.

coche (co-che) sustantivo masculino

1. Vehículo de cuatro ruedas, arrastrado por animales o con motor, para transportar personas. *Dieron un paseo* *por el parque en un coche de caballos. Ha comprado un coche un poco más potente.* **SIN.** Carruaje.

2. coche cama expresión Vagón de ferrocarril con literas para descansar. *Fue en coche cama para poder dormir.*

3. coche de línea expresión El que lleva a los viajeros de una población a otra en días y horas fijos. *Fui al pueblo en coche de línea.*

cochera (co-che-ra) sustantivo femenino
Lugar donde se guardan los coches. *He alquilado una cochera muy cerca de mi casa.* **SIN.** Garaje.

cochino, cochina
(co-chi-no) sustantivo
1. Cerdo pequeño. *En la granja estamos criando dos cochinos.* **SIN.** Puerco, gorrino, marrano.

2. adjetivo y sustantivo Persona muy sucia y desaseada. *Es un cochino, nunca se lava.* **SIN.** Guarro. **ANT.** Limpio.

cocido (co-ci-do) sustantivo masculino
Plato realizado con garbanzos, carne, chorizo, tocino, etc., puestos a cocer en una olla. *Los viernes, de plato especial, suelen tener cocido.*

cociente (co-cien-te) sustantivo masculino
Resultado de dividir una cantidad por otra. *El cociente de doce dividido entre cuatro es tres.*

cocina (co-ci-na) sustantivo femenino
1. Sitio de una casa, restaurante, etc., donde se preparan las comidas. *En la cocina se encuentra el frigorífico o refrigerador.*

2. Aparato en el que se guisan los alimentos. *He decidido cambiar mi vieja cocina de gas por una eléctrica.* **SIN.** Fogón, placa.

3. Habilidad para preparar y guisar distintos platos. *Está haciendo un curso de cocina porque no sabe hacer ni un huevo frito.*

cocinar (co-ci-nar) verbo
Preparar los alimentos de modo que se puedan comer. *Voy a cocinar pato a la naranja.* **SIN.** Aliñar, condimentar, guisar.

coco (co-co) sustantivo masculino
1. Fruto del cocotero, de cáscara dura, pulpa blanca, comestible y un líquido dulce. *El agua de coco quita la sed.*

2. Cabeza humana. *Le dolía el coco después de tanto trabajo.*

3. Fantasma imaginario para meter miedo a los niños. *De pequeño siempre le decían que, si no se portaba bien vendría el coco.*

cocodrilo (co-co-dri-lo) sustantivo masculino
Reptil de gran tamaño y muy peligroso, que vive en los grandes ríos de las regiones tropicales. *Los cocodrilos son de color verdoso oscuro con manchas amarillentas.*

cocotero (co-co-te-ro) sustantivo masculino
Palmera de los países tropicales, de tallo alto y esbelto, cuyo fruto es el coco. *Aquella isla estaba llena de cocoteros.*

cóctel (cóc-tel) sustantivo masculino
1. Bebida realizada mezclando varios licores. *Nos preparó un cóctel estupendo.*

2. Reunión de sociedad. *Asistieron a un cóctel de presentación de un libro.* **SIN.** Recepción.

✎ También *coctel.* Su plural es *cócteles.*

codera (co-de-ra) sustantivo femenino
Pieza de adorno o refuerzo que se pone en los codos de las mangas de una prenda de vestir. *La chaqueta que se ha comprado tiene las coderas de pana.* **SIN.** Parche.

codicia (co-di-cia) sustantivo femenino
Ambición exagerada de riquezas. *Tenía tanta codicia que todo le parecía*

poco. **SIN.** Avidez, ambición. **ANT.** Generosidad.

código (có-di-go) sustantivo masculino

Conjunto de leyes o reglas sobre cierta materia. *Está estudiando el código de la circulación para obtener el permiso de conducir.*

codo (co-do) sustantivo masculino

Parte posterior de la articulación del brazo con el antebrazo. *Le dio un empujón con el codo.*

coeficiente

(co-e-fi-cien-te) sustantivo masculino

1. Número o letra que, colocado a la izquierda de otro, lo multiplica. *En 2x, el coeficiente es 2.* **SIN.** Multiplicador, factor.

2. Intensidad con que se manifiesta un fenómeno o propiedad. *Hicieron un estudio sobre el coeficiente de natalidad.*

cofradía (co-fra-dí-a) sustantivo femenino

Hermandad o gremio de algunas personas que se reúnen para un fin determinado. *Se reunieron las cofradías de la Semana Santa para organizar la procesión.*

cofre (co-fre) sustantivo masculino

Arca, caja para guardar cosas. *El tesoro estaba guardado en un cofre.*

coger (co-ger) verbo

1. Agarrar algo. *Cojo los cubiertos con la mano izquierda porque soy zurdo.* **SIN.** Asir, sujetar.

2. Alcanzar a una persona o cosa que va delante. *Como corría más que yo, no pude cogerle.*

3. Juntar algunas cosas, como los productos del campo. *Cogieron muchos tomates.* **SIN.** Recolectar, recoger, cosechar.

4. Subir a un vehículo. *Cogí un autobús para volver a casa.* **SIN.** Tomar, montar. **ANT.** Bajar, apearse.

5. Contraer o padecer una enfermedad. *Mi hermano ha cogido la gripe.* **SIN.** Pillar, agarrar.

✎ Se conjuga como *proteger*.

cogollo (co-go-llo) sustantivo masculino

1. Parte de dentro y más tierna de un repollo u otras hortalizas. *Me gusta el cogollo de la lechuga.*

2. Parte central de un asunto. *Entremos en el cogollo de la cuestión.*

cogote (co-go-te) sustantivo masculino

Parte superior y posterior del cuello. *Se golpeó en el cogote y cayó inconsciente.* **SIN.** Testuz, nuca, cerviz.

coherencia

(co-he-ren-cia) sustantivo femenino

Relación lógica de unas cosas con otras. *Los argumentos que daba a su madre no tenían ninguna coherencia.* **SIN.** Congruencia, lógica, sentido. **ANT.** Incoherencia.

cohete (co-he-te) sustantivo masculino

1. Fuego artificial que consiste en un canutillo de pólvora unido a una varilla ligera. *El día de la fiesta tiraron muchos cohetes.*

2. Máquina que sirve para impulsar vehículos espaciales. *El satélite fue lanzado al espacio por un cohete.* **SIN.** Astronave, aeronave.

coincidir (coin-ci-dir) verbo

1. Encontrarse dos o más personas en un mismo sitio. *Coincidía con su vecino todos los días en el ascensor.* **SIN.** Concurrir.

2. Ocurrir dos o más cosas al mismo tiempo. *Al dar las doce, las manecillas del reloj coinciden.* **SIN.** Encontrarse, coexistir.

3. Estar de acuerdo en algo. *Coincidieron en los puntos de vista.* **SIN.** Concordar, convenir.

cojín (co-jín) sustantivo masculino

Almohadón que sirve para apoyarse o sentarse sobre él. *Apoyó la cabeza en un cojín y se durmió.*

cojo, coja (co-jo) adjetivo y sustantivo
1. Se dice de la persona o animal que cojea. *Andaba un poco cojo de la pierna izquierda.*
2. Se dice de cosas cuando se balancean a un lado y a otro. *Esa silla está coja, ten cuidado.*

col sustantivo femenino
Planta de huerta comestible, de hojas anchas y verdes, de la que hay muchas variedades. *Le gustan mucho las coles de Bruselas.*

cola (co-la) sustantivo femenino
1. Extremo posterior de la columna vertebral de algunos animales. *Ese caballo tenía una cola muy larga.* **SIN.** Rabo.
2. Conjunto de plumas fuertes que tienen las aves en la parte trasera. *El pajarito movía la cola.*
3. Extremo posterior de alguna cosa. *Su vestido de novia llevaba una cola muy larga.* **SIN.** Punta.
4. Hilera de personas que esperan turno. *Había mucha cola en la taquilla del cine.* **SIN.** Fila.
5. Pasta sólida que sirve para pegar. *Pega la figura con cola.*

colaborar (co-la-bo-rar) verbo
Trabajar con otra u otras personas. *Toda la familia ha colaborado en el arreglo del tejado.* **SIN.** Ayudar, participar, cooperar.

colada (co-la-da) sustantivo femenino
1. Acción de lavar la ropa. *Tardó mucho en hacer la colada.*
2. Ropa para lavar o ropa lavada. *Tendió la colada al sol.*

colador (co-la-dor) sustantivo masculino
Utensilio formado por una laminilla agujereada que se utiliza para colar los líquidos. *Usa el colador para colar la leche.*

colar (co-lar) verbo
1. Pasar un líquido por un colador para que queden en él las impurezas.

Voy a colar el café. **SIN.** Filtrar, cribar, tamizar.
2. Pasar una cosa mediante engaño. *Le colaron un billete falso.*
3. colarse Entrar a escondidas o sin permiso en alguna parte. *Se coló en el fútbol sin entrada.*
4. colarse Confundirse, equivocarse. *Quiso contestar tan rápido que se coló.* **SIN.** Errar, fallar.
5. colarse Anticiparse alguien en la cola al turno que le corresponde. *Aquel señor quería colarse en la fila del supermercado.*
Verbo irregular, se conjuga como *contar.*

colcha (col-cha) sustantivo femenino
Prenda para cubrir las camas. *Tiene varios cojines de adorno haciendo juego con la colcha.*

colchón (col-chón) sustantivo masculino
Saco relleno de lana, gomaespuma u otra cosa, que ocupa el espacio de la cama y sirve para dormir sobre él. *Cambió el colchón de lana por uno de muelles.*

colchoneta
(col-cho-ne-ta) sustantivo femenino
1. Colchón largo y delgado. *En el gimnasio usamos colchonetas para algunos ejercicios.*
2. Colchón hinchable que se utiliza para tumbarse en la playa, el campo, etc. *Cuando vamos de campo, duerme la siesta en la colchoneta.*

colección (co-lec-ción) sustantivo femenino
Conjunto de cosas de la misma clase que alguien reúne. *Tengo una colección de sellos.*

colecta (co-lec-ta) sustantivo femenino
Recogida de dinero o cosas para dárselos a alguien que los necesita. *En el colegio hemos hecho una colecta para los niños de Sudamérica.*

colectivo, colectiva

(co-lec-**ti**-vo) adjetivo

1. Que está formado por varias personas o cosas. *Es una explotación colectiva que va muy bien.*

2. sustantivo masculino Agrupación de personas con diversos fines. *El colectivo de ecologistas lucha por defender el medioambiente.*

colega (co-**le**-ga) sustantivo

1. Compañero que tiene la misma profesión o trabaja en el mismo sitio. *El doctor me presentó al colega suyo que me iba a operar.*

2. Amigo. *Celebró la fiesta de cumpleaños con sus colegas.*

✎ Es igual en masculino y femenino.

colegiatura

(co-le-gia-**tu**-ra) sustantivo femenino

Cuota mensual que se paga por alumno en los colegios privados. *Al inicio del curso suelen pasar la colegiatura con algo de retraso en el pago.*

colegio (co-**le**-gio) sustantivo masculino

1. Escuela de enseñanza primaria o secundaria. *Todos los días, su abuelo le llevaba al colegio.*

2. Sociedad de personas que pertenecen a la misma profesión. *Tenemos una reunión en el colegio de veterinarios.*

cólera (**có**-le-ra) sustantivo femenino

1. Rabia, enfado violento. *Montó en cólera al darse cuenta de que le habían engañado.* **SIN.** Furor, enojo, rabia. **ANT.** Calma.

2. sustantivo masculino Enfermedad que se caracteriza principalmente por vómitos y diarrea. *El cólera se extendió por todo el país.*

colesterol (co-les-te-**rol**) sustantivo masculino

Sustancia grasa que se encuentra en las células y en la sangre. *El médico le dijo que tenía muy alto el colesterol.*

coleta (co-**le**-ta) sustantivo femenino

Cabello recogido por detrás de la cabeza en forma de cola. *Tenía el pelo muy largo y solía ir peinada con coleta.*

coletilla (co-le-**ti**-lla) sustantivo femenino

Dicho breve que no quiere decir nada y se repite con frecuencia. *Detrás de cada frase siempre tiene que decir una coletilla.*

colgar (col-**gar**) verbo

1. Poner una cosa enganchada a otra, sin que llegue al suelo. *Colgó el jamón de un gancho de la despensa.* **SIN.** Pender.

2. Atribuir algo a alguien. *Le colgaron el muerto y él no había tenido nada que ver.* **SIN.** Imputar.

3. Quitar a alguien la vida suspendiéndole del cuello con una cuerda. *Le contaron la historia de un señor al que habían colgado.*

4. Hacer pública en internet una información (textos, imágenes, videos, etc.) para compartirla con otros. *El año pasado la empresa colgó en la red más de 30 000 páginas de diferentes autores hispanos.*

✎ Verbo irregular, se conjuga como *contar.* Se escribe -*gu*- en vez de *g*- seguido de -*e*.

cólico (**có**-li-co) sustantivo masculino

Dolor fuerte en el intestino, riñón, hígado, etc. *Sufrió un cólico de riñón y le tuvieron que llevar al hospital.*

coliflor (co-li-**flor**) sustantivo femenino

Variedad de col, formada por varias cabezas blancas y compactas, que se come cocida y condimentada de diversos modos. *Me gusta mucho la coliflor con tomate.*

colilla (co-**li**-lla) sustantivo femenino

Resto que queda del cigarro después de fumarlo. *Tenía el cenicero lleno de colillas.*

colina (co-li-na) sustantivo femenino
Elevación del terreno menor que una montaña. *Tardaron mucho en subir la colina.* **SIN.** Altozano, cerro, collado, otero.

collar (co-llar) sustantivo masculino
1. Adorno para llevar en el cuello. *Le regaló un collar de perlas.* **SIN.** Gargantilla.
2. Aro que se pone en el cuello de los animales domésticos como adorno, sujeción o defensa. *Ponedle el collar al perro antes de sacarlo de paseo.*

colmar (col-mar) verbo
1. Llenar algo hasta los bordes. *Colmaron el saco de trigo y luego no podían atarlo.* **SIN.** Atestar, abarrotar. **ANT.** Vaciar.
2. Satisfacer. *El poder tener ese hijo colmó todos sus deseos.* **ANT.** Defraudar.

colmena
(col-me-na) sustantivo femenino
Lugar en el que habitan las abejas y donde forman los panales de miel. *A la salida de tu pueblo observé que había varias colmenas.*

colmillo (col-mi-llo) sustantivo masculino
1. Diente agudo y fuerte colocado delante de cada una de las filas de muelas. *Tenía caries en un colmillo y se lo tuvieron que empastar.*
2. Cada uno de los dos dientes largos del elefante. *Los colmillos del elefante son de marfil.*

colmo (col-mo) sustantivo masculino
Límite o perfección a que llega algo. *Su insensatez ha llegado al colmo.* **SIN.** Remate, exceso.

colocar (co-lo-car) verbo
1. Poner a una persona o cosa en el lugar donde debe estar. *Hace más de un año que colocaron las nuevas farolas en mi calle.* **SIN.** Situar(se), instalar(se), disponer(se). **ANT.** Descolocar(se).

2. Dar un empleo a alguien. *Va a intentar colocar a su sobrina en la oficina donde él trabajaba.* **SIN.** Destinar, contratar, emplear(se). **ANT.** Despedir(se), echar.
✎ Se conjuga como *abarcar*.

colonia (co-lo-nia) sustantivo femenino
1. Líquido con buen olor. *Mi colonia huele a lilas.* **SIN.** Perfume.
2. Grupo de personas de un país o región que vive en otro territorio. *La colonia china en Canadá es numerosa.* **SIN.** Comunidad.
3. Territorio que está fuera de una nación y sometido a ella. *La India fue una colonia británica.*
4. Agrupación de animales o plantas que viven juntos. *Los atolones son colonias de coral.*

colonizar (co-lo-ni-zar) verbo
Establecerse en un territorio para poblarlo y explotar sus riquezas. *Los ingleses colonizaron ese territorio en el siglo XVIII.*
✎ Se conjuga como *abrazar*.

colono (co-lo-no) sustantivo masculino
1. Habitante de una colonia. *Los colonos se adaptaron a las condiciones del lugar.*
2. Labrador que trabaja tierras que no son suyas, sino arrendadas. *Como no podían trabajar la tierra, se la arrendaron a unos colonos.*

coloquio
(co-lo-quio) sustantivo masculino
Conversación entre dos o más personas. *Asistimos a un coloquio sobre el medioambiente.* **SIN.** Charla, diálogo. **ANT.** Monólogo.

color (co-lor) sustantivo masculino
Impresión que capta el ojo de los rayos de luz reflejados por un cuerpo. *Bajo la luz de la luna, el mar era de color plateado.*

colorete (co-lo-**re**-te) sustantivo masculino

Polvos para dar color al rostro, especialmente a las mejillas. *Se puso un poco de colorete porque estaba muy pálida.*

colosal (co-lo-**sal**) adjetivo

1. Se dice de aquello de estatura mayor que la normal. *Las pirámides de Egipto son colosales.* **SIN.** Gigantesco, inmenso, enorme.

2. Extraordinario, de mayor calidad que la normal. *Estuvimos viendo una película colosal.* **SIN.** Formidable, impresionante.

coloso (co-**lo**-so) sustantivo masculino

Persona de cualidades extraordinarias. *Es un coloso, nadie se atreve a competir con él.*

columna (co-**lum**-na) sustantivo femenino

1. Apoyo de forma generalmente cilíndrica que se usa en construcción. *Era un templo griego con muchas columnas.* **SIN.** Pilar.

2. Cada una de las partes en que se divide el texto de una página por medio de un blanco o línea que las separa de arriba abajo. *Haz la lista en dos columnas; en una, los nombres y en otra, los teléfonos.*

columpio (co-**lum**-pio) sustantivo masculino

Asiento móvil suspendido de una barra fija. *Hicieron un columpio con una tabla y dos cuerdas que ataron a las ramas de un árbol.*

coma (**co**-ma) sustantivo femenino

1. Signo ortográfico de puntuación (,) que indica pausa breve o división en la oración. *Las comas facilitan la lectura.*

2. Sueño profundo que se produce por enfermedad o accidente. *Se recuperó tras estar varios días en coma.*

comadrona

(co-ma-**dro**-na) sustantivo femenino

Persona que ayuda en un parto. *Avisaron al médico y la comadrona.*

comando (co-**man**-do) sustantivo masculino

Pequeño grupo de tropas escogidas para misiones especiales. *Un comando hizo una incursión nocturna.*

comarca (co-**mar**-ca) sustantivo femenino

División de territorio que comprende varias poblaciones. *La ganadería de aquella comarca tenía mucho renombre.* **SIN.** Región.

comba (**com**-ba) sustantivo femenino

Juego que consiste en saltar por encima de una cuerda que se hace pasar por debajo de los pies y sobre la cabeza del que salta. *Le gustaba mucho saltar a la comba.*

combatir (com-ba-**tir**) verbo

1. Luchar personas o grupos entre sí. *David usó su ingenio para combatir contra Goliat.* **SIN.** Pelear.

2. Ir contra cierta cosa o idea. *Combatió siempre la ignorancia.* **SIN.** Atacar. **ANT.** Defender.

combinación

(com-bi-na-**ción**) sustantivo femenino

1. Concordancia entre distintas cosas. *No me gusta la combinación de esos colores.*

2. Unión coordinada de dos o más cosas. *Solo sabe él la combinación de la caja fuerte.*

3. Prenda interior de vestir femenina. *Llevo la combinación de seda.*

combinar (com-bi-**nar**) verbo

Unir varias cosas de manera que formen un conjunto. *Las palabras se forman combinando varias letras.* **SIN.** Mezclar, integrar.

combustible

(com-bus-**ti**-ble) adjetivo

1. Se dice del material o sustancia que puede arder. *Ten mucho cuidado con esta botella; contiene un líquido combustible.* **SIN.** Inflamable. **ANT.** Incombustible.

2. <small>sustantivo masculino</small> Sustancia que, al arder, proporciona calor o energía. *El carbón es un combustible.*

comedia (co-**me**-dia) <small>sustantivo femenino</small>
1. Obra dramática con desenlace feliz. *Fuimos al teatro a ver una comedia de los Quintero.*
2. Acción con que se trata de esconder la verdad. *Todo era una comedia para que no le riñeran.* **SIN.** Mentira, ficción, farsa.

comedor (co-me-**dor**) <small>sustantivo masculino</small>
Habitación destinada a comer. *Junto a la cocina está el comedor.*

comentario
(co-men-**ta**-rio) <small>sustantivo masculino</small>
1. Escrito que sirve de explicación de una obra literaria o de arte para comprenderla mejor. *Leí un interesante comentario sobre la obra de Fray Luis de León.* **SIN.** Interpretación.
2. Conversación sobre alguien o sobre sucesos de la vida cotidiana. *No me gustaron los comentarios que hizo su amigo sobre él.*

comenzar (co-men-**zar**) <small>verbo</small>
Empezar algo. *Por fin ha decidido comenzar la construcción de la nueva casa.* **SIN.** Iniciar, inaugurar. **ANT.** Terminar, acabar.
✎ Verbo irregular, se conjuga como *acertar.* Se escribe *c-* en vez de *z-* seguido de *-e.*

comer (co-**mer**) <small>verbo</small>
1. Tomar alimentos por la boca. Se dice especialmente de la comida de mediodía. *Sin comer no se puede vivir.* **SIN.** Alimentarse.
2. comerse Omitir una frase, palabra, etc., al hablar o al escribir. *Te has comido el verbo de la oración.*

comercio (co-**mer**-cio) <small>sustantivo masculino</small>
1. Actividad de comprar y vender cosas para ganar dinero. *El librero*

se dedica al comercio: compra libros al editor y los vende en su librería. **SIN.** Negocio.
2. Tienda. *Tengo un comercio de fruta junto a la estación.* **SIN.** Establecimiento, almacén, puesto.

comestible (co-mes-**ti**-ble) <small>adjetivo</small>
1. Que se puede comer. *El asado no está muy bueno pero es comestible.* **SIN.** Comible.
2. <small>sustantivo masculino</small> Cualquier alimento. *Haz una lista de los comestibles que llevamos a la acampada.* **SIN.** Víveres.

cometa (co-**me**-ta) <small>sustantivo masculino</small>
1. Astro formado por una cabeza y una cola de polvo y gas de varios millones de kilómetros. *Todos querían ver el paso del cometa.*
2. <small>sustantivo femenino</small> Armazón plana, de materiales muy ligeros, sobre la que se pega papel o tela, y vuela sujeta con una cuerda. *Fue con su padre al parque para volar la cometa.*

cometer (co-me-**ter**) <small>verbo</small>
Hacer una cosa que está prohibida o que es errónea. *Está en la cárcel por haber cometido un robo.* **SIN.** Hacer, incurrir en.

cometido
(co-me-**ti**-do) <small>sustantivo masculino</small>
Misión, obligación, encargo. *Su cometido era lograr un acuerdo entre las dos partes enfrentadas.*

cómic (**có**-mic) <small>sustantivo masculino</small>
Serie de viñetas que presentan una historia, y revista o libro en que aparecen. *Hergé es un gran dibujante de cómics.*
✎ Su plural es *cómics.*

comicios
(co-**mi**-cios) <small>sustantivo masculino plural</small>
Elecciones. *Su partido salió vencedor en los últimos comicios.* **SIN.** Sufragio, votación.

comida (co-**mi**-da) sustantivo femenino
1. Lo que se toma como alimento. *Tenemos que ir a comprar comida.* **SIN.** Sustento.
2. Alimento principal que cada día toman las personas, particularmente al mediodía. *Toda la familia se junta a la hora de la comida.* **SIN.** Almuerzo.

comienzo (co-**mien**-zo) sustantivo masculino
Principio o iniciación de una cosa. *Conseguimos llegar al comienzo del concierto.* **SIN.** Inicio, origen. **ANT.** Final, conclusión.

comillas
(co-**mi**-llas) sustantivo femenino plural
Signo ortografico (« ») que se pone al principio y al final de las frases incluidas como citas o ejemplos en un escrito. *Pon entre comillas la cita de Platón.*

comisión (co-mi-**sión**) sustantivo femenino
1. Conjunto de personas elegidas para hacer algo en representación de un grupo mayor. *Este año estoy en la comisión de festejos y organizaré un concierto.* **SIN.** Delegación.
2. Encargo de una persona a otra. *Vino con una comisión del delegado provincial.* **SIN.** Misión.
3. Cantidad de dinero cobrada por hacer algo. *El agente vendió mi casa y cobró mucho dinero como comisión.* **SIN.** Porcentaje.

comité (co-mi-**té**) sustantivo masculino
Grupo de personas encargadas de algo. *Reclamaron ante el comité central.* **SIN.** Junta, comisión.

comitiva (co-mi-**ti**-va) sustantivo femenino
Grupo de personas que va acompañando a alguien. *Los reyes llegaron con una gran comitiva.* **SIN.** Séquito.

como (co-mo) adverbio
1. Del modo o manera. *Lo hizo como quiso.*

2. En sentido comparativo expresa equivalencia, semejanza o igualdad. *Era bueno como el pan.*
3. Según, conforme. *Como tú bien has dicho, no hay nada que hacer.*
4. cómo adverbio interrogativo y exclamativo De qué modo o manera. *¿Cómo puedes estar seguro?*
5. cómo adverbio interrogativo y exclamativo Por qué motivo, causa o razón. *¿Cómo no le habéis informado de esto?*
6. cómo sustantivo masculino Modo, manera. *Quiero saber el cómo y el porqué.*
7. ¡cómo! interjección Expresa extrañeza, sorpresa o enfado. *¡Cómo, no puedo creer que haya hecho eso!*

cómoda (**có**-mo-da) sustantivo femenino
Mueble con cajones en los que se suele guardar ropa. *Las sábanas están en un cajón de la cómoda.*

comodidad
(co-mo-di-**dad**) sustantivo femenino
1. Abundancia de las cosas necesarias para vivir a gusto y con descanso. *Tenía toda clase de comodidades.* **SIN.** Bienestar.
2. Facilidad que se da para poder hacer una cosa. *Le dieron comodidades de pago.* **SIN.** Ayuda, ventaja.

cómodo, cómoda
(**có**-mo-do) adjetivo
1. Que siente o produce bienestar. *Son unos zapatos muy cómodos.* **SIN.** Confortable.
2. Que es fácil de hacer. *Es muy cómodo calentar la comida en el microondas.* **SIN.** Sencillo.

compacto, compacta
(com-**pac**-to) adjetivo
1. Se dice de los cuerpos apretados y sin poros. *El mineral de hierro es compacto.* **SIN.** Espeso, denso, macizo. **ANT.** Esponjoso.

2. Apretado, apiñado. *Una muchedumbre compacta esperaba a la puerta del cine.*

3. sustantivo masculino Disco con mucha capacidad de almacenaje de datos. *Grabé muchas canciones en el compacto.* **SIN.** CD-ROM.

compadecerse

(com-pa-de-**cer**-se) verbo

Sentir la desgracia de los demás. *Se compadeció de su pena.* **SIN.** Apiadarse, lamentar. **ANT.** Alegrarse.

✎ Verbo irregular, se conjuga como *parecer.*

compañero, compañera

(com-pa-**ñe**-ro) sustantivo

Persona que estudia, trabaja, juega, etc., con otra. *Pepe es mi compañero de clase.* **SIN.** Camarada, socio, colega.

compañía (com-pa-**ñí**-a) sustantivo femenino

1. Persona o personas que acompañan a otra. *Iba en compañía de sus amigos.* **SIN.** Séquito, cortejo.

2. Sociedad, empresa. *Trabajo para una compañía petrolífera.*

3. Grupo de actores teatrales. *En las fiestas vinieron cinco compañías teatrales.*

comparar (com-pa-**rar**) verbo

Analizar dos o más cosas, o personas, para ver en qué son diferentes o parecidas. *He comparado las chaquetas y la azul es más pequeña.* **SIN.** Confrontar, cotejar.

compartir (com-par-**tir**) verbo

Participar dos o más personas en alguna cosa. *Los dos compartían el mismo punto de vista.* **SIN.** Colaborar, cooperar.

compás (com-**pás**) sustantivo masculino

1. Instrumento formado por dos varillas articuladas que sirve para trazar curvas y medir segmentos. *Traza un círculo con el compás.*

2. Cada uno de los tiempos que marca el ritmo de la música. *El compás se mide exactamente.*

✎ Su plural es *compases.*

compasión

(com-pa-**sión**) sustantivo femenino

Sentimiento de pena por la desgracia ajena. *Sentía compasión por las personas que vivían en la miseria.* **SIN.** Lástima, piedad, misericordia. **ANT.** Impiedad, dureza.

compatible (com-pa-**ti**-ble) adjetivo

Que puede estar o unirse con otro. *Su trabajo es compatible con sus aficiones.* **SIN.** Coincidente, conforme. **ANT.** Incompatible.

compatriota

(com-pa-**trio**-ta) sustantivo

Persona de la misma patria que otra. *Se alegró de encontrarse con un compatriota en aquella ciudad extranjera.* **SIN.** Conciudadano, paisano.

compenetrarse

(com-pe-ne-**trar**-se) verbo

Identificarse las personas en ideas y sentimientos. *Los dos hermanos se compenetran muy bien.* **SIN.** Coincidir, entenderse. **ANT.** Discrepar.

compensar (com-pen-**sar**) verbo

1. Igualar en sentido opuesto el efecto de una cosa con el de otra. *Ha compensado las pérdidas de este mes con las ganancias del mes pasado.* **SIN.** Nivelar, equilibrar. **ANT.** Desequilibrar.

2. Dar algo a una persona por haber sufrido pérdidas, daños, etc. *Le compensaron con el importe de los cristales rotos.* **SIN.** Indemnizar, resarcir, reparar.

competencia

(com-pe-**ten**-cia) sustantivo femenino

1. Oposición entre dos o más personas que aspiran a la misma cosa. *Había mucha competencia en aquellas oposiciones.* **SIN.** Rivalidad.

2. Capacidad, aptitud para una cosa. *Su currículum asegura su competencia para el puesto.* **SIN.** Habilidad. **ANT.** Ineptitud.

competir (com-pe-**tir**) verbo

Rivalizar dos o más personas o cosas para lograr un mismo objetivo. *Los dos equipos de fútbol competían por el primer puesto de la liga.* **SIN.** Pugnar, contender.

✎ Verbo irregular, se conjuga como *pedir*.

compinche

(com-**pin**-che) sustantivo

1. Cómplice, persona que encubre a un malhechor o le ayuda a cometer el delito. *Detuvieron al atracador y a sus compinches.*

2. Amigo, camarada. *Eran compinches desde pequeños.*

complacer (com-pla-**cer**) verbo

1. Consentir o cumplir alguien los deseos de otro. *Cantó una canción más para complacer al público.* **SIN.** Satisfacer. **ANT.** Contrariar.

2. complacerse Alegrarse y tener satisfacción por alguna cosa. *Me complace tu visita.*

✎ Verbo irregular, se conjuga como *parecer*.

complemento

(com-ple-**men**-to) sustantivo masculino

1. Cosa que se añade a otra para completarla. *El aceite y el vinagre son un complemento esencial de las ensaladas.* **SIN.** Añadido.

2. Palabra o palabras que completan la significación de una frase. *En la frase «le regalaron flores», flores es el complemento directo.*

completar (com-ple-**tar**) verbo

Hacer que una cosa esté perfecta o entera. *Solo falta un asiento para completar la mesa.*

complicar (com-pli-**car**) verbo

Añadir dificultades a las cosas. *El catarro se complicó con una pulmonía.* **SIN.** Embrollar(se).

✎ Se conjuga como *abarcar*.

cómplice (**cóm**-pli-ce) sustantivo

Persona que ayuda a otra a cometer un delito. *Le acusaron de ser cómplice del secuestrador.* **SIN.** Compinche.

complot (com-**plot**) sustantivo masculino

Conspiración entre dos o más personas contra otra u otras. *Se habló de un complot internacional contra el acuerdo.* **SIN.** Conjura.

✎ Su plural es *complots*.

componer (com-po-**ner**) verbo

1. Formar una cosa juntando varias. *Con piedras de colores, compuse un mosaico.* **SIN.** Hacer. **ANT.** Deshacer.

2. Crear una obra musical o literaria. *El poema que compuso era muy bello.* **SIN.** Concebir.

3. Volver a hacer que algo funcione. *Llevé a componer el reloj y ya marcha.* **SIN.** Arreglar. **ANT.** Estropear.

4. componerse Vestirse y arreglarse una persona. *Tardó dos horas en componerse para ir al baile.*

✎ Verbo irregular, se conjuga como *poner*. Su participio es *compuesto*.

comportarse

(com-por-**tar**-se) verbo

Actuar las personas de determinada manera. *Se comporta muy bien en el colegio.* **SIN.** Portarse.

composición

(com-po-si-**ción**) sustantivo femenino

1. Forma en que está hecho algo. *No conozco la composición de este producto.* **SIN.** Fórmula.

2. Obra literaria o musical. *No me gusta su última composición, tiene poco ritmo.* **SIN.** Creación.

compositor, compositora

(com-po-si-**tor**) sustantivo

Persona que compone obras musicales. *Acudió al estreno el compositor de la zarzuela.* **SIN.** Autor.

compota (com-**po**-ta) sustantivo femenino

Dulce de fruta cocida con agua y azúcar. *Hice compota de pera.*

comprar (com-**prar**) verbo

1. Adquirir algo con dinero. *He comprado una cartera de piel en el centro comercial.* **ANT.** Vender.

2. Dar a alguien dinero o regalos para conseguir que haga o deje de hacer algo. *Compró al juez para que le dejara en libertad.* **SIN.** Sobornar, untar.

compraventa

(com-pra-**ven**-ta) sustantivo femenino

Negocio que consiste en comprar objetos usados para revenderlos. *Se dedica a la compraventa de coches.*

comprender (com-pren-**der**) verbo

1. Entender el significado de algo. *Comprendí lo que quería decir.* **SIN.** Entender, percibir, intuir.

2. Tener una cosa dentro de sí a otra. *Esta nueva colección comprende doce cuentos.* **SIN.** Abarcar, incluir, contener, englobar.

comprimir (com-pri-**mir**) verbo

Apretar una cosa para reducir su tamaño. *Comprimía el flotador para desinflarlo.* **SIN.** Prensar, oprimir. **ANT.** Descomprimir.

comprobar (com-pro-**bar**) verbo

Confirmar que una cosa es cierta o exacta. *Comprueba el resultado del problema.* **SIN.** Cerciorarse.

✎ Verbo irregular, se conjuga como *contar*.

comprometerse

(com-pro-me-**ter**-se) verbo

Obligarse uno mismo a hacer algo. *Los vecinos nos comprometimos a reconstruir la iglesia.*

compromiso

(com-pro-**mi**-so) sustantivo masculino

1. Acuerdo hecho entre dos partes. *Había un compromiso verbal entre ambas empresas.* **SIN.** Pacto, trato, contrato, acuerdo.

2. Promesa de hacer algo. *Su compromiso de llevar a cabo la misión era ineludible.* **SIN.** Empeño.

3. Situación de apuro en que se encuentra alguien. *Al invitarle le puso en un compromiso.* **SIN.** Aprieto.

computador, computadora

(com-pu-ta-**dor**) sustantivo

Máquina electrónica de tratamiento de la información, capaz de almacenar, ordenar y memorizar datos a gran velocidad, gracias al empleo de diversos programas. *La computadora le sirve al hombre como una valiosa herramienta para realizar y simplificar muchas de sus actividades.* **SIN.** Ordenador.

comulgar (co-mul-**gar**) verbo

En la Iglesia católica, recibir la comunión. *Comulgó en misa.*

✎ Se conjuga como *ahogar*.

común (co-**mún**) adjetivo

1. Que pertenece a varias personas que lo comparten. *En este pueblo hay muchos pastos comunes.* **SIN.** Colectivo, público. **ANT.** Propio, personal.

2. Corriente, que se da con frecuencia. *Juan tiene una estatura muy común.* **SIN.** General, habitual, usual. **ANT.** Infrecuente.

3. De inferior clase. *Esta falda es de un paño muy común, por eso se ha estropeado.* **ANT.** Superior.

comunicar (co-mu-ni-**car**) verbo

1. Descubrir o contar alguna cosa a alguien. *Le comunicó que habían operado a su padre.* **SIN.** Manifestar, transmitir, notificar, avisar. **ANT.** Callar, ocultar.

2. comunicarse Hablar con alguien o escribirle. *Mi amigo se ha ido fuera y nos comunicamos por WhatsApp.*

3. comunicarse Estar una cosa en contacto o unión con otra. *Esos dos viejos caserones se comunican por un pasadizo subterráneo.*

✎ Se conjuga como *abarcar*.

comunidad

(co-mu-ni-**dad**) sustantivo femenino

Grupo de personas que viven en el mismo sitio o tienen intereses comunes. *La comunidad de vecinos ha decidido arreglar el tejado.*

comunión (co-mu-**nión**) sustantivo femenino

1. Participación en lo que es común. *Su comunión en las ideas políticas hacía que encajaran los dos.*

2. En la Iglesia católica, acto de recibir la eucaristía. *Todos los domingos, el sacerdote llevaba la comunión a los enfermos a sus casas.*

comunismo

(co-mu-**nis**-mo) sustantivo masculino

Doctrina política y económica que defiende que los bienes sean de la comunidad y no de los individuos. *Acaba de publicar un libro sobre la historia del comunismo.*

con preposición

1. Expresa el medio, instrumento o modo con que se hace una cosa. *Conducía con precaución.*

2. Indica compañía. *Vino con Luis y su hermano.*

3. Indica el material con que está hecho algo. *Le regalaron una estatua hecha con barro cocido.*

cóncavo, cóncava (**cón**-ca-vo) adjetivo

Se dice de los objetos cuya superficie forma una curva descendente, más honda en el centro que por las orillas. *La imagen se ve deformada en un espejo cóncavo.*

concebir (con-ce-**bir**) verbo

1. Ser fecundada una hembra o una mujer. *Ha concebido un hijo.* **SIN.** Engendrar, procrear.

2. Formarse una idea de una cosa. *No se puede concebir un círculo cuadrado.* **SIN.** Comprender.

3. Comenzar a sentir algún sentimiento o afecto. *La situación le hacía concebir esperanzas.*

✎ Verbo irregular, se conjuga como *pedir*.

conceder (con-ce-**der**) verbo

Permitir a alguien obtener cosas o hacerlas. *Le han concedido una beca.* **SIN.** Otorgar, adjudicar. **ANT.** Denegar, impedir.

concejal, concejala

(con-ce-**jal**) sustantivo

Miembro representativo de un Ayuntamiento. *La alcaldesa se reunió con los concejales.*

concentrar, concentrarse

(con-cen-**trar**) verbo

1. Reunir en el centro o en un punto determinado lo que estaba separado. *Concentró a sus simpatizantes para celebrarlo.* **SIN.** Agrupar(se). **ANT.** Dispersar(se).

2. Aumentar la proporción de materia disuelta en un líquido. *La solución se concentró al evaporarse el agua.* **SIN.** Espesar(se), condensar(se). **ANT.** Diluir(se).

3. concentrarse Poner la atención fija en algo. *No logro concentrarme en la lectura porque hay mucho ruido.* **SIN.** Abstraerse, ensimismarse, fijarse.

concepto

(con-**cep**-to) sustantivo masculino

Idea que alguien tiene de una cosa o persona determinada. *Mi concepto de la lealtad no se parece en nada al tuyo.* **SIN.** Noción.

concha (con-cha) sustantivo femenino
Cubierta exterior dura de ciertos animales. *La concha de las tortugas es muy dura.* **SIN.** Caparazón.

conciencia
(con-cien-cia) sustantivo femenino
1. Conocimiento interior de la bondad o maldad de nuestras obras. *Obra de acuerdo con tu conciencia.* **SIN.** Moralidad.
2. Conocimiento exacto y reflexivo de las cosas. *No tenía conciencia de lo que hacía.* **SIN.** Idea.

concierto (con-cier-to) sustantivo masculino
1. Buen orden y disposición de las cosas. *Al final hubo paz y concierto.* **SIN.** Orden, armonía, concordancia. **ANT.** Desconcierto.
2. Acuerdo entre dos o más personas. *Fueron duras negociaciones pero el concierto mereció la pena.* **SIN.** Convenio, pacto.
3. Ejecución de una obra musical. *Fuimos a un concierto de música clásica.* **SIN.** Recital.

conciso, concisa (con-ci-so) adjetivo
Que es breve y concreto. *Su respuesta fue clara y concisa.* **SIN.** Preciso, escueto. **ANT.** Prolijo.

concluir (con-clu-ir) verbo
1. Acabar algo. *La reunión concluyó a las seis.* **SIN.** Finalizar, acabar, completar. **ANT.** Empezar, comenzar.
2. Llegar a una conclusión. *Al final concluyeron que lo mejor era marcharse.* **SIN.** Deducir, inferir.
✎ Verbo irregular, se conjuga como *huir*.

conclusión
(con-clu-sión) sustantivo femenino
1. Resultado. *Se llegó a la conclusión de que decía la verdad.*
2. Término de una cosa. *El partido llegó a su conclusión con empate a cero.* **SIN.** Finalización.

concordar (con-cor-dar) verbo
Estar de acuerdo una cosa con otra. *Ese número no concuerda con el que aparece aquí.*
✎ Verbo irregular, se conjuga como *contar*.

concordia (con-cor-dia) sustantivo femenino
Acuerdo o convenio entre dos o más personas. *No hubo concordia entre ellos y cada uno siguió con su postura.* **SIN.** Conciliación, armonía. **ANT.** Desacuerdo.

concretar (con-cre-tar) verbo
1. Reducir a lo más esencial una exposición. *Voy a concretar en dos puntos mi opinión.* **SIN.** Extractar, resumir. **ANT.** Extender.
2. Determinar. *Vamos a concretar cómo quedamos.* **SIN.** Precisar.

concurrir (con-cu-rrir) verbo
Juntarse en un mismo lugar o tiempo diferentes personas, sucesos o cosas. *Concurrieron varios acontecimientos sociales para que llegara a la presidencia.*

concurso (con-cur-so) sustantivo masculino
Prueba en la que se compite por un premio, un puesto, etc. *La foto de Toño ganó el tercer premio del concurso.* **SIN.** Certamen.

conde, condesa (con-de) sustantivo
Título de algunos nobles. *Los condes asistieron a la coronación.*

condecoración
(con-de-co-ra-ción) sustantivo femenino
Insignia que se da como premio a los méritos de una persona. *En la chaqueta lleva la condecoración.*

condena (con-de-na) sustantivo femenino
Castigo que el juez impone a quien ha cometido un delito. *Cumple condena por robo.*

condenar (con-de-nar) verbo
1. Declarar culpable el juez al reo, imponiendo la pena o castigo corres-

pondiente. *Condenaron al ladrón a siete años de cárcel.* **SIN.** Sentenciar. **ANT.** Absolver.

2. Rechazar una doctrina, opinión o hecho, declarándolo malo. *Los manifestantes condenaban el racismo.* **SIN.** Censurar.

condición (con-di-**ción**) sustantivo femenino

1. Naturaleza o forma de ser de las cosas. *Esta madera es de muy mala condición.* **SIN.** Índole.

2. Carácter de una persona. *María es de condición muy callada.* **SIN.** Personalidad.

3. Estado en que se halla una persona. *Vive en muy malas condiciones.* **SIN.** Situación, posición, calidad.

4. Cosa necesaria para que algo se realice. *Te dejo mi coche con la condición de que lo cuides.*

condimento

(con-di-**men**-to) sustantivo masculino

Sustancia que se echa a los alimentos para darles buen sabor. *Al conejo le echó romero como condimento.* **SIN.** Aliño, adobo.

condón (con-**dón**) sustantivo masculino

Forma de llamar al preservativo. *En la farmacia venden condones.*

conducir (con-du-**cir**) verbo

1. Manejar un coche, camión, etc. *Para conducir un coche hay que sujetar el volante.* **SIN.** Pilotar.

2. Llevar a alguien o algo de un sitio a otro. *El agua es conducida a través de canales.* **SIN.** Transportar, trasladar, acarrear.

3. conducirse Proceder de una manera o de otra, bien o mal. *Se conduce muy bien en público.* **SIN.** Comportarse, actuar.

✎ Verbo irregular. Ver pág. 223.

conducta (con-**duc**-ta) sustantivo femenino

Manera de comportarse y actuar las personas. *El profesor le felicitó por su*

buena conducta en clase. **SIN.** Comportamiento.

conducto (con-**duc**-to) sustantivo masculino

1. Tubo que conduce líquidos. *Se atascó el conducto del agua.*

2. Cada uno de los tubos o canales que recorren el interior de plantas y animales, con distintas funciones. *Tenía una deficiencia en el conducto auditivo.*

3. Medio por el que se dirige un asunto. *Lo solicitó por conducto del delegado de curso.*

conectar (co-nec-**tar**) verbo

Poner en contacto dos mecanismos. *Conectaron los cables de la luz.* **SIN.** Enchufar. **ANT.** Desconectar(se).

conexión (co-ne-**xión**) sustantivo femenino

1. Unión de una cosa con otra. *Fueron a hacer la conexión del teléfono.* **SIN.** Enlace, empalme.

2. sustantivo femenino plural Amistades, relaciones. *Gracias a sus conexiones logró el puesto de trabajo.*

confección

(con-fec-**ción**) sustantivo femenino

Realización o forma de hacer una cosa. *Me gusta la tela de la falda pero la confección es mala.* **SIN.** Elaboración.

confeccionar (con-fec-cio-**nar**) verbo

Hacer o preparar algo. *Entre todos confeccionaron su esquema de trabajo.* **SIN.** Fabricar, componer.

conferencia

(con-fe-**ren**-cia) sustantivo femenino

1. Acción de hablar en público sobre un tema. *Voy a una conferencia sobre arte.* **SIN.** Coloquio, charla.

2. Conversación entre varias personas para tratar un tema de interés general. *La conferencia para la paz ha reunido a importantes personalidades.*

3. Comunicación por teléfono entre ciudades distintas del mismo país, o

conducir

MODO INDICATIVO		MODO SUBJUNTIVO	
Tiempos simples	Tiempos compuestos	Tiempos simples	Tiempos compuestos

Presente	**Pret. perf. compuesto / Antepresente**		**Presente**	**Pret. perf. compuesto / Antepresente**	
conduzco	he	conducido	conduzca	haya	conducido
conduces / conducís	has	conducido	conduzcas	hayas	conducido
conduce	ha	conducido	conduzca	haya	conducido
conducimos	hemos	conducido	conduzcamos	hayamos	conducido
conducís / conducen	habéis	conducido	conduzcáis / conduzcan	hayáis	conducido
conducen	han	conducido	conduzcan	hayan	conducido

Pret. imperfecto / Copretérito	**Pret. pluscuamperfecto / Antecopretérito**	
conducía	había	conducido
conducías	habías	conducido
conducía	había	conducido
conducíamos	habíamos	conducido
conducíais / conducían	habíais	conducido
conducían	habían	conducido

Pret. imperfecto / Pretérito	**Pret. pluscuamperfecto / Antepretérito**
condujera o condujese	hubiera o hubiese conducido
condujeras o condujeses	hubieras o hubieses conducido
condujera o condujese	hubiera o hubiese conducido
condujéramos o condujésemos	hubiéramos o hubiésemos conducido
condujerais o condujeseis / condujeran o condujesen	hubierais o hubieseis conducido / hubieran o hubiesen conducido
condujeran o condujesen	

Pret. perf. simple / Pretérito	**Pret. anterior / Antepretérito**	
conduje	hube	conducido
condujiste	hubiste	conducido
condujo	hubo	conducido
condujimos	hubimos	conducido
condujisteis / condujeron	hubisteis	conducido
condujeron	hubieron	conducido

Futuro simple / Futuro	**Futuro compuesto / Antefuturo**	
condujere	hubiere	conducido
condujeres	hubieres	conducido
condujere	hubiere	conducido
condujéremos	hubiéremos	conducido
condujereis / condujeren	hubiereis	conducido
condujeren	hubieren	conducido

Futuro simple / Futuro	**Futuro compuesto / Antefuturo**	
conduciré	habré	conducido
conducirás	habrás	conducido
conducirá	habrá	conducido
conduciremos	habremos	conducido
conduciréis / conducirán	habréis	conducido
conducirán	habrán	conducido

MODO IMPERATIVO

conduce (tú) / conducí (vos) / conduzca (usted)
conducid (vosotros)
conduzcan (ustedes)

Condicional simple / Pospretérito	**Condicional compuesto / Antepospretérito**	
conduciría	habría	conducido
conducirías	habrías	conducido
conduciría	habría	conducido
conduciríamos	habríamos	conducido
conduciríais / conducirían	habríais	conducido
conducirían	habrían	conducido

FORMAS NO PERSONALES

Infinitivo	**Infinitivo compuesto**
conducir	haber conducido
Gerundio	**Gerundio compuesto**
conduciendo	habiendo conducido
Participio	
conducido	

con el extranjero. *Mantuvo una charla por conferencia con Tokio.*

4. conferencia de prensa expresión- Reunión en que un grupo de periodistas entrevista a una personalidad. *El rey dio una conferencia de prensa.*

confesar (con-fe-**sar**) verbo

1. Decir algo que hasta el momento no se había dicho. *Él me confesó que me quería.* **SIN.** Manifestar, declarar. **ANT.** Omitir.

2. Decir a alguien, obligado por algo, lo que de otra forma no diría. *El ladrón acabó confesando dónde había escondido el dinero.* **SIN.** Admitir, reconocer.

3. En la religión cristiana, decir los pecados al confesor. *Fue a la iglesia a confesarse.*

✎ Verbo irregular, se conjuga como *contar.*

confesionario

(con-fe-sio-**na**-rio) sustantivo masculino

Lugar de las iglesias donde el sacerdote confiesa a los fieles. *El confesionario está a la derecha.*

confeti (con-**fe**-ti) sustantivo masculino

Trocitos de papel de diversos colores y formas. *Durante el desfile arrojaron confeti y serpentinas.*

✎ Su plural es *confetis.*

confianza (con-**fian**-za) sustantivo femenino

1. Esperanza firme que se tiene en una persona o cosa. *Perdió la confianza en su amigo porque le había traicionado.* **SIN.** Seguridad, fe, tranquilidad, esperanza. **ANT.** Desconfianza.

2. Familiaridad en el trato. *Le recibieron con toda confianza.* **SIN.** Intimidad, cordialidad, naturalidad. **ANT.** Etiqueta, cumplido.

3. de confianza expresión Se dice de la persona o cosa en la que se puede confiar. *Mi secretaria es de confianza, puedes hablar delante de ella.*

confiar (con-fi-**ar**) verbo

1. Esperar con seguridad que algo bueno pase. *Confío en que lleguemos a tiempo.* **SIN.** Fiarse, ilusionarse, creer. **ANT.** Desconfiar.

2. Dar o encargar una cosa a alguien de quien se tiene buena opinión. *Mientras estuvo ausente, confió la casa a un amigo suyo.* **SIN.** Dejar, encomendar, encargar.

✎ Se conjuga como *desviar.*

confirmar (con-fir-**mar**) verbo

1. Dar por cierta una cosa añadiendo datos que lo prueban. *Me confirmaron la noticia.* **SIN.** Ratificar, asegurar, corroborar. **ANT.** Desmentir, negar.

2. Dar a una persona o cosa más firmeza. *El ministro le había confirmado en su cargo.* **SIN.** Ratificar.

3. Administrar el sacramento de la confirmación. *El obispo confirmó después de decir la misa.*

confite (con-**fi**-te) sustantivo masculino

Pasta hecha de azúcar y algún otro ingrediente, en forma de bolitas de varios tamaños. *Trajo muchos confites del bautizo.* **SIN.** Caramelo, golosina, dulce.

confitería

(con-fi-te-**rí**-a) sustantivo femenino

Tienda en que se venden dulces. *Compra pasteles en la confitería.*

conflicto (con-**flic**-to) sustantivo masculino

Situación de lucha, desacuerdo o problemas entre personas. *Hubo un conflicto de intereses y se disolvió la sociedad.*

conformar (con-for-**mar**) verbo

1. Armonizar una cosa con otra. *Le costaba trabajo conformar su poco tiempo libre con todo lo que quería hacer.* **SIN.** Acomodar, ajustar.

2. conformarse Recibir sin queja algo, aunque sea malo. *Tuvo que confor-*

LA VIVIENDA

pararrayos

antena

veleta

chimenea

tejado

buhardilla

canalón

ventana

persiana

cristal

balcón

puerta

rejas

escalón

LA FAMILIA

madre

primos

tío

hermana menor

hermano menor

tía

abuelo

abuela

hermana mayor

padre

hermano mayor

LA COCINA

armarios

campana

frigorífico

freír

aceite

grifo

fregadero

lavadora

delantal

congelador

horno

macetas

batidora

papel

cocer

tarro

enchufe

cocina

microondas

cajones

lavavajillas

jarra

vaso de zumo

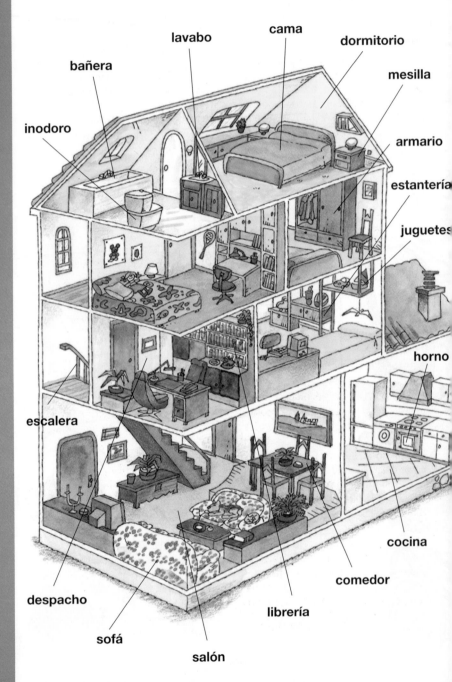

LA VIVIENDA POR DENTRO

mi hogar: mi casa y mi familia

- cama
- lavabo
- bañera
- dormitorio
- mesilla
- inodoro
- armario
- estantería
- juguetes
- horno
- escalera
- cocina
- despacho
- comedor
- sofá
- librería
- salón

marse con un aprobado, aunque él creía que merecía más. **SIN.** Resignarse. **ANT.** Rebelarse.

conforme (con-**for**-me) adjetivo

1. Que se adapta o es como conviene. *Obtuvo un resultado conforme a su esfuerzo.*

2. Que está de acuerdo con algo. *Estoy conforme con la fecha fijada para la reunión.* **SIN.** Satisfecho. **ANT.** Descontento, insatisfecho.

confortable (con-for-**ta**-ble) adjetivo

Cómodo, que hace sentirse a gusto. *Me quedé dormido en el sofá porque era muy confortable.*

confundir (con-fun-**dir**) verbo

1. Equivocarse, cometer un error o hacer o tomar una cosa o persona por otra. *Creo que se ha confundido de piso.* **SIN.** Errar. **ANT.** Acertar.

2. Turbar a alguien de modo que no acierte a explicarse. *Estaba tan confundido y nervioso que no pudo explicarse de forma clara.* **SIN.** Aturdir(se), azarar(se).

confusión

(con-fu-**sión**) sustantivo femenino

1. Mezcla desordenada de personas o cosas. *En la feria había una gran confusión de gente.* **SIN.** Revoltijo, caos, lío. **ANT.** Orden.

2. Equivocación, error. *Por confusión compré otro libro.*

3. Perplejidad, inquietud. *Sus palabras crearon gran confusión en la sala.* **SIN.** Aturdimiento.

congelador

(con-ge-la-**dor**) sustantivo masculino

En las neveras, compartimiento especial donde se produce hielo y se guardan los alimentos que necesitan una temperatura más baja para conservarse bien. *Saca los cubitos de hielo del congelador.*

congelar (con-ge-**lar**) verbo

1. Convertir un líquido en hielo por efecto del frío. *Se congeló el agua del estanque.* **SIN.** Helar(se).

2. Mantener muy fríos ciertos alimentos para que se conserven. *Congeló la carne para que no se estropeara.* **ANT.** Descongelar.

3. Dañar el frío los tejidos de los seres vivos. *Quedó atrapado en la nieve y se le congeló un pie.*

congeniar (con-ge-**niar**) verbo

Tener cosas en común dos o más personas en cuanto a carácter, aficiones, etc. *Congeniaron muy bien desde el primer día.* **SIN.** Simpatizar.

✎ Se conjuga como *cambiar*.

congénito, congénita

(con-**gé**-ni-to) adjetivo

Que existe desde el nacimiento. *Su defecto en la vista era congénito.* **SIN.** Innato, connatural.

congoja

(con-**go**-ja) sustantivo femenino

Tristeza intensa. *Le entró una gran congoja al conocer la noticia de su muerte.* **SIN.** Aflicción, pesar.

congregar (con-gre-**gar**) verbo

Juntar, reunir. *En el lugar se congregó un gran número de curiosos.*

✎ Se conjuga como *ahogar*.

congreso

(con-**gre**-so) sustantivo masculino

1. Reunión de personas para tratar asuntos políticos o cuestiones de carácter científico o cultural. *Se celebró un congreso del partido.*

2. Edificio donde celebran las sesiones los diputados a Cortes. *Los periodistas acudieron al Congreso ante la importancia de la sesión.*

cónico, cónica (**có**-ni-co) adjetivo

Que tiene forma de cono. *Un cucurucho tiene forma cónica.*

conjugar (con-ju-**gar**) verbo

1. Combinar varias cosas entre sí. *Conjugaron sus esfuerzos para conseguirlo.* **SIN.** Armonizar.

2. Poner un verbo en sus diferentes modos, tiempos, números, personas y voces. *Conjuga el modo indicativo del verbo cantar.*

✎ Se conjuga como *ahogar*.

conjunción

(con-jun-**ción**) sustantivo femenino

1. Unión entre dos o más cosas. *Estaba contento ante aquella conjunción de hechos favorables.*

2. Clase de palabras que sirven para unir palabras y oraciones, y señalar la relación que existe entre ellas. *Pero, y, aunque, etc. son conjunciones.*

conjunto, conjunta

(con-**jun**-to) adjetivo

1. Unido a otra persona o cosa. *La casa tenía una cochera conjunta.*

2. sustantivo masculino Unión de personas, animales o cosas que tienen algo en común. *El conjunto de profesores ha aprobado los horarios del próximo curso.*

3. sustantivo masculino Grupo de personas que juntas cantan, bailan, tocan instrumentos, etc. *Toca la guitarra en un conjunto de rock.*

conmemoración

(con-me-mo-ra-**ción**) sustantivo femenino

Celebración en memoria de una persona o cosa. *El presidente participó en la conmemoración del descubrimiento de América.*

conmigo

(con-**mi**-go) pronombre personal

Forma especial del pronombre personal de primera persona, género masculino o femenino y número singular, cuando lleva delante la preposición *con. Ven conmigo de paseo.*

conmoción

(con-mo-**ción**) sustantivo femenino

1. Agitación violenta. *El terremoto empezó por una conmoción rápida.* **SIN.** Choque, sacudida.

2. Emoción fuerte y repentina. *La muerte de su amigo supuso una fuerte conmoción para él.*

3. Tumulto, alteración de un Estado, pueblo, etc. *La subida de impuestos provocó una conmoción.*

conmover (con-mo-**ver**) verbo

Perturbar o inquietarse fuertemente. *La familia se conmovió ante la falta de noticias.*

✎ Verbo irregular, se conjuga como *mover*.

cono (**co**-no) sustantivo masculino

Cuerpo geométrico con base circular y terminado en punta, y los objetos que tienen esa forma. *Mete las palomitas en el cono de papel.*

conocer (co-no-**cer**) verbo

Saber qué es y cómo es cierta cosa o persona. *Conozco a tu tío.*

✎ Verbo irregular, se conjuga como *parecer*.

conocido, conocida

(co-no-**ci**-do) adjetivo

1. Se dice de las personas o cosas famosas. *Es un conocido actor.*

2. sustantivo Persona a quien se conoce o con quien se tiene algún trato, pero a la que une amistad. *Es un conocido de hace años.*

conocimiento

(co-no-ci-**mien**-to) sustantivo masculino

Ciencia, sabiduría. *Tiene grandes conocimientos en medicina natural.*

conquistar (con-quis-**tar**) verbo

1. Tomar por las armas un territorio, ciudad, etc. *Los Reyes Católicos conquistaron Granada en 1492.* **SIN.** Invadir. **ANT.** Perder.

2. Conseguir algo con esfuerzo. *El alpinista conquistó la cima.*

3. Lograr el afecto o el interés de una persona. *La conquistó con su amabilidad.*

consagrar (con-sa-**grar**) verbo

1. Dedicar con eficacia una cosa a determinado fin. *Consagró su vida a la ciencia.* **SIN.** Destinar.

2. Hacer sagrada a una persona o cosa. *Fue consagrado sacerdote.*

3. consagrarse Adquirir fama en una actividad. *Con esa canción se consagró como cantante.*

consciente (cons-**cien**-te) adjetivo

Que obra sabiendo lo que hace. *Al nadar era consciente de la profundidad.* **ANT.** Ignorante.

consecuencia

(con-se-**cuen**-cia) sustantivo femenino

Hecho que es resultado de otro. *Lleva escayolada la pierna como consecuencia de la fractura.* **SIN.** Efecto, resultado. **ANT.** Causa.

conseguir (con-se-**guir**) verbo

Lograr lo que se pretende o desea. *Consiguió aprobar Latín.* **SIN.** Lograr.

✎ Verbo irregular, se conjuga como *pedir.*

consejo (con-se-jo) sustantivo masculino

1. Cosa que una persona dice a otra sobre lo que debe hacer. *Mi consejo es que no conduzcas si hay niebla.* **SIN.** Advertencia, recomendación, sugerencia.

2. Reunión de personas cuya misión es la de aconsejar. *Se reunió el consejo de administración para tomar una decisión.* **SIN.** Junta.

consenso

(con-**sen**-so) sustantivo masculino

Consentimiento, acuerdo. *La propuesta salió adelante con el consenso de todos los partidos políticos.*

consentir (con-sen-**tir**) verbo

1. Permitir que se haga una cosa. *Le consintió ir al campamento de verano porque había aprobado todo.* **SIN.** Permitir. **ANT.** Denegar.

2. Ser demasiado tolerante con los niños o con los inferiores. *Le consienten todo y se está haciendo un niño muy caprichoso.* **SIN.** Mimar, malcriar.

✎ Verbo irregular, se conjuga como *sentir.*

conserje

(con-**ser**-je) sustantivo masculino

Persona que se encarga de la custodia, limpieza y llaves de un edificio o establecimiento público. *El conserje del instituto nos informó sobre los plazos de matrícula.* **SIN.** Bedel.

conserva (con-**ser**-va) sustantivo femenino

Alimento que ha sido preparado y envasado de forma especial para que dure mucho tiempo sin estropearse. *Compró varias latas de sardinas en conserva.*

conservar (con-ser-**var**) verbo

1. Hacer que alguien o algo se mantenga en buen estado durante cierto tiempo. *El frío conserva los alimentos.* **SIN.** Mantener(se).

2. Guardar con cuidado una cosa. *Aún conservo tus cartas.*

conservatorio

(con-ser-va-**to**-rio) sustantivo masculino

Establecimiento oficial dedicado a la enseñanza de la música, teatro y otras artes. *Estudia piano en el conservatorio.*

considerar (con-si-de-**rar**) verbo

1. Tener una opinión sobre una persona o cosa. *Considero que la profesora es buena.* **SIN.** Pensar.

2. Pensar algo con detenimiento. *Antes de tomar una decisión, debes considerarlo con calma.*

3. Tratar a una persona con educación y respeto. *Te considera mucho.* **SIN.** Estimar, respetar.

consigna

(con-**sig**-na) sustantivo femenino

1. Orden que se da a alguien para que la cumpla. *El vigilante tenía la consigna de no dejar pasar a nadie.*
2. Señal de identificación. *Nuestra consigna era silbar dos veces.* **SIN.** Contraseña.
3. En las estaciones de ferrocarril, aeropuertos, etc., lugar donde se puede dejar durante un tiempo el equipaje. *Dejamos las maletas en consigna y nos fuimos a dar un paseo hasta que salió el tren.*

consigo (con-**si**-go) pronombre personal

Forma reflexiva especial del pronombre personal de tercera persona, género masculino o femenino y número singular, cuando lleva delante la preposición *con*. *Lo llevaba siempre consigo.*

consistencia

(con-sis-**ten**-cia) sustantivo femenino

Duración, estabilidad, solidez, firmeza. *La mesa tenía mucha consistencia.* **SIN.** Resistencia. **ANT.** Fragilidad.

consistir (con-sis-**tir**) verbo

1. Estar compuesto. *El examen consistía en tres ejercicios.*
2. Estar una cosa basada en otra. *Su éxito consistía en ser amable y considerado con sus compañeros.*

consola (con-**so**-la) sustantivo femenino

Aparato para jugar con los videojuegos. *No es bueno pasar demasiado tiempo jugando con la consola.*

consolar (con-so-**lar**) verbo

Aliviar la pena o aflicción de alguien o de uno mismo. *Me consuela saber que me quieres.*

✎ Verbo irregular, se conjuga como *contar.*

consomé

(con-so-**mé**) sustantivo masculino

Caldo que tiene la sustancia de la carne. *Tomé un consomé de pollo.* **SIN.** Extracto, jugo.

consonante

(con-so-**nan**-te) sustantivo femenino

1. Se dice de cada una de las letras cuya pronunciación exige el estrechamiento o cierre de los órganos de la articulación. *La p es una consonante.* **ANT.** Vocal.
2. adjetivo Se dice de la rima de los versos cuyos sonidos son iguales a partir de la última vocal acentuada. *Los versos de un pareado tienen rima consonante.*

consorte (con-**sor**-te) sustantivo

Persona unida a otra por matrimonio, con respecto a esta. *Vino con su consorte a la fiesta.* **SIN.** Cónyuge.

conspiración

(cons-pi-ra-**ción**) sustantivo femenino

Unión de varias personas para perjudicar a un superior, una autoridad u otra persona. *Hubo una conspiración contra el gobierno.* **SIN.** Conjura, complot.

constancia

(cons-**tan**-cia) sustantivo femenino

1. Firmeza y perseverancia en continuar algo que se ha comenzado. *Tiene mucha constancia en el estudio.* **SIN.** Tenacidad, empeño.
2. Certeza, exactitud en un dicho o hecho. *Los testigos dieron constancia de los hechos.* **SIN.** Prueba.

constante (cons-**tan**-te) adjetivo

1. Se dice de lo que no se detiene, debilita o varía. *Las agujas del reloj tienen un movimiento constante.* **SIN.** Invariable, permanente.
2. Continuo. *En clase hemos tenido constantes interrupciones.*

constar (cons-**tar**) verbo
1. Ser cierta y evidente una cosa. *Me consta que dice la verdad.*
2. Componerse algo de determinadas partes. *Consta de tres piezas.*

constelación
(cons-te-la-**ción**) sustantivo femenino
Conjunto de estrellas fijas que recuerdan la figura de alguna cosa, cuyo nombre reciben. *La Osa Mayor es una constelación.*

constiparse
(cons-ti-**par**-se) verbo
Acatarrarse, resfriarse. *Se constipó por dormir con la ventana abierta.*

constitución
(cons-ti-tu-**ción**) sustantivo femenino
1. Conjunto de las cualidades físicas de una persona. *Tiene una constitución muy fuerte.*
2. Ley principal de un Estado, en la que se basan las demás. *Se promulgó una nueva Constitución.*

constituir (cons-ti-tu-**ir**) verbo
Formar algo con distintos elementos. *Padres e hijos constituyen una familia.* **SIN.** Integrar. **ANT.** Disolver.
✎ Verbo irregular, se conjuga como *huir.*

construcción
(cons-truc-**ción**) sustantivo femenino
1. Acción de construir. *Está trabajando en la construcción de un rascacielos.* **ANT.** Destrucción.
2. Obra construida. *Las nuevas construcciones dan otro aspecto a esa calle.* **SIN.** Edificación, edificio.

construir (cons-tru-**ir**) verbo
Hacer una cosa nueva uniendo varios elementos. *Construyo una casa con madera y piedra.* **SIN.** Edificar, levantar. **ANT.** Destruir.
✎ Verbo irregular, se conjuga como *huir.*

consuelo (con-**sue**-lo) sustantivo masculino
Alivio de la pena o la fatiga. *Llorar fue un consuelo para mí.* **SIN.** Aliento.

consultar (con-sul-**tar**) verbo
1. Pedir opinión o consejo. *Fui a consultar mi problema con un médico.* **SIN.** Asesorarse, aconsejarse.
2. Mirar un libro o buscar documentación, para aprender algo o aclarar una duda. *Iré a la biblioteca para consultar ese libro.*

consumición
(con-su-mi-**ción**) sustantivo femenino
Gasto que se hace en un café, bar o establecimiento público. *Pagó la consumición de todos.*

consumir (con-su-**mir**) verbo
1. Hacer que se acaben del todo ciertas cosas. *Deja que se consuma la hoguera.* **SIN.** Agotar, extinguir, gastar. **SIN.** Conservar.
2. Gastar alimentos u otros productos. *En casa consumimos poca leche.*

consumo (con-**su**-mo) sustantivo masculino
Gasto de cosas que con el tiempo o el uso se destruyen. *El consumo de combustibles fósiles es muy elevado.*

contabilidad
(con-ta-bi-li-**dad**) sustantivo femenino
Sistema de llevar las cuentas de una empresa o negocio. *Lleva la contabilidad de la empresa.*

contable (con-**ta**-ble) sustantivo
Persona cuyo trabajo es llevar la contabilidad de un negocio. *Es contable de un supermercado.*

contacto (con-**tac**-to) sustantivo masculino
1. Relación entre cosas que se tocan. *El hielo se convirtió en agua al contacto con el calor.* **SIN.** Toque, roce. **ANT.** Alejamiento.
2. Relación o trato entre personas o grupos. *Me he puesto en contacto con el colegio para arreglar el problema.* **ANT.** Desconexión.

contado, contada

(con-**ta**-do) adjetivo

1. Que es poco frecuente. *Dijo que lo había hecho en contadas ocasiones.* **SIN.** Raro, escaso.

2. al contado expresión Pagado con dinero en metálico en el acto de la compra. *No pagaré con tarjeta, sino al contado.*

contador (con-ta-**dor**) sustantivo masculino

Aparato que cuenta automáticamente el consumo de electricidad, de gas o de agua. *Se estropeó el contador de la luz.*

contagiar (con-ta-**giar**) verbo

1. Transmitir a otros una enfermedad. *Mi hermano me contagió la gripe.* **SIN.** Pegar, infectar.

2. Hacer que otros sigan un mal ejemplo. *Influía tanto sobre su amigo que le contagió su afición por el juego.* **SIN.** Corromper. **ANT.** Reformar.

✎ Se conjuga como *cambiar*.

contagio (con-**ta**-gio) sustantivo masculino

Transmisión de una enfermedad o un mal. *Se tomaron medidas para evitar el contagio del sarampión.* **SIN.** Infección.

contaminar (con-ta-mi-**nar**) verbo

Alterar el medioambiente con sustancias perjudiciales. *Los humos contaminan la atmósfera.*

contar (con-**tar**) verbo

1. Numerar por orden las cosas de un conjunto, para saber cuántas hay. *He contado los libros y son veinte.* **SIN.** Calcular.

2. Explicar un suceso, una historia, etc. *La abuela nos cuenta muchos cuentos.* **SIN.** Narrar, relatar.

✎ Verbo irregular. Ver pág. 237.

contemplar (con-tem-**plar**) verbo

Mirar algo con atención. *Me gusta contemplar las montañas.*

contemporáneo, contemporánea

(con-tem-po-**rá**-ne-o) adjetivo y sustantivo

1. Que existe al mismo tiempo que otra persona o cosa. *Molière fue contemporáneo de Luis XIV.*

2. adjetivo Relativo al tiempo o época actual. *Prepara el examen de Historia contemporánea.* **SIN.** Actual, presente. **ANT.** Pasado, posterior.

contenedor

(con-te-ne-**dor**) sustantivo masculino

Recipiente grande, metálico o de otros materiales, que sirve para transportar mercancías a grandes distancias, o para depositar residuos diversos. *Baja la basura al contenedor.*

contener (con-te-**ner**) verbo

1. Llevar dentro de sí una cosa a otra. *La caja contiene un par de zapatos.* **SIN.** Incluir(se).

2. Sujetar el movimiento de un cuerpo. *Menos mal que contuvo la viga; si no, le cae todo encima.*

3. contenerse No hacer algo que se desea. *Cuando contaron el chiste, se contuvo para no reír.* **SIN.** Aguantar(se).

✎ Verbo irregular, se conjuga como *tener*.

contenido

(con-te-**ni**-do) sustantivo masculino

1. Lo que se contiene dentro de una cosa. *Caliente el contenido de la lata de conserva.*

2. Significado de una palabra, frase o texto. *No me gusta el contenido de ese libro.*

contentar (con-ten-**tar**) verbo

1. Satisfacer los deseos de alguien, alegrarle. *Le preparó una bonita fiesta para contentarle.* **SIN.** Complacer. **ANT.** Disgustar.

2. contentarse Conformarse. *Tuvo que contentarse con el penúltimo lugar de la clasificación.*

contar

MODO INDICATIVO		MODO SUBJUNTIVO	
Tiempos simples	Tiempos compuestos	Tiempos simples	Tiempos compuestos
Presente	**Pret. perf. compuesto / Antepresente**	**Presente**	**Pret. perf. compuesto / Antepresente**
cuento	he contado	cuente	haya contado
cuentas / contás	has contado	cuentes	hayas contado
cuenta	ha contado	cuente	haya contado
contamos	hemos contado	contemos	hayamos contado
contáis / cuentan	habéis contado	contéis / cuenten	hayáis contado
cuentan	han contado	cuenten	hayan contado
Pret. imperfecto / Copretérito	**Pret. pluscuamperfecto / Antecopretérito**	**Pret. imperfecto / Pretérito**	**Pret. pluscuamperfecto / Antepretérito**
contaba	había contado	contara o contase	hubiera o hubiese contado
contabas	habías contado	contaras o contases	hubieras o hubieses contado
contaba	había contado	contara o contase	hubiera o hubiese contado
contábamos	habíamos contado	contáramos o contásemos	hubiéramos o hubiésemos contado
contabais / contaban	habíais contado	contarais o contaseis / contaran o contasen	hubierais o hubieseis contado / hubieran o hubiesen contado
contaban	habían contado	contaran o contasen	
Pret. perf. simple / Pretérito	**Pret. anterior / Antepretérito**		
conté	hube contado		
contaste	hubiste contado		
contó	hubo contado	**Futuro simple / Futuro**	**Futuro compuesto / Antefuturo**
contamos	hubimos contado	contare	hubiere contado
contasteis / contaron	hubisteis contado	contares	hubieres contado
contaron	hubieron contado	contare	hubiere contado
		contáremos	hubiéremos contado
Futuro simple / Futuro	**Futuro compuesto / Antefuturo**	contareis / contaren	hubiereis contado
		contaren	hubieren contado
contaré	habré contado		

MODO IMPERATIVO

Futuro simple / Futuro	**Futuro compuesto / Antefuturo**
contaré	habré contado
contarás	habrás contado
contará	habrá contado
contaremos	habremos contado
contaréis / contarán	habréis contado
contarán	habrán contado

cuenta (tú) / contá (vos) / cuente (usted)
contad (vosotros)
cuenten (ustedes)

FORMAS NO PERSONALES

Condicional simple / Pospretérito	**Condicional compuesto / Antepospretérito**
contaría	habría contado
contarías	habrías contado
contaría	habría contado
contaríamos	habríamos contado
contaríais / contarían	habríais contado
contarían	habrían contado

Infinitivo	**Infinitivo compuesto**
contar	haber contado
Gerundio	**Gerundio compuesto**
contando	habiendo contado
Participio	
contado	

3. contentarse Reconciliarse las personas que estaban enfadadas. *Después de meses sin hablarse, los dos amigos se contentaron.*

contento, contenta (con-**ten**-to) adjetivo

1. Alegre, satisfecho. *Está contenta porque le han dado sobresaliente en el examen.* **ANT.** Triste.

2. contento sustantivo masculino Alegría, satisfacción. *Sintió gran contento cuando aprobó.* **SIN.** Gozo. **ANT.** Pena.

contestar (con-tes-**tar**) verbo

1. Dar una respuesta a lo que se pregunta, se habla o se escribe. *Nunca contesta a mis cartas.* **SIN.** Responder. **ANT.** Callar.

2. Replicar, contradecir con rebeldía. *No contestes a tu madre.*

contexto (con-**tex**-to) sustantivo masculino

1. Entorno del que depende el sentido de una palabra, frase o fragmento dentro de un texto o mensaje. *No conocía la palabra, pero la comprendí por el contexto.*

2. Conjunto de circunstancias (políticas, históricas, geográficas, etc.) que condicionan un hecho o situación. *Hay que conocer el contexto para comprender los hechos.*

contigo (con-**ti**-go) pronombre personal

Forma especial del pronombre personal de segunda persona, género masculino o femenino y número singular, cuando lleva delante la preposición *con.* *Voy contigo.*

continente

(con-ti-**nen**-te) sustantivo masculino

Cada una de las grandes extensiones de tierra separadas por los océanos o grandes cordilleras. *Europa, América, Asia, África y Oceanía son continentes.*

continuar (con-ti-nu-**ar**) verbo

1. Proseguir alguien haciendo lo que había comenzado. *Después de comer, continuó estudiando.* **SIN.** Seguir.

2. Permanecer sin interrupción. *La lluvia continuaba cayendo.*

✎ Se conjuga como *actuar.*

continuo, continua

(con-**ti**-nuo) adjetivo

Que dura o se hace sin interrupción. *Los vecinos molestaron toda la noche con un ruido continuo.* **SIN.** Seguido. **ANT.** Interrumpido.

contorno (con-**tor**-no) sustantivo masculino

1. Conjunto de líneas que limitan una figura o composición. *Marca el contorno de la figura con el bolígrafo.* **SIN.** Perfil, silueta, rasgo, borde.

2. sustantivo masculino plural Terreno que rodea un lugar. *Di una vuelta por los contornos de la ciudad.* **SIN.** Alrededores, inmediaciones.

contra (con-tra) preposición

1. Indica oposición o contrariedad. *Los diputados se manifestaron contra el proyecto.*

2. Indica determinada posición de personas, animales o cosas. *Estaba apoyado contra la pared.*

3. en contra expresión En oposición. *Estoy en contra de la guerra.*

contrabajo

(con-tra-**ba**-jo) sustantivo masculino y femenino

1. Instrumento de cuerda, parecido a un violonchelo, pero de un tamaño mucho mayor. *Toca el contrabajo.*

2. Persona que toca el contrabajo en una orquesta. *Él es contrabajo en la Orquesta Sinfónica de Viena.*

✎ Es igual en masculino y en femenino (*el/la contrabajo*).

contrabando

(con-tra-**ban**-do) sustantivo masculino

Acción de introducir en un país mercancías prohibidas o por las que no se han pagado los impuestos de la aduana. *Los guardacostas persiguen el contrabando.*

contradecir (con-tra-de-**cir**) verbo

Decir lo contrario de lo que otra persona afirma o de lo que se había dicho antes. *Contradijeron al director, alegando que tenían pruebas.* **SIN.** Refutar, replicar.

✎ Verbo irregular, se conjuga como *decir*. Su participio es *contradicho*.

contraer (con-tra-**er**) verbo

1. Juntar una cosa con otra. *Contrajo los labios en una mueca de desagrado.* **SIN.** Encoger, apretar, estrechar. **ANT.** Dilatar, estirar.

2. Adquirir costumbres, enfermedades, obligaciones, vicios, etc. *Contrajo la gripe y tuvo que quedarse en cama.*

3. contraerse Encogerse un nervio, un músculo u otra cosa. *Se le contrajeron las manos por el intenso frío.* **ANT.** Relajarse.

✎ Verbo irregular, se conjuga como *traer*.

contraindicación

(con-train-di-ca-**ción**) sustantivo femenino

Indicación de sustancias o actuaciones que se oponen a un determinado medicamento. *El jarabe no tenía contraindicaciones.*

contraluz

(con-tra-**luz**) sustantivo masculino

Vista desde el lado opuesto a la luz. *La fotografía ofrecía un bonito contraluz frente al lago.*

contraorden

(con-tra-**or**-den) sustantivo femenino

Orden que anula otra dada anteriormente. *Llegó una contraorden para que no hiciera ya el envío.* **SIN.** Anulación. **ANT.** Ratificación.

contrapartida

(con-tra-par-**ti**-da) sustantivo femenino

Compensación, reparación. *Iré a comprar los chicles si, como contrapartida, me das uno.*

contrapeso

(con-tra-**pe**-so) sustantivo masculino

Aquello que compensa o equilibra una cosa. *Ata un contrapeso al globo para que no salga volando.*

contrariedad

(con-tra-**rie**-dad) sustantivo femenino

Problema o dificultad que impide o retrasa el logro de un deseo. *Surgieron contrariedades y tuve que retrasar el viaje.* **SIN.** Estorbo, contratiempo.

contrario, contraria

(con-**tra**-rio) adjetivo y sustantivo

1. Opuesto a una cosa. *Su padre es contrario a que salga de noche.* **SIN.** Adverso. **ANT.** Semejante.

2. sustantivo Persona o grupo que lucha o está en oposición con otra. *Los contrarios a su propuesta organizaron una manifestación.* **SIN.** Adversario, rival. **ANT.** Amigo.

3. por el contrario expresión Al revés. *No iré; por el contrario, me quedaré.*

contraseña

(con-tra-**se**-ña) sustantivo femenino

Señal convenida entre varias personas para reconocerse o entenderse. *El centinela le pidió la contraseña.* **SIN.** Consigna.

contrastar (con-tras-**tar**) verbo

1. Mostrarse una cosa como distinta de otra con la que se compara. *Contrasta los votos emitidos y el número de votantes.*

2. Ser dos cosas opuestas. *El carácter de los dos hermanos contrasta mucho.*

contratiempo

(con-tra-**tiem**-po) sustantivo masculino

Accidente perjudicial e inesperado. *El accidente supuso un contratiempo para sus planes.* **SIN.** Contrariedad.

contrato (con-**tra**-to) sustantivo masculino

Convenio o pacto entre dos o más personas, por el que se obligan a cumplir una determinada cosa. *Firmaron un contrato de arrendamiento.*

contribuir (con-tri-bu-**ir**) verbo

Dar ayuda o dinero para algún fin. *Contribuyó al regalo con algo de dinero.* **SIN.** Cooperar, ayudar.

✎ Verbo irregular, se conjuga como *huir.*

contrincante (con-trin-**can**-te) sustantivo

Competidor, rival. *Venció a su contrincante al final de la carrera.*

control (con-**trol**) sustantivo masculino

1. Cuidado con que se examina y comprueba una cosa. *Este producto pasó varios controles de calidad.* **SIN.** Inspección, examen.

2. Poder que alguien tiene sobre una cosa o una persona. *Tengo que tratar de controlar mis gastos.*

3. control antidopaje expresión Control médico que se hace a los deportistas para detectar si han tomado sustancias prohibidas. *El atleta no superó el control antidopaje.*

controlar (con-tro-**lar**) verbo

1. Comprobar que una cosa es o funciona como debe. *El director controlaba la buena marcha de la escuela.*

2. Dirigir el funcionamiento de algo. *Un ordenador o computadora controla la producción de la central.*

controversia

(con-tro-**ver**-sia) sustantivo femenino

Discusión larga y reiterada entre dos o más personas. *Hubo mucha controversia en la reunión de ayer.* **SIN.** Polémica, disputa.

convalecencia

(con-va-le-**cen**-cia) sustantivo femenino

Período de recuperación de la persona que ha pasado una enfermedad y todavía no ha restablecido las fuerzas. *Continúa con su convalecencia, pero ya está en casa.* **SIN.** Recuperación.

convencer (con-ven-**cer**) verbo

Conseguir con razones que alguien haga cierta cosa. *Le he convencido para que aprenda inglés.* **SIN.** Persuadir. **ANT.** Disuadir.

✎ Verbo con irregularidad ortográfica. Ver pág. 241.

conveniencia

(con-ve-**nien**-cia) sustantivo femenino

1. Conformidad entre cosas distintas. *No hay conveniencia entre ambas partes.* **SIN.** Acuerdo, convenio.

2. Utilidad, provecho. *Solo actúa por su conveniencia.* **SIN.** Interés.

convenio (con-ve-nio) sustantivo masculino

Pacto entre dos o más personas. *Los trabajadores y los empresarios firmaron un nuevo convenio.*

convenir (con-ve-**nir**) verbo

1. Ser de una misma opinión. *Todos convinieron en que el trabajo era bueno.* **SIN.** Coincidir.

2. Ser útil o apropiada una cosa para algo. *No me conviene vender la finca por ese precio.*

✎ Verbo irregular, se conjuga como *venir.*

convento (con-**ven**-to) sustantivo masculino

Casa donde viven religiosos o religiosas en comunidad. *Muchos conventos son monumentos históricos.* **SIN.** Monasterio.

conversar (con-ver-**sar**) verbo

Hablar unas personas con otras. *Conversamos un rato.* **SIN.** Charlar.

convertir (con-ver-**tir**) verbo

1. Transformarse o cambiar una cosa en otra. *El molinero convierte el trigo en harina.* **SIN.** Trocar(se).

2. Adoptar una religión o conducir hacia algún fin. *Convirtió a muchas personas al cristianismo.* **SIN.** Catequizar.

✎ Verbo irregular, se conjuga como *sentir.*

convencer

MODO INDICATIVO		MODO SUBJUNTIVO	
Tiempos simples	Tiempos compuestos	Tiempos simples	Tiempos compuestos
Presente	**Pret. perf. compuesto / Antepresente**	**Presente**	**Pret. perf. compuesto / Antepresente**
convenzo	he convencido	convenza	haya convencido
convences / convencés	has convencido	convenzas	hayas convencido
convence	ha convencido	convenza	haya convencido
convencemos	hemos convencido	convenzamos	hayamos convencido
convencéis / convencen	habéis convencido	convenzáis / convenzan	hayáis convencido
convencen	han convencido	convenzan	hayan convencido
Pret. imperfecto / Copretérito	**Pret. pluscuamperfecto / Antecopretérito**	**Pret. imperfecto / Pretérito**	**Pret. pluscuamperfecto / Antepretérito**
		convenciera o	hubiera o
convencía	había convencido	convenciese	hubiese convencido
convencías	habías convencido	convencieras o	hubieras o
convencía	había convencido	convencieses	hubieses convencido
convencíamos	habíamos convencido	convenciera o	hubiera o
convencíais / convencían	habíais convencido	convenciese	hubiese convencido
convencían	habían convencido	convenciéramos o	hubiéramos o
		convenciésemos	hubiésemos convencido
		convencierais o	hubierais o
		convencieseis /	hubieseis convencido
Pret. perf. simple / Pretérito	**Pret. anterior / Antepretérito**	convencieran o	hubieran o
		convenciesen	hubiesen convencido
convencí	hube convencido	convencieran o	
convenciste	hubiste convencido	convenciesen	
convenció	hubo convencido		
convencimos	hubimos convencido	**Futuro simple / Futuro**	**Futuro compuesto / Antefuturo**
convencisteis / convencieron	hubisteis convencido		
convencieron	hubieron convencido	convenciere	hubiere convencido
		convencieres	hubieres convencido
		convenciere	hubiere convencido
Futuro simple / Futuro	**Futuro compuesto / Antefuturo**	convenciéremos	hubiéremos convencido
		convenciereis / convencieren	hubiereis convencido
convenceré	habré convencido	convencieren	hubieren convencido
convencerás	habrás convencido		
convencerá	habrá convencido	**MODO IMPERATIVO**	
convenceremos	habremos convencido		
convenceréis / convencerán	habréis convencido	convence (tú) / convencé (vos) / convenza (usted)	
convencerán	habrán convencido	convenced (vosotros)	
		convenzan (ustedes)	
Condicional simple / Pospretérito	**Condicional compuesto / Antepospretérito**	**FORMAS NO PERSONALES**	
		Infinitivo convencer	**Infinitivo compuesto** haber convencido
convencería	habría convencido		
convencerías	habrías convencido	**Gerundio** convenciendo	**Gerundio compuesto** habiendo convencido
convencería	habría convencido		
convenceríamos	habríamos convencido		
convenceríais / convencerían	habríais convencido	**Participio** convencido	
convencerían	habrían convencido		

convexo, convexa

(con-**ve**-xo) adjetivo

Se dice de los objetos cuya superficie es curva y más abultada en el medio que en los extremos. *Dibuja una lente convexa.*

convicción

(con-vic-**ción**) sustantivo femenino

1. Convencimiento. *Tengo la convicción de haber acertado.*

2. Idea religiosa, ética o política de la que alguien está fuertemente convencido. *Ataca sus convicciones políticas.* **SIN.** Creencia, ideología.

convidar (con-vi-**dar**) verbo

Invitar una persona a otra para que la acompañe a comer, a una función o a cualquier otra cosa. *Nos convidó a una cena.* **SIN.** Ofrecer.

convivir (con-vi-**vir**) verbo

Vivir en compañía de otro u otros. *Convive en un piso con otro estudiante.*

convocar (con-vo-**car**) verbo

Citar a varias personas para que acudan a un lugar determinado. *El juez convocó al testigo.* **SIN.** Emplazar.

✎ Se conjuga como *abarcar*.

convocatoria

(con-vo-ca-**to**-ria) sustantivo femenino

Anuncio o escrito en el que se convoca algo. *Ya ha salido la convocatoria de las oposiciones.*

convoy (con-**voy**) sustantivo masculino

Conjunto de vehículos con una escolta o guardia que se encarga de que lleguen con seguridad a su destino. *El convoy de víveres llegó por fin a la ciudad sitiada.*

✎ Su plural es *convoyes*.

cónyuge (**cón**-yu-ge) sustantivo

Persona vinculada a otra por el matrimonio. *El cónyuge de mi madre es mi padre.*

coñac (co-**ñac**) sustantivo masculino

Licor que se obtiene por la destilación de ciertos vinos. *Tomó una copa de coñac con el café.*

✎ Su plural es *coñacs*.

cooperación

(co-o-pe-ra-**ción**) sustantivo femenino

Actitud de ayuda y colaboración para realizar tareas con otras personas. *Con la cooperación de todos los alumnos, organizaré la fiesta.*

cooperar (co-o-pe-**rar**) verbo

Obrar juntamente con otro u otros para el mismo fin. *Cooperaron todos en la recogida de firmas.* **SIN.** Colaborar, ayudar.

cooperativa

(co-o-pe-ra-**ti**-va) sustantivo femenino

Asociación de varias personas (productores, vendedores o consumidores) con un fin común, dirigida a beneficiar a todos por igual. *Mi padre trabaja en una cooperativa textil.*

coordinar (co-or-di-**nar**) verbo

Colocar o dirigir las cosas con un orden. *Se encargó de coordinar los trabajos.* **SIN.** Concertar.

copa (**co**-pa) sustantivo femenino

1. Vaso con pie que sirve para beber. *Rompió una copa de cristal.*

2. Líquido que cabe en una copa. *Se tomó una copa de vino.*

3. Parte superior de un árbol formada por hojas y ramas. *Se subió a la copa del árbol para esconderse.*

4. Premio que se concede en algunas competiciones. *El rey entregó la copa que lleva su nombre al capitán del equipo.*

copia (**co**-pia) sustantivo femenino

Reproducción exacta de una cosa. *Solo un experto podría distinguir aquella copia del cuadro original.* **SIN.** Imitación, plagio, réplica. **ANT.** Original, modelo.

copiar (co-**piar**) verbo

1. Dibujar o escribir una cosa igual que otra que ya estaba hecha. *Hemos copiado una poesía de José Martí para analizarla.* **SIN.** Reproducir, duplicar. **ANT.** Crear.

2. Escribir lo que otro dicta. *No pudimos copiar todo lo que decía, porque iba muy deprisa.*

✎ Se conjuga como *cambiar*.

copla (co-pla) sustantivo femenino

Estrofa, en especial la que sirve de letra en las canciones populares. *No recuerdo la letra de la copla.*

copo (co-po) sustantivo masculino

Cada una de las porciones de nieve que cae cuando nieva. *Los copos parecían algodones.*

coqueto, coqueta

(co-**que**-to) adjetivo

1. Se dice de la persona que procura agradar a los demás. *No seas tan coqueto, es poco sincero.*

2. Se dice de la persona presumida que se ocupa mucho de su aspecto exterior. *Es tan coqueto que se pasa horas delante del espejo.*

3. Se dice de las cosas delicadas y agradables. *Te ha quedado una habitación muy coqueta.*

coraje (co-ra-je) sustantivo masculino

1. Valor para hacer frente a algo. *Tenía mucho coraje y luchó por salir adelante.* **SIN.** Agallas. **ANT.** Cobardía.

2. Irritación, ira. *Le dio coraje no ser invitado.* **SIN.** Furia, enojo.

coral (co-ral) sustantivo masculino

1. Pequeños animales marinos llamados *pólipos* que crecen con un esqueleto duro y calizo en mares cálidos. *Visité los arrecifes de coral.*

2. Esqueleto de estos organismos que se emplea en joyería. *Le regalaron una pulsera de coral rojo.*

3. sustantivo femenino Coro de cantantes. *Actúa en una coral.*

coraza (co-ra-za) sustantivo femenino

1. Armadura de hierro o acero, que servía para protegerse el pecho y la espalda. *Luchaba con una coraza.*

2. Concha de algunos animales. *Las tortugas tienen una coraza.*

corazón (co-ra-**zón**) sustantivo masculino

1. Órgano vital del ser humano y de los animales, que hace circular la sangre por todo el cuerpo. *El corazón tiene dos aurículas y dos ventrículos.*

2. Voluntad, amor. *Le quería con todo su corazón.* **SIN.** Sensibilidad.

3. Centro o interior de una cosa. *Me gusta el corazón de las alcachofas.* **SIN.** Centro, cogollo. **ANT.** Exterior.

corazonada

(co-ra-zo-**na**-da) sustantivo femenino

Presentimiento de que algo va a suceder. *Tuve la corazonada de que vendría.* **SIN.** Presagio, intuición.

corbata (cor-**ba**-ta) sustantivo femenino

Tira de tela que se anuda alrededor del cuello como adorno. *Con ese traje te queda mejor la corbata gris.*

corchete (cor-**che**-te) sustantivo masculino

1. Broche metálico que sirve para unir los bordes opuestos de una prenda de vestir. *La camisa lleva corchetes en vez de botones.*

2. Signo ortográfico [ ], que se usa cuando hay que aclarar algo dentro de un paréntesis. *Hay una obra de Mozart (*Las bodas de Fígaro *[1786])* *que tuve oportunidad de escuchar en directo.*

corcho (cor-cho) sustantivo masculino

1. Corteza del alcornoque. *Esa región es muy rica en corcho.*

2. Tapón que se hace con un trozo de corcho. *Quítale el corcho a la botella, yo no puedo.*

cordel (cor-**del**) sustantivo masculino

Cuerda delgada. *Ata el paquete con este cordel.*

cordero, cordera (cor-de-ro) sustantivo

1. Cría de la oveja que aún no ha cumplido un año. *Fuimos a ver los corderos del rebaño.*

2. Persona dócil y humilde. *Es un cordero, nunca protesta.*

cordial (cor-**dial**) adjetivo

Afectuoso, de corazón. *Con su familia siempre hemos tenido un trato muy cordial.* **SIN.** Amable.

cordillera

(cor-di-**lle**-ra) sustantivo femenino

Serie de montañas enlazadas entre sí. *Había mucha nieve en la cordillera cantábrica.* **SIN.** Cadena.

cordón (cor-**dón**) sustantivo masculino

1. Cuerda delgada. *Se me rompió un cordón de los zapatos.*

2. Conjunto de personas colocadas formando un cerco para impedir el paso de la gente. *Un cordón policial impedía el paso al lugar de los hechos.*

3. cordón umbilical expresión Conducto que conecta a un bebé con su madre, por donde le llegan el alimento, el oxígeno, etc. *La comadrona cortó el cordón umbilical después del parto.*

coreografía

(co-re-o-gra-**fí**-a) sustantivo femenino

Arte de componer bailes. *Se encarga de la coreografía de la obra musical.*

cornada (cor-**na**-da) sustantivo femenino

Golpe que da con el cuerno el toro u otro animal y herida que produce. *El torero recibió una cornada en el muslo.*

cornamenta

(cor-na-**men**-ta) sustantivo femenino

Cuernos de algunos animales como el toro, ciervo, etc. *Aquellos ciervos tenían una gran cornamenta.*

corneta

(cor-**ne**-ta) sustantivo femenino

Instrumento musical de viento. *Toca la corneta en la banda municipal.*

cornisa (cor-**ni**-sa) sustantivo femenino

Parte saliente y horizontal en lo alto de una casa. *Nos protegimos de la lluvia debajo de una cornisa.*

coro (**co**-ro) sustantivo masculino

1. Conjunto de personas reunidas para cantar. *Canto en un coro.*

2. Parte de la iglesia destinada a las personas que cantan. *Subimos al coro de la iglesia.*

corona

(co-**ro**-na) sustantivo femenino

1. Círculo de oro, ramas, flores, etc., que rodea la cabeza. *El poeta llevaba una corona de laurel.*

2. Conjunto de flores en forma de círculo. *Enviaron una corona de rosas a su compañero fallecido.*

3. Monarquía, reino. *Era un gran defensor de la Corona.*

coronar (co-ro-**nar**) verbo

1. Poner la corona en la cabeza, en especial para significar que una persona es rey. *Coronaron al monarca.* **SIN.** Ungir, ceñir.

2. Completar una obra. *Con esa pincelada coronó el cuadro.* **SIN.** Acabar, terminar. **ANT.** Iniciar.

3. Subir hasta la parte superior de un sitio. *Su plan era coronar la cima de la montaña por el sur.*

coronel (co-ro-**nel**) sustantivo masculino

Jefe militar que manda un regimiento. *El coronel pasó revista a las tropas de su regimiento.*

corporal (cor-po-**ral**) adjetivo

Que pertenece o se refiere al cuerpo. *El cachorro sobrevivió gracias al calor corporal de su madre.* **SIN.** Corpóreo. **ANT.** Incorpóreo.

corpóreo, corpórea

(cor-**pó**-re-o) adjetivo

Que tiene cuerpo. *No es un fantasma, sino una persona corpórea.* **SIN.** Material, tangible. **ANT.** Inmaterial.

corpulento, corpulenta

(cor-pu-**len**-to) adjetivo

Que tiene un cuerpo muy robusto. *Era tan corpulento que el caballo no podía con él.* **SIN.** Fornido. **ANT.** Enjuto, delgado.

corral (co-**rral**) sustantivo masculino

Sitio cerrado y descubierto en las casas o en el campo, en especial el destinado a los animales. *Las gallinas corretean por el corral.*

correa (co-**rre**-a) sustantivo femenino

Tira larga y estrecha de cuero u otros materiales. *Cuando saca a pasear al perro, siempre lo lleva sujeto con la correa.*

corrección (co-rrec-**ción**) sustantivo femenino

1. Acción de corregir un error o defecto. *Ya hice las correcciones de los exámenes.* **SIN.** Enmienda, rectificación, retoque. **ANT.** Ratificación.

2. Cualidad de ser correcto. *Se comportó con total corrección.* **SIN.** Cortesía. **ANT.** Incorrección.

3. Alteración hecha en una obra para perfeccionarla. *Hice correcciones en la redacción.* **SIN.** Retoque.

correcto, correcta

(co-**rrec**-to) adjetivo

1. Se dice de aquello que no tiene errores ni defectos. *La solución que has dado al problema es correcta.* **SIN.** Impecable, exacto, perfecto. **ANT.** Defectuoso.

2. Se dice de la persona que tiene una conducta educada e irreprochable. *Es siempre muy correcta en su comportamiento.* **SIN.** Cortés, comedido. **ANT.** Incorrecto, descortés, maleducado.

corredor, corredora

(co-rre-**dor**) sustantivo

1. Persona que practica la carrera en competiciones deportivas. *Es corredor de fondo.*

2. sustantivo masculino Pasillo, pasadizo. *La habitación se encontraba al final de un largo corredor.*

3. sustantivo masculino Galería que está alrededor del patio de una casa. *Se pasaba horas leyendo sentada en el corredor.*

corregir (co-rre-**gir**) verbo

1. Enmendar lo que está equivocado. *Corrige esa falta de ortografía.* **SIN.** Reparar, retocar.

2. Calificar un profesor los exámenes. *El profesor era muy duro corrigiendo.*

3. Reñir por una falta. *Le corrigieron severamente por su mal comportamiento.* **SIN.** Reprender. **ANT.** Aplaudir, premiar.

✎ Verbo irregular, se conjuga como pedir. Se escribe *-j-* en vez de *-g-* seguido de *-a* u *-o*, como en *corrijo* o en *corrijamos*.

correo (co-**rre**-o) sustantivo masculino

1. Cartas que una persona o empresa, institución, etc. envía a otra. *Está leyendo el correo de hoy.* **SIN.** Correspondencia.

2. sustantivo masculino plural Servicio público que transporta cartas y paquetes. *Pon el sello a la carta y échala en correos.*

3. correo electrónico expresión Mensaje que se envía por medio de internet. *Dame tu dirección y te enviaré un correo electrónico.* **SIN.** *E-mail.*

correr (co-**rrer**) verbo

1. Hacer algo muy deprisa. *No corras al escribir, que te vas a equivocar.* **SIN.** Apresurarse.

2. Andar tan rápido que queden por un momento ambos pies en el aire. *Si corres, llegarás antes.*

3. Moverse un líquido de un lugar a otro. *El río corre por la llanura.* **SIN.** Fluir, deslizarse.

4. Transcurrir el tiempo. *Corrían los minutos y el teléfono no sonaba.*

5. Exponerse a un peligro. *En su profesión corre muchos riesgos.*

correspondencia

(co-rres-pon-**den**-cia) sustantivo femenino

1. Acción de corresponder o corresponderse. *No hay correspondencia entre lo que hace y lo que dice.* **SIN.** Vinculación.

2. Comunicación por carta entre dos personas. *Hace tiempo que recibo tu correspondencia.*

corresponder (co-rres-pon-**der**) verbo

1. Tener relación una cosa con otra. *A esta taza le corresponde ese plato.* **SIN.** Casar, concordar. **ANT.** Contrastar, diferir.

2. Dar regalos, afectos, atenciones, etc., en respuesta a otros ya recibidos. *Le haré un regalo para corresponder a su interés.* **SIN.** Agradecer.

3. Ser de la incumbencia de alguien una cosa. *Te corresponde recoger hoy la mesa.* **SIN.** Atañer, tocar.

corresponsal (co-rres-pon-**sal**) sustantivo

Persona que trabaja para un periódico o cadena de televisión y envía noticias desde un país extranjero. *El corresponsal en París envió un reportaje.* **SIN.** Enviado, periodista.

corrida (co-**rri**-da) sustantivo femenino

Lidia de cierto número de toros en una plaza cerrada. *Ya se han acabado las entradas para la corrida de esta tarde.*

corriente (co-**rrien**-te) adjetivo

1. Que se desliza o fluye. *El agua corriente sale por los grifos.* **ANT.** Estancado.

2. Común, regular. *Yo compro pan de clase corriente.* **SIN.** Normal. **ANT.** Original, extraordinario.

3. Que sucede con relativa frecuencia. *A Juan es corriente verlo en el cine.* **SIN.** Habitual, frecuente. **ANT.** Infrecuente.

4. sustantivo femenino Masa de agua, aire, electricidad, etc., que se mueve continuamente. *No había luz porque hubo un corte de corriente.* **SIN.** Flujo.

5. sustantivo femenino Tendencia, opinión. *Sigue la corriente impresionista.*

6. estar al corriente de algo expresión Estar enterado. *Leo la prensa para estar al corriente de las noticias.*

✎ Como adjetivo, es igual en masculino y femenino. El superlativo es *corrientísimo.*

corrillo (co-**rri**-llo) sustantivo masculino

Grupo de personas que hablan apartadas de los demás. *Al salir de la asamblea, se formaron varios corrillos.*

corro (**co**-rro) sustantivo masculino

1. Reunión de varias personas formando un círculo. *Hay que formar un corro para bailar la sardana.*

2. Juego infantil. *Unos niños estaban jugando al corro.*

corrupción

(co-rrup-**ción**) sustantivo femenino

1. Descomposición de ciertas sustancias o alimentos. *Congeló varios alimentos para evitar su corrupción.* **SIN.** Putrefacción.

2. Acto de pagar o recibir dinero por hacer algo ilegal o inmoral. *La corrupción del árbitro para dejarles ganar el partido era evidente.*

3. Inmoralidad, perversión. *Le repugnaba la corrupción que había en ese ambiente.*

corsario, corsaria

(cor-**sa**-rio) adjetivo y sustantivo

Pirata, marino que ataca otros barcos para robar. *Drake fue un famoso corsario inglés.*

corsé (cor-**sé**) sustantivo masculino
Prenda interior femenina muy ceñida al cuerpo. *Llevaba tan apretado el corsé que no podía respirar.*

cortado, cortada (cor-**ta**-do) adjetivo
1. Se dice de la persona tímida y apocada. *Al principio era algo cortado, pero pronto cogió confianza.*
2. adjetivo y sustantivo masculino Se dice del café que se toma con un poco de leche. *Siempre toma el café cortado.*

cortadura (cor-ta-**du**-ra) sustantivo femenino
Corte hecho con un instrumento o cosa cortante. *Se hizo una cortadura en el dedo con el cuchillo.*

cortar (cor-**tar**) verbo
1. Dividir una cosa en partes, con un cuchillo, unas tijeras, una sierra, etc. *Corté la naranja en cuatro trozos.* **SIN.** Partir, separar. **ANT.** Unir.
2. Interrumpir algo que se está haciendo. *El profesor cortó mi intervención porque era la hora de salir.* **ANT.** Continuar, seguir.
3. Impedir el curso o paso de algo. *Corta el agua cuando vayas de vacaciones.* **SIN.** Detener, parar.
4. cortarse Faltar a alguien palabras por causa de la timidez o los nervios. *Estaba hablando tan tranquilo y se cortó cuando la vio entrar.* **SIN.** Aturdirse.

corte (cor-te) sustantivo masculino
1. Incisión hecha con un instrumento afilado. *Se hizo un corte en el brazo.* **SIN.** Tajo, cortadura. **2.** Trozo de helado entre dos obleas de forma cuadrada. *Me tomé un corte de fresa y nata.*
3. Vergüenza, turbación. *Me llevé un gran corte cuando me di cuenta de que me había equivocado.*
4. sustantivo femenino Lugar donde reside el rey con su familia. *Los bufones vivían en la corte del rey.*

5. Cortes sustantivo femenino plural Institución política máxima del Estado, donde los diputados y senadores aprueban las leyes. *Las Cortes están formadas por el Congreso de los diputados y el Senado.*

cortejo (cor-**te**-jo) sustantivo masculino
1. Intento de conseguir el amor de alguien. *El cortejo precede al apareamiento entre dos animales.*
2. Personas que forman el acompañamiento en una ceremonia. *Salieron el rey y su cortejo de la sala del trono.* **SIN.** Séquito, comitiva.

cortesía (cor-te-**sí**-a) sustantivo femenino
1. Demostración con que se manifiesta el respeto o afecto hacia una persona. *Nos trató con mucha cortesía.* **SIN.** Atención, cordialidad. **ANT.** Descortesía.
2. Detalle, obsequio. *Este regalo es una cortesía del banco.*

corteza (cor-te-za) sustantivo femenino
1. Parte externa del tallo, ramas y raíz de las plantas. *Este árbol tiene una corteza muy dura.*
2. Parte exterior y dura de algunas cosas, como el limón, el queso, el pan, etc. *Quita la corteza de la naranja.* **SIN.** Cáscara, envoltorio, cubierta, monda.

cortijo (cor-**ti**-jo) sustantivo masculino
Casa de campo con tierras alrededor, típica de Andalucía. *Viven en un cortijo.*

cortina (cor-**ti**-na) sustantivo femenino
1. Paño de diversos tejidos con que se cubren puertas, ventanas, etc. *Quiero cambiar las cortinas de la ventana de la cocina.* **SIN.** Cortinaje, estor, visillo.
2. Lo que encubre y oculta algo. *Aquel negocio era solo una cortina que encubría operaciones ilícitas.* **SIN.** Pantalla, tapadera, excusa.

corto, corta (cor-to) adjetivo
1. Se dice de las cosas que no tienen la extensión que debieran tener. *Este*

año están de moda las faldas cortas. **SIN.** Escaso, pequeño. **ANT.** Largo, extenso.

2. Se dice de aquello de poca duración. *La película fue muy corta.* **SIN.** Breve, fugaz, momentáneo. **ANT.** Largo, prolongado.

3. De poca inteligencia. *Explicáselo otra vez, es un poco corto e igual no lo ha entendido.* **ANT.** Listo, agudo.

4. Tímido, de poco ánimo. *Es demasiado corto para enfrentarse a él.* **SIN.** Apocado. **ANT.** Audaz.

cosa (co-sa) sustantivo femenino

1. Objeto sin vida, por oposición a *ser viviente. Una mesa es una cosa: ni siente ni padece.*

2. En oraciones negativas, nada. *Ese reloj no vale gran cosa.*

coscorrón (cos-co-rrón) sustantivo masculino

Golpe dado en la cabeza. *Me di un coscorrón con el borde de la mesa.*

cosecha (co-se-cha) sustantivo femenino

1. Conjunto de frutos que se recogen de una tierra cultivada. *La cosecha de trigo ha sido abundante.* **SIN.** Producción.

2. Operación o tiempo de recogida de frutos. *Prometí pagarle para la cosecha.* **SIN.** Recolección.

cosechar (co-se-char) verbo

1. Recoger la cosecha. *Están cosechando la uva.* **SIN.** Recolectar.

2. Obtener algo, como triunfos, amistades, odios, etc. *Gracias a su esfuerzo, cosechó un gran triunfo.*

coser (co-ser) verbo

Unir con hilo dos o más trozos de tela, cuero, etc. *Me desgarré la falda y tuve que coserla.* **SIN.** Zurcir.

cosmético, cosmética

(cos-mé-ti-co) adjetivo y sustantivo masculino

1. Se dice de los productos que sirven para cuidar y embellecer la piel y el cabello. *Los cosméticos de esa casa son muy eficaces.*

2. sustantivo femenino Arte de preparar y aplicar productos de belleza. *La cosmética masculina está adquiriendo gran importancia.*

cosmos (cos-mos) sustantivo masculino

El universo entero, todo lo que existe. *Hay diversas teorías sobre la formación del cosmos.*

✎ Es igual en plural y en singular.

cosquillas

(cos-qui-llas) sustantivo femenino plural

Sensación nerviosa que una persona siente y que generalmente le produce risa, cuando la tocan en ciertas partes del cuerpo. *Tiene cosquillas en la planta del pie.*

costa (cos-ta) sustantivo femenino

1. Orilla del mar y tierra que está cerca de ella. *Dimos un paseo por la costa.* **SIN.** Litoral, ribera.

2. a costa de expresión Indica el esfuerzo que lleva conseguir algo. *A costa de estudiar, conseguí aprobar.*

costado (cos-ta-do) sustantivo masculino

1. Cada uno de los dos lados del cuerpo humano. *Tenía un fuerte dolor en el costado.* **SIN.** Flanco.

2. Cada uno de los dos lados del casco de un buque. *Estaba situado en el costado izquierdo de la nave.* **SIN.** Babor, estribor.

costar (cos-tar) verbo

1. Tener una cosa un precio fijado. *Esta casa cuesta más de lo que puedes pagar.* **SIN.** Valer.

2. Causar una cosa dificultad, trabajo, etc. *Aprobar el examen me ha costado mucho esfuerzo.*

✎ Verbo irregular, se conjuga como *contar.*

costilla (cos-ti-lla) sustantivo femenino

Cada uno de los huesos largos y curvos que llegan al pecho procedentes de la columna vertebral. *Se fracturó una costilla.*

costra (cos-tra) sustantivo femenino
1. Especie de corteza dura que se forma sobre las cosas blandas y húmedas. *Quitamos la costra al queso para aprovechar el resto.*
2. Postilla de una herida. *Se arrancó la costra de la herida y ahora le quedará cicatriz.*

costumbre (cos-tum-bre) sustantivo femenino
1. Actividad que se hace con frecuencia. *Tiene la costumbre de levantarse muy temprano.* **SIN.** Uso, hábito.
2. Acto muy repetido que ha creado tradición. *La romería de abril era una costumbre de siglos.*

costura (cos-tu-ra) sustantivo femenino
1. Acción de coser. *Va a un taller de costura.*
2. Serie de puntadas que unen dos piezas cosidas. *Se me ha descosido la costura de la falda.*

costurero (cos-tu-re-ro) sustantivo masculino
Caja para guardar los hilos, las agujas y otros útiles de costura. *Guarda el dedal en el costurero.*

cotidiano, cotidiana
(co-ti-dia-no) adjetivo
Diario, de todos los días. *Comer fruta era algo cotidiano.* **SIN.** Habitual, acostumbrado. **ANT.** Infrecuente.

cotilla (co-ti-lla) sustantivo
Persona chismosa y murmuradora. *Si no quieres que se sepa, no se lo cuentes a Pedro; es muy cotilla.* **SIN.** Criticón. **ANT.** Discreto.

coto (co-to) sustantivo masculino
Terreno reservado para cierto uso. *Fuimos a un coto de pesca.*

cotorra (co-to-rra) sustantivo femenino
1. Ave americana que puede pronunciar palabras. *Tiene en casa una pareja de cotorras.*
2. Persona habladora. *Es una cotorra, solo habla ella.*

coz sustantivo femenino
Patada que dan los caballos o burros. *La mula te puede dar una coz.*

cráneo (crá-ne-o) sustantivo masculino
Casco de hueso que contiene el cerebro. *Se golpeó en el cráneo.*

cráter (crá-ter) sustantivo masculino
Boca por donde los volcanes arrojan humo, ceniza, lava, etc. *El cráter arrojaba lava sin cesar.*

creación
(cre-a-ción) sustantivo femenino
1. Acción de crear, producir o fundar algo. *Se está dedicando a la creación de una nueva película.* **SIN.** Producción, realización. **ANT.** Destrucción.
2. Mundo, todo lo que existe. *El poema era una alabanza a la creación.* **SIN.** Universo.
3. Obra literaria o artística. *Su nueva creación ha sido todo un éxito.*

crear (cre-ar) verbo
1. Hacer que empiecen a existir seres o cosas. *Los escultores crean estatuas.* **SIN.** Inventar, hacer.
2. Fundar o instituir algo nuevo. *Crearon una nueva clínica.*

creatividad
(cre-a-ti-vi-dad) sustantivo femenino
Capacidad para hacer algo nuevo o de forma distinta. *Estudiar música aumenta la creatividad de los niños.*

crecer (cre-cer) verbo
1. Aumentar de tamaño o de número. *El pueblo ha crecido mucho, tiene más habitantes y más casas.* **SIN.** Desarrollarse, progresar. **ANT.** Disminuir, decrecer.
2. crecerse Atreverse, tomar más confianza ante algo. *Olvidó sus temores y se creció ante el peligro.* **SIN.** Envalentonarse.
✎ Verbo irregular, se conjuga como *parecer.*

crecido, crecida

(cre-**ci**-do) adjetivo

1. Que es alto, grande o numeroso. *El bebé está muy crecido para su edad.*

2. sustantivo femenino Aumento del agua de un río o arroyo por la lluvia o el deshielo. *La crecida arrasó los campos.* **SIN.** Inundación.

crédito (cré-di-to) sustantivo masculino

1. Acción de admitir como cierto lo que otra persona ha afirmado. *Dio crédito a sus palabras.*

2. Dinero que se pide prestado a un banco. *Pidieron un crédito al banco para comprar la casa.*

creencia (cre-en-cia) sustantivo femenino

1. Convicción que se tiene de alguna cosa. *Sigue con la creencia de que eso no es verdad.* **SIN.** Confianza, certeza, seguridad.

2. Conjunto de principios o ideas que alguien tiene. *Aunque no las comparta, respeto tus creencias.*

creer (cre-er) verbo

1. Aceptar como verdad lo que otra persona dice. *No creo lo que me has contado.* **ANT.** Dudar.

2. Tener opinión formada sobre algo. *Creo que sus padres no son de aquí, porque tienen un acento diferente.* **SIN.** Pensar, opinar.

3. Tener fe. *Cree en Dios.*

✎ Verbo irregular. Ver pág. 251.

crema (cre-ma) sustantivo femenino

1. Pasta elaborada a base de leche, huevos y otros ingredientes, que se utiliza en pastelería. *Le gustan más los pasteles rellenos de crema.*

2. Sopa espesa o puré casi líquido que se hace con ciertas verduras, mariscos, etc. *Le encanta la crema de calabacín.*

3. Pasta formada por distintas sustancias para usos diferentes: limpiarse los dientes, dar brillo a los zapatos, tener más suave la piel, etc. *Limpia los zapatos con crema incolora.*

cremallera

(cre-ma-**lle**-ra) sustantivo femenino

Cierre con dos filas de dientes metálicos que encajan unos con otros. *Súbete la cremallera del pantalón.*

crepúsculo

(cre-**pús**-cu-lo) sustantivo masculino

Claridad desde poco antes de salir el sol, hasta que sale, y también desde que se pone al sol hasta que entra la noche. *Al llegar el crepúsculo, salía siempre a dar un paseo por la playa.* **SIN.** Anochecer, amanecer, atardecer.

cresta (cres-ta) sustantivo femenino

1. Carnosidad roja que tienen sobre la cabeza los gallos y otras aves. *El gallo lucía su cresta.*

2. Moño de plumas de algunas aves. *Las cacatúas tienen cresta.*

3. Parte más alta de una ola o de una montaña. *Desde la ventana se veía la rocosa cresta de la montaña.* **SIN.** Cúspide, cima.

cría (crí-a) sustantivo femenino

1. Acción de criar a las personas o a los animales. *Tenía una granja dedicada a la cría de conejos.*

2. Animal joven, que se está criando. *La gata ha tenido dos crías.*

criado, criada (cria-do) sustantivo

Persona empleada en el servicio doméstico por un salario. *En esa mansión tienen cinco criados.*

criar (cri-ar) verbo

1. Alimentar a un niño o a los animales. *Crio un ternero.*

2. Cuidar y educar a alguien. *Crio a cuatro hijos.* **SIN.** Educar.

3. Cultivar plantas. *Tiene un invernadero donde cría petunias.*

✎ Se conjuga como *desviar.*

creer

MODO INDICATIVO		MODO SUBJUNTIVO	
Tiempos simples	Tiempos compuestos	Tiempos simples	Tiempos compuestos

Presente	**Pret. perf. compuesto / Antepresente**	**Presente**	**Pret. perf. compuesto / Antepresente**
creo	he creído	crea	haya creído
crees / creés	has creído	creas	hayas creído
cree	ha creído	crea	haya creído
creemos	hemos creído	creamos	hayamos creído
creéis / creen	habéis creído	creáis / crean	hayáis creído
creen	han creído	crean	hayan creído

Pret. imperfecto / Copretérito	**Pret. pluscuamperfecto / Antecopretérito**	**Pret. imperfecto / Pretérito**	**Pret. pluscuamperfecto / Antepretérito**
creía	había creído	creyera o creyese	hubiera o hubiese creído
creías	habías creído	creyeras o creyeses	hubieras o hubieses creído
creía	había creído	creyera o creyese	hubiera o hubiese creído
creíamos	habíamos creído	creyéramos o creyésemos	hubiéramos o hubiésemos creído
creíais / creían	habíais creído	creyerais o creyeseis / creyeran o creyesen	hubierais o hubieseis creído hubieran o hubiesen creído
creían	habían creído	creyeran o creyesen	

Pret. perf. simple / Pretérito	**Pret. anterior / Antepretérito**		
creí	hube creído		
creíste	hubiste creído		
creyó	hubo creído	**Futuro simple / Futuro**	**Futuro compuesto / Antefuturo**
creímos	hubimos creído	creyere	hubiere creído
creísteis / creyeron	hubisteis creído	creyeres	hubieres creído
creyeron	hubieron creído	creyere	hubiere creído
		creyéremos	hubiéremos creído
		creyereis / creyeren	hubiereis creído
Futuro simple / Futuro	**Futuro compuesto / Antefuturo**	creyeren	hubieren creído
creeré	habré creído		
creerás	habrás creído	**MODO IMPERATIVO**	
creerá	habrá creído		
creeremos	habremos creído	cree (tú) / creé (vos) / crea (usted)	
creeréis / creerán	habréis creído	creed (vosotros)	
creerán	habrán creído	crean (ustedes)	

Condicional simple / Pospretérito	**Condicional compuesto / Antepospretérito**	**FORMAS NO PERSONALES**	
		Infinitivo	**Infinitivo compuesto**
		creer	haber creído
creería	habría creído	**Gerundio**	**Gerundio compuesto**
creerías	habrías creído	creyendo	habiendo creído
creería	habría creído		
creeríamos	habríamos creído	**Participio**	
creeríais / creerían	habríais creído	creído	
creerían	habrían creído		

criatura (cria-**tu**-ra) sustantivo femenino

1. Cualquiera de las cosas creadas. *En aquel paraje vivían criaturas muy extrañas y hermosas.* **SIN.** Ser, organismo.

2. Niño recién nacido o que tiene poca edad. *La madre cuidaba con cariño a la criatura.* **SIN.** Bebé.

crimen (**cri**-men) sustantivo masculino

1. Delito o fechoría grave. *Asesinar a una persona es un crimen.*

2. Lo que está muy mal hecho o causa un perjuicio grande. *No cuidar la naturaleza es un crimen.*

crin sustantivo femenino

Conjunto de cerdas o de pelos fuertes que tienen algunos animales en la parte superior del cuello y en la cola. *El viento agitaba las crines del caballo.*

crío, cría (**crí**-o) sustantivo

Niño o niña pequeños. *Sacó a los críos al parque para que jugaran.*

criollo, criolla

(**crio**-llo) adjetivo y sustantivo

Se dice del descendiente de padres europeos nacido en América. *Su familia era criolla porque sus bisabuelos eran españoles.*

crisis (**cri**-sis) sustantivo femenino

1. Cambio importante en el curso de una enfermedad. *Le tuvieron que hospitalizar porque sufrió una crisis.*

2. En general, momento de peligro o riesgo grave para determinado asunto. *La crisis económica afecta a toda la sociedad.*

✎ Es igual en plural y en singular.

cristal (cris-**tal**) sustantivo masculino

Vidrio incoloro y transparente. *Se rompió un cristal de la ventana.*

cristalino, cristalina

(cris-ta-**li**-no) adjetivo

De cristal o parecido a él. *Aquel estanque tenía el agua cristalina.*

cristianismo

(cris-tia-**nis**-mo) sustantivo masculino

Religión cristiana. *El emperador Nerón se opuso al cristianismo.*

cristiano, cristiana (cris-**tia**-no) adjetivo

1. Que se refiere a la religión de Cristo. *Se dedica a predicar la doctrina cristiana.*

2. sustantivo Que cree y practica esta religión. *Los cristianos tienen que ser caritativos.*

criterio (cri-**te**-rio) sustantivo masculino

1. Norma para conocer la verdad. *No se sabe el criterio que sigue en su estudio.* **SIN.** Pauta.

2. Capacidad para juzgar. *Es una persona seria, tiene buen criterio.* **SIN.** Sensatez, cordura.

3. Opinión que se tiene de algo. *Comparto tu criterio sobre el tema.*

criticar (cri-ti-**car**) verbo

1. Juzgar las cosas conforme a ciertas reglas. *Solo admitía que le criticase otro pintor.* **SIN.** Analizar.

2. Censurar la conducta o acciones de alguien. *Criticó su modo de comportarse.* **SIN.** Reprochar, reprender. **ANT.** Elogiar, alabar.

✎ Se conjuga como *abarcar*.

crítico, crítica (**crí**-ti-co) adjetivo

1. Que se refiere a la crisis. *Su enfermedad entró en una fase crítica.*

2. Que se refiere a la crítica. *Sus comentarios hacia el trabajo de los demás son siempre muy críticos.*

3. Oportuno, decisivo. *Llegó en el momento crítico de la votación.* **SIN.** Culminante, trascendental.

4. sustantivo Persona que juzga según las reglas de la crítica. *Al debate asistió un crítico taurino.*

5. sustantivo femenino Arte de juzgar las cosas mediante unas reglas, sobre todo obras de literatura o arte. *Realiza la crítica literaria en una revista.*

6. *sustantivo femenino* Conjunto de opiniones sobre un asunto. *Su última obra ha tenido muy buena crítica.*

7. *sustantivo femenino* Murmuración. *Sus caprichos suscitaron críticas.*

croar (cro-**ar**) *verbo*
Cantar la rana. *Las ranas croaban en su charca.*

cromo (**cro**-mo) *sustantivo masculino*
Estampa pequeña que se puede coleccionar. *Me gusta cambiar cromos con mis compañeros.*

cromosoma
(cro-mo-**so**-ma) *sustantivo masculino*
Elemento de la célula que contiene los genes, que determinan las características hereditarias, como el sexo, el color del pelo o la altura. *En todas las células humanas hay 46 cromosomas.*

crónico, crónica (**cró**-ni-co) *adjetivo*
1. Se dice de aquello que es duradero. *Tiene un catarro crónico.* **SIN.** Permanente, habitual.
2. *sustantivo femenino* Historia en que los hechos se ordenan según han ido ocurriendo. *Julio César escribió la crónica de la guerra de las Galias.*
3. *sustantivo femenino* Relato breve de un hecho actual que se publica en periódicos y revistas. *Escribe todas las crónicas de los partidos desde que es cronista deportivo.* **SIN.** Comentario, reportaje.

cronología
(cro-no-lo-**gí**-a) *sustantivo femenino*
Serie de personas o sucesos históricos ordenados por sus fechas. *Estudiamos la cronología de las principales luchas históricas.*

cronómetro
(cro-**nó**-me-tro) *sustantivo masculino*
Reloj de mucha precisión que sirve para medir tiempos muy pequeños. *El juez de la carrera preparó su cronómetro antes de dar la salida.*

croqueta (cro-**que**-ta) *sustantivo femenino*
Pasta rellena de carne, pescado, etc. rebozada en huevo y harina, y frita. *Me gustan las croquetas de pollo.*

croquis (**cro**-quis) *sustantivo masculino*
Dibujo rápido y esquemático que sirve para hacerse alguien una idea de algo. *Me hizo un croquis de las calles que tenía que recorrer.* **SIN.** Esbozo, plan.
✎ Es igual en plural y en singular.

cruce (**cru**-ce) *sustantivo masculino*
1. Punto donde se cortan dos o más caminos, carreteras, etc. *Es un cruce regulado por semáforos.* **SIN.** Bifurcación, encrucijada.
2. Paso destinado a los peatones. *Vete reduciendo la velocidad, al final de la calle hay un cruce.*
3. Mezcla entre plantas o animales de distinta especie para obtener otra variedad. *La mula es un cruce de asno y caballo.*
4. Interferencia telefónica o de emisiones de radio o televisión. *Tuvo que colgar porque había un cruce y no se enteraba de nada.*

crucero (cru-**ce**-ro) *sustantivo masculino*
1. Viaje que se hace en un barco de recreo. *Hice un crucero por el Caribe.*
2. Buque de guerra muy rápido. *La armada enemiga hundió uno de nuestros cruceros.*

crucifijo (cru-ci-**fi**-jo) *sustantivo masculino*
Imagen de Jesucristo en la cruz. *Tiene un crucifijo en la cabecera de su cama.* **SIN.** Cruz, cristo.

crucigrama
(cru-ci-**gra**-ma) *sustantivo masculino*
Pasatiempo que consiste en rellenar con palabras una serie de casillas, vertical y horizontalmente. *Se entretiene haciendo crucigramas.*

crudo, cruda (cru-do) adjetivo

1. Se aplica a los alimentos que no están ni cocidos ni guisados, o que están insuficientemente cocinados. *En Japón se come el pescado crudo.* **2.** Cruel, despiadado. *Hizo una descripción muy cruda de las circunstancias.* **SIN.** Severo, feroz.

cruel adjetivo

1. Se dice de la persona que disfruta con el sufrimiento de los demás. *Es muy cruel, le gusta ver sufrir a los demás.* **SIN.** Despiadado. **2.** Que es difícil de soportar. *Su cruel enfermedad estaba acabando con sus fuerzas.* **SIN.** Duro.

crujir (cru-jir) verbo

Hacer cierto ruido las cosas al rozarse o romperse. *El escalón cruje al pisarlo.* **SIN.** Rechinar, chirriar.

cruz sustantivo femenino

1. Figura formada por dos líneas que se cortan perpendicularmente. *La letra X es una cruz.* **2.** Insignia de los cristianos. *Los fieles hicieron la señal de la cruz.* **3.** Sufrimiento. *Es una cruz tener que padecer tanta miseria.* **4.** Parte de detrás de la moneda. *¿Qué pides, cara o cruz?*

cruzar (cru-zar) verbo

1. Atravesar una cosa sobre otra en forma de cruz. *El puente cruza el río.* **SIN.** Pasar. **2.** Atravesar caminos o calles pasando de una parte a otra. *No cruces la calle sin mirar.* **SIN.** Pasar. **3. cruzarse** Pasar por un lugar dos personas o cosas en dirección opuesta. *El autobús del colegio se cruzó con un camión.* ✎ Se conjuga como *abrazar*.

cu sustantivo femenino

Nombre de la letra *q*. Queso *se escribe con* q.

cuaderno

(cua-der-no) sustantivo masculino

Conjunto de hojas de papel que forman un libro, que sirve para escribir en él. *Haz los problemas en el cuaderno de matemáticas.*

cuadrado, cuadrada

(cua-dra-do) adjetivo y sustantivo masculino

1. Se aplica a la figura plana cerrada por cuatro líneas rectas iguales que forman cuatro ángulos rectos y a lo que tiene esa forma. *Dibuja un cuadrado y coloréalo.* **2.** sustantivo masculino Resultado de multiplicar una cantidad por sí misma. *El cuadrado de 3 es 9.*

cuadrar (cua-drar) verbo

1. Ajustarse una cosa con otra. *Nada de lo que nos ha dicho cuadra con los hechos.* **SIN.** Corresponderse, encajar. **ANT.** Discordar. **2.** Convenir una cosa. *No me cuadra ir al cine esta tarde.* **SIN.** Agradar. **3. cuadrarse** Ponerse una persona erguida y con los talones juntos. *El soldado se cuadró para saludar al capitán.* **SIN.** Erguirse.

cuadrícula

(cua-drí-cu-la) sustantivo femenino

Conjunto de los cuadrados que resultan de cortarse perpendicularmente dos series de rectas paralelas y separadas por la misma distancia. *Guíate por la cuadrícula para escribir.*

cuadrilátero

(cua-dri-lá-te-ro) sustantivo masculino

1. Polígono de cuatro lados. *Un rectángulo es un cuadrilátero.* **2.** En boxeo, plataforma donde se combate. *Los dos boxeadores estaban ya en el cuadrilátero.*

cuadro (cua-dro) sustantivo masculino

1. Lienzo, lámina, etc., de pintura. *Compró un cuadro de Dalí.*

2. Figura con forma de cuadrado. *Llevaba una camisa de cuadros.*

3. Conjunto de nombres, cifras u otros datos presentados en un esquema. *El profesor explicó el cuadro de la obtención del nitrógeno.*

cuadrúpedo

(cua-**drú**-pe-do) adjetivo y sustantivo

Se dice al animal que tiene cuatro patas. *El caballo es un cuadrúpedo.*

cuádruple

(**cuá**-dru-ple) adjetivo y sustantivo masculino

Que contiene un número exactamente cuatro veces. *Les pagaron el cuádruple de lo que les costó.*

✎ También *cuádruplo.*

cuajada

(cua-**ja**-da) sustantivo femenino

Parte grasa de la leche que se espesa, natural o artificialmente. *De postre tomamos cuajada.*

cuajar (cua-**jar**) verbo

1. Unir las partes de un líquido para convertirse en sólido. *Cuajó la leche para hacer queso.*

2. Ser aceptada una cosa. *El mensaje ha cuajado entre la juventud.*

cual pronombre relativo

1. Equivale al pronombre *que. El señor al cual viste era mi padre.*

2. cuál pronombre interrogativo y exclamativo

Se emplea en frases interrogativas. *¿Cuál es? ¡Cuál no sería su sorpresa!*

cualidad

(cua-li-**dad**) sustantivo femenino

Modo de ser de una persona o cosa. *La cualidad del diamante es la dureza.*

SIN. Propiedad.

cualquier

(cual-**quier**) adjetivo y pronombre indefinido

Cualquiera. *Cualquier regalo que me hagas me gustará.*

✎ Solo se emplea delante del sustantivo singular.

cualquiera

(cual-**quie**-ra) adjetivo y pronombre indefinido

Una persona indeterminada, alguien, no importa quién. *Cualquiera puede hacerlo.*

cuando (**cuan**-do) adverbio

1. En el tiempo, en el punto, en la ocasión en que. *Ven cuando quieras.*

2. cuándo adverbio interrogativo y exclamativo

En frases interrogativas, equivale a *en qué momento. ¿Cuándo vienes?*

3. conjunción Equivale a *si. Cuando come es que tiene hambre.*

cuanto, cuanta (**cuan**-to) pronombre

1. Indica una cantidad indeterminada; se usa en correlación con *tanto(s), tanta(s),* agrupado con *más* y *menos. Cuanta más atención pongas, mejor saldrá.*

2. sustantivo masculino y femenino plural Equivale a *todos los que* y *todas las que. Cuantos allí estaban lo escuchaban atentamente.*

3. sustantivo masculino Equivale a *todo lo que. Esto es cuanto se sabe de él.*

4. cuánto, cuánta, cuántos, cuántas adjetivo, y pronombre interrogativo y exclamativo Lleva acento y se usa en frases interrogativas y exclamativas. *¿Cuánto tardarás en llegar? ¡Cuánta gente hay esta tarde en la piscina!*

5. en cuanto expresión Tan pronto como. *En cuanto llegue, te llamaré.*

6. en cuanto a expresión Con relación a. *En cuanto al tiempo, parece que saldrá el sol.*

cuarenta

(cua-**ren**-ta) numeral y sustantivo masculino

Cuatro veces diez o que ocupa el último lugar en una serie ordenada de cuarenta. *Cumplí cuarenta años.*

cuarentena

(cua-ren-**te**-na) sustantivo femenino

1. Conjunto de cuarenta unidades. *Tiene una cuarentena de discos.*

2. Tiempo que pasan incomunicados los sospechosos de tener una enfermedad contagiosa. *Toda la clase está en cuarentena.*

cuartel (cuar-**tel**) sustantivo masculino
Edificio donde se alojan los soldados. *El cuartel está a las afueras.*

cuartilla (cuar-**ti**-lla) sustantivo femenino
Hoja de papel en blanco cuyo tamaño es la cuarta parte de un pliego. *Anótalo en una cuartilla.*

cuarto, cuarta (**cuar**-to) numeral y sustantivo
1. Se dice de cada una de las cuatro partes iguales en que se divide un todo y de lo que ocupa el último lugar en una serie de cuatro. *Echa un cuarto de litro de leche. Soy el cuarto de la fila.*
2. sustantivo masculino Habitación. *Se fue a su cuarto a estudiar.*

cuarzo (**cuar**-zo) sustantivo masculino
Mineral tan duro que raya el acero. *Era un yacimiento de cuarzo.*

cuatro (**cua**-tro) numeral y sustantivo masculino
Tres y uno, o que ocupa el último lugar en una serie ordenada de cuatro. *Ya te lo había dicho tres veces y con esta, cuatro.*

cuba (**cu**-ba) sustantivo femenino
Recipiente grande de madera que sirve para contener líquidos. *En la bodega hay varias cubas llenas de vino.* **SIN.** Tonel.

cubalibre (cu-ba-**li**-bre) sustantivo masculino
Bebida alcohólica que combina un refresco con algún tipo de alcohol, especialmente ron. *Se bebieron unos cubalibres en el bar.*

cubertería (cu-ber-te-**rí**-a) sustantivo femenino
Conjunto de cucharas, tenedores, cuchillos y utensilios semejantes para servirse la comida y comer. *La cubertería de plata era un recuerdo de familia.*

cubierta (cu-**bier**-ta) sustantivo femenino
1. Lo que se pone encima de una cosa para taparla. *Coloca la cubierta del automóvil para que no se manche.*
2. Parte delantera y trasera de la tapa de un libro. *Esas cubiertas tienen un diseño original.*
3. Cada uno de los suelos en que se dividen las estancias de un barco, y en especial el primero. *Me gusta pasear por cubierta.*

cubierto (cu-**bier**-to) sustantivo masculino
Juego de cuchara, tenedor y cuchillo. *Seca los cubiertos.*

cubilete (cu-bi-**le**-te) sustantivo masculino
Vaso con boca ancha que se emplea para mover los dados. *Echó los dados en el cubilete.*

cubo (**cu**-bo) sustantivo masculino
1. Vasija grande con asa. *Llevaba agua en un cubo.* **SIN.** Caldero.
2. En geometría, cuerpo de seis caras con forma de cuadrados iguales. *Un cubo es un hexaedro.*
3. Resultado de multiplicar un número tres veces por sí mismo. *El cubo de 3 es 27.*

cubrir, cubrirse (cu-**brir**) verbo
Estar o poner una cosa encima de otra, tapándola o guardándola. *El tejado cubre la casa.*
✎ Su participio es *cubierto*.

cucaña (cu-**ca**-ña) sustantivo femenino
Palo largo untado con una sustancia deslizante, por el que hay que trepar para coger el premio que se encuentra en lo más alto. *En las fiestas participó en la cucaña.*

cucaracha
(cu-ca-**ra**-cha) sustantivo femenino
Insecto de color negro rojizo, que suele habitar en lugares húmedos y oscuros. *Las cucarachas siempre salen por las noches.*

cuchara (cu-**cha**-ra) sustantivo femenino
Instrumento en forma de palita con que se llevan a la boca los alimentos líquidos. *Come la sopa con la cuchara.*

cuchichear (cu-chi-che-**ar**) verbo
Hablar en voz baja o al oído a alguien, de manera que los demás no se enteren. *Estaban cuchicheando algo, pero no pude entenderles.* **SIN.** Murmurar.

cuchilla (cu-**chi**-lla) sustantivo femenino
Hoja de acero que corta. *Acuérdate de comprar cuchillas de afeitar.*

cuchillo (cu-**chi**-llo) sustantivo masculino
Instrumento que sirve para cortar, formado por una hoja de acero y un mango. *Corta el queso con este cuchillo.*

cuclillas (cu-**cli**-llas)
en cuclillas expresión Postura de la persona agachada que se apoya sobre las puntas de los pies. *Se puso en cuclillas para hacer el ejercicio.*

cucurucho
(cu-cu-**ru**-cho) sustantivo masculino
1. Envase cónico, generalmente de papel o cartón. *Compramos un cucurucho de castañas.*
2. Barquillo enrollado en forma cónica sobre el que se pone una bola de helado. *Quiero un cucurucho de nata y chocolate.*

cuello (**cue**-llo) sustantivo masculino
1. Parte del cuerpo que une la cabeza con el tronco. *Tenía un tirón en el cuello.* **SIN.** Pescuezo.
2. La parte de una prenda de vestir que está alrededor del cuello o que lo cubre. *El abrigo tiene cuello de piel.*

cuenca (**cuen**-ca) sustantivo femenino
1. Cada una de las dos cavidades en que están los ojos. *Las calaveras tienen las cuencas vacías.*
2. Territorio cuyas aguas afluyen todas al mismo río, lago o mar. *Recorrí la cuenca del Duero.*

cuenco (**cuen**-co) sustantivo masculino
Vasija de barro sin asas. *Desayuno un cuenco de leche.*

cuenta (**cuen**-ta) sustantivo femenino
1. Cálculo aritmético. *Haz la cuenta de las sillas que hay.*
2. Papel que indica la cantidad que hay que pagar por algo. *Acabó de comer y pidió la cuenta.* **SIN.** Factura, recibo, minuta.
3. Cada una de las bolitas que componen un rosario, collar, etc. *Se rompió el collar y todas las cuentas rodaron por el suelo.*
4. Cuidado, cargo. *Esos gastos van a cuenta de la empresa.*
5. cuenta corriente expresión Depósito en un banco o caja de ahorros, en el que se ingresa y saca el dinero según se necesite. *Saca 200 euros de la cuenta corriente.*

cuentagotas
(cuen-ta-**go**-tas) sustantivo masculino
Utensilio que sirve para contar un líquido gota a gota. *Le echó el colirio con un cuentagotas.*
✎ Es igual en plural y en singular.

cuento (**cuen**-to) sustantivo masculino
1. Relato de breve extensión, generalmente de ficción. *Me encantan los cuentos de hadas.*
2. Suceso falso o inventado para ocultar la verdad. *No me cuentes cuentos, que ya sé que llegaste tarde.* **SIN.** Mentira, embuste.

cuerda (**cuer**-da) sustantivo femenino
1. Conjunto de hilos que, trenzados, forman un solo filamento más grueso, que sirve para atar algo. *Ata la caja con esa cuerda.*
2. Hilo que se emplea en algunos instrumentos musicales. *La guitarra es un instrumento de cuerda.*
3. Dispositivo que hace funcionar un mecanismo. *Dale cuerda al reloj.*

4. cuerdas vocales expresión Las que se encuentran en el interior de la garganta y vibran al hablar. *No podía cantar porque tenía dañadas las cuerdas vocales.*

cuerdo, cuerda

(**cuer**-do) adjetivo y sustantivo

1. Se dice de la persona que está en su juicio. *Decía que no se encontraba cuerdo cuando hizo aquello.* **SIN.** Cabal. **ANT.** Loco.

2. Se dice de la persona prudente, que reflexiona antes de decidir. *Me fío de sus determinaciones, porque es muy cuerdo.* **SIN.** Juicioso, sensato.

cuerno (**cuer**-no) sustantivo masculino

1. Pieza de hueso en forma puntiaguda que tienen algunos animales en la cabeza. *El toro tiene cuernos.* **SIN.** Asta.

2. Antena de ciertos animales. *El caracol sacó sus cuernos.*

3. Instrumento musical de viento con forma parecida a la de un cuerno. *Sabe tocar el cuerno.*

cuero (**cue**-ro) sustantivo masculino

Piel de los animales, principalmente cuando está curtida. *Llevaba una cazadora de cuero.*

cuerpo (**cuer**-po) sustantivo masculino

1. Parte material de un ser vivo. *La fiebre hace que le duela todo el cuerpo.*

2. Cosa u objeto material que se puede ver y tocar. *Los cuerpos pueden encontrarse en estado sólido, líquido o gaseoso.*

3. Conjunto de personas que constituyen una corporación. *Ingresó en el cuerpo de bomberos.*

cuesta (**cues**-ta) sustantivo femenino

1. Terreno en pendiente. *Esa cuesta fatiga mucho.*

2. a cuestas expresión Sobre los hombros o la espalda. *Bajó el monte con el herido a cuestas.*

cuestión (cues-**tión**) sustantivo femenino

1. Pregunta que se hace para averiguar la verdad de una cosa. *Sé la respuesta a esa cuestión.* **SIN.** Problema.

2. Asunto, materia. *Se plantearon tres cuestiones fundamentales.*

cuestionario

(cues-tio-**na**-rio) sustantivo masculino

Lista de preguntas. *El examen consiste en un cuestionario de tipo test.*

cueva (**cue**-va) sustantivo femenino

Cavidad subterránea natural o artificial. *La cueva era famosa por sus pinturas rupestres.* **SIN.** Gruta.

cuidado (cui-**da**-do) sustantivo masculino

1. Atención para hacer bien alguna cosa. *Pon mucho cuidado con el guiso si no quieres que se te queme.* **SIN.** Esmero, interés.

2. Atención que se ha de poner al hacer una cosa arriesgada. *Sube con cuidado, puedes caerte.* **SIN.** Precaución. **ANT.** Descuido.

cuidar (cui-**dar**) verbo

1. Poner atención en hacer una cosa. *Cuida mucho la presentación de sus trabajos.* **SIN.** Aplicarse, esmerarse, mimar.

2. Ayudar y atender a alguien, estar pendiente de él. *Cuidó a su hermano cuando estuvo enfermo.*

3. Guardar o conservar algo. *Cuida la ropa para que no se estropee.*

4. cuidarse Preocuparse uno de su salud. *Se conserva joven porque se cuida mucho.*

culebra (cu-**le**-bra) sustantivo femenino

Reptil sin patas, de cuerpo cilíndrico y largo, con cabeza aplastada y piel escamosa. *La culebra cambia su piel cada cierto tiempo.*

culo (**cu**-lo) sustantivo masculino

1. Parte trasera de una persona o animal, situada al final de la espalda.

Le dio un azote en el culo. **SIN.** Trasero, nalgas.

2. Extremo inferior o posterior de una cosa. *Hay un poco de leche en el culo del vaso.*

culpa (cul-pa) sustantivo femenino

1. Atribución a alguien o algo de alguna acción o circunstancia negativas. *Yo tengo la culpa de haber roto el cristal.* **SIN.** Delito, infracción.

2. Responsabilidad o causa de que suceda algo bueno o malo, aunque haya sido sin querer. *La culpa del accidente la tuvo el mal tiempo. No tuve la culpa del robo.*

culpar (cul-par) verbo

Echar la culpa a alguien o pensar que la tiene uno. *Le culparon de haber provocado el accidente por su imprudencia.* **SIN.** Acusar(se), achacar(se). **ANT.** Excusar(se).

cultivar (cul-ti-var) verbo

1. Dedicar a la tierra y a las plantas las labores necesarias para que den su fruto. *Mi abuelo cultivaba muchas hortalizas en su huerta.* **SIN.** Arar, labrar, laborar.

2. Poner todos los medios para mantener una amistad, trato, etc. *Cultivamos unas buenas relaciones comerciales que no hay que perder.* **SIN.** Cuidar, conservar, estrechar. **ANT.** Perder.

3. Dedicarse a alguna ciencia, arte o practicar una afición. *Einstein cultivó la física.*

cultivo (cul-ti-vo) sustantivo masculino

1. Acción de cultivar. *Se dedica al cultivo de coles.*

2. Cosa cultivada. *El trigo es el principal cultivo de esa región.*

culto, culta (cul-to) adjetivo

1. Se dice de la persona que posee cultura. *Es una persona muy culta, puedes hablar con ella de cualquier tema.*

SIN. Educado, instruido. **ANT.** Bárbaro, zafio.

2. Se dice del lenguaje muy elaborado o técnico. *Me costó mucho entender ese capítulo porque tenía un estilo muy culto y difícil.*

3. sustantivo masculino Adoración que las personas hacen a Dios o las cosas que consideran sagradas. *Los fieles rendían culto a Dios.*

4. sustantivo masculino Admiración que se siente por ciertos sentimientos, cosas, etc. *Hoy en día está muy de moda el culto al cuerpo.*

cultura (cul-tu-ra) sustantivo femenino

1. Conjunto de conocimientos de una persona. *Ha leído muchísimo, por eso tiene tanta cultura.* **SIN.** Instrucción, ilustración.

2. Conjunto de conocimientos, costumbres, producción literaria, científica, etc. de una época. *En España hay muchos restos de la cultura romana.*

culturismo (cul-tu-ris-mo) sustantivo masculino

Desarrollo de los músculos del cuerpo mediante gimnasia, pesas, etc. *Mi hermana se dedica al culturismo.*

cumbre (cum-bre) sustantivo femenino

1. Parte superior de un monte. *Subimos a la cumbre del Teide.* **SIN.** Cima, cúspide, cresta.

2. Grado más alto a que puede llegar una persona o cosa. *Estaba en la cumbre de su carrera.* **SIN.** Culminación, apogeo.

cumpleaños (cum-ple-a-ños) sustantivo masculino

Aniversario del nacimiento de una persona. *Invitó a sus amigos para celebrar su cumpleaños.*

✎ Es igual en plural y en singular.

cumplido (cum-pli-do) sustantivo masculino

Muestra de cortesía. *Recibió a sus invitados con muchos cumplidos.*

cumplir (cum-**plir**) verbo

1. Realizar un deber, una orden, un encargo, un deseo, una promesa. *Cumplí la fecha de entrega del trabajo que me encargaron.* **SIN.** Ejecutar. **ANT.** Incumplir.

2. Llegar a tener una edad que se indica. *Hoy cumplo 30 años.*

3. cumplirse Ser el tiempo o el día en que termina una obligación, plazo o labor. *El plazo de inscripción se cumple mañana.* **SIN.** Concluir. **ANT.** Prorrogarse.

cuna (**cu**-na) sustantivo femenino

1. Cama para niños, con bordes altos. *Su madre le mecía la cuna para que se durmiera.*

2. Patria o lugar de nacimiento de alguien. *Su cuna argentina está siempre presente en sus obras.*

3. Origen de una cosa. *Aquella pequeña región fue la cuna de la revolución.* **SIN.** Inicio, principio.

cundir (cun-**dir**) verbo

1. Dar mucho de sí una cosa. *Le cunde mucho el tiempo.* **SIN.** Reproducirse, rendir, lucir.

2. Propagarse una cosa con rapidez. *La noticia cundió por toda la ciudad.* **SIN.** Divulgarse.

cuneta (cu-**ne**-ta) sustantivo femenino

Zanja que hay a cada uno de los lados de un camino o carretera, por donde corre el agua de lluvia. *Se cayó a la cuneta.*

cuña (**cu**-ña) sustantivo femenino

Pieza de madera o metal que sirve para separar dos cuerpos o para llenar algún hueco. *Puso una cuña en las ruedas traseras del coche para que no se moviera.*

cuñado, cuñada (cu-**ña**-do) sustantivo

1. Hermano del cónyuge, o cónyuge del hermano. *Estos son mi hermana, mi cuñado y mis sobrinos.*

2. En hispanoamérica, forma cariñosa de dirigirse a los amigos. *Te aprecio desde que éramos pequeños, cuñado.*

cuota (**cuo**-ta) sustantivo femenino

Cantidad fija que se paga por ser socio de un club, sociedad, etc. *Cada tres meses hay que pagar la cuota de la piscina.*

cupón (cu-**pón**) sustantivo masculino

Cada parte recortable de un vale, talonario, etc, que da derecho a la persona que lo compra a participar en un sorteo, beneficio, etc. *Me regaló un cupón de lotería.*

cúpula (**cú**-pu-la) sustantivo femenino

Tejado de un edificio en forma de media esfera. *Nos gustó mucho la cúpula del Vaticano.*

cura (**cu**-ra) sustantivo masculino

1. Sacerdote católico, principalmente el encargado de una parroquia. *Fueron a hablar con el cura para arreglar los papeles para la boda.*

2. sustantivo femenino Acción de curar una herida. *Le tuvieron que hacer varias curas porque los puntos de la herida se le infectaron.*

curandero, curandera (cu-ran-**de**-ro) sustantivo

Persona que, sin ser médico, se dedica a curar mediante procedimientos naturales. *Ese curandero únicamente utiliza medicinas elaboradas a base de plantas.*

curar (cu-**rar**) verbo

1. Recobrar la salud. *Se curó con unas cuantas semanas de reposo.* **SIN.** Restablecer(se), reanimar(se). **ANT.** Enfermar, desmejorar(se).

2. Dar al enfermo los remedios necesarios. *Me curaron en el hospital.* **SIN.** Atender, cuidar.

3. Preparar un alimento de forma adecuada para que se conserve durante mucho tiempo. *Curan la cecina y el jamón al humo.* **SIN.** Conservar, salar, secar.

curiosidad (cu-rio-si-**dad**) sustantivo femenino
Deseo de saber o averiguar alguna cosa. *Tenía curiosidad por saber cómo funcionaba aquel aparato.* **ANT.** Indiferencia.

curioso, curiosa (cu-**rio**-so) adjetivo
1. Se dice de la persona que tiene curiosidad por saber o enterarse de algo. *No seas tan curioso, esto no es asunto tuyo.* **SIN.** Indiscreto, entrometido.
2. Limpio y aseado. *Es un chico muy curioso, siempre tiene todas sus cosas muy ordenadas.* **SIN.** Cuidadoso. **ANT.** Descuidado.
3. Interesante, que llama la atención. *El comportamiento de estas plantas es realmente curioso.* **SIN.** Raro, extraño. **ANT.** Anodino.

cursi (**cur**-si) adjetivo
Se dice de la persona o cosa que sin serlo, pretende pasar por fina y elegante. *Es tan cursi que sus amigos se ríen de él.* **SIN.** Ridículo, afectado, recargado.

cursillo (cur-si-llo) sustantivo masculino
Curso breve sobre una materia. *Después de acabar la carrera, se ha dedicado a hacer varios cursillos.*

curso (**cur**-so) sustantivo masculino
1. Tiempo que dura un año escolar. *Estamos haciendo los exámenes finales del curso.*
2. Recorrido de algo que se mueve. *El curso de este río tiene muchas curvas, es sinuoso.* **SIN.** Cauce, trayectoria.

cursor (**cur**-sor) sustantivo masculino
Señal móvil que se desplaza por la pantalla del ordenador o computadora. *Coloca el cursor donde quieras añadir texto.*

curtir (cur-**tir**) verbo
1. Trabajar las pieles para hacerlas cuero. *Vendió varias pieles de oveja para curtir.*
2. Tostar el sol y el aire la piel de las personas. *Le curte el aire de la montaña.* **SIN.** Broncear(se).

curva (**cur**-va) sustantivo femenino
Línea o trayecto que no sigue la misma dirección y no forma ángulos. *El coche se salió de la carretera en una curva.* **SIN.** Arco. **ANT.** Recta.

curvilíneo, curvilínea
(cur-vi-**lí**-ne-o) adjetivo
Compuesto de líneas curvas. *Es una carretera muy curvilínea.*

curvo, curva
(**cur**-vo) adjetivo y sustantivo femenino
Se dice de la línea que se aparta de la dirección recta sin formar ángulos y de lo que tiene esa forma. *Una hoz tiene forma curva.* **SIN.** Arqueado. **ANT.** Recto.

cúspide (**cús**-pi-de) sustantivo femenino
1. Cumbre de un monte. *La cúspide del monte estaba nevada.* **SIN.** Cima.
2. Remate de alguna cosa que termina en punta. *Hay una cruz en la cúspide de la cúpula.*

custodiar (cus-to-**diar**) verbo
Guardar con cuidado y vigilancia. *Los soldados custodiaban al preso.* **SIN.** Escoltar, proteger. **ANT.** Descuidar, desamparar.
✎ Se conjuga como *cambiar*.

cutis (**cu**-tis) sustantivo masculino
Piel que cubre el cuerpo humano, principalmente la de la cara. *Mi hermana tiene un cutis muy fino.* **SIN.** Dermis, piel.
✎ Es igual en plural y en singular.

cuyo, cuya (cu-yo) pronombre y adjetivo relativo
Indica posesión y equivale a *de quien.* *La casa cuyo jardín contemplas pertenece a mi familia.*

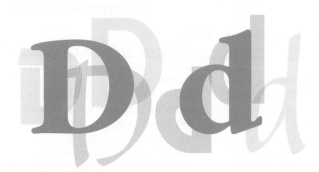

d sustantivo femenino

1. Cuarta letra del abecedario español y tercera de sus consonantes. Su nombre es *de*. Dar *empieza por* d.

2. Letra numeral romana, que expresa el valor del número quinientos.

dado

(**da**-do) sustantivo masculino

Cubo en cuyas caras van marcados puntos desde uno hasta seis, y que sirve para varios juegos. *Mete el dado en el cubilete y tira.*

daga (**da**-ga) sustantivo femenino

Arma parecida a la espada, pero mucho más corta. *Se mató clavándose una daga.*

dálmata

(**dál**-ma-ta) adjetivo y sustantivo masculino

Se dice de una raza de perros de pelaje blanco con pequeñas manchas negras o pardas. *Le regalaron una pareja de perros dálmatas.*

daltonismo

(dal-to-**nis**-mo) sustantivo masculino

Problema de la visión que impide distinguir y percibir algunos colores. *Mi hermano no distingue el rojo y el verde porque padece daltonismo.*

dama (**da**-ma) sustantivo femenino

1. Mujer noble o distinguida. *Cortejaba a una dama muy importante.*

2. En el juego de ajedrez, reina. *Me comió la dama.*

damnificar (dam-ni-fi-**car**) verbo

Causar daño a una persona o cosa. *Las inundaciones damnificaron a los agricultores.* **SIN.** Dañar, perjudicar. **ANT.** Mejorar, beneficiar.

✎ Se conjuga como *abarcar*.

danza (**dan**-za) sustantivo femenino

1. Baile. *Aprendo danza.* **SIN.** *Ballet.*

2. estar en danza expresión Tener mucha actividad. *Está siempre en danza, con mucho que hacer.*

danzar (dan-**zar**) verbo

1. Bailar, moverse al ritmo de la música. *Los bailarines danzaban.*

2. Ir de un lado para otro. *Anduvo toda la tarde danzando y al final no estudió nada.* **SIN.** Bullir, enredar.

✎ Se conjuga como *abrazar*.

dañar (dan-**ñar**) verbo

Causar un dolor, perjuicio, mal, etc. *La tormenta dañó los árboles de la huerta.* **SIN.** Perjudicar(se), deteriorar(se). **ANT.** Beneficiar(se), reparar.

daño (**da**-ño) sustantivo masculino

1. Perjuicio, mal. *Su actitud no me ocasionó ningún daño.* **ANT.** Bien, mejora, beneficio.

2. Dolor. *Se hizo daño en el pie.*

dar verbo

1. Poner algo en manos de alguien sin recibir nada a cambio. *Dio su fortuna a los pobres.* **SIN.** Ceder, regalar, donar. **ANT.** Quitar, arrebatar.

2. Entregar algo. *El cartero nos dio la carta.* **SIN.** Pasar.

3. Conceder, otorgar. *Le dieron el cargo de director.* **SIN.** Facilitar, proporcionar, aportar. **ANT.** Suspender, cesar, negar.

4. Producir. *La encina da bellotas.*

5. Impartir una clase, conferencia, charla, etc. *Daré una conferencia sobre Pérez Galdós.*

6. Accionar algo. *Da la luz, no veo nada.* **SIN.** Activar, encender. **ANT.** Cortar, cerrar, apagar.

7. Indicar el reloj mediante campanadas o sonidos la hora que es. *El reloj dio las diez.*

8. Con *tanto, igual, mismo,* o palabras similares, carecer de importancia una cosa. *Ganar o perder, lo mismo da.*

9. Estar situado algo en una determinada dirección. *Esta habitación da a la zona norte.* **SIN.** Mirar.

10. Ser bastante. *Estas provisiones dan para todo el mes.* **SIN.** Bastar. **ANT.** Faltar.

11. darse Suceder. *Se dieron circunstancias propicias.* **SIN.** Acontecer, acaecer.

12. darse Tener facilidad para aprender o hacer algo. *Se le da bien la natación.* **ANT.** Resistirse.

13. dar de sí expresión Extenderse, cundir. *Ya no doy de sí de cansancio.*

14. dar que hacer expresión Ocasionar molestias. *No me prepares la cena, que no quiero darte que hacer.*

15. darse por vencido expresión Desistir. *A pesar de ir el último, no se dio por vencido y ganó la carrera.*

16. no dar ni una expresión Fallar continuamente. *Esta tarde no estoy dando ni una; no hago más que confundirme.*

✎ Verbo irregular. Ver pág. 264.

dardo (dar-do) sustantivo masculino

1. Arma parecida a una lanza pequeña y delgada, que se tira con la mano. *Apunta al centro de la diana y lanza el dardo.*

2. Palabras hirientes y molestas. *Trataba de picarle con sus continuos dardos.* **SIN.** Puya.

dátil (dá-til) sustantivo masculino

Fruto comestible de la palmera. *Me gustan mucho los dátiles.*

dato (da-to) sustantivo masculino

Detalle necesario para el conocimiento exacto de una cosa. *Nos proporcionó los datos que necesitábamos para la investigación.*

de preposición

1. Indica posesión o pertenencia. *El libro de mi hermana.*

2. Manifiesta el origen o la procedencia de las cosas o las personas. *Vino de Rioja. Es de León.*

3. Indica la materia de que está hecha una cosa. *Una blusa de gasa.*

4. Indica lo contenido en una cosa, y también el tema de que se trata. *Una botella de agua. Estoy leyendo un libro de historia.*

5. Indica la causa de algo. *Estaba tiritando de frío.*

6. Expresa las cualidades de personas o cosas. *Mujer de carácter.*

7. Desde. *De dos a cuatro.*

debajo (de-ba-jo) adverbio

En lugar más inferior al que estamos o de otro que se indica. *Está debajo de la mesa.* **SIN.** Abajo, bajo. **ANT.** Arriba.

debate

(de-ba-te) sustantivo masculino

Diálogo en el que se discute de un tema. *Televisaron un debate entre los dos candidatos.* **SIN.** Discusión, disputa, controversia, polémica.

dar

MODO INDICATIVO		MODO SUBJUNTIVO	
Tiempos simples	Tiempos compuestos	Tiempos simples	Tiempos compuestos

Presente	**Pret. perf. compuesto** / **Antepresente**	**Presente**	**Pret. perf. compuesto** / **Antepresente**
doy	he dado	dé	haya dado
das	has dado	des	hayas dado
da	ha dado	dé	haya dado
damos	hemos dado	demos	hayamos dado
dais / dan	habéis dado	deis / den	hayáis dado
dan	han dado	den	hayan dado

Pret. imperfecto / **Copretérito**	**Pret. pluscuamperfecto** / **Antecopretérito**	**Pret. imperfecto** / **Pretérito**	**Pret. pluscuamperfecto** / **Antepretérito**
		diera o	hubiera o
daba	había dado	diese	hubiese dado
dabas	habías dado	dieras o	hubieras o
daba	había dado	dieses	hubieses dado
dábamos	habíamos dado	diera o	hubiera o
dabais / daban	habíais dado	diese	hubiese dado
daban	habían dado	diéramos o	hubiéramos o
		diésemos	hubiésemos dado
		dierais o	hubierais o
Pret. perf. simple / **Pretérito**	**Pret. anterior** / **Antepretérito**	dieseis / dieran o	hubieseis dado
		diesen	hubieran o
di	hube dado	dieran o	hubiesen dado
diste	hubiste dado	diesen	
dio	hubo dado		
dimos	hubimos dado	**Futuro simple** / **Futuro**	**Futuro compuesto** / **Antefuturo**
disteis / dieron	hubisteis dado		
dieron	hubieron dado	diere	hubiere dado
		dieres	hubieres dado
		diere	hubiere dado
Futuro simple / **Futuro**	**Futuro compuesto** / **Antefuturo**	diéremos	hubiéremos dado
		diereis / dieren	hubiereis dado
daré	habré dado	dieren	hubieren dado
darás	habrás dado		
dará	habrá dado	**MODO IMPERATIVO**	
daremos	habremos dado		
daréis / darán	habréis dado	da (tú / vos) / dé (usted)	
darán	habrán dado	dad (vosotros)	
		den (ustedes)	

Condicional simple / **Pospretérito**	**Condicional compuesto** / **Antepospretérito**	**FORMAS NO PERSONALES**	
		Infinitivo	**Infinitivo compuesto**
daría	habría dado	dar	haber dado
darías	habrías dado		
daría	habría dado	**Gerundio**	**Gerundio compuesto**
daríamos	habríamos dado	dando	habiendo dado
daríais / darían	habríais dado		
darían	habrían dado	**Participio**	
		dado	

debatir (de-ba-**tir**) verbo
1. Discutir con razones alguna cosa. *Debatieron el tema de la reforma de la enseñanza.*
2. debatirse Pelear, forcejear. *Se debatió con mucha fuerza para no dejarse atrapar.*

deber (de-**ber**) sustantivo masculino
1. Cosa que hay que hacer. *Tenemos el deber de mantener limpia la ciudad.* **SIN.** Obligación, responsabilidad. **ANT.** Derecho.
2. sustantivo masculino plural Tareas escolares para realizar en casa. *Después de merendar se puso a hacer los deberes.*
3. verbo Tener obligación de hacer algo. *Debes estudiar para aprender.* **SIN.** Haber de.
4. verbo Tener obligación de pagar, devolver o dar dinero, una carta, una respuesta, etc. *Me debía mucho dinero, pero ya me lo ha devuelto.* **SIN.** Adeudar.
5. deber de expresión Expresa que quizás ha sucedido, sucede o sucederá algo. *Debe de hacer frío, todo el mundo va muy abrigado.*
✎ También se puede manifestar la probabilidad con *deber* solamente.

debilidad (de-bi-li-**dad**) sustantivo femenino
1. Falta de fuerza física o de personalidad. *Su debilidad de carácter hacía que tratasen de aprovecharse de ella.* **SIN.** Desfallecimiento, flojera. **ANT.** Energía.
2. Cariño especial por una persona. *Sentía gran debilidad por su hermano.*

debilitar (de-bi-li-**tar**) verbo
Disminuir la fuerza, el vigor o el poder de una persona o cosa. *La enfermedad le debilitó mucho.* **SIN.** Cansar(se). **ANT.** Fortalecer(se).

debut (de-**but**) sustantivo masculino
Estreno, primera actuación en público de un artista, compañía, etc. *Era su debut en España.*
✎ Su plural es *debuts*.

década (**dé**-ca-da) sustantivo femenino
Período de diez días o de diez años. *Los Beatles estuvieron de moda en la década de los sesenta.*

decadencia (de-ca-**den**-cia) sustantivo femenino
Primeras manifestaciones de debilidad o de ruina. *Los pueblos bárbaros aprovecharon la decadencia de Roma.* **SIN.** Declive, descenso, ocaso. **ANT.** Apogeo.

decaer (de-ca-**er**) verbo
Ir a menos. *Su importancia en el grupo había decaído mucho en los últimos meses.* **SIN.** Declinar. **ANT.** Aumentar, crecer.
✎ Verbo irregular, se conjuga como *caer*.

decaído, decaída (de-ca-**í**-do) adjetivo
Desalentado, deprimido. *Se encuentra muy decaído porque todas las cosas le salen mal.* **SIN.** Desanimado. **ANT.** Animado.

decano, decana (de-**ca**-no) sustantivo
1. Miembro más antiguo de una comunidad, cuerpo, junta, etc. *Mi padre es el decano de la corporación municipal.*
2. Persona que dirige una facultad universitaria. *Entrevistaron al decano de la Facultad de Derecho.*

decapitar (de-ca-pi-**tar**) verbo
Cortar la cabeza. *Decapitaron a su abuelo durante la revolución.*

decena (de-**ce**-na) sustantivo femenino
Conjunto de diez unidades. *Tiene más de una decena de camisas.*

decencia (de-**cen**-cia) sustantivo femenino
1. Limpieza y arreglo de una persona o cosa. *No tiene la casa con grandes lujos, pero sí con mucha decencia.*

2. Respeto, sentido de la vergüenza. *No tiene decencia, mira que salir diciendo esas cosas en público...*

decenio (de-**ce**-nio) sustantivo masculino
Período de diez años. *Fue elegido presidente para un decenio.*

decente (de-**cen**-te) adjetivo
1. Honesto, que obra de acuerdo con las buenas costumbres. *Es una persona muy decente, nunca arma ningún escándalo.*
2. Razonablemente confortable o satisfactorio. *Nos ha hecho un precio decente.*

decepcionar (de-cep-cio-**nar**) verbo
1. Desilusionar, defraudar. *Me decepcionó tu conducta.* **SIN.** Desengañar, frustrar. **ANT.** Ilusionar.
2. decepcionarse Desilusionarse alguien por no haber logrado lo que esperaba. *Se decepcionó porque no pasó al segundo examen.*

decibelio (de-ci-**be**-lio) sustantivo masculino
Unidad para comparar los niveles de intensidad de los sonidos. *El Ayuntamiento midió los decibelios de la música del bar y lo cerró porque el ruido molestaba a los vecinos.*

decidido, decidida
(de-ci-**di**-do) adjetivo
Se dice de la persona que actúa teniendo seguridad en sus decisiones. *Se aventuró a realizar ese proyecto porque es una persona muy decidida.* **SIN.** Resuelto, audaz, emprendedor. **ANT.** Indeciso.

decidir (de-ci-**dir**) verbo
Resolver una cosa que se dudaba. *Después de pensarlo mucho, decidí comprar un coche.* **SIN.** Determinar(se), optar por.

decimal (de-ci-**mal**) adjetivo
1. Se dice del sistema métrico de medidas cuyas unidades son múltiplos o divisores de diez con respecto a la principal de cada clase. *El metro y el gramo son unidades del sistema decimal.*
2. adjetivo y sustantivo masculino Se dice del número compuesto de una parte entera y de otra inferior, separadas por una coma, y de las cifras que aparecen detrás de la coma. *0,23 es un número decimal.*

décimo, décima (**dé**-ci-mo) numeral
1. Que ocupa el último lugar en una serie ordenada de diez (10). *Juan es el décimo participante.*
2. numeral y sustantivo masculino Se dice de cada una de las diez (10) partes iguales en que se divide un todo. *Yo hago la décima parte del trabajo.*
3. sustantivo masculino Décima parte del billete de lotería. *Compramos un décimo de lotería.*

decir (de-**cir**) verbo
1. Expresar las ideas con palabras. *Tengo que decirte lo que pienso.* **SIN.** Hablar, comunicar, explicar, indicar. **ANT.** Callar, ocultar.
2. Sostener una opinión. *Digo que es verdad.* **SIN.** Afirmar, subrayar, recalcar, asegurar.
3. Dar muestras de una cosa. *Eso dice muy poco a su favor.* **SIN.** Denotar, representar.
4. sustantivo masculino Dicho, palabra. *Eso es solo un decir.* **SIN.** Frase, sentencia.
✎ Verbo irregular. Ver pág. 267. Su participio es *dicho*.

decisión (de-ci-**sión**) sustantivo femenino
1. Resolución sobre algo dudoso o que se discute. *Se tomó la decisión de suspender la reunión.*
2. Firmeza de carácter. *Tiene mucha iniciativa y decisión para luchar por lo que cree justo.* **SIN.** Valentía, audacia. **ANT.** Inseguridad.

decir

MODO INDICATIVO		MODO SUBJUNTIVO	
Tiempos simples	Tiempos compuestos	Tiempos simples	Tiempos compuestos

Presente	**Pret. perf. compuesto / Antepresente**	**Presente**	**Pret. perf. compuesto / Antepresente**
digo	he dicho	diga	haya dicho
dices / decís	has dicho	digas	hayas dicho
dice	ha dicho	diga	haya dicho
decimos	hemos dicho	digamos	hayamos dicho
decís / dicen	habéis dicho	digáis / digan	hayáis dicho
dicen	han dicho	digan	hayan dicho

Pret. imperfecto / Copretérito	**Pret. pluscuamperfecto / Antecopretérito**	**Pret. imperfecto / Pretérito**	**Pret. pluscuamperfecto / Antepretérito**
decía	había dicho	dijera o dijese	hubiera o hubiese dicho
decías	habías dicho	dijeras o dijeses	hubieras o hubieses dicho
decía	había dicho	dijera o dijese	hubiera o hubiese dicho
decíamos	habíamos dicho	dijéramos o dijésemos	hubiéramos o hubiésemos dicho
decíais / decían	habíais dicho	dijerais o dijeseis / dijeran o dijesen	hubierais o hubieseis dicho
decían	habían dicho	dijeran o dijesen	hubieran o hubiesen dicho

Pret. perf. simple / Pretérito	**Pret. anterior / Antepretérito**		
dije	hube dicho		
dijiste	hubiste dicho		
dijo	hubo dicho		
dijimos	hubimos dicho		
dijisteis / dijeron	hubisteis dicho	**Futuro simple / Futuro**	**Futuro compuesto / Antefuturo**
dijeron	hubieron dicho	dijere	hubiere dicho
		dijeres	hubieres dicho
		dijere	hubiere dicho
Futuro simple / Futuro	**Futuro compuesto / Antefuturo**	dijéremos	hubiéremos dicho
diré	habré dicho	dijereis / dijeren	hubiereis dicho
dirás	habrás dicho	dijeren	hubieren dicho
dirá	habrá dicho		
diremos	habremos dicho	**MODO IMPERATIVO**	
diréis / dirán	habréis dicho		
dirán	habrán dicho	di (tú) / decí (vos) / diga (usted) decid (vosotros) digan (ustedes)	

Condicional simple / Pospretérito	**Condicional compuesto / Antepospretérito**	**FORMAS NO PERSONALES**	
		Infinitivo decir	**Infinitivo compuesto** haber dicho
diría	habría dicho		
dirías	habrías dicho		
diría	habría dicho	**Gerundio** diciendo	**Gerundio compuesto** habiendo dicho
diríamos	habríamos dicho		
diríais / dirían	habríais dicho	**Participio** dicho	
dirían	habrían dicho		

declamar (de-cla-**mar**) verbo

Hablar o recitar con la entonación y los gestos convenientes. *Declamó una poesía en la reunión del grupo de teatro.*

declarar (de-cla-**rar**) verbo

1. Decir algo que se sabe acerca de un asunto y que estaba oculto, en especial los testigos delante del juez. *Declaró que también había tomado parte en el robo.* **SIN.** Exponer, revelar, descubrir. **ANT.** Ocultar, callar.

2. Dar a conocer lo relativo al pago de impuestos. *Tienes que declarar tus ingresos y tus posesiones.*

3. declararse Manifestar una persona su amor por otra. *Se le declaró el día de los enamorados.*

decolorar (de-co-lo-**rar**) verbo

Quitar o disminuir el color. *La blusa del escaparate se decoloró porque le dio el sol.* **SIN.** Desteñir(se).

decoración

(de-co-ra-**ción**) sustantivo femenino

1. Acción de decorar. *No me gusta nada la decoración del salón.* **SIN.** Interiorismo, adorno.

2. En el teatro, conjunto de telones y objetos con que se representa el ambiente de la escena. *La decoración del escenario era muy original.*

decorar (de-co-**rar**) verbo

Adornar una cosa o lugar. *Decoró el árbol de Navidad con luces de colores.* **SIN.** Aderezar, engalanar, ornar.

decrépito, decrépita

(de-**cré**-pi-to) adjetivo y sustantivo

Se aplica a la edad muy avanzada, a la persona que tiene muy menguadas sus facultades y a las cosas que han llegado a su máxima decadencia. *El pobre anciano está un poco decrépito debido a su enfermedad.* **SIN.** Vetusto, senil. **ANT.** Joven, lozano.

dedal (de-**dal**) sustantivo masculino

Utensilio de costura que se pone en el dedo y sirve para empujar la aguja sin pincharse. *No me acostumbro a coser con dedal.*

dedicar (de-di-**car**) verbo

1. Destinar una cosa a un fin. *Dedica mucho tiempo a esquiar.* **SIN.** Emplear, aplicar, disponer.

2. Destinar una cosa, como un libro, una canción, etc., a una persona. *Dedicó el poema a su profesor.* **SIN.** Ofrecer, brindar.

3. dedicarse Trabajar en algo. *Se dedica a la restauración de edificios antiguos.* **SIN.** Ocuparse.

✎ Se conjuga como *abarcar*.

dedicatoria

(de-di-ca-**to**-ria) sustantivo femenino

Carta o nota dirigida a la persona a quien se dedica algo. *Le envió un ramo de flores con una dedicatoria.*

dedo (de-do) sustantivo masculino

1. Cada una de las cinco partes en que terminan la mano y el pie del ser humano y de muchos animales. *Tenía dedos ágiles por tocar el piano.*

2. Porción de una cosa, del ancho de un dedo. *Echa dos dedos de aceite aproximadamente.*

3. a dedo expresión De forma injusta. *Le dieron el ascenso a dedo, por ser el hijo del jefe.*

deducir

(de-du-**cir**) verbo

1. Sacar consecuencias de datos o hechos anteriores. *Deduzco que es Navidad, porque los árboles están iluminados con luces de colores.* **SIN.** Concluir, derivar, inferir.

2. Descontar una parte de una cantidad. *Si del total deducimos la mitad, nos queda la otra mitad.* **SIN.** Restar. **ANT.** Sumar, añadir.

✎ Verbo irregular, se conjuga como *conducir*.

defectivo (de-fec-**ti**-vo) adjetivo
Se dice del verbo que no se conjuga en todos los tiempos. *Arrecir es un verbo defectivo.*

defecto (de-fec-to) sustantivo masculino
Imperfección, falta de cualidades de algo o alguien. *Esa chaqueta tiene un pequeño defecto, por eso me costó más barata.* **SIN.** Tacha, deficiencia.

defectuoso, defectuosa
(de-fec-**tuo**-so) adjetivo
Que está mal hecho o incompleto. *El plano es defectuoso porque las medidas no son exactas.* **SIN.** Deficiente. **ANT.** Perfecto.

defender (de-fen-**der**) verbo
1. Dar amparo y protección. *Debemos defender la naturaleza y los animales.* **SIN.** Proteger, preservar(se). **ANT.** Atacar, abandonar.
2. Sostener una cosa contra la opinión de otro. *Defendía su inocencia aunque nadie le creía.*
✎ Verbo irregular, se conjuga como *entender*.

defensa (de-fen-sa) sustantivo femenino
1. Ayuda, protección. *La base de su trabajo es la defensa de la naturaleza.* **SIN.** Amparo, custodia.
2. Abogado defensor y conjunto de razones que da en un juicio para excusar al acusado. *La defensa tiene la palabra.*
3. Sistema natural que tienen los seres vivos para protegerse. *El erizo usa sus pinchos como defensa.*
4. En el fútbol y otros deportes, jugadores que se encargan de proteger su portería. *Un fallo en la defensa provocó el gol.*

deficiente (de-fi-**cien**-te) adjetivo
1. Incompleto o mal hecho. *Tu trabajo era muy deficiente.*

2. deficiente mental expresión Persona que padece una enfermedad que disminuye su capacidad de pensar y razonar. *Mi hermano es deficiente mental y estudia en un centro especial.*

déficit (**dé**-fi-cit) sustantivo masculino
1. Diferencia entre los gastos y los ingresos, cuando hay más gastos. *La empresa tenía un déficit de varios millones cuando contrataron al nuevo director.* **ANT.** Superávit.
2. Falta o escasez de algo necesario. *Tuvieron que cerrar la escuela porque había déficit de alumnos.*
✎ El plural es *los déficits*.

definición (de-fi-ni-**ción**) sustantivo femenino
Explicación exacta y clara de una cosa, sobre todo la de las palabras que aparecen en un diccionario. *Voy a buscar en el diccionario la definición de esa palabra.*

definir (de-fi-**nir**) verbo
Fijar con exactitud o aclarar el significado o forma de ser de algo o de alguien. *Definió los detalles del caso con toda precisión.* **SIN.** Concretar, explicar.

definitivo, definitiva
(de-fi-ni-**ti**-vo) adjetivo
1. Que está hecho y terminado, y ya no admite cambios. *Se ha fijado la fecha definitiva para la boda.* **SIN.** Final. **ANT.** Provisional.
2. Se dice de aquello que es decisivo para algo. *La declaración del testigo fue definitiva para coger al ladrón.* **SIN.** Concluyente.
3. en definitiva expresión En conclusión. *Ese coche es caro, lento e incómodo, en definitiva, no voy a comprarlo.*

deformar (de-for-**mar**) verbo
1. Desfigurar una cosa. *Se le deformó el jersey por lavarlo en agua muy caliente.* **SIN.** Deteriorar(se).

2. Contar un hecho, una noticia, etc. alterando algún dato. *Deformó los hechos para causar más sensación.* **SIN.** Tergiversar.

deforme (de-**for**-me) adjetivo y sustantivo
Se dice de aquello que carece de proporción o de regularidad en la forma. *Esa escultura es deforme, no tiene proporción entre el alto y el ancho.* **SIN.** Disforme, desproporcionado. **ANT.** Perfecto.

defraudar (de-frau-**dar**) verbo
1. No pagar los impuestos que corresponden. *Defraudó dinero a Hacienda y le pillaron.*
2. Desaparecer la confianza que se tenía en alguien o algo. *Tu hermano me ha defraudado, ya no confío en él.* **SIN.** Desencantar.

defunción (de-fun-**ción**) sustantivo femenino
Muerte, fallecimiento de una persona. *El médico certificó la defunción del accidentado.* **SIN.** Óbito.

degollar (de-go-**llar**) verbo
Cortar la garganta o el cuello a una persona o animal. *No nos atrevíamos a degollar al pavo.*
✎ Verbo irregular, se conjuga como *contar*.

degradar (de-gra-**dar**) verbo
1. Quitar a una persona sus privilegios o categoría. *Degradaron a un general.* **SIN.** Postergar.
2. Causar humillación y vergüenza. *Se degradó él mismo actuando de una manera tan cruel.* **SIN.** Envilecer. **ANT.** Honrar.
3. Disminuir el tamaño o viveza del color de las figuras de un cuadro. *Degradó el fondo azul de la lámina para que se viera el dibujo.*

degustar (de-gus-**tar**) verbo
Probar un alimento o bebida. *Es muy golosa y le encanta degustar todos los postres.* **SIN.** Catar.

deidad (dei-**dad**) sustantivo femenino
Dios pagano. *Los romanos tenían muchas deidades.*

dejadez
(de-ja-**dez**) sustantivo femenino
Abandono de sí mismo o de sus cosas. *Su dejadez es preocupante, nada consigue animarla.* **SIN.** Descuido, desgana, pereza. **ANT.** Ánimo, gana.

dejar (de-**jar**) verbo
1. Poner una cosa en un sitio, en vez de llevarla consigo. *Dejé el abrigo en el armario.*
2. Permitir, autorizar. *¿No te dejan ir a la fiesta?* **ANT.** Impedir.
3. No ocuparse de alguien o algo. *Nunca deja a los niños.* **ANT.** Atender.
4. No terminar algo que se está haciendo. *He dejado el libro a la mitad.* **SIN.** Abandonar.
5. Ausentarse de un lugar. *Dejó Madrid durante unos meses.* **SIN.** Salir, faltar. **ANT.** Llegar, venir.
6. Dar una cosa a alguien el que hace testamento. *Dejó a sus hijos todos sus bienes.*
7. dejar atrás expresión Adelantar. *Echó a correr y pronto me dejó atrás.*
8. dejar caer expresión Insinuar algo. *Dejó caer que quería ir con nosotros.*

deje (de-je) sustantivo masculino
Acento, modo particular de hablar de una persona o de una región. *Tiene un deje andaluz muy marcado.* **SIN.** Tono, dejo.

del contracción
Unión de la preposición *de* y el artículo *el*. *Vengo del campo.*

delantal
(de-lan-**tal**) sustantivo masculino
Prenda de vestir que se ata a la cintura y se usa para proteger la ropa. *Ponte el delantal para cocinar.* **SIN.** Mandil.

delante (de-**lan**-te) adverbio
1. En un lugar anterior. *Él iba delante y yo detrás.*
2. Enfrente. *El quiosco está justo delante del instituto.*

delantero, delantera
(de-lan-**te**-ro) adjetivo
1. Que está o va delante. *Iba en la parte delantera del vehículo.* **SIN.** Anterior, primero, principal. **ANT.** Posterior, trasero.
2. sustantivo En algunos deportes, jugadores atacantes. *El delantero metió el gol de la victoria.*
3. sustantivo femenino Parte anterior de una cosa. *Se abolló la delantera del coche.* **SIN.** Frente.
4. sustantivo femenino Distancia con que uno se adelanta a otro en el camino. *El ganador sacó un metro de delantera al segundo clasificado.* **ANT.** Retraso.

delatar (de-la-**tar**) verbo
1. Denunciar al autor de un delito ante las autoridades. *Delató a los ladrones.* **SIN.** Acusar, descubrir, revelar. **ANT.** Encubrir.
2. **delatarse** Descubrirse uno mismo. *Se delató al intentar demostrar aquella falsa coartada.*

delegado, delegada
(de-le-**ga**-do) adjetivo y sustantivo
Se dice de la persona que representa a otras. *Fue elegido delegado de curso.* **SIN.** Representante.

delegar (de-le-**gar**) verbo
Dejar una persona que otra le represente. *El director de la empresa delegó sus funciones en el subdirector.*
✎ Se conjuga como *ahogar*.

deleitar (de-lei-**tar**) verbo
Producir o sentir agrado. *Deleitó a todos los asistentes con uno de sus poemas.* **SIN.** Embelesar(se), agradar. **ANT.** Desagradar.

deleite (de-**lei**-te) sustantivo masculino
Gusto, placer que se siente. *La puesta de sol le produjo un gran deleite.* **ANT.** Repugnancia.

deletrear (de-le-tre-**ar**) verbo
Pronunciar por separado cada una de las letras de una palabra. *Deletrea la palabra, por favor, no sé cómo se escribe.*

delfín (del-**fín**) sustantivo masculino
Animal marino que suele medir de dos a tres metros y que tiene la cabeza voluminosa y el hocico puntiagudo. *Fuimos al zoo a ver el espectáculo de los delfines.*

delgado, delgada (del-**ga**-do) adjetivo
1. Que tiene pocas carnes. *Desde que no come dulces está más delgado.* **SIN.** Flaco. **ANT.** Gordo.
2. De poco grosor. *La tarta lleva una delgada capa de chocolate por encima.* **SIN.** Fino, estrecho. **ANT.** Grueso, espeso, macizo.

deliberar (de-li-be-**rar**) verbo
1. Pensar en las ventajas y desventajas de algo antes de tomar una decisión. *Estuvo deliberando y al final decidió aceptar el cargo.* **SIN.** Meditar, examinar.
2. Discutir un asunto en una reunión para tomar una decisión. *Deliberaron durante varias horas.*

delicado, delicada (de-li-**ca**-do) adjetivo
1. Se dice de la persona que tiene gran sensibilidad y dulzura en el trato. *Siempre es muy delicado con los demás.* **SIN.** Tierno, amable. **ANT.** Tosco, áspero.
2. De poca salud. *Desde su última operación se encuentra muy delicada.* **SIN.** Débil, enfermizo, enclenque. **ANT.** Robusto, sano.
3. Se dice de las cosas suaves o frágiles. *Ten cuidado al limpiar la lámpara, ese cristal es muy delicado.* **SIN.** Quebradizo.
4. Difícil, que puede causar problemas. *Es un asunto muy delicado.*

delicia (de-**li**-cia) sustantivo femenino

Alegría o satisfacción muy grande. *Contemplar aquel paisaje era una delicia.* **SIN.** Goce, placer. **ANT.** Sufrimiento, molestia.

delicioso, deliciosa

(de-li-**cio**-so) adjetivo

Se dice de aquello que es muy agradable o que causa satisfacción. *Este pastel es delicioso.* **SIN.** Deleitoso. **ANT.** Desagradable.

delimitar (de-li-mi-**tar**) verbo

Fijar los límites de una cosa. *Delimitaron las fincas de su propiedad.* **SIN.** Deslindar, demarcar.

delincuente

(de-lin-**cuen**-te) adjetivo y sustantivo

Se dice de la persona que no cumple las leyes y que comete un delito. *Detuvieron a los delincuentes que cometieron el robo.*

delineante (de-li-ne-**an**-te) sustantivo

Persona cuyo trabajo es trazar planos. *Trabaja de delineante en el estudio de ese arquitecto.*

delinquir (de-lin-**quir**) verbo

Cometer un delito. *No es la primera vez que delinque, ya ha estado en la cárcel.* **SIN.** Atentar, infringir.

✎ Verbo con irregularidad ortográfica. Ver pág. 273.

delirar (de-li-**rar**) verbo

Tener perturbada la razón por una enfermedad. *Tenía tanta fiebre que deliraba.* **ANT.** Razonar.

delirio (de-**li**-rio) sustantivo masculino

Perturbación mental originada por una enfermedad. *Su delirio duró hasta que consiguieron que la fiebre bajara.* **SIN.** Desvarío. **ANT.** Cordura.

delito (de-**li**-to) sustantivo masculino

Incumplimiento de la ley. *No le encontraron culpable del delito y fue absuelto.* **SIN.** Infracción.

delta (**del**-ta) sustantivo masculino

Terreno de forma triangular que se forma en la desembocadura de algunos ríos. *El delta del Nilo es muy fértil.*

demagogia

(de-ma-**go**-gia) sustantivo femenino

Forma de hablar que se emplea para engañar o influir sobre la gente. *Los políticos recurren a veces a la demagogia.*

demás

(de-**más**) adjetivo y pronombre indefinido

Detrás de los artículos *lo, la, los, las,* equivale a *lo otro, la otra, los otros* o *los restantes, las otras* o *las restantes. Solo quiero ganar dinero, lo demás no importa.*

✎ A veces se usa sin artículo. *Vinieron a casa mis tíos, mis primos, mis abuelos y demás familia.*

demasiado, demasiada

(de-ma-**sia**-do) adjetivo

1. Que es o tiene más de lo debido o de lo que se espera. *Hoy hace demasiado calor.* **SIN.** Excesivo, sobrado. **ANT.** Escaso.

2. adverbio En exceso, exageradamente. *Hablas demasiado.*

demencia (de-**men**-cia) sustantivo femenino

Estado de una persona que se caracteriza por la pérdida creciente de las facultades mentales. *Padece demencia debido a su avanzada edad.*

democracia

(de-mo-**cra**-cia) sustantivo femenino

Sistema político basado en la participación del pueblo en el gobierno eligiendo a sus representantes. *En democracia hay libertad.* **ANT.** Dictadura.

demoler (de-mo-**ler**) verbo

Derribar casas, muros, etc. *Demolieron un edificio en ruinas.* **SIN.** Tirar, derruir. **ANT.** Construir.

✎ Verbo irregular, se conjuga como *mover.*

delinquir

MODO INDICATIVO		MODO SUBJUNTIVO	
Tiempos simples	Tiempos compuestos	Tiempos simples	Tiempos compuestos

Presente	Pret. perf. compuesto / Antepresente	Presente	Pret. perf. compuesto / Antepresente
delinco	he delinquido	delinca	haya delinquido
delinques / delinquís	has delinquido	delincas	hayas delinquido
delinque	ha delinquido	delinca	haya delinquido
delinquimos	hemos delinquido	delincamos	hayamos delinquido
delinquís / delinquen	habéis delinquido	delincáis / delincan	hayáis delinquido
delinquen	han delinquido	delincan	hayan delinquido

Pret. imperfecto / Copretérito	Pret. pluscuamperfecto / Antecopretérito	Pret. imperfecto / Pretérito	Pret. pluscuamperfecto / Antepretérito
delinquía	había delinquido	delinquiera o delinquiese	hubiera o hubiese delinquido
delinquías	habías delinquido	delinquieras o delinquieses	hubieras o hubieses delinquido
delinquía	había delinquido	delinquiera o delinquiese	hubiera o hubiese delinquido
delinquíamos	habíamos delinquido	delinquiéramos o delinquiésemos	hubiéramos o hubiésemos delinquido
delinquíais / delinquían	habíais delinquido	delinquierais o delinquieseis / delinquieran o delinquiesen	hubierais o hubieseis delinquido hubieran o hubiesen delinquido
delinquían	habían delinquido	delinquieran o delinquiesen	

Pret. perf. simple / Pretérito	Pret. anterior / Antepretérito		
delinquí	hube delinquido		
delinquiste	hubiste delinquido		
delinquió	hubo delinquido		
delinquimos	hubimos delinquido		
delinquisteis / delinquieron	hubisteis delinquido		
delinquieron	hubieron delinquido		

		Futuro simple / Futuro	Futuro compuesto / Antefuturo
		delinquiere	hubiere delinquido
		delinquieres	hubieres delinquido
		delinquiere	hubiere delinquido
		delinquiéremos	hubiéremos delinquido
		delinquiereis / delinquieren	hubiereis delinquido
		delinquieren	hubieren delinquido

Futuro simple / Futuro	Futuro compuesto / Antefuturo
delinquiré	habré delinquido
delinquirás	habrás delinquido
delinquirá	habrá delinquido
delinquiremos	habremos delinquido
delinquiréis / delinquirán	habréis delinquido
delinquirán	habrán delinquido

MODO IMPERATIVO

delinque (tú) / delinquí (vos) / delinca (usted)
delinquid (vosotros)
delincan (ustedes)

Condicional simple / Pospretérito	Condicional compuesto / Antepospretérito
delinquiría	habría delinquido
delinquirías	habrías delinquido
delinquiría	habría delinquido
delinquiríamos	habríamos delinquido
delinquiríais / delinquirían	habríais delinquido
delinquirían	habrían delinquido

FORMAS NO PERSONALES

Infinitivo delinquir	Infinitivo compuesto haber delinquido
Gerundio delinquiendo	**Gerundio compuesto** habiendo delinquido
Participio delinquido	

273

demonio (de-**mo**-nio) sustantivo masculino
Espíritu del mal. *Hay que superar las tentaciones del demonio.* **SIN.** Diablo, Satán, Luzbel.

demora (de-**mo**-ra) sustantivo femenino
Retraso que por algún tiempo sufre una acción. *El avión saldrá con una hora de demora.*

demostrar (de-mos-**trar**) verbo
1. Probar que algo es cierto. *La caída de los objetos demuestra la fuerza de la gravedad de la Tierra.* **SIN.** Justificar, argumentar.
2. Manifestar una cosa claramente. *Demostró cuáles eran sus intenciones.* **SIN.** Declarar, expresar.
3. Enseñar, mostrar. *Demostró cómo funcionaba la cafetera.*
✎ Verbo irregular, se conjuga como *contar*.

demostrativo, demostrativa (de-mos-tra-**ti**-vo) adjetivo y sustantivo
Se dice de los adjetivos y pronombres que sirven para indicar la situación de las personas o cosas con relación a otras. *Este, ese y aquel son demostrativos.*

denegar (de-ne-**gar**) verbo
No conceder lo que se pide. *Le denegaron un permiso de obras.* **SIN.** Negar. **ANT.** Conceder.
✎ Verbo irregular, se conjuga como *acertar*.

denigrar (de-ni-**grar**) verbo
Ofender a una persona. *Su deseo era denigrarle en público, pero no lo logró.* **SIN.** Infamar, desprestigiar.

denodado, denodada (de-no-**da**-do) adjetivo
Que es valiente en los peligros y situaciones difíciles. *Luchó contra la corriente de agua con denodado esfuerzo.* **SIN.** Intrépido, resuelto. **ANT.** Cobarde.

denominación (de-no-mi-na-**ción**) sustantivo femenino
Nombre, título o sobrenombre con que se distinguen las personas y las cosas. *No sabían qué denominación dar al nuevo cargo.*

denominador (de-no-mi-na-**dor**) sustantivo masculino
En un quebrado, número escrito debajo del numerador y separado de este por una raya horizontal, que expresa las partes iguales en que está dividida la unidad. *En la fracción tres cuartos (¾), cuatro (4) es el denominador.*

denominar (de-no-mi-**nar**) verbo
Dar nombre a una persona o cosa. *No me acuerdo de cómo lo denominaron.* **SIN.** Llamar(se).

denotar (de-no-**tar**) verbo
Indicar, anunciar, significar. *Su cara denota el enfado que tiene.*

denso, densa (**den**-so) adjetivo
1. Se dice de los cuerpos muy apretados y poco porosos. *El platino es un metal muy denso.* **SIN.** Compacto. **ANT.** Hueco.
2. Oscuro, confuso. *La situación era tan densa que no sabían por dónde empezar.*
3. Se dice de un líquido espeso, engrosado. *El vino típico de la región era denso y dulce.* **SIN.** Condensado, pastoso. **ANT.** Diluido.

dentadura (den-ta-**du**-ra) sustantivo femenino
Conjunto de dientes, muelas y colmillos de una persona o un animal. *Se puso dentadura postiza.*

dentera (den-**te**-ra) sustantivo femenino
Sensación desagradable que se experimenta en los dientes y encías al comer ciertas cosas, oír ciertos ruidos o tocar determinados cuerpos. *Me da dentera oír ese chirrido.*

dentífrico, dentífrica

(den-**tí**-fri-co) adjetivo y sustantivo masculino

Se dice de las sustancias, polvos, pasta, etc., que se usan para limpiar y mantener sana la dentadura. *Compra pasta dentífrica.*

dentista (den-**tis**-ta) sustantivo

Médico dedicado a conservar la dentadura, curar sus enfermedades y reponer las piezas que faltan. *Fue al dentista a sacarse una muela.* **SIN.** Odontólogo.

dentro (**den**-tro) adverbio

En la parte interior de un lugar o en un espacio de tiempo. *El gato duerme dentro de la casa. Lo haré dentro de una hora.* **ANT.** Fuera.

denuncia (de-**nun**-cia) sustantivo femenino

Aviso de palabra o por escrito a la autoridad de que se ha cometido alguna falta o delito. *Presentaron una denuncia por malos tratos.* **SIN.** Delación, acusación.

denunciar (de-nun-**ciar**) verbo

1. Hacer saber una cosa. *Denunció el estado de las cuentas del negocio.* **SIN.** Notificar, avisar.

2. Dar aviso a la autoridad de que se ha cometido un delito. *Denunció al ladrón.* **SIN.** Acusar, delatar. **ANT.** Encubrir.

✎ Se conjuga como *cambiar*.

departamento

(de-par-ta-**men**-to) sustantivo masculino

Cada una de las partes en que se dividen un local, un territorio, una caja, etc. *Cada vagón del tren tiene diez departamentos.* **SIN.** Sección.

depender (de-pen-**der**) verbo

1. Estar subordinado a alguien o algo. *Dependo de mis jefes.*

2. Ser causado o estar condicionado por alguien o algo. *Mi viaje depende de que haga buen tiempo.*

3. Necesitar de una persona o cosa. *Un bebé depende de sus padres.*

dependiente, dependienta

(de-pen-**dien**-te) sustantivo

Persona que se encarga de atender a los clientes en una tienda. *Le pedí consejo al dependiente.*

✎ El femenino presenta dos formas (*la dependiente / la dependienta*).

depilar (de-pi-**lar**) verbo

Arrancar el pelo o producir su caída por medio de ciertas sustancias. *Se depiló las piernas.*

deportar (de-por-**tar**) verbo

Desterrar a alguien a un lugar determinado. *Napoleón fue deportado a una isla.* **SIN.** Exiliar, expatriar.

deporte (de-**por**-te) sustantivo masculino

Ejercicio físico o juego con ciertas reglas, que se practica solo o en grupo. *El deporte es saludable.*

deportista (de-por-**tis**-ta) adjetivo y sustantivo

Se dice de la persona aficionada a los deportes o que practica alguno de ellos. *Su forma física es excelente porque es un gran deportista.* **SIN.** Atleta, jugador.

depositar (de-po-si-**tar**) verbo

1. Colocar algo en un sitio. *Depositó un ramo de flores sobre su tumba.* **SIN.** Poner, guardar.

2. Poner bienes o cosas de valor bajo la custodia de un banco. *Deposita sus ahorros en el banco.*

3. Confiar algo a una persona. *Depositó en él su confianza.*

4. depositarse Separarse de un líquido una materia que esté en suspensión; posarse. *Los restos de cal se depositaron en la cubeta.*

depredador, depredadora

(de-pre-da-**dor**) adjetivo y sustantivo

Se dice de los animales que capturan a otros para alimentarse de ellos. *Los tiburones son depredadores de diversos peces.*

depresión (de-pre-**sión**) sustantivo femenino

1. Decaimiento del ánimo o de la voluntad, con inclinación a la tristeza. *Desde la muerte de su madre, tenía un fuerte depresión.* **SIN.** Abatimiento. **ANT.** Euforia.

2. Parte de una superficie que se encuentra hundida respecto del resto de ella. *La cabaña estaba situada en una pequeña depresión del valle.* **SIN.** Hoyo, fosa.

deprisa (de-**pri**-sa) adverbio

Con rapidez. *Vístete deprisa, que llegamos tarde.* **SIN.** Rápidamente, pronto. **ANT.** Despacio.

✎ También *de prisa*.

depurar (de-pu-**rar**) verbo

Limpiar algo. *Depuraron el agua de la piscina.* **SIN.** Purificar.

derecho, derecha (de-re-cho) adjetivo

1. Que no se tuerce a un lado ni a otro. *El mástil del barco está derecho.* **SIN.** Recto, directo. **ANT.** Torcido, desviado, inclinado.

2. Que cae o mira al lado opuesto del corazón. *El copiloto se sienta en el lado derecho del coche.* **SIN.** Diestro. **ANT.** Izquierdo.

3. sustantivo masculino Conjunto de estudios que hay que realizar para ser abogado. *Estudió Derecho porque quería ser juez.* **SIN.** Leyes.

✎ Se escribe con mayúscula.

4. sustantivo masculino Posibilidad de hacer o exigir algo que nos conviene y es justo según la ley. *Tengo derecho a estar en el parque porque es público.*

5. sustantivo femenino Mano del lado derecho. *Coge el balón con la derecha.* **ANT.** Izquierda.

6. sustantivo femenino Las fuerzas políticas de ideología conservadora. *La*

derecha no se opuso a las reformas. **ANT.** Izquierda.

deriva (de-ri-va) sustantivo femenino

Desvío de una nave de su rumbo, quedando indefensa frente a la corriente o el viento. *Varios barcos se encontraban a la deriva después de la tormenta.*

derivado, derivada

(de-ri-**va**-do) adjetivo y sustantivo masculino

1. Se dice del producto que se obtiene de otro. *El queso es un producto derivado de la leche.*

2. Se dice de la palabra que se forma a partir de otra, añadiéndole prefijos o terminaciones. *Panadería es una palabra derivada de* pan-.

derivar (de-ri-**var**) verbo

1. Traer su origen de alguna cosa. *El descontento social derivaba de la fuerte crisis económica.* **SIN.** Originarse, proceder, resultar.

2. Formar una palabra a partir de otra. *Lechero deriva de leche.*

derramar (de-rra-**mar**) verbo

Tirar cosas líquidas o pequeñas. *Derramé la leche sobre el mantel.*

derrapar (de-rra-**par**) verbo

Patinar un vehículo desviándose hacia una lado de la dirección que llevaba. *El coche derrapó y nos salimos de la carretera.*

derretir (de-rre-**tir**) verbo

Deshacer o disolver algo sólido. *El calor derritió el hielo.* **SIN.** Fundir(se), licuar(se), deshelar(se).

✎ Verbo irregular, se conjuga como *pedir*.

derribar (de-rri-**bar**) verbo

1. Tirar por tierra edificios, muros, etc. *Han derribado la torre vieja.* **SIN.** Derrumbar, demoler.

2. Hacer caer al suelo seres o cosas. *Tropezó con otro jugador y lo derribó.* **SIN.** Tumbar. **ANT.** Alzar.

derrochar (de-rro-**char**) verbo

1. Malgastar los bienes. *Derrochó todos los ahorros que tenía.* **SIN.** Despilfarrar. **ANT.** Ahorrar.

2. Emplear alguien generosamente lo que posee, como el valor, el humor, etc. *Siempre derrocha alegría.* **SIN.** Rebosar.

derrotar (de-rro-**tar**) verbo

Vencer al contrario. *Derrotaron a su contrincante en el concurso.* **SIN.** Batir, ganar. **ANT.** Perder.

derruir (de-rru-**ir**) verbo

Derribar un edificio. *Derruyeron una casa antigua porque estaba a punto de caerse.* **SIN.** Demoler, destruir. **ANT.** Construir.

✎ Verbo irregular, se conjuga como *huir.*

derrumbar (de-rrum-**bar**) verbo

Derribar algo. *Se derrumbó el tejado del chalé después del fuerte temporal.* **SIN.** Demoler, derruir(se). **ANT.** Levantar(se).

desabotonar (de-sa-bo-to-**nar**) verbo

Abrir una prenda de vestir sacando los botones de los ojales. *Ayuda al niño a desabotonarse el abrigo.* **SIN.** Soltar(se), desabrochar(se). **ANT.** Abotonar(se).

desabrido, desabrida

(de-sa-**bri**-do) adjetivo

1. Se dice de los alimentos que carecen de sabor o que apenas lo tienen. *Encuentro desabridos estos tomates.* **SIN.** Insustancial, insulso, soso. **ANT.** Sabroso.

2. Se dice del tiempo desagradable. *Hacía un día tan desabrido que decidimos aplazar la excursión.*

3. Se dice de la persona arisca y antipática. *No me cae bien porque es muy desabrido y arisco.* **SIN.** Desagradable. **ANT.** Cortés.

desabrochar (de-sa-bro-**char**) verbo

Abrir una prenda de vestir separando sus broches o sacando los botones de los ojales. *Desabróchate el abrigo, que hace calor.* **SIN.** Desabotonar(se).

desacato (de-sa-**ca**-to) sustantivo masculino

Falta del debido respeto a los superiores. *Fue castigado por desacato al juez.* **SIN.** Insumisión, rebeldía. **ANT.** Obediencia.

desacorde (de-sa-**cor**-de) adjetivo

Se dice de lo que no concuerda con otra cosa. *Revisa esa factura, está desacorde con el pedido.*

desacreditar (de-sa-cre-di-**tar**) verbo

Disminuir o quitar la reputación de una persona, o el valor y la estimación de una cosa. *Trataba de desacreditar a su contrincante para conseguir ella el puesto.* **SIN.** Criticar, difamar.

desactivar (de-sac-ti-**var**) verbo

Inutilizar un mecanismo u organización para impedirle actuar. *Desactivaron la organización gracias a las confesiones de algunos de sus miembros.* **SIN.** Detener, desconectar, neutralizar.

desafiar (de-sa-fi-**ar**) verbo

1. Retar a una pelea. *Le desafió a un duelo.* **SIN.** Provocar.

2. Afrontar las dificultades y peligros con decisión. *Desafió el negro futuro que se le avecinaba y salió victorioso.*

3. Enfrentarse al enfado de una persona oponiéndose a sus deseos u opiniones. *Pese a las consecuencias, desafió a su jefe en la reunión.* **SIN.** Contradecir.

✎ Se conjuga como *desviar.*

desafinar (de-sa-fi-**nar**) verbo

1. Apartarse un instrumento de la debida entonación. *La bandurria desafina.* **SIN.** Desentonar, disonar. **ANT.** Entonar.

2. Desentonar una voz en el canto. *Estás desafinando mucho.*

desagradar (de-sa-gra-**dar**) verbo
Causar mala impresión. *Me desagradó aquella película de terror.* **SIN.** Fastidiar, disgustar.

desagrado (de-sa-**gra**-do) sustantivo masculino
Sentimiento e inquietud causados por algo enojoso o molesto. *Le produjo desagrado que no acudieras.* **SIN.** Disgusto, descontento. **ANT.** Gusto.

desagravio (de-sa-**gra**-vio) sustantivo masculino
Compensación por un perjuicio pasado. *Como desagravio por no haberle dejado ir al cine ayer, le regaló entradas para hoy.* **SIN.** Reparación, satisfacción. **ANT.** Ofensa.

desagüe (de-sa-**güe**) sustantivo masculino
Conducto que da salida al agua. *Se atrancó el desagüe del lavabo.* **SIN.** Tubería, desaguadero.

desahogar (de-sa-ho-**gar**) verbo
1. Aliviar el ánimo o el trabajo. *Contrató a un empleado para desahogarse un poco de trabajo.*
2. desahogarse Decir una persona a otra el sentimiento o queja que tiene, hacer confidencias. *Se desahogó conmigo contándome sus problemas.*
✎ Se conjuga como *ahogar.*

desahogo (de-sa-**ho**-go) sustantivo masculino
1. Alivio de una pena o de un trabajo. *Aquel viaje fue un gran desahogo para él.* **SIN.** Consuelo, descanso.
2. vivir con desahogo expresión Tener dinero para vivir cómodamente. *Gano bastante para vivir con desahogo.*

desahuciar (de-sahu-**ciar**) verbo
1. Despedir o expulsar el dueño de la finca o vivienda al inquilino o arrendatario. *Al no tener otra vivienda no le pudieron desahuciar aunque no pagaba el alquiler desde hacía meses.* **SIN.** Desalojar.

2. Considerar el médico que el paciente no tiene ninguna posibilidad de sobrevivir. *El enfermo seguía en el hospital, pero ya estaba desahuciado.* **SIN.** Sentenciar.
✎ Se conjuga como *cambiar.*

desairar (de-sai-**rar**) verbo
Menospreciar a una persona o desdeñar una cosa. *Me duele que me desaires continuamente delante de otras personas.* **SIN.** Despreciar, desatender. **ANT.** Respetar, considerar.

desajustar (de-sa-jus-**tar**) verbo
Desigualar, desencajarse. *Le dio un golpe a la puerta y la desajustó.*

desalar (de-sa-**lar**) verbo
Quitar la sal a una cosa. *Pon el bacalao a desalar.*

desalentar (de-sa-len-**tar**) verbo
Perder uno mismo o quitar a alguien el ánimo o el valor para emprender un asunto. *Se desalentó tanto por el suspenso que estuvo a punto de dejar de estudiar.* **SIN.** Desanimar(se). **ANT.** Animar(se).
✎ Verbo irregular, se conjuga como *acertar.*

desaliento (de-sa-**lien**-to) sustantivo masculino
Decaimiento del ánimo, falta de fuerza o de interés. *Tenía tal desaliento que nada ni nadie conseguía animarle.* **SIN.** Abatimiento, postración, desánimo.

desaliñar (de-sa-li-**ñar**) verbo
Descuidar el orden y la limpieza. *Su desánimo hizo que se desaliñara por completo.* **SIN.** Descuidar(se).

desalmado, desalmada (de-sal-**ma**-do) adjetivo y sustantivo
Cruel, inhumano. *Le han denunciado por ser un desalmado con sus propios hijos.* **SIN.** Brutal.

desalojar (de-sa-lo-**jar**) verbo
Sacar, hacer salir o salir voluntariamente de un lugar a una persona o

cosa. *Desalojan la casa porque hay peligro de derrumbamiento.* **SIN.** Expulsar. **ANT.** Alojar.

desamparar (de-sam-pa-**rar**) verbo
Abandonar, dejar sin amparo ni ayuda a la persona o cosa que lo pide o necesita. *Desamparó a su pobre perro en el bosque cuando se marchó a vivir a la ciudad.* **SIN.** Desatender. **ANT.** Atender.

desangrar (de-san-**grar**) verbo
1. Sacar sangre a una persona o animal. *Mataron el cerdo y lo desangraron.* **2. desangrarse** Perder mucha sangre o perderla toda. *Estuvo a punto de desangrarse a consecuencia del accidente.*

desanimar (de-sa-ni-**mar**) verbo
Perder o quitar a alguien el ánimo o el valor para emprender un asunto. *Mis padres me desanimaron y decidí no hacer aquel viaje.* **SIN.** Desalentar(se). **ANT.** Animar(se).

desánimo
(de-**sá**-ni-mo) sustantivo masculino
Desaliento, falta de ánimo. *Antes tenía mucha ilusión, pero su desánimo creció con el tiempo.* **SIN.** Decaimiento. **ANT.** Ánimo.

desaparecer
(de-sa-pa-re-**cer**) verbo
Dejar de verse una persona o cosa. *No encuentro mi muñeca, ha desaparecido.* **SIN.** Fugarse, desvanecerse, huir. **ANT.** Aparecer.
✎ Verbo irregular, se conjuga como *parecer.*

desaprensivo, desaprensiva
(de-sa-pren-**si**-vo) adjetivo y sustantivo
Que no tiene escrúpulos para hacer o decir las cosas. *Nos pareció que era un poco desaprensivo en el trato con sus compañeros.* **SIN.** Desvergonzado, sinvergüenza.

desaprovechar
(de-sa-pro-ve-**char**) verbo
Desperdiciar o emplear mal una cosa. *No desaproveches esta oportunidad, es inmejorable.* **SIN.** Malgastar, despilfarrar.

desarmar (de-sar-**mar**) verbo
1. Descomponer una cosa separando las piezas de que está hecha. *Desarmó el reloj para limpiar la maquinaria.* **SIN.** Desarticular, deshacer. **ANT.** Montar, armar. **2.** Quitar, hacer entregar las armas. *Desarmaron al enemigo.*

desarrollar (de-sa-rro-**llar**) verbo
1. Crecer, hacer más grande y completa una cosa. *La industria de esta ciudad se ha desarrollado mucho en el último año.* **SIN.** Fomentar(se). **ANT.** Decrecer. **2.** Explicar algo. *El pintor desarrolló su teoría del color.* **SIN.** Exponer, esclarecer. **ANT.** Omitir.

desarrollo (de-sa-**rro**-llo) sustantivo masculino
1. Crecimiento o expansión de un país, un pueblo, una industria, etc. *El desarrollo de la región en los últimos años ha sido realmente espectacular.* **SIN.** Incremento, progreso. **ANT.** Retroceso, receso. **2.** Crecimiento de los seres vivos. *Seguía con atención el desarrollo de las plantas.* **3.** Exposición o explicación de fórmulas o teorías científicas. *No me pareció complicado el desarrollo del binomio de Newton.*

desarticular (de-sar-ti-cu-**lar**) verbo
1. Separar dos o más huesos articulados entre sí. *Se cayó y se desarticuló el brazo.* **SIN.** Luxar(se), dislocar(se). **ANT.** Encajar(se). **2.** Separar las piezas de una máquina o artefacto. *Desarticuló la pieza para*

engrasarla. **SIN.** Desmontar, desacoplar. **ANT.** Montar.

3. Desorganizar una banda, grupo, etc. *Las fuerzas del orden desarticularon la organización de apuestas ilegales.*

desasir (de-sa-**sir**) verbo

1. Soltarse de algo o soltar lo agarrado. *Se desasió de la mano de su madre y echó a correr.* **SIN.** Desprender(se). **ANT.** Asir(se).

2. desasirse Desprenderse de una cosa, entregarla. *Se desasió de todos sus bienes y los entregó a las personas necesitadas.*

✎ Verbo irregular, se conjuga como *asir.*

desastre (de-**sas**-tre) sustantivo masculino

1. Suceso que produce daño y destrucción. *El incendio ha causado un terrible desastre.* **SIN.** Catástrofe, desgracia, calamidad.

2. Persona desaseada o cosa que está desordenada. *Tiene la casa hecha un desastre.*

3. Persona con poca suerte o habilidades. *Es un auténtico desastre con los trabajos manuales.*

4. Mal resultado que se obtiene en algo. *Esta campaña de ventas ha sido un desastre, no se ha vendido nada.* **SIN.** Caos, ruina, fracaso. **ANT.** Acierto, éxito.

desatar (de-sa-**tar**) verbo

1. Soltar lo que está atado. *Desata los cordones de los zapatos antes de quitártelos.* **SIN.** Desligar(se), soltar(se). **ANT.** Anudar(se).

2. Soltarse con furia alguna fuerza física o moral. *Se desató una tormenta.* **SIN.** Desencadenar(se), estallar.

3. desatarse Perder una persona su timidez. *Cuando adquirió confianza, se desató y se puso a bailar.*

desatascar (de-sa-tas-**car**) verbo

Sacar lo que dificulta el paso de algo. *Hay que desatascar el desagüe del fregadero, el agua no pasa.* **SIN.** Desatrancar. **ANT.** Obstruir.

✎ Se conjuga como *abarcar.*

desatino (de-sa-**ti**-no) sustantivo masculino

Locura, despropósito. *Eso que dices es un desatino, no tiene sentido.* **SIN.** Disparate, error.

desatornillar (de-sa-tor-ni-**llar**) verbo

Quitar o aflojar un tornillo, tuerca, etc. dándole vueltas. *El tornillo está muy apretado, no puedo desatornillarlo.* **ANT.** Atornillar.

✎ También *destornillar.*

desatrancar (de-sa-tran-**car**) verbo

1. Limpiar una cañería, tubería, pozo, etc. *Los empleados del seguro vinieron a desatrancar la tubería.* **SIN.** Desatascar. **ANT.** Obstruir, atascar.

2. Quitar a la puerta lo que impide abrirla. *Tuvimos que desatrancar la puerta para poder entrar al desván.* **ANT.** Trancar, candar.

✎ Se conjuga como *abarcar.*

desavenencia

(de-sa-ve-**nen**-cia) sustantivo femenino

Falta de acuerdo y conformidad. *No se firmó el acuerdo a causa de sus desavenencias.* **SIN.** Desacuerdo. **ANT.** Entendimiento.

desayuno (de-sa-**yu**-no) sustantivo masculino

La primera comida del día, que se suele tomar al comienzo de la mañana. *Tomé como desayuno leche con galletas.*

desazón (de-sa-**zón**) sustantivo femenino

1. Insipidez, falta de sabor. *Todos se quejaron de la desazón de aquellas judías.*

2. Disgusto, pesadumbre. *Sintió una gran desazón al ver que era la hora y no llegaban.* **SIN.** Desasosiego, inquietud. **ANT.** Bienestar.

3. Molestia producida por picor. *No se pone el jersey de lana porque le produce desazón.*

desbandada

(des-ban-**da**-da) sustantivo femenino

Huída desordenada. *Cuando sonó la alarma de incendios, se produjo una desbandada entre los trabajadores.* **SIN.** Fuga, estampida, escapada.

desbarajuste

(des-ba-ra-**jus**-te) sustantivo masculino

Desorganización. *Había un gran desbarajuste en casa con todos los preparativos de la fiesta.* **SIN.** Confusión, desorden, caos.

desbarrar (des-ba-**rrar**) verbo

Pensar o hacer cosas poco razonables. *Su mal genio le hace desbarrar y decir muchas tonterías.* **SIN.** Disparatar, desatinar.

desbocarse (des-bo-**car**-se) verbo

No responder un caballo al freno y descontrolarse. *El caballo se desbocó y salió corriendo.*

✎ Se conjuga como *abarcar*.

desbordar (des-bor-**dar**) verbo

1. Salir de los bordes, derramarse. *Se desbordó el río por las inundaciones.* **SIN.** Inundar(se), rebosar, anegar(se).

2. Resultar algo excesivo. *El número de asistentes a la manifestación desbordó las previsiones.*

3. desbordarse Desencadenarse un sentimiento. *Su alegría se desbordó al oír la noticia.* **ANT.** Contenerse.

descabellado, descabellada

(des-ca-be-**lla**-do) adjetivo

Se dice de aquello que no es razonable. *Su plan era descabellado y nadie lo aceptó.* **SIN.** Disparatado, irracional, absurdo. **ANT.** Sensato, lógico.

descafeinado, descafeinada

(des-ca-fei-**na**-do) adjetivo

1. Se dice de aquello a lo que han quitado parte de su fuerza, valor, etc. *Era una versión muy descafeinada de*

los hechos. **SIN.** Desvirtuado, falso, adulterado, insulso. **ANT.** Puro.

2. adjetivo y sustantivo masculino Se dice del café al que han quitado la cafeína. *Tomaré un descafeinado.*

descalabrar (des-ca-la-**brar**) verbo

1. Herir o herirse alguien en la cabeza. *Se descalabró en la pelea.*

2. Causar daño o perjuicio. *El granizo descalabró las cosechas.* **SIN.** Desgraciar, perjudicar.

descalificar

(des-ca-li-fi-**car**) verbo

1. Eliminar a un deportista de una clasificación o de una competición deportiva. *Le descalificaron por haber hecho trampas.*

2. Desacreditar a una persona. *Trataron de descalificar al candidato con falsas acusaciones.* **SIN.** Desprestigiar.

✎ Se conjuga como *abarcar*.

descalzar (des-cal-**zar**) verbo

Quitar o quitarse el calzado. *Descálzate antes de entrar en casa, tienes barro en los zapatos.* **ANT.** Calzar(se).

✎ Se conjuga como *abrazar*.

descambiar (des-cam-**biar**) verbo

Devolver una compra a cambio de lo que costó o de otro producto. *Tuve que descambiar la blusa porque me quedaba pequeña.*

✎ Se conjuga como *cambiar*.

descaminado, descaminada

(des-ca-mi-**na**-do) adjetivo

Desacertado, equivocado, errado. *Si piensas resolver así el problema, vas bastante descaminado.* **SIN.** Desencaminado, incorrecto. **ANT.** Encaminado.

descansar (des-can-**sar**) verbo

1. Dejar de trabajar para reponer las fuerzas. *Descansó durante media hora y volvió al trabajo.* **SIN.** Reposar. **ANT.** Cansarse.

2. Tener puesta la confianza en algo o alguien. *Mi esperanza descansa en su buena voluntad.*

3. Estar apoyada una cosa sobre otra. *Descansó la cabeza sobre su hombro.*

4. Estar enterrado alguien en algún lugar. *Sus restos descansan en el cementerio de su pueblo natal.*

descansillo

(des-can-**si**-llo) sustantivo masculino

Plataforma en que terminan los tramos de una escalera. *Nos encontramos en el descansillo de la escalera.* **SIN.** Rellano.

descanso (des-**can**-so) sustantivo masculino

1. Quietud, pausa en el trabajo. *Se tomó una semana de descanso porque no se encontraba bien de salud.* **SIN.** Respiro, reposo.

2. Intermedio, pausa en un espectáculo. *En el descanso de la película compré las palomitas.*

descapotable (des-ca-po-**ta**-ble)

adjetivo y sustantivo masculino

Se dice del coche que tiene capota plegable. *Está lloviendo. Por favor, pon la capota al descapotable.*

descarga (des-**car**-ga) sustantivo femenino

1. Acción de descargar o quitar la carga de un lugar. *Hicieron la descarga rápidamente porque eran muchos.*

2. Conjunto de disparos hechos de una sola vez. *Se oyó una fuerte descarga, pero nadie sabía de dónde provenía.* **SIN.** Andanada.

3. Chispa eléctrica. *Durante la tormenta, una descarga partió el árbol en dos.* **SIN.** Chispazo, sacudida.

descargar (des-car-**gar**) verbo

1. Quitar la carga de un vehículo o de un animal. *Descargaron el remolque.* **SIN.** Sacar, desembarcar, aligerar. **ANT.** Cargar.

2. Dejar algo sin electricidad. *No pudo arrancar el coche porque la batería se había descargado.*

3. Hacer sufrir alguien su enfado a quien no tiene la culpa. *Cuando mi madre está de mal humor, descarga con el primero que encuentra.* **SIN.** Desahogarse.

✎ Se conjuga como *ahogar*.

descaro (des-**ca**-ro) sustantivo masculino

Falta de vergüenza o excesivo atrevimiento que una persona muestra al hacer o decir algo que no debería. *Le dijo lo que pensaba de ella con todo descaro.* **SIN.** Insolencia, osadía. **ANT.** Mesura, respeto.

descarriarse (des-ca-rri-**ar**-se) verbo

1. Apartarse del rebaño cierto número de animales. *Se descarriaron varias ovejas y el pastor tuvo que salir a buscarlas.*

2. Apartarse una persona de lo justo y razonable. *Se descarrió debido a las malas influencias de sus amigos.* **SIN.** Desencaminarse.

✎ Se conjuga como *desviar*.

descartar (des-car-**tar**) verbo

Rechazar a una persona, cosa, idea, plan o posibilidad. *Se descartó desde el principio que fuera un accidente.* **SIN.** Desechar, excluir, prescindir de.

descastado, descastada

(des-cas-**ta**-do) adjetivo y sustantivo

Que tiene poco afecto a sus familiares y amigos. *Se ha hecho muy descastado, casi no visita a sus padres.* **SIN.** Insensible.

descendencia

(des-cen-**den**-cia) sustantivo femenino

Conjunto de hijos, nietos y bisnietos procedentes de una misma persona. *Con su gran fortuna, dejó asegurado el porvenir de su descendencia.* **SIN.** Prole, sucesión.

descender (des-cen-**der**) verbo
1. Ir desde un sitio a otro más bajo. *Descendió de la montaña al valle.* **SIN.** Caer, bajar. **ANT.** Subir.
2. Proceder de un ser vivo, una familia, pueblo, etc. *Su familia desciende de Italia.* **SIN.** Provenir.
✎ Verbo irregular, se conjuga como *entender*.

descendiente (des-cen-**dien**-te) sustantivo
Cualquier persona respecto a sus antecesores familiares. *Hizo testamento en favor de sus descendientes.* **SIN.** Sucesor, heredero. **ANT.** Antepasado.

descifrar (des-ci-**frar**) verbo
Interpretar lo oscuro y de difícil comprensión. *Consiguió descifrar aquel misterio y solucionar el enigma.* **SIN.** Desentrañar.

descodificar (des-co-di-fi-**car**) verbo
Leer un mensaje aplicando a la inversa las reglas con que ha sido codificado. *No pudo descodificar el mensaje porque no sabía el código.* **SIN.** Descifrar, interpretar.
✎ Se conjuga como *abarcar*.

descolgar (des-col-**gar**) verbo
1. Bajar o quitar lo que está colgado. *Descuelga la lámpara para limpiarla.* **SIN.** Arriar. **ANT.** Alzar.
2. Bajar algo ayudándose de una cuerda. *Los de las mudanzas descolgaron el aparador por la terraza.*
3. Atender una llamada de teléfono, desde el momento en que suena. *Descolgué el teléfono en cuanto sonó.*
4. descolgarse Descender, escurriéndose por una cuerda u otra cosa. *Los bomberos se descolgaron desde el tejado.*
5. descolgarse En ciertos deportes, quedarse un corredor rezagado. *Al pincharse la rueda de su bicicleta, se descolgó del pelotón.*

6. descolgarse Salir, decir o hacer una cosa inesperada o fuera de lugar. *De repente se descolgó con que no quería acompañarnos.*
✎ Verbo irregular, se conjuga como *contar*. Se escribe -gu- en vez de -g- delante de -e, como en *descuelgue*.

descollar (des-co-**llar**) verbo
Exceder una persona o cosa a otras en alguna cualidad o en todo. *Descuella entre los estudiantes de su curso por sus conocimientos.*
✎ Verbo irregular, se conjuga como *contar*.

descolorido, descolorida (des-co-lo-**ri**-do) adjetivo
Que tiene el color más pálido y débil que el que le corresponde o debiera tener. *Lleva tanto tiempo enfermo que está descolorido.*

descompensar (des-com-pen-**sar**) verbo
Hacer perder el equilibrio a una cosa que estaba compensada. *Las expulsión de varios jugadores descompensó el partido.*

descomponer (des-com-po-**ner**) verbo
1. Separar las diversas partes que forman un todo. *Nos llevaron al laboratorio para ver cómo se descomponía aquel cuerpo químico.* **SIN.** Desencajar, desajustar, desarmar. **ANT.** Encajar, ajustar.
2. Estropear, averiar. *Se descompuso la radio y hubo que llevarla a arreglar.* **SIN.** Dañar(se), malograr(se). **ANT.** Arreglar(se).
3. descomponerse Corromperse, pudrirse. *El frigorífico huele muy mal, seguro que algún alimento se ha descompuesto.* **SIN.** Estropearse. **ANT.** Conservarse.
✎ Verbo irregular, se conjuga como *poner*. Su participio es *descompuesto*.

descompuesto - descortesía

descompuesto, descompuesta
(des-com-**pues**-to) adjetivo
1. Estropeado, deteriorado. *Este reloj está descompuesto.* **SIN.** Defectuoso, dañado. **ANT.** Arreglado.
2. Se dice de la persona que no se encuentra bien o que está muy nerviosa. *Se quedó totalmente descompuesto al oír la noticia.*
3. Con dolor de vientre o diarrea. *Tuvo que tomar suero porque estaba descompuesto.*

descomunal (des-co-mu-**nal**) adjetivo
Se dice de aquello que tiene gran tamaño. *Era un edificio descomunal, el más alto de toda la ciudad.* **SIN.** Extraordinario, enorme, inmenso. **ANT.** Minúsculo.

desconcertar (des-con-cer-**tar**) verbo
Sorprender a alguien con algo que no esperaba. *Me desconcertó su actitud y no supe qué hacer.* **SIN.** Pasmar, turbar, aturdir.

desconectar (des-co-nec-**tar**) verbo
1. Interrumpir la conexión eléctrica de una o más piezas o o entre un aparato y la línea general. *Desconecta el televisor.* **SIN.** Cortar, desenchufar. **ANT.** Conectar, enchufar.
2. Interrumpir una relación, comunicación, etc. *Al irse a vivir fuera, se desconectó de sus amigos.*

desconfiar (des-con-fi-**ar**) verbo
Dudar de alguien o algo. *No se lo podía decir a nadie, porque desconfiaba de todo el mundo.* **SIN.** Recelar, sospechar. **ANT.** Creer.
✍ Se conjuga como *desviar*.

desconocido, desconocida
(des-co-no-**ci**-do) adjetivo y sustantivo
Se dice de la persona o cosa que no se conocía anteriormente, o está muy cambiada. *Su pasado me era desconocido.* **SIN.** Extraño.

descontar (des-con-**tar**) verbo
1. Rebajar el dinero que se tiene que pagar por una compra, un servicio, etc. *Le descontaron el 30 % del precio.* **SIN.** Deducir.
2. dar por descontado expresión Tener algo como cierto o seguro. *Doy por descontado que asistirás a mi fiesta de cumpleaños.*
✍ Verbo irregular, se conjuga como *contar*.

descontento, descontenta
(des-con-**ten**-to) adjetivo y sustantivo
Se dice de la persona que no está contenta. *Está descontento porque no ha podido ir a la excursión.* **SIN.** Insatisfecho, enfadado, disgustado. **ANT.** Contento.

descontrol
(des-con-**trol**) sustantivo masculino
Falta de control o de disciplina. *El profesor no había llegado todavía y la clase era un total descontrol.* **SIN.** Caos, desorden.

desconvocar (des-con-vo-**car**) verbo
Suprimir una reunión, oposición, examen, etc. *Desconvocaron la huelga porque se llegó a un acuerdo.* **SIN.** Anular. **ANT.** Convocar.

descorchar (des-cor-**char**) verbo
Quitar el tapón de una botella. *Descorchamos unas botellas de champán para celebrarlo.*

descorrer (des-co-**rrer**) verbo
1. Plegar lo que antes estaba estirado, como las cortinas, el lienzo, etc. *Descorre las cortinas a ver si entra algo más de luz.*
2. Abrir un cerrojo o pestillo. *Descorre el pestillo de la ventana.*

descortesía
(des-cor-te-**sí**-a) sustantivo femenino
Falta de consideración, malos modales. *Es una descortesía que no los invi-*

tes a tu boda. **SIN.** Desatención, desconsideración.

descosido, descosida

(des-co-**si**-do) adjetivo

1. Falto de unión. *La idea básica del trabajo es buena, pero el desarrollo del tema está algo descosido.*

2. sustantivo masculino Parte de una prenda de vestir que tiene sueltas las puntadas de hilo. *Tenía un descosido en el pantalón.*

descoyuntar (des-co-yun-**tar**) verbo

Desencajar un hueso de su lugar. *En la caída, se descoyuntó la rodilla.* **SIN.** Dislocar(se), luxar(se).

describir (des-cri-**bir**) verbo

1. Dibujar o explicar una cosa dando idea de cómo es. *Describí el tigre haciendo un dibujo del animal.* **SIN.** Definir, detallar.

2. Trazar una línea o figura. *Describí una circunferencia con el compás.* **SIN.** Dibujar, recorrer.

✎ Su participio es *descrito*. En Argentina, Paraguay y Uruguay también se usa el participio *descripto*.

descripción

(des-crip-**ción**) sustantivo femenino

Enumeración de las características externas o internas de una persona, cosa, lugar, etc. *La novela tiene excelentes descripciones de los paisajes de la montaña.*

descuartizar

(des-cuar-ti-**zar**) verbo

Dividir un cuerpo en varias partes. *Descuartizaron el cerdo y usaron las patas para hacer jamones.* **SIN.** Desmembrar, partir, despedazar.

✎ Se conjuga como *abrazar*.

descubrimiento

(des-cu-bri-**mien**-to) sustantivo masculino

1. Encuentro de algo que está oculto o es ignorado. *El descubrimiento de*

América fue un hecho histórico muy importante.

2. Adelanto científico, literario, etc. *Esa vacuna ha sido un gran descubrimiento.* **SIN.** Invención, hallazgo, creación.

descubrir (des-cu-**brir**) verbo

1. Hallar lo que estaba oculto o lo que era ignorado. *Colón descubrió América.* **SIN.** Encontrar, idear, inventar.

2. Destapar lo que está cubierto. *El presidente descubrió una placa conmemorativa.* **ANT.** Cubrir.

3. descubrirse Quitarse el sombrero, la gorra, etc. *Cuando entres, descúbrete y haz una reverencia.*

✎ Su participio es *descubierto*.

descuento

(des-**cuen**-to) sustantivo masculino

Reducción de una parte de la deuda o precio. *Como lo compré en rebajas, me hicieron descuento.*

descuido (des-**cui**-do) sustantivo masculino

1. Negligencia, falta de cuidado. *El accidente se produjo por un descuido del personal.* **SIN.** Dejadez.

2. Olvido, falta de atención. *Se le pasó la hora por descuido.*

3. Falta de cuidado en el aspecto y en la ropa. *No sé cómo puede vestir con tanto descuido.*

desde (**des**-de) preposición

1. Indica el punto del que procede, se origina o desde el que ha de empezar a contarse algo, en el tiempo o en el espacio. *Te espero desde hace una hora.*

2. desde luego expresión Sin duda. *Desde luego que iremos de compras.*

desdecir (des-de-**cir**) verbo

1. No corresponder una persona o cosa a lo que debe ser. *Esa falda tan vieja desdice con la chaqueta nueva.* **SIN.** Desentonar.

2. desdecirse Negar lo que antes se había afirmado. *Se desdijo públicamente de las acusaciones que había hecho.* **SIN.** Retractarse, rectificar. **ANT.** Confirmar.

✎ Verbo irregular, se conjuga como *decir*. Su participio es *desdicho*.

desdén

(des-**dén**) sustantivo masculino

Falta de interés y aprecio. *Suele mirar con desdén.* **SIN.** Desaire.

desdeñar (des-de-**ñar**) verbo

Despreciar o rechazar a una persona o cosa. *Desdeño la ayuda que le ofrecí porque es muy orgulloso.*

desdicha (des-**di**-cha) sustantivo femenino

Desgracia, adversidad. *Tuvo la desdicha de perderlo cuando lo acababa de encontrar.* **SIN.** Infortunio, desventura **ANT.** Dicha.

desear (de-se-**ar**) verbo

1. Querer tener o hacer una cosa. *Los pueblos desean la paz.* **SIN.** Ambicionar, ansiar, anhelar. **ANT.** Desdeñar, rechazar.

2. Querer que pase o que no pase algo. *Deseo que llueva para que crezcan mis flores.*

desechable (de-se-**cha**-ble) adjetivo

Se dice de los objetos que solo se usan una vez. *Vete a la farmacia y compra pañales desechables.*

desechar (de-se-**char**) verbo

1. Rechazar a una persona o cosa. *Desecharon a varios candidatos al cargo.* **SIN.** Apartar, excluir, repudiar. **ANT.** Aceptar, acoger.

2. Hacer poco caso y aprecio. *Desechó mis recomendaciones y así le fue.* **SIN.** Menospreciar, despreciar, desdeñar.

3. Dejar una cosa por inservible. *Deseché la gabardina porque estaba muy vieja.*

desecho (de-se-cho) sustantivo masculino

1. Residuo que queda después de haber escogido lo mejor. *Cribaban las lentejas en la era y luego barrían los desechos.* **SIN.** Escoria, sobras, residuos.

2. Desperdicio, restos, basura. *Echa los desechos de la comida al cubo de la basura.*

✎ No debe confundirse con *deshecho*, del verbo *deshacer*.

desembalar (de-sem-ba-**lar**) verbo

Deshacer un paquete. *Ten cuidado al desembalar la caja; es una vajilla y se puede romper.*

desembarcar (de-sem-bar-**car**) verbo

Salir de un barco los pasajeros o sacar el cargamento. *Estaban desembarcando los equipajes en el puerto. Desembarcamos en Ceuta.* **SIN.** Descender, abandonar. **ANT.** Embarcar.

✎ Se conjuga como *abarcar*.

desembocadura

(de-sem-bo-ca-**du**-ra) sustantivo femenino

1. Lugar donde el agua de un río, un canal, etc., va a parar a otro, al mar o a un lago. *Estuvimos pescando en la desembocadura del río Segura.* **SIN.** Estuario, delta.

2. Se dice de la salida de las calles. *Vive en la desembocadura de esas dos calles.* **SIN.** Confluencia.

desembocar (de-sem-bo-**car**) verbo

1. Salir por un sitio estrecho. *Este pasadizo desemboca en una pequeña cueva.*

2. Verterse el agua de un río, canal, etc., en otro, en el mar o en un lago. *El Duero desemboca en el Atlántico.* **SIN.** Verter, afluir.

3. Tener una calle salida a otra, a una plaza o a otro lugar. *Esa calle desemboca en la plaza Mayor.* **SIN.** Dar a, terminar en.

✎ Se conjuga como *abarcar*.

desembolso - desengaño

desembolso

(de-sem-**bol**-so) sustantivo masculino

Entrega de dinero efectivo y al contado. *Hizo un fuerte desembolso para pagar la joya.* **SIN.** Pago.

desempeñar (de-sem-pe-**ñar**) verbo

1. Recuperar lo que estaba empeñado. *Le presté dinero a mi primo para que desempeñara las joyas de la familia.* **SIN.** Rescatar.

2. Hacer el trabajo propio de un empleo, oficio o cargo. *Desempeña bien su tarea como portero.* **SIN.** Hacer, ejercer.

desempleo

(de-sem-**ple**-o) sustantivo masculino

Situación de quien no tiene trabajo, deseando tenerlo. *Acudió a pedir trabajo a la oficina de desempleo.* **SIN.** Paro.

desencadenar

(de-sen-ca-de-**nar**) verbo

1. Soltar lo que está atado con cadenas. *Desencadena el ganado, vamos a llevarlo al campo.* **SIN.** Soltar. **ANT.** Aprisionar.

2. Provocar, causar. *Su falta de tacto desencadenó una fuerte discusión entre ellos.* **SIN.** Desatar.

3. desencadenarse Estallar con violencia las fuerzas naturales. *Se desencadenó una fuerte tormenta.* **SIN.** Desatarse, estallar. **ANT.** Calmarse.

desencajar (de-sen-ca-**jar**) verbo

1. Salirse algo de su sitio. *Se desencajó la mandíbula.* **SIN.** Descoyuntar(se), dislocar(se).

2. desencajarse Notarse en la cara la inquietud. *Al verme entrar se desencajó, pensó que no me atrevería a ir.* **SIN.** Demudarse.

desencanto

(de-sen-**can**-to) sustantivo masculino

Desilusión, desengaño. *Sufrió un gran desencanto al enterarse de que la excur-sión se había suspendido.* **SIN.** Chasco, decepción.

desenchufar (de-sen-chu-**far**) verbo

Separar o desconectar lo que está enchufado. *Desenchufa el radiador, hace demasiado calor aquí.* **SIN.** Desacoplar, interrumpir. **ANT.** Conectar, enchufar.

desencriptar (de-sen-crip-**tar**) verbo

En informática, utilizar las claves adecuadas para descifrar la información que previamente ha sido codificada con el fin de evitar que otras personas puedan acceder a ella. *Es conveniente proteger el ordenador con un programa que ofrezca la posibilidad de encriptar, desencriptar y borrar con seguridad los datos.*

desenfundar (de-sen-fun-**dar**) verbo

Quitar la funda a alguna cosa o sacarla de ella. *Desenfundó la escopeta para limpiarla.* **SIN.** Soltar, desenvainar. **ANT.** Enfundar.

desenganchar (de-sen-gan-**char**) verbo

1. Soltar una cosa que está trabada. *El maquinista desenganchó el vagón.* **SIN.** Soltar(se).

2. desengancharse Conseguir vencer la dependencia de una droga. *Está en tratamiento para desengancharse de la heroína.*

desengañar (de-sen-ga-**ñar**) verbo

1. Darse cuenta o hacer reconocer el engaño o el error. *Desengáñate, has cometido un error.*

2. Perder o quitar esperanzas o ilusiones. *Se desengañó de sus amigos al ver que ninguno le echaba una mano.* **SIN.** Decepcionar(se). **ANT.** Animar(se), ilusionar(se).

desengaño

(de-sen-**ga**-ño) sustantivo masculino

1. Conocimiento de la verdad con que se sale del error en que se estaba. *Su desengaño le hizo ver claramente que aquella no era la manera de llevar el negocio.*

2. Impresión que recibe alguien cuando la realidad contradice las esperanzas que tenía puestas en una persona o en una cosa. *Sufrió un desengaño muy grande cuando su novia se fue sin despedirse.* **SIN.** Decepción.

desenlace

(de-sen-**la**-ce) sustantivo masculino

1. Solución que toma un asunto. *El desenlace de la discusión fue positivo.*

2. Final de una obra de teatro o de una novela. *Este libro tiene un desenlace muy trágico.*

desenmarañar

(de-sen-ma-ra-**ñar**) verbo

Deshacer el enredo y dejar claro un asunto. *Su madre desenmarañó lo sucedido y por fin se supo la verdad.* **SIN.** Desembrollar.

desenmascarar

(de-sen-mas-ca-**rar**) verbo

Poner al descubierto los propósitos o sentimientos ocultos de una persona. *Desenmascaró sus intenciones.* **SIN.** Mostrar.

desenredar (de-sen-re-**dar**) verbo

Poner orden en las cosas que están confusas, enredadas o complicadas. *Desenredó la situación y se supo quién era el culpable.*

desenrollar (de-sen-ro-**llar**) verbo

Desplegar lo que está enrollado. *Desenrolla el póster para ponerlo en la pared.*

desenroscar

(de-sen-ros-**car**) verbo

1. Extender lo que está enroscado. *Desenrosca esa espiral de alambre.* **SIN.** Desenrollar(se).

2. Sacar aquello que se ha introducido a vuelta de rosca. *Si desenros-

cas los tornillos, se soltará la tapa.* **SIN.** Desatornillar(se).

✎ Se conjuga como *abarcar*.

desentenderse

(de-sen-ten-**der**-se) verbo

1. Fingir que no se entiende una cosa. *Se hace el tonto y se desentiende de lo que no le interesa.*

2. No tomar parte en un asunto. *Se desentendió del problema y nos tocó todo a nosotros.* **SIN.** Inhibirse, zafarse. **ANT.** Atender.

✎ Verbo irregular, se conjuga como *entender*.

desenterrar (de-sen-te-**rrar**) verbo

1. Sacar lo que está debajo de tierra. *El perro desenterró un hueso.* **ANT.** Enterrar, ocultar.

2. Volver a hablar de cosas que ya han sido olvidadas. *No le gusta que desenterremos su pasado.*

✎ Verbo irregular, se conjuga como *acertar*.

desentonar

(de-sen-to-**nar**) verbo

1. Llamar la atención una persona o cosa por no estar acorde con su entorno. *Desentonó del resto de los invitados por su vestimenta.* **SIN.** Chocar, deslucir. **ANT.** Pegar.

2. Sonar fuera de tono la voz o un instrumento musical. *Había una voz en el coro que desentonaba.* **SIN.** Desafinar. **ANT.** Afinar.

desentrañar (de-sen-tra-**ñar**) verbo

Penetrar en lo más difícil de una materia o problema. *Logró desentrañar el misterio de aquel viejo pasadizo.* **SIN.** Resolver.

desenvainar

(de-sen-vai-**nar**) verbo

Sacar de la vaina un arma. *El caballero desenvainó su espada y su atacante huyó.* **SIN.** Desenfundar.

desenvoltura

(de-sen-vol-**tu**-ra) sustantivo femenino

1. Agilidad. *Hace los ejercicios de gimnasia con mucha desenvoltura.* **SIN.** Gracia, soltura.

2. Soltura en la forma de expresarse. *Tiene mucha desenvoltura y es agradable charlar con ella.*

desenvolver (de-sen-vol-**ver**) verbo

1. Desempaquetar lo que está envuelto. *Desenvuelve el regalo para ver qué es.* **ANT.** Envolver.

2. desenvolverse Actuar con habilidad. *Se desenvuelve muy bien en ese trabajo.*

✎ Verbo irregular, se conjuga como *mover*.

deseo (de-se-o) sustantivo masculino

Ganas de conocer a una persona o de ver una cosa, de poseerla o de disfrutarla. *Su deseo era ganar el primer premio.*

desequilibrar (de-se-qui-li-**brar**) verbo

Perder o hacer perder el equilibrio físico o mental. *Se desequilibró en el trapecio y cayó a la red. Aquel trágico suceso le desequilibró.* **SIN.** Descompensar(se).

desertar (de-ser-**tar**) verbo

1. Abandonar un soldado el ejército en el que milita. *Varios soldados del ejército enemigo han desertado.* **SIN.** Escapar, huir.

2. Abandonar las obligaciones, los ideales, la amistades, etc. *Desertó de su investigación porque estaba muy desilusionado.*

desértico, desértica

(de-**sér**-ti-co) adjetivo

1. Que se refiere o pertenece al desierto. *La región tenía un clima desértico.* **SIN.** Árido, yermo.

2. Se dice del lugar en el que no vive ninguna o casi ninguna persona. *Era un lugar desértico, en el que no vivía nadie.* **SIN.** Desierto, despoblado.

desertor, desertora

(de-ser-**tor**) sustantivo

Soldado que abandona el ejército o persona que deja de lado su antiguo ideal o las amistades que solía tener. *No pudo volver a su país porque era un desertor.* **SIN.** Prófugo, tránsfuga.

desesperación

(de-ses-pe-ra-**ción**) sustantivo femenino

1. Pérdida de las esperanzas que se tenían. *Sentía una gran desesperación al ver que el negocio se iba a la ruina.* **SIN.** Desaliento.

2. Gran alteración producida en una persona por un mal irreparable. *Cayó en la desesperación tras la muerte de su hijo.* **SIN.** Consternación, impotencia.

desesperanzar

(de-ses-pe-ran-**zar**) verbo

1. Quitar las esperanzas. *Le desesperanzó ver que tenía a todos en su contra.* **SIN.** Desalentar, desengañar. **ANT.** Alentar, animar.

2. desesperanzarse Quedarse sin esperanza. *Se desesperanzó y no siguió con el proyecto.* **SIN.** Desesperarse, desmoralizarse.

✎ Se conjuga como *abrazar*.

desesperar (de-ses-pe-**rar**) verbo

1. Desesperanzar. *Después de haber suspendido tres veces, casi desesperó de aprobar ese examen.* **SIN.** Desconfiar, recelar.

2. Perder o hacer perder la paciencia. *Se desesperó al ver que el tren llegaba con retraso.*

desfachatez

(des-fa-cha-**tez**) sustantivo femenino

Descaro, desvergüenza. *Tuvo la desfachatez de ir a la fiesta sin que la hubieran invitado.* **SIN.** Frescura.

✎ Su plural es *desfachateces*.

desfalcar (des-fal-**car**) verbo

Quedarse alguien con el dinero que le habían dado para administrar. *Aquel empleado desfalcó varios millones al banco en el que trabajaba.* **SIN.** Defraudar, malversar.

✎ Se conjuga como *abarcar*.

desfallecer (des-fa-lle-**cer**) verbo

1. Perder o disminuir las fuerzas. *La resistencia de los jugadores desfallecía a medida que iba avanzando el partido.* **SIN.** Debilitarse, flaquear, extenuarse. **ANT.** Recuperarse, recobrarse.

2. Desmayarse. *Llevaba tantos días a dieta que casi desfallece.*

3. Perder el ánimo. *Su familia le apoyaba para que no desfalleciera y siguiera adelante con sus estudios.* **SIN.** Desanimarse.

✎ Verbo irregular, se conjuga como *parecer*.

desfase

(des-**fa**-se) sustantivo masculino

Falta de correspondencia respecto a las modas, condiciones o circunstancias del momento. *Se produjo un desfase entre los sueldos y los precios.*

desfigurar (des-fi-gu-**rar**) verbo

1. Afear el aspecto. *El puñetazo le desfiguró la cara.* **SIN.** Deformar(se). **ANT.** Arreglar(se).

2. Hacer perder a una cosa su forma propia. *Desfiguró el jersey de tanto estirarlo.* **SIN.** Deformar.

3. Disfrazar y encubrir con apariencia diferente la cara, las intenciones, etc. *Se desfiguró la cara para que no le reconocieran sus perseguidores.* **SIN.** Enmascarar.

4. Contar una cosa alterando sus verdaderas circunstancias. *Desfiguró los hechos para que no se supiera la verdad.* **SIN.** Falsear.

desfiladero

(des-fi-la-**de**-ro) sustantivo masculino

Paso estrecho entre montañas. *Las tropas atravesaron el desfiladero.* **SIN.** Garganta, angostura.

desfilar (des-fi-**lar**) verbo

1. Ir en fila uno tras otro. *Las modelos desfilaron por la pasarela.*

2. Pasar las tropas ante el rey, un personaje importante, etc. *Los soldados desfilaron por las calles de la ciudad.* **SIN.** Marchar.

desfogar (des-fo-**gar**) verbo

Exteriorizar con pasión un sentimiento. *Desfogó conmigo su enfado.* **SIN.** Desahogar(se).

✎ Se conjuga como *ahogar*.

desgajar (des-ga-**jar**) verbo

1. Arrancar o desprenderse con fuerza la rama del tronco de donde nace. *Una rama del árbol se desgajó a causa del viento.*

2. desgajarse Apartarse, desprenderse una cosa de otra. *De este tema se desgajan otros.*

desgana (des-**ga**-na) sustantivo femenino

1. Falta de ganas de comer. *Tiene mucha desgana, no quiere comer nada.* **SIN.** Inapetencia.

2. Falta de interés. *Hablaba con desgana.* **SIN.** Apatía, indolencia, indiferencia. **ANT.** Energía.

desgarrar (des-ga-**rrar**) verbo

Rasgar, romper con fuerza. *Se desgarró el pantalón al engancharse en un alambre.*

desgastar (des-gas-**tar**) verbo

Consumir o estropear algo por el uso, el tiempo, el roce, etc. *Se desgastaron las ruedas del coche.*

desglosar (des-glo-**sar**) verbo

Separar, apartar una cuestión de otras. *Desglosó el tema en varios puntos.* **ANT.** Englobar.

desgracia (des-**gra**-cia) sustantivo femenino
Suceso que causa dolor. *Su muerte fue una desgracia para todos.* **SIN.** Desastre, mal, desdicha, daño. **ANT.** Suerte, dicha.

desgreñar (des-gre-**ñar**) verbo
Desordenar el cabello. *El viento le desgreñó todo el peinado.* **SIN.** Despeinar(se), desmelenar(se).

desguazar (des-gua-**zar**) verbo
Desmontar un barco, avión, automóvil, etc. para chatarra. *Desguazaron la avioneta.* **SIN.** Desarmar. **ANT.** Montar.
✎ Se conjuga como *abrazar*.

deshacer (des-ha-**cer**) verbo
1. Destruir lo que está hecho. *Como no le gustaba el color, deshizo el jersey.* **SIN.** Desarmar, desmontar.
2. Convertir una sustancia sólida en líquida. *Se deshizo el hielo.* **SIN.** Derretir(se). **ANT.** Solidificar(se).
3. Hacer huir a un ejército, banda, etc. *La Policía deshizo un comando terrorista.* **SIN.** Vencer.
4. deshacerse de algo expresión Desprenderse de ello. *Me quiero deshacer de la ropa vieja.*
✎ Verbo irregular, se conjuga como *hacer*.

desharrapado, desharrapada
(des-ha-rra-**pa**-do) adjetivo y sustantivo
Andrajoso, roto y vestido de harapos. *Iba por la calle todo desharrapado.* **SIN.** Harapiento, zarrapastroso. **ANT.** Pulcro.
✎ También *desarrapado*.

deshelar (des-he-**lar**) verbo
Hacerse líquido lo que está helado. *Los cubitos se deshelaron fuera de la nevera.* **SIN.** Fundir(se), derretir(se). **ANT.** Helar(se).
✎ Verbo irregular, se conjuga como *acertar*.

desheredar (des-he-re-**dar**) verbo
Excluir a una persona de una herencia. *Desheredó a todos sus familiares y dejó su fortuna a una sociedad benéfica.* **ANT.** Legar.

deshidratar (des-hi-dra-**tar**) verbo
Privar a un cuerpo u organismo del agua que contiene o necesita. *El calor era tan excesivo que casi se deshidrata.* **SIN.** Resecar(se).

deshilachar (des-hi-la-**char**) verbo
Desprenderse los hilos de un tejido. *Se está deshilachando el forro de la falda.* **SIN.** Desflecar(se).

deshinchar
(des-hin-**char**) verbo
1. Quitar o desaparecer la hinchazón. *Aún me duele la muela, pero la cara ya se me ha deshinchado.* **SIN.** Desinflamar(se).
2. Sacar o salirse el aire de una cosa que está inflada. *Se deshincharon las ruedas de la bici y tuve que llevarla al taller.* **SIN.** Desinflar(se). **ANT.** Inflar(se).
3. deshincharse Abandonar la actitud de orgullo y vanidad. *Dijo que iba a ganar con facilidad, pero en cuanto vio que los demás eran mejores que él, se deshinchó.*
4. deshincharse Desanimarse. *Empezó el trabajo con ganas, pero se deshinchó enseguida.*

deshojar (des-ho-**jar**) verbo
1. Quitar las hojas a una planta o los pétalos a una flor. *Estuvo deshojando una margarita.*
2. Quitar las hojas de un libro, cuaderno, etc. *Deshojó su diario para que nadie lo pudiera leer.*

deshollinador, deshollinadora
(des-ho-lli-na-**dor**) adjetivo y sustantivo
Que limpia las chimeneas. *El deshollinador tuvo que subir al tejado.*

deshonor (des-ho-**nor**) sustantivo masculino
Afrenta, deshonra. *Tuvo que soportar el deshonor de la derrota.* **SIN.** Agravio, oprobio, ultraje.

deshonra (des-**hon**-ra) sustantivo femenino
Pérdida de la honra. *Fue una deshonra para él haber quedado el último en la carrera.* **SIN.** Afrenta, humillación. **ANT.** Prestigio.

deshora (des-**ho**-ra) sustantivo femenino
Tiempo inoportuno para algo. *Siempre llama por teléfono a deshora, cuando ya estamos todos acostados.*

desidia (de-**si**-dia) sustantivo femenino
Falta de esfuerzo e interés. *Tiene una gran desidia para el estudio.* **SIN.** Descuido, dejadez, pereza. **ANT.** Dedicación, aplicación.

desierto, desierta (de-**sier**-to) adjetivo
1. Despoblado, deshabitado. *La calle estaba desierta.* **SIN.** Desértico, solitario, yermo, vacío. **ANT.** Poblado, fértil, habitado.
2. sustantivo masculino Lugar despoblado y con poca o ninguna vegetación. *Una caravana de camellos atravesó el inmenso desierto del Sáhara en pleno mes de agosto.* **SIN.** Erial, estepa. **ANT.** Campo, vergel.

designar (de-sig-**nar**) verbo
1. Nombrar una cosa o representarla con otra. *Designamos lo desconocido con la letra X.* **SIN.** Indicar, denominar.
2. Destinar para un determinado fin o nombrar para un cargo. *Designaron a mi padre embajador en Londres.* **SIN.** Dedicar, elegir.

desigualdad
(de-si-gual-**dad**) sustantivo femenino
1. Aquello que hace que una cosa no sea igual a otra. *Hay mucha desigualdad en la calidad de estos productos.* **SIN.** Diferencia, desemejanza. **ANT.** Similitud.

2. Montículo o hundimiento en el terreno. *Aquel prado era malo de segar porque tenía muchas desigualdades.* **SIN.** Desnivel, desproporción.

desilusión
(de-si-lu-**sión**) sustantivo femenino
1. Pérdida de la ilusión por alguna cosa. *Alicia trataba de no perder el ánimo, pero su desilusión iba en aumento.* **SIN.** Desesperanza, frustración. **ANT.** Ánimo.
2. Desengaño, conocimiento de la verdad. *Se llevó una gran desilusión al ver que su novio no la quería.* **SIN.** Decepción, desencanto.

desinencia
(de-si-**nen**-cia) sustantivo femenino
Terminación que se añade a la raíz de una palabra para indicar género, número, persona, tiempo, modo, etc. *Com- es la raíz de comer y -er, la desinencia.*

desinfectar (de-sin-fec-**tar**) verbo
Quitar la infección o evitar los gérmenes dañinos. *Tienes que desinfectarte la herida.* **SIN.** Esterilizar(se), higienizar(se). **ANT.** Contaminar(se), infectar(se).

desinflar (de-sin-**flar**) verbo
1. Sacar el aire del cuerpo flexible que lo contenía. *Cuando fui a recoger el balón, vi que se había desinflado.* **SIN.** Deshinchar(se). **ANT.** Hinchar(se), inflar(se).
2. Desanimar. *Al ver que tenía tan pocas posibilidades de ganar, se desinfló.* **SIN.** Desmoralizar(se).

desintegrar
(de-sin-te-**grar**) verbo
Separar los elementos que componen un todo. *La nave espacial se desintegró al llegar a la atmósfera.* **SIN.** Disgregar(se), desaparecer. **ANT.** Materializar(se).

desinterés

(de-sin-te-**rés**) sustantivo masculino

1. Falta de interés de todo provecho personal. *Trabaja como voluntario de una organización, con desinterés.* **SIN.** Generosidad. **ANT.** Interés, egoísmo.
2. Falta de aplicación y cuidado a la hora de hacer algo. *Trabaja con mucho desinterés, por eso lo deja todo a medias.* **SIN.** Apatía.

desistir (de-sis-**tir**) verbo

Cesar en la intención de hacer algo. *Desistió de su empeño al primer contratiempo.* **SIN.** Renunciar, abandonar. **ANT.** Insistir.

deslavazado, deslavazada

(des-la-va-**za**-do) adjetivo

Se dice de la charla o discurso que no tiene unidad ni coherencia en sus partes. *La conferencia fue muy deslavazada y no se seguía bien.* **SIN.** Desunido, incoherente.

desligar (des-li-**gar**) verbo

1. Desatar las ataduras. *Me desligué de ellos porque no me gusta su actitud.* **SIN.** Desanudar(se), separar(se). **ANT.** Atar(se), unir(se).
2. Liberar de una obligación. *Le desligó de hacer la guardia.*
✎ Se conjuga como *ahogar.*

deslindar (des-lin-**dar**) verbo

1. Señalar los límites o lindes de algo. *Deslindaron las fincas.*
2. Aclarar bien una cosa para que no haya lugar a confusiones. *Deslindó bien el tema.*

desliz (des-**liz**) sustantivo masculino

1. Deslizamiento, resbalón. *Sufrió un desliz en el hielo.*
2. Falta que se comete por descuido. *Por un pequeño desliz se fue al traste todo su trabajo.* **SIN.** Ligereza, error. **ANT.** Acierto.
✎ Su plural es *deslices.*

deslizar (des-li-**zar**) verbo

1. Pasar una cosa sobre otra tocándola suavemente. *Para quitar el polvo deslizó un paño por los muebles.* **SIN.** Resbalar(se).
2. Decir o hacer una cosa con descuido y sin intención. *Entre esos papeles se deslizó una factura que no tenía nada que ver.*
3. deslizarse Irse de un lugar procurando que nadie se entere. *Se deslizó hábilmente de la fiesta.* **SIN.** Escabullirse.
✎ Se conjuga como *abrazar.*

deslucir (des-lu-**cir**) verbo

Quitar la gracia o atractivo a una cosa. *Las nubes deslucieron el día de playa.* **SIN.** Gastar(se), deslustrar(se).
✎ Verbo irregular, se conjuga como *lucir.*

deslumbrar (des-lum-**brar**) verbo

1. Cegar la vista con demasiada luz. *Las luces de un coche nos deslumbraron.* **SIN.** Refulgir.
2. Dejar a alguien admirado, confuso o perplejo. *Deslumbró a todo el mundo con su belleza.*

desmarcarse (des-mar-**car**-se) verbo

En el fútbol y otros deportes, situarse un jugador en un lugar en el que no tenga ningún contrincante que le cubra. *El delantero se desmarcó por la banda.*
✎ Se conjuga como *abarcar.*

desmayo

(des-**ma**-yo) sustantivo masculino

Pérdida del sentido y las fuerzas. *El ambiente estaba tan cargado que sufrió un desmayo.*

desmejorar (des-me-jo-**rar**) verbo

Ir perdiendo la salud. *Desmejoró mucho a causa de su enfermedad.* **SIN.** Empeorar, agravarse, demacrarse. **ANT.** Recuperarse.

desmembrar (des-mem-**brar**) verbo

Separar una cosa de otra. *La sociedad se desmembró por falta de acuerdo.* **SIN.** Dividir(se).

✎ Verbo irregular, se conjuga como *acertar.*

desmemoriado, desmemoriada (des-me-mo-**ria**-do) adjetivo y sustantivo

Se dice de la persona que olvida o pierde la memoria fácilmente. *Eres muy desmemoriada, te dejas todo en cualquier sitio.*

desmentir (des-men-**tir**) verbo

Demostrar la falsedad de un hecho o dicho. *Dijo que había paz, pero la realidad desmentía sus palabras.* **SIN.** Negar. **ANT.** Confirmar.

✎ Verbo irregular, se conjuga como *sentir.*

desmenuzar (des-me-nu-**zar**) verbo

1. Deshacer una cosa, dividiéndola en trozos muy pequeños. *Desmenuza el pescado para echarlo en la sopa.* **SIN.** Triturar.

2. Examinar una cosa con mucho cuidado y atención. *Desmenuzó las ventajas con todo detalle.*

✎ Se conjuga como *abrazar.*

desmerecer (des-me-re-**cer**) verbo

Perder una cosa parte de su mérito o valor. *La comida desmerece mucho con esta presentación tan mala.* **SIN.** Desvalorizar.

✎ Verbo irregular, se conjuga como *parecer.*

desmesurado, desmesurada (des-me-su-**ra**-do) adjetivo

Enorme, desproporcionado. *Recibió un castigo desmesurado para lo que hizo.* **SIN.** Exagerado.

desmontar (des-mon-**tar**) verbo

1. Separar las piezas de una cosa. *Desmontó el motor del coche para ver qué pieza estaba mal.*

2. Bajar alguien de un caballo, de un medio de transporte, etc. *Desmonta del caballo, está muy cansado.* **SIN.** Apearse. **ANT.** Montar.

desmoralizarse (des-mo-ra-li-**zar**-se) verbo

Desanimarse, perder el ánimo o la ilusión. *Se desmoralizó y dejó el equipo de baloncesto.* **SIN.** Desalentarse. **ANT.** Animarse.

✎ Se conjuga como *abrazar.*

desmoronar (des-mo-ro-**nar**) verbo

1. Deshacer y arruinar poco a poco los edificios. *Se desmoronó la vieja muralla.* **SIN.** Desplomar(se). **ANT.** Construir, levantar.

2. desmoronarse Venir a menos algo. *El Imperio romano se desmoronó.* **SIN.** Hundirse.

desnivel (des-ni-**vel**) sustantivo masculino

1. Falta de proporción. *Hay gran desnivel entre los sueldos y el coste de la vida.* **SIN.** Desproporción.

2. Diferencia de alturas entre dos a más puntos. *Ese puerto de montaña tiene un gran desnivel.* **SIN.** Cuesta, declive, pendiente.

desnudo, desnuda (des-**nu**-do) adjetivo

1. Que no lleva puesto ningún vestido o va con muy poca ropa. *Le gusta dormir desnudo.*

2. Sin adornos. *Pon algún cuadro en la pared; tan desnuda, está fea.*

3. Sin rodeos ni dobleces. *Nos dijo la verdad desnuda, tal y como fue.*

4. sustantivo masculino En pintura y escultura, figura humana desnuda. *Goya pintó un desnudo muy famoso.*

desnutrición (des-nu-tri-**ción**) sustantivo femenino

Debilitación del cuerpo a causa de una alimentación insuficiente. *Muchos niños del Tercer Mundo padecen desnutrición.*

desobedecer (de-so-be-de-**cer**) verbo
No hacer alguien lo que ordenan las leyes o los superiores. *Desobedeció sus órdenes y le castigó a no salir el fin de semana.* **SIN.** Incumplir. **ANT.** Obedecer, acatar.
✎ Verbo irregular, se conjuga como *parecer*.

desocupar (de-so-cu-**par**) verbo
1. Dejar libre un lugar o el interior de una cosa. *Tenían que desocupar el piso para finales de mes.* **SIN.** Desalojar. **ANT.** Ocupar.
2. desocuparse Librarse de alguna ocupación o trabajo. *Me desocupé de la reunión porque dijo que ella se encargaría de todo.*

desodorante
(de-so-do-**ran**-te) sustantivo masculino
Producto que sirve para combatir el olor del sudor. *Compró un desodorante para los pies.*

desoír (de-so-**ír**) verbo
1. No atender. *Desoyó mi petición y no me echó una mano.*
2. No prestar atención a los consejos o advertencias. *Eso te pasó por desoír sus consejos.*
✎ Verbo irregular, se conjuga como *oír*.

desolar (de-so-**lar**) verbo
1. Asolar, destruir. *Las tropas desolaron las aldeas fronterizas.* **SIN.** Arrasar. **ANT.** Construir.
2. desolarse Afligirse, sentir angustia. *Se desoló al conocer la mala noticia.* **SIN.** Apenarse.
✎ Verbo irregular, se conjuga como *contar*.

desollar (de-so-**llar**) verbo
Quitar la piel del cuerpo de un animal. *Está en el corral desollando el conejo.* **SIN.** Despellejar.
✎ Verbo irregular, se conjuga como *contar*.

desorbitado, desorbitada
(de-sor-bi-**ta**-do) adjetivo
Se dice de lo que es excesivo. *Me gustaba mucho ese pantalón, pero su precio es desorbitado.*

desorden (de-sor-**den**) sustantivo masculino
1. Falta de colocación u organización de algo. *Su mesa era un completo desorden, con todos los papeles desparramados.* **SIN.** Desorganización, caos, desbarajuste. **ANT.** Orden, organización.
2. Situación social de violencia y alteración del orden público. *Los hinchas del equipo visitante produjeron grandes desórdenes.* **SIN.** Bullicio, follón, lío.

desorganizar
(de-sor-ga-ni-**zar**) verbo
Deshacer una organización o un orden existente. *La misión de nuestro agente era desorganizar el espionaje enemigo.* **SIN.** Desordenar. **ANT.** Estructurar, ordenar.
✎ Se conjuga como *abrazar*.

desorientar (de-so-rien-**tar**) verbo
1. Hacer perder la orientación o el rumbo. *Nos desorientamos en el monte porque nos salimos del sendero.* **SIN.** Extraviar(se), perder(se). **ANT.** Orientar(se), guiar(se).
2. Confundir a alguien. *Tu actitud me desorienta, no sé lo que piensas en realidad.* **SIN.** Trastornar(se), desconcertar(se).

despabilar (des-pa-bi-**lar**) verbo
1. Avivar la astucia y la inteligencia. *Le vino bien relacionarse con otros niños porque se despabiló mucho.* **SIN.** Espabilar(se), despertar(se). **ANT.** Atontar(se).
2. despabilarse Despertarse. *Estaba medio dormido, pero me despabilé cuando sonó el teléfono.*

despachar - despedir

despachar (des-pa-**char**) verbo

1. Resolver una cosa o tomar alguna decisión. *En la reunión, despachamos algunos asuntos pendientes.* **SIN.** Tramitar.

2. Atender el dependiente a los clientes. *Nos despachó un dependiente muy atento.*

3. despacharse Decir alguien todo lo que quiere decir. *Se despachó a gusto y dijo todo lo que pensaba.*

despacho (des-**pa**-cho) sustantivo masculino

1. Habitación de una casa destinada a los negocios o al estudio. *Fui al despacho del abogado.* **SIN.** Bufete, oficina, consulta.

2. Lugar donde se vende algo. *Trabaja en el despacho de pan de la esquina.* **SIN.** Tienda, puesto, establecimiento.

3. Mensaje escrito. *Recibió un despacho urgente.* **SIN.** Cable, comunicado, carta, circular.

despacio (des-**pa**-cio) adverbio

Poco a poco, con lentitud. *Conduce despacio por precaución.* **SIN.** Paulatinamente, lentamente. **ANT.** Rápidamente.

despampanante

(des-pam-pa-**nan**-te) adjetivo

Se dice de la persona o cosa que llama mucho la atención. *Se presentó con un coche despampanante.* **SIN.** Asombroso, sorprendente, impresionante. **ANT.** Insignificante, corriente.

desparejado, desparejada

(des-pa-re-**ja**-do) adjetivo

Sin pareja. *Este calcetín está desparejado, no encuentro el otro.*

desparpajo

(des-par-**pa**-jo) sustantivo masculino

Desenvoltura y gracia para hacer o decir una cosa. *Contaba chistes con mucho desparpajo.* **SIN.** Descaro, insolencia, frescura. **ANT.** Respeto, timidez.

desparramar (des-pa-rra-**mar**) verbo

Extender una cosa. *Se le cayó el plato y las lentejas se desparramaron por el suelo.* **SIN.** Diseminar(se), esparcir(se). **ANT.** Juntar(se), unir(se).

despecho (des-**pe**-cho) sustantivo masculino

Disgusto o enfado causado por el fracaso de algún proyecto. *No asistió a su fiesta por despecho.* **SIN.** Resentimiento, rencor.

despectivo, despectiva

(des-pec-**ti**-vo) adjetivo

1. Despreciativo, desdeñoso. *Habló de nuestro trabajo en un tono muy despectivo.* **SIN.** Altivo, engreído. **ANT.** Atento, solícito.

2. adjetivo y sustantivo masculino Terminación que se añade a una palabra para indicar idea de desprecio. *El sufijo -ucha de casucha es un despectivo.*

despedazar (des-pe-da-**zar**) verbo

Hacer pedazos un cuerpo o maltratar algunas cosas no materiales. *Despedazaron la vieja mesa de madera.* **SIN.** Descuartizar(se), desgarrar(se). **ANT.** Juntar(se), unir(se).

✎ Se conjuga como *abrazar*.

despedir (des-pe-**dir**) verbo

1. Echar a una persona de un trabajo. *Despidió al chófer porque corría demasiado.* **SIN.** Expulsar, destituir. **ANT.** Readmitir.

2. Acompañar a alguien que se marcha para decirle adiós. *Mis amigos me despidieron en la estación.* **ANT.** Recibir.

3. Arrojar lejos de sí una cosa. *Despidió el balón con fuerza.* **SIN.** Echar, lanzar.

4. despedirse Emplear unas palabras o gestos corteses para decir adiós a alguien. *Se fue nada más despedirse porque tenía prisa.*

✎ Verbo irregular, se conjuga como *pedir*.

despegar (des-pe-**gar**) verbo

1. Separar dos cosas que están pegadas. *Despegó el sello del sobre para su colección.* **ANT.** Pegar.

2. Separarse del suelo un avión cuando va a iniciar el vuelo. *El avión tuvo problemas para despegar a causa del mal tiempo.*

✎ Se conjuga como *ahogar*.

despeinar (des-pei-**nar**) verbo

Deshacer el peinado. *Con tanto viento, se despeinó.*

despejar (des-pe-**jar**) verbo

1. Desocupar un sitio o espacio. *Despeja la mesa de papeles, me voy a poner con el mural.*

2. Aclarar algo. *Con sus declaraciones, despejó todas las dudas sobre el caso.* **SIN.** Desembrollar. **ANT.** Embrollar.

3. En el fútbol y otros deportes, desviar la pelota de la propia portería. *El portero despejó bien la pelota y evitó el gol.*

4. despejarse Divertirse, descansar. *Dijo que iba a dar un paseo para despejarse.*

5. despejarse Calmarse el tiempo y desaparecer las nubes. *Parece que se está despejando la tarde.*

despellejar

(des-pe-lle-**jar**) verbo

1. Quitar la piel. *Se negaba a despellejar la liebre porque le daba mucha pena.* **SIN.** Desollar.

2. Murmurar de alguien con mala intención. *Era muy cotilla y se pasaba el día despellejando a los demás.* **SIN.** Criticar.

despenalizar (des-pe-na-li-**zar**) verbo

Hacer legal algo que antes era delito. *Han decidido despenalizar el comercio de ese producto.*

✎ Se conjuga como *abrazar*.

despensa (des-**pen**-sa) sustantivo femenino

Lugar de la casa donde se guardan las cosas comestibles. *La cocina es bastante grande y tiene una despensa en la que caben muchas cosas.* **SIN.** Alacena.

despeñar (des-pe-**ñar**) verbo

Caer desde lo alto. *El pobre animal se despeñó por el precipicio.*

desperdiciar (des-per-di-**ciar**) verbo

1. Emplear mal una cosa. *No desperdicies todos tus ahorros en chucherías.* **SIN.** Despilfarrar.

2. No aprovechar algo debidamente. *No sabe comer el pescado, desperdicia más de la mitad.* **SIN.** Desaprovechar, malgastar.

✎ Se conjuga como *cambiar*.

desperdicio

(des-per-**di**-cio) sustantivo masculino

1. Residuo que no se puede aprovechar o se deja perder. *Tira los desperdicios de la comida a la basura.* **SIN.** Sobra, resto, desecho, basura.

2. Derroche de alguna cosa. *¡Emplear el dinero en eso, vaya desperdicio!* **SIN.** Despilfarro.

desperdigar (des-per-di-**gar**) verbo

Separar, esparcir. *El aire desperdigó los papeles por el suelo.* **SIN.** Dispersar(se), desparramar(se).

✎ Se conjuga como *ahogar*.

desperezarse (des-pe-re-**zar**-se) verbo

Estirar los brazos y las piernas para quitar la pereza o desentumecerse. *Por las mañanas, siempre tarda un rato en desperezarse.* **SIN.** Estirarse. **ANT.** Aletargarse.

✎ Se conjuga como *abrazar*.

desperfecto

(des-per-**fec**-to) sustantivo masculino

1. Deterioro de alguna cosa. *La explosión ocasionó desperfectos en el edificio.* **SIN.** Daño, avería.

2. Pequeña falta que tiene una cosa. *Aquellas camisetas estaban más rebajadas porque tenían algún desperfecto.* **SIN.** Defecto, tacha. **ANT.** Arreglo, reparación.

despertador

(des-per-ta-**dor**) sustantivo masculino

Reloj que, a la hora en que se le ha señalado previamente, hace sonar una alarma. *Pon el despertador a las ocho de la mañana.*

despertar (des-per-**tar**) verbo

1. Interrumpir el sueño de la persona que duerme. *Todos los días me despierta el timbre.* **SIN.** Despabilar(se). **ANT.** Dormir(se).

2. Provocar, causar. *Despertó su odio.* **SIN.** Producir, avivar.

3. Traer a la memoria una cosa ya olvidada. *Esas fotos despiertan mis recuerdos de la infancia.* **SIN.** Evocar, recordar.

4. sustantivo masculino Momento en que una persona se despierta o modo de hacerlo. *Tiene muy mal despertar.*

✎ Verbo irregular, se conjuga como *acertar*.

despiadado, despiadada

(des-pia-**da**-do) adjetivo

Se dice de la persona sin compasión ni piedad. *No seas despiadado con ella y perdona su error.* **SIN.** Inhumano, cruel. **ANT.** Compasivo, tierno.

despido (des-**pi**-do) sustantivo masculino

Cese obligado en el trabajo. *El despido fue improcedente, él no tenía ninguna culpa.* **SIN.** Expulsión, destitución. **ANT.** Admisión.

despilfarrar (des-pil-fa-**rrar**) verbo

Malgastar el dinero o las posesiones. *Despilfarró la herencia de sus padres y se quedó en la miseria.* **SIN.** Desperdiciar, derrochar, prodigar. **ANT.** Ahorrar, guardar.

despistar (des-pis-**tar**) verbo

1. Hacer perder la pista. *Los ladrones despistaron a los policías.* **SIN.** Desorientar, confundir.

2. despistarse Distraerse, confundirse. *Me despisté y me coloqué en el carril equivocado.* **SIN.** Extraviarse, olvidarse.

despiste (des-**pis**-te) sustantivo masculino

Distracción o error. *Me dejé la carpeta en tu casa por despiste.* **SIN.** Lapsus, olvido.

desplazar (des-pla-**zar**) verbo

Sacar de su sitio, destituir de un puesto o trasladar. *Desplazaron a mi amigo al último puesto de la lista.* **SIN.** Quitar(se), apartar(se), relegar(se). **ANT.** Inmovilizar(se).

✎ Se conjuga como *abrazar*.

desplegar (des-ple-**gar**) verbo

1. Extender, desdoblar. *Desplegaron las velas de la embarcación porque el viento era favorable.* **SIN.** Desenrollar(se), expandir, tender. **ANT.** Plegar(se), recoger.

2. Realizar una actividad o manifestar una cualidad. *El embajador desplegó toda su diplomacia para ponerles de acuerdo.* **SIN.** Activar, efectuar, ejecutar, hacer.

3. Hacer que se dispersen las tropas, la policía, etc. para rodear un lugar. *Las fuerzas especiales se desplegaron por los alrededores de la casa.*

✎ Verbo irregular, se conjuga como *acertar*. Se escribe -gu- en vez de -g- seguido de -e, como en *desplegué*.

desplomarse (des-plo-**mar**-se) verbo

1. Caerse una pared. *El muro se desplomó a causa de las intensas lluvias.* **SIN.** Derrumbarse, hundirse. **ANT.** Levantarse, alzarse.

2. Caer una persona sin vida o sin conocimiento. *Se sintió mareado y se* *desplomó en el suelo.* **SIN.** Desmayarse, morirse.

desplumar (des-plu-**mar**) verbo
1. Quitar las plumas al ave. *Desplumó el pollo.* **SIN.** Pelar(se).
2. Dejar a alguien sin dinero. *Le desplumaron en el casino.*

despojar (des-po-**jar**) verbo
1. Privar a alguien por la fuerza de lo que tiene. *Los atracadores le despojaron de todo lo que llevaba.* **SIN.** Quitar, robar. **ANT.** Dar.
2. despojarse Quitarse alguna prenda de vestir. *Se despojó del abrigo porque tenía calor.*
3. despojarse Deshacerse voluntariamente de una cosa. *Me despojé de los viejos muebles porque ocupaban demasiado sitio.* **SIN.** Desprenderse. **ANT.** Apropiarse.

desposarse (des-po-**sar**-se) verbo
Contraer matrimonio. *Se desposaron en la pequeña capilla de su pueblo natal.* **SIN.** Casarse. **ANT.** Divorciarse, separarse.

déspota (**dés**-po-ta) adjetivo y sustantivo
Persona que trata a los demás con dureza, abusando de su poder. *Se comporta como un auténtico déspota con sus subordinados.* **SIN.** Opresor, tirano, dictador.

despotricar (des-po-tri-**car**) verbo
Decir todo aquello que a uno se le ocurre. *Despotricó cuanto quiso contra los gobernantes.* **SIN.** Desvariar, desbarrar.
✎ Se conjuga como *abarcar*.

despreciar (des-pre-**ciar**) verbo
1. Tener en poca estima, no apreciar. *No se debe despreciar a los demás.* **SIN.** Menospreciar, subestimar. **ANT.** Apreciar, valorar.
2. Hacer desaires o desdenes a alguien. *Cuando me despreció el regalo*

me sentí fatal. **SIN.** Denigrar, vilipendiar. **ANT.** Honrar.
✎ Se conjuga como *cambiar*.

desprecio (des-**pre**-cio) sustantivo masculino
1. Falta de aprecio. *Lo trataron con desprecio.* **ANT.** Estima.
2. Descortesía, ofensa. *No le perdonaré el desprecio que me hizo.*

desprender (des-pren-**der**) verbo
1. Desunir o soltarse lo que estaba fijo o unido. *Varias rocas se desprendieron de la montaña y cortaron la carretera.* **SIN.** Separar(se). **ANT.** Juntar(se).
2. Despedir, emanar. *Esa colonia desprende un aroma demasiado fuerte.*
3. desprenderse Renunciar a una cosa. *Se desprendió de todos sus cargos.* **SIN.** Librarse, eludir, despojarse. **ANT.** Conservar.
4. desprenderse Venir una cosa de otra. *De su actitud se desprende que no piensa ayudarnos en esto.* **SIN.** Seguirse, concluirse, deducirse, inferirse.

desprendido, desprendida (des-pren-**di**-do) adjetivo
Se dice de la persona que piensa que el dinero no es lo más importante en la vida. *Es muy desprendido, comparte todo lo que tiene.* **SIN.** Generoso.

despreocuparse (des-pre-o-cu-**par**-se) verbo
1. Librarse de una preocupación. *Me despreocupé del asunto porque mi hermano dijo que lo haría él.*
2. No prestar la atención o el cuidado debido a una persona o cosa. *Se despreocupó tanto de sus estudios que suspendió varias asignaturas.* **SIN.** Descuidarse.

desprestigiar (des-pres-ti-**giar**) verbo
Quitar o perder la buena fama. *Esa película tan mala le desprestigió como actor.* **SIN.** Desacreditar, difamar.
✎ Se conjuga como *cambiar*.

desprevenido - desteñir

desprevenido, desprevenida

(des-pre-ve-**ni**-do) adjetivo

Que no está preparado para un suceso imprevisto, que le sorprende. *La tormenta le pilló desprevenido y se puso pingando.* **ANT.** Preparado, prevenido.

desproporción

(des-pro-por-**ción**) sustantivo femenino

Falta de la proporción debida. *Hay mucha desproporción entre estas dos tallas, debería haber una intermedia.* **SIN.** Diferencia, desigualdad. **ANT.** Similitud.

despropósito

(des-pro-**pó**-si-to) sustantivo masculino

Dicho o hecho fuera de todo sentido o razón. *No hagas caso de sus despropósitos.* **SIN.** Disparate.

desprovisto, desprovista

(des-pro-**vis**-to) adjetivo

Falto de lo necesario. *El temporal los pilló desprovistos de comida.* **SIN.** Carente. **ANT.** Dotado.

después (des-**pués**) adverbio

Indica que algo está a continuación en el tiempo o en el espacio. *Después del domingo viene el lunes.* **SIN.** Luego, seguidamente. **ANT.** Antes, delante.

despuntar (des-pun-**tar**) verbo

1. Empezar a brotar las plantas. *Ya despuntan los primeros brotes de los rosales.* **SIN.** Salir, nacer.

2. Destacar, sobresalir una persona. *En su infancia comenzó ya a despuntar en sus habilidades para la gimnasia.* **SIN.** Descollar.

3. Hablando de la aurora, del alba o del día, empezar a amanecer. *Llegaron a casa al despuntar el día.* **SIN.** Apuntar, asomar.

desquitar (des-qui-**tar**) verbo

Tomar satisfacción o venganza. *Después de tantos días de dieta se desquitó*

con una suculenta comida. **SIN.** Resarcirse, vengarse.

destacar (des-ta-**car**) verbo

Mostrar los méritos o cualidades de una persona o cosa de modo que llame la atención. *El presidente, en su discurso, destacó los logros obtenidos.* **SIN.** Resaltar, subrayar(se). **ANT.** Atenuar(se).

✎ Se conjuga como *abarcar*.

destapar (des-ta-**par**) verbo

1. Quitar la tapa o tapón. *Destapa la cazuela.* **SIN.** Destaponar, abrir, descorchar. **ANT.** Tapar.

2. Descubrir lo tapado o abrigado. *Se quedó frío porque se destapó.* **SIN.** Desabrigar(se), desarropar(se). **ANT.** Cubrir(se).

3. Salir a la luz algo que estaba oculto. *Con aquella estafa, se destaparon también otros escándalos económicos.*

destello (des-**te**-llo) sustantivo masculino

Resplandor, chispazo o ráfaga de luz intensa y de corta duración. *Se vio el destello de las luces de un coche a lo lejos.* **SIN.** Centelleo, fogonazo, fulgor.

destemplado, destemplada

(des-tem-**pla**-do) adjetivo

1. Se dice de la persona que se siente mal. *Me voy a acostar porque estoy un poco destemplada.*

2. Se dice de lo que está desafinado. *Cantó con voz destemplada.*

desteñir (des-te-**ñir**) verbo

1. Quitar el tinte, apagar los colores. *El pantalón negro se destiñó al lavarlo y ahora está pardo.* **SIN.** Decolorar(se). **ANT.** Teñir(se).

2. Manchar una prenda mal teñida a otras. *La toalla roja destiñó y toda la ropa blanca está rosa.*

✎ Verbo irregular, se conjuga como *ceñir*.

desternillarse (des-ter-ni-**llar**-se) verbo
Reírse mucho y a carcajadas. *Era tan bueno contando chistes que todos nos desternillábamos.*

desterrar (des-te-**rrar**) verbo
1. Expulsar a alguien de un territorio o país. *El rey desterró al Cid.* **SIN.** Deportar, expatriar, exiliar. **ANT.** Repatriar.
2. Abandonar o apartar de sí. *Desterró sus esperanzas de conseguirlo al ver que nada le salía bien.*
✎ Verbo irregular, se conjuga como *acertar*.

destilar (des-ti-**lar**) verbo
1. Separar una sustancia que se evapora fácilmente de otras por medio de calor, enfriando luego su vapor para reducirla nuevamente a líquido. *El alambique se utiliza para destilar licores.*
2. Correr un líquido gota a gota. *La cisterna destilaba agua.*

destilería (des-ti-le-**rí**-a) sustantivo femenino
Fábrica en la que se destilan productos, sobre todo bebidas alcohólicas. *Trabajaba en una destilería donde se producía ron.*

destinar (des-ti-**nar**) verbo
1. Poner a alguien en un puesto o lugar. *Lo han destinado a un cómodo trabajo.* **SIN.** Emplear.
2. Dedicar una cosa para un fin determinado. *Han destinado esta zona para jardín.*

destino (des-**ti**-no) sustantivo masculino
1. Encadenamiento de sucesos buenos o malos. *El destino hizo que acabara viviendo en aquella ciudad.* **SIN.** Azar, suerte.
2. Designación de una cosa a un fin determinado. *El destino de los juguetes recogidos eran los niños pobres del barrio.* **SIN.** Finalidad, aplicación.

3. Sitio donde tiene que trabajar una persona. *Le dieron destino en Madrid.* **SIN.** Puesto, plaza.
4. Lugar adonde se dirige una persona o cosa. *Aquel tren iba con destino a Sevilla.*

destituir (des-ti-tu-**ir**) verbo
Privar a alguien de un cargo o posesión. *Destituyeron al responsable del fracaso.* **SIN.** Deponer, despedir. **ANT.** Nombrar.
✎ Verbo irregular, se conjuga como *huir*.

destornillador
(des-tor-ni-lla-**dor**) sustantivo masculino
Instrumento de hierro u otra materia, que sirve para enroscar y desenroscar los tornillos. *Trae un destornillador para apretar los tornillos de la cuna.*

destreza (des-**tre**-za) sustantivo femenino
Habilidad con que se hace una cosa. *Tiene destreza para los negocios.* **SIN.** Maña. **ANT.** Torpeza.

destrozar (des-tro-**zar**) verbo
1. Hacer trozos o pedazos una cosa. *La excavadora chocó contra la tapia de la casa y la destrozó.*
2. Causar mucha pena o sufrimiento. *Aquel accidente le destrozó por completo.*
✎ Se conjuga como *abrazar*.

destruir (des-tru-**ir**) verbo
Deshacer una cosa. *La violenta riada destruyó el puente.* **SIN.** Devastar, destrozar, derribar. **ANT.** Construir, hacer, reparar.
✎ Verbo irregular, se conjuga como *huir*.

desunir (de-su-**nir**) verbo
1. Apartar, separar lo que estaba junto o unido. *Levantaron un muro para desunir las dos fincas.* **SIN.** Alejar(se), disgregar(se). **ANT.** Unir(se), juntar(se).

2. Provocar un enfrentamiento entre personas que se llevaban bien. *Los desunió el hecho de que a los dos les gustara la misma chica.*

desuso
(de-**su**-so) sustantivo masculino
Falta de uso. *El desuso de esa máquina hizo que se oxidara.*

desvaído, desvaída
(des-va-**í**-do) adjetivo
Se dice de lo que ha perdido colorido o fuerza. *Ese color tan desvaído no te favorece.* **SIN.** Débil, pálido, mortecino, indefinido. **ANT.** Vivo.

desvalido, desvalida
(des-va-**li**-do) adjetivo y sustantivo
Se dice de la persona que necesita ayuda y protección. *Esta asociación se dedica a ayudar a los niños desvalidos de África.* **SIN.** Indefenso, desamparado.

desvalijar
(des-va-li-**jar**) verbo
Quitar o robar el contenido de una maleta, caja fuerte, casa, habitación, etc. *Desvalijaron su casa y se llevaron todos los objetos de valor.* **SIN.** Hurtar.

desván
(des-**ván**) sustantivo masculino
Parte más alta de la casa, inmediata al tejado. *Le gustaba mucho subir al desván y curiosear entre los viejos trastos.* **SIN.** Buhardilla, altillo.

desvanecer
(des-va-ne-**cer**) verbo
1. Disminuir una cosa gradualmente. *Se desvaneció la imagen del televisor.* **SIN.** Atenuar(se).
2. Desaparecer de la mente una idea, recuerdo, etc. *Con el fracaso del proyecto se desvaneció su sueño.*
3. desvanecerse Desmayarse. *Se sintió mareada y se desvaneció.* **SIN.** Marearse, desplomarse.
✎ Verbo irregular, se conjuga como *parecer*.

desvariar
(des-va-ri-**ar**) verbo
Decir o hacer disparates. *Desvariaba a causa de la fiebre.* **SIN.** Alucinar, delirar. **ANT.** Razonar.
✎ Se conjuga como *desviar*.

desvelar
(des-ve-**lar**) verbo
1. Quitar el sueño. *Sonó el teléfono a media noche y me desvelé.* **SIN.** Despabilarse. **ANT.** Dormir.
2. Descubrir, poner de manifiesto. *El ladrón desveló el lugar donde estaba escondido el botín.*
3. desvelarse Poner gran entusiasmo en hacer o conseguir algo. *Se desvelaron por atendernos bien.* **SIN.** Desvivirse.

desventaja
(des-ven-**ta**-ja) sustantivo femenino
Inferioridad que se nota al comparar dos cosas. *El equipo estaba en desventaja porque tenía un jugador menos en el campo.*

desventura
(des-ven-**tu**-ra) sustantivo femenino
Mala suerte. *Su vida ha sido difícil y llena de desventuras.* **SIN.** Desdicha, infortunio, desgracia.

desvergüenza
(des-ver-**güen**-za) sustantivo femenino
Insolencia, descaro. *Le hizo burla con toda desvergüenza.* **SIN.** Sinvergonzonería. **ANT.** Respeto.

desvestir
(des-ves-**tir**) verbo
Desnudar, quitar la ropa. *Se desvistió antes de meterse en la cama.*
✎ Verbo irregular, se conjuga como *pedir*.

desviación
(des-via-**ción**) sustantivo femenino
1. Tramo de carretera que se aparta de la general o camino provisional que sustituye a una carretera inutilizada. *Tuvimos que ir por una desviación, por eso tardamos un poco más.* **SIN.** Desvío.

2. Alteración de la posición natural de un órgano, hueso, etc. *Tenía una desviación en la columna vertebral.* **SIN.** Torcedura.

desviar (des-vi-**ar**) verbo

Alejar, separar de su lugar o camino una cosa. *Nos desviamos de la carretera general cuando llegamos al cruce.* **SIN.** Apartar(se).

✎ Verbo con irregularidad acentual. Ver pág. 304.

desvivirse (des-vi-**vir**-se) verbo

Mostrar gran interés o afecto por una persona o cosa. *Se desvive por ayudar a los demás.*

detallar (de-ta-**llar**) verbo

Contar o referir una cosa con todo detalle. *Quiero que me detalles tus gastos.* **SIN.** Especificar.

detalle (de-**ta**-lle) sustantivo masculino

1. Parte pequeña de un todo, que no es imprescindible. *El lazo de mi vestido es un detalle que lo hace más bonito.* **SIN.** Complemento.

2. Cada uno de los datos no necesarios para comprender una narración, pero que la completan. *Cuéntame todos los detalles, quiero saberlo paso a paso.*

3. Invitación o regalo que se hace a una persona. *Tuvo un detalle conmigo por mi cumpleaños.*

detectar (de-tec-**tar**) verbo

1. Captar con algún instrumento algo que no puede observarse directamente. *Detectaron una bolsa de petróleo.*

2. Darse cuenta de algo. *Detectaron irregularidades en la contabilidad del negocio.* **SIN.** Señalar.

detective (de-tec-**ti**-ve) sustantivo

Persona que, por encargo de otra, se ocupa de hacer investigaciones sobre hechos misteriosos, crímenes,

etc. *Contrataron a una detective para que siguiera al sospechoso.* **SIN.** Investigador.

✎ El femenino es *la detective.*

detener (de-te-**ner**) verbo

1. Hacer parar a alguien o algo en su avance. *La barrera del paso a nivel detuvo a los coches.* **SIN.** Parar.

2. Arrestar, poner en prisión. *Detuvieron al ladrón cuando intentaba huir.* **SIN.** Aprisionar, prender. **SIN.** Liberar, soltar.

3. detenerse Dedicar tiempo a meditar sobre algo. *Prometió detenerse a considerar mi propuesta.*

✎ Verbo irregular, se conjuga como *tener.*

detentar (de-ten-**tar**) verbo

Retener alguien sin derecho lo que no le pertenece. *Detentaba el poder injustamente.* **SIN.** Usurpar. **ANT.** Restituir, devolver.

detergente

(de-ter-**gen**-te) sustantivo masculino

Jabón líquido o en polvo usado para lavar la ropa. *Se nos ha acabado el detergente para la lavadora.* **SIN.** Limpiador, jabón.

deteriorar (de-te-rio-**rar**) verbo

Poner vieja o en mal estado una cosa. *El coche se ha deteriorado con los años y el uso.* **SIN.** Dañar, averiar(se). **ANT.** Reparar.

determinación

(de-ter-mi-na-**ción**) sustantivo femenino

Lo que una persona ha decidido hacer. *Tomó la determinación de ir a París.* **SIN.** Decisión.

determinante

(de-ter-mi-**nan**-te) sustantivo masculino

En gramática, se dice de las palabras cuya función es precisar la significación de un sustantivo sin exponer sus cualidades. *Hay determinantes*

desviar

MODO INDICATIVO		MODO SUBJUNTIVO	
Tiempos simples	Tiempos compuestos	Tiempos simples	Tiempos compuestos

Presente	**Pret. perf. compuesto / Antepresente**	**Presente**	**Pret. perf. compuesto / Antepresente**
desvío	he desviado	desvíe	haya desviado
desvías / desviás	has desviado	desvíes	hayas desviado
desvía	ha desviado	desvíe	haya desviado
desviamos	hemos desviado	desviemos	hayamos desviado
desviáis / desvían	habéis desviado	desviéis / desvíen	hayáis desviado
desvían	han desviado	desvíen	hayan desviado

Pret. imperfecto / Copretérito	**Pret. pluscuamperfecto / Antecopretérito**	**Pret. imperfecto / Pretérito**	**Pret. pluscuamperfecto / Antepretérito**
desviaba	había desviado	desviara o desviase	hubiera o hubiese desviado
desviabas	habías desviado	desviaras o desviases	hubieras o hubieses desviado
desviaba	había desviado	desviara o desviase	hubiera o hubiese desviado
desviábamos	habíamos desviado	desviáramos o desviásemos	hubiéramos o hubiésemos desviado
desviabais / desviaban	habíais desviado	desviarais o desviaseis / desviaran o desviasen	hubierais o hubieseis desviado
desviaban	habían desviado	desviaran o desviasen	hubieran o hubiesen desviado

Pret. perf. simple / Pretérito	**Pret. anterior / Antepretérito**		
desvié	hube desviado		
desviaste	hubiste desviado		
desvió	hubo desviado		
desviamos	hubimos desviado		
desviasteis / desviaron	hubisteis desviado		
desviaron	hubieron desviado		

		Futuro simple / Futuro	**Futuro compuesto / Antefuturo**
		desviare	hubiere desviado
		desviares	hubieres desviado
		desviare	hubiere desviado
		desviáremos	hubiéremos desviado
		desviareis / desviaren	hubiereis desviado
		desviaren	hubieren desviado

Futuro simple / Futuro	**Futuro compuesto / Antefuturo**
desviaré	habré desviado
desviarás	habrás desviado
desviará	habrá desviado
desviaremos	habremos desviado
desviaréis / desviarán	habréis desviado
desviarán	habrán desviado

MODO IMPERATIVO

desvía (tú) / desviá (vos) / desvíe (usted)
desviad (vosotros)
desvíen (ustedes)

Condicional simple / Pospretérito	**Condicional compuesto / Antepospretérito**
desviaría	habría desviado
desviarías	habrías desviado
desviaría	habría desviado
desviaríamos	habríamos desviado
desviaríais / desviarían	habríais desviado
desviarían	habrían desviado

FORMAS NO PERSONALES

Infinitivo	**Infinitivo compuesto**
desviar	haber desviado
Gerundio	**Gerundio compuesto**
desviando	habiendo desviado
Participio	
desviado	

posesivos, demostrativos, indefinidos, numerales, relativos, interrogativos y exclamativos.

determinar

(de-ter-mi-**nar**) verbo

1. Fijar los términos de una cosa. *Faltaba por determinar la forma de pago.* **SIN.** Delimitar, señalar, precisar.

2. Tomar una decisión. *Al final determinó no presentar su candidatura a las elecciones.* **SIN.** Decidir(se).

3. Causar, producir. *La paz determinó el restablecimiento del comercio entre los países.* **SIN.** Motivar, ocasionar. **ANT.** Detener.

4. En gramática, precisar la significación de un sustantivo sin exponer cualidades. *Los adjetivos posesivos determinan al sustantivo indicando la pertenencia.*

detestar (de-tes-**tar**) verbo

Aborrecer, odiar algo o a alguien. *Detesta que le molesten por tonterías cuando está trabajando.* **ANT.** Amar.

detonación

(de-to-na-**ción**) sustantivo femenino

Explosión rápida. *Todos los vecinos salieron a las ventanas al oír la fuerte detonación.* **SIN.** Estallido.

detrás (de-**trás**) adverbio

1. En la parte posterior. *La escoba está detrás de la puerta.* **SIN.** Atrás. **ANT.** Delante.

2. Después de. *Viene detrás.*

3. por detrás expresión De forma oculta. *Parece muy agradable, pero por detrás habla mal de todo el mundo.*

detrimento (de-tri-**men**-to)

en detrimento expresión En perjuicio, en contra. *Le ayudé aunque iba en detrimento mío.*

deuda (**deu**-da) sustantivo femenino

1. Cosa o dinero que alguien debe. *He pagado todas mis deudas.*

2. Obligación que se tiene con una persona. *Se sentía en deuda con ella por el favor que le hizo.*

devaluación

(de-va-lua-**ción**) sustantivo femenino

Disminución del valor de la moneda. *En poco tiempo la moneda del país sufrió varias devaluaciones.*

devastar (de-vas-**tar**) verbo

1. Destruir un territorio, arrasarlo. *Los bombardeos devastaron la ciudad.* **SIN.** Asolar, desolar.

2. Destruir cualquier cosa material. *El granizo devastó la cosecha.*

devoción

(de-vo-**ción**) sustantivo femenino

1. Fervor religioso. *Rezaba con mucha devoción.*

2. Predilección que se tiene por alguien o algo. *Tiene gran devoción por sus nietos.* **SIN.** Afecto.

devolver (de-vol-**ver**) verbo

1. Volver una cosa a la persona que la tenía o al lugar donde estaba. *Devolví el libro que me habían prestado.* **SIN.** Restituir.

2. Corresponder a un favor, a un agravio, etc. *Le devolvimos el favor prestándole lo que necesitaba.*

3. Dar a alguien el dinero que sobra de lo que paga. *Me devolvió cincuenta céntimos de más.*

4. Vomitar. *Devolví la comida.*

✎ Verbo irregular, se conjuga como *mover.* Su participio es *devuelto.*

devorar

(de-vo-**rar**) verbo

1. Comer un animal a otro. *El león devoró una gacela.*

2. Comer con muchas ganas. *Devoró toda la comida en unos minutos.* **SIN.** Engullir, zampar.

3. Hacer algo con mucho entusiasmo o concentración. *Devora el libro.*

día - diálogo

día (dí-a) sustantivo masculino

1. Tiempo que tarda la Tierra en dar una vuelta sobre sí misma. *El día tiene veinticuatro horas.*

2. Tiempo que dura la luz del sol entre una noche y otra. *A partir de este mes se nota que los días son más largos.* **SIN.** Jornada. **ANT.** Noche.

3. Tiempo que hace durante el día o gran parte de él. *Hizo un día soleado.*

4. Fecha en la que se celebra algo. *Mañana es el día de la madre.*

5. a días expresión Unos días sí, y otros no. *Hace calor a días.*

6. hoy en día expresión En la actualidad. *Hoy en día estamos bien comunicados con todo el mundo.*

diabetes (dia-be-tes) sustantivo femenino

Enfermedad que se caracteriza por tener demasiada azúcar en la sangre. *Sigue un régimen de comidas a causa de la diabetes.*

✎ Es igual en plural en y en singular.

diablo (dia-blo) sustantivo masculino

1. En la religión cristiana, uno de los ángeles rebeldes arrojados por Dios al infierno. *Le tentó el diablo.* **SIN.** Demonio.

2. Persona que tiene mal genio o es muy traviesa. *Este niño no para quieto, es un auténtico diablo.*

diablura (dia-blu-ra) sustantivo femenino

Travesura de niños de poca importancia. *Ese niño es muy travieso, siempre está haciendo diabluras.* **SIN.** Trastada, chiquillada.

diadema (dia-de-ma) sustantivo femenino

Adorno para la cabeza en forma de media corona. *Se puso la diadema para que el pelo no la molestase.*

diáfano, diáfana (diá-fa-no) adjetivo

1. Se dice del cuerpo que deja pasar la luz a través de él. *El diamante es muy diáfano.* **SIN.** Transparente, cristalino.

2. Claro, limpio. *El cielo era aquel día de un diáfano color azul.* **SIN.** Límpido, cristalino. **ANT.** Opaco, oscuro, sucio.

diagnóstico (diag-nós-ti-co) sustantivo masculino

1. Determinación de una enfermedad por sus síntomas. *El diagnóstico médico era que se trataba de sarampión.* **SIN.** Prescripción.

2. Conclusión que se obtiene después de estudiar atentamente algo. *Después de examinar las cuentas, su diagnóstico fue que la empresa estaba casi en la ruina.*

diagonal (dia-go-nal) adjetivo y sustantivo femenino

1. Se dice de la línea que en un polígono une dos vértices opuestos. *Señala la diagonal del círculo.*

2. Se dice de la calle que atraviesa oblicuamente a otras paralelas entre sí. *Casi todas las calles del barrio confluyen en la diagonal.* **SIN.** Transversal.

diagrama (dia-gra-ma) sustantivo masculino

Representación en un gráfico o dibujo de una serie de datos o de una función. *No aparecen representados todos los datos en el diagrama.* **SIN.** Esquema.

dialecto (dia-lec-to) sustantivo masculino

Cada una de las variedades de un idioma, propia de una determinada región. *El andaluz es un dialecto del castellano.*

diálogo (diá-lo-go) sustantivo masculino

1. Conversación entre dos o más personas. *Sostuvimos un breve diálogo.* **SIN.** Coloquio, charla.

2. Actitud de intentar solucionar las diferencias hablando razonablemente, sin recurrir a la violencia o los malos modos. *El diálogo es la mejor forma de solucionar los problemas.*

diámetro (diá-me-tro) sustantivo masculino

Recta que va desde un punto a otro de la circunferencia pasando por el centro. *Dibuja el diámetro de esta circunferencia.*

diana (dia-na) sustantivo femenino

Centro de un blanco de tiro. *Tiene muy mala puntería, tira todos los dardos fuera de la diana.* **SIN.** Blanco.

diapositiva (dia-po-si-ti-va) sustantivo femenino

Imagen de colores reales obtenida en una película transparente, que se proyecta sobre una pantalla con un aparato adecuado. *Apaga la luz, vamos a ver unas diapositivas.* **SIN.** Filmina.

diario, diaria (dia-rio) adjetivo

1. Correspondiente a todos los días. *Ha salido a dar su paseo diario.* **SIN.** Cotidiano, habitual.

2. sustantivo masculino Libro en que se anota lo que se hace cada día. *Marta solía anotar todo en su diario.*

3. sustantivo masculino Periódico que se publica todos los días. *Leí la noticia en el diario de ayer.*

4. a diario expresión Todos los días. *Me ducho a diario.*

diarrea (dia-rre-a) sustantivo femenino

Frecuentes evacuaciones intestinales líquidas o semilíquidas. *Algún alimento le debió de sentar mal, porque tenía mucha diarrea.* **SIN.** Cagalera, descomposición.

dibujar (di-bu-jar) verbo

Reproducir mediante líneas y sombras la forma de los objetos. *Dibuja un paisaje.* **SIN.** Perfilar, pintar, delinear.

dibujo (di-bu-jo) sustantivo masculino

1. Arte y acción de dibujar. *Dibujó una granja con muchos animales.*

2. Imagen dibujada. *Ahora colorea el dibujo con ceras.*

3. dibujos animados expresión Los que parecen tener vida en el cine y la televisión. *Dumbo es una película de dibujos animados.*

diccionario (dic-cio-na-rio) sustantivo masculino

Libro donde se explican o traducen las palabras de un idioma colocadas alfabéticamente. *Este libro que estás consultando es un diccionario.*

dichoso, dichosa (di-cho-so) adjetivo

1. Que siente, produce o trae consigo felicidad. *Su llegada fue un acontecimiento dichoso.*

2. Que produce o trae consigo molestias. *La dichosa cafetera se ha estropeado otra vez.*

diciembre (di-ciem-bre) sustantivo masculino

Duodécimo y último mes del año, que tiene treinta y un (31) días. *Estamos en diciembre y se acerca la Navidad.*

dictado (dic-ta-do) sustantivo masculino

Copia escrita de lo que otro va leyendo. *No podían tener más de tres faltas en el dictado.*

dictador, dictadora (dic-ta-dor) sustantivo

1. Gobernante que gobierna él solo y por la fuerza. *El dictador fue derrocado ayer.* **SIN.** Tirano, déspota. **ANT.** Demócrata.

2. Persona muy mandona. *Es una dictadora y siempre tenemos que hacer lo que ella diga.*

dictar (dic-tar) verbo

1. Decir algo para que alguien lo escriba. *Dictó una carta a su ayudante.* **SIN.** Leer, pronunciar.

2. Sugerir, inspirar. *Hizo lo que le dictó el corazón y se reconcilió con su hermana.*

didáctico, didáctica (di-dác-ti-co) adjetivo

Adecuado para enseñar. *Me gusta regalar juguetes didácticos.* **SIN.** Educativo, formativo.

diente (**dien**-te) sustantivo masculino

1. Cada uno de los órganos blancos y duros que salen en las mandíbulas, que sirven para masticar y morder. *El dentista me empastó un diente.*

2. diente de ajo expresión Cada una de las partes de la cabeza de un ajo. *Pica un diente de ajo para el sofrito.*

diéresis (**dié**-re-sis) sustantivo femenino

Signo ortográfico (¨) que se pone sobre la *u* para indicar que esta letra debe pronunciarse en las sílabas *güe*, *güi*. *Cigüeña lleva diéresis.*

✎ Es igual en plural y en singular.

diestro, diestra (**dies**-tro) adjetivo

1. Se aplica a lo que cae o mira a la derecha. *Se sentó a su diestra.*

2. Se dice de la persona que tiene habilidad para hacer las cosas. *Es muy diestro en hacer manualidades.* **SIN.** Mañoso, hábil. **ANT.** Inepto, torpe, desmañado.

3. sustantivo masculino Torero. *El diestro se llevó una gran ovación.*

dieta (**die**-ta) sustantivo femenino

Régimen alimenticio que se sigue por enfermedad o para adelgazar. *Tiene que llevar una dieta sin sal.*

diez numeral y sustantivo masculino

Nueve y uno, o el último en una serie ordenada de diez (10). *Éramos ocho y con vosotros dos, ya somos diez.*

difamar (di-fa-**mar**) verbo

Desacreditar a alguien diciendo cosas contra su buena fama. *Denunció a la revista por difamarlo.* **SIN.** Denigrar, calumniar.

diferencia

(di-fe-**ren**-cia) sustantivo femenino

1. Lo que hace que una cosa sea distinta de otra. *La única diferencia entre ellos es el color.* **SIN.** Desemejanza.

2. Discordia o discrepancia entre dos o más personas. *Tenían diferencias en-*

tre ellos y discutían con frecuencia. **SIN.** Desavenencia.

3. Resultado de la operación de restar. *Después de hacer una resta, lo que queda es la diferencia.*

diferido (di-fe-**ri**-do)

en diferido expresión Se dice de los programas de radio o televisión que se graban para emitirlos más tarde. *Veré el partido en diferido.* **ANT.** En directo.

diferir (di-fe-**rir**) verbo

1. Dejar una cosa para más tarde. *Acordaron diferir la reunión hasta el día siguiente.* **SIN.** Aplazar.

2. Ser diferente una cosa de otra. *Aunque son hermanos, su carácter difiere mucho.* **SIN.** Diferenciarse.

✎ Verbo irregular, se conjuga como *sentir*.

difícil (di-**fí**-cil) adjetivo

1. Que no se consigue, realiza o entiende sin un gran esfuerzo. *El examen me pareció muy difícil.* **SIN.** Trabajoso, complicado. **ANT.** Fácil.

2. Se dice de la persona de carácter raro y áspero. *Es un alumno difícil y no sé cómo ayudarle.* **SIN.** Desabrido.

difundir (di-fun-**dir**) verbo

Divulgar o extenderse una noticia, moda, etc. *La noticia se difundió rápidamente por todo el mundo.*

difunto, difunta

(di-**fun**-to) adjetivo y sustantivo

Se dice de la persona muerta. *La familia del difunto estaba muy apenada.* **SIN.** Fallecido, víctima, cadáver.

difuso, difusa (di-**fu**-so) adjetivo

Vago, impreciso. *Las informaciones eran todavía un poco difusas.* **SIN.** Borroso, confuso. **ANT.** Claro.

digerir (di-ge-**rir**) verbo

Transformar el cuerpo los alimentos en sustancia nutritiva. *Mastica* despacio para digerir bien los alimentos. **SIN.** Asimilar.

✎ Se conjuga como *sentir*.

digestivo, digestiva

(di-ges-**ti**-vo) adjetivo

1. Se dice de las operaciones que realiza el organismo y de las partes del cuerpo encargadas de digerir los alimentos. *El estómago es una parte del aparato digestivo.*

2. Que ayuda a hacer bien la digestión. *La sidra es muy digestiva.*

digitalizar (di-gi-ta-li-**zar**) verbo

Transformar imágenes o sonidos a un lenguaje que un ordenador pueda interpretar. *Digitalicé las fotos.*

dígito (**dí**-gi-to) adjetivo y sustantivo masculino

Se dice del número que se puede expresar con una sola cifra. *El tres (3) es un número dígito.*

dignidad (dig-ni-**dad**) sustantivo femenino

1. Respeto que merece alguien, especialmente uno mismo. *Esas amenazas van contra mi dignidad.*

2. Seriedad y nobleza de las personas en la manera de comportarse. *Aceptó su derrota con dignidad.*

digno, digna (dig-no) adjetivo

1. Que merece la cosa que se expresa: un premio, alabanza, castigo, etc. *Por su valor es digno de admiración.* **SIN.** Merecedor. **ANT.** Indigno.

2. Bueno, honrado. *Es una persona digna, puedes confiar en ella.*

dilación (di-la-**ción**) sustantivo femenino

Tardanza o retraso en el tiempo. *Una mayor dilación en las negociaciones de paz sería perjudicial para ambos países.*

dilatar (di-la-**tar**) verbo

Extender, hacerse mayor una cosa o hacer que ocupe más lugar o tiempo. *El pie se dilató con el calor y me apretaba el zapato. La clase se dilató y sali-*

mos tarde al recreo. **SIN.** Expandir(se), alargar(se). **ANT.** Acortar(se).

dilema (di-**le**-ma) sustantivo masculino

Situación que ofrece dos posibilidades, de las que ninguna de ellas es claramente mejor que la otra. *Tengo un dilema entre dos ofertas de trabajo.* **SIN.** Conflicto. **ANT.** Solución.

diligencia (di-li-**gen**-cia) sustantivo femenino

1. Cuidado para hacer una cosa. *Pone mucha diligencia en todos sus trabajos.* **SIN.** Esmero.

2. Prontitud a la hora de obrar. *Los bomberos actuaron con diligencia y apagaron rápidamente el incendio.* **SIN.** Rapidez, prisa.

3. Coche grande de caballos usado antiguamente. *Las diligencias se utilizaban para el transporte de viajeros.* **SIN.** Carruaje.

dilucidar (di-lu-ci-**dar**) verbo

Aclarar y explicar un asunto o situación. *Dilucidó ante la prensa los rumores sobre su dimisión.* **SIN.** Esclarecer. **ANT.** Embrollar.

diluir (di-lu-**ir**) verbo

Disolver una cosa en otra hasta que ambas forman una mezcla. *Hay que diluir el azúcar en agua.*

✎ Verbo irregular, se conjuga como *huir*.

diluvio (di-**lu**-vio) sustantivo masculino

1. Lluvia muy abundante. *El río se desbordó tras el diluvio de ayer.*

2. Abundancia excesiva de alguna cosa. *Se vieron desbordados ante el diluvio de candidatos.*

dimensión (di-men-**sión**) sustantivo femenino

Tamaño o volumen de un cuerpo o espacio. *El salón era de grandes dimensiones.*

diminutivo, diminutiva

(di-mi-nu-**ti**-vo) adjetivo y sustantivo masculino

Se dice de la terminación que disminuye la significación de las palabras a las que se une, y de la palabra formada así. *Casita es un diminutivo de casa.*

diminuto, diminuta

(di-mi-**nu**-to) adjetivo

Se dice de aquello que es muy pequeño. *Tu letra es tan diminuta que casi no se lee.* **SIN.** Minúsculo, microscópico. **ANT.** Enorme, gigantesco.

dimitir (di-mi-**tir**) verbo

Renunciar a un cargo. *Dimitió de su cargo por motivos de salud.* **SIN.** Declinar, rehusar. **ANT.** Aceptar.

dinámico, dinámica

(di-**ná**-mi-co) adjetivo

1. Que produce movimiento. *El viento es una fuerza dinámica.*

2. Se dice de la persona enérgica y activa. *Juan es muy dinámico, siempre está haciendo cosas.*

dinamita

(di-na-**mi**-ta) sustantivo femenino

Tipo de material explosivo. *Volaron el puente con dinamita.*

dinastía (di-nas-**tí**-a) sustantivo femenino

Serie de príncipes y reyes pertenecientes a una familia. *Pertenecía a la dinastía de los Borbones.*

dinero (di-**ne**-ro) sustantivo masculino

1. Conjunto de monedas y billetes. *Ese traje vale mucho dinero.*

2. dinero negro expresión El que se obtiene de forma ilegal. *Obtuvo dinero negro con el contrabando.*

dinosaurio

(di-no-**sau**-rio) sustantivo masculino

Tipo de reptiles de gran tamaño, que vivieron en la época prehistórica. *Los dinosaurios tenían una cola muy larga y fuerte.*

dintel (din-**tel**) sustantivo masculino

Parte superior del marco de las puertas y ventanas. *Pintó el dintel de la puerta.*

diócesis (**dió**-ce-sis) sustantivo femenino

Territorio que depende de un obispo. *El obispo visitó todas las parroquias de la diócesis.*

✎ Es igual en plural y en singular.

dioptría (diop-**trí**-a) sustantivo femenino

Unidad utilizada para medir la potencia de una lente. *Tiene dos dioptrías en el ojo derecho.*

dios, diosa sustantivo

1. Ser que, en algunas religiones, se considera superior y al que se adora por considerarlo el creador del mundo o por sus poderes. *Los griegos creían en muchos dioses.* **SIN.** Deidad.

2. nombre propio Nombre con que los cristianos designan al creador del universo. *Confiaba en Dios.*

✎ Se escribe con mayúscula.

diploma (di-**plo**-ma) sustantivo masculino

Documento oficial que prueba que se han hecho unos estudios, se ha aprobado un examen, etc. *Al acabar el curso, nos dieron un diploma.*

diplomático, diplomática

(di-plo-**má**-ti-co) adjetivo y sustantivo

1. Que se refiere a las relaciones entre las distintas naciones y a las personas que se ocupan de ellas. *Ese diplomático trabaja en la embajada de España en Roma.*

2. Que sabe tratar a las personas con tacto y habilidad. *Es tan diplomático que siempre queda bien.*

diptongo (dip-**ton**-go) sustantivo masculino

Secuencia de dos vocales que se pronuncian en la misma sílaba. *En la palabra aullido está el diptongo au.*

diputado, diputada

(di-pu-**ta**-do) sustantivo

Persona elegida en las elecciones para representar a los ciudadanos en las Cortes. *La ley se aprobó en el Congreso de los diputados.*

dirección

(di-rec-**ción**) sustantivo femenino

1. Acción de dirigir o dirigirse. *Me han encargado la dirección del proyecto.* **SIN.** Gobierno, gestión, administración, mando.

2. Camino que un cuerpo sigue en su movimiento. *El autobús iba en dirección norte.* **SIN.** Sentido.

3. Conjunto de personas encargadas de dirigir una empresa. *Formuló una queja ante la dirección.*

4. Población, calle, edificio y piso donde, o calle y casa, vive una persona. *No pudo ir a visitarme porque había perdido mi dirección.* **SIN.** Señas.

directo, directa (di-**rec**-to) adjetivo

1. Que va derecho o en línea recta. *Este camino va directo a la cabaña.* **SIN.** Recto, continuo. **ANT.** Desviado, torcido.

2. Que va de una parte a otra sin detenerse en los puntos intermedios. *Este autobús va directo y por eso tarda menos.* **SIN.** Ininterrumpido.

3. Que no tiene intermediarios. *Esa fábrica de muebles tiene venta directa, por eso sale más barato.*

4. Que dice las cosas tal y como las piensa. *No le gusta disimular, es una persona muy directa.* **SIN.** Claro, franco, sincero. **ANT.** Disimulado.

5. en directo expresión Se dice del programa de radio o televisión que se emite al mismo tiempo que se realiza, y de la actuación de un artista delante del público. *El reportero habla en directo desde la manifestación.*

director, directora

(di-rec-**tor**) sustantivo

Persona que dirige una empresa, trabajo, etc. *El director de la película me firmó un autógrafo.* **SIN.** Directivo, jefe. **ANT.** Subordinado.

dirigible (di-ri-**gi**-ble) sustantivo masculino

Se dice de un globo de forma alargada, con motores, hélices y un timón para conducirlo, que vuela porque está lleno de gases más ligeros que el aire. *Me encantaría subir en un dirigible.*

dirigir (di-ri-**gir**) verbo

1. Llevar o enviar a una persona o a una cosa hacia un lugar señalado. *Dirigió la barca hacia la orilla del río.* **SIN.** Encaminar, conducir, orientar.

2. Ser responsable de personas o cosas. *Dirige la empresa y toma decisiones.* **SIN.** Gobernar, mandar.

3. Orientar la intención o acciones hacia un fin. *Dirigió todos sus esfuerzos a conseguir el puesto.*

4. dirigirse Decirle algo a alguien. *Se dirigió a todos los asistentes para pedirles su voto.* **SIN.** Hablar.

✎ Se conjuga como *urgir*.

discapacitado, discapacitada

(dis-ca-pa-ci-**ta**-do) adjetivo y sustantivo

Persona que, a causa de una enfermedad o accidente, ha sufrido alguna lesión física o mental que le impide realizar ciertos movimientos o trabajos. *Han puesto una rampa para que los alumnos discapacitados puedan subir en silla de ruedas.* **SIN.** Minusválido.

discernir (dis-cer-**nir**) verbo

Distinguir una cosa de otra señalando la diferencia. *Tienes que discernir entre lo que está bien y lo que está mal.* **SIN.** Diferenciar.

✎ Verbo irregular. Ver pág. 313.

disciplina (dis-ci-**pli**-na) sustantivo femenino

1. Conjunto de reglas o normas que sirven para mantener el orden entre los integrantes de un grupo u organización. *Al principio le costó someterse a la disciplina militar.*

2. Modalidad deportiva. *Ganó una medalla en la disciplina atlética de salto de altura.*

discípulo, discípula

(dis-**cí**-pu-lo) sustantivo

Persona que aprende bajo la dirección de un maestro. *Los discípulos atienden al profesor.* **SIN.** Alumno, estudiante.

disco (**dis**-co) sustantivo masculino

1. Objeto de forma circular, de cualquier material. *Encaja aquí ese disco de metal.*

2. Lámina circular de plástico, en la que se graban sonidos que luego pueden ser reproducidos por un tocadiscos. *Le regalaron un disco original de los Rolling Stones.*

3. Cada una de las tres partes luminosas de un semáforo que regula, por medio de un código de colores, la circulación. *Le pusieron una multa por pasarse el disco en rojo.*

4. disco compacto expresión Disco de metal en el que se almacena sonido o imagen, o ambas cosas, y que se reproduce mediante la tecnología del rayo láser. *Grabé un disco compacto con canciones del grupo.*

5. parecer un disco rayado expresión Resultar alguien pesado por estar diciendo siempre lo mismo. *Mi padre parece un disco rayado, siempre está hablando de cuando era joven.*

discografía

(dis-co-gra-**fí**-a) sustantivo femenino

Conjunto de discos de un cantante, conjunto, una época, país, etc. *Tenía toda la discografía de su grupo favorito.* **SIN.** Repertorio.

díscolo, díscola

(**dís**-co-lo) adjetivo

Se dice de la persona traviesa y desobediente. *Es tan díscola que casi la*

expulsan del colegio. **SIN.** Rebelde, revoltoso. **ANT.** Obediente, dócil.

disconformidad

(dis-con-for-mi-**dad**) sustantivo femenino

Falta de acuerdo. *Manifestó su disconformidad con la multa.* **SIN.** Desacuerdo, discrepancia. **ANT.** Conformidad.

discontinuo, discontinua

(dis-con-**ti**-nuo) adjetivo

Se dice de aquello que se ve interrumpido. *Se escuchaba un sonido discontinuo.* **SIN.** Intermitente, interrumpido, cortado. **ANT.** Continuo.

discordia (dis-**cor**-dia) sustantivo femenino

Diversidad y contrariedad de opiniones. *Había una pequeña discordia entre las dos hermanas.* **SIN.** Desavenencia, disensión, desunión. **ANT.** Concordia, avenencia, concierto.

discoteca (dis-co-**te**-ca) sustantivo femenino

1. Colección de discos musicales y mueble donde se guardan. *Su discoteca es muy completa.* **SIN.** Fonoteca.

2. Local público donde se va a bailar y divertirse. *Quedó con sus amigos para ir a la discoteca.*

discrepar (dis-cre-**par**) verbo

No estar de acuerdo una persona con otra en su forma de pensar o actuar. *Discrepaban en muchas cosas pero eran muy amigas.* **SIN.** Divergir. **ANT.** Coincidir.

discreto, discreta

(dis-**cre**-to) adjetivo y sustantivo

1. Se dice de la persona prudente y sensata. *Confió en él porque sabía que era muy discreto.* **SIN.** Juicioso, reservado. **ANT.** Imprudente, indiscreto, insensato.

2. Que no llama la atención. *Tiene una forma de vestir muy elegante y discreta.* **ANT.** Llamativo.

discriminar (dis-cri-mi-**nar**) verbo

Tratar de forma injusta a las personas de otra raza, ideología, religión, etc.

discernir

MODO INDICATIVO		MODO SUBJUNTIVO	
Tiempos simples	Tiempos compuestos	Tiempos simples	Tiempos compuestos

Presente	**Pret. perf. compuesto / Antepresente**	**Presente**	**Pret. perf. compuesto / Antepresente**
discierno	he discernido	discierna	haya discernido
disciernes / discernís	has discernido	disciernas	hayas discernido
discierne	ha discernido	discierna	haya discernido
discernimos	hemos discernido	discernamos	hayamos discernido
discernís / disciernen	habéis discernido	discernáis / disciernan	hayáis discernido
disciernen	han discernido	disciernan	hayan discernido

Pret. imperfecto / Copretérito	**Pret. pluscuamperfecto / Antecopretérito**	**Pret. imperfecto / Pretérito**	**Pret. pluscuamperfecto / Antepretérito**
discernía	había discernido	discerniera o discerniese	hubiera o hubiese discernido
discernías	habías discernido	discernieras o discernieses	hubieras o hubieses discernido
discernía	había discernido	discerniera o discerniese	hubiera o hubiese discernido
discerníamos	habíamos discernido	discerniéramos o discerniésemos	hubiéramos o hubiésemos discernido
discerníais / discernían	habíais discernido	discernierais o discernieseis / discernieran o discerniesen	hubierais o hubieseis discernido hubieran o hubiesen discernido
discernían	habían discernido	discernieran o discerniesen	

Pret. perf. simple / Pretérito	**Pret. anterior / Antepretérito**		
discerní	hube discernido		
discerniste	hubiste discernido		
discernió	hubo discernido		
discernimos	hubimos discernido	**Futuro simple / Futuro**	**Futuro compuesto / Antefuturo**
discernisteis / discernieron	hubisteis discernido	discerniere	hubiere discernido
discernieron	hubieron discernido	discernires	hubieres discernido
		discerniere	hubiere discernido
		discerniéremos	hubiéremos discernido
Futuro simple / Futuro	**Futuro compuesto / Antefuturo**	discerniereis / discernieren	hubiereis discernido
discerniré	habré discernido	discernieren	hubieren discernido
discernirás	habrás discernido		
discernirá	habrá discernido	**MODO IMPERATIVO**	
discerniremos	habremos discernido		
discerniréis / discernirán	habréis discernido	discierne (tú) / discerní (vos) / discierna (usted)	
discernirán	habrán discernido	discernid (vosotros)	
		disciernan (ustedes)	

Condicional simple / Pospretérito	**Condicional compuesto / Antepospretérito**	**FORMAS NO PERSONALES**	
		Infinitivo discernir	**Infinitivo compuesto** haber discernido
discerniría	habría discernido		
discernirías	habrías discernido		
discerniría	habría discernido	**Gerundio** discerniendo	**Gerundio compuesto** habiendo discernido
discerniríamos	habríamos discernido		
discerniríais / discernirían	habríais discernido	**Participio** discernido	
discernirían	habrían discernido		

disculpar - disgregar

Se sentía feliz en esta escuela porque nadie le discriminaba por el color de su piel. **SIN.** Excluir, marginar. **ANT.** Integrar.

disculpar (dis-cul-**par**) verbo

1. Aceptar las explicaciones que alguien da para excusarse por algo. *Disculpó su falta de puntualidad.* **SIN.** Perdonar, absolver, exculpar. **ANT.** Acusar.

2. disculparse Pedir perdón o dar explicaciones por lo que se ha hecho. *Se disculpó por no haber podido asistir a la reunión anterior.*

discurrir (dis-cu-**rrir**) verbo

1. Andar, caminar. *La gente discurría tranquilamente por la calle.* **SIN.** Transitar.

2. Transcurrir el tiempo. *Ha discurrido mucho tiempo desde su último encuentro.* **SIN.** Pasar, avanzar.

3. Correr un líquido. *El agua discurría por el arroyo con lentitud.*

4. Reflexionar, razonar. *Después de mucho discurrir, dio con la solución.*

discurso (dis-**cur**-so) sustantivo masculino

Conjunto de frases sobre un tema que una persona dice a un grupo que le está escuchando. *El actor pronunció un discurso muy emotivo en la entrega de premios.*

discutir (dis-cu-**tir**) verbo

1. Presentar razones contra la opinión de otra persona. *Hemos discutido con el vendedor sobre el precio.* **SIN.** Debatir, disputar.

2. Examinar con atención un asunto entre varias personas. *Nos llevó toda la tarde discutir el nuevo horario.* **SIN.** Debatir, tratar.

disecar (di-se-**car**) verbo

Preparar un animal muerto o una planta para que se conserve y pueda ser estudiado. *No le gusta que disequen a los animales.*

✎ Se conjuga como *abarcar*.

diseccionar (di-sec-cio-**nar**) verbo

1. Abrir un cadáver y dividirlo en partes para ser estudiado. *La primera vez que vio diseccionar un cadáver, casi se desmaya.*

2. Analizar algo detalladamente. *Vamos a diseccionar el problema con calma, seguro que encontramos una solución.*

diseminar (di-se-mi-**nar**) verbo

1. Sembrar, esparcir. *Están en la huerta diseminando las semillas necesarias.* **SIN.** Desperdigar(se), desparramar(se). **ANT.** Juntar(se).

2. Divulgar una noticia. *El suceso se diseminó con asombrosa rapidez por toda la región.*

diseño (di-**se**-ño) sustantivo masculino

Dibujo que muestra cómo va a ser un edificio, objeto, prenda de vestir, etc. *Nos enseñó el diseño de su casa ideal.* **SIN.** Boceto.

disfraz (dis-**fraz**) sustantivo masculino

Vestido, maquillaje y otros complementos que cambian el aspecto de una persona. *En carnaval llevaré un disfraz de seta.*

✎ Su plural es *disfraces*.

disfrutar (dis-fru-**tar**) verbo

1. Sentir placer. *La película le hizo disfrutar mucho.* **SIN.** Regocijarse, divertirse. **ANT.** Sufrir.

2. Poseer alguna condición buena o gozar de bienestar. *El clima que disfrutan allí es envidiable.*

3. disfrutar de expresión Recibir, aprovechar las ventajas o utilidades de una cosa. *Disfruta de buena salud. Disfruta del coche de su padre.* **SIN.** Utilizar, beneficiarse, servirse.

disgregar (dis-gre-**gar**) verbo

Separar, desunir lo que está unido. *Al enfadarse entre ellos, se disgregó el grupo de amigos.* **SIN.** Disociar(se), dispersar(se). **ANT.** Unir(se), congregar(se).

✎ Se conjuga como *ahogar*.

disgusto (dis-**gus**-to) sustantivo masculino

1. Sentimiento de pena o enfado producido por algo desagradable o molesto. *Me llevé un disgusto cuando perdí la cartera.* **SIN.** Inquietud, enfado. **ANT.** Gusto.

2. a disgusto expresión Contra el deseo y gusto de alguien. *Estoy a disgusto entre esta gente tan frívola.*

disimular (di-si-mu-**lar**) verbo

1. Ocultar alguien sus intenciones o sentimientos. *Trató de disimular su tristeza, pero me di cuenta.* **SIN.** Tapar, fingir, disfrazar. **ANT.** Revelar.

2. Desfigurar una cosa para que parezca distinta de lo que es. *Vestía así para disimular su baja estatura.* **SIN.** Disfrazar, camuflar.

disipar (di-si-**par**) verbo

1. Hacer que se desvanezca o desaparezca una cosa. *Se ha disipado la niebla y luce el sol.*

2. Derrochar el dinero. *En pocos años, disipó la herencia de sus padres.* **SIN.** Despilfarrar, malgastar.

dislocar (dis-lo-**car**) verbo

Sacar o salirse una cosa de su sitio, generalmente un hueso. *Se cayó y se dislocó un brazo.* **SIN.** Desencajar(se).

✎ Se conjuga como *abarcar*.

disminuir (dis-mi-nu-**ir**) verbo

Hacer menor la intensidad, extensión o número de una cosa. *Disminuyeron la jornada de trabajo a 35 horas semanales.* **SIN.** Reducir. **ANT.** Aumentar.

✎ Verbo irregular, se conjuga como *huir*.

disolución

(di-so-lu-**ción**) sustantivo femenino

1. Acción de disolver o disolverse. *La disolución del grupo estaba próxima.*

2. Mezcla que resulta de diluir una sustancia en un líquido. *Esto es una disolución de cloruro sódico.*

disolver (di-sol-**ver**) verbo

1. Separar las partículas de un cuerpo sólido o espeso por medio de un líquido, con el que se mezclan. *Disuelve la aspirina en agua.* **SIN.** Diluir(se), desleír(se).

2. Separar o desunir lo que estaba unido. *Disolvieron la asociación por falta de acuerdo entre sus miembros.* **SIN.** Deshacer(se).

✎ Verbo irregular, se conjuga como *mover*.

disonar (di-so-**nar**) verbo

1. Sonar mal. *Ese violín disuena mucho.* **SIN.** Discordar, desafinar.

2. No venir bien una cosa con otra. *No es lo más apropiado, pero tampoco disuena demasiado.* **SIN.** Chocar, extrañar, desentonar.

✎ Verbo irregular, se conjuga como *contar*.

disparar

(dis-pa-**rar**) verbo

1. Arrojar una cosa. *Disparó el balón contra la portería.* **SIN.** Lanzar, tirar.

2. Lanzar un proyectil con un arma. *Disparó una flecha con su arco.* **SIN.** Tirar.

3. dispararse Aumentar mucho algo. *Con la crisis, los precios se han disparado.* **SIN.** Subir.

disparate

(dis-pa-**ra**-te) sustantivo masculino

Cosa que se dice o hace que no tiene sentido o resulta inoportuna. *Su teoría era un disparate.* **SIN.** Desatino, despropósito.

disparo (dis-pa-ro) sustantivo masculino

Tiro con un arma de fuego. *Se oyeron dos o tres disparos.* **SIN.** Descarga, balazo.

dispensar (dis-pen-**sar**) verbo

1. Librar de una obligación. *Dijo que le dispensaría de hacer el examen si entregaba un buen trabajo.* **SIN.** Descargar, librar.

2. Perdonar una falta leve. *Le ruego me dispense por la tardanza de mi respuesta.* **SIN.** Excusar.

3. Dar, conceder. *El obispo dispensó al problema toda su atención.* **SIN.** Otorgar, adjudicar.

dispensario

(dis-pen-**sa**-rio) sustantivo masculino

Consultorio médico donde los enfermos reciben asistencia médica y farmacéutica. *Voy al dispensario a ponerme una inyección.* **SIN.** Clínica, ambulatorio.

dispersar (dis-per-**sar**) verbo

Separar en desorden lo que estaba junto. *El viento dispersó las nubes y lució de nuevo el sol.* **SIN.** Diseminar, esparcir, disgregar. **ANT.** Reunir, agrupar, unir.

disponer

(dis-po-**ner**) verbo

1. Colocar, poner una cosa en orden para algo. *Dispuso la mesa para el almuerzo.* **SIN.** Arreglar, ordenar. **ANT.** Desordenar.

2. Mandar lo que se ha de hacer. *Dispuso que su fortuna pasara a aquella asociación benéfica.* **SIN.** Determinar, resolver, decidir.

3. Preparar, prevenir. *Dispuso a su amigo en contra mía.*

✎ Verbo irregular, se conjuga como *poner*. Su participio es *dispuesto*.

disposición

(dis-po-si-**ción**) sustantivo femenino

1. Arreglo o distribución de algo. *En la introducción del libro habla sobre la correcta disposición de la mesa.* **SIN.** Colocación, arreglo, distribución.

2. Aptitud para realizar algo. *Tiene muy buena disposición para los trabajos manuales.* **SIN.** Talento, habilidad, capacidad.

3. Estado del ánimo para hacer o no hacer algo. *Creo que no tiene muy buena disposición para echarme una mano.* **SIN.** Humor.

dispositivo

(dis-po-si-**ti**-vo) sustantivo masculino

Mecanismo que pone en funcionamiento algo. *El dispositivo del aire acondicionado está estropeado.* **SIN.** Ingenio, artefacto.

disputa (dis-**pu**-ta) sustantivo femenino

Riña acalorada entre dos o más personas. *Tuvieron una disputa acerca de quien debía pasar primero.* **SIN.** Discusión, altercado.

distancia (dis-**tan**-cia) sustantivo femenino

1. Espacio que hay entre dos puntos. *De mi casa a la estación, hay poca distancia.* **SIN.** Trecho.

2. a distancia expresión Lejos. *Me mantuve a distancia del perro.*

distante (dis-**tan**-te) adjetivo

1. Se dice de lo que está lejos. *Vivía en una casa muy distante del pueblo.*

2. Se dice de la persona que evita el trato familiar y de excesiva confianza. *Se comporta con educación, pero se mantiene distante.*

distinción (dis-tin-**ción**) sustantivo femenino

1. Diferencia entre dos o más personas o cosas. *La distinción entre una bicicleta y un triciclo es que el triciclo tiene una rueda más.* **ANT.** Igualdad, semejanza.

2. Honor, privilegio concedido a una persona. *Carlos I concedió a Tiziano la distinción de tutearle.* **SIN.** Honra. **ANT.** Desaire.

3. Elegancia y buenas maneras. *Siempre se comporta con mucha distinción.*

SIN. Finura, estilo, refinamiento. **ANT.** Chabacanería.

4. Trato de favor que recibe una persona. *Es una profesora muy justa, que nunca hace distinciones entre sus alumnos.*

distinguir (dis-tin-**guir**) verbo

1. Reconocer las diferencias entre unas cosas y otras. *No distingue el color azul del verde, le parecen iguales.* **SIN.** Diferenciar.

2. Hacer que una cosa se diferencie de otra por alguna particularidad. *Su última novela se distingue por su estilo llano.*

3. Ver una cosa a pesar de la lejanía y oscuridad. *Distinguió una vieja cabaña al final del bosque y se dirigió hacia ella.* **SIN.** Divisar.

4. Estimar a unas personas más que otras. *Distingue a unos más que a otros.* **SIN.** Preferir.

✎ Verbo con irregularidad ortográfica. Se escribe -*g*- en vez de -*gu*- si va seguido de -*a* o de -*o*, como en *distinga* o *distingo*.

distinto, distinta (dis-**tin**-to) adjetivo

Que no es lo mismo, ni parecido. *Estáis hablando de cosas muy distintas y que no tienen nada que ver.* **SIN.** Diferente. **ANT.** Igual.

distorsión (dis-tor-**sión**) sustantivo femenino

Deformación de una imagen o de un suceso. *La noticia sufrió una gran distorsión en ese periódico.*

distracción

(dis-trac-**ción**) sustantivo femenino

1. Falta de atención al hacer una cosa. *En una distracción del vigilante, se colaron dentro.* **SIN.** Olvido.

2. Cosa que sirve de diversión y descanso. *La lectura es una de sus mayores distracciones.* **SIN.** Entretenimiento, pasatiempo.

distraer (dis-tra-**er**) verbo

1. Apartar una persona la atención de lo que está haciendo. *Se distrajo y se salió de la carretera.*

2. Entretener. *Se distrae haciendo solitarios en el ordenador.* **ANT.** Aburrir(se).

✎ Verbo irregular, se conjuga como *traer*.

distribuir (dis-tri-bu-**ir**) verbo

1. Dividir una cosa entre varios. *No hubo ningún problema al distribuir los beneficios del negocio.* **SIN.** Repartir, adjudicar, racionar. **ANT.** Retener.

2. Dar a cada cosa su colocación oportuna. *Se encargará de distribuir los muebles de la casa.* **SIN.** Colocar, disponer, instalar.

✎ Verbo irregular, se conjuga como *huir*.

disturbio (dis-**tur**-bio) sustantivo masculino

Alteración de la paz y del orden público. *Después de la manifestación hubo muchos disturbios en el centro de la ciudad.* **SIN.** Alboroto, tumulto, sublevación.

disuadir (di-sua-**dir**) verbo

Dar a alguien razones para que abandone una idea o cambie de propósito. *Aunque estaba muy empeñado en hacer el viaje solo, su hermano logró disuadirlo.* **SIN.** Desaconsejar, desanimar, desalentar. **ANT.** Animar, secundar.

disyuntiva

(dis-yun-**ti**-va) sustantivo femenino

Alternativa entre dos posibilidades, de las cuales hay que escoger una. *Me encuentro en la disyuntiva de aceptar o no las condiciones de trabajo.* **SIN.** Dilema, opción.

diurno, diurna (**diur**-no) adjetivo

1. Que se refiere al día. *Trabaja en turno diurno.* **ANT.** Nocturno.

2. Se dice de los animales que buscan los alimentos durante el día, y de las plantas que solo tienen abiertas sus flores de día. *El león es un animal diurno.*

divagar (di-va-**gar**) verbo

Desviarse del tema o asunto de que se trata. *Como no sabía la lección, divagaba.* **SIN.** Irse por las ramas. **ANT.** Concretar.

✎ Se conjuga como *ahogar.*

divergir (di-ver-**gir**) verbo

1. Separarse progresivamente de un mismo punto dos o más líneas o superficies. *El camino diverge; toma entonces la desviación de la derecha.*

2. Estar en desacuerdo. *Siempre divergían en sus opiniones.* **SIN.** Discrepar. **ANT.** Coincidir.

✎ Se conjuga como *urgir.*

diversión (di-ver-**sión**) sustantivo femenino

Actividad que distrae la atención y sirve de descanso. *Bailar y jugar al baloncesto eran dos de sus diversiones favoritas.* **SIN.** Pasatiempo, distracción, entretenimiento. **ANT.** Aburrimiento.

diverso, diversa (di-**ver**-so) adjetivo

1. No igual. *Un perro y un gato son de diversa especie.* **SIN.** Distinto, diferente. **ANT.** Igual.

2. adjetivo masculino y femenino plural Varios, diferentes, muchos. *Traigo diversos libros para leer.*

divertir (di-ver-**tir**) verbo

Hacer reír y pasarlo bien. *Aquel juego divirtió a los niños porque era muy interesante y entretenido.* **SIN.** Entretener(se). **ANT.** Aburrir(se).

✎ Verbo irregular, se conjuga como *sentir.*

dividendo (di-vi-**den**-do) sustantivo masculino

Cantidad que se tiene que dividir entre otra. *En la operación 6÷2, seis (6) es el dividendo.*

dividir (di-vi-**dir**) verbo

1. Hacer de una cosa varias partes. *Dividió el pastel en seis porciones.* **SIN.** Fraccionar, partir, seccionar. **ANT.** Unir, pegar, juntar.

2. Repartir entre varios. *Dividió la herencia entre los hijos.* **SIN.** Asignar, distribuir, compartir.

3. Introducir discordias entre dos o más personas. *Pretendía dividir a los componentes del grupo.* **SIN.** Enemistar. **ANT.** Reconciliar.

divinidad (di-vi-ni-**dad**) sustantivo femenino

Dios y cada uno de los seres divinos de las diversas religiones. *Afrodita era la divinidad griega del amor y de la belleza.*

divisa (di-**vi**-sa) sustantivo femenino

1. Señal o insignia distintiva. *Una pequeña hoja era la divisa de aquel grupo ecologista.* **SIN.** Distintivo.

2. Moneda de cualquier país extranjero. *Le condenaron por evasión de divisas.*

divisar (di-vi-**sar**) verbo

Ver confusamente a gran distancia un objeto. *A lo lejos divisaba una pequeña barca.* **SIN.** Distinguir, vislumbrar, atisbar.

división (di-vi-**sión**) sustantivo femenino

1. Distribución de una cosa en partes. *No estoy de acuerdo con la división de la finca.* **SIN.** Reparto.

2. Desunión de opiniones. *Se trataba de un grupo muy unido, entre ellos no había ninguna división.* **SIN.** Discordia, desavenencia.

3. Operación matemática que consiste en dividir una cantidad en partes iguales. *Tengo que hacer una división.* **ANT.** Multiplicación.

divisor (di-vi-**sor**) sustantivo masculino

Cantidad por la que ha de dividirse otra. *En la operación 6÷2, dos (2) es el dividendo.*

divisorio, divisoria
(di-vi-**so**-rio) adjetivo

Se dice de lo que sirve para dividir o separar. *Llegamos hasta la línea divisoria de los dos países.*

divo, diva (di-vo) adjetivo y sustantivo
Se dice del artista famoso, especialmente del cantante de ópera. *Era una diva, su público la adoraba.*

divorcio (di-**vor**-cio) sustantivo masculino
1. Separación legal de dos personas casadas. *Les concedieron el divorcio.* **ANT.** Casamiento.
2. Separación en general. *El divorcio entre la rama moderada del grupo y la progresista era obvio.* **SIN.** Disociación. **ANT.** Unión.

divulgar (di-vul-**gar**) verbo
Dar a conocer una cosa entre mucha gente. *El descubrimiento de aquella nueva vacuna se divulgó con rapidez.* **SIN.** Propagar(se), difundir(se). **ANT.** Encubrir, ocultar.
✎ Se conjuga como *ahogar*.

do sustantivo masculino
Primera nota de la escala musical. *Re va después de do en la escala.*

doblaje (do-**bla**-je) sustantivo masculino
Sustitución de las voces originales por otras que correspondan a otro idioma, para que se pueda entender. *El doblaje de esa película es fantástico.*

doblar (do-**blar**) verbo
1. Aumentar una cosa otro tanto más de lo que era o tener el doble que otro. *Dobló su capital en pocos años.* **SIN.** Duplicar.
2. Aplicar dos partes de una cosa flexible una sobre otra. *Dobló las patas de la mesa plegable.* **SIN.** Flexionar, plegar.
3. Torcer una cosa encorvándola. *Dobló el alambre sin esfuerzo.* **ANT.** Enderezar.

4. Pasar a otro lado de una esquina, cambiando de dirección. *Le estuve mirando irse hasta que dobló la esquina.* **SIN.** Girar, virar.
5. En cine y televisión, sustituir los diálogos de una película, serie, etc. por otros del idioma del país donde se va a exhibir. *Se dedica a doblar películas.*

doble
(**do**-ble) adjetivo y sustantivo masculino
1. Que contiene dos veces una cantidad. *Veinte caramelos son el doble de diez.* **SIN.** Duplo.
2. sustantivo En el cine, actor que sustituye a otro principal en las escenas de peligro. *Ha trabajado de doble en varias películas, pero tras el accidente lo tuvo que dejar.*

doblegarse
(do-ble-**gar**-se) verbo
Someterse a la voluntad de otra persona. *No se doblegó pese a sus amenazas.* **SIN.** Ceder. **ANT.** Rebelarse.
✎ Se conjuga como *ahogar*.

doblez (do-**blez**) sustantivo masculino
1. Parte en que se dobla una cosa. *No hagas muchos dobleces en el mantel.* **SIN.** Pliegue.
2. Señal que queda en la parte donde se ha doblado algo. *Vuelve a plegar el pañuelo por el doblez.*
3. sustantivo femenino Falsedad, mala fe de una persona. *Siempre actúa con doblez, no te fíes de él.* **SIN.** Fingimiento, simulación. **ANT.** Franqueza.
✎ Su plural es *dobleces*.

docena (do-**ce**-na) sustantivo femenino
Conjunto de doce elementos. *Compró una docena de huevos.*

docente (do-**cen**-te) adjetivo y sustantivo
Que enseña o se refiere a la enseñanza. *Los profesores desempeñan la labor docente.*

dócil - doméstico

dócil (**dó**-cil) adjetivo
Obediente, sumiso. *Su caballo era muy dócil.* **SIN.** Manso. **ANT.** Indisciplinado, desobediente.

docto, docta (**doc**-to) adjetivo
Se dice de la persona que posee gran cultura. *Luis es muy docto.* **SIN.** Sabio, culto. **ANT.** Ignorante.

doctor, doctora (doc-**tor**) sustantivo
1. Persona que posee el título de Medicina. *La doctora me examinó la garganta.* **SIN.** Médico.
2. Persona que ha obtenido el más alto título académico que confiere una universidad. *Es doctora en Filología.*
3. doctor honoris causa expresión
Título honorífico que concede una universidad a personas ilustres. *Es doctor honoris causa por la Universidad de Salamanca.*

doctrina (doc-**tri**-na) sustantivo femenino
Enseñanza sobre una materia. *Dio a conocer su doctrina.* **SIN.** Teoría, programa, sistema.

documental (do-cu-men-**tal**) adjetivo
1. Que se apoya en documentos o que se refiere a ellos. *Sabía de lo que hablaba: tenía información documental sobre el tema.*
2. adjetivo y sustantivo masculino Se dice de la película cinematográfica o programa televisivo de carácter informativo. *Vimos un documental sobre viajes.*

documento
(do-cu-**men**-to) sustantivo masculino
Escrito que sirve para probar algo. *Este documento demuestra que tengo la propiedad de la finca.*

dolencia (do-**len**-cia) sustantivo femenino
Enfermedad o molestia que afecta a la salud. *Tiene una pequeña dolencia que no parece grave.* **SIN.** Malestar, achaque.

doler (do-**ler**) verbo
1. Sentir dolor o molestia en alguna parte del cuerpo. *Le dolían mucho las muelas.* **SIN.** Sufrir, padecer. **ANT.** Sanar.
2. dolerse Arrepentirse de haber hecho alguna cosa o sentir malestar por no poder hacer lo que se quisiera. *Se dolía por haberse portado mal con su amigo de toda la vida.* **SIN.** Lamentarse.
3. dolerse Compadecerse del mal que otro padece. *Se dolían de la miseria de aquellas personas.* **SIN.** Apiadarse, compadecerse.
✎ Verbo irregular, se conjuga como *mover*.

dolor (do-**lor**) sustantivo masculino
Sensación de sufrimiento o sentimiento de pena. *Tiene muchos dolores de cabeza. Sentí dolor cuando mi gato se escapó.* **SIN.** Daño, tormento, malestar. **ANT.** Gozo, bienestar.

domar (do-**mar**) verbo
1. Enseñar a ser manso a un animal por medio de ejercicios. *Tardaremos muchísimo tiempo en domar a estos caballos salvajes.* **SIN.** Domesticar, amaestrar.
2. Reprimir los impulsos de una persona. *Le costó mucho domar su mal genio.* **SIN.** Sujetar, dominar.

domesticar (do-mes-ti-**car**) verbo
Conseguir que un animal obedezca. *Debes domesticar a tu gato cuando sea pequeño.* **SIN.** Amansar, domar.
✎ Se conjuga como *abarcar*.

doméstico, doméstica
(do-**més**-ti-co) adjetivo
1. Que se refiere a la casa. *Entre todas las tareas domésticas, prefiero la de cocinar.* **SIN.** Casero, familiar, hogareño.
2. Se dice del animal que se cría en la compañía de las personas. *El perro, el gato y la gallina son animales domésticos.* **ANT.** Salvaje.

LA CIUDAD

MEDIO RURAL

MEDIO URBANO

LA CALLE

guardia

buzón

semáforo

escaparates

JUGUETES

acera

paso de cebra

quiosco

calzada

repartidor

taxi

barrendero

teléfono

papelera

contenedor

columpios

periódicos

fuente

EL COLEGIO

laboratorio

rellano

microscopio

mortero

matraz

pizarra

aula

perchero

pupitre

secretario

COLEGIO

puerta

director

dirección

entrada

servicios

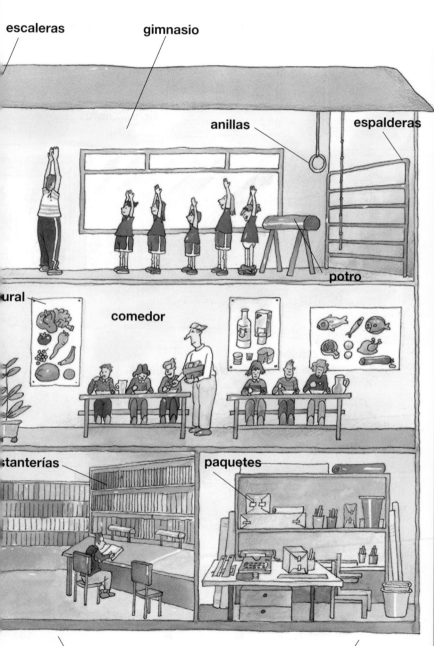

escaleras

gimnasio

anillas

espalderas

...ural

comedor

potro

...tanterías

paquetes

biblioteca

almacén

mi ciudad, mi barrio y mi colegio

láminas

librería

fichero libros

pizarra

tizas

borrador

equipo
de trabajo

libros

tijeras

silla

mesa

mochila

pegamento

domicilio

(do-mi-**ci**-lio) sustantivo masculino

Casa donde una persona vive. *Mi domicilio está junto a la plaza.* **SIN.** Morada, residencia, hogar.

dominar (do-mi-**nar**) verbo

1. Tener poder sobre personas o cosas. *No se debe dominar a los demás.* **SIN.** Sojuzgar, someter, subyugar. **ANT.** Respetar, acatar.

2. Tener muchos conocimientos sobre algo. *Domina el italiano porque vivió en Venecia.* **SIN.** Conocer, saber. **ANT.** Ignorar.

3. Sobresalir un monte, edificio, etc., entre los demás. *Las torres de la catedral dominan la ciudad.*

4. dominarse Contener los impulsos. *Tuvo que dominarse para no darle una mala contestación.* **SIN.** Reprimirse, refrenarse.

domingo (do-**min**-go) sustantivo masculino

Día de la semana que está entre el sábado y el lunes. *Los domingos comemos con los abuelos.*

dominio (do-mi-nio) sustantivo masculino

1. Derecho de decidir alguien libremente sobre lo que es suyo. *Quería vender alguna de las fincas que eran de su dominio.* **SIN.** Propiedad, pertenencia.

2. Poder sobre las personas. *Habló del dominio de los vencedores sobre los vencidos.*

3. Campo que abarca una actividad. *Era muy conocido en el dominio de la alfarería.*

4. Profundo conocimiento de una lengua, ciencia, etc. *Todos admiraban su dominio del chino.*

5. sustantivo masculino plural Tierra o conjunto de tierras que alguien posee. *Al príncipe le gustaba pasear a caballo por sus dominios.*

dominó

(do-mi-**nó**) sustantivo masculino

Juego que se compone de 28 fichas rectangulares divididas en dos cuadrados de fondo blanco, cada uno de los cuales lleva marcados de ninguno a seis puntos. Por turnos, cada participante pone una ficha con igual número en uno de sus cuadrados al de cualquiera de los dos que están en los extremos de la línea, y gana quien primero coloca todas las suyas o quien se queda con menos puntos cuando se cierra el juego *Mi abuelo era muy bueno jugando al dominó.*

don sustantivo masculino

1. Cosa que se ofrece como regalo a una persona. *Los Reyes Magos ofrecieron sus dones al Niño Jesús.* **SIN.** Presente, regalo.

2. Gracia especial o habilidad para hacer una cosa. *Tiene un don muy especial para la danza.* **SIN.** Talento, aptitud, cualidad.

3. Tratamiento de respeto que se usa delante de los nombres de pila masculinos. *Lo siento, pero don Pedro no puede atenderle ahora.*

donante (do-**nan**-te) sustantivo

Persona que voluntariamente da sangre para una transfusión o un órgano para un trasplante. *Ser donante es un acto de solidaridad.*

donativo

(do-na-**ti**-vo) sustantivo masculino

Lo que se entrega voluntariamente para un fin benéfico. *Entregó un donativo para los pobres de la ciudad.*

donde (**don**-de) adverbio

1. En el sitio, lugar, etc. donde, en que. *Lo encontrarás donde lo dejaste.*

2. dónde adverbio interrogativo En qué lugar, qué lugar, a qué lugar. *Se preguntaba dónde estaría. ¿Dónde estás?*

doña - dotar

doña (**do**-ña) sustantivo femenino

Tratamiento de respeto que se pone delante de los nombres de pila femeninos. *La carta iba dirigida a doña María.*

dopaje (do-**pa**-je) sustantivo masculino

Uso de drogas o estimulantes prohibidos en las competiciones deportivas. *La noticia del dopaje del famoso atleta sorprendió mucho a los aficionados.*

dorado, dorada (do-ra-do) adjetivo

1. De color de oro o que parece oro. *Las espigas de trigo son doradas.*

2. Esplendoroso, feliz. *Se acabó aquel tiempo dorado, ahora todo son problemas.*

dorar (do-**rar**) verbo

1. Dar un baño de oro. *Llevó el anillo a la joyería a que se lo doraran.*

2. Tostar ligeramente algo de comer. *Dora un poco más el pollo.*

3. dorarse Tomar color dorado. *Las espigas empezaban a dorarse y el campo estaba precioso.*

dormir (dor-**mir**) verbo

1. Descansar con los ojos cerrados; caer en el sueño. *Dormía tan profundamente que no le despertó ni la fuerte tormenta.* **ANT.** Velar.

2. Pasar la noche. *Dormimos en casa de mis tíos.* **SIN.** Pernoctar.

3. Hacer que alguien pierda el conocimiento por medios artificiales. *El médico le durmió para operarle.* **SIN.** Anestesiar.

4. dormirse Adormecerse un miembro del cuerpo y quedarse insensible. *Se me durmió la pierna por estar sentado sobre ella demasiado tiempo.*

✎ Verbo irregular. Ver pág. 329.

dormitar (dor-mi-**tar**) verbo

Estar medio dormido. *Unas veces seguía la conversación, otras dormitaba.* **SIN.** Amodorrarse.

dormitorio (dor-mi-**to**-rio) sustantivo masculino

Habitación de la casa destinada para dormir. *La casa tenía tres dormitorios.* **SIN.** Alcoba, cuarto.

dorso (**dor**-so) sustantivo masculino

Parte de atrás de algunas cosas. *Rellene este apartado siguiendo las indicaciones del dorso de la hoja.* **SIN.** Revés, reverso.

dos numeral y sustantivo masculino

Uno más uno, o segundo en una serie. *Tú y yo somos dos.*

doscientos, doscientas (dos-**cien**-tos) numeral y sustantivo masculino

Dos veces ciento o que ocupa el último lugar en una serie ordenada de doscientos (200). *Han visto la exposición más de doscientas personas.*

dosel (do-**sel**) sustantivo masculino

Mueble de adorno que cubre o resguarda un altar, cama, trono, etc. *La cama estaba cubierta por un elegante dosel antiguo.* **SIN.** Palio, toldo, baldaquino.

dosificar (do-si-fi-**car**) verbo

Fijar la dosis de alguna cosa. *Deberías dosificar el esfuerzo, si no, acabarás agotado.* **SIN.** Administrar, repartir.

✎ Se conjuga como *abarcar*.

dosis (**do**-sis) sustantivo femenino

1. Cantidad de medicina que se da de una vez a un enfermo. *El médico nos indicó que era peligroso pasarse de la dosis.* **SIN.** Medida, cantidad, porción.

2. Cantidad o porción de una cosa cualquiera, material o inmaterial. *Sus amigos le dieron una buena dosis de esperanza.*

✎ Es igual en plural y en singular.

dotar (do-**tar**) verbo

1. Conceder la naturaleza a una persona ciertos dones. *La naturaleza le dotó de una gran inteligencia.* **SIN.** Dar.

dormir

MODO INDICATIVO		MODO SUBJUNTIVO	
Tiempos simples	Tiempos compuestos	Tiempos simples	Tiempos compuestos

Presente	**Pret. perf. compuesto / Antepresente**	**Presente**	**Pret. perf. compuesto / Antepresente**
duermo	he dormido	duerma	haya dormido
duermes / dormís	has dormido	duermas	hayas dormido
duerme	ha dormido	duerma	haya dormido
dormimos	hemos dormido	durmamos	hayamos dormido
dormís / duermen	habéis dormido	durmáis / duerman	hayáis dormido
duermen	han dormido	duerman	hayan dormido

Pret. imperfecto / Copretérito	**Pret. pluscuamperfecto / Antecopretérito**	**Pret. imperfecto / Pretérito**	**Pret. pluscuamperfecto / Antepretérito**
dormía	había dormido	durmiera o durmiese	hubiera o hubiese dormido
dormías	habías dormido	durmieras o durmieses	hubieras o hubieses dormido
dormía	había dormido	durmiera o durmiese	hubiera o hubiese dormido
dormíamos	habíamos dormido	durmiéramos o durmiésemos	hubiéramos o hubiésemos dormido
dormíais / dormían	habíais dormido	durmierais o durmieseis / durmieran o durmiesen	hubierais o hubieseis dormido
dormían	habían dormido	durmieran o durmiesen	hubieran o hubiesen dormido

Pret. perf. simple / Pretérito	**Pret. anterior / Antepretérito**		
dormí	hube dormido		
dormiste	hubiste dormido		
durmió	hubo dormido		
dormimos	hubimos dormido		
dormisteis / durmieron	hubisteis dormido		
durmieron	hubieron dormido		

		Futuro simple / Futuro	**Futuro compuesto / Antefuturo**
		durmiere	hubiere dormido
		durmieres	hubieres dormido
		durmiere	hubiere dormido
		durmiéremos	hubiéremos dormido
		durmiereis / durmieren	hubiereis dormido
		durmieren	hubieren dormido

Futuro simple / Futuro	**Futuro compuesto / Antefuturo**
dormiré	habré dormido
dormirás	habrás dormido
dormirá	habrá dormido
dormiremos	habremos dormido
dormiréis / dormirán	habréis dormido
dormirán	habrán dormido

MODO IMPERATIVO

duerme (tú) / dormí (vos) / duerma (usted)
dormid (vosotros)
duerman (ustedes)

Condicional simple / Pospretérito	**Condicional compuesto / Antepospretérito**
dormiría	habría dormido
dormirías	habrías dormido
dormiría	habría dormido
dormiríamos	habríamos dormido
dormiríais / dormirían	habríais dormido
dormirían	habrían dormido

FORMAS NO PERSONALES

Infinitivo	**Infinitivo compuesto**
dormir	haber dormido
Gerundio	**Gerundio compuesto**
durmiendo	habiendo dormido
Participio	
dormido	

2. Asignar a una oficina, establecimiento, buque, etc. los medios y el personal necesario para que funcione correctamente. *Le dotaron de personal muy cualificado.* **SIN.** Proporcionar.

dote (**do**-te) sustantivo femenino

1. Bienes que, en algunas culturas, aporta la mujer a su nueva familia cuando se casa. *Compró las tierras con la dote de su mujer.*

2. sustantivo femenino plural Cualidades destacadas de una cosa o persona para una actividad. *Esta alumna de arte tiene grandes dotes para la pintura al óleo.*

dragar (dra-**gar**) verbo

Extraer el fango y las piedras del fondo de un río o de un puerto de mar, para limpiarlos y dejarlos más profundos. *Estaban dragando el fondo del puerto.*

✎ Se conjuga como *ahogar*.

dragón (dra-**gón**) sustantivo masculino

Animal imaginario, que se suele representar en forma de una enorme serpiente con pies y alas, que arroja fuego por la boca. *Le regalaron un cuento de gigantes y dragones.*

drama (**dra**-ma) sustantivo masculino

1. Obra literaria en la que los personajes dialogan entre sí, utilizando el verso o la prosa o mezclándolos. *Me gusta leer los dramas antiguos porque profundizan en el ser humano.*

2. Obra de teatro o película que trata temas serios y tristes. *Me gustan más las comedias que los dramas.* **ANT.** Comedia.

3. Suceso triste de la vida real que conmueve profundamente. *Su muerte repentina fue un auténtico drama.* **SIN.** Desgracia.

4. **hacer un drama** expresión Dar a algo más importancia de la que tiene.

Está haciendo un drama de su catarro, ¡ni que fuera una pulmonía!

dramaturgo, dramaturga

(dra-ma-**tur**-go) sustantivo

Autor de obras de teatro. *Antonio Gala es un famoso dramaturgo español.*

drástico, drástica (**drás**-ti-co) adjetivo

Se dice de la persona, suceso, postura, etc., radical, que actúa o sucede de forma rápida y enérgica y que no admite réplica. *Ante la escasez de agua, se tomaron medidas drásticas.*

driblar (dri-**blar**) verbo

En el deporte, fintar o atacar un jugador al contrario para esquivarlo y evitar que este le arrebate el balón. *una de las técnicas más importantes que existen en el básquetbol es la capacidad de driblar de los jugadores.*

droga (**dro**-ga) sustantivo femenino

1. Producto natural o sustancia química que se emplea en medicina, en industria, etc. *Trabaja en un laboratorio que fabrica drogas.*

2. Sustancia que crea dependencia y es muy dañina para la salud. *Se están haciendo importantes campañas contra la droga.*

drogar (dro-**gar**) verbo

1. Administrar una droga a personas o animales. *Le drogaron para que no sintiera dolor.*

2. **drogarse** Consumir drogas. *Lleva ya más de un año sin drogarse y se siente una persona nueva.*

✎ Se conjuga como *ahogar*.

droguería (dro-gue-**rí**-a) sustantivo femenino

Tienda donde se venden pinturas y productos de limpieza. *Compra jabón en la droguería.*

dromedario

(dro-me-**da**-rio) sustantivo masculino

Animal rumiante que se diferencia del camello porque solo tiene una joroba. *El dromedario vive en Arabia y el norte de África.*

dualidad (dua-li-**dad**) sustantivo femenino
Reunión de dos aspectos diferentes en una persona o cosa. *La dualidad de su carácter, entre la alegría y la tristeza, me desconcierta.*

ducha (**du**-cha) sustantivo femenino
1. Chorro de agua que se hace caer sobre el cuerpo para limpiarse o refrescarse. *Se dio una ducha.*
2. ser una ducha de agua fría expresión Ser algo una mala noticia. *El despido fue una ducha de agua fría.*

ducho, ducha (**du**-cho) adjetivo
Que tiene experiencia y destreza. *Es una persona muy ducha en trabajos manuales.* **SIN.** Experto, diestro. **ANT.** Inexperto.

dúctil (**dúc**-til) adjetivo
1. Se dice de los metales que se pueden extender en alambres o hilos. *El cobre es un metal muy dúctil.* **SIN.** Flexible. **ANT.** Rígido.
2. De carácter blando y manejable. *Es muy dúctil y tolerante con los demás.* **SIN.** Dócil, transigente, adaptable. **ANT.** Inflexible.

duda (**du**-da) sustantivo femenino
1. Indecisión de una persona ante varias posibilidades. *Tenía grandes dudas sobre qué universidad elegir.* **SIN.** Incertidumbre, indecisión. **ANT.** Seguridad.
2. Sospecha, recelo. *Manifestó sus dudas de que aquello fuera cierto.* **SIN.** Escrúpulo, aprensión.
3. Problema que se plantea y que necesita una solución. *Le preguntó varias dudas al profesor.*

duelo (**due**-lo) sustantivo masculino
1. Lucha entre dos personas con distintas armas. *Se retaron a un duelo.* **SIN.** Enfrentamiento.

2. Demostración de sentimiento o pena por la muerte de alguien. *Hubo un gran duelo por el difunto.* **SIN.** Luto. **ANT.** Alegría.

duende (**duen**-de) sustantivo masculino
Ser fantástico, típico de los cuentos de hadas. *El protagonista del cuento era un duende.* **SIN.** Genio.

dueño, dueña (**due**-ño) sustantivo
Persona que posee una cosa. *Fue la dueña de esta casa hasta que se la compré.* **SIN.** Propietario, amo.

dulce (**dul**-ce) adjetivo
1. De sabor como el del azúcar, la miel, etc. *Prefiero tomar el café muy dulce.* **SIN.** Azucarado.
2. Se dice de la persona que es amable y cariñosa. *Tiene un carácter muy dulce, da gusto tratar con ella.* **SIN.** Agradable, complaciente. **ANT.** Arisco, duro.
3. Pastel o golosina hechos con azúcar o cosas de sabor dulce. *Me regaló una caja de dulces.*

duna (**du**-na) sustantivo femenino
Montón de arena que el viento forma en los desiertos y playas. *Visité las dunas de Maspalomas.*

dúo (**dú**-o) sustantivo masculino
1. Composición musical para dos voces o dos instrumentos. *Interpretaron un dúo para piano y guitarra.*
2. a dúo expresión Con la participación de dos personas al mismo tiempo. *Cantamos la canción a dúo.*

dúplex (**dú**-plex) adjetivo y sustantivo masculino
Se dice de la vivienda construida en dos plantas, comunicadas por una escalera interior. *Viven en un dúplex.*
✎ Es igual en plural y en singular.

duplicado, duplicada (du-pli-**ca**-do) adjetivo
1. Que está repetido. *Me han enviado varios ejemplares duplicados.*

2. sustantivo masculino Copia de un documento. *Me quedé con el duplicado del recibo.* **ANT.** Original.

duplicar (du-pli-**car**) verbo

1. Hacer doble una cosa o multiplicar por dos una cantidad. *Duplicó su valor en pocos meses.* **SIN.** Doblar.

2. Sacar una copia de algo. *Quiero duplicar estos documentos antes de entregarlos.* **SIN.** Copiar.

✎ Se conjuga como *abarcar*.

duque, duquesa

(du-que) sustantivo

Título nobiliario inferior al de príncipe y superior al de marqués. *Heredó el título de duque.*

duración

(du-ra-**ción**) sustantivo femenino

1. Tiempo que transcurre desde que comienza hasta que finaliza una acción. *No sabían cuál iba a ser la duración del trabajo.*

2. Tiempo durante el que se conserva una cosa. *Es increíble la duración de estos zapatos; después de dos años están como nuevos.*

durante (du-**ran**-te) preposición

Denota el período de tiempo en el que algo sucede. *Nos vimos durante la cena.*

durar (du-**rar**) verbo

1. Tener una cosa una duración determinada. *Su enfermedad duró una semana.*

2. Continuar existiendo. *Esta casa ha durado cien años.* **SIN.** Permanecer, subsistir.

duro, dura (**du**-ro) adjetivo

1. Que es difícil de cortar, aplastar, rayar, etc. porque es muy resistente. *El diamante es tan duro que corta el vidrio.* **SIN.** Firme, sólido, fuerte. **ANT.** Blando, endeble.

2. Se dice de lo que está poco blando, tierno o mullido. *Este pan de ayer no se puede comer, está muy duro.*

3. Muy severo, falto de suavidad. *Fue duro con él y no le levantó el castigo.* **SIN.** Cruel, severo. **ANT.** Benévolo, suave, dulce.

4. Que resulta difícil de hacer o de tolerar. *El trabajo de picador en la mina era demasiado duro para él.* **SIN.** Trabajoso. **ANT.** Fácil.

5. Se dice de las cosas que no se desgastan fácilmente con el uso. *Estas botas son muy duras; tienen ya cuatro años y están nuevas.*

6. sustantivo masculino Antigua moneda española que valía cinco pesetas. *Nadie da duros a cuatro pesetas.*

7. adverbio Con fuerza, con violencia. *Golpea duro con el martillo.*

8. estar a las duras y a las maduras expresión Soportar los inconvenientes de algo y contar solo con las ventajas. *Ahora que está enfermo tendrás que cuidarlo, ¡hay que estar a las duras y a las maduras!*

DVD sustantivo masculino

Disco donde se pueden guardar datos, como películas, música, etc. *Me han prestado un DVD con el concierto de mi cantante favorito.*

✎ El plural es *los DVD*.

e sustantivo femenino

1. Sexta letra del abecedario español y segunda de las vocales. *Emilio empieza por* e.

2. conjunción Se usa en vez de *y* delante de las palabras que empiezan por *i-* o *hi-*. *Estaban invitados padres e hijos.*

ebanista (e-ba-**nis**-ta) sustantivo

Persona que trabaja artísticamente maderas de calidad. *El mueble para el comedor se lo hemos encargado a un ebanista.*

ébano (é-ba-no) sustantivo masculino

Árbol de tronco grueso, cuya madera, negra y maciza, es muy apreciada para fabricar muebles. *Esa figura es de ébano.*

ebook sustantivo masculino

1. Libro en soporte digital para leer en el ordenador o en un dispositivo electrónico y que se descarga de internet. *Hay ahora en el mercado miles de títulos para el* ebook.

✎ Es sinónimo de *libro electrónico* y *libro digital*. También *e-book*.

2. Dispositivo electrónico en el que se puede almacenar, reproducir y leer libros. *La nueva librería del barrio lanzará su propio ebook 3G en noviembre.*

✎ Es sinónimo de *lector de libro electrónico, reader*. También *e-book*.

ebrio, ebria (e-brio) adjetivo y sustantivo

1. Que ha bebido vino u otro licor en exceso. *Estaba un poco ebrio y se iba pa-*

ra los lados. **SIN.** Beodo, embriagado, borracho. **ANT.** Sereno, sobrio.

2. adjetivo Que siente una fuerte pasión, emoción, etc. *Estaba ebria de felicidad.* **SIN.** Exaltado, ofuscado.

ebullición

(e-bu-lli-**ción**) sustantivo femenino

Acción de hervir un líquido al alcanzar cierta temperatura. *Sube un poco el fuego si quieres que el agua entre en ebullición.* **SIN.** Borboteo, hervor.

echar

(e-**char**) verbo

1. Hacer que, mediante un impulso, una cosa vaya a parar a alguna parte. *Echó la pelota a la canasta y marcó un tanto.* **SIN.** Tirar, lanzar. **ANT.** Recibir.

2. Hacer que una cosa caiga en un sitio. *No olvides echar la carta al buzón.* **SIN.** Meter. **ANT.** Sacar.

3. Hacer salir a alguien de un lugar. *Le echaron del cine porque no tenía entrada.* **SIN.** Expulsar. **ANT.** Acoger.

4. Despedir a alguien de su trabajo. *Le echaron sin motivo.* **SIN.** Cesar, destituir. **ANT.** Admitir.

5. Despedir, emanar algo una cosa. *La chimenea echaba mucho humo porque estaba atascada.*

6. Representar o proyectar un espectáculo, una obra de teatro, una película, etc. *Hoy echan en la tele una película de mi actriz favorita.* **SIN.** Dar.

7. echarse Acostarse. *Se echaron a dormir la siesta.* **SIN.** Tumbarse, reposar. **ANT.** Levantarse.

8. echarse Moverse, inclinarse. *Se echó hacia atrás para dejarme pasar.*

9. echar a perder expresión Estropear o estropearse. *El calor echó a perder la mahonesa.*

10. echar de menos expresión Notar la falta de una persona o cosa. *Echo de menos a los amigos que se fueron.*

eclipse (e-clip-se) sustantivo masculino

1. Interposición de un astro entre otros dos cuerpos celestes, ocultando por un tiempo uno de ellos a la vista e impidiendo que llegue su luz. *El eclipse de luna ocurre cuando la luna pasa a través de la sombra de la Tierra.*

2. Pérdida progresiva de importancia, cualidades, etc. *Se hallaba en el eclipse de su fama.* **SIN.** Decadencia. **ANT.** Encumbramiento.

3. eclipse de luna expresión El que sucede cuando se interpone la Tierra entre la luna y el sol.

4. eclipse de sol expresión El que se produce cuando la luna se interpone entre el sol y la Tierra.

eco (e-co) sustantivo masculino

1. Repetición de un sonido reflejado por un cuerpo duro, una montaña, un túnel, etc. *Gritó en la cueva y el eco devolvió su grito.* **SIN.** Resonancia, retumbo.

2. Sonido de voces que se percibe confusamente. *Oía un eco lejano.*

3. hacerse alguien eco de algo expresión Contribuir a la difusión de una noticia, rumor, etc. *La prensa se hizo eco de la noticia.*

ecología (e-co-lo-gí-a) sustantivo femenino

1. Parte de la biología que estudia las relaciones entre los seres vivos y el medio en que viven. *Se ha especializado en ecología.*

2. Relación entre los seres humanos y el medioambiente natural. *La ecología preocupa a la sociedad.*

ecologismo (e-co-lo-gis-mo) sustantivo masculino

Conjunto de organizaciones y teorías que defienden la conservación del medioambiente. *Era una gran defensora del ecologismo.*

ecologista (e-co-lo-gis-ta) adjetivo

1. Que se refiere al ecologismo. *Lo leí en esa revista ecologista.*

2. sustantivo Partidario del ecologismo. *Los ecologistas organizaron una manifestación contra la central nuclear.*

economato (e-co-no-ma-to) sustantivo masculino

Almacén o tienda, destinado solo a ciertas personas asociadas, donde se venden los productos a precios más baratos que en las tiendas. *Compraba las medicinas en el economato militar.*

economía (e-co-no-mí-a) sustantivo femenino

1. Buena administración de los bienes. *Su madre lleva muy bien la economía de la casa.* **SIN.** Administración, gobierno.

2. Riqueza de un país como resultado de su agricultura, ganadería, industria, etc. *La economía de ese país ha mejorado en los últimos años gracias al turismo.*

economizar (e-co-no-mi-zar) verbo

1. Ahorrar. *El sueldo era tan bajo que no podía economizar.* **ANT.** Gastar, dilapidar.

2. Evitar un trabajo, esfuerzo, riesgo, etc. *Deberías economizar fuerzas para más adelante.*

✎ Se conjuga como *abrazar.*

ecosistema (e-co-sis-te-ma) sustantivo masculino

Sistema de relación de los seres vivos, entre sí y con el lugar donde viven. *La selva es un ecosistema.*

ecuador (e-cua-**dor**) sustantivo masculino
1. Línea curva imaginaria que rodea la Tierra y que está a la misma distancia de los dos polos. *El ecuador divide a la Tierra en dos hemisferios.*
2. paso del ecuador expresión Mitad de una carrera universitaria. *Fueron a Cuba en el viaje de paso del ecuador.*

ecuestre (e-**cues**-tre) adjetivo
1. Que se refiere al caballo o al jinete. *El domingo se celebrará una importante carrera ecuestre.* **SIN.** Hípico, equino.
2. Se dice de la escultura o pintura que representa a una persona montada a caballo. *Su retrato ecuestre tenía gran valor artístico.*

edad (e-**dad**) sustantivo femenino
1. Tiempo que un ser ha vivido. *Su edad es avanzada, tiene ochenta años.* **SIN.** Años, vida.
2. Cada uno de los períodos en los que se divide la historia. *En la Edad Media se construyeron muchos castillos.* **SIN.** Época.
3. edad del pavo expresión Adolescencia. *Esta en plena edad del pavo y le cuesta entenderse a sí mismo.*
4. mayor de edad expresión Se dice de la persona que ha cumplido la edad mínima que fija la ley para tener todos los derechos y deberes de las personas adultas, como votar en las elecciones. *En España, la mayoría de edad se alcanza a los 18 años.*

edición (e-di-**ción**) sustantivo femenino
Impresión de una obra para su publicación. *Van a sacar una edición con sus obras completas.* **SIN.** Impresión, estampación.

edificar (e-di-fi-**car**) verbo
1. Hacer un edificio o mandarlo construir. *Edificaron una casa de cuatro pisos.* **SIN.** Construir, levantar. **ANT.** Derribar, destruir.

2. Producir alguien, con su buen comportamiento y cualidades, deseos de ser mejores a otros, para imitarle. *Su ejemplar conducta nos edificaba a todos.* **SIN.** Ejemplarizar, educar. **ANT.** Escandalizar, pervertir.
✎ Se conjuga como *abarcar.*

edificio (e-di-**fi**-cio) sustantivo masculino
Cualquier construcción hecha para vivir en ella o para otros usos, como iglesia, teatro, estadio, etc. *Vive en un edificio moderno.* **SIN.** Inmueble.

editar (e-di-**tar**) verbo
1. Publicar un libro, periódico, folleto, mapa, etc. por medio de la imprenta. *Editó una novela.*
2. Abrir un archivo informático para visualizarlo en pantalla y, mediante el programa adecuado (editor de textos, gráfico, de video…), poder introducir modificaciones como copiar, cortar, pegar, insertar, borrar, mover, etc. *Para añadir un nuevo detalle en alguno de los contactos de la agenda de tu móvil, tienes que abrir la lista y editar el contacto.*

editor, editora (e-di-**tor**) sustantivo
Persona que dirige los procesos relacionados con la publicación de un libro o de un periódico. *Buscaba un editor que quisiera publicar su última obra.*

editorial (e-di-to-**rial**) adjetivo
1. Que se refiere a la edición o publicación de obras. *Me gusta la labor editorial.*
2. sustantivo masculino Artículo de un periódico que expresa la opinión de sus directores. *Leí un interesante editorial.*
3. sustantivo femenino Empresa que se dedica a editar o publicar libros. *Trabajo de correctora en una editorial.*

edredón (e-dre-**dón**) sustantivo masculino
Colcha de cama rellena de plumas, algodón, etc. *Coloca el edredón sobre la cama.*

educación - efervescencia

educación

(e-du-ca-**ción**) sustantivo femenino

1. Enseñanza con que se trata de desarrollar las capacidades de una persona. *En el colegio recibe una buena educación.* **SIN.** Formación. **ANT.** Incultura.

2. Manifestación de respeto hacia los demás. *Es una persona con mucha educación.* **SIN.** Corrección, finura, modales, cortesía. **ANT.** Grosería, rusticidad.

3. Educación Especial expresión La que está dirigida a las personas disminuidas psíquica o físicamente. *Me especialicé en Educación Especial.*

4. Educación Física expresión Conjunto de ejercicios dirigidos al desarrollo del cuerpo y sus partes. *Salté el potro en clase de Educación Física.*

educar (e-du-**car**) verbo

1. Desarrollar las capacidades del niño o del joven por medio de ejemplos, ejercicios, etc. *Los profesores educan a los alumnos.* **SIN.** Enseñar, instruir.

2. Enseñar buenos modales para saber convivir. *No tiraba papeles al suelo porque le habían educado bien.*

3. Ejercitar las facultades de un miembro del cuerpo o desarrollar las posibilidades de los sentidos. *Tienes que educar la voz si quieres cantar bien.*

4. Amaestrar a un animal. *Ella se encargó de educar al perro.*

✎ Se conjuga como *abarcar*.

educativo, educativa

(e-du-ca-**ti**-vo) adjetivo

Que se refiere a la educación o sirve para educar. *Siempre regala juguetes educativos.*

edulcorante

(e-dul-co-**ran**-te) adjetivo y sustantivo masculino

Sustancia que endulza los alimentos o medicamentos. *La sacarina es un edulcorante.*

efe (e-fe) sustantivo femenino

Nombre de la letra *f*. *Federico empieza por efe.*

efectivo, efectiva (e-fec-**ti**-vo) adjetivo

1. Que es eficaz. *Las medidas que adoptó resultaron muy efectivas.* **SIN.** Eficiente. **ANT.** Ineficaz.

2. sustantivo masculino Dinero en monedas y billetes. *Pagó sus compras en efectivo.* **SIN.** Metálico.

efecto (e-**fec**-to) sustantivo masculino

1. Resultado o consecuencia de algo determinado. *Este es el efecto de esa reacción química.* **SIN.** Producto, resultado. **ANT.** Causa.

2. Finalidad con que se hace una cosa. *Su obra perseguía el efecto de impresionar.* **SIN.** Objeto, fin, intención.

3. Impresión, emoción. *Sus palabras produjeron un gran efecto.*

4. efectos especiales expresión Técnicas que se usan en el cine, el teatro, etc., para que parezcan reales escenas hechas mediante trucos. *Vi una película con muchos efectos especiales.*

5. en efecto expresión Realmente. *Me viste porque, en efecto, estuve allí.*

6. surtir efecto expresión Producir una cosa el resultado que se esperaba. *Las medidas surtieron efecto inmediato.*

efectuar (e-fec-tu-**ar**) verbo

Hacer alguna cosa. *Efectuó ayer el pago de la matrícula.* **SIN.** Realizar(se). **ANT.** Incumplir(se).

✎ Se conjuga como *actuar*.

efeméride (e-fe-**mé**-ri-de) sustantivo femenino

Suceso importante, que se celebra cada aniversario. *Celebramos la efeméride cada año.*

efervescencia

(e-fer-ves-**cen**-cia) sustantivo femenino

1. Desprendimiento de burbujas de gas a través de un líquido. *La aspirina posee mucha efervescencia.*

2. Agitación, entusiasmo. *Durante el torneo había gran efervescencia en la ciudad.* **SIN.** Pasión.

efervescente (e-fer-ves-**cen**-te) adjetivo

Que desprende burbujas. *Pastilla efervescente.*

eficacia

(e-fi-**ca**-cia) sustantivo femenino

1. Capacidad y fuerza para obrar. *Esa máquina tiene gran eficacia.* **SIN.** Eficiencia. **ANT.** Ineficacia.

2. Capacidad para producir un efecto. *Esas inyecciones tienen mucha eficacia contra la gripe.* **SIN.** Efectividad, garantía, validez.

eficaz (e-fi-**caz**) adjetivo

Que tiene eficacia. *El medicamento fue muy eficaz y me curé enseguida.* **SIN.** Activo, fuerte.

✎ Su plural es *eficaces.*

eficiente (e-fi-**cien**-te) adjetivo

Que realiza bien su función. *Es muy eficiente en su trabajo.* **SIN.** Activo. **ANT.** Incompetente.

efímero, efímera (e-**fí**-me-ro) adjetivo

Que dura poco. *Fueron unas vacaciones muy efímeras.* **SIN.** Breve, fugaz. **ANT.** Perdurable.

efusivo, efusiva (e-fu-**si**-vo) adjetivo

Que manifiesta vivamente sus sentimientos. *No puede contener sus emociones, es muy efusiva.* **SIN.** Entusiasta, expresivo.

egoísmo (e-go-**ís**-mo) sustantivo masculino

Preocuparse solo de uno mismo y de sus cosas, sin importar lo que suceda a los demás. *Todo el mundo le critica su egoísmo.* **SIN.** Egocentrismo. **ANT.** Altruismo.

eje (e-je) sustantivo masculino

1. Línea que divide por la mitad cualquier cosa. *Dóblalo por el eje.*

2. Idea fundamental de un escrito o discurso, objetivo principal de una empresa, etc. *La falta de solidaridad era el eje de su discurso.* **SIN.** Núcleo.

ejecución

(e-je-cu-**ción**) sustantivo femenino

1. Realización. *Supervisé la ejecución del proyecto.*

2. Pena de muerte. *La ejecución se realizó en la silla eléctrica.*

ejecutar (e-je-cu-**tar**) verbo

1. Hacer una cosa. *Ejecutaron el plan de trabajo sin problemas.* **SIN.** Realizar, confeccionar, cumplir.

2. Cumplir una ley, mandato, sentencia, etc. *Ejecutó sus órdenes.* **SIN.** Obedecer, observar.

3. Interpretar una obra musical. *Ejecutó una pieza al piano.*

4. Castigar con la pena de muerte. *El asesino fue ejecutado.*

ejemplar (e-jem-**plar**) adjetivo

1. Que da buen ejemplo. *Es una persona ejemplar.* **SIN.** Modélico.

2. Que sirve de ejemplo y advertencia para los demás. *Le impuso un castigo ejemplar.*

3. sustantivo masculino Cada uno de los libros, dibujos, periódicos, etc. de una misma edición. *El autor me dedicó un ejemplar de su novela.*

ejemplo

(e-**jem**-plo) sustantivo masculino

1. Caso o hecho que sirve de modelo para que se imite o para que se evite. *Su hermano es tan bueno, que siempre le ponen como ejemplo.* **SIN.** Modelo, pauta.

2. Hecho o texto que sirve para explicar de forma práctica una opinión, una teoría, etc. *En este diccionario hay muchos ejemplos de uso.*

ejercer (e-jer-**cer**) verbo

1. Hacer cosas propias de una profesión, oficio, empleo, etc. *Soy médico, pero no ejerzo.* **SIN.** Desempeñar.

2. Tener poder o influencia sobre alguien o algo. *Ejerce malas influencias sobre él.*
✎ Se conjuga como *convencer.*

ejercicio (e-jer-**ci**-cio) sustantivo masculino
1. Acción de ejercitarse u ocuparse en una cosa. *Se esfuerza mucho en el ejercicio de su trabajo.*
2. Esfuerzo o entrenamiento físico que se hace para mantener la salud. *Hago ejercicio a diario con la bicicleta.*
3. Examen, prueba. *Pusieron un ejercicio de redacción.*

ejercitar (e-jer-ci-**tar**) verbo
Hacer que alguien aprenda algo mediante su práctica. *Se ejercitaba para hablar correctamente en público.* **SIN.** Adiestrar(se).

ejército (e-**jér**-ci-to) sustantivo masculino
Conjunto de soldados y sus armas dirigidos por sus jefes militares. *El ejército estaba preparado para defenderse del enemigo.*

el artículo
Artículo determinado en masculino singular. Acompaña a sustantivos que son conocidos para las personas que se están comunicando. *Toma el libro.*

él, ella, ello pronombre personal
Formas del pronombre personal de tercera persona del singular en masculino, femenino y neutro. Pueden funcionar como sujeto o como complemento con preposición. *Él lo hizo. Vino con ella.*

elaborar (e-la-bo-**rar**) verbo
1. Preparar un producto por medio de un trabajo adecuado. *Se dedican a elaborar sidra.* **SIN.** Confeccionar, producir.
2. Idear una cosa determinada. *Albert Einstein elaboró la teoría de la relatividad.* **SIN.** Pensar, proyectar.

elástico, elástica (e-**lás**-ti-co) adjetivo
1. Se dice del cuerpo o del tejido que es capaz de alargarse cuando se estira y de recobrar su forma habitual cuando cesa la fuerza que lo estiraba. *El colchón tiene muelles elásticos.* **SIN.** Extensible, flexible. **ANT.** Rígido.
2. Que se puede entender de distintas maneras. *Esa afirmación es muy elástica.* **SIN.** Relativo.
3. sustantivo masculino Tira o cordón de goma. *La cintura lleva por dentro un elástico.*

ele (e-le) sustantivo femenino
Nombre de la letra *l*. *Luis empieza por ele.*

elección (e-lec-**ción**) sustantivo femenino
1. Acción de elegir. *De la elección de los muebles te encargarás tú.* **SIN.** Opción, selección.
2. Nombramiento de una persona por votación. *Mañana haremos en clase la elección de delegado.* **SIN.** Selección, votación.
3. Libertad para obrar. *La elección de ir o no era suya.* **SIN.** Opción, iniciativa, alternativa.
4. sustantivo femenino plural Votación para elegir cargos públicos. *En marzo se celebrarán elecciones municipales.*

elector, electora
(e-lec-**tor**) adjetivo y sustantivo
Que elige o que puede elegir. *Un gran número de electores acudió a las urnas.* **SIN.** Votante.

electoral (e-lec-to-**ral**) adjetivo
Que pertenece o se refiere a los electores o a las elecciones. *Los líderes políticos han comenzado su campaña electoral.*

electricidad
(e-lec-tri-ci-**dad**) sustantivo femenino
Forma de energía que hace que las bombillas den luz, que los motores fun-

cionen, etc. *La lavadora dejó de funcionar porque hubo un corte de electricidad.*

eléctrico, eléctrica

(e-**léc**-tri-co) adjetivo

Que tiene o comunica electricidad. o se refiere a ella. *Le regalaron una tetera eléctrica.*

electrizar (e-lec-tri-**zar**) verbo

1. Producir la electricidad en un cuerpo. *Frota ese vaso de cristal con un guante de lana y verás cómo se electriza.*

2. Exaltar, entusiasmar. *Aquel emotivo discurso, electrizó al público.* **SIN.** Animar(se).

✎ Se conjuga como *abrazar*.

electrocutar (e-lec-tro-cu-**tar**) verbo

Matar o morir por medio de una gran descarga eléctrica. *Lo electrocutó un rayo.*

electrodoméstico

(e-lec-tro-do-**més**-ti-co) sustantivo masculino

Aparato que se utiliza en los hogares para cocinar, limpiar, lavar la ropa, etc., que funciona por electricidad. *La lavadora es un electrodoméstico.*

electrónico, electrónica

(e-lec-**tró**-ni-co) adjetivo

1. Que se refiere a la electrónica. *Le regalé un microscopio electrónico.*

2. sustantivo femenino Ciencia que estudia cómo aplicar la electricidad en ciertos aparatos, como los ordenadores, televisores, radios, etc. *La parte de la asignatura que más me gusta es la electrónica.*

elefante, elefanta (e-le-**fan**-te) sustantivo

1. Animal de gran tamaño, piel áspera, cabeza pequeña, orejas grandes y colgantes, patas altas y fuertes, nariz en forma de trompa y dos colmillos largos de marfil. *Los elefantes se crían en Asia y en África.*

2. elefante marino expresión Nombre que reciben diversos mamíferos marinos de gran tamaño. *Vimos el show de los elefantes marinos en el parque zoológico.* **SIN.** Morsa.

elegancia (e-le-**gan**-cia) sustantivo femenino

Cualidad de elegante. *Viste con mucha elegancia.* **SIN.** Finura, gentileza, distinción. **ANT.** Ordinariez, desaliño, desgarbo.

elegante (e-le-**gan**-te) adjetivo

Que tiene buen gusto, gracia y sencillez. *Se ha puesto muy elegante para ir a la fiesta.* **SIN.** Distinguido, selecto. **ANT.** Descuidado, desaliñado.

elegir (e-le-**gir**) verbo

1. Preferir a una persona o cosa entre otras. *Eligió el coche pequeño en vez del grande.* **SIN.** Escoger, optar, seleccionar.

2. Nombrar por votación a alguien para un puesto. *La eligieron presidenta.*

✎ Verbo irregular, se conjuga como *pedir*. Se escribe -*j*- en vez de -*g*- seguido de -*a* y -*o*, como en *elijo* o *elija*. Tiene dos participios: *elegido* y *electo*.

elemento (e-le-**men**-to) sustantivo masculino

1. Componente que forma parte de los cuerpos o de un todo. *El elemento más importante de ese tubo es el hierro.*

2. Medio en que se desarrolla la vida de un ser vivo. *Este clima no es un elemento adecuado para esos cultivos.* **SIN.** Hábitat.

3. Cada una de las condiciones que influyen en algo. *Había que tener en cuenta muchos elementos.* **SIN.** Factor, aspecto.

elevación (e-le-va-**ción**) sustantivo femenino

1. Acción de elevar o elevarse. *La crisis ha supuesto una importante elevación de los precios.* **SIN.** Ascenso, aumento, progreso. **ANT.** Bajada, descenso.

2. Altitud sobre el nivel del mar. *Aquella montaña tenía gran elevación.* **SIN.** Altura, prominencia.

elevado, elevada (e-le-**va**-do) adjetivo

1. Se dice de lo que es o está alto. *Estaba tan elevado que no llegaba a alcanzarlo.* **ANT.** Bajo.

2. Caro. *Pidió un precio muy elevado.* **SIN.** Crecido, subido.

3. Difícil, complicado. *Esa novela es muy elevada para tu edad.*

elevar (e-le-**var**) verbo

1. Levantar una cosa. *La polea eleva los materiales.* **SIN.** Izar, subir. **ANT.** Bajar, hundir.

2. Aumentar la cantidad, el valor, la intensidad, etc. de algo. *La crisis ha elevado los precios este año.* **SIN.** Subir, alzar, incrementar. **ANT.** Bajar, descender.

3. Colocar a alguien en mejor puesto, empleo o situación. *Lo elevaron al cargo de director.* **SIN.** Encumbrar, promocionar.

4. elevarse Quedarse alguien fuera de sí. *Se eleva con esas lecturas tan místicas.* **SIN.** Extasiarse.

eliminar (e-li-mi-**nar**) verbo

1. Quitar, anular una cosa. *El ambientador eliminó los malos olores.*

2. Expulsar a una o más personas de un lugar o asunto. *Eliminaron a un jugador por cinco faltas personales.* **SIN.** Excluir. **ANT.** Incluir.

3. Matar. *Al final de la película eliminan al espía enemigo.*

eliminatoria

(e-li-mi-na-**to**-ria) sustantivo femenino

Prueba que sirve para hacer una selección de los participantes en una competición deportiva, en un concurso, etc. *Nuestro equipo pasó la eliminatoria y ya está jugando los cuartos de final del torneo.*

elipse (e-**lip**-se) sustantivo femenino

Curva cerrada de forma oval. *La figura tiene forma de elipse.*

élite (é-li-te) sustantivo femenino

Lo más selecto de un grupo de personas. *A la ceremonia asistió la élite de la sociedad.* **SIN.** Crema.

✎ También *elite*.

elixir (e-li-**xir**) sustantivo masculino

Licor compuesto de diferentes sustancias medicinales. *Enjuágate la boca con este elixir, es muy bueno para las encías.*

elocuente (e-lo-**cuen**-te) adjetivo

Que habla y se le entiende muy bien, utilizando el lenguaje con claridad y soltura. *Es tan elocuente que convence a todos.*

✎ Es igual en masculino y femenino.

elogiar (e-lo-**giar**) verbo

Reconocer las buenas cualidades y méritos de una persona o cosa delante de otras personas. *Elogiaron su solidaridad y su apoyo a los desamparados.* **SIN.** Alabar, ponderar. **ANT.** Denostar.

✎ Se conjuga como *cambiar*.

elogio (e-**lo**-gio) sustantivo masculino

Todo lo bueno que se dice de una persona o cosa por sus buenas cualidades o acciones. *Hizo grandes elogios de su profesor, hasta dijo que era un sabio.* **SIN.** Loa, alabanza. **ANT.** Censura.

eludir (e-lu-**dir**) verbo

Evitar una dificultad o salir de ella. *Eludió su responsabilidad sobre el fracaso diciendo que había estado ocupado con otro asunto importante.* **SIN.** Escaquearse, evitar. **ANT.** Aceptar, afrontar, arrostrar.

embadurnar (em-ba-dur-**nar**) verbo

Manchar o mancharse. *La niña se embadurnó toda la cara de chocolate.* **SIN.** Untar(se).

embajada (em-ba-**ja**-da) sustantivo femenino

Representación del Gobierno de un país en otro para negociar o realizar ciertas funciones. *Trabaja en la embajada como intérprete.*

embajador, embajadora

(em-ba-ja-**dor**) sustantivo

Representante de una nación en otra. *Nombraron nuevo embajador de España en Francia.*

embalar (em-ba-**lar**) verbo

1. Envolver cuidadosamente las cosas para transportarlas. *Lo embalaron en cajas para que no se estropeara.* **SIN.** Envolver, empaquetar. **ANT.** Desembalar.

2. embalarse Aumentar mucho la velocidad un corredor o un vehículo en marcha. *Se embaló y estuvo a punto de salirse en la curva.* **ANT.** Acelerarse.

embalse (em-**bal**-se) sustantivo masculino

Lugar donde se recogen las aguas de un río o arroyo. Se forma artificialmente cerrando la boca de un valle mediante un muro llamado *presa. Ha habido tanta sequía que los embalses tienen muy poca agua.* **SIN.** Pantano.

embarazo (em-ba-**ra**-zo) sustantivo masculino

Estado de la mujer que espera un hijo; tiempo que dura ese estado. *No tuvo ningún problema durante los nueve meses de embarazo.*

embarazoso, embarazosa

(em-ba-ra-**zo**-so) adjetivo

Se dice de una situación difícil en la que uno no sabe bien cómo comportarse. *Resultó muy embarazoso decirle que no queríamos que viniera con nosotros.*

embarcación

(em-bar-ca-**ción**) sustantivo femenino

Vehículo que flota en el agua y que, impulsado por un motor o por remos, puede transportar personas, animales o cosas. *Salieron al mar en una pequeña embarcación de vela.* **SIN.** Barco.

embarcadero

(em-bar-ca-**de**-ro) sustantivo masculino

Lugar destinado para subir y bajar personas, animales y mercancías a una embarcación. *Fueron al embarcadero para recibir a sus familiares.* **SIN.** Atracadero.

embarcar (em-bar-**car**) verbo

1. Hacer entrar personas, animales o mercancías en una embarcación. *Embarcaron rumbo a las islas en un barco velero.* **ANT.** Desembarcar.

2. Incluir a alguien en un asunto. *Los amigos lo embarcaron en la aventura sin que se diera cuenta.*

✎ Se conjuga como *abarcar.*

embargo

(em-**bar**-go) sustantivo masculino

1. Retención de bienes y propiedades por orden de un juez. *El juez decretó el embargo de sus propiedades.* **SIN.** Confiscación, incautación, requisa.

2. Prohibición de comerciar con un país, ordenada por uno o varios países. *Había escasez de alimentos y medicinas en el país debido al embargo.* **SIN.** Bloqueo.

3. sin embargo conjunción No obstante, a pesar de. *Está muy enfadada con él; sin embargo, le ayudará.*

embarrar (em-ba-**rrar**) verbo

Untar o manchar con barro. *El suelo se embarró mucho.*

embarullar (em-ba-ru-**llar**) verbo

1. Mezclar desordenadamente unas cosas con otras. *Me embarulló todos los papeles y ahora no encuentro la factura que busco.* **SIN.** Desordenar. **ANT.** Ordenar.

2. Acuar o hacer las cosas rápida y desordenadamente. *Es mejor que no te embarulles si quieres hacer las cosas bien.* **SIN.** Acelerar, atropellar, aturullar.

embelesar (em-be-le-**sar**) verbo

Fascinar, cautivar los sentidos. *Se embelesó escuchando su aventura.* **SIN.** Extasiar(se), embobar(se). **ANT.** Desinteresar(se).

A
B
C
D
E
F
G
H
I
J
K
L
M
N
Ñ
O
P
Q
R
S
T
U
V
W
X
Y
Z

embellecer (em-be-lle-**cer**) verbo
Dar belleza a una persona o cosa. *Embellecieron las calles con luces de colores durante las fiestas.* **SIN.** Adornar(se), acicalar(se).

✎ Verbo irregular, se conjuga como *parecer*.

embestir (em-bes-**tir**) verbo
Lanzarse con ímpetu contra alguna persona o cosa. *La vaca nos embistió y tuvimos que salir corriendo.* **SIN.** Arremeter, atacar, abalanzarse. **ANT.** Esquivar, huir.

emblema (em-**ble**-ma) sustantivo masculino
Símbolo que representa o significa algo. *En la carpeta llevaba una pegatina con el emblema del equipo del colegio.* **SIN.** Insignia.

emborrachar (em-bo-rra-**char**) verbo
1. Causar embriaguez, atontar, adormecer. *El olor a amoniaco era tan fuerte que emborrachaba.*
2. Empapar un alimento en almíbar, licor, etc., sobre todo los bizcochos. *Emborrachó el bizcocho en vino dulce.*
3. emborracharse Beber vino u otro licor hasta perder el uso de razón. *Se emborrachó un poco en la fiesta.* **SIN.** Embriagarse.

emborronar (em-bo-rro-**nar**) verbo
1. Llenar o manchar con borrones un papel. *No se dio cuenta de que la pluma perdía tinta y emborronó todo el cuaderno.*
2. Escribir deprisa y mal. *Emborronó unas cuantas cuartillas con sus pensamientos.*

emboscada (em-bos-**ca**-da) sustantivo femenino
1. Ocultación de una o varias personas para atacar por sorpresa. *El enemigo cayó en la emboscada que le tendimos.* **SIN.** Encerrona.

2. Trampa contra alguien. *Le prepararon una emboscada para que se viera obligado a dimitir.* **SIN.** Maquinación, intriga.

embotellamiento (em-bo-te-lla-**mien**-to) sustantivo masculino
1. Acción de embotellar o llenar las botellas. *El encargado les explicó el proceso de embotellamiento de la leche.*
2. Aglomeración de vehículos que obstruyen el tráfico. *Los días de lluvia se produce un gran embotellamiento en el centro de la ciudad.* **SIN.** Atasco.

embotellar (em-bo-te-**llar**) verbo
Echar el vino u otro líquido en botellas. *Embotelló el licor casero de guindas.* **SIN.** Envasar.

embrague (em-**bra**-gue) sustantivo masculino
Mecanismo de un automóvil que permite cambiar de marcha sin parar el motor, que funciona cuando se aprieta un pedal. *Tenía una avería en el embrague.*

embravecer (em-bra-ve-**cer**) verbo
Alterarse los elementos de la naturaleza. *Se embraveció el mar.*

✎ Verbo irregular, se conjuga como *parecer*.

embriagar (em-bria-**gar**) verbo
1. Emborrachar o emborracharse. *Bebió vino hasta embriagarse.*
2. Aturdirse o aturdir los sentidos de alguien. *El deseo de venganza le embriagaba y no podía evitarlo.* **SIN.** Extasiar(se).

✎ Se conjuga como *ahogar*.

embriaguez (em-bria-**guez**) sustantivo femenino
Pérdida de la razón por tomar bebidas alcohólicas. *Tardó en pasársele la embriaguez.* **SIN.** Cogorza, moña, pedal.

embrión (em-**brión**) sustantivo masculino
1. Primeras fases de desarrollo de un ser vivo. *En el ser humano se habla de embrión hasta el tercer mes de embarazo.*

2. Principio, todavía sin forma, de una cosa. *Ya tenía el embrión de su nuevo libro.* **SIN.** Rudimento.

embrollo

(em-**bro**-llo) sustantivo masculino

1. Enredo, confusión. *Se preparó un buen embrollo.* **SIN.** Maraña, barullo, lío. **ANT.** Orden.

2. Situación difícil de la que no se sabe cómo salir. *En menudo embrollo te has metido.*

embrujar (em-bru-**jar**) verbo

Hechizar, fascinar. *Su perfume me embruja.* **SIN.** Encantar, cautivar.

embudo (em-**bu**-do) sustantivo masculino

Utensilio en forma de cono, rematado en un tubo, que sirve para pasar líquidos de un recipiente a otro. *Pon el embudo para echar el aceite.*

embuste (em-**bus**-te) sustantivo masculino

Mentira, engaño. *No le creo porque siempre cuenta embustes.*

embutido (em-bu-**ti**-do) sustantivo masculino

Tripa rellena de carne picada y especias. *El salchichón es el embutido que más me gusta.*

emergencia

(e-mer-**gen**-cia) sustantivo femenino

Suceso repentino, accidente que sobreviene. *La alarma suena cuando hay una emergencia.*

eme (**e**-me) sustantivo femenino

Nombre de la letra *m*. *Manuel empieza por eme.*

emerger (e-mer-**ger**) verbo

Brotar, salir del agua u otro líquido. *A los pocos días, los restos de la barca emergieron en el río.* **SIN.** Manar, flotar. **ANT.** Hundir.

✎ Se conjuga como *proteger*.

emigrante (e-mi-**gran**-te) sustantivo

Persona que va a vivir a un país que no es el suyo. *Son emigrantes españoles que viven en Suiza.*

emigrar (e-mi-**grar**) verbo

1. Dejar una persona su propio país para ir a vivir a otro. *Tuvo que emigrar para encontrar trabajo.*

2. Cambiar de clima o lugar algunos tipos de animales. *Al llegar el frío, las cigüeñas emigraron.*

eminente (e-mi-**nen**-te) adjetivo

Que destaca por su altura, méritos o cualidades entre los demás. *Es un eminente profesor de Derecho Internacional.* **SIN.** Célebre, prominente, sobresaliente.

emisario, emisaria

(e-mi-**sa**-rio) sustantivo

Persona que lleva un mensaje o está encargada de una misión. *Llegó a un acuerdo con el emisario para celebrar un encuentro.*

emisora (e-mi-**so**-ra) sustantivo femenino

Estación de radio o televisión que envía señales sonoras o visuales. *Visité una emisora de radio.*

emitir (e-mi-**tir**) verbo

1. Arrojar, echar hacia fuera una cosa. *El faro emitía fuertes destellos.* **SIN.** Lanzar, exhalar, despedir. **ANT.** Absorber.

2. Hacer pública una opinión o un juicio. *El jurado emitió el fallo del concurso.* **SIN.** Manifestar.

3. Transmitir imágenes o sonidos. *Esa emisora de radio solo emite música clásica.*

emoción (e-mo-**ción**) sustantivo femenino

Agitación a causa de una experiencia que cambia el comportamiento normal. *Lloró de emoción cuando le entregaron el premio.* **SIN.** Turbación, exaltación. **ANT.** Impasibilidad.

emocionar (e-mo-cio-**nar**) verbo

Causar o sentir emoción. *Se emocionó mucho al verme.* **SIN.** Conmocionar(se), conmover(se).

emotivo - empaquetar

emotivo, emotiva

(e-mo-**ti**-vo) adjetivo

Se dice de aquello que produce emoción o de la persona que se emociona con facilidad. *Su discurso fue muy emotivo.* **SIN.** Sensiblero, tierno, impresionable.

empacho

(em-**pa**-cho) sustantivo masculino

Dolor de vientre y otras molestias por haber comido demasiado. *Cogió un buen empacho de pasteles.* **SIN.** Indigestión.

empadronar (em-pa-dro-**nar**) verbo

Apuntarse a uno mismo o a otra persona en el padrón o lista en el que se recoge el número de habitantes que hay en una población. *Se empadronó en la ciudad en la que vivía.*

empalagoso, empalagosa

(em-pa-la-**go**-so) adjetivo

1. Se dice del alimento que resulta muy dulzón. *Este postre me resulta muy empalagoso.*

2. Se dice de la persona que cansa con sus zalamerías o mimos. *Cuando quería conseguir algo a toda costa, se ponía muy empalagoso.*

empalizada

(em-pa-li-**za**-da) sustantivo femenino

Valla hecha con estacas de madera. *Saltó la empalizada de la finca.*

empalmar (em-pal-**mar**) verbo

1. Unir dos maderas, tubos, cables, etc. por sus extremos para que se continúen. *Empalma estos cables.* **SIN.** Entrelazar, conectar.

2. Enlazar un tren o un coche con otro. *Este tren empalma con otro en Medina del Campo.*

3. Suceder una cosa a continuación de otra sin interrupción. *Empalmará las vacaciones con su nuevo trabajo.* **ANT.** Interrumpir.

empanada

(em-pa-**na**-da) sustantivo femenino

Masa de pan u hojaldre rellena de carne picada, bonito, etc. y cocida al horno o frita. *Me gusta mucho la empanada de bonito.*

empanadilla

(em-pa-na-**di**-lla) sustantivo femenino

Pastel pequeño, aplastado, que se hace doblando la masa sobre sí misma para cubrir con ella el relleno de carne picada, pollo, bonito, etc. *Frío unas empanadillas.*

empanar (em-pa-**nar**) verbo

Untar carne o pescado con huevo batido y pan rallado o harina para freírlo. *Empana unos filetes.*

empañar (em-pa-**ñar**) verbo

1. Quitar el brillo o la transparencia de una cosa. *El vaho empañaba los cristales del balcón.* **SIN.** Deslucir(se), oscurecer(se).

2. Quitar la fama, el mérito, etc. a algo o a alguien. *Trataban de empañar su reputación con falsas acusaciones.* **SIN.** Desacreditar(se).

empapar (em-pa-**par**) verbo

1. Humedecer algo hasta que se quede penetrado de un líquido. *Empapó el mazapán en vino dulce.* **SIN.** Impregnar(se), calar(se).

2. empaparse Aprender o enterarse bien de una cosa. *Se empapó de las últimas noticias.*

empapelar (em-pa-pe-**lar**) verbo

Recubrir con papel las paredes de una habitación. *Empapelamos el salón en lugar de pintarlo.*

empaquetar

(em-pa-que-**tar**) verbo

Hacer paquetes. *Empaquetó con cuidado el regalo para enviárselo por correo.* **SIN.** Embalar. **ANT.** Desempaquetar.

emparedado

(em-pa-re-**da**-do) sustantivo masculino

Bocadillo preparado con dos rebana-das de pan. *Le gustan mucho los empare-dados de jamón y queso.* **SIN.** Sándwich.

emparejar (em-pa-re-**jar**) verbo

Formar una pareja o grupo de dos. *Se emparejaron para bailar.*

empaste (em-**pas**-te) sustantivo masculino

Pasta con que se llena el hueco de un diente o muela con caries. *Se le ha caí-do el empaste.*

empatar (em-pa-**tar**) verbo

Quedar iguales dos o más contrin-cantes en una competición o prueba. *Empataron el partido a dos goles en el segundo tiempo.*

empeine (em-**pei**-ne) sustantivo masculino

Parte superior del pie, desde el co-mienzo de la pierna hasta los dedos, y parte del calzado que coincide con él. *El empeine de los zapatos nuevos le hacía daño.*

empellón (em-pe-**llón**) sustantivo masculino

Empujón brusco que se da con el cuerpo. *Le dio un empellón y lo tiró.*

empeñar (em-pe-**ñar**) verbo

1. Dejar una cosa como garantía para conseguir dinero prestado. *Tuvo que empeñar sus joyas.*

2. empeñarse Insistir con firmeza en una cosa. *Se ha empeñado en venir con nosotros.* **SIN.** Obstinarse, emperrarse.

empeño (em-pe-ño) sustantivo masculino

1. Acción de dejar una cosa como ga-rantía para conseguir dinero prestado. *Fue a una casa de empeño para empeñar el reloj.*

2. Deseo grande de hacer o conseguir una cosa, y esfuerzo y constancia por conseguirlo. *Tenía empeño en ir al cine.*

empeorar (em-pe-o-**rar**) verbo

Poner peor una persona o cosa. *He oí-do que el tiempo va a empeorar.*

empequeñecer

(em-pe-que-ñe-**cer**) verbo

1. Hacer una cosa más pequeña. *La chaqueta ha empequeñecido al lavarla.* **SIN.** Menguar(se), mermar(se). **ANT.** Agrandar(se).

2. Quitar importancia una cosa a otra. *Los graves problemas de su amiga em-pequeñecieron los suyos.* **SIN.** Atenuar. **ANT.** Agrandar.

3. empequeñecerse Acobardarse ante algo o alguien. *Se empequeñeció al ver la fuerza del otro.* **SIN.** Amilanarse. **ANT.** Crecerse.

✎ Verbo irregular, se conjuga como *pa-recer.*

emperador

(em-pe-ra-**dor**) sustantivo masculino

Título dado a los gobernantes que rei-nan sobre ciertas zonas o países muy extensos. *Augusto fue el primer empera-dor romano.*

✎ Su femenino es *emperatriz.*

empezar (em-pe-**zar**) verbo

1. Dar principio a una cosa. *El profesor empezó la clase con un dictado.* **SIN.** Ini-ciar, comenzar. **ANT.** Terminar, acabar.

2. Iniciar el uso o consumo de una co-sa. *Empecé el jamón ayer.*

3. Tener principio una cosa. *El alfabeto empieza en la a.*

✎ Verbo irregular, se conjuga como *acertar.* Se escribe *-c-* en vez de *-z-* se-guido de *-e,* como en *empecé.*

empinado, empinada

(em-pi-**na**-do) adjetivo

Muy alto o en cuesta. *Hay que subir una cuesta muy empinada.* **SIN.** Elevado, le-vantado, pendiente. **ANT.** Llano.

empinar (em-pi-**nar**) verbo

1. Levantar en alto. *Empinó el botijo para beber.* **SIN.** Elevar, alzar.

2. empinarse Ponerse una perso-na sobre las puntas de los pies o un animal sobre los dos pies levantando las manos. *Se empinó para ver mejor el desfile.*

emplasto (em-**plas**-to) sustantivo masculino
Pasta medicinal que se extiende sobre alguna parte del cuerpo. *Le colocó un emplasto sobre la herida.*

empleado, empleada
(em-ple-**a**-do) sustantivo
1. Persona que desempeña un cargo o empleo. *Tiene tres empleados en la tienda.*
2. empleado, o empleada, de hogar expresión Persona a la que se paga por hacer los trabajos de la casa. *La empleada del hogar planchó la ropa.*

emplear (em-ple-**ar**) verbo
1. Dar un puesto de trabajo a alguien. *Le van a emplear como vendedor.* **SIN.** Contratar, colocar. **ANT.** Echar, despedir.
2. Hacer servir las cosas para algo. *Han empleado la plaza como teatro.* **SIN.** Usar, utilizar, aplicar.

empleo (em-**ple**-o) sustantivo masculino
1. Puesto de trabajo. *Tiene el empleo de cobrador.* **SIN.** Colocación.
2. Uso que se da a una cosa. *Vio en el folleto el modo de empleo del horno.*

empobrecer (em-po-bre-**cer**) verbo
1. Hacer que alguien o algo quede en la pobreza. *La emigración de la juventud empobreció la comarca.* **SIN.** Arruinar, endeudar. **ANT.** Enriquecer.
2. empobrecerse Llegar a pobre. *Se empobreció en pocos años.* **SIN.** Arruinarse, endeudarse.
✎ Verbo irregular, se conjuga como *parecer*.

empollar (em-po-**llar**) verbo
1. Calentar el ave los huevos, poniéndose sobre ellos, para sacar pollos. *Las gallinas están empollando los huevos.* **SIN.** Incubar.
2. Estudiar mucho. *Se pasó toda la noche empollando para el examen.* **SIN.** Aplicarse.

empollón, empollona
(em-po-**llón**) adjetivo y sustantivo
Se dice del estudiante que prepara mucho sus lecciones. *Tenía fama de empollón.*

empotrar (em-po-**trar**) verbo
Meter una cosa en la pared o en el suelo, asegurándola bien. *Empotró el armario en la pared.* **SIN.** Encajar.

emprendedor, emprendedora
(em-pren-de-**dor**) adjetivo
Que es muy decidido para comenzar cosas difíciles. *Es muy emprendedora para los negocios.* **SIN.** Audaz. **ANT.** Apocado.

emprender (em-pren-**der**) verbo
Empezar algo que es difícil o arriesgado. *El alpinista emprendió la subida de la montaña.* **SIN.** Acometer, atacar. **ANT.** Acabar.

empresa (em-**pre**-sa) sustantivo femenino
Compañía o firma que hace negocios. *Tiene una empresa de automóviles usados.* **SIN.** Casa.

empresario, empresaria
(em-pre-**sa**-rio) sustantivo
Persona que dirige o es dueña de una empresa. *Hubo una reunión de empresarios.*

empujar (em-pu-**jar**) verbo
1. Hacer fuerza contra una cosa para moverla o sostenerla. *Empujó el coche hasta la gasolinera.*
2. Hacer que alguien realice alguna cosa. *Su familia le empujó a dejar aquel negocio.* **SIN.** Forzar.

empuje
(em-**pu**-je) sustantivo masculino
1. Acción de empujar. *La presa se agrietó por el empuje del agua.* **SIN.** Impulso, propulsión, fuerza.

2. Decisión para hacer las cosas. *Era una persona de gran empuje y con ambición profesional.* **SIN.** Brío, arranque, coraje.

empujón (em-pu-**jón**) sustantivo masculino
1. Impulso dado con fuerza para apartar o mover una persona o cosa. *Lo tiró al suelo de un empujón.* **SIN.** Empellón.
2. Avance rápido que se da a una tarea, trabajando mucho en ella. *Estoy dando un buen empujón al trabajo, pronto acabaré.*

empuñar (em-pu-**ñar**) verbo
Coger por el puño una cosa. *El guerrero empuñó la espada con fuerza.* **SIN.** Blandir, asir.

emular (e-mu-**lar**) verbo
Imitar a alguien procurando igualarlo o superarlo. *Trataba de emular a su padre en todo.*

en preposición
Indica en qué lugar, tiempo o modo se realiza la acción que señala el verbo. *Te veré en Madrid. La fiesta cae en miércoles. Le habló en inglés.*

enamorar (e-na-mo-**rar**) verbo
Adquirir o tener amor a una persona, o aficionarse a una cosa, o hacer que alguien sienta amor hacia uno mismo. *Se enamoró de ella nada más verla.*

enano, enana (e-**na**-no) adjetivo
1. Muy pequeño en su especie. *En Oriente hacen jardines enanos.* **SIN.** Diminuto. **ANT.** Enorme.
2. sustantivo Persona muy pequeña. *Los siete enanitos encontraron a Blancanieves.* **ANT.** Gigante.

encabezamiento
(en-ca-be-za-**mien**-to) sustantivo masculino
Conjunto de palabras con las que generalmente se comienza un escrito o documento. *Cambió el encabezamiento de la carta.*

encabezar (en-ca-be-**zar**) verbo
1. Dar principio a algo. *Una gran pancarta encabezaba la manifestación.* **SIN.** Iniciar, empezar.
2. Acaudillar, dirigir. *El guerrillero encabezó la revuelta popular.* **SIN.** Capitanear.
✎ Se conjuga como *abrazar*.

encabritarse (en-ca-bri-**tar**-se) verbo
Alzar un caballo las patas delanteras, apoyándose en las traseras. *El caballo se encabritó y derribó al jinete.*

encadenar (en-ca-de-**nar**) verbo
1. Atar con cadenas. *Encadenó el perro a la verja del jardín.*
2. Enlazar unas cosas con otras. *Los éxitos se fueron encadenando uno tras otro.* **SIN.** Relacionar(se), conectar(se).

encajar (en-ca-**jar**) verbo
1. Meter una cosa dentro de otra o juntar dos cosas de manera que ajusten. *Encaja bien las baldas en la estantería.* **SIN.** Incrustar.
2. Aguantar sin enfado una cosa molesta. *Encajó bien la broma.*
3. Venir una cosa oportunamente. *Ese viaje encaja de maravilla en nuestros planes.*

encaje (en-ca-je) sustantivo masculino
1. Acoplamiento de las cosas que ajustan entre sí. *Esta pieza tiene unas marcas para facilitar su encaje.* **SIN.** Conexión, ajuste.
2. Labor de costura o tejidos con calados. *Puso unas cortinas de encaje en las ventanas del salón.* **SIN.** Puntilla, bordado.

encajonar (en-ca-jo-**nar**) verbo
Meter algo en un sitio estrecho. *Lo encajonó como pudo en el hueco de la pared.* **SIN.** Apretar.

encalar (en-ca-**lar**) verbo
Blanquear las paredes dándoles cal. *Encalaron la fachada de la casa.* **SIN.** Enlucir, enjalbegar.

encallar - encariñar

encallar (en-ca-**llar**) verbo
Quedar atascada una embarcación en la arena o entre piedras. *El barco encalló en una playa rocosa.* **SIN.** Embarrancar, varar.

encaminar (en-ca-mi-**nar**) verbo
1. Poner en camino, enseñar el camino. *Nos encaminó por un atajo.* **SIN.** Dirigir. **ANT.** Desorientar.
2. Dirigirse hacia un punto concreto. *Se encamina hacia casa.*
3. Buscar una finalidad concreta. *Encaminaron su campaña a captar el interés de los jóvenes.* **SIN.** Encauzar, enfocar.

encantador, encantadora
(en-can-ta-**dor**) adjetivo
Que encanta, que agrada. *Es una persona encantadora.* **SIN.** Agradable, simpático, fascinante.

encantar (en-can-**tar**) verbo
1. Hacer maravillas mediante la magia. *Encantó la casa con su varita mágica y la convirtió en un pequeño palacio.* **SIN.** Hechizar.
2. Captar la atención de alguien por medio de la hermosura, la simpatía, el talento, etc. *Me encanta estar en su compañía porque es muy buen conversador.* **SIN.** Seducir, impresionar. **ANT.** Desencantar.

encanto (en-**can**-to) sustantivo masculino
1. Cosa o persona que gusta. *Este bebé es un verdadero encanto.* **SIN.** Belleza, deleite, hermosura, preciosidad.
2. Palabra mágica que deja hechizada a una persona. *El encanto convirtió al joven príncipe en rana.* **SIN.** Encantamiento.
3. Atractivo, belleza. *La playa y la montaña me gustan mucho, las dos tienen su encanto.*

encañonar (en-ca-ño-**nar**) verbo
Apuntar con un arma de fuego. *Encañonaron a los rehenes.*

encapotarse (en-ca-po-**tar**-se) verbo
Cubrirse el cielo de nubes oscuras. *Se está encapotando el cielo, va a caer una tormenta.* **SIN.** Nublarse. **ANT.** Aclararse, abrirse.

encapricharse
(en-ca-pri-**char**-se) verbo
1. Empeñarse alguien en conseguir su antojo. *Se encaprichó de una muñeca y no paró de llorar hasta que se la compraron.*
2. Enamorarse de forma poco seria. *Dicen que se ha encaprichado de esa chica.*

encaramar (en-ca-ra-**mar**) verbo
Levantar o subir a una persona o cosa. *Se encaramó al árbol para coger las cerezas de las ramas más altas.* **SIN.** Aupar, trepar. **ANT.** Bajar(se), descolgar(se).

encarcelar (en-car-ce-**lar**) verbo
Poner a alguien preso en la cárcel. *Le encarcelaron por veintidós meses.* **SIN.** Apresar. **ANT.** Liberar.

encargar (en-car-**gar**) verbo
1. Poner una cosa al cuidado de alguien. *Me encargó que cuidara al gato.* **SIN.** Confiar, encomendar.
2. Pedir que se traiga o envíe alguna cosa de otro lugar. *He encargado a la librería unos tomos antiguos.*
3. encargarse Hacerse cargo de alguien o algo. *Yo me encargo de hacer la compra.* **SIN.** Ocuparse.
✎ Se conjuga como *ahogar*.

encargo (en-car-go) sustantivo masculino
Lo que se hace al encargar y cosa encargada. *Hizo el encargo por teléfono.* **SIN.** Recado, pedido.

encariñar (en-ca-ri-**ñar**) verbo
Sentir cariño o afecto hacia una persona o cosa. *Se encariñó mucho con aquel juguete.* **SIN.** Enamorarse, encapricharse.

encarnado, encarnada

(en-car-**na**-do) adjetivo y sustantivo masculino

Colorado, rojo. *Compró un globo encarnado.* **SIN.** Carmesí, bermellón, bermejo, escarlata.

encarnar (en-car-**nar**) verbo

Representar una persona alguna idea o doctrina. *Ese personaje encarna el deseo de libertad de todo su pueblo.* **SIN.** Personificar.

encarnizarse (en-car-ni-**zar**-se) verbo

1. Mostrarse cruel con una persona. *Se encarnizó con él hasta que le hizo llorar.* **SIN.** Ensañarse.

2. Luchar cruelmente dos rivales. *Los combates se encarnizaron.*

✎ Se conjuga como *abrazar*.

encasillar (en-ca-si-**llar**) verbo

Clasificar, catalogar personas o cosas. *Al principio le encasillaron como un actor de segunda fila.*

encauzar (en-cau-**zar**) verbo

Encaminar, dirigir por buen camino. *Lograron encauzar bien el asunto.* **SIN.** Encarrilar, orientar. **ANT.** Desencaminar.

✎ Se conjuga como *abrazar*.

encenagarse

(en-ce-na-**gar**-se) verbo

1. Meterse en el barro. *Se encenagó en una charca.*

2. Entregarse a los vicios o meterse en un asunto poco honrado. *Sin saberlo, se había encenagado en una estafa.*

✎ Se conjuga como *ahogar*.

encendedor

(en-cen-de-**dor**) sustantivo masculino

Aparato que sirve para encender una llama. *Le regalaron un encendedor de gasolina.* **SIN.** Mechero.

encender (en-cen-**der**) verbo

1. Hacer que una cosa arda, produciendo luz y calor. *Encendimos una hoguera para calentarnos.*

2. Hacer que funcione un aparato eléctrico. *Enciende la televisión.* **SIN.** Prender. **ANT.** Apagar.

3. Excitar a alguien para que se enfade o ponga nervioso. *Le encendía que le llevara la contraria.* **SIN.** Provocar, exaltar(se).

✎ Verbo irregular, se conjuga como *entender*.

encerado

(en-ce-**ra**-do) sustantivo masculino

Pizarra grande que se usa para escribir en ella en las escuelas y colegios. *Borra el encerado.*

encerar (en-ce-**rar**) verbo

Dar cera al suelo o a un mueble para que brille. *Ten cuidado de no resbalar, han encerado el pasillo.*

encerrar (en-ce-**rrar**) verbo

1. Meter personas o animales en un lugar del que no puedan salir. *Nunca encierro pájaros en jaulas.*

2. Guardar algo en un sitio cerrado. *Encerré mi coche en el garaje.*

3. Incluir, contener. *Ese refrán encierra una gran verdad.*

4. encerrarse en sí mismo expresión No comunicarse con los demás. *Se encerró en sí mismo y no hablaba.*

✎ Verbo irregular, se conjuga como *acertar*.

encerrona

(en-ce-**rro**-na) sustantivo femenino

Situación preparada como una trampa, para que alguien haga lo que no pensaba hacer. *Cayó en la encerrona.* **SIN.** Emboscada.

encharcar (en-char-**car**) verbo

1. Cubrir de agua un terreno. *Encharcaron los arrozales.* **SIN.** Anegar(se), inundar(se).

2. Formar charcos la lluvia. *La tormenta encharcó las calles.*

✎ Se conjuga como *abarcar*.

enchufar (en-chu-**far**) verbo

1. Conectar un aparato con la corriente eléctrica. *Enchufa la tele.* **SIN.** Conectar. **ANT.** Desenchufar.

2. Recomendar a alguien para un empleo. *Desde que es director del banco, ha enchufado a varios miembros de su familia.* **SIN.** Apadrinar.

enchufe

(en-**chu**-fe) sustantivo masculino

1. Mecanismo para conectar algunos aparatos a la corriente eléctrica. *Se quemó el enchufe.*

2. Recomendación o influencia para conseguir un empleo. *Se buscó un buen enchufe para entrar en esa empresa.*

encía (en-**cí**-a) sustantivo femenino

Carne de la boca en la que están encajados los dientes y muelas. *Tenía inflamación en las encías.*

enciclopedia

(en-ci-clo-**pe**-dia) sustantivo femenino

Obra en que se expone el conjunto de los conocimientos humanos o de los referentes a una ciencia, en entradas separadas, ordenadas alfabéticamente o por temas. *Míralo en una enciclopedia.*

encierro (en-**cie**-rro) sustantivo masculino

1. Acción de encerrar. *Hubo un encierro de grupos pacifistas en el Ayuntamiento en contra de la violencia.* **SIN.** Reclusión, retiro.

2. Acción de llevar los toros hasta la plaza, corriendo delante de ellos por las calles. *Pamplona es famosa por sus encierros de san Fermín.*

encima (en-**ci**-ma) adverbio

1. En un lugar superior respecto a otro o apoyándose en la parte superior de algo. *Está encima de la mesa.*

2. por encima expresión Superficialmente, sin profundizar. *Leyó el libro deprisa y por encima.*

encina (en-**ci**-na) sustantivo femenino

Árbol de madera muy dura y compacta, cuyo fruto es la bellota. *Durmió la siesta bajo una encina.*

encinta (en-**cin**-ta) adjetivo

Se dice de la mujer que espera un hijo. *María está encinta de su segundo hijo.* **SIN.** Preñada, gestante, embarazada.

enclenque (en-**clen**-que) adjetivo

Se dice de la persona que suele estar enferma o que tiene poca salud. *Estás muy enclenque.* **SIN.** Enfermizo, raquítico.

encoger (en-co-**ger**) verbo

1. Contraer alguna parte del cuerpo. *Encogió los hombros y se fue.* **ANT.** Estirar(se).

2. Hacerse más pequeñas las cosas. *Al lavar la chaqueta, ha encogido y ya no me sirve.* **SIN.** Mermar.

✎ Se conjuga como *proteger*.

encolar (en-co-**lar**) verbo

Pegar con cola una cosa. *Tengo que encolar las patas de esta silla.*

encolerizar (en-co-le-ri-**zar**) verbo

Enfadarse o hacer que alguien se enfade mucho. *Al conocer la noticia, se encolerizó.*

✎ Se conjuga como *abrazar*.

encontrar (en-con-**trar**) verbo

1. Dar con un ser o cosa que se busca. *Encontró el viejo cofre en el desván.* **SIN.** Hallar, descubrir.

2. Hallar a alguien o algo sin buscarlo. *Encontró a Pedro en el cine.* **SIN.** Topar(se), tropezar(se) con.

3. Tener determinada opinión sobre alguien o algo. *Te encuentro un poco desmejorado.*

✎ Verbo irregular, se conjuga como *contar*.

encorvar (en-cor-**var**) verbo

Doblar una cosa poniéndola curva o inclinarse hacia el suelo una persona.

Al apretar, el tenedor se encorvó. **ANT.** Enderezar(se).

encrespar (en-cres-**par**) verbo

1. Rizar el cabello. *Con la lluvia se le encrespó el pelo.*

2. Enfurecer, irritar. *Le encresparon sus malas contestaciones.*

encriptar (en-crip-**tar**) verbo

En informática, utilizar claves para proteger información y así evitar que otras personas puedan descifrarla. *Los navegadores más actuales incluyen sistemas automáticos para encriptar datos y evitar el robo de información.*

encrucijada

(en-cru-ci-**ja**-da) sustantivo femenino

1. Cruce de caminos o calles. *El camino daba a una encrucijada.* **SIN.** Intersección, bifurcación.

2. Situación en la que es difícil decidirse. *No sabía cómo resolver aquella encrucijada.* **SIN.** Dilema.

encuadernación

(en-cua-der-na-**ción**) sustantivo femenino

1. Acción de encuadernar. *El libro estaba impreso, solo faltaba su encuadernación.*

2. Manera de estar encuadernado un libro. *El libro tenía una buena encuadernación en piel.*

encuadernar (en-cua-der-**nar**) verbo

Juntar y coser varios pliegos o cuadernos de papel, y ponerles cubiertas para hacer libros. *Se dedica a encuadernar libros.*

encuadrar (en-cua-**drar**) verbo

1. Encerrar o incluir dentro de sí una cosa; determinar sus límites. *Encuadra el dibujo dentro del marco de imagen.*

2. Encajar, ajustar una cosa dentro de otra. *Tu propuesta encuadra perfectamente en mis planes.*

3. Centrar la imagen de una fotografía. *Encuadró mal la imagen y salimos con la cabeza cortada.*

encubrir (en-cu-**brir**) verbo

Ocultar una cosa o no manifestarla. *Él sabía que encubrían al autor del delito.* **SIN.** Esconder, disimular. **ANT.** Delatar.

✎ Su participio es *encubierto*.

encuentro (en-**cuen**-tro) sustantivo masculino

1. Acto de coincidir en un punto dos o más cosas, o de encontrarse dos o más personas. *Tuvo un encuentro con un viejo amigo.* **SIN.** Reunión.

2. Oposición, contradicción. *El encuentro de opiniones entre los dos rivales provocó una discusión.*

3. Acto de hallar algo. *El encuentro de su viejo diario en el desván le trajo hermosos recuerdos.*

encuesta (en-**cues**-ta) sustantivo femenino

Técnica que consiste en averiguar, a través del estudio de las respuestas dadas por un número determinado de personas a unas preguntas, qué piensa o cómo actúa un grupo más amplio. *Hicieron una encuesta para ver la intención de voto en las elecciones.*

enderezar (en-de-re-**zar**) verbo

Poner derecho lo que está torcido y vertical lo que está inclinado o tendido. *Endereza esa barra.* **SIN.** Erguir(se), levantar(se). **ANT.** Curvar(se), torcer(se).

✎ Se conjuga como *abrazar*.

endeudarse (en-deu-**dar**-se) verbo

Deber mucho dinero. *Le fue tan mal en el negocio que se endeudó.* **SIN.** Empeñarse, entramparse.

endibia (en-**di**-bia) sustantivo femenino

Planta cuyas hojas, alargadas, se comen en ensalada. *Pidió ensalada de endibias con salmón.*

✎ También *endivia*.

endosar (en-do-**sar**) verbo

Dar a otro el trabajo que no le agrada a uno. *Le endosó a su hermano la tarea de poner la mesa.* **SIN.** Endilgar, cargar.

endulzar (en-dul-**zar**) verbo

1. Poner dulce una cosa. *Endulzó el café con dos cucharaditas de azúcar.* **SIN.** Azucarar(se).

2. Hacer llevadera una cosa difícil. *Conocer a mucha gente endulzaba su duro trabajo.*

✎ Se conjuga como *abrazar*.

endurecer (en-du-re-**cer**) verbo

1. Poner dura una cosa. *Al secarse, la argamasa se endurece.* **ANT.** Ablandar(se).

2. Dar fuerza y vigor al cuerpo. *La gimnasia endurece los músculos.* **SIN.** Fortalecer, vigorizar.

3. Hacer a alguien áspero y severo. *Se ha endurecido mucho, antes era más amable.*

✎ Verbo irregular, se conjuga como *parecer*.

ene (**e**-ne) sustantivo femenino

Nombre de la letra *n*. *Noelia empieza por ene.*

enemigo, enemiga (e-ne-**mi**-go) adjetivo

1. Contrario, opuesto a una cosa. *Es enemigo del frío, por eso se ha ido a vivir al sur.* **ANT.** Amigo.

2. sustantivo Persona que odia a otra. *Son enemigos políticos.* **SIN.** Adversario, contrincante. **ANT.** Amigo.

3. sustantivo Persona contraria en la guerra o en el juego. *Los enemigos nos atacaron durante la noche.* **SIN.** Rival. **ANT.** Compañero.

enemistad

(e-ne-mis-**tad**) sustantivo femenino

Odio entre dos o más personas. *La enemistad entre las dos familias era antigua.* **SIN.** Rivalidad.

enemistar (e-ne-mis-**tar**) verbo

Hacer que dos o más personas se odien o pierdan su amistad. *Se enemistaron por una tontería y no se han vuelto a hablar.* **SIN.** Indisponer(se). **ANT.** Reconciliar(se).

energético, energética

(e-ner-**gé**-ti-co) adjetivo

Que pertenece o se refiere a la energía física. *En esa página viene una lista de los alimentos con alto valor energético.* **SIN.** Fortalecedor, nutritivo, vigorizante.

energía (e-ner-**gí**-a) sustantivo femenino

1. Fuerza y vigor del cuerpo. *Mi abuelo tiene todavía mucha energía.* **SIN.** Fortaleza, vitalidad. **ANT.** Flaqueza, debilidad.

2. Fuerza de voluntad. *Expuso sus razones con toda energía.* **SIN.** Vigor, empuje, nervio.

3. En física, fuerza capaz de producir un trabajo o movimiento. *La energía eléctrica mueve los motores.* **SIN.** Potencia.

enero (e-**ne**-ro) sustantivo masculino

Primer mes del año, que tiene 31 días. *Vendrá a vernos en enero.*

enfadar (en-fa-**dar**) verbo

Causar o sentir enfado. *Le enfadó mucho que no vinieras a tiempo.* **SIN.** Enojar(se). **ANT.** Contentar(se).

enfado (en-**fa**-do) sustantivo masculino

Desagrado por algo que molesta. *Salió dando un portazo, para demostrar su enfado.* **SIN.** Fastidio, disgusto, irritación, enojo. **ANT.** Satisfacción, agrado.

énfasis (**én**-fa-sis) sustantivo masculino

Fuerza expresiva para destacar algo de lo que se dice. *Expresó su opinión con gran énfasis.* **SIN.** Intensidad, vehemencia.

✎ Es igual en plural y en singular.

enfático, enfática (en-**fá**-ti-co) adjetivo

Se aplica a lo dicho con énfasis. *Su discurso fue muy enfático.*

enfermedad

(en-fer-me-**dad**) sustantivo femenino

Pérdida de la salud del cuerpo. *Me contagió la enfermedad del sarampión.* **SIN.** Mal, dolencia. **ANT.** Salud.

enfermería

(en-fer-me-**rí**-a) sustantivo femenino

1. Lugar destinado a cuidar a los enfermos. *El torero ingresó en la enfermería con una cornada en el muslo.* **SIN.** Dispensario.

2. Estudios relacionados con la asistencia a enfermos y heridos. *Estudia primero de Enfermería.*

enfermero, enfermera

(en-fer-**me**-ro) sustantivo

Persona cuya profesión es cuidar a los enfermos. *La enfermera le hizo una cura.*

enfermo, enferma

(en-**fer**-mo) adjetivo y sustantivo

Que padece alguna enfermedad. *Este año hay muchos enfermos de gripe.* **SIN.** Malo. **ANT.** Sano.

enfervorizar (en-fer-vo-ri-**zar**) verbo

Infundir ánimo o valor. *El apoyo de su familia le enfervorizó para seguir adelante.* **SIN.** Entusiasmar(se). **ANT.** Desinteresar(se).

✎ Se conjuga como *abrazar*.

enfocar (en-fo-**car**) verbo

1. Accionar los mandos de un aparato hasta obtener una imagen clara. *Enfoca bien antes de hacer la foto.*

2. Dirigir la luz de un foco. *La luz enfocó al grupo que bailaba.*

3. Descubrir y examinar los puntos esenciales de un problema, para tratarlo acertadamente. *Enfocó bien el negocio.* **SIN.** Encauzar, orientar.

✎ Se conjuga como *abarcar*.

enfoque (en-fo-que) sustantivo femenino

1. Acción de dirigir la luz de un foco o de situar bien la imagen en una pantalla. *No me gustó el enfoque de las luces en el escenario.* **SIN.** Orientación.

2. Diversos puntos de vista que se dan de un asunto. *No estábamos de acuerdo con su enfoque.*

enfrascarse

(en-fras-**car**-se) verbo

Dedicarse con intensidad a algo. *Se enfrascó en sus estudios.* **SIN.** Concentrarse. **ANT.** Distraerse.

✎ Se conjuga como *abarcar*.

enfrentar

(en-fren-**tar**) verbo

1. Hacer frente a una situación o peligro. *Si no me enfrento al problema, no podré solucionarlo.*

2. Poner frente a frente. *Les enfrentaron a propósito para averiguar la verdad.* **SIN.** Carear, encarar.

enfrente (en-**fren**-te) adverbio

1. En la parte opuesta, delante de otro. *Se sentó enfrente de mí.*

2. En contra, en lucha. *Sabía que muchos de ellos estarían enfrente de él.* **SIN.** Opuesto. **ANT.** A favor.

enfriar (en-fri-**ar**) verbo

1. Poner fría una cosa. *Pon la bebida a enfriar en el congelador.* **SIN.** Refrescar(se). **ANT.** Calentar(se).

2. Perder fuerza un afecto, pasión, etc. *El problema enfrió nuestra amistad.* **SIN.** Entibiar(se).

3. enfriarse Ponerse enfermo por haber cogido frío. *Se enfrió y ahora está en la cama.*

✎ Se conjuga como *desviar*.

enfundar (en-fun-**dar**) verbo

1. Poner una cosa dentro de su funda. *Hay que enfundar el colchón.*

2. enfundarse Ponerse ciertas prendas de vestir. *Se enfundó en su abrigo y salió a la calle.*

enfurecer (en-fu-re-**cer**) verbo

Irritarse uno mismo o a alguien. *Cuando se enteró de que él le había desobedecido, se enfureció mucho.* **SIN.** Enfadar(se).

✎ Verbo irregular, se conjuga como *parecer*.

enganchar (en-gan-**char**) verbo

1. Agarrar una cosa con un gancho o colgarla de él. *El maquinista enganchó el vagón.*

2. engancharse Aficionarse a algo. *Se enganchó a la música rock desde muy joven.*

engañar (en-ga-**ñar**) verbo

1. Hacer creer a alguien una cosa que no es cierta. *Trató de engañarnos, pero descubrimos la verdad.* **SIN.** Mentir, falsear.

2. engañarse No querer ver uno mismo la verdad. *Se engañaba para no enfrentarse a la verdad.*

engaño (en-ga-ño) sustantivo masculino

1. Falta de verdad, falsedad. *Me di cuenta del engaño.* **SIN.** Truco.

2. Equivocación, error. *Estás en un engaño.*

engarzar (en-gar-**zar**) verbo

Unir una cosa con otra formando cadena, mediante un hilo de metal. *El joyero estaba engarzando un collar de perlas.* **SIN.** Eslabonar.

✎ Se conjuga como *abrazar*.

engastar (en-gas-**tar**) verbo

Encajar una cosa en otra, especialmente una piedra preciosa en un metal. *Engastó un diamante en la sortija de oro.* **SIN.** Montar.

engatusar (en-ga-tu-**sar**) verbo

Lograr que alguien haga lo que se quiere con halagos y mimos. *No consiguieron engatusar a sus padres y no les levantaron el castigo.* **SIN.** Camelar, embelecar.

engendrar (en-gen-**drar**) verbo

1. Tener un hijo una persona o tener crías los animales. *Gracias a las nuevas técnicas médicas, pudo engendrar un niño.*

2. Ser causa, razón o motivo de algo. *La crisis engendró más paro.* **SIN.** Originar, motivar.

englobar (en-glo-**bar**) verbo

Incluir varias cosas en una. *Esta asignatura engloba varias materias.* **SIN.** Comprender, encerrar.

engordar (en-gor-**dar**) verbo

1. Poner o ponerse gordo. *He engordado un poco, la ropa no me sirve.* **ANT.** Adelgazar.

2. Aumentar algo para que parezca más importante. *Engordó su historia con nuevos detalles.*

engorro

(en-**go**-rro) sustantivo masculino

Molestia, estorbo. *Lo que estaba haciendo era un engorro.*

engranaje

(en-gra-**na**-je) sustantivo masculino

Conjunto de las piezas que se ajustan unas con otras, de forma que, cuando se mueve la primera, esta empuja a las otras. *Se rompió el engranaje del reloj.*

engrandecer (en-gran-de-**cer**) verbo

Hacer algo más grande, más importante o superior. *Engrandeció la empresa.* **SIN.** Agrandar, ampliar. **ANT.** Empequeñecer.

✎ Verbo irregular, se conjuga como *parecer*.

engrosar (en-gro-**sar**) verbo

Hacer que algo aumente de peso, tamaño o número. *Engrosaron el saco con papeles. El club ha engrosado el número de socios.* **SIN.** Acrecentar. **ANT.** Disminuir.

✎ Verbo irregular, se conjuga como *contar*, pero se usa con más frecuencia como si fuese regular.

engrudo

(en-**gru**-do) sustantivo masculino

Especie de cola o pegamento que se hace con harina y agua cocida. *Pega el cartel con un poco de engrudo.* **SIN.** Encoladura.

engullir (en-gu-**llir**) verbo
Comer deprisa y sin masticar. *Observaban cómo el pavo engullía la comida.* **SIN.** Tragar, devorar.
✎ Verbo irregular, se conjuga como *mullir*.

enhebrar (enhe-**brar**) verbo
1. Pasar un hilo por el ojo de una aguja. *Enhebra la aguja con hilo negro.* **ANT.** Desenhebrar.
2. Pasar un hilo por el agujero de las perlas, cuentas, etc. *Está enhebrando cuentas para hacer un collar.*

enhorabuena
(enho-ra-**bue**-na) sustantivo femenino
Felicitación por algo bueno. *Le dimos la enhorabuena por el premio.* **SIN.** Congratulación.

enigma (e-**nig**-ma) sustantivo masculino
Cosa difícil de comprender o de sentido oculto. *Aquella repentina curación fue un enigma para los médicos.* **SIN.** Secreto, misterio.

enjabonar (en-ja-bo-**nar**) verbo
Dar jabón. *Enjabona bien la ropa antes de aclararla.*

enjalbegar (en-jal-be-**gar**) verbo
Poner blancas las paredes. *Enjalbegaron la fachada principal.*
✎ Se conjuga como *ahogar*.

enjambre
(en-**jam**-bre) sustantivo masculino
1. Conjunto de abejas con su reina, que juntas salen de una colmena. *Un enjambre se había parado en las ramas de aquel árbol.*
2. Muchedumbre de personas o cosas juntas. *Un enjambre de personas llenaba las calles de la ciudad en fiestas.* **SIN.** Hervidero.

enjaular (en-jau-**lar**) verbo
1. Poner en una jaula. *Tuvieron que enjaular al tigre porque era peligroso.* **SIN.** Encerrar.

2. Meter en la cárcel. *Enjaularon a los atracadores por tres años.* **SIN.** Encarcelar, aprisionar.
✎ Se conjuga como *causar*.

enjuagar (en-jua-**gar**) verbo
1. Limpiar la boca y dentadura con agua u otro líquido apropiado. *Después de limpiarse los dientes, siempre se enjuaga la boca.*
2. Aclarar con agua limpia algo que está enjabonado. *Enjuaga la ropa que está a remojo en el balde.*
✎ Se conjuga como *ahogar*.

enjugar (en-ju-**gar**) verbo
Secar o quitar la humedad. *Enjuga el agua con la bayeta.*
✎ Se conjuga como *ahogar*.

enlace (en-**la**-ce) sustantivo masculino
1. Unión de una cosa con otra. *Hay un enlace de trenes en Medina del Campo.* **SIN.** Conexión.
2. Matrimonio, boda. *El sábado a las siete se celebró el enlace matrimonial.*
3. Persona por cuya mediación se comunican otras. *Ella es el enlace de la organización en España.* **SIN.** Mediador.
4. En una página web, texto o imágenes que remiten a otra parte de esa página o a otra página web distinta. En el texto de un documento web los enlaces aparecen en forma de texto subrayado y de distinto color.
✎ Es sinónimo de *link, hipervínculo. En la página web del Ayuntamiento hay un enlace que te envía al Servicio de Atención Ciudadana.*

enlatar (en-la-**tar**) verbo
Envasar en latas. *En esa pequeña fábrica enlatan tomates.*

enlazar (en-la-**zar**) verbo
1. Atar una cosa a otra. *Enlaza las dos cajas con una cuerda.* **SIN.** Ligar, trabar. **ANT.** Desenlazar.

enloquecer - enredar

2. Dar enlace a una cosa con otra. *Este tren enlaza con otro en Madrid.* **SIN.** Conectar(se).

✎ Se conjuga como *abrazar*.

enloquecer (en-lo-que-**cer**) verbo
Volverse loco o hacer perder el juicio a otro. *Enloqueció al ver que lo había perdido todo.*

✎ Verbo irregular, se conjuga como *parecer*.

enlucir (en-lu-**cir**) verbo
Poner una capa de yeso a las paredes o blanquearlas. *Están enluciendo la fachada de la casa.* **SIN.** Encalar, estucar, enyesar.

✎ Verbo irregular, se conjuga como *lucir*.

enlutar (en-lu-**tar**) verbo
Poner de luto. *Todos los familiares se enlutaron el día del entierro.*

enmarañar (en-ma-ra-**ñar**) verbo
1. Enredar algo. *Al deshacer la chaqueta, la lana se ha enmarañado toda.* **SIN.** Revolver.
2. Confundir, enredar un asunto. *La verdad era muy simple, pero él lo ha enmarañado todo con sus mentiras.* **SIN.** Embrollar, liar.

enmascarar (en-mas-ca-**rar**) verbo
1. Cubrir el rostro con una máscara o disfraz. *Se enmascaró con un antifaz para que no lo reconocieran.* **SIN.** Disfrazar, tapar.
2. Encubrir, disimular. *Trató de enmascarar lo que había sucedido, pero su padre le descubrió.* **SIN.** Ocultar. **ANT.** Desenmascarar.

enmendar (en-men-**dar**) verbo
Quitar los defectos o corregir los errores y daños. *Trata de enmendar su mala conducta.* **SIN.** Rectificar, corregir. **ANT.** Reincidir.

✎ Se conjuga como *acertar*.

enmienda (en-**mien**-da) sustantivo femenino
Corrección de un defecto o error. *Tenía un firme propósito de enmienda y se prometió no hacerlo nunca más.* **SIN.** Rectificación.

enmudecer (en-mu-de-**cer**) verbo
Guardar alguien silencio, callarse. *La clase enmudeció al llegar el profesor.* **SIN.** Callar.

✎ Verbo irregular, se conjuga como *parecer*.

enojar (e-no-**jar**) verbo
Causar enojo. *Se enojó con ella por haber llegado tarde.* **SIN.** Enfadar(se). **ANT.** Contentar(se).

enojo (e-**no**-jo) sustantivo masculino
Ira o resentimiento que se siente contra alguien. *Recibió con enojo la noticia.* **SIN.** Enfado.

enorgullecer (e-nor-gu-lle-**cer**) verbo
Sentir o llenar de orgullo. *Tu fuerza de voluntad me enorgullece mucho.* **SIN.** Presumir.

✎ Verbo irregular, se conjuga como *parecer*.

enorme (e-**nor**-me) adjetivo
Muy grande. *En esta enorme sala cabemos todos.* **SIN.** Inmenso, desmedido. **ANT.** Pequeño.

enraizar (en-rai-**zar**) verbo
Echar raíces. *Se enraizó en esas tierras y no quiso volver a su país.*

✎ Verbo con irregularidad acentual. Ver pág. 357.

enredadera (en-re-da-**de**-ra) sustantivo femenino
Planta de tallos trepadores. *La tapia está cubierta de enredaderas.*

enredar (en-re-**dar**) verbo
1. Complicar un asunto haciendo difícil su éxito. *La situación se enredó y no llegaron a un acuerdo.* **SIN.** Complicar(se), intrigar.

enraizar

MODO INDICATIVO		MODO SUBJUNTIVO	
Tiempos simples	Tiempos compuestos	Tiempos simples	Tiempos compuestos

Presente	**Pret. perf. compuesto / Antepresente**	**Presente**	**Pret. perf. compuesto / Antepresente**
enraízo	he enraizado	enraíce	haya enraizado
enraízas / enraizás	has enraizado	enraíces	hayas enraizado
enraíza	ha enraizado	enraíce	haya enraizado
enraizamos	hemos enraizado	enraicemos	hayamos enraizado
enraizáis / enraízan	habéis enraizado	enraicéis / enraícen	hayáis enraizado
enraízan	han enraizado	enraícen	hayan enraizado

Pret. imperfecto / Copretérito	**Pret. pluscuamperfecto / Antecopretérito**	**Pret. imperfecto / Pretérito**	**Pret. pluscuamperfecto / Antepretérito**
enraizaba	había enraizado	enraizara o enraizase	hubiera o hubiese enraizado
enraizabas	habías enraizado	enraizaras o enraizases	hubieras o hubieses enraizado
enraizaba	había enraizado	enraizara o enraizase	hubiera o hubiese enraizado
enraizábamos	habíamos enraizado	enraizáramos o enraizásemos	hubiéramos o hubiésemos enraizado
enraizabais / enraizaban	habíais enraizado	enraizarais o enraizaseis / enraizaran o enraizasen	hubierais o hubieseis enraizado
enraizaban	habían enraizado	enraizaran o enraizasen	hubieran o hubiesen enraizado

Pret. perf. simple / Pretérito	**Pret. anterior / Antepretérito**		
enraicé	hube enraizado		
enraizaste	hubiste enraizado		
enraizó	hubo enraizado		
enraizamos	hubimos enraizado		
enraizasteis / enraizaron	hubisteis enraizado		
enraizaron	hubieron enraizado		

		Futuro simple / Futuro	**Futuro compuesto / Antefuturo**
		enraizare	hubiere enraizado
		enraizares	hubieres enraizado
		enraizare	hubiere enraizado
		enraizáremos	hubiéremos enraizado
		enraizareis / enraizaren	hubiereis enraizado
		enraizaren	hubieren enraizado

Futuro simple / Futuro	**Futuro compuesto / Antefuturo**		
enraizaré	habré enraizado		
enraizarás	habrás enraizado		
enraizará	habrá enraizado		
enraizaremos	habremos enraizado		
enraizaréis / enraizarán	habréis enraizado		
enraizarán	habrán enraizado		

MODO IMPERATIVO

enraíza (tú) / enraizá (vos) / enraíce (usted)
enraizad (vosotros)
enraícen (ustedes)

Condicional simple / Pospretérito	**Condicional compuesto / Antepospretérito**
enraizaría	habría enraizado
enraizarías	habrías enraizado
enraizaría	habría enraizado
enraizaríamos	habríamos enraizado
enraizaríais / enraizarían	habríais enraizado
enraizarían	habrían enraizado

FORMAS NO PERSONALES

Infinitivo	**Infinitivo compuesto**
enraizar	haber enraizado

Gerundio	**Gerundio compuesto**
enraizando	habiendo enraizado

Participio	
enraizado	

357

2. Meter a alguien en un asunto peligroso. *Se enredó en una estafa y acabó en la cárcel.*

3. Hacer travesuras. *Es una niña muy inquieta, está todo el día enredando.* **SIN.** Revolver.

enredo (en-re-do) sustantivo masculino

1. Lío que resulta de mezclarse desordenadamente los hilos o cosas parecidas. *Hay un enredo de hilos tremendo en la caja de costura.*

2. Travesura. *Ya habrá preparado algún enredo.*

3. Engaño, mentira. *Siempre anda con enredos.* **SIN.** Trampa.

4. Problema difícil de resolver. *No sé cómo solucionar el enredo.*

enriquecer (en-ri-que-cer) verbo

1. Hacer rica a una persona. *Se enriqueció con la venta de aquellas fincas.* **ANT.** Empobrecer(se).

2. Hacer prosperar mucho un país, una empresa, etc. *Las minas de oro enriquecieron a la comarca.*

3. Saber más o ser mejor. *Viajar mucho y conocer diferentes culturas enriquece mucho a la persona.*

✎ Verbo irregular, se conjuga como *parecer*.

enrojecer (en-ro-je-cer) verbo

1. Poner roja una cosa con el calor, el fuego o un tinte. *Se enrojecieron las varillas de la parrilla.*

2. Ponerse colorado por la vergüenza o los nervios. *Enrojeció al ver que había metido la pata.*

✎ Verbo irregular, se conjuga como *parecer*.

enrolarse (en-ro-lar-se) verbo

Alistarse, inscribirse en el ejército, en un partido político u otra organización. *Se enroló en la Marina porque quería recorrer el mundo.* **SIN.** Engancharse.

enrollar (en-ro-llar) verbo

1. Envolver una cosa en forma de rollo. *Enrolla el mapa.* **SIN.** Arrollar, liar. **ANT.** Desenrollar.

2. Convencer, liar a alguien. *Me enrolló para que fuera con ella.*

3. enrollarse Distraerse con algo. *Me enrollé con el libro que estaba leyendo y se me pasó la hora.*

4. enrollarse Establecer relaciones amorosas pasajeras. *Ella quería enrollarse con aquel chico que tanto le gustaba.* **SIN.** Ligar.

enroscar (en-ros-car) verbo

1. Doblar en forma de círculo. *Enrosca la cuerda.*

2. Introducir una cosa a vuelta de rosca. *Enroscó el tornillo que faltaba.* **SIN.** Atornillar.

✎ Se conjuga como *abarcar*.

ensaimada

(en-sai-ma-da) sustantivo femenino

Bollo hecho con pasta de hojaldre enrollada en forma de espiral. *Tomó una ensaimada para merendar.*

ensalada (en-sa-la-da) sustantivo femenino

Planta de huerta preparada con sal, aceite, vinagre, etc. *Tomé una ensalada de tomate y lechuga.*

ensaladilla (en-sa-la-di-lla)

ensaladilla rusa expresión Ensalada elaborada con patata, zanahoria, guisantes, jamón, etc., con salsa mayonesa. *Su especialidad es la ensaladilla rusa.*

ensamblar (en-sam-blar) verbo

Unir y ajustar entre sí varias piezas. *Ensamblaron la pieza que faltaba.* **SIN.** Acoplar, empalmar. **ANT.** Separar, desacoplar.

ensanchar (en-san-char) verbo

Hacer más ancha una cosa. *Ensancharon la calle.* **SIN.** Dilatar, estirar, ampliar. **ANT.** Estrechar.

ensangrentar (en-san-gren-**tar**) verbo
Manchar o teñir con sangre. *La herida ensangrentó todo.*
✎ Verbo irregular, se conjuga como *acertar.*

ensartar (en-sar-**tar**) verbo
Pasar por un hilo, alambre, etc., bolas u otras cosas. *Ensartó las bolas en el hilo para hacer un collar.*

ensayar (en-sa-**yar**) verbo
1. Hacer la prueba de algo antes de usarlo o realizarlo. *Ensayaron el motor antes de poner el coche a la venta.* **SIN.** Experimentar, reconocer.
2. Amaestrar, adiestrar. *Los gimnastas ensayaban todos los días sus ejercicios.* **SIN.** Ejercitar.
3. Hacer la prueba de un espectáculo antes de ejecutarlo ante el público. *Ensayaron durante una semana la obra de teatro.*
4. Intentar, tratar. *Ensayaron hacerlo ellos solos, pero no pudieron.*

ensayo (en-sa-yo) sustantivo masculino
1. Prueba de una cosa para ver si funciona. *El ensayo del motor resultó un éxito.* **SIN.** Experimento.
2. Adiestramiento, ejercicio. *Todos los días asistía a ver el ensayo de la tabla de gimnasia.*
3. Obra o escrito que trata con brevedad y claridad de temas filosóficos, artísticos, etc. *Publicó un ensayo sobre el arte medieval.*

enseguida (en-se-**gui**-da) adverbio
Inmediatamente. *Haz el favor de venir enseguida, es urgente.* **SIN.** Pronto, seguidamente, en el acto.
✎ También *en seguida.*

enseñanza
(en-se-**ñan**-za) sustantivo femenino
1. Sistema de enseñar, y conjunto de personas y medios dedicados a ese fin. *Se dedica a la enseñanza en un colegio.* **SIN.** Docencia.

2. Suceso que sirve de ejemplo o palabras que dicen algo que debería aprenderse. *¿Entendiste la enseñanza de esta fábula?*

enseñar (en-se-**ñar**) verbo
1. Hacer que alguien aprenda algo. *Le enseñó el oficio de fontanero.* **SIN.** Explicar, instruir, formar.
2. Dar ejemplo que sirve de experiencia. *En la escuela nos enseñan a ser amables con los ancianos.*
3. Mostrar algo para que sea visto o dejarlo ver involuntariamente. *Voy a enseñarte mi colección de sellos. Al reírse, enseñaba los dientes.* **SIN.** Exponer, exhibir. **ANT.** Ocultar, esconder.

ensillar (en-si-**llar**) verbo
Poner la silla de montar al caballo. *Ensilla el caballo rápidamente.*

ensimismarse (en-si-mis-**mar**-se) verbo
Quedarse pensativo. *Se ensimismó con su lectura.* **SIN.** Absorberse, embelesarse, abstraerse.

ensordecer (en-sor-de-**cer**) verbo
1. Causar sordera. *El golpe que recibió en el oído le ensordeció.*
2. Quedarse sordo. *Ensordeció debido al accidente.*
✎ Verbo irregular, se conjuga como *parecer.*

ensuciar (en-su-**ciar**) verbo
1. Manchar, poner sucia una cosa. *Se cayó en el charco y ensució los pantalones.* **ANT.** Limpiar(se).
2. Deslustrar, deshonrar. *Con los chismorreos ensuciaron su buena fama.* **SIN.** Deslucir.
✎ Se conjuga como *cambiar.*

ensueño (en-**sue**-ño) sustantivo masculino
1. Sueño, cosa que se sueña. *Que le había tocado la lotería era solo un ensueño.* **SIN.** Ilusión, fantasía.
2. de ensueño expresión Fantástico. *Hicimos un viaje de ensueño.*

entablillar (en-ta-bli-**llar**) verbo
Sostener con tablillas y vendaje un hueso roto. *Le entablillaron el brazo.* **SIN.** Escayolar, vendar.

entender (en-ten-**der**) verbo
1. Tener idea clara de una cosa. *Aunque es muy pequeño, ya entiende lo que le decimos.* **SIN.** Discernir, comprender, saber.
2. entender de expresión Tener muchos conocimientos de un arte, ciencia, etc. *Entiende mucho de mecánica.* **SIN.** Saber. **ANT.** Ignorar.
✎ Verbo irregular. Ver pág. 361.

entendimiento
(en-ten-di-**mien**-to) sustantivo masculino
Facultad de comprender y de juzgar las cosas. *Es una persona de gran entendimiento.* **SIN.** Intelecto, inteligencia, talento.

enterar (en-te-**rar**) verbo
Comprender, darse cuenta o informarse de algo que no se sabía. *Ya me he enterado de cuál es la fecha del examen.*

entereza (en-te-**re**-za) sustantivo femenino
Fuerza interior de la persona que no se deja dominar, desanimar, ni corromper. *Demostró mucha entereza en la trágica situación.*

enternecer (en-ter-ne-**cer**) verbo
Sentir o producir ternura, por compasión u otro motivo. *Se enterneció al ver al bebé.* **SIN.** Conmover(se), emocionar(se).
✎ Verbo irregular, se conjuga como *parecer.*

entero, entera (en-te-ro) adjetivo
1. Que está completo, sin falta alguna. *Tenía la colección entera, hasta que perdió una parte.* **SIN.** Íntegro. **ANT.** Incompleto.
2. Se dice de la persona que tiene fuerza interior. *Aunque lo está pasando mal, está muy entera.*

3. De conducta recta y honrada. *Es una persona muy entera, no consiguieron sobornarla.* **SIN.** Justo.

enterrar (en-te-**rrar**) verbo
1. Poner una cosa bajo tierra. *Mi perro entierra los huesos en el jardín.* **SIN.** Meter, sepultar, esconder. **ANT.** Desenterrar.
2. Dar sepultura a un cadáver. *Todos acudieron al cementerio para enterrar a su amigo fallecido.*
3. Querer olvidar un asunto o actuar como si no hubiera pasado nunca. *Al final enterraron el caso.*
✎ Verbo irregular, se conjuga como *acertar.*

entidad (en-ti-**dad**) sustantivo femenino
1. Valor o importancia de una cosa. *Tomó decisiones de gran entidad.* **SIN.** Trascendencia.
2. Cualquier organismo o empresa considerada como unidad. *Trabaja en una entidad bancaria.* **SIN.** Firma, compañía.

entierro (en-**tie**-rro) sustantivo masculino
Acción de enterrar a una persona que ha muerto. *El entierro tuvo lugar en el cementerio de su pueblo.* **SIN.** Inhumación, sepelio.

entonación (en-to-na-**ción**) sustantivo femenino
1. Acción de cantar afinadamente o de pronunciar bien. *Su entonación era perfecta.*
2. Tono de voz según el sentido de lo que se dice, la emoción que se expresa, etc. *Las preguntas tienen una entonación especial.*

entonar (en-to-**nar**) verbo
1. Cantar en el tono ajustado. *Entona bien.* **SIN.** Modular, afinar. **ANT.** Desentonar.
2. Dar fuerza y vigor al cuerpo. *Un café caliente te entonará un poco.* **SIN.** Fortalecer, vigorizar.

entender

MODO INDICATIVO		MODO SUBJUNTIVO	
Tiempos simples	Tiempos compuestos	Tiempos simples	Tiempos compuestos

Presente	Pret. perf. compuesto / Antepresente		Presente	Pret. perf. compuesto / Antepresente	
entiendo	he	entendido	entienda	haya	entendido
entiendes / entendés	has	entendido	entiendas	hayas	entendido
entiende	ha	entendido	entienda	haya	entendido
entendemos	hemos	entendido	entendamos	hayamos	entendido
entendéis / entienden	habéis	entendido	entendáis / entiendan	hayáis	entendido
entienden	han	entendido	entiendan	hayan	entendido

Pret. imperfecto / Copretérito	Pret. pluscuamperfecto / Antecopretérito		Pret. imperfecto / Pretérito	Pret. pluscuamperfecto / Antepretérito	
			entendiera o entendiese	hubiera o hubiese entendido	
entendía	había	entendido	entendieras o entendieses	hubieras o hubieses entendido	
entendías	habías	entendido			
entendía	había	entendido	entendiera o entendiese	hubiera o hubiese entendido	
entendíamos	habíamos	entendido	entendiéramos o entendiésemos	hubiéramos o hubiésemos entendido	
entendíais / entendían	habíais	entendido	entendierais o entendieseis /	hubierais o hubieseis entendido	
entendían	habían	entendido	entendieran o entendiesen	hubieran o hubiesen entendido	

Pret. perf. simple / Pretérito	Pret. anterior / Antepretérito				
entendí	hube	entendido	entendieran o entendiesen		
entendiste	hubiste	entendido			

			Futuro simple / Futuro	Futuro compuesto / Antefuturo	
entendió	hubo	entendido			
entendimos	hubimos	entendido	entendiere	hubiere	entendido
entendisteis / entendieron	hubisteis	entendido	entendieres	hubieres	entendido
entendieron	hubieron	entendido	entendiere	hubiere	entendido
			entendiéremos	hubiéremos	entendido
Futuro simple / Futuro	Futuro compuesto / Antefuturo		entendiereis / entendieren	hubiereis	entendido
			entendieren	hubieren	entendido

Futuro simple / Futuro	Futuro compuesto / Antefuturo	
entenderé	habré	entendido
entenderás	habrás	entendido
entenderá	habrá	entendido
entenderemos	habremos	entendido
entenderéis / entenderán	habréis	entendido
entenderán	habrán	entendido

MODO IMPERATIVO

entiende (tú) / entendé (vos) / entienda (usted)
entended (vosotros)
entiendan (ustedes)

Condicional simple / Pospretérito	Condicional compuesto / Antepospretérito	
entendería	habría	entendido
entenderías	habrías	entendido
entendería	habría	entendido
entenderíamos	habríamos	entendido
entenderíais / entenderían	habríais	entendido
entenderían	habrían	entendido

FORMAS NO PERSONALES

Infinitivo	Infinitivo compuesto
entender	haber entendido

Gerundio	Gerundio compuesto
entendiendo	habiendo entendido

Participio	
entendido	

entonces - entre

3. Armonizar los colores. *Los zapatos no entonaban con el traje.*

entonces (en-**ton**-ces) adverbio

1. En aquel tiempo. *No me contestó entonces, sino después.*

2. En tal caso, siendo así. *Si sabes conducir, entonces no sé para qué necesitas chófer.*

entornar (en-tor-**nar**) verbo

1. Dejar una puerta o ventana arrimada, sin cerrarla del todo. *Entorna la puerta, por favor.* **SIN.** Entreabrir, entrecerrar.

2. Dejar los ojos a medio cerrar. *Entornó los ojos un momento.*

entorno

(en-**tor**-no) sustantivo masculino

Conjunto de personas, objetos y circunstancias que rodean algo o a alguien. *Se movía en un entorno muy agradable.* **SIN.** Ambiente, dominio, ámbito.

entorpecer (en-tor-pe-**cer**) verbo

1. Poner torpe. *El frío entorpecía el movimiento de sus manos.*

2. Ofuscar, causar la pérdida de la capacidad de pensar claramente. *La ira entorpeció su visión del asunto.* **SIN.** Atontar.

3. Retardar, dificultar algo. *Trataba de entorpecer su trabajo.* **SIN.** Impedir. **ANT.** Facilitar.

✎ Verbo irregular, se conjuga como *parecer.*

entrada (en-**tra**-da) sustantivo femenino

1. Acción de entrar en un sitio. *Hizo una entrada triunfante.* **SIN.** Llegada, irrupción. **ANT.** Salida.

2. Espacio por donde se entra. *La entrada del colegio estaba cerrada.* **SIN.** Paso, puerta, acceso.

3. Papel o tarjeta que da derecho a entrar en una función de cine, de teatro o de cualquier otro espectáculo. *Mi*

prima se encargó de sacar las entradas para el cine. **SIN.** Localidad, boleto.

entraña (en-tra-ña) sustantivo femenino

1. Cada órgano de los contenidos en el pecho y el vientre. *Tiró las entrañas del buey.* **SIN.** Víscera.

2. sustantivo femenino plural Lo más profundo y oculto. *Penetró en las entrañas de la cueva.*

3. sustantivo femenino plural Carácter de una persona. *Tenía unas entrañas muy crueles.* **SIN.** Condición, genio.

entrañable (en-tra-ña-ble) adjetivo

Muy cariñoso. *Guardaba de su amistad recuerdos entrañables.*

entrañar (en-tra-ñar) verbo

Contener, llevar dentro de sí. *La operación entrañaba un gran riesgo.* **SIN.** Implicar.

entrar (en-trar) verbo

1. Ir o pasar de fuera adentro. *Entré en el cine para ver la película.* **SIN.** Introducirse, meterse, penetrar, colarse. **ANT.** Salir.

2. Empezar a formar parte de un grupo, asociación, etc. *Carlos entró en el equipo de fútbol.* **SIN.** Ingresar. **ANT.** Salir, abandonar.

3. Encajar una cosa en otra. *La llave entró en la cerradura.*

4. Tener una prenda de vestir o calzado amplitud suficiente para que quepa en ella la parte del cuerpo correspondiente. *Este zapato es pequeño, no me entra el pie.*

5. Empezar a sentir los síntomas de una enfermedad. *Creo que me está entrando la gripe.*

6. Comprender, abarcar. *Ese tema no entra para el examen.*

entre (en-tre) preposición

1. Indica situación o estado en medio de dos o más cosas, acciones, momentos, etc. *Estoy entre una puerta y la otra.*

2. Expresa situación, cooperación, estado, participación en un grupo o conjunto. *Entre todos solucionaron el problema.*

3. Relaciona o compara dos o más personas o cosas. *Entre los dos trajes, prefiero el negro.*

4. entre tanto adverbio Mientras tanto, mientras. *Tú vete, y entre tanto yo hago esto.*

✎ También *entretanto*.

entreabrir (en-tre-a-**brir**) verbo

Abrir un poco o a medias una puerta o ventana. *Entreabrió la ventana para que entrara algo de luz.* **SIN.** Entornar.

✎ Su participio es *entreabierto*.

entreacto

(en-tre-**ac**-to) sustantivo masculino

Tiempo de descanso que hay entre dos partes de una representación teatral o cualquier otro espectáculo. *Salimos a tomar un café en el entreacto de la ópera.* **SIN.** Intermedio, interludio, pausa.

entrecejo (en-tre-**ce**-jo) sustantivo masculino

Espacio que hay entre ceja y ceja. *Tenía las cejas muy pobladas y muy poco entrecejo.* **SIN.** Ceño.

entrecomillar (en-tre-co-mi-**llar**) verbo

Poner entre comillas una o varias palabras. *Entrecomilla todas las citas de autores.*

entrega (en-**tre**-ga) sustantivo femenino

1. Acción de entregar. *Mañana tendrá lugar la entrega de premios.* **SIN.** Donación, transmisión.

2. Interés y dedicación con que alguien se ocupa de una cosa. *Admiro su entrega en el trabajo.*

entregar (en-tre-**gar**) verbo

1. Poner a seres o cosas en poder de otro. *Tuve que entregar el dinero de la multa.* **SIN.** Proporcionar, transferir. **ANT.** Quitar.

2. entregarse Dedicarse por entero a una cosa. *Durante un año se entregó a su investigación.* **SIN.** Enfrascarse. **ANT.** Abandonar.

3. entregarse Ponerse en manos de alguien para hacer lo que él quiera. *El enemigo se entregó sin condiciones.* **SIN.** Rendirse, capitular. **ANT.** Resistirse.

4. entregarse Abandonarse, no luchar una persona contra una pasión, costumbre o vicio que le domina. *Durante un tiempo se entregó al alcohol, pero ahora se ha rehabilitado.*

✎ Se conjuga como *ahogar*.

entrelazar (en-tre-la-**zar**) verbo

Entretejer una cosa con otra. *Entrelaza esos dos cables.* **SIN.** Enlazar, unir.

✎ Se conjuga como *abrazar*.

entremés (en-tre-**més**) sustantivo masculino

1. Comida ligera que se pone en la mesa como aperitivo, para ir picando antes de comer los platos fuertes. *Pusieron unos entremeses de calamares fritos, croquetas, jamón, etc.* **SIN.** Entrante.

2. Obra de teatro corta y graciosa. *Lope de Rueda es autor de divertidos entremeses.* **SIN.** Sainete, paso.

entremeter (en-tre-me-**ter**) verbo

1. Meter una cosa entre otras. *Entremete el papel en ese montón de documentos.*

2. entremeterse Ponerse en medio o entre otros. *Se entremetió entre los que se estaban peleando.* **SIN.** Atravesarse.

3. entremeterse Meterse alguien donde no le llaman. *No me gusta que se entremetan en mis asuntos y me den consejos que no he pedido.*

✎ También *entrometerse*.

entrenador, entrenadora

(en-tre-na-**dor**) sustantivo

Persona que entrena a alguien. *Todo el equipo de baloncesto está muy con-*

tento con su nueva entrenadora. **SIN.**
Preparador.

entrenamiento

(en-tre-na-**mien**-to) sustantivo masculino

Acción de entrenar o entrenarse para la práctica de algún deporte y, en general, para hacer cualquier cosa. *Hoy tenemos entrenamiento y mañana partido.*

entrenar (en-tre-**nar**) verbo

Preparar personas o animales para hacer algo bien, especialmente un deporte. *Entrenó a su perro para que le lleve el periódico.* **SIN.** Ejercitar(se).

entresacar (en-tre-sa-**car**) verbo

Escoger unas cosas de otras. *Entresacaron varias hebras del tejido.* **SIN.** Elegir, seleccionar.

✎ Se conjuga como *abarcar*.

entresuelo

(en-tre-**sue**-lo) sustantivo masculino

Piso entre el bajo y el primero de una casa. *Viven en el entresuelo de ese edificio.*

entretener (en-tre-te-**ner**) verbo

1. Tener a alguien detenido esperando algo. *Se entretuvo con un trabajo urgente y perdió el autobús.* **SIN.** Entorpecer.

2. Divertir, distraer. *Aquella película nos entretuvo mucho.*

✎ Verbo irregular, se conjuga como *tener*.

entrever (en-tre-**ver**) verbo

1. Ver una cosa de forma poco clara. *A lo lejos podía entrever una cabaña entre los árboles.*

2. Sospechar una cosa, adivinarla. *Creía entrever alguna mala intención en lo que dijo.* **SIN.** Presentir.

✎ Verbo irregular, se conjuga como *ver*.

entrevista

(en-tre-**vis**-ta) sustantivo femenino

1. Encuentro de dos o más personas con un fin determinado. *Tuvo una en-*

trevista con su jefe para pedir un ascenso. **SIN.** Reunión.

2. Artículo periodístico en forma de diálogo, en el que se reproduce la conversación mantenida con alguna persona importante o famosa. *Este periódico publica mañana una entrevista con el alcalde.*

entrevistar (en-tre-vis-**tar**) verbo

1. Tener una conversación con una o varias personas, acerca de ciertos temas, para informar al público de sus respuestas. *Entrevistó a varios personajes destacados del mundo de la cultura.*

2. entrevistarse Reunirse con una persona. *He quedado en entrevistarme con ella esta tarde.*

entristecer (en-tris-te-**cer**) verbo

1. Causar tristeza o poner de aspecto triste. *Aquella desgracia nos entristeció mucho.* **SIN.** Apenar.

2. entristecerse Ponerse triste y melancólico. *Se entristeció al tener que dejar a sus amigos.*

✎ Verbo irregular, se conjuga como *parecer*.

entumecerse (en-tu-me-**cer**-se) verbo

Quedarse un miembro del cuerpo sin movimiento ni sensibilidad. *Se le entumecieron todos los músculos.* **SIN.** Agarrotarse.

✎ Verbo irregular, se conjuga como *parecer*.

enturbiar (en-tur-**biar**) verbo

1. Poner turbia una cosa. *Al remover con un palo el fondo del arroyo, se enturbió el agua.*

2. Alterar, trastornar. *La pelea enturbió la marcha de la fiesta.*

✎ Se conjuga como *cambiar*.

entusiasmar (en-tu-sias-**mar**) verbo

Causar o sentir entusiasmo o admiración. *Pepe se entusiasmó con el premio* recibido. **SIN.** Apasionar(se), emocionar(se).

entusiasmo
(en-tu-**sias**-mo) sustantivo masculino
1. Exaltación producida por la admiración. *Aplaudimos con entusiasmo en el concierto.* **SIN.** Satisfacción, emoción. **ANT.** Frialdad.
2. Afición o apego apasionado a algo. *De todos era conocido su entusiasmo por aquel proyecto.* **SIN.** Pasión, arrebato, frenesí.

entusiasta (en-tu-**sias**-ta) adjetivo
Que siente entusiasmo o se se entusiasma con facilidad. *Es una entusiasta de la música de Albéniz.* **SIN.** Apasionado, incondicional, admirador. **ANT.** Apático.

enumeración
(e-nu-me-ra-**ción**) sustantivo femenino
Nombrar ordenadamente cada elemento de un conjunto. *Estaba haciendo la enumeración de todos los participantes.* **SIN.** Recuento.

enumerar (e-nu-me-**rar**) verbo
Decir por orden una serie de cosas. *Enumeró los desperfectos sufridos por las inundaciones.* **SIN.** Numerar, listar, detallar.

enunciar (e-nun-**ciar**) verbo
Expresar alguien breve y sencillamente una idea o una pregunta. *Enunció los puntos más destacados de la reunión.*
✎ Se conjuga como *cambiar*.

envasar (en-va-**sar**) verbo
Echar un líquido en un recipiente adecuado para su transporte o conservación, y cerrarlo después. *Estaba envasando tomate.* **SIN.** Embotellar, enlatar.

envase (en-va-**se**) sustantivo masculino
Recipiente en el que se mete algo para que se conserve o se pueda trans-

portar mejor. *Una vez consumido el producto, el envase se tira.* **SIN.** Bote, botella.

envejecer (en-ve-je-**cer**) verbo
Hacerse vieja o antigua una persona o cosa. *Envejeció bastante en los últimos años.* **SIN.** Avejentarse. **ANT.** Rejuvenecer.
✎ Verbo irregular, se conjuga como *parecer*.

envenenar (en-ve-ne-**nar**) verbo
1. Corromper o dañar algo con veneno. *Un desalmado había envenenado el agua del arroyo.* **SIN.** Contaminar, infectar, intoxicar.
2. Enemistar a las personas. *Le gustaba envenenar a los demás.*

envergadura
(en-ver-ga-**du**-ra) sustantivo femenino
1. Ancho de la vela de un barco. *En el puerto entró un barco de mucha envergadura.*
2. Distancia entre las puntas de las alas de un ave cuando las tiene extendidas; también entre los extremos de las alas de un avión y entre los brazos humanos. *El águila tiene una gran envergadura.*
3. Importancia de una cosa. *Estaba muy ocupado en resolver un asunto de mucha envergadura.*

envés (en-**vés**) sustantivo masculino
1. Revés, parte de atrás. *La solución está en el envés de la página.*
2. Cara inferior de una hoja, opuesta al haz. *El envés de las hojas de este árbol es blanco.*

enviado, enviada (en-vi-**a**-do) sustantivo
Persona a la que se envía con algún mensaje o encargo. *Llegaron dos enviados con la noticia.*

enviar (en-vi-**ar**) verbo
Hacer que una persona o cosa vaya o llegue a alguna parte. *Envió a su hijo a*

un campamento de verano. **SIN.** Mandar. **ANT.** Recibir.

✎ Se conjuga como *desviar*.

envidia (en-**vi**-dia) sustantivo femenino

1. Tristeza o pesar que se siente por el bien de otro. *Tiene envidia de lo bien que nos va.* **SIN.** Celos.

2. Deseo de no ser o no tener menos que otra persona. *La envidia hizo que se comprara el coche.* **SIN.** Rivalidad, emulación.

envidiar (en-vi-**diar**) verbo

Tener envidia, desear algo que no se tiene. *Envidiaba a los que tenían casas de campo.* **SIN.** Apetecer, codiciar.

✎ Se conjuga como *cambiar*.

envío (en-**ví**-o) sustantivo masculino

Acción de mandar algo a alguna parte y cosa que se envía. *Recibí su envío.* **SIN.** Encargo.

enviudar (en-viu-**dar**) verbo

Quedarse una persona viuda tras la muerte de su esposo o esposa. *Enviudó muy joven.*

envoltorio

(en-vol-**to**-ri-o) sustantivo masculino

Capa exterior que cubre algo. *El envoltorio del regalo es una maravilla.*

envolver (en-vol-**ver**) verbo

1. Cubrir una cosa con papel, tela, etc. *Envuelve el regalo con este papel tan bonito.* **SIN.** Empaquetar. **ANT.** Desenvolver.

2. Mezclar, complicar a alguien en un asunto. *Al final se dejó envolver en aquel sucio negocio.*

✎ Verbo irregular, se conjuga como *mover*. Su participio es *envuelto*.

enyesar (en-ye-**sar**) verbo

1. Tapar o allanar con yeso. *Enyesó las paredes antes de pintarlas.*

2. Endurecer con yeso o escayola los vendajes. *Le enyesaron el brazo roto.* **SIN.** Escayolar.

enzarzar (en-zar-**zar**) verbo

Enredar a dos o más personas para que discutan o peleen. *Por una bobada, se enzarzaron en una discusión.* **SIN.** Encizañar(se), engrescarse.

✎ Se conjuga como *abrazar*.

eñe (e-**ñe**) sustantivo femenino

Nombre de la letra *ñ*. *Ñandú empieza por eñe.*

epidemia (e-pi-**de**-mia) sustantivo femenino

1. Enfermedad que en un territorio determinado afecta al mismo tiempo a gran número de personas. *Ya se acabó la epidemia de gripe.* **SIN.** Infección.

2. Cualquier cosa perjudicial que se extiende de manera rápida. *Una epidemia de incendios está destrozando el bosque.* **SIN.** Azote.

epílogo (e-**pí**-lo-go) sustantivo masculino

Conclusión breve al final de un discurso u obra literaria. *El libro traía un epílogo.* **ANT.** Prólogo.

episodio (e-pi-**so**-dio) sustantivo masculino

1. Cada una de las acciones parciales o partes integrantes del argumento de una novela. *A partir del tercer episodio, el libro está interesantísimo.* **SIN.** Capítulo.

2. Suceso enlazado con otros que forman un conjunto. *Fue haciendo un repaso por todos los episodios de su vida.* **SIN.** Hecho.

epístola (e-**pís**-to-la) sustantivo femenino

Carta u obra literaria escrita en forma de carta. *San Pablo dirigió una epístola a Timoteo.*

época (**é**-po-ca) sustantivo femenino

Período de tiempo, generalmente de larga duración, en el que suceden ciertos hechos. *En la época de los romanos, se construyeron acueductos.*

equilibrar (e-qui-li-**brar**) verbo

Hacer que una cosa no exceda ni supere a otra, manteniéndolas proporcionalmente iguales. *Tienes que equilibrar tus esfuerzos.* **SIN.** Compensar, nivelar.

equilibrio

(e-qui-**li**-brio) sustantivo masculino

1. Estabilidad de un cuerpo basada en la nivelación de las fuerzas que actúan sobre él. *El equilibrio de un avión en el aire.* **ANT.** Desequilibrio.

2. Proporción, armonía entre cosas diversas. *El equilibrio artístico y estético del Partenón.*

3. Moderación, sensatez en los actos y juicios. *El equilibrio de una persona.* **SIN.** Prudencia, ecuanimidad.

equinoccio

(e-qui-**noc**-cio) sustantivo masculino

Época del año en que, por hallarse el sol sobre el ecuador, el día y la noche son iguales en toda la Tierra. *El equinoccio de primavera es del 20 al 21 de marzo, y el de otoño del 22 al 23 de septiembre.*

equipaje (e-qui-**pa**-je) sustantivo masculino

Conjunto de cosas que se llevan en los viajes. *Subió el equipaje a la habitación.* **SIN.** Maletas, bultos.

equipar (e-qui-**par**) verbo

1. Hacerse con todo lo necesario para algo. *Se equiparon bien para ir a la montaña.* **SIN.** Abastecer(se).

2. Proveer de un equipo de ropa. *Se equiparon con ropa de abrigo para el invierno.* **SIN.** Surtir(se), abastecer(se).

equiparar (e-qui-pa-**rar**) verbo

Comparar dos cosas considerándolas iguales. *Equipararon sus méritos.* **SIN.** Asimilar, cotejar.

equipo (e-**qui**-po) sustantivo masculino

1. Conjunto de personas que se unen para hacer algo juntas, por ejemplo competir en ciertos deportes. *Nuestro equipo de baloncesto ganó por gran diferencia al contrario.* **SIN.** Grupo, club.

2. Conjunto de prendas o cosas que sirven para un fin. *Por mi cumpleaños, me regalaron un equipo de buceo.* **SIN.** Instrumental.

equis (e-quis) sustantivo femenino

1. Nombre de la letra *x*. *Exterior se escribe con equis.*

2. adjetivo Expresa un número desconocido o indiferente. *Supongamos que cuesta equis euros.*

equitación

(e-qui-ta-**ción**) sustantivo femenino

Arte de montar bien a caballo. *Es muy aficionado a la equitación.*

equitativo, equitativa

(e-qui-ta-**ti**-vo) adjetivo

Que es justo e imparcial. *Juan es una persona muy equitativa.*

equivalente (e-qui-va-**len**-te) adjetivo

Que vale lo mismo que otra cosa. *1 metro es equivalente a 100 centímetros.* **SIN.** Igual, similar.

equivaler (e-qui-va-**ler**) verbo

Ser una cosa igual a otra en valor, estimación, eficacia, etc. *Un kilo equivale a 1000 gramos.* **SIN.** Corresponder, equiparar, igualar.

✎ Verbo irregular, se conjuga como *valer*.

equivocación

(e-qui-vo-ca-**ción**) sustantivo femenino

1. Cosa hecha erróneamente. *Fue una equivocación decir que no.*

2. Hecho de tomar una cosa por otra. *Se llevó otro paraguas por equivocación.* **SIN.** Desacierto.

equivocarse (e-qui-vo-**car**-se) verbo

1. Cometer error en lo que se dice o se hace. *Te equivocaste mucho en el dictado.* **SIN.** Fallar.

2. Hacer o tomar una cosa por otra. *Se equivocó de piso, fue al primero en vez de ir al segundo.* **SIN.** Confundirse. **ANT.** Acertar.

✎ Se conjuga como *abarcar*.

era (e-ra) sustantivo femenino

Período histórico que comienza con un hecho importante a partir del cual se cuentan los años. *El ser humano apareció en la era cenozoica.* **SIN.** Época, edad.

erguir (er-**guir**) verbo

Levantar y ponerse derecha una persona o cosa. *Tenía una enfermedad de huesos que apenas le dejaba erguirse.* **SIN.** Alzar(se), elevar(se).

✎ Verbo irregular. Ver pág. 369.

erizar (e-ri-**zar**) verbo

Levantar, poner rígida y tiesa una cosa. *Al perro se le erizaron las orejas al oír aquel ruido.*

✎ Se conjuga como *abrazar*.

erizo (e-**ri**-zo) sustantivo masculino

1. Animal pequeño cuyo cuerpo está cubierto de espinas o púas y cuyo hocico es parecido al del cerdo. Se alimenta de insectos, ratones y culebras. *Encontramos un erizo al lado de la carretera.*

2. Persona de carácter solitario y desagradable. *No hay quien trate con ella, es un erizo.*

3. erizo de mar expresión Animal marino con forma de esfera aplanada, cubierto con una concha dura llena de púas. *Recogimos erizos de mar en la playa.*

ermita (er-**mi**-ta) sustantivo femenino

Iglesia pequeña o capilla situada generalmente fuera de un pueblo o ciudad. *Fueron de romería hasta la ermita.*

ermitaño, ermitaña

(er-mi-**ta**-ño) sustantivo

1. Persona que vive en una ermita y cuida de ella. *El ermitaño nos contó la historia de la capilla.*

2. Persona que vive en soledad. *Desde hacía varios años vivía como ermitaño en una cabaña del bosque.* **SIN.** Anacoreta, eremita.

erosión (e-ro-**sión**) sustantivo femenino

Desgaste de las rocas y del suelo debido al viento, el hielo, la lluvia, etc. *La erosión dio forma a la roca.*

errante (e-**rran**-te) adjetivo

Que anda de una parte a otra. *Iba errante por el mundo.* **SIN.** Vagabundo.

errar (e-**rrar**) verbo

1. No acertar, equivocarse. *Errar es humano.* **SIN.** Fallar, desacertar. **ANT.** Acertar, atinar.

2. Andar de vagabundo de una parte a otra. *Anduvo errando por las calles.* **SIN.** Deambular, vagar.

3. Divagar el pensamiento, la imaginación, etc. *Su imaginación erraba de un pensamiento a otro.*

✎ Verbo irregular. En hispanoamérica se usa más en su forma regular. Ver pág. 370. No debe confundirse con *herrar*.

errata (e-**rra**-ta) sustantivo femenino

Equivocación de letras en un texto impreso o escrito a mano. *Tuvo que corregir el artículo porque tenía erratas.* **SIN.** Gazapo.

erre (e-**rre**) sustantivo femenino

1. Nombre de la letra *r. Carro se escribe con dos erres.*

2. erre que erre expresión Tercamente, insistiendo, sin darse por vencido. *Estuvo erre que erre hasta lograrlo.*

erróneo, errónea

(e-**rró**-ne-o) adjetivo

Que contiene errores o está equivocado. *La respuesta era errónea.* **SIN.** Equivocado, inexacto. **ANT.** Acertado.

error (e-**rror**) sustantivo masculino

Equivocación, fallo. *Tuve varios errores en el dictado.* **SIN.** Falta.

eructar (e-ruc-tar) verbo

Echar los gases del estómago por la boca con ruido. *En algunas culturas, se eructa para indicar que la comida es deliciosa.*

erguir

MODO INDICATIVO		MODO SUBJUNTIVO	
Tiempos simples	Tiempos compuestos	Tiempos simples	Tiempos compuestos

Presente	**Pret. perf. compuesto / Antepresente**	**Presente**	**Pret. perf. compuesto / Antepresente**
yergo o irgo	he erguido	yerga o irga	haya erguido
yergues o irgues / erguís	has erguido	yergas o irgas	hayas erguido
yergue o irgue	ha erguido	yerga o irga	haya erguido
erguimos	hemos erguido	irgamos	hayamos erguido
erguís / yerguen o irguen	habéis erguido	irgáis / yergan o irgan	hayáis erguido
yerguen o irguen	han erguido	yergan o irgan	hayan erguido

Pret. imperfecto / Copretérito	**Pret. pluscuamperfecto / Antecopretérito**	**Pret. imperfecto / Pretérito**	**Pret. pluscuamperfecto / Antepretérito**
erguía	había erguido	irguiera o irguiese	hubiera o hubiese erguido
erguías	habías erguido	irguieras o irguieses	hubieras o hubieses erguido
erguía	había erguido	irguiera o irguiese	hubiera o hubiese erguido
erguíamos	habíamos erguido	irguiéramos o irguiésemos	hubiéramos o hubiésemos erguido
erguíais / erguían	habíais erguido	irguierais o irguieseis / irguieran o irguiesen	hubierais o hubieseis erguido / hubieran o hubiesen erguido
erguían	habían erguido	irguieran o irguiesen	

Pret. perf. simple / Pretérito	**Pret. anterior / Antepretérito**		
erguí	hube erguido		
erguiste	hubiste erguido		
irguió	hubo erguido		
erguimos	hubimos erguido		
erguisteis / irguieron	hubisteis erguido		
irguieron	hubieron erguido		

		Futuro simple / Futuro	**Futuro compuesto / Antefuturo**
		irguiere	hubiere erguido
		irguieres	hubieres erguido
		irguiere	hubiere erguido
		irguiéremos	hubiéremos erguido
		irguiereis / irguieren	hubiereis erguido
		irguieren	hubieren erguido

Futuro simple / Futuro	**Futuro compuesto / Antefuturo**		
erguiré	habré erguido		
erguirás	habrás erguido		
erguirá	habrá erguido		
erguiremos	habremos erguido		
erguiréis / erguirán	habréis erguido		
erguirán	habrán erguido		

MODO IMPERATIVO

yergue o irgue (tú) / erguí (vos) / yerga (usted)
erguid (vosotros)
yergan o irgan (ustedes)

Condicional simple / Pospretérito	**Condicional compuesto / Antepospretérito**
erguiría	habría erguido
erguirías	habrías erguido
erguiría	habría erguido
erguiríamos	habríamos erguido
erguiríais / erguirían	habríais erguido
erguirían	habrían erguido

FORMAS NO PERSONALES

Infinitivo	**Infinitivo compuesto**
erguir	haber erguido

Gerundio	**Gerundio compuesto**
irguiendo	habiendo erguido

Participio	
erguido	

errar

MODO INDICATIVO		MODO SUBJUNTIVO	
Tiempos simples	Tiempos compuestos	Tiempos simples	Tiempos compuestos

Presente	**Pret. perf. compuesto / Antepresente**	**Presente**	**Pret. perf. compuesto / Antepresente**
yerro o erro	he errado	yerre o erre	haya errado
yerras o erras / errás	has errado	yerres o erres	hayas errado
yerra o erra	ha errado	yerre o erre	haya errado
erramos	hemos errado	erremos	hayamos errado
erráis / yerran o erran	habéis errado	erréis / yerren o erren	hayáis errado
yerran o erran	han errado	yerren o erren	hayan errado

Pret. imperfecto / Copretérito	**Pret. pluscuamperfecto / Antecopretérito**	**Pret. imperfecto / Pretérito**	**Pret. pluscuamperfecto / Antepretérito**
erraba	había errado	errara o errase	hubiera o hubiese errado
errabas	habías errado	erraras o errases	hubieras o hubieses errado
erraba	había errado	errara o errase	hubiera o hubiese errado
errábamos	habíamos errado	erráramos o errásemos	hubiéramos o hubiésemos errado
errabais / erraban	habíais errado	errarais o erraseis / erraran o errasen	hubierais o hubieseis errado
erraban	habían errado	erraran o errasen	hubieran o hubiesen errado

Pret. perf. simple / Pretérito	**Pret. anterior / Antepretérito**		
erré	hube errado		
erraste	hubiste errado		
erró	hubo errado		
erramos	hubimos errado		
errasteis / erraron	hubisteis errado		
erraron	hubieron errado		

		Futuro simple / Futuro	**Futuro compuesto / Antefuturo**
		errare	hubiere errado
		errares	hubieres errado
		errare	hubiere errado
		erráremos	hubiéremos errado
		errareis / erraren	hubiereis errado
		erraren	hubieren errado

Futuro simple / Futuro	**Futuro compuesto / Antefuturo**
erraré	habré errado
errarás	habrás errado
errará	habrá errado
erraremos	habremos errado
erraréis / errarán	habréis errado
errarán	habrán errado

MODO IMPERATIVO

yerra o erra (tú) / errá (vos) / yerre (usted)
errad (vosotros)
yerren o erren (ustedes)

Condicional simple / Pospretérito	**Condicional compuesto / Antepospretérito**
erraría	habría errado
errarías	habrías errado
erraría	habría errado
erraríamos	habríamos errado
erraríais / errarían	habríais errado
errarían	habrían errado

FORMAS NO PERSONALES

Infinitivo	**Infinitivo compuesto**
errar	haber errado
Gerundio	**Gerundio compuesto**
errando	habiendo errado
Participio	
errado	

erudito, erudita

(e-ru-**di**-to) adjetivo y sustantivo

Con muchos conocimientos de varias ciencias, artes u otras materias. *Estaba considerado como un gran erudito.* **SIN.** Docto, sabio. **ANT.** Ignorante, inculto.

erupción (e-rup-**ción**) sustantivo femenino

1. Aparición en la piel de granos o manchas. *Algo que comió le hizo daño y le salió una erupción en la cara.*

2. Expulsión de gas, lava, ceniza y otros materiales desde el interior de la tierra a través de un volcán u otra abertura del suelo. *El volcán entró en erupción.*

esbelto, esbelta (es-**bel**-to) adjetivo

Bien formado y alto de estatura. *Ángeles posee una figura muy esbelta.*

escabeche

(es-ca-**be**-che) sustantivo masculino

Salsa hecha con vinagre, hojas de laurel y otros ingredientes para conservar los pescados y otros alimentos. *Compra dos latas de sardinas en escabeche.*

escabullirse (es-ca-bu-**llir**-se) verbo

1. Escaparse. *El ladrón se escabulló de la comisaría.* **ANT.** Atrapar.

2. Irse alguien disimuladamente. *En cuanto pudo, se escabulló de la reunión.* **SIN.** Esfumarse.

3. Escapársele una cosa a alguien de las manos. *La trucha se le escabulló.* **SIN.** Escurrirse, deslizarse.

✎ Verbo irregular, se conjuga como *mullir*.

escafandra

(es-ca-**fan**-dra) sustantivo femenino

Vestidura impermeable y casco de bronce perfectamente cerrado, con un cristal frente a la cara, y orificios y tubos para renovar el aire, que usan los buzos para sumergirse en el mar. *El buzo comprobó que la escafandra se hallaba en buen estado.*

escala (es-**ca**-la) sustantivo femenino

1. Serie ordenada de cosas del mismo tipo. *Ocupa el tercer lugar en la escala.* **SIN.** Gradación.

2. Línea graduada, dividida en partes iguales, para medir. *Utiliza una escala para medirlo.*

3. Proporción entre las dimensiones de un mapa y la realidad. *Tienes que saber a qué escala está.*

4. Serie de notas musicales sucesivas ascendentes o descendentes. *La escala tiene siete notas.*

5. Parada que realizan los barcos o aviones en el intermedio de su trayecto. *El vuelo hace escala en Milán.*

escalador, escaladora

(es-ca-la-**dor**) adjetivo y sustantivo

Que escala. Se dice sobre todo de los deportistas que escalan montañas. *Mi amigo es escalador.*

escalar (es-ca-**lar**) verbo

1. Subir a un sitio por una escala o escalera. *Escalaron hasta la ventana del último piso.*

2. Subir, trepar a una gran altura. *La expedición escaló el Everest.*

3. Entrar oculta o ilícitamente en un lugar cerrado. *Escalaron la tapia del patio de atrás.*

4. Alcanzar un cargo elevado. *Cualquier medio le parecía bueno para escalar a los primeros puestos.* **SIN.** Progresar, trepar.

escalera (es-ca-**le**-ra) sustantivo femenino

1. Serie de escalones o peldaños que sirven para subir y bajar. *Sube tú en el ascensor, yo subiré por la escalera.* **SIN.** Escala, escalinata, escalerillas, grada.

2. Corte desigual del pelo. *Siempre te deja el pelo con escaleras.*

escalerilla

(es-ca-le-**ri**-lla) sustantivo femenino

Escalera de corto número de escalones. *Estaba bajando por la escalerilla del avión y se tropezó.*

escalfar (es-cal-**far**) verbo

Echar un huevo sin cáscara en agua hirviendo para que se cueza. *Escalfó unos huevos.*

escalofrío (es-ca-lo-**frí**-o) sustantivo masculino

Malestar del cuerpo, que consiste en notar una sensación de calor y frío al mismo tiempo. *Tenía fiebre y muchos escalofríos.*

escalón (es-ca-**lón**) sustantivo masculino

1. Madero o piedra que colocado junto a otros forma una escalera. *Los escalones de esa escalera no son seguros.* **SIN.** Peldaño. **2.** Grado al que se asciende en un cargo o empleo. *Su trabajo le hizo subir escalones en la empresa.* **3.** Paso o medio para ir logrando un propósito. *Era un escalón más hacia su meta.*

escalope (es-ca-lo-pe) sustantivo masculino

Filete delgado de vaca o de ternera, empanado o rebozado, y frito. *Pidió un escalope con patatas fritas.*

escama (es-**ca**-ma) sustantivo femenino

Membrana rígida y delgada que, superpuesta con otras, cubre la piel de algunos animales, como los peces y las serpientes. *Limpia el pescado y quítale las escamas.*

escampar (es-cam-**par**) verbo

Cesar de llover. *Escampó y salimos a dar un paseo.* **ANT.** Arreciar.

escándalo (es-**cán**-da-lo) sustantivo masculino

1. Ruido, tumulto. *Los niños arman un gran escándalo en el patio.* **SIN.** Algarabía. **ANT.** Silencio. **2.** Asombro, admiración. *Su divorcio causó un gran escándalo.* **3.** Mal ejemplo que da alguien. *Su comportamiento es un escándalo para los niños.*

escáner (es-**cá**-ner) sustantivo masculino

Aparato conectado a un ordenador que permite reproducir textos e imágenes e imprimirlos. *Escaneé unas fotos en el escáner.*

escaño (es-**ca**-ño) sustantivo masculino

1. Banco con respaldo, en el que pueden sentarse tres o más personas. *Han comprado un escaño de estilo rústico.* **2.** Asiento que ocupa cada uno de los parlamentarios en la sala donde se reúnen. *Los diputados abandonaron sus escaños.*

escapar (es-ca-**par**) verbo

1. Salir de un encierro o de un peligro. *Escapó de la enfermedad gracias a una rápida intervención de los médicos.* **SIN.** Huir, evitar. **2.** Salir alguien deprisa y a escondidas. *El ladrón escapó de la cárcel.* **SIN.** Esfumarse, pirarse. **3. escapársele a alguien una cosa** expresión Decir algo sin darse cuenta. *Se me escapó lo de la fiesta sorpresa.*

escaparate

(es-ca-pa-**ra**-te) sustantivo masculino

Hueco cerrado con cristales que hay en la fachada de algunas tiendas, donde se exhiben los productos en venta. *Me gusta la blusa del escaparate.* **SIN.** Vitrina.

escape (es-**ca**-pe) sustantivo masculino

1. Fuga de un gas o un líquido. *Había un escape de gas.* **2.** Válvula que abre o cierra la salida de los gases en el motor de los automóviles. *Tenía obstruido el escape.*

escarabajo

(es-ca-ra-**ba**-jo) sustantivo masculino

Insecto de color negro por encima y rojo por debajo, que vive en lugares sucios. *El escarabajo era un animal sagrado en el Antiguo Egipto.*

escarbar (es-car-**bar**) verbo
1. Excavar en el suelo arañando la tierra. *La gallina escarba en el corral.*
2. Limpiar los dientes o los oídos. *No te escarbes los dientes con el palillo, puedes hacerte daño.*
3. Tratar de averiguar algo. *Estaba escarbando, a ver si se enteraba algo.* **SIN.** Indagar.

escarcha (es-car-cha) sustantivo femenino
Vapor de agua congelado por el frío de la noche. *Al amanecer había una capa de escarcha sobre la hierba.* **SIN.** Rocío.

escarlata
(es-car-**la**-ta) adjetivo y sustantivo masculino
Color parecido al rojo, algo más suave. *El vestido era color escarlata.*

escarmentar (es-car-men-**tar**) verbo
1. Dar un castigo a alguien para que no vuelva a hacer una cosa mala. *Decidió escarmentar a sus alumnos.* **SIN.** Castigar, corregir.
2. Aprovechar la experiencia personal o de otros para evitar nuevos errores. *Lo que le había pasado nos sirvió para escarmentar.* **SIN.** Desengañar, advertir.
✎ Verbo irregular, se conjuga como *acertar.*

escarmiento
(es-car-**mien**-to) sustantivo masculino
1. Castigo que se impone a alguien que ha hecho mal algo. *Le prohibió salir como escarmiento.* **SIN.** Corrección. **ANT.** Premio.
2. Enseñanza que se aprende después de ver las consecuencias que ha tenido una acción realizada por uno mismo o por otros. *Me sirvió de escarmiento.* **SIN.** Advertencia, aviso.

escarola (es-ca-**ro**-la) sustantivo femenino
Hortaliza de hojas rizadas que se come en ensalada. *Le encanta la ensalada de escarola.*

escarpado, escarpada
(es-car-**pa**-do) adjetivo
Que está en cuesta o que tiene muchos desniveles. *Es una montaña muy escarpada.* **SIN.** Empinado, abrupto, pendiente.

escarpia (es-car-pia) sustantivo femenino
Clavo doblado en ángulo recto. *Cuelga el cuadro en esa escarpia.*

escasez (es-ca-**sez**) sustantivo femenino
1. Tacañería con que se hace una cosa, escatimando la cantidad necesaria. *Lo poco que da lo hace siempre con escasez.* **SIN.** Roñosería. **ANT.** Generosidad.
2. Falta de una cosa. *Había escasez de agua.* **SIN.** Insuficiencia. **ANT.** Abundancia.
3. Pobreza o falta de lo necesario para vivir. *Había una gran escasez en aquel barrio.* **SIN.** Penuria. **ANT.** Riqueza.

escaso, escasa (es-**ca**-so) adjetivo
1. Poco o insuficiente. *En verano hay escasas lluvias en el desierto.* **SIN.** Exiguo, falto. **ANT.** Rico.
2. Mezquino, tacaño. *La comida que nos dieron fue muy escasa.*
3. Falto, incompleto. *Era un aprobado un poco escaso.*

escayola (es-ca-**yo**-la) sustantivo femenino
1. Yeso muy fino. *Pintó una figura de escayola.*
2. Venda dura con yeso para curar los huesos rotos. *Se rompió el tobillo y le pusieron una escayola.*

escena (es-**ce**-na) sustantivo femenino
1. Lugar del teatro donde se hacen las representaciones. *Los actores salieron a escena.* **SIN.** Escenario.
2. Cada una de las partes en que se divide una obra teatral o una película. *La escena se sitúa en un bosque.*
3. Suceso de la vida real que llama la atención y conmueve. *Fue una escena muy dolorosa.*

4. Actuación o fingimiento. *Montó una escena porque no quería ir.*

escenario

(es-ce-**na**-rio) sustantivo masculino

1. Lugar del teatro donde se representan las obras o sitio donde se rueda una película. *El actor salió al escenario.* **SIN.** Escena.

2. Conjunto de circunstancias que rodean a una persona o suceso. *Acudió enseguida al escenario del crimen.*

escenografía

(es-ce-no-gra-**fí**-a) sustantivo femenino

Arte de pintar y preparar los decorados de una obra, película, etc. *Es el encargado de la escenografía.*

escéptico, escéptica

(es-**cép**-ti-co) adjetivo

Que no cree en ciertas cosas. *Es un poco escéptico en el tema de los extraterrestres.* **SIN.** Incrédulo.

esclarecer (es-cla-re-**cer**) verbo

Aclarar un asunto. *Sus palabras esclarecieron los hechos.* **SIN.** Iluminar, dilucidar. **ANT.** Confundir.

✎ Verbo irregular, se conjuga como *parecer.*

esclavitud

(es-cla-vi-**tud**) sustantivo femenino

1. Situación o estado de esclavo. *Abolieron la esclavitud.*

2. Cualquier situación en la que una persona se vea privada de libertad. *La secta tenía a sus adeptos en una total esclavitud.*

esclavizar (es-cla-vi-**zar**) verbo

1. Hacer esclavo a alguien. *La población africana de raza negra fue esclavizada durante años.* **SIN.** Subyugar, oprimir.

2. Tener constantemente ocupado y muy sujeto a alguien. *Tener un negocio propio esclaviza mucho.* **SIN.** Dominar, oprimir.

✎ Se conjuga como *abrazar.*

esclavo, esclava

(es-**cla**-vo) adjetivo y sustantivo

1. Se dice de la persona que por estar bajo el dominio de otra carece de libertad. *Los romanos tenían esclavos.* **SIN.** Siervo. **ANT.** Libre.

2. Sometido rigurosa o fuertemente. *Le trataba como a un esclavo.* **SIN.** Subyugado, oprimido, tiranizado.

3. sustantivo femenino Pulsera sin adornos y que no se abre. *Le regalaron una esclava de plata.*

escoba (es-**co**-ba) sustantivo femenino

Conjunto de ramas flexibles o de cerdas que, atadas al extremo de un palo, sirven para barrer. *Estoy barriendo la cocina con la escoba.*

escobilla (es-co-**bi**-lla) sustantivo femenino

Cepillo para limpiar. *Limpia los radiadores con esta escobilla.*

escocer (es-co-**cer**) verbo

Producirse una sensación desagradable de picor intenso, parecida a la de una quemadura. *Aunque te escueza, voy a echarte alcohol en la herida.* **SIN.** Picar.

✎ Verbo irregular, se conjuga como *mover.* Se escribe z en vez de c seguido de -a o de -o, como en *escueza* o *escuezo.*

escoger (es-co-**ger**) verbo

Tomar o elegir una o más cosas o seres entre otros. *Juan fue escogido para representar a la clase.* **SIN.** Elegir, optar, seleccionar.

✎ Se conjuga como *proteger.*

escolar (es-co-**lar**) adjetivo

1. Que se refiere al estudiante o a la escuela. *Los textos escolares tienen que ser claros.*

2. sustantivo Estudiante de alguna escuela. *Los escolares juegan en el patio.* **SIN.** Colegial, estudiante.

escollo (es-**co**-llo) sustantivo masculino

1. Peñasco oculto bajo las aguas del mar que resulta muy peligroso para

las embarcaciones. *El barco chocó con un escollo.* **SIN.** Roca, rompiente, arrecife.
2. Obstáculo que dificulta la realización de algo. *Tuvo que vencer algunos escollos.* **SIN.** Tropiezo, problema, peligro, dificultad.

escolta (es-col-ta) sustantivo femenino
Acompañamiento que tiene alguien, generalmente para protegerse. *El presidente del Gobierno iba acompañado de su escolta.*

escoltar (es-col-tar) verbo
Acompañar a una persona o cosa para protegerla, evitar que huya o como muestra de respeto. *Escoltaron a los ministros.* **SIN.** Custodiar, guardar, vigilar.

escombro
(es-com-bro) sustantivo masculino
Desecho, cascote de un edificio arruinado o derribado. *Los escombros de la casa incendiada habían cortado la calle.* **SIN.** Ruinas.

esconder (es-con-der) verbo
1. Poner a una persona o cosa en un lugar secreto para que nadie la encuentre. *El pirata escondió el tesoro.* **SIN.** Ocultar(se).
2. Contener en sí algo oculto. *Sus palabras esconden una profunda tristeza.* **SIN.** Incluir, contener.

escondite (es-con-di-te) sustantivo masculino
1. Escondrijo. *Se guardó en su escondite para que no lo viésemos.*
2. Juego infantil en el que unos se esconden y otros buscan a los escondidos. *Jugaron al escondite.*

escondrijo
(es-con-dri-jo) sustantivo masculino
Rincón o lugar oculto, propio para esconderse o guardar alguna cosa. *No conseguimos dar con su escondrijo.* **SIN.** Escondite.

escopeta (es-co-pe-ta) sustantivo femenino
Arma de fuego portátil con uno o dos cañones largos. *Tenía una escopeta de perdigones.*

escorpión
(es-cor-pión) sustantivo masculino
Animal de la familia de las arañas, pero con forma de cangrejo, con un pincho venenoso en su parte posterior. *Estuvo a punto de picarle un escorpión.*

escote (es-co-te) sustantivo masculino
1. Corte que tiene una prenda de vestir a la altura del cuello y parte del pecho que deja al descubierto. *Lucía un collar en el escote.*
2. a escote expresión Pagando cada uno la parte que le corresponde en un gasto común. *Decidieron pagar la cena a escote.*

escotilla (es-co-ti-lla) sustantivo femenino
Ventana en la cubierta de un barco. *Se asomó por la escotilla.*

escozor (es-co-zor) sustantivo masculino
Sensación dolorosa parecida a la de una quemadura. *Sentía un fuerte escozor en el brazo.*

escribir (es-cri-bir) verbo
1. Representar las palabras y las ideas con letras o con otros signos, para comunicar alguna cosa. *Mi hermano escribe muy bien y sin faltas.*
2. Componer libros, discursos, etc. *Se dedica a escribir novelas.*
✎ Su participio es *escrito*.

escrito (es-cri-to) sustantivo masculino
1. Carta o cualquier nota escrita a mano. *Envió un escrito al juez.* **SIN.** Documento, acta.
2. Obra literaria o científica. *Publicaron los escritos de Goethe.* **SIN.** Libro, texto.
3. por escrito expresión Mediante la escritura. *Pónmelo por escrito, que no me fío de ti.* **ANT.** De palabra.

escritor, escritora (es-cri-**tor**) sustantivo
Persona que escribe, especialmente si se dedica a la literatura. *Gloria Fuertes fue una conocida escritora.*

escritorio (es-cri-**to**-rio) sustantivo masculino
1. Mueble cerrado, con divisiones en su parte interior para guardar papeles. *Dejé la carta en el escritorio.*
2. Imagen de la pantalla principal de sistemas operativos como Windows, Linux y MacOS en la cual figuran los iconos de archivos, programas y accesos directos. Cada usuario puede personalizar su escritorio con diferentes fondos o imágenes. *Para cambiar la apariencia del escritorio de tu ordenador, es mejor que pongas la foto de la playa.*

escritura (es-cri-**tu**-ra) sustantivo femenino
1. Acción o arte de escribir. *Se ocupó de la escritura del libro.*
2. Documento escrito, especialmente el firmado por notario y testigos. *Nos entregaron la escritura de propiedad de la casa.*
3. Sagrada Escritura expresión La Biblia. *Leyeron la Sagrada Escritura.*

escrúpulo (es-**crú**-pu-lo) sustantivo masculino
Temor de obrar mal o intranquilidad de la conciencia. *No creo que esté de acuerdo con eso, tiene muchos escrúpulos.* **SIN.** Miramiento, reparo, duda, recelo.

escrutinio (es-cru-**ti**-nio) sustantivo masculino
Recuento y suma del número de votos, para saber el resultado de una votación. *Se procedió al escrutinio de las papeletas.*

escuadra (es-**cua**-dra) sustantivo femenino
1. Instrumento de dibujo, que tiene la forma de un triángulo rectángulo. *Para hacer esta figura se necesita escuadra y cartabón.*
2. Conjunto de barcos de guerra mandado por un almirante. *Enviaron la escuadra hacia las islas.*

escuadrilla (es-cua-**dri**-lla) sustantivo femenino
Grupo de aviones que vuelan juntos al mando de un jefe. *Varias escuadrillas sobrevolaban la ciudad.*

escuadrón (es-cua-**drón**) sustantivo masculino
Grupo de soldados de caballería al mando de un jefe. *Desfiló un escuadrón de caballería.*

escucha (es-**cu**-cha) sustantivo femenino
1. Acción de escuchar. *Cambiaron el equipo de música para mejorar la escucha.* **SIN.** Audición.
2. a la escucha expresión Dispuesto para escuchar. *Estoy a la escucha.*

escuchar (es-cu-**char**) verbo
1. Atender o acercar las orejas para oír. *Escuchó tras la puerta.*
2. Prestar atención a lo que se oye. *Escucha esta canción.* **SIN.** Atender.
3. Tomar en consideración un rumor, consejo, etc. *Escuché lo que mi madre me decía.* **SIN.** Hacer caso.

escudero (es-cu-**de**-ro) sustantivo masculino
Paje que acompañaba a un caballero para llevarle el escudo. *Sancho era el escudero de don Quijote.*

escudo (es-**cu**-do) sustantivo masculino
1. Arma defensiva para cubrirse, que se llevaba en el brazo izquierdo. *Se cubrió con el escudo.*
2. Emblema de una familia. *En la fachada había un escudo heráldico.* **SIN.** Armas.
3. Lo que sirve para defender o defenderse. *Su padre era su único escudo.* **SIN.** Defensa, protección.

escuela (es-**cue**-la) sustantivo femenino
1. Colegio público donde se da cualquier género de enseñanza, especialmente la primaria. *Acompañaba todos*

los días al niño a la escuela. **SIN.** Liceo, colegio.

2. Conjunto de personas que siguen una misma doctrina artística, literaria, filosófica, etc., las cuales son en general discípulos de un mismo maestro. *Era uno de los miembros más destacados de la escuela aristotélica.*

3. Conjunto de características comunes que, en literatura y arte, distinguen de las demás las obras de una época o región. *La escuela veneciana es una de las más importantes del Renacimiento italiano.*

escueto, escueta (es-**cue**-to) adjetivo
Se dice de lo que es sencillo, sin adornos. *Recibió una noticia muy escueta.* **SIN.** Estricto, conciso, desnudo. **ANT.** Ampuloso.

escuincle
(es-**cuin**-cle) Sustantivo masculino y femenino
Apelativo para dirigirse a un niño. *No sabía qué hacer para comprar la bicicleta del escuincle ese llamado Tito.*
✎ También *escuintle.*

esculpir (es-cul-**pir**) verbo
Trabajar manualmente una piedra o mármol para hacer de ella una estatua o una escultura. *Miguel Ángel esculpió la Piedad.* **SIN.** Tallar, labrar.

escultor, escultora (es-cul-**tor**) sustantivo
Persona dedicada al arte de la escultura. *Es una escultora muy famosa.*

escultura (es-cul-**tu**-ra) sustantivo femenino
1. Arte de hacer figuras modelando o tallando una materia adecuada. *Se dedica a la escultura.*
2. Obra que realiza el escultor. *Colocó una escultura en la vitrina.* **SIN.** Estatua, imagen, talla.

escupir (es-cu-**pir**) verbo
1. Arrojar saliva por la boca. *No está bien escupir en la calle.* **SIN.** Esputar, expectorar.

2. Arrojar con violencia o desprecio una cosa. *Escupió todos los insultos que se le ocurrieron.*

escupitajo
(es-cu-pi-**ta**-jo) sustantivo masculino
Saliva arrojada por la boca. *No pises, hay un escupitajo.* **SIN.** Salivazo, pollo, esputo.

escurreplatos
(es-cu-rre-**pla**-tos) sustantivo masculino
Mueble de cocina donde se ponen a escurrir los cacharros fregados. *No cabían tantos platos en el escurreplatos.* **SIN.** Escurridor.
✎ Es igual en plural y en singular.

escurridizo, escurridiza
(es-cu-rri-**di**-zo) adjetivo
1. Que se desliza fácilmente. *La víbora es un animal muy escurridizo.* **SIN.** Resbaladizo, resbaloso.
2. hacerse el escurridizo expresión Escabullirse una persona para no hacer algo que no desea o para no tener que saludar a alguien. *Se hizo el escurridizo para no saludarme.*

escurrir (es-cu-**rrir**) verbo
1. Hacer que una cosa mojada se desprenda del líquido que contiene. *Tienes que escurrir la toalla antes de tenderla.*
2. Resbalar, deslizar. *Se me escurrió un plato.* **SIN.** Patinar.
3. escurrirse Escapar, salir huyendo. *El autor del robo se escurrió entre la multitud.* **SIN.** Escabullirse.
4. escurrir el bulto expresión Evitar hacer algo que no apetece. *Escurrió el bulto para no tener que lavar los platos.*

escúter (es-**cú**-ter) sustantivo masculino
Motocicleta ligera y de poca cilindrada que suele tener una protección frontal para las piernas, un armazón que oculta la mecánica y un suelo plano para que el conductor apoye los

pies, lo que le permite ir sentado en vez de a horcajadas.

✎ También *scooter*. *El fabricante de motocicletas ha iniciado la comercialización en España del escúter de mayor cilindrada de la compañía.*

esdrújulo, esdrújula

(es-**drú**-ju-lo) adjetivo y sustantivo femenino

Se dice de la palabra que se acentúa en la antepenúltima sílaba. *La palabra escrúpulo es esdrújula.*

ese (e-se) sustantivo femenino

1. Nombre de la letra *s*. *Salomé se escribe con ese.*

2. haciendo eses expresión Forma de andar una persona hacia uno y otro lado por estar borracha. *Imité a un borracho caminando haciendo eses.*

ese, esa, eso

(e-se) adjetivo y pronombre demostrativo

Designa una persona o cosa que está cerca del oyente, o señala lo que este acaba de mencionar. *Quiero ese cuaderno de ahí.*

✎ Se recomienda no poner tilde a los demostrativos cuando su función es pronominal, pero no se considerará falta de ortografía si se opta por hacerlo, sobre todo en casos dudosos. (*Quiero ése de ahí. Dame ésa y no la otra*).

esencia (e-sen-cia) sustantivo femenino

1. Aquello por lo que un ser es lo que es, y no es otra cosa diferente. *La inteligencia pertenece a la esencia del ser humano.* **SIN.** Carácter, ser, naturaleza.

2. Perfume. *Le gusta mucho la esencia de rosas.*

esencial (e-sen-cial) adjetivo

1. Se dice de aquello que es tan importante que no se puede prescindir de ello. *El agua es esencial para la vida.* **SIN.** Indispensable, preciso.

2. Principal, sustancial. *Faltaba por firmar la parte esencial del acuerdo.* **SIN.**

Primordial. **ANT.** Accidental, secundario.

esfera (es-**fe**-ra) sustantivo femenino

1. Cuerpo de superficie curva cuyos puntos están todos a la misma distancia del centro. *La bola del mundo es una esfera.*

2. Ambiente social en el que se relaciona una persona. *Sentía que no encajaba en aquella esfera.* **SIN.** Clase.

3. Espacio al que se extiende la acción o influencia de una persona o cosa. *Me introdujo en su esfera de amistades.* **SIN.** Ámbito, círculo.

4. Círculo en que giran las manecillas del reloj. *La esfera de ese reloj es verde.*

5. esfera terráquea expresión Globo terráqueo o terrestre, Tierra. *Busqué el lugar en la esfera terráquea.*

esférico, esférica

(es-**fé**-ri-co) adjetivo

De la forma de una esfera. *La naranja es esférica.* **SIN.** Redondo.

esfinge (es-**fin**-ge) sustantivo femenino

Animal imaginario, con cabeza, cuello y pecho de mujer, y cuerpo y pies de león. *En el templo egipcio podían contemplarse esfinges.*

esforzarse (es-for-**zar**-se) verbo

Hacer esfuerzos para lograr algún fin. *Se esforzaba por llegar a la orilla.* **SIN.** Afanarse. **ANT.** Desistir.

✎ Verbo irregular, se conjuga como *contar*. Se escribe -*c*- en vez de -*z*- delante de -*e*, como en *esfuerce*.

esfuerzo (es-**fuer**-zo) sustantivo masculino

1. Empleo del valor o la fuerza para conseguir algo. *Levantó las pesas con gran esfuerzo.*

2. Fuerza de voluntad o inteligencia que se pone en lograr algo. *Seguir aquel régimen de adelgazamiento le supuso un gran esfuerzo.* **SIN.** Empeño, afán.

esfumarse (es-fu-**mar**-se) verbo
Desaparecer rápidamente una persona o cosa. *Se esfumó de la reunión sin que nadie se diera cuenta.* **SIN.** Desvanecerse.

esgrima (es-**gri**-ma) sustantivo femenino
Arte de manejar la espada, el florete, etc. *Practica la esgrima.*

esguince
(es-**guin**-ce) sustantivo masculino
Daño o torcedura en un tendón o articulación. *Sufrió un esguince de tobillo y fue al fisioterapeuta.*

eslabón (es-la-**bón**) sustantivo masculino
1. Cada una de las piezas de hierro u otro metal, con forma de anillo o de ese, que forman una cadena. *Se rompió un eslabón de la gargantilla.*
2. Dato imprescindible para entender cómo se enlazan dos sucesos. *Averiguar el móvil era el eslabón que le faltaba para descubrir al asesino.*

eslogan (es-**lo**-gan) sustantivo masculino
1. Frase breve y muy significativa, de carácter publicitario. *Me gusta el eslogan de su última campaña.* **SIN.** Lema, consigna.
2. Principio por el que una persona o un grupo de personas rigen su conducta. *El derecho a la libertad era su eslogan.*
✎ Su plural es *eslóganes.*

esmalte (es-**mal**-te) sustantivo masculino
1. Barniz coloreado con que se decoran las piezas de cerámica. *Dio una mano de esmalte al jarrón.*
2. Materia dura y blanca que recubre la superficie de los dientes. *La dentista le dijo que el esmalte de sus dientes estaba bien.*

esmeralda
(es-me-**ral**-da) sustantivo femenino
Piedra preciosa de color verde. *Tenía una sortija de esmeraldas.*

esmerarse (es-me-**rar**-se) verbo
Poner mucho cuidado en hacer algo. *Se esmeró en hacer bien su trabajo.* **SIN.** Afanarse, cuidar.

esmero (es-**me**-ro) sustantivo masculino
Máximo cuidado en hacer bien las cosas. *Dibujaba con esmero y pulcritud.* **SIN.** Atención, celo, escrupulosidad. **ANT.** Descuido.

esmoquin (es-mo-**quin**) sustantivo masculino
Chaqueta masculina que se usa con traje de etiqueta. *A la fiesta exigían ir con esmoquin.*
✎ Su plural es *esmóquines.*

esnob (es-**nob**)
adjetivo y sustantivo masculino y femenino
Persona que imita con exageración a otras a quienes considera distinguidas. *Se compra todo lo que viste la princesa de su país.*
✎ Su plural es *esnobs.*

esófago (e-**só**-fa-go) sustantivo masculino
Conducto del cuerpo humano que transporta los alimentos de la boca al estómago. *El esófago está recubierto de una membrana.*

espabilar (es-pa-bi-**lar**) verbo
1. Darse prisa para hacer algo. *Tuve que espabilarme para acabar el trabajo a tiempo.*
2. Avivar el ingenio. *Al principio era tímido, pero se espabiló rápido.*
3. Despertar. *Le espabilaron con un cubo de agua.*
✎ También *despabilar.*

espacial (es-pa-**cial**) adjetivo
Que se refiere al espacio. *Era uno de los astronautas que iba en aquel vuelo espacial.* **SIN.** Cósmico.

espaciar (es-pa-**ciar**) verbo
Separar las cosas dejando un espacio entre ellas. *Espacia las palabras de esta frase para que se lea mejor.* **SIN.** Alejar. **ANT.** Juntar.
✎ Se conjuga como *cambiar.*

espacio

(es-**pa**-cio) sustantivo masculino

1. Extensión que ocupa algo. *Este sillón ocupa demasiado espacio.*

2. En radio y televisión, programa. *Es la presentadora de un espacio de noticias en la radio.*

3. Transcurso del tiempo. *Le esperé por espacio de dos horas.*

4. Lugar en el que se encuentran los astros. *La nave espacial se perdió en el espacio.*

espacioso, espaciosa

(es-pa-**cio**-so) adjetivo

1. Extenso, amplio, ancho. *Es una habitación muy espaciosa.*

2. Lento, pausado. *El ritmo era demasiado espacioso.*

espada (es-**pa**-da) sustantivo femenino

1. Arma de hoja larga, recta, aguda y cortante. *Vimos la espada del Cid.*

2. sustantivo masculino Torero. *En la corrida participaron tres espadas.*

3. sustantivo femenino plural Uno de los cuatro palos de la baraja española. *El triunfo era espadas.*

4. entre la espada y la pared expresión En una situación difícil, en la que no se sabe cómo actuar. *Estoy entre la espada y la pared en el trabajo.*

espadachín

(es-pa-da-**chín**) sustantivo masculino

Persona que maneja bien la espada. *Es un buen espadachín.*

espagueti (es-pa-**gue**-ti) sustantivo masculino

Pasta alimenticia de harina de trigo en forma cilíndrica y alargada, y no hueca. *Comí espaguetis con tomate.*

✎ Su plural es *espaguetis.*

espalda (es-**pal**-da) sustantivo femenino

1. Parte posterior del cuerpo humano, desde los hombros hasta la cintura. *Le dolía la espalda.* **SIN.** Dorso, espinazo. **ANT.** Pecho.

2. Parte posterior o envés de una cosa. *Estaba situado a espaldas del edificio.* **SIN.** Dorso, reverso. **ANT.** Cara, anverso.

3. a espaldas de alguien expresión En su ausencia, a escondidas de él. *Lo organizaron a sus espaldas.*

espantajo (es-pan-**ta**-jo) sustantivo masculino

1. Lo que se pone en un sitio para espantar. *Pusieron un espantajo en la huerta para alejar a los pájaros.*

2. Cualquier cosa fea de aspecto. *No me gusta nada ese cuadro, es un espantajo.* **SIN.** Adefesio.

espantapájaros

(es-pan-ta-**pá**-ja-ros) sustantivo masculino

Muñeco que se pone en los sembrados y los árboles para ahuyentar a los pájaros. *El espantapájaros parecía un hombre de verdad.*

✎ Es igual en plural y en singular.

espantar (es-pan-**tar**) verbo

1. Causar un asombro o miedo grande. *El lobo espantó el rebaño.* **SIN.** Acobardar, asustar, aterrar. **ANT.** Tranquilizar.

2. Echar de un lugar a una persona o un animal. *Los pastores espantaron a los lobos.* **SIN.** Ahuyentar, alejar. **SIN.** Acoger, recibir.

3. espantarse Sentir espanto, asustarse. *Nos espantamos del ruido.*

espanto (es-pan-to) sustantivo masculino

Miedo muy intenso. *Al darse cuenta de que se había perdido en el monte, sintió un gran espanto.* **SIN.** Horror, pánico, terror.

espantoso, espantosa

(es-pan-**to**-so) adjetivo

Que causa temor o asombro. *Hubo una tormenta espantosa.* **SIN.** Terrible, increíble.

esparadrapo

(es-pa-ra-**dra**-po) sustantivo masculino

Cinta con una parte adhesiva que se usa para cubrir heridas. *Sujetó la gasa con un esparadrapo.*

esparcir (es-par-**cir**) verbo

1. Separar y extender lo que estaba junto. *El viento esparció las hojas.* **SIN.** Desparramar(se), diseminar(se).

2. Divulgar una noticia. *La noticia se esparció rápidamente por toda la ciudad.* **SIN.** Difundir(se), propagar(se). **ANT.** Ocultar(se), silenciar(se).

✎ Verbo con irregularidad ortográfica. Ver pág. 382.

espárrago

(es-**pá**-rra-go) sustantivo masculino

1. Planta de tallos rectos y blancos comestibles. *Planté espárragos.*

2. Madera o barra de hierro para ciertos usos. *La estantería se cayó porque se rompió un espárrago.*

esparto (es-par-to) sustantivo masculino

Planta cuyas hojas se utilizan para hacer cuerdas, esteras, pasta de papel, etc. *La suela de estas zapatillas es de esparto.*

espátula (es-**pá**-tu-la) sustantivo femenino

Paleta pequeña con bordes afilados y mango largo. *El pintor mezcló las pinturas con la espátula.*

especia (es-pe-cia) sustantivo femenino

Sustancia que se usa para dar buen sabor y aroma a las comidas. *La albahaca es una especia.*

especial (es-pe-**cial**) adjetivo

1. Diferente de lo común o general. *Le hace comida especial, porque está enfermo.* **ANT.** Normal.

2. Propio para algún fin. *Hay un tren especial para ir a esquiar.*

3. en especial expresión De modo particular. *Dedico esta canción, en especial, a mi novio.*

especialidad

(es-pe-cia-li-**dad**) sustantivo femenino

1. Rama de una ciencia o arte a que se dedica una persona. *Dentro de la medicina, hizo la especialidad de cardiología.*

2. Producto en cuya preparación sobresalen una persona, una fábrica, una región, etc. *Este guiso es mi especialidad.*

especialista

(es-pe-cia-**lis**-ta) adjetivo y sustantivo

1. Se dice de la persona que se dedica a una rama de un arte o ciencia y destaca en ella. *Es una especialista en pintura abstracta.*

2. Que hace algo con habilidad. *Es un especialista en trabajos manuales.* **SIN.** Experto.

3. sustantivo Médico que se ha especializado en las enfermedades de una parte del cuerpo. *Fue a un especialista de corazón.*

4. sustantivo En cine y televisión, persona que sustituye a un actor en el rodaje de una escena peligrosa. *Trabaja como especialista en Hollywood.*

especializar

(es-pe-cia-li-**zar**) verbo

1. Dedicarse a una rama determinada de una ciencia o de un arte. *Se especializó en pediatría.*

2. Limitar una cosa a un uso o fin determinado. *Hay perros policía especializados en buscar drogas.*

✎ Se conjuga como *abrazar.*

especie (es-pe-cie) sustantivo femenino

1. Cada uno de los grupos en los que se clasifican los animales y plantas, entre la familia y la variedad. *Son aves de la misma especie.*

2. Conjunto de personas o cosas con características comunes. *Los de tu especie sois unos caraduras.*

3. Género, tipo. *La chaqueta era de una especie de lanilla.*

4. en especie expresión Se dice de los pagos en productos y no en dinero. *Le pagué su trabajo en especie, con fruta de la huerta.*

esparcir

MODO INDICATIVO		MODO SUBJUNTIVO	
Tiempos simples	Tiempos compuestos	Tiempos simples	Tiempos compuestos
Presente	**Pret. perf. compuesto** / **Antepresente**	**Presente**	**Pret. perf. compuesto** / **Antepresente**
esparzo	he esparcido	esparza	haya esparcido
esparces / esparcís	has esparcido	esparzas	hayas esparcido
esparce	ha esparcido	esparza	haya esparcido
esparcimos	hemos esparcido	esparzamos	hayamos esparcido
esparcís / esparcen	habéis esparcido	esparzáis / esparzan	hayáis esparcido
esparcen	han esparcido	esparzan	hayan esparcido
Pret. imperfecto / **Copretérito**	**Pret. pluscuamperfecto** / **Antecopretérito**	**Pret. imperfecto** / **Pretérito**	**Pret. pluscuamperfecto** / **Antepretérito**
		esparciera o	hubiera o
esparcía	había esparcido	esparciese	hubiese esparcido
esparcías	habías esparcido	esparcieras o	hubieras o
esparcía	había esparcido	esparcieses	hubieses esparcido
esparcíamos	habíamos esparcido	esparciera o	hubiera o
esparcíais / esparcían	habíais esparcido	esparciese	hubiese esparcido
esparcían	habían esparcido	esparciéramos o	hubiéramos o
		esparciésemos	hubiésemos esparcido
		esparcierais o	hubierais o
Pret. perf. simple / **Pretérito**	**Pret. anterior** / **Antepretérito**	esparcieseis /	hubieseis esparcido
		esparcieran o	hubieran o
esparcí	hube esparcido	esparciesen	hubiesen esparcido
esparciste	hubiste esparcido	esparcieran o	
esparció	hubo esparcido	esparciesen	
esparcimos	hubimos esparcido	**Futuro simple** / **Futuro**	**Futuro compuesto** / **Antefuturo**
esparcisteis / esparcieron	hubisteis esparcido		
esparcieron	hubieron esparcido	esparciere	hubiere esparcido
		esparcieres	hubieres esparcido
Futuro simple / **Futuro**	**Futuro compuesto** / **Antefuturo**	esparciere	hubiere esparcido
		esparciéremos	hubiéremos esparcido
esparciré	habré esparcido	esparciereis / esparcieren	hubiereis esparcido
esparcirás	habrás esparcido	esparcieren	hubieren esparcido
esparcirá	habrá esparcido		
esparciremos	habremos esparcido	**MODO IMPERATIVO**	
esparciréis / esparcirán	habréis esparcido		
esparcirán	habrán esparcido	esparce (tú) / esparcí (vos) / esparza (usted) esparcid (vosotros) esparzan (ustedes)	
Condicional simple / **Pospretérito**	**Condicional compuesto** / **Antepospretérito**	**FORMAS NO PERSONALES**	
		Infinitivo esparcir	**Infinitivo compuesto** haber esparcido
esparciría	habría esparcido		
esparcirías	habrías esparcido	**Gerundio**	**Gerundio compuesto**
esparciría	habría esparcido	esparciendo	habiendo esparcido
esparciríamos	habríamos esparcido		
esparciríais / esparcirían	habríais esparcido	**Participio**	
esparcirían	habrían esparcido	esparcido	

especificar (es-pe-ci-fi-**car**) verbo
Explicar o concretar con detalle una cosa. *Le especifiqué cómo tenía que hacerlo.* **SIN.** Detallar.
✎ Se conjuga como *abarcar*.

espectáculo
(es-pec-**tá**-cu-lo) sustantivo masculino
1. Diversión ante un grupo de gente en un teatro, en un circo, etc. *El espectáculo teatral resultó un éxito.* **SIN.** Representación, exhibición, distracción.
2. Aquello que atrae la atención de la gente. *La pelea callejera era todo un espectáculo.*

espectador, espectadora
(es-pec-ta-**dor**) adjetivo y sustantivo
1. Que asiste a un espectáculo público. *Al terminar la función, los espectadores aplaudieron con entusiasmo.* **SIN.** Asistente, público.
2. Que mira con atención alguna cosa. *En el lugar del suceso se reunió un gran número de espectadores.* **SIN.** Curioso, mirón.

espectro (es-**pec**-tro) sustantivo masculino
1. Aparición, fantasma. *Tenía la sensación de ver espectros.*
2. espectro luminoso expresión Colores que se forman cuando ciertos cuerpos se interponen en un haz de luz blanca. *Hizo un cuadro con todos los colores del espectro luminoso.*

especular (es-pe-cu-**lar**) verbo
1. Comerciar para ganar dinero rápidamente, por ejemplo, subiendo abusivamente los precios, aprovechándose de la necesidad de los compradores. *Se enriqueció especulando durante la guerra.*
2. Meditar, reflexionar. *Especulaba con todo tipo de soluciones.*

espejismo (es-pe-**jis**-mo) sustantivo masculino
1. Ilusión óptica que nos hace ver las cosas en distinto sitio o de diferente modo a como son. *Los espejismos son frecuentes en el desierto.*
2. Ilusión de la imaginación. *Lo del aumento de sueldo fue un espejismo.*

espejo (es-**pe**-jo) sustantivo masculino
1. Lámina de vidrio, lisa y pulimentada, en la que se reflejan la luz y los objetos. *Mírate en el espejo para ver tu peinado.* **SIN.** Luna.
2. Modelo digno de ser imitado. *Aquel hombre tan bueno era un espejo para todos.* **SIN.** Ejemplo.

espeleología
(es-pe-le-o-lo-**gí**-a) sustantivo femenino
Ciencia que estudia cómo son y cómo se han formado las cuevas subterráneas. *Es experta en espeleología.*

espeluznante (es-pe-luz-**nan**-te) adjetivo
Espantoso, que causa horror. *Aquel accidente fue espeluznante.* **SIN.** Horripilante, horroroso, estremecedor. **ANT.** Fascinante.
✎ Es igual en masculino y femenino.

espera (es-**pe**-ra) sustantivo femenino
1. Acción de esperar y tiempo que se está esperando. *La espera duró una hora.* **SIN.** Demora.
2. Calma, capacidad para contener la impaciencia. *Este chico no tiene espera, tiene que ser dicho y hecho.* **SIN.** Paciencia.

esperanza (es-pe-**ran**-za) sustantivo femenino
1. Confianza en que se van a cumplir los propios deseos. *Tenía esperanza de aprobarlas todas.*
2. dar esperanzas a alguien expresión Darle a entender que puede lograr lo que pide o desea. *El médico le dio esperanzas de curación.*

esperar (es-pe-**rar**) verbo
1. Creer que ocurrirá algo que se desea. *Espero que la operación salga bien.* **SIN.** Confiar, ilusionarse. **ANT.** Desesperar.

2. Permanecer en un sitio hasta que ocurra algo o llegue alguien. *Esperó su turno en el dentista.* **SIN.** Aguardar, atender.

esperma (es-per-ma) sustantivo masculino

Líquido espeso de color blanquecino que contiene las células reproductoras masculinas producidas en los testículos. *Acudieron a un banco de esperma para la fecundación.*

espermatozoide

(es-per-ma-to-zoi-de) sustantivo masculino

Célula reproductora masculina. *Los espermatozoides se producen en los testículos.*

espesar (es-pe-sar) verbo

1. Hacer espeso o más espeso un líquido. *Espesó la salsa con un poco de harina.* **SIN.** Condensar.

2. Hacer más compacta una cosa. *Hay que esperar a que se espese la masa.* **SIN.** Apelmazar(se).

espeso, espesa (es-pe-so) adjetivo

Se dice de aquello que está muy condensado o apretado. *La leche tenía una nata espesa. El bosque era muy espeso.* **SIN.** Denso. **ANT.** Fluido.

espesor (es-pe-sor) sustantivo masculino

1. Grueso de un cuerpo sólido. *Tiene dos centímetros de espesor.* **SIN.** Anchura, grosor.

2. Densidad o condensación de un líquido o gas. *La salsa tenía tal espesor que no se caía del plato.*

espía (es-pí-a) sustantivo

Persona que, con disimulo y secreto, acecha y observa lo que ocurre en un lugar. *Expulsaron del país a varios espías.*

espiar (es-pi-ar) verbo

Observar con disimulo lo que se dice o hace. *Espiaba a su mujer.* **SIN.** Vigilar, acechar.

✎ Se conjuga como *desviar*.

espiga (es-pi-ga) sustantivo femenino

Conjunto de flores o frutos reunidos a lo largo de un tallo común. *Segaron las espigas de trigo.*

espina (es-pi-na) sustantivo femenino

1. Cada uno de los pinchos que nacen en algunas plantas. *Se pinchó con una espina del rosal.*

2. Hueso de pez. *Abre la trucha a la mitad y quítale la espina.*

3. dar mala espina expresión Hacer sospechar a alguien. *Me da mala espina que no me haya dicho nada aún.*

espinaca (es-pi-na-ca) sustantivo femenino

Planta de huerta comestible, con hojas estrechas y largas. *Comimos espinacas con besamel.*

espinilla (es-pi-ni-lla) sustantivo femenino

1. Parte delantera del hueso de la pierna. *Le di una patada en la espinilla.*

2. Grano con un líquido blanco dentro que aparece en la piel. *Usa una crema para las espinillas.*

espionaje (es-pio-na-je) sustantivo masculino

Acción de espiar, sobre todo los espías de un país en guerra a sus enemigos, para saber sus planes. *Le acusaron de espionaje.*

espiral (es-pi-ral) sustantivo femenino

Línea curva que va dando vueltas alrededor de un punto, alejándole de él cada vez más. *Dibuja una espiral de colores.*

espirar (es-pi-rar) verbo

1. Respirar, tomar aliento; especialmente expulsar el aire aspirado. *Espira y vuelve a inspirar.*

2. Exhalar buen o mal olor. *Espiraba un nauseabundo olor.*

✎ No se debe confundir con *expirar*, que significa «morir».

espíritu (es-pí-ri-tu) sustantivo masculino

Parte no material del ser humano o ser sin cuerpo, como los ángeles o Dios, capaz de pensar y de tener sentimientos. *Las cosas del espíritu no tienen nada que ver con las materiales.* **SIN.** Alma.

espiritual (es-pi-ri-**tual**) adjetivo
Que se refiere al espíritu. *Trataba de cuestiones espirituales.* **SIN.** Inmaterial. **ANT.** Corpóreo.

espléndido, espléndida adjetivo
(es-**plén**-di-do)
1. Muy rico, que impresiona por su lujo, belleza o lucimiento. *Era un edificio realmente espléndido.* **SIN.** Rumboso, suntuoso. **2.** Que da con generosidad. *Juan es muy espléndido.* **SIN.** Desinteresado. **ANT.** Tacaño. **3.** Que brilla o luce mucho. *Lucía un sol espléndido en el cielo.* **SIN.** Resplandeciente.

esplendor
(es-plen-**dor**) sustantivo masculino
1. Brillo, resplandor. *Admiraba el esplendor del agua reflejando el sol.* **2.** Nobleza, fama, gloria. *España gozó de gran esplendor durante el reinado de Felipe II.* **SIN.** Importancia, dignidad, apogeo.

espliego (es-**plie**-go) sustantivo masculino
Mata aromática de flores azules, y semilla de esta planta. *El prado olía a espliego.* **SIN.** Lavanda.

espolvorear (es-pol-vo-re-**ar**) verbo
Esparcir una cosa hecha polvo sobre otra. *Espolvorea un poco de talco sobre la herida.*

esponja (es-**pon**-ja) sustantivo femenino
1. Animal acuático. *Ese libro habla sobre las esponjas.* **2.** Masa porosa y elástica formada por el esqueleto de este animal, que se emplea para lavarse o limpiar. *Frótate el cuello con la esponja empapada en agua y jabón.*

espontáneo, espontánea
(es-pon-**tá**-ne-o) adjetivo
1. Que se hace sin pensar o de forma natural. *Grité de forma espontánea.* **ANT.** Forzado. **2.** sustantivo Persona que, en una corrida de toros o en otro espectáculo, salta al ruedo de la plaza, al área deportiva, al escenario, etc. *Detuvieron al espontáneo que se puso a torear.*

esporádico, esporádica
(es-po-**rá**-di-co) adjetivo
Que sucede por sí solo a veces o por casualidad. *Se estaban dando casos esporádicos.* **SIN.** Eventual, raro.

esposar (es-po-**sar**) verbo
Sujetar a alguien con esposas. *Los policías esposaron al delincuente.* **ANT.** Liberar, desatar.

esposo, esposa (es-po-**so**) sustantivo
Persona que se ha casado. *Los esposos han ido de viaje de bodas.* **SIN.** Marido, mujer, cónyuge.

esprín sustantivo masculino
Esfuerzo final que hacen los corredores en los últimos metros de carrera para lograr la mayor velocidad posible y adelantar a los demás competidores. *Fue muy emocionante el esprín final de la carrera.*

espuela (es-**pue**-la) sustantivo femenino
Instrumento metálico terminado en punta que se ajusta al talón de la bota para picar a las cabalgaduras. *Picó al caballo con las espuelas para hacer que galopara.*

espuma (es-**pu**-ma) sustantivo femenino
1. Conjunto de burbujas que se forman en la superficie de los líquidos. *El río estaba cubierto de espuma debido a la contaminación.* **2.** Parte del jugo y de las impurezas que algunas sustancias arrojan de sí al cocer en el agua. *Los bígaros no esta-*

ban muy limpios, soltaban mucha espuma al cocer.
3. Tejido muy ligero y esponjoso. *El cojín estaba relleno de espuma.*
4. Producto para el arreglo personal. *Necesito espuma de afeitar.*

espumadera
(es-pu-ma-**de**-ra) sustantivo femenino
Paleta circular con agujeros, que se utiliza para retirar la espuma de un caldo o licor, o para sacar los fritos de la sartén. *Escurre bien los huevos fritos con la espumadera antes de sacarlos de la sartén.*

esqueje (es-**que**-je) sustantivo masculino
Tallo de una planta que se introduce en tierra para que se produzca otra planta. *Me dio un esqueje del rosal.* **SIN.** Injerto.

esquela (es-**que**-la) sustantivo femenino
Aviso de la muerte de una persona que se publica en la prensa o se coloca en lugares donde la gente pueda leerlo y enterarse. *Leyó la esquela en el periódico.*

esqueleto (es-que-**le**-to) sustantivo masculino
1. Huesos unidos del cuerpo de un ave, mamífero, pez, anfibio o reptil. *Estudiaban los huesos del esqueleto.*
2. Estructura sobre la cual se arma algo. *Ya tenían montado el esqueleto del escenario.*

esquema (es-**que**-ma) sustantivo masculino
Representación o explicación de una cosa fijándose solo en lo más importante. *Nos mandó hacer un esquema de la lección.* **SIN.** Sinopsis, resumen, compendio.

esquemático, esquemática
(es-que-**má**-ti-co) adjetivo
Abreviado, sintético, resumido. *Dio una explicación muy esquemática del asunto.* **SIN.** Simplificado. **ANT.** Detallado.

esquí (es-**quí**) sustantivo masculino
1. Especie de patín muy largo que se usa para deslizarse sobre la nieve, y deporte que se practica con él. *Se le rompió un esquí. Era una gran aficionada al esquí.*
2. esquí acuático expresión Deporte que consiste en deslizarse sobre la superficie del mar o un lago sobre unos patines, arrastrado por una lancha motora. *Usamos tu lancha para hacer esquí acuático.*
✎ Su plural es *esquís.*

esquiar (es-qui-**ar**) verbo
Deslizarse sobre la nieve con unos esquís. *Iré el sábado a esquiar.*
✎ Se conjuga como *desviar.*

esquila (es-**qui**-la) sustantivo femenino
Campana que se cuelga al cuello de los animales con una correa. *Le puso una esquila a la vaca.*

esquilar (es-qui-**lar**) verbo
Cortar el pelo o la lana de un animal. *Esquilaron las ovejas.*

esquina (es-**qui**-na) sustantivo femenino
Ángulo saliente, especialmente el que forman dos paredes de un edificio. *Estoy en la esquina de la calle.* **SIN.** Ángulo, recodo.

esquivar (es-qui-**var**) verbo
Evitar algo o a alguien. *Consiguió esquivar el golpe.* **SIN.** Eludir, soslayar, sortear. **ANT.** Afrontar.

estabilidad
(es-ta-bi-li-**dad**) sustantivo femenino
1. Permanencia, duración, firmeza. *Se mantiene la estabilidad de precios.*
2. Equilibrio. *Tenía mucha estabilidad para hacer los ejercicios en las paralelas.* **SIN.** Seguridad.

estabilizar (es-ta-bi-li-**zar**) verbo
Obtener equilibrio o estabilidad, dar estabilidad a una cosa. *Parecía que la enfermedad se había estabilizado.* **SIN.** Equilibrar(se).
✎ Se conjuga como *abrazar.*

estable (es-ta-ble) adjetivo
Que es permanente o seguro. *Tiene un empleo estable.* **SIN.** Firme, duradero. **ANT.** Inestable.

establecer (es-ta-ble-cer) verbo
1. Fundar, instituir. *Estableció una cadena hotelera en distintas naciones.* **SIN.** Instaurar, implantar.
2. **establecerse** Ponerse a vivir o a trabajar en un determinado lugar. *Hacía tres años que se habían establecido en Madrid.* **SIN.** Instalarse, afincarse.
✎ Verbo irregular, se conjuga como *parecer.*

establecimiento
(es-ta-ble-ci-mien-to) sustantivo masculino
1. Acción de establecer. *El establecimiento de la democracia trajo la libertad a la nación.*
2. Lugar donde se ejerce una industria o profesión. *Trabaja en un establecimiento de ultramarinos.* **SIN.** Comercio, tienda, oficina.

establo (es-ta-blo) sustantivo masculino
Lugar cubierto donde se encierra al ganado. *Encerró las vacas en el establo.* **SIN.** Cuadra.

estaca (es-ta-ca) sustantivo femenino
Palo acabado en punta que puede clavarse en la tierra. *Está clavando estacas para hacer una cerca.*

estación (es-ta-ción) sustantivo femenino
1. Cada una de las cuatro partes de año: primavera, verano, otoño e invierno. *La estación de la primavera es muy bonita.* **SIN.** Época.
2. Sitio donde paran los trenes y los autobuses. *Llegamos tarde a la estación porque había mucho tráfico.* **SIN.** Parada, apeadero.
3. Centro de control desde donde se siguen los vuelos espaciales. *El cohete espacial conectó con la estación de seguimiento.*

4. **estación de servicio** expresión Instalación en la que se vende gasolina o gasóleo y en la que a veces se pueden reparar los automóviles. *Paró en la estación de servicio de la autopista.*

estacionamiento
(es-ta-cio-na-mien-to) sustantivo masculino
Lugar donde los vehículos pueden permanecer detenidos. *Encontré un estacionamiento donde aparcar.* **SIN.** Aparcamiento.

estacionar (es-ta-cio-nar) verbo
1. Poner una cosa en un lugar. *Estacionó el automóvil al lado de la puerta del garaje.* **SIN.** Aparcar, colocar, situar, asentar.
2. **estacionarse** Pararse en algún sitio o quedarse en el mismo estado. *Se estacionó en aquel punto y no avanzó más.* **SIN.** Detenerse, estancarse.

estadio (es-ta-dio) sustantivo masculino
Lugar grande donde se celebran competiciones deportivas con público. *El partido de fútbol se celebró en el nuevo estadio.*

estadística
(es-ta-dís-ti-ca) sustantivo femenino
1. Ciencia que estudia los fenómenos sociales, científicos, económicos, etc., para poder controlarlos y predecirlos en el futuro. *Uno de los procedimientos que utiliza la estadística son las encuestas.*
2. Conjunto de datos obtenidos por este procedimiento. *Según las estadísticas, ese partido ganará.*

estado (es-ta-do) sustantivo masculino
1. Situación en que están una persona, animal o cosa. *La negociación se halla en un estado crítico.* **SIN.** Fase, punto, disposición.
2. Territorio que tiene un mismo gobierno. *La ley afectaba a todo el Estado español.* **SIN.** Nación.
✎ Se escribe con mayúscula.

3. estado civil expresión Situación social de las personas: soltero, casado, viudo, etc. *Mi estado civil es soltera.*

estafa (es-ta-fa) sustantivo femenino
Engaño para robar a alguien. *La compra de este reloj ha sido una estafa, no funciona.* **SIN.** Fraude.

estafar (es-ta-far) verbo
Sacar dinero o cosas de valor a alguien sirviéndose de engaños y con idea de no devolverlo. *Le estafó más de dos millones de euros.* **SIN.** Timar, birlar, defraudar.

estalactita
(es-ta-lac-ti-ta) sustantivo femenino
Columna de piedra que cuelga del techo de una cueva, del que gotea agua con mucha cal. *En aquella cueva había estalactitas.*

estalagmita
(es-ta-lag-mi-ta) sustantivo femenino
Columna de piedra que se eleva desde el suelo de una cueva, en la que se da el goteo de agua con mucha cal. *Esas estalagmitas son una maravilla.*

estallar (es-ta-llar) verbo
1. Abrirse y romperse una cosa haciendo mucho ruido. *La tubería estalló por la fuerza del agua.* **SIN.** Reventar, explotar.
2. Ocurrir bruscamente alguna cosa. *Estalló una guerra civil en el país.* **SIN.** Sobrevenir, prorrumpir.
3. Manifestar alguien repentina y violentamente un estado de ánimo. *Estalló ante tanta injusticia.* **SIN.** Protestar, cansarse.

estallido (es-ta-lli-do) sustantivo masculino
Acción de estallar. *El estallido alarmó a los vecinos.* **SIN.** Explosión, estampido, detonación.

estambre (es-tam-bre) sustantivo masculino
Parte reproductora masculina de una flor. *En el estambre se produce el polen.*

estampa (es-tam-pa) sustantivo femenino
Imagen impresa o dibujada en un papel. *Hago colección de estampas.*

estampado, estampada
(es-tam-pa-do) adjetivo y sustantivo masculino
Se dice de las telas adornadas con diferentes dibujos. *La tela del vestido es estampada.*

estancar (es-tan-car) verbo
Detener el curso de una cosa. *Se estancó en los estudios.*
✎ Se conjuga como *abarcar.*

estancia (es-tan-cia) sustantivo femenino
1. Habitación, cuarto. *Tenía una estancia muy espaciosa y soleada.*
2. Tiempo que se vive en un lugar. *Recuerda con cariño su estancia allí.*

estanco (es-tan-co) sustantivo masculino
Tienda donde se venden tabaco y sellos. *Ve a comprar sellos al estanco.*

estándar
(es-tán-dar) adjetivo y sustantivo masculino
Tipo, modelo. *Estaban hablando de la estatura estándar.*
✎ Su plural es *estándares.*

estanque (es-tan-que) sustantivo masculino
Piscina o lago artificial con agua. *En el jardín había un estanque con peces.* **SIN.** Alberca, embalse.

estante (es-tan-te) sustantivo masculino
Cada una de las tablas que se colocan en sentido horizontal en paredes, armarios, etc., para poner libros y otras cosas. *Coloca estos libros en ese estante.* **SIN.** Anaquel, repisa.

estantería
(es-tan-te-rí-a) sustantivo femenino
Armario compuesto de varios estantes, sin puertas, que sirve para colocar libros y otras cosas. *Tenía todas las estanterías llenas de libros.* **SIN.** Librería.

estaño (es-ta-ño) sustantivo masculino
Metal de color plateado. *El símbolo del estaño es Sn.*

estar (es-**tar**) verbo
1. Existir, hallarse un ser o cosa en un lugar, situación o modo. *Están todos bien.* **SIN.** Vivir, permanecer, encontrarse.
2. Seguido de algunos adjetivos, sentir o tener lo que ellos significan. *«Está muy triste» significa «siente una gran tristeza».*
3. Sentar bien o mal una prenda de vestir. *Este abrigo te está bien.*
4. estar a expresión Indica precio o fecha. *Están a 25 el kilo. Estamos a 13 de febrero.*
✎ Verbo irregular. Ver pág. 390.

estatal (es-ta-**tal**) adjetivo
Que pertenece o se refiere al Estado. *Era una empresa estatal.* **SIN.** Gubernamental.

estático, estática (es-**tá**-ti-co) adjetivo
1. Que permanece en un mismo estado, sin cambios. *Estaba estático, sin moverse ni cambiar.* **SIN.** Inmóvil, fijo. **ANT.** Dinámico.
2. Que se queda parado de asombro o de emoción. *Se quedó estático al oírlo.* **SIN.** Pasmado.
✎ No confundir con *extático*.

estatua (es-ta-**tua**) sustantivo femenino
1. Figura en relieve que representa a una persona, animal o cosa. *El David es una estatua de Miguel Ángel.* **SIN.** Efigie, escultura, imagen, talla.
2. estatua ecuestre expresión La que representa una persona a caballo. *Vi la estatua ecuestre del héroe.*

estatura (es-ta-**tu**-ra) sustantivo femenino
Altura de una persona. *Tiene una estatura de dos metros.* **SIN.** Talla.

estatuto (es-ta-**tu**-to) sustantivo masculino
Reglamento por el que se gobierna una asociación o corporación. *Estaba estudiando el estatuto de los trabajadores.*

este, esta, esto (es-te) adjetivo y pronombre demostrativo
Designa una persona o cosa que está cerca del hablante, o algo que se acaba de mencionar. *Este árbol. Esta maceta.*
✎ Cuando son pronombres, se aconseja prescindir de la tilde, incluso en los casos de ambigüedad, aunque no será falta de ortografía si se decide tildarlos: *este, esta.* (*Éste te lo dará. Me gusta más ésta que la otra*).

este (es-te) sustantivo masculino
1. Lugar de la Tierra situado hacia donde sale el sol. *Hungría está situada al este de Europa.*
2. nombre propio Uno de los cuatro puntos cardinales. *El sol sale por el Este.* **SIN.** Oriente. **ANT.** Oeste.
✎ Se escribe con mayúscula.

estela (es-te-la) sustantivo femenino
Rastro que deja tras sí en la superficie del agua o en el aire un cuerpo en movimiento. *El avión iba dejando una estela.*

estepa (es-te-pa) sustantivo femenino
Gran llanura, normalmente sin árboles, donde las temperaturas varían mucho entre el día y la noche, y el invierno y el verano. *El ejército de Napoleón fue derrotado en la estepa rusa.*

estéreo (es-té-re-o) adjetivo
Se dice del sonido grabado a la vez desde dos o más puntos situados a cierta distancia, para que luego se pueda escuchar por separado, por dos altavoces. *Este cine tiene sonido estéreo.*

estéril (es-té-ril) adjetivo
1. Que no da fruto o no produce nada. *Estos terrenos son muy estériles.* **SIN.** Infructuoso, improductivo. **ANT.** Fecundo, fértil.
2. Se dice de la persona que no puede tener hijos. *Como era estéril, decidieron*

estar

MODO INDICATIVO		MODO SUBJUNTIVO	
Tiempos simples	Tiempos compuestos	Tiempos simples	Tiempos compuestos
Presente	**Pret. perf. compuesto / Antepresente**	**Presente**	**Pret. perf. compuesto / Antepresente**
estoy	he estado	esté	haya estado
estás	has estado	estés	hayas estado
está	ha estado	esté	haya estado
estamos	hemos estado	estemos	hayamos estado
estáis / están	habéis estado	estéis / estén	hayáis estado
están	han estado	estén	hayan estado
Pret. imperfecto / Copretérito	**Pret. pluscuamperfecto / Antecopretérito**	**Pret. imperfecto / Pretérito**	**Pret. pluscuamperfecto / Antepretérito**
		estuviera o estuviese	hubiera o hubiese estado
estaba	había estado	estuvieras o estuvieses	hubieras o hubieses estado
estabas	habías estado	estuviera o estuviese	hubiera o hubiese estado
estaba	había estado	estuviéramos o estuviésemos	hubiéramos o hubiésemos estado
estábamos	habíamos estado	estuvierais o estuvieseis / estuvieran o estuviesen	hubierais o hubieseis estado
estabais / estaban	habíais estado	estuvieran o estuviesen	hubieran o hubiesen estado
estaban	habían estado		
Pret. perf. simple / Pretérito	**Pret. anterior / Antepretérito**	**Futuro simple / Futuro**	**Futuro compuesto / Antefuturo**
estuve	hube estado	estuviere	hubiere estado
estuviste	hubiste estado	estuvieres	hubieres estado
estuvo	hubo estado	estuviere	hubiere estado
estuvimos	hubimos estado	estuviéremos	hubiéremos estado
estuvisteis / estuvieron	hubisteis estado	estuviereis / estuvieren	hubiereis estado
estuvieron	hubieron estado	estuvieren	hubieren estado
Futuro simple / Futuro	**Futuro compuesto / Antefuturo**	**MODO IMPERATIVO**	
estaré	habré estado		
estarás	habrás estado	está (tú / vos) / esté (usted)	
estará	habrá estado	estad (vosotros)	
estaremos	habremos estado	estén (ustedes)	
estaréis / estarán	habréis estado		
estarán	habrán estado		
Condicional simple / Pospretérito	**Condicional compuesto / Antepospretérito**	**FORMAS NO PERSONALES**	
		Infinitivo estar	**Infinitivo compuesto** haber estado
estaría	habría estado		
estarías	habrías estado		
estaría	habría estado	**Gerundio** estando	**Gerundio compuesto** habiendo estado
estaríamos	habríamos estado		
estaríais / estarían	habríais estado	**Participio** estado	
estarían	habrían estado		

adoptar un bebé. **SIN.** Infecundo, impotente.

esterilizar (es-te-ri-li-**zar**) verbo
Matar los microbios. *Tienes que esterilizar el biberón.* **SIN.** Desinfectar, pasteurizar.

✎ Se conjuga como *abrazar*.

estético, estética
(es-**té**-ti-co) adjetivo
1. Que se refiere a la belleza. *No comparto tus gustos estéticos.* **SIN.** Artístico, bello. **ANT.** Feo.
2. sustantivo femenino Ciencia que trata de la belleza y del arte. *La armonía es un principio de la estética.*

estetoscopio
(es-te-tos-**co**-pio) sustantivo masculino
Instrumento médico que sirve para escuchar los latidos del corazón. *El médico le examinó con el estetoscopio.* **SIN.** Fonendoscopio.

estiércol (es-**tiér**-col) sustantivo masculino
Excrementos de animales que sirven para abonar los campos. *Echaron estiércol en la huerta.* **SIN.** Abono.

estilo (es-**ti**-lo) sustantivo masculino
1. Manera de hablar, escribir o comportarse una persona. *Esa actriz tiene un estilo propio.* **SIN.** Personalidad.
2. Costumbre, moda. *Ese estilo de corte de pelo ya no se lleva.*
3. Manera de escribir propia de un escritor. *El estilo de ese escritor es muy personal.*
4. Características propias de las obras de un artista. *El estilo de El Greco es inconfundible.*
5. por el estilo expresión De igual manera, en forma parecida. *Hizo de postre un flan o algo por el estilo.*

estilográfica
(es-ti-lo-**grá**-fi-ca) sustantivo femenino
Pluma con un depósito de tinta. *Me gusta escribir con estilográfica.*

estima (es-**ti**-ma) sustantivo femenino
Aprecio o simpatía hacia una persona o cosa. *Nos teníamos estima.*

estimar (es-**ti**-mar) verbo
1. Tener aprecio a una persona o cosa. *Estimaba mucho a su amigo.* **SIN.** Apreciar. **ANT.** Despreciar.
2. Poner precio o dar valor a una cosa. *El anticuario estimó que el jarrón tenía un valor incalculable.* **SIN.** Evaluar, tasar, valorar.
3. Formarse una opinión acerca de algo. *El médico estima que necesito operarme.* **SIN.** Juzgar, pensar.

estimular (es-ti-mu-**lar**) verbo
Animar a hacer algo. *Me estimulaba saber que podía conseguirlo.* **SIN.** Espolear. **ANT.** Contener.

estímulo
(es-**tí**-mu-lo) sustantivo masculino
Aliciente que se ofrece a una persona para que haga algo. *La fama era su mejor estímulo.* **SIN.** Incentivo, acicate, provocación.

estío (es-**tí**-o) sustantivo masculino
Estación del verano. *Hubo una gran sequía todo el estío.*

estirar (es-ti-**rar**) verbo
1. Alargar una cosa, extendiéndola con fuerza para que dé de sí. *Estiró la goma hasta romperla.* **SIN.** Extender(se). **ANT.** Encoger(se).
2. Prolongar un escrito, conversación, etc., más de lo que se puede o debe. *Estiró el tema todo lo que pudo.* **SIN.** Extender(se).
3. estirarse Desperezarse. *Comenzó a estirarse sin ningún reparo.*

estirón (es-ti-**rón**) sustantivo masculino
1. Acción de estirar una cosa. *No les des esos estirones a las mangas de la chaqueta.* **SIN.** Tirón.
2. Crecimiento rápido en altura. *La niña ha dado un gran estirón.*

estofado - estrechez

estofado (es-to-**fa**-do) sustantivo masculino
Comida guisada con aceite, ajo, cebolla y otras especias. *Comimos estofado de cordero.*

estómago (es-**tó**-ma-go) sustantivo masculino
Órgano interno del cuerpo humano y de los animales con forma de saco, situado en el abdomen, en el que se transforman los alimentos para que puedan ser digeridos. *Si comes demasiado, luego te dolerá el estómago.*

estopa (es-**to**-pa) sustantivo femenino
Trozo de cáñamo o lino. *El fontanero puso estopa en el grifo.*

estor (es-**tor**) sustantivo masculino
Tipo de cortina que cubre el hueco de una puerta, balcón o ventana. *Me gustan más los estores que las cortinas.*

estorbar (es-tor-**bar**) verbo
1. Poner obstáculos a la realización de una cosa. *El coche le estorbaba para salir del garaje.* **SIN.** Entorpecer. **ANT.** Facilitar, ayudar.
2. Molestar, incomodar. *Parece que os estorbo, así que me voy.*

estorbo (es-**tor**-bo) sustantivo masculino
Persona o cosa que estorba. *La niebla era un estorbo para escalar.* **SIN.** Impedimento. **ANT.** Ayuda.

estornudar (es-tor-nu-**dar**) verbo
Echar con ruido y brusquedad el aire que se tiene en los pulmones por la nariz y la boca. *Estornudó repetidas veces.*

estornudo (es-tor-**nu**-do) sustantivo masculino
Acto involuntario de expulsar el aire de los pulmones por la nariz, causado por tener irritados los conductos nasales. *Los estornudos eran debidos a la alergia.*

estrafalario, estrafalaria
(es-tra-fa-**la**-rio) adjetivo y sustantivo
Se dice de la persona que tiene una forma extraña de vestir, pensar o actuar. *¡Qué persona tan estrafalaria!* **SIN.** Estrambótico, raro.

estrangular (es-tran-gu-**lar**) verbo
1. Ahogar a una persona o animal oprimiéndole el cuello hasta impedirle la respiración. *Le estrangularon con una cuerda.*
2. Impedir por la fuerza la realización de un proyecto, de un intento, etc. *Estrangularon el intento de protesta.* **SIN.** Sofocar.

estratagema
(es-tra-ta-**ge**-ma) sustantivo femenino
Engaño, trampa. *Utilizó una estratagema para conseguirlo.*

estrategia (es-tra-**te**-gia) sustantivo femenino
1. Táctica para dirigir operaciones militares. *El general explicó la estrategia a seguir.* **SIN.** Maniobra.
2. Habilidad para dirigir un asunto. *Su estrategia tuvo éxito.*

estraza (es-**tra**-za) sustantivo femenino
Papel muy áspero. *Utiliza papel de estraza para envolver el paquete.*

estrechar (es-tre-**char**) verbo
1. Reducir la anchura o el tamaño de una cosa. *Tendrás que estrechar un poco el vestido.* **SIN.** Comprimir. **ANT.** Ensanchar(se).
2. Apretar. *Le estrechó la mano.*
3. estrecharse Encogerse, apretarse. *Se estrecharon para que cupiera más gente en el autobús.*
4. estrecharse Unirse una persona a otra con mayor intimidad. *Su amistad se estrechó.*

estrechez
(es-tre-**chez**) sustantivo femenino
1. Escasez de anchura, de tiempo o de espacio. *La estrechez de aquel puente era excesiva.*
2. Falta de lo necesario para vivir. *Aquellas familias vivían con gran estrechez.* **SIN.** Pobreza.

3. Dificultad, apuro, aprieto. *Pasó estrecheces para llegar tan alto.*
✎ Su plural es *estrecheces.*
estrecho, estrecha (es-tre-cho) adjetivo
1. Que tiene poca anchura. *Esta carretera es muy estrecha, solo cabe un coche.* **SIN.** Angosto. **ANT.** Ancho.
2. Ajustado, apretado. *Los zapatos me hacen daño, porque son muy estrechos.* **ANT.** Holgado.
3. Miserable, tacaño. *No seas estrecho y dame más propina.*
4. Se dice de las relaciones íntimas de familia o amistad. *Mantienen una estrecha amistad.*
5. sustantivo masculino Paso entre dos tierras por el que se unen dos mares. *En el estrecho de Gibraltar se juntan el océano Atlántico y el mar Mediterráneo.* **SIN.** Canal.
estrella (es-tre-lla) sustantivo femenino
1. Astro que despide luz y calor. *Anoche se veían bien las estrellas.*
2. Artista que sobresale en su profesión. *Es una estrella de cine.*
3. Suerte. *Tiene buena estrella.*
4. Signo con forma de estrella que sirve para indicar la categoría de los hoteles. *Se alojaron en un hotel de tres estrellas.*
5. estrella de mar expresión Animal con forma de estrella de cinco puntas, cubierto por una concha. *Encontré una estrella de mar en la playa.*
6. ver las estrellas expresión Sentir mucho dolor. *El puñetazo le hizo ver las estrellas.*
estrellar (es-tre-llar) verbo
1. Cubrir de estrellas. *El cielo estaba estrellado.*
2. Romper una cosa arrojándola con fuerza contra el suelo, una pared, etc. *Estrelló el jarrón contra el suelo.*
3. estrellarse No conseguir algo por encontrarse con un obstáculo imposi-

ble de superar. *Intentó conseguirlo, pero se estrelló contra su oposición.*
estremecer (es-tre-me-cer) verbo
1. Hacer temblar. *El viento estremeció las hojas de los árboles.* **SIN.** Sacudir, agitar, menear.
2. Producir sobresalto o miedo una causa extraordinaria o imprevista. *El extraño ruido me hizo estremecer.* **SIN.** Turbar, alterar.
3. estremecerse Temblar con movimiento agitado y repentino. *Se estremeció de frío.*
✎ Verbo irregular, se conjuga como *parecer.*
estrenar (es-tre-nar) verbo
1. Usar por primera vez una cosa. *Acaba de estrenar la bicicleta.*
2. Presentar al público por primera vez una película, una canción, una obra de teatro, etc. *Estrenará la película el viernes.* **SIN.** Debutar, inaugurar. **ANT.** Clausurar, finalizar.
3. estrenarse Empezar alguien a trabajar en un puesto o hacer algo por primera vez. *Ayer se estrenó en su nuevo trabajo.*
estreno (es-tre-no) sustantivo masculino
Primera vez que algo se usa o se hace. *El director y los protagonistas asistieron al estreno de la película.* **SIN.** Debut, inauguración.
estreñimiento (es-tre-ñi-mien-to) sustantivo masculino
Dificultad para hacer caca. *Le pusieron una dieta para combatir el estreñimiento.* **ANT.** Diarrea.
estrépito (es-tré-pi-to) sustantivo masculino
Ruido fuerte. *El derrumbamiento produjo gran estrépito.*
estrés (es-trés) sustantivo masculino
Situación de excesivo nerviosismo o tensión que vive una persona. *Aquel ritmo de vida tan agitado le producía estrés.*
✎ Su plural es *estreses.*

estría - estudiar

estría (es-trí-a) sustantivo femenino
Cualquier raya o canal hueco de una superficie. *Le salieron estrías en la piel.* **SIN.** Surco.

estribillo (es-tri-**bi**-llo) sustantivo masculino
Verso o conjunto de versos de una poesía o canción que se repite después de cada estrofa. *El estribillo lo cantaban todos a la vez.*

estribo (es-tri-bo) sustantivo masculino
1. Pieza de metal, madera o cuero en que el jinete apoya el pie cuando va montado. *Se apoyó en el estribo para subir al caballo.*
2. perder los estribos expresión Perder el control de sí mismo. *Cuando le insultaron, perdió los estribos.*

estribor (es-tri-**bor**) sustantivo masculino
Costado derecho de un barco mirando de popa a proa. *Había unos delfines a estribor.*

estricto, estricta (es-**tric**-to) adjetivo
Riguroso y preciso. *Llevaron a cabo una estricta vigilancia.* **SIN.** Exacto, severo. **ANT.** Comprensivo.

estridente (es-tri-**den**-te) adjetivo
Se dice del sonido agudo, desagradable y chirriante. *Sonó un pitido estridente.* **ANT.** Armonioso, melodioso.

estrofa (es-tro-fa) sustantivo femenino
Estructura formada por un número determinado de versos, enlazados y rimados de una forma concreta, que se repite a lo largo de un poema. *Este poema tiene seis estrofas.*

estropajo (es-tro-**pa**-jo) sustantivo masculino
1. Trozo de esparto u otro material áspero que sirve para fregar. *Frota la cazuela con el estropajo.*
2. Persona o cosa inútil o despreciable. *Trata a su novio como un estropajo.*

estropear (es-tro-pe-**ar**) verbo
1. Tratar mal una cosa o dañarla. *El frío ha estropeado las plantas.* **SIN.** Inutilizar, deteriorar(se). **ANT.** Arreglar(se), reparar.
2. Hacer que no llegue a su fin un proyecto. *La lluvia estropeó nuestro plan de ir a la playa.* **SIN.** Malbaratar, malograr. **ANT.** Prosperar.

estructura (es-truc-**tu**-ra) sustantivo femenino
Orden y distribución de las partes de un todo. *Le explicó la estructura de la empresa.* **SIN.** Organización, armazón.

estruendo (es-**truen**-do) sustantivo masculino
1. Ruido grande. *Se oyó un gran estruendo.* **SIN.** Estrépito, fragor, estampido. **ANT.** Silencio.
2. Alboroto. *La gente armaba un gran estruendo en la calle.* **SIN.** Bulla, algarabía, bullicio.

estrujar (es-tru-**jar**) verbo
1. Apretar una cosa para sacarle el jugo. *Estruja bien el limón.* **SIN.** Prensar, exprimir.
2. Abrazar con fuerza a una persona. *Lo estrujó entre sus brazos.*
3. Sacar a una persona o a una cosa el mayor partido posible. *Estrujó la huerta hasta que ya no pudo dar ni un triste tomate.* **SIN.** Agotar, exprimir, esquilmar.

estuche (es-**tu**-che) sustantivo masculino
1. Caja para guardar objetos. *La sortija venía en un bonito estuche.*
2. Conjunto de utensilios que se guardan en el estuche. *Tenía un estuche de pintura muy completo.*

estudiante (es-tu-**dian**-te) sustantivo
Persona que está haciendo un curso en un colegio o universidad. *Los estudiantes de Química están ahora en el laboratorio.* **SIN.** Alumno, escolar.

estudiar (es-tu-**diar**) verbo
1. Esforzarse por conocer una cosa a fondo. *Estudió las posibilidades que tenía.* **SIN.** Examinar.

2. Seguir un curso en un centro de enseñanza. *Estudia Ciencias Ambientales.* **SIN.** Instruirse, formarse.
3. Aprender una cosa. *Tengo que estudiar dos lecciones de Historia.*
✎ Se conjuga como *cambiar.*

estudio (es-tu-dio) sustantivo masculino
1. Acción de estudiar. *Está dedicado al estudio de la filosofía.* **SIN.** Aprendizaje, análisis.
2. Obra en la que un autor estudia y aclara una cuestión. *Publicó un estudio sobre esa vacuna.* **SIN.** Ensayo.
3. Lugar donde se trabaja o estudia. *El arquitecto nos recibió en su estudio.* **SIN.** Oficina, taller.
4. sustantivo masculino plural Conjunto de edificios destinado a realizar películas cinematográficas o emisiones de radio y televisión. *Visitaron los estudios de la televisión local.*

estufa (es-tu-fa) sustantivo femenino
Aparato que sirve para dar calor a las habitaciones. *Encendieron la estufa porque hacía frío.*

estupefacto, estupefacta
(es-tu-pe-fac-to) adjetivo
Muy sorprendido, pasmado. *Al verlo entrar, se quedó estupefacto.*

estupendo, estupenda
(es-tu-pen-do) adjetivo
Se dice de aquello que es muy bueno. *Esta tarta está estupenda.* **SIN.** Maravilloso. **ANT.** Horrible.

estupidez (es-tu-pi-dez) sustantivo femenino
1. Torpeza para comprender las cosas. *Su estupidez lo sacaba de quicio.* **SIN.** Necedad, bobería.
2. Lo que dice y hace un estúpido. *¡No digas estupideces!*

estúpido, estúpida
(es-tú-pi-do) adjetivo y sustantivo
1. Que demuestra poca inteligencia en su forma de hablar y actuar. *El*

pobre parecía un poco estúpido. **SIN.** Bobo.
2. adjetivo Se dice de las palabras y obras propias de un estúpido. *No hagas caso de sus estúpidos comentarios.*

estupor (es-tu-por) sustantivo masculino
Asombro, pasmo. *Su violenta respuesta me produjo estupor.*

etapa (e-ta-pa) sustantivo femenino
1. Fase en el desarrollo de una acción u obra. *La juventud es una etapa de la vida.* **SIN.** Período.
2. Parada, alto. *Llegamos a la primera etapa de nuestro viaje.*

etcétera (et-cé-te-ra) sustantivo masculino
Palabra que aparece al final de una lista de cosas, indicando que hay otras que podrían añadirse. *Por la mañana me despierto, me lavo, desayuno, etcétera.*
✎ Su abreviatura es *etc.*.

eternidad (e-ter-ni-dad) sustantivo femenino
Tiempo que no tiene principio ni fin, o es muy largo. *Te estuve esperando una eternidad.*

eterno, eterna (e-ter-no) adjetivo
1. Que no tiene fin. *Muchas religiones creen en un dios eterno.*
2. Se dice de aquello que dura demasiado. *La clase se me hizo eterna.* **SIN.** Interminable.
3. Que vale o existe en todos los tiempos. *La bondad es un valor eterno.* **SIN.** Imperecedero.

ético, ética (é-ti-co) adjetivo
Recto, correcto, de acuerdo a lo moral. *Robar no es ético.*

etiqueta (e-ti-que-ta) sustantivo femenino
1. Trocito de papel o metal en los que se escribe alguna cosa. *Todos los juguetes tenían una etiqueta con el precio.*
2. Se dice de algunos actos públicos solemnes o fiestas donde hay que vestirse y comportarse con elegancia y de

una forma concreta. *En ese restaurante exigen vestir de etiqueta.* **SIN.** Protocolo.
3. Exagerada cortesía en el trato entre las personas. *Nos trataron con mucha etiqueta.*

etnia (**et**-nia) sustantivo femenino
Pueblo o grupo de personas con unas mismas características físicas y culturales. *En el mismo país convivían dos etnias.*

eucalipto (eu-ca-**lip**-to) sustantivo masculino
Árbol de gran tamaño, cuyas hojas, muy olorosas, pueden curar ciertas enfermedades. *La madera del eucalipto sirve para la construcción.*

eucaristía (eu-ca-ris-**tí**-a) sustantivo femenino
En la religión católica, sacramento mediante el cual se convierten el pan y el vino en el cuerpo y la sangre de Cristo. *En la misa se celebra la eucaristía.*

euforia (eu-**fo**-ria) sustantivo femenino
Sensación de alegría y bienestar. *El triunfo le produjo una gran euforia.* **SIN.** Optimismo, entusiasmo.

eutanasia (eu-ta-**na**-sia) sustantivo femenino
Aceleración de la muerte de un paciente con una enfermedad incurable con el fin de evitarle sufrimientos; en ocasiones, es el propio enfermo quien la solicita. *Había mucha polémica sobre la legalización de la eutanasia.*

evacuar (e-va-**cuar**) verbo
1. Desocupar alguna cosa. *El incendio del bosque obligó a evacuar el pueblo.* **SIN.** Desalojar.
2. Expulsar un animal o persona excrementos por el ano. *Le costaba evacuar y le tuvieron que recetar unas pastillas.* **SIN.** Cagar.
✎ Se conjuga como *averiguar*.

evadir (e-va-**dir**) verbo
1. Evitar un peligro o una dificultad con habilidad. *Evadió toda responsabilidad.* **SIN.** Eludir, esquivar. **ANT.** Afrontar.

2. Sacar dinero o bienes de un país ilegalmente. *Les denunciaron por evadir impuestos.*
3. evadirse Fugarse, escaparse. *Se evadieron de la cárcel.* **SIN.** Escabullirse, librarse.

evaluación (e-va-lua-**ción**) sustantivo femenino
1. Valoración. *La evaluación final del proyecto fue positiva.*
2. Examen. *Suspendió la primera evaluación de Matemáticas.*

evaluar (e-va-lu-**ar**) verbo
Calcular el valor de alguna cosa. *Los expertos evaluaron los daños producidos por el incendio.* **SIN.** Tasar, apreciar, estimar.
✎ Se conjuga como *actuar*.

evangelio (e-van-**ge**-lio) sustantivo masculino
Historia de la vida y enseñanzas de Jesucristo, contada por san Mateo, san Marcos, san Lucas y san Juan. *Hay cuatro evangelios.*

evangelista (e-van-ge-**lis**-ta) sustantivo masculino
Cada uno de los cuatro autores que escribieron el Evangelio. *Los evangelistas son san Mateo, san Marcos, san Lucas y san Juan.*

evaporar (e-va-po-**rar**) verbo
1. Convertir en vapor. *El agua se evaporó.* **SIN.** Volatilizar(se).
2. Disipar, desvanecer. *Sus esperanzas se evaporaron en seguida.*
3. evaporarse Fugarse, desaparecer sin que nadie se dé cuenta. *El autor del robo se evaporó entre la multitud.* **SIN.** Desaparecer, escabullirse.

evasión (e-va-**sión**) sustantivo femenino
1. Fuga, huida. *Hubo una evasión de varios presos de la cárcel.*
2. evasión de capital expresión Llevar ilegalmente dinero a otro país. *Lo condenaron por evasión de capital.*

eventual (e-ven-**tual**) adjetivo
1. Que no es seguro o que depende de las circunstancias. *Su marcha era todavía algo eventual.* **SIN.** Fortuito, accidental, provisional. **ANT.** Cierto, seguro.
2. Se dice del trabajador que no pertenece al grupo fijo de empleados de una empresa. *Eran trabajadores eventuales, solo estarían unos meses.* **SIN.** Provisional.

evidencia (e-vi-**den**-cia) sustantivo femenino
Seguridad clara y absoluta de una cosa, de la que nadie puede dudar. *Que el todo es mayor que la parte es una evidencia.* **SIN.** Certeza, convencimiento.

evidente (e-vi-**den**-te) adjetivo
Tan claro que no ofrece la menor duda. *Era evidente que él no tenía culpa.* **SIN.** Patente, indiscutible. **ANT.** Dudoso, incierto.

evitar (e-vi-**tar**) verbo
1. Alejar algún daño o peligro, hacer que no suceda. *Los bomberos evitaron que el fuego se extendiera.* **SIN.** Prevenir, precaver.
2. Huir de hacer algo. *Dijo que estaba enferma para evitar ir a la escuela.* **SIN.** Eludir, esquivar, sortear, soslayar. **ANT.** Afrontar.
3. Apartarse de la relación con una persona. *Quería evitarla, porque ya no se llevaban bien.*

evocar (e-vo-**car**) verbo
Recordar algo. *Evocaba los tiempos de la infancia.* **SIN.** Rememorar, repasar, desenterrar, revivir.
✎ Se conjuga como *abarcar*.

evolución (e-vo-lu-**ción**) sustantivo femenino
1. Desarrollo gradual de las cosas y de los seres vivos. *La cirugía ha experimentado una gran evolución.* **SIN.** Progresión, transformación.
2. Cambio de conducta. *Hubo una evolución hacia el diálogo.*

3. Desarrollo o transformación de las ideas por los nuevos datos. *En el tema de la ecología ha habido una gran evolución.*

evolucionar (e-vo-lu-cio-**nar**) verbo
1. Pasar gradualmente de un estado a otro los organismos o las cosas. *La medicina ha evolucionado mucho en los últimos años.* **SIN.** Progresar, desarrollarse.
2. Cambiar una persona o un grupo de conducta, actitud, etc. *Parece que ha evolucionado un poco en sus ideas.* **ANT.** Estancarse.

ex prefijo
1. Que fue y ya no es. *Entrevistaremos al exministro esta tarde.*
✎ El prefijo ex debe ir junto a la base léxica: *exalumno*, *exnovia*. Se escribe como palabra independiente si la base consta de varias palabras: *ex capitán general*, *ex número uno*.
2. sustantivo masculino y femenino Persona fue cónyuge o pareja sentimental de otra. *Su ex y ella mantienen una buena relación.*

exacto, exacta (e-**xac**-to) adjetivo
1. Puntual, preciso. *Llegó a la hora exacta.*
2. Verdadero, cierto. *Lo que está diciendo es exacto, sucedió así.* **SIN.** Correcto. **ANT.** Inexacto.

exageración
(e-xa-ge-ra-**ción**) sustantivo femenino
Cosa tan excesiva que deja de ser justa, verdadera o razonable. *Ese precio es una exageración.*

exagerar (e-xa-ge-**rar**) verbo
Dar más importancia de la que tiene realmente a una situación o cosa que se dice. *Pedro exagera diciendo que su perro es tan grande como un elefante.* **SIN.** Abultar, hinchar. **ANT.** Minimizar.

exaltado, exaltada (e-xal-**ta**-do) adjetivo
Que se apasiona con facilidad. *Hablando de política es un exaltado.* **SIN.** Entusiasta, fanático.

examen (e-xa-men) sustantivo masculino
1. Observación que se hace de una cosa o de un hecho. *Hizo un detenido examen del panorama político.* **SIN.** Análisis, estudio.
2. Prueba que se hace a alguien para comprobar su preparación y conocimientos. *Aprobó el primer examen de literatura.* **SIN.** Ejercicio, oposición, prueba.

examinar (e-xa-mi-**nar**) verbo
1. Estudiar, observar con cuidado una cosa o un ser. *Decidimos examinar el interior de la cueva.* **SIN.** Analizar, comprobar.
2. Hacer una prueba a alguien para que demuestre su preparación y conocimientos. *Me examiné del carné de conducir y aprobé a la primera.*

excavadora (ex-ca-va-**do**-ra) adjetivo y sustantivo femenino
Máquina para excavar. *Maneja una excavadora.*

excavar (ex-ca-**var**) verbo
Hacer un hoyo en la tierra. *Excavaron una zanja.* **SIN.** Cavar.

exceder (ex-ce-**der**) verbo
1. Ser una persona o cosa más grande o mejor que otra con la que se compara. *Su imaginación excedía los límites normales.* **SIN.** Aventajar.
2. excederse Ir más allá de lo permitido o razonable. *Se excedió en sus atribuciones.* **SIN.** Extralimitarse. **ANT.** Contenerse.

excelente (ex-ce-**len**-te) adjetivo
Que es muy bueno. *La casa del pueblo está muy bien conservada porque tiene excelentes materiales.* **SIN.** Sublime, estupendo. **ANT.** Pésimo.

excéntrico, excéntrica (ex-**cén**-tri-co) adjetivo y sustantivo
Se dice de la persona rara y extravagante. *Es una persona un poco excéntrica.* **SIN.** Original, estrafalario.

excepción (ex-cep-**ción**) sustantivo femenino
1. Exclusión de la regla común. *Deberías hacer una excepción.*
2. Cosa que se aparta de lo normal o general. *Eso es una excepción, pasa muy pocas veces.* **SIN.** Irregularidad, rareza, anomalía.

excepcional (ex-cep-cio-**nal**) adjetivo
1. Que se aleja de la regla común. *Es un hecho excepcional.* **SIN.** Anormal, extraño.
2. Que se aparta de lo normal o que ocurre pocas veces. *Es una artista excepcional.* **SIN.** Insólito, inusual. **ANT.** Normal, vulgar.

excepto (ex-**cep**-to) preposición
1. A excepción de, fuera de, menos. *Aprobaron todos, excepto tú.*
2. conjunción Y no, pero no, a no ser. *Pagaré yo, excepto que me invites.*

exceptuar (ex-cep-tu-**ar**) verbo
Excluir de la generalidad de lo que se trata o de la regla común. *La ley exceptuaba a los menores de edad.* **SIN.** Prescindir, omitir(se). **ANT.** Incluir(se).
✎ Se conjuga como *actuar*.

excesivo, excesiva (ex-ce-**si**-vo) adjetivo
1. Que es demasiado grande o alto en medida, precio, tamaño, etc. *Me pareció un precio excesivo y no lo compré.* **SIN.** Descomunal, exorbitante, desmedido. **ANT.** Pequeño.
2. Que actúa o habla sin moderación. *La crítica fue excesiva.* **SIN.** Inmoderado, extremo.
3. Que sobra. *Llevaba puesta una cantidad excesiva de ropa.*

exceso (ex-ce-so) sustantivo masculino

1. Aquello que se pasa de la medida o norma común. *Comí en exceso y me sentó mal.* **SIN.** Abundancia, demasía. **ANT.** Carencia.

2. Lo que traspasa los límites de lo permitido o conveniente. *Le pusieron una multa por exceso de velocidad.*

excitar (ex-ci-tar) verbo

1. Provocar algún sentimiento, pasión o movimiento. *La publicidad excita a comprar.* **SIN.** Entusiasmar, enardecer, estimular.

2. Provocar deseo sexual. *Le excitaba leer novelas eróticas.*

3. excitarse Apasionarse por el enojo, el entusiasmo, la alegría, el deseo, etc. *Se excitó con los goles que marcó su equipo.*

exclamación

(ex-cla-ma-ción) sustantivo femenino

Voz o grito con que se refleja una emoción. *Las exclamaciones se oían desde fuera del estadio.*

exclamar (ex-cla-mar) verbo

Proferir gritos o expresiones con fuerza. *Exclamó pidiendo justicia.* **SIN.** Clamar, gritar, lamentar(se).

excluir (ex-clu-ir) verbo

1. Poner a una persona o cosa fuera del lugar que ocupaba. *Le excluyeron del equipo.* **SIN.** Apartar, arrinconar. **ANT.** Incluir.

2. Rechazar la posibilidad de alguna cosa. *Excluyo que fuera todo una mentira.* **SIN.** Eliminar, desechar, descartar. **ANT.** Admitir.

✎ Verbo irregular, se conjuga como *huir.*

exclusivo, exclusiva

(ex-clu-si-vo) adjetivo

1. Único, solo, excluyendo a cualquier otro. *Es un diseño exclusivo.* **SIN.** Especial, peculiar.

2. sustantivo femenino Privilegio que una persona tiene para realizar algo, por ejemplo una entrevista, que los demás no tienen derecho a hacer. *Tiene la exclusiva de la venta de esa marca.* **SIN.** Prerrogativa, distinción, ventaja.

excremento

(ex-cre-men-to) sustantivo masculino

Residuos del alimento que, después de hecha la digestión, expulsa el cuerpo. *El camino está lleno de excrementos de ganado.* **SIN.** Deposición, caca, heces.

excursión

(ex-cur-sión) sustantivo femenino

Ida a alguna ciudad, museo o lugar como estudio o diversión. *Fui con mi clase a Italia de excursión.* **SIN.** Paseo, visita, viaje.

excusa (ex-cu-sa) sustantivo femenino

Pretexto que se da para no hacer una cosa. *Su excusa fue acompañar a su madre.* **SIN.** Pretexto, evasiva.

excusar (ex-cu-sar) verbo

1. Perdonar o disculpar a alguien. *Excusó su mal comportamiento.* **SIN.** Disculpar, justificar, defender. **ANT.** Acusar.

2. excusarse Dar razones para librarse de hacer algo o pedir disculpas por algo que se ha hecho mal. *Se excusó diciendo que tenía trabajo.*

exequias

(e-xe-quias) sustantivo femenino plural

Entierro y funeral de una persona muerta. *No pudo asistir a las exequias de su amigo.*

exhalar (exha-lar) verbo

1. Despedir gases, vapores u olores. *La basura exhalaba mal olor.* **SIN.** Emanar. **ANT.** Absorber.

2. Lanzar suspiros o quejas. *De vez en cuando, exhalaba algún suspiro.* **SIN.** Emitir.

exhaustivo, exhaustiva

(exhaus-**ti**-vo) adjetivo

Muy completo. *Hizo una exposición exhaustiva de los hechos.* **SIN.** Total. **ANT.** Parcial.

exhausto, exhausta

(exh**aus**-to) adjetivo

Agotado, extenuado. *Cuando llegó a la meta, estaba exhausto.* **SIN.** Cansado.

exhibir(exhi-**bir**) verbo

Presentar, mostrar en público. *El domador exhibía a sus leones acróbatas.* **SIN.** Exponer(se), enseñar(se). **ANT.** Esconder(se).

exigencia (e-xi-**gen**-cia) sustantivo femenino

Acción de exigir y cosa que se exige. *Su exigencia era imposible de cumplir.* **SIN.** Imposición, petición.

exigente (e-xi-**gen**-te) adjetivo

Que exige demasiado. *Tenía fama de ser una profesora muy exigente.* **SIN.** Rígido, severo.

exigir (e-xi-**gir**) verbo

Mandar que se haga una cosa o reclamar una persona algo a lo que tiene derecho. *Exigió una revisión del examen.* **SIN.** Reclamar, obligar. **ANT.** Renunciar.

✎ Se conjuga como *urgir*.

exiliado, exiliada

(e-xi-**lia**-do) adjetivo y sustantivo

Desterrado, expatriado. *Ese poeta fue exiliado de su país.*

exiliar (e-xi-**liar**) verbo

Desterrar de un país. *Se exilió en Francia.* **SIN.** Deportar, expatriar.

✎ Se conjuga como *cambiar*. También *exilar*.

existencia (e-xis-**ten**-cia) sustantivo femenino

1. Acto de existir. *Creía en la existencia de Dios.*

2. Vida del ser humano y manera de vivir. *Llevaba una existencia muy cómoda.* **SIN.** Realidad.

3. sustantivo femenino plural Mercancías almacenadas. *No tenemos existencias ahora, pero lo pediremos.*

existir (e-xis-**tir**) verbo

1. Ser real y verdadera una cosa. *La luna existe; los astronautas han estado en ella.*

2. Tener vida. *En el bosque existen muchas plantas.* **ANT.** Morir.

3. Haber, estar. *Hace años, existía un lago aquí.* **SIN.** Encontrarse. **ANT.** Faltar.

éxito (**é**-xi-to) sustantivo masculino

1. Resultado feliz de una labor. *Finalizó su investigación con éxito.* **SIN.** Triunfo. **ANT.** Fracaso.

2. Buena aceptación que recibe una persona o cosa. *Su último libro sobre economía ha tenido mucho éxito.* **SIN.** Acogida.

exótico, exótica (e-**xó**-ti-co) adjetivo

Extraño, chocante, extravagante. *Visitó lugares muy exóticos.* **SIN.** Raro, extraño, insólito.

expansión

(ex-pan-**sión**) sustantivo femenino

1. Dilatación, prolongación o extensión de algo. *Ese barrio es una expansión de la ciudad.* **SIN.** Crecimiento, desarrollo.

2. Difusión de una opinión, doctrina, suceso, etc. *El comunismo tuvo su expansión en los años cincuenta.* **SIN.** Propagación.

3. Manifestación de un afecto o pensamiento. *Llorar le sirvió de expansión.* **SIN.** Desahogo.

4. Recreo, diversión. *Necesitaba unos días de expansión.* **SIN.** Entretenimiento, distracción.

expectación

(ex-pec-ta-**ción**) sustantivo femenino

Atención o ansia con que se espera algo. *Hay mucha expectación ante el partido.* **SIN.** Ilusión, interés.

expectativa

(ex-pec-ta-**ti**-va) sustantivo femenino
Esperanza o posibilidad de conseguir algo. *Estaba a la expectativa de un puesto de trabajo.*

expedición

(ex-pe-di-**ción**) sustantivo femenino
1. Conjunto de cosas que se expiden, remesa. *Ayer salió una expedición de alimentos de primera necesidad.* **SIN.** Envío. **2.** Viaje con fines científicos o de exploración a un lugar. *La sociedad geográfica organizó una expedición al Polo Norte.*

experiencia

(ex-pe-**rien**-cia) sustantivo femenino
1. Conjunto de conocimientos adquiridos por el uso o la práctica. *Tiene mucha experiencia en ese tipo de trabajos.* **SIN.** Costumbre, habilidad. **ANT.** Inexperiencia. **2.** Experimento, prueba. *Vamos a hacer una experiencia, para ver qué resulta.* **SIN.** Ensayo.

experimentar

(ex-pe-ri-men-**tar**) verbo
1. Probar y examinar en la práctica una cosa. *Experimentaron un nuevo tipo de motor para incorporarlo a los nuevos modelos.* **SIN.** Ensayar. **2.** Sentir una cosa, notarla. *Experimentó un alivio en su enfermedad.*

experimento

(ex-pe-ri-**men**-to) sustantivo masculino
Ensayo, prueba. *Hicieron un experimento en el laboratorio.*

experto, experta

(ex-**per**-to) adjetivo y sustantivo
Experimentado, que tiene habilidad para realizar una tarea que ya ha hecho otras veces. *Te puedo arreglar el coche, soy una experta.* **SIN.** Avezado, diestro, hábil. **ANT.** Inexperto, novato.

expirar

(ex-pi-**rar**) verbo
1. Morir, acabar la vida. *Antes de expirar, pidió hablar con su familia.* **SIN.** Fallecer, perecer. **2.** Acabarse una cosa. *Mañana expira el plazo.* **SIN.** Finalizar, terminar. **ANT.** Comenzar, iniciar.

explanada

(ex-pla-**na**-da) sustantivo femenino
Parte de un terreno que está llana. *Los niños juegan en la explanada que hay delante de la casa.* **SIN.** Llanura.

explicación

(ex-pli-ca-**ción**) sustantivo femenino
1. Aclaración de algo que es difícil de entender. *Escuché atentamente la explicación.* **SIN.** Demostración. **2.** Justificación o disculpa que se da o pide sobre actos o palabras inconvenientes. *Pidió una explicación por su actitud.* **SIN.** Excusa. **3.** Manifestación de la causa o motivo de alguna cosa. *Aquello tenía que tener alguna explicación.* **SIN.** Aclaración, esclarecimiento, interpretación.

explicar

(ex-pli-**car**) verbo
1. Contar a alguien lo que se piensa. *Explicó a su amigo lo que había hecho el día anterior.* **SIN.** Aclarar, comentar, describir. **2.** Exponer con palabras claras alguna cosa difícil. *Me explicó cómo llegar a la estación.* **SIN.** Aclarar. **3.** Justificar palabras o acciones. *Le pidió que explicara aquel extraño comportamiento.* **SIN.** Excusar. **4.** Dar a conocer la causa o motivo de alguna cosa. *Explicó al público que se trataba solo de una prueba.* **SIN.** Aclarar. **5. explicarse** Darse cuenta de algo, comprender una cosa. *Ya me explico por qué no vino.*
✎ Se conjuga como *abarcar*.

explícito, explícita

(ex-**plí**-ci-to) adjetivo

Que expresa con claridad una cosa. *Fue muy explícito al decirnos que nos fuéramos.* **SIN.** Claro, manifiesto. **ANT.** Implícito.

explorador, exploradora

(ex-plo-ra-**dor**) adjetivo y sustantivo

Que explora, sobre todo lugares lejanos y desconocidos. *Livingstone fue un famoso explorador.*

explorar (ex-plo-**rar**) verbo

Reconocer o examinar con atención un lugar o una cosa. *Exploraron cuidadosamente el interior de la cueva.* **SIN.** Reconocer, inspeccionar, investigar.

explosión (ex-plo-**sión**) sustantivo femenino

1. Estallido de un cuerpo con gran ruido. *Se produjo una explosión en la mina.* **SIN.** Detonación.

2. Manifestación repentina de un sentimiento. *Hubo una explosión de alegría entre los asistentes.*

explotar (ex-plo-**tar**) verbo

1. Extraer de las minas la riqueza que contienen o sacar utilidad de un negocio o industria. *En la región se explotan varias minas.*

2. Aprovecharse de las circunstancias o de un suceso cualquiera. *Supo explotar muy bien la bondad ajena.*

3. Estallar, hacer explosión. *Explotó una bombona de gas.* **SIN.** Reventar, explosionar.

4. Manifestar alguien su opinión o sentimientos violentamente. *Al oír aquello, explotó de rabia.*

exponer (ex-po-**ner**) verbo

1. Presentar una cosa para que los demás la vean. *Los cuadros que han sido premiados se van a exponer en una sala del colegio.* **SIN.** Exhibir, mostrar, ostentar, enseñar. **ANT.** Ocultar, esconder.

2. Hablar sobre algo para que se conozca. *El médico expuso sus últimos descubrimientos sobre la gripe.* **SIN.** Manifestar, expresar.

3. exponerse Poner algo, a alguien o a uno mismo en situación de sufrir daño o peligro. *Si subes a ese árbol tan alto, te expones a una caída.* **SIN.** Arriesgarse, atreverse.

✎ Verbo irregular, se conjuga como *poner*. Su participio es *expuesto*.

exportar (ex-por-**tar**) verbo

Enviar mercancías del propio país a otro. *Exportan a Francia naranjas de Valencia.* **ANT.** Importar.

exposición

(ex-po-si-**ción**) sustantivo femenino

1. Acción de exponer o exponerse. *Realizó una brillante exposición de sus ideas.*

2. Exhibición pública de productos de la tierra o de la industria, o de las artes y ciencias. *Asistimos a una exposición de pintura.* **SIN.** Feria de muestras.

exprés (ex-**prés**) adjetivo

Se dice especialmente de ciertos electrodomésticos que funcionan con rapidez. *Me han regalado una olla exprés por mi cumpleaños.*

expresar (ex-pre-**sar**) verbo

1. Decir o mostrar con palabras una cosa. *En la conferencia de ayer, expresó sus ideas sobre política.* **SIN.** Explicar(se), exponer.

2. Manifestar el artista con viveza y exactitud sus sentimientos, ideas, etc. *La pintura expresaba bien la fuerza del paisaje.*

expresión (ex-pre-**sión**) sustantivo femenino

1. Manera de manifestar, con palabras u otros medios, lo que se piensa, desea, etc. *Tiene dificultades de expresión.*

2. Palabra o frase. *No me gusta que utilices esa expresión tan vulgar.* **SIN.** Enunciado, vocablo.
3. Manifestación de un sentimiento. *Su cara se crispó con una expresión de dolor.*

expresivo, expresiva (ex-pre-**si**-vo) adjetivo
1. Que manifiesta algo con gran viveza. *Su cuadro es muy expresivo.*
2. Afectuoso, cariñoso. *Le impresionaron sus expresivas palabras.*

exprimir (ex-pri-**mir**) verbo
1. Apretar una cosa para extraer su zumo o líquido. *Exprime estas naranjas.* **SIN.** Prensar, retorcer.
2. Aprovecharse de alguien. *Exprime a los amigos todo lo que puede.* **SIN.** Presionar.

expropiar (ex-pro-**piar**) verbo
Quitar a alguien algo de su propiedad, pagándole a cambio una cantidad de dinero. *Le expropiaron una finca para ensanchar la carretera.* **SIN.** Desposeer, privar.
✎ Se conjuga como *cambiar*.

expuesto, expuesta (ex-**pues**-to) adjetivo
Arriesgado, peligroso. *Era una escalada demasiado expuesta.* **SIN.** Aventurado. **ANT.** Fácil.

expulsar (ex-pul-**sar**) verbo
Echar fuera de un lugar o puesto. *El árbitro expulsó al jugador del terreno de juego a la segunda falta.* **SIN.** Arrojar, desalojar, expeler, despedir. **ANT.** Admitir, acoger.

expulsión (ex-pul-**sión**) sustantivo femenino
Acción de expeler o de expulsar. *Al reventar el depósito, se produjo una gran expulsión de gases.*

exquisito, exquisita (ex-qui-**si**-to) adjetivo
1. Se dice de aquello que es muy agradable. *Comimos unos pasteles*

exquisitos. **SIN.** Delicioso, grato, sabroso.
2. Se dice de aquello que es delicado y elegante. *Viste con una elegancia exquisita.* **SIN.** Primoroso, cortés, fino. **ANT.** Tosco.

éxtasis (**éx**-ta-sis) sustantivo femenino
1. Estado de unión del alma con Dios. *Santa Teresa alcanzó el éxtasis divino.* **SIN.** Arrobo, rapto.
2. Estado de embeleso y enajenación por un sentimiento intenso. *La música le produjo un gran éxtasis.* **SIN.** Arrebato, delirio.
✎ Es igual en plural y en singular.

extender (ex-ten-**der**) verbo
1. Hacer que una cosa ocupe más lugar o espacio que el que ocupaba. *Han extendido la pista de tenis unos metros.* **SIN.** Ampliar(se).
2. Desenvolver o poner a la larga una cosa doblada. *He extendido el mantel sobre la mesa.* **SIN.** Desplegar(se). **ANT.** Plegar(se).
3. Aumentar conocimientos, derechos, etc. *La nueva ley extiende su autoridad.* **SIN.** Ampliar.
4. Difundir algo. *La prensa extendió la noticia por todo el país.* **SIN.** Divulgar(se), propagar(se).
5. extenderse Detenerse mucho en una explicación o narración. *Se extendió demasiado en la charla.*
✎ Se conjuga como *entender*.

extensión (ex-ten-**sión**) sustantivo femenino
1. Medida del espacio ocupado por un cuerpo. *El parque ocupa una gran extensión de terreno.* **SIN.** Superficie.
2. Línea de teléfono. *Me han pasado la llamada a otra extensión.*

extenso, extensa (ex-**ten**-so) adjetivo
Que tiene mucha extensión. *Es un valle muy extenso.* **SIN.** Dilatado, vasto. **ANT.** Reducido.

extenuado, extenuada

(ex-te-nu-a-do) adjetivo

Agotado por la fatiga. *Después de la caminata, estaba extenuada.*

exterior (ex-te-**rior**) adjetivo

1. Que está por la parte de fuera. *La casa tiene una escalera exterior y otra interior.* **ANT.** Interior.

2. sustantivo masculino Parte externa de una cosa. *Las ventanas están situadas en el exterior de la casa.*

exteriorizar (ex-te-rio-ri-**zar**) verbo

Dejar ver una persona su estado de ánimo. *Le costaba exteriorizar sus sentimientos profundos.*

✎ Se conjuga como *abrazar*.

exterminar (ex-ter-mi-**nar**) verbo

Acabar con algo por completo. *Organizaron una campaña para exterminar las ratas.* **SIN.** Aniquilar, suprimir, extinguir.

externo, externa (ex-ter-no) adjetivo

1. Que se manifiesta en el exterior. *Presentaba leves lesiones externas.* **ANT.** Interno, interior.

2. adjetivo y sustantivo Se dice del alumno que solo permanece en la escuela durante las horas de clase. *En mi colegio hay alumnos externos e internos.*

extinguir (ex-tin-**guir**) verbo

1. Apagar el fuego o la luz. *Los bomberos extinguieron rápidamente el incendio.* **ANT.** Encender(se).

2. Hacer que termine del todo una cosa. *Consiguieron extinguir la plaga.*

✎ Verbo con irregularidad ortográfica, se escribe *-g-* en vez de *-gu-* delante de *-a* y *-o*, como en *extingo* o *extinga*.

extintor (ex-tin-**tor**) sustantivo masculino

Aparato portátil que lleva en su interior agua u otras sustancias que, si se arrojan sobre el fuego, lo apagan. *Utilizaron varios extintores para apagar el incendio.*

extra (ex-tra) adjetivo

1. Extraordinario, óptimo. *Recibieron un trato extra.* **SIN.** Muy bueno, superior. **ANT.** Inferior.

2. Complemento, suplemento. *El vino se considera un extra, no entra en el precio del menú.*

3. sustantivo En el cine, persona que interviene en una película sin tener un papel. *Hizo de extra en una película: era uno de los indios de la tribu.*

extracto

(ex-**trac**-to) sustantivo masculino

Resumen de un texto, dejando solo lo más importante del contenido. *Publicaron un extracto del discurso.* **SIN.** Sumario, síntesis.

extraer (ex-tra-**er**) verbo

1. Sacar, poner una cosa fuera de donde estaba. *En esa mina extraen carbón.* **SIN.** Quitar, arrancar. **ANT.** Introducir, meter.

2. Separar de un cuerpo o sustancia alguno de sus componentes. *La gasolina se extrae del petróleo.*

✎ Verbo irregular, se conjuga como *traer*.

extranjero, extranjera

(ex-tran-**je**-ro) adjetivo

1. Que es o viene de otro país. *Tengo un libro con fotografías de países extranjeros.* **SIN.** Foráneo, forastero. **ANT.** Indígena.

2. Nacido en otra nación. *El hotel estaba lleno de extranjeros que no entendían el español.* **ANT.** Nativo.

3. el extranjero expresión Toda nación que no es la propia. *No he salido del país, no he estado en el extranjero.*

extrañar (ex-tra-**ñar**) verbo

1. Encontrar alguien que algo le resulta raro. *Me extrañó que no estuviera en casa a aquellas horas.* **SIN.** Sorprenderse, admirarse.

2. Echar de menos a alguna persona o cosa. *El niño extrañaba a su madre.* **SIN.** Añorar, rememorar.

extrañeza (ex-tra-ñe-za) sustantivo femenino
Aquello que no se conoce o que resulta raro. *Me causó extrañeza encontrarte allí.* **SIN.** Asombro, sorpresa.

extraño, extraña (ex-tra-ño) adjetivo y sustantivo
1. De nación, familia o profesión distinta de la propia. *Me enteré de su enfermedad por un extraño.* **SIN.** Ajeno, forastero.
2. adjetivo Raro, singular, extravagante. *Es extraño que no haya llegado aún, a esta hora suele estar aquí.* **SIN.** Chocante. **ANT.** Normal, común.

extraordinario, extraordinaria (ex-tra-or-di-na-rio) adjetivo
1. Se dice de aquello que se sale fuera de lo normal. *Su actuación fue realmente extraordinaria.* **SIN.** Excepcional, fabuloso, insólito, maravilloso. **ANT.** Normal.
2. sustantivo masculino Comida o lujo especial, que no se toma a diario. *En las fiestas, mi madre suele hacer algún plato extraordinario.*
3. sustantivo femenino Paga que se añade al sueldo. *A fines de este mes, cobraremos la extraordinaria de verano.*

extraterrestre (ex-tra-te-rres-tre) adjetivo
1. Exterior al planeta Tierra. *Le gusta mucho ver el programa que trata de fenómenos extraterrestres.* **SIN.** Celeste, cósmico, planetario.
2. Que procede de otro planeta. *El protagonista de la película era un extraterrestre.* **SIN.** Alienígena.

extravagante (ex-tra-va-gan-te) adjetivo
Que habla, viste o actúa de manera extraña o poco habitual. *Llamaba la atención por su extravagante modo de vestir.* **SIN.** Estrafalario.

extraviarse (ex-tra-viar-se) verbo
1. Perder el camino. *Me extravié en el bosque y toda la familia salió a buscarme extrañada.* **SIN.** Perderse.
2. No estar una cosa en su sitio y no saber dónde está. *Se ha extraviado el anillo y no lo encuentro en ningún lugar de la casa.*
✎ Se conjuga como *cambiar.*

extremidad (ex-tre-mi-dad) sustantivo femenino
1. Parte extrema o última de una cosa. *Haz un nudo en las extremidades de la cuerda.* **SIN.** Final, punta.
2. sustantivo femenino plural Cabeza, pies, manos y cola de los animales, y brazos y piernas de las personas. *Los brazos son las extremidades superiores del cuerpo humano.*

extremo, extrema (ex-tre-mo) adjetivo
1. Se dice de aquello que está al final. *Fue hacia el lado extremo.*
2. Se dice de lo más intenso, elevado o activo de una cosa. *En los Polos hace un frío extremo.* **SIN.** Excesivo, exagerado. **ANT.** Moderado.
3. sustantivo masculino Parte primera o última de una cosa. *Un cabo es un extremo de tierra.* **SIN.** Punta.
4. sustantivo masculino Punto último al que puede llegar una cosa. *Luchó hasta el extremo.* **SIN.** Límite.
5. pasar de un extremo a otro expresión Cambiar bruscamente de estado, opinión, etc. *Pasa de un extremo a otro: un día es de izquierdas y, al siguiente, de derechas.*

exuberancia (e-xu-be-ran-cia) sustantivo femenino
Gran abundancia de algo. *Exuberancia de flores.* **SIN.** Plenitud, profusión. **ANT.** Escasez.

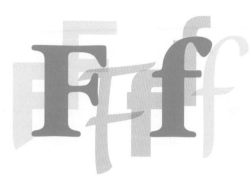

f sustantivo femenino

Sexta letra del abecedario español y cuarta de sus consonantes. Su nombre es *efe*.

fa sustantivo masculino

Cuarta nota de la escala musical. *Sol es la nota que va después de fa.*

fabada (fa-ba-da) sustantivo femenino

Guiso de alubias con tocino, chorizo y morcilla, típico de Asturias, en España. *Comí fabada en Oviedo.*

fábrica (fá-bri-ca) sustantivo femenino

Lugar con maquinaria y todo lo necesario para producir cosas, como coches, medicamentos, electricidad, etc. en gran cantidad. *Mi hermano trabaja de mecánico en una fábrica de motores.* **SIN.** Industria, taller, factoría.

fabricar (fa-bri-car) verbo

1. Producir una cosa por medio de máquinas y, generalmente, en serie. *En esa nave fabrican tractores.* **SIN.** Elaborar.

2. Imaginar, inventar, idear. *Había fabricado tantas ilusiones que luego se llevó un chasco.*

✎ Se conjuga como *abarcar*.

fábula (fá-bu-la) sustantivo femenino

Cuento breve en el que los personajes son animales, y del que se saca alguna enseñanza o moraleja. *La profesora nos leyó un fábula de Samaniego en clase.*

fabuloso, fabulosa (fa-bu-lo-so) adjetivo

1. Se dice de aquello que es muy bueno o fuera de lo común. *Tu idea es fabulosa.* **SIN.** Excelente, extraordinario, increíble.

2. Se dice de lo que ha sido inventado y no existe en la realidad. *Se trataba de una narración fabulosa.* **SIN.** Mítico, legendario, imaginario, fantástico, ficticio, irreal. **ANT.** Histórico, real.

faceta (fa-ce-ta) sustantivo femenino

Cada uno de los aspectos que se pueden observar en alguien o algo. *Nos contó algunas facetas de su vida.* **SIN.** Dimensión, vertiente.

facha (fa-cha) sustantivo femenino

1. Aspecto exterior de una persona o cosa. *Tiene muy buena facha.* **SIN.** Pinta, presencia, apariencia, figura, porte, traza.

2. Persona de mal aspecto. *Así vestido vas hecho una facha.* **SIN.** Mamarracho, adefesio, esperpento, espantajo. **ANT.** Belleza.

fachada (fa-cha-da) sustantivo femenino

Exterior de un edificio, y en particular, su cara más importante. *Van a pintar la fachada del banco.* **SIN.** Frente, portada.

facial (fa-cial) adjetivo

Que pertenece o se refiere al rostro. *Mi madre necesitaba un buen tratamiento facial.*

fácil - faja

fácil (fá-cil) adjetivo
1. Que se puede hacer sin mucho trabajo. *Es fácil andar en bicicleta.* **SIN.** Sencillo, cómodo, factible. **ANT.** Difícil, duro.
2. Que puede suceder con toda probabilidad. *Es fácil que llueva, porque el cielo está muy nublado.* **SIN.** Probable, posible, previsible. **ANT.** Difícil, improbable.

facilidad (fa-ci-li-dad) sustantivo femenino
1. Capacidad para hacer una cosa sin gran trabajo. *Mi amiga tiene mucha facilidad para los idiomas.* **SIN.** Aptitud, habilidad.
2. sustantivo femenino plural Condiciones que hacen más fácil una cosa. *Le dio facilidades para pagar el préstamo que tenía desde hace años.*

facilitar (fa-ci-li-tar) verbo
1. Hacer fácil o posible una cosa. *El cónsul facilitó la operación al darle carácter oficial.* **SIN.** Favorecer, posibilitar, permitir. **ANT.** Dificultar, enredar, imposibilitar.
2. Poner a disposición de una persona aquello que necesita o pide. *Le facilitó todos los medios disponibles.* **SIN.** Proveer, suministar. **ANT.** Negar, quitar.

factible (fac-ti-ble) adjetivo
Que se puede hacer. *Era un encargo difícil, pero factible.* **SIN.** Realizable, posible, viable. **ANT.** Irrealizable, imposible.

factor (fac-tor) sustantivo masculino
Cualquier elemento que contribuya a un resultado. *El precio era uno de los factores que debes tener en cuenta.* **SIN.** Aspecto, elemento, principio.

factoría (fac-to-rí-a) sustantivo femenino
Fábrica o conjunto de fábricas donde se elaboran productos de forma industrial. *Trabaja en una gran factoría.* **SIN.** Industria.

factura (fac-tu-ra) sustantivo femenino
Nota en la que viene detallado el precio de las cosas que se han comprado. *El dueño de la tienda le hizo una factura.*

facultad (fa-cul-tad) sustantivo femenino
1. Capacidad para hacer o ser algo. *Tiene facultades para ser un campeón.* **SIN.** Aptitud. **ANT.** Incapacidad, imposibilidad.
2. Poder, permiso o derecho para hacer alguna cosa. *Tiene facultad para tomar decisiones que afecten a todos.* **SIN.** Potestad, autorización. **ANT.** Prohibición.
3. Cada una de las divisiones académicas en que se divide una universidad, y los locales en los que se establece cada una de esas divisiones. *Mi hermano mayor estudia en la facultad de Filosofía y Letras.* **SIN.** Universidad, escuela.

faena (fa-e-na) sustantivo femenino
1. Trabajo que hay que hacer en un tiempo determinado. *Por la mañana realizó las faenas de la casa.* **SIN.** Quehacer, tarea, labor. **ANT.** Ocio, descanso.
2. Mala pasada. *El niño ha roto media vajilla, ¡vaya faena!* **SIN.** Jugarreta, trastada. **ANT.** Ayuda.
3. En las corridas de toros, actuación del torero. *En esta corrida se vieron grandes faenas.*

faisán (fai-sán) sustantivo masculino
Ave de plumaje grisáceo en las hembras y de vivos colores y larga cola en los machos, cuya carne es muy apreciada. *El faisán vive en Europa y en América del Norte.*

faja (fa-ja) sustantivo femenino
1. Tira de tela con que se rodea el cuerpo por la cintura dándole varias vueltas. *El traje típico llevaba una faja de seda blanca.* **SIN.** Banda, cinta.

2. Prenda interior elástica que comprime el abdomen. *Se puso una faja para parecer más delgada.* **SIN.** Ceñidor, corsé.

3. Tira de papel u otro material que ciñe los impresos, periódicos, revistas, etc. *Sujeta los billetes con una faja.*

fajita (fa-**ji**-ta) sustantivo femenino

Plato de origen mexicano hecho con carne asada y picada y verduras envueltas en una tortilla de harina de trigo. *La crema agria y el guacamole son los condimentos ideales para acompañarlas fajitas.*

fajo (**fa**-jo) sustantivo masculino

Haz o paquete atado de cosas. *Llevaba un buen fajo de billetes.* **SIN.** Manojo, puñado, montón.

falda (**fal**-da) sustantivo femenino

1. Prenda de vestir o parte del vestido femenino que, con más o menos vuelo, cae desde la cintura hacia abajo. *Llevaba una falda hasta los tobillos.* **SIN.** Saya.

2. Paño que cubre una mesa camilla y que generalmente llega hasta el suelo. *Las faldas de la mesa camilla eran rojas.*

3. Parte inferior de los montes o sierras. *Llegamos hasta la falda de la montaña.* **SIN.** Ladera.

faldón (fal-**dón**) sustantivo masculino

1. En una prenda de vestir, parte suelta que cae desde la cintura. *El faldón de la blusa le asomaba por debajo de la chaqueta.*

2. Falda que se pone a los bebés encima de las demás prendas. *Le compraron un bonito faldón para el bautizo.*

falla (**fa**-lla) sustantivo femenino

1. Defecto de una cosa. *Esta tela tiene una falla.* **SIN.** Imperfección, falta, tacha.

2. Grieta de la corteza terrestre que se acompaña con deslizamiento de uno de los bordes. *El terreno tenía enormes fallas.*

3. Figuras de cartón y otras materias que arden con facilidad, que representan grotescamente personajes o hechos de actualidad. Se queman públicamente en Valencia la noche de san José. *Estuve en la cremà de una de las fallas premiadas.*

4. sustantivo femenino plural Periodo de fiestas que se celebran en Valencia. *Estuvieron en Valencia durante las fallas.*

fallar (fa-**llar**) verbo

1. Equivocarse, no acertar, no salir una cosa como se esperaba. *Falló todas las respuestas.*

2. Perder una cosa su resistencia. *Falló la cuerda y se cayó al suelo.*

3. Decidir quién gana un concurso o cuál es la sentencia en un juicio. *Esperaba que el juez fallara a su favor.* **SIN.** Sentenciar, resolver.

fallecer (fa-lle-**cer**) verbo

Dejar de existir, acabar la vida. *Mi abuelo falleció a una edad muy avanzada.* **SIN.** Morir, perecer. **ANT.** Nacer.

✎ Verbo irregular, se conjuga como *parecer.*

fallecimiento

(fa-lle-ci-**mien**-to) sustantivo masculino

Muerte de una persona. *El fallecimiento se produjo por un paro cardíaco.* **SIN.** Defunción, óbito. **ANT.** Nacimiento.

fallo (**fa**-llo) sustantivo masculino

1. Error, equivocación. *Tuvo muy pocos fallos en el examen.* **SIN.** Falta. **ANT.** Acierto.

2. Mal funcionamiento de algo. *Todo se debió a un fallo en el motor.*

3. Sentencia definitiva del juez o del jurado. *El juez pronunció el fallo.* **SIN.** Veredicto, dictamen.

falsear (fal-se-**ar**) verbo
Hacer que una cosa falsa aparezca como verdadera. *Falseó los hechos.* **SIN.** Falsificar, simular.

falsedad (fal-se-**dad**) sustantivo femenino
Algo que se dice o hace que no es verdadero o auténtico. *Todo lo que había declarado eran falsedades.* **SIN.** Mentira, engaño, fingimiento. **ANT.** Verdad.

falsificación
(fal-si-fi-ca-**ción**) sustantivo femenino
1. Acción de presentar una cosa falsa como verdadera. *Se dedicaba a la falsificación de billetes de banco.* **SIN.** Fraude, adulteración.
2. Cosa que se ha falsificado. *Este cuadro es una falsificación, no es el original.*

falsificar (fal-si-fi-**car**) verbo
Hacer que aparezca como verdadera una copia de algo. *Falsificó la firma de su padre.*
✎ Se conjuga como *abarcar*.

falso, falsa (fal-**so**) adjetivo
1. Engañoso, que parece auténtico pero no lo es. *Es una perla falsa; la han hecho de plástico.* **SIN.** Aparente, simulado, fingido, imitado. **ANT.** Genuino, auténtico.
2. Contrario a la verdad. *Señalad en el recuadro correspondiente si estas preguntas son verdaderas o falsas.* **SIN.** Incierto. **ANT.** Cierto, verdadero.

falta (fal-**ta**) sustantivo femenino
1. Escasez de una cosa necesaria o útil. *El campo está seco por la falta de lluvias.* **SIN.** Tacha, deficiencia, carencia.
2. Error, acto contrario al deber de cada uno. *Copiar en un examen es una grave falta.* **SIN.** Infracción.
3. Ausencia de una persona del sitio donde debe estar. *Me pusieron falta ayer porque no fui a clase.*

4. Acto contrario a las normas de un juego o deporte. *El árbitro no ha pitado la falta.*
5. Imperfección que tiene alguna cosa. *El vestido tenía una falta en las hombreras.* **SIN.** Defecto.
6. hacer falta expresión Ser necesario. *Me hace falta azúcar para hacer el flan.*

faltar (fal-**tar**) verbo
1. Estar ausente una persona o cosa de un determinado lugar donde debería estar. *Falta de casa desde ayer.* **ANT.** Asistir.
2. No tener lo suficiente de alguna cosa. *Le falta voluntad para estudiar.* **SIN.** Carecer, necesitar. **ANT.** Sobrar.
3. No cumplir una promesa. *Faltó a su palabra y no vino a la reunión.* **SIN.** Incumplir. **ANT.** Respetar.
4. Quedar, restar. *Todavía faltan dos horas para que despegue el avión.*
5. Tratar a alguien sin respeto. *No estar de acuerdo no es motivo para que usted me falte.* **SIN.** Ofender.

falto, falta (fal-**to**) adjetivo
Defectuoso o necesitado de alguna cosa. *Estaba falto de dinero.* **SIN.** Carente, escaso, desprovisto. **ANT.** Sobrado, lleno.

fama (fa-**ma**) sustantivo femenino
1. Opinión general que se tiene acerca de una persona. *Picasso tiene fama de pintor genial.* **SIN.** Reputación, nombre, honra.
2. Celebridad, gloria. *El cantante alcanzó la fama en pocos meses.* **SIN.** Triunfo, éxito. **ANT.** Anonimato.

familia
(fa-**mi**-lia) sustantivo femenino
1. Grupo de personas que son parientes, como padres, hijos, abuelos, hermanos, primos, etc. *A la boda vino toda la familia.* **SIN.** Parentela, parientes, familiares.

2. Agrupación de personas, animales o cosas que poseen muchos caracteres comunes. *El león y el gato son de la familia de los felinos.*

familiar (fa-mi-**liar**) adjetivo

1. Que pertenece a la familia. *Tenían que repartir los bienes familiares.*

2. Que es muy conocido o habitual. *El paisaje me resulta familiar.* **SIN.** Ordinario. **ANT.** Raro.

3. Se dice del trato sencillo y sin ceremonia. *El trato fue muy familiar y se sintió a gusto.* **SIN.** Informal, natural. **ANT.** Ceremonioso, protocolario.

4. Se aplica al lenguaje corriente y natural. *La invitación estaba escrita en un tono familiar.* **SIN.** Coloquial.

5. Se dice del producto u objeto de mayor tamaño que el normal, indicado especialmente para el uso de una familia. *Es más barato comprar gel de tamaño familiar.* **ANT.** Individual.

6. sustantivo masculino Cada uno de los miembros de una familia. *La carta era de un familiar suyo.* **SIN.** Pariente.

familiaridad

(fa-mi-lia-ri-**dad**) sustantivo femenino

Sencillez y confianza en el trato. *La reunión se celebró en un ambiente de familiaridad.* **SIN.** Confianza, intimidad. **ANT.** Desconfianza.

familiarizarse

(fa-mi-lia-ri-**zar**-se) verbo

Acostumbrarse a algo. *Pronto se familiarizó con el clima del nuevo país.* **SIN.** Habituarse, adaptarse.

✎ Se conjuga como *abrazar*.

famoso, famosa

(fa-**mo**-so) adjetivo y sustantivo

Que es conocido por mucha gente. *Es un cantante famoso en el mundo entero.* **SIN.** Renombrado, célebre, popular, conocido. **ANT.** Desconocido, ignorado.

fan sustantivo masculino y femenino

Admirador de una persona o aficionado a una cosa. *Pertenece al club de fanes de ese grupo.*

✎ Su plural es *fanes*.

fanático, fanática

(fa-**ná**-ti-co) adjetivo y sustantivo

1. Que defiende con pasión opiniones y creencias religiosas o políticas. *No se puede razonar con ella, es muy fanática.* **SIN.** Exaltado, intolerante. **ANT.** Razonable.

2. Muy entusiasmado por una cosa. *Es un fanático de las películas de terror.* **SIN.** Apasionado.

fandango (fan-**dan**-go) sustantivo masculino

Baile popular español, cuya música se toca con guitarra y castañuelas. *El fandango es típico de Andalucía, Valencia y Baleares.*

fanfarrón, fanfarrona

(fan-fa-**rrón**) adjetivo y sustantivo

Se dice de la persona que presume de valiente o de lo que no es. *Me parece un poco fanfarrón.* **SIN.** Bravucón, vanidoso.

fango (**fan**-go) sustantivo masculino

Barro que se forma en los terrenos donde hay agua estancada. *Como ayer llovió, hoy la mayor parte del prado está llena de fango.* **SIN.** Barro, lodo, cieno.

fantasía (fan-ta-**sí**-a) sustantivo femenino

1. Imaginación o facultad para inventar cosas. *Tiene mucha fantasía.* **SIN.** Ficción. **ANT.** Realismo.

2. Cosa que no es así en la realidad. *Son fantasías suyas.* **SIN.** Invención. **ANT.** Realidad.

fantasioso, fantasiosa

(fan-ta-**sio**-so) adjetivo

1. Que está todo el rato presumiendo. *No soporto a las personas fantasiosas que están siempre jactándose de lo que tienen.* **SIN.** Presuntuoso.

2. Que se deja llevar fácilmente por la imaginación. *Se lleva muchos chascos por ser tan fantasiosa.* **SIN.** Soñador. **ANT.** Realista.

fantasma (fan-**tas**-ma) sustantivo masculino
1. Imagen de un ser creado por la imaginación. *Tenía muchos fantasmas en su imaginación.*
2. Espíritu de una persona muerta que se aparece a los vivos. *Dicen que hay un fantasma en el castillo.*
3. Deshabitado, sin vida. *Era un pueblo fantasma.*

fantástico, fantástica (fan-**tás**-ti-co) adjetivo
1. Que ha sido inventado por la imaginación y no existe en la realidad. *Soñó un viaje fantástico por el Amazonas.* **SIN.** Imaginario, ficticio. **ANT.** Real, realista.
2. Maravilloso, excelente. *Su última novela es fantástica.* **SIN.** Soberbio, magnífico, extraordinario.

faquir (fa-**quir**) sustantivo masculino
Artista de circo cuyo espectáculo consiste en actos como tragar fuego o tumbarse sobre pinchos. *El faquir hizo su número sin ningún accidente.*

faraón (fa-ra-**ón**) sustantivo masculino
Rey del Antiguo Egipto. *Visitó las tumbas de los faraones egipcios.*

fardar (far-**dar**) verbo
Presumir, alardear. *Farda mucho de su nuevo coche.* **SIN.** Jactarse.

fardo (far-**do**) sustantivo masculino
Bulto grande de ropa u otra cosa, muy apretado. *Cargó los fardos de paja.* **SIN.** Bulto.

farfullar (far-fu-**llar**) verbo
Hablar muy deprisa y atropelladamente. *Farfulló algo que no entendí.* **SIN.** Mascullar, chapurrear.

faringe (fa-**rin**-ge) sustantivo femenino
Conducto que forma parte del tubo digestivo; se extiende desde el paladar hasta el esófago. *La faringe interviene en la respiración.*

faringitis (fa-rin-**gi**-tis) sustantivo femenino
Enfermedad que produce la inflamación de la faringe. *Fui al médico porque tenía faringitis.*
✎ Es igual en plural y en singular.

farmacéutico, farmacéutica (far-ma-**céu**-ti-co) adjetivo
1. Que pertenece o se refiere a la farmacia. *Mi primo es representante de productos farmacéuticos.*
2. sustantivo Persona que ha estudiado Farmacia y está, o puede estar, a cargo de una. *El farmacéutico le dio unas pastillas para la tos.*

farmacia (far-**ma**-cia) sustantivo femenino
1. Tienda donde se venden y se preparan medicinas. *Compró aspirinas en la farmacia.* **SIN.** Botica.
2. Ciencia que enseña los conocimientos necesarios para la preparación de los medicamentos y las sustancias que los forman. *Este año han aumentado los estudiantes matriculados en Farmacia.*

faro (fa-ro) sustantivo masculino
1. Torre alta, situada en las costas y puertos, con una luz en la parte superior para orientar a los navegantes. *La Torre de Hércules de La Coruña es un faro.*
2. Cada uno de los focos delanteros de un automóvil. *Llevaba puestos los faros antiniebla.*

farol (fa-**rol**) sustantivo masculino
1. Caja fabricada de una materia transparente, dentro de la cual hay una luz que sirve para alumbrar. *Caminaban por el túnel alumbrándose con un pequeño y viejo farol.* **SIN.** Linterna, lámpara.
2. En los juegos de cartas, jugada de engaño para desorientar al contrario.

Fingía que tenía buenas cartas, pero era un farol.

farola (fa-**ro**-la) sustantivo femenino

Farol grande para alumbrar las calles. *Han roto una farola de la plaza.*

farolillo (fa-ro-**li**-llo) sustantivo masculino

Farol de papel de vistosos colores que se pone como adorno en verbenas y fiestas. *Adornaron el local con farolillos de colores.*

farsa (**far**-sa) sustantivo femenino

1. Nombre que se daba antiguamente a las comedias. *Estudiamos las farsas griegas.*

2. Engaño o simulación de algo. *Era todo una farsa para engañarte.*

farsante, farsanta

(far-**san**-te) adjetivo y sustantivo

Se dice de la persona que finge lo que siente o intenta hacerse pasar por lo que no es. *Descubrieron al farsante.* **SIN.** Embaucador, impostor. **ANT.** Sincero.

fascículo (fas-**cí**-cu-lo) sustantivo masculino

Cada uno de los cuadernos de una obra que se venden por separado. *Regalan el último fascículo de la revista.*

fascinante (fas-ci-**nan**-te) adjetivo

Muy atractivo. *Su último proyecto es fascinante.* **SIN.** Atrayente.

fascinar (fas-ci-**nar**) verbo

Causar deslumbramiento o maravillar a alguien. *El conferenciante fascinó a los asistentes.* **SIN.** Seducir, deslumbrar. **ANT.** Repeler.

fase (**fa**-se) sustantivo femenino

Cada uno de los estados por los que pasa un fenómeno natural, una doctrina, un asunto, etc. *Se encontraba en la fase inicial del proceso de desarrollo.* **SIN.** Período, estado, ciclo.

fastidiar (fas-ti-**diar**) verbo

1. Causar asco, aburrimiento, enfado o molestia una cosa. *Le fastidiaba mu-*

cho perder el tiempo. **SIN.** Cansar, irritar. **ANT.** Gustar.

2. Perjudicar, causar daño. *Me fastidió el cambio de fecha del examen.*

3. fastidiarse Soportar con paciencia algo que no gusta. *Tuvo que fastidiarse y quedarse con él a hacerle compañía.* **SIN.** Aguantarse.

✎ Verbo irregular, se conjuga como *cambiar.*

fatal (fa-**tal**) adjetivo

1. Se dice del hecho desgraciado que no se puede evitar. *Ocurrió el fatal desenlace.* **SIN.** Funesto, nefasto. **ANT.** Afortunado.

2. adverbio Muy mal, pésimamente. *El examen me salió fatal.* **SIN.** Desastrosamente.

fatiga (fa-**ti**-ga) sustantivo femenino

1. Cansancio que se siente después de haber trabajado mucho. *Sentía una gran fatiga después del partido.* **SIN.** Desfallecimiento, agotamiento. **ANT.** Descanso.

2. Dificultad para respirar. *Le entra fatiga al subir las escaleras.* **SIN.** Sofoco, ahogo, asma.

fatigar (fa-ti-**gar**) verbo

1. Causar cansancio una actividad o trabajo. *Caminar me fatiga mucho.* **SIN.** Agotar, extenuar. **ANT.** Descansar.

2. Molestar, importunar. *¡Cómo le fatigaban sus continuas preguntas!* **SIN.** Incomodar, acosar, fastidiar, incordiar. **ANT.** Agradar.

✎ Se conjuga como *ahogar.*

fauna (**fau**-na) sustantivo femenino

Conjunto de los animales propios de un país o región. *Escribió un libro sobre la fauna de la región.*

favor (fa-**vor**) sustantivo masculino

Ayuda, beneficio que se hace o se recibe. *Me hizo el favor de acompañarme a la estación.* **SIN.** Servicio, atención. **ANT.** Faena.

favorable (fa-vo-**ra**-ble) adjetivo
Que es conveniente o bueno para algo. *La firma de aquel acuerdo comercial era favorable para sus negocios.* **SIN.** Propicio, oportuno, conveniente. **ANT.** Desfavorable.

favorecer (fa-vo-re-**cer**) verbo
1. Ayudar o proteger a alguien. *Su política trataba de favorecer a los más necesitados.* **SIN.** Auxiliar, defender, amparar, socorrer.
2. Apoyar un proyecto u opinión. *El equipo directivo favoreció su nuevo plan.* **SIN.** Secundar, patrocinar, proteger. **ANT.** Perjudicar.
✎ Verbo irregular, se conjuga como *parecer*.

favorito, favorita
(fa-vo-**ri**-to) adjetivo
1. Que se prefiere a otro. *La natación era uno de sus deportes favoritos.* **SIN.** Preferido, predilecto.
2. adjetivo y sustantivo Considerado probable ganador de una competición. *Ganó el caballo favorito.*

fax sustantivo masculino
Forma breve de referirse al telefax. *Te enviaré un fax a la oficina.*

faz sustantivo femenino
Rostro, cara. *La faz de esa imagen tiene una talla muy fina.* **SIN.** Fisonomía, semblante, facciones.
✎ Su plural es *faces*.

fe sustantivo femenino
1. Creencia en una verdad religiosa. *Su fe en Dios le daba fuerzas para soportar todas las adversidades.* **SIN.** Religión.
2. Buena opinión que se tiene de algo o alguien. *Tengo fe en lo que dices.* **SIN.** Confianza, seguridad, certeza. **ANT.** Desconfianza.
3. Testimonio de que una cosa es cierta. *Las pruebas daban fe de los hechos.* **SIN.** Prueba, evidencia.

febrero (fe-**bre**-ro) sustantivo masculino
Segundo mes del año; consta de 28 días, excepto en los años bisiestos, que tiene 29. *Nació el 29 de febrero, por eso celebra su cumpleaños una vez cada cuatro años.*

fecha (**fe**-cha) sustantivo femenino
1. Indicación del tiempo en que se hace o sucede una cosa, especificando día, mes y año. *La carta tenía fecha del 25 de mayo de 1990.*
2. Tiempo o momento actual. *Hasta la fecha, es lo único que sabemos con certeza.* **SIN.** Hoy, ahora.

fechoría (fe-cho-**rí**-a) sustantivo femenino
Acción mala. *De joven había cometido muchas fechorías.* **SIN.** Trastada, maldad, faena, delito.

fecundar (fe-cun-**dar**) verbo
1. Hacer productiva una cosa. *El Nilo fecunda los campos de Egipto.* **SIN.** Fertilizar. **ANT.** Esterilizar.
2. Unirse el elemento reproductor masculino al femenino para dar origen a un nuevo ser. *El espermatozoide ha de fecundar el óvulo para crear una nueva vida.* **SIN.** Procrear, engendrar.

fecundo, fecunda
(fe-**cun**-do) adjetivo
1. Que es capaz de fecundar o de ser fecundado. *Período fecundo.*
2. Que produce mucho. *Estas tierras son muy fecundas.* **SIN.** Fértil, productivo. **ANT.** Estéril.

federación
(fe-de-ra-**ción**) sustantivo femenino
1. Asociación entre varias personas, entidades, países, etc. *Se ha formado una federación de sindicatos del metal.* **SIN.** Alianza, confederación, liga.
2. Organismo que tiene a su cargo el control y desarrollo de un deporte. *Se ha reunido en Madrid la Federación Nacional de Fútbol.*

federal - fenómeno

federal (fe-de-**ral**) adjetivo
1. Que pertenece o se refiere a una federación. *La policía federal descubrió el crimen.*
2. Se dice del sistema de gobierno de una federación de Estados que, aunque sean independientes, para ciertos asuntos dependen de las decisiones de un Gobierno central. *Suiza es un Estado federal.*

felicidad (fe-li-ci-**dad**) sustantivo femenino
Sentimiento de alegría, satisfacción, contento, etc., por haber conseguido algo o por encontrarse en una situación agradable. *El nacimiento de un niño causa felicidad.* **SIN.** Dicha, placer.

felicitación
(fe-li-ci-ta-**ción**) sustantivo femenino
1. Manifestación de nuestra alegría a una persona por algo bueno que le ha sucedido. *Recibió la felicitación de todos.* **SIN.** Enhorabuena. **ANT.** Crítica, pésame.
2. Tarjeta o nota con que se felicita a alguien. *Envió felicitaciones de Navidad a muchos amigos suyos.*

felicitar (fe-li-ci-**tar**) verbo
Manifestar a una persona nuestra alegría por algo bueno que le ha sucedido. *La felicité por el éxito de su trabajo.* **SIN.** Congratular(se).

felino, felina
(fe-**li**-no) adjetivo y sustantivo masculino
Que se refiere al gato, o a los animales de la misma familia. *Los leones son unos grandes felinos.*

feliz (fe-**liz**) adjetivo
1. Que tiene o produce felicidad. *Se sentía feliz con su nuevo trabajo.* **SIN.** Dichoso, afortunado. **ANT.** Desdichado, desafortunado.
2. Que es oportuno y eficaz. *Tuvo una feliz idea.* **SIN.** Acertado.
✎ Su plural es *felices*.

felpa (**fel**-pa) sustantivo femenino
Tejido aterciopelado por una cara. *Tengo un albornoz de felpa.*

felpudo (fel-**pu**-do) sustantivo masculino
Alfombra que se pone a la entrada de las casas para limpiar el barro y la suciedad de los zapatos. *Límpiate bien en el felpudo antes de entrar.*

femenino, femenina
(fe-me-**ni**-no) adjetivo
1. Que pertenece a la mujer o que tradicionalmente se ha considerado como propio de ella. *Es una mujer muy femenina.* **ANT.** Masculino, viril.
2. En gramática, que pertenece o se refiere al género femenino, es decir, que lleva los artículos *la*, *las*, *una* y *unas*. *Casa es una palabra de género femenino.*

fenomenal (fe-no-me-**nal**) adjetivo
1. Estupendo, muy bueno. *Tuvo una actuación fenomenal.* **SIN.** Extraordinario. **ANT.** Desagradable.
2. Extraordinariamente grande. *Han colocado una fenomenal fuente en el centro de la plaza.* **SIN.** Tremendo. **ANT.** Minúsculo.
3. adverbio Estupendamente, muy bien. *Lo pasamos fenomenal en el viaje.*

fenómeno
(fe-**nó**-me-no) sustantivo masculino
1. Suceso de cualquier clase, ya sea material o espiritual. *La lluvia es un fenómeno natural.*
2. Cosa extraordinaria y sorprendente. *Era todo un fenómeno que hubiera conseguido el apoyo de sus compañeros.* **SIN.** Prodigio, portento, rareza, maravilla.
3. Persona o animal monstruoso. *El protagonista era un auténtico fenómeno que tenía asustados a todos los niños.* **SIN.** Engendro.
4. Persona que destaca en algo. *Juan es un fenómeno cocinando.*

feo, fea (fe-o) adjetivo
1. Se dice de aquello que no tiene belleza. *No lleves esa chaqueta vieja, estás muy feo con ella.* **SIN.** Antiestético, espantoso. **ANT.** Hermoso, bello, bonito.
2. De aspecto desfavorable. *El asunto se ponía cada vez más feo.*

féretro (fé-re-tro) sustantivo masculino
Caja donde se pone el cadáver para llevarlo a enterrar. *Llevaron el féretro a hombros.* **SIN.** Ataúd.

feria (fe-ria) sustantivo femenino
1. Mercado en lugar público y en días señalados. *El primer miércoles de cada mes había feria.*
2. Conjunto de atracciones que se instalan en una población con motivo de sus fiestas. *Lo que más le gustaba de la feria era la noria.*
3. Exposición que se centra en un determinado producto o tema para su promoción y venta. *La próxima semana se celebra la feria del queso.* **SIN.** Certamen.

fermento
(fer-men-to) sustantivo masculino
Sustancia formada por seres microscópicos que, en contacto con otra, la hace transformarse. *Para hacer queso, hay que añadir fermento a la leche.* **SIN.** Levadura.

feroz (fe-roz) adjetivo
1. Se dice del animal sanguinario. *Una manada de lobos feroces merodeaba por los alrededores del pueblo.* **SIN.** Salvaje. **ANT.** Inofensivo.
2. Que actúa con crueldad. *Era una persona muy feroz.* **SIN.** Cruel, despiadado. **ANT.** Bondadoso.

férreo, férrea (fé-rre-o) adjetivo
De hierro, o duro y resistente como el hierro. *Tenía una voluntad férrea.* **SIN.** Inflexible, fuerte.

ferretería (fe-rre-te-rí-a) sustantivo femenino
Establecimiento comercial donde se venden objetos de hierro e instrumentos de bricolaje. *Compró clavos en la ferretería.*

ferri sustantivo masculino
Embarcación que se transporta personas, vehículos y trenes de una orilla a otra de un río o canal. *Cogieron el ferri para cruzar el canal.* **SIN.** Transbordador.
✎ Su plural es *ferris*.

ferrocarril (fe-rro-ca-rril) sustantivo masculino
Tren, máquina compuesta por una locomotora que arrastra los vagones a lo largo de las vías. *Me gusta viajar en ferrocarril.*

fértil (fér-til) adjetivo
1. Se dice de la tierra que produce mucho y de los seres vivos que pueden reproducirse. *Aquella huerta era muy fértil.* **SIN.** Fecundo, rico. **ANT.** Estéril, yermo.
2. Que produce abundantes frutos, obras o dinero. *El quiosco era un fértil negocio.*

fertilización
(fer-ti-li-za-ción) sustantivo femenino
Combinación de una célula masculina y otra femenina para formar la semilla. *En la ganadería se usa mucho la fertilización artificial.*

fertilizante (fer-ti-li-zan-te) adjetivo
Sustancia natural o fabricada artificialmente que sirve para hacer fértil la tierra. *No necesitó usar mucho fertilizante en esta cosecha.*

festejar (fes-te-jar) verbo
Celebrar algo con una fiesta. *Festejaron el éxito de la película.*

festín (fes-tín) sustantivo masculino
Banquete muy abundante, sobre todo el que tiene lugar para festejar algo. *Organizó un festín.* **SIN.** Convite.

festival (fes-ti-**val**) sustantivo masculino
1. Fiesta, especialmente musical. *Su grupo favorito actuaba en el festival.* **SIN.** Función, espectáculo.
2. Muestra de cine, música, teatro, etc. que se celebra cada cierto tiempo y, donde, generalmente, se conceden y entregan premios. *Fui al Festival de Cine de San Sebastián.* **SIN.** Certamen.

festivo, festiva (fes-ti-vo) adjetivo
1. Chistoso, alegre. *Habló en un tono muy festivo.* **ANT.** Triste.
2. Se dice del día en que no se trabaja. *Los domingos son días festivos.* **ANT.** Laborable, de diario.

fetiche (fe-ti-che) sustantivo masculino
Objeto que una persona considera que le da suerte o hace bien. *No se separaba de su fetiche.* **SIN.** Talismán, amuleto.

feto (fe-to) sustantivo masculino
Bebé no nacido aún, desde los dos meses hasta que nace. *Hasta los dos meses, el feto se llama* embrión.

fiambre
(fiam-bre) adjetivo y sustantivo masculino
1. Se dice de la carne y el pescado que se come frío, una vez cocinado, y también de la carne curada. *Hizo un bocadillo de fiambre.*
2. sustantivo masculino Cadáver, cuerpo de una persona muerta. *En esa película tan violenta salían muchos fiambres.*

fiambrera
(fiam-bre-ra) sustantivo femenino
Recipiente con tapa bien ajustada, que se utiliza para llevar comidas fuera de casa. *Puso la tortilla de patata en la fiambrera.*

fiar (fi-ar) verbo
1. Vender una cosa sin pagar en el momento de venta. *El tendero no quería fiar a nadie.*
2. fiarse Confiar en alguien o algo. *Se fía de lo que él dice.*
✎ Se conjuga como *desviar*.

fibra (fi-bra) sustantivo femenino
1. Cada uno de los hilos que componen algunas sustancias animales, vegetales o minerales. *Desgarró la carne en fibras.*
2. Hilo utilizado para hacer telas que se obtiene por procedimientos químicos. *El telar teje las fibras para hacer telas.* **SIN.** Hebra.

ficción (fic-ción) sustantivo femenino
1. Fingimiento de que algo es distinto de como es en realidad. *Era todo pura ficción.*
2. Invención propia de la imaginación. *Le interesa la ciencia ficción.*

ficha (fi-cha) sustantivo femenino
1. Pieza pequeña que sirve para contar en un juego. *Las fichas del parchís son de cuatro colores.*
2. Hoja de cartulina en la que se anotan ciertos datos. *Guarda estas fichas por orden alfabético.* **SIN.** Tarjeta.

fichaje (fi-cha-je) sustantivo masculino
Contratación de una persona para un trabajo, sobre todo un jugador o técnico deportivo para determinado equipo. *El fichaje del nuevo jugador alegró mucho a los socios del equipo.*

fichar (fi-char) verbo
1. Rellenar una ficha con ciertos datos de interés. *Tenía fichados todos los libros que había leído.*
2. Sospechar o dudar de una persona. *Lo tenía fichado desde el primer día.* **SIN.** Desconfiar.
3. Contratar a una persona, especialmente un jugador, para trabajar en determinado equipo. *Fichó por el Atlético de Madrid.*
4. Dejar marcadas un empleado la hora de entrada y salida de su trabajo. *Se me ha olvidado fichar.*

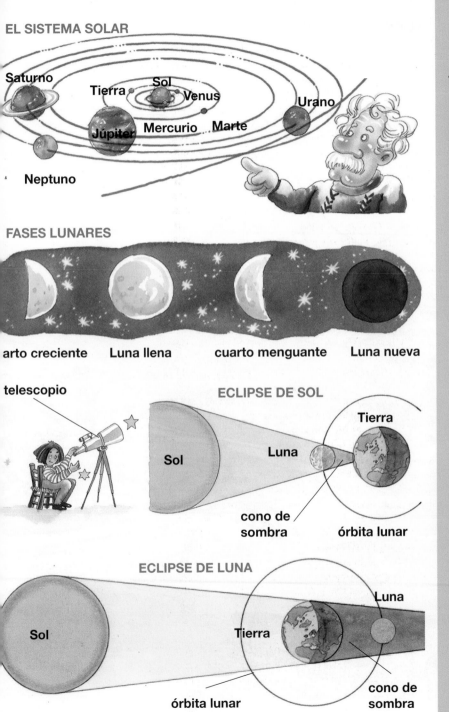

EL SISTEMA SOLAR

Saturno
Tierra
Sol
Venus
Urano
Júpiter
Mercurio
Marte
Neptuno

FASES LUNARES

arto creciente   Luna llena   cuarto menguante   Luna nueva

telescopio

ECLIPSE DE SOL

Sol
Luna
Tierra
cono de sombra
órbita lunar

ECLIPSE DE LUNA

Sol
Tierra
Luna
órbita lunar
cono de sombra

EL CICLO DEL AGUA

vacas

caballos

presa

laguna

rebaño

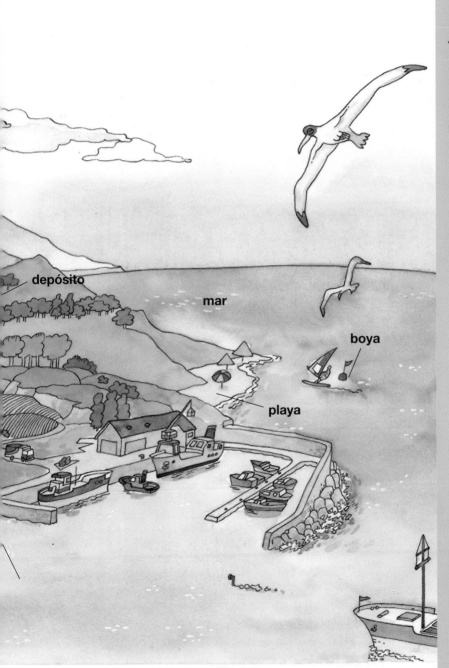

depósito

mar

boya

playa

LAS ESTACIONES

OTOÑO

cepas

lluvia

paraguas

chubasquero

botas de agua

hojas secas

sol

frutas

trigo

toldo

balón

VERANO

INVIERNO

nieve

árboles

humo

gorro

bufanda

muñeco de nieve

cartera

chimenea

viento

cometa

maceta

mariposas

flores

PRIMAVERA

TIPOS DE CONTAMINACIÓN

marea negra

contaminación industrial

incendio forestal

tala de árboles (deforestación)

contaminación urbana

vertedero

río contaminado

playa contaminada

fichero (fi-**che**-ro) sustantivo masculino
Archivo donde se pueden guardar las fichas clasificadas. *Tengo que ordenar el fichero.*

ficticio, ficticia (fic-**ti**-cio) adjetivo
Se dice de aquello que carece de verdad o realidad. *Era un relato totalmente ficticio.* **SIN.** Falso, imaginado. **ANT.** Real.

fidelidad (fi-de-li-**dad**) sustantivo femenino
1. Lealtad a otra persona. *La fidelidad entre los amigos era muy importante para él.* **SIN.** Apego, devoción. **ANT.** Deslealtad.
2. Exactitud en el cumplimiento de alguna cosa o precisión en la reproducción de un modelo. *El retrato muestra fidelidad al modelo.*

fideo (fi-**de**-o) sustantivo masculino
Pasta de harina de trigo en forma de hilo. *Tomaré sopa de fideos.*

fiebre (**fie**-bre) sustantivo femenino
1. Elevación de la temperatura normal del cuerpo a causa de una enfermedad. *Voy a ponerte el termómetro para ver si tienes fiebre.*
2. Gran afición por algo. *Le entró la fiebre de la música celta y no escuchaba otra cosa.* **SIN.** Moda.

fiel adjetivo
1. Que cumple sus promesas y obligaciones. *Puedes confiar en ella, es una persona muy fiel.* **SIN.** Leal.
2. Exacto, conforme a la verdad. *Era una copia fiel del original.*
3. sustantivo Persona religiosa. *Un gran número de fieles acudió a la ceremonia religiosa.* **SIN.** Creyente.

fiera (**fie**-ra) sustantivo femenino
1. Animal salvaje, que no está domado. *En el zoo había fieras.*
2. Persona cruel o de carácter violento. *Cuando se enfada, es una fiera.* **SIN.** Bruto, salvaje.

3. sustantivo Persona que es muy buena en una actividad o profesión. *Es un fiera en matemáticas.*

fiero, fiera (**fie**-ro) adjetivo
1. Se dice del animal no domesticado y que ataca a otros animales o a las personas. *El león es un animal muy fiero.* **SIN.** Sanguinario, feroz. **ANT.** Manso.
2. Que tiene mal carácter. *Cuando se pone tan fiero, me da miedo.* **SIN.** Intratable. **ANT.** Afable.

fiesta (**fies**-ta) sustantivo femenino
1. Día en que una nación, región o localidad celebra algo, no se trabaja, y tienen lugar una serie de actos, espectáculos y diversiones. *Por san Mateo se celebran las fiestas de Valladolid.* **SIN.** Festividad. **ANT.** Día laborable.
2. Celebración de un grupo de personas que se reúnen para divertirse juntas. *Lo pasé genial en la fiesta.*

figura (fi-**gu**-ra) sustantivo femenino
1. Forma exterior de un cuerpo. *Aquella veleta tiene figura de gallo.* **SIN.** Aspecto, apariencia, silueta.
2. Pintura, dibujo o escultura que representa el cuerpo de una persona o de un animal. *Ese artista pinta bien figuras, pero no paisajes.* **SIN.** Efigie.
3. Persona que destaca por algo. *Beethoven es una gran figura en la música clásica.* **SIN.** Personalidad.

figurar (fi-gu-**rar**) verbo
1. Fingir. *Le vi, pero él figuró que estaba mirando el escaparate.*
2. Formar parte de un número determinado de personas o cosas. *No figura en la lista de invitados.*
3. Presumir, aparentar. *Es muy vanidoso, le gusta mucho figurar.*
4. figurarse Imaginarse, suponer alguien algo que no conoce. *Me figuro que no tardarán mucho.* **SIN.** Sospechar, creer, fantasear.

fijar (fi-**jar**) verbo

1. Sujetar una cosa en otra con clavos, pegamento u otros medios. *Está prohibido fijar carteles en esta pared.* **SIN.** Asegurar, adherir, incrustar. **ANT.** Soltar.

2. Dirigir intensamente la atención o la mirada. *Todos los alumnos fijaron la mirada en el maestro.* **SIN.** Localizar. **ANT.** Desviar.

3. Determinar algo de una forma precisa: un lugar, una cantidad, etc. *Fijamos la hora de salida del viaje.* **SIN.** Precisar, marcar.

4. fijarse Prestar atención. *Se fijó bien en cómo lo hacía el profesor.* **SIN.** Atender, reparar.

fijo, fija (fi-jo) adjetivo

1. Que no se mueve por estar bien sujeto. *Esa estantería está fija en la pared.* **SIN.** Firme, seguro.

2. Que está establecido de forma permanente y no cambia. *Todavía no tiene un puesto de trabajo fijo.* **SIN.** Estable, inalterable, invariable. **ANT.** Inestable.

fila (fi-la) sustantivo femenino

1. Orden que guardan varias personas o cosas colocadas en línea. *Formaron varias filas.* **SIN.** Hilera, ringlera, línea, columna.

2. fila india expresión La formada por varias personas o cosas situadas una detrás de la otra. *Cruzamos el estrecho desfiladero en fila india.*

filamento (fi-la-**men**-to) sustantivo masculino
Cuerpo de forma larga y delgada. *Las patas de la araña son pequeños filamentos.*

filantropía

(fi-lan-tro-**pí**-a) sustantivo femenino
Amor hacia las demás personas, que lleva a hacer cosas buenas por ellas sin pedir nada a cambio. *Ayudaba a los demás por pura filantropía.* **SIN.** Altruismo, desinterés. **ANT.** Egoísmo.

filatelia (fi-la-**te**-lia) sustantivo femenino
Conocimiento y estudio de los sellos de correos y afición a coleccionarlos. *La filatelia es una de sus grandes pasiones.*

filete (fi-**le**-te) sustantivo masculino
Pequeña loncha de carne sin hueso o de pescado limpio de espinas. *Comió un filete de ternera con patatas fritas.* **SIN.** Bistec o bisté.

filial (fi-**lial**) adjetivo

1. Que pertenece o se refiere al hijo. *Tenía un gran amor filial a su madre.*

2. Tienda u oficina que depende de otra. *Trabaja en una filial del Banco Central.* **SIN.** Sucursal, agencia, delegación. **ANT.** Central.

filmar (fil-**mar**) verbo
Tomar imágenes y sonido para una película cinematográfica o una cinta de video. *Filmó en video la fiesta de cumpleaños de su hijo.*

filme sustantivo masculino
Película cinematográfica. *Le gustan los filmes de aventuras.*
✎ También *film.*

filmina (fil-**mi**-na) sustantivo femenino
Diapositiva, especie de fotografía que se proyecta sobre una pantalla con un aparato adecuado. *En clase nos pusieron unas filminas de animales salvajes.*
✎ También *diapositiva.*

filmoteca (fil-mo-**te**-ca) sustantivo femenino
Lugar donde se guardan y se pueden ver las películas que ya no se proyectan en los cines. *Fue a la filmoteca a ver una película.*

filo (fi-lo) sustantivo masculino
Borde agudo de un instrumento cortante. *El filo de un cuchillo, de unas tijeras, etc.* **SIN.** Corte, tajo.

filología (fi-lo-lo-**gí**-a) sustantivo femenino
Ciencia que estudia la lengua y la literatura de un pueblo. *Se graduó en Filología Inglesa.*

filón (fi-**lón**) sustantivo masculino
1. Masa de mineral que se encuentra en una grieta de las rocas de un terreno. *Encontraron un filón de aquel metal.* **SIN.** Veta.
2. Materia, negocio, etc. que da grandes beneficios. *Ese negocio de venta de coches es un filón.* **SIN.** Mina, chollo. **ANT.** Ruina.

filosofía (fi-lo-so-**fí**-a) sustantivo femenino
1. Ciencia que estudia el pensamiento humano y reflexiona con profundidad sobre el ser de las cosas. *Estudió Historia de la Filosofía.*
2. Fortaleza, serenidad para soportar las cosas malas de la vida. *El equipo se tomó la derrota con filosofía.*

filtrar (fil-**trar**) verbo
1. Hacer pasar un líquido a través de un filtro para limpiar sus impurezas. *Los exploradores tenían que filtrar el agua porque no era potable.* **SIN.** Refinar, purificar.
2. Hacer que se conozca algo que era secreto. *Filtró la noticia aunque era un secreto militar.*

filtro (**fil**-tro) sustantivo masculino
Materia o aparato a través del cual se separan los componentes de un líquido o los distintos rayos de luz. *Pon un filtro en la cafetera.* **SIN.** Colador, tamiz.

fin sustantivo masculino
1. Término de una cosa. *Leí la novela de principio a fin.* **SIN.** Final, terminación. **ANT.** Comienzo.
2. Motivo con que se hace una cosa. *La reunión tiene como fin hacer un trabajo entre todos.* **SIN.** Intención, propósito, objetivo.

final (fi-**nal**) adjetivo
1. Que pone fin o término a algo. *Estamos construyendo el tramo final de la carretera.*

2. Fin de una cosa. *Se acercaba el final de las vacaciones.* **SIN.** Término, remate. **ANT.** Comienzo.
3. sustantivo femenino Prueba última y decisiva en un concurso o competición. *Consiguió entradas para la final de fútbol.*

finalidad (fi-na-li-**dad**) sustantivo femenino
Aquello que se quiere conseguir al hacer una cosa. *Desconocía la finalidad de aquella reunión.* **SIN.** Motivo, objetivo, propósito.

finalista (fi-na-**lis**-ta) adjetivo y sustantivo
Cada una de las personas que llegan a la final de una competición deportiva, certamen artístico, etc. *Fue uno de los tres finalistas del concurso.*

finalizar (fi-na-li-**zar**) verbo
1. Acabar una cosa. *Finalizó el trabajo antes de lo que pensaba.* **SIN.** Terminar, rematar, concluir. **ANT.** Empezar, iniciar.
2. Extinguirse o acabarse una cosa. *El plazo de inscripción para la excursión finaliza la próxima semana.* **SIN.** Cumplir, prescribir.
✎ Se conjuga como *abrazar*.

finanzas
(fi-**nan**-zas) sustantivo femenino plural
Actividades relacionadas con el dinero o los negocios del Estado, los bancos o las grandes empresas. *Es una revista dedicada al mundo de las finanzas.*

finca (**fin**-ca) sustantivo femenino
Terreno o casa de una persona, en el campo o en la ciudad. *Merendamos en su finca.* **SIN.** Solar.

fingir (fin-**gir**) verbo
Hacer que parezca verdad una cosa que no lo es. *Fingí que me lo creía.* **SIN.** Simular, aparentar.
✎ Se conjuga como *urgir*.

fino, fina (**fi**-no) adjetivo
1. Delgado y delicado. *El papel es mucho más fino que el cartón.* **SIN.** Refinado, sutil. **ANT.** Tosco, grueso.

2. De buena educación, cortés. *Es muy fino, siempre cede su asiento a los ancianos en el autobús.* **SIN.** Correcto, atento. **ANT.** Grosero.

3. Se dice del sentido que está muy desarrollado. *Este perro tiene un olfato muy fino.*

4. Se dice de la persona muy hábil en alguna cosa. *Es un carpintero muy fino, trabaja la madera de maravilla.* **SIN.** Diestro. **ANT.** Torpe.

firma (fir-ma) sustantivo femenino

1. Nombre y apellidos de una persona escritos por ella misma. *Pon la firma al final de la solicitud.*

2. Empresa comercial. *Trabaja en una firma importante de seguros.* **SIN.** Compañía, sociedad.

firmamento

(fir-ma-**men**-to) sustantivo masculino

Cielo, lugar en el que se encuentran los astros. *Las estrellas brillaban en el firmamento.*

firmar (fir-**mar**) verbo

Poner nombre y apellidos con la letra propia. *Firma la carta al final.*

firme (**fir**-me) adjetivo

1. Que no se mueve. *Esa cerradura está firme, no cederá.* **SIN.** Seguro, fijo, estable. **ANT.** Inestable.

2. Que no se deja dominar ni abatir. *Está firme en su decisión.*

3. sustantivo masculino Pavimento de una carretera. *Estaban arreglando el firme de la calle.* **SIN.** Calzada.

4. de firme expresión Con constancia. *Trabajamos de firme en el proyecto.*

5. en firme expresión Definitivamente. *Es una propuesta en firme.*

firmeza (fir-**me**-za) sustantivo femenino

1. Estado de lo que no se mueve ni vacila. *Era indiscutible la firmeza del viejo caserón.* **SIN.** Seguridad, solidez, estabilidad. **ANT.** Inestabilidad.

2. Fuerza moral. *Tuvo mucha firmeza para salir adelante pese a las adversidades.* **SIN.** Tesón, entereza.

fiscal (fis-**cal**) sustantivo

Persona que trata de demostrar en un juicio que el acusado es culpable. *El fiscal pedía dos años de prisión para el acusado.*

fisgar (fis-**gar**) verbo

Acechar a los demás para averiguar lo que hacen. *Le pillaron fisgando detrás de la puerta.* **SIN.** Fisgonear, cotillear.

✎ Se conjuga como *ahogar*.

fisgón, fisgona

(fis-**gón**) adjetivo y sustantivo

Que le gusta enterarse de los asuntos de los demás. *Cierro mis cajones con llave, porque mi hermano es un fisgón.* **SIN.** Curioso.

fisgonear (fis-go-ne-**ar**) verbo

Fisgar, espiar a los demás para enterarse de sus asuntos. *Su vecina no dejaba de fisgonear quién entraba y salía.*

física (**fí**-si-ca) sustantivo femenino

Ciencia que estudia las propiedades de los cuerpos y las leyes por las que cambian de forma o estado. *Necesitaban a una persona con el grado en Física.*

físico, física (**fí**-si-co) adjetivo

1. Que pertenece o se refiere a la física. *Leyes físicas.*

2. Que pertenece o se refiere a la materia. *Me preocupa tu estado físico.* **SIN.** Real, material, corporal. **ANT.** Psíquico.

3. sustantivo Persona que, por profesión o estudio, se dedica a la física o a su enseñanza. *Su madre es física.*

4. sustantivo masculino Aspecto exterior de una persona. *Te recomiendo buscar un vestido de novia acorde con tu físico.* **SIN.** Cuerpo, apariencia.

fisonomía

(fi-so-no-**mí**-a) sustantivo femenino

1. Aspecto del rostro de una persona, con sus rasgos peculiares. *Recordaba perfectamente su fisonomía.* **SIN.** Semblante, cara.

2. Aspecto exterior de las cosas. *No me gusta la fisonomía de ese edificio.* **SIN.** Apariencia, figura.

fisura

(fi-**su**-ra) sustantivo femenino

1. Grieta que se forma en un objeto. *La lluvia se filtraba por las fisuras del techo.* **SIN.** Raja, rendija.

2. Fractura o grieta en un hueso. *Se hizo una fisura en el fémur.*

flácido, flácida

(**flá**-ci-do) adjetivo

Flojo, blando. *Tenía los músculos muy flácidos por la falta de ejercicio.* **SIN.** Lacio. **ANT.** Tieso, rígido.

flaco, flaca

(**fla**-co) adjetivo y sustantivo

Se dice de la persona o animal delgado, con poca carne. *Se quedó muy flaco después de su enfermedad.* **ANT.** Gordo.

flamante

(fla-**man**-te) adjetivo

1. Resplandeciente, brillante. *Estuvimos ayer limpiando los zapatos y están flamantes.*

2. Se dice de las cosas recién hechas o estrenadas. *Vino en su flamante coche.* **SIN.** Nuevo, reciente.

flamear

(fla-me-**ar**) verbo

1. Echar llamas. *Las hogueras flameaban en la noche.* **SIN.** Arder.

2. Ondear al viento las banderas y las velas de un barco. *Las banderas flamean en sus mástiles.* **SIN.** Ondular, flotar.

flamenco, flamenca

(fla-**men**-co) adjetivo y sustantivo

1. Se dice del cante y baile andaluz propio de los gitanos. *Es una gran amante del flamenco.*

2. sustantivo masculino Ave alta, de patas y cuello muy largo, de color blanco-rosado. *Había muchos flamencos.*

flan

sustantivo masculino

Dulce blando que se hace con yemas de huevo, leche y azúcar, y tiene la forma del molde en que se ha hecho. *De postre, comí un flan de huevo.*

flaqueza

(fla-**que**-za) sustantivo femenino

1. Debilidad o falta de fuerzas. *Notaba la flaqueza de sus piernas.*

2. Fallo que se comete por no ser capaz de resistirse a no hacerlo. *Rendirse fue una flaqueza.*

flash

sustantivo masculino

Luz intensa que se produce en el instante de sacar una fotografía en un lugar oscuro. *Como era de noche, sacaron la foto con flash.*

✎ También *flas.*

flauta

(**flau**-ta) sustantivo femenino

Instrumento musical que consiste en un tubo cilíndrico con varios agujeros que se tapan con los dedos. *Aprende a tocar la flauta en el conservatorio.*

flecha

(**fle**-cha) sustantivo femenino

1. Arma que se dispara con un arco y consiste en una varilla terminada en una punta triangular. *La flecha dio en la diana.* **SIN.** Saeta.

2. Signo con esta forma que indica dirección. *La flecha señala que tienes que virar a la derecha.*

flechazo

(fle-**cha**-zo) sustantivo masculino

1. Golpe o herida de flecha. *Recibió un flechazo en el hombro.*

2. Amor que nace de repente. *Nada más conocerse, surgió el flechazo entre ellos.* **SIN.** Enamoramiento.

fleco

(**fle**-co) sustantivo masculino

1. Adorno compuesto por una serie de hilos o cordoncillos colgantes. *La falda de la camilla es roja con los flecos en beis.* **SIN.** Adorno.

2. Borde de una tela deshilachado por el uso. *Tengo el bajo de los vaqueros lleno de flecos.*

flequillo

(fle-**qui**-llo) sustantivo masculino

Parte del cabello que cae sobre la frente. *Se cortó el flequillo.*

flexible (fle-**xi**-ble) adjetivo

1. Que se puede doblar con facilidad. *El plomo es un metal flexible.* **SIN.** Elástico, dúctil, maleable. **ANT.** Rígido, duro, inflexible.

2. Se dice del ánimo o carácter que se adapta con facilidad a las situaciones y comprende a los demás. *Es fácil razonar con él porque es muy flexible.* **SIN.** Transigente, tolerante. **ANT.** Inflexible.

flexión (fle-**xión**) sustantivo femenino

Ejercicio que consiste en doblar el cuerpo o una parte de él. *Hicieron varias series de diez flexiones.*

flexo (**fle**-xo) sustantivo masculino

Lámpara de mesa con mango flexible. *En su mesa tenía un flexo.*

flirtear (flir-te-**ar**) verbo

Coquetear, galantear. *Le gustaba flirtear porque era muy presumido.*

flojo, floja (**flo**-jo) adjetivo

1. Mal atado, poco ceñido o poco tirante. *Lleva flojo el nudo de la corbata.* **SIN.** Suelto, desatado. **ANT.** Firme, apretado.

2. Que no tiene actividad ni fuerza. *Sus piernas estaban tan flojas que no se sostenía de pie.* **SIN.** Débil, desanimado, apagado. **ANT.** Animado, vigoroso, fuerte.

3. De poca calidad o cantidad. *Los exámenes estaban muy flojos.*

flor sustantivo femenino

1. Parte de la planta donde se hallan los órganos de reproducción. *Corté flores en el jardín.*

2. flor y nata expresión Lo más destacado o importante de una cosa. *A la fiesta asistió la flor y nata de la sociedad.*

flora (**flo**-ra) sustantivo femenino

Conjunto de plantas que crecen en un país o región. *El libro trataba sobre la flora de la selva.* **SIN.** Vegetación.

florecer (flo-re-**cer**) verbo

1. Echar flores las plantas. *El rosal florecerá esta primavera.* **SIN.** Brotar. **ANT.** Marchitar.

2. Prosperar en riqueza o reputación. *Su fama floreció con sus dos últimas novelas.* **SIN.** Progresar, aumentar. **ANT.** Decaer.

3. Existir una persona o cosa importante en un lugar o tiempo determinado. *En el siglo XVI, floreció una rica cultura en Italia.*

✎ Verbo irregular, se conjuga como *parecer.*

florecimiento

(flo-re-ci-**mien**-to) sustantivo masculino

Desarrollo de la importancia, belleza o riqueza de una cosa. *Se observa un gran florecimiento en la ciudad.* **SIN.** Auge, progreso. **ANT.** Decadencia.

florero (flo-**re**-ro) sustantivo masculino

Jarrón para poner flores. *Le regalaron un bonito florero de cerámica.*

florido, florida (flo-**ri**-do) adjetivo

1. Que tiene flores. *El rosal ya estaba florido.*

2. Se dice de lo mejor y más selecto de alguna cosa. *Estaba lo más florido del mundillo teatral.*

florista (flo-**ris**-ta) sustantivo

Persona que vende flores. *La florista nos preparó un precioso centro con rosas y gladiolos.*

floritura (flo-ri-**tu**-ra) sustantivo femenino

Adorno innecesario que oculta lo principal de una cosa. *Déjate de florituras y vete al grano.*

flota (**flo**-ta) sustantivo femenino

1. Conjunto de barcos o aviones de un país o de una empresa destinados

al comercio, la pesca o la guerra. *Enviaron la flota de guerra hacia las islas.*
2. Conjunto de vehículos de una determinada empresa. *Es dueño de una importante flota de camiones.*

flotador (flo-ta-**dor**) sustantivo masculino
Aparato que se sujeta al cuerpo de una persona para que esta flote en el agua. *El niño se puso a hinchar el flotador.*

flotar (flo-**tar**) verbo
1. Mantenerse un cuerpo en la superficie de un líquido o suspendido en el aire. *Su patito de goma flotaba en la bañera.* **SIN.** Navegar, nadar. **ANT.** Hundirse.
2. Sentir una misma sensación un grupo de personas. *Un gran descontento flotaba en el ambiente.*

fluido, fluida
(**flui**-do) adjetivo y sustantivo masculino
1. Se dice de la sustancia, líquida o gaseosa, que adopta la forma del recipiente que lo contenga. *Llenó los depósitos con los fluidos ya preparados.* **ANT.** Sólido.
2. adjetivo Se dice del lenguaje o estilo natural y sencillo. *Utiliza un lenguaje muy fluido.* **ANT.** Difícil.
3. sustantivo masculino Corriente eléctrica. *Se cortó el fluido eléctrico.*

flujo (**flu**-jo) sustantivo masculino
1. Movimiento de los líquidos o de los fluidos. *La piedra produjo un flujo en la superficie del agua al caer.*
2. Movimiento de ascenso de la marea. *Hay flujo en la ría.*
3. Salida al exterior de un líquido del cuerpo humano. *Por la herida manaba un gran flujo de sangre.* **SIN.** Excreción, supuración.

flúor (**flú**-or) sustantivo masculino
Gas venenoso, de color amarillo verdoso. *El flúor protege la dentadura de las caries.*

fluorescente
(fluo-res-**cen**-te) sustantivo masculino
Se dice del tubo de vidrio con el interior recubierto de una sustancia que emite luz intensa. *Se fundió el fluorescente.*

fluvial (flu-**vial**) verbo
Que pertenece o se refiere a los ríos. *En Alemania se da mucho el transporte fluvial de mercancías.*

foca (**fo**-ca) sustantivo femenino
Animal marino de cuerpo alargado cubierto de grasa y pelo, que se alimenta de peces. *Las focas nadan con gran habilidad.*

foco (**fo**-co) sustantivo masculino
1. Lámpara eléctrica que produce una luz muy potente. *Varios focos iluminaban el escenario.*
2. Lugar donde está concentrada una cosa y desde donde se propaga. *Aquel era el foco de la epidemia.* **SIN.** Base, núcleo.

fofo, fofa (**fo**-fo) adjetivo
Se dice de lo que está blando o se deforma con facilidad. *Tenía los músculos fofos por no hacer ejercicio físico.* **SIN.** Esponjoso, flácido, inconsistente. **ANT.** Duro.

fogata (fo-**ga**-ta) sustantivo femenino
Fuego que levanta llama. *Hicimos una fogata para calentarnos.*

fogonazo
(fo-go-**na**-zo) sustantivo masculino
Llamarada momentánea que algunas materias, como la pólvora, producen al encenderse. *Salió un fuerte fogonazo.* **SIN.** Chispazo, resplandor.

folclore (fol-**clo**-re) sustantivo masculino
Conjunto de las tradiciones, costumbres o creencias de un pueblo o país. *Es un estudioso del folclore de su tierra.* **SIN.** Tradición.
✎ También *folclor*.

folio (fo-lio) sustantivo masculino

Hoja de papel. *El sumario del caso constaba de 6000 folios.* **SIN.** Página, pliego.

follaje (fo-lla-je) sustantivo masculino

Conjunto de hojas de los árboles y otras plantas. *Se escondió entre el follaje.* **SIN.** Espesura, fronda, ramaje. **ANT.** Claro.

folleto (fo-lle-to) sustantivo masculino

1. Cuadernillo impreso con menos páginas que un libro. *Venía un folleto con las instrucciones.*

2. Hoja de propaganda. *Se dedicaba a repartir folletos por los buzones.* **SIN.** Panfleto, prospecto.

follón (fo-llón) sustantivo masculino

Alboroto, enredo, lío. *Los semáforos no funcionaban y se armó un gran follón.* **SIN.** Gresca, trifulca.

fomentar (fo-men-tar) verbo

Promover un negocio, proyecto, situación, etc. *El Gobierno aprobó una serie de medidas para fomentar el empleo.* **SIN.** Apoyar, respaldar, impulsar. **ANT.** Descuidar.

fonda (fon-da) sustantivo femenino

Establecimiento público donde se da hospedaje y se sirven comidas. *Pasaron la noche en una fonda.* **SIN.** Posada, hostal.

fondear (fon-de-ar) verbo

Inmovilizar una embarcación por medio de anclas o grandes pesos. *Fondearon en el puerto.*

fondo (fon-do) sustantivo masculino

1. La parte más baja de una cosa hueca. *Aún hay leche en el fondo de la botella.* **ANT.** Superficie.

2. Superficie sólida sobre la cual está el agua en el mar, los ríos, etc. *El fondo del río tiene piedras.*

3. Profundidad. *El estanque tiene medio metro de fondo.*

4. Color o dibujo que cubre una superficie sobre la que resaltan adornos, dibujos o manchas de otros colores. *La tela tenía un fondo azul claro con flores azul marino.*

5. Lo principal y esencial de una cosa. *No había llegado al fondo del problema.* **SIN.** Raíz, base.

6. Conjunto de dinero, libros, etc. que se reúnen o guardan en un sitio o con un fin. *Decidió hacer una rifa para recaudar fondos.*

7. Resistencia física para practicar deporte. *Entreno para la carrera, porque no tengo fondo y me agoto enseguida.*

8. a fondo expresión Con interés y detenimiento. *Estudié el tema a fondo.*

9. en el fondo expresión En realidad, si se mira bien. *En el fondo, no es tan malo como parece.*

fontanería (fon-ta-ne-rí-a) sustantivo femenino

1. Oficio de instalar, hacer funcionar y conservar las cañerías del agua. *Ella llevó toda la fontanería del proyecto.*

2. Conjunto de conductos por donde se dirige y distribuye el agua. *Se ocupaba de la fontanería de las construcciones.*

forajido, forajida

(fo-ra-ji-do) adjetivo y sustantivo

Se dice de la persona que huye de la ley porque le acusan de algún delito. *En las películas de vaqueros, siempre se encuentra a los forajidos.* **SIN.** Malhechor, bandido.

forastero, forastera

(fo-ras-te-ro) adjetivo y sustantivo

Que es o viene de fuera del lugar. *Aunque lleva años viviendo allí, siguen considerándole forastero.* **SIN.** Extranjero, inmigrante. **ANT.** Natural.

forcejear (for-ce-je-ar) verbo

1. Hacer fuerza para vencer alguna resistencia. *Los ladrones forcejearon con* *el vigilante.* **SIN.** Pugnar, luchar. **ANT.** Someterse.

2. Insistir mucho hasta conseguir algo. *Forcejearon hasta conseguir una mejor oferta.*

forense (fo-**ren**-se) adjetivo y sustantivo
Se dice del médico que trabaja en un juzgado o para la Policía, cuyo oficio es el de investigar las causas de la muerte de una persona. *El forense dictaminó que la víctima había sido estrangulada.*

forestal (fo-res-**tal**) adjetivo
Que se refiere a los bosques. *El guarda forestal nos indicó el camino.*

forjar (for-**jar**) verbo
1. Dar forma con el martillo a una pieza de metal. *Estaba forjando una verja.* **SIN.** Fraguar.
2. Fabricar, inventar. *Están forjando un nuevo tipo de motor.*

forma (for-ma) sustantivo femenino
1. Apariencia externa de una cosa. *Esta mesa tiene forma rectangular.* **SIN.** Configuración, figura, formato, imagen, silueta, perfil.
2. Modo de proceder o de expresarse. *¡Vaya forma tan brusca de reaccionar!* **SIN.** Manera, medio, método.
3. estar en forma expresión Estar en buenas condiciones físicas o anímicas. *Hace deporte para estar en forma.*

formación (for-ma-**ción**) sustantivo femenino
Educación, aprendizaje de una materia o técnica. *Recibe muy buena formación en ese centro.*

formal (for-**mal**) adjetivo
1. Que se refiere a la forma exterior y superficial de una cosa, y no a lo esencial. *El color del coche es solo un aspecto formal.*
2. Que es una persona seria y juiciosa. *No faltará a su palabra, es muy formal.* **SIN.** Cumplidor. **ANT.** Informal.

3. Que hay que hacer de una cierta manera, ya establecida. *Había que cumplir ciertos requisitos formales.* **SIN.** Determinado.

formalidad (for-ma-li-**dad**) sustantivo femenino
1. Seriedad para cumplir con una obligación. *Se quejó de la poca formalidad del personal del establecimiento.* **SIN.** Rectitud, compostura. **ANT.** Informalidad.
2. Cada una de las cosas imprescindibles para hacer algo. *Realizamos las formalidades necesarias.*

formar (for-**mar**) verbo
1. Dar figura a una cosa. *Con la nieve he formado un muñeco.* **SIN.** Moldear, fabricar, modelar.
2. Juntar diferentes seres o cosas para que hagan un todo. *Formó un barco con todas las piezas.*
3. Hacer o componer varios seres o cosas el todo del que son parte. *El agua forma parte del cuerpo humano.* **SIN.** Constituir, componer, integrar. **ANT.** Disolver.
4. Criar, educar. *Quería a aquel niño porque se había encargado de formarlo.*

formidable (for-mi-**da**-ble) adjetivo
1. Muy grande, enorme. *Las montañas de esta zona son formidables.* **SIN.** Colosal, gigantesco. **ANT.** Minúsculo, pequeño, mínimo.
2. Extraordinario, magnífico. *El último libro que he leído es formidable, me encantó.* **SIN.** Estupendo.

fórmula (**fór**-mu-la) sustantivo femenino
1. Forma establecida para expresar una cosa o para realizarla. *Rellené la instancia según la fórmula.* **SIN.** Norma, pauta, modelo.
2. Expresión del resultado de un cálculo matemático que sirve de regla para resolver todos los casos simila-

formulario - fósforo

res. *Para resolver el problema, tienes que aplicar esa fórmula.*
3. Modo de representar abreviadamente, por medio de símbolos y números, los elementos que forman parte de un compuesto químico y las proporciones en que se combinan. *H_2O es la fórmula del agua.*

formulario (for-mu-**la**-rio) sustantivo masculino
Impreso con espacios para anotar lo que corresponda en cada caso. *Rellena el formulario de compra.*

foro (**fo**-ro) sustantivo masculino
Servicio de internet donde se debate sobre diversos temas. *A través de los foros se crean comunidades de usuarios con intereses comunes que, en ocasiones, pasan de la red al mundo real.*
✎ También foro de *discusión.*

forofo, forofa (fo-**ro**-fo) adjetivo y sustantivo
Admirador apasionado. *Era forofa del baloncesto.* **SIN.** Fan, hincha.

forraje (fo-**rra**-je) sustantivo masculino
Hierba que come el ganado. *Les daban alfalfa como forraje.*

forrar (fo-**rrar**) verbo
1. Cubrir una cosa con un forro. *Forra el libro para que no se estropee.*
2. forrarse Enriquecerse. *Me voy a forrar con este negocio.*

forro (**fo**-rro) sustantivo masculino
Cubierta o revestimiento de una cosa por la parte interior o exterior. *Se descosió el forro del abrigo.*

fortalecer (for-ta-le-**cer**) verbo
Hacer más fuerte física o espiritualmente a una persona, cosa u opinión. *Tenía que fortalecer el músculo con ejercicio tras la operación de rodilla a la que se sometió.*
✎ Verbo irregular, se conjuga como *parecer.*

fortaleza (for-ta-**le**-za) sustantivo femenino
1. Fuerza y vigor. *Tiene mucha fortaleza.* **SIN.** Robustez, resistencia, solidez. **ANT.** Debilidad.
2. Lugar protegido con murallas, torres, etc. *Se refugiaron en la fortaleza.* **SIN.** Fuerte, fortín.

fortificación (for-ti-fi-ca-**ción**) sustantivo femenino
1. Obra o conjunto de obras con las que se protege un pueblo o cualquier otro lugar. *Hicieron una fortificación con altas murallas.* **SIN.** Atrincheramiento.
2. Lugar fortificado. *El enemigo no pudo tomar la fortificación.*

forzar (for-**zar**) verbo
Emplear la fuerza para conseguir algo u obligar a una persona a que realice una cosa que no quiere hacer. *Tuvieron que forzar la cerradura. Le acusaron de haber forzado al joven.* **SIN.** Violentar, violar, obligar, imponer.
✎ Verbo irregular, se conjuga como *contar.* Se escribe -*c*- en vez de -*z*- seguido de -*e*, como en *forcé.*

forzoso, forzosa (for-**zo**-so) adjetivo
Que no se puede evitar. *Tuvo que dar un frenazo forzoso para no atropellar al peatón.* **SIN.** Obligatorio, preciso. **ANT.** Voluntario.

fosa (**fo**-sa) sustantivo femenino
1. Hoyo donde se entierra a un muerto. *Arrojó flores a la fosa.*
2. Cada una de ciertas cavidades del cuerpo humano. *Tengo atascadas las fosas nasales.*

fosforescente (fos-fo-res-**cen**-te) adjetivo
Que refleja la luz en la oscuridad. *Las luciérnagas son fosforescentes.*

fósforo (**fós**-fo-ro) sustantivo masculino
1. Sustancia venenosa e inflamable con la que se hacen las cabezas de las cerillas. *El símbolo del fósforo es P.*
2. Cerilla. *Enciende un fósforo.*

fósil (**fó**-sil) adjetivo y sustantivo masculino
Se dice de los restos de animales o plantas conservados en las rocas. *Los fósiles tienen más de 10 000 años de antigüedad.*

foso (**fo**-so) sustantivo masculino
1. Excavación profunda que rodea las fortalezas y los castillos medievales. *El castillo estaba rodeado por un profundo foso.* **2.** Piso inferior del escenario. *Los actores ensayaban en el foso.*

fotocopia
(fo-to-**co**-pia) sustantivo femenino
Copia de un documento en papel, hecha por medio de un aparato fotográfico especial. *Tenía que entregar dos fotocopias del carné de identidad.* **SIN.** Reproducción.

fotocopiadora
(fo-to-co-pia-**do**-ra) sustantivo femenino
Máquina que funciona por electricidad, que hace una especie de fotografía en papel de documentos, dibujos o imágenes. *La fotocopiadora se había estropeado.*

fotografía
(fo-to-gra-**fí**-a) sustantivo femenino
1. Papel o cartulina donde se fijan las imágenes que recoge una cámara. *¿Te saco una fotografía?* **2.** Técnica de reproducir imágenes recogidas previamente una cámara. Puede hacerse físicamente, metiendo en ciertas sustancias químicas el papel en el que antes se han fijado las imágenes tomadas con una cámara fotográfica, o de forma digital, en una pantalla. *Es un gran experto en fotografía.*

fotosíntesis
(fo-to-**sín**-te-sis) sustantivo femenino
Proceso por el que las plantas capturan la luz solar para transformarla en energía química. *El video explica la fotosíntesis.*
✎ Es igual en plural y en singular.

frac sustantivo masculino
Chaqueta masculina que, por delante, llega hasta la cintura y por detrás tiene dos faldones más largos. *El novio y el padrino de la boda vestían de frac.* **SIN.** Chaqué.
✎ Sus plurales son *fraques* o *fracs*.

fracasar (fra-ca-**sar**) verbo
No conseguir un objetivo o resultar mal un deseo o un proyecto. *Su padre fracasó al tratar de convencerle.* **SIN.** Frustrarse, fallar. **ANT.** Lograr.

fracaso (fra-**ca**-so) sustantivo masculino
Suceso contrario a lo que alguien esperaba. *Para ella fue un fracaso no aprobar.* **SIN.** Desengaño, decepción, desilusión.

fracción (frac-**ción**) sustantivo femenino
División de una cosa en partes, y cada una de esas partes. *Un segundo es una fracción de tiempo.* **SIN.** Fragmento, trozo, porción, pedazo. **ANT.** Todo, conjunto, total.

fraccionar (frac-cio-**nar**) verbo
Dividir una cosa en partes. *Fraccionó el pan.* **SIN.** Fragmentar, romper, partir. **ANT.** Formar, componerse, unir.

fractura (frac-**tu**-ra) sustantivo femenino
Rotura de un hueso. *Sufrió una fractura del brazo.*

fragancia
(fra-**gan**-cia) sustantivo femenino
Olor suave y delicioso. *Me gusta mucho la fragancia de estas flores.* **SIN.** Aroma, perfume.

fragata (fra-**ga**-ta) sustantivo femenino
1. Barco antiguo de tres palos, con velas en cada uno de ellos. *La fragata se hizo a la mar.* **2.** Moderno buque de guerra. *Enviaron al lugar varias fragatas.*

frágil (**frá**-gil) adjetivo

1. Que se rompe o estropea con facilidad. *El vidrio es un material frágil.* **SIN.** Endeble, quebradizo, delicado. **ANT.** Robusto, fuerte.

2. Se dice de la persona que cae fácilmente enferma o tiene una carácter débil. *Tiene una salud muy frágil.* **SIN.** Débil, enfermizo.

fragmento

(frag-**men**-to) sustantivo masculino

1. Parte pequeña de algunas cosas rotas o partidas. *Se rompió un vaso y todavía quedan fragmentos de vidrio por el suelo.* **SIN.** Trozo, pedazo.

2. Parte de un libro o escrito. *Le mandó leer en alto un fragmento del poema.* **SIN.** Sección.

fraile (**frai**-le) sustantivo masculino

Persona que pertenece a alguna orden religiosa. *Visitamos un convento de frailes.* **SIN.** Religioso.

franco, franca (**fran**-co) adjetivo

Se dice de la persona que es sencilla y cordial en el trato. *Parecía un chico muy franco y agradable.* **SIN.** Sincero, cordial, sencillo. **ANT.** Falso, cerrado.

franela (fra-**ne**-la) sustantivo femenino

Tejido fino de lana o algodón, que tiene un pelo muy suave por una de sus caras. *Mi camisa de franela me da mucho calor.*

franja (**fran**-ja) sustantivo femenino

1. Banda o tira, muchas veces de adorno. *El vestido tenía una franja de pedrería.* **SIN.** Cinta, ribete, faja, banda.

2. Sector, zona. *Esa ciudad está fuera de la franja afectada.*

franqueo

(fran-**que**-o) sustantivo masculino

Lo que cuestan los sellos necesarios para enviar por correo una carta o paquete. *Aumentó el franqueo de las cartas.*

franqueza (fran-**que**-za) sustantivo femenino

Sinceridad y sencillez en el trato. *Me habló con toda franqueza, sin temor a herirme con su sinceridad.* **SIN.** Naturalidad.

frasco (**fras**-co) sustantivo masculino

Vaso generalmente de vidrio y de cuello estrecho. *No sabía dónde había puesto el frasco de jarabe.*

frase (**fra**-se) sustantivo femenino

Conjunto de palabras que tienen sentido juntas y sirven para expresar una idea. *«Que te mejores» es una frase que se dice a los enfermos.* **SIN.** Expresión, oración.

fraternidad

(fra-ter-ni-**dad**) sustantivo femenino

Unión y cariño entre hermanos o entre personas que se tratan como hermanos. *Había en el grupo una gran fraternidad.* **SIN.** Hermandad, solidaridad.

fraude (**frau**-de) sustantivo masculino

Engaño, acción contraria a la verdad o a la rectitud. *En aquella venta había fraude.* **SIN.** Estafa.

fray sustantivo masculino

Forma breve de decir *fraile.* Se usa delante del nombre de los religiosos de ciertas Órdenes. *Es una obra de fray Luis de León.*

frecuencia (fre-**cuen**-cia) sustantivo femenino

1. Repetición cada poco tiempo de un acto o suceso. *Nos visita con frecuencia.* **SIN.** Asiduidad.

2. Cantidad de repeticiones de un acto o suceso en un tiempo determinado. *La frecuencia de sus visitas era diaria.*

frecuente (fre-**cuen**-te) adjetivo

1. Que se repite a menudo. *En la jungla, las lluvias son frecuentes.* **SIN.** Habitual, repetido. **ANT.** Raro.

2. Se dice de las cosas que son usuales y normales. *Hoy es frecuente ver a muchos turistas por esta región.* **SIN.** Corriente.

freeware sustantivo masculino
Aplicaciones informáticas que se distribuyen a través de internet de forma gratuita, que se pueden copiar y distribuir libremente, pero que no permiten modificaciones. *Se trata de una aplicación freeware compatible con casi todas las versiones de Windows.*

fregadero
(fre-ga-**de**-ro) sustantivo masculino
En las cocinas, lavabo donde se friega. *Deja los platos en el fregadero, que ya los lavaremos luego.*

fregar (fre-**gar**) verbo
Limpiar algo restregándolo con un estropajo, cepillo, etc., empapado en jabón y agua u otra sustancia. *Cuando llegamos estaba fregando los cacharros.* **SIN.** Lavar, enjuagar. **ANT.** Ensuciar.
✎ Verbo irregular, se conjuga como *acertar*. Se escribe *-gu-* en vez de *-g-* seguido de *-e*, como en *fregué*.

fregona (fre-**go**-na) sustantivo femenino
Utensilio doméstico para fregar los suelos sin necesidad de arrodillarse. *Escurre bien la fregona.*

freír (fre-**ír**) verbo
1. Preparar un alimento en aceite o grasa hirviendo para comerlo. *Estoy friendo patatas.* **SIN.** Asar, dorar.
2. Importunar a alguien insistentemente. *Le frieron a preguntas para ver si confesaba.*
✎ Verbo irregular, se conjuga como *reír*. Tiene dos participios: *freído* y *frito*.

frenar (fre-**nar**) verbo
1. Disminuir o parar el movimiento de un vehículo o máquina. *El conductor frenó el coche en el cruce porque el semáforo estaba en rojo.* **SIN.** Detener, inmovilizar, moderar. **ANT.** Acelerar, seguir.
2. Reprimir un sentimiento, un impulso, etc. *Tuvo que frenar sus deseos de*

echarle una buena bronca. **SIN.** Moderar, sujetar.

frenesí (fre-ne-**sí**) sustantivo masculino
Estado de gran excitación y movimiento. *Se hallaba en un estado de total frenesí.* **ANT.** Calma.

freno (fre-no) sustantivo masculino
1. Aparato que sirve para moderar o detener el movimiento de una máquina o vehículo. *Cuando hay hielo, no se debe pisar el freno.*
2. Moderación de la conducta de una persona. *Deberías poner freno a tu mal genio.*

frente (**fren**-te) sustantivo femenino
1. Parte superior de la cara, desde encima de los ojos hasta el pelo. *Lleva flequillo para que no se le vea la cicatriz de la frente.*
2. sustantivo masculino Parte delantera de una cosa. *En el frente de la casa está la puerta principal.* **SIN.** Delantera, fachada, cara, frontal, anverso. **ANT.** Trasera, reverso.
3. sustantivo masculino Lugar donde se combate en la guerra. *Luchaban en diferentes frentes.* **ANT.** Retaguardia.

fresa (**fre**-sa) sustantivo femenino
Fruto de sabor dulce, casi redondo y de color rojo. *De postre, tomamos unas fresas con nata.*

fresco, fresca (**fres**-co) adjetivo
1. Frío, pero no mucho. *Los botijos conservan fresca el agua.*
2. Reciente, acabado de hacer, de coger, etc. *He comprado un poco de fruta fresca.* **ANT.** Pasado.
3. Sereno, que no se inmuta. *Le dijeron que había suspendido y se quedó tan fresco.*
4. Desvergonzado, descarado. *El muy fresco nos engañó.*

frescura (fres-**cu**-ra) sustantivo femenino
Desvergüenza, descaro. *Menuda frescura la suya, querer irse sin pagar.* **SIN.**

fresno - frustrar

Atrevimiento, insolencia. **ANT.** Timidez, respeto.

fresno (**fres**-no) sustantivo masculino

Árbol de tronco grueso, cuya madera, blanca y elástica, se emplea para la construcción. *El mueble es de madera de fresno.*

frialdad (frial-**dad**) sustantivo femenino

1. Sensación que produce la falta de calor. *Se quejaba de la frialdad de la casa.* **SIN.** Frío.

2. Indiferencia, poco interés. *No podía soportar la frialdad de su mirada.* **SIN.** Desafecto.

friega (**frie**-ga) sustantivo femenino

Acción de frotar alguna parte del cuerpo con un paño o cepillo o con las manos, para quitar un dolor, limpiarse, etc. *Date friegas con alcohol.*

frigorífico (fri-go-**rí**-fi-co) sustantivo masculino

Electrodoméstico que se refrigera de forma eléctrica o química en cuyo interior se conservan y mantienen fríos los alimentos. *Saca la leche del frigorífico.* **SIN.** Nevera.

frío, fría (**frí**-o) adjetivo

1. Que está por debajo de la temperatura normal. *El café se ha quedado frío.* **SIN.** Congelado, helado, gélido. **ANT.** Caliente.

2. Que muestra indiferencia o desapego. *Es muy frío, parece que nada le afectase.* **SIN.** Indiferente, desapegado, flemático, imperturbable. **ANT.** Interesado, afectuoso, cariñoso.

friolero, friolera (frio-**le**-ro) adjetivo

Persona o animal que siente enseguida frío. *Pablo es muy friolero.*

frito, frita (**fri**-to) adjetivo

1. Que ha sido cocinado con aceite muy caliente. *Huevo frito.*

2. sustantivo masculino Cualquier comida frita. *Pedimos una bandeja de fritos.* **SIN.** Fritura.

3. quedarse frito expresión Dormirse. *Se quedó frito frente al televisor.*

frívolo, frívola (**frí**-vo-lo) adjetivo

Se dice de la cosas sin importancia y de quienes solo se interesan por ellas. *Era un asunto de lo más frívolo.* **SIN.** Insustancial.

frondoso, frondosa (fron-**do**-so) adjetivo

Que tiene muchas hojas y ramas. *El bosque era muy frondoso.* **SIN.** Selvático. **ANT.** Desértico.

frontal (fron-**tal**) adjetivo

Que pertenece o se refiere al frente de alguna cosa. *Dos automóviles tuvieron un choque frontal.*

frontera (fron-**te**-ra) sustantivo femenino

Límite que separa un país de otro, o dos cosas entre sí. *Su pueblo estaba en la frontera con Portugal.* **SIN.** Límite, confín.

frontón (fron-**tón**) sustantivo masculino

Juego de pelota que consiste en lanzarla contra una pared y recogerla cuando rebote. *Jugaron al frontón en la pared de la iglesia.*

frotar (fro-**tar**) verbo

Pasar una cosa sobre otra con fuerza muchas veces. *Frotó la mesa hasta hacerla brillar.* **SIN.** Restregar.

fructífero, fructífera (fruc-**tí**-fe-ro) adjetivo

1. Que produce fruto. *Estas tierras son muy fructíferas.* **SIN.** Fructuoso, productivo.

2. Que da buenas ganancias. *Ese negocio ha resultado muy fructífero.*

frunce (**frun**-ce) sustantivo masculino

Pliegue o conjunto de pequeños pliegues que se hacen en una tela, papel, etc. *Hizo varios frunces en la tela.* **SIN.** Arruga.

frustrar (frus-**trar**) verbo

Salir mal un proyecto. *Se frustró su plan.* **SIN.** Fracasar, estropear, torcer(se). **ANT.** Lograr, vencer.

fruta (fru-ta) sustantivo femenino
1. Fruto comestible de las plantas. *La pera y el melón son frutas.*
2. **fruta del tiempo** expresión La que se come en las mismas estaciones en que madura y se recoge. *Las cerezas son fruta del tiempo en primavera.*

frutero, frutera (fru-te-ro) sustantivo
1. Persona que vende fruta en una tienda o en el mercado. *Es frutero.*
2. sustantivo masculino Plato adecuado para servir fruta. *Puso el frutero en la mesa.*

fruto (fru-to) sustantivo masculino
1. Lo que producen las plantas, y donde se desarrolla la semilla. *El fruto de la viña es la uva.*
2. Resultado de un trabajo o actividad. *Esa novela es el fruto de un año de trabajo.* **SIN.** Beneficio.

fuagrás sustantivo masculino
Pasta de gran valor alimenticio elaborada con hígado de pato, oca, cerdo, etc. *Se comió una tostada de pan untada de fuagrás.*
✎ Su plural es *fuagrases*. También *foiegras* y *foie gras*.

fucsia
(fuc-sia) adjetivo y sustantivo masculino
Se dice del color entre rosa y rojo intenso. *Llevaba un vestido fucsia.*

fuego (fue-go) sustantivo masculino
1. Calor y luz que desprende una materia que se quema. *El fuego de la chimenea hacía más agradable la velada.* **SIN.** Llamarada.
2. Materia encendida en brasa o llama. *Echa más leña al fuego.* **SIN.** Lumbre, hoguera, fogata.
3. Incendio. *Los bomberos apagaron el fuego.*
4. Disparar las armas de fuego. *Hicieron fuego sobre el enemigo.*
5. Ardor que suscita un sentimiento, una pasión, etc. *El fuego de su amor le*

tenía arrebatado. **SIN.** Pasión, **ANT.** Indiferencia.
6. **fuegos artificiales** expresión Cohetes, tracas, etc. que se lanzan como espectáculo para festejar alguna celebración. *Por las fiestas hubo fuegos artificiales.*
7. **jugar con fuego** expresión Arriesgarse imprudentemente a un peligro. *Deja la droga, no juegues con fuego.*

fuelle (fue-lle) sustantivo masculino
1. Instrumento que sirve para producir aire y avivar el fuego de las chimeneas. *Aviva el fuego de la chimenea con el fuelle.*
2. Capacidad de respirar. *Ya no tengo fuelle para echar estas carreras.*

fuente (fuen-te) sustantivo femenino
1. Manantial de agua que brota de la tierra. *Este río nace en una fuente de montaña.* **SIN.** Fontana.
2. Aparato por el que sale el agua en los jardines, en las casas, etc. *Hay una fuente en la plaza.* **SIN.** Caño, surtidor.
3. Plato grande para llevar y servir comida. *Sirve el asado en la fuente.* **SIN.** Bandeja.
4. Principio, origen de algo. *Los periodistas buscan las fuentes de las noticias.* **SIN.** Causa.

fuera (fue-ra) adverbio
1. En la parte exterior. *Hay un patio fuera: tomemos allí el café.* **SIN.** En el exterior. **ANT.** Dentro.
2. Antes o después de cualquier período de tiempo. *Se apuntó al curso aunque estaba fuera de plazo.*
3. **fuera de** expresión Excepto, salvo. *Fuera de ti, ya no me hablo con ninguno.*

fuerte (fuer-te) adjetivo
1. Que tiene fuerza y resistencia. *Es un puente fuerte.* **SIN.** Firme, sólido, resistente.

2. Robusto, corpulento. *Luis es muy fuerte.* **ANT.** Débil.

3. Que tiene energías para hacer algo. *Se sentía fuerte para enfrentarse a los exámenes.* **SIN.** Animoso.

4. Se dice de la persona que sobresale en algo. *Está fuerte en traducción del checo.* **SIN.** Experto, sobresaliente.

5. Muy intenso. *Sentía un fuerte deseo de llamarlo por teléfono.*

6. Se dice del carácter difícil e irritable de una persona. *Discutía mucho porque tenía un carácter muy fuerte.* **SIN.** Vivo.

7. sustantivo masculino Lugar fortificado para protegerse de los ataques. *Las tropas se dirigían hacia el fuerte.*

8. sustantivo masculino Aquello a lo que una persona es más aficionada o en lo que más destaca. *Su fuerte es el cine.*

9. adverbio Con fuerza. *Agarra fuerte.*

✎ Sus superlativos son *fortísimo* y *fuertísimo*.

fuerza (**fuer**-za) sustantivo femenino

1. Robustez, vigor, energía, fortaleza. *Para mover el coche hicieron falta las fuerzas de todos.* **ANT.** Debilidad, blandura, pasividad.

2. Capacidad y eficacia que las cosas tienen en sí mismas. *La gaseosa tiene mucha fuerza.*

3. Fortaleza con que se resiste algo. *Se necesita fuerza para vencer esa tentación.* **SIN.** Resistencia.

4. Autoridad, eficacia, poder. *Al final se impuso la fuerza de la ley.*

5. a fuerza de expresión Insistiendo en. *A fuerza de decirlo, se lo acabó creyendo.*

6. a la fuerza expresión Obligatoriamente. *Me ha hecho ir a la fuerza.*

fuga (**fu**-ga) sustantivo femenino

1. Huida apresurada. *La fuga de los dos presos fue preparada desde el exterior.* **SIN.** Evasión, escapada.

2. Salida accidental de un fluido. *Hubo una fuga de gas.* **SIN.** Derrame, filtración, escape.

fugacidad

(fu-ga-ci-**dad**) sustantivo femenino

Brevedad de una cosa. *Meditaba sobre la fugacidad de la vida.* **SIN.** Caducidad, rapidez. **ANT.** Lentitud, duración, tardanza.

fugarse (fu-**gar**-se) verbo

Irse alguien de un lugar en que está retenido por la fuerza. *El preso se fugó de la cárcel.* **SIN.** Escaparse, huir.

✎ Se conjuga como *ahogar*.

fugaz (fu-**gaz**) adjetivo

Que dura muy poco o desaparece con velocidad. *Sus esperanzas eran cada vez más fugaces. Vi una estrella fugaz.* **SIN.** Efímero, breve. **ANT.** Duradero.

✎ Su plural es *fugaces*.

fugitivo, fugitiva

(fu-gi-**ti**-vo) adjetivo y sustantivo

Que huye de algo o de alguien. *Era un fugitivo de la justicia.* **SIN.** Prófugo, desertor, evadido.

fulano, fulana (fu-**la**-no) sustantivo

Palabra que se usa para referirse a una persona cuyo nombre no se conoce o no se quiere decir. *Me lo dijo fulano.* **SIN.** Tipo.

fular (fu-**lar**) sustantivo masculino

Pañuelo o bufanda de tela fina que se coloca alrededor del cuello. *Lleva el fular azul.*

fulgor (ful-**gor**) sustantivo masculino

Resplandor, brillo intenso. *El sol resplandecía con todo su fulgor.* **SIN.** Destello, resplandor.

fulgurante (ful-gu-**ran**-te) adjetivo

1. Brillante, resplandeciente. *Tuvo un fulgurante éxito.*

2. Se dice del dolor agudo y breve. *Sintió un fulgurante pinchazo en el estómago.* **SIN.** Punzante.

fulminante (ful-mi-**nan**-te) adjetivo
1. Muy rápido, de efecto inmediato. *Su efecto fue fulminante.* **SIN.** Súbito, repentino. **ANT.** Lento.
2. Se dice de la enfermedad repentina y grave. *Fue una enfermedad fulminante.* **SIN.** Galopante.

fulminar (ful-mi-**nar**) verbo
1. Causar la muerte los rayos o producir daño en árboles, montes, edificios, etc. *Un rayo fulminó el roble.* **SIN.** Matar, eliminar.
2. Matar o herir a alguien con un arma. *Fulminó a sus enemigos con la metralleta.* **SIN.** Exterminar, eliminar, aniquilar. **ANT.** Proteger.
3. Causar muerte repentina una enfermedad. *El cáncer le fulminó en pocos meses.*

fumar (fu-**mar**) verbo
Aspirar y expulsar el humo del tabaco o de otra sustancia. *Fumar tabaco es peligroso para la salud.*

fumigar (fu-mi-**gar**) verbo
1. Desinfectar por medio de humo, gas o vapores adecuados. *Fumigaron el silo antes de traer el nuevo grano.*
2. Matar con insecticidas los insectos que dañan las plantas. *Fumigó las vides.* **SIN.** Desinsectar.
✎ Se conjuga como *ahogar*.

función (fun-**ción**) sustantivo femenino
1. Acción propia de los seres vivos y de sus órganos, o de las máquinas e instrumentos. *La función de los ojos es ver.* **SIN.** Misión.
2. Espectáculo público. *La función resultó un éxito.* **SIN.** Representación.
3. Trabajo propio de cierto puesto o cargo. *Ejerció las funciones de director con gran responsabilidad.*

funcional (fun-cio-**nal**) adjetivo
1. Que se refiere a las funciones. *La diarrea es un trastorno funcional.*
2. Aplicado a casas, muebles, etc., diseño que se corresponde con aquello para lo que sirve. *Este mueble es muy funcional.* **SIN.** Práctico, útil.

funcionar (fun-cio-**nar**) verbo
1. Realizar una persona el trabajo que le corresponde. *Funciona muy bien en su nuevo puesto.* **SIN.** Realizar, desarrollar.
2. Hacer una máquina su trabajo con normalidad. *No funciona el televisor, solo se ven rayas.*

funcionario, funcionaria (fun-cio-**na**-rio) sustantivo
Empleado de algún organismo estatal o autonómico. *Aprobó las oposiciones de maestra y ahora ya es funcionaria.* **SIN.** Burócrata.

funda (**fun**-da) sustantivo femenino
Cubierta o bolsa con que se envuelve una cosa para resguardarla. *Compró fundas para los colchones.* **SIN.** Envoltura, recubrimiento.

fundación (fun-da-**ción**) sustantivo femenino
1. Acción de fundar algo. *Había sido uno de los promotores de la fundación del hospital.* **SIN.** Creación, constitución, implantación.
2. Institución dedicada a fines benéficos, culturales o religiosos, que continúa y cumple la voluntad de quien la creó. *La Fundación Príncipe de Asturias contribuye a la promoción de valores científicos, culturales y humanísticos.* **SIN.** Patronato.

fundamental (fun-da-men-**tal**) adjetivo
Que sirve de base o es lo principal de una cosa. *Esa es la idea fundamental del texto.* **SIN.** Básico, primordial, esencial. **ANT.** Accesorio, secundario.

fundamento (fun-da-**men**-to) sustantivo masculino
1. Cimiento de un edificio. *Este castillo tiene buenos fundamentos.*

2. Razón principal en que se apoya una cosa no material. *El fundamento de su discusión era el gran avance de la tecnología en los últimos veinte años.* **SIN.** Causa.

fundar (fun-**dar**) verbo

1. Crear una ciudad, un colegio, una asociación, etc. *Los romanos fundaron Roma.* **SIN.** Erigir, iniciar.

2. Apoyar con motivos y razones una cosa. *Fundó su opinión en lo que le contaron.* **SIN.** Basar, fundamentar, apoyar, sostener.

fundición (fun-di-**ción**) sustantivo femenino

Fábrica donde se funden metales. *Es una fundición de acero.*

fundir (fun-**dir**) verbo

1. Hacer líquidos los metales y otros cuerpos sólidos. *Funden el hierro.* **SIN.** Licuar.

2. Dar forma en moldes al metal fundido. *Fundieron la estatua del rey en bronce.*

3. fundirse Unirse intereses, ideas o partidos que antes eran contrarios. *Las dos propuestas se fundieron en una.* **SIN.** Fusionarse.

fúnebre (**fú**-ne-bre) adjetivo

1. Que se refiere o pertenece a los muertos. *Pasó el cortejo fúnebre.* **SIN.** Funerario, mortuorio.

2. Se dice de aquello que es muy triste. *La habitación tenía un fúnebre aspecto.* **SIN.** Lúgubre, sombrío, tétrico, macabro. **ANT.** Alegre.

funeral (fu-ne-**ral**) sustantivo masculino

Ceremonia religiosa que tiene lugar antes de enterrar a un muerto. *El funeral se celebró en la iglesia de su pueblo natal.* **SIN.** Exequias.

funeraria (fu-ne-**ra**-ria) sustantivo femenino

Empresa que se encarga de llevar un cadáver al cementerio y de enterrarlo. *La funeraria se encargó de colocar las esquelas.*

funesto, funesta (fu-**nes**-to) adjetivo

1. Adverso, desastroso. *El partido fue funesto.* **SIN.** Desafortunado, nefasto. **ANT.** Afortunado.

2. Triste y desgraciado. *El telegrama contenía la funesta noticia de su fallecimiento.* **SIN.** Doloroso, lamentable. **ANT.** Alegre.

funicular (fu-ni-cu-**lar**) sustantivo masculino

Ferrocarril que se mueve por el aire arrastrado por un cable o cadena. *Subimos a la montaña en el funicular.* **SIN.** Teleférico.

furgón (fur-**gón**) sustantivo masculino

Camión largo y cubierto, apropiado para transportar equipajes, mercancías, etc. *Era el conductor de un furgón de mudanzas.*

furgoneta (fur-go-**ne**-ta) sustantivo femenino

Vehículo automóvil cerrado, más pequeño que el camión, propio para el reparto de mercancías. *Tenía una furgoneta para el reparto de paquetes.* **SIN.** Camioneta.

furia (**fu**-ria) sustantivo femenino

1. Ira exaltada, o forma de actuar que alguien muestra cuando está irritado. *Le respondí con furia y luego me arrepentí de haber sido tan brusca.* **SIN.** Furor, cólera, rabia, saña. **ANT.** Tranquilidad, paz.

2. Agitación violenta de las fuerzas de la naturaleza. *La furia del viento hizo naufragar al barco.* **SIN.** Impetuosidad.

furibundo, furibunda (fu-ri-**bun**-do) adjetivo

Se dice de la persona que se enfurece fácilmente o se entusiasma demasiado. *Era un furibundo admirador de esa autora.* **SIN.** Furioso, rabioso, violento.

furor (fu-**ror**) sustantivo masculino

1. Enfado o ira muy grande. *A veces se descarga el furor contra los inocentes.* **SIN.** Furia, cólera.

2. Afición extraordinaria a una cosa. *Tiene furor por la ópera.* **SIN.** Frenesí, locura, ímpetu.

3. hacer furor expresión Estar de moda. *Ese bolso hace furor entre las chicas.*

furtivo, furtiva (fur-**ti**-vo) adjetivo
1. Que se hace a escondidas. *Lo hizo de manera furtiva.* **SIN.** Sigiloso, solapado. **ANT.** Abierto.
2. Se dice de la persona que caza o pesca sin el permiso correspondiente. *El guarda forestal detuvo a varios cazadores furtivos.*

fusil (fu-**sil**) sustantivo masculino
Arma de fuego portátil, de cañón largo. *El cazador disparó su fusil.*

fusilar (fu-si-**lar**) verbo
Matar a una persona con disparos de fusil. *Un pelotón se disponía a fusilar al reo.* **SIN.** Ejecutar.

fusión (fu-**sión**) sustantivo femenino
1. Paso de un cuerpo del estado sólido al líquido por la acción del calor. *El punto de fusión del agua es cero grados.* **SIN.** Licuación, liquidación. **ANT.** Solidificación.
2. Unión de intereses, ideas o grupos que antes eran contrarios o diferentes. *Hubo una fusión de los dos equipos.* **SIN.** Agrupación, unificación. **ANT.** Disgregación.

fusionar (fu-sio-**nar**) verbo
Fundirse en uno solo o producir una fusión de intereses, partidos, etc. que antes eran contrarios. *Las cuatro empresas se fusionaron en una.* **SIN.** Unir(se), juntar(se). **ANT.** Separar(se).

fusta (**fus**-ta) sustantivo femenino
Vara flexible o látigo largo y delgado que se utiliza para estimular a los

caballos. *Golpeó al caballo con la fusta.* **SIN.** Vergajo.

fustigar (fus-ti-**gar**) verbo
1. Azotar, dar golpes. *El jinete fustigó al caballo.* **SIN.** Flagelar.
2. Criticar con mucha dureza. *Le fustigaba con sus continuas críticas.*
✎ Se conjuga como *ahogar*.

fútbol (**fút**-bol) sustantivo masculino
Deporte que se practica entre dos equipos de once jugadores. Consiste en tratar de marcar goles metiendo el balón en la portería contraria, defendida por un guardameta. Los jugadores, salvo el portero, no pueden golpear el balón con los brazos y las manos. *En el recreo, jugamos al fútbol todos los chicos y chicas del cole.*
✎ También *futbol*.

futbolín
(fut-bo-**lín**) sustantivo masculino
Juego en que unas figurillas que funcionan mecánicamente imitan un partido de fútbol. *Era muy bueno jugando al futbolín.*

futbolista (fut-bo-**lis**-ta) sustantivo
Jugador de fútbol. *El equipo local ha fichado a varios futbolistas extranjeros.*

futuro, futura (fu-**tu**-ro) adjetivo
1. Que aún no ha pasado o no existe. *Está muy ilusionado con su futuro trabajo.* **SIN.** Venidero.
2. sustantivo masculino Tiempo verbal que denota una acción que ha de suceder. *Cantaré es futuro.*
3. sustantivo masculino Tiempo que está por llegar. *En el futuro se podrán hacer excursiones a la luna y a diversos planetas.* **SIN.** Porvenir.

g sustantivo femenino

Séptima letra del abecedario español y quinta de sus consonantes. Su nombre es *ge*.

✎ Seguida de *-e* o de *-i*, suena como la jota. En las sílabas *gue* y *gui* no se pronuncia la *u*, salvo cuando está escrito *güe* o *güi*.

gabán (ga-**bán**) sustantivo masculino

Abrigo corto de tejido fuerte. *Se compró un gabán nuevo.*

gabardina

(ga-bar-**di**-na) sustantivo femenino

Abrigo de una tela que no deja pasar el agua ni la humedad. *Como llovía, se puso la gabardina.* **SIN.** Impermeable.

gacela (ga-**ce**-la) sustantivo femenino

Animal de África, más pequeño que el corzo, muy ágil y esbelto. *La gacela corría perseguida por una manada de leones.*

gaceta (ga-**ce**-ta) sustantivo femenino

Revista sobre algún tema especial: de literatura, de administración, etc. *Le publicaron un artículo en la gaceta de teatro.*

gafas (**ga**-fas) sustantivo femenino plural

Anteojos que sirven para ver de cerca o de lejos. La montura se apoya sobre la nariz y se sujeta detrás de las orejas. *El oculista le dijo que tenía que ponerse gafas porque tenía miopía.* **SIN.** Lentes.

gafe (**ga**-fe) sustantivo masculino

Persona o cosa que trae mala suerte. *Tenía fama de gafe.* **SIN.** Cenizo.

gaita (**gai**-ta) sustantivo femenino

1. Instrumento musical de viento. *Tocaban la gaita en la romería.*
2. Algo difícil que nadie quiere hacer. *¡Menuda gaita me has encargado hacer!* **SIN.** Incordio.
3. Molestia, obstáculo. *No me vengas con gaitas.* **SIN.** Fastidio.

gajo (**ga**-jo) sustantivo masculino

Cada una de las partes en que está dividido el interior de algunas frutas, como la naranja. *Toma este gajo de naranja.*

gala (**ga**-la) sustantivo femenino

1. Vestido o adorno lujoso que se utiliza para determinadas fiestas o reuniones. *Todos los asistentes iban vestidos de gala.*
2. Actuación artística importante. *Ofrece varias galas este verano.*
3. hacer gala de algo expresión Exhibirlo, enorgullecerse de ello. *Hizo gala de su conocimiento de idiomas.*

galán (ga-**lán**) sustantivo masculino

1. Hombre de buena presencia, guapo y bien vestido. *Era un perfecto galán.* **SIN.** Adonis.
2. Actor que en el teatro o en el cine hace de protagonista masculino. *Era el galán de una serie.*

galantería (ga-lan-te-**rí**-a) sustantivo femenino
Educación, cortesía de los hombres hacia las mujeres. *Lo hizo por galantería.* **ANT.** Grosería.

galápago (ga-**lá**-pa-go) sustantivo masculino
Reptil acuático parecido a la tortuga. *Tomé sopa de galápago.*

galardón (ga-lar-**dón**) sustantivo masculino
Recompensa o premio que se da a alguien por una acción que lo merece. *Le concedieron varios galardones por su dedicación.*

galaxia (ga-**la**-xia) sustantivo femenino
Enorme sistema de miles de millones de estrellas. *Se ha descubierto una nueva galaxia.*

galeón (ga-le-**ón**) sustantivo masculino
Nave grande de vela que se utilizaba principalmente en los siglos XVI y XVII. *Encontraron los restos de un galeón de guerra.*

galera (ga-**le**-ra) sustantivo femenino
Nave antigua de vela y remo. *En la batalla, hundieron dos galeras.*

galería (ga-le-**rí**-a) sustantivo femenino
1. Balcón descubierto o con vidrieras que da luz a las habitaciones interiores de una casa. *Tenían la galería llena de plantas.* **SIN.** Terraza.
2. Camino subterráneo. *Por debajo de la casa atravesaba una vieja galería.* **SIN.** Túnel.
3. sustantivo femenino plural Edificio con muchas tiendas en su interior. *Hoy inauguran las nuevas galerías.*
4. galería de arte expresión Lugar donde se exponen y venden cuadros, esculturas y objetos de arte. *El pintor expone en una galería de arte.*

galgo, galga (gal-go) sustantivo
Perro que corre mucho, de cuello y cuerpo delgados y patas largas, que se emplea para cazar. *Salió de caza con su galgo.*

gallardía (ga-llar-**dí**-a) sustantivo femenino
1. Elegancia en el modo de moverse y andar. *Andaba con mucha gallardía.* **SIN.** Donaire, garbo.
2. Valentía para hacer las cosas. *Demostró tener mucha gallardía al asumir él toda la responsabilidad.* **SIN.** Valor. **ANT.** Cobardía.

galleta (ga-**lle**-ta) sustantivo femenino
1. Pasta de harina, azúcar y otras sustancias que se divide en pequeños trozos de distintas formas y se cuece al horno. *En el desayuno, tomé café con leche y galletas con mantequilla.*
2. Cachete, bofetada. *Estaban jugando y le dio una galleta.*
3. Trompazo, golpe. *Le quitó la silla cuando iba a sentarse y se dio una buena galleta.* **SIN.** Batacazo.

gallina (ga-**lli**-na) sustantivo femenino
1. Hembra del gallo. *Tenía una granja de gallinas.*
2. sustantivo Persona cobarde. *Es un gallina, no se atreverá a venir.* **ANT.** Valiente.
3. gallina ciega expresión Juego infantil en que alguien, con los ojos vendados, tiene que atrapar a otro y averiguar quién es. *Los niños jugaron a la gallina ciega.*

gallinero
(ga-lli-**ne**-ro) sustantivo masculino
1. Lugar donde duermen las aves de corral. *Estaba limpiando el gallinero.* **SIN.** Corral.
2. Parte más alta y barata de los cines y teatros. *Cuando sacamos las entradas, ya solo había de gallinero.*

gallo (ga-llo) sustantivo masculino
1. Ave doméstica de corral, con cresta roja, cuerpo cubierto de plumas, cola larga y dos patas con espolones. *En aquel gallinero había tres gallos y cincuenta gallinas.*

galón - ganancia

2. Pez marino, que tiene una aleta en la espalda con la forma de la cresta de un gallo. *El gallo es muy parecido al lenguado.*
3. Cuando se canta, nota equivocada que se escapa sin querer. *En una pieza, le salieron tres gallos.*

galón (ga-**lón**) sustantivo masculino
1. Distintivo que llevan los militares en la manga de su uniforme, que cambia según su cargo. *Llevaba el galón de sargento.*
2. Medida inglesa que se usa para los líquidos que equivale a 4,5 litros. *Eché cinco galones de gasolina.*

galopar (ga-lo-**par**) verbo
1. Ir a galope el caballo. *Los caballos galopaban por la pradera.*
2. Cabalgar una persona en un caballo que marcha al galope. *Galopó durante más de dos horas.*

galope (ga-**lo**-pe) sustantivo masculino
1. Marcha rápida del caballo. *Nuestro caballo corría a todo galope.* **SIN.** Galopada, carrera.
2. a galope tendido expresión Con prisa, a toda carrera. *Fuimos a galope tendido para no llegar tarde.*

gama (**ga**-ma) sustantivo femenino
Conjunto de cosas parecidas ordenadas. *Le gustaba toda la gama de los verdes.* **SIN.** Matiz, tonalidad.

gamba (**gam**-ba) sustantivo femenino
Animal comestible parecido al langostino, pero de menor tamaño. *Le encantan las gambas a la plancha.*

gamberro, gamberra
(gam-**be**-rro) adjetivo y sustantivo
Se dice de la persona que realiza actos dañinos o de mala educación para molestar a los demás. *Unos gamberros quemaron el contenedor.* **SIN.** Sinvergüenza, vándalo. **ANT.** Civilizado.

gamo, gama (**ga**-mo) sustantivo
Mamífero parecido al ciervo, de pelo rojizo con manchas de color blanco. Los machos tienen cuernos en forma de pala. *Varios gamos correteaban por el monte.*

gana (**ga**-na) sustantivo femenino
1. Deseo o inclinación hacia alguna cosa. *No tenía muchas ganas de estudiar.* **SIN.** Afán, gusto, ansia, apetencia. **ANT.** Desgana.
2. darle a alguien la gana expresión Hacer una cosa por la simple razón de querer hacerla. *Voy porque me da la gana, no porque tú me mandes.*

ganadería (ga-na-de-**rí**-a) sustantivo femenino
Cría o comercio de ganado. *Gran parte de la población de esa región se dedica a la ganadería.*

ganadero, ganadera
(ga-na-**de**-ro) adjetivo
1. Que se refiere al ganado. *Es el veterinario de esa explotación ganadera.* **SIN.** Pecuario.
2. sustantivo Dueño de ganado. *Son ganaderos y criadores de vacas y toros.*

ganado (ga-**na**-do) sustantivo masculino
Grupo de animales mansos que van juntos y que sirven a los seres humanos produciendo alimento o transportando cosas. *Es criador de ganado vacuno.*

ganador, ganadora
(ga-na-**dor**) adjetivo y sustantivo
Que gana en un juego, competición, etc. *El equipo ganador dio la vuelta al campo con el trofeo.* **SIN.** Vencedor. **ANT.** Perdedor.

ganancia (ga-**nan**-cia) sustantivo femenino
Utilidad o dinero que se obtiene como resultado del comercio u otra actividad. *Obtuvieron una buena ganancia con la venta.* **SIN.** Provecho, beneficio. **ANT.** Pérdida, gasto.

ganar (ga-**nar**) verbo
1. Conseguir dinero o aumentar la cantidad. *Su padre gana mucho dinero vendiendo cuadros.* **SIN.** Obtener, ingresar. **ANT.** Perder.
2. Vencer en un juego, batalla, concurso, etc. *Ese escritor ya ha ganado varios premios.* **SIN.** Triunfar, adelantar. **ANT.** Perder.
3. Ser mejor que otro en algo. *Él me gana corriendo, pero yo le gano nadando.* **SIN.** Superar, aventajar.
4. Conseguir el afecto o el aprecio de una persona. *Se ganó el cariño de todos por su simpatía.* **SIN.** Granjearse, atraerse.
5. Prosperar, mejorar. *Ganó en salud desde que dejó de fumar.*

ganchillo (gan-**chi**-llo) sustantivo masculino
Aguja que termina en forma de gancho y que sirve para tejer, y labor que hace con ella. *Le gustan las labores de ganchillo.*

gancho (**gan**-cho) sustantivo masculino
1. Instrumento curvo y puntiagudo, que sirve para agarrar o colgar una cosa. *Tenía el jamón colgado de un gancho.* **SIN.** Garfio.
2. Cualidades persuasivas o atractivo físico que tiene una persona. *No es muy guapo, pero tiene mucho gancho.* **SIN.** Gracia, ángel, aquel.

gandul, gandula (gan-**dul**) adjetivo y sustantivo
Perezoso, poco trabajador. *Haz algo, no seas tan gandul.* **SIN.** Indolente, holgazán, poltrón.

ganga (**gan**-ga) sustantivo femenino
Cosa de cierto valor que se adquiere a bajo precio. *Este coche es una ganga, no encontrará otro más barato.* **SIN.** Ocasión, mina.
✎ Se utiliza a veces con ironía para decir todo lo contrario.

ganglio (**gan**-glio) sustantivo masculino
Nudo o bulto en un nervio, tendón, etc. *Tenía ganglios en la garganta.* **SIN.** Abultamiento.

gangoso, gangosa (gan-**go**-so) adjetivo y sustantivo
Se dice de la persona que habla con resonancia nasal. *Es un poco gangosa y no la entiendo bien.*

ganso, gansa (**gan**-so) sustantivo
1. Ave doméstica, con plumaje gris con rayas pardas, cuya carne se come y con cuyo hígado se hace fuagrás. *Criaba gansos.*
2. adjetivo y sustantivo Persona graciosa y chistosa. *Es muy gansa y bromista.*

gánster (**gáns**-ter) sustantivo
Delincuente que actúa formando una banda con otros. *Una peligrosa banda de gánsteres atracó el banco.* **SIN.** Bandido, pistolero.
✎ Su plural es *gánsteres.*

ganzúa (gan-**zú**-a) sustantivo femenino
Alambre fuerte y doblado que se usa para abrir sin llaves las cerraduras. *Forzaron la cerradura de la puerta con una ganzúa.*

garabato (ga-ra-**ba**-to) sustantivo masculino
Dibujo o letra mal hechos que no tratan de representar nada. *Mientras hablaba por teléfono, hacía garabatos en un papel.*

garaje (ga-**ra**-je) sustantivo masculino
Sitio donde se guardan o arreglan automóviles. *Todas las noches deja el coche en el garaje.* **SIN.** Cochera.

garantía (ga-ran-**tí**-a) sustantivo femenino
1. Compromiso del fabricante o vendedor, por el que se obliga a reparar gratuitamente algo vendido en caso de avería, o a reponerlo. *Los artículos nuevos tienen dos años de garantía.*
2. Cosa que protege contra un posible riesgo. *Piden un millón como ga-*

rantía de la compra. **SIN.** Aval, fianza, prenda, señal.

3. Seguridad. *No tiene ninguna garantía de que el asunto sea así.*

garantizar (ga-ran-ti-**zar**) verbo

Dar seguridades de la calidad de un producto o de la conveniencia de una acción. *El vendedor nos garantizó su calidad.*

✎ Se conjuga como *abrazar.*

garbanzo (gar-**ban**-zo) sustantivo masculino

Fruto redondo, que se cultiva en huertas y se come cocido. *Comí garbanzos con callos.*

gardenia (gar-**de**-nia) sustantivo femenino

Planta de hojas ovaladas y flores del mismo nombre, blancas y olorosas. *Le regaló unas gardenias por su cumpleaños.*

garfio (**gar**-fio) sustantivo masculino

Instrumento de hierro, curvo y puntiagudo. *Colgó la res de un garfio.* **SIN.** Gancho.

garganta (gar-**gan**-ta) sustantivo femenino

1. Parte anterior del cuello. *Como hacía mucho frío, se puso la bufanda tapándose la garganta.*

2. Estrechamiento entre dos montañas. Lugar en el que un río se estrecha. *Hicimos una excursión a la garganta del río Cares.* **SIN.** Desfiladero, quebrada, cañón, hoz.

gargantilla

(gar-gan-**ti**-lla) sustantivo femenino

Collar corto de adorno. *Llevaba una bonita gargantilla de perlas.*

gárgara (**gár**-ga-ra) sustantivo femenino

Acción de mantener un líquido en la garganta, sin tragarlo, mientras se expulsa al mismo tiempo aire de los pulmones, permaneciendo con la cabeza hacia arriba. *El médico le mandó hacer gárgaras con agua y limón.*

garita (ga-**ri**-ta) sustantivo femenino

Torrecilla o cuarto pequeño donde están los vigilantes y porteros. *Estaba de guardia en la garita.*

garra (ga-**rra**) sustantivo femenino

1. Pata de ciertos animales provista de uñas fuertes y agudas. *El gato lo arañó con sus garras.* **SIN.** Zarpa.

2. Mano de una persona. *No metas aquí las garras.*

3. caer en las garras expresión Caer en manos de alguien que nos quiere hacer daño. *Los niños cayeron en las garras de la malvada bruja.*

garrafa (ga-**rra**-fa) sustantivo femenino

Vasija ancha y redonda, que termina en un cuello largo y estrecho. *Llena la garrafa de agua.*

garrafal (ga-rra-**fal**) adjetivo

Se dice de ciertas mentiras, errores, etc., que son muy graves. *Cometió un fallo garrafal, por eso le suspendieron.* **SIN.** Tremendo.

garrapata (ga-rra-**pa**-ta) sustantivo femenino

Insecto de forma ovalada, que vive parásito en el cuerpo de algunos animales, chupándoles la sangre. *El perro tenía garrapatas.*

garrotazo (ga-rro-**ta**-zo) sustantivo masculino

Golpe dado con un garrote. *Le arreó un buen garrotazo.*

garrote (ga-**rro**-te) sustantivo masculino

1. Palo grueso y fuerte que puede usarse como bastón. *Se apoyaba en un garrote de avellano.*

2. Palo que se retorcía con ayuda de una cuerda para apretar fuertemente el cuello o un miembro de alguien, para castigarlo, matarlo u obligarlo a confesar un delito. *Fue condenado a garrote.*

garza (**gar**-za) sustantivo femenino

Ave de cabeza pequeña con moño largo y gris, pico largo y negro, amarillento por la base. *Las garzas viven a la orilla del agua.*

gas sustantivo masculino
1. Cuerpo que no tiene forma ni volumen determinado, como el aire. Se opone a líquido y sólido. *El vapor de agua es un gas.*
2. sustantivo masculino plural Los que se producen en el cuerpo después de comer. *La fabada le produce muchos gases.*
3. gas ciudad expresión El destinado a producir luz, calefacción, etc. *Tenemos calefacción de gas ciudad.*
4. a todo gas expresión A toda velocidad. *Corría a todo gas con la moto.*

gasoil sustantivo masculino
Producto que se saca del petróleo y que se emplea como combustible en los motores diésel. *Tengo que repostar: pararé en el surtidor de gasoil.*
✎ También *gasóleo.*

gasa (ga-sa) sustantivo femenino
1. Tela muy clara y fina de seda o hilo. *El sombrero llevaba un adorno de gasa.* **SIN.** Muselina, tul.
2. Tira de tejido muy fino que se usa para cubrir las heridas. *Necesito gasa y esparadrapo para la herida.* **SIN.** Apósito, venda.

gaseosa (ga-se-o-sa) sustantivo femenino
Bebida refrescante, con burbujas, que no contiene alcohol. *Le gusta la cerveza con gaseosa.*

gaseoso, gaseosa (ga-se-o-so) adjetivo
Se dice de los gases y de lo contiene gases. *Bebida gaseosa.*

gasolina (ga-so-li-na) sustantivo femenino
Líquido que se obtiene del petróleo y que sirve para poner en movimiento algunos motores. *Echadle gasolina al coche antes de salir.*

gas - gatear

gasolinera (ga-so-li-ne-ra) sustantivo femenino
Establecimiento en el que se vende gasolina. *Trabaja en una gasolinera.* **SIN.** Surtidor.

gastado, gastada (gas-ta-do) adjetivo
1. Que está disminuido o borrado por el uso. *Este pantalón está ya muy gastado.* **SIN.** Desgastado.
2. Se dice de la persona debilitada y sin fuerza física. *Era un hombre gastado por los años.* **SIN.** Cascado, decrépito. **ANT.** Lozano.

gastar (gas-tar) verbo
1. Emplear el dinero en una cosa. *Mi amigo gasta la mayor parte de su dinero en viajes.* **SIN.** Invertir, desembolsar. **ANT.** Ahorrar.
2. Estropear o consumir algo con el uso. *He gastado tanto estos calcetines que se me ha hecho un agujero.* **SIN.** Desgastar, ajar, deteriorar, agotar. **ANT.** Conservar.
3. Usar, llevar. *Ella siempre gasta pantalones vaqueros.*

gasto (gas-to) sustantivo masculino
Dinero que se emplea en comprar algo. *Nos supuso el gasto de 100 euros.* **SIN.** Desembolso, consumo. **ANT.** Ahorro.

gastronomía (gas-tro-no-mí-a) sustantivo femenino
Arte de cocinar bien y afición a las buenas comidas. *Era un experto en la gastronomía de su tierra.*

gatas (ga-tas)
a gatas expresión Modo de andar con las manos y los pies en el suelo. *El bebé iba a gatas.*

gatear (ga-te-ar) verbo
1. Trepar por un árbol ayudándose de los brazos y las piernas, como los gatos. *Era muy hábil gateando.* **SIN.** Encaramarse.

2. Andar a gatas. *Su hermanita ya gateaba.* **SIN.** Deslizarse.

gatillo (ga-**ti**-llo) sustantivo masculino
Palanca con que se disparan las armas de fuego. *Apretó el gatillo.*

gato, gata (**ga**-to) sustantivo
1. Animal doméstico, de cuerpo pequeño y flexible, cabeza redonda y patas cortas con fuertes uñas que puede sacar y esconder cuando quiere. *Llevé el gato a vacunar.*
2. sustantivo masculino Máquina que se utiliza para levantar grandes pesos a poca altura. *Saca el gato para levantar el coche y cambia la rueda.*
3. dar gato por liebre expresión Engañar en la calidad de una cosa cambiándola por otra peor. *Me dieron gato por liebre con esa compra.*

gavilán (ga-vi-**lán**) sustantivo masculino
Ave parecida al águila, con plumaje gris azulado y pardo. *El gavilán descendió sobre su presa.*

gaviota (ga-**vio**-ta) sustantivo femenino
Ave de plumaje blanco, que vive en las costas y se alimenta de peces o de desperdicios. *Unas gaviotas volaban sobre la ría.*

gay adjetivo y sustantivo masculino
Persona homosexual, en especial, referido a un hombre. *Los gais organizaron una manifestación por la igualdad.*
✎ Su plural es *gais*.

gazapo (ga-**za**-po) sustantivo masculino
1. Error involuntario que se comete al hablar o al escribir. *Escribir *haver con v es un buen gazapo.* **SIN.** Error, lapsus.
2. Mentira. *Intentó que creyésemos sus gazapos.* **SIN.** Embuste, bola.

gazpacho (gaz-**pa**-cho) sustantivo masculino
Sopa fría que se hace con agua, aceite, vinagre, sal, ajo, cebolla, pepino, tomate, miga de pan, etc. *En verano suelo cenar gazpacho.*

gel sustantivo masculino
Jabón líquido para baño o ducha. *Este gel es muy cremoso.*

gelatina (ge-la-**ti**-na) sustantivo femenino
1. Sustancia incolora y transparente que se obtiene al cocer algunas partes blandas de los animales y de sus huesos. *Me gusta mucho el sabor de la gelatina de las patas de ternera.*
2. Dulce blando y transparente hecho con zumo de frutas. *Hizo la tarta con gelatina de limón.*

gélido, gélida (**gé**-li-do) adjetivo
Helado o muy frío. *No se recordaba un invierno tan gélido desde hacía muchos años.* **SIN.** Glacial, congelado. **ANT.** Ardiente.

gema (**ge**-ma) sustantivo femenino
1. Nombre que se da a cualquier piedra preciosa. *El rubí, piedra de color roja, es una gema.*
2. Brote de las plantas. *Estaban saliendo las primeras gemas.*

gemelo, gemela (ge-**me**-lo) adjetivo
1. Se dice de dos piezas, órganos, partes, etc. iguales o colocadas de forma similar en una máquina o aparato. *La radio tenía altavoces gemelos.*
2. adjetivo y sustantivo Se dice de cada uno de los hermanos que han nacido de un mismo parto. *Son tres hermanos, dos de ellos, gemelos.*
3. sustantivo masculino Cada uno de los dos músculos de la parte de atrás de la pierna. *En la maratón de Avilés se le agarrotó el gemelo.*
4. sustantivo masculino Cada uno de los dos botones o broches iguales, que se usan para cerrar el puño de la camisa. *Le regaló a su novio unos gemelos de oro.*
5. sustantivo masculino plural Anteojos, prismáticos. *Llevó los gemelos a la ópera.*

gemido (ge-**mi**-do) sustantivo masculino
Voz lastimera y de dolor. *Aunque el golpe le dolía mucho, no dejó escapar ni un gemido.* **SIN.** Lamento, quejido, sollozo, suspiro. **ANT.** Carcajada, risa.

gemir (ge-**mir**) verbo
Expresar con sollozos y quejidos la pena o el dolor. *Gemía de dolor después del accidente porque se había roto varios huesos.* **SIN.** Sollozar, gimotear. **ANT.** Reír.
✎ Verbo irregular, se conjuga como *pedir*.

gen sustantivo masculino
Parte de los cromosomas que hace que los hijos hereden alguna característica de sus padres. *Casi todos los caracteres quedan determinados por varios genes.*

genealogía (ge-ne-a-lo-**gí**-a) sustantivo femenino
Serie de antepasados de cada persona. *Se interesó por la genealogía de aquella ilustre familia.*

generación (ge-ne-ra-**ción**) sustantivo femenino
1. Sucesión de padres a hijos. *Su familia vivía allí desde hacía varias generaciones.*
2. Conjunto de todos los que viven en una misma época. *Somos de la misma generación: nos llevamos cinco años.*
3. Grupo de escritores o artistas que viven en la misma época y que tienen unas ideas y un estilo parecidos. *Unamuno pertenece a la generación del 98.*

generador (ge-ne-ra-**dor**) sustantivo masculino
Máquina o aparato que produce fuerza o energía. *Necesitan un generador en la casa de campo para producir electricidad.*

general (ge-ne-**ral**) adjetivo
1. Común a muchos seres o cosas. *Según la opinión general, es una buena*

maestra. **SIN.** Global, colectivo, universal. **ANT.** Particular.
2. Común, frecuente, usual. *Los días de lluvia, los atascos son muy generales.* **ANT.** Inusual, extraño.
3. sustantivo masculino Militar de alta graduación. *El general pasó revista a las tropas.*
4. en, o por lo, general expresión Sin determinar, sin concretar. *En general, las botellas son de vidrio.*

generalizar (ge-ne-ra-li-**zar**) verbo
1. Formar un concepto global de lo que es común a muchas cosas. *Se podría generalizar y decir que todos los árboles son plantas.* **SIN.** Abstraer.
2. Hacer una característica universal de una individual. *Es injusto generalizar respecto a las personas.*
3. generalizarse Hacerse normal o pública una cosa. *Su dimisión se generalizó rápidamente.* **SIN.** Divulgar(se), difundir(se).
✎ Se conjuga como *abrazar*.

generar (ge-ne-**rar**) verbo
Engendrar, producir, crear. *El tabaco le generó un cáncer.*

género (**gé**-ne-ro) sustantivo masculino
1. Conjunto de seres o cosas que tienen caracteres comunes. *El género humano.* **SIN.** Familia, clase, tipo.
2. En el comercio, todo lo que se vende. *Traspasa el negocio con todo el género.*
3. Característica de los sustantivos, adjetivos, pronombres y artículos por la que se clasifican en masculinos, femeninos o neutros. *Gato es un sustantivo de género masculino.*

generosidad (ge-ne-ro-si-**dad**) sustantivo femenino
Cualidad de la persona que da fácilmente lo que tiene, sin esperar nada

A B C D E F G H I J K L M N Ñ O P Q R S T U V W X Y Z

a cambio. *Presta su ayuda con gran generosidad.* **ANT.** Avaricia.

generoso, generosa
(ge-ne-**ro**-so) adjetivo

1. Que da mucho sin esperar nada a cambio. *Es muy generoso y siempre regala juguetes a los niños necesitados.* **SIN.** Espléndido, desinteresado. **ANT.** Avaro.

2. Excelente, muy bueno. *Nos dará una generosa propina.* **SIN.** Abundante, espléndido.

genético, genética
(ge-**né**-ti-co) adjetivo

1. Que pertenece o se refiere al origen o a la herencia. *Carácter genético.*

2. sustantivo femenino Parte de la biología que estudia cómo se transmiten las características de padres a hijos. *Me examino de Genética.*

genial (ge-**nial**) adjetivo

1. Se dice de algo que es divertido o interesante. *Tienes que ver esa película, es genial. Tuvo una idea genial.* **ANT.** Desagradable.

2. Que tiene mucho talento. *Picasso era un pintor genial.*

genio (ge-nio) sustantivo masculino

1. Carácter de una persona. *Tiene pocos amigos por su mal genio.* **SIN.** Naturaleza, temperamento.

2. Persona con gran talento, capaz de crear cosas nuevas y admirables. *Dalí fue un genio de la pintura.*

genital (ge-ni-**tal**)

adjetivo y sustantivo masculino plural

Que se refiere al sexo y al aparato reproductor del ser humano y de los animales, en especial a los órganos sexuales externos. *Órganos genitales.*

gente (**gen**-te) sustantivo femenino

1. Conjunto de personas. *Los domingos hay gente en todas partes.* **SIN.** Muchedumbre, público.

2. gente menuda expresión Los niños. *Había mucha gente menuda disfrutando el espectáculo del circo.*

gentil (gen-**til**) adjetivo

Que tiene gracia y elegancia. *Su amigo es una persona muy gentil.* **SIN.** Apuesto. **ANT.** Desgarbado.

gentilicio, gentilicia
(gen-ti-**li**-cio) adjetivo y sustantivo masculino

Se dice del adjetivo o sustantivo que expresa origen o nacionalidad. *Español es un gentilicio.*

gentío (gen-**tí**-o) sustantivo masculino

Número considerable de personas. *Al acabar la manifestación, el gentío se dispersó.* **SIN.** Multitud, muchedumbre.

gentuza (gen-**tu**-za) sustantivo femenino

Gente mala y despreciable. *No me gusta que te mezcles con esa gentuza.* **SIN.** Morralla, chusma.

geografía
(ge-o-gra-**fí**-a) sustantivo femenino

Ciencia que estudia las características de la Tierra y cómo estas influyen en el ser humano y en su forma de vivir. *En Conocimiento del Medio estamos aprendiendo geografía.*

geología
(ge-o-lo-**gí**-a) sustantivo femenino

Ciencia que estudia el origen, la formación y las características de los materiales de que está compuesta la Tierra. *Tenemos un libro de geología en el que se explican los tipos de rocas.*

geometría
(ge-o-me-**trí**-a) sustantivo femenino

Parte de las matemáticas que estudia las propiedades del espacio y la forma de medirlo. *Su tesis para el doctorado versó sobre geometría.*

geométrico, geométrica
(ge-o-**mé**-tri-co) adjetivo

Que está relacionado con la geometría. *Cuerpos geométricos.*

geranio (ge-**ra**-nio) sustantivo masculino
Planta de jardín, de tallo carnoso y flores blancas, rojas o rosas. *Tenía el jardín lleno de geranios.*

gerente (ge-**ren**-te) sustantivo
Persona que dirige una empresa. *Hablaron con el gerente para pedir un aumento de sueldo.* **SIN.** Administrador, gestor.

germen (**ger**-men) sustantivo masculino
1. Célula viva que, al desarrollarse, puede originar un ser vivo. *El germen de un tulipán procede de un tubérculo.* **SIN.** Semilla.
2. Principio u origen de una cosa. *Fue el germen de la protesta.* **SIN.** Fuente, causa. **ANT.** Fin.

germinar (ger-mi-**nar**) verbo
1. Brotar y crecer las plantas. *Hay que regar las semillas para que puedan germinar.* **SIN.** Florecer. **ANT.** Agostarse, marchitarse.
2. Comenzar a formarse algo. *Una nueva tendencia estaba germinando.* **SIN.** Originarse, nacer, surgir. **ANT.** Terminar, concluir.

gerundio (ge-**run**-dio) sustantivo masculino
Forma no personal del verbo, que expresa que se está haciendo algo en el presente. Terminan en *-ando* los gerundios de los verbos de la primera conjugación, y en *-iendo*, los de la segunda y la tercera. *Cantando, corriendo y escribiendo son gerundios.*

gestación
(ges-ta-**ción**) sustantivo femenino
1. Desarrollo del óvulo fecundado, hasta el nacimiento del nuevo ser. *No tuvo ningún problema durante las primeras semanas de gestación.* **SIN.** Embarazo.
2. Elaboración de una idea o de algo no material. *Participó en la gestación del proyecto.*

gestar (ges-**tar**) verbo
1. Tener la madre el embrión en el útero hasta el momento del parto. *No saques a la yegua hasta que acabe de gestar.*
2. gestarse Prepararse o desarrollarse sentimientos, ideas, etc. *Algo importante se está gestando.*

gesticular (ges-ti-cu-**lar**) verbo
Hacer gestos con la cara o las manos. *Es una persona que gesticula mucho con las manos.*

gestión (ges-**tión**) sustantivo femenino
1. Lo que se hace para lograr algo. *Tuvo que hacer unas cuantas gestiones para poder matricularse.* **SIN.** Diligencia, trámite.
2. Administración de un negocio o asunto. *Llevaba la gestión de sus fincas.* **SIN.** Gerencia.

gesto (ges-**to**) sustantivo masculino
1. Movimiento de la cara o de las manos que se hace por costumbre o que expresa un estado de ánimo. *Hizo un gesto de duda.* **SIN.** Mohín, tic, ademán, seña.
2. Acto bueno o malo. *Darle otra oportunidad a su amigo fue un bonito gesto.* **SIN.** Detalle.

gestoría (ges-to-**rí**-a) sustantivo femenino
Oficina en la que sus trabajadores se encargan de solucionar asuntos privados o de empresas en relación con la administración pública. *Trabaja en una gestoría.*

giba (**gi**-ba) sustantivo femenino
1. Joroba que tienen algunos animales. *El camello tiene dos gibas.*
2. Deformidad de la columna vertebral. *Parece que tuviera giba.*

gigante (gi-**gan**-te) adjetivo
1. De gran tamaño. *Era una terraza gigante donde cabían muchas plantas.*
2. sustantivo masculino Persona mucho más alta que las demás. *El protagonista del cuento era un gigante.* **ANT.** Enano.

gilipollas (gi-li-**po**-llas) adjetivo
Tonto, estúpido. *Se portó como un gili-pollas.*
✎ Es igual en plural y en singular.

gimnasia (gim-**na**-sia) sustantivo femenino
Conjunto de ejercicios realizados para mantenerse en forma y dar flexibilidad al cuerpo. *Hago gimnasia todos los días al levantarme.*

gimnasio (gim-**na**-sio) sustantivo masculino
Lugar adecuado para hacer gimnasia o practicar algún deporte. *Va al gimnasio a hacer pesas.*

gimotear (gi-mo-te-**ar**) verbo
Gemir con poca fuerza y sin motivo. *Se puso a gimotear porque no le daban más bombones.* **SIN.** Sollozar, hipar.

ginebra (gi-**ne**-bra) sustantivo femenino
Bebida alcohólica hecha con semillas y aromatizada con las semillas de un árbol llamado *enebro. Pidió una copa de ginebra.*

gira (**gi**-ra) sustantivo femenino
1. Excursión, viaje que se realiza por distintos lugares como diversión. *En las vacaciones, nos fuimos de gira por Europa.* **SIN.** Ruta.
2. Serie de actuaciones que una compañía teatral o un artista realiza en diferentes lugares. *El grupo musical comienza mañana su gira de verano.* **SIN.** *Tournée.*

girar (gi-**rar**) verbo
1. Moverse dando vueltas sobre sí mismo o en círculos en torno a algo. *La Tierra gira sobre sí misma y alrededor del Sol.* **SIN.** Rotar, rondar, rodear.
2. Cambiar la dirección inicial. *Sigue recto y luego giras a la derecha.* **SIN.** Torcer, virar.
3. Desarrollarse una conversación, negocio, etc., en torno a determinado tema o aspecto. *La discusión giró en torno a las nuevas medidas adoptadas*

por el Gobierno en materia de sanidad. **SIN.** Versar, tratar.
4. Enviar dinero por giro postal o telegráfico. *Te giraré el dinero.*

girasol (gi-ra-**sol**) sustantivo masculino
Planta de flores amarillas que mira siempre hacia el sol y cuyas semillas, las pipas, se comen y sirven para hacer aceite. *Había extensos campos de girasoles.*

giratorio, giratoria (gi-ra-**to**-rio) adjetivo
Que gira o da vueltas. *En la entrada había una puerta giratoria.*

giro (**gi**-ro) sustantivo masculino
1. Vuelta en torno a sí mismo o a otra cosa, cambio de dirección. *Dio un giro a la derecha.* **SIN.** Rotación, rodeo, viraje.
2. Dirección que toma o se da a una conversación o a un asunto. *Con la intervención del escritor, el coloquio tomó un giro inesperado.* **SIN.** Aspecto, cariz, matiz.
3. Estructura especial de la frase. *En aquella descripción había muchos giros del lenguaje coloquial.* **SIN.** Modismo, expresión.
4. Envío de dinero por medio de las oficinas de correos o de telégrafos. *Fue a correos a poner un giro.*

gitano, gitana (gi-**ta**-no) adjetivo y sustantivo
Se dice de un pueblo nómada que llegó a Europa a finales del siglo XIII y de sus costumbres. *Los gitanos son un pueblo muy alegre al que le gusta cantar y bailar.* **SIN.** Romaní, cíngaro.

glacial (gla-**cial**) adjetivo
1. Helado, muy frío. *Clima glacial.* **SIN.** Gélido. **ANT.** Cálido, caliente.
2. Se dice de las tierras y mares que están en los Polos Norte y Sur de la Tierra. *Zona glacial.* **SIN.** Polar. **ANT.** Tropical.
✎ No debe confundirse con *glaciar.*

glaciar (gla-**ciar**) sustantivo masculino
Masa grande de hielo que se desliza lentamente por las montañas, como si fuese un río, y excava un valle muy profundo. *Visitamos el glaciar de Gredos.* **SIN.** Nevero.
✎ No debe confundirse con *glacial*.

gladíolo
(gla-**dí**-o-lo) sustantivo masculino
Planta de jardín con flores en forma de espiga. *Le llevó un ramo de claveles y gladíolos.*
✎ También *gladiolo*.

glándula (**glán**-du-la) sustantivo femenino
Cada uno de los órganos que producen sustancias químicas que son expulsadas por la piel o las mucosas. *La glándula pituitaria se encuentra en la base del cerebro.*

global (glo-**bal**) adjetivo
Total, tomado en conjunto. *Hizo una exposición global del asunto.* **ANT.** Parcial.

globo (glo-bo) sustantivo masculino
1. Pieza cerrada de goma o de otro material flexible que se llena de aire o de gas y se usa como adorno o como juguete. *Decoraron la sala para la fiesta con globos de colores y cadenetas.*
2. Vehículo que se eleva en el aire, formado por una barquilla para los viajeros sujeta a una gran bolsa redonda de tejido impermeable y ligero, llena de un gas menos pesado que el aire. *Hicieron un viaje en globo.*
3. Cuerpo redondo. *Tiene forma de globo.* **SIN.** Esfera, bola.

glóbulo (**gló**-bu-lo) sustantivo masculino
Pequeño cuerpo redondo formado por una sola célula que se encuentra en muchos líquidos del cuerpo de los animales y, sobre todo, en la sangre. *En la sangre tenemos glóbulos rojos y glóbulos blancos.*

gloria (**glo**-ria) sustantivo femenino
1. En algunas religiones, cielo, paraíso. *Dios lo tenga en su gloria.* **ANT.** Infierno.
2. Buena fama o reputación. *Cervantes alcanzó la gloria con El Quijote.* **SIN.** Honor, celebridad, éxito. **ANT.** Anonimato, fracaso.
3. Grandeza de las cosas. *Describía la gloria del imperio.* **SIN.** Majestad, esplendor, magnificencia.
4. estar alguien en la gloria expresión Sentirse contento y satisfecho. *Estaba en la gloria con su familia.*

glorieta
(glo-**rie**-ta) sustantivo femenino
1. Plaza a la que van a parar varias calles. *Está en una de las calles que van a dar a la glorieta.*
2. Espacio en un jardín o parque que suele estar rodeado por un soporte cubierto por plantas. *Se sentó en un banco de la glorieta.*

glosario (glo-**sa**-rio) sustantivo masculino
1. Diccionario que viene al final de un libro con las palabras dudosas o poco corrientes. *Consultó el glosario.* **SIN.** Vocabulario.
2. Diccionario que contiene palabras sobre un mismo tema. *Compró un glosario de química.*

glotón, glotona
(glo-**tón**) adjetivo y sustantivo
Que come mucho y con ansia. *Eres un poco glotona.* **SIN.** Tragón, voraz. **ANT.** Inapetente.

glúteo (**glú**-te-o) sustantivo masculino
Músculo de la nalga. *Hacía ejercicios para fortalecer el glúteo.*

gnomo (gno-mo) sustantivo masculino
Geniecillo o enanito de algunos cuentos infantiles. *La niña charlaba con los gnomos.*
✎ También *nomo*.

gobernador, gobernadora

(go-ber-na-**dor**) sustantivo

Jefe superior de una provincia o territorio. *El gobernador recibió a los alcaldes de la provincia.*

gobernanta

(go-ber-**nan**-ta) sustantivo femenino

1. En los hoteles, mujer que se ocupa de la limpieza de habitaciones y conservación de los enseres. *La gobernanta tiene a su cargo tres camareras por cada piso.*

2. Encargada de la administración de una casa o institución. *Ella es la gobernanta de la Fundación Estrella.*

gobernante (go-ber-**nan**-te) sustantivo

1. Que manda. *Se entrevistaron los gobernantes de los dos países.*

2. Hombre que se mete a gobernar algo. *Ejerció como gobernante de la comunidad de vecinos sin que nadie se lo pidiera.*

gobernar (go-ber-**nar**) verbo

1. Dirigir o mandar a otras personas. *Es difícil gobernar una nación.* **SIN.** Regir.

2. Guiar o conducir una cosa. *Gobernar un buque con el timón.*

✎ Verbo irregular, se conjuga como *acertar.*

gobierno (go-**bier**-no) sustantivo masculino

1. Acción de gobernar. *Todos le acusaban de mal gobierno.* **SIN.** Administración, dirección, gobernación.

2. Órgano más alto del poder ejecutivo de un Estado o de una comunidad política de menor rango. *A la ceremonia asistió el Gobierno en pleno.*

✎ La segunda acepción debe escribirse en mayúscula.

gofre (go-fre) sustantivo masculino

Pastel hecho con masa de harina y miel, y elaborado entre dos planchas cuadriculadas que le dan aspecto de panal. *Se comió un gofre con nata y chocolate.*

gol sustantivo masculino

En el fútbol y otros deportes de pelota, punto que se produce cuando el balón entra en la portería. *Marcó el gol del empate.*

golf sustantivo masculino

Juego que consiste en meter una pelota en ciertos hoyos con diferentes palos parecidos a un bastón. Gana el jugador que hace el recorrido con el menor número de golpes. *Le gusta jugar al golf.*

golfo (**gol**-fo) sustantivo masculino

Porción grande de mar que entra en una curva formada por la costa. *La barca navegó por el golfo.*

golfo, golfa (**gol**-fo) adjetivo y sustantivo

1. Vagabundo, pillo. *Unos golfos volcaron los contenedores.*

2. Vago, sinvergüenza. *Estás hecho un golfo.* **SIN.** Holgazán.

golondrina

(go-lon-**dri**-na) sustantivo femenino

Pájaro de pico corto y negro, cuerpo negro azulado por encima y blanco por debajo, alas puntiagudas y cola larga en forma de horquilla. *Las golondrinas emigran en septiembre.*

golosina (go-lo-**si**-na) sustantivo femenino

Comida dulce de sabor muy agradable, como los pasteles, los caramelos, etc. *No deberías comer tantas golosinas.*

goloso, golosa

(go-**lo**-so) adjetivo y sustantivo

Se dice de la persona a la que le gustan mucho las golosinas. *Le encantan los bombones, es muy goloso.* **SIN.** Glotón.

golpe (**gol**-pe) sustantivo masculino

1. Choque violento y repentino de dos cuerpos. *Me di un golpe contra la farola.* **SIN.** Colisión, encontronazo, topetazo.

2. Marca o señal que deja un choque. *Tenía un buen golpe en la rodilla.* **SIN.** Cardenal, moretón.

3. Desgracia que sucede repentinamente. *La pérdida de su perro fue un duro golpe.* **SIN.** Infortunio, disgusto, revés.

4. Ocurrencia graciosa y oportuna en el curso de la conversación. *Decir eso fue un golpe muy bueno.* **SIN.** Salida, gracia.

5. Robo, atraco planeado. *El golpe había sido bien planeado.*

6. de golpe expresión De repente. *El invierno llegó de golpe.*

7. no dar golpe expresión No trabajar, no hacer nada. *Es un vago que no da golpe en todo el día.*

golpear (gol-pe-**ar**) verbo
Dar un golpe o repetidos golpes a alguien o algo. *Golpeó la puerta pero nadie salió a abrir.* **SIN.** Pegar.

golpetear (gol-pe-te-**ar**) verbo
Dar golpes poco fuertes pero seguidos. *Había corriente y la puerta no paraba de golpetear.*

goma (go-ma) sustantivo femenino
1. Sustancia que se obtiene de algunas plantas y que, disuelta en agua, sirve para pegar. *La goma laca es una de las gomas más importantes.* **SIN.** Adhesivo.

2. Tira o banda elástica que se usa como una cinta. *Llevaba el pelo cogido con una goma.*

3. goma de borrar expresión La preparada especialmente para borrar en el papel el lápiz y la tinta. *Utiliza la goma de borrar.*

gomina (go-mi-na) sustantivo femenino
Fijador para el pelo. *Lleva el pelo muy corto y con gomina.*

góndola (gón-do-la) sustantivo femenino
Embarcación pequeña y alargada, típica de los canales de Venecia. *Los novios dieron un romántico paseo en góndola.*

gong sustantivo masculino
Disco metálico que produce un fuerte sonido al ser golpeado con una maza. *El gong anunciaba la hora de comer.*
✎ Su plural es *gongs.* También *gongo.*

gordo, gorda (**gor**-do) adjetivo y sustantivo
1. Que tiene muchas carnes o grasas. *Comiendo tantos dulces, te pondrás gordo.* **SIN.** Obeso, grueso, corpulento. **ANT.** Delgado.

2. adjetivo Muy abultado, voluminoso. *Ese árbol tiene el tronco muy gordo.* **SIN.** Hinchado, grueso. **ANT.** Pequeño, fino.

3. adjetivo Importante, grande. *Se trataba de un asunto gordo.* **SIN.** Serio, grave. **ANT.** Insignificante.

4. adjetivo Se dice del dedo pulgar. *Tenía una herida en el dedo gordo del pie.*

5. sustantivo masculino Sebo o grasa del animal. *No le gustan los filetes con mucho gordo.* **ANT.** Magro.

6. el gordo expresión Primer premio de la lotería. *Le tocó el gordo.*

gorgoteo (gor-go-**te**-o) sustantivo masculino
Ruido que produce el movimiento de un líquido o un gas en el interior de una cavidad. *Se podía oír el gorgoteo del agua en el fondo del pozo.* **SIN.** Burbujeo.

gorila (go-**ri**-la) sustantivo masculino
1. Mono de estatura parecida a la del ser humano, que habita en África. *El protagonista de la película era un pequeño gorila.*

2. Guardaespaldas. *El famoso actor iba protegido por un gorila.*

gorra (go-**rra**) sustantivo femenino
Prenda, con o sin visera, que se pone en la cabeza para protegerse del sol o del frío. *Se puso la gorra para tomar el sol.*

gorrino - grabado

gorrino, gorrina (go-rri-no) sustantivo
1. Cerdo pequeño menor de cuatro meses. *Está dando de comer a los gorrinos.* **SIN.** Lechón.
2. adjetivo y sustantivo Persona sucia o grosera. *Vas hecho un gorrino.* **SIN.** Guarro, puerco, sucio. **ANT.** Limpio.

gorrión (go-rrión) sustantivo masculino
Pájaro pequeño, con plumaje pardo con manchas negras y rojizas, muy común en España. *Le alegraba oír el canto de los gorriones.* **SIN.** Pardal.

gorro (go-rro) sustantivo masculino
1. Prenda de tela o punto para cubrir y abrigar la cabeza. *Llevaba un gorro de lana negro.* **SIN.** Gorra.
2. estar alguien hasta el gorro expresión Estar ya muy harto de algo. *Estoy hasta el gorro de tus caprichos.*

gorrón, gorrona
(go-rrón) adjetivo y sustantivo
Se dice de la persona que tiene por costumbre vivir, comer o divertirse haciendo que sea otro quien pague. *Tenía fama de gorrón y nadie quería salir con él.* **SIN.** Parásito, chupón.

gota (go-ta) sustantivo femenino
1. Partícula esférica que se desprende de un líquido. *Échale unas gotas de aceite.*
2. Pequeña cantidad de cualquier cosa. *No me eches mucha azúcar, solo una gota.* **SIN.** Pizca.
3. ni gota Nada en absoluto. *No queda ni gota de agua en la botella.*

gotear (go-te-ar) verbo
1. Caer gota a gota un líquido. *Cierra el grifo, está goteando.* **SIN.** Destilar, chorrear, pingar.
2. Llover cayendo pocas gotas. *Como comenzaba a gotear, abrí el paraguas.* **SIN.** Lloviznar.
3. Dar o recibir una cosa con pausas intermedias. *Goteaban las ayudas.*

gotera (go-te-ra) sustantivo femenino
Agujero o grieta en el techo o en la pared por donde se filtra el agua. *Con tanta lluvia, el techo está lleno de goteras.*

gótico, gótica
(gó-ti-co) adjetivo y sustantivo masculino
Se dice del estilo artístico que se desarrolla en Europa desde el siglo XII hasta el Renacimiento. *La catedral de León es gótica.*

gozar (go-zar) verbo
1. Tener una cosa buena, útil o agradable. *Goza de una excelente salud.* **SIN.** Utilizar, aprovecharse, disfrutar. **ANT.** Carecer, sufrir.
2. Sentir placer o alegría. *Los niños gozan jugando en la playa.* **SIN.** Disfrutar. **ANT.** Aburrirse.
✎ Se conjuga como *abrazar*.

gozne (goz-ne) sustantivo masculino
Bisagra, mecanismo que permite cerrar y abrir puertas y ventanas, girándolas. *Hay que engrasar los goznes de las puertas porque chirrían.*

gozo (go-zo) sustantivo masculino
Emoción o placer que nos produce alguna cosa. *Sentí un gran gozo al leer tu carta.* **SIN.** Gusto, satisfacción. **ANT.** Pena, tristeza.

grabación (gra-ba-ción) sustantivo femenino
1. Operación de grabar el sonido en discos, cintas, etc. *Estaba trabajando en la grabación de su último disco.* **SIN.** Reproducción.
2. Disco o cinta que contiene este sonido. *Guarda con cuidado esta grabación.*

grabado (gra-ba-do) sustantivo masculino
Técnica para reproducir un dibujo grabado anteriormente en una plancha mediante la imprenta, y estampa o lámina que resulta. *Varios grabados adornaban la pared.*

grabadora

(gra-ba-**do**-ra) sustantivo femenino

1. Magnetófono, aparato que sirve para registrar los sonidos y poder escucharlos más tarde las veces que se quiera. *Llevó la grabadora al concierto.*
2. Aparato que permite grabar datos de cualquier soporte electrónico o informático. *Mi ordenador lleva incorporada una grabadora de DVD.*

grabar (gra-**bar**) verbo

1. Hacer un letrero, figura, etc, con un cincel u otro instrumento afilado, sobre una superficie de metal, piedra, etc. *Grabó su nombre en el árbol.* **SIN.** Labrar, tallar, cincelar.
2. Registrar los sonidos en discos. *Ha grabado un nuevo disco.*
3. Hacer que una cosa quede fija en el ánimo y en la memoria. *Aquel día se le quedó grabado para siempre.* **ANT.** Borrar.

✎ No debe confundirse con *gravar*.

gracia (gra-cia) sustantivo femenino

1. Cualidad que hace agradable a la persona que la tiene. *Tiene mucha gracia.* **SIN.** Encanto.
2. Ingenio, humor, salero. *Sus comentarios siempre tienen mucha gracia.* **SIN.** Desparpajo.
3. Garbo, elegancia. *Se mueve con gracia.* **SIN.** Donaire, soltura. **ANT.** Sosería, desgarbo.
4. Algo que molesta o es desagradable. *¡Menuda gracia tener que ir al hospital ahora!*
5. Habilidad para hacer alguna cosa. *Tiene mucha gracia para el baile.* **SIN.** Disposición, maña.
6. dar las gracias expresión Agradecer un beneficio. *Le di las gracias por su ayuda.*
7. gracias a expresión Por medio de. *Lo logré gracias a sus consejos.*

grácil (grá-cil) adjetivo

Sutil, menudo. *Tenía una grácil figura.* **SIN.** Ligero, tenue. **ANT.** Tosco.

gracioso, graciosa

(gra-**cio**-so) adjetivo y sustantivo

1. Que tiene gracia o hace reír. *Ese chiste es muy gracioso.* **SIN.** Agudo, ocurrente, saleroso.
2. De aspecto agradable y simpático. *Es un muñeco muy gracioso.* **SIN.** Salado.
3. Que resulta desagradable y molesto. *No te hagas el gracioso, resultas insoportable.*

grada (gra-da) sustantivo femenino

Asiento de un estadio deportivo, plaza de toros, etc. en forma de escalón corrido. *Estaban sentados en las primeras gradas.*

gradación (gra-da-**ción**) sustantivo femenino

Serie de cosas ordenadas sucesivamente de más a menos, o al revés. *Escogió una gradación de rosas para pintar la habitación.* **SIN.** Escala, gama, serie.

✎ No debe confundirse con *graduación*.

graderío (gra-de-**rí**-o) sustantivo masculino

Conjunto de gradas y público que las ocupa. *Los graderíos estaban repletos de público. El graderío se puso en pie.*

grado (gra-do) sustantivo masculino

1. Cada uno de los estados o valores que puede tener una cosa. *Tiene una cultura de grado medio.* **SIN.** Nivel, valor.
2. Intensidad con la que se muestra algo. *Era sensible en sumo grado.* **SIN.** Medida.
3. Unidad de medida en la escala de varios instrumentos destinados a apreciar la cantidad o intensidad de una energía o de un estado físico. *Los grados de un termómetro.*
4. En la enseñanza universitaria, título que se alcanza al superar los estudios necesarios para graduarse

o doctorarse. *Su sueño era estudiar el Grado en Odontología.*

5. Categoría que pueden tener las personas o las cosas. *Alcanzó un grado superior.* **SIN.** Rango, puesto, jerarquía.

6. de buen grado expresión Con gusto. *Te acompaño de buen grado.*

graduado, graduada

(gra-**dua**-do) adjetivo y sustantivo

Persona que ha obtenido un grado académico en la universidad. *Ella es graduada en Ciencias del Mar.*

gradual (gra-**dual**) adjetivo

Que está por grados o que va de grado en grado. *Disminución gradual.* **SIN.** Escalonado, paulatino, progresivo. **ANT.** Repentino.

graduar (gra-du-**ar**) verbo

1. Dar, apreciar o medir el grado que corresponde o tiene una cosa, también aumentarlo y disminuirlo. *Gradúa el aparato de aire acondicionado.* **SIN.** Regular, ajustar, nivelar.

2. En la enseñanza universitaria, obtener el título de graduado o doctor. *Ambos hermanos se graduarán en Derecho y en Filología.*

✎ Se conjuga como *actuar*.

grafía (gra-**fí**-a) sustantivo femenino

Signo o conjunto de signos con los que se representa un sonido en la escritura. *Las grafías b y v representan el mismo sonido.*

gráfico, gráfica (**grá**-fi-co) adjetivo

1. Que se refiere a la escritura o a la imprenta. *Sistemas gráficos.*

2. Se dice de las descripciones, ejemplos, etc. que resultan muy claros e ilustrativos. *Les puso un gráfico ejemplo para que lo entendieran mejor.* **SIN.** Expresivo.

3. sustantivo masculino Signos o figuras que representan datos numéricos de cualquier clase. *El gráfico muestra el descenso de la natalidad en los últimos años.* **SIN.** Esquema, croquis.

grafiti (gra-**fi**-ti) sustantivo masculino

Inscripciones o dibujos realizados con aerosoles sobre paredes o muros de lugares público. *Son muchos los comerciantes que prefieren encargar un grafiti a su gusto.*

✎ Su plural es *grafitis*. También *grafito, graffiti*.

gragea (gra-**ge**-a) sustantivo femenino

Medicamento en forma de pequeña pastilla. *Tenía que tomar una gragea después del desayuno.* **SIN.** Comprimido, píldora.

gramática (gra-**má**-ti-ca) sustantivo femenino

Ciencia que estudia las reglas del lenguaje, sus elementos y sus relaciones. *En clase de Lengua española también se aprende gramática.*

gramatical (gra-ma-ti-**cal**) adjetivo

1. Que pertenece o se refiere a la gramática. *Análisis gramatical.*

2. De acuerdo con las leyes de la gramática. *Esta frase es correcta desde el punto de vista gramatical.* **ANT.** Agramatical.

gramo (gra-mo) sustantivo masculino

Unidad del sistema métrico decimal, que equivale a la masa de un centímetro cúbico de agua destilada. *Pesa cien gramos.*

gran adjetivo

Forma breve de la palabra *grande*, que se usa delante de sustantivos en singular. *Compró una gran casa en el campo.*

grana (gra-na) sustantivo femenino

Color rojo. *Tenía una chaqueta de color grana.* **SIN.** Carmesí.

granada (gra-na-da) sustantivo femenino

1. Fruto de color rojo oscuro y con muchos granos dulces y sabrosos. *De postre, comí granada.*

2. Proyectil hueco de metal, que contiene un explosivo. *Le explotó una granada en la mano.*

granate (gra-**na**-te) sustantivo masculino
1. Piedra fina usada en joyería, cuyo color varía: puede ser rojo, negro, verde, amarillo, violeta y anaranjado. *La piedra de esta sortija es un granate.*
2. adjetivo y sustantivo Color rojo oscuro. *Te iría bien un jersey granate.*

grande (gran-de) adjetivo
1. Persona o cosa que sobresale de lo común y normal en tamaño, fortaleza, calidad, valentía, etc. *Era un hombre tan grande como un gigante.* **ANT.** Pequeño, insignificante.
2. Adulto, mayor. *Creo que ya eres grande para tanta tontería.*
3. a lo grande expresión Con mucho lujo. *Hicimos un crucero a lo grande.*
4. en grande expresión Muy bien. *Lo pasamos en grande en el parque.*

grandioso, grandiosa (gran-**dio**-so) adjetivo
Magnífico, sobresaliente. *Ha tenido una actuación grandiosa.* **SIN.** Colosal, enorme. **ANT.** Nimio.

granero (gra-**ne**-ro) sustantivo masculino
Sitio donde se guarda el grano del cereal. *El granero estaba repleto de trigo.* **SIN.** Hórreo, silo.

granito (gra-**ni**-to) sustantivo masculino
Roca compacta y dura, granular y cristalina. *La encimera es de granito.*

granizada (gra-ni-**za**-da) sustantivo femenino
1. Lluvia de granizo. *La granizada destruyó la cosecha.* **SIN.** Pedrisco.
2. Abundancia grande de cosas. *Le llovió una granizada de propuestas.* **SIN.** Montón.

granizado (gra-ni-**za**-do) sustantivo masculino
Refresco que consiste en una mezcla de hielo picado y distintas esencias o jugos de frutas. *Pedimos un granizado de limón.*

granizo (gra-**ni**-zo) sustantivo masculino
Agua congelada que cae de las nubes en forma de granos o piedras. *El granizo arruinó la cosecha.*

granja (gran-ja) sustantivo femenino
1. Finca, casa de campo en la que se crían animales. *Vivían en una granja a las afueras del pueblo.* **SIN.** Cortijo.
2. Instalaciones acondicionadas para la cría de animales domésticos. *Tenía una granja de gallinas.*

grano (gra-no) sustantivo masculino
1. Semilla o fruto de las plantas. *Hay granos de arroz, trigo, etc.*
2. Parte muy pequeña y de forma redondeada de cualquier cosa. *Llevé unos granos de arena de la playa.*
3. Bultito que nace en la piel. *Se le llenó la frente de granos.*
4. Cada una de las pequeñas partículas que se distinguen en la superficie o masa de algunos cuerpos. *La piel de este fruto está formada por numerosos granos.*
5. granito de arena expresión Pequeña ayuda con que alguien contribuye a algo. *Todos podemos poner nuestro granito de arena contra la pobreza.*

granuja (gra-**nu**-ja) sustantivo femenino
Bribón, pícaro. *El muy granuja nos engañó a todos.* **SIN.** Golfo.

granulado, granulada (gra-nu-**la**-do) adjetivo
Granular, en forma de granos. *La naranja tiene la piel granulada.*

grapa (gra-pa) sustantivo femenino
Pieza metálica que, doblada por los extremos, se clava para unir o sujetar las cosas. *Le unieron los bordes de la herida con grapas.*

grapadora (gra-pa-**do**-ra) sustantivo femenino
Utensilio que sirve para grapar. *Necesito una grapadora más grande para este taco de folios.*

grapar (gra-par) verbo
Sujetar con grapas. *Grapa la factura a la carta para que no se pierda.* **SIN.** Coser, trabar.

grasa (gra-sa) sustantivo femenino

1. Manteca, unto o sebo de un animal. *Aquella carne tenía mucha grasa.* **SIN.** Gordo.

2. Mugre o suciedad de la ropa. *Tienes los pantalones llenos de grasa.* **SIN.** Pringue, porquería.

grasiento, grasienta

(gra-**sien**-to) adjetivo

Untado o lleno de grasa. *Después de arreglar el coche, tenía las manos grasientas.*

graso, grasa (gra-so) adjetivo

Que tiene grasa. *Usa un champú especial para cabello graso.*

gratinar (gra-ti-**nar**) verbo

Hacer que un alimento se tueste por encima en el horno. *Échale queso a los macarrones y métselos en el horno a gratinar.*

gratis (gra-tis) adjetivo

1. Que no cuesta dinero. *La entrada a este museo es gratis.*

2. adverbio Gratuitamente. *Entré gratis en el cine con una invitación.*

gratitud (gra-ti-**tud**) sustantivo femenino

Sentimiento por el cual queremos devolver un favor. *Sintió una enorme gratitud hacia él por su ayuda.* **SIN.** Agradecimiento.

grato, grata (gra-to) adjetivo

Agradable. *Tuvimos una grata conversación.* **ANT.** Desagradable.

gratuito, gratuita (gra-**tui**-to) adjetivo

1. Sin pedir nada a cambio. *Daban invitaciones gratuitas para el concierto.* **SIN.** Gratis, regalado.

2. Que se hace por capricho, sin fundamento. *Eso es hablar de manera gratuita, sin pruebas.* **SIN.** Caprichoso.

grave (gra-ve) adjetivo

1. Grande, importante. *Este problema es muy grave.* **SIN.** Serio, capital. **ANT.** Intrascendente.

2. Se dice de la persona que está muy enferma. *Después del accidente, estuvo muy grave y tardó mucho tiempo en recuperarse.* **SIN.** Enfermo. **ANT.** Leve, sano.

3. Persona seria, que causa respeto. *El empleado de la funeraria tenía un aspecto grave.* **SIN.** Formal, severo. **ANT.** Alegre.

4. Difícil, peligroso. *Se hallaba en una grave situación, amenazado por todos los frentes.* **SIN.** Complicado, engorroso, arduo. **ANT.** Fácil.

5. Se dice del sonido hueco y bajo. *Tiene una voz grave.*

6. Se dice de la palabra que lleva el acento en la penúltima sílaba. *Árbol es una palabra grave.* **SIN.** Llana.

gravedad (gra-ve-**dad**) sustantivo femenino

1. Fuerza que atrae los cuerpos del universo unos a otros. *Se están haciendo experimentos con la fuerza de la gravedad.*

2. Importancia, dificultad o seriedad de una cosa. *El ministro regresó ante la gravedad de aquel asunto.*

3. Actitud de seriedad que adopta una persona. *En el entierro, todos se comportaron con suma gravedad.* **SIN.** Formalidad.

graznido (graz-**ni**-do) sustantivo masculino

Grito que dan algunas aves como el cuervo, el grajo, etc. *Aquellos insoportables graznidos no les dejaban dormir.*

greca (gre-ca) sustantivo femenino

Adorno que está formado por una lista en la que se repite la misma combinación de elementos decorativos. *Los azulejos de la cocina llevaban una greca de color azul.* **SIN.** Cenefa, ribete.

gremio (gre-mio) sustantivo masculino

Conjunto de personas que tienen un mismo ejercicio, profesión o estado social. *Mis amigos pertenecían al gremio de pescadores.* **SIN.** Cofradía, hermandad.

greña (gre-ña) sustantivo femenino
1. Pelo despeinado y enredado. *Vaya greñas que tienes, se nota que te acabas de levantar.*
2. andar a la greña expresión Reñir dos o más personas. *Mis hermanos andan siempre a la greña.*

gresca (gres-ca) sustantivo femenino
Riña, pelea. *La gresca la empezaron ellos dos, pero al final todos nos vimos envueltos.*

grieta (grie-ta) sustantivo femenino
1. Abertura alargada que se hace naturalmente en la tierra o en cualquier cuerpo sólido. *Se abrió una enorme grieta en la pared debido a la humedad.* **SIN.** Ranura, resquebrajadura, resquicio.
2. Pequeña hendidura de la piel. *Tenía las manos llenas de grietas.*
3. Alejamiento o desconfianza que se produce entre dos o más personas. *Se estaban produciendo importantes grietas en la organización.* **SIN.** Fisura.

grifo (gri-fo) sustantivo masculino
Llave para dar salida a un líquido. *No abras el grifo del agua caliente.*

grill sustantivo masculino
1. Parrilla. *Haz la carne al grill.*
2. Fuego que tienen algunos hornos en la parte superior para gratinar los alimentos. *Compraron un horno con grill.*

grillo (gri-llo) sustantivo masculino
Insecto de color negro rojizo que canta por las noches. *El canto del grillo es fácilmente reconocible.*

grima (gri-ma) sustantivo femenino
Sensación desagradable que causa una cosa. *No hagas ese ruido, me da mucha grima.* **SIN.** Disgusto, asco, repugnancia. **ANT.** Agrado.

gripe (gri-pe) sustantivo femenino
Enfermedad contagiosa, producida por virus, que se manifiesta como catarro, fiebre, etc. *Se encuentra en cama con gripe.*

gris adjetivo y sustantivo masculino
1. Se dice del color de la ceniza, mezcla de blanco y negro o azul. *Me he comprado un traje gris.*
2. adjetivo Triste, apagado. *Tenía un día muy gris.* **ANT.** Vivo, alegre.

grisáceo, grisácea (gri-sá-ce-o) adjetivo
De color parecido al gris. *Era de tono grisáceo.* **SIN.** Agrisado.

gritar (gri-tar) verbo
1. Levantar la voz más de lo normal. *Gritó de miedo.* **SIN.** Vocear, bramar, chillar.
2. Reprender a alguien a gritos. *No hace falta que me grites, ya te he entendido.* **SIN.** Abroncar.

grito (gri-to) sustantivo masculino
1. Voz muy alta. *Me molestan tus gritos.* **SIN.** Aullido, chillido.
2. el último grito expresión Lo más moderno, la última moda. *Esa tienda vende el último grito en ropa.*

grogui (gro-gui) adjetivo
1. En boxeo, tambaleante, aturdido. *Le dejó grogui en el segundo asalto.* **SIN.** K. O.
2. Atontado por agotamiento físico o emocional, o medio dormido. *Se acababa de levantar y estaba todavía medio grogui.*

grosella (gro-se-lla) sustantivo femenino
Fruto jugoso de color rojo y de sabor agridulce. *Bebimos un zumo de grosella.*

grosería (gro-se-rí-a) sustantivo femenino
Falta grande de atención y respeto. *Deberías cuidar más tus modales y no comportarte con tanta grosería.* **SIN.** Descortesía, ordinariez. **ANT.** Elegancia, cortesía.

grosero, grosera (gro-**se**-ro) adjetivo

1. Basto, ordinario. *Es de una tela grosera, que raspa al tocarla.* **SIN.** Tosco, áspero, ordinario, vulgar. **ANT.** Fino, distinguido.

2. adjetivo y sustantivo Que trata a las personas sin respeto. *Es una persona muy grosera.* **SIN.** Maleducado, desatento, incorrecto, descarado, descortés. **ANT.** Educado, atento, cortés, correcto.

grosor (gro-**sor**) sustantivo masculino

Grueso de un cuerpo. *El grosor de un árbol.* **SIN.** Corpulencia, espesor, volumen.

grotesco, grotesca (gro-**tes**-co) adjetivo

Ridículo y extravagante. *Era una situación grotesca.* **SIN.** Caricaturesco, irrisorio, estrafalario, chocante, estrambótico. **ANT.** Serio.

grúa (**grú**-a) sustantivo femenino

1. Máquina compuesta de una especie de brazo montado sobre un eje giratorio y con una o varias poleas, que sirve para levantar pesos. *En el edificio en construcción subían los materiales con una grúa.*

2. Vehículo provisto de grúa para remolcar otro. *El coche se le estropeó y tuvo que avisar a la grúa.*

grueso, gruesa (**grue**-so) adjetivo

1. Gordo, grande, voluminoso. *Ese árbol tiene un grueso tronco.*

2. Volumen o grosor de una cosa. *El grueso de un madero.*

3. Parte principal de un conjunto. *El grueso del ejército atacó por la retaguardia.*

✎ Sus superlativos son *grosísimo* y *gruesísimo*.

grulla (**gru**-lla) sustantivo femenino

Ave de pico recto y cónico, cuello largo, alas grandes, cola corta y plumaje gris ceniza. *La grulla suele descansar sobre una pata.*

grumete (gru-**me**-te) sustantivo masculino

Marinero joven, que está aprendiendo el oficio y realiza tareas auxiliares. *El grumete se encargó de la limpieza.*

grumo (**gru**-mo) sustantivo masculino

Masa sólida formada en un líquido. *La besamel quedó llena de grumos.* **SIN.** Coágulo.

gruñir (gru-**ñir**) verbo

1. Dar gruñidos un animal. *El cerdo gruñía en su pocilga.*

2. Mostrar disgusto murmurando entre dientes. *Los alumnos gruñeron cuando se suspendió la excursión.*

✎ Verbo irregular, se conjuga como *mullir*.

grupo (**gru**-po) sustantivo masculino

1. Varios seres o cosas que forman un conjunto. *El grupo al que pertenezco se dedica a actividades benéficas.* **SIN.** Equipo, asociación, conjunto, agrupación. **SIN.** Individuo.

2. Conjunto musical. *Me gustan las canciones de ese grupo.*

gruta (**gru**-ta) sustantivo femenino

Cavidad abierta en la roca. *Se refugiaron de la tormenta en una gruta.* **SIN.** Caverna, cueva.

guadaña (gua-**da**-ña) sustantivo femenino

Herramienta formada por una cuchilla larga, curva y puntiaguda y un mango largo de madera, que sirve para cortar la hierba a ras de suelo. *Segó la hierba de las orillas con la guadaña.* **SIN.** Hoz.

gualdo, gualda (**gual**-do) adjetivo

De color amarillo o dorado. *La bandera española es roja y gualda.*

guantada

(guan-**ta**-da) sustantivo femenino

Golpe que se da con la mano abierta. *Le arreó una buena guantada.* **SIN.** Bofetón, bofetada, tortazo, guantazo. **ANT.** Caricia.

guante (guan-te) sustantivo masculino
Prenda de piel, punto, etc. que sirve para abrigar o proteger la mano, y que tiene su misma forma. *Llévate los guantes de lana, hace mucho frío.*

guantera (guan-te-ra) sustantivo femenino
Especie de cajón situado en la parte delantera del coche, que se utiliza para guardar la documentación y pequeños objetos. *La linterna está en la guantera.*

guapo, guapa (gua-po) adjetivo
Hermoso, atractivo. *Estás muy guapo con esa camisa.* **ANT.** Feo.

guarda (guar-da) sustantivo
Persona que se encarga de cuidar o vigilar una cosa. *El guarda del parque cierra las puertas a las diez.* **SIN.** Guardián, vigilante.

guardabarros
(guar-da-ba-rros) sustantivo masculino
Aleta metálica que se pone encima de las ruedas para que estas no salpiquen. *Se le cayó el guardabarros de la bicicleta.*
✎ Es igual en plural y en singular.

guardabosque
(guar-da-bos-que) sustantivo
Persona que vigila y custodia un bosque. *El guardabosque avisó del fuego y los bomberos pudieron apagarlo rápidamente.*
✎ También *guardabosques.*

guardacostas
(guar-da-cos-tas) sustantivo masculino
Barco destinado a impedir el contrabando o a defender las costas. *El guardacostas se acercó a un barco sospechoso.*
✎ Es igual en plural y en singular.

guardaespaldas
(guar-da-es-pal-das) sustantivo
Persona que acompaña habitualmente a otra para protegerla. *Su guardaespal-*

das me impidió acercarme a él. **SIN.** Escolta, matón.
✎ Es igual en plural y en singular.

guardameta (guar-da-me-ta) sustantivo
En el fútbol, jugador que se coloca en la portería para evitar la entrada del balón. *El guardameta paró varios goles.* **SIN.** Portero.

guardar (guar-dar) verbo
1. Cuidar y vigilar una cosa. *Hay dos pastores guardando ese rebaño de ovejas.* **SIN.** Custodiar.
2. Poner una cosa en el lugar adecuado. *Guarda los vestidos en el armario.* **SIN.** Colocar, meter.
3. Obedecer una norma. *Hay que guardar las leyes de este país.* **SIN.** Acatar. **ANT.** Infringir.
4. Conservar o retener una cosa. *En su casa guardaba cuadros de gran valor.* **SIN.** Almacenar, atesorar.
5. guardarse de expresión Poner cuidado en no hacer algo que puede ser peligroso o arriesgado. *Guárdate de ir por allí.*

guardarropa
(guar-da-rro-pa) sustantivo masculino
En los establecimientos públicos, lugar destinado para dejar las prendas de abrigo. *Dejó el abrigo en el guardarropa del restaurante.*

guardería (guar-de-rí-a) sustantivo femenino
Institución destinada al cuidado de los niños pequeños. *Los dos hermanitos iban juntos a la guardería.* **SIN.** Jardín de infancia.

guardia (guar-dia) sustantivo
1. Persona perteneciente a un cuerpo de policía o vigilancia. *La guardia le pidió la documentación.*
2. sustantivo femenino En algunas profesiones, servicio que asegura la continuidad de las prestaciones fuera de su horario habitual. *Le tocaba guardia en el hospital.*

guardián - guerrilla

guardián, guardiana
(guar-**dián**) sustantivo
Persona que guarda una cosa y cuida de ella. *Es el guardián de la finca.* **SIN.** Celador, guarda.

guarecerse (gua-re-**cer**-se) verbo
Refugiarse, resguardarse en algún sitio. *Se guarecieron de la lluvia en una cueva.* **SIN.** Cobijarse.
✎ Verbo irregular, se conjuga como *parecer.*

guarida (gua-**ri**-da) sustantivo femenino
1. Cueva o espesura donde se cobijan los animales. *El oso se refugió en su guarida.*
2. Cobijo o refugio. *Aquella cabaña abandonada les sirvió de guarida.* **SIN.** Asilo.

guarnición (guar-ni-**ción**) sustantivo femenino
1. Acompañamiento de carnes y pescados, compuesto por diversas combinaciones de patatas, champiñones, verduras, etc. *Sirvió la carne con una guarnición de verduras.*
2. Tropa que defiende un lugar. *Llegó la guarnición que va a defender la frontera.*

guarrada (gua-**rra**-da) sustantivo femenino
1. Porquería, inmundicia. *Es una guarrada comer eso con las manos.*
2. Acción mala. *Menuda guarrada me has hecho dejándome plantado.* **SIN.** Trastada, faena.

guarro, guarra (gua-**rro**) adjetivo y sustantivo
1. Cochino, sucio. *Lávate las manos antes de comer, no seas guarro.* **SIN.** Marrano, puerco.
2. Persona que actúa mal. *Yo le ayudé y él se portó conmigo como un guarro.* **SIN.** Vil, traidor.

guasa (gua-sa) sustantivo femenino
Burla, pitorreo. *Se lo dije muy en serio pero ella se lo tomó a guasa.* **SIN.** Choteo, chanza, broma.

guata (gua-ta) sustantivo femenino
Lámina gruesa de algodón en rama que sirve para acolchados o como material de relleno. *Necesito guata para rellenar este cojín.*

guateado, guateada
(gua-te-**a**-do) adjetivo
Que está relleno de guata. *Esta cazadora es muy caliente porque va toda guateada.*

guateque (gua-**te**-que) sustantivo masculino
Fiesta casera, generalmente de gente joven, en la que se merienda y se baila. *Organizó un guateque para celebrar su cumpleaños.*

guay adjetivo
Estupendo, magnífico. *Es una peli guay, vete a verla.*

guerra (gue-**rra**) sustantivo femenino
1. Lucha armada entre dos o más naciones o partidos. *Dio una conferencia sobre la II Guerra Mundial.* **SIN.** Contienda, conflicto. **ANT.** Paz.
2. Oposición entre dos o más personas o cosas. *Las dos candidatas mantenían una dura guerra.* **SIN.** Conflicto, discordia. **ANT.** Acuerdo, paz.

guerrero, guerrera (gue-**rre**-ro) adjetivo
1. Que se refiere a la guerra. *El capitán expresó sus sentimientos guerreros.* **SIN.** Bélico, militar.
2. Inclinado a la guerra. *Era un pueblo muy guerrero.* **SIN.** Luchador, belicoso.
3. adjetivo y sustantivo Travieso, molesto. *Son unos niños muy guerreros.*
4. adjetivo y sustantivo Que pelea. *Tenía bajo su mando a mil guerreros.* **SIN.** Soldado.

guerrilla (gue-**rri**-lla) sustantivo femenino
Grupo poco numeroso de guerreros que, al mando de un jefe particular y sin depender de un ejército, acosa y molesta al enemigo. *Firmaron una tregua con la guerrilla.*

guerrillero, guerrillera
(gue-rri-**lle**-ro) sustantivo

Persona que pertenece a una guerrilla. *Los guerrilleros pactaron la paz con el Gobierno.*

guía (**guí**-a) sustantivo

1. Persona que conduce, dirige y enseña a otras. *El guía de la excursión nos llevó a conocer la ciudad.*

2. sustantivo femenino Cualquier cosa que sirve como modelo o de orientación. *Aquella luz nos servirá de guía.* **SIN.** Faro, norte.

3. sustantivo femenino Manual, libro que orienta sobre una cosa. *Usé una guía de bricolaje para montar el armario.*

guiar (gui-**ar**) verbo

1. Ir delante mostrando el camino. *Mi hermano Juan nos guio hasta su casa.* **SIN.** Conducir, indicar, orientar. **ANT.** Desorientar.

2. Orientar, encauzar. *Guio nuestra investigación por aquella vía.*

3. guiarse Dejarse dirigir por algo o alguien. *Los navegantes se guiaron por la Estrella Polar.* **ANT.** Desorientarse.

✎ Se conjuga como *desviar.*

guijarro (gui-**ja**-rro) sustantivo masculino

Piedra pequeña, redonda y lisa. *La carretera que subía al monte estaba llena de guijarros.* **SIN.** Canto, china, guijo.

guillotina (gui-llo-**ti**-na) sustantivo femenino

1. Máquina inventada y usada en Francia para cortar la cabeza a los condenados a la pena de muerte. *El rey Luis XVI murió en la guillotina.*

2. Máquina de cortar papel. *Es la encargada de la guillotina.*

3. de guillotina expresión Se dice de las ventanas que se abren y cierran resbalando a lo largo del marco. *Puse unas ventanas de guillotina en casa.*

guinda (**guin**-da) sustantivo femenino

1. Fruto dulce de color rojo. *Metieron guindas en aguardiente.*

2. Lo que remata algo. *Su actuación fue la guinda de la fiesta.* **SIN.** Colofón, detalle.

guindilla (guin-**di**-lla) sustantivo femenino

Pimiento pequeño y de forma alargada, muy picante, empleado en numerosos platos. *Échale más guindilla al guiso.*

guiñar (gui-**ñar**) verbo

Cerrar un ojo momentáneamente, quedando el otro abierto, para hacer una señal o aviso a alguien. *Me guiñó un ojo para que le siguiera la corriente.*

guiñol (gui-**ñol**) sustantivo masculino

Representación teatral realizada con muñecos movidos por las manos de una persona oculta. *Se dedicaba al teatro de guiñol.*

guion sustantivo masculino

1. Esquema básico en el que figuran las ideas que se quieren desarrollar. *Preparó un breve guion para su conferencia.*

2. Descripción escrita de una película cinematográfica escena por escena. *Le encargó el guion de la película.* **SIN.** Argumento.

3. Signo ortográfico (-) que tiene diferentes usos, como indicar que una palabra se continúa en el siguiente renglón o separar los componentes de una palabra compuesta. *Los guiones también hacen a veces la función de paréntesis.*

guionista (guio-**nis**-ta) sustantivo

Persona autora de argumentos de cine o televisión. *Entrevistaron a la guionista de la película.*

guirigay (gui-ri-**gay**) sustantivo masculino

1. Griterío, confusión. *Se preparó un guirigay de mucho cuidado.* **SIN.** Bulla, batahola.

2. Lenguaje oscuro y difícil de entender. *Ese texto es un auténtico guirigay.* **SIN.** Galimatías.

✎ Su plural es *guirigayes* o *guirigáis.*

guirnalda (guir-**nal**-da) sustantivo femenino
Corona tejida de flores o ramas, con la que se rodea la cabeza. *Les obsequiaron con guirnaldas de flores.*

guisante (gui-**san**-te) sustantivo masculino
Semilla redonda y verde de la planta del mismo nombre. *Comimos guisantes con jamón.*

guisar (gui-**sar**) verbo
Preparar los alimentos sometiéndolos al calor del fuego. *El domingo nunca guisa, porque come fuera.* **SIN.** Cocinar, estofar.

guitarra (gui-**ta**-rra) sustantivo femenino
1. Instrumento musical de seis cuerdas, compuesto por una caja de madera, con un agujero circular en el centro de la tapa, y un eje llamado *mástil*, dividido en secciones o trastes. *Toca la guitarra española.*
2. guitarra eléctrica expresión Instrumento musical, en el que la vibración de las cuerdas se amplifica mediante un equipo electrónico. *Estoy aprendiendo a tocar la guitarra eléctrica.*

gusanillo (gu-sa-**ni**-llo) sustantivo masculino
1. Hilo o alambre enrollado en espiral. *El libro estaba encuadernado con gusanillo.*
2. picarle el gusanillo a alguien expresión Entrarle ganas de algo. *Me picó el gusanillo del teatro.*

gusano (gu-**sa**-no) sustantivo masculino
1. Animal de cuerpo blando sin huesos ni patas. *La tenia es un gusano parásito del ser humano.*
2. Persona mala y despreciable. *No te fíes de ese gusano.*
3. Programa similar a un virus, que tiene la propiedad de duplicarse a sí mismo. *Es un gusano informático que* puede hacer el mismo daño que una bomba.

gustar (gus-**tar**) verbo
1. Sentir en el paladar el sabor de una cosa. *El niño gustaba la tarta de manzana con gran satisfacción.* **SIN.** Paladear, degustar.
2. Agradar una cosa, parecer bien. *Me gusta mucho nadar.* **SIN.** Complacer, satisfacer. **ANT.** Desagradar, disgustar.

gustillo (gus-**ti**-llo) sustantivo masculino
Sabor que dejan algunos alimentos o sus ingredientes. *Ese licor deja un gustillo agradable.*

gusto (gus-to) sustantivo masculino
1. Uno de los cinco sentidos de nuestro cuerpo, que nos permite percibir y distinguir el sabor de las cosas. *En los seres humanos, el órgano del gusto es la lengua.*
2. Satisfacción que se siente por algún motivo. *Para mí, es un gusto que lleguen las vacaciones.* **SIN.** Deleite, placer. **ANT.** Desagrado.
3. Forma que cada persona tiene de apreciar las cosas. *Para mi gusto, estás mejor con falda que con pantalón.* **SIN.** Opinión.
4. Afición que se tiene por algo. *Le tomó gusto a viajar.*
5. Capricho, antojo, diversión. *Lo hacía únicamente por gusto, sin tener en cuenta las consecuencias.*
6. Capacidad de sentir, apreciar o crear la belleza. *Es una persona con muy buen gusto. Decoró la casa con mucho gusto* **SIN.** Distinción, sensibilidad, delicadeza.
7. a gusto expresión Con agrado, con comodidad. *Me siento a gusto aquí.*

h sustantivo femenino

Octava letra del abecedario español y sexta de sus consonantes. Su nombre es *hache* y no se pronuncia. Se aspira (es decir, se pronuncia como una jota, pero un poco más suave) en algunas zonas de Andalucía, Extremadura y Latinoamérica; también en palabras extranjeras en las que suena aspirada, como *hámster*. Hacer *se escribe con* h.

haba (ha-ba) sustantivo femenino

Planta que se cultiva en huertas con fruto en vaina, cuyas semillas son parecidas a las judías pero más grandes. Nombre de su fruto y semilla. *Comimos un plato de habas.*

✎ Aunque es femenino, en singular va con los artículos *el* o *un.*

haber (ha-ber) verbo

1. Verbo auxiliar que sirve para conjugar otros verbos en los tiempos compuestos. *Yo he amado.*
2. Ocurrir un suceso. *Hubo un accidente.*

✎ Solo se conjuga en tercera persona de singular.

3. Existir o hallarse una persona o cosa en un lugar, situación, etc. *Hay muchas razones para quedarme hoy en casa.*

✎ Solo se conjuga en tercera persona de singular.

4. haber de, haber que expresión Seguido de un verbo en infinitivo, significa que es necesario u obligatorio realizar lo que expresa el infinitivo que le sigue. *Hay que hacer las tareas de la casa.* **SIN.** Deber.

✎ Verbo irregular. Ver pág. 468.

hábil (há-bil) adjetivo

Que tiene capacidad y buena disposición para hacer algo de forma adecuada. *Es muy hábil en fontanería.* **SIN.** Diestro. **ANT.** Torpe.

habichuela

(ha-bi-chue-la) sustantivo femenino

Planta que se cultiva en huertas con fruto comestible. Nombre de su fruto y semilla. *Hemos plantado habichuelas en la huerta.*

habilidad (ha-bi-li-dad) sustantivo femenino

Capacidad y buena disposición para una cosa de forma adecuada. *Su habilidad para los deportes era asombrosa.*

habitación (ha-bi-ta-ción) sustantivo femenino

Cada una de las partes en que se divide una casa, principalmente en la que se duerme. *Recoge tu habitación.* **SIN.** Cuarto.

habitante (ha-bi-tan-te) sustantivo masculino

Cada una de las personas que constituyen la población de una ciudad, provincia, barrio, casa, etc. *Esta ciudad tiene más de cien mil habitantes.* **SIN.** Ciudadano, residente.

haber

MODO INDICATIVO		MODO SUBJUNTIVO	
Tiempos simples	Tiempos compuestos	Tiempos simples	Tiempos compuestos

Presente	**Pret. perf. compuesto / Antepresente**	**Presente**	**Pret. perf. compuesto / Antepresente**
he	he habido	haya	haya habido
has	has habido	hayas	hayas habido
ha (*impersonal:* hay)	ha habido	haya	haya habido
hemos	hemos habido	hayamos	hayamos habido
habéis / han	habéis habido	hayáis / hayan	hayáis habido
han	han habido	hayan	hayan habido

Pret. imperfecto / Copretérito	**Pret. pluscuamperf. / Antecopretérito**	**Pret. imperfecto / Pretérito**	**Pret. pluscuamperf. / Antepretérito**
había	había habido	hubiera o hubiese	hubiera o hubiese habido
habías	habías habido	hubieras o hubieses	hubieras o hubieses habido
había	había habido	hubiera o hubiese	hubiera o hubiese habido
habíamos	habíamos habido	hubiéramos o hubiésemos	hubiéramos o hubiésemos habido
habíais / habían	habíais habido	hubierais o hubieseis / hubieran o hubiesen	hubierais o hubieseis habido
habían	habían habido	hubieran o hubiesen	hubieran o hubiesen habido

Pret. perf. simple / Pretérito	**Pret. anterior / Antepretérito**	**Futuro simple / Futuro**	**Futuro compuesto / Antefuturo**
hube	hube habido	hubiere	hubiere habido
hubiste	hubiste habido	hubieres	hubieres habido
hubo	hubo habido	hubiere	hubiere habido
hubimos	hubimos habido	hubiéremos	hubiéremos habido
hubisteis / hubieron	hubisteis habido	hubiereis / hubieren	hubiereis habido
hubieron	hubieron habido	hubieren	hubieren habido

Futuro simple / Futuro	**Futuro compuesto / Antefuturo**
habré	habré habido
habrás	habrás habido
habrá	habrá habido
habremos	habremos habido
habréis / habrán	habréis habido
habrán	habrán habido

MODO IMPERATIVO

he (tú / vos), hade*/ haya (usted)
habed* (vosotros)
hayan (ustedes)

Las formas con * son formas de imperativo arcaicas.

Condicional simple / Pospretérito	**Cond. compuesto / Antepospretérito**
habría	habría habido
habrías	habrías habido
habría	habría habido
habríamos	habríamos habido
habríais / habrían	habríais habido
habrían	habrían habido

FORMAS NO PERSONALES

Infinitivo	**Infinitivo compuesto**
haber	haber habido
Gerundio	**Gerundio compuesto**
habiendo	habiendo habido
Participio	
habido	

habitar (ha-bi-**tar**) verbo
Vivir en un lugar o casa. *Habita en el campo.* **SIN.** Residir, morar.

hábitat (**há**-bi-tat) sustantivo masculino
Espacio natural donde vive una planta o animal. *El bosque es un hábitat muy complejo.*
✎ El plural es *hábitats*.

hábito (**há**-bi-to) sustantivo masculino
1. Traje que usan, generalmente, los religiosos y religiosas. *Las religiosas de esa Orden visten un hábito morado.* **SIN.** Uniforme.
2. Actividad que se hace con frecuencia y repetidamente. *Adoptó el hábito de salir a correr todas las mañanas.* **SIN.** Costumbre.

habitual (ha-bi-**tual**) adjetivo
Se dice de lo que se hace con frecuencia y repetidamente. *Es muy habitual verlo acompañado de sus amigos.* **SIN.** Usual, frecuente. **ANT.** Inusual, infrecuente.

habituar (ha-bi-tu-**ar**) verbo
Acostumbrarse o hacer que alguien se acostumbre a una cosa. *Le costó mucho habituarse a este clima tan frío.* **SIN.** Aclimatarse.
✎ Se conjuga como *actuar*.

habla (**ha**-bla) sustantivo femenino
1. Facultad o capacidad de hablar. *Después del accidente perdió el habla.* **SIN.** Lenguaje.
2. Manera especial de hablar. *Por el habla parece andaluz.* **SIN.** Acento, deje, tono.
✎ Aunque es femenino, en singular va con los artículos *el* o *un*.

hablar (ha-**blar**) verbo
1. Decir palabras para hacerse entender y comunicarse con otras personas. *No le gusta hablar por teléfono.* **SIN.** Dialogar, expresarse, conversar, comunicarse.

2. Darse a entender por un medio distinto al de la palabra, como los gestos, la escritura, etc. *Como está afónica, habla por señas.*
3. Conocer y emplear un idioma. *Habla inglés.*
4. hablarse Comunicarse, tratarse de palabra una persona con otra. *No nos hablamos desde hace un mes.*
5. ni hablar expresión Indica que se está totalmente en contra de algo. *De ir a la discoteca, ni hablar.*

hacendado, hacendada (ha-cen-**da**-do) adjetivo y sustantivo
Que posee muchos bienes o riquezas. *Esas fincas son de un rico hacendado.* **SIN.** Terrateniente.

hacendoso, hacendosa (ha-cen-**do**-so) adjetivo
Muy cuidadoso en las faenas domésticas. *Es muy hacendoso, hace siempre sus deberes.* **SIN.** Trabajador. **ANT.** Vago, perezoso.

hacer (ha-**cer**) verbo
1. Crear, fabricar, producir una cosa. *Hiciste un original dibujo.*
2. Ejecutar un trabajo, actividad o acción. *Todos los días hace gimnasia.*
3. Causar, ocasionar, producir sensaciones o efectos determinados. *Esa idea no te creas que me hace mucha gracia.*
4. Cumplir años. *Tengo 10 años.*
5. Obrar, actuar. *Has hecho bien en retirarte a tiempo.*
6. Ejercer, desempeñar, interpretar un papel en teatro o en el cine. *Hace el papel de duende.*
7. Haber transcurrido algún tiempo. *Hace un año que ocurrió aquello.*
✎ Solo se conjuga en tercera persona de singular.
8. Haber ciertas condiciones atmosféricas. *Hace muchísimo frío hoy.*
✎ Solo se conjuga en tercera persona de singular.

hacha - hallazgo

9. hacerse Crecer, transformarse. *Hacerse mayor.*

10. hacerse Acostumbrarse a algo o a alguien. *Pronto se hizo al clima.*

11. hacerse Fingir, aparentar. *Se hizo el tonto.*

12. hacer que expresión Obligar. *Hizo que renunciara al puesto.*

13. hacerse con algo expresión Conseguirlo. *Se hizo con el premio.*

✎ Verbo irregular. Ver pág. 471.

hacha (ha-cha) sustantivo femenino
Herramienta compuesta por una pala de metal con filo y un mango, que sirve para cortar. *Cortaba leña con el hacha.*

✎ Aunque es femenino, en singular va con los artículos *el* o *un.*

hache (ha-che) sustantivo femenino
Nombre de la letra *h.* *Hablar se escribe con hache y be.*

hachís (ha-chís) sustantivo masculino
Sustancia empleada como droga. *Los policías localizaron un gran alijo de hachís.* **SIN.** Chocolate, costo.

✎ Es igual en plural y en singular. Se pronuncia con la hache aspirada.

hacia (ha-cia) preposición
1. Señala el lugar al que se dirige el movimiento. *Iba hacia Lugo.*
2. Señala un tiempo o lugar aproximados, no exactos. *Llegará hacia las dos de la mañana.*

hacienda (ha-cien-da) sustantivo femenino
1. Finca con terrenos dedicados generalmente a la agricultura o a la ganadería. *En esa hacienda se dedican a la cría de caballos.*
2. Conjunto de bienes y riquezas que tiene una persona. *Había heredado de su familia una buena hacienda.* **SIN.** Fortuna.
3. expresión Conjunto de bienes y riquezas que pertenecen al Estado. *Hay que pagar los impuestos a Hacienda.*

✎ Se escribe con mayúscula.

hada (ha-da) sustantivo femenino
Ser fantástico con figura de mujer con poderes mágicos. *El hada le concedió el deseo.*

✎ Aunque es femenino, en singular va con los artículos *el* o *un.*

halagar (ha-la-gar) verbo
1. Dar a alguien muestras de afecto. *Me halagan tus cariñosas y sentidas palabras.*
2. Adular a alguien interesadamente. *Trataba de halagarle para conseguir su permiso.*

✎ Se conjuga como *ahogar.*

halcón (hal-cón) sustantivo masculino
Ave rapaz diurna de color gris claro manchado de negro. *El halcón se puede domesticar.*

hall sustantivo masculino
Palabra inglesa que significa «vestíbulo, recibidor». *Tu abrigo está en el perchero del hall.* **SIN.** Vestíbulo, recibidor.

✎ Su plural es *halls.* Se pronuncia /jol/.

hallar (ha-llar) verbo
1. Encontrar lo que se busca. *Halló el viejo cofre en el desván.* **SIN.** Localizar. **ANT.** Perder.
2. Inventar, descubrir. *Hallaron una vacuna. Halló una nueva ruta.*
3. Notar, darse cuenta de algo. *Mirándole, hallé que estaba intranquilo.* **SIN.** Observar, advertir.
4. Calcular, averiguar. *Halla la raíz cuadrada de 9.*
5. hallarse Estar en un lugar, estado o situación. *Se hallaba enfermo.* **SIN.** Encontrarse.

hallazgo (ha-llaz-go) sustantivo masculino
Cosa que se adquiere o encuentra. *Esa vacuna es un gran hallazgo.* **SIN.** Descubrimiento.

470

hacer

MODO INDICATIVO		MODO SUBJUNTIVO	
Tiempos simples	Tiempos compuestos	Tiempos simples	Tiempos compuestos

Presente	Pret. perf. compuesto / Antepresente	Presente	Pret. perf. compuesto / Antepresente
hago	he hecho	haga	haya hecho
haces / hacés	has hecho	hagas	hayas hecho
hace	ha hecho	haga	haya hecho
hacemos	hemos hecho	hagamos	hayamos hecho
hacéis / hacen	habéis hecho	hagáis / hagan	hayáis hecho
hacen	han hecho	hagan	hayan hecho

Pret. imperfecto / Copretérito	Pret. pluscuamperf. / Antecopretérito	Pret. imperfecto / Pretérito	Pret. pluscuamperf. / Antepretérito
		hiciera o	hubiera o
		hiciese	hubiese hecho
hacía	había hecho	hicieras o	hubieras o
hacías	habías hecho	hicieses	hubieses hecho
hacía	había hecho	hiciera o	hubiera o
hacíamos	habíamos hecho	hiciese	hubiese hecho
hacíais / hacían	habíais hecho	hiciéramos o	hubiéramos o
hacían	habían hecho	hiciésemos	hubiésemos hecho
		hicierais o	hubierais o
		hicieseis / hicieran o	hubieseis hecho

Pret. perf. simple / Pretérito	Pret. anterior / Antepretérito		
		hiciesen	hubieran o
		hicieran o	hubiesen hecho
hice	hube hecho	hiciesen	
hiciste	hubiste hecho		
hizo	hubo hecho		
hicimos	hubimos hecho	**Futuro simple / Futuro**	**Futuro compuesto / Antefuturo**
hicisteis / hicieron	hubisteis hecho		
hicieron	hubieron hecho	hiciere	hubiere hecho
		hicieres	hubieres hecho
		hiciere	hubiere hecho
Futuro simple / Futuro	**Futuro compuesto / Antefuturo**	hiciéremos	hubiéremos hecho
		hiciereis / hicieren	hubiereis hecho
haré	habré hecho	hicieren	hubieren hecho

Futuro simple / Futuro	**Futuro compuesto / Antefuturo**
haré	habré hecho
harás	habrás hecho
hará	habrá hecho
haremos	habremos hecho
haréis / harán	habréis hecho
harán	habrán hecho

MODO IMPERATIVO

haz (tú) / hacé (vos) / haga (usted)
haced (vosotros)
hagan (ustedes)

Condicional simple / Pospretérito	Cond. compuesto / Antepospretérito

FORMAS NO PERSONALES

Infinitivo	Infinitivo compuesto
hacer	haber hecho

haría	habría hecho
harías	habrías hecho
haría	habría hecho
haríamos	habríamos hecho
haríais / harían	habríais hecho
harían	habrían hecho

Gerundio	Gerundio compuesto
haciendo	habiendo hecho

Participio	
hecho	

halterofilia - hasta

halterofilia

(hal-te-ro-**fi**-lia) sustantivo femenino

Deporte olímpico que consiste en el levantamiento de pesos. *Ganó una medalla de oro en halterofilia.*

hamaca (ha-**ma**-ca) sustantivo femenino

1. Red alargada que, colgada por los extremos, queda pendiente en el aire. *Ata la hamaca a esos árboles.*
2. Asiento que se puede plegar y que consta de una lona que forma el asiento y el respaldo. *Se quedó dormido en la hamaca.* **SIN.** Tumbona.

hambre (**ham**-bre) sustantivo femenino

1. Necesidad o ganas de comer. *El deporte me da hambre.* **SIN.** Apetito. **ANT.** Inapetencia, desgana.
2. Escasez de alimentos básicos. *Lucha contra el hambre en el mundo.*
3. Deseo grande de una cosa. *Tenía hambre de éxito.* **SIN.** Deseo, afán.
✎ Aunque es femenino, en singular va con los artículos *el* o *un*.

hambriento, hambrienta

(ham-**brien**-to) adjetivo y sustantivo

Que tiene mucha hambre o necesidad de comer o de alguna otra cosa. *El mendigo estaba hambriento.*

hamburguesa

(ham-bur-**gue**-sa) sustantivo femenino

Filete de carne picada, que tiene forma circular y se come frito o asado. *Está preparando una hamburguesa.*

hámster

(**háms**-ter) sustantivo masculino

Pequeño mamífero roedor que se suele tener como mascota. *Carmen está amaestrando a su hámster.*
✎ Su plural es *hámsteres*. Se pronuncia /jámster/.

hangar (han-**gar**) sustantivo masculino

Local grande, especialmente el destinado a guardar o reparar aviones. *El mecánico está en el hangar.*

haragán, haragana

(ha-ra-**gán**) adjetivo y sustantivo

Holgazán, perezoso. *No seas haragán y ponte a hacer algo.* **SIN.** Gandul, vago, desocupado. **ANT.** Trabajador.

harapiento, harapienta

(ha-ra-**pien**-to) adjetivo y sustantivo

Cubierto de harapos o trapos viejos. *Había un niño harapiento en el centro de acogida.*

harapo (ha-**ra**-po) sustantivo masculino

Vestido o trapo viejo y roto. *Iba vestida con harapos.* **SIN.** Pingajo, andrajo.

harina (ha-**ri**-na) sustantivo femenino

1. Polvo que resulta de moler el trigo u otras semillas. *Necesito harina para la masa del postre.*
2. harina integral expresión La que se hace sin quitar la cáscara que recubre el grano. *Es pan de harina integral.*

hartar (har-**tar**) verbo

1. Satisfacer con exceso las ganas de comer o beber o de alguna otra cosa. *Me harté de dulces.* **SIN.** Empacharse, saciarse.
2. Cansar o molestar a alguien. *Tantas llamadas le han hartado.* **SIN.** Fastidiar. **ANT.** Agradar.

harto, harta (har-to) adjetivo

1. Que no tiene necesidad de más o capacidad para más. *No puedo comer más, estoy harto.* **SIN.** Lleno. **ANT.** Escaso.
2. Cansado, aburrido. *Estaba ya un poco harto de tanta discusión.* **ANT.** Contento, deseoso.

hasta (**has**-ta) preposición

1. Expresa el término o límite de tiempo, lugares, acciones o cantidades. *Nos acercamos hasta tu casa.*
2. Indica sorpresa ante algo que no esperábamos. *Pueden verlo hasta los niños.* **SIN.** Incluso.
3. hasta ahora, hasta la vista, hasta luego, hasta mañana, hasta

pronto, etc. expresión Se utilizan como fórmula de despedida ante una breve ausencia. *Hasta mañana.*

✎ No debe confundirse con *asta.*

hastío (has-**tí**-o) sustantivo masculino
Estado de ánimo producido por cansancio o fastidio. *Le producía hastío no tener nada que hacer.* **SIN.** Aburrimiento, tedio. **ANT.** Agrado, entretenimiento.

hatajo (ha-**ta**-jo) sustantivo masculino
Conjunto, grupo de personas, animales o cosas. *Sois un hatajo de vagos.*

✎ También *atajo,* aunque menos usada. No confundir con *atajo,* 'senda que acorta el camino'.

haya (**ha**-ya) sustantivo masculino
Árbol con tronco grueso y liso, y de madera muy apreciada, cuyo su fruto es el hayuco. *Esa mesa es de haya.*

✎ Aunque es femenino, en singular va con los artículos *el* o *un.*

haz sustantivo masculino
1. Conjunto atado de leña o cosas semejantes, colocadas en paralelo. *Llevaba un haz de leña.* **SIN.** Manojo, brazada, atado.
2. Cara superior de la hoja, más brillante y lisa que la inferior. *El haz de las hojas suele ser verde oscuro.*

✎ Aunque es femenino, en singular va con los artículos *el* o *un.* Su plural es *haces.*

hazaña (ha-**za**-ña) sustantivo femenino
Hecho importante y heroico. *Leí las hazañas del Cid.* **SIN.** Gesta, proeza.

hazmerreír
(haz-me-rre-**ír**) sustantivo masculino
Persona que resulta ridícula y provoca la burla de los demás. *Era el hazmerreír de la reunión fingiendo que sabía de todo.* **SIN.** Mamarracho, tipejo.

hebilla (he-**bi**-lla) sustantivo femenino
Pieza, generalmente de metal, que se utiliza para ajustar y unir correas, cintas, etc. *Abrocha la hebilla de las sandalias.* **SIN.** Broche.

hebra (**he**-bra) sustantivo femenino
1. Porción de hilo que se pone en la aguja de coser. *Pon en la aguja una hebra un poco más larga.*
2. Fibra que tienen algunas materias, especialmente la carne y algunas verduras. *No me gusta la carne con tanta hebra.*

hecatombe
(he-ca-**tom**-be) sustantivo femenino
Desgracia, catástrofe. *La actuación fue una hecatombe.*

hechicero, hechicera
(he-chi-**ce**-ro) adjetivo y sustantivo
Que hace uso de la magia para conseguir sus fines. *La malvada hechicera convirtió al príncipe en rana.* **SIN.** Brujo, mago.

hechizar (he-chi-**zar**) verbo
Hacer uso de la magia para conseguir algo o influir sobre alguien. *El brujo les hechizó con su varita mágica.* **SIN.** Embrujar.

✎ Se conjuga como *abrazar.*

hecho, hecha (**he**-cho) adjetivo
1. Perfecto, maduro, acabado. *Es una persona hecha y derecha.* **SIN.** Formado, desarrollado.
2. Acostumbrado, familiarizado. *Ya está hecho a este clima tan frío.* **SIN.** Avezado, habituado. **ANT.** Desacostumbrado.
3. sustantivo masculino Acción, obra, acontecimiento. *El hecho tuvo lugar ayer.* **SIN.** Suceso.
4. de hecho expresión En realidad. *Me gusta el cine, de hecho, vengo de ver una película.*

✎ No debe confundirse con *echo.*

hectárea (hec-**tá**-re-a) sustantivo femenino
Medida de superficie, que equivale a cien áreas. *La finca mide unas dos hectáreas.*

hectogramo

(hec-to-**gra**-mo) sustantivo masculino

Medida de peso, igual a 100 gramos.
La pieza pesaba un hectogramo.

hectolitro (hec-to-**li**-tro) sustantivo masculino

Medida de capacidad, igual a 100 litros. *El depósito tiene una capacidad de cinco hectolitros.*

hectómetro

(hec-**tó**-me-tro) sustantivo masculino

Medida de longitud, igual a 100 metros. *Corrió un hectómetro.*

hediondo, hedionda

(he-**dion**-do) adjetivo

Que huele muy mal. *Vivía en un cuartucho hediondo.* **SIN.** Pestilente, maloliente, nauseabundo.

hedor (he-**dor**) sustantivo masculino

Olor muy desagradable. *La basura despedía un hedor insoportable.* **SIN.** Fetidez, pestilencia. **ANT.** Aroma.

hegemonía

(he-ge-mo-**ní**-a) sustantivo femenino

Superioridad de alguien o algo sobre otros. *Su hegemonía era indiscutida.*

helada (he-**la**-da) sustantivo femenino

Congelación de líquidos producida por la frialdad del tiempo atmosférico. *Esta noche ha caído una helada.*

helado, helada (he-**la**-do) adjetivo

1. Muy frío. *La habitación estaba helada.* **SIN.** Gélido, congelado. **ANT.** Caliente, cálido.

2. Sorprendido, atónito. *Me dejó helado con la noticia.*

3. sustantivo masculino Golosina o postre de distintos sabores que se toma muy frío. *Tantos helados le van a provocar una indigestión.* **SIN.** Polo.

helar (he-**lar**) verbo

1. Convertir un líquido en sólido por la acción del frío, especialmente el agua. *Se heló el agua del estanque.* **SIN.** Congelar(se). **ANT.** Calentar(se).

2. Sorprender o hacer que alguien se sorprenda. *Se heló al enterarse del accidente.*

3. helarse Ponerse una persona o cosa muy fría. *A los montañeros extraviados se les estaban empezando a helar las manos.*

4. helarse Secarse las plantas o las frutas a causa del frío. *Se helaron los rosales.* **SIN.** Morirse.

✎ Verbo irregular, se conjuga como *acertar.*

helecho

(he-**le**-cho) sustantivo masculino

Planta de hojas grandes y alargadas que se cría en lugares húmedos. *En aquel bosque había helechos.*

hélice (**hé**-li-ce) sustantivo femenino

Conjunto de palas en forma de equis que giran alrededor de un eje, produciendo movimiento. *Las hélices del helicóptero se averiaron.*

helicóptero

(he-li-**cóp**-te-ro) sustantivo masculino

Aparato de aviación que se eleva gracias a la acción de dos hélices que giran horizontalmente. *Un helicóptero recogió a los dos montañeros atrapados.* **SIN.** Autogiro.

helipuerto

(he-li-**puer**-to) sustantivo masculino

Aeropuerto para el aterrizaje y despegue de los helicópteros. *El helicóptero aterrizó en el helipuerto.*

hematoma

(he-ma-**to**-ma) sustantivo masculino

Acumulación de sangre en cualquier parte del cuerpo producida por un golpe. *Se cayó de la bici y se hizo un hematoma.* **SIN.** Moradura, cardenal, moratón.

hembra (**hem**-bra) sustantivo femenino

Ser vivo del sexo femenino. *La hembra del caballo es la yegua.*

hemeroteca

(he-me-ro-**te**-ca) *sustantivo femenino*

Biblioteca en la que se guardan y ofrecen al público principalmente periódicos y revistas. *Va a leer el periódico a la hemeroteca.*

hemiciclo (he-mi-**ci**-clo) *sustantivo masculino*

Sala semicircular que suele estar provista de gradas, especialmente el salón de sesiones del Congreso de los Diputados. *El hemiciclo estaba casi vacío.*

hemisferio

(he-mis-**fe**-rio) *sustantivo masculino*

Cada una de las dos mitades de una esfera; se dice especialmente de las dos en que se considera dividida la Tierra. *Dibuja una esfera y colorea cada hemisferio.*

hemorragia

(he-mo-**rra**-gia) *sustantivo femenino*

Flujo de sangre de cualquier parte del cuerpo. *Tenía frecuentes hemorragias nasales.*

hendidura (hen-di-**du**-ra) *sustantivo femenino*

Raja o grieta en un cuerpo sólido que no llega a dividirlo por completo. *La pared tiene una hendidura.* **SIN.** Resquebrajadura.

heno (**he**-no) *sustantivo masculino*

Hierba segada, seca, para alimento del ganado. *Les dio su ración de heno a los caballos.*

heptágono

(hep-**tá**-go-no) *sustantivo masculino*

Polígono de siete lados. *Dibuja un heptágono.*

herbívoro, herbívora

(her-**bí**-vo-ro) *adjetivo y sustantivo masculino*

Se dice del animal que se alimenta de vegetales. *La vaca es herbívora.*

herbolario (her-bo-**la**-rio) *sustantivo masculino*

Tienda donde se venden hierbas y plantas medicinales. *He comprado manzanilla en el herbolario.* **SIN.** Herboristería.

heredar (he-re-**dar**) *verbo*

1. Recibir los bienes de alguien por testamento o por ley. *Heredó la casa de sus padres.*
2. Poseer ciertos rasgos o caracteres de nuestros padres o familiares. *Los ojos verdes los ha heredado de su abuela.*
3. Recibir algo usado por otra persona. *Heredaba toda la ropa de su hermano mayor.*

herencia (he-**ren**-cia) *sustantivo femenino*

1. Conjunto de dinero, bienes, etc. cuya propiedad, al morir una persona, pasa a otras. *Esta casa es herencia de mi tía.*
2. Conjunto de rasgos o caracteres que pasan de padres a hijos. *Los ojos claros son herencia de su madre.*
3. Cosas usadas que se reciben de otra persona. *Su primer coche lo heredó de su hermano mayor, quien tenía uno nuevo.*

herida (he-**ri**-da) *sustantivo femenino*

Lesión o daño en el cuerpo de un ser vivo, realizado con un objeto o por efecto de un golpe. *El perro tenía una herida en la pata.* **SIN.** Contusión.

herir (he-**rir**) *verbo*

1. Dañar en un organismo algún tejido con un golpe, un instrumento cortante, un arma, etc. *La bala le hirió en la pierna.* **SIN.** Lesionar, lastimar.
2. Hacer que alguien sufra insultándole u ofendiéndole. *Le hirió con sus insultos.* **SIN.** Agraviar.
✎ Verbo irregular, se conjuga como *sentir.*

hermanastro, hermanastra

(her-ma-**nas**-tro) *sustantivo*

Persona que, con relación a otra, tiene únicamente al padre o a la madre en común. *Se llevaba muy bien con su hermanastro.*

hermandad

(her-man-**dad**) sustantivo femenino

1. Amistad íntima. *Entre ellos había una gran hermandad.*
2. Unión de personas con intereses comunes. *La hermandad de pescadores se reunió para tomar medidas.* **SIN.** Sociedad, gremio.

hermano, hermana

(her-**ma**-no) sustantivo

1. Persona que, con relación a otra, tiene los mismos padres. *Juan lleva a su hermano pequeño al colegio.*
2. Miembro de una comunidad religiosa. *En el convento había muy pocas hermanas.* **SIN.** Religioso.

hermético, hermética

(her-**mé**-ti-co) adjetivo

1. Que cierra una abertura de modo que no deja pasar el aire ni otro tipo de gas. *Guárdalo en un recipiente hermético para que no se estropee.* **SIN.** Estanco, sellado. **ANT.** Abierto.
2. Incomprensible, difícil de entender. *Este poema es muy hermético.*

hermoso, hermosa

(her-**mo**-so) adjetivo

1. Que tiene hermosura, belleza. *Desde la ventana se ve un hermoso paisaje.* **SIN.** Bello, bonito, lindo. **ANT.** Feo, horrible.
2. Grande, abundante. *Esta habitación es hermosa.* **SIN.** Espléndido. **ANT.** Pequeño.
3. Saludable, robusto, utilizado para referirse a una persona. *El bebé estaba hermoso.* **SIN.** Desarrollado, fuerte. **ANT.** Enclenque.

hermosura

(her-mo-**su**-ra) sustantivo femenino

Belleza de las cosas que pueden ser percibidas por el oído o por la vista. *Su hermosura fascinaba a todos.* **SIN.** Atractivo. **ANT.** Fealdad.

héroe, heroína

(**hé**-ro-e) sustantivo

Persona que realiza una acción extraordinaria y difícil, y que provoca admiración. *Agustina de Aragón fue una heroína.*

heroico, heroica

(he-**roi**-co) adjetivo

Que se refiere a los héroes y heroínas. *Rescatar a esos perritos fue un gesto heroico.*

heroína

(he-ro-**í**-na) sustantivo femenino

Droga muy peligrosa que produce adicción e importantes daños al organismo. *Fueron detenidos por traficar con heroína.*

heroísmo

(he-ro-**ís**-mo) sustantivo masculino

Conjunto de cualidades que caracterizan a un héroe, como la valentía, la dedicación, etc. *Demostró heroísmo salvando vidas en el Tercer Mundo.*

herradura

(he-rra-**du**-ra) sustantivo femenino

Hierro de forma más o menos circular, que se le pone a los caballos, yeguas, etc., en los cascos para que no se dañen al andar. *El caballo tenía las herraduras muy desgastadas.*

herramienta

(he-rra-**mien**-ta) sustantivo femenino

Instrumento de trabajo manual. *Compró varias herramientas de carpintería.* **SIN.** Aparato, utensilio, útil.

herrar

(he-**rrar**) verbo

Ajustar y clavar las herraduras. *Herraron al caballo.*

✎ Verbo irregular, se conjuga como *acertar*. No debe confundirse con *errar*.

herrero, herrera

(he-**rre**-ro) sustantivo

Persona cuyo oficio consiste en trabajar dando forma al hierro. *El taller del herrero se llama herrería.*

hervir

(her-**vir**) verbo

1. Hacer que un líquido alcance una determinada temperatura hasta producir burbujas y vapor. *El agua hierve a 100 grados centígrados.*

2. Cocinar alimentos en un líquido, generalmente agua, a altas temperaturas. *Estoy hirviendo unos huevos.* **SIN.** Cocer.

✎ Verbo irregular, se conjuga como *sentir.*

heterogéneo, heterogénea
(he-te-ro-**gé**-ne-o) adjetivo
Se dice de lo que está compuesto de partes que son muy diferentes entre sí. *Mi pandilla es muy heterógenea, todos somos muy diferentes.* **ANT.** Homogéneo.

hexágono (he-**xá**-go-no) sustantivo masculino
Polígono de seis ángulos y seis lados. *Tiene figura de hexágono.*

hez sustantivo femenino
1. Sedimento de algunos líquidos. *El fondo del vaso está lleno de heces.* **SIN.** Residuo.
2. sustantivo femenino plural Material que el cuerpo expulsa una vez digeridos los alimentos. *Se hizo un análisis de heces.* **SIN.** Excrementos.

✎ Su plural es *heces.*

hiato (hia-to) sustantivo masculino
Encuentro de dos vocales que se pronuncian en sílabas distintas. *En ba-úl hay un hiato.* **ANT.** Diptongo.

hibernación
(hi-ber-na-**ción**) sustantivo femenino
Estado de letargo a que están sujetos ciertos animales durante el invierno. *Durante la hibernación, el animal se alimenta de las grasas acumuladas durante el verano.* **SIN.** Invernación. **ANT.** Estivación.

hibernar (hi-ber-**nar**) verbo
Pasar el invierno, especialmente en letargo. *Las lagartijas hibernan durante el invierno.*

hidratar (hi-dra-**tar**) verbo
Restablecer el grado de humedad de la piel, para que no se reseque. *En* verano hay que aplicarse crema para no quemarse con el sol.

hidráulico, hidráulica
(hi-**dráu**-li-co) adjetivo
En física, se dice de la energía producida por el movimiento del agua. *Energía hidráulica.*

hidroavión
(hi-dro-a-**vión**) sustantivo masculino
Aeroplano provisto de flotadores para poder posarse sobre el agua. *El primer hidroavión data de 1910.*

hidrógeno (hi-**dró**-ge-no) sustantivo masculino
Gas sin color, sin olor y sin sabor, combustible, y el más ligero de todos. *El símbolo del hidrógeno es H.*

hiedra (hie-dra) sustantivo femenino
Planta trepadora, siempre verde, con pequeñas raíces en el tallo. *La hiedra cubría la fachada de la casa.*

hielo (hie-lo) sustantivo masculino
1. Agua convertida en cuerpo sólido por la baja temperatura. *Hay cubitos de hielo en el congelador.*
2. romper el hielo expresión Dar el primer paso en una relación. *Me dirigí a ella para romper el hielo.*

hiena (hie-na) sustantivo femenino
Animal carnívoro que vive en África y Asia, de pelo gris amarillento, con manchas oscuras en el lomo. *Las hienas se alimentan de carne de animales muertos.*

hierba (hier-ba) sustantivo femenino
1. Toda planta que conserva su tallo siempre verde y tierno. *El perejil es una hierba.*
2. Conjunto de muchas hierbas que nacen en un terreno. *Riega la hierba del jardín.* **SIN.** Césped.
3. finas hierbas expresión Mezcla de hierbas (perejil, albahaca, cebolleta, etc.) picadas finamente, y utilizadas para aliñar ciertos platos. *Compré un frasco de paté a las finas hierbas.*

hierbabuena

(hier-ba-**bue**-na) sustantivo femenino

Planta de olor agradable, utilizada como condimento. *Le gusta el sabor que da la hierbabuena.*

hierro (**hie**-rro) sustantivo masculino

Metal de color gris azulado, muy usado en la industria y en las artes. *Las verjas de la casa son de hierro.*

hígado (**hí**-ga-do) sustantivo masculino

Órgano interno de los animales, situado en la parte central derecha del cuerpo en los humanos, cuyas funciones son imprescindibles para el organismo. *El hígado de los mamíferos es de color rojo oscuro.*

higiene

(hi-**gie**-ne) sustantivo femenino

Limpieza de las cosas y de las personas, que nos ayuda a conservar la salud. *Con mucha higiene evitamos enfermedades.* **SIN.** Aseo.

higo (**hi**-go) sustantivo masculino

1. Fruto que da la higuera, de sabor dulce. Su piel varía de color según la variedad: morada, verdosa, negruzca. *Hicimos un pastel de higos.*

2. higo chumbo expresión Fruto de la chumbera, de piel dura y con espinas. *Arranqué un higo chumbo al pasar.*

higuera (hi-**gue**-ra) sustantivo femenino

1. Árbol frutal de tronco retorcido y mediana altura, cuyos frutos son el higo y la breva. *Se sentaron a la sombra de la higuera.*

2. estar en la higuera expresión Estar distraído. *No te enteras de nada porque estás siempre en la higuera.*

hijastro, hijastra

(hi-**jas**-tro) sustantivo

Respecto de uno de los cónyuges, hijo o hija tenido por el otro en un matrimonio anterior. *Se lleva bien con su hijastro.*

hijo, hija (**hi**-jo) sustantivo

1. Persona o animal con relación a sus padres. *Los hijos deben obedecer a sus padres.*

2. Resultado, fruto, producto. *Este aparato es hijo de un famoso inventor.*

3. hijo político expresión Yerno o nuera respecto de los suegros. *Mi madre tiene dos hijos políticos.*

hilar (hi-**lar**) verbo

1. Convertir la lana en hilo, el lino, el algodón, etc. *Antes de tejer la lana, estuvieron hilándola.*

2. Deducir unas cosas de otras. *Llegó a la solución hilando las pistas.*

hilera (hi-**le**-ra) sustantivo femenino

Formación en línea de varias personas o cosas. *Hay dos hileras de libros.* **SIN.** Fila.

hilo (**hi**-lo) sustantivo masculino

1. Filamento largo y delgado formado por un conjunto de fibras sacadas de una materia textil. *Necesito hilo negro.*

2. Tela elaborada con fibra de lino. *El género de la falda es el hilo.*

3. Continuidad de un discurso y de algunas otras cosas. *Le resultaba difícil seguir el hilo de la conversación.* **SIN.** Secuencia.

4. hilo de voz expresión Voz muy apagada o débil. *Con el susto, solo le salía un hilo de voz.*

5. hilo musical expresión Sistema usado para transmitir programas musicales por el cable telefónico. *Instalaron hilo musical en la oficina.*

6. perder el hilo expresión Olvidar en una conversación o similar aquello de lo que se estaba tratando. *Con tanta interrupción, estoy perdiendo el hilo.*

himno (**him**-no) sustantivo masculino

Composición poética o musical cuya finalidad es rendir homenaje a una personalidad destacada o a una nación, celebrar un suceso memorable o expresar entusiasmo. *Tocaron el himno nacional de cada uno de los equipos participantes.*

hincapié (hin-ca-**pié**)
hacer hincapié expresión Insistir en algo. *Hizo hincapié en que estudiaras.*

hincar (hin-**car**) verbo
1. Introducir o clavar una cosa en otra. *Hincó el palo en la tierra.* **SIN.** Hundir, clavar meter. **ANT.** Sacar, arrancar, desclavar.
2. hincarse de rodillas expresión Arrodillarse. *Se hincó de rodillas para recibir la comunión.*
✎ Se conjuga como *abarcar.*

hincha (hin-cha) adjetivo y sustantivo
1. Partidario entusiasta de algo. *Es un hincha del balonmano.* **SIN.** Forofo, seguidor. **ANT.** Detractor.
2. sustantivo femenino Sentimiento profundo de antipatía hacia alguien o algo. *Decía que le tenía hincha el entrenador.* **SIN.** Manía, tirria.

hinchar (hin-**char**) verbo
1. Hacer que un cuerpo aumente de volumen, llenándolo de aire u otra cosa. *Hinchó tanto el globo que estalló.* **SIN.** Inflar. **ANT.** Deshinchar.
2. Exagerar una noticia. *Hinchó la historia para llamar la atención.*
3. hincharse Aumentar de volumen una parte del cuerpo por algún golpe, infección, etc. *El golpe fue tan fuerte que se le hinchó la rodilla.* **SIN.** Inflamarse.
4. hincharse Hacerse vanidoso y presumido. *No te hinches, que hayas ganado la carrera no es para tanto.* **SIN.** Pavonearse, engreírse. **ANT.** Humillarse.

hinchazón (hin-cha-**zón**) sustantivo femenino
Inflamación de una parte del cuerpo. *Tenía un poco de hinchazón en la heri-*da porque no estaba bien desinfectada. **SIN.** Bulto, tumor, chichón.

hipermercado
(hi-per-mer-**ca**-do) sustantivo masculino
Gran superficie comercial, que ofrece una gran variedad de productos. *Los viernes acompaño a mis padres al hipermercado.*

hípica (**hí**-pi-ca) sustantivo femenino
Deporte que se practica a caballo, en las modalidades de carrera o saltos. *Era muy aficionada a la hípica.* **SIN.** Equitación.

hipnotizar (hip-no-ti-**zar**) verbo
Producirse un estado parecido al sueño en alguna persona o animal, siguiendo las indicaciones de la persona que lo hipnotiza. *El mago pidió voluntarios que quisieran ser hipnotizados por él.*
✎ Se conjuga como *abrazar.*

hipo (**hi**-po) sustantivo masculino
Movimiento repetitivo que se produce en el pecho y no se puede controlar, acompañado de un ruido que sale de la garganta. *Le entró hipo de tanto reírse.*

hipocondríaco, hipocondríaca
(hi-po-con-**drí**-a-co) adjetivo y sustantivo
Se dice de la persona que se preocupa excesivamente por la salud. *Es un hipocondríaco, siempre piensa que está enfermo.*
✎ También *hipocondriaco, hipocondriaca.*

hipócrita (hi-**pó**-cri-ta) adjetivo y sustantivo
Que finge o aparenta lo que no es o siente. *No seas hipócrita y di lo que sientes de verdad.* **SIN.** Farsante, falso. **ANT.** Sincero.

hipódromo
(hi-**pó**-dro-mo) sustantivo masculino
Lugar destinado a carreras de caballos y carros. *Fuimos al hipódromo a una carrera de caballos.*

hipopótamo

(hi-po-**pó**-ta-mo) sustantivo masculino

Mamífero africano de gran tamaño, de piel casi desnuda, patas cortas y cabeza y boca enormes. *El hipopótamo pasa mucho tiempo en el agua durante el día y pasta por la noche.*

hipoteca (hi-po-**te**-ca) sustantivo femenino

Bienes, dinero, casas, terrenos, etc., que sirven para garantizar que se va a devolver el dinero prestado por el banco. *Todos los meses tengo que pagar la hipoteca de la casa al banco.* **SIN.** Fianza, gravamen.

hipotenusa

(hi-po-te-**nu**-sa) sustantivo femenino

Lado que se opone al ángulo recto de un triángulo rectángulo. *Dibuja la hipotenusa de un triángulo rectángulo.*

hipótesis (hi-**pó**-te-sis) sustantivo femenino

Suposición de una cosa. *Esto que te digo es solo una hipótesis, no hay nada seguro todavía.* **SIN.** Conjetura, presunción.

✎ Es igual en plural y en singular.

hispanohablante

(his-pa-no-ha-**blan**-te) adjetivo y sustantivo

Persona cuya primera lengua es el español, y la utiliza habitualmente para pensar y comunicarse. *Cada vez hay más hispanohablantes en el mundo.*

histérico, histérica

(his-**té**-ri-co) adjetivo y sustantivo

Se dice de la persona que está muy nerviosa y que ha perdido el control sobre sus actos. *Se puso histérico porque le habían perdido la maleta en el aeropuerto.*

historia (his-**to**-ria) sustantivo femenino

1. Narración de los hechos o sucesos del pasado (políticos, económicos, sociales, culturales, etc.) de un pueblo o nación. *Este año estudiaremos la historia de América.* **SIN.** Crónicas, anales.

2. Ciencia que estudia estos hechos. *Mi hermano está haciendo un curso sobre historia de España.*

3. Exposición cronológica de hechos, doctrinas, etc., relativos a una ciencia o arte. *Una de las asignaturas es Historia de la Filosofía.*

4. Cuento o narración inventada. *Nos contó una historia increíble sobre dragones, magos, héroes y brujas.* **SIN.** Relato.

5. Relación de cualquier género de aventura, anécdota o suceso, aunque sea de carácter privado. *Se podía tirar horas contando historias y anécdotas sobre su vida.* **SIN.** Anécdota, episodio, suceso.

histórico, histórica

(his-**tó**-ri-co) adjetivo

1. Que pertenece o se refiere a la historia. *Un hecho histórico.* **SIN.** Auténtico, verdadero. **ANT.** Fabuloso, mítico.

2. Digno de figurar en la historia. *Una decisión histórica.* **SIN.** Importante, memorable. **ANT.** Insignificante, intrascendente.

historieta (his-to-**rie**-ta) sustantivo femenino

Relato ilustrado con viñetas o dibujos que narran una acción. *Le gustaba mucho leer historietas.* **SIN.** Cómic, tebeo.

hito (**hi**-to) sustantivo masculino

1. Hecho o suceso muy importante. *La llegada a la luna es un hito en la historia de la humanidad.*

2. Poste de piedra que sirve para señalar límites, caminos, etc. *Estaban colocando hitos en la carretera para señalar los kilómetros.*

hobby sustantivo masculino

Palabra inglesa que significa «afición, actividad que se practica en los ratos de ocio». *Su hobby favorito es la lectura.* **SIN.** Pasatiempo, afición.

Su plural es *hobbies*. Se pronuncia /jóbi/. Se recomienda usar *pasatiempo* o *afición*.

hocico (ho-ci-co) sustantivo masculino
Parte más o menos prolongada de la cabeza de algunos animales, en la que están la boca y la nariz. *El perro tenía todo el hocico manchado de nata.* **SIN.** Morro.

hockey sustantivo masculino
Juego que se practica entre dos equipos, que procuran introducir una pequeña pelota en la meta contraria, empujándola con palos curvos especiales para este juego. *Juega al hockey en el equipo municipal.*
Se pronuncia /jókei/.

hogar (ho-gar) sustantivo masculino
1. Lugar donde una persona vive. *Le gusta estar en el hogar con su familia.* **SIN.** Casa, domicilio, vivienda.
2. Sitio donde se pone la lumbre en las cocinas, chimeneas, etc. *El fuego del hogar estaba aún apagado.* **SIN.** Fogón.
3. Vida de familia. *En sus viajes, echaba de menos el hogar.*
4. hogar del pensionista expresión Lugar de diversión y entretenimiento para personas jubiladas. *Mi abuelo juega a las cartas en el hogar del pensionista.*

hogaza (ho-ga-za) sustantivo femenino
Pan grande, generalmente de forma circular. *Compra una hogaza pequeña.*

hoguera (ho-gue-ra) sustantivo femenino
Fuego que se suele hacer en el suelo y al aire libre. *Encendimos una hoguera para preparar la barbacoa.* **SIN.** Fogata.

hoja (ho-ja) sustantivo femenino
1. Cada una de las partes planas y delgadas, casi siempre verdes, que tienen las ramas de los árboles o el tronco de algunas plantas. *Algunos árboles pierden sus hojas en otoño.*
2. Lámina delgada de metal, madera, papel, etc. *Este libro tiene muchas hojas.* **SIN.** Página, pliego, plana, placa.
3. Parte plana y cortante de cuchillos, navajas o de algunas herramientas. *Ten cuidado con la navaja, la hoja está recién afilada.* **SIN.** Cuchilla, acero, filo.
4. hoja de afeitar expresión Lámina de acero muy delgada para cortar la barba. *Cambia la hoja de afeitar de la maquinilla, que ya no corta.*

hojalata (ho-ja-la-ta) sustantivo femenino
Lámina fina de metal. *Tenía una papelera de hojalata.* **SIN.** Chapa.

hojaldre (ho-jal-dre) sustantivo masculino
Masa de harina con manteca que, al ser cocida al horno, queda muy esponjosa y dividida en capas muy delgadas. *Hizo la empanada con masa de hojaldre.*

hojarasca (ho-ja-ras-ca) sustantivo femenino
Conjunto de las hojas caídas de los árboles. *Barrió la hojarasca del jardín.*

hojear (ho-je-ar) verbo
Mover o pasar las hojas de un libro o cuaderno. *Solo he hojeado el libro.*
No debe confundirse con *ojear*.

holgado, holgada (hol-ga-do) adjetivo
Ancho y amplio para lo que ha de contener. *Ese vestido te queda demasiado holgado.*

holgazán, holgazana (hol-ga-zán) adjetivo y sustantivo
Se dice de la persona que, por pereza, no hace nada. *Es muy holgazán, no quiere estudiar.* **SIN.** Perezoso, vago. **ANT.** Trabajador, laborioso.

hollejo (ho-lle-jo) sustantivo masculino
Piel delgada que cubre algunas frutas y legumbres. *No me gustan estas*

alubias, se desprende el hollejo. **SIN.** Pellejo.

hollín (ho-**llín**) sustantivo masculino
Sustancia grasa y negra que deposita el humo. *La chimenea estaba llena de hollín.*

holocausto
(ho-lo-**caus**-to) sustantivo masculino
Gran matanza de seres humanos. *La guerra fue un gran holocausto.* **SIN.** Exterminio.

hombre (**hom**-bre) sustantivo masculino
1. Animal racional. *Cuando digo «el hombre es vertebrado», me refiero a todo el género humano.* **SIN.** Persona, ser humano.
2. Animal racional del sexo masculino. *Había dos mujeres y un hombre.* **SIN.** Varón.
3. hombre rana expresión Persona que bucea provista de un atuendo especial. *El hombre rana se sumergió.*
✎ Su plural es *hombres rana.*

hombrera
(hom-**bre**-ra) sustantivo femenino
1. Especie de almohadilla que se pone en el interior de las prendas de vestir, a la altura de los hombros. *Las hombreras levantan los hombros, haciendo que parezcan más grandes.*

hombro (**hom**-bro) sustantivo masculino
1. Parte superior y lateral del tronco humano y de los primates, de donde nace el brazo. *Este ejercicio de gimnasia es específico para los hombros.*
2. arrimar el hombro expresión Ayudar a otro, contribuir en algo. *Si todos arrimamos el hombro, lo haremos.*
3. encogerse de hombros expresión Mostrarse alguien indiferente ante todo lo que sucede. *Le castigué sin salir y solo se encogió de hombros.*
4. mirar a alguien por encima del hombro expresión Despreciarlo, sentir-se superior. *No me gusta que me miren por encima del hombro.*

homenaje
(ho-me-**na**-je) sustantivo masculino
Acto o serie de ellos que se celebran en honor de una persona, para demostrarle cariño y respeto. *Recibió varios homenajes con motivo de su jubilación.*

homicidio (ho-mi-**ci**-dio) sustantivo masculino
Muerte que una persona causa a otra, por lo general no en defensa propia. *La Policía investiga varios homicidios en mi barrio.*

homogéneo, homogénea
(ho-mo-**gé**-ne-o) adjetivo
Se dice de lo que está compuesto por elementos semejantes. *Mi pandilla es muy homogénea, todos tenemos los mismos gustos.* **SIN.** Similar. **ANT.** Heterogéneo.

homosexual
(ho-mo-se-**xual**) adjetivo y sustantivo
Se dice de la persona que se siente atraída por personas de su mismo sexo. *Los homosexuales luchan por la igualdad de derechos.*

honda (**hon**-da) sustantivo femenino
Tira larga y delgada, generalmente de cuero, que sirve para lanzar piedras u otro tipo de objetos. *Es un experto en lanzar piedras con la honda.* **SIN.** Tirador.
✎ No debe confundirse con *onda.*

hondo, honda (**hon**-do) adjetivo
Que tiene mucha distancia desde la superficie hasta el fondo. *El pozo es muy hondo.* **SIN.** Profundo. **ANT.** Superficial.

honesto, honesta (ho-**nes**-to) adjetivo
Que se comporta como debe y cumple con sus obligaciones. *Es una persona honesta y fiable.* **SIN.** Honrado, íntegro, justo.

hongo (hon-go) sustantivo masculino

Nombre dado a ciertos seres vivos, que parecen plantas pero no tienen clorofila. Algunos son comestibles y otros, venenosos. *Moho, setas y levadura son hongos.*

honor (ho-nor) sustantivo masculino

1. Actitud que nos lleva a comportarnos de forma correcta y cumplir nuestras obligaciones con los demás y con nosotros mismos. *Su sentido del honor le obliga a defender a los más débiles.* **SIN.** Virtud.

2. Buena opinión y fama que se ha adquirido por haber hecho algo importante. *Consiguió muchos honores por haber descubierto la nueva vacuna.* **SIN.** Renombre, reputación.

3. Satisfacción, orgullo. *Es para mí un honor tenerle en mi casa.*

4. sustantivo masculino plural Ceremonia con la que se halaga o se festeja a alguien. *El Ministerio de Defensa rindió honores al general.*

5. hacer los honores expresión Recibir una persona a sus invitados. *Haz los honores, que es tu fiesta.*

honra (hon-ra) sustantivo femenino

1. Valoración y respeto que una persona tiene hacia sí misma. *Estaba dispuesto a defender su honra y la de su familia.*

2. honras fúnebres expresión Acto dedicado a los difuntos. **SIN.** Exequias, funerales. *El presidente asistió a las honras fúnebres de las víctimas que se celebraron el pasado domingo.*

honrado, honrada

(hon-ra-do) adjetivo

Que se comporta como debe y cumple con sus obligaciones. *Es una persona muy honrada y fiable.* **SIN.** Decente, íntegro, leal. **ANT.** Corrupto, deshonesto.

honrar (hon-rar) verbo

1. Respetar a una persona o premiarla por su mérito. *Le honran con la cruz al valor.*

2. Producir satisfacción y orgullo o hacer que alguien se sienta orgulloso. *Nos honra con su presencia.* **SIN.** Enorgullecerse. **ANT.** Avergonzarse.

hora (ho-ra) sustantivo femenino

1. Cada una de las 24 partes iguales en que se divide un día, compuestas por 60 minutos. *Tardaré aproximadamente una hora en llegar.*

2. Tiempo apropiado para hacer algo. *Ya es hora de ir a dormir.* **SIN.** Ocasión, momento.

3. Cita que se ha acordado con un profesional (médico, peluquero, etc.) para hacer uso de sus servicios. *Tengo hora en el dentista a las nueve.*

4. hora punta expresión Aquella en la que se producen aglomeraciones por uno u otro motivo, generalmente de trabajo, como las salidas, entradas, etc. *Tomo el metro a hora punta.* ✎ Su plural es *horas punta.*

5. horas extraordinarias o extras expresión Las añadidas a una jornada de trabajo normal. *No me pagan las horas extras.*

✎ No debe confundirse con la conjunción *ora... ora.*

horario (ho-ra-rio) sustantivo masculino

Cuadro indicador de las horas en las que han de realizarse determinadas actividades. *Estaban copiando el horario de clases.* **SIN.** Guía, programa, itinerario.

horca (hor-ca) sustantivo femenino

1. Conjunto de tres palos, uno de ellos horizontal y sostenido por los otros dos, del que cuelga una cuerda para ahorcar a los condenados. *Murió en la horca.* **SIN.** Cadalso.

2. Utensilio con forma de tenedor que se utiliza en las faenas del campo. *Trae la horca para amontonar esta hierba.* **SIN.** Bieldo.

✎ No debe confundirse con *orca*.

horchata (hor-**cha**-ta) sustantivo femenino
Bebida hecha de almendras, chufas u otros frutos semejantes, de color blanco y dulce. *Pedí una horchata.*

horizontal
(ho-ri-zon-**tal**) adjetivo y sustantivo femenino
Que está en el horizonte o que está en la misma línea o paralelo a él. *Tengo que dibujar figuras horizontales, como una cama, una mesa o un banco.*

horizonte
(ho-ri-**zon**-te) sustantivo masculino
1. Línea que limita la parte de superficie terrestre visible desde un punto. *Parece que la tierra se junta con el mar en el horizonte.* **SIN.** Límite, confín, lejanía.
2. Conjunto de posibilidades o perspectivas que ofrece una cosa. *Este año, la economía presenta un horizonte prometedor.*

horma (**hor**-ma) sustantivo femenino
Molde con que se fabrica algo o se le da forma. *Si te aprietan los zapatos, llévalos a la horma.*

hormiga (hor-**mi**-ga) sustantivo femenino
Pequeño insecto, generalmente negro, que vive en grandes grupos en las galerías que excavan bajo tierra. *Las hormigas trabajan continuamente almacenando comida y excavando sus galerías.*

hormigón
(hor-mi-**gón**) sustantivo masculino
Mezcla de piedras, cal o cemento y arena, que se emplea para la construcción. *El hormigón se endurece mucho cuando se seca al sol.* **SIN.** Mortero, argamasa.

hormiguero
(hor-mi-**gue**-ro) sustantivo masculino
1. Lugar donde se crían y recogen las hormigas. *Los hormigueros tienen muchas galerías.*
2. Sitio en que hay mucha gente en movimiento. *Durante las fiestas, la ciudad era un auténtico hormiguero.* **SIN.** Hervidero, gentío.

hornear (hor-ne-**ar**) verbo
Tener un alimento durante cierto tiempo en el horno para que se cueza o dore. *Debes hornear el pastel para que se dore.*

horno (**hor**-no) sustantivo masculino
1. Aparato o construcción dentro de los cuales se funden o cuecen cosas por la acción del calor que provoca la quema de leña, carbón, etc. *Cocimos las figuras de arcilla en un horno.*
2. Aparato de cocina que sirve para hacer, calentar, asar o gratinar alimentos. *Asó el besugo en el horno.*
3. alto horno expresión Horno industrial que se utiliza para la obtención del hierro fundido. *La empresa siderúrgica tenía varios altos hornos.*

horóscopo
(ho-**rós**-co-po) sustantivo masculino
1. Adivinación de la suerte de las personas según su signo del zodiaco. *Su horóscopo dice que hoy ganará la lotería.*
2. Signo del zodiaco. *Nací el 27 de febrero, así que soy piscis.*

horquilla (hor-**qui**-lla) sustantivo femenino
Alfiler doblado que se utiliza para sujetar el pelo. *Necesito más horquillas para hacerte el moño.*

horrendo, horrenda
(ho-**rren**-do) adjetivo
1. Que es muy feo o desagradable. *La bruja de la película era horrenda.* **SIN.** Horroroso, horrible.

2. Que produce miedo o terror. *Tuve una pesadilla horrenda.* **SIN.** Espantoso, espeluznante.

3. Muy grande o intenso. *Hace un calor horrendo.* **SIN.** Enorme.

horrible (ho-**rri**-ble) adjetivo
1. Que es muy feo o desagradable. *Tengo un aspecto horrible.* **SIN.** Horroroso, horrendo.
2. Que produce miedo o terror. *Aquellas escenas violentas eran horribles.* **SIN.** Espeluznante.
3. Muy grande o intenso. *Hace un frío horrible.* **SIN.** Enorme.
✎ Su superlativo es *horribilísimo*.

horror (ho-**rror**) sustantivo masculino
1. Sentimiento de repulsión o temor muy grande e intenso producido por alguna cosa. *Tenía verdadero horror a los ratones.* **SIN.** Terror, susto, pánico.
2. Cosa extraordinaria por lo grande, malo o exagerado. *Vimos en televisión un reportaje sobre los horrores de la guerra.*

horrorizar (ho-rro-ri-**zar**) verbo
Causar horror o llenarse de miedo. *Me horroriza pensar que solo quedan dos días para el examen.* **SIN.** Horripilar(se), aterrar(se), espantar(se).
✎ Se conjuga como *abrazar*.

horroroso, horrorosa (ho-rro-**ro**-so) adjetivo
1. Que es muy feo o desagradable. *Esos pantalones son horrorosos.* **SIN.** Horrible, horrendo.
2. Muy grande o intenso. *Era un lío horroroso.* **SIN.** Enorme.

hortaliza (hor-ta-**li**-za) adjetivo y sustantivo femenino
Verdura y planta comestible en general, que se cultiva en las huertas. *La lechuga es una hortaliza.*

hortensia (hor-**ten**-sia) sustantivo femenino
1. Arbusto de jardín, de flores olorosas, procedente de Japón. *Plantó hor-*tensias a lo largo del camino de entrada a su casa.
2. Flor de esta planta. *Le regaló un ramo de hortensias azules.*

hortera (hor-**te**-ra) adjetivo y sustantivo
Se dice de la persona de gusto vulgar y que llama la atención. *Vistiendo es un poco hortera.*

hospedar (hos-pe-**dar**) verbo
1. Recibir una persona huéspedes en su casa. *Los hospedó en su casa.* **SIN.** Albergar, alojar.
2. hospedarse Estar como huésped en un lugar. *Se hospedó en un hotel.* **SIN.** Alojarse.

hospital (hos-pi-**tal**) sustantivo masculino
Edificio donde se atiende y cura a las personas enfermas. *Lleva ya un mes ingresado en el hospital.* **SIN.** Clínica, sanatorio.

hospitalario, hospitalaria (hos-pi-ta-**la**-rio) adjetivo
1. Que pertenece o se refiere a un hospital. *Los médicos y enfermeras forman parte del personal hospitalario.*
2. Se dice de la persona que acoge con agrado a quienes recibe en su casa. *Es una persona muy hospitalaria que siempre nos ha recibido bien.* **SIN.** Acogedor.

hostal (hos-**tal**) sustantivo masculino
Edificio de menor categoría que un hotel, donde las personas pueden comer y dormir a cambio de dinero. *Pasó la noche en un hostal.*

hostelería (hos-te-le-**rí**-a) sustantivo femenino
Conjunto de servicios que proporcionan alojamiento y comida a los clientes y huéspedes. *Se dedica a la hostelería.*

hostia (**hos**-tia) sustantivo femenino
1. En la Iglesia católica, hoja redonda y fina de pan que el sacerdote da en la misa a los asistentes. *La comunión*

católica consiste en tomar una hostia consagrada.

2. Golpe, bofetón. *Se dio una hostia con la bicicleta.* ✎ Es una palabra vulgar.

hostigar (hos-ti-**gar**) verbo

Perseguir, molestar a alguien, incitarlo con insistencia para que haga algo. *Le hostigaba con continuas preguntas.*

✎ Se conjuga como *ahogar*.

hostil (hos-**til**) adjetivo

Que está en contra de alguien o algo. *Adoptó una postura hostil.* **SIN.** Contrario, adverso, desfavorable, opuesto. **ANT.** Afín.

hotel

(ho-**tel**) sustantivo masculino

Edificio donde las personas pueden comer y dormir a cambio de dinero. *En un hotel hay empleados que cuidan de las personas que se alojan en él.*

hoy adverbio

1. En este día en el que estamos. *Nuestros amigos vienen hoy y tengo que ir a buscarlos al aeropuerto.*

2. En el tiempo presente, en la actualidad. *Hoy le van mejor las cosas que hace unos años.*

3. de hoy para mañana expresión Rápidamente, en breve. *Decidió de hoy para mañana que se iba al Caribe.*

4. hoy día expresión En los días que vivimos, en la actualidad. *Hoy día, los medios de comunicación nos permiten saber lo que pasa en el mundo.*

5. hoy por hoy expresión En la actualidad. *Hoy por hoy, no pienso hacerlo, pero tal vez mañana cambie de idea.*

hoyo (ho-yo) sustantivo masculino

Agujero formado de manera natural, o hecho por alguien, en la tierra o el asfalto. *Hay un hoyo en mitad de la carretera.*

hoz sustantivo femenino

1. Instrumento compuesto de un palo corto y una hoja de metal afilada con forma curva, que usan los agricultores. *Mi abuelo cortaba el heno con la hoz.*

2. Paso estrecho que se forma entre las montañas. *Mis amigos fueron de excursión a las hoces del río Duratón.*

✎ Su plural es *hoces*.

hucha (hu-cha) sustantivo femenino

Recipiente con una ranura alargada, que sirve para guardar el dinero ahorrado. *Sacó el dinero de la hucha para comprarse el libro.* **SIN.** Alcancía.

hueco, hueca (hue-co) adjetivo

1. Que está vacío por dentro. *Las ardillas vivían en un árbol hueco.* **SIN.** Vacío. **ANT.** Lleno.

2. Mullido, esponjoso. *Me hicieron un peinado hueco.*

3. sustantivo masculino Abertura o agujero en una superficie. *Abrimos un hueco en el muro para hacer un balcón.*

4. sustantivo masculino Intervalo de tiempo o lugar que no está ocupado. *Había un hueco en la segunda fila.*

huelga (huel-ga) sustantivo femenino

1. Parada en el trabajo, hecha de común acuerdo, para exigir mejoras en las condiciones de trabajo o en protesta por algo. *Se pondrán en huelga para reclamar subida de salarios.*

2. huelga de hambre expresión Abstinencia voluntaria y total de alimentos como acción de protesta. *Gandhi protagonizó varias huelgas de hambre.*

3. huelga general expresión La que emprenden a la vez todos los sectores de la economía de un país. *Los sindicatos convocaron huelga general.*

huella (hue-lla) sustantivo femenino
1. Señal que deja el pie de una persona o animal en la tierra por donde ha pisado. *Las huellas eran recientes.*
2. Señal, rastro. *Había desaparecido sin dejar ni huella.* **SIN.** Pista.
3. huella dactilar o digital expresión La que deja la yema del dedo. *Le tomaron las huellas dactilares.*

huérfano, huérfana
(huér-fa-no) adjetivo y sustantivo
Se dice de la persona que pierde a su padre, a su madre o a los dos. *Se quedó huérfano de padre muy joven.*

huerta (huer-ta) sustantivo femenino
Terreno destinado al cultivo de hortalizas y árboles frutales. *Plantó lechugas en la huerta.*

huerto
(huer-to) sustantivo masculino
Terreno pequeño donde se cultivan árboles frutales y hortalizas. *Detrás de la casa tenía un pequeño huerto.*

hueso (hue-so) sustantivo masculino
1. Cada una de las piezas que forman el esqueleto. *Se rompió un hueso de la pierna.*
2. Parte dura que está en el interior de algunas frutas. *El melocotón, la ciruela, la guinda, etc. tienen hueso.* **SIN.** Pepita, semilla.

huésped, huéspeda
(hués-ped) sustantivo
Persona que se aloja en un hotel o en una casa que no es suya. *En esa pensión tratan bien a sus huéspedes.*

huevo (hue-vo) sustantivo masculino
1. Cuerpo en forma de esfera, generalmente ovalado, que producen las hembras de algunos animales y del que nacen las crías. *Los huevos de las aves tienen cáscara.*
2. Cada uno de los órganos sexuales masculinos. *Llamar huevos a los tes-*

tículos se considera vulgar. **SIN.** Testículo. ✎ Se usa más en plural.
3. huevo duro expresión El cocido en agua hirviendo hasta endurecerse la yema y la clara. *Pon huevo duro a la ensalada.*
4. huevo hilado expresión Masa hecha con huevos y azúcar en forma hebras finas. *Hizo canapés con jamón de York y huevo hilado.*
5. huevo pasado por agua, o en cáscara expresión El que se cuece muy poco, sin que llegue a endurecer la yema y la clara. *Desayuna huevos pasados por agua.*

huidizo, huidiza (hui-di-zo) adjetivo
Que huye o tiene tendencia a huir. *Las lagartijas son muy huidizas.*

huir (hu-ir) verbo
1. Apartarse rápidamente de un lugar, de alguien o de algo para evitar un daño. *Huye de los perros porque teme que lo muerdan.* **SIN.** Escapar(se), zafar(se).
2. Fugarse, escapar de un lugar o hecho. *Huyó de la cárcel.*
✎ Verbo irregular. Ver pág. 489.

hule (hu-le) sustantivo masculino
Tela, generalmente de plástico, que se utiliza para proteger algo. *Cubrieron la mesa con un hule.*

humanidad
(hu-ma-ni-dad) sustantivo femenino
1. El conjunto de todas las personas del mundo. *La humanidad está formada por multitud de razas.*
2. Sentimiento de comprensión, ayuda e interés hacia los demás. *El misionero es una persona de gran humanidad.* **SIN.** Bondad, caridad, piedad, misericordia.
3. sustantivo femenino plural Conjunto de ciencias o saberes que estudian los pensamientos, la historia, la psicolo-

gía, el arte, etc., del ser humano. *Estudia un grado en Humanidades.* **SIN.** Letras.

humanitario, humanitaria (hu-ma-ni-**ta**-rio) adjetivo

Que busca el bien del género humano y ayuda a los demás. *Pensar en los demás sin egoísmo es gesto humanitario.*

humano, humana (hu-**ma**-no) adjetivo

1. Que pertenece o se refiere al ser humano o es propio de él. *Hay que respetar los derechos humanos.*

2. Se dice de la persona que se preocupa por los demás. *Es muy humano, siempre ayuda a los más necesitados.* **SIN.** Compasivo, considerado. **ANT.** Inhumano.

3. sustantivo masculino Persona. *Los humanos no respetamos lo suficiente la naturaleza.* ✎ Se usa más en plural.

humareda (hu-ma-**re**-da) sustantivo femenino

Abundancia de humo. *El incendio produjo una gran humareda que cubría todo el bosque.*

humear (hu-me-**ar**) verbo

Despedir humo o vaho. *La chimenea humeaba sobre el tejado.*

humedad (hu-me-**dad**) sustantivo femenino

Agua o vapor de agua que hay en un lugar o en la atmósfera, o que impregna un objeto. *Hay una mancha de humedad en la pared.*

humedecer (hu-me-de-**cer**) verbo

Mojar ligeramente. *Humedeció la ropa en agua templada.*

✎ Verbo irregular, se conjuga como *parecer*.

húmedo, húmeda (**hú**-me-do) adjetivo

1. Ligeramente impregnado de agua o de otro líquido. *El pantalón aún no se ha secado, está húmedo.* **SIN.** Mojado. **ANT.** Seco.

2. Se dice del clima, país, etc., cuya humedad del ambiente es alta, o donde llueve mucho. *Es una vegetación típica de un clima húmedo.*

humilde (hu-**mil**-de) adjetivo

1. Que no se da importancia. *Es muy humilde, nunca presume de su sabiduría.* **SIN.** Modesto. **ANT.** Orgulloso, soberbio, altivo.

2. Pobre. *Antes de hacerse rico, vivía en esta humilde casa.*

humillar (hu-mi-**llar**) verbo

Hacer que una persona sienta vergüenza de sí misma o de sus actos. *Con sus palabras, humilló públicamente a su contrincante.*

humo (**hu**-mo) sustantivo masculino

1. Gas que se desprende de algo que se quema o está muy caliente. *Salía humo de la chimenea.*

2. sustantivo masculino plural Sentimiento de superioridad de alguien. *No sé de dónde le vienen esos humos.* **SIN.** Arrogancia. **ANT.** Modestia.

3. bajarle a alguien los humos expresión Humillarle. *Como siga así, tendré que bajarle los humos.*

4. echar humo expresión Estar furioso. *Estoy que echo humo contigo.*

humor (hu-**mor**) sustantivo masculino

1. Cualquiera de los líquidos del cuerpo de un animal. *El humor acuoso se encuentra en el ojo.* **SIN.** Serosidad, acuosidad.

2. Estado de ánimo. *Está de buen humor.*

3. Capacidad y agudeza para mostrar lo que hay de divertido o ridículo en una cosa. *Me gusta su humor.* **SIN.** Ingenio. **ANT.** Sosería.

4. humor de perros expresión Mal humor. *Está de un humor de perros.*

humorista (hu-mo-**ris**-ta) adjetivo y sustantivo

Que se dedica profesionalmente a divertir a la gente. *Charlot fue un gran humorista.* **SIN.** Cómico.

huir

MODO INDICATIVO		MODO SUBJUNTIVO	
Tiempos simples	Tiempos compuestos	Tiempos simples	Tiempos compuestos

Presente	**Pret. perf. compuesto / Antepresente**	**Presente**	**Pret. perf. compuesto / Antepresente**
huyo	he huido	huya	haya huido
huyes / huis	has huido	huyas	hayas huido
huye	ha huido	huya	haya huido
huimos	hemos huido	huyamos	hayamos huido
huis / huyen	habéis huido	huyáis / huyan	hayáis huido
huyen	han huido	huyan	hayan huido

Pret. imperfecto / Copretérito	**Pret. pluscuamperfecto / Antecopretérito**	**Pret. imperfecto / Pretérito**	**Pret. pluscuamperfecto / Antepretérito**
huía	había huido	huyera o huyese	hubiera o hubiese huido
huías	habías huido	huyeras o huyeses	hubieras o hubieses huido
huía	había huido	huyera o huyese	hubiera o hubiese huido
huíamos	habíamos huido	huyéramos o huyésemos	hubiéramos o hubiésemos huido
huíais / huían	habíais huido	huyerais o huyeseis / huyeran o huyesen	hubierais o hubieseis huido hubieran o
huían	habían huido	huyeran o huyesen	hubiesen huido

Pret. perf. simple / Pretérito	**Pret. anterior / Antepretérito**		
hui	hube huido		
huiste	hubiste huido		
huyó	hubo huido		
huimos	hubimos huido	**Futuro simple / Futuro**	**Futuro compuesto / Antefuturo**
huisteis / huyeron	hubisteis huido	huyere	hubiere huido
huyeron	hubieron huido	huyeres	hubieres huido
		huyere	hubiere huido
		huyéremos	hubiéremos huido
Futuro simple / Futuro	**Futuro compuesto / Antefuturo**	huyereis / huyeren	hubiereis huido
huiré	habré huido	huyeren	hubieren huido
huirás	habrás huido		
huirá	habrá huido	**MODO IMPERATIVO**	
huiremos	habremos huido		
huiréis / huirán	habréis huido	huye (tú) / hui (vos) / huya (usted)	
huirán	habrán huido	huid (vosotros) huyan (ustedes)	

Condicional simple / Pospretérito	**Condicional compuesto / Antepospretérito**	**FORMAS NO PERSONALES**	
		Infinitivo huir	**Infinitivo compuesto** haber huido
huiría	habría huido		
huirías	habrías huido	**Gerundio** huyendo	**Gerundio compuesto** habiendo huido
huiría	habría huido		
huiríamos	habríamos huido		
huiríais / huirían	habríais huido	**Participio** huido	
huirían	habrían huido		

hundir - huso

hundir (hun-**dir**) verbo

1. Meter algo o a alguien en un líquido u otra materia hasta que quede cubierto en parte o en su totalidad. *El barco se hundió en el río.*
2. Destruir, arruinar. *Hundió el negocio con sus malas inversiones.*
3. Vencer a alguien con argumentos y razones. *Hundió a su oponente con claros hechos.*
4. hundirse Caerse un edificio. *El edificio modernista más antiguo de la ciudad se hundió porque estaba mal construido.* **SIN.** Derrumbarse, desplomarse.
5. hundirse Ponerse triste y perder el ánimo. *Se hundió ante la mala noticia.* **SIN.** Deprimirse, abatirse. **ANT.** Animarse.

huracán

(hu-ra-**cán**) sustantivo masculino

1. Tempestad tropical, acompañada de lluvias intensas y grandes mareas. *El huracán afectó a toda la zona norte del Caribe.*
2. Viento muy fuerte. *Se levantó un gran huracán.* **SIN.** Vendaval, tromba, torbellino.

huraño, huraña (hu-ra-ño) adjetivo

Que huye y se esconde de la gente. *Es muy huraño.* **SIN.** Hosco, arisco, insociable. **ANT.** Sociable, afable.

hurgar (hur-**gar**) verbo

1. Excavar, remover una cosa. *No te hurgues en la nariz, es antihigiénico.* **SIN.** Revolver.
2. Fisgar. *No hurgues en mis cosas.*
✎ Se conjuga como *ahogar*.

hurtar (hur-**tar**) verbo

Robar a escondidas, sin intimidación en las personas ni fuerza en las cosas. *Le pillaron hurtando en el supermercado.* **SIN.** Sisar. **ANT.** Devolver, restituir.

husmear (hus-me-**ar**) verbo

1. Rastrear con el olfato una cosa. *El perro husmeaba su rastro.* **SIN.** Olfatear, oler, rastrear.
2. Buscar, indagar algo con disimulo. *Ese desconocido lleva husmeando por aquí toda la tarde.* **SIN.** Fisgonear, curiosear.

huso (hu-SO) sustantivo masculino

Instrumento para torcer y enrollar en el hilado hecho a mano, el hilo que se va formando. *Se ha roto el huso de mi abuela.*
✎ No debe confundirse con *uso*.

I i

i sustantivo femenino

1. Novena letra del abecedario español y tercera de sus vocales. Se llama también *i latina*.
2. Numero romano cuyo valor es uno.
3. i griega expresión Uno de los nombres de la letra *y*. *Yate va con i griega.*
✎ Su plural es *íes*.

iceberg (i-ce-berg) sustantivo masculino
Masa de hielo que flota en el océano o en los mares polares. *El barco chocó contra un iceberg.*

icono (i-co-no) sustantivo masculino
1. Pintura religiosa realizada sobre madera o marfil típica del este de Europa. *Son famosos los iconos rusos.* **SIN.** Imagen, cuadro, pintura.
2. Signo que se parece al objeto que representa. *El icono de la cafetería es una taza.*
3. Símbolo gráfico que aparece en la pantalla de un ordenador y que representa un programa, un fichero o una función del ordenador. *Tras instalar una aplicación en el ordenador, se pueden crear iconos de acceso directo en el escritorio para que resulte más fácil ejecutar el programa.*
✎ También *ícono*.

ida (i-da) sustantivo femenino
Acción de ir de un lugar a otro. *Sacó un billete de ida.* **SIN.** Acercamiento, aproximación. **ANT.** Vuelta.

idea (i-de-a) sustantivo femenino
1. Conocimiento de una cosa. *No tengo idea de cómo llegar a su casa.* **SIN.** Concepto, noción. **ANT.** Desconocimiento.
2. Intención de hacer algo. *Tengo idea de ir a visitarte pronto.*
3. Juicio u opinión que alguien tiene de una persona o cosa. *Aunque lo conozco poco, ya tengo una idea de cómo es.* **SIN.** Criterio, impresión.
4. Proyecto, plan, ocurrencia. *La idea que manifestó parece interesante.*
5. sustantivo femenino plural Ideología, manera de pensar. *Sus ideas son muy progresistas.*
6. a mala idea expresión Con intención de hacer daño o molestar. *Me golpeó a mala idea.*
7. no tener ni idea expresión No saber absolutamente nada. *No tengo ni idea de lo que estás hablando.*

ideal (i-de-al) adjetivo
1. Que no es físico, real y verdadero, sino que está en la fantasía. *Soñaba con un mundo ideal.* **SIN.** Imaginario, irreal.
2. Excelente, estupendo. *Es un marido ideal.* **SIN.** Ejemplar.
3. sustantivo masculino Modelo de perfección. *Hizo la descripción de su ideal de casa.*
4. sustantivo masculino Aquello que se pretende o a lo que se aspira. *Conseguir*

clasificarse era uno de sus ideales. **SIN.** Sueño, objetivo, meta.

5. sustantivo masculino plural Ideas, forma de pensar que alguien tiene. _Era una persona de ideales muy elevados y altruistas._

idealista (i-de-a-**lis**-ta) adjetivo y sustantivo

Que se deja guiar más por ideales que por su sentido práctico. _Ana es muy idealista; cree que todo el mundo es bueno y luego ve que no es así._ **ANT.** Materialista, práctico.

idealizar (i-de-a-li-**zar**) verbo

Creer que una persona o cosa posee cualidades que no tiene. _Después de irse lo idealizó: olvidó sus defectos y solo tenía virtudes._ **SIN.** Embellecer.

✎ Se conjuga como _abrazar._

idear (i-de-**ar**) verbo

Pensar, discurrir, inventar. _Ideó cómo salir de allí sin ser visto._ **SIN.** Maquinar, imaginar, proyectar.

ídem (**í**-dem) pronombre

Significa «el mismo», «lo mismo», y se suele usar para señalar que una cosa es igual a la anterior y evitar la repetición. _Si tú lo compras, yo ídem._

idéntico, idéntica (i-**dén**-ti-co) adjetivo

Se dice de lo que es igual o muy parecido a otra cosa con la que se compara. _Las dos carteras eran idénticas, por eso las confundí._ **SIN.** Equivalente, exacto, semejante, similar. **ANT.** Diferente, distinto.

identificar (i-den-ti-fi-**car**) verbo

1. Reconocer, verificar. _Sus familiares identificaron el cadáver._

2. Relacionar, asociar. _Identifica mar con verano._

3. identificarse Tener dos o más personas la misma idea, voluntad, deseo, etc. _Se identifican en casi todo._ **SIN.** Coincidir, solidarizarse, simpatizar. **ANT.** Discrepar.

4. identificarse Decir una persona sus datos personales. _Los policías le pidieron que se identificara._

✎ Se conjuga como _abarcar._

ideología

(i-de-o-lo-**gí**-a) sustantivo femenino

Conjunto de ideas que caracterizan el pensamiento de una persona o de un grupo. _Su ideología es liberal._ **SIN.** Ideario.

idioma (i-**dio**-ma) sustantivo masculino

Lengua de una nación o pueblo, o común a varios. _El embajador hablaba más de ocho idiomas._

idiota (i-**dio**-ta) adjetivo y sustantivo

Tonto, de poca inteligencia. _A veces pareces idiota, hijo._ **SIN.** Ignorante, incompetente, necio.

idiotez (i-dio-**tez**) sustantivo femenino

Tontería, estupidez. _Perdona, pero eso que dices es una idiotez._ **SIN.** Imbecilidad.

✎ Su plural es _idioteces._

ídolo (**í**-do-lo) sustantivo masculino

1. Figura de un dios o diosa a la que se rinde culto. _Su ídolo era el dios del sol._ **SIN.** Efigie, icono.

2. Persona o cosa excesivamente amada o admirada. _Era un ídolo de la canción._

idóneo, idónea (i-**dó**-ne-o) adjetivo

Que es apropiado o adecuado para algo. _Un cuchillo es un instrumento idóneo para cortar._ **SIN.** Apropiado. **ANT.** Inadecuado.

iglesia (i-**gle**-sia) sustantivo femenino

1. Templo destinado para la celebración del culto religioso. _Edificaron una nueva iglesia en el barrio._ **SIN.** Basílica, capilla.

2. Conjunto de personas que siguen las enseñanzas de Cristo. _Era miembro de la Iglesia anglicana._ ✎ Se escribe con mayúscula.

iglú (i-**glú**) sustantivo masculino
Vivienda de bloques de hielo, de forma semiesférica, que construyen los esquimales para pasar el invierno. *Vi en un reportaje cómo se construye un iglú.*

ignorancia
(ig-no-**ran**-cia) sustantivo femenino
Falta de cultura o desconocimiento de un tema o suceso. *Como está en la ignorancia de lo que pasa, caerá en la trampa.* **SIN.** Desconocimiento, incultura. **ANT.** Conocimiento.

ignorar (ig-no-**rar**) verbo
1. No saber una cosa. *Lo conozco de vista, pero ignoro su nombre.* **SIN.** Desconocer.
2. No prestar atención a alguien o a algo, no hacer caso. *Lo llevaron con ellos, pero ignoraron su presencia durante todo el día.* **SIN.** Desatender, desentenderse.

igual (i-**gual**) adjetivo
1. De forma, tamaño, cantidad, etc. muy semejante o idéntica a otra. *Tiene una bolsa de deporte igual que la mía.* **SIN.** Semejante, idéntico. **ANT.** Distinto, diferente.
2. Indiferente. *Es igual hoy que mañana, no corre prisa.* **SIN.** Indistinto.
3. Constante y regular. *El ritmo de esta máquina es muy igual.* **SIN.** Invariable.
4. En matemáticas, signo de la igualdad formado por dos rayas horizontales y paralelas (=).
5. adverbio Posiblemente, tal vez. *¿Vendrás mañana? Igual sí.*
6. dar igual algo expresión No importar. *Me da igual si vienes o te quedas, así que haz lo que te parezca.*

igualar (i-gua-**lar**) verbo
1. Hacer igual que otra a una persona o cosa en algún aspecto. *Igualó los pesos de la balanza.* **SIN.** Equiparar, equilibrar.

2. Hablando de la tierra, ponerla lisa y sin altibajos. *Igualaron el terreno.* **SIN.** Allanar, nivelar.
3. En deportes, empatar. *Igualaron el partido en el último minuto.*

igualdad (i-gual-**dad**) sustantivo femenino
1. Cualidad de ser una cosa igual que otra en forma, calidad, cantidad, etc. *Buscaban bailarines con igualdad de altura entre ellos.* **SIN.** Identidad, equivalencia. **ANT.** Desigualdad, diferencia.
2. No distinguir entre los miembros de un grupo. *Defiende la igualdad de todos ante la justicia.* **SIN.** Equidad, imparcialidad.

ikurriña (i-ku-**rri**-ña) sustantivo femenino
Bandera del País Vasco. *Izaron la ikurriña en el balcón del ayuntamiento.*

ilegal (i-le-**gal**) adjetivo
Que es contrario a lo que manda la ley. *El robo es un acto ilegal.* **SIN.** Ilícito. **ANT.** Legal, lícito.

ilegible (i-le-**gi**-ble) adjetivo
Que no puede leerse. *La firma era ilegible.* **SIN.** Indescifrable, incomprensible. **ANT.** Legible, comprensible, claro.

ilegítimo, ilegítima
(i-le-**gí**-ti-mo) adjetivo
1. Se dice de los hijos que se tienen fuera del matrimonio. *Tuvo un hijo ilegítimo.* **SIN.** Bastardo.
2. Que está fuera de la ley. *Acto ilegítimo.* **SIN.** Ilegal. **ANT.** Legal.
3. Que está adulterado o que no es verdadero. *Documento ilegítimo.* **SIN.** Falsificado, falso, fraudulento. **ANT.** Verdadero, genuino.

ileso, ilesa (i-**le**-so) adjetivo
Que no ha recibido ningún daño. *Mi profesor salió ileso del accidente.* **SIN.** Indemne, intacto. **ANT.** Dañado, herido.

ilícito, ilícita (i-lí-ci-to) adjetivo

No permitido legal o moralmente. *Aquella actuación del pueblo fue ilícita.* **SIN.** Ilegal, ilegítimo, indebido. **ANT.** Legal, debido, lícito, permitido.

ilógico, ilógica (i-ló-gi-co) adjetivo

Que carece de razonamiento lógico, o va contra el sentido común. *Lo que dices es totalmente ilógico.* **SIN.** Absurdo, inverosímil. **ANT.** Lógico, verosímil.

iluminación

(i-lu-mi-na-ción) sustantivo femenino

1. Conjunto de luces que iluminan un lugar. *Había problemas de iluminación.* **SIN.** Alumbrado.

2. Adorno de muchas luces ordenadas que se ponen como decoración, sobre todo en las fiestas. *La iluminación de la plaza era espectacular.*

3. Manera de colocar las luces de un espectáculo para conseguir cierto ambiente. *Le preocupa la iluminación en sus actuaciones.*

iluminar (i-lu-mi-nar) verbo

1. Dar luz o adornar con luces. *Esta linterna ilumina poco.* **SIN.** Alumbrar. **ANT.** Oscurecer.

2. Hacer claro y fácil de comprender algo. *Aquello iluminó su mente.* **SIN.** Aclarar, esclarecer.

ilusión (i-lu-sión) sustantivo femenino

1. Idea o imagen irreal creada por la imaginación o por engaño de los sentidos. *Había sido solo una ilusión, no una realidad.* **SIN.** Alucinación, desvarío, delirio.

2. Esperanza de conseguir algo que se desea. *Tenía la ilusión de viajar a Praga.* **SIN.** Sueño.

3. Esfuerzo, interés. *Puso en ello toda su ilusión.* **SIN.** Empeño.

ilusionar (i-lu-sio-nar) verbo

Tener ilusión o hacer que alguien tenga esperanza de conseguir algo. *Se ilusionó con conseguir aquella beca.* **SIN.** Confiar, soñar. **ANT.** Desilusionar.

ilusionista (i-lu-sio-nis-ta) sustantivo

Se dice del artista que consigue que el público crea ver algo diferente a lo que hay en realidad mediante juegos de manos, trucos, etc. *Los niños estaban entusiasmados viendo la actuación de la ilusionista.* **SIN.** Prestidigitador.

iluso, ilusa (i-lu-so) adjetivo y sustantivo

1. Ingenuo, que se cree cosas falsas que le dicen o se le ocurren. *Es una ilusa, cree que se va a llevar el premio.*

2. Soñador, que se ilusiona enseguida. *Es muy iluso, ve el mundo de color de rosa.* **ANT.** Realista.

ilustración

(i-lus-tra-ción) sustantivo femenino

1. Fotografía, dibujo, etc. impreso en una revista o libro. *El libro tenía muchas ilustraciones a toda página.* **SIN.** Figura, imagen.

2. Movimiento cultural europeo del siglo XVIII, caracterizado por una gran confianza en la razón humana. *La Ilustración impulsó la ciencia.*

ilustrar (i-lus-trar) verbo

1. Aclarar un punto o materia con palabras, imágenes, etc. *Ilustra las definiciones con un ejemplo.* **SIN.** Explicar, comentar.

2. Adornar un impreso con láminas o dibujos alusivos al texto. *Algunas palabras del diccionario están ilustradas para que se entiendan mejor.*

3. Educar, formar. *Aquel libro le había servido para ilustrarse sobre el tema.* **SIN.** Instruir(se).

ilustre (i-lus-tre) adjetivo

1. De origen noble. *Acudieron a la recepción de la embajada personajes ilustres.*

2. Prestigioso, célebre. *Saludó a sus ilustres invitados.* **SIN.** Egregio, renombrado, eminente, famoso, insigne. **ANT.** Desconocido.

imagen (i-ma-gen) sustantivo femenino
1. Forma exterior de una cosa. *La casa, por fuera, daba buena imagen.* **SIN.** Apariencia, aspecto.
2. Representación de una persona o cosa por medio del dibujo, la escultura o la pintura. *El cuadro era una imagen de la catedral.* **SIN.** Reproducción.
3. Representación mental. *Tenía una imagen totalmente distinta de ti.*
4. Representación de una cosa por medio del lenguaje. *«Tus labios son rubíes» es una imagen metafórica.* **SIN.** Tropo, símbolo.

imaginación
(i-ma-gi-na-ción) sustantivo femenino
1. Capacidad de crear imágenes de cosas reales o ideales. *Es un pintor con mucha imaginación.* **SIN.** Fantasía.
2. Imagen formada por la fantasía. *Era solo una imaginación.* **SIN.** Espejismo.
3. sustantivo femenino plural Sospecha, suposición que no ha sido comprobada. *Son imaginaciones tuyas, no tienes pruebas.*

imaginar (i-ma-gi-nar) verbo
1. Representar mentalmente una cosa, crearla en la imaginación. *Imaginó un mundo de ensueño.* **SIN.** Crear(se), inventar(se).
2. Sospechar, suponer algo antes de que suceda. *Ya imaginaba lo que iba a pasar, así que no me pilló de sorpresa.*

imaginario, imaginaria
(i-ma-gi-na-rio) adjetivo
Que solo tiene existencia en la imaginación. *Vivía en su mundo imaginario.* **SIN.** Irreal, ficticio.

imaginativo, imaginativa
(i-ma-gi-na-ti-vo) adjetivo
1. Que se refiere a la imaginación. *No gastó mucho en decoración; creó sus propios diseños imaginativos.*

2. Que tiene mucha imaginación. *Es una persona muy imaginativa.*

imam (i-mam) sustantivo masculino
Guía modelo espiritual en una sociedad musulmana, que también se encarga de dirigir las oraciones. *Mantuve una entrevista con el imam para la revista del colegio.*
✎ Su plural es *imames*. También *imán*, cuyo plural es *imanes*.

imán (i-mán) sustantivo masculino
Mineral de hierro que atrae el acero y el propio el hierro. *Coloca el imán del viaje a Santo Domingo en la nevera.*

imitación (i-mi-ta-ción) sustantivo femenino
1. Acción de intentar repetir el aspecto o los gestos de una persona o animal. *Su imitación de la voz de su padre era perfecta.*
2. Cosa hecha tomando como modelo a otra. *Este cuadro no es original, es una imitación.* **SIN.** Falsificación, plagio, copia.

imitar (i-mi-tar) verbo
Hacer una cosa muy parecida a otra, que se toma por modelo. *Los loros imitan la voz humana.* **SIN.** Emular, reproducir, copiar.

impaciente (im-pa-cien-te) adjetivo
1. Se dice de la persona que no tiene paciencia. *Eres tan impaciente que me pones nervioso.*
2. Se dice de la persona que tiene afán o prisa para hacer que ocurra algo. *Está impaciente por recibirte.*
3. Intranquilo por falta de información o noticias sobre algo importante y esperado. *No sabíamos nada de él; estábamos impacientes.* **SIN.** Inquieto, desasosegado.

impacto (im-pac-to) sustantivo masculino
1. Choque de un objeto contra algo. *El impacto entre los dos vehículos fue tremendo.* **SIN.** Colisión.

2. Huella o señal que deja un choque. *En la pared se podía ver el impacto de la bala.*

3. Fuerte impresión que causa algo o alguien. *La noticia produjo un gran impacto en la población.* **SIN.** Impresión, conmoción.

4. Éxito. *Su novela tuvo gran impacto.*

impar (im-**par**) adjetivo y sustantivo masculino

Se dice del número que no es divisible por dos. *El 3 es un número impar.* **SIN.** Non. **ANT.** Par.

imparcial (im-par-**cial**) adjetivo y sustantivo

1. Que juzga o actúa con justicia, sin distinguir entre las personas. *Un juez debe ser imparcial.* **SIN.** Recto, justo, equitativo. **ANT.** Arbitrario, parcial.

2. Que no pertenece a ningún grupo o ideología. *Se mantuvo imparcial.* **SIN.** Neutral, independiente. **ANT.** Partidista.

impávido, impávida

(im-**pá**-vi-do) adjetivo

Sereno ante el peligro. *Su impávida actitud ante las amenazas era de admirar.* **SIN.** Valiente, impertérrito, imperturbable.

impecable (im-pe-**ca**-ble) adjetivo

Sin defectos ni manchas. *Iba vestido impecable.* **SIN.** Intachable, irreprochable.

impedir (im-pe-**dir**) verbo

Hacer imposible o difícil que ocurra o se haga una cosa. *Un fuerte catarro me impidió ir de viaje.* **SIN.** Dificultar, obstaculizar. **ANT.** Permitir.

✎ Verbo irregular, se conjuga como *pedir*.

impenetrable

(im-pe-ne-**tra**-ble) adjetivo

1. Que no se puede atravesar. *La muralla resultaba impenetrable.*

2. Difícil de entender o de descifrar. *Era un jeroglífico impenetrable.* **SIN.** Indescifrable.

3. Se dice de la persona que oculta sus sentimientos u opiniones. *Julio es impenetrable, nunca deja traslucir lo que siente.*

impepinable

(im-pe-pi-**na**-ble) adjetivo

Inevitable, indiscutible, seguro. *Es impepinable que vayas tú mismo.*

imperativo, imperativa

(im-pe-ra-**ti**-vo) adjetivo y sustantivo

1. Que manda. *Lo dijo en un tono imperativo.* **SIN.** Imperioso, perentorio, autoritario.

2. sustantivo masculino Modo de los verbos que se emplea para mandar y dar órdenes. *Vete es un imperativo.*

imperceptible

(im-per-cep-**ti**-ble) adjetivo

Que no se puede percibir por ser muy pequeño o débil. *Esta chaqueta tiene un agujerito, pero es prácticamente imperceptible.*

imperdible

(im-per-**di**-ble) sustantivo masculino

Alfiler que se abrocha metiendo su punta dentro de un gancho, para que no pueda abrirse fácilmente. *Se le rompió la cremallera y tuvo que poner un imperdible.* **SIN.** Broche, pasador.

imperfecto, imperfecta

(im-per-**fec**-to) adjetivo

1. Que no está acabado o que tiene defectos. *Es una obra imperfecta.* **SIN.** Incompleto, inacabado. **ANT.** Perfecto, entero.

2. Se dice de un tiempo verbal del pasado. *Reía y cantaba son dos pretéritos imperfectos.*

imperio (im-**pe**-rio) sustantivo masculino

Conjunto de territorios bajo el mando de un emperador y espacio de tiempo que dura su gobierno. *El Imperio español fue muy poderoso en la época de Felipe II.*

impermeable

(im-per-me-**a**-ble) adjetivo

1. Que no deja pasar el agua. *Lo cubrieron con una tela impermeable.* **ANT.** Permeable.

2. Prenda de vestir hecha con tela impermeable que se pone sobre las demás cuando llueve. *Mete el impermeable en la mochila por si llueve.* **SIN.** Chubasquero.

impersonal

(im-per-so-**nal**) adjetivo

1. Que no pertenece o se aplica a ninguna persona en particular. *Era una acusación impersonal.* **SIN.** Común, general.

2. Que no expresa personalidad propia. *Su casa es muy impersonal, sin fotos ni recuerdos.* **SIN.** Vulgar.

3. Se dice de la oración que no tiene sujeto. *Nieva.*

4. Se dice de la oración en la que el sujeto se omite porque no sabemos quién es, o porque no es importante para el significado. *Llaman a la puerta.*

impertinente

(im-per-ti-**nen**-te) adjetivo y sustantivo

Que no viene al caso, o que molesta de palabra o de obra. *Fue una broma impertinente.* **SIN.** Inoportuno, inconveniente.

ímpetu (**ím**-pe-tu) sustantivo masculino

Movimiento rápido y brusco que se hace con gran fuerza. *Se sentó con tanto ímpetu que rompió la silla.*

implantar (im-plan-**tar**) verbo

1. Establecer una reforma, costumbre, moda, etc. *Implantaron nuevas leyes.* **ANT.** Derogar.

2. En medicina, fijar los dientes, cabellos, óvulos, etc. en el lugar especialmente destinado para recibirlos. *Para disimular su calvicie, mi tío se implantó pelo.*

implicar (im-pli-**car**) verbo

1. Envolver, enredar a alguien para que intervenga en un asunto. *Le implicaron en el robo.*

2. Contener, llevar en sí, significar. *La mayoría de edad implica plena responsabilidad penal.* **SIN.** Encerrar, suponer, seguirse.

✎ Se conjuga como *abarcar.*

implorar (im-plo-**rar**) verbo

Pedir con ruegos o lágrimas una cosa. *Le imploró perdón de rodillas.* **SIN.** Suplicar.

imponente (im-po-**nen**-te) adjetivo

Que produce respeto, miedo o admiración. *La oscura gruta era imponente.* **SIN.** Magnífico.

imponer (im-po-**ner**) verbo

1. Obligar a alguien a hacer una cosa o a sufrir un castigo. *Le impuso un duro castigo.* **SIN.** Infligir, aplicar. **ANT.** Librar, liberar.

2. imponerse Conseguir alguien que los demás le dejen mandar. *Logró imponerse en el recuento de votos.*

3. imponerse Ser algo imprescindible. *Los medios de comunicación se han impuesto en nuestra sociedad.*

✎ Verbo irregular, se conjuga como *poner.*

importación

(im-por-ta-**ción**) sustantivo femenino

Acción de introducir en el país productos extranjeros para venderlos. *Se dedica a la importación de flores exóticas.* **SIN.** Entrada, introducción. **ANT.** Exportación, salida.

importante

(im-por-**tan**-te) adjetivo

Que es muy conveniente o interesante, o tiene graves consecuencias. *Es importante fijar la fecha de la entrevista.* **SIN.** Valioso, sustancial, significativo. **ANT.** Insignificante, superfluo.

importar (im-por-**tar**) verbo
1. Ser algo muy interesante o conveniente. *Ya no le importa lo que la gente diga de él.* **SIN.** Interesar, atañer. **ANT.** Despreciar.
2. Hablando del precio de las cosas, costar. *Esa compra importa mucho dinero.* **SIN.** Sumar, montar, elevarse.
3. Traer cosas del extranjero. *Mi país importa coches de Alemania.* **ANT.** Exportar.

importe (im-**por**-te) sustantivo masculino
Cantidad de dinero de un precio, préstamo, deuda, etc. *¿A cuánto asciende el importe de la compra?* **SIN.** Valor, coste, cuenta, suma.

imposible (im-po-**si**-ble) adjetivo
1. No posible o muy difícil. *Es imposible meter el mar en un puño.* **SIN.** Irrealizable, improbable. **ANT.** Posible, factible.
2. Inaguantable, insufrible. *Este niño está imposible.*
3. hacer lo imposible expresión Apurar todos los medios al alcance para lograr algo. *Hizo lo imposible por conseguir aquella venta.*

impostor, impostora
(im-pos-**tor**) sustantivo
Persona que se hace pasar por otra. *Un impostor se hizo pasar por el revisor del gas.* **SIN.** Suplantador, farsante.

impotencia
(im-po-**ten**-cia) sustantivo femenino
1. Falta de poder o capacidad para hacer una cosa. *Se veía en la impotencia de seguir.* **SIN.** Incapacitación.
2. Imposibilidad en el hombre para realizar el acto sexual completo. *En esa clínica tratan los problemas de impotencia.*

impreciso, imprecisa
(im-pre-**ci**-so) adjetivo
No preciso, vago, indefinido. *Sus palabras fueron muy imprecisas.* **SIN.**

Ambiguo, confuso. **ANT.** Concreto, preciso.

impregnar (im-preg-**nar**) verbo
1. Empapar una cosa con un líquido. *Impregnó el pañuelo con perfume.* **SIN.** Embeber, mojar, humedecer.
2. Influir en alguien decisivamente. *Aquella dura experiencia impregnó su vida para siempre.*

imprenta (im-**pren**-ta) sustantivo femenino
1. Técnica de imprimir sobre papel. *El escritor dio sus obras a la imprenta.* **SIN.** Tipografía.
2. Taller o lugar donde se imprime. *Recogió las tarjetas que había encargado a la imprenta.* **SIN.** Rotativa.

imprescindible
(im-pres-cin-**di**-ble) adjetivo
Se dice de aquello que es absolutamente necesario. *Es imprescindible presentar el carné de identidad para abrir la cuenta en el banco.* **SIN.** Obligatorio, indispensable, esencial, sustancial.

impresión (im-pre-**sión**) sustantivo femenino
1. Marca o señal que deja una cosa en otra al apretar. *El perro dejó la impresión de sus huellas en el barro.* **SIN.** Huella, rastro.
2. Efecto que causa en alguien un determinado suceso. *Ver a su amiga después de tantos años le causó gran impresión.* **SIN.** Sensación, impacto, emoción. **ANT.** Indiferencia, impasibilidad.
3. Opinión que una persona se forma de algo o alguien. *Me da la impresión de que es una persona agradable.* **SIN.** Intuición.

impresionante
(im-pre-sio-**nan**-te) adjetivo
Que causa gran asombro o admiración. *Tuvo una actuación impresionante.* **SIN.** Deslumbrante, llamativo. **ANT.** Vulgar, común.

impresionar (im-pre-sio-**nar**) verbo
Sentir o causar un sentimiento o emoción fuerte. *Al oír la trágica noticia se impresionó mucho.* **SIN.** Afectar(se), conmover(se).

impreso (im-**pre**-so) sustantivo masculino
Formulario impreso con espacios en blanco para rellenar. *Tiene usted que cumplimentar el impreso de matrícula.*

impresora
(im-pre-**so**-ra) sustantivo femenino
Máquina que imprime los datos que le envía el ordenador o computadora. *Hice varias copias del dibujo con mi impresora.*

imprevisto, imprevista
(im-pre-**vis**-to) adjetivo y sustantivo masculino
No pensado antes, ni esperado. *Tuve una visita imprevista.*

imprimir (im-pri-**mir**) verbo
1. Obtener varias copias en papel de un texto o dibujo por medio de una prensa o máquina adecuada. *Mañana empiezan a imprimir el libro.*
2. Impulsar, comunicar, transmitir. *Le imprimió fuerzas para la lucha.*
✎ Tiene dos participios: *imprimido* e *impreso.*

impropio, impropia
(im-**pro**-pio) adjetivo
Inconveniente o extraño en una persona, cosa o circunstancia. *Aquel vestido resultaba impropio para la ocasión.* **SIN.** Inadecuado. **ANT.** Conveniente, adecuado.

improvisar (im-pro-vi-**sar**) verbo
Hacer una cosa de pronto, sin preparación alguna. *El candidato improvisó un discurso para sus votantes.* **SIN.** Repentizar. **ANT.** Preparar.

improviso (im-pro-**vi**-so)
de improviso expresión Repentinamente, sin avisar. *Se presentó de improviso en casa.*

imprudencia
(im-pru-**den**-cia) sustantivo femenino
Falta de reflexión o de responsabilidad. *Cometió una imprudencia.* **SIN.** Irreflexión, descuido.

impuesto
(im-**pues**-to) sustantivo masculino
Cantidad, establecida por la ley, que una persona tiene que pagar al Estado de acuerdo con su sueldo o propiedades. *Los candidatos prometieron que no habría subida de impuestos.* **SIN.** Tributo, carga. **ANT.** Exención, desgravación.

impulsar (im-pul-**sar**) verbo
1. Empujar para producir movimiento. *Impulsó el balón con sus manos.* **SIN.** Impeler.
2. Promover una acción. *Su buena voluntad le impulsó a crear esa asociación benéfica.* **SIN.** Estimular, excitar, instigar. **ANT.** Frenar, contener.

impulsivo, impulsiva
(im-pul-**si**-vo) adjetivo
Se dice de la persona que actúa sin reflexionar ni tomar precauciones. *No seas tan impulsivo y piensa un poco las cosas.* **SIN.** Fogoso, temperamental, exaltado. **ANT.** Reflexivo.

impulso (im-**pul**-so) sustantivo masculino
1. Acción y efecto de impulsar. *Dale más impulso.* **SIN.** Empujón, impulsión, empuje.
2. Estímulo que lleva a hacer algo. *Aquello le sirvió de impulso.* **SIN.** Instigación, sugestión, incitación.
3. Deseo fuerte que lleva a hacer algo sin reflexionar. *Lo hizo por impulso.*

impureza
(im-pu-**re**-za) sustantivo femenino
Materia que, en una sustancia, deteriora alguna o algunas de sus cualidades. *El agua tenía impurezas.* **SIN.** Residuo, suciedad.

impuro, impura (im-**pu**-ro) adjetivo
Con impurezas, sucio. *El aire que se respira en esta ciudad es muy impuro.* **SIN.** Adulterado, turbio. **ANT.** Puro, limpio.

inaceptable (i-na-cep-**ta**-ble) adjetivo
No aceptable. *Su oferta me parece inaceptable.* **SIN.** Inadmisible, injustificable. **ANT.** Aceptable, admisible.

inactividad
(i-nac-ti-vi-**dad**) sustantivo femenino
Falta de actividad o de vigor. *Estaba cansado de tanta inactividad.* **SIN.** Apatía, inacción, ocio. **ANT.** Actividad, acción.

inadaptación
(i-na-dap-ta-**ción**) sustantivo femenino
Falta de adaptación a ciertas condiciones o circunstancias. *Su inadaptación a este tipo de vida resultaba evidente.* **SIN.** Indisciplina, rebeldía. **ANT.** Sumisión.

inagotable (i-na-go-**ta**-ble) adjetivo
Que no se acaba nunca. *Demostró su inagotable espíritu de lucha.* **SIN.** Interminable, inextinguible.

inaguantable
(i-na-guan-**ta**-ble) adjetivo
Que no se puede aguantar o sufrir. *Hace un calor inaguantable.* **SIN.** Insoportable, intolerable, insufrible. **ANT.** Tolerable.

inalámbrico, inalámbrica
(i-na-**lám**-bri-co) adjetivo
Se aplica a todo sistema de comunicación eléctrica sin alambres o cables. *Le ofrecemos un router inalámbrico.*

inalterable (i-nal-te-**ra**-ble) adjetivo
Que no se puede alterar o cambiar. *Se mantuvo inalterable pese a las críticas.* **SIN.** Permanente, invariable, imperturbable, impasible, impertérrito. **ANT.** Perecedero, caduco.

inanimado, inanimada
(i-na-ni-**ma**-do) adjetivo
Que no tiene vida. *Los minerales son seres inanimados.* **SIN.** Inánime. **ANT.** Vivo.

inaudible (i-nau-**di**-ble) adjetivo
Que no se puede oír. *Lo dijo en un tono inaudible.*

inaudito, inaudita
(i-nau-**di**-to) adjetivo
1. Nunca oído, muy raro. *Me contaron algo inaudito.* **SIN.** Extraño, sorprendente, increíble. **ANT.** Manido, vulgar.
2. Monstruoso, extremadamente malo. *Fue un crimen inaudito.* **SIN.** Atroz, escandaloso.

inaugurar (i-nau-gu-**rar**) verbo
Abrir solemnemente una actividad o un lugar público. *Inauguraron la nueva biblioteca.* **SIN.** Estrenar, fundar. **ANT.** Cerrar, clausurar.

incandescente
(in-can-des-**cen**-te) adjetivo
Se dice de un cuerpo cuando se enrojece o blanquea por el calor. *Hierro incandescente.* **SIN.** Candente, encendido, ardiente.

incapaz (in-ca-**paz**) adjetivo
Que no tiene capacidad, disposición o talento para hacer alguna cosa. *Es incapaz de bailar tangos.* **SIN.** Inepto, torpe, incompetente. **ANT.** Capaz, hábil, competente.

incautarse (in-cau-**tar**-se) verbo
Apoderarse la autoridad de bienes de actividades delictivas. *Se incautaron de bolsas de dinero.*
✎ Se conjuga como *causar*. Se usa seguido de la preposición *de*. También se puede utilizar sin esa preposición. *Han incautado varias joyas.*

incendiar (in-cen-**diar**) verbo
Prender fuego a una cosa que no está destinada a arder, como mieses,

edificios, etc. *La casa se incendió.* **SIN.**
Encender(se). **ANT.** Apagar(se).
✎ Se conjuga como *cambiar.*

incendio (in-**cen**-dio) sustantivo masculino
Fuego grande que abrasa cosas que
no estaban destinadas a arder. *El incendio destruyó el bosque.*

incertidumbre
(in-cer-ti-**dum**-bre) sustantivo femenino
1. Falta de certeza, duda. *Se hallaba
en la incertidumbre de ir o no ir.* **SIN.** Indecisión. **ANT.** Seguridad.
2. Inquietud causada por la duda. *La
incertidumbre no le deja dormir.*

incesante (in-ce-**san**-te) adjetivo
1. Que no para, que es continuo. *El
ruido era incesante.* **SIN.** Constante,
persistente. **ANT.** Ocasional, intermitente.
2. Repetido, frecuente. *Lo agobió con
incesantes preguntas.*

incidencia
(in-ci-**den**-cia) sustantivo femenino
1. Suceso destacable en el desarrollo de un asunto o negocio, que tiene
con él alguna conexión. *La reunión
transcurrió sin incidencias.* **SIN.** Percance.
2. Importancia o influencia que tiene
una cosa en otra. *La huelga apenas tuvo incidencia en el sector.*

incidente
(in-ci-**den**-te) sustantivo masculino
1. Hecho destacable que sucede en
el transcurso de una acción o asunto y tiene alguna relación con él. *Las
votaciones transcurrieron sin ningún incidente.*
2. Discusión, riña, pelea. *Tuvieron un
pequeño incidente.*

incienso (in-**cien**-so) sustantivo masculino
Sustancia aromática que se quema
en ciertas ceremonias religiosas. *La
capilla olía a incienso.*

incierto, incierta (in-**cier**-to) adjetivo
1. Falso, no verdadero. *Es incierto que
vaya a venir hoy.*
2. Inconstante, no seguro, no fijo. *El
resultado del partido es aún incierto.*
SIN. Dudoso. **ANT.** Cierto, seguro.
3. Desconocido, no sabido. *El tesoro
estaba escondido en un lugar incierto.*
SIN. Ignorado, ignoto. **ANT.** Conocido, sabido.
✎ Sus superlativos son *inciertísimo* e
incertísimo.

incinerar (in-ci-ne-**rar**) verbo
Convertir una cosa en cenizas. Se usa
sobre todo referido a los cadáveres.
*La costumbre hindú es incinerar el cadá-
ver en una pira.* **SIN.** Quemar, calcinar.

incisión (in-ci-**sión**) sustantivo femenino
Corte hecho en un cuerpo con un
instrumento afilado. *Le hicieron una
pequeña incisión en el dedo para sacarle sangre.* **SIN.** Hendidura, cortadura,
tajo.

incitar (in-ci-**tar**) verbo
Estimular a alguien para que haga
una cosa. *Los sindicatos incitaban a la
protesta.* **SIN.** Instigar, inducir, provocar. **ANT.** Disuadir.

inclemente (in-cle-**men**-te) adjetivo
1. Cruel. *Se mostró inclemente.*
2. Se dice del tiempo cuando es frío
y desapacible. *Se pronosticó un tiempo
inclemente.*

inclinación
(in-cli-na-**ción**) sustantivo femenino
1. Desviación hacia un lado. *La inclinación de la torre de Pisa la ha convertido en un monumento famoso.*
2. Afición o afecto hacia una persona
o cosa. *Tiene una gran inclinación por la
pintura.*

inclinar (in-cli-**nar**) verbo
1. Moverse o mover una cosa hacia
un lado. *Tuvo que inclinarse para pa-*

sar por esa puerta tan pequeña. **SIN.** Ladear(se).

2. Persuadir a alguien a que diga o haga lo que dudaba decir o hacer. *Le inclinó a que confesase la verdad.* **SIN.** Incitar, mover.

3. inclinarse Tender a hacer, pensar o sentir una cosa. *Se inclinó por ir de vacaciones a la playa en lugar de a la montaña.* **SIN.** Decidirse, optar. **ANT.** Dudar, desistir.

incluir (in-clu-**ir**) verbo

1. Poner una cosa dentro de otra o incluir en un grupo a algo o alguien. *Juan fue incluido en el equipo de baloncesto.* **SIN.** Insertar, admitir. **ANT.** Sacar, excluir.

2. Contener una cosa a otra, o llevar consigo una a la otra. *El precio del viaje incluye el hotel.*

✎ Verbo irregular, se conjuga como *huir*.

inclusive (in-clu-**si**-ve) adverbio

Incluyendo lo último que se ha nombrado. *El plazo para comprar las entradas es del 1 al 20 inclusive.*

incógnita (in-**cóg**-ni-ta) sustantivo femenino

1. En matemáticas, cantidad desconocida que hay que hallar para resolver un problema. *Despeja la incógnita de esa ecuación.*

2. Causa o razón oculta de un hecho. *Aún es una incógnita quién será el nuevo alcalde.* **SIN.** Enigma, misterio, secreto.

incógnito (in-**cóg**-ni-to)

de incógnito expresión Se dice de la situación de la persona que quiere pasar oculta, sin que se sepa quién es. *La actriz viajaba de incógnito, con un nombre falso.*

incoherente (in-co-he-**ren**-te) adjetivo

Se dice de las ideas, palabras o frases que no forman un conjunto unido ló-

gicamente. *En sueños repetía unas palabras incoherentes.* **SIN.** Incongruente. **ANT.** Comprensible.

incoloro, incolora (in-co-**lo**-ro) adjetivo

Que no tiene color. *El agua es incolora.* **SIN.** Transparente.

incombustible

(in-com-bus-**ti**-ble) adjetivo

Que no puede arder. *Emplearon materiales incombustibles en el rascacielos.*

incomodar (in-co-mo-**dar**) verbo

Causar o sentir incomodidad o molestia. *Espero que no te incomode mi presencia.* **SIN.** Desagradar(se), molestar(se).

incomodidad

(in-co-mo-di-**dad**) sustantivo femenino

Falta de comodidad o molestia. *Le gustaba la casa, pero tenía muchas incomodidades.*

incómodo, incómoda

(in-**có**-mo-do) adjetivo

Que resulta molesto, desagradable o hace sentirse a disgusto. *Su visita me resultaba incómoda.* **SIN.** Fastidioso. **ANT.** Agradable.

incomparable

(in-com-pa-**ra**-ble) adjetivo

Que no tiene o no admite comparación por ser demasiado bueno. *El nuevo museo se sitúa en un marco incomparable.* **SIN.** Espléndido, inmejorable. **ANT.** Comparable, equiparable.

incompatibilidad

(in-com-pa-ti-bi-li-**dad**) sustantivo femenino

Repugnancia que tiene una cosa para unirse con otra, o de dos o más personas entre sí. *Ambas empresas manifestaban incompatibilidad de intereses.* **SIN.** Contradicción.

incompleto, incompleta

(in-com-**ple**-to) adjetivo

Que no está entero o perfecto. *Presentó un trabajo incompleto y se lo re-*

chazaron. **SIN**. Inacabado, imperfecto, defectuoso. **ANT**. Completo.

incomprendido, incomprendida

(in-com-pren-**di**-do) adjetivo y sustantivo

Que no ha sido debidamente comprendido o cuyo valor no ha sido justamente apreciado. *Era un artista incomprendido.*

incomprensible

(in-com-pren-**si**-ble) adjetivo

Tan extraño o misterioso que no se puede entender. *Tu actitud es incomprensible.* **SIN**. Ininteligible, inexplicable, oscuro, embrollado. **ANT**. Comprensible, claro.

incomunicar (in-co-mu-ni-**car**) verbo

1. Negar a las personas la posibilidad de comunicar sus pensamientos. *Le incomunicaron en un calabozo.* **SIN**. Aislar, bloquear. **ANT**. Comunicar, conectar.

2. incomunicarse Aislarse, negarse a hablar con otras personas. *Decidió incomunicarse en un pequeño pueblo de montaña.* **SIN**. Retirarse, recogerse. ✎ Se conjuga como *abarcar.*

incondicional

(in-con-di-cio-**nal**) adjetivo y sustantivo

El partidario de una persona, idea, etc., sin ninguna limitación o condición. *Sus incondicionales le recibieron con gran entusiasmo.* **SIN**. Adicto, leal, partidario.

inconfundible

(in-con-fun-**di**-ble) adjetivo

Tan distinto de todo o que se percibe con tanta claridad que no se puede confundir con ningún otro. *Es inconfundible por su forma de andar.* **SIN**. Característico, peculiar, personal, singular.

inconsciente (in-cons-**cien**-te) adjetivo

1. Que no se da cuenta de las consecuencias de sus palabras o acciones. *No seas inconsciente y piénsalo*

dos veces. **SIN**. Insensato, irreflexivo, alocado, atolondrado. **ANT**. Sensato, reflexivo.

2. Se dice de la persona que ha perdido el conocimiento y de este estado. *Se desmayó y quedó inconsciente.* **SIN**. Desmayado, desvanecido. **ANT**. Consciente, despierto.

3. Se dice del acto realizado sin tener conciencia de él o de forma involuntaria. *Ese movimiento fue algo inconsciente.* **SIN**. Automático, reflejo, instintivo, maquinal. **ANT**. Voluntario, deliberado, consciente.

inconstante (in-cons-**tan**-te) adjetivo

1. No estable ni permanente. *Es muy inconstante en sus estudios.* **SIN**. Inestable, mudable, variable. **ANT**. Firme, permanente.

2. Que cambia con mucha facilidad y ligereza de pensamientos, opiniones, aficiones o conductas. *Es una persona muy inconstante, no se puede contar con él.* **SIN**. Veleidoso, inconsecuente. **ANT**. Firme, leal.

incontable (in-con-**ta**-ble) adjetivo

Muy numeroso, difícil de contar. *El número de firmas que apoyaban la propuesta era incontable.* **SIN**. Innumerable, incalculable. **ANT**. Limitado.

incontenible (in-con-te-**ni**-ble) adjetivo

Que no puede ser contenido o refrenado. *Su enfado era incontenible.* **SIN**. Irresistible.

inconveniente

(in-con-ve-**nien**-te) adjetivo

1. No conveniente, poco oportuno. *Aquella acusación era inconveniente en ese momento.* **SIN**. Inoportuno, inapropiado. **ANT**. Conveniente.

2. No conforme con las normas sociales. *Su comportamiento fue inconveniente.* **SIN**. Descortés, grosero. **ANT**. Cortés, galante.

3. sustantivo masculino Obstáculo para hacer una cosa y daño que resulta de hacerla. *Acabé muy pronto la tarea, pues no surgió ningún inconveniente.* **SIN.** Estorbo, perjuicio, objeción, desventaja.

incordiar (in-cor-**diar**) verbo

Importunar, fastidiar, molestar. *Deja de incordiarme, estoy estudiando.* **ANT.** Agradar, complacer.

✎ Se conjuga como *cambiar*.

incorporar

(in-cor-po-**rar**) verbo

1. Unir o unirse dos o más cosas o personas para hacer un todo y un cuerpo entre sí. *Incorpora más cemento a la masa.* **SIN.** Juntar, reunir, agregar. **ANT.** Separar, excluir.

2. Levantar la parte superior del cuerpo la persona que está echada. *Llevaba tanto tiempo en cama que no podía incorporarse.* **SIN.** Levantarse.

incorrección

(in-co-rrec-**ción**) sustantivo femenino

Error o cosa inapropiada que se hace o se dice. *Cometió varias incorrecciones en el examen.* **SIN.** Defecto, imperfección, descortesía, grosería. **ANT.** Perfección.

incrédulo, incrédula

(in-**cré**-du-lo) adjetivo

1. Que no cree con facilidad lo que le dicen. *Es un tanto incrédulo, no sé si te creerá.* **SIN.** Desconfiado, receloso, escéptico. **ANT.** Crédulo.

2. adjetivo y sustantivo Que no tiene fe religiosa. *Mantenía su actitud incrédula.* **SIN.** Descreído. **ANT.** Religioso.

increíble (in-cre-í-ble) adjetivo

Que es tan extraordinario que no puede creerse o que resulta muy difícil de creer. *Contaba cosas increíbles de sus viajes.* **SIN.** Inconcebible, inverosímil. **ANT.** Verosímil, posible.

incremento

(in-cre-**men**-to) sustantivo masculino

Aumento, crecimiento. *Hablaban sobre el incremento de las ventas.* **SIN.** Auge, desarrollo.

incrustar (in-crus-**tar**) verbo

1. Meter piedras, metales, maderas, etc. en una superficie lisa y dura, formando dibujos. *El anillo tenía esmeraldas incrustadas.* **SIN.** Damasquinar, filetear, taracear.

2. incrustarse Hacer que un cuerpo se introduzca con violencia en otro o quede pegado a él. *La moto se salió de la calzada y se incrustó contra un árbol.*

incubadora

(in-cu-ba-**do**-ra) sustantivo femenino

1. Aparato o habitación que sirve para incubar artificialmente los huevos. *Hablaron con la encargada de la incubadora de la granja.*

2. Aparato especial, en forma de caja de cristal abierta a un lado, que se emplea para el cuidado de los bebés nacidos antes de los nueve meses o en circunstancias anormales. *Tras el parto, colocaron al bebé en la incubadora.*

incubar (in-cu-**bar**) verbo

1. Dar el ave o un aparato artificial calor a los huevos para hacer que se desarrollen. *La gallina incubaba sus huevos.* **SIN.** Empollar.

2. Desarrollar el cuerpo una enfermedad desde que empieza a actuar hasta que se manifiestan sus síntomas. *Estoy incubando la gripe desde hace un par de días.*

inculto, inculta (in-**cul**-to) adjetivo

Se dice de la persona que no tiene cultura o educación. *Eran personas muy incultas.* **SIN.** Ignorante. **ANT.** Culto, docto.

incumplir (in-cum-**plir**) verbo

No hacer realidad, dejar de cumplir una orden, ley, promesa, etc. *El sol-*

dado incumplió las órdenes de su comandante. **SIN.** Quebrantar, vulnerar, pisar. **ANT.** Cumplir, acatar.

incurable (in-cu-ra-ble) adjetivo y sustantivo
Que no se puede curar o no puede sanar. *Padecía una enfermedad incurable.* **SIN.** Insanable.

indagar (in-da-gar) verbo
Tratar de averiguar una cosa discurriendo o preguntando. *Indagó cuál era la mejor joyería de la ciudad para comprar las alianzas.* **SIN.** Investigar, buscar.
✎ Se conjuga como *ahogar*.

indecencia
(in-de-cen-cia) sustantivo femenino
Falta de modestia o de vergüenza en la forma de hablar, actuar o arreglarse. *Su indecencia nos dejó pasmados.* **SIN.** Obscenidad, insolencia. **ANT.** Modestia.

indecisión
(in-de-ci-sión) sustantivo femenino
Dificultad de alguien para tomar una decisión. *Perdió la oportunidad debido a su indecisión.* **SIN.** Duda, vacilación.

indeciso, indecisa
(in-de-ci-so) adjetivo
Se dice de la persona o el asunto que no se ha decidido o se decide con dificultad. *Es una persona muy indecisa.* **SIN.** Irresoluto, dudoso, vacilante. **ANT.** Decidido, firme.

indefenso, indefensa
(in-de-fen-so) adjetivo
Que carece de defensa ante un peligro o agresión. *Estaba indefenso cuando le disparó.* **SIN.** Inerme, desarmado, desamparado.

indefinido, indefinida
(in-de-fi-ni-do) adjetivo
1. Que no tiene unos límites señalados o conocidos. *Firmó un contrato de trabajo indefinido.* **SIN.** Ilimitado, indeterminado.

2. adjetivo y sustantivo masculino Se dice del adjetivo o pronombre que indica la cantidad de una manera imprecisa. *Algún es un adjetivo indefinido.*

indemne (in-dem-ne) adjetivo
Libre de daño. *El edificio quedó indemne después del incendio.* **SIN.** Intacto, ileso. **ANT.** Tocado, afectado, dañado.

indemnizar (in-dem-ni-zar) verbo
Compensar con dinero o bienes las pérdidas o los daños producidos. *Les indemnizaron por las pérdidas que causaron las inundaciones.* **SIN.** Reparar, resarcir.
✎ Se conjuga como *abrazar*.

independencia
(in-de-pen-den-cia) sustantivo femenino
Libertad, autonomía de una persona, grupo o Estado que no dependen de otro. *Se trata de un grupo político independiente.* **SIN.** Autodeterminación, emancipación. **ANT.** Sometimiento, colonialismo.

independiente
(in-de-pen-dien-te) adjetivo
1. Se dice de la persona libre, que no depende de otra para tomar decisiones. *Mi hermano vive de forma independiente.* **SIN.** Autónomo. **ANT.** Dependiente, sometido, sujeto.
2. Se dice del territorio o país que no depende de otro para gobernarse. *Es una nación independiente desde que dejó de ser colonia.* **SIN.** Soberano, autónomo. **ANT.** Sometido.
✎ Es igual en masculino y femenino.

independizar
(in-de-pen-di-zar) verbo
Hacer independiente a un país, persona o cosa. *Se independizó de la familia.* **SIN.** Emancipar(se), liberar(se). **ANT.** Someter(se).
✎ Se conjuga como *abrazar*.

indescriptible

(in-des-crip-**ti**-ble) adjetivo

Tan extraordinario que no se puede describir con palabras. *Sintió una alegría indescriptible por su aprobado.* **SIN.** Inenarrable, indefinible, inefable. **ANT.** Definible.

indeseable

(in-de-se-**a**-ble) adjetivo y sustantivo

Se dice de la persona de malas costumbres y a la que nadie quiere tratar. *Es una indeseable, no me fío de ella.* **SIN.** Bribón, granuja, tunante, peligroso.

indeterminado, indeterminada

(in-de-ter-mi-**na**-do) adjetivo

1. No concretado o precisado exactamente. *Había un número indeterminado de personas en la manifestación.* **SIN.** Abstracto, impreciso, ilimitado, vago. **ANT.** Concreto, preciso.

2. Tipo de artículo que acompaña a sustantivos que no se conocen o no se han nombrado anteriormente. *Un y una son artículos indeterminados.*

indicación

(in-di-ca-**ción**) sustantivo femenino

1. Señal o gesto que sirve para indicar, informar o avisar. *Al final de la calle hay una indicación de desvío por obras.* **SIN.** Aviso, señal.

2. Advertencia o consejo para mejorar o aprender. *Me ofreció algunas indicaciones para hacerlo.* **SIN.** Aclaración, observación.

indicar

(in-di-**car**) verbo

Dar a entender una cosa con gestos y señales. *Con un movimiento de la mano nos indicó la salida.* **SIN.** Mostrar, señalar, denotar, significar.

✎ Se conjuga como *abarcar*.

indicativo

(in-di-ca-**ti**-vo) adjetivo y sustantivo masculino

Modo del verbo que presenta de forma objetiva las acciones que son, han sido o serán realidad. *Canto es presente de indicativo.*

indicio

(in-**di**-cio) sustantivo masculino

Acto o señal que da a conocer lo que está oculto. *Buscaba indicios del delito.* **SIN.** Señal, manifestación.

indiferencia

(in-di-fe-**ren**-cia) sustantivo femenino

Estado de ánimo en el que no se siente ni interés ni rechazo hacia una persona, cosa o asunto. *Mostró una total indiferencia hacia el problema.* **SIN.** Frialdad, insensibilidad.

indiferente

(in-di-fe-**ren**-te) adjetivo

1. Que no importa que sea o se haga de una o de otra forma. *Es indiferente cómo envíes el paquete.* **SIN.** Igual, indistinto.

2. adjetivo y sustantivo Que siente y actúa sin mostrar interés ni rechazo. *Se mostró indiferente.* **SIN.** Insensible, frío, apático, desganado. **ANT.** Apasionado, temperamental.

indígena

(in-**dí**-ge-na) adjetivo y sustantivo

Persona, animal o cosa nacida en el país de que se trata. *Las comunidades indígenas se sentían perjudicadas.* **SIN.** Aborigen, nativo, originario. **ANT.** Extranjero.

indigestión

(in-di-ges-**tión**) sustantivo femenino

Molestias y dolores que se padecen por haber comido demasiado o porque sientan mal los alimentos. *Sufrió una indigestión.* **SIN.** Empacho.

indignación

(in-dig-na-**ción**) sustantivo femenino

Enfado contra una persona o contra sus actos. *A todos nos produjo gran indignación.* **SIN.** Irritación, cólera, ira. **ANT.** Contento.

indigno, indigna

(in-**dig**-no) adjetivo

1. Que no tiene méritos ni capacidad para una cosa. *Es indigno de ese car-*

go. **SIN.** Inmerecedor. **ANT.** Digno, propio.
2. Que no es adecuado a una persona o a sus circunstancias. *Lo que has hecho me parece indigno de ti.* **SIN.** Impropio, inadecuado, incorrecto.

indio, india
(**in**-dio) adjetivo y sustantivo
1. Que se refiere a la India o ha nacido allí. *Tiene un tapiz indio en su casa.* **SIN.** Indostánico, hindú.
2. Se dice del antiguo habitante de América, de sus descendientes y de sus tradiciones. *La cultura india se remonta a hace muchos años.*

indirecto, indirecta
(in-di-**rec**-to) adjetivo
1. Que no va rectamente a un fin, aunque se dirige a él. *Le afectaba de manera indirecta.* **SIN.** Oblicuo, transversal. **ANT.** Directo, recto.
2. sustantivo femenino Frase que una persona utiliza para sugerir algo sin decirlo directamente. *Me lanzó una buena indirecta.* **SIN.** Insinuación, sugerencia, alusión.

indiscreción
(in-dis-cre-**ción**) sustantivo femenino
Falta de discreción y de prudencia. También dicho o hecho indiscreto. *Es una indiscreción hacer esa pregunta.* **SIN.** Patinazo, imprudencia. **ANT.** Discreción, prudencia, delicadeza.

indiscreto, indiscreta
(in-dis-**cre**-to) adjetivo y sustantivo
1. Que quiere enterarse de lo que no le importa. *Es un periodista indiscreto.* **SIN.** Curioso, entrometido, intruso. **ANT.** Discreto.
2. Que cuenta a la gente lo que debería mantener en secreto. *No se lo digas, que es indiscreto y pronto lo sabrán todos.* **SIN.** Hablador, charlatán. **ANT.** Prudente, oportuno.

indiscutible (in-dis-cu-**ti**-ble) adjetivo
Tan seguro y cierto que todos tienen que tener la misma opinión sobre ello. *Su sabiduría es indiscutible.* **SIN.** Cierto, seguro, innegable, irrebatible. **ANT.** Dudoso, discutible.

indispensable
(in-dis-pen-**sa**-ble) adjetivo
Que es necesario para algo, que no se podría hacer sin ello. *La gasolina es indispensable para que el automóvil se mueva.* **SIN.** Necesario, imprescindible, fundamental, esencial.

individual (in-di-vi-**dual**) adjetivo
Particular, propio o característico de una sola persona o cosa. *Cada chocolatina está envuelta en un envoltorio individual.* **ANT.** General.

individuo, individua
(in-di-**vi**-duo) sustantivo
1. Persona cuyo nombre se ignora o no se quiere decir. *Un individuo pregunta por ti.* **SIN.** Sujeto, tipo, socio.
2. sustantivo masculino Cada ser con respecto a la especie, clase o grupo a la que pertenece. *Se conservan pocos individuos de esa especie.* **SIN.** Ente, sujeto.

índole (**ín**-do-le) sustantivo femenino
1. Modo de ser y tendencias naturales de las personas. *Es de índole pacífica.* **SIN.** Naturaleza, carácter, condición.
2. Modo de ser de las cosas. *Nunca se había enfrentado a un asunto de esa índole.* **SIN.** Naturaleza, calidad.

indudable (in-du-**da**-ble) adjetivo
Tan seguro y cierto que no puede dudarse. *Era indudable el valor de la joya.* **SIN.** Indubitable, evidente. **ANT.** Dudoso, incierto.

indulto (in-**dul**-to) sustantivo masculino
Acto por el que se perdona a alguien un castigo. *Concedieron un in-*

dulto general. **SIN.** Perdón, remisión, amnistía.

indumentaria
(in-du-men-**ta**-ria) sustantivo femenino
Vestido, conjunto de prendas de vestir. *No me gustaba su indumentaria.* **SIN.** Ropaje, vestimenta.

industria (in-**dus**-tria) sustantivo femenino
1. Lugar donde se realiza el conjunto de operaciones destinadas a transformar cosas naturales en productos elaborados. *Su industria se dedica a transformar el pescado fresco en pescado en conserva.* **SIN.** Fábrica, empresa, factoría.
2. Conjunto de fábricas de un mismo producto o de un mismo sitio. *La industria algodonera mexicana es importante para el país.*

industrial (in-dus-**trial**) adjetivo
1. Que se refiere a la industria. *Mi padre es obrero industrial.*
2. sustantivo Persona que es propietaria de una industria. *Su madre es una poderosa industrial del acero.* **SIN.** Empresario.

industrializar (in-dus-tria-li-**zar**) verbo
Favorecer la creación de industrias en una región o país. *Van a industrializar la zona.*
✎ Se conjuga como *abrazar.*

inepto, inepta
(i-**nep**-to) adjetivo y sustantivo
Se dice de la persona que no tiene aptitud o capacidad para hacer algo. *Es un inepto, no hace nada bien.* **SIN.** Inútil, torpe.

inercia (i-**ner**-cia) sustantivo femenino
1. Falta de energía física o moral. *Ese chico no tiene carácter, se deja llevar por la inercia.* **SIN.** Apatía, desgana, flojedad.
2. Incapacidad de los cuerpos para modificar su estado de reposo o de

movimiento sin la intervención de alguna fuerza. *Para mover un objeto, hay que vencer la inercia.*
3. por inercia expresión Por costumbre. *No se puede vivir por inercia.*

inerte (i-**ner**-te) adjetivo
Inactivo, inútil, sin capacidad de movimiento. *Después del accidente, le quedó el brazo inerte.*

inesperado, inesperada
(i-nes-pe-**ra**-do) adjetivo
Que sucede sin esperarse o sin haberlo previsto. *Tuve un encuentro inesperado.* **SIN.** Imprevisto, impensado, inopinado. **ANT.** Previsto, esperado.

inestabilidad
(i-nes-ta-bi-li-**dad**) sustantivo femenino
1. Estado de lo que sufre cambios o no mantiene el equilibrio. *Hay mucha inestabilidad política en el país.* **SIN.** Inseguridad.
2. inestabilidad atmosférica expresión Estado del tiempo en el que predominan nubes y lluvia. *Habrá inestabilidad atmosférica en la costa.*

inestable (i-nes-**ta**-ble) adjetivo
Que no es estable, firme y seguro. *Buscaba un trabajo que no fuese tan inestable.* **SIN.** Inconstante, mudable, cambiante, movedizo. **ANT.** Fijo, inmutable.

inestimable
(i-nes-ti-**ma**-ble) adjetivo
Que su inmenso valor no puede ser apreciado como corresponde. *Su ayuda fue inestimable.* **SIN.** Inapreciable, valioso. **ANT.** Desdeñable.

inevitable (i-ne-vi-**ta**-ble) adjetivo
Que ha de suceder por fuerza, sin que nada pueda impedirlo. *El encuentro fue inevitable, porque las dos estábamos invitadas.* **SIN.** Ineludible, forzoso. **ANT.** Evitable.

inexacto, inexacta
(i-ne-**xac**-to) adjetivo
Que no es preciso o verdadero. *Es un cálculo inexacto.* **SIN.** Erróneo, equivocado, falso. **ANT.** Correcto, exacto, estricto.

inexistente (i-ne-xis-**ten**-te) adjetivo
Que carece de existencia. *Habló de rumores inexistentes.* **SIN.** Ilusorio, irreal, supuesto. **ANT.** Real.

inexperto, inexperta
(i-nex-**per**-to) adjetivo y sustantivo
Que aún no tiene la habilidad para hacer algo que se adquiere con la práctica. *Es un poco inexperto.* **SIN.** Principiante, novato. **ANT.** Veterano, experto.

inexplicable (i-nex-pli-**ca**-ble) adjetivo
Tan raro que no tiene explicación o es muy difícil encontrarla. *Lo sucedido fue inexplicable.* **SIN.** Incomprensible, extraño.

infalible (in-fa-**li**-ble) adjetivo
1. Que no puede equivocarse. *Se creía infalible.*
2. Seguro, cierto. *Encontró un remedio infalible.* **SIN.** Indefectible.

infame (in-**fa**-me) adjetivo
1. Muy malo, pésimo. *Has hecho un negocio infame.*
2. adjetivo y sustantivo Se dice de la persona que actúa sin nobleza ni honradez. *Es una persona infame.* **SIN.** Indigno, ignominioso, despreciable.

infancia (in-**fan**-cia) sustantivo femenino
1. Período de la vida de una persona desde que nace hasta aproximadamente los doce años. *Tiene agradables recuerdos de su infancia.* **SIN.** Niñez.
2. Conjunto de los niños de esa edad. *Hay que prestar atención a la educación de la infancia.*

infantería (in-fan-te-**rí**-a) sustantivo femenino
Cuerpo del ejército que lucha a pie. *Entró en combate la infantería.*

infantil (in-fan-**til**) adjetivo
1. Que se refiere a la infancia. *Los juegos infantiles.*
2. Inocente, ingenuo, inofensivo. *Fue un comentario infantil.*
3. Se dice del adulto que se comporta como un niño. *Parece mentira que con treinta años sea tan infantil.* **SIN.** Aniñado.

infarto (in-**far**-to) sustantivo masculino
Daño o parada que se produce en un órgano del cuerpo porque no le llega sangre y no tiene el oxígeno que necesita. *Sufrió un infarto de miocardio.*

infección (in-fec-**ción**) sustantivo femenino
Enfermedad producida en el cuerpo o en algunas partes del mismo por la presencia de ciertos microbios. *Le diagnosticaron infección de orina.*

infectar (in-fec-**tar**) verbo
Llenar un cuerpo o una cosa con los microbios de una enfermedad o contagiarla a otros. *Se le infectó la herida.* **SIN.** Contaminar(se), corromper(se).
✎ No debe confundirse con *infestar.*

infeliz (in-fe-**liz**) adjetivo y sustantivo
Se dice de la persona que se siente triste y desgraciada. *Se sentía muy infeliz y solo.* **SIN.** Desdichado, desventurado, infortunado. **ANT.** Feliz, afortunado.
✎ Su plural es *infelices.*

inferior (in-fe-**rior**) adjetivo
1. Que está debajo de otra cosa. *Su despacho está en el piso inferior al nuestro.* **ANT.** Superior.
2. Que es menos que otra persona o cosa en calidad, cantidad, importancia, etc. *El 11 es un número inferior al 12.* **SIN.** Peor, menor.
3. adjetivo y sustantivo Se dice de la persona sobre la que manda otra. *Indicó a uno de sus inferiores cómo debía hacerse.* **SIN.** Subordinado. **ANT.** Superior, jefe.

inferioridad

(in-fe-rio-ri-**dad**) sustantivo femenino

Situación de lo que está más bajo o es menor en calidad, cantidad o importancia que otra cosa. *Sus habilidades están en inferioridad respecto a las de los demás.*

infestar (in-fes-**tar**) verbo

1. Contaminar, contagiar una enfermedad. *Varios niños de la escuela se habían infestado.*

2. Invadir un lugar animales o plantas perjudiciales, causando daños. *La planta está infestada de pulgones.*

3. Llenar un sitio una excesiva cantidad de personas. *La playa estaba infestada de gente.*

✎ No debe confundirse con *infectar*.

infiel (in-**fiel**) adjetivo

1. Falto de fidelidad, desleal. *Nunca le había sido infiel.* **SIN.** Traidor, pérfido, alevoso. **ANT.** Fiel, leal, adepto.

2. adjetivo y sustantivo Que no es de la misma religión. *La Reconquista española fue una lucha contra los infieles.* **SIN.** Pagano, gentil.

✎ Su superlativo es *infidelísimo*.

infierno (in-**fier**-no) sustantivo masculino

1. En la religión cristiana, lugar donde son castigados después de morir quienes han hecho mucho mal. *Tus pecados te van a llevar al infierno.* **ANT.** Cielo, gloria.

2. Lugar o situación en que se pasa mal y hace sufrir. *Aquel trabajo era un infierno.*

infinidad (in-fi-ni-**dad**) sustantivo femenino

Gran número de personas o cosas. *Me presentó una infinidad de gente.* **SIN.** Sinnúmero, multitud.

infinitivo (in-fi-ni-**ti**-vo) sustantivo masculino

Forma no personal del verbo que no expresa por sí misma número, ni persona, ni tiempo determinados.

En español, terminan en *-ar, -er* o *-ir*. Amar, temer *y* sentir *son infinitivos.*

infinito, infinita (in-fi-**ni**-to) adjetivo

1. Que no tiene ni puede tener fin ni término. *Un espacio infinito.* **SIN.** Eterno. **ANT.** Finito.

2. Muy numeroso, grande y excesivo en cualquier línea. *Una cantidad infinita de cosas entre las que escoger.*

3. sustantivo masculino Lejanía, horizonte. *El barco se perdía en el infinito.*

inflamable (in-fla-**ma**-ble) adjetivo

Que arde con facilidad y desprendiendo llamas. *Era de material inflamable.* **SIN.** Combustible.

inflamar (in-fla-**mar**) verbo

1. Encender una cosa levantando llama. *El tanque de gasolina se inflamó.* **SIN.** Prender(se).

2. inflamarse Hincharse una parte del cuerpo. *Se le inflamó el pie.*

inflar (in-**flar**) verbo

1. Hinchar una cosa. *Infló tanto el globo que estalló.* **SIN.** Henchir(se). **ANT.** Vaciar(se).

2. Exagerar la importancia de hechos, noticias, etc. *Ha inflado mucho la historia.* **ANT.** Minimizar.

3. inflarse Hacer algo con exageración. *El domingo se infló a ver la tele.*

inflexible (in-fle-**xi**-ble) adjetivo

1. Incapaz de torcerse o de doblarse. *Esta barra de hierro es inflexible.* **SIN.** Rígido. **ANT.** Flexible.

2. Se dice de la persona que no cambia fácilmente de ideas, ni de intenciones. *Se mostró inflexible en su postura.* **SIN.** Estricto. **ANT.** Tolerante, adaptable.

influencia

(in-**fluen**-cia) sustantivo femenino

1. Acción de influir sobre algo. *Ese hecho apenas tuvo influencia en su vida.* **SIN.** Influjo.

2. sustantivo femenino plural Persona con poder que puede ayudar a alguien a conseguir sus objetivos. *Consiguió el trabajo gracias a las influencias de su mujer.* **SIN.** Enchufe.

influir (in-flu-**ir**) verbo
1. Causar una cosa o persona ciertos efectos en otra. *La luz influye en el crecimiento de las plantas.* **SIN.** Contribuir, actuar, ayudar.
2. Tomar parte en algo para ayudar a una persona. *Su amigo influyó para que le dieran el trabajo.* **SIN.** Interceder, recomendar, intervenir, ayudar.
✎ Se conjuga como *huir*.

influjo (in-**flu**-jo) sustantivo masculino
Influencia, acción de influir sobre algo. *La luna ejerce su influjo sobre las mareas.*

información
(in-for-ma-**ción**) sustantivo femenino
1. Comunicación o adquisición de conocimientos que amplíen o precisen los ya existentes. *Recopilo información para elaborar un informe detallado.*
2. En los periódicos, noticia detallada sobre un suceso o acontecimiento. *La información aparecía en primera plana en todos los periódicos.*

informal (in-for-**mal**) adjetivo
1. Que no guarda las reglas y circunstancias esperables. *Fue una reunión muy informal.*
2. adjetivo y sustantivo Se dice también de la persona que no observa la conveniente seriedad y puntualidad. *Siempre llega tarde, es bastante informal.*

informar (in-for-**mar**) verbo
Dar noticia de una cosa o enterarse de ella. *Los periódicos informan a sus lectores.* **SIN.** Aclarar(se), documentar(se).

informática
(in-for-**má**-ti-ca) sustantivo femenino
Conjunto de conocimientos y técnicas que sirven para almacenar datos en ordenadores o computadoras y trabajar después con ellos. *Está haciendo un curso de informática.*

informativo, informativa
(in-for-ma-**ti**-vo) adjetivo
1. Se dice de lo que informa o sirve para dar noticia de una cosa. *Emitieron un especial informativo sobre la boda real.*
2. sustantivo masculino Programa de radio o televisión que se ocupa de difundir las noticias. *Escuché lo de la bomba en el informativo del mediodía.*

informe (in-**for**-me) sustantivo masculino
Información amplia y con muchos datos que se hace de un suceso, o acerca de una persona, normalmente añadiendo una opinión sobre ello. *Su informe fue favorable a la realización del proyecto.* **SIN.** Dictamen.

infracción (in-frac-**ción**) sustantivo femenino
Incumplimiento de una ley, pacto o norma. *Cometió una infracción de tráfico.* **SIN.** Transgresión.

infusión (in-fu-**sión**) sustantivo femenino
Bebida que se prepara vertiendo agua hirviendo sobre alguna planta, raíz, semilla o fruto, como manzanilla, menta, etc. *Tomó una infusión de té verde.*

ingeniar (in-ge-**niar**) verbo
1. Inventar algo ingeniosamente. *Ingenió un brillante plan para salir de la trampa.* **SIN.** Planear, planificar, discurrir.
2. ingeniárselas expresión Discurrir modos de conseguir o hacer una cosa. *Ingéniatelas como puedas, pero no cuentes con mi ayuda.* **SIN.** Componérselas.
✎ Se conjuga como *cambiar*.

ingeniería

(in-ge-nie-**rí**-a) sustantivo femenino

Ciencia que aplica los conocimientos científicos generales a la invención, perfeccionamiento o utilización de máquinas, técnicas y construcciones. *Mi hermano tiene el Grado en Ingeniería en Tecnología Minera.*

ingeniero, ingeniera

(in-ge-**nie**-ro) sustantivo

Persona que se dedica a una ingeniería: agrícola, de montes, de minas, de caminos, informática, etc. *Su prima es ingeniera industrial.*

ingenio (in-ge-nio) sustantivo masculino

1. Capacidad de las personas para discurrir o inventar. *Tiene mucho ingenio.* **SIN.** Inventiva, inteligencia, talento.

2. Habilidad de ciertas personas para decir cosas oportunas y graciosas. *Respondió con ingenio.* **SIN.** Gracia, agudeza.

3. Máquina o mecanismo que facilita un proceso o tarea. *La catapulta es un ingenio de guerra.* **SIN.** Aparato, artilugio.

ingenioso, ingeniosa

(in-ge-**nio**-so) adjetivo

Se dice de la persona graciosa e imaginativa y de sus palabras o actos. *Le pidieron que dijera unas palabras en la boda porque es muy ingeniosa.* **SIN.** Hábil, mañoso, diestro, industrioso, inventivo. **ANT.** Torpe.

ingenuidad

(in-ge-nui-**dad**) sustantivo femenino

Sinceridad, buena fe en lo que se dice o se hace. *Obré con ingenuidad.* **SIN.** Candor, candidez. **ANT.** Perversidad.

ingenuo, ingenua (in-ge-nuo) adjetivo

Se dice de la persona sincera, buena e inocente y de sus palabras o actos. *Es una persona muy ingenua.* **SIN.** Cándido, inocente. **ANT.** Retorcido.

ingerir (in-ge-**rir**) verbo

Introducir por la boca comida, bebida o medicamentos. *No podía ingerir ningún alimento.* **SIN.** Tragar. **ANT.** Vomitar, devolver.

✎ Verbo irregular, se conjuga como *sentir.*

ingle (**in**-gle) sustantivo femenino

Parte del cuerpo en que se juntan los muslos con el vientre. *Recibió un golpe en la ingle.*

ingratitud

(in-gra-ti-**tud**) sustantivo femenino

Desagradecimiento, olvido de los favores recibidos. *Sus hijos lo trataron con ingratitud, desatendiéndolo en su vejez.* **ANT.** Gratitud, lealtad.

ingrato, ingrata (in-gra-to) adjetivo

1. Desagradecido, que olvida o no da importancia a los favores recibidos. *No seas ingrata y recuerda lo que hice por ti.* **ANT.** Leal, agradecido.

2. Molesto, desagradable y que no merece el esfuerzo que se hace. *Es un trabajo ingrato porque no se ven los resultados.* **SIN.** Fastidioso. **ANT.** Grato, agradable.

ingrediente

(in-gre-**dien**-te) sustantivo masculino

Cualquier cosa que entra con otras en una bebida, guiso, etc. *Le dieron los ingredientes de la receta.* **SIN.** Material, componente.

ingresar (in-gre-**sar**) verbo

1. Entrar a formar parte de un grupo, sociedad, etc. *Ingresó en nuestro grupo.* **SIN.** Afiliarse, incorporarse. **ANT.** Salir.

2. Meter algunas cosas, como el dinero, en un lugar donde lo custodien. *El sueldo ya me lo han ingresado en el banco.*

LOS ÁRBOLES Y SUS FRUTOS

pino

piña

manzano

manzana

peral

pera

olivo

oliva

melocotonero

melocotón

cerezo

cereza

roble

bellota

naranjo

naranja

higuera

higo

EL HUERTO

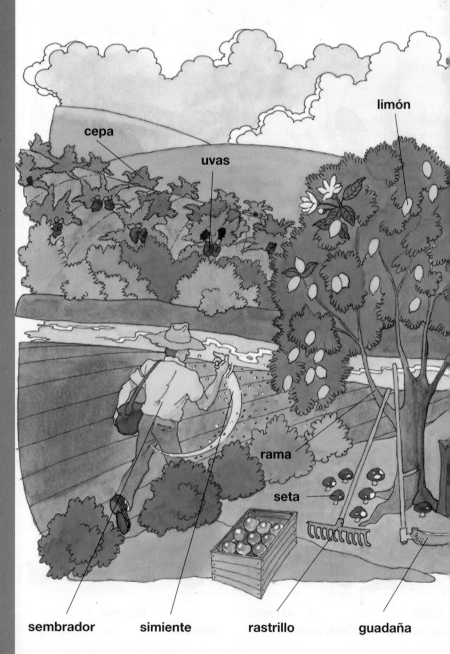

cepa

uvas

limón

rama

seta

sembrador   **simiente**   **rastrillo**   **guadaña**

manzana

ciprés

tronco

azadón

rosa

hoz

patata

zanahoria

margarita

geranio

amapola

un paseo por la naturaleza

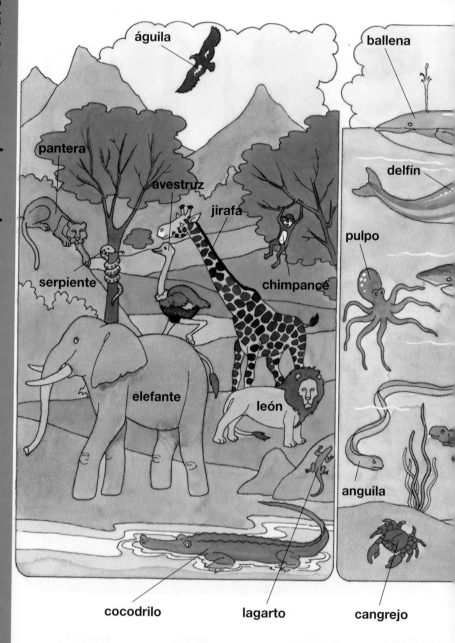

águila

ballena

pantera

delfín

avestruz

jirafa

pulpo

serpiente

chimpancé

elefante

león

anguila

cocodrilo

lagarto

cangrejo

un paseo por la naturaleza

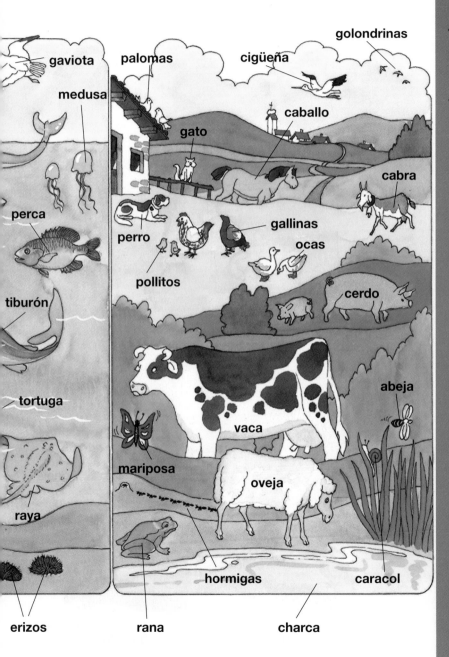

gaviota

palomas

cigüeña

golondrinas

medusa

caballo

gato

cabra

perca

perro

gallinas

ocas

pollitos

tiburón

cerdo

tortuga

abeja

vaca

mariposa

oveja

raya

hormigas

caracol

erizos

rana

charca

ROCAS Y MINERALES

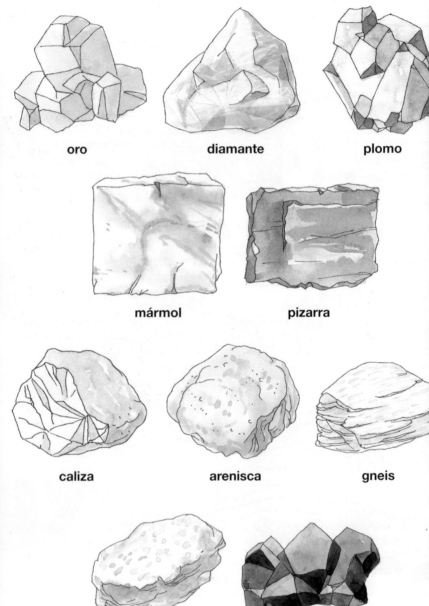

oro

diamante

plomo

mármol

pizarra

caliza

arenisca

gneis

granito

basalto

3. Entrar en un hospital para ser curado u operado. *Ingresó en el hospital para que le extirparan el riñón.*

ingreso (in-gre-so) sustantivo masculino

1. Entrada en un lugar o en un grupo. *Pagó la cuota de ingreso en la asociación.*

2. Cantidad de dinero que se deposita en una cuenta. *Su último ingreso era del mes pasado.*

3. sustantivo masculino plural Cantidad de dinero que se recibe de forma habitual por el trabajo o las propiedades. *Sus ingresos mensuales habían bajado ligeramente.* **SIN.** Renta.

inhalar (in-ha-lar) verbo

Aspirar por la nariz algún gas, vapor o líquido pulverizado. *Inhaló un gas tóxico.* **SIN.** Inspirar.

inhumano, inhumana

(in-hu-ma-no) adjetivo

Tan cruel y duro que parece más propio de una fiera que de una persona. *La cárcel era inhumana.* **SIN.** Despiadado, feroz. **ANT.** Caritativo, humanitario.

inicial (i-ni-cial) adjetivo

Que pertenece o se refiere al origen de las cosas. *En su etapa inicial hizo grandes progresos.* **ANT.** Final, concluyente.

iniciar (i-ni-ciar) verbo

1. Comenzar una cosa. *Los novios iniciaron el baile con un vals.* **SIN.** Empezar, inaugurar. **ANT.** Acabar, terminar, finalizar.

2. Instruir por primera vez en alguna técnica o conocimiento. *Su tío, que es artista, le inició en la pintura.*

✎ Se conjuga como *cambiar.*

iniciativa (i-ni-cia-ti-va) sustantivo femenino

1. Idea que se da o se tiene para comenzar una cosa. *Se hizo por una iniciativa mía.* **SIN.** Proyecto.

2. Cualidad personal de quien tiene muchas ideas y proyectos. *Tiene mucha iniciativa en el trabajo.*

3. tomar la iniciativa expresión Acción de adelantarse a los demás en hablar u obrar. *Tomó la iniciativa para hablar.* **SIN.** Tomar la delantera.

inicio (i-ni-cio) sustantivo masculino

Principio, comienzo. *Ya desde el inicio supe quién era el malo de la película.* **ANT.** Final, conclusión.

injerto (in-jer-to) sustantivo masculino

1. Parte de una planta que se inserta en el tronco principal de otra. *Hizo un injerto en el rosal.*

2. Operación de injertar en el cuerpo de una persona un órgano o un tejido suyo o de otro. *Le hicieron un injerto de piel.*

injusticia

(in-jus-ti-cia) sustantivo femenino

Acción contraria a la justicia. *Es una injusticia que le haya reñido, él no tenía la culpa.* **SIN.** Abuso, desafuero, atropello. **ANT.** Equidad, imparcialidad.

injusto, injusta (in-jus-to) adjetivo

Se dice de las personas, los actos o los hechos contrarios a la justicia. *Recibió un trato injusto.* **SIN.** Arbitrario, abusivo. **ANT.** Justo, legal.

inmaculado, inmaculada

(in-ma-cu-la-do) adjetivo

Que no tiene mancha, que está completamente puro y limpio. *La nieve en el campo no ha sido pisada y está inmaculada.* **SIN.** Impoluto, impecable. **ANT.** Manchado, sucio.

inmaduro, inmadura

(in-ma-du-ro) adjetivo

Se dice del comportamiento de una persona que actúa como si no tuviera la edad que tiene. *Es una persona muy inmadura.*

inmediaciones

(in-me-dia-**cio**-nes) sustantivo femenino plural

Terrenos que rodean un lugar. *En las inmediaciones de la casa.* **SIN.** Alrededores, afueras.

inmediato, inmediata

(in-me-**dia**-to) adjetivo

1. Contiguo o muy cercano. *Una fecha inmediata.* **SIN.** Próximo, vecino. **ANT.** Lejano, alejado.

2. Que sucede enseguida, sin tardanza. *Se necesita una acción inmediata.* **SIN.** Consecutivo, seguido.

3. de inmediato expresión Sin tardar. *Se presentó aquí de inmediato.*

inmenso, inmensa (in-**men**-so) adjetivo

Muy grande o muy difícil de medirse o contarse. *La Pampa es una llanura inmensa.* **SIN.** Grandísimo, infinito, enorme. **ANT.** Limitado, reducido.

inmerso, inmersa (in-**mer**-so) adjetivo

1. Introducido en un líquido. *Estaba inmerso en el agua.*

2. Dedicado completamente a un tema o asunto. *Estaba inmerso en la conversación.*

inmigrante (in-mi-**gran**-te) adjetivo

Persona que llega a un país diferente al suyo para establecerse en él. *El presidente apoyaba a todos los inmigrantes.* **ANT.** Emigrar.

inminente (in-mi-**nen**-te) adjetivo

Que está a punto de suceder o lo parece. *Era inminente el comienzo de las negociaciones.* **SIN.** Apremiante, imperioso, inaplazable. **ANT.** Remoto, lejano.

inmoral (in-mo-**ral**) adjetivo

Que se opone a lo que se considera bueno. *Su acción fue inmoral.* **SIN.** Impúdico, indecoroso. **ANT.** Decente.

inmortal (in-mor-**tal**) adjetivo

1. No mortal, o que no puede morir. *Dios es un ser inmortal.* **SIN.** Imperecedero, eterno.

2. Que dura muchísimo tiempo. *Su recuerdo era inmortal.* **SIN.** Imperecedero, perpetuo, eterno. **ANT.** Limitado, efímero.

inmortalizar (in-mor-ta-li-**zar**) verbo

Hacer que una cosa o persona sea recordada siempre. *Lo inmortalizó en un cuadro.* **SIN.** Perpetuar(se), eternizar(se). **ANT.** Borrar(se), abismar.

✎ Se conjuga como abrazar.

inmóvil (in-**mó**-vil) adjetivo

Que no se mueve. *Permaneció inmóvil para no hacer ruido.* **SIN.** Estático, fijo. **ANT.** Voluble, móvil.

inmueble

(in-**mue**-ble) adjetivo y sustantivo masculino

Se dice de los bienes propiedad de una empresa o de una persona, que no pueden ser desplazados de lugar, como un edificio. *Vendieron el inmueble para derribarlo y hacer un parque.*

innecesario, innecesaria

(in-ne-ce-**sa**-rio) adjetivo

Que no es imprescindible para algo o para alguien. *No tienes por qué correr riesgos innecesarios.* **SIN.** Superfluo, sobrado, inútil. **ANT.** Esencial, importante.

innegable (in-ne-**ga**-ble) adjetivo

Que no se puede negar. *Tienen un parecido innegable.* **SIN.** Indiscutible, irrefutable, evidente. **ANT.** Refutable, discutible.

innumerable (in-nu-me-**ra**-ble) adjetivo

Que hay en tanta cantidad y abundancia que no se puede contar. *Son innumerables las estrellas del firmamento.* **SIN.** Incalculable, incontable. **ANT.** Escaso.

inocencia

(i-no-**cen**-cia) sustantivo femenino

1. No ser culpable de un mal o delito. *El abogado demostró la inocencia del acusado.*

2. Buena fe, falta de malicia en una persona o una acción. *Lo dijo con toda inocencia, sin deseo de herir.* **SIN.** Candor, simplicidad.

inocentada

(i-no-cen-**ta**-da) sustantivo femenino

Broma que se hace a alguien el día de los Santos Inocentes. *Le gastaron una buena inocentada.*

inocente (i-no-**cen**-te) adjetivo

1. Que no tiene culpa en una acción mala. *El juez declaró al acusado inocente.* **SIN.** Exculpado, absuelto. **ANT.** Culpable.

2. Sin malicia, fácil de engañar. *Es un inocente, se creyó mi mentira.* **SIN.** Ingenuo, crédulo. **ANT.** Astuto, incrédulo.

inodoro, inodora

(i-no-**do**-ro) adjetivo

1. Que no tiene olor. *El agua es inodora, incolora e insípida.*

2. sustantivo masculino Aparato sanitario que se deshace de los excrementos y la orina, y que cuenta con un sifón que evita los malos olores. *Baja la tapa del inodoro.* **SIN.** Retrete.

inofensivo, inofensiva

(i-no-fen-**si**-vo) adjetivo

Que no puede causar daño ni molestia. *No tengas miedo, es un perro inofensivo.* **SIN.** Inocuo, inocente. **ANT.** Nocivo, dañino.

inolvidable (i-nol-vi-**da**-ble) adjetivo

Que no puede o no debe olvidarse. *Fue un día inolvidable.* **SIN.** Imborrable, imperecedero.

inoportuno, inoportuna

(i-no-por-**tu**-no) adjetivo

Que tiene lugar en un momento o unas circunstancias inadecuadas. *Llegó en un momento inoportuno.* **SIN.** Intempestivo, inconveniente. **ANT.** Oportuno, conveniente.

inorgánico, inorgánica

(i-nor-**gá**-ni-co) adjetivo

Se dice de cualquier cuerpo sin vida. *Los minerales son inorgánicos.* **SIN.** Inanimado.

inoxidable (i-no-xi-**da**-ble) adjetivo

Que no le sale óxido. *La cubertería es de acero inoxidable.*

inquietar (in-quie-**tar**) verbo

Causar o sentir inquietud y desasosiego. *Su retraso inquietó a la familia.* **SIN.** Alarmar(se), desasosegar(se). **ANT.** Sosegar(se), tranquilizar(se).

inquieto, inquieta (in-**quie**-to) adjetivo

1. Que no está quieto o es muy travieso. *Era una niña muy inquieta.*

2. Intranquilo por un temor, una sospecha, una duda, etc. *Está inquieto por el resultado.* **ANT.** Sosegado.

inquietud (in-quie-**tud**) sustantivo femenino

Falta de sosiego y paz, desazón. *Sentía inquietud interior.* **SIN.** Intranquilidad, congoja. **ANT.** Tranquilidad.

inquilino, inquilina

(in-qui-**li**-no) sustantivo

Persona que vive en una casa o piso de alquiler. *Había nuevos inquilinos en el piso de al lado.*

insaciable (in-sa-**cia**-ble) adjetivo

Que tiene un apetito o un deseo tan grande que nunca está satisfecho. *Traía un hambre insaciable.* **SIN.** Ávido. **ANT.** Ahíto.

inscribir (ins-cri-**bir**) verbo

1. Grabar letreros en metal, piedra u otra materia. *Inscribió su nombre.* **SIN.** Tallar, esculpir.

2. En geometría, trazar una figura dentro de otra de manera que, sin cortarse ni confundirse, ambas estén en contacto en varios puntos. *Inscribió un triángulo en una circunferencia.*

3. inscribirse Apuntar el nombre de una persona o de uno mismo entre los de otras para algún fin. *Se inscribió en la carrera.* **SIN.** Apuntar(se).

✎ Tiene dos participios: *inscrito* y, en Argentina, Paraguay y Uruguay, *inscripto.*

inscripción

(ins-crip-**ción**) sustantivo femenino

1. Acción de inscribir o inscribirse. *Se cerró el plazo de inscripción.*

2. Escrito breve grabado en piedra, metal, etc. para recordar una persona, cosa o acontecimiento importante. *Leyeron la inscripción que había en la lápida.*

insecticida (in-sec-ti-**ci**-da)

adjetivo y sustantivo masculino

Se dice del producto que sirve para matar insectos. *Este insecticida es muy bueno contra las cucarachas.*

insecto (in-**sec**-to) sustantivo masculino

Animal pequeño que tiene un par de antenas, seis patas y el cuerpo dividido en cabeza, tórax y abdomen. *Las moscas, las mariposas, las hormigas, las pulgas, etc. son insectos.*

inseguridad

(in-se-gu-ri-**dad**) sustantivo femenino

1. Falta de estabilidad y firmeza de una cosa. *Hubo que desalojar la casa por la inseguridad de sus cimientos.* **SIN.** Debilidad, riesgo, peligro, duda, vacilación. **ANT.** Seguridad, firmeza, estabilidad.

2. Falta de convencimiento de una persona para hacer algo. *Le invadió la inseguridad de si sería correcto lo que hacía.* **SIN.** Incertidumbre, duda, vacilación.

inseguro, insegura

(in-se-**gu**-ro) adjetivo

Falto de estabilidad, firmeza o confianza. *Se sentía muy inseguro.* **SIN.** Inestable, incierto, dudoso, indeciso. **ANT.** Cierto, seguro, firme.

insensato, insensata

(in-sen-**sa**-to) adjetivo y sustantivo

Se dice de las personas, palabras o acciones que no tienen sentido o sensatez. *Eres un insensato, ¿cómo dices eso?* **SIN.** Irreflexivo, necio. **ANT.** Juicioso, cauto.

insensible (in-sen-**si**-ble) adjetivo

1. Que no capta las sensaciones. *Tenía los dedos de la mano insensibles por el frío.* **SIN.** Entumecido.

2. Que no sufre con las cosas que causan dolor a otros o dan lástima. *Es muy insensible; no tiene en cuenta los sentimientos de la gente.* **SIN.** Duro, frío, impasible. **ANT.** Sensible, emotivo.

inseparable (in-se-pa-**ra**-ble) adjetivo

Que dos cosas o personas están tan unidas entre sí que no se pueden separar. *Son amigos inseparables.* **SIN.** Unido, vinculado, inherente. **ANT.** Desunido.

insertar (in-ser-**tar**) verbo

Incluir una cosa en otra. *Insertó un anuncio en el periódico.* **SIN.** Intercalar, introducir. **ANT.** Sacar, excluir.

inservible (in-ser-**vi**-ble) adjetivo

Tan estropeado o viejo que no está en condiciones de servir. *Estos cacharros ya están inservibles, habrá que tirarlos.* **SIN.** Inútil, deteriorado, estropeado.

insignia (in-**sig**-nia) sustantivo femenino

Señal, bandera, emblema, medalla, etc. que simboliza algo. *Llevaba la insignia de su equipo.* **SIN.** Divisa, emblema, enseña.

insignificante

(in-sig-ni-fi-**can**-te) adjetivo

Que es muy pequeño o carece de importancia. *Tiene unos insignificantes rasguños.* **SIN.** Exiguo, mínimo. **ANT.** Importante, grande.

insinuar (in-si-nu-**ar**) verbo
Dar a entender una cosa no haciendo más que sugerirla. *Con señas, le insinué que se callara.* **SIN.** Sugerir, indicar, apuntar.
✎ Se conjuga como *actuar*.

insípido, insípida (in-**sí**-pi-do) adjetivo
Sin ningún sabor o con menos del que debería. *Este melón está muy insípido.* **SIN.** Desaborido. **ANT.** Sabroso, suculento.

insistente (in-sis-**ten**-te) adjetivo
Que repite una y otra vez la misma cosa, o que no se cansa de hacerlo hasta conseguir lo que quiere. *Es una persona muy insistente, que no renuncia fácilmente.* **SIN.** Pertinaz, recalcitrante, tenaz. **ANT.** Claudicante.

insistir (in-sis-**tir**) verbo
Repetir varias veces una petición o acción para lograr lo que se quiere. *Insistió hasta que contestaron al teléfono.* **SIN.** Reiterar, persistir, perseverar. **ANT.** Abandonar, dejar.

insolación
(in-so-la-**ción**) sustantivo femenino
Enfermedad o malestar que aparece por haber pasado demasiado tiempo al sol. *Tiene una insolación por estar todo el día en la playa.*

insolente (in-so-**len**-te) adjetivo
Se dice de la persona que se comporta de forma ofensiva e insultante. *Era un poco insolente.* **SIN.** Descarado, ofensivo.

insólito, insólita (in-**só**-li-to) adjetivo
No normal, ni frecuente. *El viaje de Colón fue una hazaña insólita.* **SIN.** Inusitado, raro. **ANT.** Común, habitual.

insoluble (in-so-**lu**-ble) adjetivo
1. Que no se puede disolver ni diluir. *El metal es insoluble en agua.*
2. Que no se puede resolver. *Tengo una duda insoluble.*

insomnio (in-**som**-nio) sustantivo masculino
Dificultad para poder dormirse a la hora de hacerlo. *Padece insomnio y eso le hace estar siempre cansado.* **ANT.** Sueño, sopor.

insoportable (in-so-por-**ta**-ble) adjetivo
Que no se puede tolerar por ser muy molesto, doloroso o incómodo. *Tiene un carácter insoportable.*

inspeccionar (ins-pec-cio-**nar**) verbo
Examinar atentamente una cosa. *Decidimos inspeccionar el interior de la cueva.* **SIN.** Comprobar, registrar, explorar.

inspector, inspectora
(ins-pec-**tor**) sustantivo
Persona que se encarga de vigilar que las cosas son o están como deben. *El inspector de sanidad clausuró el bar.*

inspiración
(ins-pi-ra-**ción**) sustantivo femenino
1. Absorción de aire por la nariz o la boca. *Debes coordinar la inspiración y la espiración al hacer deporte.* **SIN.** Aspiración. **ANT.** Espiración.
2. Impulso que anima al artista a producir una obra de arte. *La persona amada fue la inspiración del poeta.*

inspirar (ins-pi-**rar**) verbo
1. Aspirar el aire hasta los pulmones. *Inspira bien al hacer los ejercicios.* **SIN.** Respirar.
2. Sugerir ideas para la composición de obras literarias o artísticas, o bien dar instrucciones a los que dirigen o redactan publicaciones periódicas. **SIN.** Dictar, infundir. *La dirección del periódico inspiró ese artículo.*

instalación
(ins-ta-la-**ción**) sustantivo femenino
1. Acción de colocar una máquina o aparato de manera que pueda funcionar. *Me hizo la instalación del gas.*

2. Acondicionamiento de una casa o edificio de modo que resulte habitable. *Se encargaron de la instalación del piso.*

instalar (ins-ta-**lar**) verbo

1. Colocar los aparatos o utensilios para algún servicio en un edificio o en otro lugar. *Hace un año que instalaron nuevas farolas en mi calle.* **SIN.** Situar, montar. **ANT.** Desarmar, desmontar.

2. instalarse Establecerse en un lugar para vivir. *El sueño de Ana es instalarse en París.*

instancia (ins-**tan**-cia) sustantivo femenino

1. Solicitud o petición por escrito. *Rellenó la instancia.*

2. en última instancia expresión Como último recurso, en definitiva. *En última instancia, recurriré a mi padre.*

instantáneo, instantánea

(ins-tan-**tá**-ne-o) adjetivo

1. Que solo dura un instante. *Fue un destello instantáneo.* **SIN.** Breve, rápido, fugaz, momentáneo. **ANT.** Duradero, largo.

2. Que se produce en un instante. *Su muerte fue instantánea.*

3. Se aplica a ciertos alimentos y bebidas que pueden prepararse rápidamente. *Se preparó un café instantáneo.*

instante (ins-**tan**-te) sustantivo masculino

Porción muy breve de tiempo. *No tardó ni un instante en subir las escaleras.* **SIN.** Momento.

instintivo, instintiva

(ins-tin-**ti**-vo) adjetivo

Que es obra o resultado de un impulso involuntario, y no del pensamiento. *Fue una reacción instintiva.* **SIN.** Irreflexivo. **ANT.** Deliberado, reflexivo.

instinto (ins-**tin**-to) sustantivo masculino

Estímulo interior que impulsa a los animales a hacer lo que conviene para vivir o reproducirse. *Por instinto, las crías de tortuga se dirigen al agua nada más romper el cascarón.*

institución

(ins-ti-tu-**ción**) sustantivo femenino

Organización creada para realizar una función en bien de la sociedad. *Fundó una institución educativa internacional.*

instituto (ins-ti-**tu**-to) sustantivo masculino

1. Institución científica, literaria, artística, benéfica, etc., y edificio en el que está instalada. *El Instituto Louis Pasteur.*

2. instituto de enseñanza secundaria, o de formación profesional expresión Centro oficial donde se siguen estudios de enseñanza secundaria. *Estudio en el instituto.*

3. instituto de belleza expresión Centro donde se ofrecen servicios de peluquería, maquillaje, etc. *Fui a depilarme al instituto de belleza.*

instrucción

(ins-truc-**ción**) sustantivo femenino

1. Acción de educar o de enseñar alguna cosa, y conjunto de lo que se ha aprendido. *Se encargó de su instrucción durante los primeros años.* **SIN.** Enseñanza, educación, cultura.

2. sustantivo femenino plural Conjunto de reglas o advertencias para algún fin. *Lee las instrucciones de instalación del video.*

instructor, instructora

(ins-truc-**tor**) sustantivo

Persona cuyo trabajo es enseñar a otros. *Los instructores de esquí se reunieron.* **SIN.** Monitor.

instrumento

(ins-tru-**men**-to) sustantivo masculino

1. Utensilio que usamos para hacer una cosa. *Compró instrumentos de dibujo.* **SIN.** Útil.

2. Aquello que usamos para conseguir un fin. *Se sirvió de su popularidad como instrumento para ascender en la empresa.* **SIN.** Medio.

3. Objeto que sirve para producir sonidos musicales. *Hay instrumentos de viento, cuerda y percusión.*

insuficiente

(in-su-fi-**cien**-te) adjetivo

Que no es bastante para conseguir un fin. *La calificación que obtuve fue insuficiente para aprobar.* **SIN.** Escaso.

insular (in-su-**lar**) adjetivo y sustantivo

Que se refiere a una isla o ha nacido en ella. *Cuando estuve en Las Palmas, me gustó mucho la gente insular.*

insultar (in-sul-**tar**) verbo

Ofender o molestar a alguien con palabras o acciones. *No me insultes, si no quieres que me enfade.* **SIN.** Injuriar, ultrajar.

insulto (in-**sul**-to) sustantivo masculino

Palabras hirientes o muestras de desprecio que se dicen o hacen a una persona para ofenderla. *Sus insultos fueron muy graves y ofensivos.* **SIN.** Agravio, ofensa, ultraje, injuria. **ANT.** Piropo, elogio.

insumiso, insumisa

(in-su-**mi**-so) adjetivo

1. Desobediente, rebelde. *Castigaron a los soldados insumisos.*

2. adjetivo y sustantivo masculino Que se niega a hacer el servicio militar por razones de conciencia. *Se declaró insumiso por razones de conciencia.*

insuperable (in-su-pe-ra-ble) adjetivo

1. Aplicado a una cosa buena, inmejorable. *Se encontraba en un estado de forma insuperable.*

2. Aplicado a una cosa mala, indica que no se puede solucionar. *Tuvo un problema insuperable que le impidió asistir.*

intacto, intacta (in-**tac**-to) adjetivo

Que no ha sufrido ninguna alteración, daño o deterioro. *Estaba intacto, igual que lo había dejado.* **SIN.** Íntegro, entero, ileso. **ANT.** Roto, estropeado.

integración

(in-te-gra-**ción**) sustantivo femenino

Adaptación de una persona a un nuevo ambiente o país, siendo aceptada por los demás como si hubiera formado parte de él desde el principio. *No tuvo ningún problema para su integración en el nuevo colegio.*

íntegro, íntegra (**ín**-te-gro) adjetivo

1. Se dice de aquello a lo que no le falta ninguna de sus partes. *Le regaló un equipo de esquiar íntegro.* **SIN.** Entero, completo. **ANT.** Incompleto.

2. Se dice de la persona recta y justa. *Es una persona íntegra.* **SIN.** Honrado, incorruptible. **ANT.** Corrupto.

✎ Sus superlativos son *integérrimo* e *integrísimo*.

intelectual

(in-te-lec-**tual**) adjetivo

1. Que se refiere al entendimiento y la mente. *Desarrolla un trabajo intelectual.* **SIN.** Intelectivo. **ANT.** Práctico, empírico, manual.

2. sustantivo Se dice de la persona que trabaja con su mente, como los escritores, filósofos, etc. *Importantes intelectuales acudían a la tertulia.* **SIN.** Erudito, pensador.

inteligencia

(in-te-li-**gen**-cia) sustantivo femenino

Capacidad de conocer, entender y comprender. *Usó su inteligencia para resolver el problema.* **SIN.** Comprensión, intelecto.

inteligente (in-te-li-**gen**-te) adjetivo

1. Que tiene inteligencia. *Blacky, mi perra, es un animal muy inteligente.* **SIN.** Irracional.

2. Se dice de la persona que posee un elevado nivel de inteligencia, y de sus acciones o palabras. *Es el más inteligente de la clase.* **SIN.** Ingenioso, sagaz, listo, despierto. **ANT.** Tonto, ignorante, lerdo.

intemperie (in-tem-**pe**-rie)
a la intemperie expresión Al aire libre, sin techo. *Durmió a la intemperie.*

intención (in-ten-**ción**) sustantivo femenino
Deseo e intención de hacer alguna cosa. *Tenía la intención de escribir un libro.* **SIN.** Intento, propósito, designio, proyecto.

intencionado, intencionada
(in-ten-cio-**na**-do) adjetivo
Que se hace de forma voluntaria, sabiendo sus consecuencias. *El árbitró pitó falta intencionada.* **SIN.** Premeditado, preparado, deliberado. **ANT.** Impensado.

intensidad
(in-ten-si-**dad**) sustantivo femenino
Grado de energía o fuerza de de una cualidad, una acción, un sentimiento, un sonido, etc. *Llovía con gran intensidad.*

intenso, intensa (in-**ten**-so) adjetivo
Muy fuerte y vivo. *Tuvieron que realizar un intenso esfuerzo para sacarle de allí.* **SIN.** Fuerte, enérgico, violento. **ANT.** Apagado, suave.

intentar (in-ten-**tar**) verbo
Proponerse lograr algo, hacer esfuerzos para conseguirlo, aunque no se esté muy seguro de poder. *Cuando vaya a Madrid, intentaré verte.* **SIN.** Pretender, probar.

intento (in-**ten**-to) sustantivo masculino
1. Intención con que se realiza algo. *Fracasó en su intento.* **SIN.** Propósito.
2. Cosa intentada. *Tras varios intentos, consiguió lo que quería.* **SIN.** Ensayo, intentona, tentativa.

ínter (**ín**-ter) sustantivo masculino
Descanso o receso. *Tienen un ínter de diez minutos.*

interactivo, interactiva
(in-te-rac-**ti**-vo) adjetivo
Se dice de los programas informáticos y juegos que permiten una interacción, a modo de diálogo, entre el ordenador o computadora y el usuario. *Utiliza un programa interactivo.*

intercalar (in-ter-ca-**lar**) verbo
Colocar una cosa entre otras. *Intercaló una bola blanca entre las azules.* **SIN.** Interpolar, insertar, entreverar.

intercambiar (in-ter-cam-**biar**) verbo
Cambiar entre sí dos o más personas cosas, ideas, proyectos, informaciones, etc. *Se intercambiaban los cromos.* **SIN.** Canjear, trocar.
✎ Se conjuga como *cambiar*.

interceder (in-ter-ce-**der**) verbo
Hablar en favor de otra persona. *Intercedió por él para que le levantaran el castigo.* **SIN.** Mediar, abogar, defender. **ANT.** Atacar.

interés
(in-te-**rés**) sustantivo masculino
1. Provecho, utilidad que una cosa tiene para alguien. *El interés de las plantas es grande, pues oxigenan la atmósfera.*
2. Atracción hacia algo o alguien y valor que se le da. *Demostró mucho interés por aquel cuadro.* **SIN.** Afecto, atracción. **ANT.** Indiferencia.
3. Empeño que se pone en conseguir algo. *Puso mucho interés y logró aprenderlo.* **SIN.** Afán, atención, esfuerzo.
4. En un préstamo o inversión, dinero de más que se recibe o se ha de devolver junto con la cantidad prestada. *Le cobró la deuda y los intereses.*

interesado, interesada
(in-te-re-**sa**-do) adjetivo
1. Que siente atracción por una cosa. *Estaba interesado en el arte de los pueblos mayas.*

2. Que actúa de forma egoísta y solamente considera lo que le conviene. *Es muy interesada, solo piensa en sí misma.* **SIN.** Ambicioso, codicioso, egoísta. **ANT.** Desinteresado, altruista.

3. adjetivo y sustantivo Que se ve afectado por una cosa. *Antes de aprobar la norma, el alcalde habló con los interesados.*

4. adjetivo y sustantivo Se dice de la persona que hace una solicitud o trámite oficial. *El interesado tiene que firmar en la parte de abajo.* **SIN.** Solicitante.

interesante (in-te-re-**san**-te) adjetivo
Que interesa o que es digno de interés. *Tiene ideas muy originales e interesantes.* **SIN.** Atrayente, cautivador, sugestivo. **ANT.** Vulgar, mediocre.

interesar (in-te-re-**sar**) verbo
1. Tener utilidad y beneficio una cosa. *Ese negocio puede interesar.*
2. Producir inclinación o afecto, causar emoción a una persona. *Le interesa Luisa.* **SIN.** Atraer. **ANT.** Hastiar.
3. Afectar, tener que ver con una persona. *Dijo que ese asunto solo le interesaba a él.* **SIN.** Atañer.
4. interesarse Mostrar atención por una persona o cosa. *Se interesó por su salud.*

interferencia
(in-ter-fe-**ren**-cia) sustantivo femenino
Introducción de un ruido o emisión extraña en la radio, la televisión, al hablar por teléfono, etc., por cruzarse las diferentes ondas. *No se escucha bien la radio; hay interferencias.*

interfono
(in-ter-**fo**-no) sustantivo masculino
Sistema telefónico que comunica la puerta principal de un edificio con las viviendas, con un mecanismo eléctrico para poder abrir esa puerta. *El interfono se estropeó y no le pude abrir la puerta desde arriba.*

interino, interina
(in-te-**ri**-no) adjetivo y sustantivo
Que realiza temporalmente un empleo por ausencia de otra persona. *Era profesor interino.*

interior (in-te-**rior**) adjetivo
1. Que está en la parte de dentro. *La pared interior está pintada de azul.* **SIN.** Interno.
2. Se dice de la vivienda o habitación que no tiene vistas a la calle. *Vivían en un piso interior.*
3. sustantivo masculino Parte interna de una cosa. *Forré con tela el interior del cajón.*
4. sustantivo masculino Espíritu o conciencia. *Lo sentía en su interior.* **ANT.** Apariencia, exterior.
✎ Como adjetivo, es igual en masculino y en femenino.

interjección
(in-ter-jec-**ción**) sustantivo femenino
Palabra o frase que expresa asombro, sorpresa, dolor, etc. Suele ir entre admiraciones (¡!) y forma una frase independiente. *¡Ay! Suéltame, que me haces daño.*

interlocutor, interlocutora
(in-ter-lo-cu-**tor**) sustantivo
Cada una de las personas que toman parte en un diálogo o conversación. *El moderador del debate dio la palabra a uno de los interlocutores.*

intermediario, intermediaria
(in-ter-me-**dia**-rio) adjetivo y sustantivo
1. Que intenta poner de acuerdo a dos o más personas o grupos en algún asunto. *La empresa y los sindicatos buscaron intermediarios para solucionar el conflicto.* **SIN.** Árbitro, mediador.
2. Se dice de la persona que compra las mercancías al que las produce y las vende a las tiendas o a los consumidores. *La falta de intermediarios*

abarató el producto. **SIN.** Agente, proveedor, mayorista.

intermedio, intermedia

(in-ter-**me**-dio) adjetivo

1. Que está entre dos extremos. *Deberíamos buscar un punto intermedio.*

2. sustantivo masculino En los espectáculos, descanso entre una parte y otra. *Salimos al pasillo en el intermedio de la película.*

3. sustantivo masculino Espacio que hay de un tiempo a otro o de una acción a otra. *Tuvo tiempo para pensarlo en el intermedio de las dos negociaciones.*

interminable (in-ter-mi-**na**-ble) adjetivo

Que no tiene término o fin, o que parece no tenerlo. *La película me resultó interminable de tanto que me aburrí.* **SIN.** Inacabable, inagotable, eterno, infinito. **ANT.** Finito, perecedero.

intermitente

(in-ter-mi-**ten**-te) adjetivo

1. Que se interrumpe y vuelve a empezar una y otra vez. *Una lluvia intermitente cayó durante todo el viaje.* **SIN.** Discontinuo, interrumpido. **ANT.** Continuo, regular.

2. sustantivo masculino En un vehículo, botón que enciende y apaga, rápida y sucesivamente, una luz en cada uno de los laterales exteriores de un vehículo para indicar un cambio de dirección, y estas propias luces. *Da el intermitente para girar a la derecha.*

internacional (in-ter-na-cio-**nal**) adjetivo

Que se refiere a dos o más países, o a todo el mundo. *Del aeropuerto de mi ciudad salen vuelos nacionales.* **SIN.** Mundial, universal.

internado

(in-ter-**na**-do) sustantivo masculino

Centro de enseñanza donde los alumnos también viven. *Estudió en un internado.*

internar (in-ter-**nar**) verbo

1. Ingresar a un enfermo en un hospital o clínica. *Le tuvieron que internar por urgencias.* **SIN.** Hospitalizar, ingresar.

2. internarse Avanzar hacia adentro, penetrar. *Se internaron en alta mar.* **SIN.** Meterse.

3. internarse Profundizar en un tema. *Me interné en la política con gran interés.*

internauta (in-ter-**nau**-ta) sustantivo

Usuario de internet. *Según una encuesta realizada en internet, muchos internautas no están satisfechos con su servicio de telefonía móvil.*

internet (in-ter-**net**) sustantivo

Red que permite comunicar los ordenadores o computadoras de todo el mundo, para compartir información y servicios. *Se pasaba el día conectado a internet.*

interno, interna (in-ter-no) adjetivo

1. Interior, que está dentro. *Se dañó la parte interna de la pera.*

2. adjetivo y sustantivo Se dice de la persona que vive dentro de un centro de enseñanza, hospital o prisión. *Estuve interno en ese colegio un año.*

interpretar (in-ter-pre-**tar**) verbo

1. Explicar el sentido de una cosa. *El texto era difícil de interpretar.* **SIN.** Comentar, glosar.

2. Percibir o expresar de un modo personal un hecho. *En sus pinturas, interpreta la naturaleza.* **SIN.** Captar, recrear, plasmar.

3. Representar una obra de teatro o ejecutar una composición musical, baile, etc. *Un conocido actor interpretará ese papel.*

intérprete (in-**tér**-pre-te) sustantivo

1. Persona que interpreta. *Es un afamado intérprete de jazz.*

2. Persona que se encarga de explicar a otras, en el idioma que entienden, lo dicho en una lengua que desconocen. *Era intérprete en la ONU.* **SIN.** Traductor.

interrogación

(in-te-rro-ga-**ción**) sustantivo femenino

1. Pregunta. *«¿Cómo estás?» es una interrogación.* **ANT.** Respuesta, contestación.

2. Signo ortográfico (¿?) que se coloca al principio y al final de una frase interrogativa. *Te falta la interrogación de cierre.*

interrogante

(in-te-rro-**gan**-te) sustantivo

1. Problema no aclarado, cuestión dudosa o desconocida. *Aquel asunto seguía siendo un interrogante para todos.* **SIN.** Enigma, misterio. **ANT.** Aclaración, solución.

2. Pregunta. *Se planteaba muchos interrogantes.* **SIN.** Cuestión.

interrogar (in-te-rro-**gar**) verbo

Preguntar a alguien para averiguar alguna cosa. *El juez lo interrogó.*

✎ Se conjuga como *ahogar*.

interrogativo, interrogativa

(in-te-rro-ga-**ti**-vo) adjetivo

Que sirve para expresar una pregunta. *Qué es un pronombre interrogativo.*

interrumpir (in-te-rrum-**pir**) verbo

1. Cortar la continuación de algo en el espacio o en el tiempo. *El árbol caído interrumpió el tráfico.* **SIN.** Truncar, estorbar. **ANT.** Continuar.

2. Meterse en una conversación cuando otra persona está hablando. *No me interrumpas cuando hablo.*

interrupción

(in-te-rrup-**ción**) sustantivo femenino

Corte, hecho de detener por un tiempo una acción para luego reiniciarla. *Hubo interrupciones en el espectáculo*

por problemas de sonido. **SIN.** Pausa, parada, alto, paréntesis. **ANT.** Continuación, reanudación.

interruptor

(in-te-rrup-**tor**) sustantivo masculino

Mecanismo que sirve para abrir o cerrar el paso de la corriente eléctrica. *Pulsa el interruptor para apagar la luz.*

intersección

(in-ter-sec-**ción**) sustantivo femenino

Encuentro de dos líneas o dos superficies que se cortan entre sí. *Quedamos en la intersección de las dos calles.*

interurbano, interurbana

(in-te-rur-**ba**-no) adjetivo

Se dice de las relaciones y servicios de comunicación entre distintas poblaciones o entre diferentes barrios de una misma ciudad. *Tenemos servicio de transporte interurbano.*

intervalo

(in-ter-**va**-lo) sustantivo masculino

Espacio o distancia que hay de un tiempo a otro o de un lugar a otro. *Pasó en un corto intervalo de tiempo.*

intervención

(in-ter-ven-**ción**) sustantivo femenino

1. Acción de intervenir o de participar en una acción. *Se dio una intervención policial.*

2. Operación médica que consiste en abrir al enfermo para cortar, coser o reponer algún órgano interno. *El médico recomendó una intervención urgente.*

intervenir (in-ter-ve-**nir**) verbo

1. Participar en un asunto. *Intervino en un debate público.* **ANT.** Abstenerse, retraerse.

2. Interponerse entre dos o más personas o grupos contrarios, para intentar que se pongan de acuerdo. *Si no intervengo, acaban a tortas.* **SIN.** Conciliar, terciar. **ANT.** Enfrentar.

3. Realizar una operación médica. *Habló con el doctor que la intervino.* **SIN.** Operar.

intestino (in-tes-**ti**-no) sustantivo masculino

Tubo muy largo en el interior de ciertos animales y del ser humano en el cual se digieren los alimentos; empieza en el estómago y termina en el ano. *Tenía una úlcera en el intestino.* **SIN.** Tripa.

intimidad

(in-ti-mi-**dad**) sustantivo femenino

Parte más personal y profunda de la vida, los pensamientos y sentimientos de las personas, que se comparte con los seres muy queridos. *Tengo mucha intimidad con mi padre.* **SIN.** Confianza, familiaridad. **ANT.** Desconfianza, distancia.

íntimo, íntima (**ín**-ti-mo) adjetivo

1. Se dice de la amistad muy estrecha y del amigo de confianza. *Eran amigos íntimos desde la infancia.* **SIN.** Profundo, entrañable.

2. Que se refiere a la intimidad. *Eran cosas íntimas.* **SIN.** Particular, personal, privado. **ANT.** Público.

intolerable (in-to-le-**ra**-ble) adjetivo

Tan malo que no se puede consentir. *Su mal comportamiento era intolerable.* **SIN.** Inaguantable, insufrible.

intolerancia

(in-to-le-**ran**-cia) sustantivo femenino

Actitud cerrada y contraria a las opiniones de los demás. *Se caracterizan por su intolerancia religiosa.* **SIN.** Intransigencia, fanatismo. **ANT.** Tolerancia, transigencia.

intoxicar (in-to-xi-**car**) verbo

Envenenarse, impregnar de sustancias dañinas. *Dos personas se intoxicaron con el escape de gas.* **SIN.** Contaminar(se), envenenar(se).

✎ Se conjuga como *abarcar*.

intranet

(in-tra-**net**) sustantivo femenino

Red interna privada que conecta todos los ordenadores de una empresa, una organización… con el fin de que accedan a los mismos servicios. *En la intranet de nuestra empresa hemos colgado una base de datos de artículos, lo que nos permite consultar nuestros productos de forma rápida y sencilla.*

intranquilidad

(in-tran-qui-li-**dad**) sustantivo femenino

Falta de tranquilidad o quietud. *La falta de noticias produjo gran intranquilidad.* **SIN.** Azoramiento, desasosiego, turbación. **ANT.** Tranquilidad, sosiego.

intransitivo (in-tran-si-**ti**-vo) adjetivo

Se dice del verbo que no admite objeto directo. *Llegar es un verbo intransitivo.* **ANT.** Transitivo.

intrépido, intrépida

(in-**tré**-pi-do) adjetivo

Que no teme en los peligros y obra con valentía. *Aragorn es un héroe intrépido.* **SIN.** Valiente, arrojado. **ANT.** Cobarde, pusilánime.

intriga (in-**tri**-ga) sustantivo femenino

1. Acción que se realiza con astucia y ocultamente, para conseguir un fin. *Estaba al margen de las intrigas de la Corte.* **SIN.** Complot, confabulación, maquinación.

2. Enredo, embrollo. *El argumento tiene mucha intriga.*

3. Interés, curiosidad que despierta algo o alguien. *La película estaba en el momento de más intriga.* **SIN.** Expectación.

intrínseco, intrínseca

(in-**trín**-se-co) adjetivo

Se dice de lo que es propio de algo por sí mismo. *La bondad es intrínseca a su naturaleza.* **SIN.** Propio, interno. **ANT.** Accidental.

introducción

(in-tro-duc-**ción**) sustantivo femenino
1. Acción de introducir o introducirse. *La introducción de nuevas normas provocó descontento.*
2. Parte inicial, generalmente breve, de una obra literaria o científica. *Preparó la introducción del libro.* **SIN.** Prólogo, prefacio.

introducir (in-tro-du-**cir**) verbo
1. Meter o hacer entrar una cosa en otra. *Introduce la llave en la cerradura.* **SIN.** Encajar, ensartar.
2. Hacer que alguien pase a formar parte de un grupo o ambiente. *Fue ella quien lo introdujo en nuestra pandilla.* **SIN.** Presentar, incluir.
3. Hacer adoptar, poner en uso. *Introdujeron esa nueva moda*
✎ Verbo irregular, se conjuga como *conducir.*

introvertido, introvertida
(in-tro-ver-**ti**-do) adjetivo y sustantivo
Se dice de la persona poco comunicativa y que está encerrada en sí misma. *Es muy introvertido, le cuesta mucho hablar con los desconocidos.* **ANT.** Extravertido.

intruso, intrusa
(in-**tru**-so) adjetivo y sustantivo
Que se ha introducido sin derecho. *Había un intruso en el grupo.* **SIN.** Entrometido, extraño.

intuición (in-tui-**ción**) sustantivo femenino
Percepción clara e instantánea de algo. *Tiene gran intuición para los negocios.* **SIN.** Clarividencia, presentimiento.

intuir (in-tu-**ir**) verbo
Percibir clara e instantáneamente algo tal y como si se tuviera a la vista. *Intuyó que algo malo pasaba.* **SIN.** Vislumbrar, presentir.
✎ Se conjuga como *huir.*

intuitivo, intuitiva (in-tui-**ti**-vo) adjetivo
1. Que se refiere a la intuición. *Razonamiento intuitivo.* **SIN.** Instintivo. **ANT.** Reflexivo.
2. Se dice de la persona en la que predomina la intuición sobre el razonamiento. *Es una mujer muy intuitiva y sensible.*

inundación
(i-nun-da-**ción**) sustantivo femenino
Acción de llenarse de agua un lugar. *La tormenta provocó una fuerte inundación.* **SIN.** Crecida, riada.

inundar (i-nun-**dar**) verbo
1. Cubrir el agua terrenos y poblaciones. *El río inundó los campos al desbordarse.* **SIN.** Anegar(se), sumergir(se).
2. Llenar de personas o de cosas. *En primavera, los campos se inundan de flores.* **SIN.** Atestar(se).

inútil (i-**nú**-til) adjetivo y sustantivo
Que no sirve o que no es apto. *Mis esfuerzos por convencerlo fueron inútiles.* **SIN.** Improductivo, incapaz, ineficaz. **ANT.** Útil, productivo, eficaz.

invadir (in-va-**dir**) verbo
1. Entrar por la fuerza en alguna parte. *El enemigo invadió la ciudad.* **SIN.** Asaltar, atacar.
2. Entrometerse sin ninguna razón en asuntos de otros. *Los reporteros invadieron su intimidad al tomarle fotos junto a su novio.*
3. Apoderarse de alguien un sentimiento o estado de ánimo. *Un intenso miedo le invadía cada vez que pasaba por el cementerio.*

inválido, inválida
(in-**vá**-li-do) adjetivo y sustantivo
Se dice de quienes, por una enfermedad, accidente o malformación, tienen menos capacidades físicas o psíquicas que una persona normal. *Quedó inválido a causa de un grave accidente de tráfico.* **SIN.** Discapacitado.

invariable (in-va-**ria**-ble) adjetivo
Que no varía o no puede cambiar. *Tiene un estado de ánimo invariable, siempre igual.* **SIN.** Inalterable, inmutable, inconmovible. **ANT.** Variable, inestable.

invasión (in-va-**sión**) sustantivo femenino
Acción de entrar por la fuerza en alguna parte. *La invasión de los pueblos bárbaros tuvo lugar en los siglos IV y V.* **SIN.** Irrupción.

invencible (in-ven-**ci**-ble) adjetivo
1. Que no puede ser vencido. *Su ejército era invencible.*
2. Algo a lo que resulta imposible sobreponerse. *Sentía un miedo invencible.* **SIN.** Insuperable, incontrolado.

invención (in-ven-**ción**) sustantivo femenino
1. Acción de descubrir o inventar algo nuevo. *La invención de la imprenta fue un gran adelanto cultural.* **SIN.** Invento, descubrimiento.
2. Cosa inventada, producto de la imaginación. *Todo lo que contaba era pura invención.* **SIN.** Mentira, embuste. **ANT.** Verdad.

inventar (in-ven-**tar**) verbo
1. Descubrir o crear algo nuevo. *Monturiol inventó el primer submarino de combustión, que fue botado en 1864.* **SIN.** Concebir, idear.
2. Fingir hechos falsos; contar mentiras. *Siempre anda inventando historias.* **SIN.** Mentir.

invento (in-**ven**-to) sustantivo masculino
Cosa inventada, invención. *El invento del microscopio revolucionó el mundo de la medicina.*

invernadero
(in-ver-na-**de**-ro) sustantivo masculino
Espacio protegido de la lluvia, el viento, el frío, etc. por una estructura formada por plásticos, cristales u otros materiales, destinado al cultivo de plantas que necesitan dicha protección. *En el invernadero cultivan lechugas.*

invernar (in-ver-**nar**) verbo
1. Pasar el invierno en determinado lugar. *Se van a invernar al sur, porque hace más calor.*
2. Pasar los animales el invierno en estado de letargo o sueño. *El oso buscó una cueva para invernar.*
✎ Verbo irregular, se conjuga como *acertar.*

inverosímil (in-ve-ro-**sí**-mil) adjetivo
Que resulta imposible de creer porque no parece que pueda ser verdad. *Su historia es inverosímil aunque sea cierta.* **SIN.** Increíble, inconcebible. **ANT.** Verosímil, creíble.

inversión (in-ver-**sión**) sustantivo femenino
Utilización de una cantidad determinada de dinero, tiempo o esfuerzo con el propósito de obtener beneficios. *Ha sido una buena inversión.*

inverso, inversa (in-**ver**-so) adjetivo
1. Opuesto a la dirección actual o natural de las cosas. *Su reacción fue justo la inversa.*
2. a la inversa expresión Al contrario. *Colócalo a la inversa a ver si cabe así.*

invertebrado, invertebrada
(in-ver-te-**bra**-do) adjetivo y sustantivo masculino
Se dice de los animales que no tienen columna vertebral. *Los gusanos son invertebrados.*

invertir (in-ver-**tir**) verbo
1. Alterar las cosas o el orden de ellas. *Has invertido el orden de las letras.* **SIN.** Cambiar.
2. Utilizar el dinero, el tiempo o el esfuerzo en algo beneficioso y productivo. *Invirtió sus ahorros en acciones.* **ANT.** Desaprovechar.
✎ Verbo irregular, se conjuga como *sentir.*

investigación

(in-ves-ti-ga-**ción**) sustantivo femenino

1. Acción de averiguar algo. *No se había avanzado demasiado en la investigación.* **SIN.** Averiguación, búsqueda, indagación.

2. Actividad dirigida al descubrimiento de nuevos conocimientos científicos, artísticos o literarios. *Se dedica a la investigación científica.*

investigar (in-ves-ti-**gar**) verbo

1. Hacer todo tipo de preguntas y averiguaciones para descubrir alguna cosa. *Los detectives se dedican a investigar.* **SIN.** Averiguar, indagar, inquirir, buscar.

2. Pensar, examinar o experimentar a fondo un tema de estudio. *Menéndez Pidal investigó acerca del* Poema de Mio Cid.

✎ Se conjuga como *ahogar*.

invidente (in-vi-**den**-te) adjetivo y sustantivo

Que no ve o ve muy mal, ciego. *Ayudé a cruzar la calle al invidente.*

invierno (in-**vier**-no) sustantivo masculino

Estación más fría del año, que se corresponde con los meses de diciembre, enero y febrero en el hemisferio norte, y con los de junio, julio y agosto en el sur. *Suele nevar mucho en invierno.*

invisible (in-vi-**si**-ble) adjetivo

Que no puede ser visto. *Con la niebla, el paisaje se hizo invisible.* **SIN.** Imperceptible, inapreciable. **ANT.** Patente, manifiesto, visible.

invitación (in-vi-ta-**ción**) sustantivo femenino

1. Acción de invitar o ser invitado. *Recibí una invitación.*

2. Tarjeta con que se invita a un acto. *Ya encargué las invitaciones.*

invitar (in-vi-**tar**) verbo

1. Comunicar a una persona el deseo de que vaya a una fiesta, a un acto

público, etc. *Todos los años lo invita a su fiesta de cumpleaños.* **SIN.** Convidar, brindar.

2. Dar u ofrecer gratuitamente una cosa agradable a alguien. *Me invitó a ir al cine.*

3. Animar a alguien a hacer algo. *Le invitó a seguir en esa línea de trabajo.* **SIN.** Mover, inducir, incitar. **ANT.** Desanimar.

in vitro expresión

Se dice de los procesos biológicos que se realizan en laboratorio. *Una posibilidad para casos de infertilidad es la fecundación in vitro.*

involuntario, involuntaria

(in-vo-lun-**ta**-rio) adjetivo

Se dice de aquello que se hace sin pensar, sin darse cuenta o sin querer. *No quise decirte eso, fue involuntario.* **SIN.** Irreflexivo, instintivo. **ANT.** Consciente.

inyección (in-yec-**ción**) sustantivo femenino

Medicina que se introduce en el cuerpo por medio de una aguja y una jeringa. *El médico le recetó inyecciones de penicilina.*

inyectar (in-yec-**tar**) verbo

Introducir a presión un gas, un líquido o una masa en el interior de un cuerpo o cavidad. *Le inyectaron insulina.*

ir verbo

1. Moverse de un lugar hacia otro. *Voy ahora mismo a tu casa, espérame.* **SIN.** Desplazarse.

2. Ser una cosa adecuada o conveniente para algo o para alguien. *Esa hora me va bien.*

3. Extenderse una cosa desde los dos puntos que se señalan. *El canal va de un lado a otro de la huerta.*

4. Considerar algo como dirigido a un fin. *Iba a por los primeros puestos.* **SIN.** Dirigir.

5. Funcionar, marchar. *Desde que lo arreglaron, el televisor va bien.*

6. Seguido de los gerundios de ciertos verbos, denota que la acción se está realizando en este momento. *Va llegando.*

7. ir a expresión Seguido de un infinitivo, disponerse para la acción significada por ese verbo. *Iba a salir.*

8. ir a por algo expresión Buscarlo o traerlo. *Vete a por más pasteles.*

9. ir por expresión Haber avanzado en la realización de algo hasta un punto determinado. *Va por la mitad.*

10. ir a lo mío, tuyo, suyo expresión Preocuparse solo de los asuntos o intereses propios. *Es una persona que va siempre a lo suyo.*

✎ Verbo irregular. Ver pág. 535.

ira (i-ra) sustantivo femenino

Irritación y enfado violento. *Perdió los nervios y descargó en ella su ira.* **SIN.** Cólera, rabia, furia.

iris (i-ris) sustantivo masculino

Parte del ojo que rodea la pupila, que puede ser de distintos colores. *Su iris es verde.*

✎ Es igual en plural y en singular.

ironía (i-ro-ní-a) sustantivo femenino

Burla disimulada que consiste en decir algo dando a entender lo contrario de lo que esas mismas palabras dicen normalmente. *Después de perder el partido, les preguntó con ironía si iban a entrenar para el Mundial de fútbol.* **SIN.** Sarcasmo, retintín.

irónico, irónica (i-ró-ni-co) adjetivo

Que da a entender lo contrario de lo que dice. *Sus preguntas eran muy irónicas.* **SIN.** Burlón, punzante, cáustico, mordaz.

irracional (i-rra-cio-nal) adjetivo

1. Que carece de inteligencia y raciocinio. *Un animal irracional.* **SIN.** Bruto, bestia, animal.

2. Opuesto a la razón o fuera de ella. *Ese plan me parece irracional.* **SIN.** Absurdo, insensato.

irreal (i-rre-al) adjetivo

Sin realidad o verdad. *Una fábula es una historia irreal.* **SIN.** Aparente, ideal, ilusorio, virtual. **ANT.** Material, real, verdadero.

irrealizable (i-rre-a-li-za-ble) adjetivo

Que no se puede realizar o poner en práctica. *Era un deseo irrealizable.* **SIN.** Imposible, quimérico. **ANT.** Material, posible.

irregular (i-rre-gu-lar) adjetivo

1. Que es contrario a las reglas o las leyes. *Había algo irregular en sus cuentas.*

2. Que no es siempre igual o parecido. *En esta zona, las lluvias son irregulares.* **SIN.** Desigual.

3. Se dice del verbo que no se conjuga como los modelos de la primera, segunda y tercera conjugación. *Acertar, sentir y parecer son verbos irregulares.*

irremediable (i-rre-me-dia-ble) adjetivo

Que no se puede remediar. *El hecho era ya irremediable.* **SIN.** Irreparable.

irresponsable

(i-rres-pon-sa-ble) adjetivo

Se dice de la persona que toma decisiones importantes sin haber meditado lo suficiente sobre ellas. *Es muy irresponsable y eso ha perjudicado a la empresa.*

irritación (i-rri-ta-ción) sustantivo femenino

1. Enfado, ira. *Provocó su irritación.* **SIN.** Enojo, cólera, rabia. **ANT.** Calma, tranquilidad.

2. Inflamación o picor en alguna parte del cuerpo. *La alergia me produce irritación en la piel.*

irritar (i-rri-tar) verbo

1. Enfadar, hacer sentir ira. *Al enterarse de que le habían traicionado, se irritó mucho.* **SIN.** Enojar, encoleri-

ir

MODO INDICATIVO		MODO SUBJUNTIVO	
Tiempos simples	Tiempos compuestos	Tiempos simples	Tiempos compuestos
Presente	**Pret. perf. compuesto / Antepresente**	**Presente**	**Pret. perf. compuesto / Antepresente**
voy	he ido	vaya	haya ido
vas	has ido	vayas	hayas ido
va	ha ido	vaya	haya ido
vamos	hemos ido	vayamos	hayamos ido
vais / van	habéis ido	vayáis / vayan	hayáis ido
van	han ido	vayan	hayan ido
Pret. imperfecto / Copretérito	**Pret. pluscuamperfecto / Antecopretérito**	**Pret. imperfecto / Pretérito**	**Pret. pluscuamperfecto / Antepretérito**
iba	había ido	fuera o	hubiera o
ibas	habías ido	fuese	hubiese ido
iba	había ido	fueras o	hubieras o
íbamos	habíamos ido	fueses	hubieses ido
ibais / iban	habíais ido	fuera o	hubiera o
iban	habían ido	fuese	hubiese ido
		fuéramos o	hubiéramos o
		fuésemos	hubiésemos ido
		fuerais o	hubierais o
Pret. perf. simple / Pretérito	**Pret. anterior / Antepretérito**	fueseis / fueran o	hubieseis ido
		fuesen	hubieran o
fui	hube ido	fueran o	hubiesen ido
fuiste	hubiste ido	fuesen	
fue	hubo ido		
fuimos	hubimos ido	**Futuro simple / Futuro**	**Futuro compuesto / Antefuturo**
fuisteis / fueron	hubisteis ido		
fueron	hubieron ido	fuere	hubiere ido
		fueres	hubieres ido
		fuere	hubiere ido
Futuro simple / Futuro	**Futuro compuesto / Antefuturo**	fuéremos	hubiéremos ido
		fuereis / fueren	hubiereis ido
iré	habré ido	fueren	hubieren ido
irás	habrás ido		
irá	habrá ido	**MODO IMPERATIVO**	
iremos	habremos ido		
iréis / irán	habréis ido	ve (tú) / andá (vos) / vaya (usted)	
irán	habrán ido	id (vosotros)	
		vayan (ustedes)	
Condicional simple / Pospretérito	**Condicional compuesto / Antepospretérito**	**FORMAS NO PERSONALES**	
		Infinitivo	**Infinitivo compuesto**
iría	habría ido	ir	haber ido
irías	habrías ido		
iría	habría ido	**Gerundio**	**Gerundio compuesto**
iríamos	habríamos ido	yendo	habiendo ido
iríais / irían	habríais ido		
irían	habrían ido	**Participio**	
		ido	

535

zar, enfadar, enfurecer. **ANT.** Calmar, apaciguar.

2. Sentir o causar inflamación y dolor en una parte del cuerpo. *Se me irritan los ojos con tanto humo.* **SIN.** Enrojecer, escocer.

irrumpir (i-rrum-pir) verbo

1. Entrar violentamente en un lugar. *Los asaltantes irrumpieron en el local.* **SIN.** Acometer, invadir.

2. Aparecer algo de repente. *La suerte irrumpió en sus vidas.*

isla (is-la) sustantivo femenino

Porción de tierra rodeada de agua por todas partes. *Nos fuimos de vacaciones a una isla del Caribe.* **SIN.** Atolón, islote.

islamismo

(is-la-**mis**-mo) sustantivo masculino

Conjunto de creencias y mandatos que constituyen la religión fundada por Mahoma. *El islamismo es una de las religiones más practicadas en el mundo.*

isleño, isleña (is-**le**-ño) adjetivo

1. Que se refiere a una isla. *La economía isleña se basa en el turismo.*

2. adjetivo y sustantivo Persona nacida en una isla. *Los isleños no opinaban lo mismo.* **SIN.** Insular, insulano.

islote (is-**lo**-te) sustantivo masculino

Isla pequeña y despoblada. *Lo abandonaron en un islote.*

istmo (ist-mo) sustantivo masculino

Franja de tierra que une dos continentes o una península con un continente. *La marea alta cubrió el istmo.*

ítem (**í**-tem) sustantivo masculino

Cada una de las partes que compone algo. *El cuestionario del psicólogo constaba de varios ítems.*

✎ Sus plurales son *ítems* o *ítemes*.

itinerario

(i-ti-ne-**ra**-rio) sustantivo masculino

Ruta o camino que se sigue para llegar a un lugar. *Tenía muy estudiado el itinerario que tenían que seguir.* **SIN.** Trayecto.

izar (i-**zar**) verbo

Hacer subir una cosa tirando de la cuerda o cable del que está colgada. *Izaron la bandera.* **SIN.** Levantar, elevar. **ANT.** Arriar.

✎ Se conjuga como *abrazar*.

izquierdo, izquierda

(iz-**quier**-do) adjetivo

1. Se dice de la parte del cuerpo que está situada en el lado del corazón. *Pepe es zurdo, por eso agarra la cuchara con la mano izquierda.* **ANT.** Derecho.

2. Dirección que se corresponde con el lado izquierdo. *La exposición se encuentra en el ala izquierda del museo.*

3. sustantivo femenino Lo que, referido a un objeto o a un observador, cae hacia su parte izquierda. *Esa tecla está a la izquierda del teclado.*

4. sustantivo femenino Conjunto de personas o partidos políticos que buscan el progreso y la igualdad social. *Era una propuesta de los partidos de izquierda.*

j sustantivo femenino

Décima letra del abecedario español y séptima de sus consonantes. Su nombre es *jota*. *Javier empieza con* j.

jabalí (ja-ba-**lí**) sustantivo masculino

Animal mamífero salvaje parecido al cerdo, con grandes colmillos y hocico puntiagudo. *Cazó un jabalí en el monte.*

✎ Su plural es *jabalíes* o *jabalís*.

jabalina (ja-ba-**li**-na) sustantivo femenino

1. Especie de lanza que se usaba para cazar. *Era muy aficionado a la caza; tenía en su casa hasta jabalinas.* **SIN.** Lanza.

2. Modalidad deportiva del atletismo que consiste en lanzar una vara parecida a esta lanza. *Compitieron por el oro olímpico en el lanzamiento de jabalina.*

jabato, jabata (ja-**ba**-to) sustantivo

1. Cría del jabalí. *El jabato corría por el monte perseguido por los perros de caza.*

2. adjetivo Se dice de la persona muy valiente. *Se portó como un auténtico jabato cuando le atacaron aquellos delincuentes.* **SIN.** Bravo, atrevido. **ANT.** Cobarde, pusilánime.

jabón (ja-**bón**) sustantivo masculino

Producto químico que sirve para lavar. *Esos jabones de tocador tienen aroma a frutas tropicales.* **SIN.** Detergente.

jabonar (ja-bo-**nar**) verbo

Frotar la ropa u otras cosas con agua y jabón. *Jabona bien estas camisetas, que están muy sucias.* **SIN.** Enjabonar.

jaboncillo (ja-bon-**ci**-llo) sustantivo masculino

1. Pastilla de jabón aromático. *Le regalaron una cajita con jaboncillos de distintos aromas.*

2. Pastilla utilizada por los sastres y modistas para marcar en la tela el lugar por donde se debe coser o cortar. *Tienes que coser por donde va la marca del jaboncillo.*

jabonera (ja-bo-**ne**-ra) sustantivo femenino

Recipiente donde se coloca el jabón en los lavabos y tocadores. *Margarita compró una preciosa jabonera de cerámica.*

jaca (**ja**-ca) sustantivo femenino

1. Hembra del caballo. *En el establo había varias jacas con sus potros.* **SIN.** Yegua.

2. Caballo de poca altura. *Prefiere montar en una jaca que en un caballo más grande.*

jacinto (ja-**cin**-to) sustantivo masculino

Planta de flores olorosas, con forma de campana y de diversos colores, agrupadas en racimos. *El jacinto es una planta originaria de Asia Menor.*

jactarse (jac-**tar**-se) verbo

Presumir una persona de algo que tiene o dice tener. *Se jacta de leer mucho, pero no lee ni la prensa.* **SIN.** Alardear, pavonearse. **ANT.** Humillarse.

jadear (ja-de-**ar**) verbo

Respirar con esfuerzo por efecto de algún trabajo o esfuerzo grande. *Lle-*

gó jadeando a la cima del monte. **SIN.** Ahogarse, sofocarse, resollar.

jalea (ja-le-a) sustantivo femenino

1. Gelatina transparente y dulce hecha del zumo de algunas frutas. *Hizo jalea de membrillo.*

2. jalea real expresión Sustancia, rica en vitaminas, producida por las abejas para alimentar a las crías y a las reinas. *Tomo jalea real cada día.*

jaleo (ja-le-o) sustantivo masculino

Situación en la que hay bullicio, movimiento o desorden. *Había mucho jaleo en la fiesta.* **ANT.** Calma, silencio.

jamás (ja-más) adverbio

Nunca, ninguna vez, en ningún tiempo. *No mientas jamás a tus padres.* **SIN.** Nunca. **ANT.** Siempre.

jamón (ja-món) sustantivo masculino

1. Carne curada de la pierna del cerdo. También se llama *jamón serrano. Le gustaba mucho el jamón curado al humo.*

2. jamón de York expresión El que se cuece y se come fiambre. *Pidió un bocadillo de jamón de York.*

3. y un jamón expresión Expresa que algo excede de lo que buenamente se puede pedir o dar. *¿Que te dé mi propina? ¡Y un jamón!*

jaqueca (ja-que-ca) sustantivo femenino

Dolor muy fuerte de cabeza. *Estaba en la cama con una fuerte jaqueca.* **SIN.** Migraña, neuralgia.

jarabe (ja-ra-be) sustantivo masculino

1. Bebida compuesta de azúcar, agua y zumos o sustancias medicinales. *El médico le ha recetado un jarabe contra la tos.*

2. Cualquier bebida excesivamente dulce. *Ese licor de frutas parece jarabe.*

jardín (jar-dín) sustantivo masculino

1. Terreno donde se cultivan árboles, plantas y flores de adorno. *¿Jugamos en el jardín?* **SIN.** Vergel.

2. jardín botánico expresión Terreno destinado al cultivo de plantas para su estudio. *Trabaja de jardinero en el jardín botánico.*

3. jardín de infancia expresión Escuela para niños muy pequeños. **SIN.** Guardería. *La niña ya va al jardín de infancia.*

jardinera

(jar-di-ne-ra) sustantivo femenino

Mueble para colocar en él plantas de adorno o macetas con flores. *Riega las flores de la jardinera.* **SIN.** Macetero.

jardinería

(jar-di-ne-rí-a) sustantivo femenino

Arte de cultivar plantas y jardines. *Le gusta mucho la jardinería.*

jaripeo (ja-ri-pe-o) sustantivo masculino

Deporte que consiste en montar potros o reses sin silla. *Algunos de los jaripeos incluyen las demostraciones con lazo.* **SIN.** Rodeo.

jarra (ja-rra) sustantivo femenino

1. Vasija con cuello y boca anchos y una o dos asas. *Trae agua en la jarra de cristal.*

2. en jarras expresión Postura con las manos en la cintura y los brazos arqueados. *Se puso en jarras y no me dejaba pasar.*

jarro (ja-rro) sustantivo masculino

Vasija parecida a la jarra, con una sola asa. *Nos echaron un jarro de agua por armar jaleo en la calle.*

jarrón (ja-rrón) sustantivo masculino

Vaso de porcelana, cristal, etc., decorado artísticamente y que se utiliza como adorno. *Puso unas rosas en el jarrón.* **SIN.** Florero.

jaula (jau-la) sustantivo femenino

Caja hecha con barrotes de madera, mimbre, alambre, etc., que sirve para encerrar animales dentro. *El pájaro se escapó de la jaula.*

jauría (jau-**rí**-a) sustantivo femenino
Conjunto de perros en una cacería. *Salieron a la caza del zorro con toda la jauría.*

jazmín (jaz-**mín**) sustantivo masculino
Planta de jardín, con ramas trepadoras y olorosas flores blancas. *El jazmín es originario de Persia.*

jazz sustantivo masculino
Género musical originario de Estados Unidos, y que está caracterizado por la improvisación y la variedad de ritmos. *Hace colección de discos de jazz.*
✎ Se pronuncia /yas/.

jefe, jefa (je-fe) sustantivo
Persona que dirige y tiene responsabilidad sobre otras. *En cada departamento de la fábrica manda un jefe.* **SIN.** Director, superior.
✎ El femenino puede ser *la jefe* o *la jefa*.

jeque, jequesa (je-que) sustantivo
Gobernador de un territorio árabe. *Se entrevistó con un jeque.*
✎ El femenino *jequesa* designa a la esposa de un jeque.

jerga (jer-ga) sustantivo femenino
Lenguaje especial que hablan entre sí los miembros de ciertas profesiones o grupos, y es difícil de entender para los demás. *Como no soy aficionado a los toros, no entiendo la jerga que emplean los toreros.* **SIN.** Argot.

jergón (jer-**gón**) sustantivo masculino
Colchón relleno de esparto, paja o hierbas. *Se tumbó en un viejo jergón que había en la cabaña.*

jerigonza (je-ri-**gon**-za) sustantivo femenino
Lenguaje difícil de entender. *Hablan en una extraña jerigonza.*

jeringuilla (je-rin-**gui**-lla) sustantivo femenino
Instrumento compuesto por un tubo hueco y una aguja, que inyecta a presión los líquidos. *La enfermera le puso una inyección con la jeringuilla.*

jeroglífico
(je-ro-**glí**-fi-co) sustantivo masculino
1. Cada una de las figuras usadas en la escritura de algunos pueblos antiguos. *Los estudiosos han descifrado muchos jeroglíficos egipcios.*
2. Conjunto de signos y figuras cuyo desciframiento constituye un pasatiempo o juego de ingenio. *En esa revista siempre vienen muchos jeroglíficos.* **SIN.** Acertijo.

jersey (jer-**sey**) sustantivo masculino
Prenda de vestir, de punto, que cubre desde los hombros hasta la cintura. *Ese jersey debe de abrigar mucho porque es de lana.*
✎ Su plural es *jerseis*.

jesuita
(je-**sui**-ta) adjetivo y sustantivo masculino
Se dice del religioso de la Compañía de Jesús, fundada por san Ignacio de Loyola. *Estudia en un colegio de jesuitas.* **SIN.** Ignaciano.

jeta (je-ta) sustantivo femenino
1. Boca saliente. *La jeta es característica de esa raza de perros.* **SIN.** Morro, belfo.
2. Cara o parte anterior de la cabeza. *Tenía la jeta muy mal por no haber dormido.* **SIN.** Rostro.
3. tener mucha jeta expresión Tener alguien mucho descaro. *Tienes mucha jeta, no sé cómo te atreves.*

jilguero (jil-**gue**-ro) sustantivo masculino
Pájaro muy común en España, de vivos colores y melodioso canto, fácilmente domesticable. *El jilguero es uno de los pájaros más bonitos de Europa.*

jinete (ji-**ne**-te) sustantivo
Persona que monta a caballo o que es diestra en la equitación. *Era muy buen jinete.*
✎ Para el femenino, podemos usar *la jinete* o *la amazona*.

jipi (**ji**-pi) adjetivo y sustantivo

1. Se aplica a todo lo relacionado con el movimiento social y cultural que surgió en los años sesenta, que se caracterizaba por la defensa del pacifismo y la vuelta a la vida natural. *Se vuelve a llevar la moda jipi.*
2. Se dice de los partidarios de este movimiento. *Cuando era joven, fue jipi y vivió en una comuna.*
✎ También *hippie* o *hippy*. Su plural es *jipis*.

jirafa (ji-**ra**-fa) sustantivo femenino

1. Mamífero africano muy alto, con cuello largo, patas delgadas y pelo amarillento con manchas marrones. *Vimos jirafas en el zoo.*
2. Brazo alargado y móvil que permite mover el micrófono sobre los actores durante un rodaje. *La película era tan mala que hasta se veía la jirafa.*

joder (jo-**der**) verbo

1. Realizar el acto sexual. *El verbo joder es una palabra vulgar.*
2. Molestar, fastidiar. *Me jodía aquella gran injusticia.*
3. Destrozar, arruinar, echar a perder. *El mal tiempo nos jodió las vacaciones.*
4. interjección Expresa enfado, irritación o asombro. *¡Calla, joder!*
✎ Es una palabra malsonante.

jolgorio (jol-**go**-rio) sustantivo masculino

Diversión ruidosa. *Había tanto jolgorio en la calle que los vecinos no podían dormir.* **SIN.** Bullicio, jarana. **ANT.** Tristeza.

jornada (jor-**na**-da) sustantivo femenino

1. Tiempo que dura el trabajo diario. *Mi jornada es de ocho horas.* **SIN.** Horario.
2. Las veinticuatro horas que dura el día. *La jornada de ayer fue muy intensa.* **SIN.** Día.
3. jornada intensiva expresión Trabajo que se realiza de una manera continuada, ya sea por la mañana o por la tarde. *Todos los trabajadores de la empresa prefieren la jornada intensiva a la jornada partida.*

jornal (jor-**nal**) sustantivo masculino

Sueldo que gana el trabajador por cada día de trabajo. *Le pidieron un aumento de jornal.* **SIN.** Paga.

jornalero, jornalera

(jor-na-**le**-ro) sustantivo

Persona que trabaja por un jornal o salario diario. *Contrataron a varios jornaleros más para la campaña de la aceituna.* **SIN.** Bracero.

joroba (jo-**ro**-ba) sustantivo femenino

1. Deformidad producida por desviación de la espalda. *Andaba muy agachada y tenía un poco de joroba.* **SIN.** Giba, chepa.
2. Impertinencia, fastidio. *Es una joroba tener que salir ahora de casa con el frío que hace.* **SIN.** Lata.

jorobar (jo-ro-**bar**) verbo

Fastidiar, molestar. *Me joroba mucho que la gente no sea puntual.* **SIN.** Incordiar, importunar, irritar. **ANT.** Complacer, agradar.

jota (**jo**-ta) sustantivo femenino

1. Nombre de la letra *j.*
2. Baile popular de algunas regiones españolas, y música y copla de este baile. *Bailó una jota aragonesa.*
3. no saber ni jota expresión No saber alguien nada sobre algo. *Mi abuela no sabe ni jota de inglés.*
✎ Su plural es *jotas*.

joven (**jo**-ven) adjetivo y sustantivo

1. De poca edad, pero mayor que un niño. *Mis padres se casaron cuando aún eran muy jóvenes.* **SIN.** Muchacho. **ANT.** Viejo.
2. adjetivo De hace poco tiempo. *Es un proyecto muy joven.* **SIN.** Actual, reciente, nuevo. **ANT.** Antiguo.
✎ Es igual en femenino y masculino.

joya (jo-ya) sustantivo femenino
1. Objeto de metal precioso, trabajado con delicadeza, que sirve para adorno de las personas. *Tenía varias joyas de perlas.* **SIN.** Alhaja, adorno.
2. Cosa o persona de mucha valía. *Sus libros eran auténticas joyas.*

joyero (jo-ye-ro) sustantivo masculino
Caja o cofrecillo para guardar las joyas. *Guarda los pendientes en el joyero.* **SIN.** Cofre.

juanete (jua-ne-te) sustantivo masculino
Hueso del nacimiento del dedo grueso del pie, cuando sobresale demasiado. *Ese zapato me hace mucho daño en el juanete.*

jubilación
(ju-bi-la-ción) sustantivo femenino
1. Retirada de una persona del trabajo porque ha llegado a cierta edad o por problemas de salud. *Le quedan solo dos años para la jubilación.* **SIN.** Retiro.
2. Dinero que cobra la persona jubilada. *Cobraba una jubilación muy pequeña.* **SIN.** Pensión, renta.

jubilado, jubilada
(ju-bi-la-do) adjetivo y sustantivo
Se dice de la persona que ha sido jubilada. *Fue de vacaciones en un viaje especial para jubilados.*

jubilar (ju-bi-lar) verbo
Retirar del servicio a un empleado, por razón de edad o imposibilidad física. *Le jubilaron a los cincuenta años por enfermedad.* **SIN.** Licenciar, retirar.

júbilo (jú-bi-lo) sustantivo masculino
Manifestación de alegría expresada con gestos. *Celebraron la noticia de su nacimiento con enorme júbilo.* **SIN.** Gozo. **ANT.** Tristeza, pesar.

judaísmo (ju-da-ís-mo) sustantivo masculino
Religión basada en las doctrinas del Antiguo Testamento y en el Talmud. *Moisés fue uno de los patriarcas del judaísmo.*

judía (ju-dí-a) sustantivo femenino
Planta que se cultiva en huertas con fruto en vaina, cuyas semillas tienen forma de riñón y son comestibles. Nombre de su fruto y semilla. *Las judías se pueden comer verdes o secas.*

judío, **judía**
(ju-dí-o) adjetivo y sustantivo
1. Se dice del individuo de un antiguo pueblo semítico que conquistó y habitó Palestina en la Antigüedad, o de aquello relacionado con dicho pueblo. *Abraham, Moisés e Isaac son tres importantes patriarcas judíos.*
2. Se dice de las personas cuya religión es el judaísmo, o de aquello relacionado con dicha religión. *Los sábados son días santos para los judíos.*

juego (jue-go) sustantivo masculino
1. Diversión o deporte sometido a ciertas reglas, y en el cual se gana, se pierde o se empata. *Era muy bueno en el juego del ajedrez.*
2. Unión entre dos piezas encajadas, de manera que una de ellas pueda moverse. *Tuvo que ir a rehabilitación para recuperar el juego de la rodilla.*
3. Conjunto de cosas relacionadas entre sí, destinadas al mismo fin. *Me prestó su juego de café.*
4. juego de azar expresión Aquel cuyo resultado depende de la suerte. *Juega a la lotería y otros juegos de azar.*
5. juego de manos expresión Agilidad de manos con que los prestidigitadores e ilusionistas engañan a los espectadores, haciendo aparecer o desaparecer algo. *Intenté adivinar cómo hacía los juegos de manos.*
6. juego de palabras expresión Usar palabras ingeniosamente, o emplear dos o más que solo se diferencian en

algunas de sus letras. *No entiendo tus juegos de palabras.*

7. juegos malabares expresión Espectáculo de ejercicios de agilidad y destreza, que consiste en mantener objetos en equilibrio, lanzarlos al aire y recogerlos, etc. *Vi al saltimbanqui realizar juegos malabares.*

8. Juegos Olímpicos expresión Certamen deportivo internacional que se celebra cada cuatro años. *El nadador ha participado en varios Juegos Olímpicos.* **SIN.** Olimpiada.

juerga (**juer**-ga) sustantivo femenino
Diversión bulliciosa de varias personas. *Nos fuimos de juerga para celebrarlo.* **SIN.** Parranda, jolgorio. **ANT.** Calma, silencio.

jueves (**jue**-ves) sustantivo masculino
Día de la semana entre el miércoles y el viernes. *Los jueves voy a clase de chino.*

✎ Es igual en singular y en plural.

juez sustantivo
1. Persona que tiene autoridad para juzgar y decidir si otra es culpable o inocente, y poder para castigar al que no cumple las leyes. *El juez declaró inocente al acusado.* **SIN.** Magistrado. **ANT.** Reo, culpable.
2. Persona que se encarga de hacer cumplir las reglas en competiciones y concursos. *Es una de las jueces del certamen de poesía.*

✎ Su plural es *jueces*. En femenino se puede decir *la juez* o *la jueza*.

jugada (ju-ga-da) sustantivo femenino
1. Acción de jugar el jugador cuando le toca el turno. *Tuvo mucha suerte en su primera jugada.*
2. Acción malintencionada contra alguien. *Al no avisarme del peligro, me hizo una buena jugada.* **SIN.** Faena, jugarreta.

jugador, jugadora (ju-ga-**dor**) adjetivo y sustantivo
1. Que toma parte en algún juego. *El jugador tuvo que retirarse a causa de la lesión.* **SIN.** Deportista, participante.
2. Que juega demasiado dinero en juegos de azar. *Estuvo a punto de arruinarse cuando era jugador.*

jugar (ju-gar) verbo
1. Tomar parte en un juego para entretenerse o divertirse. *El gatito juega con el ovillo de lana.*
2. Participar en un sorteo o juego de azar. *Todas las semanas juega a la lotería.*
3. jugarse la vida Arriesgarse, ponerse en peligro. *Se jugó la vida para salvarme.*

✎ Para los deportes, en España se usa acompañado de un complemento (*jugar al tenis*), mientras que en Hispanoamérica se utiliza sin el complemento (*jugar tenis*).

✎ Verbo irregular. Ver pág. 543.

jugarreta (ju-ga-**rre**-ta) sustantivo femenino
Acción malintencionada contra alguien. *Está muy enfadado contigo por la jugarreta que le hiciste.* **SIN.** Trastada, faena.

jugo (**ju**-go) sustantivo masculino
1. Zumo extraído de sustancias vegetales o animales. *El vino es jugo de la uva.* **SIN.** Néctar, extracto.
2. Utilidad o provecho que se obtiene de una cosa. *Sacaron mucho jugo a ese negocio.* **SIN.** Beneficio, lucro, ventaja, sustancia.

juguete (ju-**gue**-te) sustantivo masculino
Objeto hecho expresamente para que jueguen los niños. *El patito de goma era su juguete favorito.*

juguetería (ju-gue-te-**rí**-a) sustantivo femenino
Fábrica de juguetes y tienda donde se venden. *Los niños miraban el escaparate de la juguetería.*

jugar

MODO INDICATIVO		MODO SUBJUNTIVO	
Tiempos simples	Tiempos compuestos	Tiempos simples	Tiempos compuestos

Presente	Pret. perf. compuesto / Antepresente		Presente	Pret. perf. compuesto / Antepresente	
juego	he	jugado	juegue	haya	jugado
juegas / jugás	has	jugado	juegues	hayas	jugado
juega	ha	jugado	juegue	haya	jugado
jugamos	hemos	jugado	juguemos	hayamos	jugado
jugáis / juegan	habéis	jugado	juguéis / jueguen	hayáis	jugado
juegan	han	jugado	jueguen	hayan	jugado

Pret. imperfecto / Copretérito	Pret. pluscuamperfecto / Antecopretérito		Pret. imperfecto / Pretérito	Pret. pluscuamperfecto / Antepretérito	
jugaba	había	jugado	jugara o jugase	hubiera o hubiese jugado	
jugabas	habías	jugado	jugaras o jugases	hubieras o hubieses jugado	
jugaba	había	jugado	jugara o jugase	hubiera o hubiese jugado	
jugábamos	habíamos	jugado	jugáramos o jugásemos	hubiéramos o hubiésemos jugado	
jugabais / jugaban	habíais	jugado	jugarais o jugaseis / jugaran o jugasen	hubierais o hubieseis jugado	
jugaban	habían	jugado	jugaran o jugasen	hubieran o hubiesen jugado	

Pret. perf. simple / Pretérito	Pret. anterior / Antepretérito	
jugué	hube	jugado
jugaste	hubiste	jugado
jugó	hubo	jugado
jugamos	hubimos	jugado
jugasteis / jugaron	hubisteis	jugado
jugaron	hubieron	jugado

Futuro simple / Futuro	Futuro compuesto / Antefuturo	
jugare	hubiere	jugado
jugares	hubieres	jugado
jugare	hubiere	jugado
jugáremos	hubiéremos	jugado
jugareis / jugaren	hubiereis	jugado
jugaren	hubieren	jugado

Futuro simple / Futuro	Futuro compuesto / Antefuturo	
jugaré	habré	jugado
jugarás	habrás	jugado
jugará	habrá	jugado
jugaremos	habremos	jugado
jugaréis / jugarán	habréis	jugado
jugarán	habrán	jugado

MODO IMPERATIVO

juega (tú) / jugá (vos) / juegue (usted)
jugad (vosotros)
jueguen (ustedes)

Condicional simple / Pospretérito	Condicional compuesto / Antepospretérito	
jugaría	habría	jugado
jugarías	habrías	jugado
jugaría	habría	jugado
jugaríamos	habríamos	jugado
jugaríais / jugarían	habríais	jugado
jugarían	habrían	jugado

FORMAS NO PERSONALES

Infinitivo	Infinitivo compuesto
jugar	haber jugado

Gerundio	Gerundio compuesto
jugando	habiendo jugado

Participio	
jugado	

A B C D E F G H I J K L M N Ñ O P Q R S T U V W X Y Z

543

juguetón, juguetona

(ju-gue-**tón**) adjetivo

Se dice de la persona o animal al que le gusta mucho jugar. *Es una perrita muy juguetona.* **SIN.** Bullicioso, inquieto, travieso. **ANT.** Tranquilo.

juicio (**jui**-cio) sustantivo masculino

1. Capacidad para distinguir el bien del mal y lo verdadero de lo falso. *Por sus acciones, parecía no tener juicio.* **SIN.** Criterio.

2. Opinión que se tiene sobre algo. *No comparto su juicio.* **SIN.** Parecer.

3. Prudencia en la manera de actuar. *Era una persona con mucho juicio.* **SIN.** Madurez, cordura.

4. Acto en que un juez juzga un hecho contrario a la ley y dicta sentencia. *Mañana se celebrará el juicio.* **SIN.** Pleito, proceso, litigio.

5. estar alguien en su sano juicio expresión Estar cuerdo, en un estado mental normal. *No estaba en su sano juicio cuando se suicidó.*

juicioso, juiciosa

(jui-**cio**-so) adjetivo y sustantivo

Que tiene juicio, madurez y cordura. *Me fío de sus consejos porque es una persona muy juiciosa.* **SIN.** Prudente. **ANT.** Insensato.

julio (**ju**-lio) sustantivo masculino

Séptimo mes del año, que tiene treinta y un días. *En julio iré a la playa.*

✎ No se suele usar en plural.

junco (**jun**-co) sustantivo masculino

Planta de tallos lisos, delgados y flexibles, de color verdoso, que se cría en la orilla de los ríos, arroyos y lagunas. *El arroyo estaba escondido entre los juncos.*

jungla (**jun**-gla) sustantivo femenino

Selva tropical, cubierta de espesa y abundante vegetación. *Este animal vive en la jungla americana.*

junio (**ju**-nio) sustantivo masculino

Sexto mes del año, que tiene treinta días. *El curso termina en junio y me dan las vacaciones de verano.*

✎ No se suele usar en plural.

junta (**jun**-ta) sustantivo femenino

1. Reunión de varias personas para tratar un asunto. *El director de la empresa presidió la junta de socios.* **SIN.** Asamblea.

2. Unión de dos o más cosas. *Echa más cola en la junta de estas dos baldosas.* **SIN.** Juntura.

juntar (**jun**-tar) verbo

1. Unir unas cosas con otras. *¿Has juntado ya todas las piezas del rompecabezas?* **SIN.** Acoplar, combinar. **ANT.** Deshacer, desmontar.

2. Reunir a personas o animales en un sitio. *Juntaron a sus amigos para celebrar su nuevo trabajo.* **SIN.** Apiñar, agrupar, congregar. **ANT.** Esparcir.

3. Reunir cosas, poner en el mismo lugar. *Los compañeros de curso lograron juntar el dinero para ir de excursión.* **SIN.** Acumular, amontonar. **ANT.** Esparcir.

junto, junta (**jun**-to) adjetivo

1. Unido, cercano. *Iban siempre juntas las dos.*

2. junto a expresión Cerca de. *El perchero está junto al armario.*

3. junto con expresión Juntamente, a la vez, en compañía de. *Viene junto con su padre.*

jurado (**ju**-ra-do) sustantivo masculino

1. Conjunto de personas reunidas temporalmente para determinar la culpabilidad o inocencia de un acusado. *El jurado se reunió a deliberar.*

2. Grupo de personas que dirigen en su aspecto técnico una prueba deportiva. *Fue descalificado por el jurado en su última prueba.*

juramento

(ju-ra-**men**-to) sustantivo masculino

Promesa, afirmación o negación de una cosa, hecha con gran seriedad. *Prestó juramento de su nuevo cargo.*

jurar (ju-**rar**) verbo

1. Afirmar o negar bajo juramento. *Juró que era verdad en el juicio.* **SIN.** Asegurar, prometer.

2. Prometer que se van a cumplir las obligaciones que conlleva un puesto de responsabilidad. *El ministro juró su cargo.*

justicia (jus-**ti**-cia) sustantivo femenino

1. Virtud que inclina a dar a cada uno lo que se merece o corresponde. *Las calificaciones del examen se han dado con justicia.* **SIN.** Equidad. **ANT.** Injusticia.

2. Grupo de personas que se ocupa de que las leyes se cumplan. *Fue detenido y llevado ante la justicia.*

justificante

(jus-ti-fi-**can**-te) sustantivo masculino

Documento que sirve para demostrar o justificar algo. *Presentó un justificante de haber pagado.* **SIN.** Comprobante, recibo.

justificar (jus-ti-fi-**car**) verbo

1. Probar una cosa con razones, testigos y documentos. *Tenía que justificar que aquella finca era de su propiedad.* **SIN.** Acreditar.

2. Probar la inocencia de alguien o disculparlo. *Justificó la ausencia del presidente en aquella reunión por razones de salud.* **SIN.** Disculpar, excusar. **ANT.** Acusar.

✎ Se conjuga como *abarcar*.

justo, justa (jus-to) adjetivo

1. Exacto, que tiene en número, peso y medida lo que debe tener. *Es un kilo justo.* **SIN.** Preciso, cabal. **ANT.** Inexacto.

2. Apretado, que ajusta bien. *Estos zapatos me quedan demasiado justos, necesito un número más.* **SIN.** Ajustado. **ANT.** Holgado.

3. Indicado, apropiado. *Llegó en el momento justo, cuando hablábamos de su proyecto.*

4. Que es lógico o razonable. *Es justo que ahora vaya ella, tú ya has ido una vez.*

5. adjetivo y sustantivo Que obra según la justicia. *Es muy justo calificando los exámenes.* **SIN.** Ecuánime, equitativo. **ANT.** Injusto, arbitrario.

juvenil (ju-ve-**nil**) adjetivo

Que pertenece o se refiere a la juventud. *Viste muy juvenil.*

juventud

(ju-ven-**tud**) sustantivo femenino

1. Edad que sigue a la niñez. *Mi abuela solía hablarnos de su juventud.* **SIN.** Mocedad, adolescencia. **ANT.** Vejez, madurez.

2. Conjunto de jóvenes. *La juventud del barrio ha organizado una fiesta este fin de semana.*

juzgado (juz-**ga**-do) sustantivo masculino

Lugar donde se celebran los juicios. *Los periodistas esperaban en los juzgados la salida del acusado.*

juzgar (juz-**gar**) verbo

1. Pensar el juez si alguien es culpable o inocente y decidir si le corresponde castigo y cuál debe ser. *Le van a juzgar por robo.*

2. Formarse una opinión sobre una cosa. *Le juzgué un holgazán y no lo era.* **SIN.** Creer, considerar.

✎ Se conjuga como *ahogar*.

k sustantivo femenino

Octava consonante del abedecedario español. Su nombre es *ka*. Kilo *se escribe con* k.

✎ Su plural es *kas*.

karaoke (ka-ra-**o**-ke) sustantivo masculino

Entretenimiento que consta de un aparato en el que se escucha la música de una canción y también se ve la letra de la misma, además de un micrófono para que una o varias personas canten. *Pasaban las tardes de lluvia con el karaoke.*

kárate (**ká**-ra-te) sustantivo masculino

Tipo de lucha japonesa considerada como deporte. *Aprende kárate para defenderse.*

✎ También *karate*.

karateca (ka-ra-**te**-ca) sustantivo

Se dice de la persona que practica el kárate. *Aunque es muy joven todavía, es un buen karateca.*

katiuska (ka-**tius**-ka) sustantivo femenino

Bota de goma que no deja pasar el agua y que llega hasta media pierna o hasta la rodilla. *Ponte las katiuskas, que está lloviendo.*

kétchup sustantivo masculino

Salsa de tomate con sabor picante. *Echa kétchup a mi hamburguesa.*

✎ También *cátchup* y *cátsup*.

kilo (**ki**-lo) sustantivo masculino

Forma breve de decir *kilogramo*. *Compra un kilo de naranjas.*

✎ También *quilo*.

kilogramo (ki-lo-**gra**-mo) sustantivo masculino

Medida de peso que contiene 1000 gramos. Su símbolo es *kg*. *Quiero un kilogramo de peras.*

✎ También *quilogramo*.

kilómetro (ki-**ló**-me-tro) sustantivo masculino

Medida de longitud que contiene 1000 metros. Su símbolo es *km*. *La marcha es de cinco kilómetros.*

✎ También *quilómetro*.

kiwi (**ki**-wi) sustantivo masculino

1. Fruta tropical de color verde, sabor agridulce y piel cubierta de pelillos. *Me tomé un kiwi de postre.*

✎ También *quivi*.

2. Árbol del que se obtiene el kiwi. *Nunca he visto un bosque de kiwis.*

3. Ave corredora de Nueva Zelanda. *Le trajeron a Marina un peluche de aquel viaje que hicieron por el mundo.*

klínex (**klí**-nex) sustantivo masculino

Pañuelo desechable de papel. *Como tiene catarro, tiene la mesa llena de klínex.*

✎ También *kleenex*.

koala (ko-**a**-la) sustantivo masculino

Animal mamífero que vive en los árboles de los bosques australianos. *Emitieron un reportaje sobre los koalas.*

kibutz (ki-**butz**) sustantivo masculino

Colectivo agrícola israelí de producción y consumo comunitarios. *Repartieron la cosecha entre las familias del kibutz.*

✎ Su plural es *los kibutz*.

L l

l sustantivo femenino

1. Novena consonante del abecedario español. Su nombre es *ele*. *Pastel acaba en l.*

2. Letra que tiene el valor de 50 en la numeración romana. Se usa en mayúscula.

la artículo

1. Forma del artículo determinado en femenino singular. *La chaqueta. La casa.*

2. pronombre personal Forma del pronombre personal de tercera persona del singular en femenino, que funciona como complemento directo. *La vi pasar.* ✎ No lleva preposición, y se puede usar formando una sola palabra con el verbo, como en *verla*.

3. sustantivo masculino Sexta nota de la escala musical. *La es la nota anterior a si.* ✎ Su plural es *las*.

laberinto

(la-be-**rin**-to) sustantivo masculino

1. Lugar formado por muchas calles, encrucijadas y plazuelas, de modo que es difícil orientarse para salir de él. *Esa ciudad es un auténtico laberinto.*

2. Cosa confusa y enredada. *Esa historia que me cuentas es un laberinto.* **SIN.** Enredo, maraña, lío.

labia (**la**-bia) sustantivo femenino

Facilidad para hablar y para convencer. *Tenía mucha labia.*

labio (**la**-bio) sustantivo masculino

1. Cada una de las dos partes exteriores, carnosas y movibles de la boca. *Cristina tenía los labios agrietados por el frío.*

2. Borde de ciertas cosas. *Los labios de una herida, de una flor, etc.*

3. morderse los labios expresión Hacer esfuerzos por no hablar o reírse de algo o de alguien. *Se mordió los labios para no responderle.*

4. no despegar los labios expresión Callar o no contestar. *No despegó los labios por más que intentaron sonsacarle información.*

labor (la-**bor**) sustantivo femenino

1. Trabajo. *Las labores de la casa son muy variadas.* **SIN.** Faena, tarea, quehacer, ocupación.

2. Obra de coser, bordar, etc. *Hizo una preciosa labor de ganchillo.* **SIN.** Costura, bordado, punto.

3. Cultivo de las tierras. *Tiene tierras de labor.* **SIN.** Labranza, laboreo.

4. estar por la labor expresión Estar con ánimo favorable para algo. *Mi padre no está por la labor de dejarme ir al concierto.*

laborable (la-bo-**ra**-ble) adjetivo

Se dice del día en que se puede trabajar. *Mañana es día laborable, la fiesta se ha cambiado para la próxima semana.* **SIN.** Hábil. **ANT.** Festivo, inhábil.

laboral (la-bo-**ral**) adjetivo

Que se refiere al trabajo, en su aspecto económico, legal y social. *Tiene examen de Derecho Laboral.*

laboratorio

(la-bo-ra-**to**-rio) sustantivo masculino

Lugar preparado para realizar en él experimentos científicos e investigaciones técnicas. *Tiene prácticas en el laboratorio.*

laborioso, laboriosa

(la-bo-**rio**-so) adjetivo

1. Trabajador, aficionado al trabajo. *Es una persona muy laboriosa.* **SIN.** Aplicado, diligente. **ANT.** Holgazán, perezoso, pasivo.

2. Trabajoso, penoso, difícil. *Recomponer el jarrón roto fue una tarea muy laboriosa.* **SIN.** Complicado. **ANT.** Fácil, cómodo.

labrador, labradora

(la-bra-**dor**) sustantivo

Persona que cultiva la tierra. *Procede de una familia de labradores.* **SIN.** Agricultor, labriego.

labranza (la-**bran**-za) sustantivo femenino

Cultivo de los campos. *Se dedica a la labranza.* **SIN.** Labor.

labrar (la-**brar**) verbo

1. Trabajar una materia dándole la forma o estado que debe tener para poder usarse. *Labra la madera para hacer una vitrina.* **SIN.** Tallar, esculpir.

2. Cultivar la tierra. *Se levantó temprano para ir a labrar la tierra.*

3. Coser o bordar, o hacer otras labores de costura. *Labró sus iniciales en el pañuelo.*

4. Hacer, formar, causar. *Labró el bienestar de su familia.*

labriego, labriega

(la-**brie**-go) sustantivo

Labrador. *Los labriegos se reunieron para tratar el tema del riego.* **SIN.** Agricultor, campesino.

laca (**la**-ca) sustantivo femenino

1. Sustancia que se usa para dar forma y mantener el peinado. *Échate un poco de laca.*

2. Sustancia transparente que se obtiene de las ramas de varios árboles de Oriente, y barniz duro y brillante fabricado con esta sustancia. *Falta darle una mano de laca.* **SIN.** Goma laca, maque.

lacar (la-**car**) verbo

Barnizar o cubrir con laca. *Estaba lacando la mesa.* **SIN.** Laquear

✎ Se conjuga como *abarcar*.

lacayo (la-**ca**-yo) sustantivo masculino

1. Persona aduladora y servil. *No soporto su actitud de lacayo.*

2. Criado cuya principal ocupación era acompañar a su amo a pie, a caballo o en coche. *El lacayo la abrió la puerta.* **SIN.** Criado, sirviente.

lacio, lacia (**la**-cio) adjetivo

1. Se dice del cabello que cae sin formar ondas ni rizos. *Tiene el pelo muy lacio.* **SIN.** Liso. **ANT.** Rizado, ondulado.

2. Flojo, sin vigor. *Tenía los músculos muy lacios.* **SIN.** Flácido, débil. **ANT.** Duro, tieso, fuerte.

lacón (la-**cón**) sustantivo masculino

Pata delantera del cerdo, salada y curada como si fuera jamón. *Echa un poco de lacón al cocido.*

lacónico, lacónica

(la-**có**-ni-co) adjetivo

1. Breve, conciso. *Su discurso fue lacónico y acabó en dos minutos.* **SIN.** Sucinto, resumido. **ANT.** Extenso.

2. Que habla o escribe de esta manera. *Este escritor es muy lacónico.* **SIN.** Sobrio, seco.

lacre (**la**-cre) sustantivo masculino

Pasta de color rojo, hecha de goma laca y trementina, que se emplea derretida, para cerrar y sellar cartas, documentos, etc. *El sobre venía cerrado con lacre.*

lacrimógeno, lacrimógena
(la-cri-**mó**-ge-no) adjetivo
Que produce lágrimas. *Emplearon gases lacrimógenos para disolver la manifestación.*

lactancia (lac-**tan**-cia) sustantivo femenino
Etapa de la vida en que una criatura mama. *Durante la lactancia, la madre no puede beber alcohol.*

lactante (lac-**tan**-te) adjetivo y sustantivo
Que mama. *El lactante necesita ser alimentado cada pocas horas.*

lácteo, láctea (**lác**-teo) adjetivo
Que se refiere a la leche o a algo parecido a ella. *El queso es un producto lácteo.*

ladear (la-de-**ar**) verbo
Inclinar o torcerse una cosa hacia un lado. *La planta se ladea un poco.*

ladera (la-**de**-ra) sustantivo femenino
Pendiente de un monte o de una altura. *Dimos un paseo por la ladera del monte.* **SIN.** Falda.

ladino, ladina (la-**di**-no) adjetivo
Que tiene habilidad para conseguir lo que desea por medio de engaños. *Ten cuidado con él, es muy ladino.* **SIN.** Taimado, astuto. **ANT.** Cándido.

lado (**la**-do) sustantivo masculino
1. Lo que está a la derecha o a la izquierda de una persona o cosa. *Había árboles a ambos lados del camino.* **SIN.** Flanco, costado
2. Costado o mitad derecha o izquierda del cuerpo. *Sintió un fuerte dolor en el lado derecho.*
3. Sitio, lugar. *No estaba a gusto en ningún lado.*
4. Cada uno de los aspectos en que se puede considerar a una persona o cosa. *Deberías mirar las cosas por el lado bueno.*
5. Cada una de las dos caras de una tela o de otra cosa que las tenga, como una medalla. *La tela era estampada por uno de los lados.*
6. Modo, medio o camino que se toma para una cosa. *Me parece que deberías tirar por otro lado.*
7. En geometría, cada una de las líneas que forman un ángulo o limitan un polígono. *Un cuadrado tiene cuatro lados.*
8. al lado expresión Muy cerca, inmediato. *Está en el asiento de al lado.*
9. al lado de expresión Comparado con. *Al lado del mar, este pantano es un charco.*

ladrar (la-**drar**) verbo
1. Dar ladridos el perro. *Alguien se acerca, el perro está ladrando.*
2. Amenazar sin atacar. *Ladra mucho, pero luego es inofensivo.*

ladrido (la-**dri**-do) sustantivo masculino
Voz del perro. *A lo lejos se oían ladridos de los perros del pueblo.*

ladrillo (la-**dri**-llo) sustantivo masculino
Masa de arcilla cocida, de forma rectangular, que se usa para construir edificios. *La casa está hecha con piedra y ladrillo.*

ladrón, ladrona
(la-**drón**) adjetivo y sustantivo
1. Que roba. *Los ladrones se llevaron todas las joyas.* **SIN.** Caco, atracador, ratero, carterista.
2. sustantivo masculino Tipo de enchufe eléctrico al que se pueden conectar varios aparatos al mismo tiempo. *Necesito un ladrón para poder enchufar la radio y la tele a la vez.*

lagar (la-**gar**) sustantivo masculino
Sitio donde se prensa la aceituna para obtener el aceite, la uva para obtener el vino o donde se machaca la manzana para obtener la sidra. *Visitaron un lagar en su visita a Asturias.*

lagartija (la-gar-**ti**-ja) sustantivo femenino
Reptil pequeño, muy ágil y asustadizo, que se alimenta de insectos y vive entre las piedras. *A las lagartijas les gusta tomar el sol.*

lagarto, lagarta (la-**gar**-to) sustantivo
1. Reptil de cuerpo largo, delgado y con escamas, con cola y cuatro patas con cinco dedos, muy ágil e inofensivo. *El lagarto es muy útil para la agricultura porque devora los insectos dañinos.*
2. Persona pícara y astuta. *¡Menudo lagarto está hecho!*

lago (**la**-go) sustantivo masculino
Gran cantidad de agua, generalmente dulce, acumulada en zonas hundidas del terreno y rodeada de tierra por todas partes. *Dimos un paseo en barca por el lago.* **SIN.** Laguna, pantano.

lágrima (**lá**-gri-ma) sustantivo femenino
1. Gota de un líquido salado que sale de los ojos a causa de la tristeza o el dolor. *Se le caían las lágrimas del dolor que sentía.*
2. lágrimas de cocodrilo expresión Llanto de una persona que finge un dolor que no siente de verdad. *No hago caso de tus lágrimas de cocodrilo.*

lagrimal (la-gri-**mal**) sustantivo masculino
Extremo del ojo más próximo a la nariz. *Tienes el ojo muy rojo por la parte del lagrimal.*

laguna (la-**gu**-na) sustantivo femenino
1. Lago pequeño, generalmente de agua dulce. *Hicimos una excursión hasta la laguna.* **SIN.** Charca.
2. Lo que no se sabe o no se recuerda. *Tengo grandes lagunas en matemáticas.* **SIN.** Vacío, omisión.

laico, laica (**lai**-co) adjetivo
1. Que no es religioso. *Es una escuela laica.* **ANT.** Religioso.
2. adjetivo y sustantivo Se dice de los cristianos que no son sacerdotes, frailes o monjes. *Los encargados de la comunidad no eran sacerdotes, sino personas laicas.* **SIN.** Lego, secular, seglar. **ANT.** Religioso.

lama (**la**-ma) sustantivo masculino
1. Autoridad de la doctrina budista del Tíbet. *Seguía las enseñanzas del lama.*
2. Musgo, en algunos países de Hispanoamérica. *Las rocas estaban cubiertas de lama.*

lamentable (la-men-**ta**-ble) adjetivo
1. Que merece ser sentido o llorarse. *Su actuación fue lamentable.* **SIN.** Deplorable, triste.
2. Estropeado, deteriorado. *Después de tres días de viaje, su aspecto era lamentable.* **SIN.** Maltrecho.

lamentar (la-men-**tar**) verbo
1. Sentir arrepentimiento, pena, etc. por algo. *Lamento no haber podido venir a verte antes.*
2. lamentarse Llorar o quejarse para mostrar dolor. *Se lamentaba de su suerte.* **ANT.** Alegrarse.

lamento (la-**men**-to) sustantivo masculino
Lamentación, queja. *No soportaba sus lamentos.* **ANT.** Risa.

lamer (la-**mer**) verbo
Pasar repetidas veces la lengua por una cosa. *El perro se puso a lamer el hueso, loco de contento.*

lametón (la-me-**tón**) sustantivo masculino
Acción de lamer con ansia. *Le metió un buen lametón al helado.*

lámina (**lá**-mi-na) sustantivo femenino
1. Plancha delgada de cualquier material. *Forramos la mesa con una fina lámina de madera.* **SIN.** Chapa, hoja.
2. Dibujo, ilustración o grabado impreso en un papel, que ocupa gran parte del mismo. *El libro tenía bellas láminas de flores.* **SIN.** Estampa, grabado.

lámpara (lám-pa-ra) sustantivo femenino
1. Utensilio para dar luz. *Los mineros llevan una lámpara de seguridad.*
2. Objeto, frecuentemente de adorno, donde se colocan una o varias bombillas eléctricas, de gas, etc., que sirve para dar luz. *La lámpara del pasillo es de cristal de roca.*

lamparón
(lam-pa-**rón**) sustantivo masculino
Mancha que cae en la ropa, especialmente la de grasa. *Siempre va lleno de lamparones.*

lana (la-na) sustantivo femenino
Pelo de las ovejas, carneros y otros animales, que se hila y sirve para hacer tejidos. *En invierno, duermo con mantas de lana.*

lanar (la-**nar**) adjetivo
Se dice del ganado que tiene lana, sobre todo de las ovejas. *Se dedica a la cría de ganado lanar.* **SIN.** Ovino.

lancha (lan-cha) sustantivo femenino
1. Barca grande, para ayudar en las faenas que se realizan en los buques y para transportar carga y pasajeros en el interior de los puertos o entre puntos cercanos de la costa. *Cruzó al otro lado de la bahía en una lancha.*
2. Barca pequeña descubierta, a remos o con motor. *Atravesamos la ría en una lancha.*

langosta (lan-**gos**-ta) sustantivo femenino
1. Nombre que se aplica a varios tipos de insectos saltadores, que se trasladan frecuentemente y se multiplican mucho, hasta formar verdaderas plagas que destruyen comarcas enteras. *Una plaga de langostas acabó con toda la cosecha.*
2. Animal marino con caparazón muy fuerte de color oscuro que se vuelve rojo cuando se cocina, y cola larga y gruesa. *Prepara más langosta.*

langostino (lan-gos-**ti**-no)
Animal marino de color gris que se vuelve rosa cuando se cocina, y que es de mayor tamaño que la gamba. *En la boda comimos langostinos.*

lánguido, lánguida
(**lán**-gui-do) adjetivo
1. Flaco, débil, fatigado. *Su aspecto era lánguido.* **ANT.** Fuerte.
2. De poco ánimo, valor y energía. *Estaba triste y lánguida.* **SIN.** Desanimado. **ANT.** Animoso.

lanza (lan-za) sustantivo femenino
Arma formada por un palo largo en cuyo extremo hay una punta aguda y cortante de hierro. *Le clavó la lanza.*

lanzado, lanzada
(lan-**za**-do) adjetivo
1. Se dice de lo muy veloz o hecho con mucho ánimo. *Vino lanzado hacia mí para saludarme.*
2. adjetivo y sustantivo Se dice de las personas que no se detienen ante los obstáculos. *Es una persona muy lanzada.* **SIN.** Impetuoso, decidido.

lanzamiento
(lan-za-**mien**-to) sustantivo masculino
1. Procedimiento por el cual se anuncia y hace propaganda de algo. *Me gusta mucho la campaña de lanzamiento del nuevo coche.*
2. Acción de lanzar el balón después de una falta. *El delantero efectuó el lanzamiento.*
3. Prueba de atletismo que consiste en lanzar el peso, la jabalina, el martillo o el disco lo más lejos posible. *Participa en la prueba de lanzamiento de jabalina.*

lanzar (lan-**zar**) verbo
1. Tirar con violencia una cosa de modo que llegue lejos. *Se entretenía lanzando piedras al río.* **SIN.** Echar, arrojar.

2. Soltar, emitir, dar. *Lanzó duras amenazas.*

3. Hacer que un cohete salga disparado. *Lanzaron la nave.*

4. Anunciar una nueva moda, producto, etc. *Lanzaron una línea de productos.* **SIN.** Promocionar.

5. lanzarse Meterse en un proyecto con mucho ánimo o decisión, o sin haberlo meditado. *Se lanzó a emprender ese negocio.*

6. lanzarse Atreverse. *Enseguida se lanza a lo que sea.*

✎ Se conjuga como *abrazar.*

lapa (**la**-pa) sustantivo femenino

1. Nombre de unos animales marinos comestibles, con concha, que viven agarrados con fuerza a las piedras de las costas. *Recogimos lapas en la playa.*

2. Persona muy molesta y pesada. *No seas lapa y déjame en paz.*

lapicero (la-pi-**ce**-ro) sustantivo masculino

Lápiz. *Escribe con un lapicero fino.*

lápida (**lá**-pi-da) sustantivo femenino

Piedra llana en la que se suele grabar una inscripción que recuerda un hecho o a una persona. *Colocaron la lápida sobre la tumba.*

lápiz (**lá**-piz) sustantivo masculino

1. Barrita de grafito encerrada en un cilindro de madera y que sirve para escribir o dibujar. *Le regalaron una caja de lápices de colores.*

2. lápiz de ojos expresión Barrita utilizada para maquillarse. *Mi madre usa lápiz de ojos.*

lapsus (**lap**-sus) sustantivo masculino

Olvido, descuido, equivocación. *Tuvo un pequeño lapsus.*

largar (lar-**gar**) verbo

1. Encargar o mandar algo, especialmente si es molesto, dañino o peligroso. *Nos largó el encargo como si nada.* **SIN.** Endosar.

2. Desplegar, extender una bandera, la vela de un barco, etc. *Largaron las velas de estribor.*

3. Decir algo que no se debe o que resulta inoportuno. *Largó todo lo que sabía a los policías.* **SIN.** Contar.

4. Charlar, hablar demasiado. *A ver si te callas y dejas de largar.*

5. largarse Marcharse, irse. *Se largó dando un portazo.*

✎ Se conjuga como *ahogar.*

largo, larga (**lar**-go) adjetivo

1. Que tiene mucha longitud. *Este año están de moda las faldas largas.* **SIN.** Extenso. **ANT.** Corto.

2. Que dura mucho tiempo. *La película fue muy larga.* **SIN.** Dilatado, continuado. **ANT.** Corto.

3. Dicho en plural de días, meses, etc., significa «muchos». *Lleva largos meses sin tener noticias de él.*

4. Se dice de lo que supera un poco a lo que realmente se dice. *Quedan dos semanas largas.*

5. sustantivo masculino Longitud. *Ese largo de falda ya no se lleva.* **ANT.** Ancho.

6. a lo largo expresión En el sentido de la longitud de una cosa. *Se tumbó a lo largo de la cama.*

7. a lo largo de expresión Durante. *Practicó a lo largo de muchos meses.*

8. dar largas expresión Retrasar un asunto dando excusas. *Te está dando largas porque no te quiere dar el dinero.*

9. pasar de largo expresión Pasar sin detenerse. *Debe de estar enfadado, porque pasó de largo sin saludar.*

10. expresión Se usa para ordenar a a alguien que se marche. *¡Largo de aquí ahora mismo!*

largometraje

(lar-go-me-**tra**-je) sustantivo masculino

Película de larga duración. *Vimos un largometraje en el cine.*

larguero (lar-**gue**-ro) sustantivo masculino

Palo o barrote superior que une los dos postes de una portería. *El balón dio en el larguero.*

larguirucho, larguirucha

(lar-gui-**ru**-cho) adjetivo

Se aplica a las personas y cosas desproporcionadamente largas en relación a su grosor. *Es un niño muy larguirucho.*

larva (**lar**-va) sustantivo femenino

Etapa por la que pasan muchos animales, desde que salen del huevo hasta hacerse adultos. *Las larvas de mariposa no tienen alas.*

las artículo

1. Forma del artículo determinado en femenino plural. *Las casas.*

2. pronombre personal Forma del pronombre personal de tercera persona del plural en femenino, que funciona como complemento directo. *Las vimos llegar.* ✎ No lleva preposición y se puede usar formando una sola palabra con el verbo, como en *dámelas.*

láser (**lá**-ser) sustantivo masculino

Rayo de luz de un solo color y extraordinaria intensidad, que se usa para distintas cosas. *Los rayos láser iluminaban la discoteca.*

✎ Su plural es *láseres.*

lástima (**lás**-ti-ma) sustantivo femenino

1. Pena que se siente al ver sufrir a otros seres. *Me da lástima ver pájaros enjaulados.*

2. Cosa que disgusta, aunque sea solo un poco. *Es una lástima que no puedas venir.*

3. interjección Exclamación de pena por algo que no ocurre como se esperaba. *¡Lástima!, no podré ir.*

lastimar (las-ti-**mar**) verbo

1. Herir o hacer daño. *Te vas a lastimar si te caes de la bicicleta.* **SIN.** Dañar(se), lesionar(se).

2. Insultar, ofender a alguien. *Lo lastimó con sus injurias.*

lastimoso, lastimosa

(las-ti-**mo**-so) adjetivo

1. Que produce lástima y compasión. *Tenía un aspecto lastimoso.*

2. Destrozado, estropeado. *Lo encontraron en un estado lastimoso.* **SIN.** Dañado, desastroso.

lastre (**las**-tre) sustantivo masculino

1. Piedra, arena, agua u otra cosa de peso que se pone en el fondo de una embarcación para que esta se sumerja en el agua hasta donde convenga. *El lastre no era suficiente.*

2. Obstáculo, estorbo para realizar algo. *El lastre de la deuda nos impide salir adelante.*

lata (**la**-ta) sustantivo femenino

1. Envase o bote hecho de hojalata, con su contenido o sin él. *Abre una lata de bonito.*

2. Charla o conversación fastidiosa, y, en general, todo lo que cansa o harta. *La conferencia fue una lata.* **SIN.** Tostón, monserga.

3. dar la lata expresión Molestar a los demás, fastidiarlos. *No me des la lata.*

latente (la-**ten**-te) adjetivo

Oculto, sin manifestarse. *La enfermedad estaba latente.*

lateral (la-te-**ral**) adjetivo

1. Que está situado en un lado de una cosa. *El español nadaba por una calle lateral de la piscina.*

2. En ciertos deportes de pelota, jugador que se encarga de defender una de las bandas del campo. *Jugaba de lateral izquierdo en su equipo de fútbol.*

latido (la-**ti**-do) sustantivo masculino

Movimiento del corazón cuando entra y sale la sangre, y golpe que produce este movimiento. *Los latidos de su corazón eran muy rápidos.* **SIN.** Palpitación, pulso.

latigazo (la-ti-**ga**-zo) sustantivo masculino
1. Golpe dado con el látigo. *Le dieron unos latigazos.*
2. Dolor repentino que alguien sufre. *Sintió un latigazo de dolor.*

látigo (**lá**-ti-go) sustantivo masculino
Tira de cuero u otro material, larga y flexible, con un mango en el extremo. *Golpeó con el látigo al caballo.*

latiguillo (la-ti-**gui**-llo) sustantivo masculino
Frase o palabra que alguien repite continuamente al hablar o al escribir. *Repetían sus latiguillos para hacerle burla.* **SIN.** Muletilla.

latín (la-**tín**) sustantivo masculino
Lengua hablada por los romanos antiguos. *El español, el catalán y el gallego provienen del latín.*

latir (la-**tir**) verbo
1. Dar latidos el corazón, las venas, el pulso, etc. *El pulso le late muy fuerte.* **SIN.** Palpitar.
2. Estar algo presente, pero sin mostrarse de forma clara. *El descontento latía en el grupo.*

latitud (la-ti-**tud**) sustantivo femenino
Distancia de un lugar de la Tierra respecto al ecuador. *Calcula la latitud de ese punto en el mapa.*

latón (la-**tón**) sustantivo masculino
Mezcla de cobre y cinc de color amarillo pálido. *Le regaló unos pendientes de latón.*

latoso, latosa (la-**to**-so) adjetivo
Que cansa, molesta y fastidia. *La película me resultó un poco latosa.* **SIN.** Cargante, fastidioso, pesado. **ANT.** Agradable, divertido.

laúd (la-**úd**) sustantivo masculino
Instrumento musical con una caja hueca en su parte inferior, que se toca pulsando las cuerdas. *Aprendió a tocar el laúd.*

laurel (lau-**rel**) sustantivo masculino
1. Árbol siempre verde, de hojas aromáticas, que se usan mucho para cocinar y hacer medicinas. *No olvides echarle laurel a las lentejas.*
2. Triunfo, premio. *Se hizo con el laurel del triunfo.* **SIN.** Corona.
3. dormirse alguien en los laureles expresión Descuidar o abandonar un asunto, confiando en los éxitos que ya se han conseguido. *No te duermas en los laureles, que aún puedes suspender el curso.*

lava (**la**-va) sustantivo femenino
Materias derretidas y ardientes que salen por la boca de los volcanes. *El volcán arrojaba gran cantidad de lava.* **SIN.** Magma.

lavable (la-**va**-ble) adjetivo
Que puede lavarse. Se dice de los tejidos que no encogen o pierden sus colores al lavarlos. *Este disfraz es lavable.*

lavabo (la-**va**-bo) sustantivo masculino
1. Pila pequeña con grifos para la limpieza y aseo personal. *Se lavó las manos en el lavabo.*
2. Cuarto de baño. *Voy un momento al lavabo.* **SIN.** Servicio, aseo, retrete.

lavadero (la-va-**de**-ro) sustantivo masculino
1. Lugar en que se lava. *Estaré en el lavadero del camping.*
2. Pila donde se lava la ropa. *La cocina tenía fregadero y lavadero.* **SIN.** Fregadero.

lavadora (la-va-**do**-ra) sustantivo femenino
Máquina eléctrica que sirve para lavar la ropa. *Metí tus calcetines en la lavadora.*

lavafrutas
(la-va-**fru**-tas) sustantivo masculino
Recipiente con agua que se pone en la mesa para lavar la fruta que se co-

me sin mondar, y para limpiarse los dedos. *Le regalaron un bonito lavafrutas de cerámica.* ✎ Es igual en plural y en singular.

lavandería
(la-van-de-**rí**-a) sustantivo femenino
1. Tienda con máquinas donde se lleva la ropa a lavar. *Tengo que llevar la ropa a la lavandería.*
2. En un hospital, residencia, colegio, etc., habitación donde se lava la ropa. *Trabaja en la lavandería del hospital.*

lavaplatos
(la-va-**pla**-tos) sustantivo masculino
Lavavajillas. *Ayúdame a meter los vasos en el lavaplatos.* ✎ Es igual en plural y en singular.

lavar (la-**var**) verbo
Limpiar una cosa con agua u otro líquido. *Esta chaqueta hay que lavarla a mano.* **SIN.** Limpiar, fregar. **ANT.** Ensuciar, manchar.

lavavajillas
(la-va-va-**ji**-llas) sustantivo masculino
1. Máquina eléctrica que sirve para lavar la vajilla. *Recoge los platos y métełos en el lavavajillas.*
2. Jabón utilizado para lavar platos, vasos, etc. *Este lavavajillas es muy eficaz contra la grasa.* ✎ Es igual en plural y en singular.

laxante
(la-**xan**-te) adjetivo y sustantivo masculino
Medicamento que facilita hacer caca. *Le recetó unos laxantes.*

lazada (la-**za**-da) sustantivo femenino
1. Atadura o nudo que se hace en una cinta o cuerda, que se desata fácilmente tirando de uno de sus extremos. *Se ató los cordones de los zapatos con una lazada.*
2. Lazo de adorno. *El vestido llevaba una enorme lazada.*

lazarillo (la-za-**ri**-llo) sustantivo masculino
Muchacho que guía y dirige a una persona ciega. *El lazarillo de Tormes es un personaje famoso.*

lazo (**la**-zo) sustantivo masculino
1. Lazada. *Para desatar el lazo, tira de un extremo.*
2. Nudo que se afloja o se aprieta tirando de un extremo. *Los vaqueros echan el lazo a las reses.*
3. Unión, conexión de una cosa con otra. *Descubrí el lazo entre ambos hechos.* **SIN.** Vínculo.
4. Trampa, emboscada. *Cayó en el lazo.* **SIN.** Ardid.

le pronombre personal
1. Forma del pronombre personal de tercera persona del singular en masculino, femenino o neutro, que funciona como complemento indirecto. *Le dio la carta.*
2. Forma del pronombre personal de tercera persona del singular en masculino, que se acepta que funcione como complemento directo cuando se refiere a una persona de sexo masculino: *Le llamó por teléfono.* Lo correcto, sin embargo, es utilizar la forma *lo*: *Lo llamó por teléfono.* ✎ No lleva preposición, y se puede usar formando una sola palabra con el verbo, como en *Déjale el juguete nuevo.*

leal (le-**al**) adjetivo y sustantivo
Incapaz de traicionar, fiel a personas o a cosas. *Era muy leal a sus amigos.* **SIN.** Franco, honrado. **ANT.** Desleal, infiel, traidor.

lealtad (le-al-**tad**) sustantivo femenino
1. Fidelidad para cumplir las promesas y obligaciones, para corresponder a los sentimientos, etc. *Se comporta con lealtad.* **SIN.** Rectitud. **ANT.** Deslealtad.

2. Gratitud que muestran a las personas algunos animales, como el perro y el caballo. *Era admirable la lealtad de su caballo.*

lección (lec-ción) sustantivo femenino

1. Conjunto de conocimientos que imparte un maestro a sus alumnos o les señala para que lo estudien. *La profesora explicó una nueva lección en clase.* **SIN.** Clase, enseñanza, capítulo.

2. Cada una de las divisiones de un libro de enseñanza. *Este libro está dividido en diez lecciones.* **SIN.** Parte, capítulo.

3. Enseñanza que se puede sacar de algo. *Saca lección de esto.*

4. Cualquier consejo, ejemplo o acción que nos enseña el modo de comportarnos. *Recibió una buena lección.* **SIN.** Enseñanza.

lechazo (le-cha-zo) sustantivo masculino

Cría de cordero que aún mama. *Estaba asando un lechazo.*

leche (le-che) sustantivo femenino

1. Líquido blanco que se forma en los pechos de las mujeres y de las hembras de ciertos animales, con el que alimentan a sus hijos o crías. *Estas vacas dan mucha leche.*

2. Zumo blanco que tienen algunas plantas o frutos. *Esa crema se hace con leche de almendras.*

3. Temperamento, humor, carácter. *Tiene muy mala leche.*

4. Golpe, puñetazo. *Le dio una leche.*

5. Fastidio, incordio. *¡Tener que encargarnos de esto, vaya leche!*

6. leche condensada expresión Líquido espeso hecho con leche y azúcar. *Echa leche condensada al café.*

7. leche frita expresión Dulce hecho con una masa espesa de harina cocida con leche, que se reboza en huevo y harina, y se fríe en pequeños cuadraditos. *Toma leche frita.*

lechero, lechera (le-che-ro) sustantivo

1. Persona que ordeña a la vacas o que vende su leche. *Ya pagué al lechero lo que le debía.*

2. adjetivo Se dice de las hembras de animales que se tienen para que den leche. *Tengo una vaca lechera.*

3. sustantivo femenino Vasija en que se tiene o sirve la leche. *Pon la lechera en un lugar fresco.*

lecho (le-cho) sustantivo masculino

1. Cama con colchones, sábanas, etc., para descansar y dormir. *Se tumbó en el lecho.*

2. Fondo de un mar, río, etc. *Estaban limpiando el lecho del río.*

lechón (le-chón) sustantivo masculino

Cría del cerdo que aún mama. *Comieron lechón, el plato típico del lugar.*

lechuga (le-chu-ga) sustantivo femenino

Planta que se cultiva en las huertas y cuyas hojas se comen en ensalada. *Prepara una ensalada de lechuga y tomate.*

lechuza (le-chu-za) sustantivo femenino

Ave nocturna, de cabeza redonda, pico corto con la punta curvada y ojos grandes, de plumaje claro con pintas grises y negras. *Vi una lechuza en el bosque.*

lectivo, lectiva (lec-ti-vo) adjetivo

Se dice del tiempo y días en los que se da clase en los centros de enseñanza. *Ese día es ahora lectivo, ya no es fiesta.*

lectura (lec-tu-ra) sustantivo femenino

1. Acción de leer. *Estaba enfrascado en la lectura.*

2. Obra o cosa leída. *Esa novela es mi última lectura.*

leer (le-er) verbo

1. Pasar la vista por lo escrito o impreso, para entender su significado. *Le leyó un cuento.*

2. Interpretar cualquier clase de signos, entre ellos, los musicales. *Leyó la partitura.*

3. Adivinar o suponer lo que alguien piensa o siente. *Leyó su pensamiento.*

✎ Verbo irregular, se conjuga como *creer*.

legado (le-ga-do) sustantivo masculino
Herencia, contenido de lo que deja alguien en su testamento. *La casa formaba parte del legado.*

legal (le-gal) adjetivo
1. Mandado o permitido por las leyes de un país. *El nombramiento era legal.* **SIN.** Legítimo, lícito.
2. Leal, de fiar. *Te puedes fiar de ella, es una persona muy legal.*

legalizar (le-ga-li-zar) verbo
1. Hacer que una cosa sea legal. *Ya aprobaron la norma que legaliza esa cuestión.*
2. Certificar o comprobar que un documento o una firma son auténticos. *El notario legalizó el documento.* **SIN.** Avalar, autentificar.
✎ Se conjuga como *abrazar*.

legaña (le-ga-ña) sustantivo femenino
Pasta blanca o amarilla que se produce en los ojos. *Tenía los ojos llenos de legañas.* **SIN.** Pitaña.

legar (le-gar) verbo
1. Dejar una cosa a alguien en el testamento. *Le legaba todos sus bienes.* **SIN.** Mandar, dejar.
2. Transmitir ideas, tradiciones, etc. a los que siguen en el tiempo. *Nuestro antepasado nos legó esta tradición.*
✎ Se conjuga como *ahogar*.

legendario, legendaria
(le-gen-da-rio) adjetivo
1. Que se refiere a las leyendas. *Se trata de un poema legendario.*
2. Popular, famoso. *Se había convertido en un personaje legendario.*

legión
(le-gión) sustantivo femenino
1. Cuerpo del ejército romano. *El cónsul envió varias legiones.*
2. Nombre que se da a ciertos tipos de tropas que se ocupan de misiones muy arriesgadas. *Se alistó en la legión extranjera.*
3. Número grande e indeterminado de personas o animales. *De la colmena salió una legión de abejas.* **SIN.** Muchedumbre, tropel.

legionario, legionaria
(le-gio-na-rio) sustantivo
En los ejércitos modernos, soldado de algún cuerpo de los que tienen nombre de legión. *El segundo cuerpo en desfilar fue el de los legionarios.*

legislación
(le-gis-la-ción) sustantivo femenino
Conjunto de leyes de un Estado relacionadas con un tema concreto. *Cometió un delito contra la legislación vigente.* **SIN.** Código, reglamento.

legislatura
(le-gis-la-tu-ra) sustantivo femenino
Período de tiempo durante el cual desarrolla su actividad un gobierno entre unas elecciones y otras. *Agotó los cuatro años de legislatura.*

legítimo, legítima
(le-gí-ti-mo) adjetivo
1. De acuerdo con las leyes. *Su poder era legítimo.* **SIN.** Lícito, legal. **ANT.** Ilegítimo, ilegal.
2. Justo y razonable. *Su actuación fue legítima.* **SIN.** Equitativo.
3. Auténtico, genuino o verdadero. *Es de cuero legítimo.* **SIN.** Puro. **ANT.** Falso.

legua (le-gua) sustantivo femenino
1. Medida de longitud que equivale a 5572,7 metros. *Faltaban tres leguas para llegar a nuestro destino.*

2. verse a la legua expresión Con claridad y desde mucha distancia. *Con esa chaqueta roja se te ve a la legua.*

legumbre (le-**gum**-bre) sustantivo femenino
Tipo de plantas cuyos frutos o semillas crecen, varios juntos, dentro de una misma cáscara. *Los guisantes y alubias son legumbres.*

leguminoso, leguminosa (le-gu-mi-**no**-so) adjetivo y sustantivo femenino
Se dice de hierbas, matas, arbustos y árboles de fruto en forma de legumbre. *El garbanzo es una leguminosa.*

leída (le-**í**-da) sustantivo femenino
Lectura, acción de leer. *Dio una leída al periódico y se fue.* **SIN.** Vistazo, ojeada, repaso.

lejanía (le-ja-**ní**-a) sustantivo femenino
Parte más alejada, distante o remota de un lugar; también, alejamiento en el tiempo. *Lo vi en la lejanía.* **SIN.** Distancia.

lejano, lejana (le-ja-no) adjetivo
Distante, alejado de un lugar o de un tiempo. *Sucedió en un tiempo lejano.* **SIN.** Remoto. **ANT.** Próximo.

lejía (le-**jí**-a) sustantivo femenino
Agua mezclada con ciertas sustancias químicas que se emplea para blanquear la ropa y para desinfectar. *Mete este mantel en lejía, te quedará perfecto.*

lejos (le-jos) adverbio
1. A gran distancia de un lugar o de un tiempo. *Las estrellas están muy lejos.* **SIN.** Atrás. **ANT.** Cerca.
2. a lo lejos expresión A larga distancia. *Las estrellas lucen a lo lejos.*
3. de lejos expresión Desde la lejanía. *Sin gafas, veo mal de lejos.*

lelo, lela (le-lo) adjetivo
Tonto, con poca inteligencia. *Pareces lela, no entiendes nada.* **SIN.** Embobado, bobo. **ANT.** Avispado, listo.

lema (le-ma) sustantivo masculino
Frase que expresa con pocas palabras una idea o resume una forma de comportarse. *«Justicia para todos» era el lema de la campaña.*

lencería (len-ce-**rí**-a) sustantivo femenino
Ropa interior femenina. *Hay camisones en la sección de lencería.*

lengua (len-gua) sustantivo femenino
1. Órgano muscular situado en el interior de la boca que sirve para distinguir los sabores y para pronunciar los sonidos. *La sopa estaba muy caliente y se quemó la lengua.*
2. Conjunto de palabras y modos de hablar de un pueblo o nación. *Hablaba ocho lenguas.* **SIN.** Idioma.
3. malas lenguas expresión Conjunto de personas que hablan mal y murmuran de la gente. *Dicen las malas lenguas que aprobaste por enchufe.*
4. con la lengua fuera expresión Agotado, muy cansado. *Llegó a comer con la lengua fuera.*
5. irse de la lengua expresión Decir, sin querer, más de lo debido. *No le cuentes nada, que se va de la lengua.*
6. no tener pelos en la lengua expresión Hablar con claridad, sin rodeos. *Es una descarada y no tiene pelos en la lengua.*
7. tener algo en la punta de la lengua expresión Estar a punto de recordarlo y decirlo. *Lo tenía en la punta de la lengua y no acerté a decirlo.*
8. tirar de la lengua a alguien expresión Provocarle para que hable. *No me tires de la lengua o te vas a enterar.*

lenguado (len-gua-do) sustantivo masculino
Pez que vive en el fondo del mar, de cuerpo delgado y aplastado y con los ojos en un mismo lado. Su carne es comestible. *Me gusta el lenguado al horno.*

lenguaje (len-**gua**-je) sustantivo masculino
1. Conjunto de signos y de sonidos con que las personas expresan lo que piensan y sienten, y que sirve para comunicarse. *La lingüística estudia el lenguaje.*
2. Modo de hablar o expresarse. *No uses ese lenguaje tan grosero.*
3. Conjunto de signos que sirve para comunicarse. *Puede entender el lenguaje morse.* **SIN.** Código.

lengüeta (len-**güe**-ta) sustantivo femenino
1. Pieza de piel o de cuero, en forma de lengua, sobre la que se atan los cordones de los zapatos. *Estas botas tienen la lengüeta muy grande.*
2. Laminilla móvil de metal que produce el sonido en el tubo de ciertos instrumentos musicales de viento. *Las lengüetas del saxofón están rotas.*

lengüetazo (len-güe-**ta**-zo) sustantivo masculino
Acción de lamer una cosa con la lengua. *Cuando llego a casa, mi perra me da lengüetazos de alegría.*

lente (len-te) sustantivo
1. Cristal que, por su forma, sirve para agrandar, disminuir, aclarar o deformar una imagen. *Es una lente convexa.*
2. sustantivo plural Gafas. *Me olvidé las lentes en casa y no veo nada.*
3. lente de contacto expresión Lentilla. *Utilizo lentes de contacto.*

lenteja (len-te-ja) sustantivo femenino
Planta leguminosa de semillas en forma de pequeños círculos, muy alimenticias, y fruto de esta planta. *Comí lentejas con chorizo.*

lentejuela (len-te-**jue**-la) sustantivo femenino
Lámina o círculo de metal brillante, que se cose como adorno a los vestidos de fiesta. *Llevaba un vestido de lentejuelas.*

lentilla (len-ti-lla) sustantivo femenino
Lente muy pequeña que se pega a la superficie del ojo para ver mejor. *Lleva puestas las lentillas.* **SIN.** Lente de contacto.

lentitud (len-ti-**tud**) sustantivo femenino
Tardanza o calma con que se hace o sucede una cosa. *Hacía el trabajo con mucha lentitud.* **SIN.** Cachaza, pachorra. **ANT.** Rapidez.

lento, lenta (len-to) adjetivo
Que se mueve o actúa muy despacio. *Los caracoles son animales muy lentos.* **SIN.** Flemático. **ANT.** Rápido.

leña (le-ña) sustantivo femenino
1. Conjunto de ramas o trozos de madera que se usan para encender o mantener el fuego. *Corta más leña.*
2. Castigo, paliza. *Le dio leña.*
3. echar leña al fuego expresión Añadir más motivos para que crezca y aumente un mal. *Estoy muy enfadada, así que mejor no eches leña al fuego.*

leño (le-ño) sustantivo masculino
1. Trozo de árbol cortado y sin ramas. *Echa unos leños al fuego.* **SIN.** Tronco.
2. Persona de poco talento y habilidad. *Eres un poco leño, no te enteras de nada.* **SIN.** Tarugo.
3. dormir como un leño expresión Dormir profundamente. *Me dormí como un leño en el sofá.*

león, leona (le-**ón**) sustantivo
1. Animal mamífero propio de los desiertos de África y Asia. Es muy grande, con dientes y uñas muy fuertes. La cola es larga y el pelaje, entre amarillo y rojo. El macho luce una larga melena. *Vimos los leones del circo.*
2. Persona que se comporta con audacia y valentía. *Se portó como un león en el partido.*

leopardo

(le-o-**par**-do) sustantivo masculino

Animal mamífero propio de los bosques de África y Asia. Parece un gato grande, de pelaje blanco en el pecho y el vientre, y rojizo con manchas negras y redondas en el resto del cuerpo. *El leopardo trepa a los árboles para perseguir a los monos y otros animales.*

leotardo (le-o-**tar**-do) sustantivo masculino

Medias que cubren el cuerpo desde la cintura hasta los pies, pegándose a él. *Se puso los leotardos de lana porque hacía frío.*

✎ Suele utilizarse en plural.

lepra (**le**-pra) sustantivo femenino

Enfermedad grave y contagiosa, que hace salir manchas y heridas en la piel, y es muy difícil de curar. *Trataba a enfermos con lepra.*

lerdo, lerda (**ler**-do) adjetivo

Torpe y lento para comprender o hacer una cosa. *Es muy lerdo y lento de reflejos.* **SIN.** Tarugo, negado. **ANT.** Listo, inteligente.

les pronombre personal

1. Forma del pronombre personal de tercera persona del plural en masculino o femenino, que funciona como complemento indirecto. *Les dimos la carta.*

2. Forma del pronombre personal de tercera persona del plural en masculino. Se acepta que funcione como complemento directo cuando se trata de personas del sexo masculino (*Les vio hablando con tu madre*) aunque lo correcto, sin embargo, es utilizar la forma *los* (*Los vio hablando con tu madre*).

✎ No lleva preposición, y se puede usar formando una sola palabra con el verbo, como en *mírales* (recordemos que la forma correcta sería *míralos*).

lesbiana

(les-**bia**-na) adjetivo y sustantivo femenino

Mujer homosexual. *Su amiga era lesbiana.*

lesión (le-**sión**) sustantivo femenino

1. Daño causado por una herida, golpe o enfermedad en el cuerpo. *Los accidentados solo tenían lesiones leves.*

2. Perjuicio o daño no material. *No podía tolerar aquella lesión de sus derechos.* **SIN.** Deterioro. **ANT.** Bien, favor, beneficio.

lesionar (le-sio-**nar**) verbo

Causar o sufrir una lesión. *Se lesionó el tobillo al caer.* **SIN.** Herir(se), lastimar(se), lisiar(se).

letal (le-**tal**) adjetivo

Mortal, capaz de producir la muerte. *Le puso al caballo una inyección letal.* **SIN.** Mortífero.

letanía (le-ta-**ní**-a) sustantivo femenino

1. Oración formada por una serie de súplicas que se hacen a Dios, a la Virgen o a los santos. *Rezó la letanía.*

2. Lista, serie. *Me dijo toda la letanía de regalos que quería.*

letargo

(le-**tar**-go) sustantivo masculino

1. Estado de sueño e inactividad en que viven muchos animales durante el invierno. *Las lagartijas están en letargo en invierno.*

2. Sueño profundo. *Después de comer, nos entró un profundo letargo.* **SIN.** Modorra, sopor.

3. Estancamiento, inactividad. *Aquel largo letargo le estaba deprimiendo.*

letra (**le**-tra) sustantivo femenino

1. Cada uno de los signos escritos con que se representan los sonidos de una lengua. *Mi hijo está aprendiendo las letras.*

2. Forma particular de escribir. *Luis tiene buena letra.*

3. Conjunto de las palabras de una canción. *Era la autora de la letra de la canción ganadora.*
4. Astucia e inteligencia para conseguir lo que se quiere. *Ese niño sabe mucha letra.*
5. sustantivo femenino plural Conjunto de ciencias que estudian distintos aspectos del ser humano: su historia, su lengua, sus costumbres, etc. *El Grado en Lengua y Literatura españolas son estudios de letras.* **SIN.** Humanidades.

letrero (le-tre-ro) sustantivo masculino
Palabra o conjunto de palabras escritas para hacer saber una cosa a todo el que lo vea. *Había un letrero en la puerta.* **SIN.** Anuncio, cartel.

letrina (le-tri-na) sustantivo femenino
Lugar colectivo destinado para expulsar en él los excrementos. *Construyeron las letrinas antes de montar las tiendas de campaña.* **SIN.** Retrete.

letrista (le-tris-ta) sustantivo
Persona que escribe las letras de las canciones. *Es una famosa letrista de boleros.*

levadizo, levadiza (le-va-di-zo) adjetivo
Que se puede levantar. *Construyeron un puente levadizo.*

levadura (le-va-du-ra) sustantivo femenino
Tipo de hongos que hacen fermentar aquello con lo que se mezclan. *La levadura se utiliza para hacer pan y para fabricar vino y cerveza.* **SIN.** Fermento.

levantamiento (le-van-ta-mien-to) sustantivo masculino
1. Acción de levantar o levantarse. *Levantamiento de pesos.*
2. Sublevación, rebelión. *Hubo un levantamiento de militares.*

levantar (le-van-tar) verbo
1. Mover una cosa de abajo arriba o poner una cosa en lugar más alto que el que antes estaba. *Levantó la enor-*me piedra casi sin esfuerzo.* **SIN.** Subir(se), aupar(se), elevar(se), izar(se). **ANT.** Descender, bajar, desplomarse, derrumbar(se).
2. Poner en posición vertical algo que estaba inclinado o caído. *Levanta la botella antes de que se salga el líquido.* **SIN.** Enderezar(se), erguir(se), incorporar(se). **ANT.** Tumbar(se), inclinar(se).
3. Separar una cosa de otra a la que está pegada. *Se levantó la piel y sangró.* **SIN.** Separar(se), retirar(se). **ANT.** Pegar(se), unir(se).
4. Referido a la mirada, dirigirla hacia arriba. *Levantó los ojos.*
5. Quitar una cosa del sitio en que está. *Levantaron el campamento.* **SIN.** Desmontar, recoger.
6. Construir un edificio. *Levantaron un banco enfrente de mi casa.* **SIN.** Edificar, erigir. **ANT.** Destruir, derribar.
7. Acrecentar, subir, mejorar. *Consiguió levantar el negocio en pocos meses.*
8. Anular una pena o castigo. *Le levantaron el castigo y pudo ir a la excursión.* **SIN.** Perdonar.
9. Sublevar, rebelarse. *Se levantaron contra la autoridad establecida.* **ANT.** Someter(se).
10. levantarse Dejar la cama. *Se levantaron al amanecer.* **ANT.** Echarse, acostarse.
11. levantarse Mostrarse una cosa alta ante la vista. *Ante ellos se levantaba la torre de la iglesia.*

levante (le-van-te) sustantivo masculino
1. Oriente o punto por donde sale el sol. Este. *Mi habitación da al Levante.* ✎ Se escribe con mayúscula.
2. Nombre que se da en general a la región mediterránea de España, especialmente a Valencia, Castellón,

Alicante y Murcia. *Veraneo en Levante.* ✎ Se escribe con mayúscula.
3. Regiones que están en la parte oriental del mar Mediterráneo. *Líbano es un país del Levante.* ✎ Se escribe con mayúscula.
4. Viento que sopla del este. *El barco izó sus velas al levante.*

leve (**le**-ve) adjetivo
1. Que tiene poco peso o el que es ligero. *Llevaba una leve carga.* **SIN.** Ligero, liviano. **ANT.** Pesado.
2. De poca importancia, de poca consideración. *Le pusieron falta leve.*

léxico (**lé**-xi-co) sustantivo masculino
Conjunto de las palabras propias de una lengua o región, o utilizadas por una persona. *Publicó un estudio del léxico de Góngora.* **SIN.** Vocabulario.

ley sustantivo femenino
1. Regla invariable que las cosas tienen que cumplir por necesidad. *Newton formuló la ley de la gravedad.*
2. Lo que las autoridades mandan o prohíben a los ciudadanos de acuerdo con la justicia. *El robo está prohibido por la ley.* **SIN.** Precepto, mandato, norma.
3. Conjunto de reglas que se siguen en un grupo o asociación. *Tenía que acatar las leyes del grupo.*
4. con todas las de la ley expresión Con todas las condiciones necesarias. *Me han hecho un contrato con todas las de la ley.*
5. de ley expresión Oro y plata verdaderos y en la cantidad adecuada. *Compré un anillo de oro de ley.*

leyenda (le-**yen**-da) sustantivo femenino
1. Narración de sucesos que tienen más de tradicionales y maravillosos que de históricos y verdaderos. *Era un pueblo muy rico en leyendas y tradiciones.* **SIN.** Fábula, mito, cuento, ficción.

2. Inscripción de moneda, medalla, sello, etc., o del pie de un cuadro, grabado o mapa. *La leyenda de la moneda estaba demasiado borrosa.* **SIN.** Lema, divisa.
3. Persona muy importante y que ha influido mucho. *Era una leyenda de la canción.* **SIN.** Ídolo.

liana (**lia**-na) sustantivo femenino
Planta colgante y flexible en forma de cuerda, que crece trepando por los troncos de algunos árboles de las selvas tropicales. *Se agarró a una liana para saltar.*

liar (li-**ar**) verbo
1. Atar o envolver una cosa. *Lía bien el paquete antes de enviarlo.* **SIN.** Empaquetar, embalar, enrollar. **ANT.** Desatar, desenvolver.
2. Engañar o convencer a alguien para que haga algo que no quería. *Al final me liaron para ir al cine.*
3. Formar un cigarrillo envolviendo el tabaco en el papel de fumar. *Estaba liando su cigarrillo.*
4. Complicar, verse envuelto en un asunto. *Se vio liado en un sucio asunto casi sin darse cuenta.*
5. Confundir, embarullar. *No me líes más.* **SIN.** Embrollar.
6. liarse Tener relaciones amorosas. *Decía que habían estado liados.*
✎ Se conjuga como *desviar.*

libar (li-**bar**) verbo
Chupar los insectos el néctar de las flores. *Las abejas libaban el polen de las margaritas.*

liberal (li-be-**ral**) adjetivo
1. Abierto a las nuevas ideas o a las personas que no piensan como él. *Sus ideas eran muy liberales.* **SIN.** Tolerante.
2. Se dice de la profesión de carácter intelectual que se ejerce por cuenta

propia, es decir, sin un contrato con el Estado o con una empresa privada; y de las personas que la ejercen. *Los médicos con consulta particular son profesionales liberales.*
3. adjetivo y sustantivo Que profesa doctrinas favorables a la libertad política de un país. *Es un partido liberal.*

liberalidad
(li-be-ra-li-**dad**) sustantivo femenino
Virtud del que da o presta generosamente sus bienes sin esperar nada cambio. *Da limosna con gran liberalidad.* **SIN.** Generosidad, desprendimiento. **ANT.** Tacañería.

liberar (li-be-**rar**) verbo
1. Poner en libertad. *Liberaron a los detenidos.* **ANT.** Apresar.
2. Quitar a alguien una obligación o una preocupación. *Lo liberaron de su compromiso.* **SIN.** Librar, soltar, dispensar.
3. Desprender, emitir. *Libera energía.* **SIN.** Despedir. **ANT.** Captar.

libertad (li-ber-**tad**) sustantivo femenino
1. Capacidad que tiene el ser humano de elegir sus actos. *Tienes plena libertad para opinar.* **SIN.** Independencia, voluntad. **ANT.** Limitación, dependencia.
2. Estado de la persona que no es esclava o no está presa. *El ladrón ya está en libertad.* **ANT.** Esclavitud, sumisión, servidumbre.
3. Confianza, familiaridad. *Me muevo por su casa con toda libertad.* **SIN.** Soltura.

libertar (li-ber-**tar**) verbo
1. Poner a alguien en libertad, o soltar lo que está atado o preso. *Libertaron a uno de los dos detenidos.* **SIN.** Emancipar, soltar. **ANT.** Apresar, capturar.
2. Quitar a alguien una obligación. *Le libertó de su promesa.*

libertinaje
(li-ber-ti-**na**-je) sustantivo masculino
Mal uso de la libertad. *Una cosa es libertad y otra, libertinaje.*

librar (li-**brar**) verbo
1. Evitar a alguien un trabajo, obligación, mal o peligro. *El salvavidas le libró de ahogarse.* **SIN.** Salvar(se), dispensar, liberar(se). **ANT.** Imponer, comprometer(se).
2. Entablar una lucha. *Libraron una dura batalla verbal.*
3. Disfrutar un trabajador de un día de descanso. *Este viernes libro.*

libre (**li**-bre) adjetivo
1. Que tiene capacidad o derecho para obrar o no obrar a su gusto. *Eres libre de hacer lo que quieras.* **SIN.** Independiente.
2. Que no es esclavo ni está encarcelado. *Eran personas libres.*
3. Suelto, no sujeto. *El perro estaba libre.* **ANT.** Atado, sujeto.
4. Exento, dispensado. *Estaba libre de asistir.*
5. Que no ofrece obstáculos. *El paso está libre.*
6. Inocente, sin culpa. *Salió libre.*
7. Se dice de los estudios no oficiales. *Estaba haciendo el curso por libre.*
8. Se dice de la traducción o interpretación no exacta. *Es una traducción demasiado libre.*
9. por libre expresión De manera independiente. *Prefiero viajar por libre que ir en una excursión organizada.*
✎ Su superlativo es *libérrimo.*

librería
(li-bre-**rí**-a) sustantivo femenino
1. Tienda donde se venden libros. *Compré el libro en la librería.*
2. Mueble con estantes para colocar libros. *Me venían bien un par de baldas más en la librería.*

librero, librera (li-bre-ro) sustantivo
Persona cuyo trabajo es vender libros. *El librero le informó de las novedades editoriales.*

libreta (li-bre-ta) sustantivo femenino
1. Cuaderno para escribir en él anotaciones, cuentas, etc. *Sacó su pequeña libreta para anotar la dirección.* **SIN.** Bloc.
2. libreta de ahorros expresión Documento en el que aparece escrito todo el dinero que se mete o se saca de una cuenta bancaria. *Quiero poner al día mi libreta de ahorros.*

libro (li-bro) sustantivo masculino
1. Conjunto de hojas de papel, manuscritas o impresas, encuadernadas juntas en un volumen. *El libro está encuadernado en piel.* **SIN.** Tomo, ejemplar.
2. Obra científica o literaria publicada en uno o varios volúmenes. *Aún no he leído su último libro.*
3. libro de bolsillo expresión El que, por ser pequeño y pesar poco, puede llevarse en el bolsillo, suele ser barato y se pone a la venta en grandes tiradas. *Compro libros de bolsillo.*
4. libro de texto expresión El que sirve a los estudiantes para estudiar una asignatura. *Los libros de texto sirven para aprender.*

licencia (li-cen-cia) sustantivo femenino
1. Permiso para hacer una cosa y documento que lo demuestra. *Tiene caducada la licencia de pesca.* **SIN.** Autorización, consentimiento. **ANT.** Prohibición, desautorización.
2. Libertad abusiva al hablar u obrar. *Creo que se ha tomado demasiadas licencias.* **SIN.** Atrevimiento, osadía, libertinaje.
3. tomarse una licencia expresión Hacer una cosa por propia iniciativa, sin pedir permiso. *Me tomé la licencia de entrar sin llamar.*

licenciado, licenciada (li-cen-cia-do) adjetivo
1. Soldado que ha recibido su licencia absoluta. *Hacía un año que estaba licenciado del ejército.*
2. sustantivo Persona que ha obtenido en una universidad el título que le permite trabajar en su profesión. *Es licenciada en Farmacia.*

licenciar (li-cen-ciar) verbo
1. Aprobar todas la asignaturas de una licenciatura o carrera. *Se licenció en Filología Inglesa.*
2. Dar a los soldados licencia absoluta. *En una semana los licencian.*
✎ Se conjuga como *cambiar.*

licenciatura (li-cen-cia-tu-ra) sustantivo femenino
Carrera, estudios necesarios para ser licenciado. *Acabó la licenciatura y se fue a trabajar a China.*

lícito, lícita (lí-ci-to) adjetivo
Que está permitido por la ley o es justo y razonable. *Aquella medida no era lícita.* **SIN.** Legítimo, legal. **ANT.** Injusto, ilícito, ilegal.

licor (li-cor) sustantivo masculino
Bebida compuesta de alcohol, agua, azúcar y sustancias aromáticas. *Hizo licor de fresas casero.*

licra (li-cra) sustantivo femenino
Tejido elástico y brillante que se usa para fabricar ciertas prendas de vestir. *Me regaló unas medias de licra.*

licuado (li-cua-do) sustantivo masculino
Bebida que se prepara a base de frutas licuadas con leche o con agua. *Los mejores licuados que he probado llevan leche, helado y frutas.*

licuar (li-cuar) verbo
Hacer líquida una cosa sólida. *Puedes licuar el hielo si lo calientas.* **SIN.** Licuefacer(se).

✎ Se puede conjugar como *actuar* o como *averiguar*.

líder (lí-der) sustantivo

1. Dirigente, jefe de un partido político o de un grupo de personas. *Su líder goza de gran prestigio.*

2. Persona que va a la cabeza de una competición deportiva. *Entrevistaron al líder de la Vuelta.*

✎ El femenino es *la líder* o *la lideresa*.

liderar (li-de-rar) verbo

Dirigir un grupo, partido político, etc. *Lidera el sindicato.*

lidiar (li-diar) verbo

1. Batallar, pelear. *Había mucho que lidiar en aquel asunto.*

2. Hacer frente a alguien, oponérsele. *Lidió con él con valentía.*

3. Tratar con una o más personas desagradables. *A veces le toca lidiar con algún cliente grosero.*

4. Torear. *Lidió el primer toro.*

✎ Se conjuga como *cambiar*.

liebre (lie-bre) sustantivo femenino

1. Animal mamífero de pelo suave, cabeza pequeña, orejas largas, cuerpo estrecho, cola y patas traseras más largas que las delanteras. *Las liebres son muy veloces.*

2. levantar la liebre expresión Sacar a la luz algo que estaba oculto. *Un periodista levantó la liebre de la estafa.*

3. saltar la liebre expresión Suceder algo de forma inesperada. *Cuando menos nos espera, salta la liebre.*

liendre (lien-dre) sustantivo femenino

Huevo del piojo, que suele estar pegado a los pelos de los animales o las personas de las que este insecto es parásito. *Tenía liendres en el pelo.*

lienzo (lien-zo) sustantivo masculino

1. Tela que se fabrica de lino, cáñamo o algodón. *Bordó sus iniciales en un trozo de lienzo.*

2. Pintura realizada sobre lienzo. *Compró un lienzo de Miró.*

liga (li-ga) sustantivo femenino

1. Cinta elástica con la que se sujetan las medias y los calcetines. *Llevaba una liga azul.*

2. Agrupación de países, empresas o personas con un fin común. *Formaron una liga comercial.*

3. Competición deportiva en la que cada equipo tiene que jugar contra todos los de su misma categoría. *Ha sido campeón de la liga de fútbol por primera vez.*

ligadura (li-ga-du-ra) sustantivo femenino

1. Sujeción con que una cosa está unida a otra. *Ya no tenía ligadura alguna.* **SIN.** Traba, atadura.

2. Vuelta que se da apretando una cosa con una liga, cuerda, etc. *Se soltaron las ligaduras.*

ligar (li-gar) verbo

1. Unir con nudos o ligaduras. *Ligaron los cabos de la cuerda.* **SIN.** Atar, amarrar, liar.

2. Formar una masa con dos o más sustancias. *Liga harina y agua para hacer pan.*

3. Mezclar dos o más metales fundiéndolos. *Ligaron cobre y estaño para obtener bronce.*

4. Establecer relaciones amorosas con un chico o una chica. *Estaba en la edad de ligar.*

5. ligarse Confederarse, unirse para algún fin. *Ambos organizadores se ligaron para realizar el proyecto.* **SIN.** Coligarse, aliarse. **ANT.** Separarse, desmembrarse.

✎ Se conjuga como *ahogar*.

ligereza

(li-ge-re-za) sustantivo femenino

1. Cualidad de ligero. *Le encantaba la ligereza de aquella tela.*

ligero - limar

2. Rapidez, agilidad. *Lo hizo con toda ligereza.* **SIN.** Prontitud.

3. Palabra o acción imprudente o irreflexiva. *Cometió una ligereza en su juventud.* **SIN.** Imprudencia.

ligero, ligera (li-ge-ro) adjetivo

1. Que pesa poco. *Esta manta es ligera como una pluma.* **SIN.** Leve, liviano, ingrávido. **ANT.** Pesado.

2. De movimientos rápidos. *La gacela era ligera de movimientos.* **SIN.** Ágil, veloz. **ANT.** Lento.

3. Se dice del sueño que se interrumpe con facilidad con cualquier ruido. *Tiene un sueño muy ligero.* **ANT.** Pesado, profundo.

4. Leve, de poca importancia. *Tuve un ligero contratiempo.*

5. Hablando de alimentos, que se digiere fácilmente. *Siempre cena algo ligero.*

6. Inconstante, que cambia fácilmente de opinión. *Es de personalidad muy ligera.* **SIN.** Voluble.

7. Se dice de una de las categorías de yudo, boxeo y lucha. *Es campeón de los pesos ligeros.*

light adjetivo

1. Suave, ligero. *La película tenía un argumento light.*

2. Se dice de los alimentos que engordan poco y de los cigarrillos que tienen poca nicotina. *Prefiero fumar cigarrillos light.*

✎ Es una palabra inglesa y se pronuncia /láit/.

ligón, ligona (li-gón) adjetivo y sustantivo

Se aplica a la persona obsesionada por establecer relaciones con personas del otro sexo. *Tiene fama de ser muy ligón.*

ligue (li-gue) sustantivo masculino

Relación amorosa breve y poco seria, y persona con la que se tiene. *Le envidiaban porque tenía muchos ligues.* **SIN.** Amorío.

lija (li-ja) sustantivo femenino

Papel rugoso o cubierto de pequeños granitos duros que se usa para pulir la madera u otros materiales. *Esta lija es apropiada para madera.*

lijar (li-jar) verbo

Alisar y pulir una cosa con lija o papel de lija. *Hay que lijar bien la madera antes de barnizarla.* **SIN.** Pulimentar, suavizar.

lila (li-la) sustantivo femenino

1. Arbusto de flores pequeñas olorosas y de color morado, y flor de este arbusto. *El huerto estaba lleno de lilas.*

2. adjetivo y sustantivo masculino Se dice del color morado claro, como la flor de la lila. *Me pondré la blusa lila.*

liliputiense

(li-li-pu-tien-se) adjetivo y sustantivo

Se dice de la persona muy pequeña y débil. *No le gustaba nada que le llamaran liliputiense.* **SIN.** Enano. **ANT.** Gigante.

lima (li-ma) sustantivo femenino

1. Fruta parecida a la naranja, de piel más amarilla y lisa que esta, cuya pulpa, de color verdoso, tiene un sabor agridulce. *Pidió zumo de lima.*

2. Instrumento de acero que sirve para desgastar los metales y otras materias duras. *Utiliza esta lima para la madera.*

3. Corrección de una obra artística o literaria. *Hay que hacer una buena lima en el libro.*

4. comer como una lima expresión Comer muchísimo. *Cuando hace deporte, come como una lima.*

limar (li-mar) verbo

1. Cortar, pulir los metales, la madera, etc., con la lima. *Tienes que limar la tabla antes de pintarla.*

2. Pulir una obra. *Le gustaba limar mucho sus libros antes de editarlos.* **SIN.** Corregir, retocar.
3. Debilitar una cosa material o inmaterial. *La enfermedad estaba limando su salud y su buen humor.* **SIN.** Disminuir, consumir.

limitación (li-mi-ta-**ción**) sustantivo femenino
Impedimento o dificultad para realizar algo. *Se encontró con muchas limitaciones.* **SIN.** Cortapisa, condicionamiento.

limitar (li-mi-**tar**) verbo
1. Poner límites a un terreno. *Limitaron la finca con unos mojones.* **SIN.** Delimitar, demarcar.
2. Cortar, ceñir, restringir. *Se limitaron a lo más importante.*
3. Fijar hasta dónde llegan los derechos y poderes de alguien. *Aquella medida limitaba aún más su autoridad.* **SIN.** Restringir.
4. Estar contiguos dos terrenos. *Sus casas limitan.* **SIN.** Lindar.

límite (**lí**-mi-te) sustantivo masculino
1. Línea que separa dos territorios. *Los Pirineos señalan el límite entre Francia y España.* **SIN.** Linde, frontera, confín.
2. Término de una cosa. *Cuando el corredor llegó a la meta, estaba al límite de sus fuerzas.* **SIN.** Final, acabamiento, fin, extremo. **ANT.** Principio, origen.

limón (li-**món**) sustantivo masculino
Fruto del limonero, de color amarillo pálido, cáscara delgada y pulpa muy jugosa y agria, digestiva y rica en vitaminas. *Me apetece zumo de limón con miel.*

limonada (li-mo-**na**-da) sustantivo femenino
1. Bebida compuesta de agua, azúcar y zumo de limón. *Pedimos una limonada.* **SIN.** Refresco.

2. **limonada de vino** expresión Sangría, bebida con limón y vino tinto. *En esta ciudad es muy típico beber limonada en Semana Santa.*

limonero (li-mo-**ne**-ro) sustantivo masculino
Árbol siempre verde, de tronco liso y flores olorosas, cuyo fruto es el limón. *El limonero se cultiva mucho en España.*

limosna (li-**mos**-na) sustantivo femenino
1. Donativo que se da para ayudar a una persona necesitada. *Dio una limosna para los pobres.*
2. Cantidad escasa de algo, miseria. *Le pagaron una limosna por el trabajo.*

limpiabotas (lim-pia-**bo**-tas) sustantivo
Persona cuyo trabajo es limpiar botas y zapatos. *Hace años, en aquel café había un limpiabotas.*
✎ Es igual en plural y en singular.

limpiaparabrisas
(lim-pia-pa-ra-**bri**-sas) sustantivo masculino
Mecanismo que se adapta a la parte exterior del parabrisas y que, moviéndose de un lado a otro, aparta la lluvia o la nieve que cae sobre este. *Se estropeó el limpiaparabrisas del automóvil.*
✎ Es igual en plural y en singular.

limpiar (lim-**piar**) verbo
1. Quitar la suciedad de una cosa. *Hay que limpiar el suelo de la cocina.* **SIN.** Lavar(se), asear(se). **ANT.** Ensuciar(se), manchar(se).
2. Echar de algún sitio lo que es molesto o perjudicial. *Limpiaron el sótano de ratas.*
3. Hurtar o robar algo. *Le limpiaron todo el dinero.*
✎ Se conjuga como *cambiar*.

limpieza (lim-**pie**-za) sustantivo femenino
1. Acción de limpiar o limpiarse. *Se ocupa de la limpieza de la casa.* **SIN.** Aseo, pulcritud.

2. Honradez con que se hacen los negocios. *Negociaron con toda limpieza.* **SIN.** Rectitud.

3. Perfección, destreza con que se hacen ciertas cosas. *Destaca la limpieza con que hace sus trabajos.* **SIN.** Precisión, habilidad. **ANT.** Imperfección, imprecisión.

4. No hacer trampas en un juego. *He ganado con limpieza.*

limpio, limpia (lim-pio) adjetivo

1. Que no tiene manchas ni suciedad. *Barrió el suelo para dejarlo limpio.* **SIN.** Inmaculado, puro, pulcro. **ANT.** Sucio.

2. Sin sustancias dañinas o infecciosas. *Las aguas de este río están muy limpias.* **SIN.** Depurado.

3. Se dice de la persona que ha perdido todo su dinero. *Lo dejó limpio.*

limusina (li-mu-si-na) sustantivo femenino

Automóvil grande de lujo, cerrado, que a veces tiene un cristal de separación entre los asientos delanteros y los traseros. *Llegó en una limusina.*

linaje (li-na-je) sustantivo masculino

Antepasados y descendientes de una familia. *Pertenecía a un noble linaje.*

lince (lin-ce) sustantivo masculino

1. Animal mamífero que vive en el centro y norte de Europa, parecido al gato, con las orejas terminadas en un pincel de pelos. *Los perseguía un lince.*

2. adjetivo y sustantivo masculino Persona astuta y hábil, que no se deja engañar. *Es un lince para los negocios.*

3. vista de lince expresión Buena vista. *Tiene vista de lince y no necesita gafas.*

linchar (lin-char) verbo

Matar, sin un juicio y en medio de un tumulto, a una persona sospechosa o culpable de un delito. *La gente quería linchar al asesino.* **SIN.** Ajusticiar.

lindar (lin-dar) verbo

Estar contiguos dos territorios, terrenos, locales, fincas, etc. *Lindaban las dos fincas.* **SIN.** Limitar, colindar.

lindo, linda (lin-do) adjetivo

1. Hermoso y agradable de ver. *Llevaba un vestido muy lindo.* **SIN.** Bonito, agraciado, bello.

2. Bueno, primoroso y exquisito. *Hizo un lindo bordado.* **SIN.** Delicado.

3. de lo lindo expresión Mucho o con exceso. *Nos divertimos de lo lindo.*

línea (lí-ne-a) sustantivo femenino

1. Raya que puede ser curva o recta. *Dibuja líneas paralelas.*

2. Conjunto de palabras o letras que caben en un renglón. *Ese párrafo tiene una línea más que el otro.*

3. Clase, especie, género. *Este producto es de la misma línea.*

4. Servicio de transportes o viajes cuyos vehículos hacen el mismo recorrido a unas horas fijas. *El autocar hacía la línea León-Madrid.*

5. Nombre de los hilos y aparatos que sirven para la comunicación telegráfica o telefónica. *Había problemas con la línea telefónica.*

6. Serie de personas o cosas situadas una detrás de otra o una al lado de la otra. *Se colocaron en línea para esperar su turno.* **SIN.** Fila.

7. en líneas generales expresión Sin entrar en detalles. *En líneas generales, estos productos son similares.*

8. guardar la línea expresión Mantener el peso ideal. *Cuida su alimentación para guardar la línea.*

lingote

(lin-go-te) sustantivo masculino

Trozo o barra de metal sin pulir. *Sortearon varios lingotes de oro.*

lingüístico, lingüística

(lin-**güís**-ti-co) adjetivo

Que se refiere al lenguaje. *Realizo un estudio lingüístico.*

linimento (li-ni-**men**-to) sustantivo masculino

Aceite o bálsamo medicinal que se aplica sobre la piel. *Date unas fricciones con este linimento.*

lino (**li**-no) sustantivo masculino

1. Planta de tallo recto y hueco, y flores azuladas. Sus fibras se emplean para fabricar tejidos, las semillas en medicina, y el aceite para preparar pinturas. *Una plantación de lino.*
2. Tejido obtenido de esta planta y tela que se hace con él. *Se compró una blusa de lino.*

linterna (lin-**ter**-na) sustantivo femenino

Lámpara portátil. *Siempre lleva una linterna en el coche.*

lío (**lí**-o) sustantivo masculino

1. Envoltorio de ropa o de otras cosas. *Hizo un lío con toda la ropa sucia.* **SIN.** Fardo, atadijo.
2. Embrollo, situación complicada. *Se preparó un buen lío.* **SIN.** Enredo, confusión, desorden.
3. Relación sentimental. *Decían que tenía un lío.*
4. armar un lío expresión Pelearse o discutir violentamente. *Mejor nos vamos antes de que se arme un lío.*
5. meterse en líos expresión Crearse dificultades. *No me gusta meterme en líos.*

lioso, liosa (lio-so) adjetivo

1. Que lía o embrolla. *Era un poco liosa.* **SIN.** Embrollador.
2. Se dice también de las cosas cuando están embrolladas. *No sabía cómo salir de aquel lioso asunto.* **SIN.** Difícil, complicado. **ANT.** Simple, sencillo.

liquen (**li**-quen) sustantivo masculino

Ser vivo formado por la asociación de un hongo y un alga, que crece en lugares húmedos, sobre las rocas, las paredes y en las cortezas de los árboles. *Había muchos líquenes por las paredes de la cueva.*

liquidación

(li-qui-da-**ción**) sustantivo femenino

1. Acción de liquidar o liquidarse. *La liquidación de aquel asunto llevaría tiempo.*
2. Venta con gran rebaja de precios que hace una tienda cuando va a cerrar, trasladarse o reformarse. *Estaba todo a mitad de precio por liquidación.* **SIN.** Saldo, ganga, rebaja.

liquidar (li-qui-**dar**) verbo

1. Pagar una cuenta. *Liquidó la deuda.* **SIN.** Saldar.
2. Poner término a algo, desistir de un negocio o de un proyecto. *Decidió liquidar aquel asunto.* **SIN.** Terminar, acabar, romper.
3. Poner a la venta mercancías a bajo precio porque el negocio va a cerrar, a trasladarse o a hacer reformas. *Liquidan todo por reforma.*
4. Deshacerse de una persona que estorba, matarla. *Habían contratado a un tipo para que lo liquidara.* **SIN.** Asesinar.

líquido (**lí**-qui-do) sustantivo masculino

Materia que se puede derramar y que se adapta a la forma del recipiente que la contiene. *El agua, la leche, etc. son líquidos.*

lira (**li**-ra) sustantivo femenino

Instrumento de música antiguo de cuerda en forma de *u*, que se tocaba con las dos manos o con una púa. *Nerón tocaba la lira.*

lírico, lírica

(**lí**-ri-co) adjetivo y sustantivo femenino

Se dice del género de poesía en que el poeta habla de sus propios sentimientos e ideas, por lo general en verso. *Garcilaso escribió poesía lírica.*

lirio (li-rio) sustantivo masculino
Planta de flores moradas o blancas, con seis pétalos. *Plantaron lirios blancos en el jardín.*

lisiado, lisiada
(li-sia-do) adjetivo y sustantivo
Se dice de la persona que tiene una imperfección en su cuerpo o a la que le falta un miembro. *Está lisiado de una pierna.* **SIN.** Impedido.

liso, lisa (li-so) adjetivo
1. Que no tiene arrugas ni desigualdades en su superficie. *Lijó la madera hasta dejarla lisa.* **SIN.** Plano, pulido, llano. **ANT.** Arrugado.
2. Se dice de las telas de un solo color y de los vestidos que no tienen adornos. *Compró una tela verde lisa.*
3. Se dice del pelo que no tiene ondulaciones o rizos. *Tiene el cabello muy liso.* **SIN.** Lacio.

lisonja (li-son-ja) sustantivo femenino
Alabanza falsa o exagerada que se hace por interés. *No me vengas con lisonjas.* **SIN.** Adulación.

lista (lis-ta) sustantivo femenino
1. Pedazo estrecho y largo de tela, papel u otra cosa delgada, o raya de color sobre un fondo de otro color. *Corta la tela en listas.* **SIN.** Tira, franja, banda.
2. Nombres de personas, cosas, hechos, etc., puestos en orden en una columna. *Esta es la lista de la compra.* **SIN.** Listado, relación.
3. pasar lista expresión Leer en voz alta los nombres de una lista para ver si están presentes. *El profesor pasó lista antes de clase.*

listado, listada (lis-ta-do) adjetivo
1. Que forma o tiene rayas. *Las cebras tienen la piel listada.*

2. sustantivo masculino Nombres de personas, cosas, hechos, etc., puestos en orden en una columna. *El profesor sacó un listado con los aprobados.*

listín (lis-tín) sustantivo masculino
Lista de los números telefónicos de una población. *Busca su número de teléfono en el listín.* **SIN.** Guía.

listo, lista (lis-to) adjetivo
1. Ingenioso, vivo. *Es una niña muy lista.* **SIN.** Espabilado, sagaz, astuto. **ANT.** Tonto, simple.
2. Preparado o dispuesto para hacer una cosa. *Está listo para salir.*
3. andar listo expresión Tener cuidado. *Anda listo si no quieres que tu hermano se coma tu merienda.*

listón (lis-tón) sustantivo masculino
En carpintería, pedazo de tabla que sirve para hacer marcos y otros usos. *El listón era de madera más oscura.* **SIN.** Larguero.

litera (li-te-ra) sustantivo femenino
Cada una de las camas de los camarotes de los barcos, trenes, cuarteles, dormitorios, etc., que se suelen colocar una encima de otra. *Duermen en literas.*

literal (li-te-ral) adjetivo
De acuerdo con el sentido exacto y propio de las palabras. *Era una traducción demasiado literal.* **SIN.** Textual, exacto, calcado.

literario, literaria
(li-te-ra-rio) adjetivo
Que se refiere a la literatura. *Estoy leyendo varias obras literarias.*

literato, literata
(li-te-ra-to) adjetivo y sustantivo
Se dice de la persona que se dedica a escribir obras literarias o a estudiarlas. *El manifiesto estaba redactado por grandes literatos de la época.* **SIN.** Escritor, autor.

literatura

(li-te-ra-**tu**-ra) sustantivo femenino

1. Arte de la expresión por medio de la palabra. *Se gana la vida con la literatura.*
2. Conjunto de las obras literarias de una nación, de una época, de un género, etc. *Es un apasionado de la literatura inglesa.*

litoral (li-to-**ral**) adjetivo y sustantivo masculino

Que se refiere a la orilla o costa de un mar, país o territorio. *Recorrieron el litoral cantábrico.*

litro (**li**-tro) sustantivo masculino

Unidad de medida con la que se miden los líquidos. *Caben dos litros en esa botella.*

liturgia (li-**tur**-gia) sustantivo femenino

Conjunto de palabras y gestos que una religión utiliza en sus cultos religiosos. *Cada religión tiene su propia liturgia.* **SIN.** Ritual.

liviano, liviana (li-**via**-no) adjetivo

1. Ligero, de poco peso. *Llevaba una liviana carga.* **SIN.** Leve, vaporoso. **ANT.** Pesado.
2. Que cambia con facilidad. *No se fiaba de una persona tan liviana.* **SIN.** Inconstante, voluble. **ANT.** Constante.
3. De poca importancia. *Tuvieron una discusión liviana.* **SIN.** Insustancial, superficial. **ANT.** Grave.

lívido, lívida (**lí**-vi-do) adjetivo

1. Se dice del color amoratado de la cara, de una herida, etc. *El golpe iba adquiriendo un color lívido.*
2. Se dice del color intensamente pálido de la cara. *¿Te encuentras bien? Tu cara está totalmente lívida.*

llaga (**lla**-ga) sustantivo femenino

Herida abierta en la piel, que suele sangrar, y produce dolor y escozor. *Se cayó y se hizo una llaga en la rodilla.* **SIN.** Úlcera.

llama (**lla**-ma) sustantivo femenino

1. Masa de gas tan caliente que produce luz. *El edificio estaba en llamas.* **SIN.** Llamarada.
2. Fuerza de una pasión o de un deseo. *No se apagaba la llama de su amor.* **SIN.** Ardor, emoción. **ANT.** Frialdad, indiferencia.
3. Animal mamífero propio de América del Sur, del que se aprovechan la leche, la carne, el cuero y el pelo. *Las llamas correteaban entre las rocas.*

llamada (**lla**-ma-da) sustantivo femenino

1. Acción de llamar. *Hice una llamada de teléfono.* **SIN.** Llamamiento, convocatoria, cita.
2. Palabra, gesto o señal para atraer la atención de alguien. *No hizo caso de la llamada.* **SIN.** Aviso, advertencia, indicación.

llamar (**lla**-mar) verbo

1. Dar voces o hacer gestos a una persona o animal para que venga o atienda. *Volvió la cabeza cuando le llamé.* **SIN.** Avisar.
2. Nombrar, dar nombre a una persona o cosa. *Llamó al niño Javier.* **SIN.** Bautizar, denominar.
3. Atraer, gustar o apetecer algo a alguien. *Los deportes acuáticos me llaman mucho.* **SIN.** Cautivar, hechizar, fascinar, seducir. **ANT.** Repeler, repugnar.
4. Hacer sonar un timbre, campanilla, etc. para que alguien abra la puerta. *Entre sin llamar.*
5. llamarse Tener cierto nombre o apellido. *Se llama Manuel.*

llamativo, llamativa

(lla-ma-**ti**-vo) adjetivo

Que llama la atención exageradamente. *Llevaba unos pantalones muy llamativos.* **SIN.** Chillón, espectacular, vistoso.

llano, llana (lla-no) adjetivo

1. Sin altos ni bajos. *Está buscando un terreno llano para construir su casa.* **SIN.** Liso, plano, igual. **ANT.** Accidentado, desigual.

2. Se dice de la persona o cosa sencilla y natural. *Aunque es famoso y rico, sigue siendo muy llano.* **SIN.** Espontáneo, familiar, campechano. **ANT.** Inaccesible.

3. Se dice de las palabras que llevan el acento en la penúltima sílaba. *Examen es una palabra llana.*

4. sustantivo masculino Terreno o campo plano. *La casa está en un llano.* **SIN.** Llanura.

llanta (llan-ta) sustantivo femenino

Círculo metálico exterior de las ruedas de los coches, bicicletas, etc. *Tenía que cambiar la llanta.*

llanto (llan-to) sustantivo masculino

Derramamiento de lágrimas con lamentos y sollozos. *No pudo contener el llanto.* **SIN.** Lloro, sollozo.

llanura

(lla-nu-ra) sustantivo femenino

1. Igualdad de la superficie de una cosa. *Para construir la carretera era importante la llanura del terreno.*

2. Zona baja y plana. *Las llanuras del norte de Europa son muy extensas.* **SIN.** Planicie. **ANT.** Montaña.

llave (lla-ve) sustantivo femenino

1. Instrumento de metal que sirve para cerrar y abrir una cerradura. *Llamó al timbre, pues olvidó las llaves dentro de la casa.*

2. Instrumento que permite o impide el paso de un líquido, un gas o la corriente eléctrica. *Cierra la llave del gas.* **SIN.** Interruptor.

3. Medio para descubrir lo que está oculto o secreto. *Creía haber dado por fin con la llave del asunto.*

4. Signo ortográfico ({}) que incluye elementos que pertenecen a un mismo nivel clasificatorio.

$$\text{Formas no personales del verbo} \begin{cases} \text{infinitivo} \\ \text{gerundio} \\ \text{participio} \end{cases}$$

También se utiliza para agrupar alternativas en un contexto.

$$\text{Vendrá} \begin{cases} \text{sola} \\ \text{con Juan} \end{cases} \text{a la ceremonia}$$

5. En algunos deportes de lucha, movimiento o conjunto de movimientos que se hacen con la intención de inmovilizar al contrario. *Lo inmovilizó con una de sus llaves.*

6. llave inglesa expresión Instrumento de hierro, con dos piezas que se abren o cierran más o menos, para apretar o aflojar tuercas y tornillos. *Apretó el tornillo con la llave inglesa.*

7. llave maestra expresión La que se emplea para abrir y cerrar todas las cerraduras de una casa. *El cerrajero utilizó una llave maestra.*

8. estar bajo siete llaves expresión Guardar de modo muy seguro. *Sus joyas están bajo siete llaves.*

llavero (lla-ve-ro) sustantivo masculino

Anillo o gancho en el que se llevan las llaves, que suele tener algún adorno o funda. *Le regaló un llavero de propaganda.*

llegada (lle-ga-da) sustantivo femenino

1. Acción de llegar a un sitio. *No habían tenido noticia de su llegada.* **ANT.** Marcha, ida.

2. Línea de meta. *Allí estaba marcada la llegada.* **ANT.** Salida.

llegar (lle-gar) verbo

1. Ir a parar a un lugar una persona o cosa. *Llegamos al aeropuerto al amanecer.* **ANT.** Salir.

2. Conseguir lo que se desea. *Empezó de botones del hotel y ha llegado a* director. **SIN.** Alcanzar, lograr. **ANT.** Fracasar.

3. Tener lugar una cosa. *Queda un día para que lleguen las vacaciones.* **SIN.** Suceder, ocurrir, sobrevenir.

4. Durar alguien o algo hasta un tiempo determinado. *Su poder llegó hasta la Reconquista.* **SIN.** Conservarse, resistir.

5. En algunos deportes, alcanzar la meta. *Llegó de los primeros.*

6. Ser suficiente una cantidad de dinero. *Con veinte euros es suficiente para comprar el regalo de mi hermano.* **SIN.** Bastar. **ANT.** Faltar.

7. Conmover a una persona. *Ese detalle me llegó profundamente.* **SIN.** Calar, impresionar.

8. estar al llegar expresión Quedar poco tiempo para que alguien aparezca o suceda algo. *Mi hermano estará al llegar porque venía hacia aquí.*

✎ Se conjuga como *ahogar*.

llenar (lle-**nar**) verbo

1. Ocupar totalmente con alguna cosa un espacio vacío o abarrotar un lugar con muchas cosas. *He llenado la maleta de ropa.* **SIN.** Saturar(se). **ANT.** Vaciar(se).

2. Escribir en los espacios en blanco de ciertos documentos las respuestas a lo que se pregunta. *Tienes que llenar el cuestionario.* **SIN.** Cumplimentar.

3. Satisfacer por completo. *Su música me llena.* **SIN.** Gustar.

4. Dar algo a alguien abundantemente. *Lo llenó de halagos.*

5. llenarse Comer o beber hasta hartarse. *No quiero postre, me he llenado.* **SIN.** Atiborrarse.

lleno, llena (lle-no) adjetivo

1. Ocupado o cubierto por completo. *En esta caja no caben más libros,*

está llena. **SIN.** Abarrotado, atestado, colmado. **ANT.** Desierto, vacío.

2. Gordo, grueso. *Estaba un poco llenito.* **SIN.** Regordete. **ANT.** Flaco, enjuto.

3. Saciado, harto. *Había comido demasiado y se sentía lleno.*

4. sustantivo masculino Gran concurrencia en un espectáculo público. *El lleno fue absoluto.* **SIN.** Aforo.

5. de lleno expresión Completamente, por entero. *El disparo le alcanzó de lleno en el pecho.*

llevadero, llevadera
(lle-va-**de**-ro) adjetivo

Se dice de lo que es difícil o doloroso pero se puede soportar. *Era un trabajo llevadero.* **SIN.** Tolerable, soportable. **ANT.** Insufrible.

llevar (lle-**var**) verbo

1. Conducir algo o a alguien de una parte a otra. *Ya han llevado las maletas al coche.* **SIN.** Trasladar, transportar, enviar. **ANT.** Dejar.

2. Traer puesta una prenda de vestir. *Como hace frío, llevaré el abrigo.* **SIN.** Lucir, vestir.

3. Guiar, dirigir. *Llevaba las riendas de la negociación.* **SIN.** Encaminar, dirigir.

4. Contener o estar provisto de una cosa. *Esta garrafa lleva dos litros.*

5. Cuidar, estar al cargo de un asunto o negocio. *Es ella quien lleva la contabilidad.* **SIN.** Dirigir, gobernar, regir.

6. Tolerar, sufrir. *Lleva bien la enfermedad.* **SIN.** Soportar.

7. Haber estado cierto tiempo en una actividad, circunstancia o lugar. *La obra nos llevó tres años.*

8. Necesitar el espacio, tiempo o condición que se indica. *Este trabajo nos llevará una hora.*

9. Cortar, separar violentamente una cosa de otra. *La cuchilla le llevó los dedos.* **SIN.** Amputar.
10. Seguir adecuadamente un ritmo, compás, etc. *Lleva muy bien el ritmo.* **SIN.** Mantener.
11. Aventajar en tiempo, distancia, méritos, etc., a otra persona o cosa con la que se compara. *Le lleva tres años a mi prima.*
12. En ciertas operaciones aritméticas, reservar una cantidad que sobra para añadirla al resultado siguiente. *Me llevo dos.*
13. llevarse Estar de moda. *El amarillo se lleva mucho este año.*
14. llevarse Conseguir. *Se llevó el premio.* **SIN.** Lograr, ganar.
15. llevarse bien expresión Tener dos o más personas un carácter afín. *Se llevan bien y les gusta estar juntos.*
16. llevarse mal expresión Tener dos o más personas carácter opuesto. *Se llevan mal y siempre están discutiendo.*

llorar (llo-**rar**) verbo
1. Derramar lágrimas porque se siente alegría, pena o alguna molestia en el ojo. *Su amigo se echó a llorar del susto.* **SIN.** Sollozar.
2. Pedir algo o quejarse produciendo compasión. *Lloró a sus padres hasta que le dejaron salir.*
3. Sentir una cosa profundamente. *Lloró mucho su pérdida.*

llorera (llo-**re**-ra) sustantivo femenino
Llanto prolongado y sin motivo. *Le entró una llorera tonta.* **SIN.** Llantina.

llorica (llo-**ri**-ca) sustantivo
Persona que llora o se lamenta por cualquier cosa. *Es un llorica, siempre se está quejando.*

lloriqueo (llo-ri-**que**-o) sustantivo masculino
Lloro tonto y casi sin lágrimas. *No vas a conseguir nada con tu lloriqueo.*

lloro (llo-ro) sustantivo masculino
Llanto. *No exageres, la cosa no merece tanto lloro.*

llorón, llorona (llo-**rón**) adjetivo y sustantivo
1. Se dice de la persona que llora mucho o fácilmente. *Es un poco llorón.* **SIN.** Llorica.
2. Se dice de la persona que se queja mucho. *Su amigo le decía que era algo llorona.* **SIN.** Quejica.

llover (llo-**ver**) verbo
1. Caer agua de las nubes. *Está empezando a llover.* **SIN.** Lloviznar. **ANT.** Escampar, despejarse. ✎ Solo se conjuga en tercera persona del singular.
2. Caer sobre alguien en abundancia una cosa. *De repente, le llovieron las oportunidades de trabajo.* **SIN.** Abundar. **ANT.** Escasear, faltar.
3. como llovido del cielo expresión De modo inesperado e imprevisto. *Ese dinero me viene como llovido del cielo.*
✎ Verbo irregular, se conjuga como *mover.*

llovizna (llo-**viz**-na) sustantivo femenino
Lluvia muy fina. *La llovizna nos estropeó la excursión.*

lluvia (llu-via) sustantivo femenino
1. Agua que cae de las nubes en forma de gotas. *Los paraguas nos protegen de la lluvia.* **SIN.** Aguacero, chaparrón. **ANT.** Sequía.
2. Abundancia de algo por sorpresa. *Cayó una lluvia de almohadillas.* **ANT.** Escasez.

lluvioso, lluviosa (llu-**vio**-so) adjetivo
Se aplica al tiempo o al lugar en que llueve mucho. *El clima de esa región es muy lluvioso.*

lo artículo
1. Artículo neutro que va delante de los adjetivos o de frases que comienzan por *que. Lo bello. Es lo que hay que hacer.*

2. pronombre personal Forma del pronombre personal de tercera persona del singular en masculino, que funciona como complemento directo. *Ahí está el juguete, ¿lo ves?* ✎ No lleva preposición, y se puede usar formando una sola palabra con el verbo, como en *cómelo.*

loar (lo-**ar**) verbo
Alabar, hablar bien de algo. *Loaron mucho su obra.* **SIN.** Elogiar.

lobato (lo-**ba**-to) sustantivo masculino
Cachorro de lobo. *El lobato cayó en la trampa.* **SIN.** Lobezno.

lobezno (lo-**bez**-no) sustantivo masculino
Lobo joven. *En la cueva encontraron dos lobeznos.*

lobo, loba (lo-bo) sustantivo
1. Animal mamífero parecido a un perro grande, muy voraz, de pelaje gris oscuro, orejas tiesas y cola larga peluda. *Los lobos viven en manadas.*
2. lobo de mar expresión Marinero que ha navegado muchas veces. *Mi abuelo es un viejo lobo de mar.*

lóbrego, lóbrega (ló-bre-go) adjetivo
1. Oscuro, tenebroso, sombrío. *Vivían en una casa muy lóbrega.* **ANT.** Luminoso, claro.
2. Triste, melancólico. *Tenía un aspecto lóbrego.* **ANT.** Alegre.

lóbulo (ló-bu-lo) sustantivo masculino
1. Parte inferior carnosa de la oreja. *El pendiente le había hecho daño y tenía el lóbulo enrojecido.*
2. Cada una de las partes, en forma de ondas, que sobresalen en el borde de una cosa. *El mantel estaba rematado con lóbulos.*

local (lo-**cal**) adjetivo
1. De una localidad, por oposición a general o nacional. *El equipo local ganó al equipo visitante en el partido.*
2. Se dice de lo que solo afecta a una parte del total. *Le pusieron anestesia local para sacarle la muela.*

3. sustantivo masculino Edificio o habitaciones en los que se puede desarrollar un negocio o trabajo. *Ha traspasado el local de la peluquería.*

localidad (lo-ca-li-**dad**) sustantivo femenino
1. Lugar o pueblo, población. *Visitamos aquella localidad.*
2. Billete que da derecho a entrar, o a ocupar asiento en un espectáculo. *Se agotaron las localidades para el concierto.*

localizar (lo-ca-li-**zar**) verbo
Determinar el lugar donde se halla una persona o cosa. *No conseguían localizarle.* **SIN.** Situar.
✎ Se conjuga como *abrazar.*

loción (lo-**ción**) sustantivo femenino
Producto preparado para la limpieza del cabello o del cuerpo. *Compró una loción para después del afeitado.*

loco, loca (lo-co) adjetivo y sustantivo
1. Se dice de la persona que ha perdido la razón. *Está loco, no está en su sano juicio.* **SIN.** Demente. **ANT.** Sano, cuerdo.
2. Imprudente, que hace las cosas sin pensar. *Conduce como un loco.* **SIN.** Insensato, alocado. **ANT.** Sensato, prudente.
3. Ajetreado, movido. *Había tenido una semana muy loca.*
4. Deseoso, impaciente por hacer algo. *Está loco por verte.*
5. estar loco de contento expresión Estar excesivamente alegre. *Está loco de contento por ser padre.*
6. volver loco expresión Gustar mucho una cosa o persona a alguien. *Pedro es tan guapo que me vuelve loca.*

locomoción (lo-co-mo-**ción**) sustantivo femenino
Traslado de un punto a otro. *No había ningún medio de locomoción que les llevara a aquel remoto pueblo.*

locomotora

(lo-co-mo-**to**-ra) sustantivo femenino

Máquina con ruedas, movida por un motor o electricidad, que arrastra los vagones de un tren. *La locomotora estaba estropeada.*

locuaz (lo-**cuaz**) adjetivo

Que habla mucho. *Es una persona muy locuaz.* **SIN.** Charlatán, parlanchín. **ANT.** Callado.

✎ Su plural es *locuaces.*

locución (lo-cu-**ción**) sustantivo femenino

Expresión o modo de hablar. *Es una locución típica de esa zona.*

locura (lo-**cu**-ra) sustantivo femenino

1. Pérdida del juicio o del uso de la razón. *Su locura le impedía razonar.* **SIN.** Demencia, enajenación.
2. Desacierto, acción insensata. *Esa inversión es una auténtica locura.* **SIN.** Imprudencia.

locutor, locutora (lo-cu-**tor**) sustantivo

Persona que habla ante el micrófono en los programas de radio o televisión. *Es locutor de radio.* **SIN.** Presentador.

lodo (**lo**-do) sustantivo masculino

Barro, mezcla de tierra y agua en el suelo. *Había mucho lodo en el fondo del río.* **SIN.** Fango.

lógico, lógica (**ló**-gi-co) adjetivo

Razonable, normal. *Es lógico que se enfade después de lo que le has hecho.* **SIN.** Natural, sensato.

login sustantivo masculino

Pantalla de identificación para iniciar un servicio o un sistema, basada habitualmente en el nombre de usuario y la contraseña. *Siempre que vuelvo de vacaciones, se me ha olvidado el login del ordenador.*

logo (**lo**-go) sustantivo masculino

Forma abreviada para *logotipo,* distintivo formado por letras, abreviaturas, imágenes, etc., que identifica una empresa, una marca, un producto.... *Con motivo del aniversario del nacimiento de Julio Verne, la empresa convirtió el logo de su página principal en el legendario submarino Nautilus.*

logotipo

(lo-go-**ti**-po) sustantivo masculino

Símbolo característico que distingue la marca o nombre de una empresa o producto. *Diseñó un nuevo logotipo para la empresa.*

lograr (lo-**grar**) verbo

Llegar a tener o a ser lo que se quiere. *Por fin ha logrado terminar de pintar.* **SIN.** Alcanzar, obtener, conseguir. **ANT.** Fracasar.

loma (**lo**-ma) sustantivo femenino

Elevación suave y prolongada del terreno. *La caseta estaba situada en una loma desde la que se veía el pueblo.* **SIN.** Otero.

lombriz (lom-**briz**) sustantivo femenino

Nombre de diversos gusanos que tienen el cuerpo delgado, blando y cilíndrico. *Removió la tierra y apareció una lombriz.*

✎ Su plural es *lombrices.*

lomo (**lo**-mo) sustantivo masculino

1. Parte inferior y central de la espalda humana, y toda la espalda de los animales de cuatro patas. *Se dio un golpe en los lomos.*
2. Parte del libro donde van pegadas o cosidas las hojas. *En el lomo aparecía el título de la obra.*

lona (**lo**-na) sustantivo femenino

Tela fuerte de algodón o cáñamo que se usa para fabricar toldos, tiendas de campaña, velas de barcos, etc. *Tapó la carga del camión con una lona.*

loncha (lon-**cha**) sustantivo femenino

Rodaja fina, lonja. *Corta unas lonchas de chorizo para el bocadillo.*

longaniza (lon-ga-**ni**-za) sustantivo femenino
Embutido largo y delgado de carne de cerdo picada y adobada. *Merendaron longaniza.*

longitud (lon-gi-tud) sustantivo femenino
1. La mayor de las distancias entre los extremos de una superficie plana. *Un rectángulo tiene mayor longitud que anchura.*
2. Distancia desde un lugar al meridiano cero o de Greenwich. *Roma está situada a 12 grados de longitud este.*

longitudinal (lon-gi-tu-di-**nal**) adjetivo
Que se refiere a la longitud o que está colocado en su dirección. *Traza una línea longitudinal.*

lonja (**lon**-ja) sustantivo femenino
1. Parte larga, ancha y de poco grosor que se corta o se separa de otra. *Cortó unas lonjas de jamón.* **SIN.** Loncha, raja.
2. Edificio donde se reúnen comerciantes para comprar y vender. *Madrugamos para ver la lonja del puerto en pleno funcionamiento.*

look sustantivo masculino
Aspecto externo o imagen de una persona. *Decidió cambiarse el look cortándose el pelo.*
✎ Es una palabra inglesa. Se pronuncia /luk/.

lord sustantivo masculino
En Gran Bretaña, título que se da a miembros de la nobleza, personas importantes y altos cargos. *Le concedieron el título de lord.*
✎ Su plural es *lores.*

loro (**lo**-ro) sustantivo masculino
1. Nombre de algunas aves que se distinguen por el color verde de su plumaje, y por la cola y alas rojas. Se pueden domesticar y repiten las palabras. *Estaba enseñando a hablar al loro.*

2. adjetivo Se dice de las personas excesivamente habladoras e incapaces de guardar un secreto. *Ese amigo tuyo es un poco loro.*

los artículo
1. Artículo determinado masculino plural. *Los niños jugaban.*
2. pronombre personal Forma del pronombre personal de tercera persona plural del masculino, que funciona como complemento directo. *¿No los viste? Los compré ayer.* ✎ El pronombre no lleva preposición, y se puede usar formando una sola palabra con el verbo, como en *dámelos.*

losa (**lo**-sa) sustantivo femenino
1. Piedra llana y poco gruesa, casi siempre labrada. *Cubrieron el patio con losas.* **SIN.** Baldosa.
2. Sepulcro de cadáver. *Pusieron la losa en el panteón.*
3. Carga, peso. *Aquella confesión era una losa para ella.*

lote (**lo**-te) sustantivo masculino
1. Cada una de las partes en que se divide un todo que se ha de distribuir entre varias personas. *Le tocó el mejor lote de la herencia.* **SIN.** Porción, parte.
2. Conjunto de objetos similares que se agrupan con un fin determinado. *Compró un lote de cacharros para microondas.*

lotería (lo-te-**rí**-a) sustantivo femenino
1. Especie de rifa en que se sortean diversos premios. *Organizaron una lotería para las fiestas.*
2. Juego público en que se premian con diversas cantidades los billetes cuyos números coinciden con los que se extraen de un bombo al azar. *Por Navidad juega a la lotería.*
3. Negocio o asunto en que intervienen la suerte o la casualidad. *Aprobar aquel examen fue, realmente, una buena lotería.*

4. lotería primitiva expresión Variedad de lotería española en la que se extraen seis números de los 49 que entran en sorteo. *Juega cada semana a la lotería primitiva, pero no le toca.*

loto (lo-to) sustantivo masculino
Planta de de hojas muy grandes y fruto en forma de globo, con semillas que se comen después de tostadas y molidas. *El loto abunda en las orillas del Nilo.*

loza (lo-za) sustantivo femenino
1. Barro fino, cocido y barnizado, con el que se hacen platos, tazas, etc. *El juego de café era de loza muy fina.* **SIN.** Cerámica.
2. Vajilla. *Te toca fregar la loza.*

lozanía (lo-za-ní-a) sustantivo femenino
1. Frondosidad y verdor en las plantas. *Las plantas tenían lozanía.* **SIN.** Verdura, frescura.
2. Fuerza y energía en las personas y animales. *Rebosa lozanía.*

lozano, lozana (lo-za-no) adjetivo
Que tiene lozanía. *Las plantas estaban muy lozanas.* **SIN.** Frondoso, vigoroso. **ANT.** Débil.

lubina (lu-bi-na) sustantivo femenino
Pescado propio de mares templados, muy sabroso. *Tomaré lubina de segundo plato.*

lubricante
(lu-bri-can-te) adjetivo y sustantivo masculino
Se dice del producto industrial aceitoso que se usa para suavizar el roce de las piezas de una máquina. *Echó lubricante al motor.*

lubricar (lu-bri-car) verbo
Hacer resbaladiza una cosa. *Lubricó el eje.* **SIN.** Lubrificar, engrasar.
✎ Se conjuga como *abarcar*.

lucero (lu-ce-ro) sustantivo masculino
Cualquier astro de los que se ven grandes y brillantes, en especial el planeta Venus. *La luz de un enorme lucero nos alumbraba.*

lucha (lu-cha) sustantivo femenino
1. Pelea cuerpo a cuerpo o discusión con palabras. *Hubo una fuerte lucha.* **SIN.** Riña, reyerta.
2. Nombre de varios tipos de deporte que consisten en pelear sin armas con el adversario hasta derribarlo o hacer que se rinda. *Es campeón de lucha libre.*

luchar (lu-char) verbo
1. Pelear, combatir. *En las guerras, las personas luchan por su país.* **SIN.** Lidiar, batallar.
2. Discutir, reñir. *Sabía que tenía razón y estaba dispuesto a luchar.*

lúcido, lúcida
(lú-ci-do) adjetivo
Claro y sutil en el razonamiento, en el estilo, etc. *Posee una mente muy lúcida.* **SIN.** Agudo.

luciérnaga
(lu-ciér-na-ga) sustantivo femenino
Insecto de cuerpo blando. La hembra no tiene alas y despide una luz de color blanco verdoso que se ve por la noche. *En el* camping *por las noches había muchas luciérnagas.*

lucio (lu-cio) sustantivo masculino
Pez muy feroz que habita en ríos y lagos. *Pescó un lucio en el lago.*

lucir (lu-cir) verbo
1. Brillar, resplandecer. *Después de una semana entera lloviendo, por fin lució el sol.*
2. Enseñar de forma que se vean las cualidades, riquezas, autoridad, etc. que se tienen. *Lució sus mejores galas.* **SIN.** Ostentar.
3. lucirse Realizar algo causando buena impresión. *Se lució ante todos.* **SIN.** Destacarse.
✎ Verbo irregular. Ver pág. 579.

lucir

MODO INDICATIVO		MODO SUBJUNTIVO	
Tiempos simples	Tiempos compuestos	Tiempos simples	Tiempos compuestos
Presente	**Pret. perf. compuesto / Antepresente**	**Presente**	**Pret. perf. compuesto / Antepresente**
luzco	he lucido	luzca	haya lucido
luces / lucís	has lucido	luzcas	hayas lucido
luce	ha lucido	luzca	haya lucido
lucimos	hemos lucido	luzcamos	hayamos lucido
lucís / lucen	habéis lucido	luzcáis / luzcan	hayáis lucido
lucen	han lucido	luzcan	hayan lucido
Pret. imperfecto / Copretérito	**Pret. pluscuamperfecto / Antecopretérito**	**Pret. imperfecto / Pretérito**	**Pret. pluscuamperfecto / Antepretérito**
lucía	había lucido	luciera o luciese	hubiera o hubiese lucido
lucías	habías lucido	lucieras o lucieses	hubieras o hubieses lucido
lucía	había lucido	luciera o luciese	hubiera o hubiese lucido
lucíamos	habíamos lucido	luciéramos o luciésemos	hubiéramos o hubiésemos lucido
lucíais / lucían	habíais lucido	lucierais o lucieseis / lucieran o luciesen	hubierais o hubieseis lucido
lucían	habían lucido	lucieran o luciesen	hubieran o hubiesen lucido
Pret. perf. simple / Pretérito	**Pret. anterior / Antepretérito**		
lucí	hube lucido		
luciste	hubiste lucido		
lució	hubo lucido	**Futuro simple / Futuro**	**Futuro compuesto / Antefuturo**
lucimos	hubimos lucido	luciere	hubiere lucido
lucisteis / lucieron	hubisteis lucido	lucieres	hubieres lucido
lucieron	hubieron lucido	luciere	hubiere lucido
		luciéremos	hubiéremos lucido
Futuro simple / Futuro	**Futuro compuesto / Antefuturo**	luciereis / lucieren	hubiereis lucido
luciré	habré lucido	lucieren	hubieren lucido
lucirás	habrás lucido		
lucirá	habrá lucido	**MODO IMPERATIVO**	
luciremos	habremos lucido		
luciréis / lucirán	habréis lucido	luce (tú) / lucí (vos) / luzca (usted)	
lucirán	habrán lucido	lucid (vosotros)	
		luzcan (ustedes)	
Condicional simple / Pospretérito	**Condicional compuesto / Antepospretérito**	**FORMAS NO PERSONALES**	
		Infinitivo	**Infinitivo compuesto**
luciría	habría lucido	lucir	haber lucido
lucirías	habrías lucido	**Gerundio**	**Gerundio compuesto**
luciría	habría lucido	luciendo	habiendo lucido
luciríamos	habríamos lucido		
luciríais / lucirían	habríais lucido	**Participio**	
lucirían	habrían lucido	lucido	

579

lucrativo, lucrativa

(lu-cra-**ti**-vo) adjetivo

Que produce utilidad y ganancia. *Era un negocio muy lucrativo.* **SIN.** Productivo, provechoso.

lucro (**lu**-cro) sustantivo masculino

Ganancia que se saca de una cosa. *Esa venta le produjo mucho lucro.* **SIN.** Provecho, beneficio.

lúdico, lúdica (**lú**-di-co) adjetivo

Que se refiere al juego. *Esa danza tiene un aspecto lúdico.*

luego (**lue**-go) adverbio

1. Pronto, enseguida. *Luego lo hago.* **SIN.** Inmediatamente.

2. Después, más tarde. *Ya lo haré luego.* **ANT.** Ahora.

3. conjunción Por consiguiente. *Lo que estás diciendo es falso, luego no tienes razón.*

4. desde luego expresión Sin duda. *Puedes contar conmigo, desde luego.*

lugar (lu-**gar**) sustantivo masculino

1. Espacio que puede ser ocupado por un cuerpo. *En esta casa habrá lugar para toda la familia.* **SIN.** Puesto, sitio, ubicación

2. Sitio. *Creo que ya he ido a ese lugar.* **SIN.** Paraje, punto.

3. Pueblo, especialmente si es pequeño. *Nunca había oído hablar de aquel lugar.* **SIN.** Aldea.

4. Puesto, empleo. *Creía estar en el lugar que le correspondía.*

5. Ocasión, motivo, oportunidad para hacer o no hacer una cosa. *No dio lugar a una respuesta.*

6. en lugar de expresión En vez de. *En lugar de blanco, lo prefiero negro.*

7. estar fuera de lugar expresión Ser inoportuno e inadecuado. *Está fuera de lugar vestir de rojo en un funeral.*

8. sin lugar a dudas expresión Con toda seguridad. *Sin lugar a dudas, va a ganar el torneo porque es el mejor.*

lúgubre (**lú**-gu-bre) adjetivo

Triste, funesto, melancólico. *Era un lugar muy lúgubre.* **SIN.** Fúnebre, tétrico. **ANT.** Alegre, claro.

lujo (**lu**-jo) sustantivo masculino

Riqueza grande o excesiva que se muestra en las cosas que se poseen y en el modo de vida. *Es un coche de lujo.* **SIN.** Opulencia, magnificencia. **ANT.** Pobreza.

lujoso, lujosa (lu-jo-**so**) adjetivo

Con muchas o excesivas riquezas y comodidades. *Viven en una lujosa mansión.* **SIN.** Opulento, suntuoso, espléndido, fastuoso.

lumbre (**lum**-bre) sustantivo femenino

1. Fuego que arde. *Hizo una gran lumbre con carbón y leña.*

2. Lugar donde se enciende fuego para guisar o calentar algo. *Acercó la cazuela a la lumbre.*

luminoso, luminosa

(lu-mi-**no**-so) adjetivo

1. Que despide luz o está iluminado. *Ví una estrella muy luminosa.* **SIN.** Brillante, resplandeciente. **ANT.** Oscuro, sombrío, opaco.

2. Inteligente, brillante. *Siempre tiene ideas luminosas.* **SIN.** Claro.

luna (**lu**-na) sustantivo femenino

1. Astro, satélite de la Tierra que ofrece diferentes aspectos o fases según que el Sol ilumine una parte mayor o menor de ella. *La superficie de la Luna está cubierta de cráteres.*

2. Espejo o cristal de gran tamaño. *Rompió la luna del escaparate con una piedra.*

3. Luna creciente expresión Fase de la Luna entre la Luna nueva y la Luna llena, cuando solo refleja la luz por la parte derecha.

4. Luna menguante expresión Fase de la Luna entre la Luna llena y la Luna nueva, cuando solo refleja la luz por la parte izquierda.

5. luna de miel expresión Primeros tiempos de matrimonio, después de la boda. *Pasaron la luna de miel en el Caribe.*

6. Luna llena expresión Fase de la Luna en que presenta su disco totalmente iluminado.

7. Luna nueva expresión Fase de la luna en que su disco resulta invisible.

8. estar en la luna expresión Estar distraído y no enterarse de lo que pasa. *Te pedí azúcar y me traes sal, ¡si es que estás en la luna!*

9. pedir la luna expresión Pedir cosas imposibles. *Su jefe le pide la luna y luego se enfada porque no lo hace.*

lunar (lu-nar) sustantivo masculino

1. Pequeña mancha en la cara o en otra parte del cuerpo humano. *Tiene un lunar junto a la boca.*

2. Adorno circular y de color en los vestidos, especialmente en los trajes flamencos. *Llevaba una blusa de lunares.*

3. adjetivo Que se refiere a la Luna. *Los astronautas relataban con emoción su paseo lunar.*

lunático, lunática

(lu-ná-ti-co) adjetivo y sustantivo

Que está un poco loco o tiene manías. *Es un lunático y no hay quien aguante sus rarezas.* **SIN.** Maniático, chalado.

lunes (lu-nes) sustantivo masculino

Día de la semana entre el domingo y el martes. *Los lunes me cuesta mucho levantarme.*

✎ Es igual en plural y en singular.

lupa (lu-pa) sustantivo femenino

1. Lente con un mango en el extremo que permite ver las cosas más grandes. *Uso una lupa para ver mejor el insecto.*

2. mirar algo con lupa expresión Mirarlo con detenimiento y detalle. *Miró con lupa los cubiertos para comprobar que estaban limpios.*

lúpulo (lú-pu-lo) sustantivo masculino

Planta trepadora cuyos frutos, secos, se utilizan para dar aroma y sabor amargo a la cerveza. *Era el momento de recoger el lúpulo.*

lustro (lus-tro) sustantivo masculino

Espacio de cinco años. *Ya pasó un lustro desde aquello.*

luto (lu-to) sustantivo masculino

Tristeza por la muerte de una persona y forma de manifestarla en el vestido, los adornos y otros objetos. *En China, en la India y en otros países asiáticos, el luto se hace con vestidos blancos; en Europa, con vestidos negros.*

luz sustantivo femenino

1. Lo que hace que los objetos se vean. *A la luz del día, todo está claro.* **SIN.** Claridad. **ANT.** Oscuridad.

2. Aparato que sirve para alumbrar. *Busca alguna luz, nos hemos quedado a oscuras.* **SIN.** Lámpara.

3. sustantivo femenino plural Cultura, inteligencia que tiene o demuestra una persona. *Es una mujer con muchas luces.*

4. dar a luz expresión Parir una mujer o publicar una obra. *Mi madre me dio a luz en esta clínica.*

5. media luz expresión Luz escasa. *Nos quedamos a media luz junto al fuego.*

6. sacar a la luz expresión Descubrir, manifestar lo que estaba oculto. *Los periodistas sacaron a la luz el caso.*

✎ Su plural es *luces.*

m sustantivo femenino

1. Décima consonante del abecedario español. Su nombre es *eme*. Manuel *empieza por* m.

2. Letra que tiene el valor de 1000 en la numeración romana. *MM es igual a 2000.*

macaco, macaca (ma-ca-co) sustantivo

Mono pequeño, con cola corta, cuerpo fuerte y cabeza grande con el hocico saliente y aplastado, de pelaje amarillento. *Los macacos son cautelosos.*

macarra (ma-ca-rra) adjetivo y sustantivo

1. Se dice de la persona agresiva y provocadora. *Unos macarras se metieron con él.* **SIN.** Chulo.

2. Vulgar, de mal gusto. *Vistiendo es un poco macarra.* **SIN.** Cursi, chabacano. **ANT.** Elegante.

macarrón (ma-ca-rrón) sustantivo masculino

Pasta alimenticia de harina de trigo en forma de tubos largos, de paredes gruesas, y de color blanco, amarillo o gris. *Comimos macarrones con tomate y chorizo.*

✎ Se usa más en plural.

macedonia

(ma-ce-do-nia) sustantivo femenino

Postre compuesto de una mezcla de diversas frutas, cortadas en pequeños trozos, y servidas con su propio jugo. *Échale licor a la macedonia.*

maceta (ma-ce-ta) sustantivo femenino

Vaso de barro cocido o de otra materia, que se llena de tierra y sirve para cultivar plantas. *Deberías pasar la planta a una maceta más grande.* **SIN.** Jardinera, tiesto.

machacar (ma-cha-car) verbo

1. Golpear una cosa para romperla, deformarla o convertirla en pequeños trozos. *Machaca ajo en el mortero.*

2. Destruir, vencer o derrotar de forma clara y definitiva. *Machacaron al enemigo.*

3. Hacer daño, moler. *La piedra le machacó el pie.*

4. Insistir una y otra vez sobre una cosa hasta hacerse pesado. *Es un pesado, no deja de machacar con eso.* **SIN.** Cansar, insistir.

5. Estudiar mucho una lección. *Tienes que machacarlo un poco más.* **SIN.** Chapar, empollar.

✎ Se conjuga como *abarcar*.

machacón, machacona

(ma-cha-cón) adjetivo y sustantivo

Impertinente, pesado, que repite mucho las cosas. *No seas machacón, ya has dicho cien veces lo mismo.* **SIN.** Repetitivo, cargante.

machete (ma-che-te) sustantivo masculino

Arma más corta que la espada, ancha, pesada, con un solo filo. *Corta las cañas con el machete.*

machismo

(ma-**chis**-mo) sustantivo masculino

Ideas o actitud de una persona o grupo de personas que piensan o actúan como si las mujeres fuesen inferiores a los hombres. *Le acusaban de machismo en sus teorías.* **ANT.** Feminismo.

machista (ma-**chis**-ta) adjetivo

1. Que se refiere al machismo. *Sus ideas son muy machistas.*

2. adjetivo y sustantivo Partidario del machismo. *Su amigo es muy machista.*

macho (ma-cho) sustantivo masculino

1. Animal del sexo masculino. *El macho de la oveja es el carnero.*

2. Pieza que se engancha o entra dentro de otra, como el tornillo en la tuerca. *Este macho no sirve para esta hembra.*

3. adjetivo y sustantivo Se dice del hombre muy valiente y fuerte. *Es muy macho.*

macizo, maciza

(ma-**ci**-zo) adjetivo

1. Compacto, sin huecos, sólido. *Es de madera maciza.* **SIN.** Grueso, relleno, amazacotado. **ANT.** Hueco, débil, flaco, frágil.

2. Se dice de la persona con fuertes músculos. *Paco está macizo porque hace mucho ejercicio.* **SIN.** Duro. **ANT.** Fofo.

3. Se dice de la persona muy atractiva físicamente. *De joven, estaba muy macizo.* **SIN.** Atractivo, cachas.

4. sustantivo masculino Conjunto de montañas. *Visitamos el macizo central.*

5. sustantivo masculino Conjunto de plantas con que se decoran los cuadros de los jardines. *Un macizo de rosas rojas.* **SIN.** Parterre.

macuto (ma-**cu**-to) sustantivo masculino

Mochila o bolsa, especialmente la de los soldados. *Guardó su uniforme en el macuto.* **SIN.** Petate.

madeja (ma-**de**-ja) sustantivo femenino

1. Hilo recogido en vueltas iguales para que se pueda desenrollar fácilmente. *Me hará falta otra madeja de lana.* **SIN.** Ovillo.

2. enredar la madeja expresión Complicar o complicarse un asunto. *Parecía sencillo, pero se fue enredando la madeja.*

madera (ma-**de**-ra) sustantivo femenino

1. Parte dura de los árboles debajo de la corteza, que se usa en carpintería. *La madera se usa para hacer muebles, puertas, etc.*

2. Facultades o talento natural de las personas para una actividad. *Juan tiene madera de músico.* **SIN.** Pasta.

3. ser de la misma madera expresión Ser de la misma clase. *Tu padre y tú sois de misma madera.*

madero (ma-**de**-ro) sustantivo masculino

1. Pieza larga de madera. *Hizo palanca con un madero.* **SIN.** Tablón.

2. Persona muy tonta o insensible. *No entiendes nada, eres un madero.*

madrastra (ma-**dras**-tra) sustantivo femenino

Mujer del padre respecto de los hijos que este tiene de un matrimonio anterior. *Se llevaba muy bien con su madrastra.*

madraza (ma-**dra**-za) sustantivo femenino

Madre que mima mucho a sus hijos. *Está hecha toda una madraza.*

madre (ma-dre) sustantivo femenino

1. Mujer o hembra que ha tenido hijos. *Mi hermano tiene el mismo carácter que mi madre.*

2. Forma de llamar a algunas religiosas. *Habló con la madre superiora.* **SIN.** Hermana, sor.

3. Terreno por donde corren las aguas de un río o arroyo. *Debido a las últimas lluvias torrenciales, el río se desbordó de su madre.* **SIN.** Cauce.

4. madre política expresión Suegra. *Visité a mi madre política en el hospital.*

madreselva

(ma-dre-**sel**-va) sustantivo femenino

Arbusto con tallos largos, flores olorosas, y fruto pequeño y carnoso. *En el jardín había plantado un seto de madreselvas.*

madriguera

(ma-dri-**gue**-ra) sustantivo femenino

1. Cueva pequeña y estrecha en la que habitan ciertos animales. *El conejo se refugió en la madriguera.* **SIN.** Guarida.

2. Lugar apartado donde se oculta una persona o un grupo. *El detective había descubierto su madriguera.* **SIN.** Escondrijo, refugio.

madrina (ma-**dri**-na) sustantivo femenino

1. Mujer que acompaña a una persona cuando se bautiza, se casa o se confirma. *Fue la madrina de su nieto.*

2. Mujer que ocupa la presidencia de honor de una asociación o de un acto. *Estaba muy contenta de haber sido nombrada madrina de la asociación para la ayuda a desfavorecidos.*

madrugada

(ma-dru-**ga**-da) sustantivo femenino

1. Alba, principio del día. *La madrugada era muy fría.* **SIN.** Amanecer. **ANT.** Atardecer.

2. de madrugada expresión Al amanecer. *Regresó a casa de madrugada.*

madrugar (ma-dru-**gar**) verbo

1. Levantarse al amanecer o muy temprano. *Me voy a acostar pronto porque mañana tengo que madrugar.* **ANT.** Trasnochar.

2. Llegar pronto o avanzar deprisa en una actividad. *Madrugó para conseguir las entradas.* **SIN.** Adelantarse. **ANT.** Retrasarse.

✎ Se conjuga como *ahogar*.

madrugón

(ma-dru-**gón**) sustantivo masculino

Acción de levantarse muy temprano. *Tendremos que darnos un buen madrugón para llegar a la estación.*

madurar (ma-du-**rar**) verbo

1. Meditar una idea, un proyecto, etc. *Está madurando un plan.*

2. Ponerse maduros los frutos. *Maduraron las manzanas.*

3. Crecer en edad y prudencia. *Ha madurado mucho últimamente.*

madurez (ma-du-**rez**) sustantivo femenino

1. Se dice de todo lo que ha alcanzado su total desarrollo, sobre todo hablando de los frutos. *Las peras han alcanzado ya total madurez.*

2. Buen juicio, prudencia o sensatez con que una persona actúa. *Era una persona de poca madurez.* **SIN.** Prudencia, juicio. **ANT.** Imprudencia, insensatez.

3. Edad adulta, período de la vida humana entre la juventud y la vejez. *Está en plena madurez.*

maduro, madura (ma-du-ro) adjetivo

1. Que está hecho el fruto y ya se puede recoger. *Le gustan las peras, tanto verdes como maduras.* **SIN.** Sazonado. **ANT.** Verde.

2. Se dice de la persona adulta, que ya no es joven, pero tampoco ha llegado a la vejez. *Mi profesor es un señor maduro.*

3. Juicioso, prudente. *Es una muchacha muy madura.* **SIN.** Sensato. **ANT.** Imprudente, irreflexivo.

4. Meditado, pensado. *Era una decisión madura.*

maestría (ma-es-**trí**-a) sustantivo femenino

Arte y destreza en enseñar o hacer una cosa. *Tiene mucha maestría.* **SIN.** Habilidad, pericia. **ANT.** Inhabilidad, torpeza.

maestro, maestra

(ma-**es**-tro) adjetivo

1. Se dice de la persona u obra que destaca entre las de su clase. *Esa sinfonía es una obra maestra.* **SIN.** Magistral. **ANT.** Corriente, vulgar.

2. sustantivo Persona que enseña una ciencia, arte, oficio, etc. *El maestro explicó una nueva lección a sus alumnos.* **SIN.** Profesor, instructor. **ANT.** Alumno.

3. sustantivo Persona que sabe mucho de algo. *Ese cirujano es un maestro del bisturí.* **SIN.** Experto.

4. sustantivo masculino Director de orquesta o compositor de música. *El maestro Quiroga dirigía la orquesta y el coro.*

mafia (ma-fia) sustantivo femenino

1. Organización secreta muy poderosa que emplea la violencia para aumentar su poder y riqueza. *El crimen era obra de la mafia.*

2. Cualquier grupo que intenta conseguir riqueza o poder de forma ilegal o inmoral. *La mafia de la droga tenía asustada a la gente.*

magdalena

(mag-da-**le**-na) sustantivo femenino

1. Mujer visiblemente arrepentida de sus pecados. *Julia lloraba como una magdalena.*

2. Bollo pequeño hecho con harina, azúcar, aceite y huevos, que viene dentro de un molde de papel. *Desayuné un café con dos magdalenas.*

magia (ma-gia) sustantivo femenino

1. Ciencia oculta que pretende producir efectos extraordinarios, con ayuda de seres sobrenaturales o de fuerzas secretas de la naturaleza. *Esta es una librería especializada en libros de magia.* **SIN.** Hechicería, ocultismo, brujería.

2. Trucos que realizan los magos para simular que hacen aparecer y desaparecer algo, que adivinan cosas, etc. *Hizo un juego de magia.* **SIN.** Prestidigitación, ilusionismo.

3. Encanto o atractivo con que una persona o cosa produce agrado. *Esa canción tiene una magia especial.* **SIN.** Fascinación.

4. por arte de magia expresión Que parece haber ocurrido por medios no naturales o normales. *Desapareció de repente como por arte de magia.*

mágico, mágica (má-gi-co) adjetivo

1. Que se refiere a la magia. *El mago utilizó su varita mágica.*

2. Que es fantástico y maravilloso. *Aquel baile fue un momento mágico.*

magisterio

(ma-gis-**te**-rio) sustantivo masculino

Enseñanza que da el maestro a sus alumnos. *Ejerció su magisterio en la Escuela de Bellas Artes.* **SIN.** Instrucción.

magnate (mag-**na**-te) sustantivo

Empresario o banquero importante por su cargo, riqueza o poder. *Es un magnate del petróleo.*

magnetismo

(mag-ne-**tis**-mo) sustantivo masculino

Fuerza con que un imán atrae el hierro. *Para lograr un magnetismo mayor, usa un imán más potente.*

magnífico, magnífica

(mag-**ní**-fi-co) adjetivo

Que causa admiración. *Los cuadros de Velázquez son magníficos.* **SIN.** Excelente, admirable.

magnitud

(mag-ni-**tud**) sustantivo femenino

1. Cualidad de los cuerpos que puede ser medida, como la extensión, el peso o la cantidad. *Tiene mucha magnitud.*

2. Importancia de una cosa. *Nos habló de la magnitud de lo sucedido.* **SIN.** Trascendencia.

magnolia (mag-**no**-lia) sustantivo femenino
Árbol de flores hermosas, muy blancas y olorosas, y flor o fruto de este árbol. *Cultiva magnolias en el jardín.*

mago, maga (**ma**-go) sustantivo
1. Persona que conoce o realiza la magia. *Actuó un mago.* **SIN.** Hechicero, brujo.
2. Reyes Magos expresión Tres magos que, guiados por una estrella, fueron a adorar al Niño Jesús a Belén. *Los Reyes Magos llevaron a Jesús oro, incienso y mirra.*

magullar (ma-gu-**llar**) verbo
Dar o darse un golpe fuerte, que produce dolor y deja una señal. *Se le magulló todo el cuerpo.*

maillot sustantivo masculino
1. Camiseta deportiva, especialmente la usada por los ciclistas. *Contador vestía el maillot amarillo en el Tour de Francia.*
2. Prenda de vestir elástica parecida a un bañador, que se utiliza especialmente en danza y en gimnasia rítmica. *Las gimnastas iban con maillot blanco.*

maíz (ma-**íz**) sustantivo masculino
Planta de hojas largas y puntiagudas, que produce unas mazorcas de granos amarillos muy sabrosos, que tienen el mismo nombre. *Estaban recogiendo el maíz.*
✎ Su plural es *maíces*.

majadero, majadera
(ma-ja-**de**-ro) adjetivo y sustantivo
Necio, tonto. *No seas majadero, y piensa un poco lo que vas a hacer.* **SIN.** Imbécil. **ANT.** Prudente.

majareta
(ma-ja-**re**-ta) adjetivo y sustantivo
Se dice de la persona que está un poco loca. *Está algo majareta, no se le puede hacer caso.* **SIN.** Chiflado. **ANT.** Cuerdo, juicioso.

majestad (ma-jes-**tad**) sustantivo femenino
1. Título que se da a Dios y también a emperadores y reyes. *Llega Su Majestad la reina Sofía.*
2. Grandeza, superioridad de algo o alguien. *La majestad de la ceremonia impresionó a todos.*

majestuoso, majestuosa
(ma-jes-**tuo**-so) adjetivo
Que asombra con su grandeza o superioridad. *Caminó con paso majestuoso.* **SIN.** Solemne, imponente. **ANT.** Sencillo.

majo, maja (**ma**-jo) adjetivo
1. Agradable, simpático. *Tu amiga es muy maja, me cae bien.*
2. Bonito, vistoso. *Tiene una casa muy maja.* **SIN.** Coqueto, cuco.
3. Guapo, atractivo. *Su amigo es muy majo.*

majorette sustantivo femenino
Palabra francesa que designa a la mujer que desfila en las fiestas con un uniforme de vistosos colores, haciendo giros y piruetas con un bastón. *Las majorettes encabezaban el desfile.*
✎ Se pronuncia /mayorét/.

mal adjetivo
1. Forma breve de decir *malo* que solo se usa delante de un sustantivo masculino. *Ha tenido que pasar un mal momento cuando le impidieron el paso.* **ANT.** Buen, bueno.
2. sustantivo masculino Lo contrario al bien: algo que hace daño o no es correcto. *Era consciente de que estaba haciendo el mal.* **ANT.** Bien, perfección.
3. sustantivo masculino Enfermedad. *Afortunadamente, su mal no era demasiado grave.*
4. sustantivo masculino plural Desgracia, calamidad. *Estaba abatido por los males de su familia.*

5. adverbio Contrariamente a lo que es correcto o bueno. *Está mal hecho.*

6. adverbio Difícilmente. *Lo veo mal.*

7. adverbio Desagradable. *Huele mal.*

8. mal humor expresión Estado de ánimo caracterizado por una actitud negativa ante todo y una conducta desagradable. *Siempre está de mal humor.* ✎ También *malhumor.*

9. de mal en peor expresión Cada vez más desacertadamente o peor encaminado. *El negocio va de mal en peor.*

malabarismo
(ma-la-ba-**ris**-mo) sustantivo masculino

Giro o lanzamiento realizado por una persona que mantiene diversos objetos en equilibrio o en el aire al mismo tiempo, recogiéndolos sin que se le caigan. *Sé hacer malabarismos.* **SIN.** Juegos malabares.

malabarista (ma-la-ba-**ris**-ta) sustantivo

Persona que hace malabarismos. *Lleva años de malabarista en ese circo.* **SIN.** Equilibrista.

maldad (mal-**dad**) sustantivo femenino

1. Cualidad de malo. *Tenía mucha maldad.* **SIN.** Malicia, perversidad. **ANT.** Bondad.

2. Acción mala e injusta. *Aquella maldad solo podía ser obra suya.*

maldecir (mal-de-**cir**) verbo

Echar maldiciones contra una persona o cosa. *Maldijo el día que le había conocido.* **ANT.** Bendecir.

✎ Verbo irregular, se conjuga como *decir,* salvo el fut. imperf. de indic. y el condic., que son regs., y la segunda pers. sing. del imper.: *maldice.* Tiene dos participios: *maldecido* y *maldito.*

maldición (mal-di-**ción**) sustantivo femenino

1. Manifestación de enfado o antipatía contra alguien o algo. *Lanzó maldiciones contra quien le rompió la luna del escaparate.*

2. Deseo de que a alguien le ocurra algo malo. *La bruja le echó una maldición.* **SIN.** Hechizo.

maldito, maldita
(mal-**di**-to) adjetivo

1. Perverso, de malas intenciones. *Era una persona maldita.* **SIN.** Malvado, depravado.

2. Condenado, que ha recibido una maldición. *Vagaba maldito por los infiernos.*

3. Se aplica a la persona o cosa que resulta molesta o desagradable. *El maldito examen me trae loca.* **SIN.** Aborrecible, detestable.

maleducado, maleducada
(ma-le-du-**ca**-do) adjetivo y sustantivo

Se dice de la persona descortés, que trata a los demás sin respeto. *Es un maleducado que no respeta a nadie.* **SIN.** Grosero. **ANT.** Cortés, educado.

maleficio
(ma-le-**fi**-cio) sustantivo masculino

Hechizo o encantamiento mágico con el que se pretende causar un daño. *Todo lo que le sucedía era culpa del maleficio.*

maléfico, maléfica
(ma-**lé**-fi-co) adjetivo

Que perjudica y hace daño a alguien. *Era un maléfico personaje.*

malestar
(ma-les-**tar**) sustantivo masculino

Molestia en el cuerpo o inquietud en el espíritu. *Sintió un repentino malestar.* **SIN.** Desasosiego, ansiedad. **ANT.** Bienestar.

maleta (ma-le-ta) sustantivo femenino

Caja pequeña que se puede llevar en la mano, hecha de lona, cuero, etc., y que sirve para llevar ropa y todo lo necesario en los viajes. *Está preparando la maleta.*

maletero

(ma-le-**te**-ro) sustantivo masculino

Lugar del coche, autocar, etc. donde se colocan los equipajes u otra clase de bultos. *El maletero del coche es muy pequeño.* **SIN.** Portaequipajes.

malévolo, malévola

(ma-**lé**-vo-lo) adjetivo y sustantivo

Inclinado a hacer mal o con malas intenciones. *Dejó al descubierto sus malévolas intenciones.* **SIN.** Malvado. **ANT.** Bondadoso.

maleza (ma-le-za) sustantivo femenino

1. Abundancia de hierbas malas que perjudican el crecimiento de las plantas sembradas. *La huerta estaba muy descuidada y llena de maleza.* **SIN.** Yerbajos.

2. Vegetación baja pero muy enredada. *Trataban de hacerse paso a través de la espesa maleza.*

malware sustantivo masculino

Programa diseñado para causar daños en ordenadores, sistemas o redes. *Según el Informe del Estado, muchos son los malwares que rondan por la red.*

malgastar (mal-gas-**tar**) verbo

Gastar el dinero, el tiempo, la paciencia, etc. en cosas malas o inútiles. *No malgastes tu tiempo en eso, no vas a conseguir nada.* **SIN.** Despilfarrar, desperdiciar. **ANT.** Ahorrar, administrar.

malhablado, malhablada

(mal-ha-**bla**-do) adjetivo y sustantivo

Desvergonzado o atrevido en el hablar. *Este chico es un malhablado y un grosero.* **SIN.** Deslenguado, murmurador. **ANT.** Bienhablado.

malhechor, malhechora

(mal-he-**chor**) adjetivo y sustantivo

Que comete delitos de forma habitual. *Detuvieron a unos malhechores.* **SIN.** Criminal.

malhumorado, malhumorada

(mal-hu-mo-**ra**-do) adjetivo

Que está de mal humor. *Llevaba una semana malhumorada por aquel asunto.* **SIN.** Arisco, desabrido, disgustado. **ANT.** Amable, cariñoso.

malicia (ma-**li**-cia) sustantivo femenino

1. Maldad, cualidad de malo. *Es bondadoso y no tiene malicia.* **SIN.** Perversidad, malignidad. **ANT.** Bondad, ingenuidad.

2. Picardía, astucia. *Es un niño muy travieso y tiene mucha malicia.*

3. Mala intención con que se dice o hace algo. *Lo hizo sin malicia.*

maligno, maligna (ma-**lig**-no) adjetivo

1. Que tiende a pensar u obrar mal. *Era un ser maligno.* **SIN.** Malvado. **ANT.** Bondadoso.

2. Dañino, perjudicial. *Era un tumor maligno.* **SIN.** Pernicioso.

malla (ma-lla) sustantivo femenino

1. Cada uno de los cuadraditos que forman el tejido de la red, y el tejido así formado. *La red tenía algunas mallas rotas.*

2. Vestido ajustado al cuerpo, de tejido muy fino y elástico, usado por gimnastas, bailarinas, etc. *Se compró una malla negra para hacer gimnasia.* **SIN.** Maillot.

malo, mala (ma-lo) adjetivo

1. Que no es o está lo bien que debería. *Hizo una mala traducción.* **SIN.** Defectuoso, deteriorado.

2. Que carece de bondad. *Es una mala persona.* **SIN.** Malvado, perverso. **ANT.** Bueno, bondadoso.

3. Que daña la salud. *El tabaco es malo.* **SIN.** Perjudicial, dañino, nocivo. **ANT.** Beneficioso.

4. Que está defectuoso o en mal estado. *Enfermé por tomar un pescado que estaba malo.*

maloliente - mampara

5. Que padece una enfermedad. *No pude ir a clase porque estaba mala.* **SIN.** Enfermo. **ANT.** Sano.
6. Que es inquieto y revoltoso. *De pequeño, mi hermano era muy malo.* **SIN.** Travieso.
7. Dificultoso, penoso. *Es un trabajo muy malo.* **SIN.** Trabajoso.
8. Desagradable, molesto. *Pasé un rato muy malo.*
✎ Su superlativo es *pésimo*.

maloliente (ma-lo-**lien**-te) adjetivo
Que tiene mal olor. *Era una cabaña muy sucia y maloliente.*

malpensado, malpensada
(mal-pen-**sa**-do) adjetivo
Que piensa mal de las personas y de la conducta de estas. *No seas malpensado, esto no va contra ti.*

malsonante
(mal-so-**nan**-te) adjetivo
Se aplica a las palabras o expresiones groseras, de mal gusto o incorrectas. *No digas palabras malsonantes.*

malta (**mal**-ta) sustantivo femenino
Cebada que se utiliza para fabricar cerveza o una bebida parecida al café. *Como no tenía café, usó malta.*

maltratar (mal-tra-**tar**) verbo
1. Tratar mal a alguien de palabra u obra. *Nunca había maltratado a nadie.* **SIN.** Injuriar, ofender.
2. Estropear, echar a perder. *No maltrates así los muebles.*

maltrecho, maltrecha
(mal-**tre**-cho) adjetivo
Maltratado, malparado. *El accidente le dejó maltrecho.* **ANT.** Sano, entero.

malva (**mal**-va) sustantivo femenino
1. Planta de flores grandes y violáceas, que se usa mucho en medicina. *Hay unas 20 especies de malvas.*
2. adjetivo y sustantivo masculino Color violeta. *El malva es mi color favorito.*

3. criar malvas expresión Estar muerto y enterrado. *El viejo cascarrabias ya está criando malvas.*

malvado, malvada
(mal-**va**-do) adjetivo y sustantivo
Muy malo, perverso. *Era un malvado.* **SIN.** Cruel, pérfido. **ANT.** Bueno.

mama (**ma**-ma) sustantivo femenino
Teta de los mamíferos. *El perrito no quería soltarse de la mama de su madre.* **SIN.** Seno, ubre.

mamá (ma-**má**) sustantivo femenino
Forma cariñosa de decir *madre. Mamá me fue a buscar a la salida de clase.*
✎ Su plural es *mamás*.

mamar (ma-**mar**) verbo
Chupar la leche de los pechos con los labios y lengua. *Era la hora de dar de mamar al bebé.*

mamarracho, mamarracha
(ma-ma-**rra**-cho) sustantivo
Persona o cosa extravagante y ridícula. *Así vestido vas hecho un mamarracho.* **SIN.** Adefesio.

mamífero
(ma-**mí**-fe-ro) adjetivo y sustantivo masculino
Animal de sangre caliente, cuyas crías se forman dentro del cuerpo de la madre y se alimentan de su leche. *La vaca, la ballena, el hombre, el murciélago, etc., son mamíferos.*

mamotreto
(ma-mo-**tre**-to) sustantivo masculino
Armatoste, objeto viejo y pesado que no sirve para casi nada. *A ver si quitas de ahí ese mamotreto inservible.* **SIN.** Trasto.

mampara
(mam-**pa**-ra) sustantivo femenino
Pieza o conjunto de piezas verticales de cristal, madera, plástico, etc., que sirve para dividir una habitación, cubrir las puertas, etc. *Estaba limpiando la mampara de la bañera.* **SIN.** Biombo.

mamporro (mam-**po**-rro) sustantivo masculino

Golpe o coscorrón que hace poco daño. *Le dio un mamporro.*

mamut (ma-**mut**) sustantivo masculino

Especie de elefante que vivió hace muchos siglos y ya no existe, que tenía el cuerpo cubierto de pelo largo y dos grandes dientes a cada lado de la boca. *El mamut era un animal muy grande y peludo.*

maná (ma-**ná**) sustantivo masculino

Comida que, según la Biblia, Dios hizo caer desde el cielo, como si fuera nieve, para alimentar al pueblo de Israel en el desierto. *Según la Biblia, el maná alimentó al pueblo de Israel durante 40 años en el desierto.*

✎ Su plural es *manás.*

manada (ma-**na**-da) sustantivo femenino

1. Rebaño de ganado cuidado por un pastor. *Vino con la manada.*

2. Conjunto de ciertos animales de una misma especie que van en grupo. *Tenía miedo de toparse con la manada de lobos.*

mánager sustantivo

1. Persona que se ocupa de administrar y organizar el trabajo de otra persona o de una empresa. *Es el mánager principal de una importante firma de cosméticos.*

2. Representante de un artista o de un deportista. *La actriz vino con su mánager.*

✎ Su plural es *los mánager.* Se pronuncia /mánayer/.

manantial (ma-nan-**tial**) sustantivo masculino

Nacimiento de las aguas de un río o arroyo. *El agua de ese manantial es muy fría.*

manar (ma-**nar**) verbo

Brotar o salir un líquido de alguna parte. *Apenas manaba ya agua de la fuente.* **SIN.** Surtir.

manazas (ma-**na**-zas) sustantivo

Persona torpe. *Se ha cargado media vajilla, es un manazas.* **SIN.** Patoso. **ANT.** Manitas.

✎ Es igual en plural y en singular.

mancha (man-cha) sustantivo femenino

1. Señal que una cosa hace en un cuerpo, ensuciándolo o estropeándolo. *Tienes una mancha de grasa en el pantalón.* **SIN.** Borrón, lamparón, defecto.

2. Parte de una cosa con distinto color del general en ella. *La camiseta es azul con manchas negras.*

3. Deshonra, vergüenza. *Fue una mancha en su brillante carrera.*

manchar (man-**char**) verbo

Ensuciarse o poner sucia una cosa. *Pon el babero al bebé para que no se manche.* **SIN.** Emporcar(se). **ANT.** Limpiar(se).

manco, manca

(**man**-co) adjetivo y sustantivo

Que le falta un brazo o una mano. *Se quedó manco de la mano derecha.*

mandamiento

(man-da-**mien**-to) sustantivo masculino

1. Orden de un superior a un inferior. *Se apresuró a cumplir su mandamiento.* **SIN.** Mandato.

2. Regla de conducta impuesta por una religión. *En la catequesis les enseñaron los mandamientos.*

mandar (man-**dar**) verbo

1. Decir a alguien lo que tiene que hacer. *El capitán mandó ponerse firme al soldado.* **SIN.** Ordenar. **ANT.** Obedecer, cumplir.

2. Enviar algo a alguien. *Te he mandado un paquete de libros.*

3. Encargar algo, avisar de que se haga. *Mandó que le avisaran si había alguna novedad.* **SIN.** Disponer, encomendar, ordenar.

mandarina (man-da-**ri**-na) sustantivo femenino

Fruta parecida a la naranja, de cáscara muy fácil de separar y con gajos de sabor muy dulce. *Se comió dos mandarinas.*

mandato (man-da-to) sustantivo masculino

1. Orden o precepto de un superior. *Cumplió sus mandatos.* **SIN.** Disposición, prescripción.

2. Período de tiempo en que alguien desempeña un cargo o puesto. *Terminó su mandato.*

mandíbula (man-**dí**-bu-la) sustantivo femenino

Cada uno de los dos huesos de la boca de los animales y seres humanos en los que están encajados los dientes. *Le dolía la mandíbula de tanto reírse.* **SIN.** Maxilar, quijada.

mandil (man-dil) sustantivo masculino

Prenda de cuero o tela fuerte que se cuelga del cuello y se ata por detrás, que protege la ropa desde el pecho hasta por debajo de las rodillas. *Los pescaderos usan mandil.* **SIN.** Delantal.

mandioca (man-dio-ca) sustantivo femenino

Planta típica de las regiones tropicales de América, cuya raíz es muy alimenticia. De ella se extrae la tapioca, harina muy fina cuyo consumo se ha extendido al mundo entero. *Preparé unas tortas de mandioca.* **SIN.** Yuca.

mando (**man**-do) sustantivo masculino

1. Autoridad y poder que tiene el superior sobre sus súbditos, y tiempo en que la ejerce. *Tenía el mando del ejército.*

2. Persona o conjunto de personas que tienen dicha autoridad. *Es orden del alto mando.*

3. Botones o palancas con que se controla un mecanismo o aparato electrónico. *Accionó el mando del televisor.*

4. mando a distancia expresión Tipo de mando con el que se puede conec-

tar, manejar o desconectar un aparato desde otro lugar. *Deja el mando a distancia a tu tía.*

mandón, mandona
(man-**dón**) adjetivo y sustantivo

Que manda más de lo que le corresponde. *Eres una mandona, yo solo haré lo que me diga la profesora.*

manecilla
(ma-ne-**ci**-lla) sustantivo femenino

Aguja del reloj y de otros instrumentos que sirve para señalar las horas, minutos, segundos, etc. *A las doce, las dos manecillas coinciden.*

manejar (ma-ne-**jar**) verbo

1. Usar o traer entre las manos una cosa. *Manejas muy bien los pinceles.* **SIN.** Manipular, utilizar.

2. Utilizar algo aunque no sea con las manos. *Maneja un vocabulario muy técnico.*

3. En Hispanoamérica, conducir un vehículo. *Estoy aprendiendo a manejar el auto.*

4. manejarse Desenvolverse en algún asunto. *Se maneja con soltura.*

manejo
(ma-**ne**-jo) sustantivo masculino

1. Acción de manejar o manejarse. *En el folleto venían las normas para su manejo.* **SIN.** Uso, empleo.

2. Treta para conseguir algo. *Le pillaron en sus manejos.* **SIN.** Artimaña, chanchullo, maniobra.

3. Habilidad para hacer algo. *Tiene mucho manejo con la máquina.* **SIN.** Desenvoltura, práctica.

manera
(ma-**ne**-ra) sustantivo femenino

1. Modo y forma de hacer una cosa. *Anda de una manera muy rara.* **SIN.** Procedimiento, sistema.

2. buenas maneras expresión Modales de una persona, forma apropiada de comportarse. *Pídemelo de buenas maneras o te diré que no.*

3. de cualquier manera expresión Sin interés ni cuidado. *Hizo los deberes de cualquier manera y se fue a jugar.*

4. manera de ser expresión Carácter de una persona. *Me gusta tu manera de ser, tan sincera y leal.*

manga (man-ga) sustantivo femenino

1. Parte del vestido en que se mete el brazo y lo cubre entero o una parte. *Llevaba una camisa de manga corta.*

2. Tubo de cuero, caucho, etc., por el que pasa un líquido. *Dejó la manga en el jardín.* **SIN.** Manguera.

3. Bolsa de tela terminada en un embudo pequeño, para adornar con nata, crema, etc., un alimento. *Decora la tarta con la manga.*

4. En algunos deportes, cada una de las partes en que se divide una competición. *Pasó a la tercera manga.*

mangar (man-gar) verbo

Robar, quitar a otra persona algo que le pertenece. *Le mangaron la cazadora.* **SIN.** Hurtar. **ANT.** Reponer, restituir.

✎ Se conjuga como *ahogar*.

mango (man-go) sustantivo masculino

1. Parte por donde se coge con la mano un utensilio. *Se rompió el mango de la escoba.* **SIN.** Asa, agarradero, puño, empuñadura.

2. Árbol originario de la India, de fruto oval, amarillo, aromático y de sabor agradable, y también el fruto de este árbol. *El mango se cultiva en África y América tropical.*

manguera

(man-gue-ra) sustantivo femenino

Tubo largo de plástico, con un extremo que se ajusta a un grifo, de forma que el agua salga por el otro lado. Se usa para regar y para apagar incendios. *Riega el césped con la manguera.*

maní (ma-ní) sustantivo masculino

Cacahuete. *Barre también ese maní que se te cayó antes.*

✎ Su plural es *manís*.

manía (ma-ní-a) sustantivo femenino

1. Costumbre de hacer siempre las cosas de la misma manera o de forma extraña. *Pedro tiene muchas manías.* **SIN.** Rareza.

2. Antipatía grande y sin una razón suficiente. *El profesor me tiene manía.* **SIN.** Ojeriza, tirria.

3. Afición o deseo excesivo por alguna cosa. *Tiene manía por los coches.* **SIN.** Capricho, obsesión. **ANT.** Desinterés.

maníaco, maníaca

(ma-ní-a-co) adjetivo y sustantivo

Loco, enfermo mental. *El crimen era obra de un maníaco.* **SIN.** Loco, chiflado, enfermo mental.

✎ También *maniaco*.

maniático, maniática

(ma-niá-ti-co) adjetivo y sustantivo

Que tiene manías y caprichos. *Es difícil la convivencia porque es muy maniático.* **SIN.** Antojadizo, caprichoso.

manicomio

(ma-ni-co-mio) sustantivo masculino

Hospital para enfermos mentales. *Lo internaron en un manicomio.*

manicura (ma-ni-cu-ra) sustantivo femenino

Cuidado y arreglo de las manos y de las uñas. *Se hizo la manicura.*

manifestación

(ma-ni-fes-ta-ción) sustantivo femenino

1. Acción de manifestar o manifestarse. *Sus abrazos eran una manifestación de su cariño.* **SIN.** Expresión, demostración.

2. Reunión de muchas personas en la calle, que protestan o reclaman alguna cosa. *La gente acudió masivamente a la manifestación.* **SIN.** Sentada, protesta.

manifestar (ma-ni-fes-**tar**) verbo
1. Dar a conocer, descubrir, ponerse a la vista. *El director manifestó su retirada en público.* **SIN.** Revelar(se). **ANT.** Ocultar(se).
2. manifestarse Tomar parte en una manifestación. *Los trabajadores se manifestaron por las calles de la ciudad.*
✎ Verbo irregular, se conjuga como *acertar*.

manilla (ma-**ni**-lla) sustantivo femenino
Pieza del reloj a la que se da vueltas para darle cuerda. *Los relojes eléctricos no tienen manilla.*

manillar (ma-ni-**llar**) sustantivo masculino
Pieza de la bicicleta o de la motocicleta, que está formada por un tubo encorvado. Se emplea para apoyar los manos y dar dirección a la rueda delantera. *Esta bicicleta tiene el manillar un poco torcido.* **SIN.** Guía.

maniobra (ma-**nio**-bra) sustantivo femenino
1. Cualquier operación que se realiza con las manos. *La maniobra de unión de las piezas requiere habilidad.*
2. Manejo con que alguien lleva un negocio. *Cuidado con sus maniobras.* **SIN.** Estrategia.
3. sustantivo femenino plural Batalla fingida para que los soldados practiquen. *Los soldados salieron de maniobras.*
4. sustantivo femenino plural Operaciones que hacen los conductores de un vehículo para cambiar de rumbo. *Tuvo que hacer muchas maniobras para sacar el coche de allí.*

manipular (ma-ni-pu-**lar**) verbo
1. Realizar algo con las manos o con un instrumento. *Manipula la válvula de cierre.*
2. Dirigir astutamente algo o a alguien en cuestiones políticas, de dinero, etc., para aprovecharse de ello. *Trataba de manipular a la opinión pública a su favor.*

maniquí (ma-ni-**quí**) sustantivo masculino
1. Figura de aspecto humano, usada para probar, arreglar y mostrar prendas de ropa. *En la tienda había un maniquí.*
2. sustantivo Persona cuya profesión es desfilar con distintos modelos de ropa para que la gente los vea. *Contrató a una nueva maniquí.*

manitas (ma-**ni**-tas) sustantivo
Persona de gran habilidad para trabajos manuales. *Es un manitas, seguro que sabe arreglarlo.*
✎ Es igual en plural y en singular.

manivela (ma-ni-**ve**-la) sustantivo femenino
Pieza o palanca que, cuando se gira, pone en funcionamiento un mecanismo. *Dale vueltas a la manivela.* **SIN.** Manubrio.

manjar (man-**jar**) sustantivo masculino
Cualquier cosa que se come, especialmente las que son muy buenas. *Para él, el pan es un manjar de dioses.* **SIN.** Alimento.

mano (**ma**-no) sustantivo femenino
1. Parte del cuerpo humano que va desde la muñeca hasta la punta de los dedos. *Las personas zurdas escriben con la mano izquierda.*
2. Patas delanteras de un animal. *Cocinó manos de cerdo.*
3. Capa de pintura, barniz, etc., que se da sobre una pared, mueble, etc. *Esta puerta necesita otra mano de pintura.* **SIN.** Baño.
4. Habilidad, aptitud. *Tiene buena mano para los negocios.*
5. con las manos en la masa expresión En el preciso momento de hacer algo. *Te pillé con las manos en la masa mientras comprabas mi regalo.*
6. dar la mano expresión Saludar a alguien tomándole la mano. *Nos dimos la mano cortésmente.*

7. de segunda mano expresión Usado por otros antes, viejo. *Compré una bicicleta de segunda mano.*

8. echar una mano Ayudar. *¿Me echas una mano para hacer rosquillas?*

9. mano derecha Persona en la que otra confía totalmente. *El gerente es la mano derecha del director.*

10. mano izquierda Astucia para salir de situaciones difíciles. *Llevó el asunto con mano izquierda.*

11. pedir la mano Pedir a los padres de la novia permiso para casarse. *Le pedí la mano a sus padres.*

manojo (ma-**no**-jo) sustantivo masculino
Haz pequeño de hierbas o de otras cosas que se puede coger con la mano. *Traía un manojo de rosas.* **SIN.** Fajo, gavilla, haz.

manopla (ma-**no**-pla) sustantivo femenino
Guante sin separaciones para los dedos, excepto para el pulgar. *Llevaba unas manoplas de lana.*

manosear (ma-no-se-**ar**) verbo
Tocar repetidamente una cosa con las manos. *No manosees la fruta.* **SIN.** Sobar, ajar, palpar.

manotazo (ma-no-**ta**-zo) sustantivo masculino
Golpe dado con la mano. *Le dio un manotazo.* **SIN.** Guantada.

mansedumbre
(man-se-**dum**-bre) sustantivo femenino
Carácter tranquilo y dócil de personas y animales. *La vaca es un animal de gran mansedumbre.* **ANT.** Rebeldía, indocilidad.

mansión (man-**sión**) sustantivo femenino
Casa grande y lujosa. *Vivían en una lujosa mansión.* **SIN.** Palacio.

manso, mansa (**man**-so) adjetivo
1. Se dice de los animales que no son bravos. *El cordero es un animal manso.* **SIN.** Doméstico. **ANT.** Silvestre, salvaje.

2. Tranquilo, sosegado. *Es una persona de carácter manso.* **SIN.** Apacible, pacífico. **ANT.** Inquieto, salvaje.

3. De movimiento suave y lento. *Este río es muy manso, no tiene remolinos.* **ANT.** Turbulento.

manta (**man**-ta) sustantivo femenino
1. Pieza de forma rectangular y de un tejido grueso y tupido que sirve para abrigar, especialmente en la cama. *Echó una manta más en la cama porque tenía frío.* **SIN.** Edredón, cobertor.

2. sustantivo Persona muy torpe, o muy vaga. *Es un manta, no se entera de nada.* **SIN.** Calamidad, desastre.

mantear (man-te-**ar**) verbo
Lanzar al aire a una persona puesta en una manta, tirando varias personas a un tiempo de las orillas. *Lo mantearon entre todos.*

manteca
(man-**te**-ca) sustantivo femenino
Grasa que procede de los animales, especialmente del cerdo, de la leche o de algunos frutos, como el cacao. *Se echó manteca de cacao en los labios.*

mantecada
(man-te-**ca**-da) sustantivo femenino
Bollo pequeño hecho con harina, mantequilla, huevos y azúcar, que viene dentro de un molde cuadrado de papel. *Desayunó café con leche y mantecadas.*

mantecado
(man-te-**ca**-do) sustantivo masculino
Helado dulce, preparado con leche, azúcar y huevos. *El helado que más me gusta es el mantecado.*

mantel (man-**tel**) sustantivo masculino
Pieza de tela, plástico o papel con que se cubre la mesa para comer. *Vete poniendo el mantel, la comida está casi a punto.*

mantelería

(man-te-le-**rí**-a) sustantivo femenino

Juego de mantel y servilletas. *Nos regaló una mantelería bordada.*

mantener (man-te-**ner**) verbo

1. Dar o pagar a alguien el alimento, la ropa, la casa, y todo lo necesario para vivir. *Como no tenía trabajo, lo mantenían sus padres.*

2. Conservar una cosa para que no se caiga o se tuerza. *Mantén la cuerda tensa.* **SIN.** Sostener, soportar. **ANT.** Soltar.

3. Conservar una cosa como debe ser. *Mantiene sus propiedades.*

4. Defender una opinión. *Mantuvo su opinión en contra de todos.* **SIN.** Amparar, apoyar.

5. mantenerse Ganar lo necesario para vivir uno mismo. *Se mantiene desde su juventud.*

6. mantenerse No caerse, conservar el equilibrio. *Se mantiene en pie sobre la cuerda floja.*

✎ Verbo irregular, se conjuga como *tener.*

mantenimiento

(man-te-ni-**mien**-to) sustantivo masculino

Conjunto de revisiones y cuidados necesarios para que funcione bien una máquina, fábrica, etc. *Se ocupa del mantenimiento del taller.* **SIN.** Conservación.

mantequilla

(man-te-**qui**-lla) sustantivo femenino

Pasta blanda y suave hecha con manteca de leche de vaca batida y mezclada con azúcar. *Tomó pan con mantequilla.*

mantilla (man-**ti**-lla) sustantivo femenino

1. Prenda de tul, seda, encaje, etc., utilizada por las mujeres para cubrirse la cabeza. *La madrina llevaba mantilla.* **SIN.** Mantellina, velo.

2. Prenda para abrigar a los bebés por encima de los pañales. *Envuelve a la niña en la mantilla.*

manto (**man**-to) sustantivo masculino

1. Prenda de vestir amplia, parecida a la capa. *Se puso el manto.*

2. Capa de la Tierra, situada entre la corteza y el núcleo. *El manto de la Tierra está muy caliente.*

mantón (man-**tón**) sustantivo masculino

1. Prenda de abrigo femenina, de forma cuadrada o rectangular, que se echa sobre los hombros. *Se cubrió con su mantón.* **SIN.** Chal, capa.

2. Pañuelo grande que se echa sobre los hombros. *Llevaba un bonito mantón sobre el abrigo.*

3. mantón de Manila expresión El de seda y bordado, procedente generalmente de China. *Llevé un mantón de Manila a la boda.*

manual (ma-**nual**) adjetivo

1. Que se realiza con las manos. *Es muy buena para los trabajos manuales.* **SIN.** Artesanal. **ANT.** Automático, mecánico.

2. sustantivo masculino Libro en que se explica lo más importante de un tema. *Lo había leído en un manual de carpintería.* **SIN.** Compendio.

manualidades (ma-nua-li-**da**-des)

sustantivo femenino plural

Trabajos realizados con las manos. *Va a un taller a hacer manualidades.* **SIN.** Artesanía.

manufactura

(ma-nu-fac-**tu**-ra) sustantivo femenino

Obra hecha a mano o con la ayuda de una máquina. *Vimos un taller de manufacturas de lino.*

manuscrito, manuscrita

(ma-nus-**cri**-to) adjetivo

1. Escrito a mano. *Le envió unas hojas manuscritas.* **ANT.** Impreso.

2. sustantivo masculino Papel o libro escrito a mano, especialmente el de algún valor o antigüedad. *En aquel museo se conservaban varios manuscritos.* **SIN.** Códice.

3. sustantivo masculino Obra literaria o científica ya terminada, que copian los libros que se venden en las librerías. *Guardó el manuscrito de su novela.* **SIN.** Original.

manzana (man-**za**-na) sustantivo femenino

1. Fruto del manzano, redondeado y algo hundido por los extremos. *Le gustan las manzanas.*

2. En las ciudades, conjunto de varias casas que están pegadas unas a otras, rodeadas por calles. *Vivimos en la misma manzana.* **SIN.** Bloque, cuadra.

manzanilla (man-za-**ni**-lla) sustantivo femenino

Hierba de flores olorosas y bebida que se hace dejando reposar flores de manzanilla en agua hirviendo. *Tomó una manzanilla para la digestión.*

manzano (man-**za**-no) sustantivo masculino

Árbol de hojas ovaladas, cuyo fruto es la manzana. *La huerta estaba llena de manzanos.*

maña (**ma**-ña) sustantivo femenino

1. Destreza habilidad. *Tiene mucha maña para ese tipo de trabajos.* **SIN.** Maestría, buena mano.

2. Habilidad para engañar o evitar el engaño. *Utilizó su maña para conseguirlo.* **SIN.** Astucia.

mañana (ma-**ña**-na) sustantivo femenino

1. Tiempo que va desde que amanece hasta el mediodía. *Cada mañana desayuna café.*

2. Tiempo que va desde la medianoche hasta el mediodía. *Llegaron a las dos de la mañana.*

3. Tiempo futuro, porvenir. *Se preguntaba cómo sería el mañana.*

4. adverbio El día siguiente al de hoy. *Hoy es día 1, mañana es día 2.*

5. pasado mañana expresión El día que va justo detrás de mañana. *No llega mañana, sino pasado mañana.*

mañoso, mañosa (ma-**ño**-so) adjetivo

Que tiene maña o que se hace con destreza. *Es una persona muy mañosa.* **SIN.** Hábil, habilidoso. **ANT.** Torpe, manazas.

mapa (**ma**-pa) sustantivo masculino

1. Representación geográfica de la Tierra o parte de ella en un dibujo. *Dibujó el mapa de Europa.* **SIN.** Plano.

2. mapa de carreteras expresión Mapa que ayuda a los automovilistas a orientarse. *El mapa de carreteras dice que hay que torcer a la derecha.*

3. mapa físico expresión Mapa con ríos, montañas, mares, etc.

4. mapa político expresión Mapa que representa los países y sus fronteras, con distintos colores.

mapamundi (ma-pa-**mun**-di) sustantivo masculino

Mapa que representa la superficie de la Tierra dividida en dos mitades. *En el atlas viene un mapamundi.*

maqueta (ma-**que**-ta) sustantivo femenino

1. Modelo en tamaño reducido, de un monumento, edificio, etc. *El escultor presentó su maqueta de la obra.*

2. Modelo de un libro o revista, para ver cómo va a ser. *Presentaron al autor la maqueta del libro.*

maquillaje (ma-qui-**lla**-je) sustantivo masculino

Producto utilizado para embellecer el rostro. *Utiliza un maquillaje de color parecido al de tu piel.*

maquillar (ma-qui-**llar**) verbo

Aplicar productos cosméticos sobre el rostro para embellecerlo o disfrazarlo. *Lo maquillan antes de salir a escena.* **SIN.** Pintar(se), caracterizar(se).

máquina (má-qui-na) sustantivo femenino
1. Instrumento creado por las personas para hacer más fácil el trabajo. *Hay máquinas de coser, de escribir, de fregar platos, etc.* **SIN.** Aparato, artificio.
2. a toda máquina expresión Con toda la potencia posible. *Condujo el barco a toda máquina hacia el puerto.*

maquinaria
(ma-qui-na-ria) sustantivo femenino
1. Conjunto de máquinas que sirven para un fin determinado. *Compró nueva maquinaria.*
2. Mecanismo que hace funcionar un aparato. *Ese reloj tiene muy buena maquinaria.*

maquinilla (ma-qui-ni-lla) sustantivo femenino
Aparato con un mango, en uno de cuyos extremos hay una cuchilla, y que sirve para afeitarse. *Al afeitarse, se cortó con la maquinilla.* **SIN.** Máquina de afeitar.

mar sustantivo
1. Masa de agua salada que cubre la mayor parte de la superficie de la Tierra y cada una de las partes en que se divide. *Los científicos creen que la vida viene del mar.*
2. Se llaman así algunos lagos. *El mar Caspio es un gran lago.*
3. Abundancia extraordinaria de alguna cosa. *Tengo la mar de trabajo.* **SIN.** Sinfín, sinnúmero.
4. alta mar expresión Parte del mar alejada de la costa. *El barco se adentró en alta mar.*

marabunta
(ma-ra-bun-ta) sustantivo femenino
1. Plaga de hormigas que come todo lo que encuentra a su paso. *La marabunta arrasó el campo a su paso.*
2. Multitud de gente que causa alboroto y destrucción. *Una marabunta se agolpaba a la entrada.*

maraca (ma-ra-ca) sustantivo femenino
Instrumento musical, que consiste en una calabaza seca, con granos de maíz o piedras dentro, que sirve para marcar el ritmo. *Tocaba las maracas en un grupo de salsa.*
✎ Se usa más en plural.

maratón (ma-ra-tón) sustantivo
1. Carrera a pie a lo largo de 42,195 km. *Ganó el maratón.*
2. Cualquier competición en la que hay que resistir mucho rato para ganar. *Participé en una maratón de baile.*

maravilla (ma-ra-vi-lla) sustantivo femenino
1. Suceso o cosa extraordinaria que causa admiración. *Esta montaña es una maravilla.* **SIN.** Portento, prodigio. **ANT.** Horror.
2. Acción de maravillar o maravillarse. *Su gran belleza causaba maravilla.* **SIN.** Asombro, pasmo.
3. de maravilla expresión Perfectamente, muy bien. *Baila de maravilla.*
4. ser una maravilla expresión Ser único y extraordinario. *Tu nieta es una maravilla: lista y guapa.*

maravilloso, maravillosa
(ma-ra-vi-llo-so) adjetivo
Extraordinario, admirable. *Fue un detalle maravilloso.* **SIN.** Fantástico, estupendo, prodigioso.

marca (mar-ca) sustantivo femenino
1. Señal hecha en una persona, animal o cosa para distinguirla de otra, indicar su calidad o mostrar a quién pertenece. *Hizo marcas en el bastón.*
2. El mejor resultado logrado por un deportista en una prueba. *Superó su propia marca.*
3. Huella, señal. *Vio sus marcas en el barro.*

marcador (mar-ca-dor) sustantivo masculino
1. En deporte, tablero en el que se van señalando los puntos obtenidos

por cada equipo. *Se estropeó el marcador electrónico.*
2. Instrumento semejante al bolígrafo o lápiz de tinta que escribe o dibuja con un trazo ancho mediante una punta gruesa de fieltro u otro material; rotulador. *Dentro del blíster venían tres marcadores: azul, rojo y negro.*

marcar (mar-**car**) verbo

1. Poner una señal a una persona o cosa para distinguirla. *Los niños marcaron en el mapa, con una cruz, la ciudad donde vivían.* **SIN.** Distinguir, rayar, señalar.

2. Pulsar los números de teléfono para llamar a alguien. *Marqué el número de mi casa para dar el recado.*

3. En el fútbol y otros deportes, lograr un tanto. *Marcó un gol al empezar el partido.* **SIN.** Anotar.

4. En el fútbol y otros deportes, colocarse un jugador cerca de un contrario para dificultar su juego. *Era el encargado de marcar a la estrella del equipo contario.*

5. Ejercer una fuerte influencia sobre alguien. *Su madre marcó su vida.*

6. Señalar un aparato cantidades o magnitudes. *La balanza marca dos kilos.* **SIN.** Indicar.

✎ Se conjuga como *abarcar*.

marcha (mar-cha) sustantivo femenino

1. Partida, acción de marcharse. *Sentimos mucho su marcha.*

2. Velocidad de un barco, tren, etc. *El tren lleva buena marcha.*

3. Funcionamiento de un aparato. *La cafetera estaba en marcha.*

4. Desarrollo de un proyecto o actividad. *El proyecto sigue su marcha.* **SIN.** Curso.

5. Cada posición de una palanca que tienen algunos vehículos para poder cambiar de velocidad. *Mi coche tiene cinco marchas.*

6. Desplazamiento a pie de personas para un fin determinado. *Vamos a una marcha por la paz.* **SIN.** Manifestación.

7. Pieza musical de ritmo muy marcado, para ayudar a que una tropa o cortejo mantenga el paso. *Tocaban la marcha fúnebre.*

8. Fiesta, diversión. *Salieron de marcha.* **SIN.** Animación.

9. poner en marcha expresión Comenzar un proyecto o actividad. *Vamos a poner en marcha el proyecto.*

10. sobre la marcha expresión A medida que va sucediendo. *Improvisaremos sobre la marcha.*

11. tener mucha marcha expresión Tener energía y ganas de divertirse. *Mi abuela aún tiene mucha marcha.*

marchar (mar-**char**) verbo

1. Ir o dejar un lugar. *Se marchó a las nueve.* **SIN.** Dejar, salir. **ANT.** Regresar.

2. Funcionar una máquina. *Este reloj no marcha bien.*

3. Desarrollarse una cosa. *Todo marchaba sin problemas.* **SIN.** Funcionar, progresar, avanzar.

4. Caminar, sobre todo si se sigue un orden y ritmo. *Los soldados marchaban en orden.* **SIN.** Desfilar.

marchitar (mar-chi-**tar**) verbo

1. Hacer que las hierbas, flores y otras cosas pierdan su frescura y fuerza. *Estas rosas se están marchitando.* **SIN.** Enmustiar(se). **ANT.** Rejuvenecer(se).

2. Perder la fuerza. *Su ilusión se fue marchitando* **SIN.** Debilitar(se), agotar(se). **ANT.** Fortalecer(se).

marchito, marchita
(mar-**chi**-to) adjetivo
Ajado, sin fuerza ni frescura. *Esta flor está un poco marchita.* **SIN.** Agostado, ajado, mustio. **ANT.** Lozano, verde.

marcial (mar-**cial**) adjetivo

1. Que se refiere a la guerra o al ejército. *Las tropas desfilaron con paso marcial.* **SIN.** Bélico, militar.

2. artes marciales expresión Nombre que se da a una serie de deportes de origen oriental, como yudo, kárate, taekwondo, kendo, etc. *Practica artes marciales en un gimnasio.*

marciano, marciana (mar-**cia**-no) sustantivo

Supuesto habitante del planeta Marte. *El protagonista de la película era un marciano.* **SIN.** Extraterrestre.

marco (**mar**-co) sustantivo masculino

1. Reborde de madera u otro material para enmarcar cuadros, tapices, etc. *Puso un marco a la fotografía.*

2. Ambiente, medio que rodea algo. *Se da en el marco familiar.*

marea (ma-**re**-a) sustantivo femenino

1. Subida y bajada del agua del mar que se produce cada cierto tiempo, debido a la influencia del Sol y la Luna. *Subió la marea.* **SIN.** Pleamar.

2. marea negra expresión Masa de petróleo arrojada en el mar. *La marea negra mató muchos peces.*

marear (ma-re-**ar**) verbo

1. Molestar, aturdir. *No me marees, estoy haciendo cosas.* **SIN.** Abrumar, aturdir, aturullar.

2. Llevar de un sitio a otro sin rumbo fijo. *Le mearon de tanto dar vueltas por la ciudad.*

3. marearse Sentir alguien que le da vueltas la cabeza y se le revuelve el estómago. *Cuando viaja en autobús, se marea siempre.* **SIN.** Embriagarse, desfallecer.

marejada (ma-re-**ja**-da) sustantivo femenino

Movimiento agitado de las aguas del mar, formando grandes olas. *Había fuerte marejada.*

mareo (ma-**re**-o) sustantivo masculino

Molestia que consiste en sentir alguien que le da vueltas la cabeza y se le revuelve el estómago. *Le dio un mareo.* **SIN.** Vahído, desmayo.

marfil (mar-**fil**) sustantivo masculino

1. Sustancia dura, muy blanca, de que están formados los dientes de muchos animales y, especialmente, los colmillos de los elefantes. Se emplea para fabricar diversos objetos. *Le regaló una estatuilla de marfil.*

2. adjetivo y sustantivo masculino Color parecido al del hueso, entre el blanco y el amarillo. *Llevaba un vestido de color marfil.*

margarina (mar-ga-**ri**-na) sustantivo femenino

Grasa sólida obtenida a partir de aceites vegetales, a los que se añaden minerales y vitaminas. *Toma mucha margarina.*

margarita (mar-ga-**ri**-ta) sustantivo femenino

Planta de flores de centro amarillo y hojas blancas, que se da mucho en los campos. *El prado estaba cubierto de margaritas.*

margen (**mar**-gen) sustantivo

1. Borde o límite de una cosa. *En las márgenes del río hay juncos.* **SIN.** Orilla. **ANT.** Centro.

2. Espacio que queda en blanco a cada uno de los cuatro lados de una página. *Puso una nota en el margen.* ✎ Se usa más como sustantivo masculino.

3. quedarse al margen expresión No intervenir en un asunto. *No quiero participar, prefiero quedarme al margen.*

marginado, marginada (mar-gi-**na**-do) adjetivo y sustantivo

Se dice de la persona a la que la mayor parte de la gente no acepta plenamente. *Pertenecía a un grupo marginado.*

marginar (mar-gi-**nar**) verbo

1. Apartar o dejar de lado un asunto. *Marginaron mi propuesta.*

2. Excluir a una persona de una actividad o grupo. *Le marginaron de la pandilla.* **SIN.** Segregar.

3. Dejar a una persona o grupo en peores condiciones respecto a los demás. *La nueva ley marginaba a las regiones más pobres.*

mariachi (ma-**ria**-chi) sustantivo

1. Orquesta popular mexicana que toca cierto tipo de música, y cada uno de los músicos que la forman. *El grupo estaba compuesto por siete mariachis.*

2. Música y baile populares mexicanos procedentes del Estado de Jalisco. *Recibieron a las autoridades con unos mariachis muy bien bailados.*

✎ También *mariachis*.

marido (ma-**ri**-do) sustantivo masculino

Hombre casado respecto de su esposa. *El marido de mi hermana es mi cuñado.* **SIN.** Esposo.

marihuana (ma-ri-**hua**-na) sustantivo femenino

Droga que se obtiene de las hojas de una planta, que se fuman mezcladas con tabaco. *Estaba prohibido fumar marihuana.*

marina (ma-**ri**-na) sustantivo femenino

1. Pintura que representa el mar. *Era una marina al óleo.*

2. Conjunto de los barcos y soldados que los tripulan que tiene el ejército de un país. *La Marina estaba alerta tras el aviso.*

marinero, marinera (ma-ri-**ne**-ro) adjetivo

1. Se dice de lo que pertenece a la marina o a los marineros. *Uniforme marinero.*

2. sustantivo masculino Persona que trabaja en un barco. *Su hermano es marinero.* **SIN.** Marino.

3. sustantivo masculino Persona que sirve como soldado en la Marina de guerra. *Es marinero en un buque armado.*

marino, marina (ma-**ri**-no) adjetivo

1. Que se refiere al mar. *La milla marina es diferente a la milla terrestre.* **SIN.** Marítimo, náutico.

2. sustantivo Persona que se dedica a la navegación. *Su padre es marino y trabaja en un transatlántico.*

marioneta (ma-rio-**ne**-ta) sustantivo femenino

1. Muñeco que se mueve por medio de hilos. *Hicieron una representación teatral con marionetas.*

2. Persona que se deja dominar y manejar por otra fácilmente. *Es una marioneta en sus manos.*

mariposa (ma-ri-**po**-sa) sustantivo femenino

1. Insecto con grandes alas de distintos colores. *Las mariposas se alimentan del néctar de las flores.*

2. Estilo de natación en que los brazos pasan juntos sobre la cabeza y las piernas se mueven a la vez. *Nada a mariposa.*

mariquita (ma-ri-**qui**-ta) sustantivo femenino

Insecto de forma redondeada, con cabeza pequeña y el cuerpo de color rojo con unos puntos negros. *Las mariquitas se alimentan de pulgones.*

marisco (ma-**ris**-co) sustantivo masculino

Animal marino sin huesos, cuyo cuerpo está recubierto por una concha o cáscara. Su carne es muy sabrosa. *Pidieron una tabla de marisco para seis personas.*

marisma (ma-**ris**-ma) sustantivo femenino

Terreno liso y bajo, inundado por el agua del mar o un río. *En la desembocadura de ese río hay una marisma.* **SIN.** Ciénaga.

marítimo, marítima

(ma-**rí**-ti-mo) adjetivo

Que se refiere al mar. *Dimos una vuelta por el paseo marítimo.* **SIN.** Marino, náutico.

marmita (mar-**mi**-ta) sustantivo femenino

Olla de metal, con tapadera ajustada y una o dos asas. *Tenía los garbanzos cociendo en la marmita.* **SIN.** Cazuela.

mármol (**már**-mol) sustantivo masculino

1. Roca de distintos colores, del blanco puro al negro. *El mármol es un material muy utilizado por los escultores por su gran duración.*

2. ser de mármol expresión Ser insensible a las emociones o afectos. *No llores, que no soy de mármol.*

marmota (mar-**mo**-ta) sustantivo femenino

1. Animal mamífero de cabeza grande, orejas pequeñas y pelo largo y espeso, que vive en los montes altos de Europa. *La marmota pasa el invierno durmiendo.*

2. Persona que duerme mucho. *No le gusta nada madrugar, es una marmota.* **SIN.** Dormilón.

maroma (ma-**ro**-ma) sustantivo femenino

Cuerda gruesa de esparto o cáñamo. *Desde el barco lanzaron una maroma.* **SIN.** Cable, soga.

marqués, marquesa

(mar-**qués**) sustantivo

Título de nobleza, inferior al de duque y superior al de conde. *La finca pertenecía al marqués.*

marranada

(ma-rra-**na**-da) sustantivo femenino

1. Grosería, obscenidad. *Esas fotos son una marranada.*

2. Jugarreta, mala pasada que se le gasta a alguien. *Le hizo una marranada.*

marrano, marrana (ma-**rra**-no) sustantivo

1. Cerdo, animal. *Mi abuela daba de comer a los marranos en la pocilga.*

2. adjetivo y sustantivo Persona sucia. *No seas marrano y lávate.* **SIN.** Puerco.

3. adjetivo y sustantivo Persona que actúa mal. *Se portó como un marrano.*

marrón

(ma-**rrón**) adjetivo y sustantivo masculino

1. Se dice del color parecido al de la cáscara de la castaña. *Me gusta tu chaqueta marrón.*

2. sustantivo masculino Situación difícil y desagradable. *Le ha caído un marrón.*

marrullería

(ma-rru-lle-**rí**-a) sustantivo femenino

Engaño o astucia para conseguir algo. *Siempre anda con marrullerías.* **SIN.** Ardid, artimaña.

martes (**mar**-tes) sustantivo masculino

Día de la semana que está entre el lunes y el miércoles. *Los martes siempre cocina mi hermano.*

✎ Es igual en plural y en singular.

martillear (mar-ti-lle-**ar**) verbo

1. Dar repetidos golpes con el martillo. *Estaban de obra y se pasaron toda la mañana martilleando.*

2. Repetir algo con insistencia. *Martilleaba lo mismo una y otra vez.*

martillo (mar-**ti**-llo) sustantivo masculino

1. Herramienta compuesta de una cabeza de hierro o acero y un mango, generalmente de madera, que sirve para golpear y clavar. *Necesito unas puntas y un martillo.* **SIN.** Mazo.

2. Hueso del oído. *La onda expansiva le rompió el martillo.*

3. Bola metálica unida a un cable de acero, que se lanza en la prueba de atletismo llamada *lanzamiento de martillo. Es campeón mundial de lanzamiento de martillo.*

mártir (**már**-tir) sustantivo

Persona que muere o sufre mucho por causa de sus ideas o de su religión. *Fue un mártir de la libertad.*

martirio (mar-**ti**-rio) sustantivo masculino

1. Sufrimiento o muerte que alguien padece por causa de sus ideas o de su religión. *Sufrió un martirio antes de ser asesinada.* **SIN.** Tortura, tormento.

2. Cualquier trabajo largo y penoso o sufrimiento grande. *Estudiar esto es un auténtico martirio.* **SIN.** Suplicio, fastidio.

marxismo

(mar-**xis**-mo) sustantivo masculino

Se dice del pensamiento inspirado en las ideas de Karl Marx y Friedrich Engels, que está en las bases del socialismo y el comunismo. *El marxismo aspiraba a conseguir una sociedad sin clases.*

marzo (mar-zo) sustantivo masculino

Tercer mes del año, que tiene 31 días. *En marzo celebro mi santo.*

mas conjunción

Pero, sin embargo. *Estás cansado, mas eso no te da derecho a gritarme.*

más adverbio

1. Indica mayor número o intensidad. *Hay más gente que ayer.*

2. En matemáticas, signo de la suma, que se representa por una cruz (+). *4 + 5 = 9.*

3. de más expresión De sobra o en exceso. *Hice comida de más.*

4. más o menos expresión De modo no exacto, aproximadamente. *Llegaré más o menos a las doce.*

5. por más que expresión Se usa para indicar que el intento o esfuerzo no consigue el efecto deseado. *Por más que lo intento, no acaba de salirme.*

masa (ma-sa) sustantivo femenino

1. Cantidad de materia que contiene un cuerpo. *El océano es una gran masa de agua.*

2. Mezcla espesa que se obtiene uniendo un líquido y una sustancia en polvo. *El albañil hizo una masa con cemento y agua para tapar los agujeros.* **SIN.** Pasta.

3. Conjunto numeroso de seres o cosas. *Había una masa de gente en el estadio viendo el partido de balonmano.* **SIN.** Multitud, aglomeración, muchedumbre.

4. Mezcla de harina, agua y levadura para hacer pan o, añadiendo otros ingredientes, pasteles y bollos. *Le dieron la receta de la masa de ese bizcocho.*

masacre (ma-sa-cre) sustantivo femenino

Matanza de varias personas indefensas. *El atentado se convirtió en una auténtica masacre.* **SIN.** Aniquilamiento, exterminio.

masaje (ma-sa-je) sustantivo masculino

Frotamiento que se da al cuerpo o una parte concreta del mismo. *Después del masaje, quedó como nuevo.*

mascar (mas-car) verbo

Partir y deshacer un alimento con dientes y muelas. *Masca bien los alimentos.* **SIN.** Masticar.

✑ Se conjuga como *abarcar.*

máscara

(**más**-ca-ra) sustantivo femenino

Pieza de cartón, tela, etc., que imita un rostro humano o animal, con que una persona se tapa la cara o parte de ella para no ser conocida. *El martes de carnaval todos salían con una máscara.* **SIN.** Careta, antifaz.

mascarilla

(mas-ca-**ri**-lla) sustantivo femenino

1. Máscara que cubre la boca y la nariz, utilizada por los médicos para evitar las infecciones. *Antes de entrar al quirófano se puso la mascarilla.*

2. Crema utilizada para cuidar la piel de la cara y el cuello. *Ponte esta mascarilla mañana.*

mascota (mas-**co**-ta) sustantivo femenino
1. Persona, animal o cosa que alguien piensa que le trae buena suerte. *Su mascota era un osito.*
2. Animal de compañía. *Siempre me paro en la tienda de mascotas.*

masculino, masculina
(mas-cu-**li**-no) adjetivo
1. Se dice del ser que tiene órganos capaces de fecundar a un ser femenino. *El toro tiene sexo masculino.* **ANT.** Femenino.
2. Se dice del hombre y de lo que se refiere a él. *Tenía una voz muy masculina.* **SIN.** Varonil.
3. adjetivo y sustantivo masculino Se dice del género de los nombres de varones, animales machos y todas las cosas que pueden llevar delante *este. Juan, caballo y reloj son sustantivos masculinos.*

mascullar (mas-cu-**llar**) verbo
Hablar bajo o pronunciando mal las palabras. *Masculló unas palabras.* **SIN.** Musitar, farfullar.

masía (ma-**sí**-a) sustantivo femenino
Casa de campo típica de Aragón y Cataluña. *Alquilaron una masía para las vacaciones.*

masoquismo
(ma-so-**quis**-mo) sustantivo masculino
Placer que sienten algunas personas cuando se las maltrata y humilla. *Su actitud frente a la vida es de puro masoquismo.*

máster (**más**-ter) sustantivo masculino
Curso para personas que ya han terminado los estudios universitarios. *Se fue a hacer un máster a México.*
✎ Su plural es *másteres.*

masticar (mas-ti-**car**) verbo
Partir y deshacer los alimentos con los dientes y muelas. *La comida se digiere mejor si se la mastica mucho.* **SIN.** Mascar, triturar.
✎ Se conjuga como *abarcar.*

mástil (**más**-til) sustantivo masculino
Palo que sujeta las velas de un barco. *La tormenta destrozó un mástil.*

mastín (mas-**tín**) adjetivo y sustantivo masculino
Se dice de una raza de perros, grande y fuerte, que guarda bien los ganados. *Un mastín cuidaba las vacas.*

mastodonte
(mas-to-**don**-te) sustantivo masculino
1. Animal mamífero parecido al elefante, que vivió hace muchos siglos y ya no existe. *Encontraron restos de un mastodonte.*
2. Persona o cosa muy grande. *Ese jugador de baloncesto es un mastodonte.* **ANT.** Enano.

masturbarse (mas-tur-**bar**-se) verbo
Producirse a sí mismo placer sexual tocándose. *Masturbarse es una forma de lograr goce sexual.*

mata (**ma**-ta) sustantivo femenino
1. Planta baja y con muchas hojas. *Las matas de romero estaban en flor.* **SIN.** Arbusto, matorral.
2. Ramito de una hierba. *Le llevó una mata de hierbabuena.*
3. mata de pelo expresión Cabello largo y abundante. *Deja que te peine esa mata de pelo.*

matadero (ma-ta-**de**-ro) sustantivo masculino
Sitio donde se mata el ganado que luego se va a comer. *Llevaron las terneras al matadero.*

matador, matadora (ma-ta-**dor**) adjetivo
1. Muy molesto y trabajoso. *Nos dimos una caminata matadora.*
2. adjetivo y sustantivo Torero. *El público aplaudió al matador.* **SIN.** Diestro.

matamoscas
(ma-ta-**mos**-cas) sustantivo masculino
Producto utilizado para matar las moscas y otros insectos. *Este matamoscas huele fatal.*
✎ Es igual en plural y en singular.

matanza (ma-**tan**-za) sustantivo femenino

1. Acción de matar a muchas personas al mismo tiempo. *La batalla fue una gran matanza.*

2. Faena de matar los cerdos y de preparar y adobar la carne. *Le gusta ir al pueblo a la matanza.*

3. Productos obtenidos del cerdo que se preparan de diversos modos para el consumo doméstico. *En la bodega curaban la matanza.*

matar (ma-**tar**) verbo

1. Quitar la vida. *Los animales carnívoros han de matar a otros para poder alimentarse.* **SIN.** Ejecutar, asesinar, sacrificar.

2. Apagar el brillo de los metales. *Este producto mata la plata.*

3. Causar sufrimiento. *Lo mata la idea de que haya podido pasarle algo.* **SIN.** Torturar.

4. Incomodar a alguien con necedades y pesadeces. *Me matas con tus estúpidas preguntas.* **SIN.** Fatigar, fastidiar.

5. Quitar el hambre o la sed. *Come una pera para matar el hambre.*

6. matarse Trabajar sin descanso, o hacer todo lo posible para conseguir alguna cosa. *Me maté a estudiar, pero no logré aprobar.*

7. matar el tiempo expresión Dejar que pase el tiempo. *Me puse a leer una revista para matar el tiempo.*

8. matarlas callando expresión Obrar con astucia fingiendo ser incapaz de hacerlo. *Parece buenecita, pero las mata callando.*

matasanos

(ma-ta-**sa**-nos) sustantivo masculino

Mal médico. *No se te ocurra llamar a ese matasanos.* **SIN.** Curandero, mediquillo.

✎ Es igual en plural y en singular.

matasellos

(ma-ta-**se**-llos) sustantivo masculino

Señal que ponen en las oficinas de correos sobre los sellos de las cartas y paquetes, para que no se puedan utilizar de nuevo. *Mira de dónde es el matasellos.*

✎ Es igual en plural y en singular.

matasuegras

(ma-ta-**sue**-gras) sustantivo masculino

Tubo enroscado de papel que tiene un extremo cerrado, y el otro terminado en una boquilla por la que se sopla para que se desenrosque bruscamente el tubo y asuste por broma. *En la fiesta, todos hacían ruido con sus matasuegras.*

✎ Es igual en plural y en singular.

mate (ma-te) adjetivo

1. Amortiguado, sin brillo, apagado. *Es un anillo de oro mate.* **SIN.** Opaco. **ANT.** Brillante, vivo.

2. sustantivo masculino En baloncesto, canasta conseguida con una o dos manos de arriba abajo sin necesidad de tirar. *Hizo un mate espectacular.*

3. sustantivo masculino Planta con cuyas hojas secas se prepara una bebida medicinal. *El mate ayuda a hacer la digestión.*

matemático, matemática

(ma-te-**má**-ti-co) adjetivo

1. Que se refiere a las matemáticas. *El cálculo matemático es muy preciso.*

2. Exacto, preciso. *Lo hizo con precisión matemática.* **SIN.** Justo. **ANT.** Aproximado, dudoso.

3. sustantivo Persona que se dedica a las matemáticas por profesión o estudio. *Es matemático y trabaja en una empresa de informática.*

4. sustantivo femenino Ciencia que estudia la cantidad y los números, y las relaciones entre ellos. *En clase de Matemáticas hicimos sumas y restas.* ✎ Se usa más en plural.

materia

(ma-**te**-ria) sustantivo femenino

1. Aquello de lo que están hechas las cosas. *Los estados de la materia son: sólido, líquido y gaseoso.* **SIN.** Sustancia, esencia.

2. Tema o asunto de que trata algo. *Hoy estudiaremos una nueva materia en el curso de adaptación.* **SIN.** Cuestión, motivo.

3. materias primas expresión Materiales que se encuentran en la naturaleza, que se emplean para fabricar nuevas sustancias y materiales necesarios en la industria. *En ese país hay escasez de materias primas.*

material (ma-te-**rial**) adjetivo

1. Se dice de lo que puede captar la vista, el oído y los demás sentidos del cuerpo. *Valora demasiado lo material.* **SIN.** Físico, corpóreo.

2. sustantivo masculino Materia o conjunto de ellas que se necesitan para realizar una cosa. *Los materiales básicos de la casa eran madera y paja.*

3. sustantivo masculino Conjunto de máquinas, herramientas, etc. necesarias para un trabajo o una obra. *No contaban con el material necesario para empezar la construcción.*

materialista

(ma-te-ria-**lis**-ta) adjetivo

Se dice de la persona que da demasiada importancia a la riqueza y las comodidades. *Eres demasiado materialista.*

maternidad

(ma-ter-ni-**dad**) sustantivo femenino

1. Estado o cualidad de madre. *Estaba feliz con su maternidad.*

2. Hospital donde se atiende a las mujeres que dan a luz y a los niños recién nacidos. *Llevó flores a la maternidad para su amiga.*

materno, materna

(ma-ter-nó) adjetivo

Que se refiere a la madre. *El bebé crece dentro del seno materno.* **SIN.** Maternal.

matinal (ma-ti-**nal**) adjetivo

De la mañana o que se refiere a ella. *Salió a dar su paseo matinal.*

matiné (ma-ti-**né**) sustantivo femenino

1. Fiesta, reunión, espectáculo, que tiene lugar en las primeras horas de la tarde. *Se fueron a una obra de teatro en la matiné del domingo.*

2. En México y Puerto Rico, función de cine por la mañana. *Pasan la película que me gusta en una sala cercana a casa y en la sesión de la matiné.*

matiz (ma-**tiz**) sustantivo masculino

1. Cada uno de los tonos que puede tener un color sin dejar de distinguirse de los demás. *El bermellón y el carmesí son matices del color rojo.*

2. Característica que hace un poco diferente una cosa sin cambiarla por completo. *Sus palabras tenían un matiz especialmente emotivo.* **SIN.** Carácter, peculiaridad.

✎ Su plural es *matices*.

matón (ma-**tón**) sustantivo masculino

1. Hombre que busca continuamente pelearse o amenazar a otros para presumir de su fuerza y valentía. *Eres un matón.*

2. Hombre fuerte y peligroso contratado por una persona para protegerse o asustar a otros para que hagan lo que él quiere. *Lo amenazaron unos matones.*

matorral (ma-to-**rral**) sustantivo masculino

Conjunto de arbustos y árboles pequeños. *Era un extenso bosque de matorrales.*

matrícula (ma-**trí**-cu-la) sustantivo femenino

1. Acción de apuntarse en la lista de los participantes en una actividad, dinero que cuesta y documento que confirma que alguien se ha matriculado. *Mañana se abre el plazo de matrícula.*

2. Conjunto de números y letras que tiene que tener cada vehículo para poder utilizarse y que sirve para distinguirlo de los demás. *Tomó nota de la matrícula del coche.*

matricular (ma-tri-cu-**lar**) verbo

1. Apuntar el nombre de una persona en la lista de los participantes en una actividad y pagar el dinero que cuesta. *Se matriculó en la Facultad de Medicina.*

2. Inscribir un automóvil o un barco en un registro obligatorio, donde se le señala un conjunto de números y letras propio, que sirve para distinguirlo. *El barco había sido matriculado en Italia.*

matrimonio

(ma-tri-**mo**-nio) sustantivo masculino

1. Unión de un hombre y una mujer siguiendo ciertos ritos religiosos o formalidades legales. *Mis padres contrajeron matrimonio en la catedral.* **SIN.** Boda.

2. Marido y mujer. *En la casa viven un matrimonio y sus hijos.* **SIN.** Esposos, pareja.

matrona (ma-**tro**-na) sustantivo femenino

Enfermera que ayuda a las mujeres en los partos. *Su madre es matrona en ese hospital.* **SIN.** Comadrona, partera, comadre.

maullar (mau-**llar**) verbo

Dar maullidos. *El gatito no dejaba de maullar.* **SIN.** Mayar, miar.

✎ Se conjuga como *aullar*.

maullido

(mau-**lli**-do) sustantivo masculino

Voz del gato. *El maullido del gato suena así: «¡Miau!».* **SIN.** Mayido.

máxima (**má**-xi-ma) sustantivo femenino

Frase breve que resume un pensamiento o una forma de comportarse. *Todas las fábulas terminaban con una máxima o moraleja.*

máximo, máxima (**má**-xi-mo) adjetivo

1. Tan grande que no hay otro mayor de su clase. *La máxima puntuación del examen es un 10.* **SIN.** Superior, sumo, supremo. **ANT.** Mínimo.

2. sustantivo masculino Límite superior a que puede llegar una cosa. *Subió el volumen de la radio al máximo.*

mayo (**ma**-yo) sustantivo masculino

Quinto mes del año, que tiene 31 días. *En mayo lo iré a visitar.*

mayonesa

(ma-yo-**ne**-sa) sustantivo femenino

Salsa espesa hecha con yema de huevo y aceite, sal y vinagre. *Le gustan las judías verdes con mayonesa.* **SIN.** Mahonesa.

mayor (ma-**yor**) adjetivo

1. Más grande o de más edad. *Un camión es mayor que un coche.* **ANT.** Menor.

2. sustantivo masculino plural Abuelos o antepasados, sean o no familiares de una persona determinada. *Era una herencia de su mayores.* **SIN.** Ascendientes, antecesores.

3. al por mayor expresión En grandes cantidades. *Compré material al por mayor para venderlo después.*

✎ Es igual en masculino y femenino. *Mayor* no se puede usar con *más* en una estructura comparativa con segundo término de comparación (no podemos decir *Tú eres más mayor que yo, sino *Tú eres mayor que yo*) ni tampoco con superlativos relativos absolutos (no podemos decir *Es el más mayor de la clase, sino *Es el mayor de la clase). No obstante, si no hay segundo término de comparación, sí es correcto usarlo con *más* (*Cuando sea más mayor, me casaré*).

mayordomo, mayordoma (ma-yor-**do**-mo) sustantivo
Criado o criada principal de una casa que se ocupa de administrar el dinero. *En aquella mansión tenían un mayordomo inglés.*

mayoría (ma-yo-**rí**-a) sustantivo femenino
1. Parte mayor de las personas que componen un grupo o reunión. *La mayoría estaba en contra.*
2. Mayor número de votos iguales en una votación. *El delegado fue elegido por mayoría.*
3. mayoría de edad expresión Edad fijada por la ley para que una persona tenga todos los derechos y deberes de los ciudadanos, como votar en las elecciones. *En España la mayoría de edad se alcanza a los 18 años.*

mayúsculo, mayúscula (ma-**yús**-cu-lo) adjetivo
1. Muy grande, enorme. *Se llevó un susto mayúsculo.* **SIN.** Descomunal. **ANT.** Minúsculo, mínimo, diminuto.
2. letra mayúscula expresión Forma distinta y más grande que tiene una letra cuando es la primera de un nombre propio o va detrás de un punto. *A es una letra mayúscula.*

maza (ma-za) sustantivo femenino
1. Herramienta con un mango de madera y una gruesa cabeza de hierro. *Lo golpeó con la maza.*
2. Pieza forrada de cuero y con mango de madera, que sirve para tocar el bombo. *Golpeó fuertemente el bombo con la maza.*

mazapán (ma-za-**pán**) sustantivo masculino
Pasta hecha con almendras molidas y azúcar, y cocida al horno. *Me comí un trozo de mazapán.*

mazmorra (maz-**mo**-rra) sustantivo femenino
Cárcel oscura y subterránea. *Lo metieron en una mazmorra.*

mazo (ma-zo) sustantivo masculino
1. Martillo grande de madera. *Le golpeó con un mazo.* **SIN.** Maza.
2. Porción de cosas atadas o unidas, formando grupo. *Un mazo de periódicos viejos.* **SIN.** Fajo, haz.

mazorca (ma-**zor**-ca) sustantivo femenino
Espiga cuyos frutos están muy juntos y colocados alrededor del centro. *Mazorca de maíz.*

me pronombre personal
Forma del pronombre personal de primera persona del singular, en masculino o femenino, que funciona como complemento directo o indirecto. *Me espera. Me lo dijo.*
✎ No lleva preposición y se puede usar formando una sola palabra con el verbo, como en *déjame.*

mear (me-ar) verbo
Orinar, expulsar del cuerpo la orina voluntaria o involuntariamente. *Le cambió el pañal porque se meó.*

mecánica (me-**cá**-ni-ca) sustantivo femenino
Conocimiento de cómo son y cómo funcionan los aparatos o máquinas. *Hay que saber mecánica para arreglar la lavadora.*

mecánico, mecánica (me-**cá**-ni-co) adjetivo
1. Realizado por un mecanismo o máquina. *El trabajo mecánico ayuda a los seres humanos.* **SIN.** Automático.
2. Que se hace sin pensar, ni casi darse cuenta. *Fue una respuesta mecánica.* **SIN.** Maquinal, involuntario. **ANT.** Voluntario.
3. sustantivo Persona que se dedica a arreglar máquinas. *Hay mecánicos especialistas en arreglar coches.*

mecanismo

(me-ca-**nis**-mo) *sustantivo masculino*

1. Conjunto de las piezas de una máquina y forma en que están organizadas para funcionar. *Este aparato tiene un mecanismo de gran precisión.* **SIN.** Maquinaria.

2. Organización de un cuerpo y forma en que se combinan sus distintas partes. *El cuerpo humano es un mecanismo perfecto.*

3. Modo de realizarse una actividad o función. *No adoptamos el mecanismo adecuado.* **SIN.** Procedimiento.

mecano (me-ca-no) *sustantivo masculino*

Juguete a base de piezas y tornillos, con los que pueden hacerse diversas construcciones. *Los mecanos son juguetes muy educativos.*

mecanografía

(me-ca-no-gra-**fí**-a) *sustantivo femenino*

Arte de escribir a máquina. *Estudia mecanografía por las tardes.*

mecedora (me-ce-**do**-ra) *sustantivo femenino*

Silla de brazos cuyas patas se apoyan sobre dos arcos que permiten que se balancee hacia delante y hacia atrás. *Estaba en la galería sentado en su mecedora.*

mecer (me-**cer**) *verbo*

Mover una cosa o moverse uno mismo rítmicamente de un lado a otro sin cambiar de lugar. *Mecía la cuna del bebé.* **SIN.** Balancear(se).

✎ Se conjuga como *convencer*.

mecha (me-cha) *sustantivo femenino*

1. Cuerda delgada, de algún material que arda con facilidad, que se pone dentro de las velas o se enciende por un extremo para hacer estallar un explosivo. *Enciende la mecha de la vela.*

2. Mechón de pelo teñido de distinto color al del resto del cabello. *Se dio mechas rubias.*

3. a toda mecha *expresión* Con la mayor rapidez y potencia. *Conduce a toda mecha por la carretera.*

mechero (me-che-ro) *sustantivo masculino*

Utensilio pequeño que produce una llama con la que se pueden encender, por ejemplo, los cigarrillos. *Le regalaron un mechero.*

mechón (me-**chón**) *sustantivo masculino*

Porción separada de pelos, hebras o hilos. *Llevaba un mechón de pelo teñido de rojo.*

medalla (me-da-lla) *sustantivo femenino*

1. Especie de moneda de metal con alguna figura grabada, que se suele enganchar en una cinta o cadena para llevarla colgada del cuello. *Me puse la medalla.*

2. Premio ganado en un concurso o concedido por haber hecho algo bueno e importante. *Ganó la medalla de oro.*

medallón

(me-da-**llón**) *sustantivo masculino*

Joya en forma de caja pequeña, en que se colocan retratos, pinturas u otros objetos de recuerdo, que se engancha en una cinta o cadena para llevarla colgada del cuello. *Llevaba puesto el medallón.*

media (me-dia) *sustantivo femenino*

1. Mitad de algunas cosas, especialmente de unidades de medida. *Llegó a las dos y media.*

2. Número que se obtiene sumando varias cantidades y dividiendo el resultado entre el número de cantidades sumadas. *Como saqué en los exámenes un siete y un nueve, tengo un ocho de nota media.*

3. Prenda de seda, espuma, lana, etc., que cubre el pie y la pierna hasta la rodilla o llega hasta la cintura. *Llevaba medias negras.* **SIN.** Panti, calcetín.

ACTIVIDADES DE TIEMPO LIBRE

caña

pescar

flotador

nadar

remo

remar

colchoneta

jugar en el agua

bicicleta

andar en bicicleta

libro

leer

esquí

esquiar

patines

hockey sobre hielo

EL CAMPAMENTO

montañas

centro de
comunicaciones

aseos y duchas

hoguera

pradera

fuente

primeros
auxilios

tiendas

cocina

comedor
cubierto

arboleda

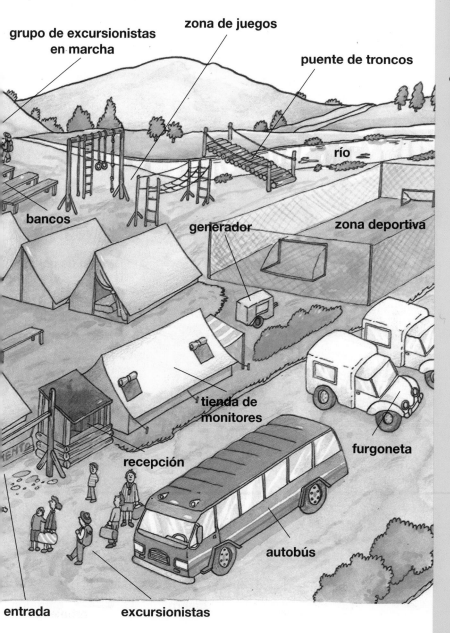

grupo de excursionistas en marcha

zona de juegos

puente de troncos

río

bancos

generador

zona deportiva

tienda de monitores

furgoneta

recepción

autobús

entrada

excursionistas

PREPARANDO EL EQUIPAJE

tebeos y revistas

radio

reloj

osito de peluche

archivador notas

alfombra

toalla

listín de teléfonos

dinero

pantalón

bufanda

abrigo

mapa

visera

maleta

jersey

dentífrico

ropa interior

cepillo de dientes

esponja de baño

gel de baño

cetines

billete avión

tiritas

LA NAVIDAD

cuadro

estrella

árbol de Navidad

adornos

vela

nacimiento

chimenea

Reyes Magos

regalos

construcciones

turrón

puzle

PAPÁ NOEL

mediano, mediana (me-**dia**-no) adjetivo
1. De calidad intermedia, mediocre. *Esta casa es de construcción mediana.*
2. Ni muy grande ni muy pequeño. *Usa la talla mediana.* **SIN.** Intermedio, regular.

medianoche
(me-dia-**no**-che) sustantivo femenino
1. Las doce de la noche, hora en que se termina un día y comienza el siguiente. *Me esperan a medianoche.*
2. Bollo pequeño relleno de jamón, queso, carne, etc. *Comió una medianoche de queso como aperitivo.*
✎ Su plural es *mediasnoches*.

medicación
(me-di-ca-**ción**) sustantivo femenino
Conjunto de medicamentos para curar una enfermedad. *Tomaba mucha medicación.* **SIN.** Tratamiento, prescripción.

medicamento
(me-di-ca-**men**-to) sustantivo masculino
Cualquier sustancia que sirve para curar. *El médico le recetó un medicamento para la infección de muelas.* **SIN.** Medicina, fármaco.

medicina (me-di-**ci**-na) sustantivo femenino
1. Ciencia de curar las enfermedades del cuerpo humano. *Se matriculó en Grado en Medicina para curar a los demás.*
2. Sustancia que se usa para curar enfermedades. *El médico le recetó una medicina para la gripe.*

medicinal (me-di-ci-**nal**) adjetivo
Que se refiere a la medicina. *Plantas medicinales.*

médico, médica (**mé**-di-co) adjetivo
1. Que se refiere a la medicina. *Se necesita receta médica.*
2. sustantivo Persona que ha cursado el Grado en Medicina y se dedica a curar a los enfermos. *Pidieron hora para el médico.* **SIN.** Doctor.

medida (me-**di**-da) sustantivo femenino
1. Unidad usada para medir, como el metro, el litro, el kilogramo, etc. *El metro es una unidad de medida de longitud.*
2. Acción que se realiza para lograr o impedir alguna cosa. *Adoptaron medidas de presión.*
3. Prudencia en las palabras y en las acciones. *No tiene medida.* **SIN.** Moderación.
4. **a la medida** expresión Hecho con las medidas de la persona o cosa a la que está destinado. *Me hice un traje a la medida.*
5. **a medida que** expresión Al tiempo que. *Revuelve a medida que echas la leche y el azúcar.*

medieval (me-die-**val**) adjetivo
Que se refiere a la Edad Media. *Va a un seminario de literatura medieval.*

medio, media (**me**-dio) adjetivo
1. Igual a la mitad de una cosa. *Comió media naranja.* **SIN.** Mitad.
2. Que está en el centro de algo, entre dos cosas, lugares, momentos o sucesos. *La plaza está en el medio del pueblo.* **SIN.** Central, intermedio.
3. Que se considera normal en un grupo, pueblo, época, etc. *Es de estatura media.*
4. sustantivo masculino Punto central de una cosa. *La nariz está en el medio de la cara.* **SIN.** Centro.
5. sustantivo masculino Lo que puede servir para un fin. *El avión es un medio de transporte.* **SIN.** Recurso.
6. sustantivo masculino Todo aquello que nos rodea. *El medio natural de los peces es el agua.* **SIN.** Ambiente, clima.
7. sustantivo masculino Acción que se realiza para conseguir algo. *Empleó todos los medios a su alcance.*
8. sustantivo masculino plural Recurso, dinero que alguien posee o disfruta. *No tenía*

medios para vivir. **SIN.** Posibles, riqueza, caudal.

9. a medias expresión Algo, de forma incompleta. *Dejó la tarea a medias.*

10. en medio expresión Entre dos o varias personas o cosas. *Mi bicicleta es la que está en medio de las otras.*

11. medioambiente expresión Condiciones de luz, agua, temperatura, aire, etc. en las que viven los seres vivos y que influyen en ellos. *Tenemos que cuidar el medioambiente.*

12. medio de comunicación expresión Cada uno de los sistemas que permiten transmitir un mensaje o una noticia, como el teléfono o la televisión. *Los medios de comunicación nos ayudan a sentirnos cerca.*

medioambiental (me-dio-am-bien-**tal**) adjetivo
Que se refiere al medio ambiente. *Estudió ciencias medioambientales.*

mediocre (me-**dio**-cre) adjetivo
De calidad media o bastante malo. *Hizo un trabajo mediocre.* **SIN.** Mediano, vulgar, gris. **ANT.** Excelente, extraordinario.

mediodía (me-dio-**dí**-a) sustantivo masculino
Tiempo que va de las doce de la mañana a la hora de comer. *Te telefonearé al mediodía.*

medir (me-**dir**) verbo
1. Comparar una cosa con otra, tomada como unidad, para saber cuántas veces la primera contiene a la segunda. *He medido la pared para ver si cabe el armario.* **SIN.** Calcular, calibrar.
2. Moderar las palabras o los actos. *Mide tus palabras: me ofendes.*
3. Tener cierta longitud, altura, volumen, etc. *Mide cinco metros.*
✎ Verbo irregular, se conjuga como *pedir.*

meditar (me-di-**tar**) verbo
Pensar con profunda atención en una cosa. *Medita lo que vas a hacer.* **SIN.** Reflexionar.

médula (**mé**-du-la) sustantivo femenino
Sustancia grasa y blanca que se halla dentro de algunos huesos de los animales. *En la médula se producen las células de la sangre.*
✎ También *medula.*

medusa (me-**du**-sa) sustantivo femenino
Animal marino blando que tiene forma de campana con brazos colgantes. *Encontró medusas en la playa.*

megafonía (me-ga-fo-**ní**-a) sustantivo femenino
1. Técnica que se ocupa de los aparatos necesarios para aumentar la potencia del sonido. *Es técnico de megafonía.*
2. Conjunto de estos aparatos. *Estaban arreglando la megafonía.*

megáfono (me-**gá**-fo-no) sustantivo masculino
Aparato utilizado para reforzar la voz cuando se tiene que hablar a gran distancia. *Habló con un megáfono para que la multitud pudiera oírle.* **SIN.** Altavoz.

mejilla (me-**ji**-lla) sustantivo femenino
Cada una de las dos partes salientes que hay en el rostro humano debajo de los ojos. *Las lágrimas rodaban por sus mejillas.*

mejillón (me-ji-**llón**) sustantivo masculino
Animal marino con una gran concha negra. Vive unido a las rocas, por medio de unos hilos sedosos muy resistentes. Es muy sabroso. *Visitaron un criadero de mejillones.*

mejor (me-**jor**) adjetivo y adverbio
1. Más bueno. *Es la mejor ensalada que he comido.* **ANT.** Peor.
2. a lo mejor expresión Tal vez, quizá. *A lo mejor me voy de vacaciones.*

3. tanto mejor expresión Mejor todavía. *Si viene él también, tanto mejor.*

✎ Es igual en masculino y femenino.

mejora (me-jo-ra) sustantivo femenino
Adelantamiento y aumento de una cosa. *El enfermo experimentó una mejora.* **SIN.** Mejoría. **ANT.** Empeoramiento.

mejorar (me-jo-rar) verbo
1. Hacer pasar una cosa de un estado bueno a otro mejor. *Con este último curso, ha mejorado mucho su inglés.* **SIN.** Enriquecer.
2. Restablecerse, recobrar la salud el enfermo. *Con esa medicina mejoré mucho.* **SIN.** Recuperarse, sanar.
3. Ponerse el tiempo más suave. *Mañana el tiempo mejorará.*

mejoría (me-jo-rí-a) sustantivo femenino
1. Cambio de una cosa a un estado mejor. *Era evidente su mejoría de nivel de vida.*
2. Alivio en un dolor o enfermedad. *El enfermo experimentó una gran mejoría.* **SIN.** Mejora, restablecimiento. **ANT.** Recaída.

mejunje (me-jun-je) sustantivo masculino
Crema, bebida o medicamento formado por la mezcla de varios ingredientes. *Tomó un mejunje para la tos.*

melancolía (me-lan-co-lí-a) sustantivo femenino
Estado del ánimo que se caracteriza por una tristeza profunda y permanente. *Sentía una gran melancolía.* **SIN.** Añoranza, nostalgia.

melena (me-le-na) sustantivo femenino
1. Cabello largo y suelto que cae sobre los hombros. *Tenía una preciosa melena negra.*
2. Pelo del león en torno a la cabeza. *La leona no tiene melena.*

mellizo, melliza (me-lli-zo) adjetivo y sustantivo
Se dice de cada uno de los hermanos nacidos en un mismo parto. *Las mellizas eran iguales.*

melocotón (me-lo-co-tón) sustantivo masculino
Fruta redonda, con piel recubierta por suaves pelillos, carne de sabor dulce y una pepita grande y dura. *Me gusta el melocotón en almíbar.*

melodía (me-lo-dí-a) sustantivo femenino
Sucesión de sonidos musicales agradables que forman una composición. *Tararea la melodía de esa canción.*

melodioso, melodiosa (me-lo-dio-so) adjetivo
Dulce y agradable al oído. *Tiene una voz muy melodiosa.* **SIN.** Melódico, suave. **ANT.** Cacofónico.

melodrama (me-lo-dra-ma) sustantivo femenino
1. Obra de teatro que, o tiene una parte musical, o bien trata de conmover al público por las situaciones muy dramáticas y la exageración de los sentimientos. *Era un melodrama de mala calidad.*
2. Suceso o narración en el que abundan las emociones lacrimosas y exageradas. *Déjate de melodramas, que no es para tanto.*

melón (me-lón) sustantivo masculino
1. Planta de flores amarillas, cuyo fruto, del mismo nombre, es comestible, en forma de elipse, con una corteza dura verde o amarilla, y carne blanca y dulce. *Nos pusieron melón con jamón.*
2. Persona torpe y boba. *Eres un melón: te has dejado las llaves dentro.* **SIN.** Memo.

membrana (mem-bra-na) sustantivo femenino
Piel delgada que recubre distintas partes del cuerpo. *Muchas membranas*

producen mucosa para proteger el cuerpo de infecciones.

membrete

(mem-**bre**-te) sustantivo masculino

Nombre o símbolo de una persona o empresa que va impreso en la parte superior de un sobre o papel para escribir cartas. *Encargó sobres con el membrete de la empresa.*

membrillo

(mem-**bri**-llo) sustantivo masculino

1. Arbusto frutal, cuyo fruto del mismo nombre, amarillo y muy aromático, es de carne áspera. *El membrillo se utiliza para hacer jalea y dulce.*

2. Dulce hecho con este fruto. *Tomó queso con membrillo.*

memo, mema (me-mo) adjetivo y sustantivo

Tonto, simple, mentecato. *Tu amiga es un poco mema.* **SIN.** Bobo, idiota. **ANT.** Listo, inteligente.

memoria (me-**mo**-ria) sustantivo femenino

1. Capacidad para recordar las cosas pasadas. *Tenía poca memoria y olvidaba todo enseguida.* **SIN.** Retentiva.

2. Escrito que expone hechos o datos sobre un tema. *El director presentó una memoria de las actividades del curso.* **SIN.** Informe.

3. Elemento de un ordenador o computadora que almacena datos y programas. *Tiene poca memoria y no caben más programas.*

4. Recuerdo. *Levantaron una estatua en su memoria.* **ANT.** Olvido.

5. sustantivo femenino plural Biografía, obra en la que una persona escribe los recuerdos de su vida pasada. *El artista publicó sus memorias.*

6. de memoria expresión Exactamente como se leyó u oyó. *Lo sé de memoria.*

7. venir a la memoria expresión Volver un recuerdo. *Me viene a la memoria cuando íbamos a esa playa.*

menaje (me-**na**-je) sustantivo masculino

Muebles y objetos necesarios en una casa. *Hay buenas ofertas en la sección de menaje de cocina.* **SIN.** Ajuar, equipo, mobiliario.

mención (men-**ción**) sustantivo femenino

Recuerdo o memoria que se hace de una persona o cosa. *No hizo mención de nuestra discusión.* **SIN.** Cita, evocación, referencia.

mencionar (men-cio-**nar**) verbo

Hablar de alguien o algo. *El profesor mencionó a Machado al hablar de poesía.* **SIN.** Citar, nombrar, aludir. **ANT.** Omitir.

mendigar (men-di-**gar**) verbo

Pedir limosna o suplicar algo. *Mendigaba a la puerta de la iglesia.*

✎ Se conjuga como *ahogar.*

mendigo, mendiga

(men-**di**-go) sustantivo

Persona que habitualmente pide limosna. *Muchos mendigos pasaban la noche en ese albergue.* **SIN.** Pordiosero, pobre.

mendrugo (men-**dru**-go) sustantivo masculino

Pedazo de pan duro. *Tenía tanta hambre que aquel mendrugo de pan le supo a gloria.*

menear (me-ne-**ar**) verbo

1. Mover o agitar una cosa de una parte a otra. *Menea las ramas para que caigan las cerezas.* **SIN.** Remover(se), sacudir(se), zarandear(se).

2. menearse Actuar con rapidez y eficacia en una cosa. *Menéate, queda poco tiempo.*

menestra (me-**nes**-tra) sustantivo femenino

Guiso preparado con hortalizas y trocitos de carne. *Hoy tenemos menestra de primer plato.*

mengano, mengana

(men-**ga**-no) sustantivo

Palabra usada para nombrar o llamar a una persona cuyo nombre se desconoce o no se quiere decir; también para aludir a alguien imaginario. *Me da igual si lo dijo fulano o mengano, quiero saber lo que piensas tú.*

menguante (men-**guan**-te) adjetivo
Que va disminuyendo, sobre todo se dice de la Luna cuando se ve en forma de ce (C). *Hay cuarto menguante.*

menguar (men-**guar**) verbo
Disminuir o irse consumiendo una cosa. *El peligro iba menguando poco a poco.* **SIN.** Decrecer, mermar, consumirse. **ANT.** Aumentar, crecer.

✎ Se conjuga como *averiguar.*

menhir (men-**hir**) sustantivo masculino
Monumento prehistórico formado por una piedra larga clavada a lo alto en el suelo. *Hay un menhir cerca de la cueva.*

✎ Su plural es *menhires.*

menisco (me-**nis**-co) sustantivo masculino
Tejido que une los huesos de la rodilla. *El jugador se lesionó el menisco.*

menor (me-**nor**) adjetivo
1. Más pequeño o de menos edad. *Un perro es menor que un elefante.* **ANT.** Mayor.

2. menor de edad expresión Que no tiene todavía la edad fijada por la ley para que una persona tenga todos los derechos y deberes de los ciudadanos adultos. *Sus padres le tienen que dar permiso porque es menor de edad.*

✎ Es igual en masculino y femenino.

menos (me-nos) adverbio
1. Indica un número o intensidad más pequeños. *Juan es menos presumido que tú.*

2. Excepto, salvo. *A la fiesta vinieron todos menos tú.*

3. En matemáticas, signo de la resta, que se representa por una raya horizontal (-). *Tres menos uno son dos.* **ANT.** Más (+).

4. echar de menos expresión Sentir la ausencia de algo o alguien. *Mi abuela vive lejos y la echo de menos.*

5. por lo menos expresión Como mínimo. *Hay que tener 18 años por lo menos para que te sirvan alcohol.*

menosprecio
(me-nos-**pre**-cio) sustantivo masculino
Desprecio, poca estima. *Sentía menosprecio por él.* **SIN.** Desdén.

mensaje
(men-**sa**-je) sustantivo masculino
1. Comunicación hecha de palabra o enviada por escrito. *Antiguamente se adiestraba a las palomas para llevar mensajes.* **SIN.** Comunicado, misiva, recado, noticia, aviso, nota.

2. Idea profunda transmitida por una obra artística o de pensamiento. *No has entendido el mensaje de la película.*

mensajero, mensajera
(men-sa-**je**-ro) sustantivo
Persona que lleva un mensaje o recado a otra. *Ha conseguido un trabajo como mensajera.*

menstruación
(mens-trua-**ción**) sustantivo femenino
Sangre que sale por la vagina de las mujeres una vez al mes. *La primera menstruación suele ser en la adolescencia.* **SIN.** Período, regla.

mensual (men-**sual**) adjetivo
1. Que sucede cada mes. *La revista tiene una publicación mensual.*

2. Que dura un mes. *Este ciclo de conferencias es mensual.*

mensualidad
(men-sua-li-**dad**) sustantivo femenino
1. Sueldo o salario de un mes. *Cobra la mensualidad el primer día de cada mes.* **SIN.** Paga.

2. Cantidad que se paga cada mes. *Debe dos mensualidades del alquiler.* **SIN.** Renta.

menta (men-ta) sustantivo femenino

Planta muy aromática, que se utiliza para dar sabor a las comidas y para hacer algunas bebidas. *Tomó una infusión de menta.*

mental (men-tal) adjetivo

Que se refiere a la mente. *Da muestras de actividad mental.* **SIN.** Cerebral, intelectual. **ANT.** Corporal.

mentalidad

(men-ta-li-dad) sustantivo femenino

Cultura y modo de pensar que caracteriza a una persona, a un pueblo, a un grupo, etc. *Tiene una mentalidad muy abierta.*

mente (men-te) sustantivo femenino

Capacidad para pensar, entender y recordar. *Era un genio, poseía una mente superdotada.* **SIN.** Inteligencia, intelecto.

mentir (men-tir) verbo

Decir o dar a entender lo contrario de lo que se piensa, cree o sabe. *No me gusta que me mientan.* **SIN.** Engañar, fingir.

✎ Verbo irregular, se conjuga como *sentir.*

mentira (men-ti-ra) sustantivo femenino

Lo que se dice sabiendo o creyendo que no es verdad. *No me digas mentiras.* **SIN.** Embuste. **ANT.** Verdad.

mentiroso, mentirosa

(men-ti-ro-so) adjetivo y sustantivo

Que tiene costumbre de mentir. *Es un niño muy mentiroso.* **SIN.** Embustero, farsante.

mentolado, mentolada

(men-to-la-do) adjetivo

Que tiene olor o sabor a menta. *Tiene sabor mentolado.*

mentón (men-tón) sustantivo masculino

Barbilla, parte de la cara que está debajo de la boca. *Tenía un mentón muy saliente.*

menú (me-nú) sustantivo masculino

1. Conjunto de platos de una comida. *Comimos el menú del día.*

2. Lista con las comidas y bebidas que se pueden tomar en un restaurante y su precio. *Elegí lo que más me apetecía del menú.*

3. En informática, lista que aparece en pantalla con todas las operaciones que puede realizar un programa. *Despliega cada ventana del menú.*

✎ Su plural es *menús.*

menudo, menuda

(me-nu-do) adjetivo

1. Pequeño. *Es un chico muy menudo, pero sano.* **SIN.** Pequeño.

2. De poca importancia. *No merece la pena discutir por algo tan menudo.* **SIN.** Insignificante.

3. a menudo expresión Muchas veces, frecuentemente. *Vengo a menudo.*

meñique

(me-ñi-que) adjetivo y sustantivo masculino

Se dice del dedo más pequeño de la mano. *Lleva un anillo en el meñique.*

meollo (me-o-llo) sustantivo masculino

Lo principal o más importante de una cosa. *Ese era el meollo de la cuestión.* **SIN.** Esencia, núcleo.

meón, meona

(me-ón) adjetivo y sustantivo

Que mea mucho o frecuentemente. *Es un meón, cada dos minutos tiene que ir al baño.*

mequetrefe

(me-que-tre-fe) sustantivo masculino

Hombre entrometido, bullicioso y que no sirve para nada. *No quiero que venga con nosotros ese mequetrefe.* **SIN.** Zascandil.

mercader (mer-ca-der) sustantivo

Persona que se dedica a la venta. *Su madre era mercader ambulante.* **SIN.** Comerciante.

mercadillo

(mer-ca-**di**-llo) sustantivo masculino

Mercado al aire libre con puestos que solo se ponen ciertos días a algunas horas. *Los domingos por la mañana vamos al mercadillo.*

mercado (mer-**ca**-do) sustantivo masculino

1. Sitio público destinado siempre o en ciertos días para comprar y vender cosas. *Compró la verdura en el mercado.* **SIN.** Bazar, rastro.

2. mercado negro expresión Compra y venta en secreto de productos prohibidos o que no se pueden comprar de otra forma. *Trafica con tabaco de contrabando en el mercado negro.*

mercancía (mer-can-**cí**-a) sustantivo femenino

1. Todo lo que se vende y se compra. *El almacén está lleno de mercancías.* **SIN.** Artículo.

2. sustantivo femenino plural Tren que transporta carga, no viajeros. *Estaban cargando el mercancías.* ✎ Se usa como singular masculino, *el mercancías.*

mercantil (mer-can-**til**) adjetivo

Que pertenece o se refiere al mercader, a la mercancía o al comercio. *El derecho mercantil estudia las leyes relativas al comercio.* **SIN.** Comercial.

mercería (mer-ce-**rí**-a) sustantivo femenino

Tienda en la que se venden artículos de costura como alfileres, hilos, cintas, etc. *Compré los botones en esa mercería.*

mercurio (mer-**cu**-rio) sustantivo masculino

Metal líquido plateado y brillante. *El mercurio se utiliza para hacer termómetros.*

merecer (me-re-**cer**) verbo

Ganarse un premio o un castigo. *Fue tan valiente que mereció una recompensa.* **SIN.** Alcanzar.

✎ Verbo irregular, se conjuga como *parecer.*

merecido (me-re-**ci**-do) sustantivo masculino

Castigo que se considera apropiado para una persona o una acción malas. *Tarde o temprano recibirá su merecido.*

merendar (me-ren-**dar**) verbo

1. Tomar los alimentos que forman la merienda. *Fuimos a merendar al campo.*

2. merendarse Vencer a alguien en una competición o riña. *Se merendó a sus rivales.* **SIN.** Dominar, ganar.

3. merendarse Lograr algo con facilidad. *Eso me lo meriendo yo en un abrir y cerrar de ojos.*

✎ Verbo irregular, se conjuga como *acertar.*

merendero

(me-ren-**de**-ro) sustantivo masculino

Lugar en el campo o en la playa donde se venden comidas o bebidas, o se puede tomar lo que se lleva hecho de casa. *Encargamos una paella en el merendero.*

merendola (me-ren-**do**-la) sustantivo femenino

Merienda muy buena y abundante. *¡Menuda merendola te estás tomando!*

merengue (me-**ren**-gue) sustantivo masculino

1. Dulce de color blanco hecho con claras de huevo batidas y azúcar. *Este pastel lleva merengue.*

2. Danza popular de varios países de América Central. *Le gusta bailar merengue.*

meridiano (me-ri-**dia**-no) sustantivo masculino

Línea imaginaria que pasa por los polos de la esfera celeste. *El meridiano es el círculo máximo.*

meridional (me-ri-dio-**nal**) adjetivo

Que pertenece o se refiere al sur o mediodía. *La zona meridional del país era la más afectada por la sequía.* **SIN.** Austral.

✎ También puede ser un sustantivo si se dice de personas.

merienda

(me-**rien**-da) sustantivo femenino

Comida ligera que se toma por la tarde, antes de la cena. *Su merienda suele ser un café con leche.*

mérito (**mé**-ri-to) sustantivo masculino

1. Aquello que hace digna de aprecio a una persona. *Tiene mérito cómo está cuidando a su abuela.* **SIN.** Virtud, estimación.

2. Lo que da valor a una cosa. *Su trabajo tiene mucho mérito.*

3. hacer méritos expresión Realizar determinadas acciones para conseguir algo. *Bajó la basura para hacer méritos para ir al partido.*

merluza (mer-**lu**-za) sustantivo femenino

1. Pescado muy abundante en todos los mares del mundo, de carne blanca muy sabrosa. *Pidió merluza a la cazuela.*

2. Borrachera. *¡Vaya merluza que lleva!* **SIN.** Curda, tajada, moña.

mermar (mer-**mar**) verbo

1. Bajar o disminuir una cosa o consumirse una parte de lo que antes tenía. *Al lavarla con agua caliente, la chaqueta ha mermado mucho.* **SIN.** Menguar, decrecer.

2. Quitar una parte de aquello que le corresponde a alguien. *La otra noticia mermó su interés.* **SIN.** Reducir, quitar. **ANT.** Poner.

mermelada

(mer-me-**la**-da) sustantivo femenino

Dulce de frutas con miel o azúcar. *Estaba preparando mermelada de arándanos.* **SIN.** Confitura.

mero, mera (me-ro) adjetivo

1. Puro, simple y que no tiene mezcla de otra cosa. *Fue un mero comentario, no le des tanta trascendencia.*

2. Sin importancia. *Es solo un mero detalle.* **SIN.** Insignificante.

3. sustantivo masculino Pez marino de carne muy fina y sabrosa, que vive principalmente en el Mediterráneo. *De segundo plato, pidió mero.*

merodear (me-ro-de-**ar**) verbo

Vagar por las inmediaciones de un lugar, generalmente con malas intenciones. *Un tipo misterioso llevaba unos días merodeando por el barrio.* **SIN.** Rondar.

mes sustantivo masculino

1. Cada una de las doce partes en que se divide el año. *Estuvo de vacaciones durante un mes.*

2. Número de días seguidos desde uno señalado hasta otro de igual fecha en el mes siguiente. *Queda un mes para el examen.*

mesa (me-sa) sustantivo femenino

1. Mueble formado por una tabla lisa sostenida por una o varias patas, y que sirve para comer, escribir, etc. *Necesito una mesa para estudiar.*

2. Este mueble con todo lo necesario para comer. *La mesa ya está puesta.*

3. mesa redonda expresión Reunión de personas para tratar de un tema determinado. *Es el moderador de la mesa redonda.*

4. poner la mesa expresión Colocar el mantel, los cubiertos y todo lo necesario para comer. *Pon la mesa.*

5. servir la mesa expresión Repartir la comida y bebida a las personas que están comiendo. *Sirve la mesa.*

meseta (me-se-ta) sustantivo femenino

Terreno llano y grande situado a cierta altura. *El poblado está en una meseta.* **SIN.** Altiplanicie.

mesilla (me-si-lla) sustantivo femenino

Mesa de noche. *Dejó el libro en la mesilla, apagó la luz y se durmió.*

mesón (me-**són**) sustantivo masculino

Restaurante típico. *Merendamos en un mesón.*

mestizo, mestiza

(mes-**ti**-zo) adjetivo y sustantivo

Se dice de la persona nacida de padre y madre de raza distinta. *Era mestizo, su padre era blanco y su madre india.*

meta (**me**-ta) sustantivo femenino

1. Término señalado a una carrera. *Llegó el primero a la meta.* **SIN.** Final.

2. En el fútbol y otros juegos, portería. *No conseguían llevar el balón a la meta contraria.*

3. Fin al que se dirigen las acciones o deseos de una persona. *Consiguió su meta.* **SIN.** Propósito, objetivo.

metabolismo

(me-ta-bo-**lis**-mo) sustantivo masculino

Conjunto de procesos químicos que se producen continuamente en el cuerpo de un ser vivo. *Después del parto, le cambió el metabolismo.*

metáfora (me-**tá**-fo-ra) sustantivo femenino

Figura literaria que consiste en utilizar el nombre de una cosa para hablar de otra que se le parece en algún aspecto especial. *Es una metáfora decir que los dientes son perlas.*

metal (me-**tal**) sustantivo masculino

1. Material que conduce la electricidad y el calor, como el hierro, el oro, el mercurio, etc. *Los metales tienen un brillo especial.*

2. Instrumento musical que se toca soplando y cambiando la presión de los labios. *La tuba es un instrumento de metal.*

metálico, metálica (me-**tá**-li-co) adjetivo

1. De metal o que pertenece a él. *Utiliza un peine metálico.*

2. sustantivo masculino Dinero, en billetes o monedas. *Pagó en metálico la factura.*

metalurgia

(me-ta-**lur**-gia) sustantivo femenino

Industria que se ocupa de extraer y elaborar los metales, preparándolos para usos posteriores. *Trabaja en la metalurgia.*

metamorfosis

(me-ta-mor-**fo**-sis) sustantivo femenino

1. Cambio de una cosa en otra. *Desde que construyeron ese barrio, la ciudad ha sufrido una metamorfosis.* **SIN.** Transformación. **ANT.** Invariabilidad.

2. Cambio que experimentan muchos animales durante su desarrollo. *Las metamorfosis más conocidas son las de la rana y la mariposa.* **SIN.** Evolución, mutación.

3. Cambio extraordinario en la fortuna, el carácter o el estado de una persona. *Desde que les ha tocado la lotería, su vida ha sufrido una gran metamorfosis.*

✎ Es igual en plural y en singular.

meteorito (me-te-o-**ri**-to) sustantivo masculino

Pequeño cuerpo celeste que cae sobre la Tierra. *Vimos una lluvia de meteoritos.*

meteoro (me-te-**o**-ro) sustantivo masculino

Luminosidad que producen los meteoritos al caer hacia la Tierra y arder. *El meteoro tenía un brillo intenso.*

✎ También *metéoro*.

meteorología

(me-te-o-ro-lo-**gí**-a) sustantivo femenino

Ciencia que estudia el funcionamiento de los fenómenos atmosféricos, como la lluvia o la nieve, y puede predecirlos. *Se dedica a la meteorología.*

metepatas (me-te-**pa**-tas) sustantivo

Persona inoportuna e indiscreta. *Eres un metepatas, ese chiste no era apropiado.*

✎ Es igual en plural y en singular.

meter (me-**ter**) verbo

1. Colocar una cosa dentro de otra o en alguna parte. *Metí el abrigo en el armario.* **SIN.** Introducir, incluir, encajar, encerrar. **ANT.** Sacar, extraer.

2. Colocar una persona a otra en algún cargo, lugar, etc., gracias a su situación personal. *Le metió en esa empresa.*
3. Causar, producir miedo, ruido, etc. *Estaba tan oscuro que metía miedo.*
4. Animar a alguien a participar de algo. *Le metió en el negocio.*
5. Acortar una prenda de vestir. *Tengo que meter un poco de largo los pantalones.* **SIN.** Coger.
6. Ingresar dinero en alguna entidad bancaria o invertirlo en algún negocio. *Mete sus ahorros en el banco.* **SIN.** Depositar. **ANT.** Sacar, retirar.
7. Introducir una idea, sentimiento, etc., en el ánimo de alguien. *Me gustaría saber quién te ha metido esa idea en la cabeza.* **SIN.** Sugerir.
8. meterse Entrar en algún lugar. *Me metí en la cueva.* **SIN.** Penetrar, ingresar. **ANT.** Salirse.
9. meterse Intervenir en un asunto sin ser llamado. *Se metió en la conversación.* **SIN.** Introducirse, entrometerse.
10. meterse Dedicarse a una profesión. *Se metió a actriz.*
11. meter la pata expresión Decir algo fuera de lugar o incorrecto. *Metió la pata en la traducción.*

metódico, metódica (me-**tó**-di-co) adjetivo
1. Hecho con método. *Este es un trabajo metódico.* **SIN.** Ordenado, cuidadoso. **ANT.** Caótico.
2. Se dice de la persona que sigue un método para hacer algo o que hace las cosas con orden. *Juan es muy metódico.*

método (**mé**-to-do) sustantivo masculino
1. Modo de decir o hacer con orden una cosa para llegar a un resultado o fin determinado. *Eligió el método*

deductivo. **SIN.** Procedimiento, regla, sistema.
2. Obra que enseña los elementos de una ciencia o arte. *Método de pintura al óleo.* **SIN.** Manual.

metomentodo (me-to-men-**to**-do) sustantivo
Persona que quiere saber lo que les pasa a los demás y aconsejarles sin que ellos quieran. *No seas metomentodo, esto no va contigo.* **SIN.** Intruso. **ANT.** Discreto.

metralleta (me-tra-**lle**-ta) sustantivo femenino
Arma de fuego portátil que repite automáticamente los disparos a gran velocidad. *Dispararon sus metralletas contra el objetivo.*

metro (**me**-tro) sustantivo masculino
1. Unidad de longitud, base del sistema métrico decimal. *Muchos jugadores de baloncesto miden más de dos metros.*
2. Cinta empleada para medir, que tiene marcada la longitud del metro y sus divisores. *Usa el metro para medir la altura de la ventana.*
3. Tren subterráneo que funciona en ciudades grandes para llevar personas rápidamente de un sitio a otro. *Londres, Madrid, Nueva York, etc., tienen metro.*
4. metro cuadrado expresión Medida de superficie, equivalente al área de un cuadrado que tiene un metro de lado. *Compré un piso de 90 metros cuadrados.*

mezcla (**mez**-cla) sustantivo femenino
Reunión de varios elementos o características distintos en una sustancia, objeto, persona o grupo. *Había mucha mezcla de gente en la fiesta.*

mezclar (mez-**clar**) verbo
1. Unir, juntar una cosa con otra. *Mezcló arena con agua para hacer un castillo.* **SIN.** Agregar, combinar.

2. Desordenar las cosas. *No lo mezcles todo, cada colección debe ir en una estantería.* **SIN.** Embarullar, enredar. **ANT.** Ordenar.

3. Meter a alguien en un asunto que no le interesa. *No me mezcles en eso.* **SIN.** Implicar.

4. mezclarse Meterse uno entre otros. *Se mezcló entre el público.* **SIN.** Inmiscuirse, meterse.

mezquita (mez-**qui**-ta) sustantivo femenino
Edificio donde los musulmanes realizan sus ceremonias religiosas. *Visité la mezquita de Córdoba.*

mi sustantivo masculino

1. Tercera nota de la escala música. *Fa va detrás de mi.*

2. adjetivo posesivo Forma breve de decir *mío* o *mía* cuando va delante de un sustantivo. *Es mi amigo.*

✎ Su plural es *mis.*

mí pronombre personal
Forma del pronombre personal de primera persona del singular en masculino o femenino, que siempre lleva una preposición delante y funciona como complemento. *Dímelo a mí.*

michelín (mi-che-**lín**) sustantivo masculino
Grasa que se acumula alrededor de la cintura formando un pliegue. *Haz abdominales para quitar los michelines.*

mico (**mi**-co) sustantivo masculino

1. Mono de cola larga. *En el zoo había muchos micos.*

2. Forma cariñosa de llamar a los niños pequeños. *¡Mira lo que quiere este mico...!*

3. volverse mico expresión Resultarle a alguien muy difícil y complicado realizar algo. *Me estoy volviendo mico con este crucigrama.*

microbio (mi-**cro**-bio) sustantivo masculino
Ser diminuto que vive en el aire, el agua y dentro de los seres vivos, produciéndoles a veces enfermedades. *Los microbios solo se ven con un microscopio.*

microbús (mi-cro-**bús**) sustantivo masculino
Autobús pequeño. *Fuimos en microbús a la playa.*

microfilme (mi-cro-**fil**-me) sustantivo masculino
Película de muy pequeño tamaño en la que se reproducen ciertas imágenes, documentos o libros, de modo que puedan verse ampliadas más tarde. *Un microfilme mide 35 o 16 milímetros.*

micrófono (mi-**cró**-fo-no) sustantivo masculino
Aparato eléctrico que sirve para aumentar la intensidad del sonido. *Había problemas con el micrófono y los de atrás no se enteraron de nada.*

microondas (mi-cro-**on**-das) sustantivo masculino
Horno eléctrico que calienta, cocina o descongela los alimentos con gran rapidez. *Calienta la leche en el microondas.*

✎ Es igual en plural y en singular.

microorganismo (mi-cro-or-ga-**nis**-mo) sustantivo masculino
Ser vivo diminuto. *Los virus y las bacterias son microorganismos.*

microscópico, microscópica (mi-cros-**có**-pi-co) adjetivo
Tan pequeño que solo puede verse con el microscopio. *Partícula microscópica.* **SIN.** Diminuto, imperceptible, inapreciable. **ANT.** Enorme.

microscopio (mi-cros-**co**-pio) sustantivo masculino
Instrumento que sirve para ver grandes los objetos muy pequeños. *Examinamos el ala de una mosca con el microscopio.*

miedo (mie-do) sustantivo masculino

1. Sensación de temor que se siente ante un peligro real o imaginario. *La oscuridad le daba mucho miedo.* **SIN.** Espanto, terror, pavor, pánico. **ANT.** Valor, tranquilidad, audacia.

2. Temor que alguien tiene de que le suceda una cosa contraria a lo que deseaba. *Tenía miedo de suspender el examen.* **SIN.** Aprensión, recelo. **ANT.** Confianza.

3. de miedo expresión Muy bien o muy bueno. *Lo pasé de miedo.*

4. morirse de miedo expresión Tener muchísimo miedo. *Casi me muero de miedo viendo esa película de terror.*

miedoso, miedosa

(mie-do-so) adjetivo y sustantivo

Que tiene miedo de cualquier cosa. *Es muy miedosa, nunca se queda sola en casa.* **SIN.** Cobarde. **ANT.** Valiente.

miel sustantivo femenino

Sustancia marrón clara muy dulce, que hacen las abejas a partir del néctar de las flores. *Recogimos miel de la colmena.*

miembro (miem-bro) sustantivo masculino

1. Brazo o pierna del ser humano o pata del animal. *Los brazos son los miembros superiores.*

2. Persona que forma parte de una asociación o comunidad. *Soy miembro de un club de tenis.* **SIN.** Socio.

mientras (mien-tras) adverbio

1. En tanto, entre tanto. *Ve tú acabando de recoger esto mientras.*

2. conjunción Durante el tiempo en que. *Leí un folleto mientras esperaba.*

3. mientras más expresión Cuanto más. *Mientras más insistas, más posibilidades hay de que no te haga caso.* ✎ Es una expresión coloquial, no culta.

4. mientras que expresión En cambio. *Yo estudié mientras que tú hacías el vago, por eso yo aprobé y tú no.*

5. mientras tanto expresión Durante el mismo tiempo. *Estuve en casa. Mientras tanto, tú estabas en el cine.*

miércoles (miér-co-les) sustantivo masculino

Día de la semana que está entre el martes y el jueves. *El miércoles, los alumnos irán de viaje.* ✎ Es igual en plural y en singular.

mierda (mier-da) sustantivo femenino

1. Excremento sólido humano y de algunos animales. *No pises esa mierda de vaca.*

2. Grasa o suciedad que mancha la ropa u otra cosa. *Salió del desván con los pantalones llenos de mierda.* **SIN.** Porquería.

3. Cosa mal hecha, de mala calidad o sin valor. *Ese libro es una mierda.* **SIN.** Basura.

4. irse a la mierda expresión Salir mal alguna cosa, estropearse. *El plan se fue a la mierda por falta de dinero.*

miga (mi-ga) sustantivo femenino

1. Parte más blanda del pan, cubierta por la corteza. *Esta hogaza tiene mucha miga.*

2. Porción pequeña de pan o de cualquier cosa. *Llenó todo de migas.*

3. Entidad, importancia y sustancia principal de una cosa. *El asunto tenía miga, no creas.* **SIN.** Quid, meollo.

4. sustantivo femenino plural Pan desmenuzado, humedecido y frito. *Probaron las migas típicas de la región.*

5. hacer buenas migas expresión Estar una persona en amistad y conformidad con otra u otras. *Tu hermano y yo hacemos buenas migas.*

migaja (mi-ga-ja) sustantivo femenino

1. Parte pequeña y menuda del pan, que suele saltar o desmenuzarse al partirlo. *Limpia las migajas.*

2. Porción pequeña de cualquier cosa. *Dame una migaja de ese queso para probarlo.* **SIN.** Partícula.

migración

(mi-gra-**ción**) sustantivo femenino

1. Viaje que hacen las aves, peces y otros animales en ciertas épocas del año. *Había comenzado la migración de las cigüeñas.*

2. Desplazamiento a otro país o región de personas o grupos de personas. *Hubo una gran migración del campo a la ciudad.*

mil numeral y sustantivo masculino

Diez veces cien o que es el último en una serie ordenada de 1000. *Pronto se celebrará el milenario de la ciudad: hace casi mil años que se fundó.*

milagro (mi-**la**-gro) sustantivo masculino

1. Hecho del poder divino, superior al orden natural y las fuerzas humanas. *Decían que era un milagro.* **SIN.** Prodigio, portento, maravilla.

2. Cualquier suceso o cosa rara, extraordinaria y maravillosa. *Fue un milagro que aprobara.* **SIN.** Maravilla, portento, prodigio.

3. de milagro expresión Por poco. *Llegué al autobús de milagro.*

4. vivir de milagro expresión Haber logrado escapar a un peligro grave. *Vivo de milagro después del accidente que sufrí.*

milenario, milenaria

(mi-le-**na**-rio) adjetivo

1. Se dice de lo que ha durado uno o varios milenios. *Es un monumento milenario.* **SIN.** Antiguo. **ANT.** Reciente, moderno.

2. sustantivo masculino Día en que se cumplen uno o más milenios de algún acontecimiento importante. *Se celebraba el segundo milenario de su invención.*

milenio (mi-**le**-nio) sustantivo masculino

Período de mil años. *Ya tiene dos milenios.*

milésimo, milésima

(mi-**lé**-si-mo) numeral

1. Que ocupa el último lugar en una serie ordenada de 1000. *Le hicieron un regalo por ser la milésima cliente de la tienda.*

2. numeral y sustantivo masculino Se dice de cada una de las mil partes iguales en que se divide un todo. *Un metro es la milésima parte de un kilómetro.*

milhojas (mil-**ho**-jas) sustantivo masculino

Pastel de hojaldre, relleno de crema o mermelada de manzana, y merengue. *Se tomó un milhojas de postre.*

✏ Es igual en plural y en singular.

mili (**mi**-li) sustantivo femenino

Forma breve de llamar al servicio militar. *Su amigo está en la mili.*

miligramo (mi-li-**gra**-mo) sustantivo masculino

Medida de peso equivalente a la milésima parte de un gramo.

mililitro (mi-li-**li**-tro) sustantivo masculino

Medida equivalente a la milésima parte de un litro.

milímetro (mi-**lí**-me-tro) sustantivo masculino

Medida de longitud equivalente a la milésima parte de un metro.

militante (mi-li-**tan**-te) adjetivo y sustantivo

Que pertenece a un grupo, partido o sindicato. *Era militante del partido ecologista.* **SIN.** Afiliado.

militar (mi-li-**tar**) verbo

1. Formar parte de un partido o agrupación. *Milita en ese partido desde hace años.* **SIN.** Afiliarse.

2. adjetivo Que se refiere al ejército o a la guerra, por oposición a civil. *Recibió instrucción militar.*

3. sustantivo Persona que sirve en el ejército. *Sus padres son militares.* **ANT.** Civil.

milla (**mi**-lla) sustantivo femenino

Medida de longitud, usada especialmente en la Marina, equivalente a

1852 metros. *El barco estaba a varias millas de la costa.*

millar (mi-**llar**) sustantivo masculino

1. Conjunto de mil unidades. *Habría aproximadamente un millar de personas en la manifestación.*

2. sustantivo masculino plural Número grande indeterminado. *Contaba con millares de seguidores.*

millón (mi-**llón**) sustantivo masculino

1. Mil millares. *Le tocó un millón de pesetas en un concurso.*

2. sustantivo masculino plural Número grande indeterminado. *Millones de personas hablan el castellano.*

millonada

(mi-llo-**na**-da) sustantivo femenino

Cantidad muy grande, especialmente de dinero. *Ese chalé es precioso, pero cuesta una millonada.*

millonario, millonaria

(mi-llo-**na**-rio) adjetivo y sustantivo

Muy rico y poderoso. *Era hijo de una famosa millonaria.* **SIN.** Acaudalado. **ANT.** Pobre, indigente.

millonésimo, millonésima

(mi-llo-**né**-si-mo) numeral y sustantivo

1. Se dice de cada una del millón de partes iguales entre sí en que se divide un todo. *Pasó en una millonésima de segundo.*

2. numeral Que ocupa el último lugar en una serie ordenada de 1 000 000. *Es el millonésimo coche que produce esta fábrica.*

milrayas

(mil-**ra**-yas) adjetivo y sustantivo masculino

Se dice de la tela con rayas muy finas y juntas. *Llevaba un pantalón milrayas.*
✎ Es igual en plural y en singular.

mimar (mi-**mar**) verbo

1. Hacer caricias y muestras de cariño. *Mima mucho a sus amigos.* **SIN.** Acariciar. **ANT.** Castigar.

2. Tratar con excesiva amabilidad a alguien, especialmente a los niños, dejándoles hacer lo que quiere. *Su abuelo lo mima demasiado.* **SIN.** Consentir, malcriar.

mimbre (**mim**-bre) sustantivo masculino

Rama larga de la mimbrera, especialmente la que, después de quitarle las hojas y brotes, se usa para hacer cestos. *Hizo un cesto de mimbre.*

mimbrera

(mim-**bre**-ra) sustantivo femenino

Arbusto que nace a orillas de los ríos, cuyo tronco se llena desde el suelo de ramas largas, delgadas y flexibles. *Le gusta jugar en la mimbrera.*

mimetismo

(mi-me-**tis**-mo) sustantivo masculino

Cualidad que tienen algunos animales y plantas de asemejarse a los seres y a los objetos que los rodean, lo cual les sirve para protegerse o esconderse. *El camaleón es un ejemplo de mimetismo.*

mímica (**mí**-mi-ca) sustantivo femenino

Arte de imitar, representar o darse a entender por medio de gestos o movimientos, sin palabras. *Se entendían por mímica.*

mimo (**mi**-mo) sustantivo masculino

1. Cariño, demostración de ternura. *Le trataba con mucho mimo.* **SIN.** Halago, caricia.

2. Excesiva amabilidad con que se trata a alguien, especialmente a los niños, dejándolos hacer lo que quieren. *No le des tantos mimos, que se va a hacer caprichoso.*

3. Representación teatral en la que se utilizan solo, o principalmente, gestos y movimientos corporales. *Hace mimo en la calle.*

4. sustantivo masculino Actor que representa mimos. *Marcel Marceau es uno de los mimos más conocidos.*

mimoso, mimosa
(mi-**mo**-so) adjetivo

Se dice de la persona a la que le gusta dar mimos o recibirlos. *Es un niño muy mimoso.* **SIN.** Consentido, melindroso, cariñoso.

mina (**mi**-na) sustantivo femenino

1. Conjunto de pozos y pasillos que se excavan en un lugar en el que se acumula un mineral útil, para extraerlo. *Hay minas a cielo abierto, en las que no es necesario excavar.* **SIN.** Explotación.

2. Barra que forma el interior de los lapiceros, con la que se escribe y pinta. *Saca punta a la mina del lápiz.*

3. Aquello que es útil y que tiene muchas cosas buenas. *Este negocio es una mina.*

4. Especie de bomba escondida, que explota cuando se la toca o pisa. *Las minas antipersonas producen muchas víctimas.*

mineral (mi-ne-**ral**) adjetivo

1. Que se refiere a las sustancias naturales que no tienen vida. *Las piedras son de origen mineral, no vegetal, ni animal.*

2. Cada uno de los elementos sin vida que se encuentran en la naturaleza. *El hierro es un mineral.*

minería (mi-ne-**rí**-a) sustantivo femenino

Conjunto de las minas y explotaciones mineras de una región, trabajo que se realiza en ellas y conjunto de personas que se dedican a ese trabajo. *Se dedica a la minería del carbón.*

miniatura (mi-nia-**tu**-ra) sustantivo femenino

1. Pintura de pequeño tamaño hecha sobre papel, pergamino, marfil, etc. *En el museo se conservan valiosas miniaturas.*

2. Cosa de tamaño muy pequeño. *¡Qué miniatura de figura!*

minifalda (mi-ni-**fal**-da) sustantivo femenino

Falda corta por encima de la rodilla. *La minifalda estaba de moda.*

mínimo, mínima (**mí**-ni-mo) adjetivo

1. Tan pequeño que no hay otro menor en su especie. *Mi casa es mínima, ya no cabe ni una persona más.* **SIN.** Minúsculo, ínfimo.

2. sustantivo masculino Límite inferior o extremo a que se puede reducir una cosa. *Al dormir se consume el mínimo de energía.* **ANT.** Máximo.

3. como mínimo expresión Por lo menos. *Como mínimo cuesta el doble.*

minino, minina (mi-**ni**-no) sustantivo

Es otra forma de llamar al gato. *Tu minino es muy cariñoso, siempre quiere que lo acaricies.*

ministerio (mi-nis-**te**-rio)

Cada uno de los departamentos en que se divide el Gobierno de una nación, dirigido por un ministro. Se dice también de las personas que trabajan en él y de las oficinas donde se sitúa. *Trabaja en el Ministerio del Interior.*

ministro, ministra (mi-**nis**-tro) sustantivo

1. Jefe de cada una de las partes en que se divide el Gobierno de una nación. *La ministra de Cultura se reunió con el presidente del Gobierno.*

2. primer ministro expresión Jefe del Gobierno en algunos países o presidente del Consejo de Ministros. *El primer ministro convocó a su gabinete.*

minoría (mi-no-**rí**-a) sustantivo femenino

1. En un país, grupo, etc., parte menor de sus componentes. *La huelga fue secundada por una minoría.* **ANT.** Mayoría.

2. Parte de la población de un país que tiene distinta raza, lengua o religión que la mayoría de la misma población. *Representa a la minoría blanca del país.*

3. minoría de edad expresión Tiempo de la vida de una persona hasta alcanzar la edad fijada por la ley para que tenga todos los derechos y deberes de los ciudadanos, como votar en las elecciones. *En España la minoría de edad dura hasta los 18 años.*

minucioso, minuciosa

(mi-nu-**cio**-so) adjetivo

Que se fija o se detiene en las cosas más pequeñas. *Realizó un estudio del tema muy minucioso.* **SIN.** Meticuloso. **ANT.** Superficial.

minúsculo, minúscula

(mi-**nús**-cu-lo) adjetivo

1. Que es de tamaño muy pequeño o de muy poca importancia. *La habitación era minúscula, no cabía nada dentro.* **SIN.** Ínfimo, insignificante. **ANT.** Gigantesco.

2. letra minúscula expresión Forma que tienen las letras normalmente, distinta y más pequeña que la de las mayúsculas. *La b es una letra minúscula.*

minusválido, minusválida

(mi-nus-**vá**-li-do) adjetivo y sustantivo

Se dice de la persona que, a causa de una enfermedad o accidente, ha sufrido alguna lesión física o mental que le impide realizar ciertos movimientos o trabajos. *Las paralimpiadas son los Juegos Olímpicos en los que participan minusválidos.*

minutero (mi-nu-**te**-ro) sustantivo masculino

Aguja del reloj que señala los minutos. *El minutero es la manecilla más larga.* **SIN.** Manecilla.

minuto (mi-**nu**-to) sustantivo masculino

Cada una de las sesenta partes iguales en que se divide una hora. *Un minuto tiene 60 segundos.*

mío, mía (**mí**-o) pronombre posesivo

Forma del posesivo de la primera persona del singular, en masculino y femenino. Indica que algo pertenece a la persona que está hablando. *Ese libro es mío.*

✎ Su plural es *míos* y *mías*.

miope (**mio**-pe) adjetivo y sustantivo

Se dice de la persona que padece miopía. *Necesitaba lentillas porque era miope.*

miopía (mio-**pí**-a) sustantivo femenino

Imperfección del ojo a causa de la cual los objetos lejanos no se ven con claridad. *Usa gafas para la miopía.*

mirado, mirada (mi-**ra**-do) adjetivo

1. Se dice de la persona que intenta no molestar a nadie y cuidar las cosas. *Es muy mirada para convivir con la gente.*

2. Se dice de lo que la mayoría de la gente considera apropiado o inadecuado. *Está bien mirado dejar el asiento a las personas mayores.*

mirador (mi-ra-**dor**) sustantivo masculino

1. Lugar alto y bien situado que sirve para contemplar el paisaje. *Desde el mirador se ve todo el valle.*

2. Balcón cubierto y cerrado con cristales o persianas. *Estaba en el mirador de su casa.* **SIN.** Galería.

miramiento

(mi-ra-**mien**-to) sustantivo masculino

Cuidado con que se realiza una cosa o muestra de respeto que se tiene con una persona. *Me echó sin miramientos.* **SIN.** Atención.

mirar (mi-**rar**) verbo

1. Fijar atentamente la vista en una cosa. *Miró el cuadro un rato.*

2. Revisar, registrar o buscar algo. *Mira en la estantería a ver si lo encuentras.* **SIN.** Examinar.

3. Hallarse frente a algo. *El balcón mira a la plaza.*

mirilla (mi-**ri**-lla) sustantivo femenino

Abertura en una puerta para observar desde dentro quién llama sin ser visto. *Te vi por la mirilla.*

mirlo (**mir**-lo) sustantivo masculino

Pájaro de plumaje oscuro y pico amarillo, de canto melodioso. *El mirlo se domestica fácilmente.*

mirón, mirona (mi-**rón**) adjetivo y sustantivo

1. Que mira con fijeza o curiosidad. *Nuestro vecino es un mirón.*

2. Se dice de la persona que, sin participar, observa cómo otras trabajan o juegan. *Dos trabajaban y los otros estaban de mirones.*

misa (**mi**-sa) sustantivo femenino

Ceremonia religiosa cristiana en la que se celebra la muerte y resurrección de Jesucristo, y en la que tiene lugar el sacramento de la eucaristía. *Todos los domingos iba a misa.*

miserable (mi-se-**ra**-ble) adjetivo

1. Pobre, desdichado, infeliz. *Lleva una vida miserable.* **SIN.** Desgraciado, mísero. **ANT.** Feliz, afortunado.

2. Avaro, que no quiere gastar su dinero. *No seas miserable.* **SIN.** Roñoso. **ANT.** Generoso.

3. Perverso, mala persona. *Es una persona miserable que te hará todo el mal que pueda.* **SIN.** Infame, canalla. **ANT.** Honrado.

miseria (mi-se-ria) sustantivo femenino

1. Desgracia, infortunio. *Su vida estaba llena de miserias.* **ANT.** Fortuna, ventura.

2. Gran pobreza. *Vivían casi en la miseria.* **SIN.** Necesidad, ruina, estrechez. **ANT.** Riqueza.

3. Cantidad muy pequeña de algo. *Ya sé que esta propina es una miseria, pero no tengo más dinero.*

misericordia

(mi-se-ri-**cor**-dia) sustantivo femenino

Virtud de compadecerse de las desgracias y penas de los demás, y de tratar de remediarlas. *Tuvo misericordia del mendigo y le dio una limosna.*

SIN. Compasión, lástima. **ANT.** Dureza, crueldad.

mísero, mísera (**mí**-se-ro) adjetivo

1. Infeliz, desgraciado. *Recordaba los míseros años de su juventud.* **SIN.** Desafortunado. **ANT.** Feliz, afortunado, venturoso.

2. De escaso valor. *¡Cómo se puso por un mísero euro!* **SIN.** Nimio.

✎ Su superlativo es *misérrimo*.

misil (mi-**sil**) sustantivo masculino

Proyectil que se puede dirigir con exactitud desde grandes distancias y hacer que explote en un punto concreto. *El acuerdo de desarme afectaba a la retirada de misiles de aquella zona.*

misión (mi-**sión**) sustantivo femenino

1. Encargo que se da a una persona o tarea que debe llevar a cabo. *Tenía la misión de cerrar el trato.*

2. Trabajo de dar a conocer las enseñanzas de Cristo en zonas donde hay pocos cristianos y edificios donde se lleva a cabo esta labor. *Se dedicó a las misiones en China.*

misionero, misionera

(mi-sio-**ne**-ro) sustantivo

Persona que se ocupa de dar a conocer las enseñanzas de Cristo en zonas donde hay pocos cristianos. *La misionera se ocupa de esos niños.*

mismo, misma (**mis**-mo) adjetivo

1. Indica que es una persona o cosa la que se ha visto o de la que se habla y no otra. *Se estaban refiriendo a la misma persona.*

2. Semejante o igual. *La chaqueta tiene el mismo color que la falda.* **SIN.** Idéntico. **ANT.** Distinto.

3. Sirve para remarcar qué o quién es el que está realizando un acto, o de qué o de quién se está hablando. *Lo hizo ella misma.*

miss sustantivo femenino

Ganadora de un concurso de belleza. *Salió elegida* Miss España.

✎ Su plural es *misses*. Podría adaptarse al español como *mis*, cuyo plural sería *mises*.

míster (**mís**-ter) sustantivo masculino

1. Ganador de un concurso de belleza. *Es Míster Universo de este año.* **2.** Entrenador de un equipo deportivo. *Los jugadores se llevaban muy bien con el míster.*

✎ Su plural es *místeres*.

misterio (mis-te-rio) sustantivo masculino

Cosa secreta u oculta, que no se puede comprender ni explicar. *Lo que hay tras la muerte es un misterio.*

mitad (mi-**tad**) sustantivo femenino

1. Cada una de las dos partes iguales en que se divide una cosa. *Una mitad para ti y otra para mí.* **2.** Centro de una cosa. *Hay una estatua en mitad de la plaza.* **SIN.** Medio. **ANT.** Extremo.

mitin (**mi**-tin) sustantivo masculino

Reunión donde se discuten públicamente asuntos políticos o sociales. *Numeroso público asistió al mitin.* **SIN.** Asamblea.

✎ Su plural es *mítines*.

mito (**mi**-to) sustantivo masculino

1. Relato fantástico que narra las aventuras de dioses y héroes, o algunos hechos históricos que se mezclan con elementos imaginarios. *Nos contó el mito de Zeus.* **SIN.** Leyenda. **2.** Persona o cosa considerada como el modelo de una idea o cualidad. *Es un mito de la canción.*

mitología

(mi-to-lo-**gí**-a) sustantivo femenino

Conjunto de mitos tradicionales de un pueblo o cultura. *Estudió la mitología griega y romana.*

mixto, mixta (**mix**-to) adjetivo

Formado por varios elementos distintos entre sí. *Era un grupo mixto de chicos y chicas.*

mixtote (mix-**to**-te) sustantivo masculino

Plato elaborado con carne de pollo, carnero, cerdo o conejo metida en un saquito hecho con la membrana que recubre la penca del maguey o en papel aluminio; se hierve al vapor. *Encontré unas cuantas recetas de mixtote a cada cual mejor.*

mobiliario (mo-bi-**lia**-rio) sustantivo masculino

Conjunto de muebles de una casa. *Eligió el mobiliario con buen gusto.*

moca (**mo**-ca) sustantivo masculino

Crema elaborada con café, mantequilla, vainilla y azúcar. *Hizo tarta de moca.*

mocasín (mo-ca-**sín**) sustantivo masculino

Calzado de piel, cerrado, sin cordones y flexible. *Calza mocasines.*

mochila (mo-**chi**-la) sustantivo femenino

Saco o bolsa de tela fuerte, plástico, etc. que se lleva sujeta a la espalda. *Llevaba la mochila repleta de cosas.* **SIN.** Macuto.

mochuelo

(mo-**chue**-lo) sustantivo masculino

1. Ave nocturna parecida a la lechuza, de cabeza grande con ojos grandes y pico curvo. *El mochuelo caza por las noches.* **2.** Asunto o trabajo difícil o fastidioso, del que nadie quiere ocuparse. *Le tocó cargar con el mochuelo.*

moco (**mo**-co) sustantivo masculino

1. Sustancia espesa y pegajosa que sale por la nariz. *Tenía un fuerte catarro y muchos mocos.* **2. llorar a moco tendido** expresión Llorar desconsoladamente. *La niña lloraba a moco tendido cuando se cayó del columpio.*

mocoso, mocosa

(mo-**co**-so) adjetivo y sustantivo

Se dice del niño o joven que quiere que lo traten como una persona mayor. *¡Pero si es un mocoso y ya quiere ir él solo al colegio!*

moda (mo-da) sustantivo femenino

1. Costumbre de una época determinada, especialmente en la forma de vestirse y arreglarse. *Las modas cambian con el tiempo.*

2. estar de moda expresión Ser actual, estar al día. *Las faldas largas están de moda.*

3. pasar de moda expresión Estar anticuado, no ser actual. *Las minifaldas ya han pasado de moda.*

modales

(mo-**da**-les) sustantivo masculino plural

Forma de comportarse de cada persona, en la que se muestra su buena o mala educación. *Tiene muy buenos modales en la mesa.* **SIN.** Maneras, formas, modos.

modelar (mo-de-**lar**) verbo

Realizar con un material blando y plástico, como la arcilla o la cera, una figura o adorno. *Modela el barro para hacer vasijas.*

modelo (mo-de-lo) sustantivo masculino

1. Lo que sirve como muestra para copiarlo igual. *El arte griego sirvió de modelo a los romanos.* **SIN.** Ejemplo, patrón, muestra.

2. Prenda de vestir. *Van a venir nuevos modelos de pantalón.*

3. sustantivo Persona u objeto que un artista intenta representar en sus obras. *El pintor tomó como modelo a su propia hija.*

4. sustantivo Persona que exhibe vestidos, peinados, joyas, etc. para que otros los conozcan. *Muchas jóvenes quieren ser como las modelos.*

moderado, moderada

(mo-de-**ra**-do) adjetivo

1. Que no es excesivo, ni extremo. *Tenía un precio moderado.* **SIN.** Módico, razonable, sobrio. **ANT.** Extremado, inmoderado.

2. Que tiene una ideología poco extremista y radical. *Es un político moderado.* **SIN.** Centrista.

moderador, moderadora

(mo-de-ra-**dor**) sustantivo

Persona que dirige una discusión o debate, para que los participantes hablen de forma ordenada. *Hizo de moderadora en el debate.*

moderar (mo-de-**rar**) verbo

Templar, arreglar una cosa, evitando el exceso. *Modera tus impulsos.* **SIN.** Suavizar(se).

modernizar (mo-der-ni-**zar**) verbo

Dar forma o aspecto modernos a cosas antiguas. *Modernizó la fábrica con nueva maquinaria.* **SIN.** Renovar.

✎ Se conjuga como *abrazar.*

moderno, moderna

(mo-**der**-no) adjetivo

1. Que existe desde hace poco tiempo. *Ese edificio es muy moderno.* **SIN.** Actual, reciente, nuevo. **ANT.** Viejo, pasado.

2. Que sigue las modas de su tiempo. *Es muy moderna, siempre va a la última.*

modesto, modesta (mo-des-to) adjetivo

1. Humilde, que no se da demasiada importancia por lo que es, tiene o hace. *Es una persona muy modesta, nunca se da importancia.* **ANT.** Presuntuoso.

2. Pobre, escaso. *Tiene un sueldo modesto.*

modificar (mo-di-fi-**car**) verbo

Cambiar. *El horario de trenes fue modificado.* **SIN.** Variar, alterar, reformar. **ANT.** Conservar, permanecer.

✎ Se conjuga como *abarcar.*

modisto, modista (mo-**dis**-to) sustantivo
1. Persona cuyo trabajo es hacer trajes y otras prendas de vestir. *Esa modista le hace toda la ropa.*
2. Creador y diseñador de modas. *Las modelos lucieron trajes de los modistos más famosos.*

modo (mo-do) sustantivo masculino
1. Forma de realizar algo. *Si lo haces de ese modo, no te saldrá bien.* **SIN.** Manera, procedimiento.
2. Cortesía y educación en los modales o en la forma de tratar a las personas. *Se lo dije de buenos modos.*
3. Característica del verbo por la que se expresan las diversas actitudes del hablante ante la acción. *El indicativo, el subjuntivo y el imperativo son modos verbales.*
4. de cualquier modo expresión De cualquier manera. *Has planchado la blusa de cualquier modo.*
5. de todos modos expresión A pesar de todo, sea como sea. *Me des o no permiso, voy a ir de todos modos.*
6. modo indicativo expresión El del verbo, que expresa de forma objetiva y como reales las acciones.
7. modo subjuntivo expresión El del verbo, con que se expresan de forma subjetiva las acciones, con idea de temor, duda o deseo.

modorra (mo-do-rra) sustantivo femenino
Sueño muy pesado. *Después de comer, me entró la modorra.*

módulo (mó-du-lo) sustantivo masculino
Cada una de las piezas que se repiten en una construcción o un mueble con el fin de hacerlos más sencillos y económicos. *Compré el mueble por módulos.*

mofeta (mo-**fe**-ta) sustantivo femenino
Animal mamífero americano que, para defenderse, produce un líquido de muy mal olor. *Las mofetas cazan de noche.*

moflete (mo-**fle**-te) sustantivo masculino
Carrillo demasiado grueso y carnoso. *Tiene grandes mofletes.*

mogollón
(mo-go-**llón**) adverbio y sustantivo masculino
Mucho, en gran cantidad, con exceso. *Hubo mogollón de problemas.*

moho (mo-ho) sustantivo masculino
Nombre de unos hongos que estropean los alimentos y forman una especie de polvo gris o verdoso. *Tira ese trozo de queso lleno de moho.*

mojar (mo-**jar**) verbo
1. Echar agua u otro líquido sobre algo. *Mojó la ropa antes de plancharla.* **SIN.** Humedecer. **ANT.** Secar.
2. mojarse Tomar partido en una situación difícil. *Este nunca se moja en nada.* **SIN.** Implicarse.

molar (mo-**lar**) verbo
1. Gustar o apetecer una cosa. *Me mola ir a la montaña.*
2. adjetivo Que se refiere a la muela. *Tienen dolores molares.*

molde (**mol**-de) sustantivo masculino
Pieza hueca que sirve para dar forma a un líquido o materia blanda que se vacía en él. *Compramos un molde para hacer flan.*

moldura (mol-**du**-ra) sustantivo femenino
Borde saliente que sirve de adorno. *El mueble tenía una moldura ricamente adornada.*

mole (mo-le) sustantivo femenino
Cosa de gran volumen o corpulencia. *Una mole de piedras estuvo a punto de caerle encima.*

molécula (mo-**lé**-cu-la) sustantivo femenino
Partícula más pequeña de una sustancia que puede existir libre sin convertirse en otra sustancia distinta o perder alguna de sus propiedades.

Una molécula de agua está formada por dos átomos de hidrógeno y uno de oxígeno.

moler (mo-**ler**) verbo

1. Reducir una cosa a pequeños trozos o hasta hacerla polvo. *Molió los granos de café.* **SIN.** Pulverizar, triturar, machacar.

2. Cansar o fatigar mucho materialmente. *Tantas escaleras muelen a uno, ¡ya podías tener ascensor!*

✎ Verbo irregular, se conjuga como *mover.*

molestar (mo-les-**tar**) verbo

1. Causar incomodidad. *El coche le molestaba para salir del garaje.* **SIN.** Estorbar, fastidiar.

2. molestarse Poner interés en resolver un asunto. *Se molestó mucho por conseguirnos las entradas.* **SIN.** Interesarse, esforzarse.

molestia

(mo-**les**-tia) sustantivo femenino

Sensación desagradable producida por la falta de comodidad, tranquilidad o alegría, o por causa de una enfermedad o golpe. *Sentía molestias en la pierna derecha.* **SIN.** Disgusto, preocupación, contrariedad. **ANT.** Agrado, goce, comodidad, alegría.

molesto, molesta

(mo-**les**-to) adjetivo

Que causa molestia o que la siente. *El niño resultaba molesto y caprichoso.* **SIN.** Incómodo, fastidioso. **ANT.** Cómodo, agradable.

molinillo (mo-li-**ni**-llo) sustantivo masculino

Instrumento pequeño para moler, especialmente café. *Compró un molinillo eléctrico.*

molino (mo-li-no) sustantivo masculino

Máquina que sirve para moler los cereales, y edificio donde se encuentra. *Estaba al cargo del molino.*

molusco (mo-**lus**-co) sustantivo masculino

Animal de cuerpo blando, casi siempre protegido por una concha o caparazón. *Son moluscos el caracol, la ostra y el pulpo.*

momentáneo, momentánea

(mo-men-**tá**-ne-o) adjetivo

Que solo dura un momento. *Había sido una ilusión momentánea.* **SIN.** Instantáneo, breve. **ANT.** Duradero, permanente.

momento (mo-**men**-to) sustantivo masculino

1. Corto espacio de tiempo. *Espérame un momento, que ahora mismo acabo.* **SIN.** Instante.

2. Tiempo en que sucede un hecho o acción. *Ese momento no se le olvidaría nunca.*

3. Oportunidad, ocasión. *Consideró que no era el mejor momento para decírselo.*

4. Tiempo presente. *En este momento no puedo ayudarte.*

5. al momento expresión Al instante, inmediatamente. *Al momento le sirvo.*

6. de momento expresión Por ahora. *No pienso tomar nada de momento.*

momia (mo-mia) sustantivo femenino

Cadáver que, con ciertas sustancias o procedimientos, se conserva sin pudrirse. *Enterraban a las momias en las pirámides.*

monada (mo-na-da) sustantivo femenino

Cosa pequeña, delicada y primorosa. *Este trajecito es una monada.* **SIN.** Hermosura, preciosidad.

monaguillo

(mo-na-**gui**-llo) sustantivo masculino

Niño que ayuda al sacerdote durante la celebración de la misa. *Felipe hizo de monaguillo.*

monarca (mo-**nar**-ca) sustantivo

Jefe del Estado en algunos países. *El monarca de España visitó Argentina.* **SIN.** Rey, reina.

monarquía (mo-nar-**quí**-a) sustantivo femenino

1. Estado cuya jefatura es ostentada por un monarca. *España es una monarquía.*

2. Forma de gobierno hereditaria en la que un rey o reina tienen el máximo poder. *La mayoría está a favor de la monarquía.*

monasterio

(mo-nas-**te**-rio) sustantivo masculino

Casa o convento donde viven un grupo de religiosos o religiosas. *Los monjes trabajaban el huerto del monasterio.*

monda (**mon**-da) sustantivo femenino

1. Despojo o desperdicio de las cosas que se mondan. *Cuando acabes de pelar las patatas, tira las mondas a la basura.* **SIN.** Cáscara, piel, corteza.

2. ser la monda expresión Ser gracioso. *Es la monda, ¡cómo me hace reír!*

mondadientes

(mon-da-**dien**-tes) sustantivo masculino

Palito pequeño y terminado en punta que se usa para limpiarse los dientes. *Utiliza hilo dental, nunca mondadientes.* **SIN.** Palillo, escarbadientes, limpiadientes.

✎ Es igual en plural y en singular.

mondar (mon-**dar**) verbo

1. Quitar la cáscara o piel de una fruta, una hortaliza, etc. *Monda la manzana.*

2. mondarse de risa expresión Reírse mucho. *Me mondo de risa contigo.*

moneda (mo-**ne**-da) sustantivo femenino

1. Pieza de metal, generalmente redonda y con inscripciones, que tiene un determinado valor. *Me queda un billete de cien euros.*

2. Unidad de dinero de un país, que sirve de medida común para el precio de las cosas. *El euro es la moneda de los países de la Unión Europea.*

monedero (mo-ne-**de**-ro) sustantivo masculino

Bolsa pequeña o cartera que sirve para guardar el dinero, especialmente monedas. *Miró a ver si tenía algo suelto en el monedero.* **SIN.** Portamonedas, cartera.

monería (mo-ne-**rí**-a) sustantivo femenino

1. Gesto o acción graciosa de los niños. *Todos estaban pendientes de las monerías del bebé.*

2. Monada, cosa pequeña, delicada y primorosa. *Ese anillo es una monería.*

mongólico, mongólica

(mon-**gó**-li-co) adjetivo y sustantivo

Se dice de la persona que padece una enfermedad que produce retraso mental y ciertas alteraciones físicas. *Tiene un hijo mongólico.*

monigote (mo-ni-**go**-te) sustantivo masculino

Pintura o estatua mal hecha. *Pintó unos monigotes en la pared.*

monitor, monitora (mo-ni-**tor**) sustantivo

1. Instructor, animador de cursos relacionados especialmente con los deportes, actividades de tiempo libre y campamentos juveniles. *Es monitora de esquí.*

2. sustantivo masculino Pantalla de un ordenador o computadora. *Se estropeó el monitor y no se veía bien.*

monja (**mon**-ja) sustantivo femenino

Religiosa de alguna de las Órdenes aprobadas por la Iglesia. *Tenía una tía monja.* **SIN.** Sor.

monje (**mon**-je) sustantivo masculino

Religioso de ciertas órdenes, cuyos miembros viven en monasterios y llevan vida de comunidad. *Los monjes rezaron el rosario.* **SIN.** Fraile.

mono, mona (**mo**-no) adjetivo

1. Bonito, delicado, gracioso. *La habitación quedó muy mona.* **ANT.** Feo.

2. sustantivo Animal mamífero parecido al ser humano, peludo, como el chimpancé o el orangután. *Les dimos de comer cacahuetes a los monos del zoológico.* **SIN.** Simio.

3. <small>sustantivo masculino</small> Prenda de vestir formada por un cuerpo y pantalones en una sola pieza y, generalmente, de tela fuerte. *Lleva un mono azul para trabajar.*

4. <small>sustantivo masculino</small> Ansiedad y malestar que sienten los drogadictos u otras personas que tienen dependencia de una sustancia o de una costumbre, cuando la dejan. *Tengo mono de fumar tabaco.*

5. ser el último mono <small>expresión</small> Persona a la que nadie tiene en cuenta. *Nadie me cuenta nada, ¡claro, como soy el último mono...!*

monóculo (mo-**nó**-cu-lo) <small>sustantivo masculino</small>
Lente para un solo ojo. *Llevaba puesto un monóculo.*

monopatín
(mo-no-pa-**tín**) <small>sustantivo masculino</small>
Plancha de madera u otro material sobre ruedas que sirve para desplazarse, y deporte que se practica con ella. *Era una gran aficionada del monopatín.*

monosílabo, monosílaba (mo-no-**sí**-la-bo) <small>adjetivo y sustantivo masculino</small>
Se dice de la palabra que tiene una sola sílaba. *Pan es una palabra monosílaba.*

monotonía
(mo-no-to-**ní**-a) <small>sustantivo femenino</small>
1. Uniformidad, igualdad de tono en la persona que habla, en la voz, en la música, etc. *Habla con mucha monotonía.*
2. Falta de variedad. *Le cansaba la monotonía de su vida.* **SIN.** Igualdad, uniformidad. **ANT.** Variedad.

monótono, monótona
(mo-**nó**-to-no) <small>adjetivo</small>
Que es siempre igual. *Lleva una vida muy monótona.* **SIN.** Uniforme. **ANT.** Variado, diferente.

monstruo (**mons**-truo) <small>sustantivo masculino</small>
1. Ser fantástico que produce terror, personaje de cuentos y leyendas. *El monstruo del lago Ness.*
2. Cosa extraordinaria por su tamaño o cualquier otra razón. *El nuevo edificio será un monstruo.*
3. Persona o cosa muy fea. *Es feo como un monstruo.*
4. Persona muy cruel y mala. *Es un monstruo que intentó matarme.*
5. Lo que no es normal en la naturaleza. *Debido a las radiaciones, algunos animales eran como monstruos.*
6. Persona dotada de cualidades extraordinarias para una actividad. *Es un monstruo de la música.* **SIN.** Genio, portento.

monstruoso, monstruosa
(mons-**truo**-so) <small>adjetivo</small>
1. Que es contrario al orden natural. *Era un ser monstruoso.*
2. Excesivamente grande, extraordinario. *Es un palacio monstruoso.* **SIN.** Enorme, colosal.
3. Enormemente cruel. *Su actitud fue monstruosa e inhumana.*
4. Extremadamente feo. *Tienes un aspecto monstruoso.* **SIN.** Horrible, horripilante. **ANT.** Bello.

montacargas
(mon-ta-**car**-gas) <small>sustantivo masculino</small>
Ascensor destinado a subir y bajar cosas pesadas. *Utiliza el montacargas.*
✎ Es igual en plural y en singular.

montaje (mon-**ta**-je) <small>sustantivo masculino</small>
1. Colocación en el lugar adecuado de las piezas de un aparato o máquina, o de las distintas partes de algo. *Acabó el montaje de la maqueta.*
2. Proceso de unión de las escenas de una película cinematográfica para que tenga su forma final. *Fue un montaje muy difícil.*

3. Engaño o fingimiento para ocultar la verdad. *Era todo un montaje.* **SIN.** Trampa, ardid.

montaña (mon-ta-ña) sustantivo femenino

1. Monte, elevación natural del terreno. *Conseguimos llegar a la cima de la montaña.* **SIN.** Collado, picacho. **ANT.** Llano, valle.

2. Gran cantidad o número de algo. *Llegó con una montaña de libros para consultar.*

3. montaña rusa expresión En parques de atracciones, construcción de hierro que forma muchas subidas y bajadas, por la que se desliza rápidamente un carrito en el que van montadas personas. *Casi me mareo en la montaña rusa.*

montañero, montañera

(mon-ta-ñe-ro) sustantivo

Persona que practica el montañismo. *Consiguieron rescatar a los montañeros.* **SIN.** Montañista.

montañismo

(mon-ta-ñis-mo) sustantivo masculino

Alpinismo, deporte que consiste en subir a lo alto de las montañas. *Practica montañismo.*

montañoso, montañosa

(mon-ta-ño-so) adjetivo

Que se refiere a las montañas o abunda en ellas. *Es una región muy montañosa.* **SIN.** Montuoso, abrupto, escarpado. **ANT.** Llano.

montar (mon-tar) verbo

1. Subir en un caballo u otro animal y cabalgar sobre él. *Montó en su caballo y se fue a dar un paseo.* **ANT.** Desmontar.

2. Subirse encima de una cosa. *Se montó en el remolque.* **SIN.** Trepar, auparse. **ANT.** Bajar.

3. Poner en su lugar las piezas o partes de un aparato. *Mi hermano desmontó el motor del coche y lo volvió a montar.* **SIN.** Armar. **ANT.** Desarmar, desajustar.

4. Tener el animal macho relación sexual con la hembra. *El toro montó a la vaca.*

5. Batir con energía la nata de la leche o las claras de huevo. *Monta la nata para cubrir la tarta.*

6. Disponer todo lo necesario para habitar una casa o abrir un negocio. *Están montando una tienda de ropa.*

7. Organizar los diferentes elementos de una obra de teatro. *Ayudó a montar la obra.*

8. montárselo bien o mal expresión Organizarse bien o mal. *Así que de viaje al Caribe, ¡qué bien te lo montas!*

monte (mon-te) sustantivo masculino

1. Gran elevación natural del terreno. *Subió a la cumbre de un monte.* **SIN.** Montaña. **ANT.** Valle.

2. Tierra sin cultivar, cubierta de árboles o arbustos. *El incendio acabó con gran parte del monte.*

montículo (mon-tí-cu-lo) sustantivo masculino

Monte pequeño que generalmente está aislado. *La caseta estaba en un montículo.* **SIN.** Loma.

montón (mon-tón) sustantivo masculino

1. Conjunto de cosas puestas sin orden unas sobre otras. *Hay que colocar ese montón de ladrillos.*

2. Número grande de cosas. *Tenía un montón de cosas que hacer.* **SIN.** Infinidad, pila, porrada.

3. a montones expresión Excesivamente, abundantemente. *Repartió caramelos a montones en el bautizo.*

4. ser del montón expresión Ser alguien muy normal y como los demás. *Es una chica del montón.*

montura (mon-tu-ra) sustantivo femenino

1. Cabalgadura, animal en que se cabalga. *El burro era su montura.*

2. Conjunto de todo lo necesario para montar, sobre todo las riendas y la silla. *Pon la montura al caballo.*

3. Pieza en la que se encajan los cristales de las gafas, y que los sostiene a la altura de los ojos, sujetándose en la nariz y detrás de las orejas. *Eligió una montura metálica para sus gafas.*

monumental (mo-nu-men-**tal**) adjetivo

1. Se dice de algunas ciudades que poseen abundancia de monumentos artísticos. *Ávila es una ciudad monumental.*

2. Muy bueno, grande o destacado. *Es una monumental actriz.* **SIN.** Magnífico, grandioso.

monumento (mo-nu-**men**-to) sustantivo masculino

1. Escultura o construcción que se hace en recuerdo de una persona, una acción heroica, etc. *Le levantaron un monumento.*

2. Cualquier tipo de construcción que destaca por su valor artístico o histórico. *La catedral de esa ciudad es su monumento más importante.*

3. Obra científica o literaria de gran valor. *Su obra es un gran monumento al saber.*

moño (**mo**-ño) sustantivo masculino

1. Recogido que se hace con el cabello. *Iba peinada con un moño.*

2. estar hasta el moño expresión Estar harto. *Estoy hasta el moño de ti.*

moqueta (mo-**que**-ta) sustantivo femenino

Tejido fuerte que recubre los suelos y paredes de las habitaciones. *Pusieron moqueta en el suelo.*

mora (**mo**-ra) sustantivo femenino

Fruto formado por granitos morados, blandos y agridulces. *Hizo mermelada de moras.*

morada (mo-**ra**-da) sustantivo femenino

Lugar en el que se habita. *Aquella vieja casa era su morada.* **SIN.** Domicilio, hogar, residencia.

morado, morada (mo-**ra**-do) adjetivo y sustantivo masculino

1. De color entre rojo y azul, como el de las moras maduras. *Lleva una chaqueta morada.* **SIN.** Cárdeno, lila.

2. pasarlas moradas expresión Tener muchas dificultades, pasarlo mal. *Las pasó moradas para ganar la prueba.*

3. ponerse morado expresión Comer y beber hasta hartarse. *Se puso morado a quesadillas.*

moral (mo-**ral**) adjetivo

1. Se dice de las acciones humanas que son consideradas buenas y justas. *Es poco moral decir mentiras.* **SIN.** Ético. **ANT.** Inmoral.

2. sustantivo femenino Conjunto de normas de comportamiento que una persona o un grupo de personas consideran buenas y justas. *La moral dice que no se debe matar a otros seres humanos.* **SIN.** Ética, conciencia.

3. sustantivo femenino Estado de ánimo. *Tenía la moral muy alta.*

4. sustantivo masculino Árbol cuyo fruto es la mora. *El moral que había en nuestra huerta se ha secado.*

moraleja (mo-ra-**le**-ja) sustantivo femenino

Enseñanza práctica que se saca de un cuento, fábula, etc. *Sus cuentos siempre tenían moraleja.*

moralidad (mo-ra-li-**dad**) sustantivo femenino

Cualidad de las acciones humanas que las hace buenas. *Tiene poca moralidad.* **SIN.** Honradez, virtud. **ANT.** Inmoralidad.

moralina (mo-ra-**li**-na) sustantivo femenino

Consejos morales inoportunos, superficiales o falsos. *Después de lo que hiciste, no me vengas con moralinas.*

morboso, morbosa (mor-**bo**-so) adjetivo
Que se recrea en sucesos crueles o desagradables. *Es un programa muy morboso.*

morcilla (mor-**ci**-lla) sustantivo femenino
Trozo de tripa de cerdo rellena de sangre cocida y mezclada con cebolla, especias, etc. *Le encanta la morcilla frita.*

mordaza (mor-**da**-za) sustantivo femenino
Cualquier cosa que se pone en la boca para impedir hablar. *Emplearon una venda como mordaza.*

morder (mor-**der**) verbo
Clavar los dientes en una cosa. *El perro muerde el hueso.* **SIN.** Masticar.
✎ Verbo irregular, se conjuga como *mover*.

mordisco (mor-**dis**-co) sustantivo masculino
1. Acción de morder. *Se comió el bocadillo de dos mordiscos.*
2. Pedazo que se saca de una cosa mordiéndola. *Le dio un buen mordisco al bocadillo.*

mordisquear (mor-dis-que-**ar**) verbo
Morder una cosa frecuentemente y con poca fuerza, sacando de ella trozos muy pequeños. *Mordisqueaba el pan para entretenerse.*

moreno, morena (mo-**re**-no) adjetivo
Se dice del color oscuro de la piel y del pelo negro o castaño. *La ladrona era una mujer con la piel morena y el pelo muy negro, que huyó corriendo.* **SIN.** Bronceado. **ANT.** Pálido.

morfema (mor-**fe**-ma) sustantivo masculino
Parte en que se divide una palabra y que puede indicar su género, número, persona, etc. *En la palabra* bonita, *la -a final es un morfema que indica el género femenino.*

morfología
(mor-fo-lo-**gí**-a) sustantivo femenino
Parte de la gramática que estudia la forma y composición de las palabras.

La morfología estudia cómo se conjugan los verbos.

moribundo, moribunda
(mo-ri-**bun**-do) adjetivo y sustantivo
Que se está muriendo o muy cercano a morir. *Se perdió en la montaña y lo encontraron casi moribundo.* **SIN.** Agonizante, desahuciado.

morir (mo-**rir**) verbo
1. Dejar de vivir. *El abuelo murió con 90 años.* **SIN.** Fallecer, perecer, expirar. **ANT.** Nacer.
2. Acabar del todo cualquier cosa, aunque no sea material ni viviente. *Ese río muere directamente en el mar.* **SIN.** Sucumbir, acabar. **ANT.** Comenzar, iniciar.
3. morirse Sentir con fuerza un deseo, amor u otra cosa. *Se moría por ir a ese viaje.* **SIN.** Desvivirse, pirrarse.
✎ Verbo irregular, se conjuga como *dormir*. Su participio es *muerto*.

moro, mora (mo-ro) adjetivo y sustantivo
1. Que ha nacido o procede del norte de África. *Los moros vivieron en España durante ocho siglos.*
2. Que es de religión musulmana. *Los moros rezaban en la mezquita.* **SIN.** Mahometano.

morriña (mo-**rri**-ña) sustantivo femenino
Tristeza, melancolía, en especial la nostalgia de la tierra donde se ha nacido. *Vivía en el extranjero y sentía morriña de su tierra.*

morro (mo-rro) sustantivo masculino
1. Parte de la cabeza de algunos animales donde se encuentra la nariz y la boca. *Ese perro tiene un morro muy gracioso.* **SIN.** Hocico.
2. Saliente que forman los labios abultados o gruesos. *No frunzas el morro.*
3. beber a morro expresión Beber directamente de la botella o de un

chorro de agua. *No es higiénico beber todos a morro de la misma botella.*

4. estar de morros expresión Estar dos o más personas enfadadas. *Tu amiga está de morros conmigo.*

morsa (mor-sa) sustantivo femenino
Animal mamífero muy parecido a la foca pero más grande, con dos largos colmillos que sobresalen a ambos lados de la boca. *Las morsas viven en mares fríos.*

morse (mor-se) sustantivo masculino
Alfabeto compuesto de combinaciones de puntos y rayas, o sus equivalentes en sonido, usado para comunicarse por telégrafo. *Utilizan el sistema morse para comunicarse.*

mortadela (mor-ta-**de**-la) sustantivo femenino
Embutido grueso de carne picada de cerdo o de vaca, que se corta en lonchas finas. *Se preparó un bocadillo de mortadela.*

mortal (mor-**tal**) adjetivo
1. Que ha de morir en algún momento. *El hombre es mortal.* **SIN.** Perecedero. **ANT.** Inmortal.
2. Que causa o puede causar la muerte. *La herida era mortal.* **SIN.** Letal, mortífero.
3. Se dice de los sentimientos extremadamente fuertes. *Sentía un odio mortal hacia su enemigo.*
4. sustantivo Ser humano, persona. *No te creas que eres distinto al resto de los mortales.*

mortero (mor-**te**-ro) sustantivo masculino
1. Utensilio de madera o metal, formado por un vaso semiesférico y una maza, que sirve para machacar en él especias, semillas, etc. *Machaca ajo en el mortero.* **SIN.** Almirez.
2. Arma parecida a un cañón, que sirve para lanzar bombas. *Dispararon sus morteros.*

mortífero, mortífera (mor-**tí**-fe-ro) adjetivo
Que ocasiona o puede ocasionar la muerte. *Querían prohibir aquellas armas tan mortíferas.*

mosaico (mo-**sai**-co) sustantivo masculino
Se dice de la obra hecha de piedras, vidrios, etc., de varios colores, que forman algún dibujo. *El suelo de la capilla era un precioso mosaico.* **SIN.** Azulejo.

mosca (**mos**-ca) sustantivo femenino
1. Insecto muy común y molesto, de boca en forma de trompa chupadora, con patas cortas y un par de alas transparentes. *La luz del farol atraía a las moscas.*
2. Cebo para pescar. *El pescador preparó su mosca.*
3. estar mosca expresión Desconfiar o estar de mal humor. *Está un poco mosca con tanto secretismo.*
4. mosca muerta expresión Se dice de la persona que aparenta poco carácter pero que, en realidad, es desvergonzada y poco de fiar. *No confíes en esa mosca muerta.*

moscardón (mos-car-**dón**) sustantivo masculino
1. Mosca grande y peluda, que deposita sus huevos entre el pelo de algunos animales. *Le picó un moscardón.*
2. Persona molesta e impertinente. *Su compañero es un moscardón.*

moscón (mos-**cón**) sustantivo masculino
1. Especie de mosca con las alas manchadas de rojo. *El moscón volaba por toda la habitación.*
2. Persona pesada y molesta. *No soporta a los moscones.*

mosquear (mos-que-**ar**) verbo
Enfadarse por lo que otra persona dice. *Creyó que me metía con ella y se mosqueó.* **SIN.** Amoscarse, picarse.

mosquetero

(mos-que-**te**-ro) sustantivo masculino

Antiguo armado de mosquete. *Los mosqueteros asaltaron la fortaleza.*

mosquitero

(mos-qui-**te**-ro) sustantivo masculino

Trozo de gasa que se cuelga sobre una cama para ahuyentar o no dejar pasar a los mosquitos. *No olvides echar el mosquitero.*

mosquito (mos-**qui**-to) sustantivo masculino

Insecto pequeño de cuerpo cilíndrico, patas largas y finas, dos alas transparentes, cabeza con dos antenas y trompa con un aguijón. *La orilla del río estaba llena de mosquitos.*

mostaza (mos-**ta**-za) sustantivo femenino

Salsa de sabor fuerte y color amarillo que se prepara con las semillas de una planta. *Le echó un poco de mostaza a las salchichas.*

mosto (**mos**-to) sustantivo masculino

Zumo de la uva, antes de hacerse vino. *El mosto no tiene alcohol.*

mostrador (mos-tra-**dor**) sustantivo masculino

Mesa que hay en las tiendas, bares, etc. para presentar los productos que los clientes pueden comprar o consumir. *Dejó el dinero encima del mostrador.*

mostrar (mos-**trar**) verbo

1. Exponer a la vista una cosa. *Mostraron sus cuadros en el Museo de Arte Contemporáneo.* **SIN.** Indicar, enseñar. **ANT.** Esconder, ocultar.

2. Explicar una cosa. *Mostró su plan a la pandilla.* **SIN.** Exponer.

3. Manifestar exteriormente un sentimiento, afecto o estado de ánimo. *Mostraron su desilusión.*

4. mostrarse Portarse alguien de determinada manera. *Se mostró como una buena amiga.*

✎ Verbo irregular, se conjuga como *contar*.

mota (**mo**-ta) sustantivo femenino

Trocito de hilo u otra cosa que se pega a los vestidos o produce pequeñas manchas. *Tenía una pequeña mota en el traje.*

mote (**mo**-te) sustantivo masculino

Nombre que suele darse a una persona, tomado generalmente de alguno de sus defectos o circunstancias personales. *Su mote es «el Orejas».* **SIN.** Apodo.

motel (mo-**tel**) sustantivo masculino

Hotel situado en general fuera de las poblaciones y cerca de las carreteras. *Durmió en un motel.*

motín (mo-**tín**) sustantivo masculino

Rebelión violenta contra los mandos o jefes. *Hubo un motín en la prisión.* **SIN.** Insurrección, revuelta. **ANT.** Obediencia.

motivar (mo-ti-**var**) verbo

1. Dar motivo para una cosa. *Aquella tontería motivó la discusión.* **SIN.** Causar.

2. Interesar a una persona por algo que antes le aburría. *El profesor intenta motivar a sus alumnos.*

motivo (mo-**ti**-vo) sustantivo masculino

1. Lo que mueve a hacer algo. *El motivo de nuestro viaje fue asistir a la boda.* **SIN.** Razón, causa.

2. Tema de un dibujo, pintura o decoración. *Hizo un dibujo con motivos navideños.*

moto (**mo**-to) sustantivo femenino

Forma breve de llamar a la motocicleta. *Di una vuelta en moto.*

motocicleta

(mo-to-ci-**cle**-ta) sustantivo femenino

Vehículo de dos ruedas con motor. *Está sacando el carné de motocicleta.*

motocross sustantivo masculino

Competición de motocicletas de velocidad que se realiza en un camino de tierra con muchas cuestas. *Le gusta el* motocross.

✎ También *motocrós*.

motor, motora (mo-**tor**) adjetivo y sustantivo

1. Que produce movimiento o impulsa el desarrollo de algo. *Se estropeó la máquina motora.*

2. sustantivo masculino Máquina que hace que la energía se convierta en movimiento. *Ese coche no va bien, tiene algún problema en el motor.*

3. sustantivo femenino Embarcación pequeña con motor. *Conduce la motora por el pantano.* **SIN.** Lancha.

4. motor de reacción expresión Motor que se impulsa por la salida de gases quemados a alta velocidad. *El automovil tenía motor de reacción.*

motorista (mo-to-**ris**-ta) sustantivo

Persona que conduce una motocicleta. *El coche adelantó a los motoristas.* **SIN.** Motociclista.

mousse sustantivo

Crema esponjosa preparada con claras de huevo batidas a las que se añade otro ingrediente, dulce o salado. *Toma más* mousse *de chocolate.*

✎ Es una palabra francesa y se pronuncia /mus/.

mover (mo-**ver**) verbo

1. Cambiar de lugar una cosa. *Movió el armario para limpiar detrás.* **SIN.** Trasladar, transportar. **ANT.** Inmovilizar, dejar.

2. Menear, agitar de un lado a otro. *El perro movía alegremente el rabo.*

3. Dar motivo para una cosa. *Nos movió a tomar medidas más duras.* **SIN.** Persuadir, estimular.

✎ Verbo irregular. Ver pág. 644.

móvil (**mó**-vil) verbo

1. Que puede moverse o ser movido. *Me regalaron un teléfono móvil.*

2. Que no se mantiene fija. *No te fíes de esa escalera, es muy móvil.* **SIN.** Inestable, inseguro.

3. sustantivo masculino Causa de un comportamiento o actitud. *Desconocíamos sus móviles.* **SIN.** Motivo.

movimiento (mo-vi-**mien**-to) sustantivo masculino

1. Acción de mover o moverse. *Puso en movimiento el motor del auto.* **SIN.** Evolución, movilidad. **ANT.** Inmovilidad.

2. Alteración, inquietud o agitación. *Había mucho movimiento.* **ANT.** Tranquilidad.

3. Desarrollo y propagación de un pensamiento religioso, político, social, artístico, etc. *Estudié el movimiento impresionista.*

mozo, moza (**mo**-zo) adjetivo y sustantivo

1. Joven, persona de poca edad. *Ya es una moza.*

2. Persona que trabaja haciendo recados, llevando cosas pesadas y otras tareas manuales. *Llamó al mozo para que le ayudara.*

muchacho, muchacha (mu-**cha**-cho) sustantivo

Niño o niña que no ha llegado a la adolescencia. *Salió con otros muchachos.* **SIN.** Chico, rapaz.

muchedumbre (mu-che-**dum**-bre) sustantivo femenino

Abundancia, multitud de personas o cosas. *Había una gran muchedumbre viendo la procesión.* **SIN.** Gentío.

mucho, mucha (**mu**-cho) adjetivo

1. Abundante, numeroso. *Este año hemos cosechado mucho trigo.* **ANT.** Escaso, poco.

2. adverbio En gran número o cantidad. *El río creció mucho con las lluvias.* **SIN.** Bastante. **ANT.** Poco.

mover

MODO INDICATIVO		MODO SUBJUNTIVO	
Tiempos simples	Tiempos compuestos	Tiempos simples	Tiempos compuestos
Presente	**Pret. perf. compuesto / Antepresente**	**Presente**	**Pret. perf. compuesto / Antepresente**
muevo	he movido	mueva	haya movido
mueves / movés	has movido	muevas	hayas movido
mueve	ha movido	mueva	haya movido
movemos	hemos movido	movamos	hayamos movido
movéis / mueven	habéis movido	mováis / muevan	hayáis movido
mueven	han movido	muevan	hayan movido
Pret. imperfecto / Copretérito	**Pret. pluscuamperfecto / Antecopretérito**	**Pret. imperfecto / Pretérito**	**Pret. pluscuamperfecto / Antepretérito**
		moviera o moviese	hubiera o hubiese movido
movía	había movido	movieras o movieses	hubieras o hubieses movido
movías	habías movido	moviera o moviese	hubiera o hubiese movido
movía	había movido	moviéramos o moviésemos	hubiéramos o hubiésemos movido
movíamos	habíamos movido	movierais o	hubierais o
movíais / movían	habíais movido	movieseis / movieran o	hubieseis movido
movían	habían movido	moviesen	hubieran o
		movieran o	hubiesen movido
		moviesen	
Pret. perf. simple / Pretérito	**Pret. anterior / Antepretérito**	**Futuro simple / Futuro**	**Futuro compuesto / Antefuturo**
moví	hube movido	moviere	hubiere movido
moviste	hubiste movido	movieres	hubieres movido
movió	hubo movido	moviere	hubiere movido
movimos	hubimos movido	moviéremos	hubiéremos movido
movisteis / movieron	hubisteis movido	moviereis / movieren	hubiereis movido
movieron	hubieron movido	movieren	hubieren movido
Futuro simple / Futuro	**Futuro compuesto / Antefuturo**	**MODO IMPERATIVO**	
moveré	habré movido		
moverás	habrás movido		
moverá	habrá movido	mueve (tú) / mové (vos) / mueva (usted)	
moveremos	habremos movido	moved (vosotros)	
moveréis / moverán	habréis movido	muevan (ustedes)	
moverán	habrán movido		
Condicional simple / Pospretérito	**Condicional compuesto / Antepospretérito**	**FORMAS NO PERSONALES**	

Condicional simple / Pospretérito	**Condicional compuesto / Antepospretérito**
movería	habría movido
moverías	habrías movido
movería	habría movido
moveríamos	habríamos movido
moveríais / moverían	habríais movido
moverían	habrían movido

FORMAS NO PERSONALES	
Infinitivo mover	**Infinitivo compuesto** haber movido
Gerundio moviendo	**Gerundio compuesto** habiendo movido
Participio movido	

muda (mu-da) sustantivo femenino
Juego de ropa interior limpia. *Llevó varias mudas para cambiarse.*

mudanza (mu-dan-za) sustantivo femenino
Cambio de casa o piso donde se vive. *Pronto llegará el camión de la mudanza.* **SIN.** Traslado.

mudar (mu-dar) verbo
1. Dar o tomar otro ser o naturaleza, otro estado, figura, etc. *Los zorros nivales mudan su piel en invierno.* **SIN.** Cambiar, variar, alterar. **ANT.** Mantener.
2. mudarse Cambiarse de domicilio. *Nos mudamos de casa.* **SIN.** Trasladarse.
3. mudarse Ponerse otra ropa o vestido. *Tardaré un rato, todavía tengo que mudarme.* **SIN.** Arreglarse, cambiarse.

mudo, muda (mu-do) adjetivo y sustantivo
1. Que no puede hablar. *Los mudos se expresan por señas.*
2. adjetivo Muy silencioso o callado. *Estuvo mudo toda la tarde.* **SIN.** Taciturno. **ANT.** Charlatán, parlanchín.

mueble (mue-ble) sustantivo masculino
Objeto que se puede cambiar de sitio y que sirve para decorar las casas, oficinas, etc. y para hacer con más comodidad cosas como sentarse, apoyar o guardar objetos, dormir, etc. *Estaban mirando muebles para el salón.*

mueca (mue-ca) sustantivo femenino
Gesto expresivo del rostro. *Hizo una mueca de dolor.*

muela (mue-la) sustantivo femenino
Cada uno de los dientes de la parte posterior de la boca, que sirven para triturar los alimentos. *Tenía que empastarse una muela.*

muelle (mue-lle) sustantivo masculino
1. Pieza elástica, generalmente de metal, colocada de modo que pueda utilizarse la fuerza que hace para recobrar su posición natural cuando ha sido cambiada. *Le puso un muelle a la puerta para que se cerrase sola.* **SIN.** Resorte.
2. Obra construida en la orilla del mar o de un río navegable, para facilitar la entrada y salida de cosas y personas de los barcos. *El barco atracó en el muelle 17.*

muerte (muer-te) sustantivo femenino
1. Fin de la vida. *Su muerte nos entristece a todos.* **SIN.** Defunción, fallecimiento, óbito. **ANT.** Nacimiento.
2. Ruina, destrucción. *Aquello significaba la muerte del negocio.* **SIN.** Fin, término.
3. de mala muerte expresión De poco valor, insignificante, despreciable. *Solo tiene una casa de mala muerte.*

muerto, muerta (muer-to) adjetivo y sustantivo
1. Que está sin vida. *Afortunadamente, en el accidente no hubo ningún muerto.* **SIN.** Difunto.
2. adjetivo Apagado, sin actividad, marchito. *El pueblo estaba muerto.*
3. adjetivo Extenuado, sin casi fuerzas. *Llegó a la meta muerto.*
4. cargar el muerto expresión Culpar a alguien de alguna cosa. *Juan siempre le carga el muerto a su hermano.*

muestra (mues-tra) sustantivo femenino
1. Porción que se extrae de un conjunto y que se toma como modelo del mismo. *Tomaron una muestra del terreno para analizarla.*
2. Pequeña cantidad de un producto en venta que se enseña para dar a conocer su calidad. *Repartió muestras del nuevo gel.*
3. Señal, demostración. *Le regaló una rosa como muestra de su amor.*

mugido (mu-gi-do) sustantivo masculino
Voz del toro y de la vaca. *El toro dio un fuerte mugido.*

mugir (mu-**gir**) verbo
Emitir su sonido propio el toro o la vaca. *El ganado mugía en el establo.* **SIN.** Bramar.
✎ Se conjuga como *urgir*.

mugre (**mu**-gre) sustantivo femenino
Grasa o suciedad. *Tenía el traje lleno de mugre.* **SIN.** Porquería.

mugriento, mugrienta
(mu-**grien**-to) adjetivo
Lleno de mugre. *Usó un detergente especial para lavar aquella ropa mugrienta.* **SIN.** Manchado, sucio.

mujer (mu-**jer**) sustantivo femenino
1. Persona del sexo femenino. *En clase hay más mujeres que hombres.*
2. Mujer casada, con relación al marido. *Nos presentó a su mujer.*

mulato, mulata
(mu-**la**-to) adjetivo y sustantivo
Se aplica a la persona que tiene madre de raza negra y padre blanco, o al contrario. *Su amiga era mulata.* **SIN.** Mestizo.

muleta (mu-**le**-ta) sustantivo femenino
1. Bastón alto con un una barra atravesada en uno de sus extremos, que se coloca debajo de la axila para apoyarse al andar. *Tiene una pierna escayolada y anda con muletas.*
2. Tela de color rojo sujeta a un palo que el torero utiliza en la última parte de la lidia, antes de matar al toro. *El matador dio unos bonitos pases con la muleta.*

muletilla (mu-le-**ti**-lla) sustantivo femenino
Frase o palabra que se tiene la costumbre de repetir mucho al hablar. *Le tomaban el pelo por sus muletillas.* **SIN.** Estribillo.

mullido, mullida (mu-**lli**-do) adjetivo
Blando y suave. *Los asientos de este sofá son muy mullidos.* **SIN.** Acolchado, ahuecado.

mullir (mu-**llir**) verbo
Esponjar una cosa para que esté blanda y suave. *Colocó unos cuantos cojines para mullir un poco el suelo donde iba a dormir.* **SIN.** Ablandar, ahuecar.
✎ Verbo irregular. Ver pág. 647.

mulo, mula (**mu**-lo) sustantivo
1. Hijo de asno y yegua o de caballo y burra. *Estaba dando de comer al mulo.* **SIN.** Macho.
2. estar hecho un mulo expresión Ser muy fuerte y soportar el trabajo duro. *Andrés está hecho un mulo.*

multa (**mul**-ta) sustantivo femenino
Castigo por una falta o delito que consiste en pagar una cantidad de dinero. *Le pusieron una multa por exceso de velocidad.*

multar (mul-**tar**) verbo
Poner una multa a alguien. *Le multaron por aparcar mal el coche.*

multicolor (mul-ti-co-**lor**) adjetivo
De muchos colores. *Hubo un multicolor desfile.* **SIN.** Polícromo.

multicopista (mul-ti-co-**pis**-ta)
adjetivo y sustantivo femenino
Se dice de la máquina utilizada para sacar de una vez varias copias de un escrito. *Esta nueva multicopista va muy rápido.*

multiforme (mul-ti-**for**-me) adjetivo
Que tiene muchas o varias figuras o formas. *Las rocas presentan aspectos multiformes.* **ANT.** Uniforme.

multimillonario, multimillonaria
(mul-ti-mi-llo-**na**-rio) adjetivo y sustantivo
Que tiene fortuna por valor de varios millones. *Esa mansión es de una famosa multimillonaria.* **SIN.** Archimillonario.

multinacional
(mul-ti-na-cio-**nal**) sustantivo femenino
Empresa que trabaja en varios países. *Trabaja en una multinacional con oficinas en todo el mundo.*

mullir

MODO INDICATIVO		MODO SUBJUNTIVO	
Tiempos simples	Tiempos compuestos	Tiempos simples	Tiempos compuestos

Presente	**Pret. perf. compuesto / Antepresente**	**Presente**	**Pret. perf. compuesto / Antepresente**
mullo	he mullido	mulla	haya mullido
mulles / mullís	has mullido	mullas	hayas mullido
mulle	ha mullido	mulla	haya mullido
mullimos	hemos mullido	mullamos	hayamos mullido
mullís / mullen	habéis mullido	mulláis / mullan	hayáis mullido
mullen	han mullido	mullan	hayan mullido

Pret. imperfecto / Copretérito	**Pret. pluscuamperfecto / Antecopretérito**	**Pret. imperfecto / Pretérito**	**Pret. pluscuamperfecto / Antepretérito**
mullía	había mullido	mullera o mullese	hubiera o hubiese mullido
mullías	habías mullido	mulleras o mulleses	hubieras o hubieses mullido
mullía	había mullido	mullera o mullese	hubiera o hubiese mullido
mullíamos	habíamos mullido	mulléramos o mullésemos	hubiéramos o hubiésemos mullido
mullíais / mullían	habíais mullido	mullerais o mulleseis / mulleran o mullesen	hubierais o hubieseis mullido hubieran o
mullían	habían mullido	mulleran o mullesen	hubiesen mullido

Pret. perf. simple / Pretérito	**Pret. anterior / Antepretérito**		
mullí	hube mullido		
mulliste	hubiste mullido		
mulló	hubo mullido	**Futuro simple / Futuro**	**Futuro compuesto / Antefuturo**
mullimos	hubimos mullido	mullere	hubiere mullido
mullisteis / mulleron	hubisteis mullido	mulleres	hubieres mullido
mulleron	hubieron mullido	mullere	hubiere mullido
		mulléremos	hubiéremos mullido
		mullereis / mulleren	hubiereis mullido
Futuro simple / Futuro	**Futuro compuesto / Antefuturo**	mulleren	hubieren mullido
mulliré	habré mullido		
mullirás	habrás mullido	**MODO IMPERATIVO**	
mullirá	habrá mullido		
mulliremos	habremos mullido	mulle (tú) / mullí (vos) / mulla (usted)	
mulliréis / mullirán	habréis mullido	mullid (vosotros)	
mullirán	habrán mullido	mullan (ustedes)	

Condicional simple / Pospretérito	**Condicional compuesto / Antepospretérito**	**FORMAS NO PERSONALES**	
		Infinitivo mullir	**Infinitivo compuesto** haber mullido
mulliría	habría mullido	**Gerundio** mullendo	**Gerundio compuesto** habiendo mullido
mullirías	habrías mullido		
mulliría	habría mullido		
mulliríamos	habríamos mullido		
mulliríais / mullirían	habríais mullido	**Participio** mullido	
mullirían	habrían mullido		

múltiple (**múl**-ti-ple) adjetivo

Que presenta distintos aspectos o tiene varios componentes. *Lo puedes hacer de múltiples maneras.* **SIN.** Diverso. **ANT.** Simple, único.

multiplicación

(mul-ti-pli-ca-**ción**) sustantivo femenino

Operación matemática de multiplicar. *Haz la multiplicación.*

multiplicar (mul-ti-pli-**car**) verbo

1. Aumentar mucho el número o la cantidad de cosas de un tipo. *Las ventas se multiplicaban en esos días.* **SIN.** Acrecentar.

2. En matemáticas, método para hallar con rapidez el resultado de sumar un número tantas veces como indique el número por el que se multiplica. *Multiplica dos por tres.*

3. multiplicarse Tener hijos los seres vivos. *Los conejos se multiplican rápidamente.*

✎ Se conjuga como *abarcar*.

múltiplo, múltipla

(**múl**-ti-plo) adjetivo y sustantivo masculino

Se dice del número o cantidad que contiene a otro u otra varias veces exactamente. *36 es múltiplo de 6, porque resulta de multiplicar 6 por 6.*

multitud (mul-ti-**tud**) sustantivo femenino

Número grande de personas o cosas. *La multitud llenaba la plaza.*

mundial (mun-**dial**) adjetivo

1. Que se refiere al mundo entero. *La pobreza es un problema mundial.* **SIN.** Universal.

2. sustantivo masculino Campeonato deportivo en el que participan personas de países de todo el mundo. *El mundial de fútbol de 1982 fue en España.*

mundo (**mun**-do) sustantivo masculino

1. Conjunto de todas las cosas que existen. *Hay varias teorías sobre el origen del mundo.* **SIN.** Cosmos, universo.

2. La Tierra, nuestro planeta. *Hay muchos países en el mundo.*

3. Todas las personas. *Todo el mundo quiere ser feliz.*

4. Ambiente en el que una persona vive o trabaja. *Lleva años en el mundo del arte.*

5. no ser nada del otro mundo expresión Ser vulgar y normal. *Tu regalo no es nada del otro mundo.*

6. por nada del mundo expresión De ninguna manera. *Por nada del mundo me perdería tu cumpleaños.*

7. Tercer Mundo expresión Conjunto de los países subdesarrollados de África, Asia y Latinoamérica. *Esa ONG trabaja en el Tercer Mundo.*

munición (mu-ni-**ción**) sustantivo femenino

Carga de las armas de fuego, como balas o cartuchos. *Se les acabaron las municiones.*

municipal (mu-ni-ci-**pal**) adjetivo

Que se refiere al municipio. *Campo de fútbol municipal.*

municipio (mu-ni-**ci**-pio) sustantivo masculino

Territorio y habitantes de una zona dirigida por un Ayuntamiento, con su alcalde y concejales. *El municipio se oponía a la instalación del vertedero.*

muñeco, muñeca (mu-**ñe**-co) sustantivo

1. Juguete que tiene forma de persona o animal. *Tenía un muñeco que lloraba.*

2. Persona de poco carácter. *Le maneja como a un muñeco.*

3. sustantivo femenino Parte del cuerpo humano donde se junta la mano con el brazo. *Llevaba una venda porque tenía abierta la muñeca.*

muñequera

(mu-ñe-**que**-ra) sustantivo femenino

Tira de cuero, venda, etc. con que se rodea la muñeca para apretarla o protegerla. *Llevaba una muñequera.*

muñón (mu-**ñón**) sustantivo masculino
Parte de un miembro cortado que permanece unida al cuerpo. *Le dolía el muñón de la mano.*

mural (mu-**ral**) adjetivo y sustantivo masculino
Se dice de la pintura o decoración realizada sobre una pared. *Pintaron un mural en una de las tapias del colegio.*

muralla (mu-**ra**-lla) sustantivo femenino
Muro o pared alta y fuerte, que encierra y protege un lugar, una ciudad, etc. *Estaban restaurando las murallas de la ciudad romana.*

murciélago
(mur-**cié**-la-go) sustantivo masculino
Animal mamífero nocturno que se alimenta de insectos y tiene las patas delanteras convertidas en alas, que le sirven para volar. *En esa cueva hay murciélagos.*

murmullo (mur-**mu**-llo) sustantivo masculino
Ruido suave y continuo que hacen varias personas hablando a la vez, el agua al deslizarse, el viento, etc. *A lo lejos se oía el murmullo de un arroyo.* **SIN.** Rumor, susurro.

murmuración
(mur-mu-ra-**ción**) sustantivo femenino
Conversación en la que se habla mal de una persona que está ausente. *Sabía que era objeto de murmuración.* **SIN.** Habladuría, maledicencia. **ANT.** Alabanza.

murmurar (mur-mu-**rar**) verbo
1. Hablar entre dientes, quejándose por alguna cosa. *Se fue murmurando.* **SIN.** Refunfuñar, rezongar.
2. Hacer ruido suave y apacible la corriente de las aguas, las hojas de los árboles, etc. *Solo se oía el murmurar del arroyo.*
3. Hablar mal de una persona que está ausente. *Estaban murmurando de ella.* **SIN.** Criticar.

muro (mu-ro) sustantivo masculino
Pared hecha de piedra, ladrillo, etc. *Saltó el muro.* **SIN.** Tapia.

musa (mu-sa) sustantivo femenino
Inspiración del artista, lo que le anima a crear. *El poeta encontraba en aquellas tierras a su musa.*

musaraña (mu-sa-**ra**-ña) sustantivo femenino
1. Animal mamífero de pequeño tamaño, hocico alargado y puntiagudo, larga cola y denso pelaje, que se alimenta de insectos. *Las ruinas estaban llenas de musarañas.*
2. pensar en las musarañas expresión
No prestar atención a lo que él mismo u otro hace o dice. *Se pasó la clase pensando en las musarañas y luego me pidió los apuntes.*

muscular (mus-cu-**lar**) adjetivo
Que se refiere a los músculos. *Me dio un tirón muscular.*

músculo (**mús**-cu-lo) sustantivo masculino
Cada uno de los órganos que hacen que se mueva el cuerpo del ser humano y de los animales. *Contrajo sus músculos antes de saltar.*

musculoso, musculosa
(mus-cu-**lo**-so) adjetivo
Que tiene los músculos muy abultados y visibles. *Es una persona muy musculosa, va todos los días al gimnasio.* **ANT.** Débil.

museo (mu-se-o) sustantivo masculino
Edificio o sala donde se muestran al público obras de arte u objetos de interés científico o histórico. *El fin de semana iremos a ver el Museo de Ciencias Naturales.*

musgo (mus-go) sustantivo masculino
Plantas pequeñas que crecen en lugares en sombra, formando una capa sobre la tierra, las rocas, los troncos y los árboles, e incluso en el agua. *Recogieron musgo para hacer el belén.*

música - muy

música (mú-si-ca) sustantivo femenino

1. Arte de combinar los sonidos y el ritmo de forma que suenen agradablemente. *Mi hermano estudia música en el conservatorio.*

2. Concierto de instrumentos o voces, o de ambas cosas a la vez. *Le gusta la música clásica.*

3. Melodía de una canción. *Es autora de la música y letra de esa canción.*

4. música de fondo expresión Música suave que no impide trabajar o conversar mientras se escucha. *En la clínica dental tenían música de fondo.*

musical (mu-si-cal) adjetivo

1. Que se refiere a la música. *Hizo los arreglos musicales de todas las canciones del disco.*

2. Se dice de aquello en lo que la música forma parte esencial. *Le gusta la comedia musical.*

músico, música (mú-si-co) sustantivo

Persona cuya profesión es la música. *Mi vecino es músico, toca en un grupo de rock.* **SIN.** Concertista, intérprete.

musitar (mu-si-tar) verbo

Susurrar o hablar entre dientes, en tono bajo y sin pronunciar claramente. *Mientras hojeaba la revista, musitaba una canción.* **SIN.** Mascullar. **ANT.** Gritar, vocear.

muslo (mus-lo) sustantivo masculino

Parte de la pierna, desde la cadera hasta la rodilla. *Se hizo una pequeña herida en el muslo.*

mutante (mu-tan-te) adjetivo y sustantivo

Ser al que las circunstancias del ambiente o de su nacimiento han hecho distinto a lo que era o debía ser normalmente. *Las Tortugas Ninja son mutantes.*

mutilar (mu-ti-lar) verbo

Cortar un miembro o parte del cuerpo de un ser vivo. *Tuvieron que mutilarle el pie.* **SIN.** Amputar.

mutismo (mu-tis-mo) sustantivo masculino

Silencio que uno guarda porque quiere o porque le obligan. *La respuesta fue un mutismo absoluto.*

mutuo, mutua (mu-tuo) adjetivo

Se dice de lo que dos o más personas, animales o cosas se hacen o se tienen el uno al otro. *Se tenían un mutuo aprecio.* **SIN.** Recíproco. **ANT.** Personal.

muy adverbio

Forma breve para decir *mucho* cuando va delante de algunos tipos de palabras, como adjetivos, participios o adverbios. Indica su gran cantidad, grado o intensidad. *Es muy grande. Llegaste muy tarde. Vamos muy apretados.*

650

n sustantivo femenino

Consonante número once del abecedario español. Su nombre es *ene*. *Nicasio empieza por n.*

nabo (**na**-bo) sustantivo masculino

Planta de raíz carnosa y comestible, blanca o amarilla, que se cultiva mucho en las huertas. *Hemos plantado nabos en la huerta.*

nácar

(**ná**-car) sustantivo masculino

Sustancia dura, blanca y brillante, que se forma en el interior de algunas conchas. *Llevaba un colgante de nácar.*

nacer (na-**cer**) verbo

1. Venir al mundo un ser vivo. *El niño nació en invierno.* **ANT.** Morir, expirar, perecer.

2. Empezar a crecer las plantas. *Al árbol le han nacido muchas ramas nuevas.* **SIN.** Germinar, brotar. **ANT.** Marchitar.

3. Tener principio una cosa. *Nacieron las primeras propuestas.*

4. Resultar una cosa de otra. *De aquel encuentro casual, nació una buena amistad.* **SIN.** Seguirse.

5. nacer para expresión Tener aptitudes para algo o estar destinado a ello. *Su hermano ha nacido para cantar.*

✎ Verbo irregular, se conjuga como *parecer*.

nacimiento

(na-ci-**mien**-to) sustantivo masculino

1. Venida al mundo de un ser vivo. *Estaban muy contentos con el nacimiento de su segunda hija.*

2. Lugar o punto en que nace o se origina algo. *La revolución de 1789 es el nacimiento de la República francesa.* **SIN.** Principio, origen, comienzo. **ANT.** Fin.

3. Sitio donde brota un manantial. *El nacimiento de un río.*

4. Belén, representación con figuras y escenarios del nacimiento del Niño Jesús en el portal de Belén. *Siempre pone el nacimiento en casa.*

5. de nacimiento expresión Desde el momento en que nació. *Es ciego de nacimiento.*

nación (na-**ción**) sustantivo femenino

Conjunto de los habitantes y tierras de un país que tienen el mismo Gobierno. *México es una gran nación.* **SIN.** Estado, país.

nacional (na-cio-**nal**) adjetivo

1. Que se refiere a una nación o pertenece al Estado. *Sonó el himno nacional.* **SIN.** Interior. **ANT.** Internacional.

2. adjetivo y sustantivo Que ha nacido o es originario de una nación. *Ese vino es de producción nacional.* **SIN.** Indígena, autóctono. **ANT.** Extranjero.

nacionalidad

(na-cio-na-li-**dad**) sustantivo femenino

Situación de quien ha nacido en un país o ha sido aceptado por él como ciudadano. *Ahmed solicitó la nacionalidad española.* **SIN.** Ciudadanía.

nacionalismo

(na-cio-na-**lis**-mo) sustantivo masculino

1. Amor al propio país o región, que lleva a defender sus intereses y mantener vivas sus costumbres, lengua, tradiciones, etc. *Era defensor del nacionalismo.*

2. Doctrina política basada en este sentimiento. *Ese partido defiende el nacionalismo.* **SIN.** Patriotismo.

3. Deseo de un pueblo o raza de formar su propio Estado. *El nacionalismo favoreció la creación del país.*

nacionalista

(na-cio-na-**lis**-ta) adjetivo y sustantivo

Se dice de lo que se refiere al nacionalismo o de la persona que es partidaria de él. *El sentimiento nacionalista preside la novela.*

nada

(**na**-da) sustantivo femenino

1. El no ser, o la carencia de todo ser. *La nada filosófica.* **SIN.** Inexistencia. **ANT.** Existencia.

2. pronombre indefinido Ninguna cosa. *No quiero nada de eso.*

3. pronombre indefinido Poco o muy poco. *No tenía nada para vivir.*

4. adverbio De ninguna manera, de ningún modo. *No, yo no acepto nada.*

5. interjección Expresa total decisión o negación. *¡Nada, que no voy a ir!*

6. de nada expresión Respuesta educada cuando a alguien le dan las gracias por algo. *Gracias. De nada.*

7. por nada del mundo expresión Por ninguna cosa. *Por nada del mundo te dejaré sola en el hospital.*

nadador, nadadora

(na-da-**dor**) sustantivo

Persona que nada muy bien o que se dedica al deporte de la natación. *Es nadador profesional.*

nadar (na-**dar**) verbo

1. Mantenerse y avanzar en el agua una persona o un animal sin tocar el fondo. *Mi hermana nada muy bien a braza.* **SIN.** Flotar. **ANT.** Hundir, sumergir.

2. Flotar en un líquido. *El arroz nadaba en agua.* **SIN.** Sobrenadar. **ANT.** Hundir, sumergir.

3. Tener abundancia de algo. *Esa familia nada en dinero.* **SIN.** Rebosar. **ANT.** Carecer.

nadie (na-die) pronombre indefinido

1. Ninguna persona. *No vino nadie. Nadie dijo nada.* **SIN.** Ninguno. **ANT.** Alguien.

2. Persona insignificante. *Es un don nadie.*

naftalina (naf-ta-**li**-na) sustantivo femenino

Sustancia que sirve para proteger la ropa contra la polilla. *Puso bolas de naftalina en el armario.*

nailon (**nai**-lon) sustantivo masculino

Tipo de tejido muy fuerte y flexible, que se usa para fabricar medias y otras prendas de vestir. *Tengo un vestido de nailon.*

naipe (**nai**-pe) sustantivo masculino

Cada una de las cartulinas rectangulares que llevan pintadas en una de las caras una figura o cierto número de objetos correspondientes a cada uno de los cuatro palos de la baraja, y que se usan para jugar. *Me gusta mucho jugar a los naipes.* **SIN.** Carta.

nalga (**nal**-ga) sustantivo femenino

Cada una de las dos partes redondeadas que forman el culo o trasero. *Le dio un golpe en las nalgas.*

nana (**na**-na) sustantivo femenino
Canción de cuna. *Durmió al niño con una nana.* **SIN.** Arrullo.

napia (**na**-pia) sustantivo femenino
Nariz, sobre todo cuando es muy grande. *Me rompí las napias contra el cristal.*
✎ Se usa más en plural.

napolitana
(na-po-li-**ta**-na) sustantivo femenino
Bollo relleno de chocolate o crema. *Le encantan las napolitanas.*

naranja (na-**ran**-ja) sustantivo femenino
1. Fruto del naranjo, de forma redondeada, con una monda de color entre rojo y amarillo, y el interior dividido en gajos de sabor agridulce. *Zumo de naranja.*
2. adjetivo y sustantivo masculino Color entre rojo y amarillo, como el de este fruto. *Está de moda el naranja.*

naranjada (na-ran-**ja**-da) sustantivo femenino
Bebida refrescante preparada con zumo de naranja, agua y azúcar. *Se tomó una naranjada.*

naranjo (na-**ran**-jo) sustantivo masculino
Árbol de flores blancas y olorosas, cuyo fruto es la naranja. *La flor del naranjo es el azahar.*

narciso (nar-**ci**-so) sustantivo masculino
Planta de jardín, de hojas largas y estrechas y hermosas flores blancas o amarillas. *Los narcisos huelen bien.*

narcótico, narcótica
(nar-**có**-ti-co) adjetivo y sustantivo masculino
Se dice de la droga o medicamento que produce un profundo sueño o sopor, relajación y adormecimiento de los sentidos. *El opio y el cloroformo son narcóticos.* **SIN.** Estupefaciente.

narcotráfico
(nar-co-**trá**-fi-co) sustantivo masculino
Compra y venta de drogas. *El narcotráfico es un grave delito.*

nardo (**nar**-do) sustantivo masculino
Planta de jardín, de flores blancas, muy olorosas, en forma de espiga, y que se emplea en perfumería. *Le compró nardos por su cumpleaños.*

nariz (na-**riz**) sustantivo femenino
1. Parte saliente de la cara, entre la frente y la boca, con dos huecos por los que entra el aire para respirar y por donde se huele. *Tiene la nariz muy chata.*
2. estar hasta las narices expresión Estar harto de una persona o cosa. *Estoy hasta las narices de mi jefe.*
3. pasar por las narices expresión Mostrar a alguien una cosa o hacérsela saber con insistencia, para molestarlo o darle envidia. *No me pases tu viaje por las narices.*
4. por narices expresión Porque sí. *Esto se hace así por narices.*
✎ Su plural es *narices.*

narración (na-rra-**ción**) sustantivo femenino
1. Exposición de una historia o un suceso. *La narración fue muy breve.*
2. Obra literaria que narra sucesos reales o imaginarios. *Es una narración muy bella.* **SIN.** Relato, cuento.

narrador, narradora
(na-rra-**dor**) sustantivo
Persona que narra una historia o un suceso. *Es muy buen narrador de historias.* **SIN.** Relator.

narrar (na-**rrar**) verbo
Contar, referir lo sucedido o imaginado. *El viajero narró a sus amigos las aventuras que había vivido.* **SIN.** Relatar, exponer. **ANT.** Callar, silenciar.

narrativa (na-rra-**ti**-va) sustantivo femenino
Género de obras literarias que incluye las novelas, cuentos, relatos, etc., que narran sucesos reales o imaginarios. *La narrativa española es muy prolífica.*

nasal (na-**sal**) adjetivo

Que se refiere a la nariz. *Se le rompió el tabique nasal.*

nata (**na**-ta) sustantivo femenino

1. Sustancia grasa, espesa y un poco amarillenta, que forma una capa sobre la leche que se deja en reposo. *Siempre cuela la leche porque no le gusta la nata.*

2. Crema que resulta de batir esta sustancia con azúcar y que se usa en pastelería. *Su tarta favorita es la de fresas con nata.*

3. Lo principal y más destacado en algo. *Pertenecía a la nata de la alta sociedad.*

natación (na-ta-**ción**) sustantivo femenino

Actividad y deporte que consiste en nadar. *La natación es mi deporte favorito.*

natal (na-**tal**) adjetivo

Que se refiere al nacimiento, o al lugar en que alguien ha nacido. *Los vecinos de su pueblo natal le recordaban con cariño.*

natillas (na-**ti**-llas) sustantivo femenino plural

Crema dulce preparada con yema de huevo, leche y azúcar, batidos y cocidos a fuego lento. *De postre tomó unas natillas.*

nativo, nativa

(na-**ti**-vo) adjetivo y sustantivo

1. Natural, nacido en el lugar de que se trata. *Tenía un lector nativo de Alemania.* **SIN.** Originario, natural, oriundo.

2. Que pertenece al país o lugar en que alguien ha nacido. *Su música era una mezcla de ritmos nativos.* **SIN.** Aborigen, originario, oriundo. **ANT.** Extranjero.

nato, nata (**na**-to) adjetivo

Se dice de la cualidad o defecto que una persona tiene desde que nace. *Es una poetisa nata.*

natural

(na-tu-**ral**) adjetivo

1. Producido por la naturaleza y no por las personas. *La luz del sol es natural; la de las lámparas, artificial.* **ANT.** Artificial.

2. Propio de una persona o cosa. *El gastar bromas es algo natural en Juan.* **SIN.** Característico.

3. Sencillo, hecho sin complicaciones. *Llevaba un maquillaje muy natural.* **ANT.** Complejo.

4. Sincero, que se muestra tal y como es. *Me gusta porque es una persona muy natural.* **SIN.** Franco, llano, sencillo. **ANT.** Hipócrita.

5. Que es lógico que suceda o que sucede habitualmente y por eso es fácilmente creíble. *Es natural que haya sequía, lleva meses sin llover.* **SIN.** Normal, habitual, corriente. **ANT.** Raro, extraño, ilógico, inusual.

6. adjetivo y sustantivo Nacido en un lugar determinado. *Es natural de Perú.* **SIN.** Nativo, originario, oriundo. **ANT.** Extranjero, forastero.

7. al natural expresión Tal como es, sin embellecerlo o arreglarlo. *Me gustas más al natural que maquillada.*

naturaleza

(na-tu-ra-**le**-za) sustantivo femenino

1. Propiedad característica de cada ser. *La naturaleza de la hormiga es muy distinta a la del perro.* **SIN.** Esencia, carácter, índole.

2. Conjunto y orden de todas las cosas del universo. *El movimiento de los astros obedece a leyes de la naturaleza.*

3. Espacio situado en el campo, lejos de las ciudades. *Le gustaba vivir en plena naturaleza.*

4. Propiedades de una cosa. *El petróleo tiene naturaleza oleaginosa.* **SIN.** Característica, índole.

naturalidad

(na-tu-ra-li-**dad**) sustantivo femenino
Sencillez en la forma de comportarse
y tratar a las personas. *Se comportó
con toda naturalidad.* **SIN.** Espontanei-
dad, franqueza, llaneza. **ANT.** Artifi-
ciosidad.

naufragar (nau-fra-**gar**) verbo
1. Hundirse una embarcación y las
personas que van en ella. *El buque
naufragó en medio de la tempestad.*
SIN. Zozobrar.
2. Salir mal de un proyecto o asunto.
*La empresa naufragó por su mala ges-
tión.* **SIN.** Malograrse.
✎ Se conjuga como *ahogar*.

naufragio (nau-**fra**-gio) sustantivo masculino
1. Hundimiento de un barco. *Se sal-
varon de milagro del naufragio del barco
en el que viajaban.*
2. Pérdida grande, desgracia. *Todavía
no me he repuesto del naufragio en el
que perdió la vida mi abuelo.* **SIN.** Fracaso, desastre.

náusea (**náu**-se-a) sustantivo femenino
1. Ganas de vomitar. *Estaba mareado
y sentía náuseas.* **SIN.** Arcada.
2. Asco que causa una cosa. *Las películas sangrientas me dan náuseas.* **SIN.**
Repugnancia, aversión. **ANT.** Atracción, simpatía.
✎ Se usa más en plural.

náutico, náutica (**náu**-ti-co) adjetivo
1. Que se refiere a la navegación. *Era
un gran aficionado de los deportes náu-
ticos.* **SIN.** Naval.
2. sustantivo femenino Ciencia o técnica de
navegar. *Me encantaría saber más sobre náutica.* **SIN.** Navegación.

navaja (na-**va**-ja) sustantivo femenino
Cuchillo cuya hoja puede doblarse
y guardarse en un hueco del mismo
mango. *Sacó la navaja para partir la
manzana.*

navajero, navajera

(na-va-**je**-ro) adjetivo y sustantivo
Se dice del delincuente que emplea
la navaja como arma. *Ayer vi una película sobre navajeros.*

naval (na-**val**) adjetivo
Que se refiere a los barcos o a la navegación. *Se hablaba de grandes avances en la industria naval.* **SIN.** Náutico,
naviero.

nave (**na**-ve) sustantivo femenino
1. Barco, embarcación. *La nave estaba a punto de zarpar.* **SIN.** Navío, buque, bajel.
2. Espacio entre los muros o filas de
arcos que se extienden a lo largo de
una iglesia u otro edificio. *La catedral
tiene tres naves.*
3. Local de grandes dimensiones que
se usa como almacén o en el que se
instala una fábrica, etc. *Montó un taller
en una nave a las afueras.*

navegable (na-ve-ga-ble) adjetivo
Se dice del río, lago, canal, etc., por el
que se puede navegar. *El Amazonas es
un río navegable.*

navegación

(na-ve-ga-**ción**) sustantivo femenino
1. Técnica de navegar. *El curso de verano incluye nociones de navegación.*
SIN. Náutica.
2. Viaje hecho en barco, y tiempo
que dura este viaje. *La navegación fue
muy dura a causa del mal tiempo.*

navegar (na-ve-**gar**) verbo
1. Trasladarse por agua de un punto
a otro en una embarcación. *Navega-
ron a través del mar.*
2. Viajar por el aire en globo o en
avión. *Salió a navegar en globo.*
3. Buscar información en una red informática, como internet. *Le encanta
navegar por internet.*
✎ Se conjuga como *ahogar*.

Navidad (Na-vi-**dad**) nombre propio
Nacimiento de Jesús, celebrado en la religión cristiana el día 25 de diciembre, y tiempo inmediato a este día. *Durante las vacaciones de Navidad iremos a la nieve.*

navideño, navideña
(na-vi-**de**-ño) adjetivo
Que se refiere al tiempo de Navidad. *Los escaparates tienen ya decoración navideña.*

navío (na-**ví**-o) sustantivo masculino
Barco grande para navegar por alta mar. *Es el capitán de un navío.*

neblina (ne-**bli**-na) sustantivo femenino
Niebla no muy espesa y baja. *Había neblina y no se veía bien.* **SIN.** Bruma.

necesario, necesaria
(ne-ce-**sa**-rio) adjetivo
1. Que tiene que ser o suceder inevitablemente. *Fue necesario tomar aquellas duras medidas.* **SIN.** Forzoso. **ANT.** Accidental.
2. Que es indispensable para algún fin. *El agua es un elemento necesario para la vida.* **SIN.** Indispensable, imprescindible, preciso. **ANT.** Superfluo, innecesario.
3. Que es beneficioso. *Practicar algún deporte es necesario para mantenerse en forma.* **SIN.** Conveniente. **ANT.** Perjudicial.

neceser (ne-ce-**ser**) sustantivo masculino
Estuche o caja donde se guardan los objetos para el aseo personal. *Olvidó meter su cepillo en el neceser.*

necesidad (ne-ce-si-**dad**) sustantivo femenino
1. Todo aquello que hace mucha falta. *Comer es de primera necesidad para vivir.*
2. Falta de lo necesario para vivir. *Ayudaban a familias que pasaban necesidad.* **SIN.** Escasez, pobreza, miseria. **ANT.** Riqueza.

3. Lo que hace que algo ocurra inevitablemente. *Si tiras una piedra a lo alto, volverá a caer otra vez al suelo por necesidad.*
4. Todo aquello que es imprescindible para alguien. *Era de necesidad que hiciera aquel viaje para ver a su madre enferma.* **SIN.** Obligación, precisión. **ANT.** Abundancia, sobra.
5. hacer sus necesidades expresión
Orinar o hacer caca alguien. *Fue al baño a hacer sus necesidades.*

necesitado, necesitada
(ne-ce-si-**ta**-do) adjetivo y sustantivo
1. Que no tiene algo que necesita. *Está necesitada del amor de sus padres.* **SIN.** Falto, carente.
2. Pobre, que carece de lo necesario para vivir. *Las limosnas de la parroquia eran para los más necesitados.* **SIN.** Indigente. **ANT.** Rico.

necesitar (ne-ce-si-**tar**) verbo
Tener necesidad de alguien o de alguna cosa. *Llevaban muchas horas trabajando y necesitaban descansar un rato.* **SIN.** Precisar, hacer falta. **ANT.** Prescindir.

necio, necia (**ne**-cio) adjetivo y sustantivo
Ignorante, que no sabe lo que podía o debía saber. *Eres un necio que aún no ha aprendido ni a escribir.* **SIN.** Simple, tonto, estúpido. **ANT.** Inteligente, listo, despierto.

nécora (**né**-co-ra) sustantivo femenino
Cangrejo de mar, de caparazón de color rojo parduzco y carne muy apreciada. *Las nécoras viven en el fondo del mar.*

néctar (**néc**-tar) sustantivo masculino
1. Líquido dulce producido por las flores que atrae a los insectos. *Las abejas chupan el néctar.*
2. Jugo que que se obtiene de algunas frutas. *Néctar de piña.*

nectarina
(nec-ta-**ri**-na) sustantivo femenino
Fruta que resulta de cruzar un melocotonero y un ciruelo. *La piel de la nectarina es muy suave.*

nefasto, nefasta (ne-**fas**-to) adjetivo
Desastroso, muy malo. *Lleva un día nefasto.* **SIN.** Funesto, desgraciado.

negación (ne-ga-**ción**) sustantivo femenino
1. Acción de negar. *Razonó el porqué de su negación.* **SIN.** Negativa. **ANT.** Afirmación.
2. Palabra o expresión que se usa para decir que no. *Jamás es una negación.*

negado, negada
(ne-**ga**-do) adjetivo y sustantivo
Que es incapaz de hacer algo, inepto. *Soy un negado para la mecánica.* **SIN.** Torpe. **ANT.** Hábil.

negar (ne-**gar**) verbo
1. Decir que no es verdad una cosa. *Negó haber comido las galletas.* **SIN.** Desmentir, refutar. **ANT.** Afirmar, aseverar, confirmar.
2. Decir que no a lo que se pide. *Le pidieron que jugase con ellos y se negó.* **SIN.** Denegar, rehusar. **ANT.** Acceder, conceder, aceptar.
3. Impedir el uso o realización de algo. *El alcalde negó el permiso para la fiesta.* **SIN.** Prohibir. **ANT.** Permitir, autorizar.
✎ Verbo irregular, se conjuga como *acertar*. Se escribe *-gu-* en vez de *-g-* seguido de *-e*, como en *negué*.

negativo, negativa
(ne-ga-**ti**-vo) adjetivo
1. Que expresa o contiene negación. *Ha dado negativo en las pruebas de la hepatitis.* **ANT.** Afirmativo, positivo.
2. Que es dañino o perjudicial. *Es negativo para ti seguir fumando.* **SIN.** Nocivo. **ANT.** Bueno.

3. Se dice de la persona que tiende a ver las cosas solo en su aspecto desfavorable. *Eres muy negativo, todo lo ves por su lado malo.* **SIN.** Pesimista. **ANT.** Optimista.
4. sustantivo masculino Película fotográfica que sirve para hacer las fotografías en papel. *Dame el negativo para sacar una copia de la foto.* **SIN.** Cliché. **ANT.** Positivo.
5. sustantivo femenino Acción de negar o de no conceder lo que se pide. *Tu negativa traerá graves consecuencias.* **SIN.** Negación, denegación. **ANT.** Afirmación, aceptación.

negociar (ne-go-**ciar**) verbo
1. Comprar, vender o cambiar mercancías para obtener un beneficio. *Su padre negocia con productos lácteos con las grandes superficies.* **SIN.** Comerciar, tratar, traficar.
2. Tratar asuntos las personas, grupos, empresas o países procurando conseguir un buen acuerdo. *Negoció las condiciones del contrato.* **SIN.** Discutir, gestionar.
✎ Se conjuga como *cambiar*.

negocio (ne-**go**-cio) sustantivo masculino
1. Asunto, trabajo u ocupación. *Tengo varios negocios entre manos.*
2. Actividad que produce ganancias o beneficios. *Un hotel y una fábrica son los negocios de su familia.* **SIN.** Empresa, ocupación.
3. Tienda, almacén, oficina. *Tenía un negocio de frutas.* **SIN.** Comercio, establecimiento.
4. Utilidad, beneficio, ganancia. *Si lo vendo todo, será un negocio.*

negrita (ne-**gri**-ta) adjetivo y sustantivo femenino
Se dice de la letra de imprenta cuyo trazo es más grueso que el normal. *Para resaltar la idea, escríbela en negrita.* **SIN.** Negrilla.

negro, negra

(**ne**-gro) adjetivo y sustantivo masculino

1. De color totalmente oscuro. *El negro resulta de la falta de todo color.* **ANT.** Blanco, claro.

2. adjetivo y sustantivo Se dice de la persona que pertenece a una raza humana de piel muy oscura. *La raza más numerosa en África es la negra.*

3. adjetivo Moreno, o sin la blancura o color que le corresponde. *Este pan es negro.*

4. adjetivo Triste, desgraciado, desventurado. *Tenía un día muy negro. Veía su futuro un poco negro.* **SIN.** Infeliz. **ANT.** Alegre, favorable.

5. adjetivo Muy bronceado por el sol. *Cuando volvió de la playa estaba negra.* **ANT.** Blanco, pálido.

6. adjetivo Muy manchado o sucio. *Deberías pintar, la pared está negra.* **ANT.** Limpio.

7. sustantivo femenino Nota musical cuya duración es la mitad de una blanca. *En esa partitura solo hay semicorcheas, corcheas y negras.*

8. ponerse algo negro expresión Complicarse un asunto. *Encontrar trabajo en esta ciudad se está poniendo negro.*

negruzco, negruzca

(ne-**gruz**-co) adjetivo

De color oscuro, casi negro. *La blusa se quedó negruzca con los lavados.*

nene, nena (ne-ne) sustantivo

Niño pequeño. *Le gustaba jugar con otros nenes.* **SIN.** Crío, rorro.

nervio (ner-vio) sustantivo masculino

1. Cada una de las fibras que llevan las órdenes del cerebro, la médula y otros centros nerviosos al resto del cuerpo. *Ante una luz muy fuerte, el párpado se cierra.*

2. Cualquier tendón o tejido blanco, duro y resistente. *No me gusta esta carne para guisar porque tiene mucho nervio.*

3. Especie de conducto que tienen las hojas de las plantas por su envés. *Las sustancias nutritivas circulan por los nervios de las hojas.* **SIN.** Vena, nerviación.

4. Fuerza, vigor, energía. *Tiene mucho nervio.* **ANT.** Debilidad.

5. crispar los nervios expresión Poner a alguien, o ponerse alguien, muy excitado e intranquilo. *Me crispa los nervios tu vagancia.*

nerviosismo

(ner-vio-**sis**-mo) sustantivo masculino

Excitación nerviosa. *Antes de los exámenes siempre tiene ataques de nerviosismo.* **SIN.** Desazón, intranquilidad, desasosiego. **ANT.** Sosiego.

nervioso, nerviosa

(ner-**vio**-so) adjetivo

1. Que se refiere a los nervios. *Estudié en clase el sistema nervioso.*

2. Se dice de la persona cuyos nervios se excitan con facilidad. *Cuando está nervioso, se enfada con todo el mundo.* **SIN.** Excitable, irritable. **ANT.** Tranquilo.

3. Se dice de la persona muy inquieta. *Es muy nervioso, no para un momento.* **SIN.** Intranquilo.

neto, neta (ne-to) adjetivo

1. Se dice del dinero que se gana después de haber descontado los gastos de lo que se cobra. *Mi sueldo es de 1000 euros.* **SIN.** Líquido. **ANT.** Bruto.

2. Se dice del peso de una cosa una vez descontado el del envase que la contiene. *El peso neto del bote es de 50 gramos.*

neumático, neumática

(neu-**má**-ti-co) adjetivo

1. Se dice del aparato que funciona con aire. *Martillo neumático.*

2. sustantivo masculino Tubo de goma que, lleno de aire comprimido, sirve de rueda de los automóviles, bicicletas, etc. *Hicimos una barca con neumáticos de coche.*

neutral (neu-tral) adjetivo
El que no toma partido entre dos partes que se enfrentan. *En aquella guerra, el país se declaró neutral.* **ANT.** Parcial, beligerante.

neutro, neutra (neu-tro) adjetivo
1. Se dice del género gramatical que no es ni masculino ni femenino. *Lo es un artículo neutro.*
2. Neutral, que no toma partido entre dos partes que se enfrentan. *Prefiero tomar una postura neutra en el asunto.*

nevado, nevada (ne-va-do) adjetivo
1. Cubierto de nieve. *La sierra estaba nevada.*
2. sustantivo femenino Acción de nevar y cantidad de nieve caída de una vez. *Con una sola nevada se ha cubierto el patio.*

nevar (ne-var) verbo
Caer nieve. *Ha nevado mucho este invierno.* **SIN.** Ventisquear.
✎ Verbo irregular, se conjuga como *acertar*, pero solo en tercera persona del singular, ya que es impersonal.

nevera (ne-ve-ra) sustantivo femenino
Armario, caja o bolsa que sirve para enfriar y conservar los alimentos y bebidas. *Guarda la leche en la nevera.* **SIN.** Cámara, congelador, frigorífico, heladera.

nexo (ne-xo) sustantivo masculino
Nudo, unión o vínculo de una cosa con otra. *Hay un nexo muy fuerte entre ellos.* **SIN.** Conexión.

ni conjunción
Une palabras o frases con negación. *Ni lo uno ni lo otro.*

nicho (ni-cho) sustantivo masculino
1. Hueco hecho en una pared para colocar dentro una estatua, un jarrón u otra cosa. *En las iglesias hay nichos para colocar las estatuas de los santos.* **SIN.** Hornacina.
2. En los cementerios, huecos preparados especialmente en las paredes para enterrar a los muertos. *Lo enterraron en un nicho del cementerio.*

nicotina (ni-co-ti-na) sustantivo femenino
Sustancia que contiene el tabaco y que es dañina para la salud. *La nicotina es muy adictiva.*

nido (ni-do) sustantivo masculino
1. Lugar que las aves hacen con ramas y paja para poner sus huevos. *La cigüeña hizo su nido.*
2. Cavidad o agujero donde viven y se reproducen otros animales. *Dentro del armario hay un nido de ratones.* **SIN.** Guarida.
3. Casa, patria o habitación donde vive o está una persona. *Mi nido privado es el desván de mi casa.*

niebla (nie-bla) sustantivo femenino
Nube baja que se deposita sobre la superficie terrestre dificultando la visión. *Es peligroso conducir con niebla, hay poca visibilidad.* **SIN.** Bruma, neblina, calima, fosca, humazón.

nieto, nieta (nie-to) sustantivo
Hijo o hija del hijo o la hija de una persona. *El abuelo narra historias a sus nietos.*

nieve (nie-ve) sustantivo femenino
1. Agua helada en copos blancos que cae de las nubes. *Jugamos a tirarnos bolas de nieve.*
2. a punto de nieve expresión En cocina, batir las claras de huevo, con o sin azúcar, hasta que se forme una crema parecida a la nieve. *Bate unas claras a punto de nieve para la tarta.*

nigromante (ni-gro-**man**-te) sustantivo

Persona que practica la magia negra o la adivinación. *En algunas culturas todavía creen en los nigromantes.* **SIN.** Brujo, hechicero.

ningún (nin-**gún**) adjetivo

Forma breve de *ninguno. No había ningún problema.*

✎ Se usa solo delante de sustantivos masculinos en singular.

ninguno, ninguna

(nin-**gu**-no) adjetivo y pronombre indefinido

Ni una sola de las personas o cosas a las que se refiere el sustantivo al que acompaña. *Ninguna opción le parecía buena.* **SIN.** Nadie.

ninot (ni-**not**) sustantivo masculino

Muñeco que se pone en las calles de Valencia durante las fallas. *Me gustó la quema de ninots.*

✎ El plural es *los ninots.*

niña (ni-ña) sustantivo femenino

1. Pupila del ojo. *Se me ha dilatado la niña.*

2. niña de los ojos expresión Persona o cosa que se quiere muchísimo. *Ese bebé es la niña de sus ojos.*

niñato, niñata (ni-ña-to) sustantivo

Persona que habla y actúa sin pensar o con mala educación. *Esa discoteca está llena de niñatos.*

niñera (ni-ñe-ra) sustantivo femenino

Mujer que se dedica a cuidar niños. *Contratan a una niñera cuando van al cine.* **SIN.** Tata.

niñería (ni-ñe-rí-a) sustantivo femenino

1. Acción de niños o propia de ellos. *Con esas niñerías, nunca te tomarán en serio.* **SIN.** Puerilidad, chiquillada.

2. Cosa insignificante. *Se preocupa por niñerías.* **SIN.** Pequeñez.

niñez (ni-ñez) sustantivo femenino

Primer período de la vida humana, desde el nacimiento hasta la adoles-

cencia. *Su niñez transcurrió con sus abuelos.* **SIN.** Infancia. **ANT.** Madurez, vejez.

niño, niña (ni-ño) adjetivo y sustantivo

1. Se dice de la persona que tiene pocos años. *Mi hermano es todavía un niño pequeño.* **SIN.** Crío, chiquillo. **ANT.** Adulto, mayor.

2. Se dice de la persona que tiene poca experiencia o sensatez. *En temas de amor sigue siendo muy niño.* **SIN.** Impulsivo, inexperto.

niqui (ni-qui) sustantivo masculino

Camiseta exterior de punto, con cuello y de manga corta o larga. *En verano, siempre uso niquis de algodón.* **SIN.** Polo.

nítido, nítida (ní-ti-do) adjetivo

1. Limpio, transparente. *Llegaba una luz nítida.* **SIN.** Neto, claro. **ANT.** Impuro, opaco, turbio.

2. Claro, que se distingue bien. *Sus explicaciones son muy nítidas.* **SIN.** Preciso. **ANT.** Borroso.

nitrógeno

(ni-**tró**-ge-no) sustantivo masculino

Gas transparente, sin sabor ni olor, que forma la mayor parte del aire que respiramos y es muy importante en la composición de los seres vivos. *El agua tiene nitrógeno y oxígeno.*

nivel (ni-**vel**) sustantivo masculino

1. Altura a la que llega la superficie de un líquido. *El nivel del agua del pantano ha subido mucho.*

2. Altura o grado que alcanza una cosa, o al que está colocada. *Tiene un buen nivel de inglés.* **SIN.** Elevación, altitud. **ANT.** Desnivel.

3. Igualdad o equivalencia. *En matemáticas están a nivel.*

4. Cada una de las plantas de un edificio. *El chalé va a tener cuatro niveles, el último será un desván.*

5. nivel de vida expresión Grado de bienestar y comodidad que tienen la mayoría de los habitantes de un país, una clase social, una misma profesión, etc. *El nivel de vida de ese país ha aumentado últimamente.*

nivelar (ni-ve-**lar**) verbo
1. Poner horizontal o llana una superficie. *Están nivelando la carretera porque tenía muchos baches.* **SIN.** Allanar, igualar.
2. Poner a igual altura, o igualar dos o más cosas. *Se han nivelado los sueldos de la empresa.* **SIN.** Igualar, proporcionar, equilibrar. **ANT.** Desequilibrar.

no adverbio
1. Se usa para negar algo o para negarse a hacer algo. *Dijo que no quería ir.* **ANT.** Sí.
2. En las preguntas, suele usarse para saber si la otra persona está de acuerdo. *¿No fue así?*

noble (**no**-ble) adjetivo y sustantivo
1. Se dice de la persona que posee un título nobiliario (conde, marqués, duque, etc.) porque lo ha heredado de su familia o el rey se lo ha concedido, y de lo que está relacionado con ella. *Ese palacio fue de un noble español.* **SIN.** Aristócrata. **ANT.** Plebeyo.
2. adjetivo De buenos sentimientos, generoso, leal. *Es muy noble, siempre está lleno de buenos deseos.* **SIN.** Honrado. **ANT.** Indigno.
3. adjetivo Digno de ser estimado. *Fue un acto muy noble.* **ANT.** Vil, ruin.

nobleza (no-ble-za) sustantivo femenino
1. Calidad de noble. *Tus actos demuestran una gran nobleza.* **SIN.** Grandeza, generosidad, dignidad. **ANT.** Ruindad, bajeza.
2. Conjunto de los nobles de una región o nación. *Hubo muchos repre-*sentantes de la nobleza en la boda real.* **SIN.** Aristocracia. **ANT.** Vulgo.

noche (**no**-che) sustantivo femenino
1. Período de tiempo comprendido entre la puesta y la salida del sol. *La luna brillaba en la noche.* **SIN.** Oscuridad, tinieblas. **ANT.** Día, luz.
2. Oscuridad, confusión o tristeza. *Desde que murió su esposa, vive en una noche perpetua.*
3. medianoche expresión Las doce de la noche. *Brindamos a medianoche.* También *media noche.*
4. buenas noches expresión Expresión que se usa como saludo y despedida durante la noche o al irse a acostar. *Buenas noches, hasta mañana.*
5. de la noche a la mañana expresión De pronto, en muy breve espacio de tiempo. *Se conocieron y, de la noche a la mañana, se casaron.*

Nochebuena (No-che-**bue**-na) nombre propio
Noche de la víspera de Navidad. *En Nochebuena se reúne toda la familia.*

Nochevieja (No-che-**vie**-ja) nombre propio
La última del año. *En Nochevieja brindamos con champán al dar las doce.*

nocivo, nociva (no-**ci**-vo) adjetivo
Que produce daño o es perjudicial. *El consumo habitual de alcohol es nocivo para la salud.* **SIN.** Dañino. **ANT.** Bueno.

nocturno, nocturna (noc-**tur**-no) adjetivo
1. Que se refiere a la noche, o que se hace durante ella. *Trabaja de vigilante nocturno.* **ANT.** Diurno.
2. Se dice de los animales que están activos por la noche y descansan de día, y de las plantas que solo tienen sus flores abiertas de noche. *El búho es un animal nocturno.* **ANT.** Diurno.

nodriza (no-**dri**-za) sustantivo femenino
Mujer que se encarga de amamantar a un niño que no es su hijo. *Al quedar huérfano le amamantó una nodriza.* **SIN.** Ama de cría.

nogal (no-**gal**) sustantivo masculino
Árbol de tronco corto y robusto, y copa grande y redondeada. Su fruto es la nuez y su madera se usa para hacer muebles. *El nogal es un árbol de gran tamaño.*

nómada (**nó**-ma-da) adjetivo y sustantivo
Se dice de la persona, familia, pueblo o especie animal que va de un lugar a otro sin residencia fija. *Los beduinos son nómadas del desierto del Sáhara.* **SIN.** Errante.

nombramiento
(nom-bra-**mien**-to) sustantivo masculino
Acción de nombrar. *No asistió a su nombramiento en el Congreso.* **SIN.** Designación, elección.

nombrar (nom-**brar**) verbo
1. Decir el nombre de una persona, animal o cosa. *Me nombraron dos veces y no estaba.* **SIN.** Aludir, mencionar, denominar.
2. Elegir a alguien para desempeñar un cargo o función. *Le nombraron gobernador civil.* **SIN.** Designar, nominar, proclamar.

nombre (nom-bre) sustantivo masculino
1. Palabra que se da a un ser o cosa para distinguirlo de los demás, o forma de llamarlo. *Juan es su nombre.* **SIN.** Denominación.
2. nombre de pila expresión El que se da a la persona cuando se bautiza. *Lo bautizaron con el nombre de pila de su abuelo, que era Francisco José.*

nómina (**nó**-mi-na) sustantivo femenino
1. Lista o catálogo de nombres de personas o cosas. *La nómina de personajes de la obra es larga.*
2. Lista de nombres de las personas que trabajan en una empresa y que cobran un sueldo. *Esa empresa tiene en su nómina a importantes abogados.*
3. Este sueldo y el documento en el que figura. *Hoy es el día de cobro de la nómina.* **SIN.** Paga.

nominal (no-mi-**nal**) adjetivo
1. Que se refiere al nombre o sustantivo. *Señala el sintagma nominal de la oración.*
2. Se dice de los documentos que han de llevar el nombre de su propietario. *Como pago, me entregaron un cheque nominal.*

non adjetivo y sustantivo masculino
Impar, que si se divide entre dos no da una cifra exacta. *5 y 7 son nones; 6 y 8, pares.* **ANT.** Par.

nordeste
(nor-**des**-te) sustantivo masculino
Punto del horizonte entre el Norte y el Este. *Continúa en dirección Nordeste y llegarás al refugio.*
✎ También *Noreste*.

nórdico, nórdica
(**nór**-di-co) adjetivo
Relativo al norte de Europa y a los pueblos y personas de esa zona. *Dicen que los nórdicos son muy fríos.*

noria (no-ria) sustantivo femenino
1. Máquina compuesta por dos grandes ruedas, que se utiliza para sacar agua de un pozo. *Para sacar agua del pozo hay que hacer girar la noria.*
2. Atracción de feria que consiste en una gigantesca rueda que gira, con unas barquillas donde se monta la gente. *Mi hermano se marea en la noria.*

norma (nor-ma) sustantivo femenino
Regla que se debe seguir en una actividad, comportamiento, etc. *Esa asociación tiene unas normas muy estrictas.* **SIN.** Criterio, pauta, precepto, ley.

normal (nor-**mal**) adjetivo
Que no se sale de lo común y habitual. *Su comportamiento era normal, como el de cualquier niño.* **SIN.** Corriente, habitual. **ANT.** Raro.

normativo, normativa
(nor-ma-**ti**-vo) adjetivo
1. Normal, que sirve de norma. *Parar en los pasos de cebra es normativo para los conductores.*
2. sustantivo femenino Conjunto de normas que afectan a una materia, actividad u organización. *Esa actividad no entra dentro de la normativa del centro.* **SIN.** Código, reglamento.

noroeste
(no-ro-**es**-te) sustantivo masculino
Punto del horizonte situado a igual distancia del Norte y del Oeste. *El viento sopla del Noroeste.* **ANT.** Sudoeste.

norte (**nor**-te) sustantivo masculino
1. Lugar de la Tierra orientado hacia el Polo Ártico, situado en uno de los extremos del globo terráqueo. *León está más al norte que Zamora.*
2. nombre propio Uno de los cuatro puntos cardinales. *La brújula siempre señala el Norte.* **ANT.** Sur. ✎ Se escribe con mayúscula.

nos pronombre personal
Forma del pronombre personal de primera persona del plural, en masculino o femenino, que puede funcionar como complemento directo o indirecto. *Nos habló de su vida.*
✎ No lleva preposición, y se puede usar formando una sola palabra con el verbo, como en *déjanos*.

nosotros, nosotras
(no-**so**-tros) pronombre personal
Forma del pronombre personal de primera persona del plural, en masculino o femenino, que puede funcionar como sujeto o como complemento con preposición. *Lo hicimos nosotros.*

nostalgia (nos-**tal**-gia) sustantivo femenino
Tristeza causada por la ausencia de personas o cosas queridas, o el recuerdo de algo que se ha perdido. *Sentía nostalgia de su tierra natal, donde no estaba desde hacía muchos años.* **SIN.** Pena, añoranza, morriña. **ANT.** Alegría, olvido.

nota (**no**-ta) sustantivo femenino
1. Breve texto escrito que aclara o comunica algo. *Me dejó una nota diciendo que no podía esperar más.* **SIN.** Apunte, anotación.
2. sustantivo femenino Calificación de un examen. *He sacado una buena nota.* **SIN.** Puntuación.
3. sustantivo femenino Signo que representa cada uno de los sonidos musicales. *Do, re, mi, fa, sol, la y si son notas musicales.*
4. sustantivo femenino Explicación que se pone al margen o al pie de un escrito. *Ese libro está lleno de notas.* **SIN.** Advertencia, observación.
5. sustantivo femenino Cuenta o factura donde está escrito el dinero que se debe. *Pidió al camarero la nota de la comida.*

notable (no-**ta**-ble) adjetivo
1. Digno de atención o cuidado. *Tu ejercicio es notable, se nota que te has esmerado mucho.* **SIN.** Importante, relevante.
2. Grande y admirable. *Rafael Alberti es un notable poeta.* **SIN.** Extraordinario. **ANT.** Mediocre.
3. En la calificación de exámenes, nota entre aprobado y sobresaliente. *Saqué un notable en matemáticas y los demás fueron sobresalientes.*
✎ Su superlativo es *notabilísimo*.

notar (no-**tar**) verbo
1. Sentir o darse cuenta de una cosa. *En seguida noté que me miraba.* **SIN.** Ver.
2. Señalar una cosa para que se conozca o se vea. *Pintaron el coche de verde para que se notara su presencia.* **SIN.** Advertir.
3. **hacerse notar** expresión Hacer alguien algo para llamar la atención. *Levantó la mano para hacerse notar por el profesor.*

notario, notaria
(no-**ta**-rio) sustantivo
Persona cuyo trabajo consiste en certificar que un documento es auténtico y lo que en él se dice, verdadero. *Firmó el contrato ante notario.*

noticia (no-**ti**-cia) sustantivo femenino
1. Comunicación de un suceso o de una novedad. *Leí las noticias en el periódico.* **SIN.** Información, eco, novedad.
2. Conocimiento de la existencia de una cosa o de un suceso. *No tenía noticia de ello.* **SIN.** Idea.
3. sustantivo femenino plural Informativo de los sucesos del día por radio o televisión. *Vimos las noticias de la tarde.*

notificar (no-ti-fi-**car**) verbo
Hacer saber algo. *Me han notificado que mañana hay reunión.* **SIN.** Comunicar, informar, avisar.
✎ Se conjuga como *abarcar.*

notoriedad
(no-to-rie-**dad**) sustantivo femenino
Fama, renombre. *La novela ha tomado gran notoriedad.* **SIN.** Celebridad. **ANT.** Anonimato.

notorio, notoria
(no-**to**-rio) adjetivo
Sabido por todos. *Lo ocurrido ayer es ya un hecho notorio.* **SIN.** Conocido. **ANT.** Incierto.

novatada (no-va-**ta**-da) sustantivo femenino
Broma pesada que los antiguos alumnos de algunos colegios o los soldados veteranos de un ejército gastan a los recién llegados. *Le hicieron una novatada en su primer día de colegio.*

novato, novata (no-**va**-to) adjetivo
Nuevo o inexperto en algo. *Acaba de sacar el carné de conducir, es todavía un novato.* **SIN.** Principiante, novel. **ANT.** Experto.

novecientos, novecientas
(no-ve-**cien**-tos) numeral y sustantivo masculino
Nueve veces cien o que ocupa el último lugar en una serie ordenada de 900. *El viaje me costó novecientos euros.*

novedad (no-ve-**dad**) sustantivo femenino
1. Cosa nueva. *En aquella época, el biquini era una novedad.* **SIN.** Innovación. **ANT.** Antigüedad.
2. Noticia reciente. *Nos puso al día de todas las novedades.* **SIN.** Nueva, primicia.
3. Cambio inesperado. *El viaje discurría sin ninguna novedad.* **SIN.** Variación, alteración.
4. Sorpresa que causan las cosas no vistas ni oídas antes. *Así que vas a vivir a China, ¡qué novedad!*
5. sustantivo femenino plural Mercancías que acaban de llegar y están de moda. *Están colocando en el escaparate las últimas novedades.*

novedoso, novedosa
(no-ve-**do**-so) adjetivo
Que tiene novedad. *Esa música tan novedosa mezcla ritmos diferentes.*

novela (no-**ve**-la) sustantivo femenino
Obra literaria en prosa de cierta extensión, en que se narra una historia. *Me gusta más leer novelas de intriga que ver la tele.*

novelesco, novelesca

(no-ve-**les**-co) adjetivo

1. Propio o característico de las novelas. *Los saltos al pasado son un recurso novelesco.*
2. Tan fantástico, extraordinario o interesante como en las novelas. *Lleva una vida novelesca.* **SIN.** Imaginario, ficticio, inverosímil.

novelista (no-ve-**lis**-ta) sustantivo

Persona que escribe novelas literarias. *Miguel Delibes es un afamado novelista.* **SIN.** Autor, narrador, escritor, literato.

novena (no-ve-**na**) sustantivo femenino

Oración que se hace durante nueve días. *Todos los años van a la novena de san Antonio.*

noveno, novena (no-**ve**-no) numeral

1. Que ocupa el último lugar en una serie ordenada de nueve. *Llegó el noveno a la meta.* **SIN.** Nono.
2. numeral y sustantivo Se dice de cada una de las nueve partes iguales en que se divide una cosa. *Como somos nueve, me toca la novena parte del dinero.*

noventa

(no-**ven**-ta) numeral y sustantivo masculino

Nueve veces diez o que ocupa el último lugar en una serie ordenada de 90. *Cien menos diez son noventa.*

noviazgo (no-**viaz**-go) sustantivo masculino

Tiempo durante el cual dos personas son novios. *Tuvieron un largo noviazgo.*

novicio, novicia (no-**vi**-cio) sustantivo

Persona que se prepara para ser monje o fraile. *Las novicias hacen la misma vida que las monjas.*

noviembre

(no-**viem**-bre) sustantivo masculino

Undécimo y penúltimo mes del año, que tiene 30 días. *Compro los regalos de Navidad en noviembre porque es más barato.*

novillada (no-vi-**lla**-da) sustantivo femenino

Corrida en la que se torean novillos. *Fueron a una novillada.*

novillero, novillera

(no-vi-**lle**-ro) sustantivo

Torero que aún no lidia toros, sino novillos. *Mañana recibirá la alternativa y dejará de ser novillero.*

novillo, novilla (no-**vi**-llo) sustantivo

Toro o vaca que tiene dos o tres años. *La carne de novillo es más tierna que la de vaca.*

novio, novia (**no**-vio) sustantivo

1. Persona que mantiene relaciones con otra con la quiere casarse o hacer vida en común. *Son novios desde hace unos meses.* **SIN.** Prometido.
2. Persona recién casada o a punto de casarse. *La novia iba con un traje muy sencillo a la boda.*

nube (**nu**-be) sustantivo femenino

1. Masa de vapor de agua que flota en el aire. *El cielo se cubre de nubes.*
2. Agrupación o cantidad muy grande de algo que va por el aire, como polvo, humo, insectos o pájaros. *El incendio provocó una nube de humo asfixiante.*
3. Gran cantidad de personas o cosas juntas. *Acudió una nube de personas a la manifestación.*
4. estar en las nubes expresión Estar despistado o pensando en otra cosa. *Nicolás está siempre en las nubes.*
5. estar por las nubes expresión Ser algo muy caro, tener un precio alto. *Las naranjas están por las nubes.*
6. poner por las nubes expresión Alabar mucho una persona o cosa. *Pone por las nubes a su maestro.*

nublado, nublada (nu-**bla**-do) adjetivo

Cubierto de nubes. *El cielo está muy nublado, no podremos ir a la playa.* **SIN.** Encapotado.

nublarse (nu-**blar**-se) *verbo*
1. Cubrirse el cielo de nubes. *Si el cielo se nubla, amenaza lluvia.*
2. Ver mal y borroso. *Se le nublaba la vista.*

nuboso, nubosa (nu-**bo**-so) *adjetivo*
Cubierto de nubes. *En las noticias han anunciado cielo nuboso para hoy.*

nuca (**nu**-ca) *sustantivo femenino*
Parte del cuerpo humano donde se une la columna vertebral con la cabeza. *Tenía un fuerte dolor en la nuca.* **SIN.** Cogote.

nuclear (nu-cle-**ar**) *adjetivo*
Que emplea la energía que procede de los núcleos de los átomos. *Los grupos ecologistas querían cerrar la central nuclear.*

núcleo (**nú**-cle-o) *sustantivo masculino*
Parte central y principal de una cosa. *La catedral está en el núcleo urbano.* **SIN.** Meollo.

nudillo (nu-**di**-llo) *sustantivo masculino*
Parte exterior del lugar por donde se doblan los dedos. *Golpeó la puerta con los nudillos.*

nudismo (nu-**dis**-mo) *sustantivo masculino*
Doctrina que dice que la desnudez completa es buena para el perfecto equilibrio del cuerpo y la mente. *Practica el nudismo para sentirse más unido a la naturaleza.*

nudista (nu-**dis**-ta) *adjetivo y sustantivo*
Se dice de la persona que practica el nudismo. *Algunas playas son solo para nudistas.*

nudo (**nu**-do) *sustantivo masculino*
1. Lazo que se hace trabando una o más cuerdas. *No podía desatar el nudo de los cordones. Nudo corredizo.* **SIN.** Lazo, lazada, atadura.
2. Algo que une a las personas entre sí. *El nudo que los unía se ha roto con los años.* **SIN.** Lazo.

3. Parte del tronco de los árboles y las plantas por la que salen las ramas. *Ha podado el árbol, dejando solo los nudos.*
4. Punto donde se cruzan dos o más vías del tren, carreteras, etc. *La estación que dices es un importante nudo ferroviario.*
5. Refiriéndose a la velocidad de una nave, equivale a milla por hora. *El buque va a 16 nudos.*
6. **nudo en la garganta** *expresión* Pena, emoción o vergüenza que impide hablar. *Se me puso un nudo en la garganta de la emoción.*

nuera (nue-ra) *sustantivo femenino*
Para los padres de un hombre, la mujer de su hijo. *La mujer de mi hermano es la nuera de mi madre.*

nuestro, nuestra
(**nues**-tro) *adjetivo y pronombre posesivo*
Forma del posesivo de la primera persona del plural, en masculino y femenino. Indica posesión o pertenencia a dos o más personas, incluida la que habla. *El coche es nuestro: tuyo y mío.*

nueve (**nue**-ve) *numeral y sustantivo masculino*
Ocho y uno, o que ocupa el último lugar en una serie ordenada de 9. *Diez dólares menos uno son nueve dólares.*

nuevo, nueva (**nue**-vo) *adjetivo*
1. Recién hecho o fabricado. *¿Has visto ya los billetes nuevos?* **SIN.** Reciente, intacto. **ANT.** Antiguo, usado, viejo, gastado.
2. Que se ve o se oye por primera vez. *Es una noticia nueva.* **SIN.** Inédito, fresco. **ANT.** Conocido.
3. Distinto o diferente de lo que antes había o se sabía. *Apunta mi nueva dirección.* **ANT.** Viejo.
4. Recién llegado a un lugar. *Es nueva en el equipo de baloncesto.*

5. Novato, sin experiencia. *Es nuevo en el trabajo, así que aún no lo domina del todo.* **SIN.** Principiante. **ANT.** Veterano, experto.

6. Poco o nada usado. *Tiene el traje completamente nuevo, solo se lo ha puesto tres veces.*

7. de nuevo expresión Otra vez. *Empecemos de nuevo.*

✎ Sus superlativos son *novísimo* y *nuevísimo*.

nuez sustantivo femenino

1. Fruto del nogal, cubierto por una cáscara dura y con una semilla comestible en su interior. *Me encanta el sabor de la nuez.*

2. Bulto que sobresale en la parte delantera del cuello. *La nuez es más saliente en el hombre que en la mujer.*

✎ Su plural es *nueces*.

nulo, nula (nu-lo) adjetivo

1. Que no vale. *Contaron los votos nulos.* **SIN.** Abolido, derogado, cancelado. **ANT.** Válido, legal.

2. Se dice de la persona que es incapaz de hacer algo. *Es nulo para las matemáticas.* **SIN.** Inepto, inútil, torpe. **ANT.** Apto, capaz.

numeración

(nu-me-ra-**ción**) sustantivo femenino

1. Acción de numerar. *La numeración del libro es errónea, falta la página 3453.*

2. Sistema de signos para expresar todos los números. *En español se utiliza la numeración latina.*

3. numeración arábiga expresión Sistema que utiliza los diez signos introducidos por los árabes para expresar cualquier cantidad: 0, 1, 2, 3, 4, 5, 6, 7, 8 y 9.

4. numeración romana expresión La que usaban los romanos y que expresa los números por medio de siete letras: I, V, X, L, C, D y M.

numerador

(nu-me-ra-**dor**) sustantivo masculino

En matemáticas, cifra que señala el número de partes iguales de la unidad que contiene un quebrado. *El numerador se coloca en la parte superior de la raya de fracción.*

numeral (nu-me-**ral**) adjetivo

1. Que se refiere al número. *Escala numeral.* **SIN.** Numérico.

2. adjetivo y sustantivo masculino Se dice del pronombre o adjetivo que expresa idea de número, bien sea cantidad (cardinal) u orden (ordinal). *Segundo es un numeral ordinal y dos, cardinal.*

numerar (nu-me-**rar**) verbo

1. Ir contando por el orden correlativo de los números. *Colocad las cajas en fila para numerarlas.* **SIN.** Enumerar.

2. Marcar con números. *Tienes que numerar las páginas del trabajo.* **SIN.** Anotar, foliar.

numérico, numérica

(nu-**mé**-ri-co) adjetivo

Que se refiere a los números. *Es una serie numérica, porque todos sus elementos son números.*

número (nú-me-ro) sustantivo masculino

1. Signo o conjunto de signos con que se representa una cantidad. *Mi número de teléfono es el 676 524 321.* **SIN.** Cifra, guarismo.

2. Conjunto de personas, animales o cosas de determinada especie. *Había un gran número de personas en la conferencia.* **SIN.** Cantidad.

3. En gramática, forma de expresar, por medio de cierta diferencia en la terminación de las palabras, si estas se refieren a una sola persona o cosa, o a más de una. *Abrelatas es un sustantivo invariable en número.*

4. Cada una de las partes de un espectáculo o función pública. *Quiero ver el número de magia.*

5. Billete de lotería o papeleta de otro juego de azar. *Compré un número del sorteo del instituto.*

6. Acción escandalosa que llama la atención. *Al final se emborrachó y montó el número.*

NÚMERO	Singular	Una sola cosa: *mesa*
	Plural	Más de una cosa: *mesas*

CÓMO SE FORMA EL PLURAL

1. Si el singular termina en cualquier vocal no acentuada o en *-é* acentuada, el plural se forma añadiendo una *-s*:

pato-patos

2. Si el singular termina en una vocal que no sea *-é* acentuada, se añade *-es*, aunque algunos sustantivos pueden hacer el plural con *-s*:

papá-papás; jabalí-jabalís o jabalíes

3. Si el singular termina en consonante, se añade *-es*:

árbol-árboles

4. Los nombres terminados en *-z* la cambian por *-c* y luego añaden *-es*:

cruz-cruces

5. En nombres terminados en *-y*, esta se convierte en *-i* y se le añade la *-s* del plural:

pony-poni-ponis

6. Si el singular termina en *-s*, al formar el plural, los nombres llanos y esdrújulos no cambian, y los agudos añaden *-es*:

el martes-los martes
el compás-los compases

7. Los nombres acabados en cualquier consonante distinta a *-l, -n, -r, -d, -z* o en *-s* y *-x* en las palabras agudas hacen el plural en *-s*:

chip-chips; web-webs; chat-chats

8. Los sustantivos y adjetivos acabados en *-s,* o *-x* que sean llanos o esdrújulos permanecen invariables en plural:

la dosis-las dosis; el tórax-los tórax

9. Los apellidos acabados en *-z* no cambian, pero se pone el artículo en plural:

los López

numeroso, numerosa
(nu-me-**ro**-so) adjetivo
Que está formado por muchos seres o cosas. *Había un grupo numeroso esperando al cantante.* **SIN.** Cuantioso, nutrido. **ANT.** Escaso.

nunca (**nun**-ca) adverbio
En ningún tiempo, ninguna vez. *Nunca he visto el mar.* **SIN.** Jamás. **ANT.** Siempre, constantemente.

nupcial (nup-**cial**) adjetivo
Que se refiere a las bodas. *La tarta nupcial tenía tres pisos.* **SIN.** Conyugal, marital, matrimonial.

nupcias (**nup**-cias) sustantivo femenino plural
Boda. *Contrajo segundas nupcias.*

nutria (**nu**-tria) sustantivo femenino
Animal mamífero de cabeza ancha y aplastada, cuerpo delgado, patas cortas, con los dedos de los pies unidos por una membrana, cola larga y gruesa, y pelaje espeso y muy fino, que vive en las orillas de los ríos y arroyos, y se alimenta de peces. *Vimos nutrias en el río Órbigo.*

nutrido, nutrida (nu-**tri**-do) adjetivo
1. Alimentado. *Está bien nutrido, no morirá de hambre.* **ANT.** Desnutrido.
2. Lleno, abundante. *A su protesta se unió un nutrido grupo de gente.* **ANT.** Vacío, falto, escaso.

nutrir (nu-**trir**) verbo
1. Proporcionar a un ser vivo las sustancias que necesita para vivir. *No tiene dinero para nutrir bien a sus hijos.* **SIN.** Alimentar. **ANT.** Desnutrirse, ayunar.
2. Mantener, fortalecer algo. *Su música se nutre del rock de los sesenta.* **SIN.** Aumentar, sostener. **ANT.** Debilitar.
3. Suministrar. *El manantial nutre de agua a toda la ciudad.*

nutritivo, nutritiva
(nu-tri-**ti**-vo) adjetivo
Que nutre o alimenta. *Son alimentos con valor nutritivo.* **SIN.** Alimenticio, nutricio.

ñ sustantivo femenino

Consonante número doce del abecedario español. Su nombre es *eñe*. *Ñoño se escribe con ñ*.

ñagaza (ña-**ga**-za) sustantivo femenino

Instrumento que sirve para atrapar aves. *El muchacho atrapó varios gorriones con la ñagaza*.

ñame (**ña**-me) sustantivo masculino

Planta de raíz comestible, con tallo muy grande, hojas grandes en forma de corazón y flores pequeñas de color verde. *La raíz del ñame se suele comer en los países tropicales*.

ñandú (ñan-**dú**) sustantivo masculino

Ave americana de gran tamaño parecida al avestruz, y que se diferencia de ella por tener tres dedos en cada pata y ser más pequeña. *El único ñandú que he visto estaba en el parque zoológico*.

✎ Su plural es *ñandús* o *ñandúes*.

ñangotarse (ñan-go-**tar**-se) verbo

Ponerse en cuclillas. *Estuvo mucho tiempo ñangotado en la iglesia el Día de Difuntos*.

ñapango (ña-**pan**-go) adjetivo

Mestizo, mulato. *La familia de tu padre es ñapanga, pero no sé exactamente su origen*.

ñaque (**ña**-que) sustantivo masculino

Conjunto de cosas inútiles y ridículas. *Tienes tu cuarto lleno de ñaques*.

ñecla (**ñe**-cla) adjetivo

Débil, enclenque. *Lo apodaron «el Ñecla» por su extrema delgadez*.

ñinga (**ñin**-ga) sustantivo femenino

Porción mínima o muy pequeña de algo. *Dame una ñinga de guiso, porque no tengo el estómago muy bien*.

ño sustantivo masculino

Tratamiento vulgar que se antepone al nombre de un hombre. *El ño Álvarez acaba de llegar*.

ñoñería (ño-ñe-**rí**-a) sustantivo femenino

Acción o palabras propios de la persona ñoña. *Me molestan tus ñoñerías*. **SIN.** Melindre, tontería.

ñoño, ñoña (**ño**-ño) adjetivo y sustantivo

Se dice de la persona muy sosa y poco decidida, o algo cursi. *Es un niño tan ñoño que no se separa de su madre*. **SIN.** Remilgado, apocado. **ANT.** Basto, natural.

ñu sustantivo masculino

Animal mamífero de África del Sur que parece un caballo con cabeza de toro. *Ayer vi un reportaje acerca de los ñus*.

✎ Su plural es *ñus* o *ñúes*.

ñuco (**ñu**-co) sustantivo masculino

Falta de uno o de varios dedos en una persona. *Su brazo derecho es un verdadero ñuco*. **SIN.** Muñón.

ñuto, ñuta (**ñu**-to) adjetivo

Machacado, molido. *El jarrón se cayó de la mesa y se hizo ñuto*. **SIN.** Añicos.

O sustantivo femenino

1. Letra número dieciséis del abecedario español y cuarta de sus vocales. Desierto *termina en -o.* ✎ Su plural es *oes.*

2. conjunción Se sitúa entre dos palabras, expresiones o frases para indicar que son diferentes, que si se da una no se puede dar la otra, o que hay que elegir entre ellas. *¿Es de color verde o azul?* ✎ Cuando la palabra que va detrás empieza por *o-* o por *ho-*, se utiliza la conjunción *u. ¿Quieres esta u otra?*

oasis (o-a-sis) sustantivo masculino
Zona de un desierto con agua y plantas. *Encontraron un oasis y saciaron su sed.*
✎ Es igual en plural y en singular.

obedecer (o-be-de-**cer**) verbo
1. Hacer alguien lo que se le manda o lo que dictan las leyes. *Hay que obedecer las normas de tráfico.*
2. Ser una cosa por causa de otra. *El dolor de cabeza obedece a una insolación.* **SIN.** Proceder.
3. Realizar una máquina lo que se le pide. *Los mandos del coche no obedecían.*
✎ Verbo irregular, se conjuga como *parecer.*

obediencia
(o-be-**dien**-cia) sustantivo femenino
Acción de obedecer. *Una de sus mayores virtudes era la obediencia.* **SIN.**

Docilidad, cumplimiento. **ANT.** Rebeldía, desobediencia.

obediente (o-be-**dien**-te) adjetivo
Se dice de la persona que obedece fácilmente. *En clase es un niño muy obediente.* **SIN.** Dócil, sumiso. **ANT.** Desobediente.

obesidad (o-be-si-**dad**) sustantivo femenino
Excesiva gordura de una persona. *Tenía serios problemas de salud debido a su obesidad.* **SIN.** Corpulencia. **ANT.** Delgadez.

obeso, obesa (o-**be**-so) adjetivo
Se dice de la persona demasiado gorda. *Quiere ponerse a dieta porque está muy obeso.* **SIN.** Gordo, rollizo. **ANT.** Delgado.

obispo (o-**bis**-po) sustantivo masculino
Sacerdote que está al frente de la Iglesia en un territorio amplio llamado *diócesis. El obispo vino a oficiar la confirmación.*

objeción
(ob-je-**ción**) sustantivo femenino
1. Razón con que se rechaza algo. *No pusieron ninguna objeción a nuestro plan.* **SIN.** Reparo, inconveniente. **ANT.** Aprobación.
2. objeción de conciencia expresión Negativa a realizar algún acto por razones éticas o religiosas. *Se negó a practicar el aborto por objeción de conciencia.*

objetar (ob-je-**tar**) verbo
1. Oponer reparos o mostrar los inconvenientes de una cosa. *Todos estuvieron de acuerdo y nadie objetó nada.* **SIN.** Replicar, oponer, refutar. **ANT.** Aprobar.
2. Negarse a hacer algo por razones éticas o religiosas. *No quiere ir a la guerra, piensa objetar.*

objetivo, objetiva (ob-je-**ti**-vo) adjetivo
1. Que trata un tema o asunto sin tomar partido y sin apasionamiento, de forma justa y realista. *Hizo una valoración objetiva del tema. Es una persona muy objetiva.* **SIN.** Desapasionado, imparcial. **ANT.** Subjetivo.
2. sustantivo masculino Pieza de una cámara fotográfica o de video, en un microscopio, etc. que sirve para enfocar la imagen. *Esta cámara tiene un poco sucio el objetivo.*
3. sustantivo masculino Aquello que se desea conseguir. *Aprobar aquellas oposiciones era su primer objetivo.* **SIN.** Meta, finalidad, fin.
4. sustantivo masculino Blanco sobre el que se dispara un arma de fuego. *Su disparo alcanzó el objetivo con gran precisión.* **SIN.** Diana.

objeto (ob-**je**-to) sustantivo masculino
1. Cosa, todo lo que se puede ver y tocar. *El desván está lleno de objetos.*
2. Finalidad, intención. *El objeto del viaje es visitar a mi madre.* **SIN.** Propósito.

objetor, objetora (ob-je-**tor**) sustantivo
Persona que se niega a realizar ciertos actos o servicios por razones éticas o religiosas. *Cuando el servicio militar era obligatorio, no lo prestó porque se declaró objetor.*
✎ También *objetor de conciencia.*

oblea (o-**ble**-a) sustantivo femenino
Hoja muy delgada de pasta de harina, cocida en un molde. Se usa para forrar algunos dulces, especialmente los turrones, y para hacer las hostias que utilizan para comulgar las personas cristianas. *Esta oblea está poco cocida.*

oblicuo, oblicua (o-**bli**-cuo) adjetivo
No paralelo, inclinado. *Colócalo en sentido oblicuo.* **SIN.** Sesgado, torcido, transversal. **ANT.** Recto, derecho, perpendicular.

obligación (o-bli-ga-**ción**) sustantivo femenino
1. Deber que una persona tiene que cumplir. *Tenía la obligación de ir.* **SIN.** Compromiso, exigencia. **ANT.** Derecho, poder.
2. Tarea, trabajo. *Tiene muchas obligaciones y no puede ir al cine.* **SIN.** Quehacer, faena.

obligar (o-bli-**gar**) verbo
1. Hacer que alguien haga o cumpla una cosa. *En el ejército obligan a llevar uniforme.* **SIN.** Forzar, exigir, imponer. **ANT.** Permitir, eximir, dispensar.
2. obligarse Comprometerse a hacer una cosa. *Se obligó a asistir todos los días a clase.* **SIN.** Responsabilizarse, encargarse.
✎ Se conjuga como *ahogar.*

obligatorio, obligatoria
(o-bli-ga-**to**-rio) adjetivo
Que obliga a su cumplimiento y realización. *Era obligatorio presentar el último recibo pagado.* **SIN.** Forzoso. **ANT.** Voluntario.

oboe (o-**bo**-e) sustantivo masculino
Instrumento musical formado por un tubo de madera en forma de cono con seis agujeros y varias llaves. *Ángel toca el oboe en la orquesta del conservatorio de música.*

obra (o-bra) sustantivo femenino
1. Cosa producida por alguien o algo. *El Gran Cañón es obra de la naturaleza.* **SIN.** Producto, resultado, acción, hecho, fruto.

2. Acción de una persona. *Hacer las paces ha sido una buena obra.* **SIN.** Acción, acto, hecho.
3. Trabajo literario o científico y libros donde se encuentra. *La obra de Cervantes es muy extensa.*
4. Construcción, reparación o mejora que se hace en un edificio o en una carretera. *La carretera está cortada porque están de obras.* **SIN.** Reforma, arreglo.

obrador (o-bra-**dor**) sustantivo masculino
Taller donde se hacen dulces, pasteles y tartas. *Esa confitería tiene su propio obrador.*

obrar (o-**brar**) verbo
Hacer una cosa, realizar un trabajo o comportarse de una determinada manera. *No estaba de acuerdo con su manera de obrar.* **SIN.** Actuar.

obrero, obrera (o-**bre**-ro) adjetivo
1. Que se refiere al trabajador o al conjunto de ellos. *Movimiento obrero.* **SIN.** Proletario.
2. sustantivo Trabajador, especialmente el que realiza una tarea manual. *Contrató a varios obreros para la recolección.* **SIN.** Operario, asalariado, proletario.

obsequiar (ob-se-**quiar**) verbo
Dar regalos a alguien o tener atenciones con él. *Nos obsequió con dos invitaciones para la fiesta.* **SIN.** Regalar, dar, festejar. **ANT.** Desdeñar, desatender, descuidar.
✎ Se conjuga como *cambiar.*

obsequio (ob-**se**-quio) sustantivo masculino
Regalo o muestra de atención y cortesía. *He recibido un obsequio de mi amigo.* **SIN.** Presente.

observación
(ob-ser-va-**ción**) sustantivo femenino
1. Análisis, estudio de algo. *La observación diaria de su conducta le había*

llevado a aquellas conclusiones. **SIN.** Examen, contemplación, percepción.
2. Aclaración, advertencia o nota. *Le hizo varias observaciones sobre el procedimiento.*
3. Objeción, reparo. *Nadie hizo ninguna observación a su plan.*

observador, observadora
(ob-ser-va-**dor**) adjetivo y sustantivo
Que se fija mucho en los detalles. *Es una persona muy observadora.* **SIN.** Curioso, detallista.

observar (ob-ser-**var**) verbo
1. Fijar la vista atentamente en alguien o algo. *He observado el comportamiento de mi hijo pequeño.* **SIN.** Examinar, vigilar.
2. Advertir, darse cuenta. *Observé que se había cortado el pelo.* **SIN.** Notar, percatarse.
3. Cumplir lo que se manda. *Observó las órdenes recibidas.* **SIN.** Acatar, obedecer. **ANT.** Violar.

observatorio
(ob-ser-va-**to**-rio) sustantivo masculino
Centro con los instrumentos apropiados para observar el espacio o el estado de la atmósfera. *Vi el eclipse desde el observatorio astronómico.*

obsesión (ob-se-**sión**) sustantivo femenino
Idea fija de la que alguien no puede librarse. *Eso de que estás muy gordo es una obsesión tuya.* **SIN.** Fijación, manía, obcecación. **ANT.** Despreocupación. serenidad.

obstaculizar (obs-ta-cu-li-**zar**) verbo
Poner obstáculos a algo. *Fue detenido por obstaculizar la labor policial.* **SIN.** Estorbar, dificultar. **ANT.** Facilitar, ayudar.
✎ Se conjuga como *abrazar.*

obstáculo (obs-**tá**-cu-lo) sustantivo masculino
1. Todo aquello que impide hacer o conseguir algo. *Un río sin puente pue-*

de ser un obstáculo insalvable. **SIN.** Estorbo, dificultad, problema. **ANT.** Facilidad.
2. En algunos deportes, cada una de las vallas o zanjas que hay en la pista y hay que superar. *Ganó la carrera de obstáculos.*

obstante (obs-**tan**-te)
no obstante expresión Sin embargo, a pesar de. *Ya debe saberlo; no obstante, vuelve a decírselo.*

obstinación
(obs-ti-na-**ción**) sustantivo femenino
Insistencia grande que se pone en una idea o decisión. *Discutía con obstinación algo evidente.* **SIN.** Testarudez, tenacidad. **ANT.** Transigencia.

obstinado, obstinada
(obs-ti-**na**-do) adjetivo
Que se comporta con obstinación. *Es un obstinado, no le va a dar la razón.* **SIN.** Testarudo, terco, tozudo. **ANT.** Transigente.

obstinarse
(obs-ti-**nar**-se) verbo
Empeñarse alguien en hacer una cosa, sin escuchar a los que le desaniman. *Se ha obstinado en saltar en paracaídas.* **SIN.** Porfiar, insistir. **ANT.** Desistir, transigir.

obstruir (obs-tru-**ir**) verbo
1. Atascar un tubo algo que se queda trabado dentro o impedir el camino algo que se atraviesa en medio de él. *Se obstruyó la tubería.* **SIN.** Taponar. **ANT.** Abrir, desatascar.
2. Impedir la realización de una cosa. *Obstruían su trabajo con continuas dificultades.* **SIN.** Dificultar, entorpecer. **ANT.** Facilitar.
Se conjuga como *huir*.

obtener (ob-te-**ner**) verbo
1. Llegar a tener lo que se quiere o merece. *Ella ha obtenido el puesto de di-*rectora. **SIN.** Lograr, conseguir, alcanzar, ganar. **ANT.** Perder, desperdiciar.
2. Fabricar o extraer un producto o un material de un determinado modo. *De las uvas se obtienen el vino y el mosto.*
Verbo irregular, se conjuga como *tener.*

obturar (ob-tu-**rar**) verbo
Cerrar o tapar un agujero o tubo. *Obtura la grieta para que no se escape el gas.* **SIN.** Obstruir, atascar. **ANT.** Desatascar.

obvio, obvia (**ob**-vio) adjetivo
1. Se dice de lo que es tan claro y evidente que no se puede discutir. *Era obvio que tenía razón, pero no se la daban para no indemnizarle.* **SIN.** Manifiesto, patente.
2. Fácil, sencillo. *No sé por qué le daba tantas vueltas, la solución era obvia.* **ANT.** Difícil.

oca (**o**-ca) sustantivo femenino
1. Ave doméstica cuya carne se come y con cuyo hígado se hace fuagrás. *Criaba ocas* **SIN.** Ganso.
2. Juego que consiste en hacer avanzar unas fichas sobre un tablero con 63 casillas ordenadas en espiral, con distintos dibujos cada una, que imponen diferentes acciones. Cada jugador mueve su ficha según los números marcados por el dado y gana el que primero llega a la última casilla. *Hemos jugado toda la tarde a la oca.*

ocasión (o-ca-**sión**) sustantivo femenino
1. Tiempo o lugar adecuado para hacer una cosa. *Mañana tendrás ocasión de conocer a mi amigo.* **SIN.** Oportunidad, posibilidad.
2. Causa o motivo por el que se hace o sucede algo. *Con ocasión de su llegada, organizó una fiesta.*

3. de ocasión expresión Se dice de lo que se compra muy barato. *Estuve en una tienda de muebles de ocasión.*

ocasional (o-ca-sio-**nal**) adjetivo
Que ocurre por casualidad o de vez en cuando. *Fue un encuentro ocasional.* **SIN.** Casual, esporádico. **ANT.** Intencionado, habitual.

ocasionar (o-ca-sio-**nar**) verbo
Ser causa o motivo de algo. *Es culpable, ocasionó el accidente.* **SIN.** Causar, originar, provocar.

ocaso (o-**ca**-so) sustantivo masculino
1. Puesta de sol. *Desde el monte se ve mejor el ocaso.* **SIN.** Crepúsculo, atardecer. **ANT.** Alba.
2. Decadencia, pérdida cada vez mayor de fuerza antes de acabarse o morir. *Mi abuelo está en el ocaso de su vida.* **SIN.** Declive, final. **ANT.** Principio, auge.

occidental (oc-ci-den-**tal**) adjetivo
1. Que pertenece al occidente. *Esa ciudad se encuentra en la parte occidental del país.*
2. adjetivo y sustantivo Que pertenece a los países de Occidente o ha nacido allí. *La cultura occidental ha influido mucho en todo el mundo.*

occidente
(oc-ci-**den**-te) sustantivo masculino
1. Lugar de la Tierra orientado hacia el lugar donde se oculta el Sol. *El barco zarpó hacia el occidente.* **SIN.** Oeste. **ANT.** Oriente.
2. nombre propio Uno de los puntos cardinales. *El Sol se pone por Occidente.* **SIN.** Oeste. **ANT.** Oriente. ✎ Se escribe con mayúscula.
3. nombre propio Países de la parte occidental de Europa y Estados Unidos. *Ha viajado por varios países de Occidente.* ✎ Se escribe con mayúscula.

océano (o-**cé**-a-no) sustantivo masculino
Gran masa de agua salada que cubre la mayor parte de la Tierra, y cada una de las cinco partes en que se suele dividir. *Hay cinco océanos: Atlántico, Glacial Antártico, Glacial Ártico, Índico y Pacífico.*

ochenta
(o-**chen**-ta) numeral y sustantivo masculino
Ocho veces diez o que ocupa el último lugar en una serie ordenada de 80. *Tenía setenta y nueve años, y hoy cumple ochenta.*

ocho
(**o**-cho) numeral y sustantivo masculino
Siete más uno, o que ocupa el último lugar en una serie ordenada de ocho. *Si solo concursabais ocho, no pudiste quedar el noveno.*

ochocientos, ochocientas
(o-cho-**cien**-tos) numeral y sustantivo masculino
Ocho veces cien o que ocupa el último lugar en una serie ordenada de 800. *Mide ochocientos metros.*

ocio (**o**-cio) sustantivo masculino
1. Tiempo libre del que dispone una persona. *Con tanto trabajo, casi no tenemos ocio.* **SIN.** Descanso, recreo. **ANT.** Trabajo.
2. Actividad que se realiza como diversión en los ratos en los que no se está trabajando. *La lectura es su ocio principal.*

ocioso, ociosa
(o-**cio**-so) adjetivo y sustantivo
Que no tiene trabajo o que no lo hace por pereza. *¿No te da vergüenza estar ocioso mientras los demás trabajamos?* **SIN.** Desocupado, perezoso. **ANT.** Atareado.

ocre (**o**-cre) sustantivo masculino
1. Mineral de color amarillo que se emplea en pintura. *Te sugiero pintar con ocre en este cuadro.*

2. adjetivo y sustantivo masculino Se dice del color amarillo oscuro. *La tela que he comprado para el vestido es ocre.*

octavilla (oc-ta-**vi**-lla) sustantivo femenino
Pequeña hoja de papel impreso en la que se hace propaganda de algo y que se reparte gratuitamente. *En la manifestación arrojaron octavillas.* **SIN.** Panfleto.

octavo, octava (oc-ta-**vo**) numeral
1. Que ocupa el último lugar en una serie ordenada de ocho. *Eres el octavo que me lo pide.*
2. numeral y sustantivo masculino Se dice de cada una de las ocho partes iguales en que se divide un todo. *Dame un octavo del dinero que ganamos.*

octubre (oc-**tu**-bre) sustantivo masculino
Décimo mes del año, que tiene 31 días. *Recojo setas en octubre.*

ocular (o-cu-**lar**) adjetivo
Que se refiere a los ojos o a la vista. *Se hizo una revisión ocular.*

oculista (o-cu-**lis**-ta) sustantivo
Médico que se dedica a las enfermedades de los ojos. *El oculista le dijo que necesitaba gafas.*

ocultar (o-cul-**tar**) verbo
1. Esconderse, tapar, quitar de la vista. *Los árboles ocultan entrada de la cueva.* **SIN.** Encubrir, disimular, camuflar(se). **ANT.** Mostrar(se).
2. Callar una cosa. *Ocultó el suspenso a sus padres.* **SIN.** Omitir, silenciar. **ANT.** Revelar, desvelar.

oculto, oculta (o-cul-to) adjetivo
Escondido, que no se da a conocer ni se deja ver. *Estaba en un lugar oculto que solo ella conocía.* **SIN.** Secreto. **ANT.** Visible.

ocupación
(o-cu-pa-**ción**) sustantivo femenino
1. Acción de invadir un país o un lugar. *Las tropas procedieron a la ocupa-ción de la ciudad.* **SIN.** Toma, posesión, dominio.
2. Actividad que impide emplear el tiempo en otra cosa. *Mis ocupaciones no me dejan tiempo libre.* **SIN.** Labor. **ANT.** Ociosidad.
3. Empleo, trabajo de una persona. *No tiene ocupación.*

ocupado, ocupada (o-cu-pa-do) adjetivo
1. Que está haciendo alguna tarea. *No puede venir, está ocupado.* **SIN.** Atareado. **ANT.** Ocioso.
2. Se dice especialmente de los asientos o plazas reservados en autocares, hoteles, salas de reunión, etc., y que no se hallan disponibles. *La mitad del teatro estaba ocupado antes de vender las entradas.* **SIN.** Reservado. **ANT.** Libre, desocupado.
3. Se dice del territorio o país dominado por el ejército de otro país. *Las tropas se dispersaron por el territorio ocupado.*

ocupar (o-cu-**par**) verbo
1. Adueñarse de un lugar o establecerse en él. *Ya está ocupada la nueva casa.* **SIN.** Apoderarse, habitar. **ANT.** Abandonar, desocupar.
2. Llenar un espacio o lugar. *Ocupé la única butaca que estaba libre cuando llegué.* **ANT.** Desocupar, desalojar, vaciar.
3. Desempeñar un cargo, empleo, etc. *Durante varios años, ocupó la dirección de la empresa.* **SIN.** Ejercer. **ANT.** Cesar.
4. Dedicar el tiempo a algo. *Ocupa todo el tiempo que puede en la lectura.* **SIN.** Emplear.
5. ocuparse Atender a alguien o responsabilizarse de algo. *Se ocupa de su hermano cuando sus padres no están en casa.* **SIN.** Atender, cuidar. **ANT.** Despreocuparse.

6. ocuparse Encargarse de un asunto. *Dijo que ella se ocupaba de sacar las entradas para el cine.*

ocurrencia

(o-cu-**rren**-cia) sustantivo femenino

1. Idea o chiste que demuestra una inteligencia viva. *Tuvo una buena ocurrencia.* **SIN.** Pronto, salida, gracia, golpe.

2. Idea inesperada, imprudente o poco conveniente. *Tuvo la ocurrencia de salir sin paraguas con lo que llovía.*

ocurrir (o-cu-**rrir**) verbo

1. Tener lugar un acontecimiento o hecho. *Ha ocurrido un magnífico suceso: he aprobado.* **SIN.** Acontecer, pasar, suceder.

2. ocurrirse Venir inesperadamente una idea a la mente. *Se me ha ocurrido una solución.*

odiar (o-**diar**) verbo

Sentir tanto disgusto por algo o por alguien, que se desea su mal. *Te odio porque me dejaste solo.* **SIN.** Abominar, aborrecer, detestar. **ANT.** Amar, querer, estimar.

✎ Se conjuga como *cambiar*.

odio (o-dio) sustantivo masculino

Disgusto hacia alguna cosa o persona cuyo mal se desea. *El odio le corroe las entrañas.* **SIN.** Antipatía, rencor. **ANT.** Amor.

odioso, odiosa (o-**dio**-so) adjetivo

1. Digno de odio. *Su forma de ser lo hace odioso.* **SIN.** Aborrecible, detestable, abominable.

2. Desagradable, repelente. *Tiene un carácter odioso.* **ANT.** Encantador, adorable, simpático.

odontólogo, odontóloga

(o-don-**tó**-lo-go) sustantivo

Médico especializado en curar y prevenir las enfermedades de los dientes. *Tengo consulta con el odontólogo.* **SIN.** Dentista.

oeste (o-**es**-te) sustantivo masculino

1. Lugar de la Tierra situado hacia donde se pone el Sol. *En el oeste de la península ibérica se encuentra Portugal.*

2. nombre propio Uno de los cuatro puntos cardinales. *El Sol se oculta por el Oeste.* ✎ Se escribe con mayúscula.

ofender (o-fen-**der**) verbo

1. Humillar a alguien o faltarle al respeto. *Con sus insultos y desprecios pretende ofenderte.* **SIN.** Agraviar, insultar. **ANT.** Elogiar, adular.

2. ofenderse Molestarse o enfadarse por lo que alguien ha dicho o hecho. *Se ofende por cualquier cosa.* **SIN.** Mosquearse, saltar, picarse. **ANT.** Soportar, tragar.

ofensa (o-**fen**-sa) sustantivo femenino

Lo que se dice o hace con intención de ofender. *Sus palabras son una ofensa.* **SIN.** Insulto, injuria, afrenta. **ANT.** Elogio.

ofensivo, ofensiva (o-fen-**si**-vo) adjetivo

1. Que ofende o puede ofender. *Hizo un comentario ofensivo.* **SIN.** Insultante. **ANT.** Elogioso.

2. Que ataca o que sirve para atacar. *El equipo empleó tácticas ofensivas.* **ANT.** Defensivo.

oferta (o-**fer**-ta) sustantivo femenino

1. Promesa que se hace de dar, cumplir o hacer una cosa. *Me hizo una oferta que no pude rechazar.* **SIN.** Proposición.

2. Propuesta, invitación. *He rechazado su oferta para el viaje.* **ANT.** Solicitud, petición.

3. Venta de un producto a un precio más bajo que el que tiene normalmente. *La ropa está de oferta este mes.* **SIN.** Ocasión.

oficial (o-fi-**cial**) adjetivo

1. Se dice de aquello cuya validez está garantizada por el Estado u otra institución pública. *La noticia*

de su dimisión era oficial. **ANT.** Oficioso, extraoficial.
2. Que es público y no privado. *Se trataba de un asunto oficial.*
3. Se dice del alumno que está matriculado en un centro y asiste a sus clases. *Hay bastantes más alumnas oficiales que libres.*
4. sustantivo Categoría de nivel medio en la Administración, el Ejército o ciertos oficios. *Es oficial de albañilería.*

oficina (o-fi-**ci**-na) sustantivo femenino
Sitio donde se hace, prepara o administra una cosa. *Fue a arreglar los papeles del seguro a la oficina central del banco.* **SIN.** Agencia, despacho, gabinete, estudio.

oficio (o-**fi**-cio) sustantivo masculino
Trabajo que tiene una persona. *Mi oficio es el de zapatero.* **SIN.** Empleo, ocupación, profesión.

ofrecer (o-fre-**cer**) verbo
1. Prometer, dar o prestar voluntariamente una cosa. *Me ofrecieron su casa durante el verano.* **SIN.** Ofertar.
2. Demostrar, manifestar. *La casa ofrecía un aspecto confortable.* **SIN.** Enseñar. **ANT.** Esconder, guardar.
3. Decir qué cantidad se está dispuesto a pagar por una compra. *Le ofreció un millón por su coche.*
4. Dar ventajas o cosas buenas. *Aquel trabajo ofrecía grandes posibilidades de futuro.*
5. ofrecerse Presentarse voluntario para hacer algo. *Se ofreció a llevarlo en coche al hospital.*
✎ Verbo irregular, se conjuga como *parecer.*

ofrecimiento
(o-fre-ci-**mien**-to) sustantivo masculino
Promesa u oferta voluntaria para hacer algo. *Aceptó su ofrecimiento.* **ANT.** Solicitud.

ofrenda (o-**fren**-da) sustantivo femenino
1. Don que se dedica a Dios o a los santos para pedir su ayuda. *Los pastores llevaron ofrendas al Niño Jesús.* **SIN.** Promesa.
2. Regalo o favor que se hace a alguien como muestra de agradecimiento o cariño. *Aceptó su ofrenda.* **SIN.** Don, proposición. **ANT.** Solicitud, petición.

oftalmólogo, oftalmóloga
(of-tal-**mó**-lo-go) sustantivo
Médico especializado en las enfermedades de los ojos. *El oftalmólogo me recomendó usar gafas.* **SIN.** Oculista.

ofuscar (o-fus-**car**) verbo
Trastornarse o confundir las ideas. *Se ofuscó con eso y no hubo manera de hacerle razonar.* **SIN.** Obcecar(se).
✎ Se conjuga como *abarcar.*

ogro, ogresa (o-gro) sustantivo
1. En los cuentos, gigante que se alimenta de carne humana. *El ogro asustó a los dos hermanitos.*
2. Persona cruel o de mal carácter. *Su tío es como un ogro.*

oídas (o-**í**-das)
de oídas expresión Se dice de las cosas de las que alguien ha oído hablar sin haberlas visto. *Lo sé de oídas.*

oído (o-**í**-do) sustantivo masculino
1. Sentido del cuerpo, formado por la oreja y varios órganos situados en el interior de la cabeza, con el que se reciben los sonidos. *Tiene un oído muy fino.*
2. Aptitud para la música. *Tiene muy buen oído para la música.*
3. al oído expresión Dicho en secreto. *Le dijo al oído que tenía que salir.*
4. de oído expresión Se dice de la persona que toca o canta sin haber estudiado música. *Tocaba de oído el acordeón.*

oír (o-**ír**) verbo
1. Recibir los sonidos por medio del oído. *Las personas sordas no oyen, pero pueden entenderse por gestos.* **SIN.** Escuchar, sentir.
2. Prestar una persona atención a lo que otra dice. *No oyó su consejo.* **SIN.** Atender, escuchar.
3. **como quien oye llover** expresión Frase para decir que no se presta atención a lo que se escucha. *No me escuches como quien oye llover.*
✎ Verbo irregular. Ver pág. 679.

ojal (o-**jal**) sustantivo masculino
Abertura en las prendas de vestir, reforzada en sus bordes, que sirve para abrochar un botón o prender algo. *Llevaba una flor en el ojal de la chaqueta.*

ojeada (o-je-a-da) sustantivo femenino
Mirada rápida. *Échale una ojeada a ver qué te parece.* **SIN.** Vistazo.

ojear (o-je-**ar**) verbo
Mirar rápidamente algo. *Está ojeando el libro.* **SIN.** Mirar, ver.

ojeras (o-je-ras) sustantivo femenino plural
Manchas oscuras que salen debajo de los ojos cuando se está cansado. *Cuando duerme muy poco, le salen ojeras.* **SIN.** Cerco.

ojo (o-jo) sustantivo masculino
1. Órgano de la vista en el ser humano y en los animales. *Tiene los ojos azules.*
2. Agujero que atraviesa una cosa, como el de una cerradura. *No acertaba a meter el hilo por el ojo de la aguja.* **SIN.** Hueco.
3. Espacio bajo los arcos de un puente. *Este puente tiene seis ojos.*
4. Atención, cuidado que se pone en una cosa. *Ten mucho ojo al empaquetar la vajilla, que se rompe.*
5. Especial capacidad para algo. *Tiene mucho ojo para cuidar niños.* **SIN.** Habilidad, maña.

6. **clavar los ojos** expresión Mirar con mucho detenimiento y atención. *Clavó los ojos en el escenario.*
7. **costar un ojo de la cara** expresión Tener un precio muy alto. *Esas joyas cuestan un ojo de la cara.*
8. **en un abrir y cerrar de ojos** expresión Con rapidez, en un instante. *Se fue en un abrir y cerrar de ojos.*
9. **no pegar ojo** expresión No dormir. *No pegué ojo en toda la noche.*
10. **no quitar ojo** expresión Mirar alguna cosa o persona con insistencia. *Ese hombre no te quita ojo.*
11. **ojito derecho** expresión Persona más querida o de mayor confianza de alguien. *Es el ojito derecho de su padre.*

ola (o-la) sustantivo femenino
1. Onda que se forma en la superficie de las aguas. *Una ola lo arrastró mar adentro.*
2. Hacer de repente un tiempo muy frío o muy caluroso. *Anunciaban una fuerte ola de frío.*
3. Oleada, multitud de gente. *Había olas de fanes esperando para entrar al concierto.*

oleaje (o-le-a-je) sustantivo masculino
Movimiento y fuerza de las olas. *Había mucho oleaje en el lago.*

óleo (ó-le-o) sustantivo masculino
Pintura hecha con colores disueltos en aceite, y cuadro que se realiza con ella. *Este óleo es muy famoso.*

oler (o-**ler**) verbo
1. Percibir los olores. *Con el catarro que tengo, no puedo oler nada.* **SIN.** Olfatear.
2. Despedir buen o mal olor. *El basurero olía mal.*
3. Fisgar por curiosidad. *Es un curioso, todo lo tiene que oler.*
4. **olerse** Sospechar una cosa oculta. *¡Ya me lo olía yo!*
✎ Verbo irregular. Ver pág. 681.

oír

MODO INDICATIVO		MODO SUBJUNTIVO	
Tiempos simples	Tiempos compuestos	Tiempos simples	Tiempos compuestos
Presente	**Pret. perf. compuesto / Antepresente**	**Presente**	**Pret. perf. compuesto / Antepresente**
oigo	he oído	oiga	haya oído
oyes / oís	has oído	oigas	hayas oído
oye	ha oído	oiga	haya oído
oímos	hemos oído	oigamos	hayamos oído
oís / oyen	habéis oído	oigáis / oigan	hayáis oído
oyen	han oído	oigan	hayan oído
Pret. imperfecto / Copretérito	**Pret. pluscuamperfecto / Antecopretérito**	**Pret. imperfecto / Pretérito**	**Pret. pluscuamperfecto / Antepretérito**
oía	había oído	oyera u oyese	hubiera o hubiese oído
oías	habías oído	oyeras u oyeses	hubieras o hubieses oído
oía	había oído	oyera u oyese	hubiera o hubiese oído
oíamos	habíamos oído	oyéramos u oyésemos	hubiéramos o hubiésemos oído
oíais / oían	habíais oído	oyerais u oyeseis / oyeran u oyesen	hubierais o hubieseis oído
oían	habían oído	oyeran u oyesen	hubieran o hubiesen oído
Pret. perf. simple / Pretérito	**Pret. anterior / Antepretérito**		
oí	hube oído		
oíste	hubiste oído		
oyó	hubo oído	**Futuro simple / Futuro**	**Futuro compuesto / Antefuturo**
oímos	hubimos oído		
oísteis / oyeron	hubisteis oído	oyere	hubiere oído
oyeron	hubieron oído	oyeres	hubieres oído
		oyere	hubiere oído
		oyéremos	hubiéremos oído
Futuro simple / Futuro	**Futuro compuesto / Antefuturo**	oyereis / oyeren	hubiereis oído
		oyeren	hubieren oído
oiré	habré oído		
oirás	habrás oído	**MODO IMPERATIVO**	
oirá	habrá oído		
oiremos	habremos oído	oye (tú) / oí (vos) / oiga (usted)	
oiréis / oirán	habréis oído	oíd (vosotros)	
oirán	habrán oído	oigan (ustedes)	
Condicional simple / Pospretérito	**Condicional compuesto / Antepospretérito**	**FORMAS NO PERSONALES**	
		Infinitivo oír	**Infinitivo compuesto** haber oído
oiría	habría oído		
oirías	habrías oído	**Gerundio** oyendo	**Gerundio compuesto** habiendo oído
oiría	habría oído		
oiríamos	habríamos oído	**Participio** oído	
oiríais / oirían	habríais oído		
oirían	habrían oído		

olfato - onda

olfato (ol-fa-to) sustantivo masculino

1. Sentido del cuerpo que sirve para distinguir los olores. *Los perros de caza tienen buen olfato.*

2. Facilidad e inteligencia para descubrir lo que está oculto o encubierto. *Tuvo olfato para dar con ello.*

olimpiada (o-lim-pia-da) sustantivo femenino

Certamen deportivo internacional que se celebra cada cuatro años. *Ganó el oro en la olimpiada de Atlanta.* **SIN.** Juegos olímpicos.

✎ También *olimpíada*.

olímpico, olímpica (o-lím-pi-co) adjetivo

Que se refiere a las olimpiadas. *Preside el Comité Olímpico Nacional.*

olisquear (o-lis-que-ar) verbo

Oler cuidadosamente algo, y buscar por el olfato una cosa. *El perro olisqueaba el seto.*

oliva (o-li-va) sustantivo femenino

Aceituna, fruto del olivo. *Comimos una tapa de olivas.*

olivo (o-li-vo) sustantivo masculino

Árbol de tronco corto, grueso y torcido, con copa ancha, cuyo fruto es la aceituna. *En Andalucía hay olivos.*

olla (o-lla) sustantivo femenino

1. Vasija redonda con una o dos asas, de barro o metal, que se usa para cocer alimentos, calentar agua, etc. *Pon la olla al fuego.* **SIN.** Cacerola, cazuela, marmita.

2. olla de presión expresión Olla de metal que cierra herméticamente y que permite cocinar los alimentos rápidamente. *Preparé el cocido en la olla de presión.*

olor (o-lor) sustantivo masculino

Sensación que ciertos cuerpos producen en el olfato. *Las rosas despiden un olor muy agradable.* **SIN.** Aroma, fragancia, tufo.

olvidar (ol-vi-dar) verbo

1. Dejar de tener en la memoria. *He olvidado la edad que tienes.* **ANT.** Acordarse, recordar.

2. Dejar algo en un sitio sin querer. *He olvidado los libros en la clase.* **SIN.** Extraviar.

3. Dejar de sentir afecto por una persona o cosa. *Poco tardó en olvidarse de los viejos amigos.* **SIN.** Abandonar, arrinconar.

4. No tener algo en cuenta. *¡Olvídalo!, no te preocupes de eso.*

olvido (ol-vi-do) sustantivo masculino

1. Falta de la memoria que se tenía o debía tener de una cosa. *No lo traje, qué olvido más tonto.* **SIN.** Descuido, inadvertencia. **ANT.** Recuerdo.

2. Pérdida del cariño que antes se tenía por algo o alguien. *Su antiguo novio cayó en el olvido.*

ombligo (om-bli-go) sustantivo masculino

Cicatriz redonda y arrugada que queda enmedio del vientre, después de cortarse y secarse el cordón umbilical. *Al bebé tardó en secársele la herida del ombligo.*

omitir (o-mi-tir) verbo

Dejar de hacer o de decir una cosa. *No puedo decir sus nombres, debo omitirlos.* **SIN.** Prescindir, callar. **ANT.** Mencionar.

once (on-ce) numeral y sustantivo masculino

Diez y uno, o que ocupa el último lugar en una serie ordenada de 11. *Noviembre es el mes número once del año.*

onceavo, onceava (on-ce-a-vo) numeral y sustantivo masculino

Se dice de cada una de las 11 partes iguales en que se divide un todo. *Me corresponde un onceavo de la tarta.*

onda (on-da) sustantivo femenino

1. Porción de agua que va subiendo y bajando en la superficie de un líquido. *Hoy el mar está tranquilo, sin apenas ondas.* **SIN.** Ola.

680

oler

MODO INDICATIVO		MODO SUBJUNTIVO	
Tiempos simples	Tiempos compuestos	Tiempos simples	Tiempos compuestos

Presente	**Pret. perf. compuesto / Antepresente**	**Presente**	**Pret. perf. compuesto / Antepresente**
huelo	he olido	huela	haya olido
hueles / olés	has olido	huelas	hayas olido
huele	ha olido	huela	haya olido
olemos	hemos olido	olamos	hayamos olido
oléis / huelen	habéis olido	oláis / huelan	hayáis olido
huelen	han olido	huelan	hayan olido

Pret. imperfecto / Copretérito	**Pret. pluscuamperfecto / Antepretérito**	**Pret. imperfecto / Pretérito**	**Pret. pluscuamperfecto / Antepretérito**
olía	había olido	oliera u oliese	hubiera o hubiese olido
olías	habías olido	olieras u olieses	hubieras o hubieses olido
olía	había olido	oliera u oliese	hubiera o hubiese olido
olíamos	habíamos olido	oliéramos u oliésemos	hubiéramos o hubiésemos olido
olíais / olían	habíais olido	olierais u olieseis / olieran u oliesen	hubierais o hubieseis olido hubieran o
olían	habían olido	olieran u oliesen	hubiesen olido

Pret. perf. simple / Pretérito	**Pret. anterior / Antepretérito**		
olí	hube olido		
oliste	hubiste olido		
olió	hubo olido		
olimos	hubimos olido		
olisteis / olieron	hubisteis olido		
olieron	hubieron olido		

		Futuro simple / Futuro	**Futuro compuesto / Antefuturo**
		oliere	hubiere olido
		olieres	hubieres olido
		oliere	hubiere olido
		oliéremos	hubiéremos olido
		oliereis / olieren	hubiereis olido
		olieren	hubieren olido

Futuro simple / Futuro	**Futuro compuesto / Antefuturo**		
oleré	habré olido		
olerás	habrás olido		
olerá	habrá olido		
oleremos	habremos olido		
oleréis / olerán	habréis olido		
olerán	habrán olido		

MODO IMPERATIVO

huele (tú) / olé (vos) / huela (usted)
oled (vosotros)
huelan (ustedes)

Condicional simple / Pospretérito	**Condicional compuesto / Antepospretérito**
olería	habría olido
olerías	habrías olido
olería	habría olido
oleríamos	habríamos olido
oleríais / olerían	habríais olido
olerían	habrían olido

FORMAS NO PERSONALES

Infinitivo	**Infinitivo compuesto**
oler	haber olido
Gerundio	**Gerundio compuesto**
oliendo	habiendo olido
Participio	
olido	

2. Cada una de las curvas, con forma de eses, que se forman en algunas cosas. *En cuanto le crece el pelo, se le forman ondas.* **SIN.** Ondulación.

3. Vibración que se transmite a través del aire, del agua, etc. y llega de un punto a otro. *El sonido y la luz se transmiten por ondas.*

4. estar en la misma onda expresión Tener aficiones o ideas parecidas. *Tú y yo estamos en la misma onda.*

✎ No debe confundirse con *honda*, ʻinstrumento para arrojar piedrasʼ.

ondear (on-de-**ar**) verbo
Hacer ondas el agua o los pliegues de una tela. *La bandera ondea en lo alto del mástil.*

ondulado, ondulada
(on-du-**la**-do) adjetivo
Se dice de los cuerpos cuya superficie forma ondas pequeñas. *No podían construir una casa porque el terreno era muy ondulado.* **SIN.** Ondeado, rizoso. **ANT.** Liso.

on-line Expresión
Que está conectado a una red, especialmente internet. *El final de esta historia es un libro con las mejores postales de esta superabuela, que puede comprarse* on-line.

✎ Se pronuncia /onláin/.

onomástica
(o-no-**más**-ti-ca) sustantivo femenino
Día en que se celebra el santo de una persona. *Hoy es su onomástica.*

opaco, opaca (o-**pa**-co) adjetivo
Que impide el paso a la luz. *Pusieron cristales opacos en las ventanillas.* **SIN.** Oscuro. **ANT.** Transparente.

opción
(op-**ción**) sustantivo femenino
Libertad o posibilidad de elegir. *No tenía otra opción.* **SIN.** Elección, alternativa.

ópera (**ó**-pe-ra) sustantivo femenino
Obra de teatro de tema trágico en la que los personajes cantan en lugar de hablar. *Aida es una gran ópera.*

operación (o-pe-ra-**ción**) sustantivo femenino
1. Realización de una acción. *Se montó una operación de rescate.*

2. Forma de curación en la que el médico tiene abrir o cortar el cuerpo de una persona o animal vivo. *La operación duró dos horas.*

3. Cálculo o cuenta matemática. *Resuelve esa operación.*

operador, operadora
(o-pe-ra-**dor**) sustantivo
1. Persona que actúa de intermediario entre quienes llaman por teléfono y quienes reciben las llamadas. *Mercedes trabaja de operadora.* **SIN.** Telefonista.

2. Técnico que trabaja con cierto tipo de máquinas, como ordenadores, equipos de fotografía o de sonido, etc. *Fue operador de sonido en una película.*

operar (o-pe-**rar**) verbo
1. Abrir o cortar el cuerpo vivo de una persona o animal para curar una enfermedad. *Le operaron de apendicitis.*

2. Realizar operaciones matemáticas. *Opera con decimales.*

operario, operaria (o-pe-**ra**-rio) sustantivo
Trabajador, obrero en una empresa o industria. *Esa mina tiene muchos operarios.*

opinar (o-pi-**nar**) verbo
Expresar una opinión de palabra o por escrito. *Opino que no está bien hecho.*

opinión (o-pi-**nión**) sustantivo femenino
1. Lo que se piensa sobre algo o alguien. *No tenía muy buena opinión de ella.* **SIN.** Juicio, parecer, fama, reputación.

2. opinión pública expresión Lo que piensa sobre un tema la mayoría de las personas. *La opinión pública está en contra de la guerra.*

oponente
(o-po-**nen**-te) adjetivo y sustantivo
Se dice de la persona o grupo de personas que se enfrenta a otra u otras en ideas, pensamientos, o en una competición, concurso, etc. *Mantuvo un debate con su oponente político.*

oponer (o-po-**ner**) verbo
1. Poner una cosa contra otra para impedir que actúe. *Se opuso a que lo viera el médico.* **SIN.** Enfrentar(se), contradecir. **ANT.** Admitir.
2. oponerse Ser una cosa contraria a otra. *La amistad se opone al odio.* **SIN.** Contraponerse.
3. oponerse Mantener la opinión contraria. *Se opuso a la idea.*
✎ Se conjuga como *poner*.

oportunidad
(o-por-tu-ni-**dad**) sustantivo femenino
1. Conveniencia de tiempo y lugar para conseguir algo. *Pasó tu gran oportunidad.* **SIN.** Ocasión.
2. Venta de mercancías a precios más bajos de lo normal. *Esa tienda está en la semana de oportunidades.* **SIN.** Rebaja, saldo.

oportuno, oportuna
(o-por-**tu**-no) adjetivo
1. Que sucede o se hace como o cuando conviene. *No era oportuno decir lo que pensaba.* **SIN.** Conveniente, adecuado. **ANT.** Inoportuno.
2. Se dice de la persona que expresa cosas acertadas en la conversación. *Estuvo muy oportuno.* **SIN.** Sutil. **ANT.** Inoportuno.

oposición (o-po-si-**ción**) sustantivo femenino
1. Enfrentamiento entre distintas ideas o personas. *Había una clara opo-* sición entre ellos dos. **SIN.** Discrepancia, desacuerdo. **ANT.** Conformidad, acuerdo.
2. Examen o conjunto de exámenes que hay que aprobar para ocupar algunos puestos de trabajo. *Laura preparó la oposición durante un año.*
3. Partidos que en un país se oponen a la política del Gobierno. *La oposición votó en contra.*
4. Lo que impide o hace más difícil la realización de algo. *No encontró oposición alguna.* **SIN.** Obstáculo, dificultad. **ANT.** Facilidad.

opresión (o-pre-**sión**) sustantivo femenino
Dominio sobre una persona, un grupo o todo un país o región, que les impide actuar con libertad. *El pueblo está sometido a la opresión del dictador.*

oprimir (o-pri-**mir**) verbo
1. Ejercer presión sobre una cosa. *Oprime el timbre con fuerza.* **SIN.** Apretar. **ANT.** Soltar.
2. Dominar y tratar a una persona, a una nación, etc. con violencia. *El dictador oprimía a su pueblo.* **SIN.** Esclavizar. **ANT.** Liberar.

optar (op-**tar**) verbo
1. Elegir una cosa entre varias. *Optó por viajar en tren en vez de en autocar.* **SIN.** Escoger, preferir, inclinarse. **ANT.** Abstenerse.
2. Tener posibilidades de conseguir algo. *Solo pueden optar al puesto los que tengan carnet de conducir.* **SIN.** Pretender.

optativo, optativa (op-ta-**ti**-vo) adjetivo
Voluntario, no obligatorio. *La excursión a la nieve es optativa.*

óptica (**óp**-ti-ca) sustantivo femenino
1. Técnica de construir gafas, lentillas y otros instrumentos relacionados con la visión. *Mi prima se dedica a la óptica.*

2. Tienda donde se venden y fabrican estos instrumentos, y se examina la visión de las personas para saber qué tipo de lentes necesitan. *Compré las lentillas en esa óptica.*

optimismo
(op-ti-**mis**-mo) sustantivo masculino

Actitud de la persona que suele ver el lado bueno de las cosas. *Lleva los problemas con mucho optimismo.* **ANT.** Pesimismo.

optimista
(op-ti-**mis**-ta) adjetivo y sustantivo

Que suele ver las cosas por su lado bueno. *Es muy optimista, está segura de que resolverá el problema.* **ANT.** Pesimista.

óptimo, óptima (**óp**-ti-mo) adjetivo

Muy bueno, que no puede ser mejor. *Aquel era el momento óptimo para decírselo.* **SIN.** Buenísimo, inmejorable. **ANT.** Pésimo.

opuesto, opuesta (o-**pues**-to) adjetivo

Que es contrario a una idea, acción, cosa o persona. *Se mostró opuesto al plan.* **SIN.** Contrario.

oración (o-ra-**ción**) sustantivo femenino

1. Conjunto de palabras que expresan juntas una idea, sin que haya que añadirles otras. *La mayoría de las oraciones tienen sujeto y verbo.* **SIN.** Frase.
2. Conjunto de palabras para pedir o agradecer algo a Dios. *Antes de acostarse, rezó sus oraciones.* **SIN.** Plegaria, ruego.

orador, oradora (o-ra-**dor**) sustantivo

Persona que habla en público, dando discursos o conferencias. *Cicerón fue un gran orador.* **SIN.** Conferenciante. **ANT.** Oyente.

oral (o-**ral**) adjetivo

Que se dice de palabra y no por escrito. *Hicimos un examen oral.* **SIN.** Verbal. **ANT.** Escrito.

orangután (o-ran-gu-**tán**) sustantivo

Mono de gran tamaño, muy inteligente, de cabeza gruesa, piernas cortas y brazos muy largos. *En el zoo hay dos orangutanes.*

orar (o-**rar**) verbo

Hacer oración, dirigirse a Dios para pedirle o agradecerle algo. *Oraba en la iglesia.* **SIN.** Rezar.

órbita (**ór**-bi-ta) sustantivo femenino

1. Recorrido que realiza un planeta o satélite alrededor de un astro. *El satélite se encuentra en la órbita de Marte.* **SIN.** Trayectoria.
2. Hueco en el que se sitúa el ojo. *Los ojos se le salían de las órbitas.*
3. Ambiente, entorno. *Se movía en la órbita de la alta sociedad.*

orca (**or**-ca) sustantivo femenino

Animal mamífero marino de gran tamaño parecido a la ballena. *Las orcas son muy feroces.*

No debe confundirse con *horca*, `instrumento para ahorcar a los ajusticiados´.

orden (**or**-den) sustantivo masculino

1. Colocación de las cosas en el lugar que les corresponde. *Pon en orden estos libros.*
2. Armonía, acuerdo entre cosas y personas, y calma que esta suele producir. *En la calle reina un perfecto orden.* **SIN.** Concierto. **ANT.** Caos.
3. Clase, tipo. *Tenían algunos problemas de orden administrativo.*
4. sustantivo femenino Mandato que se debe obedecer. *Cumplió sus órdenes.* **SIN.** Precepto, decreto, disposición.
5. sustantivo femenino Comunidad religiosa. *Entró en la Orden carmelita.*
6. orden sacerdotal expresión Sacramento de la Iglesia católica por el que un hombre se convierte en sacerdote. *Recibió el orden sacerdotal.*

ordenación

(or-de-na-**ción**) sustantivo femenino

Colocación de las cosas o personas en el lugar o la manera que les corresponde. *Las fichas guardaban una ordenación correlativa.*

ordenado, ordenada

(or-de-**na**-do) adjetivo

Que sigue un orden o método. *Es una persona muy ordenada.* **SIN.** Organizado, metódico. **ANT.** Desordenado.

ordenador

(or-de-na-**dor**) sustantivo masculino

Máquina que ha sido preparada para elaborar una información o resultado a partir de unos datos. *Tener ordenador es casi imprescindible hoy en día.* **SIN.** Computadora.

ordenanza (or-de-**nan**-za) sustantivo

1. Empleado que se ocupa de vigilar la portería, recoger y repartir la correspondencia, etc. *Era ordenanza de la universidad.*

2. sustantivo femenino Conjunto de normas referidas a una materia. *Cumplió las ordenanzas.*

ordenar (or-de-**nar**) verbo

1. Poner una cosa donde y como debe estar. *Ordena tu habitación.* **SIN.** Arreglar, organizar. **ANT.** Desordenar, desorganizar.

2. Mandar que se haga una cosa. *El capitán ordenó ponerse en marcha.* **SIN.** Dirigir. **ANT.** Cumplir.

ordeñar (or-de-**ñar**) verbo

Extraer la leche de las hembras de ciertos animales exprimiendo la ubre. *Ordeñó las vacas.*

ordinal

(or-di-**nal**) adjetivo y sustantivo masculino

Se dice del adjetivo o pronombre que indica la posición que se ocupa en un orden. *Cuarto, quinto y sexto son ordinales.*

ordinario, ordinaria

(or-di-**na**-rio) adjetivo

1. Que sucede de forma habitual o frecuente. *Un hecho ordinario.* **SIN.** Usual, corriente, común. **ANT.** Inusual, infrecuente.

2. Vulgar, grosero. *Sus modales son muy ordinarios.* **SIN.** Maleducado, soez. **ANT.** Cortés, fino.

3. De poca calidad o valor. *Esa tela no me gusta, es muy ordinaria.* **SIN.** Tosco, basto. **ANT.** Selecto.

4. de ordinario expresión Con frecuencia. *De ordinario no tomamos tarta de postre, pero hoy hay invitados.*

orégano (o-**ré**-ga-no) sustantivo masculino

Planta silvestre aromática, muy usada para dar gusto a la comida. *Echó un poco de orégano al guiso.*

oreja (o-**re**-ja) sustantivo femenino

1. Parte externa del oído. *Se le quedaron las orejas heladas.*

2. con las orejas gachas expresión Con tristeza por no haber conseguido lo que se deseaba. *Está con las orejas gachas porque perdió el juego.*

orfanato (or-fa-**na**-to) sustantivo masculino

Centro que acoge niños sin padres o cuya familia no puede ocuparse de ellos. *Pasó un año en un orfanato.* **SIN.** Orfelinato, hospicio.

orfebrería

(or-fe-bre-**rí**-a) sustantivo femenino

Arte de trabajar los metales preciosos como el oro y la plata. *Se dedica a la orfebrería.*

organillo (or-ga-**ni**-llo) sustantivo masculino

Instrumento musical metido en un mueble portátil, que se toca haciendo girar una manivela. *Los titiriteros tocaban un organillo.*

organismo (or-ga-**nis**-mo) sustantivo masculino

1. Ser vivo. *Las bacterias son organismos unicelulares.*

2. Cuerpo de un ser vivo y forma que tiene de funcionar. *El organismo humano es complicado.*

3. Conjunto de oficinas y trabajadores que forman una institución. *Trabaja en un organismo público.* **SIN.** Corporación, entidad.

organización

(or-ga-ni-za-**ción**) sustantivo femenino

1. Acción de organizar u organizarse. *Aquello no iba bien porque había una mala organización.* **SIN.** Coordinación, disposición.

2. Conjunto de personas que trabajan para lograr un fin. *Pertenece a una organización benéfica.* **SIN.** Grupo.

organizar (or-ga-ni-**zar**) verbo

1. Coordinar de forma conveniente a un grupo de personas para hacer algo juntas o clasificar un conjunto de cosas de forma que queden ordenadas. *Organizó los grupos para el cursillo de natación.* **SIN.** Estructurar.

2. Preparar algo. *Organizó la fiesta.* **SIN.** Montar.

3. organizarse Planear uno mismo cuándo y cómo va a realizar sus asuntos o trabajos. *Se organizó el trabajo de la tarde.*

✎ Se conjuga como *abrazar*.

órgano

(**ór**-ga-no) sustantivo masculino

1. Instrumento musical con teclas como las de un piano y pedales que hacen que el aire pase a través de unos tubos, produciendo distintos sonidos. *Está aprendiendo a tocar el órgano.*

2. Instrumento musical electrónico con teclas como las del piano. *Mi primo toca el órgano electrónico.*

3. Parte del cuerpo de un ser vivo que realiza una función necesaria para vivir. *El hígado es un órgano.*

4. Parte de un conjunto que tiene una función concreta. *El claustro es un órgano de gobierno de la universidad.*

orgullo

(or-**gu**-llo) sustantivo masculino

1. Sentimiento de superioridad. *Tiene mucho orgullo.* **SIN.** Soberbia, altivez. **ANT.** Humildad.

2. Sentimiento de satisfacción y alegría por algo bueno conseguido por uno mismo, o por las personas o cosas cercanas. *Habla con orgullo de su trabajo.* **ANT.** Vergüenza.

orgulloso, orgullosa

(or-gu-**llo**-so) adjetivo y sustantivo

1. Que se cree superior a los demás. *Es una persona muy orgullosa.* **SIN.** Arrogante. **ANT.** Humilde.

2. adjetivo Satisfecho y contento con sus cosas, su familia, amigos, etc. *Está orgulloso de su hijo.*

orientación

(o-rien-ta-**ción**) sustantivo femenino

1. Situación, colocación de una cosa. *No le gusta la orientación de la casa.*

2. Información o ayuda que se ofrece a alguien. *Necesito orientación sobre cómo buscar trabajo.*

3. Capacidad de saber dónde se está y cómo llegar a un sitio. *Tiene poco sentido de la orientación.*

oriental

(o-rien-**tal**) adjetivo y sustantivo

Que pertenece a los países asiáticos o ha nacido allí. *Admiro las culturas orientales, en especial la china.*

orientar (o-rien-**tar**) verbo

1. Colocar a una persona o cosa en una posición determinada. *Orientaron su casa al sur.*

2. Informar a alguien de dónde se encuentra o de la dirección que ha de seguir para llegar a donde desea. *El policía nos orientó.*

3. Informar a alguien de lo que ignora y desea saber sobre determinado asunto. *Lo orientó sobre los negocios.*
4. Dirigir una cosa hacia un fin determinado. *Voy a orientar mis estudios hacia la filosofía.* **SIN.** Encauzar.
5. orientarse Saber una persona o animal el lugar donde se encuentra y la dirección que debe seguir para ir al sitio que desea. *No supo orientarse y se perdió en la montaña.*

oriente (o-rien-te) sustantivo masculino
1. Lugar de la Tierra orientado hacia donde nace el Sol. *Quiero conocer el oriente de la isla.*
2. Asia y las regiones más próximas a ella de Europa y África. *Japón es un país de Extremo Oriente.* ✎ Se escribe con mayúscula.
3. nombre propio Uno de los puntos cardinales. *El Sol sale por Oriente.* **SIN.** Este. **ANT.** Occidente. ✎ Se escribe con mayúscula.
4. Extremo Oriente expresión Países de la parte más oriental de Asia. *Japón es un país de Extremo Oriente.*

orificio (o-ri-fi-cio) sustantivo masculino
Agujero o hueco. *Sale agua por el orificio.* **SIN.** Abertura, boquete.

origen (o-ri-gen) sustantivo masculino
1. Principio y causa de una cosa. *Esta fuente es el origen de ese arroyo.* **SIN.** Inicio, germen, raíz. **ANT.** Fin, efecto, resultado.
2. Causa o motivo de algo. *La herencia fue el origen de la disputa.* **ANT.** Efecto.
3. Familia en la que ha nacido una persona. *Era de origen humilde.* **SIN.** Procedencia, cuna.
4. País donde una persona ha nacido o de donde una cosa proviene. *Es de origen colombiano.*

original (o-ri-gi-nal) adjetivo
1. Que se refiere al origen. *Esa era la idea original.* **SIN.** Inicial, primitivo.
2. Extraño, que se sale de lo normal. *Una moda original.* **SIN.** Nuevo. **ANT.** Vulgar, común.
3. Se dice de la lengua en que se escribió una obra o se realizó una película. *Vimos la película en versión original subtitulada.*
4. adjetivo y sustantivo masculino Se dice de cualquier documento, lámina, libro, etc. del que se hacen copias. *Llevó el título original junto con la fotocopia para que se la compulsaran.*
5. sustantivo masculino Libro o película ya terminados, de los que luego se harán las copias que se venden o ven. *Entregó el original de una novela.*
6. sustantivo masculino Persona o cosa retratada, respecto del retrato. *Se parecía mucho al original.*

originario, originaria
(o-ri-gi-na-rio) adjetivo
Que da origen a algo o tiene su origen en un lugar, persona o cosa. *La patata es originaria de América.*

orilla (o-ri-lla) sustantivo femenino
Extremo o límite de algunas cosas, especialmente de la tierra que está junto al agua de un mar, lago, río, etc. *El automóvil estaba parado en la orilla de la carretera.* **SIN.** Margen, borde.

orín (o-rín) sustantivo masculino
Sustancia rojiza que se forma en la superficie del hierro a causa de la humedad. *La verja estaba cubierta de orín.* **SIN.** Herrín.

orina (o-ri-na) sustantivo femenino
Líquido amarillento que se expulsa del cuerpo y que contiene sustancias que sobran o dañan. *Se hizo análisis de sangre y de orina.* **SIN.** Pipí, pis.

orinal (o-ri-**nal**) sustantivo masculino
Vasija para recoger los excrementos de las personas. *Le regalaron un orinal en forma de pato.* **SIN.** Bacín.

orinar (o-ri-**nar**) verbo
Eliminar del cuerpo la orina. *Tenía que ir al servicio porque se orinaba.* **SIN.** Mear(se).

oro (**o**-ro) sustantivo masculino
1. Metal precioso de color amarillo. *El oro brilla.*
2. adjetivo Color como el de este metal. *Era de color oro.* **SIN.** Dorado.
3. adjetivo y sustantivo masculino Medalla de oro, primer premio de una competición deportiva. *El equipo español ganó el oro.*
4. sustantivo masculino plural Uno de los cuatro palos de la baraja española, en cuyas cartas se representan monedas de oro. *Pintó el as de oros.*

orquesta (or-**ques**-ta) sustantivo femenino
Conjunto de músicos y de instrumentos que tocan juntos. *La orquesta dio un concierto ayer.*

orquídea (or-**quí**-de-a) sustantivo femenino
Flor de varias plantas del mismo nombre, de formas y colores raros y llamativos. *Le regaló una orquídea.*

ortiga (or-**ti**-ga) sustantivo femenino
Hierba cubierta con unos pelillos que, al tocarlos, producen picor en la piel. *Se picó con unas ortigas.*

ortografía
(or-to-gra-**fí**-a) sustantivo femenino
Conjunto de normas para escribir correctamente las palabras de una lengua. *Estudió las reglas de ortografía para no cometer faltas.*

ortopédico, ortopédica
(or-to-**pé**-di-co) adjetivo
Se dice de los aparatos y ejercicios corporales que sirven para corregir o evitar las deformidades del cuerpo

humano. *Necesita plantillas ortopédicas porque tiene los pies planos.*

oruga (o-**ru**-ga) sustantivo femenino
Gusano de cuerpo blando, que es un insecto que aún no tiene su forma final. *Las polillas y mariposas tienen una fase de orugas.*

orzuelo (or-**zue**-lo) sustantivo masculino
Grano que sale en el borde de un párpado. *Al parpadear, me molesta el orzuelo.*

os pronombre personal
Forma del pronombre personal de segunda persona del plural, en masculino o femenino, que funciona como complemento directo o indirecto. *Os lo diré.*
✎ No lleva preposición, y se puede usar formando una sola palabra con el verbo, como en *callaos.*

osadía (o-sa-**dí**-a) sustantivo femenino
1. Valentía para actuar con decisión y sin temor al riesgo. *Mostró osadía al enfrentarse al fiero león.* **ANT.** Cobardía.
2. Insolencia, descaro. *No sé cómo tuvo la osadía de presentarse aquí después de lo de ayer.* **SIN.** Desfachatez, desvergüenza. **ANT.** Vergüenza.

osar (o-**sar**) verbo
Atreverse a hacer alguna cosa. *No osó acercarse a la jaula de los leones.* **SIN.** Arriesgarse, lanzarse, afrontar. **ANT.** Avergonzarse, temer.

oscilar (os-ci-**lar**) verbo
1. Moverse de un lado para otro sin desplazarse. *La luz de la bombilla oscilaba.* **SIN.** Mecerse, balancearse, columpiarse, temblar, vibrar.
2. Ir creciendo y disminuyendo, de forma más o menos fija, la intensidad, el valor, etc., de algo. *Su valor oscila entre 100 y 200.* **SIN.** Fluctuar, variar.

oscurecer (os-cu-re-**cer**) verbo
1. Desacreditar el valor o la importancia de alguien o algo. *El mal tiempo oscureció su actuación.* **SIN.** Deslucir, eclipsar.
2. Hacer más difícil la comprensión de algo. *Tanta simbología oscurecía el sentido último de la frase.* **SIN.** Dificultar, complicar, embrollar. **ANT.** Aclarar.
3. Poner más oscuro. *Oscureció el fondo del cuadro.*
✎ Verbo irregular, se conjuga como *parecer.*

oscuro, oscura
(os-**cu**-ro) adjetivo
1. Que tiene poca luz o claridad. *Los sótanos son oscuros.* **SIN.** Sombrío, apagado. **ANT.** Claro, transparente, luminoso.
2. Se dice del color que casi llega a ser negro, y del que se compara con otro más claro. *Viste de azul oscuro.*
3. Se dice del cielo con muchas nubes. *El cielo está muy oscuro.* **SIN.** Nublado, encapotado. **ANT.** Claro, radiante, despejado.
4. Poco claro o incomprensible. *El sentido de la frase es oscuro.* **SIN.** Complicado. **ANT.** Claro.
5. Sospechoso, misterioso, peligroso. *Era un asunto muy oscuro.*
6. **a oscuras** expresión Sin luz. *Se fundió la luz y nos quedamos a oscuras.*

osezno (o-**sez**-no) sustantivo masculino
Cachorro del oso. *La osa tenía dos oseznos.* **SIN.** Osito.

oso, osa (o-so) sustantivo
Animal mamífero de gran tamaño, de espeso pelaje de color pardo o blanco, cabeza grande, ojos pequeños, patas fuertes y gruesas, y cola muy corta. *Participa en una campaña para la protección del oso.*

ostentación
(os-ten-ta-**ción**) sustantivo femenino
Exhibición de lo que se tiene o se hace para presumir de ello. *Siempre está haciendo ostentación del dinero que tiene.*

ostra (**os**-tra) sustantivo femenino
Molusco de concha casi circular, áspera y rugosa, de color marrón verdoso por fuera y blanco por dentro. *Las ostras son un marisco muy apreciado.*

otear (o-te-**ar**) verbo
Mirar desde un lugar alto lo que está abajo. *Desde el faro se podía otear todo el horizonte.*

otoño (o-**to**-ño) sustantivo masculino
Una de las cuatro estaciones del año. *Las hojas de algunos árboles se caen en otoño.*

otorgar (o-tor-**gar**) verbo
Consentir, conceder una cosa que se pide o se pregunta. *Le han otorgado una beca.* **SIN.** Dar, permitir. **ANT.** Prohibir, negar.
✎ Se conjuga como *ahogar.*

otro, otra (**o**-tro) adjetivo y sustantivo
1. Se dice de la persona o cosa distinta de la que se habla. *Compró otro caballo para su hija.*
2. adjetivo Con artículo y palabras como mo *día, noche, mes*, etc., indica un pasado reciente. *La otra noche estuvimos en su casa.*

ovación
(o-va-**ción**) sustantivo femenino
Aplauso ruidoso que se da a una persona. *Los intérpretes recibieron una fuerte ovación.* **SIN.** Clamor, vivas. **ANT.** Abucheo.

oval (o-**val**) adjetivo
Ovalado, que tiene forma de huevo. *El Despacho Oval de la Casa Blanca estadounidense es donde trabaja su presidente.*

ovalado - ozono

ovalado, ovalada (o-va-**la**-do) adjetivo
Que tiene forma de huevo. *Tiene forma ovalada; es muy extraño.*

óvalo (**ó**-va-lo) sustantivo masculino
Cualquier curva cerrada de forma ovalada. *Quería dibujar una circunferencia, pero le salió un óvalo.*

ovario (o-va-rio) sustantivo masculino
Órgano sexual femenino en el que se forman los óvulos. *Las mujeres tienen dos ovarios.*

oveja (o-**ve**-ja) sustantivo femenino
1. Animal mamífero, hembra del carnero, que produce lana. *Cuidaba un rebaño de ovejas.*
2. oveja negra expresión Persona cuyo comportamiento es diferente al de quienes le rodean. *Soy la oveja negra de la familia.*

ovillo (o-**vi**-llo) sustantivo masculino
1. Bola hecha de hilo o cuerda enrollada. *El gato está jugando con el ovillo.*
2. hacerse un ovillo expresión Encogerse, acurrucarse por miedo, dolor u otra causa natural. *Tenía tanto frío que se hizo un ovillo.*

ovino, ovina (o-**vi**-no) adjetivo
Se dice del ganado lanar: ovejas y carneros. *Se dedica a la cría de ganado ovino.*

ovni (**ov**-ni) sustantivo masculino
Objeto desconocido que vuela y se piensa que puede ser una nave extraterrestre. *Aseguraba haber visto un ovni.*

óvulo (**ó**-vu-lo) sustantivo masculino
Célula reproductora femenina. *El óvulo ha sido fecundado por el espermatozoide.*

oxidar (o-xi-**dar**) verbo
Transformar el oxígeno un cuerpo o formar una capa de óxido. *La bici se oxidó por la humedad.*

óxido (**ó**-xi-do) sustantivo masculino
Capa que se forma en los metales que están en contacto con el aire o la humedad. *El clavo estaba lleno de óxido.* **SIN.** Herrumbre.

oxigenar (o-xi-ge-**nar**) verbo
1. Hacer que entre el aire del exterior. *Abre la ventana para que se oxigene la habitación.* **SIN.** Airear, ventilar.
2. oxigenarse Respirar aire puro. *Necesitaba salir al campo para oxigenarse.* **SIN.** Airearse.

oxígeno
(o-**xí**-ge-no) sustantivo masculino
Gas transparente, sin olor ni sabor, que está en el aire que respiramos y es indispensable para los seres vivos. *Las personas respiramos oxígeno.*

oyente
(o-**yen**-te) adjetivo y sustantivo
1. Que oye o escucha. *Los oyentes aplaudieron al acabar.*
2. sustantivo Alumno que asiste a las clases de un centro de enseñanza, pero que no está matriculado oficialmente. *Asisto a clase como oyente.*

ozono (o-**zo**-no) sustantivo masculino
Gas con mucho oxígeno, que forma una capa en la atmósfera que no deja pasar ciertos rayos de luz procedentes del Sol, perjudiciales para la piel y a la salud. *Está aumentando el agujero de la capa de ozono.*

p sustantivo femenino

Consonante número trece del abecedario español. Su nombre es *pe*. *Pablo se escribe con p.*

pabellón (pa-be-**llón**) sustantivo masculino

Edificio, generalmente aislado, pero que depende de otro o está contiguo a él. *Visitó el segundo pabellón de la feria.*

pacer (pa-**cer**) verbo

Comer el ganado la hierba en los campos. *Las vacas pacían en el prado.* **SIN.** Pastar.

✎ Verbo irregular, se conjuga como *parecer*.

pachanguero, pachanguera
(pa-chan-**gue**-ro) adjetivo

Se dice de la música de mala calidad. *La música de la verbena era muy pachanguera.* **SIN.** Ratonero.

pachorra (pa-**cho**-rra) sustantivo femenino

Calma para hacer las cosas despacio. *Lo hace todo con tanta pachorra que me saca de quicio.* **SIN.** Apatía. **ANT.** Nervio.

pachucho, pachucha
(pa-**chu**-cho) adjetivo

1. Pasado, mustio. *Riega un poco esta planta, que está algo pachucha.* **SIN.** Lozano, fresco.

2. Enfermo, débil, con mala salud. *Hoy no voy a clase, estoy un poco pachucha.* **SIN.** Flojo, desmadejado.

paciencia (pa-**cien**-cia) sustantivo femenino

1. Serenidad en la espera. *Tiene muy poca paciencia, enseguida se pone nervioso.* **SIN.** Tranquilidad.

2. Capacidad para soportar las molestias o incomodidades sin quejarse. *Llevaba su enfermedad con mucha paciencia.* **SIN.** Tolerancia, resignación. **ANT.** Impaciencia.

3. Capacidad para hacer cosas que necesitan mucha atención a los detalles o mucho tiempo. *Para hacer manualidades se requiere mucha paciencia.*

4. Lentitud o tardanza en hacer algo. *El doctor nos recomendó que tuviéramos paciencia para ver los resultados.*

paciente (pa-**cien**-te) sustantivo

Persona enferma a la que los médicos están intentando curar. *Trataba con mucho cariño a todos sus pacientes.* **SIN.** Enfermo.

pacífico, pacífica
(pa-**cí**-fi-co) adjetivo

1. Quieto, tranquilo. *El perro de mis vecinos es muy pacífico.* **SIN.** Sosegado, calmado. **ANT.** Violento.

2. Que está en paz, sin luchas ni guerras. *Era un país pacífico.*

3. Que no quiere participar en una guerra. *Su actitud pacífica le llevó a manifestarse en contra de aquella guerra.* **SIN.** Pacifista.

pacifismo (pa-ci-**fis**-mo) sustantivo masculino
Pensamiento de los que desean mantener la paz entre las naciones y están contra la guerra, cualquiera que sea su motivo. *Es partidario del pacifismo.*

pacotilla (pa-co-**ti**-lla)
de pacotilla expresión Ser una cosa de escasa calidad. *Este reloj es de pacotilla y se estropea cada poco.*

pactar (pac-**tar**) verbo
Ponerse de acuerdo dos personas, empresas, países, etc. *Los dos países en guerra pactaron la paz.* **SIN.** Convenir, concertar.

pacto (**pac**-to) sustantivo masculino
Acuerdo entre dos o más personas, y lo que este contiene. *Existía un pacto secreto entre las dos familias.* **SIN.** Ajuste, tratado.

padecer (pa-de-**cer**) verbo
1. Sentir corporalmente un daño, dolor, enfermedad, etc. *Padezco gripe, pero pronto me curaré.* **SIN.** Sufrir, aguantar. **ANT.** Gozar, disfrutar.
2. Soportar, tolerar algo molesto o dañino. *La región padecía un fuerte temporal.* **SIN.** Sufrir.
✎ Verbo irregular, se conjuga como *parecer*.

padrastro (pa-**dras**-tro) sustantivo masculino
Marido de la madre respecto de los hijos que esta tiene de un matrimonio anterior. *Se llevaba muy bien con su padrastro.*

padrazo (pa-**dra**-zo) sustantivo masculino
Padre muy bueno y cariñoso con sus hijos. *Está hecho un padrazo.*

padre (**pa**-dre) sustantivo masculino
1. Hombre o animal de sexo masculino que ha tenido hijos. *Te pareces mucho a tu padre.*
2. Religioso o sacerdote. *Habló con el padre sobre la ceremonia.*

3. Creador de alguna cosa. *Alexander Bell es el padre del teléfono.* **SIN.** Autor, inventor.
4. sustantivo masculino plural El padre y la madre en conjunto. *Me presentó a sus padres.*

padrenuestro
(pa-dre-**nues**-tro) sustantivo masculino
Oración cristiana que comienza con esas palabras. *Rezaron un padrenuestro.*

padrino (pa-**dri**-no) sustantivo masculino
1. Hombre que acompaña a una persona que recibe el sacramento del bautismo, de la confirmación o del matrimonio. *Su tío era su padrino de bautismo.*
2. Persona que presenta y acompaña a otra que recibe algún honor. *Fue su padrino en la ceremonia de entrega de los premios.*
3. Persona que favorece o protege a otra. *Si logró el papel, fue por su padrino.* **SIN.** Protector, valedor.
4. sustantivo masculino plural El padrino y la madrina en conjunto. *Mi tíos son mis padrinos de boda.*

padrón (pa-**drón**) sustantivo masculino
Lista con los nombres de los habitantes de un pueblo. *No estaba inscrito en el padrón.*

paella (pa-e-**lla**) sustantivo femenino
Plato de arroz cocido y seco, con carne, marisco, etc. *Prepararon una paella en el campo.*

paellera (pa-e-**lle**-ra) sustantivo femenino
Recipiente de metal, redondo y de poco fondo, con dos asas, que sirve para hacer la paella. *Necesito una paellera más grande.*

paga (**pa**-ga) sustantivo femenino
Cantidad de dinero que se da en pago por un trabajo. *Todavía no había recibido paga alguna.*

pagar (pa-**gar**) verbo
1. Dar dinero una persona a otra a cambio de una cosa o un trabajo. *Pagué en efectivo mis zapatos.* **SIN.** Abonar. **ANT.** Deber.
2. Cumplir el castigo por un delito o falta. *Pagó sus culpas en la cárcel.* **SIN.** Purgar, cumplir.
3. Demostrar con obras el agradecimiento. *Pagó muy bien el favor recibido.* **SIN.** Recompensar.
4. pagarlas todas juntas expresión Sufrir el castigo que se merece. *Me las pagará todas juntas cuando le pille.*
✎ Se conjuga como *ahogar*.

página (**pá**-gi-na) sustantivo femenino
1. Cada una de las dos caras de las hojas de un libro o cuaderno, y lo escrito en ellas. *Este libro tiene más de cien páginas.* **SIN.** Carilla, plana.
2. Documento electrónico que se encuentra en internet y que contiene información sobre determinados temas. *Toda empresa que se precie debe tener su propia página web.*

pago (**pa**-go) sustantivo masculino
1. Entrega de un dinero o cosa que se debe. *Efectuó unos pagos que tenía pendientes.* **SIN.** Reintegro, pagamento, paga, abono. **ANT.** Cobranza, cobro.
2. Premio o recompensa. *Recibió el premio en pago de sus esfuerzos.*

país (pa-**ís**) sustantivo masculino
Conjunto de tierras y personas con un mismo gobierno y un mismo idioma. *Argentina y Chile son países vecinos.* **SIN.** Nación, patria.

paisaje (pai-sa-je) sustantivo masculino
1. Pintura o dibujo que representa una vista de la naturaleza, sin figuras de personas o en la que esas figuras son solo decorativas. *Es una famosa pintora de paisajes.*
2. Porción de terreno que se puede ver desde un sitio. *Observaba el paisaje desde la ventana.*

paisano, paisana
(pai-**sa**-no) adjetivo y sustantivo
1. Que es del mismo lugar, provincia o país que otra persona. *Le gustaba reunirse con sus paisanos.* **SIN.** Compatriota, conciudadano, coterráneo.
2. de paisano expresión De calle, sin traje o uniforme. *El policía iba vestido de paisano.*

paja (**pa**-ja) sustantivo femenino
1. Caña de trigo y otras gramíneas, después de seca y separada del grano. *Estaban amontonando la paja.*
2. Cosas inútiles que se dicen o escriben solo para rellenar hojas u ocupar el tiempo. *Ese tema tiene muchas páginas, pero la mayoría es paja.*
3. Tubo fino y largo, hueco por dentro, que sirve para sorber líquidos, en especial refrescos. *Le sirvió el refresco con una paja.*

pájara (**pá**-ja-ra) sustantivo femenino
En ciclismo y otros deportes, cansancio repentino que se sufre tras un esfuerzo físico y que hace difícil o imposible continuar en la prueba. *Sufrió una pájara subiendo el puerto.*

pajarita (pa-ja-**ri**-ta) sustantivo femenino
1. Figura en forma de pájaro hecha con un papel doblado varias veces. *Hizo una pajarita.*
2. Corbata con un nudo especial que tiene forma de dos triángulos unidos. *Llevaba camisa blanca y pajarita negra.*

pájaro, pájara
(**pá**-ja-ro) adjetivo y sustantivo
1. Persona astuta. *Ten cuidado con ese, es un buen pájaro.* **SIN.** Cuco, granuja, zorro, bicho.
2. sustantivo masculino Cualquier ave, sobre todo las de pequeño tamaño. *Mi*

hermano es ornitólogo y le apasiona la vida de los pájaros.

paje (pa-je) sustantivo masculino

Criado joven que, antiguamente, acompañaba a sus amos, servía la mesa, etc. *Era paje del rey.*

pala (pa-la) sustantivo femenino

1. Instrumento compuesto de una lámina de madera o hierro y un mango grueso, más o menos largo. *Saca la tierra con la pala.*
2. Utensilio de esa forma. *Los niños jugaban en la arena con el cubo y la pala.*
3. Tabla de madera con mango para jugar a la pelota. *Lleva las palas a la playa.* **SIN.** Raqueta.
4. Especie de cuchillo utilizado para partir el pescado. *No sabía utilizar la pala de pescado.*

palabra (pa-la-bra) sustantivo femenino

1. Conjunto de sonidos que expresan una idea determinada y forma en que estos se escriben. *No dijo ni palabra.* **SIN.** Término.
2. Promesa u ofrecimiento. *Había dado su palabra.*
3. Derecho a hablar en una asamblea o reunión. *El presidente le concedió la palabra.* **SIN.** Voz.
4. sustantivo femenino plural Cosas que se dicen pero que no son ciertas o no se sienten de verdad. *No te enfades por lo que dijo, eran solo palabras.*
5. comerse las palabras expresión No decir o escribir palabras o letras necesarias por las prisas o por olvidarse. *No le entiendo, porque al hablar se come la mitad de las palabras.*
6. palabra de honor expresión Promesa o juramento. *Te doy mi palabra de honor de que no sabía nada.*

palabrota (pa-la-bro-ta) sustantivo femenino

Palabra ofensiva o grosera. *Es de mala educación decir palabrotas.* **SIN.**

Taco, maldición, juramento, blasfemia. **ANT.** Elogio, piropo.

palacio (pa-la-cio) sustantivo masculino

1. Casa lujosa y grande, en especial aquella en donde viven los reyes. *Ese palacio era la residencia de verano de los reyes.*
2. Edificio público de gran tamaño. *Juegan en el Palacio de los Deportes.*

paladar (pa-la-dar) sustantivo masculino

1. Parte interior y superior de la boca. *Se le clavó una espina en el paladar.* **SIN.** Cielo de la boca.
2. Sensibilidad para notar el sabor de los alimentos y bebidas. *Tiene buen paladar para el vino.*

paladear (pa-la-de-ar) verbo

Tomar poco a poco la comida o la bebida, disfrutando del sabor. *Le gustaba paladear la comida.* **SIN.** Saborear, gustar.

palanca (pa-lan-ca) sustantivo femenino

Instrumento rígido en forma de barra que sirve para mover o elevar un objeto pesado. Se coloca apoyándolo sobre un punto de tal manera que, haciendo fuerza sobre uno de sus extremos, se mueve el objeto situado en el otro. *Usó una palanca para mover la roca que cerraba el camino.*

palangana (pa-lan-ga-na) sustantivo femenino

Vasija ancha y poco profunda. *Deja los calcetines a remojo en la palangana.* **SIN.** Jofaina.

palco (pal-co) sustantivo masculino

Balcón en los teatros desde el que se puede ver el espectáculo. *Vi la ópera desde un palco.*

paleta (pa-le-ta) sustantivo femenino

1. Placa de madera u otro material en la que el pintor mezcla los colores. Se dice también de los colores empleados por un pintor. *El pintor aparecía retratado con su paleta.*

2. Utensilio de forma triangular y mango de madera que usan los albañiles. *Necesitas una paleta más pequeña para echar el cemento.* **SIN.** Espátula, llana.

paleto, paleta (pa-**le**-to) adjetivo y sustantivo
Se dice despectivamente de una persona que no sabe comportarse adecuadamente en algunas situaciones. Se aplica sobre todo a la persona procedente de un lugar pequeño cuando va a una gran ciudad. *Paleto, mira que perderse en el metro...* **SIN.** Palurdo. **ANT.** Fino.

palidecer (pa-li-de-**cer**) verbo
Ponerse pálido, con la piel más clara de lo normal. *Palideció al oír la noticia de su grave enfermedad.*
✎ Verbo irregular, se conjuga como *parecer.*

palidez (pa-li-**dez**) sustantivo femenino
Pérdida del color natural de la piel. *Su palidez empezaba a ser preocupante.* **ANT.** Rubor.

pálido, pálida (**pá**-li-do) adjetivo
1. Que tiene la piel más clara de lo normal. *Estás pálido de miedo.*
2. De color menos vivo de lo normal. *La chaqueta que le regalaron es de color rosa pálido.* **SIN.** Apagado, descolorido. **ANT.** Vivo.

palillero (pa-li-**lle**-ro) sustantivo masculino
Utensilio en el que se colocan los palillos. *Le regalaron un palillero de cristal.*

palillo (pa-li-**llo**) sustantivo masculino
1. Palito pequeño y terminado en punta que se usa para limpiarse los dientes. *Pon los palillos en la mesa.* **SIN.** Mondadientes.
2. Persona muy delgada. *Se ha quedado hecho un palillo.*
3. sustantivo masculino plural Par de palitos para tomar los alimentos que se usan en algunos países orientales. *Cuando vamos al restaurante chino, comemos con palillos.*

palique (pa-li-que) sustantivo masculino
Conversación de poca importancia. *Estuvieron más de dos horas de palique.* **SIN.** Charla.

palitroque (pa-li-**tro**-que) sustantivo masculino
Palo pequeño. *Tapó el agujero con hojarasca y algunos palitroques.*

paliza (pa-**li**-za) sustantivo femenino
1. Zurra de golpes. *Recibió una paliza.* **SIN.** Tunda, vapuleo.
2. Derrota que sufre alguien por mucha diferencia. *Les dimos una buena paliza: seis goles a cero.*
3. Trabajo, esfuerzo. *Esa subida a la montaña es una buena paliza.*
4. Conversación o charla pesada y aburrida. *Deja de dar la paliza con tus chismes.* **SIN.** Lata, latazo, sermón.

palma (**pal**-ma) sustantivo femenino
1. Hoja de la palmera. *Compré un abanico de palma.*
2. Parte interior de la mano, desde la muñeca hasta los dedos. *Le dio con la palma de la mano.*
3. Triunfo, victoria. *Nuestro equipo se llevó la palma.*
4. sustantivo femenino plural Aplausos, golpes que se dan con las dos palmas de las manos entre sí para expresar aprobación o entusiasmo. *El público lo recibió dando palmas.*

palmada (pal-**ma**-da) sustantivo femenino
1. Golpe dado con la palma de la mano. *Al darle la palmada a la pelota, se hizo daño.*
2. Ruido que se hace golpeando una con otra las palmas de las manos. *Acompañaron el canto con palmadas.*

palmar (pal-**mar**) sustantivo masculino
1. Sitio o lugar donde se crían palmas. *Elche tiene un gran palmar.* **SIN.** Palmeral.

2. verbo Morir. *En la película, la palmaban todos.* **SIN.** Fallecer.

palmeado, palmeada
(pal-me-**a**-do) adjetivo
Se dice de las patas de algunos animales que tienen unidos los dedos entre sí por una piel. *Las nutrias tienen las patas palmeadas.*

palmear (pal-me-**ar**) verbo
Dar golpes con las palmas de las manos una con otra como muestra de alegría o aplauso. *La niña palmeaba emocionada.* **SIN.** Aplaudir, ovacionar. **ANT.** Abuchear.

palmera
(pal-**me**-ra) sustantivo femenino
1. Árbol de tronco áspero y alto, cuya copa está formada por largas hojas. *El paseo de la playa estaba lleno de palmeras.*
2. Pastel de hojaldre con forma de corazón. *Entró a la confitería a comprar una palmera.*

palmo (**pal**-mo) sustantivo masculino
1. Medida de la mano de una persona extendida, desde el extremo del dedo pulgar al del meñique. *El ancho de la tela es de un palmo.*
2. palmo a palmo expresión Poco a poco, venciendo las dificultades. *Le fue sacando ventaja palmo a palmo.*

palo (**pa**-lo) sustantivo masculino
1. Trozo de madera más largo que grueso. *Clavó un palo en el suelo.* **SIN.** Vara, estaca.
2. Golpe dado con un palo. *Recibió un palo en la cabeza.*
3. Cada una de las cuatro series de naipes en que se divide la baraja: oros, copas, espadas y bastos. *El palo que pinta es bastos.*
4. Daño que alguien recibe o desilusión que algo malo le causa. *Se llevó un buen palo al suspender otra vez.*

paloma (pa-**lo**-ma) sustantivo femenino
Ave de plumaje blanco, gris o azulado, de tamaño mediano, que se orienta muy bien y puede volar muchas horas seguidas, por lo que se usaba para llevar mensajes. *Envió una carta por medio de una paloma mensajera.*

palomar (pa-lo-**mar**) sustantivo masculino
Edificio donde se crían y refugian las palomas. *En el medio de la huerta había un palomar.*

palomita (pa-lo-**mi**-ta) sustantivo femenino
Grano de maíz tostado reventado, de color blanco, que se suele comer con sal. *Se sentó frente a la tele con una enorme bolsa de palomitas.*

palote (pa-**lo**-te) sustantivo masculino
Cada una de las rayas que los niños hacen en el papel cuando aprenden a escribir. *Ya hace sus primeros palotes.* **SIN.** Trazo.

palpar (pal-**par**) verbo
1. Tocar con las manos una cosa para examinarla o reconocerla por el sentido del tacto. *Palpó la tela.* **SIN.** Tentar, toquetear.
2. Notar algo con total claridad. *El optimismo del grupo se palpaba.* **SIN.** Percibir.

palpitar (pal-pi-**tar**) verbo
Moverse el corazón cuando entra y sale la sangre. *El corazón le palpitaba muy deprisa después de correr tanto.* **SIN.** Latir.

palurdo, palurda
(pa-**lur**-do) adjetivo y sustantivo
Tosco, grosero. *Ese amigo tuyo es un poco palurdo.* **SIN.** Rústico, zafio, paleto. **ANT.** Exquisito.

pamela (pa-**me**-la) sustantivo femenino
Sombrero de ala ancha que usan las mujeres, especialmente en verano. *Lleva una pamela de paja.*

pampa (pam-pa) sustantivo femenino
Llanura extensa de América del Sur, casi sin vegetación. *Salió a pasear por la Pampa en su caballo.* ✎ Se escribe con mayúscula.

pamplina (pam-pli-na) sustantivo femenino
Cosa sin importancia. *No deberías tomarte tan en serio esas pamplinas.*

pan sustantivo masculino
1. Porción de masa de harina y agua que, después de fermentada y cocida en un horno, sirve de alimento al ser humano. *Le gusta mucho el pan de hogaza.* **SIN.** Barra, hogaza, panecillo. **2. pan de molde** expresión Pan que de forma rectangular; no tiene corteza dura y está partido en rebanadas cuadradas. *Hice tostadas con rebanadas de pan de molde.* **3. ser un pedazo de pan** expresión Ser alguien muy buena persona. *Mi abuela es un pedazo de pan.* **4. ser pan comido** expresión Ser algo muy fácil de hacer o de lograr. *Ganar ese partido es pan comido.*

pana (pa-na) sustantivo femenino
Tela gruesa, semejante en el tejido al terciopelo, que forma rayas verticales. *Llevaba unos pantalones y una cazadora de pana.*

panadería (pa-na-de-rí-a) sustantivo femenino
Sitio donde se hace o vende el pan. *Dejé encargada una hogaza grande en la panadería.*

panal (pa-nal) sustantivo masculino
Conjunto de celdillas o huecos de cera de igual tamaño que las abejas construyen dentro de la colmena para depositar la miel. *Las abejas salieron del panal.* **SIN.** Colmena.

pancarta (pan-car-ta) sustantivo femenino
Cartel grande de tela, papel o cartón en el que se escribe o dibuja algo para que todo el mundo pueda verlo. *En la pancarta se podía leer: «Paz para todos».*

pancho, pancha (pan-cho) adjetivo
1. Tranquilo. *Es muy pancha, no se altera por nada.* **ANT.** Inquieto. **2.** Satisfecho. *Lo hizo mal y se quedó tan pancho.*

panda (pan-da) sustantivo femenino
1. Pandilla. *Era de nuestra panda.* **2.** Grupo de gente que se reúne con malas intenciones. *Seguro que es obra de esa panda de gamberros.* **SIN.** Banda. **3.** sustantivo masculino Animal mamífero de color negro con manchas blancas, originario del centro de Asia, parecido a un oso. *Vieron un panda gigante en el zoo.*

pandereta (pan-de-re-ta) sustantivo femenino
Pandero, instrumento musical de forma circular formado por una piel estirada sobre un aro estrecho de madera, con cascabeles que suenan al golpearlo. *Parte del grupo cantaba el villancico y la otra parte tocaba la pandereta.*

pandilla (pan-di-lla) sustantivo femenino
Grupo de amigos que salen juntos de forma habitual. *Era el más joven de la pandilla.* **SIN.** Panda.

panfleto (pan-fle-to) sustantivo masculino
Folleto o cuadernillo en el que se anuncia un producto o se transmite una información, sobre todo política. *Repartía panfletos de un grupo clandestino.*

pánico (pá-ni-co) sustantivo masculino
Gran temor. *El monstruo causaba un enorme pánico a los niños.* **SIN.** Terror, espanto, pavor.

panorama (pa-no-ra-ma) sustantivo masculino
1. Vista de un horizonte muy extenso que se contempla desde un lugar elevado. *¡Qué bello panorama!* **2.** Visión de conjunto de una situación. *El panorama económico del país había cambiado mucho.*

panqué (pan-**qué**) sustantivo masculino

Pequeño bollo de varias formas, que se hace con pasta suave y esponjosa y generalmente se presenta en un molde de papel rizado y rojo. *Pasamos una tarde muy tranquila disfrutando de ricos paqués.*

pantaleta (pan-ta-**le**-ta) sustantivo femenino

1. En algunos países de América, braga. *Después de que la actriz fuera flagrada sin pantaleta, denunció a los fotógrafos.*
2. Pantalón flojo y cómodo que se usa para estar en casa o para hacer deporte. *Llegaba tarde a Pilates y me di cuenta de que se me habían olvidado mis pantaletas.*
✎ Se usa también en plural.

pantalla (pan-ta-lla) sustantivo femenino

1. Lámina que se sujeta delante o alrededor de una bombilla, para que no moleste a los ojos o para dirigir la luz hacia donde se desee. *La lámpara tenía una pantalla opaca.*
2. Lámina sobre la que se proyectan las imágenes de cine o las diapositivas. *Colocó una gran pantalla.*
3. Parte del aparato de televisor o del monitor del ordenador en la que aparecen los datos o las imágenes. *Necesitaba una pantalla mayor.*

pantalón (pan-ta-**lón**) sustantivo masculino

Prenda de vestir que ciñe al cuerpo en la cintura y baja cubriendo cada pierna hasta los tobillos. *Lleva pantalón negro.*
✎ Se usa más en plural.

pantano (pan-**ta**-no) sustantivo masculino

1. Terreno hondo donde se acumula el agua con barro en el fondo. *La lluvia formó un pantano.*
2. Gran depósito de agua, formado en un valle artificialmente, que sirve para almacenar y distribuir el agua de riego. *El pantano estaba a rebosar.* **SIN.** Embalse.

pantanoso, pantanosa (pan-ta-**no**-so) adjetivo

Se dice del terreno con agua y barro. *Ese campo es pantanoso.* **SIN.** Encharcado. **ANT.** Seco.

pantera (pan-**te**-ra) sustantivo femenino

Leopardo con manchas circulares de la piel en forma de anillo. *Han traído una pantera al zoo.*

panti (**pan**-ti) sustantivo masculino

Leotardos de tejido fino. *Ella llevaba unos pantis negros y zapatos de ante.*
✎ Se usa también en plural.

pantorrilla (pan-to-**rri**-lla) sustantivo femenino

Parte carnosa y abultada de la pierna, por debajo de la rodilla. *Se hizo daño en la pantorrilla.*

panza (**pan**-za) sustantivo femenino

1. Barriga o vientre, en especial el muy abultado. *Estás echando buena panza.* **SIN.** Tripa.
2. Parte curva y más saliente de vasijas u otras cosas. *Prefiero el jarrón que tiene menos panza.*

panzada (pan-**za**-da) sustantivo femenino

1. Golpe que se da con la panza. *Al tirarse al agua, se dio una buena panzada.* **SIN.** Tripada.
2. Exceso en la bebida, comida o al realizar cualquier otra actividad. *Se dieron una panzada increíble para terminar el trabajo.*

pañal (pa-**ñal**) sustantivo masculino

Especie de braga de usar y tirar, de plástico, con materia absorbente en el interior, que se pone a los bebés o a las personas que se hacen sus necesidades encima, para que no ensucien ni estén mojados. *Está cambiando de pañal al bebé.*

paño (pa-ño) sustantivo masculino

1. Se dice de un tejido de lana muy tupida y con pelo corto, con el que se hace ropa de abrigo. *Llevaba un abrigo de paño.*

2. Trozo de tela. *Dame un paño para secar estos platos.*

pañuelo (pa-ñue-lo) sustantivo masculino

1. Pedazo de tela cuadrado y de una sola pieza, con fleco o sin él. *Llevaba un pañuelo de seda anudado al cuello.* **SIN.** Pañoleta.

2. Trozo de tela o de papel que sirve y se usa para limpiarse la nariz. *Usa pañuelos de tela, no de papel.*

papa (pa-pa) sustantivo masculino

1. Obispo de Roma, cabeza de la Iglesia católica. *Estaban preparando la visita del papa.*

2. sustantivo femenino Patata. *Me gustan las papas con mojo picón.*

papá (pa-pá) sustantivo masculino

1. Forma de llamar al padre. *Quiere mucho a su papá.*

2. sustantivo plural El padre y la madre. *Siempre habla de sus papás.*

papada (pa-pa-da) sustantivo femenino

Abultamiento carnoso exagerado que se forma debajo de la barba, o entre ella y el cuello. *Te está saliendo papada.* **SIN.** Papo.

papagayo

(pa-pa-ga-yo) sustantivo masculino

1. Ave de pico fuerte, grueso y muy curvo, de plumaje amarillento en la cabeza y verde en el cuerpo. Es propia de los países tropicales y se puede domesticar. *Los papagayos pueden aprender a repetir palabras.*

2. Persona muy habladora. *Calla un poco, no seas papagayo.*

papel (pa-pel) sustantivo masculino

1. Lámina delgada hecha con pasta de madera u otros materiales. *El papel se emplea para escribir, dibujar, envolver cosas, etc.*

2. Personaje que representa un actor o una actriz. *Ese actor siempre hace papeles de galán.*

3. Función, cargo que una persona desempeña. *Tenía un papel importante dentro de la organización.* **SIN.** Tarea, labor.

4. papel de aluminio expresión El que se utiliza para envolver alimentos y favorecer su conservación. *Envuelve los bocadillos en papel de aluminio.*

5. papel higiénico expresión El de celulosa y muy suave, que se usa para limpiarse después de expeler los excrementos. *Coloca otro rollo de papel higiénico en el baño.*

6. papel pintado expresión El de varios colores y dibujos, que se emplea para cubrir decorativamente las paredes y en otros usos. *Pusieron papel pintado en la habitación.*

papelera (pa-pe-le-ra) sustantivo femenino

Cesto para echar papeles inservibles. *Tira esto a la papelera.*

papeleta (pa-pe-le-ta) sustantivo femenino

1. Impreso con números para sorteo o rifa. *Tenía dos papeletas para el sorteo.*

2. Asunto difícil de resolver. *Me dejó una buena papeleta.* **SIN.** Atolladero, dificultad.

paperas (pa-pe-ras) sustantivo femenino plural

Enfermedad contagiosa en la que se hincha la zona del cuello. *No fui al colegio porque tenía paperas.*

papilla (pa-pi-lla) sustantivo femenino

1. Sopa espesa que se da a los niños hecha con distintos alimentos triturados. *Merienda papilla de frutas.* **SIN.** Puré.

2. hacer papilla expresión Dejar destrozado a alguien o a algo. *El boxeador hizo papilla a su contrincante.*

papiro (pa-**pi**-ro) sustantivo masculino

Especie de papel sacado del tallo de una planta del mismo nombre, que antiguamente se empleaba para escribir en él. *Los egipcios escribían en papiros.*

paquete (pa-**que**-te) sustantivo masculino

Envoltorio bien dispuesto y no muy abultado de una misma cosa o de distinta clase. *Preparó un paquete con todos los libros.*

par adjetivo

1. Igual o semejante totalmente. *Mi primo tiene una habilidad sin par para los negocios.* **SIN.** Idéntico. **ANT.** Desigual.

2. Se dice del número dos y de todos sus múltiplos. *Cuatro es un número par.* **ANT.** Impar.

3. sustantivo masculino Conjunto de dos personas o cosas de una misma especie. *Necesito un nuevo par de zapatos.* **SIN.** Pareja. **ANT.** Uno.

4. de par en par expresión Expresión para decir que están abiertas por entero las puertas o ventanas. *Abrió las ventanas de par en par.*

para (**pa**-ra) preposición

1. Denota la finalidad de una acción. *Vino para quedarse unos días.*

2. Hacia, denota el lugar que es término de un viaje, movimiento, etc. *Vine para Madrid.*

3. Causa o motivo de una cosa. *¿Para qué te has apuntado?*

4. para eso expresión Expresión que se usa despreciando una cosa, o por fácil o por inútil. *Para eso no había que hacer tanto ruido.*

parábola (pa-**rá**-bo-la) sustantivo femenino

Narración breve de una historia imaginaria de la que se saca una enseñanza o moraleja. *Les contó una parábola.* **SIN.** Alegoría, ejemplo.

parabólica

(pa-ra-**bó**-li-ca) adjetivo y sustantivo femenino

Antena de televisión especial que recibe las ondas lanzadas desde un satélite y permite captar emisoras situadas a gran distancia. *Veían el partido porque tenían parabólica.*

parabrisas

(pa-ra-**bri**-sas) sustantivo masculino

Cristal que lleva el automóvil en su parte delantera. *Se rompió el parabrisas.*

✎ Es igual en plural y en singular.

paracaídas

(pa-ra-ca-**í**-das) sustantivo masculino

Aparato hecho de tela resistente que, al extenderse en el aire, toma la forma de una sombrilla grande y cae lentamente gracias a la resistencia que el aire opone a su movimiento de descenso. *Le regalamos un lanzamiento en paracaídas.*

✎ Es igual en plural y en singular.

paracaidismo

(pa-ra-cai-**dis**-mo) sustantivo masculino

Actividad militar o deportiva que consiste en lanzarse en paracaídas desde un avión. *Es un gran aficionado al paracaidismo.*

parachoques

(pa-ra-**cho**-ques) sustantivo masculino

Pieza o aparato que llevan en la parte delantera los automóviles, para disminuir los efectos de un choque. *El parachoques amortiguó el choque contra el árbol.*

✎ Es igual en plural y en singular.

parada (pa-**ra**-da) sustantivo femenino

1. Acción de parar o detenerse. *Hicimos una breve parada para desayunar.* **SIN.** Detención, alto.

2. Lugar en que se detiene o espera un transporte público a los clientes. *Te espero en la parada del autobús.* **SIN.** Estación.

3. Fin o término del movimiento de una cosa, especialmente de la carrera. *Situaron en ese pueblo la primera parada.*

paradero (pa-ra-**de**-ro) sustantivo masculino
Lugar donde se está o se va a estar. *Nadie sabía su paradero.*

parado, parada (pa-ra-do) adjetivo
1. Tímido, que no se atreve a hablar o actuar. *Es algo parado.* **SIN.** Pasivo.
2. Que no está en movimiento o funcionamiento. *El tren está parado en la vía.*
3. adjetivo y sustantivo Desocupado, sin empleo. *Se encuentra parado desde hace un año.* **SIN.** Desempleado. **ANT.** Ocupado, empleado, activo.

parador (pa-ra-**dor**) sustantivo masculino
En España, cierto tipo de hotel, normalmente lujoso o situado en edificios históricos, que depende del Estado. *Nos alojamos unos días en un parador nacional.*

paraguas (pa-ra-guas) sustantivo masculino
Utensilio portátil para no mojarse cuando llueve, formado por un bastón del que salen unas varillas flexibles cubiertas de tela, que puede extenderse o plegarse. *Se puso a llover y no tenía paraguas.*
Es igual en plural y en singular.

paragüero
(pa-ra-**güe**-ro) sustantivo masculino
Mueble para colocar los paraguas y bastones. *Deja el paraguas en el paragüero, que está mojado.*

paraíso (pa-ra-**í**-so) sustantivo masculino
1. Lugar donde Dios puso a Adán después de crearlo, según la Biblia. *Adán y Eva fueron expulsados del paraíso.* **SIN.** Edén.
2. Lugar donde están Dios, los ángeles y las almas de las personas buenas que han muerto. *Su alma está en el paraíso.* **SIN.** Cielo.

3. Lugar o sitio extraordinariamente hermoso. *Esa playa es un paraíso.*

paraje (pa-ra-je) sustantivo masculino
1. Lugar, sitio. *La casa estaba situada en un bonito paraje.* **SIN.** Territorio, tierra, parte.
2. Lugar lejano o solitario. *Nos perdimos por aquellos parajes.*

paralelo, paralela (pa-ra-le-lo) adjetivo
1. Se dice de las líneas que están en todos sus puntos a la misma distancia entre sí y que por más que se alarguen no pueden encontrarse. *Dibuja dos rectas paralelas.*
2. Se dice de cosas o situaciones que son parecidas o suceden al mismo tiempo. *Se produjeron varias llamadas paralelas.* **SIN.** Similar, simultáneo. **ANT.** Diferente.
3. sustantivo masculino Cada uno de los círculos que se trazan imaginariamente alrededor de la Tierra a lo ancho, paralelos al ecuador. *Lima está situada en el paralelo 12.*

paralimpiada
(pa-ra-o-lim-**pia**-da) sustantivo femenino
Olimpiada en la que únicamente participan personas con algún tipo de minusvalía. *Ya fue la inauguración de la paralimpiada.*
También *paralimpíada.*

parálisis (pa-**rá**-li-sis) sustantivo femenino
Pérdida de la sensibilidad y del movimiento voluntario de una parte del cuerpo. *Sufrió parálisis en la cara.*

paralítico, paralítica
(pa-ra-**lí**-ti-co) adjetivo y sustantivo
Enfermo de parálisis. *Un accidente le dejó paralítico.* **SIN.** Impedido, imposibilitado.

paralizar (pa-ra-li-**zar**) verbo
1. Causar parálisis a una parte del cuerpo. *El accidente le paralizó medio cuerpo.* **SIN.** Inmovilizar.

2. Dejar a alguien muy sorprendido. *Su reacción lo paralizó.*

3. Detener, entorpecer, impedir la actividad o el movimiento de una cosa. *Paralizaron las obras.* **SIN.** Parar, frenar.

✎ Se conjuga como *abrazar.*

paranormal (pa-ra-nor-**mal**) adjetivo
Se dice de los fenómenos y problemas que tienen que ver con los poderes ocultos de la mente o la naturaleza. *Decían que en la mansión se producían fenómenos paranormales.*

parapente (pa-ra-**pen**-te) sustantivo masculino
Modalidad de paracaidismo que consiste en arrojarse desde un lugar muy alto con un paracaídas especial de forma rectangular. *Practica el parapente habitualmente.*

parapeto (pa-ra-**pe**-to) sustantivo masculino
Muro de defensa. *Colocaron un montón de sacos como parapeto.*

parapsicología
(pa-rap-si-co-lo-**gí**-a) sustantivo femenino
Estudio de los fenómenos mentales extraordinarios. *Es un gran aficionado a la parapsicología.*

✎ También *parasicología.*

parar (pa-**rar**) verbo
1. Dejar de hacer una actividad o un movimiento. *Ya ha parado de llover.* **SIN.** Detener(se), cesar.

2. Habitar, hospedarse, alojarse. *Pararé en ese hotel esta noche.*

3. Poner fin al movimiento o la acción de algo. *El portero nos paró a la entrada.* **SIN.** Detener, frenar, retener.

pararrayos
(pa-ra-**rra**-yos) sustantivo masculino
Aparato formado por una o más barras metálicas terminadas en punta y unidas entre sí que se coloca en lo alto de los edificios para protegerlos de los rayos. *La casa cuenta con pararrayos.*

✎ Es igual en plural y en singular.

parásito, parásita
(pa-**rá**-si-to) adjetivo y sustantivo
Se dice del animal o vegetal que vive dentro o en el exterior de otro ser vivo, de cuyas sustancias se alimenta. *Las rémoras son parásitos de los tiburones.*

parcela (par-**ce**-la) sustantivo femenino
1. Pequeña porción de terreno que pertenece a un dueño. *Se compraron una parcela para construir una casa.* **SIN.** Solar.

2. Cada una de las partes en que se divide algo. *El trabajo de un jardinero tiene varias parcelas: podar, sembrar, cavar, etc.*

parche (par-che) sustantivo masculino
1. Pedazo de tela, papel, piel, etc. que se pega o cose sobre una cosa para tapar una rotura o un defecto. *Puso un parche en la rueda de la bicicleta que estaba pinchada.*

2. Retoque mal hecho. *Taparon los agujeros, pero la pared quedó llena de parches.*

3. Arreglo, remedio provisional. *Hasta que venga el técnico, servirá con ese parche.*

parchear (par-che-**ar**) verbo
Instalar una aplicación informática que subsana el error de un programa ya comercializado. *El programa original se bloqueaba una y otra vez y tuvimos que parchearlo.*

parchís (par-**chís**) sustantivo masculino
Juego que consiste en avanzar una ficha por casillas sucesivas, según el número de puntos que saca cada jugador con un dado. *Ganó el campeonato de parchís.*

parcial (par-**cial**) adjetivo
1. Que se refiere a una parte y no a la totalidad. *Era todavía un recuento parcial de los votos.* **SIN.** Fragmentario, incompleto.

2. Que juzga o actúa de forma injusta, beneficiando más a unos que a otros. *Este árbitro es muy parcial; está a favor de uno de los equipos.* **SIN.** Injusto. **ANT.** Imparcial.

pardo, parda

(**par**-do) adjetivo y sustantivo masculino

Se dice del color de la tierra, más oscuro y con tono más rojizo que el gris. *Llevaba un abrigo de color pardo.* **SIN.** Castaño.

pardusco, pardusca

(par-**dus**-co) adjetivo

De color que tira a pardo. *La tela es de un color azul pardusco.*

parecer (pa-re-**cer**) verbo

1. Tener determinada forma exterior. *Por sus rasgos, parece asiático.* **SIN.** Aparentar, semejar.

2. Existir razones para pensar que va a pasar algo. *Parece que va a nevar, hace mucho frío.*

3. Creer, dar una opinión. *Me parece que te has equivocado.* **SIN.** Opinar, juzgar, pensar.

4. parecerse Tener una persona o cosa un aspecto físico o carácter similar a otra. *Mis hermanos se parecen mucho y la gente los confunde.* **SIN.** Asemejarse. **ANT.** Diferenciarse, distinguirse.

✎ Verbo irregular. Ver pág. 704.

parecido, parecida

(pa-re-**ci**-do) adjetivo

1. Se dice de la persona o cosa que se parece a otra. *Todos los hermanos son muy parecidos.* **SIN.** Semejante, similar, análogo, parejo, afín. **ANT.** Distinto, diferente, desparejo.

2. sustantivo masculino Semejanza, aquello en lo que una cosa o persona se parece a otra. *Tienen un cierto parecido.* **SIN.** Similitud, analogía. **ANT.** Diferencia, distinción.

pared (pa-**red**) sustantivo femenino

1. Muro hecho de ladrillo, piedra u otros materiales, que se levanta para cerrar un espacio o sostener un techo. *Ya han levantado las cuatro paredes.* **SIN.** Muro, tapia, tabique.

2. entre cuatro paredes expresión Se dice de alguien que está encerrado en su casa o en una habitación. *No te pases el domingo entre cuatro paredes.*

pareja (pa-**re**-ja) sustantivo femenino

Conjunto de dos personas o cosas que tienen alguna semejanza o relación que los une, por ejemplo, competir juntas en un deporte frente a otras dos. *Era su pareja de baile.*

parentela (pa-ren-**te**-la) sustantivo femenino

Conjunto de familiares de una persona. *Se presentó en casa toda la parentela.* **SIN.** Familia.

parentesco

(pa-ren-**tes**-co) sustantivo masculino

Pertenencia a la misma familia. *Había un parentesco entre ellos, pues tenían el mismo bisabuelo.*

paréntesis (pa-**rén**-te-sis) sustantivo masculino

1. Palabra o grupo de palabras que se pone en medio de una frase o un texto, que no cambia su sentido fundamental, sino que sirve de aclaración. *Hizo un paréntesis en su descripción.*

2. Signo ortográfico ( ) en que suelen encerrarse estas palabras. *Mis primos (María, Pepe y Jesús) vinieron ayer a verme.*

3. Parada o interrupción en una actividad. *Hicieron un paréntesis para comer algo, antes de continuar con la reunión.* **SIN.** Pausa.

✎ Es igual en plural y en singular.

parida (pa-**ri**-da) sustantivo femenino

Tontería que se dice o hace. *Parece mentira que digas esas paridas.*

parecer

MODO INDICATIVO		MODO SUBJUNTIVO	
Tiempos simples	Tiempos compuestos	Tiempos simples	Tiempos compuestos
Presente	**Pret. perf. compuesto / Antepresente**	**Presente**	**Pret. perf. compuesto / Antepresente**
parezco	he parecido	parezca	haya parecido
pareces / parecés	has parecido	parezcas	hayas parecido
parece	ha parecido	parezca	haya parecido
parecemos	hemos parecido	parezcamos	hayamos parecido
parecéis / parecen	habéis parecido	parezcáis / parezcan	hayáis parecido
parecen	han parecido	parezcan	hayan parecido
Pret. imperfecto / Copretérito	**Pret. pluscuamperfecto / Antecopretérito**	**Pret. imperfecto / Pretérito**	**Pret. pluscuamperfecto / Antepretérito**
parecía	había parecido	pareciera o	hubiera o
parecías	habías parecido	pareciese	hubiese parecido
parecía	había parecido	parecieras o	hubieras o
parecíamos	habíamos parecido	parecieses	hubieses parecido
parecíais / parecían	habíais parecido	pareciera o	hubiera o
parecían	habían parecido	pareciese	hubiese parecido
		pareciéramos o	hubiéramos o
		pareciésemos	hubiésemos parecido
		parecierais o	hubierais o
Pret. perf. simple / Pretérito	**Pret. anterior / Antepretérito**	parecieseis / parecieran o	hubieseis parecido
		pareciesen	hubieran o
parecí	hube parecido	parecieran o	hubiesen parecido
pareciste	hubiste parecido	pareciesen	
pareció	hubo parecido		
parecimos	hubimos parecido	**Futuro simple / Futuro**	**Futuro compuesto / Antefuturo**
parecisteis / parecieron	hubisteis parecido		
parecieron	hubieron parecido		
		pareciere	hubiere parecido
		parecieres	hubieres parecido
		pareciere	hubiere parecido
Futuro simple / Futuro	**Futuro compuesto / Antefuturo**	pareciéremos	hubiéremos parecido
		pareciereis / parecieren	hubiereis parecido
		parecieren	hubieren parecido
pareceré	habré parecido		
parecerás	habrás parecido		
parecerá	habrá parecido	**MODO IMPERATIVO**	
pareceremos	habremos parecido		
pareceréis / parecerán	habréis parecido	parece (tú) / parecé (vos) / parezca (usted)	
parecerán	habrán parecido	pareced (vosotros)	
		parezcan (ustedes)	
Condicional simple / Pospretérito	**Condicional compuesto / Antepospretérito**	**FORMAS NO PERSONALES**	
parecería	habría parecido	**Infinitivo** parecer	**Infinitivo compuesto** haber parecido
parecerías	habrías parecido		
parecería	habría parecido	**Gerundio** pareciendo	**Gerundio compuesto** habiendo parecido
pareceríamos	habríamos parecido		
pareceríais / parecerían	habríais parecido	**Participio** parecido	
parecerían	habrían parecido		

EVOLUCIÓN DE LOS MEDIOS DE TRANSPORTE

aviones

trenes

automóviles

barcos

globo

cohete espacial

submarino

caballo

MEDIOS DE TRANSPORTE

coche todoterreno

furgón de seguridad

silla de ruedas

camión de basura

carrito de la compra

coche-grúa

motocarro

camión de transportes

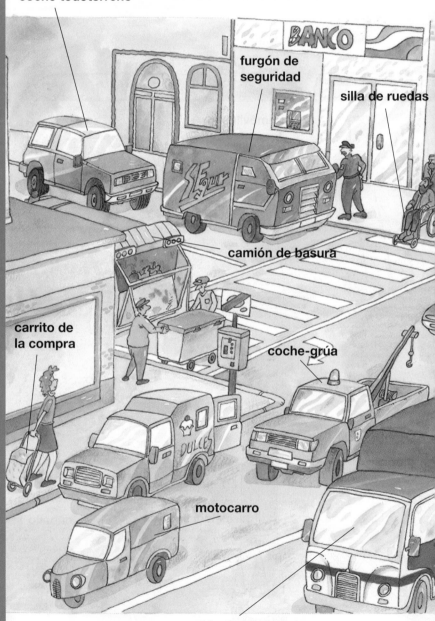

camión de gran tonelaje

deportivo

autobús

turismo

ciclomotor

bicicleta

taxi

moto

carretilla

Sufijo identificador de ORGANISMOS		Sufijo identificador de PAÍS o REGIÓN	
.com	Organizaciones comerciales	.es	España
.org	Organizaciones no comerciales	.it	Italia
.gov	Redes gubernamentales	.mx	México
.int	Organizaciones internacionales	.ar	Argentina
.net	Servicios de internet	.us	Estados Unidos
.edu	Instituciones educativas	**¡Y muchos más!**	

periódico

ordenador / computadora

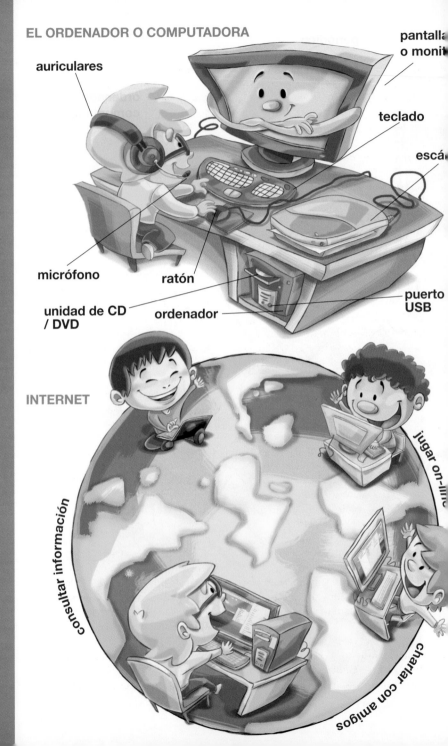

nos comunicamos con el mundo

EL ORDENADOR O COMPUTADORA

auriculares

pantalla o monitor

teclado

escáner

micrófono

ratón

unidad de CD / DVD

ordenador

puerto USB

INTERNET

consultar información

jugar on-line

charlar con amigos

pariente (pa-**rien**-te) sustantivo
Se dice de la persona de la misma familia que otra. *Eran parientes lejanos.*
SIN. Familiar.

paripé
(pa-ri-**pé**) sustantivo masculino
Fingimiento, comedia. *Se dio cuenta de que estaba haciendo el paripé.* **SIN.** Engaño, simulación.

parir (pa-**rir**) verbo
Expulsar la mujer o la hembra de algunos animales a sus hijos del interior de su cuerpo, donde estaban formándose, en el momento de nacer. *La gata parió cuatro preciosos gatitos.*

parlamentario, parlamentaria
(par-la-men-**ta**-rio) adjetivo
1. Que se refiere al Parlamento. *Retransmiten el debate parlamentario.*
2. sustantivo Miembro de un Parlamento. *Eligieron a la parlamentaria europea por votación.*

parlamento
(par-la-**men**-to) sustantivo masculino
1. Institución política formada por los representantes de la nación, que aprueba las leyes. En España está formado por el Congreso de los Diputados y el Senado. *El Parlamento aprobó la ley.* **SIN.** Cortes.
2. Edificio donde se reúne el Parlamento. *Visitó el Parlamento.*
✎ Se escribe con mayúscula.

parlanchín, parlanchina
(par-lan-**chín**) adjetivo
Que habla mucho y dice cosas que debería callar. *Está hecho un parlanchín.* **SIN.** Charlatán.

parlotear
(par-lo-te-**ar**) verbo
Charlar mucho y sin decir nada importante. *Estuvimos parloteando más de dos horas.*

paro (pa-**ro**) sustantivo masculino
1. Detención de una actividad. *Hicieron un paro para comer el bocadillo.* **SIN.** Descanso, pausa.
2. Situación de la persona que se encuentra sin trabajo. *Llevaba ya casi dos años en paro.* **SIN.** Desempleo. **ANT.** Trabajo.

parodia (pa-**ro**-dia) sustantivo femenino
Imitación cómica de una obra seria de literatura, del estilo de un escritor, de una persona, etc. *Hizo una parodia del cantante.* **SIN.** Caricatura.

parpadear (par-pa-de-**ar**) verbo
1. Abrir y cerrar los ojos. *Escuchaba atentamente sin ni siquiera parpadear.*
2. Temblar, moverse una luz o una imagen. *El suave airecillo hacía parpadear la luz de las velas.*

párpado (**pár**-pa-do) sustantivo masculino
Piel movible que cubre los ojos cuando están cerrados y sirve para protegerlos. *Se levantó con el párpado muy hinchado.*

parque (par-**que**) sustantivo masculino
1. Terreno o sitio con plantas en una población donde se va a pasear. *Dimos un paseo por el parque.* **SIN.** Bosque, jardín.
2. Especie de cuna grande cerrada por una red donde se deja a los niños que aún no andan para que jueguen. *El niño se pasaba horas jugando en el parque.*
3. parque de atracciones expresión Recinto en el que hay tiovivos, la noria, la montaña rusa y todo tipo de entretenimientos. *Lo pasamos genial en el parque de atracciones.*
4. parque nacional expresión Zona que el Estado reserva para que en ella se conserve la naturaleza, y se cuiden las plantas y animales. *Visitamos el Parque Nacional de Doñana.*

parqué (par-**qué**) sustantivo masculino

Suelo hecho con trozos de madera de forma geométrica. *Todas las habitaciones tienen el suelo de parqué.* **SIN.** Tarima.

✎ Su plural es *parqués*.

parquin (par-quin) sustantivo masculino

Palabra inglesa que designa un aparcamiento o lugar donde se puede dejar aparcado el coche pagando una cantidad de dinero. *Hicieron un parquin subterráneo.*

✎ También *parking*.

parra (pa-rra) sustantivo femenino

Vid, especialmente la que está levantada artificialmente y extiende mucho sus ramas. *La parra estaba cargada de racimos.*

párrafo (pá-rra-fo) sustantivo masculino

Cada una de las divisiones de un escrito señaladas por letra mayúscula al principio del renglón, y por punto y aparte al final del trozo de escritura. *Resume el primer párrafo.* **SIN.** Parágrafo.

parrilla (pa-rri-lla) sustantivo femenino

Utensilio de hierro en forma de rejilla, con mango y pies, que sirve para poner a la lumbre lo que se va a asar o tostar. *Asó unas chuletas en la parrilla.* **SIN.** Asador, grill.

parrillada (pa-rri-lla-da) sustantivo femenino

Plato elaborado con pescados, mariscos o carnes, asados a la parrilla. *Encargó una parrillada de marisco.*

párroco (pá-rro-co) sustantivo masculino

Cura, sacerdote encargado de una parroquia. *Hablaron con el párroco para el bautizo de la niña.*

parroquia (pa-rro-quia) sustantivo femenino

Iglesia en que se administran los sacramentos a los católicos de una determinada zona. *Pertenecemos a esa parroquia.*

parte (par-te) sustantivo femenino

1. Porción de un conjunto. *Dividió la tarta en dos partes.* **SIN.** Fracción, pedazo, trozo, fragmento. **ANT.** Todo.

2. Porción que le corresponde a alguien en un reparto. *Esta es tu parte.* **SIN.** Cantidad, cuota.

3. Sitio o lugar. *No está a gusto en ninguna parte.* **SIN.** Lado.

4. Cada una de las personas o de los grupos de ellas que tienen la misma opinión o deseo en una discusión, pelea o asunto. *Ana y yo estábamos de la otra parte.*

5. de parte de expresión En nombre o por encargo de alguien. *Llamo de parte de mi madre.*

6. tomar parte expresión Actuar con interés en una cosa. *El juez tomó parte claramente por el acusado.*

participación

(par-ti-ci-pa-**ción**) sustantivo femenino

1. Colaboración en una misma tarea. *Se pidió su participación.*

2. En la lotería, recibo en que una persona, poseedora de un billete, acredita que otra juega en su número una cantidad determinada. *Llevaba una participación de ese número.* **SIN.** Boleto.

participante (par-ti-ci-**pan**-te) sustantivo

Persona o equipo que participa en algo. *Todos los participantes del concurso estaban preparados.*

participar (par-ti-ci-**par**) verbo

Tomar alguien parte en una cosa. *Los doce participamos en el juego.* **SIN.** Colaborar, contribuir, cooperar, tomar parte. **ANT.** Abstenerse, negarse a.

participativo, participativa

(par-ti-ci-pa-**ti**-vo) adjetivo

Que suele participar en actividades colectivas. *Es muy participativa en clase.* **SIN.** Activo.

participio - pasa

participio (par-ti-**ci**-pio) sustantivo masculino
Forma no personal del verbo que hace a veces las funciones del adjetivo. *Comido es el participio del verbo comer.*

partícula (par-**tí**-cu-la) sustantivo femenino
Parte pequeña. *Las partículas eran tan pequeñas que solo podían observarse con el microscopio.* **SIN.** Átomo

particular (par-ti-cu-**lar**) adjetivo
1. Propio y característico de una persona o cosa. *Era un rasgo particular de su carácter.* **SIN.** Peculiar, personal. **ANT.** General.
2. Especial, extraordinario, raro. *Fue un caso policial muy particular.* **SIN.** Extraño. **ANT.** Ordinario.
3. sustantivo masculino Tema o materia de que se trata. *No tenía nada que opinar sobre el particular.* **SIN.** Cuestión, asunto, caso.
4. no tener nada de particular expresión No tener nada especial. *Esta revista no tiene nada de particular.*

partida (par-**ti**-da) sustantivo femenino
1. Salida de un punto para otro. *Estaban preparados para la partida.* **SIN.** Arranque. **ANT.** Meta.
2. Cantidad de una mercancía. *Esa partida salió defectuosa.* **SIN.** Envío.
3. Cada una de las veces que se juega un juego. *Ganamos las dos primeras partidas al tute.*

partidario, partidaria (par-ti-**da**-rio) adjetivo y sustantivo
1. Que sigue un partido o bando, o entra en él. *Era partidario del equipo local.* **SIN.** Seguidor.
2. Adicto a una persona o idea. *Era partidaria de medidas más radicales.*

partido, partida (par-**ti**-do) adjetivo
1. Dividido en partes. *El pastel está partido.* **SIN.** Cortado, fragmentado, troceado.

2. sustantivo masculino Competición deportiva entre dos jugadores o equipos. *El partido de baloncesto terminó en empate.* **SIN.** Encuentro, enfrentamiento.
3. sustantivo masculino Cada una de las agrupaciones que se presentan a unas elecciones democráticas. *Era cabeza de lista del partido.*
4. sacar partido expresión Obtener una utilidad o beneficio de algo. *El muy ruin sacó partido de su desgracia.*

partir (par-**tir**) verbo
1. Hacer de una cosa varias partes. *Partí la piña en seis trozos.* **SIN.** Dividir, trocear. **ANT.** Unir.
2. Romper algo. *Partió el cristal de un balonazo.* **SIN.** Romper, quebrar. **ANT.** Juntar, pegar.
3. Ponerse en camino para ir a algún sitio. *Partió hacia el sur al amanecer.* **ANT.** Quedarse.
4. Tomar un dato como base para un razonamiento o cálculo. *Partían de los datos recogidos.*
5. partirse Desternillarse de risa. *Al verme así vestido, se partían.*
6. a partir de expresión Desde. *Llámame a partir de las doce.*
✎ Verbo regular de la tercera conjugación. Ver pág. 714.

partitura (par-ti-**tu**-ra) sustantivo femenino
Texto completo de una obra musical. *Tenía delante la partitura.*

parto (**par**-to) sustantivo masculino
Expulsión de los hijos del interior de su cuerpo que la mujer o la hembra de algunos animales realiza en el momento en que nacen. *Fue muy bien el parto.* **SIN.** Alumbramiento.

pasa (**pa**-sa) adjetivo y sustantivo femenino
1. Uva secada al aire. *Las pasas de Corinto se caracterizan por tener un tamaño diminuto.*

partir

MODO INDICATIVO		MODO SUBJUNTIVO	
Tiempos simples	Tiempos compuestos	Tiempos simples	Tiempos compuestos
Presente	**Pret. perf. compuesto / Antepresente**	**Presente**	**Pret. perf. compuesto / Antepresente**
parto	he partido	parta	haya partido
partes / partís	has partido	partas	hayas partido
parte	ha partido	parta	haya partido
partimos	hemos partido	partamos	hayamos partido
partís/ parten	habéis partido	partáis / partan	hayáis partido
parten	han partido	partan	hayan partido
Pret. imperfecto / Copretérito	**Pret. pluscuamperfecto / Antecopretérito**	**Pret. imperfecto / Pretérito**	**Pret. pluscuamperfecto / Antepretérito**
		partiera o partiese	hubiera o hubiese partido
partía	había partido	partieras o partieses	hubieras o hubieses partido
partías	habías partido	partiera o partiese	hubiera o hubiese partido
partía	había partido		
partíamos	habíamos partido	partiéramos o partiésemos	hubiéramos o hubiésemos partido
partíais / partían	habíais partido	partierais o partieseis / partieran o	hubierais o hubieseis partido
partían	habían partido	partiesen partieran o partiesen	hubieran o hubiesen partido
Pret. perf. simple / Pretérito	**Pret. anterior / Antepretérito**		
partí	hube partido	**Futuro simple / Futuro**	**Futuro compuesto / Antefuturo**
partiste	hubiste partido	partiere	hubiere partido
partió	hubo partido	partieres	hubieres partido
partimos	hubimos partido	partiere	hubiere partido
partisteis / partieron	hubisteis partido	partiéremos	hubiéremos partido
partieron	hubieron partido	partiereis / partieren	hubiereis partido
		partieren	hubieren partido
Futuro simple / Futuro	**Futuro compuesto / Antefuturo**		
partiré	habré partido	**MODO IMPERATIVO**	
partirás	habrás partido		
partirá	habrá partido	parte (tú) / partí (vos) / parta (usted)	
partiremos	habremos partido	partid (vosotros)	
partiréis / partirán	habréis partido	partan (ustedes)	
partirán	habrán partido		
Condicional simple / Pospretérito	**Condicional compuesto / Antepospretérito**	**FORMAS NO PERSONALES**	

FORMAS NO PERSONALES	
Infinitivo partir	**Infinitivo compuesto** haber partido
Gerundio partiendo	**Gerundio compuesto** habiendo partido
Participio partido	

Condicional simple / Pospretérito	**Condicional compuesto / Antepospretérito**
partiría	habría partido
partirías	habrías partido
partiría	habría partido
partiríamos	habríamos partido
partiríais / partirían	habríais partido
partirían	habrían partido

2. estar hecho una pasa expresión Estar o volverse una persona o cosa muy arrugada, envejecida y desmejorada. *María ha envejecido mucho y está hecha una pasa.*

pasable (pa-sa-ble) adjetivo

Aceptable, ni demasiado bueno ni demasiado malo. *El examen no es bueno, pero está pasable.* **SIN.** Soportable, admisible.

pasacalle

(pa-sa-**ca**-lle) sustantivo masculino

Música de ritmo alegre que las bandas tocan mientras caminan por las calles en las fiestas. *Tocaron varios pasacalles.*

pasada (pa-sa-da) sustantivo femenino

1. Capa que se le da a algo. *La puerta necesita otra pasada de pintura.* **SIN.** Mano.

2. Limpieza que se realiza solo por encima. *Deberías darle una pasada a las estanterías.*

3. Cosa o acción muy exagerada. *El precio de ese traje es una pasada.*

4. mala pasada expresión Hecho intencionado que perjudica a alguien. *Me jugó una mala pasada.*

pasadizo (pa-sa-**di**-zo) sustantivo masculino

Pasillo para pasar de una parte a otra. *Un pasadizo subterráneo comunicaba las dos casas.* **SIN.** Corredor, pasaje.

pasado, pasada (pa-sa-do) adjetivo

1. Que ha sucedido en un tiempo anterior. *Olvidaron las riñas pasadas.* **SIN.** Lejano, remoto, antiguo. **ANT.** Actual.

2. Gastado o estropeado. *Estas manzanas están muy pasadas.*

3. sustantivo masculino Tiempo que pasó, cosas que sucedieron en él. *Recordaba con añoranza el pasado.* **SIN.** Ayer. **ANT.** Futuro, presente.

pasador (pa-sa-**dor**) sustantivo masculino

1. Aguja grande de metal, concha u otra materia que se usa para sujetar el pelo recogido. *Llevaba el pelo recogido con un pasador.* **SIN.** Broche, prendedor.

2. Barrita de hierro sujeta a una hoja de puerta o ventana, o a una tapa, que sirve para cerrar corriéndola hasta hacerla entrar en una pieza hueca fija en el marco. *No olvides echar el pasador.* **SIN.** Pestillo, cerrojo.

pasaje (pa-sa-je) sustantivo masculino

1. Precio y billete de un transporte marítimo o aéreo. *Ya tenía los pasajes para el crucero.*

2. Conjunto de viajeros que van en el mismo buque o avión. *El barco zarpó cuando se completó el pasaje.*

3. Trozo de un libro, escrito, composición literaria, musical, etc. *Les leyó un pasaje de la novela.* **SIN.** Fragmento, episodio.

4. Paso público entre dos calles, a veces cubierto. *En ese pasaje cubierto hay muchas tiendas.*

pasajero, pasajera

(pa-sa-**je**-ro) adjetivo

1. Que dura poco. *Fue una relación pasajera.* **SIN.** Transitorio, momentáneo, fugaz, efímero, breve. **ANT.** Permanente, fijo.

2. sustantivo Persona que viaja en un vehículo pagando, por lo general, el precio de transporte. *El retraso puso nerviosos a los pasajeros.*

pasamontañas

(pa-sa-mon-**ta**-ñas) sustantivo masculino

Gorro para cubrir toda la cabeza salvo los ojos, usado en zonas de montaña contra el frío. *Llevaba su anorak y su pasamontañas.*

✎ Es igual en plural y en singular.

pasaporte

(pa-sa-**por**-te) sustantivo masculino

Documento de identificación que necesita una persona para pasar de un país a otro. *Los ciudadanos de la Unión Europea que viajan a otro país miembro no necesitan pasaporte.*

pasapurés

(pa-sa-pu-**rés**) sustantivo masculino

Utensilio que se emplea para triturar alimentos, convirtiéndolos en puré. *Pasa las verduras por el pasapurés hasta que el puré no tenga grumos.*

✎ Es igual en plural y en singular.

pasar (pa-**sar**) verbo

1. Ir o llevar de un lugar a otro, o de un lado a otro. *Pasó la calle y torció a la derecha.* **SIN.** Cruzar.

2. Hacer que algo o alguien entre en un lugar. *Pasó el balón por el aro.* **SIN.** Introducir, meter. **ANT.** Sacar.

3. Estar o permanecer. *He pasado unos días en casa de mi hermana.*

4. Superar una prueba. *Pasó el examen de conducir sin problemas.* **SIN.** Aprobar. **ANT.** Suspender.

5. Aventajar, superar a alguien o rebasar un límite. *El corredor pasó a su rival en la curva. Pasó el límite de velocidad.*

6. Dar una cosa una persona a otra. *Le pasó el mando.*

7. Cesar, acabarse una cosa. *Parece que el vendaval ya pasó.* **SIN.** Terminar, finalizar.

8. pasarse Acabarse, terminar o dejar de ser. *Se pasó la fecha para entregar el trabajo.*

9. pasarse Olvidarse una cosa. *Se me pasó llamarte.*

10. pasarse Madurar demasiado o empezar a pudrirse las frutas, carnes, etc. o cocerse demasiado las comidas. *Esa manzana ya se ha pasado, tírala.*

11. pasarse Excederse en el comportamiento. *Creo que te has pasado riñéndolo; no lo había hecho a propósito.*

12. pasar de expresión No necesitar o no interesarse por algo o alguien. *Paso de las drogas, gracias.*

pasarela

(pa-sa-**re**-la) sustantivo femenino

1. Puente pequeño o provisional. *El parque está al otro lado de la pasarela.*

2. Pasillo estrecho por el que desfilan los modelos de ropa. *Los modelos desfilaron por la pasarela.*

pasatiempo

(pa-sa-**tiem**-po) sustantivo masculino

1. Diversión y entretenimiento en que se pasa el rato. *La lectura era para ella un buen pasatiempo.* **SIN.** Distracción.

2. Juego de palabras o de combinación de letras. *Le gusta hacer los pasatiempos del periódico.* **SIN.** Crucigrama, jeroglífico.

pascua (**pas**-cua) nombre propio

1. Entre los judíos, fiesta que recuerda la salida de Egipto de sus antepasados. *Celebraron la Pascua.*

2. En la Iglesia católica, fiesta de la resurrección de Cristo. *Era domingo de Pascua.*

✎ Suele escribirse con mayúscula.

pase (**pa**-se) sustantivo masculino

1. Permiso por escrito para ir a algún sitio, entrar en un lugar, viajar gratis, hacer uso de un servicio, etc. *Tenía varios pases para el estreno de la película.*

2. Acción de pasar el balón. *Interceptó el pase.*

3. Cada una de las veces que el torero, después de haber atraído al toro con la muleta, lo deja pasar, sin intentar clavarle la espada. *El torero dio unos pases.*

4. Cada una de las proyecciones de una película o pieza teatral en un cine o teatro. *Fuimos al segundo pase de la película.*

5. pase de modelos expresión Desfile de moda. *Organizó un pase de modelos benéfico.*

pasear (pa-se-**ar**) verbo

1. Ir de un lugar a otro sin prisa y para distraerse. *Suele pasear por el campo.* **SIN.** Deambular, andar, dar una vuelta.

2. Dar paseos a alguien o a algo. *Sacó a pasear al perro.*

3. Llevar una cosa de una parte a otra, o mostrarla acá y allá. *Paseo los libros de un sitio a otro.*

paseo (pa-se-o) sustantivo masculino

1. Acción de ir de un lugar a otro sin prisa y para distraerse. *Había salido a dar su paseo diario.* **SIN.** Caminata, excursión.

2. Parque o avenida destinada para pasear. *Nos encontramos en el paseo.*

3. Distancia corta que puede recorrerse paseando. *No montes en el automóvil para ir hasta allí, es un paseo.*

4. Cosa que se hace con facilidad. *Arreglar esta puerta será un paseo.*

5. mandar a paseo expresión Despedir bruscamente a alguien. *Mandé a paseo a mi empleada y ahora lo siento.*

pasillo (pa-si-llo) sustantivo masculino

1. Pieza de paso, larga y angosta, en un edificio. *Es una casa con mucho pasillo.* **SIN.** Corredor, pasadizo.

2. Paso estrecho que se abre en medio de la gente. *Lograron abrir un pasillo entre la multitud para que pasaran.*

pasión (pa-sión) sustantivo femenino

1. Intenso ardor o entusiasmo. *Lo quería con pasión.*

2. Fuerte deseo de alguna cosa. *Su pasión por conseguirlo lo ayudaba.*

3. Preferencia por una persona o cosa. *Sentía verdadera pasión por la música.* **SIN.** Predilección.

pasivo, pasiva (pa-si-vo) adjetivo

1. Se dice de la persona que deja obrar a las otras, quedando inactiva. *Adoptó una actitud pasiva ante lo que estaba sucediendo.* **SIN.** Inactivo. **ANT.** Activo.

2. adjetivo y sustantivo femenino Forma de conjugar el verbo cuando el sujeto recibe la acción del verbo, en vez de realizarla. *En «el fuego fue apagado por los bomberos», el que apaga no es el fuego (sujeto), sino los bomberos; es, por tanto, una oración pasiva.*

pasmado, pasmada

(pas-ma-do) adjetivo y sustantivo

1. Se dice de la persona torpe, inexpresiva, sin gracia. *Cada día es más pasmado.* **SIN.** Necio, lelo.

2. Se dice de la persona desconcertada y sorprendida. *Me quedé pasmada al ver el precio.* **SIN.** Aturdido.

pasmarote

(pas-ma-ro-te) adjetivo y sustantivo masculino

Persona embobada, que no habla, ni hace nada. *Reacciona, no te quedes ahí como un pasmarote.* **SIN.** Alelado, aturdido.

pasmoso, pasmosa

(pas-mo-so) adjetivo

Que causa gran admiración y asombro. *Lo hizo con una rapidez pasmosa.* **SIN.** Asombroso, increíble. **ANT.** Vulgar, común.

paso (pa-so) sustantivo masculino

1. Movimiento de cada uno de los pies que hace una persona al andar para ir de una parte a otra. *Avanzó diez pasos y se paró.*

2. Lugar o sitio por donde se pasa. *Había un paso entre las montañas.*

3. Huella que queda en el suelo al andar por la arena, la nieve u otra superficie blanda. *Aquellos pasos eran recientes.*
4. Adelantamiento, progreso. *Se había dado un gran paso en las negociaciones.*
5. de paso expresión Aprovechando la ocasión. *De paso que vas al kiosko, cómprame unos caramelos.*
6. paso a nivel expresión Punto en donde la vía del ferrocarril se cruza con una carretera. *Pasa con precaución por los pasos a nivel.*
7. paso de cebra expresión Lugar de la calle señalado con rayas blancas por donde pasan los peatones, muchas veces con semáforos. *Cruza siempre por el paso de cebra.*
8. paso por paso expresión Exactitud y lentitud con que se hace algo. *Seguí las instrucciones paso por paso.*
9. salir del paso expresión Evitar o vencer una dificultad. *Préstame algún dinero para salir del paso.*

pasodoble (pa-so-do-ble) sustantivo masculino
Tipo de composición musical de ritmo muy marcado, y baile por parejas realizado con esta música. *Le encanta bailar pasodobles.*

pasota (pa-so-ta) sustantivo
Que no muestra interés en un asunto concreto o por ninguna cosa. *Últimamente todo le da igual, está muy pasota.* **SIN.** Apático.

password sustantivo femenino
Contraseña. *Siempre se me olvida la password del banco.*
✎ Es una palabra inglesa y se pronuncia /pásguor/.

pasta (pas-ta) sustantivo femenino
1. Masa obtenida de un sólido y un líquido, que se puede trabajar con las manos o con máquinas para darle distintos usos. *Hizo una pasta de cemento para tapar el bache.*

2. Masa de harina y otros ingredientes, con la que se hacen dulces, pan, fideos, tallarines, etc. *La pasta de la empanada estaba muy rica.*
3. Cubierta de un libro. *Pásame ese libro de pastas azules.* **SIN.** Tapa, encuadernación.
4. Dinero. *No tenía suficiente pasta para ir al cine.*
5. Tipo de dulce pequeño y plano. *Nos ofreció café y pastas.*
6. pasta dentífrica expresión Sustancia que se utiliza para la limpieza de los dientes y muelas. *Mi pasta dentífrica sabe a fresa.*

pastar (pas-tar) verbo
Pacer, comer el ganado la hierba en los prados. *Las vacas pastaban en el prado verde.*

pastel (pas-tel) sustantivo masculino
1. Dulce elaborado con pasta de hojaldre, bizcocho, etc. y relleno con mermelada, frutas, crema, chocolate, etc. *Su especialidad es el pastel de chocolate.*
2. Empanada de carne, o asado de carne o pescado preparado en un molde. *Cocinó un exquisito pastel de pescado.*
3. Lápiz compuesto de una materia colorante y agua de goma, y pintura que se hace con él, normalmente de colores suaves. *Está pintado al pastel.*

pastelería
(pas-te-le-rí-a) sustantivo femenino
Lugar donde se hacen o venden pasteles. *Encargamos la tarta en la pastelería.* **SIN.** Confitería.

pastilla (pas-ti-lla) sustantivo femenino
1. Porción de pasta, generalmente pequeña y cuadrangular o redonda. *Se está acabando la pastilla de jabón.*
2. Medicina sólida de pequeño tamaño. *Tienes que tomarte una pastilla*

antes de cada comida. **SIN.** Píldora, comprimido.

3. a toda pastilla expresión A gran velocidad. *Pasó a toda pastilla junto a mí y ni siquiera me vio.*

pasto (pas-to) sustantivo masculino

1. Hierba que pace el ganado. *Este año hay abundante pasto.*

2. Sitio en que pasta el ganado. *Ese terreno tiene buenos pastos.*

pastor, pastora (pas-tor) sustantivo

1. Persona que guarda, guía y apacienta el ganado, generalmente ovejas. *El pastor cuidaba de sus ovejas.* **SIN.** Zagal.

2. Sacerdote. *El pastor predicó a sus fieles.* **SIN.** Cura.

pastoso, pastosa (pas-to-so) adjetivo

1. Se dice de las cosas que al tacto son suaves y blandas como la pasta. *La arcilla es pastosa.* **SIN.** Espeso, denso, viscoso.

2. Que está pegajoso o demasiado seco. *Este puré está demasiado pastoso.* **SIN.** Apelmazado, espeso, viscoso, pegajoso.

pata (pa-ta) sustantivo femenino

1. Pie y pierna de los animales. *El pobre perro cojeaba de una pata.* **SIN.** Remo, zanca.

2. Pie, base o apoyo de algo. *Se rompió una pata de la mesa.*

3. Hembra del pato. *La pata nadaba seguida de todos sus patitos.*

4. Pierna. *No subas las patas al sofá.*

5. a cuatro patas expresión A gatas. *Recorrió la habitación a cuatro patas.*

6. patas arriba expresión Al revés, o vuelto lo de abajo hacia arriba. *Dejaste mi armario patas arriba.*

7. meter alguien la pata expresión Decir o hacer algo inoportuno. *Metió la pata preguntándole la edad.*

8. pata de gallo expresión Arruga que, con el tiempo, se forma en los bordes del ojo, con tres surcos. *Le salieron patas de gallo con los años.*

9. tener alguien mala pata expresión Tener poca o mala suerte. *Tuvo mala pata y perdió su oportunidad.*

patada (pa-ta-da) sustantivo femenino

1. Golpe dado con la planta del pie o con la pata del animal. *La mula le dio una patada.*

2. a patadas expresión En abundancia. *Tiene juguetes a patadas.*

patalear (pa-ta-le-ar) verbo

1. Doblar las piernas o las patas violentamente y con ligereza, para herir con ellas o a causa del dolor. *El pobre animal pataleaba de dolor.* **SIN.** Cocear.

2. Dar patadas en el suelo violentamente para manifestar enfado o pesar. *No patalees, no pienso dártelo.*

pataleta (pa-ta-le-ta) sustantivo femenino

Enfado, rabieta por algo sin importancia y que dura poco. *Le dio la pataleta.* **SIN.** Perra.

patata (pa-ta-ta) sustantivo femenino

Parte comestible de la raíz de una planta, que es uno de los alimentos más útiles y nutritivos para el ser humano. *Fríe unas patatas.*

patatús (pa-ta-tús) sustantivo masculino

Desmayo o accidente poco grave. *Cuando se enteró, casi le da un patatús.* **SIN.** Ataque, soponcio.

paté (pa-té) sustantivo masculino

Pasta hecha de carne o hígado picado que se come fría. *Compré un poco de paté a la pimienta.*

patear (pa-te-ar) verbo

1. Dar golpes con los pies. *Pateaba en el suelo como un loco.*

2. Andar mucho. *Le gusta patear por la montaña.*

patente (pa-**ten**-te) adjetivo

1. Manifiesto, visible. *El descontento era patente.* **SIN.** Palpable.

2. sustantivo femenino Inscripción en una lista oficial de un invento o marca con el nombre de su creador. *Ya tiene la patente de su invento.*

paternal (pa-ter-**nal**) adjetivo

Propio del cariño de los padres. *Lo recibió con cariño paternal.*

paterno, paterna (pa-**ter**-no) adjetivo

Que se refiere al padre o es propio de él. *Era la casa de sus abuelos paternos.* **SIN.** Paternal.

patético, patética (pa-**té**-ti-co) adjetivo

Se dice de aquello que conmueve e infunde dolor, tristeza o melancolía. *Se dieron escenas patéticas entre los familiares de los accidentados.* **SIN.** Conmovedor.

patilla (pa-**ti**-lla) sustantivo femenino

1. Porción de barba que se deja crecer en cada uno de los carrillos. *Se ha dejado unas patillas muy largas.*

2. Pieza que sirve para sujetar las gafas a las orejas. *Se le rompió una patilla de las gafas.*

patín (pa-**tín**) sustantivo masculino

1. Aparato que consiste en una plancha, que se adapta a la suela del calzado, provista de una especie de cuchilla o de cuatro ruedas, usada para deslizarse sobre el hielo, el agua o sobre una superficie llana. *Salió al parque con sus patines.*

2. Aparato compuesto por dos flotadores paralelos unidos por dos o más travesaños y gobernado por un remo, que se usa para dar paseos en los lagos, proximidades de la costa, etc. *Paseamos en patín por el lago.*

patinar (pa-ti-**nar**) verbo

1. Deslizarse con patines. *Le encanta patinar sobre hielo.*

2. Resbalar o dar vueltas las ruedas de un vehículo sin que este avance. *Al frenar, le patinó el coche.*

3. Equivocarse o meter la pata. *Volvió a patinar en la siguiente pregunta.* **SIN.** Deslizarse, colarse.

patinazo

(pa-ti-**na**-zo) sustantivo masculino

1. Resbalón, pérdida del equilibrio o de la dirección. *El patinazo le hizo salirse de la carretera.*

2. Equivocación, metedura de pata. *Deberías tener más cuidado con esos patinazos.* **SIN.** Error.

patio (**pa**-tio) sustantivo masculino

1. Espacio de un edificio rodeado de paredes, pero sin tejado. *Los niños juegan en el patio.*

2. En los teatros, planta baja que ocupan las butacas. *Nos regalaron dos entradas de patio.*

pato (**pa**-to) sustantivo masculino

1. Ave con el pico más ancho en la punta que en la base, cuello y patas cortos, y una mancha de reflejos metálicos en cada ala. *Observaba a los patos en el estanque.* **SIN.** Ánade.

2. adjetivo y sustantivo masculino Se dice de la persona sosa y con muy poca maña. *No seas tan pato.*

3. pagar el pato expresión Recibir un castigo no merecido, o que ha merecido otro. *Tú lo has hecho y yo tengo que pagar el pato, ¡qué injusto!*

patoso, patosa

(pa-**to**-so) adjetivo

Se dice de la persona torpe y sin gracia en sus movimientos. *Soy un poco patosa, me tropiezo todo el rato.* **SIN.** Desmañado.

patraña

(pa-**tra**-ña) sustantivo femenino

Mentira o suceso inventado. *Se inventa cada patraña...* **SIN.** Bulo.

patria (**pa**-tria) sustantivo femenino
Lugar, ciudad o país en que alguien ha nacido. *Dejó su patria para ir al extranjero.* **SIN.** Nación.

patrimonio
(pa-tri-**mo**-nio) sustantivo masculino
Conjunto de bienes pertenecientes a una persona, una institución o una empresa. *Su familia tiene un gran patrimonio.*

patriota (pa-**trio**-ta) sustantivo
Persona que tiene amor a su patria o trabaja por ella. *Es un gran patriota.* **ANT.** Desleal, traidor.

patriotismo
(pa-trio-**tis**-mo) sustantivo masculino
Amor a la patria. *Aquella canción ensalzaba el patriotismo.*

patrocinar (pa-tro-ci-**nar**) verbo
1. Defender, proteger, amparar, favorecer. *Patrocina actos culturales.*
2. Dar dinero u otros bienes para que se haga una actividad. *Patrocinaron su campaña política.*

patrón, patrona (pa-**trón**) sustantivo
1. Dueño o jefe en una empresa o negocio que tiene trabajadores contratados. *El patrón ha decidido subirnos el sueldo.*
2. Santo que protege una iglesia, población, grupo de personas, etc. *San Cristóbal es el patrón de los conductores.*
3. Persona que tiene una casa de huéspedes. *A mi patrona no le gusta que me visiten.*
4. sustantivo masculino Modelo para sacar otra cosa igual. *Cosió el vestido según el patrón.* **SIN.** Figurín.

patrono, patrona (pa-**tro**-no) sustantivo
1. Persona que contrata trabajadores para la empresa o negocio que dirige o posee. *El patrono les dio el día libre.* **SIN.** Jefe.

2. Patrón, santo que protege una iglesia, población, grupo de personas, etc. *La Virgen del Pilar es patrona de Zaragoza.*

patrulla (pa-**tru**-lla) sustantivo femenino
Pequeño grupo de gente armada, que vigila un lugar para mantener el orden y la seguridad. *Una patrulla vigilaba las calles día y noche.*

patrullar (pa-tru-**llar**) verbo
Recorrer un lugar vigilando que no suceda nada extraño. *Aquella noche tenía que salir a patrullar.*

paulatino, paulatina
(pau-la-**ti**-no) adjetivo
Que procede u obra despacio o lentamente. *Ha sido un cambio paulatino, que al principio ni se notaba.* **SIN.** Pausado, lento, calmoso. **ANT.** Rápido, raudo.

pausa (**pau**-sa) sustantivo femenino
1. Breve interrupción del movimiento o acción. *Hicieron una pausa en el trabajo para comer algo.* **SIN.** Detención, parada, alto.
2. Tardanza, lentitud. *¡Lo hace todo con tanta pausa...!*

pauta (**pau**-ta) sustantivo femenino
1. Modelo, guía. *Siguió la pauta que le indicaron.* **SIN.** Patrón.
2. Norma, costumbre. *Era pauta de la casa obrar de esa forma.*

pavesa (pa-**ve**-sa) sustantivo femenino
Partícula ardiendo que se desprende de una materia encendida y acaba en ceniza. *Ten cuidado con las pavesas que saltan de la hoguera.* **SIN.** Brasa, chispa.

pavimento
(pa-vi-**men**-to) sustantivo masculino
Suelo, superficie artificial hecha para que el piso esté sólido y pulido. *Los obreros estaban colocando el pavimento en la calle principal.* **SIN.** Piso.

pavo (pa-vo) sustantivo masculino

1. Ave que en estado salvaje tiene un plumaje pardo verdoso y manchas blancas en los extremos de las alas y la cola. El pavo doméstico es más pequeño y de plumaje negro, con un trozo de carne roja colgando debajo del pico. *Tiene una granja y se dedica a la cría de pavos.*

2. adjetivo y sustantivo Persona sosa o incauta. *Es un poco pava.* **SIN.** Memo, necio.

pavonear (pa-vo-ne-ar) verbo

Presumir de lo que se tiene, se sabe o se hace. *Se pavonea de que tiene mucho dinero.*

payaso, payasa (pa-ya-so) sustantivo

1. Persona que actúa en los circos y en las ferias para hacer reír. *Los niños estaban encantados con la actuación de los payasos.*

2. Persona poco seria. *No sirve para el trabajo porque es un payaso.*

paz sustantivo femenino

1. Equilibrio interior, estado de ánimo en tranquilidad. *En aquel maravilloso lugar había encontrado la paz.* **SIN.** Sosiego, calma. **ANT.** Intranquilidad, desasosiego.

2. Acuerdo y armonía entre unos y otros. *Vivían en paz.*

3. Pacto entre dos o más países para terminar una guerra. *Francia e Italia firmaron la paz.*

4. dejar en paz expresión No inquietar ni molestar a alguien. *Déjame en paz, estoy intentando estudiar.*

5. hacer las paces expresión Reconciliarse, volver a hacerse amigas personas que estaban enfadadas. *Marta y yo hemos hecho las paces.*

pe sustantivo femenino

1. Nombre de la letra *p*. *Papá tiene dos pes.*

2. de pe a pa expresión Por entero, desde el principio al fin. *Me sé la lección de pe a pa.*

peaje (pe-a-je) sustantivo masculino

Cantidad de dinero que hay que pagar por pasar por un lugar, y puesto donde está la persona que lo cobra. *Pagamos el peaje de la autopista.*

peatón, peatona (pe-a-tón) sustantivo

Persona que se desplaza a pie por la calle. *Las aceras de las calles son para que los peatones vayan por ellas.* **SIN.** Transeúnte, viandante, caminante.

peca (pe-ca) sustantivo femenino

Mancha pequeña y de color pardo que suele salir en la piel. *Tenía la cara llena de pecas.*

pecado (pe-ca-do) sustantivo masculino

Todo lo que se dice o hace de forma voluntaria que va en contra de la ley de Dios o algún mandamiento de la Iglesia. *Se acusó de sus pecados.* **SIN.** Culpa, falta, yerro. **ANT.** Virtud.

pecar (pe-car) verbo

Hacer, decir, pensar o desear algo que va contra la ley de Dios. *Sintió la tentación de mentir y acabó pecando.*

✎ Se conjuga como *abarcar*.

pecera (pe-ce-ra) sustantivo femenino

Vasija o globo de cristal, lleno de agua, para tener a la vista algunos peces de colores. *El pez quería saltar de la pecera.* **SIN.** Acuario.

pechera (pe-che-ra) sustantivo femenino

En las camisas y otras prendas de vestir, parte que cubre el pecho. *La blusa llevaba la pechera de jaretas.*

pecho (pe-cho) sustantivo masculino

1. Parte del cuerpo humano, comprendida entre el cuello y el vientre, y en cuyo interior se encuentran el corazón y los pulmones. *Tenía un fuerte dolor en el pecho.* **SIN.** Seno, tórax.

2. Parte del tronco de ciertos animales entre el cuello y las patas delanteras. *El caballo tiró la valla con el pecho.*
3. Cada una de las mamas de la mujer. *Tenía un pequeño bulto en un pecho.* **SIN.** Seno, teta.
4. dar el pecho expresión Dar de mamar. *Dio el pecho al bebé.*
5. tomar a pecho expresión Poner alguien mucho interés en una cosa. *Te tomas eso demasiado a pecho.*

pechuga (pe-chu-ga) sustantivo femenino
1. Pecho del ave, que está dividido en dos, a una y otra parte del esternón. *La tajada del pollo que más me gusta es la pechuga.*
2. Pecho del hombre o de la mujer. *Llevaba la camisa desabrochada, enseñando la pechuga.*

peculiar (pe-cu-liar) adjetivo
Propio o característico de una persona o cosa. *Su voz es muy peculiar.* **SIN.** Particular, distintiva. **ANT.** General, común.

pedagogía
(pe-da-go-gí-a) sustantivo femenino
Ciencia de educar a los niños y jóvenes. *Usa una pedagogía un tanto especial.* **SIN.** Didáctica.

pedal (pe-dal) sustantivo masculino
1. Pieza que pone en movimiento un mecanismo al oprimirla con el pie. *No llegaba a los pedales de la bicicleta porque todavía era pequeño.*
2. Cada una de las piezas que se mueven con los pies en el órgano o el piano para aumentar o debilitar la fuerza del sonido. *Aprieta el pedal de la sordina.*

pedante (pe-dan-te) adjetivo
Se dice de la persona que presume de ser muy sabia y que acaba resultando pesada. *Es una persona culta, pero resulta pedante a veces.*

pedazo (pe-da-zo) sustantivo masculino
1. Parte de una cosa que ha sido separada del resto. *Se comió el pedazo más grande del pastel.* **SIN.** Trozo, fracción, fragmento. **ANT.** Conjunto, todo.
2. estar hecho pedazos expresión Estar agotado, física o mentalmente. *Llegué de la excursión hecho pedazos, pero muy contento.*
3. ser un pedazo de pan expresión Ser una persona muy buena. *Mi abuela es un pedazo de pan.*

pedestal (pe-des-tal) sustantivo masculino
Base sobre la que se coloca una columna o una estatua, para que esté más alta y segura. *La estatua estaba sobre un pedestal.* **SIN.** Peana.

pediatría (pe-dia-trí-a) sustantivo femenino
Parte de la medicina que se ocupa de las enfermedades de los niños. *Se especializó en pediatría.*

pedido (pe-di-do) sustantivo masculino
Encargo hecho a un fabricante o vendedor de mercancías. *Hizo un pedido de libros.*

pedigüeño, pedigüeña
(pe-di-güe-ño) adjetivo y sustantivo
Que pide con frecuencia e inoportunamente. *Este niño se está haciendo un pedigüeño.* **SIN.** Sacacuartos.

pedir (pe-dir) verbo
1. Decir o rogar a alguien si puede hacer o dar algo. *Voy a pedirle la raqueta para jugar.* **SIN.** Suplicar, solicitar. **ANT.** Dar.
2. Pedir limosna. *Vivía de lo que sacaba de pedir por la calle.*
3. Reclamar algo a lo que se cree tener derecho. *Pedían un horario más justo.* **SIN.** Demandar.
4. a pedir de boca expresión Según lo previsto, de forma adecuada. *La entrevista salió a pedir de boca.*
✎ Verbo irregular. Ver pág. 724.

pedir

MODO INDICATIVO		MODO SUBJUNTIVO	
Tiempos simples	Tiempos compuestos	Tiempos simples	Tiempos compuestos
Presente	**Pret. perf. compuesto / Antepresente**	**Presente**	**Pret. perf. compuesto / Antepresente**
pido	he pedido	pida	haya pedido
pides / pedís	has pedido	pidas	hayas pedido
pide	ha pedido	pida	haya pedido
pedimos	hemos pedido	pidamos	hayamos pedido
pedís / piden	habéis pedido	pidáis / pidan	hayáis pedido
piden	han pedido	pidan	hayan pedido
Pret. imperfecto / Copretérito	**Pret. pluscuamperfecto / Antecopretérito**	**Pret. imperfecto / Pretérito**	**Pret. pluscuamperfecto / Antepretérito**
		pidiera o pidiese	hubiera o hubiese pedido
pedía	había pedido	pidieras o pidieses	hubieras o hubieses pedido
pedías	habías pedido	pidiera o pidiese	hubiera o hubiese pedido
pedía	había pedido	pidiéramos o pidiésemos	hubiéramos o hubiésemos pedido
pedíamos	habíamos pedido	pidierais o pidieseis / pidieran o pidiesen	hubierais o hubieseis pedido
pedíais / pedían	habíais pedido	pidieran o pidiesen	hubieran o hubiesen pedido
pedían	habían pedido		
Pret. perf. simple / Pretérito	**Pret. anterior / Antepretérito**	**Futuro simple / Futuro**	**Futuro compuesto / Antefuturo**
pedí	hube pedido	pidiere	hubiere pedido
pediste	hubiste pedido	pidieres	hubieres pedido
pidió	hubo pedido	pidiere	hubiere pedido
pedimos	hubimos pedido	pidiéremos	hubiéremos pedido
pedisteis / pidieron	hubisteis pedido	pidiereis / pidieren	hubiereis pedido
pidieron	hubieron pedido	pidieren	hubieren pedido
Futuro simple / Futuro	**Futuro compuesto / Antefuturo**	**MODO IMPERATIVO**	
pediré	habré pedido		
pedirás	habrás pedido	pide (tú) / pedí (vos) / pida (usted)	
pedirá	habrá pedido	pedid (vosotros)	
pediremos	habremos pedido	pidan (ustedes)	
pediréis / pedirán	habréis pedido		
pedirán	habrán pedido		
Condicional simple / Pospretérito	**Condicional compuesto / Antepospretérito**	**FORMAS NO PERSONALES**	
		Infinitivo pedir	**Infinitivo compuesto** haber pedido
pediría	habría pedido		
pedirías	habrías pedido	**Gerundio** pidiendo	**Gerundio compuesto** habiendo pedido
pediría	habría pedido		
pediríamos	habríamos pedido	**Participio** pedido	
pediríais / pedirían	habríais pedido		
pedirían	habrían pedido		

pedo (**pe**-do) sustantivo masculino

Aire que se expulsa con ruido y mal olor por el ano. *Se le escapó un pedo.*

pedrería (pe-dre-**rí**-a) sustantivo femenino

Conjunto de piedras preciosas como diamantes, esmeraldas, rubíes, etc. *Realiza trabajos de pedrería.*

pedrusco

(pe-**drus**-co) sustantivo masculino

Piedra grande. *Un montón de pedruscos impedían el paso.*

pega (**pe**-ga) sustantivo femenino

1. Engaño, broma. *Era de pega.*

2. Obstáculo, contratiempo, dificultad. *Surgieron muchas pegas.* **SIN.** Inconveniente.

pegadizo, pegadiza

(pe-ga-**di**-zo) adjetivo

1. Contagioso, que pasa de unos a otros con facilidad. *Su risa es muy pegadiza.*

2. Se dice de aquello que es fácil de recordar. *La canción ganadora es muy pegadiza.*

pegajoso, pegajosa

(pe-ga-**jo**-so) adjetivo

1. Que con facilidad se pega. *Es un líquido muy pegajoso.*

2. Sobón, que resulta excesivamente cariñoso. *No soporto la gente tan pegajosa y sobona.*

pegamento

(pe-ga-**men**-to) sustantivo masculino

Sustancia que sirve para pegar objetos sólidos entre sí. *Compra pegamento especial para madera.* **SIN.** Cola.

pegar (pe-**gar**) verbo

1. Unir una cosa con otra, atándolas, cosiéndolas, con pegamento, etc. *Pega el sello en el sobre y escribe la dirección.* **SIN.** Juntar, adherir. **ANT.** Despegar.

2. Dar golpes. *Mis padres nunca nos han pegado.* **SIN.** Golpear.

3. Comunicar una persona a otra una cosa por el contacto, trato, etc. *Le pegó la gripe.* **SIN.** Contagiar, transmitir, infectar.

4. Convenir una cosa con otra, ser oportuno y apropiado. *Ese color no te pega con el amarillo.*

5. Estar una cosa próxima o contigua a otra. *Mi casa está pegando a la suya.* **SIN.** Lindar.

6. Tropezar en una cosa. *Me pegué contra un semáforo.*

7. Tener éxito algo. *Esa canción ha pegado fuerte este verano.* **SIN.** Gustar, triunfar.

8. pegarse Reñir, tener una pelea o discusión. *Se pegaban por ir.*

✎ Se conjuga como *ahogar*.

pegatina

(pe-ga-**ti**-na) sustantivo femenino

Cromo con una sustancia pegajosa por la parte de atrás, que se puede pegar en cualquier sitio. *Tenía el cuaderno lleno de pegatinas.* **SIN.** Adhesivo.

pegote (pe-**go**-te) sustantivo masculino

1. Trozo de una materia pegajosa que se queda pegado en un sitio. *Quita ese pegote de chicle del cristal.*

2. Cosa que se añade de manera inadecuada y queda mal. *Esa frase al final de párrafo es un pegote.*

peinar (pei-**nar**) verbo

1. Desenredar, limpiar o arreglar el cabello a una persona. *Se peinó con raya al medio.*

2. Examinar despacio y atentamente una zona para descubrir o encontrar alguna cosa o persona. *Peinaron la zona buscando a los montañeros perdidos.* **SIN.** Rastrear.

peine (**pei**-ne) sustantivo masculino

Utensilio de marfil, hueso, madera, concha, etc., con muchos dientes, que sirve para desenredar y arreglar el pelo. *Tenía el pelo tan enredado que se rompió el peine.*

peineta (pei-**ne**-ta) sustantivo femenino

Peine curvo que se usa para adornar o sostener el peinado. *Llevaba moño y peineta.*

peladilla (pe-la-**di**-lla) sustantivo femenino

Almendra rodeada de una pasta dulce, lisa y dura de color blanco. *Compró una bolsa de peladillas.*

pelado, pelada

(pe-**la**-do) adjetivo

1. Se dice de la fruta sin monda o cáscara. *La naranja está pelada.*

2. Sin pelo. *Se está quedando pelado.*

3. Se dice de las cosas principales o fundamentales que carecen de lo que naturalmente las viste, adorna, cubre o rodea. *Dejaron las paredes peladas, sin ningún cuadro.*

4. Sin dinero, arruinado. *A final de mes, siempre anda pelado.*

pelaje (pe-**la**-je) sustantivo masculino

Conjunto del pelo o de la lana que tiene un animal. *El zorro tiene un largo y suave pelaje.*

pelambrera

(pe-lam-**bre**-ra) sustantivo femenino

Pelo o vello espeso y crecido. *Quería cortarse el pelo porque tenía ya una buena pelambrera.* **SIN.** Cabellera, melena.

pelar (pe-**lar**) verbo

1. Cortar, quitar o raer el pelo. *Se peló al cero.* **SIN.** Rapar.

2. Desplumar, quitar las plumas al ave. *Peló los pichones.*

3. Quitar la piel, la monda o la corteza a una cosa. *Nunca pela las manzanas.* **SIN.** Descortezar, mondar.

4. Quitar con engaño o violencia los bienes a otra persona. *Le pelaron todo el dinero que llevaba.*

5. En el juego, ganar a alguien todo el dinero. *Le había pelado todo.*

6. duro de pelar expresión Difícil de conseguir o ejecutar. *Ese campeonato va a ser duro de pelar.*

7. hacer un frío que pela expresión Hacer muchísimo frío. *En esta región hace un frío que pela.*

peldaño (pel-**da**-ño) sustantivo masculino

Cada una de las superficies planas donde se apoyan los pies al subir o bajar una escalera. *Subió varios peldaños.* **SIN.** Escalón.

pelea (pe-**le**-a) sustantivo femenino

1. Lucha o riña. *Se vio envuelto en la pelea callejera.*

2. Esfuerzo o trabajo en la realización o logro de una cosa. *Fue una dura pelea hasta que lo logró.*

pelear (pe-le-**ar**) verbo

1. Enfrentarse personas o animales de palabra, con golpes o armas. *Mi perro y mi gato nunca pelean entre sí.* **SIN.** Luchar.

2. Esforzarse, trabajar por conseguir una cosa. *Peleaba por mejorar en su trabajo.*

pelele (pe-**le**-le) sustantivo masculino

1. Muñeco de figura humana hecho de paja o trapos. *En la fiesta, se quema al pelele.* **SIN.** Espantajo, monigote, mamarracho.

2. Persona de poco carácter que se deja manejar fácilmente por los demás. *Es un pelele en manos de su madre.* **SIN.** Apocado.

peletería (pe-le-te-**rí**-a) sustantivo femenino

1. Arte o técnica de preparar pieles y hacer prendas de abrigo con ellas. *Mi tía se dedica a la peletería.* **SIN.** Curtiduría.

2. Tienda donde se venden pieles finas. *Compró la cazadora de ante en una peletería.*

pelícano (pe-lí-ca-no) sustantivo masculino

Ave que vive cerca del agua, de casi dos metros de largo, con plumaje blanco en general, pico ancho y muy largo, con la piel debajo del pico en forma de bolsa, donde guarda los alimentos. *El pelícano capturó un pez.*

película

(pe-lí-cu-la) sustantivo femenino

1. Piel o capa fina y delgada. *Cubrió la pared con una película de pintura.* **SIN.** Membrana, lámina.

2. Cinta que tiene imágenes fotográficas que se proyectan en una pantalla mediante una máquina de cine. *Es el productor de la película.*

3. Asunto representado en esa cinta. *Le gustan las películas de aventuras.* **SIN.** Celuloide, filme.

4. de película expresión Muy bueno o muy bien. *Pasamos una tarde de película.* **SIN.** Extraordinario.

peligro (pe-li-gro) sustantivo masculino

Posibilidad de que pase algo malo. *Es un peligro cruzar con el semáforo en rojo.* **SIN.** Amenaza, riesgo.

peligroso, peligrosa

(pe-li-gro-so) adjetivo

1. Que ofrece un peligro o puede ocasionar daño. *Corrieron una peligrosa aventura.* **SIN.** Expuesto, aventurado, arriesgado.

2. Se dice de la persona de carácter violento y que puede causar daño. *Ese tipo es peligroso.*

pelirrojo, pelirroja

(pe-li-rro-jo) adjetivo

Que tiene rojo el pelo. *Su hermana pequeña es pelirroja.*

pellejo (pe-lle-jo) sustantivo masculino

1. Trozo de piel levantada. *Cuando está nervioso, se muerde los pellejos de los dedos.*

2. Piel de un animal separada del cuerpo. *El cazador arrancó el pellejo al oso para venderlo.*

3. jugarse el pellejo expresión Poner su vida en peligro. *Los bomberos se juegan el pellejo con frecuencia.*

pelliza (pe-lli-za) sustantivo femenino

Prenda de abrigo hecha o forrada de pieles finas. *Como hacía frío, salió con la pelliza.* **SIN.** Tabardo, zamarra.

pellizcar (pe-lliz-car) verbo

1. Asir con el dedo pulgar y cualquiera de los otros una pequeña porción de piel y carne, apretándola de forma que cause dolor. *Le pellizcó sin querer.*

2. Tomar o quitar una pequeña cantidad de una cosa. *No podía dejar de pellizcar la tarta.*

✎ Se conjuga como *abarcar.*

pellizco (pe-lliz-co) sustantivo masculino

1. Acción de pellizcar. *Le salió un moratón en el brazo por el pellizco que le habían dado.*

2. Porción pequeña de una cosa, que se toma o se quita. *Le dio unos buenos pellizcos al bollo de pan.* **SIN.** Pizca, poquito.

3. Porción pequeña de un ingrediente. *Añádale un pellizco de sal.*

4. un buen pellizco expresión Mucho dinero. *En la lotería les ha tocado un buen pellizco.*

pelma (pel-ma) adjetivo y sustantivo

Pelmazo, persona pesada y molesta. *Este vecino es un pelma, protesta por todo.* **SIN.** Cargante, pesado, latoso. **ANT.** Agradable.

pelmazo, pelmaza

(pel-ma-zo) adjetivo y sustantivo

1. Persona pesada que produce molestia y cansancio. *Ya está aquí el pelmazo de todos los días.* **SIN.** Cargante, molesto.

2. Persona que hace las cosas con mucha lentitud. *Date prisa, eres un pelmazo.* **SIN.** Lento.

pelo (pe-lo) sustantivo masculino

1. Cada uno de los hilos que nacen y crecen en la piel del ser humano y de algunos animales, y conjunto de todos los pelos del cuerpo o de una de sus partes. *Tenía un precioso pelo de color negro.* **SIN.** Cabello.

2. Cualquier cosa pequeña o escasa. *Échame solo un pelo más de café.* **SIN.** Brizna, pizca.

3. con pelos y señales expresión Minuciosamente, con todo detalle. *Cuéntamelo con pelos y señales.*

4. por los pelos expresión En el último momento. *Llegué al autobús por los pelos, ya estaba casi en marcha.*

5. tomar el pelo expresión Burlarse de alguien. *No me tomes más el pelo.*

pelón, pelona

(pe-lón) adjetivo y sustantivo

1. Que no tiene pelo o tiene muy poco. *El bebé estaba pelón.* **SIN.** Calvo, pelado.

2. Pobre, que tiene muy poco dinero. *Al final de mes siempre anda muy pelona.* **SIN.** Necesitado. **ANT.** Rico, opulento.

pelota (pe-lo-ta) sustantivo femenino

1. Bola que se usa en varios juegos, hecha de goma o cualquier otra materia elástica. *Siempre lleva su pelota hinchable cuando va a la playa.* **SIN.** Balón.

2. Juego que se hace con ella. *Estuvimos jugando a la pelota.*

3. Bola de materia blanda. *Hizo una pelota de lana de colores.*

4. hacer la pelota expresión Intentar caer simpático a alguien por cualquier medio para conseguir una cosa, incluso diciendo mentiras o haciendo lo que no se debe. *Siempre le hace la pelota al profesor.*

5. en pelotas expresión Persona desnuda, sin ropa. *Entré en el baño y lo encontré en pelotas en la ducha.*

pelotón (pe-lo-tón) sustantivo masculino

1. Conjunto de personas sin orden y en tropel. *Un pelotón de niños se acercaba corriendo.*

2. Grupo de cierto número de soldados al mando de un cabo o sargento. *Estaba al mando del pelotón.* **SIN.** Destacamento.

peluca (pe-lu-ca) sustantivo femenino

Cabellera postiza que se pone en la cabeza. *Dos de los atracadores llevaban peluca.*

peluche (pe-lu-che) sustantivo masculino

Muñeco fabricado con un tejido suave y peludo. *Sus hermanos le regalaron un enorme peluche.*

peludo, peluda (pe-lu-do) adjetivo

Que tiene mucho pelo. *Tiene las piernas muy peludas.* **SIN.** Lanudo, velloso. **ANT.** Calvo.

peluquería (pe-lu-que-rí-a) sustantivo femenino

1. Técnica u oficio de arreglar el pelo. *Se está formando en peluquería.*

2. Establecimiento donde se corta o peina el pelo. *Pidió hora en la peluquería para teñirse el pelo.*

peluquero, peluquera

(pe-lu-que-ro) sustantivo

Persona que tiene por oficio peinar, cortar el pelo, hacer rizos, etc. *Lleva años yendo al mismo peluquero.*

peluquín (pe-lu-quín) sustantivo masculino

Peluca pequeña o que solo cubre parte de la cabeza. *Se puso un peluquín para disimular su calvicie.*

pelusa (pe-lu-sa) sustantivo femenino

1. Vello, pelos cortos en ciertas partes del cuerpo. *Mi hijo adolescente tiene ya pelusa en el bigote.*

2. Pelo menudo que se desprende de las telas con el uso. *Esta manta suelta mucha pelusa.*

3. Envidia y celos de los niños. *Tiene pelusa de su hermanita.*

pena (pe-na) sustantivo femenino

1. Sentimiento de dolor y sufrimiento. *Sintió mucha pena al no poder ir a a la excursión.* **SIN.** Disgusto, tristeza. **ANT.** Alegría.

2. Castigo impuesto al que ha hecho algo malo. *Tenía que cumplir su pena de prisión.* **SIN.** Correctivo.

3. Dificultad, trabajo, esfuerzo que cuesta una cosa. *Pasó muchas penas hasta conseguirlo.* **SIN.** Penalidad.

4. a duras penas expresión Con mucha dificultad o trabajo. *Llegué hasta el final a duras penas.*

5. valer la pena expresión Merecer una cosa el esfuerzo que cuesta conseguirla. *Vale la pena esforzarse si luego se obtiene la victoria.*

penacho (pe-na-cho) sustantivo masculino

1. Grupo de plumas que tienen algunas aves en la parte superior de la cabeza. *Esa ave tiene un llamativo penacho rojo.*

2. Adorno de plumas que sobresale en un casco, sombrero, en la cabeza de los caballos engalanados para fiestas, etc. *Adornaron los cascos con penachos de colores.*

penal (pe-nal) sustantivo masculino

Cárcel en que los castigados por la ley cumplen sus penas. *Había pasado dos años en ese penal.* **SIN.** Presidio, penitenciaría.

penalidad (pe-na-li-dad) sustantivo femenino

Sufrimiento, trabajo molesto. *Sufrió grandes penalidades.*

penalti (pe-nal-ti) sustantivo masculino

En fútbol, falta cometida por un equipo cerca de su portería, que se castiga con un tiro a puerta. *El árbitro señaló penalti.*

✎ También *penal.*

penar (pe-nar) verbo

1. Imponer a alguien una pena. *Fue penado con una multa.* **SIN.** Sancionar, condenar, castigar.

2. Señalar la ley el castigo para un acto o falta. *Ese delito está penado con la cárcel.*

pender (pen-der) verbo

Estar colgada alguna cosa. *Los jamones pendían del techo.* **SIN.** Colgar, suspender.

pendiente (pen-dien-te) adjetivo

1. Que pende o cuelga. *Déjalo pendiente de ese gancho.*

2. Que está por resolver o terminarse. *Te recuerdo que tenemos un asunto pendiente.* **SIN.** Aplazado, diferido, suspendido.

3. Que tiene un desnivel muy pronunciado. *Esa carretera es muy pendiente.*

4. sustantivo masculino Joya que se lleva colgando de las orejas. *Llevaba unos pendientes de perlas.*

5. sustantivo femenino Cuesta o desnivel de un terreno. *Había que subir una fuerte pendiente.*

pen drive sustantivo masculino

Dispositivo de almacenamiento de datos informáticos, portátil y accesible a través de un puerto USB. *En sus manos, la titular de Economía y Hacienda llevaba un pen drive.*

✎ Es una palabra inglesa, y se pronuncia /pendráif/.

péndulo (pén-du-lo) sustantivo masculino

Cuerpo que se mueve de un lado a otro, colgado de un punto fijo. *El niño observaba el movimiento del péndulo.*

pene (pe-ne) sustantivo masculino

Órgano sexual externo masculino. *La fimosis se corrige con una sencilla operación del pene.*

penetrante - pensativo

penetrante

(pe-ne-**tran**-te) adjetivo

1. Profundo, que entra mucho en alguna cosa. *Sintió un dolor penetrante en el vientre.*

2. Agudo, alto, hablando de la voz, del grito, etc. *Su penetrante voz le impresionó.* **SIN.** Estridente.

penetrar

(pe-ne-**trar**) verbo

1. Introducirse un cuerpo en otro. *La humedad penetraba por las paredes.* **SIN.** Meterse, entrar.

2. Introducirse en el interior de un espacio, aunque haya dificultades o estorbos. *Penetraron en el interior de la cueva.*

3. Hacerse sentir con demasiada violencia una cosa, como el frío, los gritos, etc. *El frío me penetraba hasta los huesos.*

penicilina

(pe-ni-ci-**li**-na) sustantivo femenino

Medicina que cura las infecciones causadas por las bacterias. *Era alérgico a la penicilina.*

península

(pe-**nín**-su-la) sustantivo femenino

Porción de tierra rodeada de agua por todas partes salvo por una, por donde se comunica con otra mayor. *España y Portugal forman la península ibérica.*

penitencia

(pe-ni-**ten**-cia) sustantivo femenino

1. Sacramento cristiano por el cual se perdonan los pecados al que se confiesa. *El sacerdote le administró la penitencia.*

2. Oración que el sacerdote manda rezar o cosa que manda hacer para que se perdone el pecado confesado. *Le mandó un avemaría de penitencia.*

penoso, penosa (pe-**no**-so) adjetivo

1. Trabajoso, que causa pena o tiene gran dificultad. *Tuvieron un viaje muy largo y penoso.* **SIN.** Laborioso, fatigoso, difícil.

2. Que padece un dolor o pena. *Su situación familiar era penosa.* **SIN.** Doloroso, triste.

3. Que es ridículo o vergonzoso. *Su comportamiento fue penoso.*

pensador, pensadora

(pen-sa-**dor**) sustantivo

Persona dedicada a estudios elevados y que profundiza mucho en ellos. *Sócrates fue un gran pensador.* **SIN.** Intelectual, filósofo.

pensamiento

(pen-sa-**mien**-to) sustantivo masculino

1. Capacidad y acto de pensar. *Adivinó sus pensamientos.* **SIN.** Entendimiento.

2. Idea más importante de una obra. *Recoge el pensamiento de Platón.*

3. leer el pensamiento expresión Adivinar lo que alguien piensa. *¿Cómo lo supiste? Me has leído el pensamiento.*

pensar (pen-**sar**) verbo

1. Examinar una cosa con atención y cuidado. *Dale tiempo para pensar la respuesta.* **SIN.** Discurrir, meditar, reflexionar.

2. Crear una cosa en la imaginación. *Pensaba un mundo más pacífico y feliz.*

3. Proyectar hacer una cosa. *Pienso hacerlo.* **SIN.** Idear, intentar, planear, proponerse.

4. ni pensarlo expresión De ningún modo. *¿Ir de compras? Ni pensarlo.*

✎ Verbo irregular, se conjuga como *acertar*.

pensativo, pensativa

(pen-sa-**ti**-vo) adjetivo

Que piensa intensamente y con mucha concentracion. *Lo encontré muy pensativo.*

pensión (pen-**sión**) sustantivo femenino
1. Casa particular que admite huéspedes. *Como el hotel le salía muy caro, buscó una pensión.*
2. Cantidad mensual o anual que le corresponde a alguien que no trabaja. Se dice sobre todo de la paga de los jubilados. *Vive de la pensión de viudedad que le dejó su marido.*

pensionista (pen-sio-**nis**-ta) sustantivo
Persona que tiene derecho a cobrar una pensión. *Los pensionistas protestan por las medidas del Gobierno.* **SIN.** Retirado, jubilado.

pentágono
(pen-**tá**-go-no) sustantivo masculino
Se dice del polígono de cinco ángulos y cinco lados. *Dibuja un pentágono regular.*

pentagrama
(pen-ta-**gra**-ma) sustantivo masculino
Serie de cinco líneas sobre la que se escriben las notas en la partitura musical. *Escribió la clave de sol al inicio del pentagrama.*

penúltimo, penúltima
(pe-**núl**-ti-mo) adjetivo
Lo que está justo delante de lo último. *Era el penúltimo de la lista.*

penumbra
(pe-**num**-bra) sustantivo femenino
Sombra débil entre la luz y la oscuridad. *Las persianas estaban bajadas, y la habitación estaba en penumbra.*

peña (pe-**ña**) sustantivo femenino
1. Piedra grande según la produce la naturaleza. *El terreno estaba lleno de peñas.* **SIN.** Roca.
2. Monte o colina con peñascos. *Desde aquella peña tan alta se divisaba un asombroso paisaje.*
3. Nombre que se da a algunas asociaciones culturales, deportivas, etc. *Era el presidente de la peña taurina.*

peñasco (pe-**ñas**-co) sustantivo masculino
Peña grande y elevada. *Se subió a un peñasco para mirar el paisaje.*

peonza (pe-**on**-za) sustantivo femenino
Juguete de madera terminado en punta, que se hace girar sobre sí mismo tirando de una cuerda enroscada alrededor suyo. *Juega mucho a la peonza.* **SIN.** Trompo.

pequeñez (pe-que-**ñez**) sustantivo femenino
Cosa pequeña o sin importancia. *No deberías discutir por esas pequeñeces.* **SIN.** Nimiedad.
✎ Su plural es *pequeñeces.*

pequeño, pequeña
(pe-**que**-ño) adjetivo
1. Corto, de poco espacio o tamaño. *Su habitación es demasiado pequeña para ese armario.*
2. De poca edad. *Aún es muy pequeño, por eso no sabe hablar.*

pequinés, pequinesa
(pe-qui-**nés**) adjetivo y sustantivo
Se dice de un perro de tamaño muy pequeño, cabeza redonda, nariz ancha y chata, ojos muy salientes, orejas caídas y pelaje abundante. *Mi vecina sacó a pasear al pequinés.*

pera (pe-**ra**) sustantivo femenino
Fruto del peral, de forma oval, con una base redondeada y terminado en punta en la zona del rabo. Está recubierto de una fina piel amarilla o verde, y tiene sabor dulce. *De postre, se comió una pera.*

peral (pe-**ral**) sustantivo masculino
Árbol de tronco recto y liso, hojas puntiagudas y flores blancas cuyo fruto es la pera. *Plantamos perales.*

percance (per-**can**-ce) sustantivo masculino
Problema o dificultad con el que no se contaba para realizar o conseguir algo. *Surgió un percance y no pude ir al teatro.* **SIN.** Contrariedad.

percatarse (per-ca-**tar**-se) verbo
Darse cuenta de algo que sucede, sobre todo si no está claro. *No se percató de lo que sucedía.* **ANT.** Ignorar, desconocer.

percebe (per-**ce**-be) sustantivo masculino
Animal marino pequeño, cuyo cuerpo está cubierto con una cáscara, que se cría formando grupos y es marisco muy sabroso. *Pidieron una ración de percebes.*

percha (**per**-cha) sustantivo femenino
Pieza, generalmente de madera o plástico, que sirve para colgar la ropa en el armario. *Cuelga el abrigo en la percha.*

perchero (per-**che**-ro) sustantivo masculino
Armario con perchas, o mueble con brazos o ganchos de los que se puede colgar la ropa. *La cazadora está colgada en el perchero.*

percibir (per-ci-**bir**) verbo
1. Recibir o cobrar una cantidad de dinero. *Percibe una pequeña pensión.*
2. Recibir por uno de los sentidos las impresiones exteriores, como los olores, colores, temperaturas, sabores, etc. *Estoy resfriada y no percibo los olores ni los sabores.*

percusión
(per-cu-**sión**) sustantivo femenino
Conjunto de instrumentos que se tocan golpeándolos. *Son instrumentos de percusión el tambor, las maracas, las castañuelas, los bongos, la pandereta, etc.*

perder (per-**der**) verbo
1. Dejar de tener o no encontrar una cosa. *He perdido el reloj que me regalaron.* **SIN.** Extraviar.
2. No conseguir lo que se espera, desea o ama. *Perdí la ocasión de comprar un buen coche.* **SIN.** Desperdiciar. **ANT.** Aprovechar.

3. Desperdiciar o malgastar una cosa. *Perdió todos sus bienes.*
4. Ocasionar un daño a las cosas, deteriorarlas. *El granizo perdió la cosecha.* **SIN.** Estropear.
5. Dejar de ganar o vencer en una lucha, juego, apuesta, etc. *Perdieron el partido.*
6. perderse No saber dónde se está o por dónde se iba. *Se perdió en el bosque y tuvieron que salir a buscarlo.* **SIN.** Desorientarse, confundirse. **ANT.** Orientarse.
✎ Verbo irregular, se conjuga como *entender*.

pérdida (**pér**-di-da) sustantivo femenino
Carencia de lo que se tenía o daño que se recibe en alguna cosa. *La pérdida de la cosecha les ocasionó problemas económicos.* **SIN.** Perjuicio.

perdido, perdida (per-**di**-do) adjetivo
1. Que se ha extraviado y no se encuentra. *Encontró la pulsera perdida en el fondo del cajón.*
2. Que no tiene o no lleva destino determinado. *Se encontraba perdido en el desierto.*
3. Que no tiene solución. *Es un asunto perdido.* **SIN.** Irremediable.

perdigón (per-di-**gón**) sustantivo masculino
Cada uno de los granos de plomo que dispara un arma de fuego para cazar. *Lleva una escopeta de perdigones para cazar perdices.*

perdiz (per-**diz**) sustantivo femenino
Ave del tamaño de una paloma, con el plumaje gris con manchas rojas, negras y blancas. *La perdiz tiene un sabor exquisito.*
✎ Su plural es *perdices*.

perdón (per-**dón**) sustantivo masculino
Olvido del mal que alguien ha producido o de lo que debía. *Pidió perdón.* **ANT.** Condena.

perdonar (per-do-**nar**) verbo
No tomar en cuenta lo que alguien ha hecho mal, o no obligarle a pagar lo que debe. *Te perdonaré si no vuelves a hacerlo.*

perdurar (per-du-**rar**) verbo
Durar mucho tiempo. *Deseaba que aquella buena racha perdurara.* **SIN.** Permanecer, continuar. **ANT.** Acabar, cesar.

perecer (pe-re-**cer**) verbo
Dejar de ser o existir. *Pereció de frío.* **SIN.** Morir. **ANT.** Vivir.
✎ Verbo irregular, se conjuga como *parecer.*

peregrinación (pe-re-gri-na-**ción**) sustantivo femenino
Viaje que se hace a un santuario por motivos religiosos. *Fueron de peregrinación a Fátima.*

peregrinar (pe-re-gri-**nar**) verbo
1. Ir en romería a un santuario por motivos religiosos. *Peregrinaron hasta la ermita del monte.*
2. Andar alguien por tierras extrañas. *Peregrinaron por varios países.* **SIN.** Recorrer, viajar.

peregrino, peregrina (pe-re-**gri**-no) adjetivo y sustantivo
Se dice de la persona que va a visitar un lugar sagrado. *Nos encontramos peregrinos que estaban haciendo el Camino de Santiago a pie.*

perejil (pe-re-**jil**) sustantivo masculino
Planta que se cultiva mucho en las huertas y se usa para dar sabor a las comidas. *Echa perejil al guiso.*

pereza (pe-**re**-za) sustantivo femenino
Falta de ganas, descuido en las cosas que hay que hacer. *Le da pereza salir de casa cuando llueve.* **SIN.** Dejadez, indolencia, negligencia. **ANT.** Diligencia.

perezoso, perezosa (pe-re-**zo**-so) adjetivo y sustantivo
1. Que tiene pereza. *Es una persona muy perezosa.* **SIN.** Holgazán, gandul, haragán, vago.
2. Que se levanta tarde y de mala gana de la cama. *Le cuesta mucho levantarse, es muy perezosa.*

perfección (per-fec-**ción**) sustantivo femenino
Cualidad de lo perfecto o inmejorable. *Aspiraba a la perfección.*

perfeccionar (per-fec-cio-**nar**) verbo
Acabar enteramente una obra, de modo que quede perfecta. *Perfeccionó su obra.* **SIN.** Afinar, depurar, limar. **ANT.** Empeorar.

perfecto, perfecta (per-**fec**-to) adjetivo
Que está completo y tan bien que no se podría mejorar. *El mecanismo de mi reloj es perfecto.* **ANT.** Imperfecto, defectuoso.

perfil (per-**fil**) sustantivo masculino
1. Postura en que solo se ve uno de los dos lados del cuerpo. *Le hizo un retrato de perfil.*
2. Línea que marca la forma exterior de una figura. *Dibujó su perfil.* **SIN.** Silueta, contorno.

perforar (per-fo-**rar**) verbo
Agujerear algo de parte a parte. *Perforó la pared.* **SIN.** Taladrar, horadar. **ANT.** Cerrar, tapar.

perfumar (per-fu-**mar**) verbo
Dar buen olor. *El tomillo perfuma el monte.* **SIN.** Aromatizar.

perfume (per-**fu**-me) sustantivo masculino
1. Sustancia elaborada que tiene un olor agradable. *Le regalaron un frasco de perfume.*
2. Cualquier olor muy agradable. *Le gustaba el perfume de las rosas.* **SIN.** Aroma, fragancia.

perfumería

(per-fu-me-**rí**-a) sustantivo femenino

Tienda donde se preparan o venden perfumes. *Trabaja en una perfumería.*

pergamino

(per-ga-**mi**-no) sustantivo masculino

Piel de un animal estirada, curtida y muy delgada, que sirve para escribir en ella. *Descifró un pergamino antiguo.*

pérgola

(**pér**-go-la) sustantivo femenino

Jardín con columnas y plantas enredaderas. *Tenía una cita en la pérgola.*

periferia

(pe-ri-**fe**-ria) sustantivo femenino

Alrededores de una ciudad. *Vivían en la periferia.*

perilla

(pe-ri-lla) sustantivo femenino

1. Porción de pelo que se deja crecer en la punta de la barba. *Se dejó perilla.*

2. de perillas expresión A propósito, de una forma muy conveniente u oportuna. *Me viene de perillas.*

perímetro

(pe-**rí**-me-tro) sustantivo masculino

Contorno de una superficie, longitud total de sus lados. *Midieron el perímetro de la finca.*

periódico, periódica

(pe-**rió**-di-co) adjetivo

1. Que pasa, se hace o dice cada cierto tiempo. *Las estaciones del año son periódicas.* **SIN.** Regular, cíclico. **ANT.** Irregular.

2. sustantivo masculino Papel donde se imprimen noticias, anuncios, etc., que se publica cada día. *Leí la noticia en el periódico.* **SIN.** Diario.

periodista

(pe-rio-**dis**-ta) sustantivo

1. Persona que compone o edita un periódico. *Es periodista.*

2. Persona que tiene por oficio escribir en periódicos. *Dos periodistas le hicieron una entrevista.* **SIN.** Articulista, corresponsal, redactor.

período

(pe-**rí**-o-do) sustantivo masculino

1. Espacio de tiempo limitado que una cosa tarda en volver al estado o posición que tenía al principio. *Hablamos del período de letargo de esos animales.* **SIN.** Fase, etapa, ciclo.

2. Espacio de tiempo determinado que comprende toda la duración de una cosa. *Está allí por un período de un mes.*

3. Menstruación. *Las mujeres suelen tener el período todos los meses.* **SIN.** Regla.

✎ También *periodo.*

peripecia

(pe-ri-**pe**-cia) sustantivo femenino

Aventura, incidente. *Nos contó las peripecias del viaje.*

peripuesto, peripuesta

(pe-ri-**pues**-to) adjetivo

Que se arregla y viste con demasiado esmero. *Llegó todo peripuesto.* **SIN.** Acicalado, emperejilado. **ANT.** Desarrapado.

periquete

(pe-ri-**que**-te) sustantivo masculino

Brevísimo espacio de tiempo. *Lo hizo en un periquete.* **SIN.** Instante, rato, santiamén.

periquito

(pe-ri-**qui**-to) sustantivo masculino

Ave parecida al loro, pero de menor tamaño, cuyo plumaje es de colores muy vistosos. *Tenía en casa dos periquitos.*

periscopio

(pe-ris-**co**-pio) sustantivo masculino

Instrumento que usan los submarinos, cuando navegan sumergidos, para ver los objetos sobre la superficie del mar. *Sacaron el periscopio.*

perjudicar

(per-ju-di-**car**) verbo

Producir un daño. *Fumar perjudica la salud.* **SIN.** Dañar, lastimar, arruinar. **ANT.** Favorecer, beneficiar.

✎ Se conjuga como *abarcar.*

perjuicio (per-**jui**-cio) sustantivo masculino
Daño que se hace a una persona o cosa. *Le ocasionó gran perjuicio.* **ANT.** Favor, bien, ventaja.

perla (per-la) sustantivo femenino
1. Bola dura y redondeada, de color blanco o gris claro, que se forma en el interior de las conchas de varios animales marinos, y se emplea en joyería. *Le regaló un collar de perlas.* **2.** Persona o cosa muy buena. *Tu mujer es una verdadera perla.* **3. venir de perlas** expresión Venir muy bien una cosa. *Me vendría de perlas que compraras tú hoy el pan.*

permanecer (per-ma-ne-**cer**) verbo
Mantenerse sin cambio en un mismo lugar o situación. *El terremoto fue leve, todo permaneció como estaba.* **SIN.** Estar, quedarse. **ANT.** Ausentarse, cambiarse.
✎ Verbo irregular, se conjuga como *parecer.*

permanente (per-ma-**nen**-te) adjetivo
1. Que permanece, que dura. *Estaba en permanente vigilancia.* **SIN.** Estable, invariable, inmutable. **ANT.** Inestable, variable. **2.** sustantivo femenino Ondulación del cabello que se mantiene durante largo tiempo. *Se hizo la permanente para ir a la fiesta.* **SIN.** Moldeado.

permiso (per-**mi**-so) sustantivo masculino
Consentimiento dado a alguien para hacer o decir una cosa. *Solicitó permiso para abandonar la sala.* **SIN.** Autorización, licencia. **ANT.** Prohibición, veto.

permitir (per-mi-**tir**) verbo
1. Autorizar a alguien a hacer una cosa. *El letrero decía: «Se permite la entrada».* **SIN.** Aprobar, consentir, dejar. **ANT.** Prohibir, negar, impedir.

2. Hacer posible algo. *El teléfono permite hablar con personas que están alejadas.*

pero (pe-ro) conjunción
1. Se usa para oponer un cosa a otra. *Fui a verte, pero no estabas.* **2.** sustantivo masculino Inconveniente, defecto, dificultad. *No puso ningún pero.* **SIN.** Estorbo, tacha. **ANT.** Facilidad.

perpendicular (per-pen-di-cu-**lar**) adjetivo y sustantivo femenino
Se dice de la línea recta o superficie que forma un ángulo recto con otra línea recta o superficie. *Dibuja dos rectas perpendiculares.* **ANT.** Paralelo.

perpetuar (per-pe-**tuar**) verbo
1. Hacer una cosa perpetua o duradera. *Perpetuaron su memoria.* **SIN.** Inmortalizar, eternizar. **2.** Dar larga duración a las cosas. *La crisis parecía perpetuarse.* **SIN.** Continuar, alargar.
✎ Se conjuga como *actuar.*

perpetuo, perpetua (per-**pe**-tuo) adjetivo
Que dura y permanece para siempre. *Su recuerdo era perpetuo.* **SIN.** Continuo, incesante, perdurable.

perplejidad (per-ple-ji-**dad**) sustantivo femenino
Duda, vacilación de lo que se debe hacer. *Al ver aquello, no salía de su perplejidad.* **SIN.** Incertidumbre. **ANT.** Decisión.

perplejo, perpleja (per-**ple**-jo) adjetivo
Dudoso, indeciso, sin saber qué hacer o qué decir. *Se quedó perplejo y no reaccionaba.* **SIN.** Incierto. **ANT.** Decidido, seguro, firme.

perra (pe-rra) sustantivo femenino
1. Rabieta de niño. *Cogió una buena perra.* **SIN.** Pataleta. **2.** Dinero, moneda. *Le dio unas perras de propina.* ✎ Se usa más en plural.

perrera (pe-**rre**-ra) sustantivo femenino

1. Lugar o sitio donde se guardan los perros. *Le construyó una perrera en el jardín.*

2. Lugar en el que se recogen los perros vagabundos. *Se lo llevaron a la perrera.*

perro, perra (pe-rro) sustantivo

1. Animal mamífero doméstico de tamaño, forma y pelaje muy diversos según las razas. Es un animal muy leal a las personas, tiene el olfato muy fino y es sumamente inteligente. *A Patricia le gustan mucho los perros.* **SIN.** Can, chucho.

2. adjetivo y sustantivo Persona o cosa mala y despreciable. *Ten cuidado con él, es un perro.*

persecución

(per-se-cu-**ción**) sustantivo femenino

Acción de ir detrás de alguien para alcanzarlo. *No cesaban en la persecución de los delincuentes.* **SIN.** Acosamiento, búsqueda, caza.

perseguir (per-se-**guir**) verbo

1. Ir detrás de quien se escapa o está escondido, para alcanzarlo. *Los perros persiguieron a la liebre hasta que la atraparon.* **SIN.** Acorralar, buscar, acosar.

2. Molestar a alguien, procurar hacerle daño. *No dejaba de perseguirlo.* **SIN.** Acosar, importunar.

✎ Verbo irregular, se conjuga como *pedir*. Se escribe -*g*- en vez de -*gu*- delante de -*a* y -*o*, como en *persiga* o *persigo*.

perseverancia

(per-se-ve-**ran**-cia) sustantivo femenino

Firmeza y constancia en la realización de algo. *Consiguió alcanzar sus metas gracias a su perseverancia.* **SIN.** Tesón, persistencia. **ANT.** Inconstancia, indecisión.

perseverar (per-se-ve-**rar**) verbo

Mantenerse constantemente en una manera de ser o de actuar. *Perseveró en su empeño.* **SIN.** Persistir, insistir. **ANT.** Desistir, renunciar, ceder.

persiana (per-**sia**-na) sustantivo femenino

Especie de enrejado con tablillas de madera o de plástico que se pone en las ventanas para evitar que pase la luz. *Siempre dormía con la persiana hasta abajo.*

persistir (per-sis-**tir**) verbo

1. Mantenerse firme o constante en una cosa. *Persiste en su idea de marcharse.* **SIN.** Insistir, obstinarse. **ANT.** Renunciar.

2. Durar por largo tiempo. *Persiste la mejoría.* **SIN.** Perdurar, permanecer. **ANT.** Terminar.

persona (per-**so**-na) sustantivo femenino

1. Ser humano. *Hombres, mujeres, niños y niñas son personas.* **SIN.** Individuo, ser, sujeto.

2. en persona expresión Por uno mismo o estando presente. *Para hacerse el pasaporte, hay que ir en persona a la comisaría.*

personaje (per-so-**na**-je) sustantivo masculino

1. Persona destacada o importante. *Es todo un personaje en el mundo del cine.* **SIN.** Figura.

2. Cada uno de los seres creados por el escritor o guionista en libros, películas, obras de teatro, etc. *Caperucita y el lobo feroz son personajes de un famoso cuento.*

personal (per-so-**nal**) adjetivo

1. Que pertenece a la persona o es propio de ella. *Recogió sus objetos personales.* **SIN.** Particular. **ANT.** General, común.

2. sustantivo masculino Conjunto de las personas que trabajan en una oficina, negocio o empresa. *Era una empresa con mucho personal.*

personalidad

(per-so-na-li-**dad**) sustantivo femenino

Conjunto de características propias de una persona, que sirven para distinguirla de otra. *Tiene una fuerte personalidad.*

perspectiva

(pers-pec-**ti**-va) sustantivo femenino

1. Arte que enseña el modo de representar los objetos en una superficie plana, dando sensación de volumen y profundidad. *En clase de dibujo estamos aprendiendo a dibujar en perspectiva.*
2. Punto de vista, manera de considerar un asunto. *Yo veo las cosas desde otra perspectiva.* **SIN.** Ángulo.
3. sustantivo femenino plural Posibilidades y esperanzas que ofrece un asunto en el futuro. *No veía muy buenas perspectivas de ascenso en aquel trabajo.*

perspicaz (pers-pi-**caz**) adjetivo

Se dice de la inteligencia aguda y penetrante, y de la persona que la tiene. *Se dio cuenta en seguida, es muy perspicaz.* **SIN.** Sutil, sagaz. **ANT.** Obtuso, torpe.

✎ Su plural es *perspicaces.*

persuadir (per-sua-**dir**) verbo

Convencer a alguien razonadamente para hacer o creer una cosa. *Le persuadió para que no lo hiciera.* **SIN.** Decidir. **ANT.** Disuadir.

pertenecer (per-te-ne-**cer**) verbo

1. Ser de alguien una cosa. *El vehículo pertenece a la empresa.*
2. Ser una cosa parte de otra o tener relación con ella. *Este parque pertenece a otro barrio.*
3. Formar parte de una agrupación. *No pertenece a nuestro grupo.*

✎ Verbo irregular, se conjuga como *parecer.*

pértiga (**pér**-ti-ga) sustantivo femenino

Vara larga que sirve para tomar impulso en los saltos de altura. *Participó en las pruebas de salto de pértiga.*

perturbar (per-tur-**bar**) verbo

Alterar el orden y armonía de las cosas, o su tranquilidad y sosiego. *Un grupo de incontrolados trataba de perturbar la celebración.* **SIN.** Trastornar.

perverso, perversa

(per-**ver**-so) adjetivo y sustantivo

Malísimo, que hace mal a propósito. *Es una persona perversa y malvada.* **SIN.** Maligno. **ANT.** Bueno.

pervertir (per-ver-**tir**) verbo

Hacer que alguien sea malo por sus consejos, ideas o ejemplos. *Le pervirtió con su mal ejemplo.* **SIN.** Enviciar, malear.

✎ Verbo irregular, se conjuga como *sentir.*

pesa (**pe**-sa) sustantivo femenino

1. Pieza de determinado peso que sirve para comparar y medir el peso de otra cosa. *Coloca una pesa mayor en ese platillo.*
2. Barra de hierro con pesos en los extremos para hacer gimnasia. *Es levantador de pesas.*

pesadez (pe-sa-**dez**) sustantivo femenino

1. Cualidad de pesado. *Le desesperaba su pesadez para tomar decisiones.*
2. Lata, fastidio. *Es una pesadez tener que salir ahora con lo bien que se está en casa.*

✎ Su plural es *pesadeces.*

pesadilla (pe-sa-**di**-lla) sustantivo femenino

1. Sueño que produce miedo y angustia. *Dormía mal porque tenía horribles pesadillas.*
2. Preocupación grave y continua que se siente a causa de un asunto importante, un peligro o el temor de algo malo. *Tantos problemas le resultaban una pesadilla.*

pesado, pesada

(pe-**sa**-do) adjetivo

1. Que pesa mucho. *No podrás con esa caja, es muy pesada.*

2. Que se mueve con torpeza y lentitud. *Es muy pesado para hacer las cosas.* **SIN.** Lento, tardo, torpe, patoso. **ANT.** Ágil, ligero.

3. Que resulta molesto o fastidioso. *Te estás poniendo un poco pesada.* **SIN.** Cargante, latoso.

4. Que es difícil de soportar. *Es un trabajo muy pesado.* **SIN.** Duro.

pesar (pe-**sar**) verbo

1. Tener un determinado peso. *La maleta llena pesa 25 kilos.*

2. Usar un instrumento como balanza, báscula, etc., para saber el peso de una cosa. *Pesaron los sacos de trigo en una báscula.*

3. Causar dolor. *Le pesó no haber ido a verle.* **SIN.** Apenar.

4. sustantivo masculino Dolor o arrepentimiento. *Sintió un gran pesar por lo que había hecho.* **SIN.** Pena, tristeza. **ANT.** Alegría.

5. a pesar expresión Contra el deseo de las personas, o contra la fuerza o resistencia de las cosas. *A pesar de su oposición, la propuesta salió adelante.*

pesca (**pes**-ca) sustantivo femenino

Actividad de pescar, o atrapar peces en un mar, río o lago. *Fue de pesca.*

pescadería

(pes-ca-de-**rí**-a) sustantivo femenino

Tienda donde se vende pescado. *Compró salmón en la pescadería.*

pescadilla

(pes-ca-**di**-lla) sustantivo femenino

Pez parecido a la merluza, de tamaño más pequeño. *Cené pescadilla frita.*

pescado (pes-**ca**-do) sustantivo masculino

Pez que se puede comer. *Le gusta más el pescado que la carne.*

pescador, pescadora

(pes-ca-**dor**) adjetivo y sustantivo

Se dice de la persona que pesca o que se dedica a pescar. *Vive en un pequeño pueblo de pescadores.*

pescar (pes-**car**) verbo

1. Sacar peces del agua usando redes, cañas, etc. *Hay tan pocas ballenas, que está prohibido pescarlas.* **SIN.** Atrapar.

2. Contagiarse de una enfermedad, enfermar. *He pescado un buen catarro.*

3. Sorprender a alguien haciendo algo incorrecto, cuando no lo esperaba o sin avisar. *La Guardia Civil pescó a los ladrones.* **SIN.** Pillar.

✎ Se conjuga como *abarcar*.

pescuezo (pes-**cue**-zo) sustantivo masculino

Cuello. *El perro tenía una herida en el pescuezo.*

pesebre (pe-**se**-bre) sustantivo masculino

Especie de cajón en el que los animales comen el pienso o la hierba. *El pesebre del caballo estaba vacío.*

pesimismo

(pe-si-**mis**-mo) sustantivo masculino

Tendencia a ver y a juzgar las cosas por el lado más negativo. *Su pesimismo le llevaba a ver todo por el peor lado.* **ANT.** Optimismo.

pesimista (pe-si-**mis**-ta) adjetivo y sustantivo

Que suele ver y juzgar las cosas por el lado más desfavorable. *No seas tan pesimista, seguro que las cosas irán mejor.* **ANT.** Optimista.

pésimo, pésima (**pé**-si-mo) adjetivo

Muy mal, que no puede ser peor. *Ofreció una pésima actuación.* **ANT.** Óptimo, admirable.

peso (**pe**-so) sustantivo masculino

1. Fuerza con que la Tierra atrae a los cuerpos. *En el espacio, los astronautas no tienen peso.* **SIN.** Gravedad.

2. Instrumento para pesar, también llamado *balanza*. *El peso marca cinco kilos.*

pestaña (pes-**ta**-ña) sustantivo femenino
Cada uno de los pelos que nacen en los bordes de los párpados, que sirven para proteger los ojos. *Tenía unas largas y espesas pestañas.*

pestañear (pes-ta-ñe-**ar**) verbo
Abrir y cerrar los párpados. *Tenía un bultito en el ojo y se hacía daño al pestañear.* **SIN.** Parpadear.

peste (**pes**-te) sustantivo femenino
1. Enfermedad contagiosa que causa la muerte de muchos seres humanos o animales. *Muchos conejos murieron de peste.*
2. Mal olor. *Aquella charca despedía una peste horrible.* **SIN.** Hedor, fetidez, pestilencia.
3. Cualquier cosa mala o que puede producir daños graves. *Los accidentes de tráfico son una peste.*

pestillo (pes-**ti**-llo) sustantivo masculino
Pasador con el que se cierra una puerta o ventana, corriéndolo como si fuera un cerrojo. *Echa el pestillo a las ventanas, hace mucho viento.*

petaca (pe-**ta**-ca) sustantivo femenino
1. Estuche de cuero, metal u otra materia para llevar cigarros o tabaco picado. *Sacó su petaca y se puso a liar un cigarrillo.*
2. Pequeña botella plana para llevar algún licor. *Siempre llevaba consigo una petaca de ron.*

pétalo (**pé**-ta-lo) sustantivo masculino
Cada una de las hojas de colores que forman una flor. *Iba deshojando los pétalos de una margarita.*

petardo (pe-**tar**-do) sustantivo masculino
1. Tubito lleno de pólvora que hace mucho ruido al explotar. *En el patio, unos chicos hacían explotar petardos.*
2. Cualquier persona o cosa aburrida o fastidiosa. *No pienso salir con ese petardo.* **SIN.** Latazo.

petición (pe-ti-**ción**) sustantivo femenino
Acción de pedir y contenido de lo que se pide. *Hizo una petición para entrar en el cuerpo de bomberos.* **SIN.** Solicitud. **ANT.** Concesión.

peto (**pe**-to) sustantivo masculino
1. Armadura del pecho. *Ayudó a colocarse el peto al guerrero.*
2. Prenda de vestir que tiene una parte que cubre el pecho. *Llevaba un peto vaquero.*

petróleo (pe-**tró**-le-o) sustantivo masculino
Líquido parecido al aceite, de color oscuro y olor fuerte, que forma a veces grandes manantiales en el interior de la tierra. *Del petróleo se hace el plástico.*

petrolero, petrolera (pe-tro-**le**-ro) adjetivo
1. Que se refiere al petróleo. *El país vive de la industria petrolera.*
2. sustantivo masculino Barco dedicado al transporte de petróleo. *El accidente del petrolero causó un gran desastre ecológico.*

pez sustantivo masculino
1. Animal acuático, vertebrado, de sangre roja, siempre o casi siempre con aletas y piel cubierta de escamas, que se reproduce por huevos. *La trucha es un pez.*
2. sustantivo femenino Sustancia de color oscuro, pegajosa y sólida. *Cubrió los huecos del fondo de la barca con pez.*
3. estar como pez en el agua expresión Sentirse a gusto. *Estoy como pez en el agua en este colegio.*
4. estar pez expresión Ignorar una cosa, no haberla estudiado. *Estoy pez en matemáticas.*
✎ Su plural es *peces*.

pezón (pe-**zón**) sustantivo masculino
Botoncito que sobresale en los pechos o tetas de las hembras, por donde los hijos chupan la leche. *El bebé se agarraba con fuerza al pezón.*

pezuña - picar

pezuña (pe-**zu**-ña) sustantivo femenino
Mano o pie de los animales con uñas.
Se clavó una espina en la pezuña.

piadoso, piadosa (pia-**do**-so) adjetivo
1. Que siente o produce compasión.
Es piadoso con los pobres.
2. Religioso, devoto. *Es una persona muy piadosa.*

piano (**pia**-no) sustantivo masculino
Instrumento musical compuesto por una caja sonora con una serie de cuerdas metálicas, que, golpeadas por macillos impulsados por un teclado, producen sonidos claros y vibrantes. *Toca todos los días el piano.*

piar verbo
Emitir los polluelos y algunas aves su sonido característico. *Los palomos piaban en su nido.*
✎ Se conjuga como *desviar.*

piara (**pia**-ra) sustantivo femenino
Manada de cerdos. *Era cuidador de una piara de cerdos.*

pica (**pi**-ca) sustantivo femenino
1. Especie de lanza que utiliza el picador de toros. *Se rompió la pica.* **SIN.** Vara.
2. sustantivo femenino plural Uno de los palos de la baraja francesa. *Tenía el tres de picas.*

picador, picadora (pi-ca-**dor**) sustantivo
1. Jinete que pica a los toros en las corridas. *El picador se cayó del caballo y hubo que sacarlo de la arena.*
2. sustantivo femenino Aparato eléctrico para picar carne. *Ella usa mucho la picadora.*

picadura (pi-ca-**du**-ra) sustantivo femenino
1. Pinchazo o mordisco de un insecto o un reptil. *Aún tenía marca de las picaduras de las avispas.*
2. Principio de caries en la dentadura. *Al verse las picaduras, decidió ir al dentista.*

picante
(pi-**can**-te) adjetivo
Que produce un sabor fuerte y una sensación de picor en la boca. *Los callos estaban picantes.*

picaporte
(pi-ca-**por**-te) sustantivo masculino
1. Llamador para golpear las puertas. *Golpeó fuertemente el picaporte de la puerta de entrada.*
2. Manecilla que sirve para cerrar puertas y ventanas. *Echa el picaporte de la puerta cuando te vayas a la cama.*

picar (pi-**car**) verbo
1. Herir con algo terminado en punta. *Se picó con unos espinos.* **SIN.** Pinchar, punzar.
2. Pinchar, picotear o morder las aves, los insectos y algunos reptiles. *Le picó una víbora.*
3. Cortar en trozos muy menudos o machacar. *Pica un poco de cebolla.* **SIN.** Trinchar.
4. Causar o sentir escozor o picor en alguna parte del cuerpo. *Me pica la espalda.*
5. Producir en la boca la pimienta, la guindilla, etc. una sensación de picor. *Le echó demasiada guindilla y picaba muchísimo.*
6. Golpear piedras, paredes, etc. con pico u otro instrumento adecuado. *El albañil estaba picando la pared para revocarla.*
7. Irritar y provocar a alguien con palabras y acciones. *Quería picarnos con sus insultos.*
8. Morder el pez el cebo del anzuelo. *Llevaba toda la mañana con la caña y no picaba ninguno.*
9. Calentar mucho el sol. *A mediodía, el sol picaba con fuerza.*
10. Tomar un poco de alimento. *No deberías picar entre horas.*

11. picarse Dañarse o empezar a pudrirse o agriarse una cosa. *El vino se pica con el tiempo.*

12. picarse Agitarse la superficie del mar formando olas pequeñas. *El mar se picó de repente.*

13. picarse Ofenderse, enfadarse. *Se pica por cualquier tontería.*

✎ Se conjuga como *abarcar*.

picardía (pi-car-**dí**-a) sustantivo femenino
Travesura infantil, burla inocente. *Esos niños siempre están con picardías.* **SIN.** Jugarreta, pillería.

picardías (pi-car-**dí**-as) sustantivo masculino
Camisón corto y transparente. *Llevaba puesto un picardías.*

✎ Es igual en plural y en singular.

pícaro, pícara (**pí**-ca-ro) adjetivo y sustantivo
Se dice de la persona que se comporta con astucia y malicia; y de aquella que comete travesuras o gasta bromas sin mala intención. *El muy pícaro nos engañó.* **SIN.** Astuto, granuja.

picatoste (pi-ca-**tos**-te) sustantivo masculino
Trozo de pan frito. *Echó picatostes en la sopa.*

pichón (pi-**chón**) sustantivo masculino
Cría de la paloma doméstica. *Tenía un palomar para criar pichones.*

picnic sustantivo masculino
Palabra inglesa que designa una comida al aire libre. *Organizaron un picnic para el domingo.*

pico (**pi**-co) sustantivo masculino
1. Parte saliente de la cabeza de las aves, formada por dos piezas duras, que terminan generalmente en punta y les sirve para tomar el alimento. *La golondrina agarró el pan con el pico.*
2. Parte puntiaguda que sobresale en la superficie o en el borde de alguna cosa. *Se dio con el pico de la ventana.* **SIN.** Punta.

3. Herramienta de metal con dos puntas opuestas agudas y un mango largo de madera. *Necesitamos picos y palas.*
4. Punta acanalada que tienen en el borde algunas vasijas. *Esta jarra no tiene pico.*
5. Cima aguda de una montaña. *El pico más alto de esos montes mide casi 2000 metros.*
6. Parte pequeña en que una cantidad excede a un número redondo. *Eran seiscientas y pico.*
7. Boca. *No abras el pico.*
8. Facilidad para hablar. *Tienes mucho pico.*

picor (pi-**cor**) sustantivo masculino
1. Escozor que se siente en el paladar por haber comido alguna cosa picante. *No paraba de beber agua para calmar el picor.*
2. Sensación que produce en la piel algo que pica. *Al ponerse esa chaqueta de lana sintió picor por todo el cuerpo.* **SIN.** Comezón, cosquilleo, hormigueo.

picotazo (pi-co-**ta**-zo) sustantivo masculino
1. Golpe que dan las aves con el pico o punzada repentina y dolorosa de un insecto. *La avispa le dio un picotazo.* **SIN.** Pinchazo, picada.
2. Señal que queda. *Tenía la pierna llena de picotazos.*

picotear (pi-co-te-**ar**) verbo
Golpear o herir algo las aves con el pico. *Las palomas picoteaban las migas de pan.*

pie sustantivo masculino
1. Miembro del cuerpo humano que está al final de la pierna. *Para andar, avanza un pie y a continuación, el otro.*
2. Parte similar y con igual función en muchos animales. *Tenía una herida en el pie.* **SIN.** Pata, casco, pezuña, garra.

3. Base o parte en que se apoya alguna cosa. *El pie de la lámpara era de hierro.* **SIN.** Fundamento.

4. Medida de longitud, que equivale aproximadamente a 28 centímetros. *Medía unos 20 pies.*

5. a pie expresión Andando. *Prefiero ir a pie que en bicicleta.*

6. dar pie expresión Ofrecer ocasión para que se produzca algo. *Tu invitación me da pie para visitarte.*

7. de pies a cabeza expresión Por entero. *La mojé de pies a cabeza con la manguera.*

piedad (pie-**dad**) sustantivo femenino

1. Lástima que se siente por las desgracias de otra persona. *Sentía piedad de ella.* **SIN.** Misericordia, compasión. **ANT.** Crueldad.

2. Sentimiento de religiosidad y de amor a los demás. *Su piedad le hace dar muchas limosnas.*

piedra (pie-dra) sustantivo femenino

1. Sustancia mineral sólida, más o menos dura, que no es ni tierra, ni metal. *Tiró piedras al río.* **SIN.** Canto.

2. Bola de sustancia sólida que se forma en algunos órganos del cuerpo, como el riñón, y produce dolor. *Tiene piedras en el riñón.*

3. de piedra expresión Asombrado. *La noticia me ha dejado de piedra.*

4. piedra pómez expresión Roca volcánica, esponjosa y ligera, que flota en el agua. *Se frota las durezas con piedra pómez para suavizarlas.*

5. piedra preciosa expresión Piedra de gran valor que, después de tallada, se usa en joyería. *La corona tenía piedras preciosas incrustadas.*

piel sustantivo femenino

1. Membrana que cubre todo el cuerpo de las personas y de los animales. *El sol le quemó la piel.*

2. Monda que recubre algunos frutos. *Siempre come las peras con piel.*

3. Piel de los animales trabajada de cierta forma. *Compró un cinto de piel.* **SIN.** Cuero

pienso (pien-so) sustantivo masculino

Alimento seco que se da al ganado. *Les echó pienso en el pesebre.*

pierna (pier-na) sustantivo femenino

1. Miembro inferior de las personas, entre el pie y el tronco. *Tenía una pierna escayolada.*

2. Pata de algunos animales. *Asó una pierna de cordero.*

3. estirar las piernas expresión Pasear. *Voy a estirar las piernas en el jardín.*

pieza (pie-za) sustantivo femenino

1. Parte de una cosa. *Desarmó el reloj en piezas.* **SIN.** Trozo, porción, elemento, fragmento.

2. Cada una de las habitaciones de una casa. *La cocina es la pieza más pequeña de la casa.*

3. Cualquier objeto trabajado con arte. *Este jarrón es una pieza única.*

4. Porción de tejido que se fabrica de una vez. *Solo queda un metro de esta pieza de tela.*

5. Animal de caza o pesca. *No cazó ni una sola pieza.*

6. Obra de teatro o musical. *El autor de la pieza fue a la representación.*

pigmento

(pig-men-to) sustantivo masculino

Sustancia colorante o de un color determinado, sobre todo la que sirve para pintar. *La clorofila es el pigmento vegetal más importante.*

pijada (pi-ja-da) sustantivo femenino

1. Cosa de poca importancia. *Se enfadó por una pijada.*

2. Algo impertinente o inoportuno que se dice o hace. *¡Anda!, deja de decir pijadas.*

pijama (pi-**ja**-ma) sustantivo masculino
Traje para dormir compuesto por pantalón y chaqueta. *Me acabo de levantar y aún estoy en pijama.*

pijo, pija (**pi**-jo) adjetivo y sustantivo
1. Tonto, idiota. *Está pijo.*
2. Se dice de la persona que da mucha importancia al dinero y a lo que se compra con él. *Es un niño pijo, solo lleva ropa de marca.*

pila (**pi**-la) sustantivo femenino
1. Montón, acumulación de cosas amontonadas. *Haz una pila con los periódicos viejos.*
2. Recipiente grande de piedra, madera, cemento, etc., que se llena de agua. *Llené la pila de agua y jabón para lavar la ropa.* **SIN.** Abrevadero, lavadero.
3. Aparato que produce energía eléctrica. *Lleva una radio a pilas a todos los sitios.*

pilar (pi-**lar**) sustantivo masculino
1. Especie de columna gruesa que sujeta el techo, un arco, etc. de un edificio. *La galería estaba construida sobre gruesos pilares.*
2. Persona que sirve de apoyo. *Siempre contaba con sus padres como pilares en que apoyarse.*

píldora (**píl**-do-ra) sustantivo femenino
1. Pastilla de medicina de pequeño tamaño, que se puede tragar fácilmente. *Le recetó unas píldoras contra la tos.*
2. Medicina que sirve para que las mujeres no tengan hijos. *Tomaba la píldora para no quedarse embarazada.* **SIN.** Anticonceptivo.

pilila (pi-**li**-la) sustantivo femenino
Forma en que llaman los niños al pene. *Los niños tienen pilila.*

pillar (pi-**llar**) verbo
1. Atrapar a alguien o algo. *Pillaron a los ladrones cuando intentaban salir de la ciudad.* **SIN.** Capturar. **ANT.** Liberar, soltar.
2. Coger, agarrar algo. *Lo pilló al vuelo.* **SIN.** Tomar. **ANT.** Soltar.
3. Sorprender a alguien en un descuido o mentira, o averiguar un secreto suyo. *Lo pilló comiendo chocolate.* **SIN.** Pescar, cazar.
4. Enfermar. *He pillado un buen resfriado.* **SIN.** Agarrar, pescar.
5. Comprender el significado de una cosa. *Nunca pilla los chistes.*

pillo, pilla (**pi**-llo) adjetivo y sustantivo
Persona lista, que usa su inteligencia para conseguir lo que quiere, aunque sea malo. *¡Buen pillo estás tú hecho!* **SIN.** Pillastre, pícaro, bribón, granuja.

pilotar (pi-lo-**tar**) verbo
Dirigir un globo, automóvil, aeroplano, etc. *Fran pilota coches de carreras.*

piloto (pi-**lo**-to) sustantivo masculino
1. Persona que dirige un barco, un coche, un avión, etc. *Para ser piloto de aviones, se necesita mucha preparación.* **SIN.** Conductor.
2. Faro o luz que indica que un aparato está funcionando, señala alguna puerta o salida, etc. *Se encendió el piloto de emergencia.*
3. adjetivo Se dice de lo que sirve de modelo o muestra. *Visitaron el piso piloto para ver si les interesaba comprar.*

pimentón
(pi-men-**tón**) sustantivo masculino
Polvo rojizo que se obtiene moliendo pimientos rojos secos, y que se emplea para hacer picantes las comidas. *Échale pimentón al guiso.*

pimienta
(pi-**mien**-ta) sustantivo femenino
Semilla en forma de bolita negra o blanca, que se utiliza para dar sabor picante a las comidas. *Echa un poco de pimienta a la pasta.*

pimiento (pi-**mien**-to) sustantivo masculino

1. Planta de flores blancas y pequeñas, cuyo fruto tiene forma alargada y hueca, es de color verde primero y luego rojo, tiene muchas pequeñas semillas planas y se come. También se llama así el fruto de esta planta. *Le gustan los pimientos picantes.*

2. importar un pimiento expresión No importar nada un asunto a una persona. *Me importa un pimiento tu opinión.*

pimpón (pim-**pón**) sustantivo masculino

Juego parecido al tenis, que se practica sobre un mesa rectangular de medidas fijas, con pequeñas palas de madera como raquetas. *Te pienso ganar esta partida de pimpón.*

pin sustantivo masculino

Chapa o insignia que se lleva sujeta a la ropa como adorno. *Llevaba un pin de la Pantera Rosa.*

✎ Su plural es *pins* o *pines*.

pinacoteca (pi-na-co-**te**-ca) sustantivo femenino

Museo donde se exponen cuadros y pinturas. *El Museo del Prado es una importante pinacoteca.*

pinar (pi-**nar**) sustantivo masculino

Lugar o terreno con pinos. *Fuimos a merendar a un pinar.*

pincel (pin-**cel**) sustantivo masculino

Instrumento que utiliza el pintor para aplicar los colores sobre una superficie, y que está formado por un mango de madera con un haz de pelos en uno de los extremos. *Utilizó pinceles de distintos grosores.*

pincelada (pin-ce-**la**-da) sustantivo femenino

Trazo de pintura hecho con el pincel. *Consiguió el efecto superponiendo varias pinceladas.*

pinchadiscos (pin-cha-**dis**-cos) sustantivo

Persona encargada de poner la música en locales de baile o discotecas. *Trabaja como pinchadiscos en esa discoteca.*

✎ Es igual en plural y en singular.

pinchar (pin-**char**) verbo

1. Picar, punzar o herir con un objeto terminado en punta. *Se pinchó con una aguja.*

2. Animar, estimular. *Lo pincha para que sea más ambicioso.*

3. Escuchar las conversaciones telefónicas de otra persona. *El juez ordenó que le pincharan el teléfono.*

4. Poner inyecciones. *Su padre mismo lo pinchó.*

5. Sufrir un pinchazo en una rueda. *Pincharon a mitad de camino y no sabían cambiar la rueda.*

pinchazo (pin-**cha**-zo) sustantivo masculino

1. Punzadura o herida causada con instrumento o cosa que pincha. *Se dio un pinchazo con la aguja de ganchillo.* **SIN.** Picadura.

2. Accidente causado por la rotura o picadura de los neumáticos de las ruedas en vehículos. *Tuvieron un pinchazo mientras viajaban a Galicia.*

3. Dolor agudo. *Le daban fuertes pinchazos en la cabeza.*

pincho (**pin**-cho) sustantivo masculino

1. Punta aguda de hierro u otra materia. *El palo acaba en un pincho de hierro.* **SIN.** Aguijón.

2. Porción o ración pequeña de comida que se toma en los bares para acompañar la bebida. *Pidió un pincho de tortilla.*

pingüino (pin-**güi**-no) sustantivo masculino

Ave no voladora, negra, con el vientre y pecho blancos, cuyas alas son remos para nadar. Suele salir a tierra únicamente para tener hijos, y el resto del año lo pasa enteramente en el mar. *La mayoría de los pingüinos crían en la Antártida.*

pino (**pi**-no) sustantivo masculino

1. Árbol de tronco alto y recto, con hojas muy estrechas y terminadas en punta, que no se caen durante el invierno. También se llama así a la madera de este árbol. *El fruto del pino es la piña, cuya semilla es el piñón.*
2. Ejercicio de gimnasia que consiste en poner el cuerpo vertical con la cabeza hacia abajo apoyando las manos en el suelo. *Se le daba muy bien hacer el pino.*
3. en el quinto pino expresión Muy lejos. *Vives en el quinto pino, hay que pensárselo mucho para venir a verte.*

pinta (**pin**-ta) sustantivo femenino

1. Mancha o señal pequeña en el plumaje, pelo o piel de los animales, o en otro sitio. *Su plumaje es gris oscuro con pintas blancas.* **SIN.** Peca, lunar, marca.
2. Aspecto de una persona o cosa. *Por la pinta, esos pasteles tienen que estar buenísimos.* **SIN.** Aire, apariencia, facha.

pintada (pin-**ta**-da) sustantivo femenino

Letrero que se pinta en un lugar visible, en el que generalmente se pide o protesta por algo. *La valla estaba llena de pintadas en contra de la nueva ley.*

pintado, pintada (pin-**ta**-do) adjetivo

1. Se dice de todo aquello sobre lo que se echa pintura para que cambie de color. *Puso papel pintado en la pared.* **SIN.** Teñido.
2. Se dice de lo que es muy adecuado o conveniente para algún fin. *Este cristal viene pintado para el hueco.*
3. Que es prácticamente igual a otra persona o cosa con la que se compara. *Este niño es pintado a su padre.* **SIN.** Clavado.
4. que ni pintado expresión A medida, que encaja perfectamente. *El vestido te queda que ni pintado.*

pintalabios

(pin-ta-**la**-bios) sustantivo masculino

Producto de belleza, generalmente en forma de barra, que sirve para colorear los labios. *Sacó del bolso su pintalabios.* **SIN.** Carmín, barra.
✎ Es igual en plural y en singular.

pintar (pin-**tar**) verbo

1. Representar algo en una superficie con líneas y colores. *Los cuadros que pintó Picasso son admirados en todo el mundo.*
2. Cubrir con pintura la superficie de una cosa. *He pintado las sillas de blanco.* **SIN.** Teñir, colorear.
3. Explicar cómo son las personas o cosas por medio de palabras. *¿De verdad es tan interesante como me lo pintas?*
4. Tener una cosa importancia o significación. *Para mí no pinta nada.* **SIN.** Importar, significar.
5. pintarse Maquillarse el rostro una persona. *Se pintó para no estar tan pálida.*

pintarrajear

(pin-ta-rra-je-**ar**) verbo

Pintar o manchar una cosa excesivamente, emborronándolo todo. *No deberías pintarrajear las hojas del libro.*

pintaúñas

(pin-ta-**ú**-ñas) sustantivo masculino

Producto de belleza usado para dar color y brillo a las uñas. *Siempre usa pintaúñas de tonos claros.*
✎ Es igual en plural y en singular.

pintor, pintora (pin-**tor**) sustantivo

1. Persona que se dedica al arte de la pintura. *Dalí era uno de sus pintores favoritos.*
2. Persona que tiene por oficio pintar paredes, puertas, etc. *El pintor le estaba dando la segunda mano a la pared.*

pintoresco, pintoresca

(pin-to-**res**-co) adjetivo

1. Se dice de las cosas que tienen un aspecto agradable, característico y digno de ser pintado. *Estas montañas son muy pintorescas.*

2. Original, distinto a lo habitual. *Tiene un modo de vestir un tanto pintoresco.*

pintura (pin-**tu**-ra) sustantivo femenino

1. Arte de pintar. *Es una amante de la pintura.*

2. Lápiz o líquido de color que sirve para pintar. *Le regalaron una caja de pinturas de madera.*

3. Nombre que engloba los diversos procedimientos con que se puede pintar una obra, o la obra pintada con cualquiera de ellos. *Es una pintura al óleo.*

4. Descripción viva y animada de personas o cosas por medio de la palabra. *En sus novelas podemos encontrar magníficas pinturas de paisajes.*

5. no poder ver ni en pintura expresión Tenerle gran antipatía a una persona o no poder soportar algo. *No puedo ver ni en pintura a tu novio.*

pinza (pin-za) sustantivo femenino

1. Instrumento de metal que sirve para asir, arrancar o sujetar cosas pequeñas. *El cirujano pidió las pinzas.*

2. Cada uno de los órganos que tienen ciertos animales para tomar las cosas o defenderse. *El cangrejo y el alacrán tienen pinzas.*

3. Pliegue que se cose en la tela para darle forma. *Hazle unas pinzas al pantalón, que me sobra de cintura.*

4. Instrumento de madera o plástico, que se cierra por la presión de un muelle, para sujetar la ropa tendida. *Pon más pinzas, si no, el viento se llevará las sábanas.*

piña (**pi**-ña) sustantivo femenino

1. Fruto del pino o del abeto, en forma de huevo. *Recogieron piñas para hacer un centro de mesa.*

2. Fruta tropical de corteza dura y con pinchos, cuyo interior es amarillo y jugoso, y tiene un sabor agridulce. *Tomé piña.* **SIN.** Ananás.

3. Conjunto de personas o cosas unidas estrechamente. *Toda la pandilla formaba una piña.*

piñata (pi-ña-ta) sustantivo femenino

Vasija o cosa semejante, llena de dulces, que se cuelga del techo para romperla a golpes con un palo, teniendo los ojos vendados. *Participó en el juego de piñata.*

piñón (pi-**ñón**) sustantivo masculino

1. Semilla del pino, que en algunas variedades se puede comer. *Preparó una salsa de piñones.*

2. Rueda pequeña con unos salientes que encajan con los de otra mayor, lo que hace que se mueva al mismo tiempo que ella. *Cambió el piñón de la bici.*

pío (**pí**-o) sustantivo masculino

1. Voz del pollo o cualquier ave, que usa también para llamarlos a comer. *El pobre pollito decía «pío, pío, pío», pero nadie le oía.*

2. no decir ni pío expresión Callarse una persona cuando debiera hablar. *No le deja decir ni pío.*

piojo (**pio**-jo) sustantivo masculino

Insecto muy pequeño, que se alimenta de la sangre de las personas y otros animales, produciéndoles picor. *Tenía la cabeza llena de piojos.*

pionero, pionera

(pio-**ne**-ro) sustantivo

Persona, país u organización que da los primeros pasos en una actividad. *Era un país pionero en alta tecnología.*

pipa (pi-pa) sustantivo femenino
1. Utensilio para fumar tabaco picado. *Siempre fuma en pipa.*
2. Semilla de algunos frutos o plantas, como el melón, la sandía, etc. *Compró una bolsa de pipas de girasol saladas.*
3. **pasarlo pipa** expresión Disfrutar. *Lo pasamos pipa jugando al parchís en su casa.*

pipí (pi-pí) sustantivo masculino
Forma en que se llama a la orina. *No usa pañales porque no se hace pipí encima.* **SIN.** Pis.

pique (pi-que) sustantivo masculino
1. Resentimiento o disgusto ocasionado por un enfado. *Era evidente que había algún pique entre ellos, porque se los veía tensos.* **SIN.** Enojo.
2. Empeño en hacer una cosa por amor propio o por rivalidad. *Lo hizo solo por pique.*
3. **irse a pique** expresión Hundirse un barco. *El transatlántico se fue a pique tras chocar contra un iceberg.*

piragua (pi-ra-gua) sustantivo femenino
Embarcación de remo, larga y estrecha. *Descendían por el río en una piragua.*

pirámide
(pi-rá-mi-de) sustantivo femenino
1. Cuerpo sólido cuyos lados son triángulos, que se juntan en un solo punto común, formando una punta. *Dibuja una pirámide.*
2. Tumba muy grande construida en Egipto en tiempo de los faraones. *Las pirámides lo impresionaron.*

pirarse (pi-rar-se) verbo
1. Faltar a clase. *Se piraron la última hora para ir al parque.*
2. Huir, fugarse. *En un descuido del vigilante, el preso se piró.* **SIN.** Escaparse, esfumarse.

pirata (pi-ra-ta) adjetivo
1. Ilegal, secreto. *Tenía una red de autobuses piratas.*
2. sustantivo Persona que se dedica a abordar los barcos y saquearlos. *Colecciono películas de piratas.*

piropo (pi-ro-po) sustantivo masculino
Alabanza que se dirige a alguien, sobre todo elogiando la belleza de las mujeres. *Le decían piropos por la calle.* **SIN.** Cumplido.

pirueta (pi-rue-ta) sustantivo femenino
1. Giro completo sobre un pie. *Se puso a hacer piruetas.*
2. Vuelta rápida que se hace dar al caballo, haciéndole alzarse de manos y girar apoyado sobre los pies. *Frenó de golpe e hizo dar una pirueta al caballo.*

piruleta (pi-ru-le-ta) sustantivo femenino
Caramelo grande con forma redonda y plana sostenido por un palito. *Quería una piruleta de fresa.*

pirulí (pi-ru-lí) sustantivo masculino
Caramelo de forma alargada y puntiaguda sostenido por un palo. *Les compró un pirulí a cada uno.*
✎ Su plural es *pirulís*.

pis sustantivo masculino
Forma de llamar a la orina. *Le entraron ganas de hacer pis.*

pisada (pi-sa-da) sustantivo femenino
1. Acción de poner el pie sobre algunas cosas. *Oyó sus pisadas en el suelo de madera.*
2. Huella o señal que deja el pie en la tierra. *Aquellas pisadas de oso eran recientes.*

pisapapeles
(pi-sa-pa-pe-les) sustantivo masculino
Objeto que se pone sobre los papeles para sujetarlos con su peso. *En su mesa tenía el pisapapeles que le regalamos.*
✎ Es igual en plural y en singular.

pisar (pi-**sar**) verbo

1. Poner el pie sobre alguna cosa. *Prohibido pisar el césped.*

2. Apretar o estrujar una cosa con los pies o con algún instrumento. *En el lagar pisan las uvas.* **SIN.** Aplastar, pisotear.

3. Anticiparse a tomar o hacer lo que otra persona desea. *Me pisó la idea y ahora no sé qué hacer.*

4. no pisar un sitio expresión No ir a él. *No pisa la casa de su suegra.*

piscifactoría sustantivo femenino

(pis-ci-fac-to-**rí**-a) sustantivo femenino

Lugar donde se crían peces o mariscos. *Eran truchas de piscifactoría.*

piscina (pis-**ci**-na) sustantivo femenino

Estanque, de distintas formas y tamaños, donde pueden bañarse a la vez varias personas. *Suele ir a nadar un rato a la piscina.* **SIN.** Alberca.

piso (pi-**so**) sustantivo masculino

1. Suelo. *El piso de la sala estaba cubierto por una alfombra.*

2. En un edificio con varias viviendas, cada una de ellas. *He comprado un piso de cuatro habitaciones.* **SIN.** Apartamento.

3. Cada una de las plantas o altos de un edificio. *El ático es el piso más alto, y el piso más bajo es el sótano.*

4. Suela de calzado, o parte de ella que toca el suelo. *El piso de estos zapatos resbala mucho.*

pisotear (pi-so-te-**ar**) verbo

1. Pisar repetidamente una cosa maltratándola. *El perro pisoteó todas las flores.* **SIN.** Aplastar.

2. Humillar a alguien. *No le importa pisotear a los demás con tal de conseguir lo que quiere.*

pisotón (pi-so-**tón**) sustantivo masculino

Pisada fuerte sobre el pie de otro. *Me has dado un pisotón.*

pista (pis-ta) sustantivo femenino

1. Huella, rastro dejado por una persona o animal. *Seguían la pista de las liebres.* **SIN.** Señal.

2. Sitio donde tienen lugar ciertos deportes o carreras. *Los atletas ya estaban en la pista.*

3. En los aeropuertos, lugar dispuesto para que despeguen y aterricen los aviones. *Las pistas estaban cubiertas de nieve.*

4. Conjunto de datos o señales que pueden conducir a la averiguación de un hecho. *Gracias a las pistas que les dieron, descubrieron su escondite.*

pistacho

(pis-**ta**-cho) sustantivo masculino

Fruto seco de grano verde, con una cáscara marrón. *Le encantan las avellanas y los pistachos.*

pistola (pis-**to**-la) sustantivo femenino

1. Arma de fuego corta que se apunta y dispara con una sola mano. *Se había oído un disparo de pistola.* **SIN.** Revólver.

2. Utensilio de forma similar que se utiliza para expulsar pintura y otras sustancias. *Lo había pintado a pistola.*

pistolera

(pis-to-**le**-ra) sustantivo femenino

Estuche de cuero en que se guarda la pistola. *Lleva su pistolera en la cintura.*

pitar (pi-**tar**) verbo

1. Tocar o sonar el pito. *El guardia de tráfico pitó repetidamente.* **SIN.** Silbar, chuflar.

2. Abuchear, dar pitidos y silbidos. *El público comenzó a pitar ante la tardanza del grupo.* **SIN.** Silbar. **ANT.** Aplaudir.

3. Arbitrar un partido. *Pitará el próximo partido.*

4. Señalar una falta. *Pitó penalti.*

5. ¡pitando! expresión A toda prisa. *Vamos pitando, que no llegamos.*

pitido (pi-**ti**-do) sustantivo masculino
1. Silbido del pito o sonido que se parece a él. *Le dio un pitido para que se apartara.*
2. Pajilla para sorber líquidos. *Cuando me quitaron la muela, tomaba purés con una pajilla.*

pitillera (pi-ti-**lle**-ra) sustantivo femenino
Caja para guardar pitillos. *Le regalé una pitillera con sus iniciales.*

pitillo (pi-**ti**-llo) sustantivo masculino
Cigarrillo. *¿Me enciendes el pitillo, por favor?*

pito (**pi**-to) sustantivo masculino
1. Instrumento pequeño, que produce un sonido agudo al ser soplado o tocado. *El árbitro tocó el pito para indicar falta.* **SIN.** Silbato, bocina.
2. Pene. *Las niñas no tienen pito.*
3. importar un pito expresión No importarle nada una cosa a una persona, sentir desprecio por ella. *Me importa un pito lo que puedas decir.*

pitón (pi-**tón**) sustantivo femenino
1. Serpiente no venenosa de gran tamaño, propia de Asia y África. *Le atacó una pitón cuando estuvo en la selva.*
2. sustantivo masculino Cuerno de algunos animales. *El toro le hirió con un pitón.*

pitorrearse (pi-to-rre-**ar**-se) verbo
Burlarse de alguien. *Al verle aparecer con esa pinta, se pitorrearon de él.* **SIN.** Mofarse.

píxel (**pí**-xel) sustantivo masculino
Unidad mínima de color que forma parte de una imagen digital. *La oferta de cámaras fotográficas digitales es enorme, pero lo que importa es que la cámara no te saque las fotos pixeladas.*

pizarra (pi-**za**-rra) sustantivo femenino
1. Roca de color negro azulado, que se divide con facilidad en hojas planas y delgadas. Se usa para hacer tejados. *El techo de la caseta era de pizarra.*
2. Tablero negro en el que se escribe con tiza. *El profesor les hizo un esquema en la pizarra.*

pizca (**piz**-ca) sustantivo femenino
1. Porción muy pequeña de una cosa. *Añádele una pizca de sal a la salsa.*
2. ni pizca expresión Nada. *No me gusta ni pizca lo que estás haciendo.*

pizza sustantivo femenino
Plato italiano que consiste en una masa redonda hecha de harina de trigo sobre la que se colocan diversos ingredientes y que se prepara en el horno. *Pidió pizza vegetal.*

pizzería (piz-ze-**rí**-a) sustantivo femenino
Palabra italiana que indica el lugar en que se elaboran, venden o toman *pizzas*. *Han inaugurado la nueva pizzería.*

placa (**pla**-ca) sustantivo femenino
1. Plancha de metal u otra materia, en general rígida. *Colocó una fina placa de madera.* **SIN.** Hoja, lámina.
2. La que, colocada en un lugar público, sirve de orientación o información. *Leyó la placa que había en la puerta de las oficinas.* **SIN.** Cartel, rótulo.
3. La que suele colocarse en un lugar visible de una fachada o puerta y sirve para indicar el ejercicio de una profesión. *En la puerta de su casa tiene una placa con su nombre.* **SIN.** Rótulo.
4. Insignia que llevan los policías para que se reconozca que lo son. *Les mostró su placa.*
5. Matrícula de un automóvil. *Anotó el número de su placa.*

placer (pla-**cer**) sustantivo masculino
1. Contento del ánimo. *Su visita les causó un gran placer.*
2. Sensación agradable. *Comer dulces me produce un gran placer.* **SIN.** Goce, agrado, deleite.

plácido - plano

plácido, plácida (plá-ci-do) adjetivo
1. Sosegado, tranquilo. *Era un lugar muy plácido.* **SIN.** Calmado. **ANT.** Inquieto, turbulento.
2. Agradable. *Mantuvimos una plácida conversación.*

plaga (pla-ga) sustantivo femenino
1. Desgracia grande que afecta a un gran número de personas. *El terremoto fue una auténtica plaga para la ciudad.* **SIN.** Catástrofe, desastre, infortunio.
2. Invasión de animales dañinos en los campos. *Una plaga de langostas arrasó las cosechas.*
3. Excesiva abundancia de una cosa. *¡Vaya plaga de pantalones de cuadros!* **SIN.** Epidemia.

plagiar (pla-giar) verbo
Copiar ideas o palabras de otros, presentándolas como propias. *El ganador plagió una obra y fue descalificado.*
✎ Se conjuga como *cambiar*.

plan sustantivo masculino
1. Idea o intención de hacer algo, o forma en que se piensa pasar el tiempo. *No tengo planes para las vacaciones.*
2. Esquema o líneas generales de un proyecto. *Les expuso su plan de trabajo.*

plana (pla-na) sustantivo femenino
Cada una de las dos caras de una hoja y lo escrito en ella. *El periódico dedicó una plana entera a la noticia.* **SIN.** Página.

plancha (plan-cha) sustantivo femenino
1. Pieza de metal delgada y lisa. *El soldador unió las planchas de hierro.* **SIN.** Chapa, placa, hoja.
2. Utensilio que sirve para quitar las arrugas de la ropa. *La plancha tan caliente te quemará la ropa.*
3. Desacierto o error que hace quedar en situación ridícula. *¡Vaya plancha que se llevó el pobre!*
4. **a la plancha** expresión Se dice del alimento asado o tostado con poca grasa. *Pedí sardinas a la plancha.*

planchar (plan-char) verbo
Estirar y alisar la ropa pasando sobre ella una plancha caliente. *Hay que planchar estas camisas.*

planear (pla-ne-ar) verbo
1. Hacer o forjar planes. *Estaban planeando la excursión de final de curso.* **SIN.** Proponer.
2. Sostenerse en el aire y volar un avión con el motor parado o un ave sin mover las alas. *El avión planeaba cerca de la costa.*

planeta (pla-ne-ta) sustantivo masculino
Astro sin luz propia que gira alrededor de una estrella, de la que recibe la luz. *Los planetas del sistema solar son: Mercurio, Venus, Tierra, Marte, Júpiter, Saturno, Urano y Neptuno.*

planetario (pla-ne-ta-rio) sustantivo masculino
Lugar destinado a la exposición, estudio y observación de los astros. *La visita al planetario fue muy interesante.*

planicie (pla-ni-cie) sustantivo femenino
Llanura, campo sin altos ni bajos. *Al mirar a lo lejos, solo se veía una extensa planicie.* **SIN.** Llano.

planificación (pla-ni-fi-ca-ción) sustantivo femenino
1. Plan general, organizado y estudiado para alcanzar un objetivo. *Había reformas en la planificación económica.*
2. **planificación familiar** expresión Método seguido por una pareja para tener el número de hijos que desea, en el momento que quiere. *Visitó un centro de planificación familiar.*

plano, plana (pla-no) adjetivo
1. Llano, liso. *Estaba buscando un terreno plano para construir su casa.* **SIN.** Raso. **ANT.** Desigual.

2. sustantivo masculino Superficie plana, sin profundidad, ni volumen. *Dibuja dos planos perpendiculares.*

3. sustantivo masculino Representación gráfica en una superficie de un terreno o de la planta de un edificio, etc. *Les enseñó el plano del piso.* **SIN.** Mapa, croquis.

4. sustantivo masculino Posición, punto de vista. *En el plano personal le va bien.* **SIN.** Perspectiva.

planta (plan-ta) sustantivo femenino
1. Parte inferior del pie, con la que se pisa. *Tiene las plantas de los pies sucias de andar descalzo.*
2. Vegetal, ser que vive y crece sin poder cambiar de sitio por sí mismo. *Las plantas de la patata dan flores blancas.*
3. Conjunto de habitaciones o viviendas de un edificio que están a la misma altura. *La salita está en la planta baja.* **SIN.** Piso.

plantar (plan-tar) verbo
1. Meter en tierra una semilla, un esqueje, etc. para que crezca. *Plantó rosales en el jardín.* **SIN.** Cultivar, sembrar.
2. No acudir a una cita con alguien o abandonarle. *Habían quedado y lo plantó sin más explicaciones.*
3. plantarse Ponerse de pie firme ocupando un lugar o sitio. *Se plantó allí y no hubo forma de que se moviera.*
4. plantarse Llegar con brevedad a un lugar, trasladarse a él en poco tiempo. *Se plantó en casa en un momento.*
5. plantarse Decidirse a no hacer o a resistir alguna cosa. *Eduardo se plantó y dijo que no seguiría en esas condiciones.*

plantear (plan-te-ar) verbo
Exponer o presentar un tema, reforma, asunto, duda, etc. *Le planteó los hechos con claridad y calma.*

plantilla (plan-ti-lla) sustantivo femenino
1. Suela con la que se cubre interiormente la planta del calzado. *Se compró unas plantillas porque los zapatos le quedaban un poco grandes.*
2. Conjunto de personas fijas que trabajan en una empresa o fábrica. *Había más de 400 personas en plantilla.*
3. Conjunto de jugadores de un equipo. *La mitad de la plantilla del equipo estaba lesionada.*

plasmar (plas-mar) verbo
Dar forma a una idea o a una cosa. *Plasmó sus sentimientos en el cuadro.* **SIN.** Crear, expresar.

plasta (plas-ta) sustantivo femenino
1. Cualquier masa blanda. *El arroz se ha quedado hecho una plasta.*
2. adjetivo Pesado, aburrido, dicho especialmente de personas. *Es un poco plasta.*

plástica (plás-ti-ca) sustantivo femenino
Arte de dar forma al barro, yeso, etc. para convertirlo en objetos artísticos. *Da clases de plástica a jubilados.*

plástico (plás-ti-co) sustantivo masculino
Nombre de cierta materia artificial que se obtiene del petróleo y que, por lo general, se ablanda con el calor y a la que puede dársele forma presionando sobre ella. *Tapó las sillas del jardín con un plástico.*

plastilina
(plas-ti-li-na) sustantivo femenino
Material blando y modelable de diferentes colores. *Hicieron varias figurillas con plastilina.*

plata (pla-ta) sustantivo femenino
Metal precioso de color blanco brillante. *Me compré un anillo de plata.*

plataforma
(pla-ta-for-ma) sustantivo femenino
1. Tablero horizontal, elevado sobre el suelo, donde se colocan personas o

cosas. *Hicieron la representación sobre una plataforma.*

2. Parte delantera y trasera de los tranvías, vagones de tren, etc. en la que se va de pie. *Nos tocó ir en la plataforma.*

plátano (**plá**-ta-no) sustantivo masculino
Planta tropical cuyo fruto, blando y de sabor agradable, está envuelto en una piel amarilla. También se llama así al fruto de esa planta. *Se tomó un plátano de Canarias.*

platea (pla-**te**-a) sustantivo femenino
En los teatros y cines, patio de butacas. *Sacamos entradas de platea para ver la ópera.*

platicar (pla-ti-**car**) verbo
Conversar, hablar unos con otros. *Estuvieron platicando durante horas.* **SIN.** Charlar.
✎ Se conjuga como *abarcar.*

platillo (pla-**ti**-llo) sustantivo masculino
1. Pieza pequeña parecida a un plato, cualquiera que sea su uso. *Nivela los platillos de la balanza.*
2. sustantivo masculino plural Instrumento musical de percusión formado por dos chapas metálicas circulares que se golpean entre sí. *En la orquesta, tocaba los platillos.*
3. platillo volante expresión Objeto volador con forma circular y gran velocidad de desplazamiento, que algunos creen que es una nave espacial extraterrestre. *En la película, los marcianos llegaban en platillos volantes.*

platino
(pla-**ti**-no) sustantivo masculino
Metal precioso de color blanco grisáceo que se usa en joyería. *Su anillo de bodas era de platino.*

plato (**pla**-to) sustantivo masculino
1. Recipiente más o menos plano que sirve para colocar los alimentos que se van a comer. *Coloca los platos de la vajilla nueva.*
2. Alimento que se sirve en los platos. *Se tomó un buen plato de sopa.*
3. no haber roto un plato expresión No haber cometido ninguna falta. *Ponía cara de no haber roto un plato.*
4. tiro al plato expresión Deporte consistente en disparar con escopeta a un platillo de cerámica lanzado a gran velocidad, imitando el vuelo de las aves. *Practica tiro al plato.*

plató (pla-**tó**) sustantivo masculino
Recinto cubierto en los estudios de cine o televisión, preparado para servir de escenario a la película o programa que se va a rodar. *Están ensayando en el plató.* **SIN.** Escenario, estudio.

play-back sustantivo masculino
Ejecución fingida de una pieza musical grabada previamente. *Ese cantante está haciendo* play-back, *no canta en directo.*
✎ Es una palabra inglesa y se pronuncia /pléibak/.

playa (**pla**-ya) sustantivo femenino
Orilla del mar o del río casi llana y cubierta de arena. *Los niños hacen castillos de arena en la playa.* **SIN.** Costa, litoral, ribera.

playera (pla-**ye**-ra) sustantivo femenino
Zapatillas con suela de goma que se usan para hacer deporte. *Llevas rota una playera, ten cuidado.*
✎ Se usa más el plural *playeras.*

plaza (**pla**-za) sustantivo femenino
1. Lugar amplio y espacioso de un pueblo o ciudad, al que suelen ir a parar varias calles. *Los ancianos se reúnen a charlar en la plaza.* **SIN.** Plazoleta, ronda.
2. Lugar determinado para una persona o cosa. *Todas las plazas del tren*

estaban ocupadas y tuve que esperar al siguiente. **SIN.** Puesto, sitio.

3. Lugar espacioso de una población donde se celebran mercados. *Siempre va a comprar la fruta a la plaza.* **SIN.** Mercado.

4. Puesto que se ocupa en un trabajo. *La plaza está vacante.* **SIN.** Cargo.

5. plaza de toros expresión Edificio cerrado y circular donde hay corridas de toros. *Fui a la plaza de toros para sacar las entradas.*

plazo (pla-zo) sustantivo masculino

1. Tiempo señalado para hacer una cosa. *Le dio un plazo de cinco días.* **SIN.** Fecha, vencimiento.

2. Cada una de las partes en que puede dividirse el pago de una cosa. *Lo pagamos en tres plazos.*

plazoleta

(pla-zo-**le**-ta) sustantivo femenino

Plaza pequeña que suele haber en los jardines y paseos. *Te espero junto a la fuente de la plazoleta.*

plegar (ple-**gar**) verbo

1. Hacer dobleces en una cosa. *Pliega la tela.* **SIN.** Fruncir, doblar. **ANT.** Estirar.

2. plegarse Ceder, someterse. *Se plegó a sus deseos.* **SIN.** Doblegarse. **ANT.** Rebelarse.

✎ Verbo irregular, se conjuga como *acertar*. Se escribe -gu- en vez de -g- delante de -e, como en *plegué*.

plegaria (ple-**ga**-ria) sustantivo femenino

Oración para pedir una cosa a Dios o los santos. *Elevó sus plegarias a Dios.* **SIN.** Súplica, rezo.

pleno, plena (**ple**-no) adjetivo

1. Entero, completo. *Se hallaba pleno de felicidad.* **SIN.** Lleno, colmado. **ANT.** Vacío, hueco.

2. Se dice del momento central de algo. *Estaba en pleno apogeo.*

3. sustantivo masculino Reunión de todos los que componen una institución o agrupación. *Asistió al pleno del Ayuntamiento.* **SIN.** Asamblea.

pliego (plie-go) sustantivo masculino

1. Hoja de papel de forma rectangular y doblada por el medio. *Hizo el examen en un pliego.*

2. Hoja de papel sin doblar en que se hacen dibujos, planos, mapas, etc. *Haz el mapa en un pliego más grande.* **SIN.** Folio.

pliegue (plie-gue) sustantivo masculino

Doblez que se hace en un papel, tela u otra cosa flexible. *La falda lleva un pliegue en la cintura.* **SIN.** Frunce.

plisar (pli-**sar**) verbo

Hacer que una tela forme pliegues iguales y pequeños. *Plisó la tela para hacer una falda.*

plomo (**plo**-mo) sustantivo masculino

1. Metal pesado, blando y de color gris azulado que se funde con calor. *Fabrica tuberías de plomo.*

2. Persona pesada y molesta. *No seas plomo y vete ya.* **SIN.** Latoso.

3. caer a plomo expresión Caer con todo el peso del cuerpo. *Se desmayó y cayó a plomo en sus brazos.*

pluma (**plu**-ma) sustantivo femenino

1. Cada una de las piezas, formada por una varilla rodeada de suaves pelillos, que cubren el cuerpo de las aves. *El loro tiene plumas de colores.*

2. Instrumento que sirve para escribir. *Carlos tiene un juego de pluma y bolígrafo.*

3. Escritor, y estilo de escritura. *En el libro se reconocía su pluma.*

4. pluma estilográfica expresión Instrumento para escribir, formado por un mango hueco lleno de tinta, que se desliza hasta la punta. *Heredó una pluma estilográfica de su abuela.*

plumero (plu-**me**-ro) sustantivo masculino
1. Conjunto de plumas atadas a un mango de madera, que sirve para quitar el polvo. *Pasa el plumero a estos libros.*
2. ver el plumero expresión Descubrir las intenciones o pensamientos secretos de alguien. *Se te ve el plumero.*

plumilla (plu-**mi**-lla) sustantivo femenino
Instrumento de metal que, mojado en tinta, sirve para escribir. *Estaba escrito con plumilla.*

plumón (plu-**món**) sustantivo masculino
Pluma muy delgada y sedosa que tienen las aves debajo del plumaje exterior. *Ese cojín está relleno de plumón.* **SIN.** Pelusa.

plural (plu-**ral**) adjetivo y sustantivo masculino
Se dice del número gramatical, de sustantivos, verbos, adjetivos, etc., que se refieren a más de un ser. *Mesas es el plural de mesa.* **ANT.** Singular.

pluriempleo
(plu-riem-**ple**-o) sustantivo masculino
Situación de la persona que tiene más de un trabajo. *Se queja de que no tiene tiempo por su pluriempleo.*

plusmarca (plus-**mar**-ca) sustantivo femenino
Mejor marca obtenida en una competición deportiva oficial en un país, continente o en el mundo entero, según la prueba y el sexo. *Ha batido la plusmarca mundial de maratón.* **SIN.** Récord.

población (po-bla-**ción**) sustantivo femenino
1. Número de personas que viven en un lugar. *La población ha aumentado en el siglo XX.* **SIN.** Habitantes.
2. Lugar con calles y casas donde viven personas. *Esta población tiene una bonita plaza.*

poblado (po-**bla**-do) sustantivo masculino
Población pequeña, sobre todo en el campo. *Los indígenas vivían en poblados.* **SIN.** Aldea.

poblar (po-**blar**) verbo
1. Ocupar la gente un sitio para trabajar o habitar en él. *Varios jóvenes poblaron aquellos pueblos abandonados.* **SIN.** Asentarse.
2. Se dice de los animales, plantas y cosas que hay en un lugar. *Los pinos poblaban el bosque.*
✎ Verbo irregular, se conjuga como *contar.*

pobre (po-bre) adjetivo y sustantivo
1. Que no tiene lo necesario para vivir. *El hombre más rico del pueblo, de joven era muy pobre.* **SIN.** Necesitado. **ANT.** Rico.
2. Escaso, que carece de algo. *El banquete me pareció un poco pobre.* **SIN.** Falto. **ANT.** Abundante.
3. Infeliz, desdichado o triste. *La pobre tenía muy mala suerte.*
4. ¡pobre! expresión Expresión para indicar compasión por una persona. *Está muy enfermo, ¡pobre!*

pobreza
(po-**bre**-za) sustantivo femenino
1. Escasez o carencia de lo necesario para vivir. *Aquellas familias vivían en la pobreza.* **SIN.** Necesidad, miseria. **ANT.** Riqueza.
2. Falta, escasez. *Lo que hemos hecho no está mal, teniendo en cuenta la pobreza de medios.*

pocho, pocha (po-cho) adjetivo
1. Enfermo, débil. *Lo encontré un poco pocho.*
2. Podrido o en mal estado, especialmente la fruta. *Estas manzanas están un poco pochas.*

pocilga (po-**cil**-ga) sustantivo femenino
1. Establo para los cerdos. *Estaba limpiando la pocilga.*
2. Lugar sucio y con mal olor. *Tienes la habitación como una pocilga.* **SIN.** Cuchitril, cochiquera.

pocillo (po-**ci**-llo) sustantivo masculino
Taza pequeña para servir té o café. *Saca los pocillos para el café.*

pócima
(**pó**-ci-ma) sustantivo femenino
1. Bebida medicinal. *Decía que aquella pócima tenía propiedades curativas.*
2. Veneno, sustancia líquida que puede causar trastornos. *La bruja los había envenenado con una extraña pócima.* **SIN.** Brebaje, potingue.

poción (po-**ción**) sustantivo femenino
Bebida, especialmente la medicinal. *Tomó una poción de hierbas.*

poco, poca (po-co) adjetivo
1. Escaso y corto en cantidad o calidad. *Ha ganado poco.* **ANT.** Mucho.
2. sustantivo masculino Cantidad pequeña. *Dame un poco.*
3. adverbio Con escasez, en corto grado. *Me pareció poco.*
4. adverbio De corta duración. *El concierto duró poco.*
5. adverbio Delante de otros adverbios o de adjetivos, expresa una comparación. *Llegas un poco tarde.* **ANT.** Muy.
6. poco a poco expresión Despacio, con lentitud. *Lo hice poco a poco.*
7. poco más o menos expresión Con escasa diferencia. *Llegaron poco más o menos al mismo tiempo.*
8. por poco expresión Expresión con que se da a entender que apenas faltó nada para que sucediese algo. *Por poco no acerté la respuesta.*

podar (po-**dar**) verbo
Cortar o quitar las ramas inservibles de los árboles y otras plantas para que crezcan con más fuerza. *Estaban podando las vides.*

poder (po-**der**) verbo
1. Ser capaz de hacer una cosa. *Ese hombre pudo levantar la piedra.* **SIN.** Conseguir, lograr.

2. Tener ocasión, tiempo, posibilidad, etc. de hacer algo. *Creo que no podremos ir al campo hoy.*
3. Ser más fuerte que otro. *Seguro que tú le puedes.*
4. Ser posible que suceda algo. *Puede que salga el sol.*
5. sustantivo masculino Autoridad para mandar. *Le dieron poder para tomar decisiones.* **SIN.** Autoridad, mando.
6. sustantivo masculino Fuerza, capacidad o posibilidad de hacer algo. *Confiaba en el poder de su ejército para conquistar el país.*
7. no poder más expresión No tener ya fuerzas para hacer una cosa. *Necesito descansar, ya no puedo más.*
8. no poder parar expresión Expresión con que se explica el nerviosismo o inquietud de alguien. *Estoy tan preocupada que no puedo parar.*
✎ Verbo irregular. Ver pág. 756.

poderío
(po-de-**rí**-o) sustantivo masculino
1. Autoridad para hacer o impedir una cosa. *No tenía poderío para negarse.* **SIN.** Potestad.
2. Fuerza o expresividad en el cante y en el baile. *Es un bailaor con mucho poderío.* **SIN.** Energía.

poderoso, poderosa
(po-de-**ro**-so) adjetivo
1. Que tiene poder. *Es una organización muy poderosa.* **SIN.** Potente, fuerte, enérgico. **ANT.** Débil, pasivo.
2. Muy rico, con muchos bienes o dinero. *En el mundo mandan los poderosos.* **SIN.** Acaudalado. **ANT.** Pobre.
3. Que tiene eficacia para una cosa. *La lejía es un poderoso desinfectante.* **SIN.** Activo, eficaz.

podio (po-dio) sustantivo masculino
Tarima sobre la que se coloca a una persona para destacarla por algún

poder

MODO INDICATIVO		MODO SUBJUNTIVO	
Tiempos simples	Tiempos compuestos	Tiempos simples	Tiempos compuestos
Presente	**Pret. perf. compuesto / Antepresente**	**Presente**	**Pret. perf. compuesto / Antepresente**
puedo	he podido	pueda	haya podido
puedes / podés	has podido	puedas	hayas podido
puede	ha podido	pueda	haya podido
podemos	hemos podido	podamos	hayamos podido
podéis / pueden	habéis podido	podáis / puedan	hayáis podido
pueden	han podido	puedan	hayan podido
Pret. imperfecto / Copretérito	**Pret. pluscuamperfecto / Antecopretérito**	**Pret. imperfecto / Pretérito**	**Pret. pluscuamperfecto / Antepretérito**
podía	había podido	pudiera o pudiese	hubiera o hubiese podido
podías	habías podido	pudieras o pudieses	hubieras o hubieses podido
podía	había podido	pudiera o pudiese	hubiera o hubiese podido
podíamos	habíamos podido	pudiéramos o pudiésemos	hubiéramos o hubiésemos podido
podíais / podían	habíais podido	pudierais o pudieseis / pudieran o pudiesen	hubierais o hubieseis podido / hubieran o hubiesen podido
podían	habían podido	pudieran o pudiesen	
Pret. perf. simple / Pretérito	**Pret. anterior / Antepretérito**		
pude	hube podido		
pudiste	hubiste podido		
pudo	hubo podido		
pudimos	hubimos podido	**Futuro simple / Futuro**	**Futuro compuesto / Antefuturo**
pudisteis / pudieron	hubisteis podido		
pudieron	hubieron podido		
		pudiere	hubiere podido
		pudieres	hubieres podido
		pudiere	hubiere podido
Futuro simple / Futuro	**Futuro compuesto / Antefuturo**	pudiéremos	hubiéremos podido
		pudiereis / pudieren	hubiereis podido
podré	habré podido	pudieren	hubieren podido
podrás	habrás podido		
podrá	habrá podido	**MODO IMPERATIVO**	
podremos	habremos podido		
podréis / podrán	habréis podido	puede (tú) / podé (vos) / pueda (usted)	
podrán	habrán podido	poded (vosotros)	
		puedan (ustedes)	
Condicional simple / Pospretérito	**Condicional compuesto / Antepospretérito**	**FORMAS NO PERSONALES**	
		Infinitivo poder	**Infinitivo compuesto** haber podido
podría	habría podido		
podrías	habrías podido	**Gerundio** pudiendo	**Gerundio compuesto** habiendo podido
podría	habría podido		
podríamos	habríamos podido		
podríais / podrían	habríais podido	**Participio** podido	
podrían	habrían podido		

motivo, como premio, presidencia, dirección orquestal, etc. *Los tres ganadores subieron al podio.*

podrido, podrida (po-**dri**-do) adjetivo
Se dice de las frutas corrompidas o dañadas. *Estas patatas están podridas.* **SIN.** Pasado, pocho.

poema (po-e-ma) sustantivo masculino
Obra en verso, con ritmo y, muchas veces, con rima. *Pablo Neruda compuso bellísimos poemas.*

poesía (po-e-**sí**-a) sustantivo femenino
1. Expresión de la belleza o de los sentimientos por medio del verso o la prosa. *Poetas como Virgilio, Dante y Garcilaso me enseñaron a amar la poesía.* **SIN.** Lírica, poética.
2. Poema. *Te voy a leer una poesía de Rubén Darío.* **ANT.** Prosa.

poeta (po-e-ta) sustantivo
Persona que compone obras poéticas. *Machado fue un gran poeta.*
✎ El femenino puede ser *la poetisa* o *la poeta.*

poético, poética (po-é-ti-co) adjetivo
1. Que se refiere a la poesía. *Siempre me dices poéticas palabras.* **SIN.** Lírico.
2. Propio o característico de la poesía, apto o conveniente para ella. *Describió una poética escena.*

poetisa (po-e-**ti**-sa) sustantivo femenino
Mujer poeta. *Gloria Fuertes fue una famosa poetisa.*

polar (po-lar) adjetivo
Que se refiere a los polos de la Tierra. *Vive en la región polar.*

polea (po-le-a) sustantivo femenino
Rueda que gira alrededor de un eje, con un canal alrededor por el que pasa una cuerda, de la que se tira, que sirve para levantar y mover pesos con menos esfuerzo. *Necesitas una polea para mover la roca.*

polémica (po-**lé**-mi-ca) sustantivo femenino
Discusión por escrito o hablada sobre cualquier tema, con enfrentamiento entre las distintas opiniones. *Estalló entre ellos una polémica sobre política.*

polémico, polémica (po-**lé**-mi-co) adjetivo
1. Que se refiere a la polémica. *El fútbol es un tema polémico.*
2. Poco claro o que admite muchas interpretaciones. *Su decisión fue muy polémica y muchos la censuraron.* **SIN.** Discutido. **ANT.** Indiscutible.

polen (po-len) sustantivo masculino
Masa de granos producidos en los estambres de una flor, que transportan las células reproductoras masculinas. *Las abejas chupan el polen de las flores para hacer la miel.*

poleo (po-le-o) sustantivo masculino
Planta de hojas pequeñas y flores azules y moradas, de olor agradable, con la que se prepara una bebida que ayuda a digerir las comidas. *Se preparó una infusión de poleo.*

policía (po-li-**cí**-a) sustantivo femenino
1. Organización encargada de vigilar que se cumplan las leyes de un Estado y perseguir a los que las incumplen. *Entró en la Policía.* ✎ Se escribe en mayúscula.
2. sustantivo Persona que pertenece a esa organización y realiza las funciones de la misma. *La policía detuvo a los ladrones.*
3. policía de tráfico expresión Policía encargada de vigilar las carreteras y vías de comunicación. *La Policía de Tráfico hizo un control de alcoholemia.*

policíaco, policíaca (po-li-**cía**-co) adjetivo
Se dice de las novelas que tratan de las tareas y casos de un detective o policía. *Escribe novelas policíacas.*
✎ También *policiaco.*

polideportivo

(po-li-de-por-**ti**-vo) sustantivo masculino

Edificio, generalmente con techo, en el que se pueden practicar varios deportes. *Están construyendo un polideportivo en el barrio.*

poliedro

(po-**lie**-dro) adjetivo y sustantivo masculino

Se dice de cualquier cuerpo sólido de más de tres caras. *Un hexágono es un poliedro de seis caras.*

polifacético, polifacética

(po-li-fa-**cé**-ti-co) adjetivo

Se dice de las personas que realizan diversas tareas o actividades, y de las cosas que tienen muchos aspectos distintos. *Es una artista muy polifacética: canta, baila y actúa.* **SIN.** Múltiple, variado. **ANT.** Uniforme.

polifonía (po-li-fo-**ní**-a) sustantivo femenino

Canto en el que varias voces suenan al mismo tiempo. *Compuso varias polifonías de tema religioso.*

políglota (po-**lí**-glo-ta) adjetivo y sustantivo

Persona que domina varias lenguas. *Solicitaron un intérprete políglota.*

polígono (po-**lí**-go-no) sustantivo masculino

1. Figura geométrica plana y cerrada por líneas rectas. *El cuadrado es un polígono.*

2. polígono industrial expresión Lugar preparado para instalar fábricas, naves e industrias. *Alquiló una nave en el polígono industrial.*

polilla (po-**li**-lla) sustantivo femenino

Mariposa nocturna, cuya larva destruye los tejidos, pieles, etc. *Las polillas vuelan de noche.*

poliomielitis

(po-lio-mie-**li**-tis) sustantivo femenino

Enfermedad contagiosa causada por un virus, que produce parálisis. *Se vacunó contra la poliomielitis.*

✎ Es igual en plural y en singular.

polisemia

(po-li-**se**-mia) sustantivo femenino

Diversidad de significados en una palabra. *En la palabra banco se da la polisemia.*

política (po-**lí**-ti-ca) sustantivo femenino

1. Ciencia u opinión sobre el gobierno de las naciones. *Comenta asuntos de política en la radio local.*

2. Actividad de las personas que gobiernan una nación. *El ministro ha dedicado su vida a la política.*

3. Orientación y método de una persona o agrupación en un tema determinado. *No estoy de acuerdo con su política.*

político, política (po-**lí**-ti-co) adjetivo

1. Que se refiere a la política. *Habló de sus ideas políticas.*

2. Se dice de las personas que forman parte de una familia por haberse casado con uno de sus miembros. *Mis hermanos políticos son mis cuñados.*

3. sustantivo Persona dedicada a la actividad política o que pertenece a un partido político. *Es un político muy honrado.*

polizón (po-li-**zón**) sustantivo masculino

Persona que se introduce secretamente en algún lugar, especialmente en los barcos. *Los marineros descubrieron al polizón oculto en el buque.*

pollo (po-llo) sustantivo masculino

Cría que sale de un huevo de ave, especialmente de las gallinas. *Las gallinas cuidan a sus pollos.*

✎ No debe confundirse con *poyo*.

polo (po-lo) sustantivo masculino

1. Cualquiera de los dos puntos extremos de un cuerpo que gira, como un planeta o una estrella. *El Polo Norte y el Polo Sur son los dos extremos de la Tierra.*

2. Cada uno de los dos puntos opuestos de un cuerpo, en los cuales se acumula energía en mayor cantidad, como la electricidad en los extremos de una pila. *Las pilas tienen un polo negativo y un polo positivo.*
3. Juego entre dos equipos de jinetes a caballo, que empujan una bola a través del césped con unos bastones largos. *En Gran Bretaña se juega mucho al polo.*
4. Dulce de helado con un palito para sujetarlo y chuparlo. *Se compró un polo de limón.*
5. Prenda de punto con cuello y abotonada por delante hasta la altura del pecho. *Lleva un polo rojo.*

polución (po-lu-**ción**) sustantivo femenino
Suciedad fuerte y dañina del agua o del aire. *En las grandes ciudades, la polución es muy grande.* **SIN.** Contaminación.

polvareda
(pol-va-**re**-da) sustantivo femenino
1. Cantidad de polvo que se levanta de la tierra, agitada por el viento u otra causa. *Los caballos levantaron una buena polvareda.*
2. Efecto que causa en la gente lo que alguien ha dicho o hecho. *La noticia de la epidemia levantó una gran polvoreda.*

polvo (pol-vo) sustantivo masculino
1. Parte más menuda y deshecha de la tierra muy seca. *El polvo se convirtió en barro tras la lluvia.*
2. Lo que queda de las cosas sólidas, moliéndolas hasta hacer partes muy pequeñas. *Hemos molido el café hasta convertirlo en polvo.*
3. sustantivo masculino plural Producto de belleza que se echa en la cara. *Se dio polvos transparentes para fijar el maquillaje.*

4. estar hecho polvo expresión Estar muy decaído por las preocupaciones y problemas, o por mala salud. *Está hecho polvo desde que murió su mujer.*
5. hacer polvo expresión Destruir completamente a una persona o cosa. *Me hacen polvo tus mentiras.*

pólvora (**pól**-vo-ra) sustantivo femenino
Mezcla de materiales que, a alta temperatura, arde desprendiendo gran cantidad de gases. *Necesitan más pólvora para los cañones.*

polvorín (pol-vo-**rín**) sustantivo masculino
Lugar o edificio donde se guardan la pólvora, explosivos, etc. *Unos soldados vigilan el polvorín.*

polvorón (pol-vo-**rón**) sustantivo masculino
Dulce de harina, manteca y azúcar, cocido en el horno y que se deshace en polvo al comerlo. *Le regalaron una caja de polvorones.*

pomada (po-**ma**-da) sustantivo femenino
Sustancia grasa que se emplea como medicamento o como producto de belleza. *Esta pomada es muy buena para los golpes.*

pomelo (po-**me**-lo) sustantivo masculino
Fruto del árbol del mismo nombre, de origen asiático. Redondo, del color del limón y de tamaño mayor que la naranja, tiene un sabor agrio muy refrescante. *Tomé zumo de pomelo para desayunar.*

pomo (po-mo) sustantivo masculino
Mecanismo que hay que girar para abrir o cerrar las puertas. *Se quedó con el pomo de la puerta en la mano.*

pompa (pom-pa) sustantivo femenino
1. Acompañamiento solemne y espectacular, o lujo excesivo. *Las ceremonias de la coronación se celebraron con mucha pompa.* **SIN.** Ostentación, grandeza.

pompi - popa

2. Ampolla o burbuja que se forma en el agua por el aire que se introduce en ella. *Le gustaba hacer pompas de jabón.*

pompi (**pom**-pi) sustantivo masculino

Culo. *Como no pares quieto, te voy a dar unos azotes en el pompi.*

✎ También *pompis*.

pompón (**pom-pón**) sustantivo masculino

Bola de algodón o lana muy ligera, que se usa como adorno en la ropa o el calzado. *El gorrito terminaba en un gracioso pompón.*

pómulo (**pó**-mu-lo) sustantivo masculino

Hueso de cada una de las mejillas. *El boxeador recibió un puñetazo en el pómulo izquierdo.*

ponche (**pon**-che) sustantivo masculino

Bebida que se prepara con agua caliente, azúcar y algún licor, añadiendo jugo de limón y sustancias aromáticas. *Pidió una copa de ponche en la barra.*

poncho (**pon**-cho) sustantivo masculino

Capa sin mangas, sujeta en los hombros, que cae a lo largo del cuerpo. *Lleva un poncho chileno.*

poner (po-**ner**) verbo

1. Dejar en un sitio a alguien o algo. *Puso los zapatos en la caja.* **SIN.** Colocar, situar.

2. Preparar algo para un fin. *Vamos a poner la mesa para comer.*

3. Hacer que algo funcione. *Pon la radio para escuchar las noticias.* **SIN.** Encender, conectar.

4. Vestir, colocar una prenda de ropa. *Ponle al niño el jersey rojo, que hace frío.*

5. Soltar las aves el huevo. *La gallina puso un huevo.*

6. Establecer, instalar. *Puso un negocio de maderas.*

7. Llamar de cierta forma a una persona, animal o cosa. *Le pusieron el nombre de su padre.*

8. Escotar o contribuir a algún gasto. *Pusimos cada uno diez euros para comprarle un regalo.*

9. Decir, estar escrito. *¿Qué pone en ese papel?*

10. Hablando de los astros, dejar de verse en el cielo. *El Sol se pone por el Oeste.*

11. ponerse a expresión Empezar a realizar una acción. *Me puse a barrer el suelo.*

✎ Verbo irregular. Ver pág. 761.

poni (**po**-ni) sustantivo masculino

Caballo de una raza que se caracteriza por su pequeño tamaño. *Le regalaron un poni.*

poniente (po-**nien**-te) sustantivo masculino

1. Viento que sopla de la parte occidental. *Sopla un fuerte viento de poniente.* **SIN.** Céfiro.

2. Poniente nombre propio Occidente, punto cardinal. *El Sol sale por Oriente y se oculta por Poniente.* **SIN.** Oeste, ocaso. ✎ Se escribe con mayúscula.

pontífice

(pon-**tí**-fi-ce) sustantivo masculino

Cualquier obispo o arzobispo de la Iglesia católica, pero se dice especialmente del papa, al que se llama Sumo Pontífice o Romano Pontífice. *Preparaban la visita del Sumo Pontífice al país.*

✎ Suele escribirse con mayúscula cuando se refiere al papa.

pop adjetivo y sustantivo masculino

Tipo de música moderna y ligera, más melódica que el *rock and roll*, que surge de la mezcla de diferentes estilos. *A mis sobrinas les gusta mucho la música pop.*

popa (**po**-pa) sustantivo femenino

1. Parte posterior de una embarcación. *Estábamos sentados en la popa del barco.*

poner

MODO INDICATIVO		MODO SUBJUNTIVO	
Tiempos simples	Tiempos compuestos	Tiempos simples	Tiempos compuestos

Presente	**Pret. perf. compuesto / Antepresente**	**Presente**	**Pret. perf. compuesto / Antepresente**
pongo	he puesto	ponga	haya puesto
pones / ponés	has puesto	pongas	hayas puesto
pone	ha puesto	ponga	haya puesto
ponemos	hemos puesto	pongamos	hayamos puesto
ponéis / ponen	habéis puesto	pongáis / pongan	hayáis puesto
ponen	han puesto	pongan	hayan puesto

Pret. imperfecto / Copretérito	**Pret. pluscuamperfecto / Antecopretérito**	**Pret. imperfecto / Pretérito**	**Pret. pluscuamperfecto / Antepretérito**
ponía	había puesto	pusiera o pusiese	hubiera o hubiese puesto
ponías	habías puesto	pusieras o pusieses	hubieras o hubieses puesto
ponía	había puesto	pusiera o pusiese	hubiera o hubiese puesto
poníamos	habíamos puesto	pusiéramos o pusiésemos	hubiéramos o hubiésemos puesto
poníais / ponían	habíais puesto	pusierais o pusieseis / pusieran o pusiesen	hubierais o hubieseis puesto
ponían	habían puesto	pusieran o pusiesen	hubieran o hubiesen puesto

Pret. perf. simple / Pretérito	**Pret. anterior / Antepretérito**
puse	hube puesto
pusiste	hubiste puesto
puso	hubo puesto
pusimos	hubimos puesto
pusisteis / pusieron	hubisteis puesto
pusieron	hubieron puesto

Futuro simple / Futuro	**Futuro compuesto / Antefuturo**
pusiere	hubiere puesto
pusieres	hubieres puesto
pusiere	hubiere puesto
pusiéremos	hubiéremos puesto
pusiereis / pusieren	hubiereis puesto
pusieren	hubieren puesto

Futuro simple / Futuro	**Futuro compuesto / Antefuturo**
pondré	habré puesto
pondrás	habrás puesto
pondrá	habrá puesto
pondremos	habremos puesto
pondréis / pondrán	habréis puesto
pondrán	habrán puesto

MODO IMPERATIVO

pon (tú) / poné (vos) / ponga (usted)
poned (vosotros)
pongan (ustedes)

Condicional simple / Pospretérito	**Condicional compuesto / Antepospretérito**
pondría	habría puesto
pondrías	habrías puesto
pondría	habría puesto
pondríamos	habríamos puesto
pondríais / pondrían	habríais puesto
pondrían	habrían puesto

FORMAS NO PERSONALES

Infinitivo	**Infinitivo compuesto**
poner	haber puesto

Gerundio	**Gerundio compuesto**
poniendo	habiendo puesto

Participio
puesto

2. viento en popa expresión Favorablemente, con buena marcha. *El negocio va viento en popa.*

popular (po-pu-**lar**) adjetivo

1. Que es del pueblo o tiene que ver con él. *Enseña bailes populares.* **SIN.** Folclórico.

2. Que es conocido y gusta a muchos. *Esta actriz es muy popular.* **SIN.** Famoso, **ANT.** Impopular, desconocido.

✎ Es igual en masculino y femenino.

popularidad

(po-pu-la-ri-**dad**) sustantivo femenino

Conocimiento y aceptación de una persona o cosa por la mayoría de la gente. *Es un cantante de mucha popularidad.*

popurrí (po-pu-**rrí**) sustantivo masculino

Composición formada con fragmentos de diversas obras musicales. *Cantó un popurrí de sus canciones.*

por preposición

1. Palabra con que se indica quién ha realizado la acción en las oraciones en voz pasiva. *Fue dicho por él.*

2. Unido a un nombre de lugar, indica que se pasa por él o que algo se encuentra aproximadamente allí. *Vendré por la autopista. Estará por ahí.*

3. Unido a un nombre de tiempo, indica el momento en que algo se realiza. *Vendré a verte por Pascua.*

4. Indica la causa o motivo de algo. *Cerrado por defunción.*

5. Se usa para indicar el medio o el modo que se emplea para realizar una cosa. *Se relacionan por carta.*

6. Indica el precio. *Lo vendió por cuatro duros.*

7. A favor o en defensa de alguien. *Solo lo hago por ti.*

8. Sin. *Está por terminar.*

9. por qué conjunción Indica cuál es la causa o motivo de algo. Se suele usar en las preguntas. *¿Por qué lo has hecho? No entiendo por qué lo hiciste.* ✎ No debe confundirse con *porqué.*

10. por que conjunción La preposición introduce un complemento exigido por el verbo. *Apostó por que tú ganarías la carrera.* ✎ No debe confundirse con *porque.*

11. por si expresión Indica una posibilidad o una sugerencia. *Te invito por si quieres venir.*

porcelana (por-ce-**la**-na) sustantivo femenino

Cerámica fina con la que se hacen figuras decorativas y vajillas. *Le regalaron un juego de café de porcelana.*

porcentaje (por-cen-**ta**-je) sustantivo masculino

Cantidad que representa una parte de un total de cien. *El porcentaje de ganancias es de un 30 %, es decir, 30 euros por cada 100 invertidos.* **SIN.** Tanto por ciento, proporción.

porche (**por**-che) sustantivo masculino

Espacio cubierto que en algunas casas está delante de la entrada principal. *Se sentaron en el porche a charlar un rato.*

porcino, porcina (por-**ci**-no) adjetivo

Que se refiere al cerdo. *Se dedica a la cría de ganado porcino.*

porción (por-**ción**) sustantivo femenino

1. Cantidad separada de otra mayor. *Le dio una porción de su tarta de manzana.* **SIN.** Pedazo, trozo, parte, fragmento.

2. Número grande e indeterminado de personas o cosas. *Contaba con el apoyo de una buena porción de los alumnos.* **SIN.** Montón, muchedumbre, multitud.

pordiosero, pordiosera

(por-dio-**se**-ro) adjetivo y sustantivo

Mendigo que pide limosna. *A la puerta de la iglesia había una pordiosera.* **SIN.** Pobre.

pormenor

(por-me-**nor**) sustantivo masculino
Detalle o circunstancia que no es principal en un asunto. *Déjate de pormenores y vamos al grano.* **SIN.** Particularidad, menudencia.

pornografía

(por-no-gra-**fí**-a) sustantivo femenino
Presentación abierta y cruda del sexo en obras literarias, fotográficas o artísticas. *Me prohíben tener revistas de pornografía.*

poro (po-ro) sustantivo masculino
Agujero muy pequeño que hay en la piel de los animales, personas y plantas. *El sudor sale por los poros de la piel.*

porque (por-que) conjunción
Por causa o razón de que. *Se quedó en casa porque le dolía la cabeza.* **SIN.** Pues.

✎ No debe confundirse con *por que*.

porqué (por-**qué**) sustantivo masculino
Causa, razón o motivo. *Me gustaría conocer el porqué de esa decisión tuya.* **SIN.** Quid.

✎ No debe confundirse con *por qué*.

porquería (por-que-**rí**-a) sustantivo femenino
1. Suciedad, basura. *El sótano está lleno de porquería.* **SIN.** Inmundicia, roña.
2. Acción sucia o indecente. *Deja de hacer porquerías.*
3. Cosa de poco valor o calidad. *Esta toalla es una porquería, deja pelusa y no seca.*
4. Cosa que no gusta o no agrada. *La comida de ese restaurante es una porquería.*

porra (po-rra) sustantivo femenino
1. Palo o bastón cuyo grueso aumenta desde la empuñadura al extremo opuesto. *Le golpeó con su porra.*
2. Especie de churro grueso. *Tomamos chocolate con porras.*

3. mandar a la porra expresión Enfadarse con una persona, rechazarla. *Como sigas tan pesado, te voy a mandar a la porra.*

porrazo

(po-**rra**-zo) sustantivo masculino
Golpe que se recibe por una caída o por topar con un objeto duro. *Se dio un porrazo en el pie con el martillo cuando estaba clavando una punta.*

porro (po-rro) sustantivo masculino
Cigarro de marihuana o hachís mezclado con tabaco. *Había un debate sobre si los porros creaban o no hábito.*

porrón (po-**rrón**) sustantivo masculino
Vasija de vidrio, para beber vino o cerveza a chorro por el saliente largo que tiene en la panza. *Pidieron un porrón de cerveza con gaseosa.*

portaaviones

(por-ta-a-vi-**o**-nes) sustantivo masculino
Buque de guerra preparado para transportar aviones, de forma que puedan despegar y aterrizar en su cubierta. *El ejército utilizaba sus portaaviones para recuperar la isla.*

✎ Es igual en plural y en singular. También *portaviones*.

portabilidad

(por-ta-bi-li-**dad**) sustantivo femenino
Acción que consiste en cambiar de compañía telefónica, manteniendo el mismo número de teléfono, fijo o móvil. *Las operadoras de telefonía móvil y fija tendrán que ofrecer la portabilidad en 24 horas.*

portada (por-**ta**-da) sustantivo femenino
1. Fachada principal, más adornada, de algunos edificios. *La portada de la catedral es muy bella.*
2. Primera página de los libros y revistas. *En la portada aparecía el título del libro y el nombre de la autora.* **ANT.** Contraportada.

A B C D E F G H I J K L M N Ñ O **P** Q R S T U V W X Y Z

portaequipajes - pórtico

portaequipajes

(por-ta-e-qui-**pa**-jes) sustantivo masculino
1. Espacio cubierto en un automóvil que sirve para guardar el equipaje. *El portaequipajes le parecía demasiado pequeño.*
2. Soporte fijado al techo de un automóvil que sirve para llevar bultos. *Pon las maletas en el portaequipajes.* **SIN.** Baca.
✎ Es igual en plural y en singular.

portafolios

(por-ta-**fo**-lios) sustantivo masculino
Carpeta para llevar documentos y papeles. *Le regalaron un portafolios de piel.*
✎ Es igual en plural y en singular.

portal (por-**tal**) sustantivo masculino
1. Zaguán de una casa o edificio, donde está la entrada principal. *Nos encontramos en el portal de mi casa.* **SIN.** Entrada.
2. portal de Belén expresión Establo donde nació Jesucristo. *Hicimos un portal de Belén con corcho.*

portarretrato

(por-ta-rre-**tra**-to) sustantivo masculino
Marco utilizado para poner una fotografía. *Pondré tu foto en un portarretrato.*
✎ También *portarretratos.*

portátil (por-**tá**-til) adjetivo
1. Fácil de transportarse de un lugar a otro. *Se compró un ordenador portátil para llevárselo en sus viajes.* **SIN.** Movible. **ANT.** Fijo.
2. Ordenador portátil. *La conexión a internet desde el móvil y el portátil es indispensable cuando sales de viaje.*

portavoz (por-ta-**voz**) sustantivo
1. Persona elegida para representar a un grupo. *El portavoz del grupo se entrevistó con el ministro.* **SIN.** Representante.

2. sustantivo masculino Periódico o revista que expresa las opiniones de un partido, agrupación, etc. *Ese periódico es el portavoz de la organización.*
✎ Su plural es *portavoces.*

portazo (por-ta-zo) sustantivo masculino
Golpe que se da con la puerta, o el que esta da, movida por el viento. *Se oyó un fuerte portazo.*

portento (por-**ten**-to) sustantivo masculino
Lo que, por ser extraño o nuevo, causa admiración. *Esta chica es un portento para las matemáticas.* **SIN.** Prodigio, milagro.

portería (por-te-**rí**-a) sustantivo femenino
1. Lugar a la entrada de los edificios donde se encuentra el portero. *Dejó el paquete en la portería.*
2. En algunos juegos, marco por dentro del cual debe entrar el balón para lograr uno o más puntos. *El balón entró en la portería.*

portero, portera

(por-**te**-ro) sustantivo
1. Persona encargada de guardar, cerrar y abrir las puertas, la limpieza del portal, etc. en un edificio de viviendas o una oficina pública. *Le dejé las llaves al portero.* **SIN.** Bedel.
2. Jugador que en algunos deportes defiende la meta de su equipo. *El portero paró el penalti.* **SIN.** Guardameta.
3. portero automático expresión Mecanismo que permite abrir la puerta del portal de una casa desde el interior del edificio. *Baja cuando llame al portero automático.*

pórtico (**pór**-ti-co) sustantivo masculino
Lugar cubierto y con columnas que se construye a lo largo de la fachada o un patio de algunos edificios. *La iglesia tenía un pequeño pórtico.* **SIN.** Atrio.

porvenir

(por-ve-**nir**) sustantivo masculino

Suceso o tiempo futuro. *No puedo conocer el porvenir.* **SIN.** Futuro, mañana. **ANT.** Pasado, ayer.

posada (po-sa-**da**) sustantivo femenino

1. Hotel o casa donde se alojan huéspedes. *Pasó la noche en una posada.* **SIN.** Fonda, hostal.

2. Alojamiento que se da a alguien. *Le dieron posada.* **SIN.** Hospedaje.

posadero, posadera

(po-sa-**de**-ro) sustantivo

Persona que tiene o atiende una posada. *El posadero nos dijo que no tenían camas.*

posar (po-**sar**) verbo

1. Dejar una carga que se trae a cuestas para descansar. *El molinero posó el saco en el suelo.*

2. Permanecer en determinada postura para retratarse o para servir de modelo a un pintor o escultor. *Aceptó posar para él.*

3. posarse Quedar en el fondo de un recipiente los posos de un líquido o caer el polvo sobre las cosas o en el suelo. *Una gruesa capa de polvo y virutas se posó sobre los muebles.*

posavasos

(po-sa-**va**-sos) sustantivo masculino

Objeto de diferentes materiales, con forma de plato pequeño, que se coloca debajo de los vasos para proteger la mesa. *Sacó unos bonitos posavasos de cristal.*

✎ Es igual en plural y en singular.

poseer (po-se-**er**) verbo

Tener alguien una cosa. *Posee varios inmuebles.* **SIN.** Gozar, disfrutar. **ANT.** Carecer, deber.

✎ Verbo irregular, se conjuga como *creer.* Tiene dos participios: *poseído* y *poseso.*

posesión (po-se-**sión**) sustantivo femenino

Cosa que se tiene en propiedad, especialmente terrenos o fincas. *Tenía grandes posesiones en aquella región.* **SIN.** Propiedad.

posesivo, posesiva

(po-se-**si**-vo) adjetivo

1. Se dice de la persona que quiere controlar a los demás, sin dejarles libertad. *Era muy posesivo y celoso.*

2. Se dice del adjetivo o pronombre que indica posesión o pertenencia. *Mi, tu, su son posesivos.*

posibilidad

(po-si-bi-li-**dad**) sustantivo femenino

Ocasión o circunstancia que permite que algo exista o que se realice un hecho, aunque no con seguridad. *Tengo posibilidades de aprobar.* **SIN.** Probabilidad.

posible (po-**si**-ble) adjetivo

1. Que puede ser u ocurrir. *Es posible que llueva hoy.* **SIN.** Probable, realizable. **ANT.** Imposible, irrealizable, improbable.

2. hacer todo lo posible expresión Hacer todo el esfuerzo de que se es capaz para conseguir algo. *Haré todo lo posible por ir a tu cumpleaños.*

posición

(po-si-**ción**) sustantivo femenino

1. Situación o manera en que alguien o algo está puesto. *Le dolía el cuello por dormir en mala posición.* **SIN.** Colocación, disposición, postura.

2. Puesto que ocupa una persona o grupo dentro de la sociedad o en una clasificación. *Tiene una posición social respetable.* **SIN.** Categoría, situación, clase.

positivo, positiva (po-si-**ti**-vo) adjetivo

1. Cierto, verdadero, efectivo, que no ofrece duda. *Los resultados fueron positivos.*

2. Se dice de la persona que enfoca las cosas desde su lado más agradable. *Tu hermano es siempre muy positivo.* **ANT.** Negativo.

poso (po-so) sustantivo masculino

Resto sólido que se amontona en el fondo de la vasija que contiene un líquido. *Los posos del café quedaron en el fondo de la taza.* **SIN.** Heces.

postal (pos-tal) adjetivo

1. Que se refiere a correos. *Le envió un paquete por correo postal.*

2. sustantivo Se dice de la tarjeta de tamaño determinado, con un espacio dispuesto para escribir en él, que se manda por correo, como carta sin sobre. *Cuando estuvieron de vacaciones, nos mandaron una postal.*

poste (pos-te) sustantivo masculino

Madero, piedra o columna que se coloca verticalmente para que sirva de apoyo o de señal. *Los cables de luz se sujetan con postes.*

póster (pós-ter) sustantivo masculino

Cartel grande, con un dibujo o fotografía, que sirve para decorar las paredes. *Tenía en la pared un póster de su grupo favorito.*

posterior (pos-te-rior) adjetivo

Que está o viene después en el tiempo o en el espacio. *Estaba situado en la parte posterior del edificio.* **ANT.** Anterior, primero.

postilla (pos-ti-lla) sustantivo femenino

Piel dura y oscura que se forma en las heridas cuando se van secando. *Se cayó otra vez y se le levantó la postilla de la rodilla.*

postizo, postiza (pos-ti-zo) adjetivo

1. Que no es natural ni propio, sino añadido, fingido o sobrepuesto. *Llevaba un bigote postizo.*

2. sustantivo masculino Peluca o pelo añadido. *Llevaba un precioso postizo.*

postre (pos-tre) sustantivo masculino

Fruta, dulce y otros alimentos que se sirven al fin de la comida. *De postre, tomó flan con nata.*

postura (pos-tu-ra) sustantivo femenino

1. Colocación, modo en que está puesta una persona, animal o cosa. *Le dolía el cuello por haber dormido en mala postura.* **SIN.** Posición, disposición.

2. Actitud que adopta alguien ante un hecho. *Adoptó una postura incomprensible.*

potable (po-ta-ble) adjetivo

Que se puede beber sin que haga daño. *El agua de la fuente es potable.*

potaje (po-ta-je) sustantivo masculino

Sopa espesa, en la que se mezclan legumbres secas, como garbanzos, judías o lentejas, con arroz o verduras. *Le encanta el potaje de garbanzos con arroz.*

potencia

(po-ten-cia) sustantivo femenino

1. Poder para hacer una cosa o producir un efecto. *Esta máquina tiene mucha potencia.* **SIN.** Fuerza, energía. **ANT.** Debilidad.

2. Estado independiente, sobre todo los que son muy ricos y poderosos. *Se reunieron los presidentes de las principales empresas.*

potenciar (po-ten-ciar) verbo

Transmitir fuerza, aumentar o explotar las energías en cualquier aspecto de la actividad humana. *Hacía ejercicios para potenciar su memoria.* **SIN.** Desarrollar, impulsar. **ANT.** Debilitar.

✎ Se conjuga como *cambiar.*

potente (po-ten-te) adjetivo

Que tiene mucho poder, eficacia o capacidad. *Este automóvil tiene un motor muy potente.*

potingue (po-**tin**-gue) sustantivo masculino
1. Cualquier medicina o bebida de sabor desagradable. *Se negaba a tomar más potingues de los que le daba el curandero.*
2. Producto de belleza, en especial las cremas. *Se echaba en la cara todo tipo de potingues.*

potro, potra (po-tro) sustantivo
Caballo o yegua desde que nace hasta que cambia los dientes de leche, aproximadamente a los cuatro años y medio de edad. *Tenía mucho cariño a aquella potra.*

poyo (po-yo) sustantivo masculino
Banco de piedra, yeso, etc. adosado a la fachada de una casa y próximo a la puerta. *Estaba sentado en el poyo de la casa.*
✎ No debe confundirse con *pollo.*

poza (po-za) sustantivo femenino
Charca de agua. *Aquella poza estaba plagada de ranas.*

pozo (po-zo) sustantivo masculino
1. Hoyo profundo hecho en la tierra para sacar agua, petróleo, etc., de su interior. *Estaba sacando agua del pozo con un caldero.* **SIN.** Aljibe, alberca, cisterna.
2. Lugar en donde los ríos tienen mayor profundidad. *El río traía poca agua, pero nos bañamos en un pozo.*

práctica (prác-ti-ca) sustantivo femenino
1. Realización de una actividad o trabajo, y habilidad que se consigue después de hacerlo muchas veces. *Tras largos estudios, se dedicó a la práctica de la medicina.* **SIN.** Experiencia. **ANT.** Teoría, inexperiencia.
2. Ejercicio que se hace bajo la dirección de un maestro para aprender directamente cómo son o cómo se hacen las cosas que se han estudiado. *En las prácticas de Química hacemos experimentos.*

3. poner en práctica expresión Realizar, poner por obra. *Quisiera hacer algún ejercicio para poner en práctica lo que nos están enseñando.*

practicar (prac-ti-car) verbo
1. Ejercitar, poner en práctica una cosa. *Ahora tienes que practicar lo que has aprendido.* **SIN.** Ejecutar, efectuar, realizar.
2. Repetir varias veces algo para hacerlo mejor. *Para nadar mejor, tienes que practicar más.*
✎ Se conjuga como *abarcar.*

práctico, práctica (prác-ti-co) adjetivo
1. Se dice de aquello que produce un provecho o facilita las cosas. *El microondas le resultaba muy práctico.* **SIN.** Cómodo, útil.
2. Que es hábil en una cosa por haberla hecho muchas veces. *Todavía no está muy práctico.* **SIN.** Experimentado. **ANT.** Inexperto.

pradera (pra-de-ra) sustantivo femenino
Prado grande. *La pradera se cubrió de flores.* **SIN.** Pastizal.

prado (pra-do) sustantivo masculino
Tierra húmeda en la cual crece la hierba para el pasto de los ganados. *La pastora llevó las vacas a pastar al prado.*

precaución
(pre-cau-ción) sustantivo femenino
Cuidado para evitar o prevenir un inconveniente o peligro. *Hay que conducir con mucha precaución para evitar los accidentes.* **SIN.** Tiento, desconfianza. **ANT.** Confianza, irreflexión.

precedente (pre-ce-den-te) adjetivo
1. Que es anterior o va delante. *Era mejor la plaza precedente a la mía.* **SIN.** Antecedente, antedicho, previo. **ANT.** Siguiente.

2. sustantivo masculino Hecho ya ocurrido que sirve como ejemplo para ocasiones posteriores. *De lo ocurrido, ya tenemos otros precedentes.*

preceder (pre-ce-**der**) verbo
Ir delante de una persona o cosa en tiempo, lugar u orden. *Los compañeros del otro curso nos precedieron en el viaje.*

precio (**pre**-cio) sustantivo masculino
Cantidad de dinero que vale una cosa, o esfuerzo que hay que hacer para conseguir algo. *Compraré esos zapatos tan caros cuando rebajen su precio.* **SIN.** Coste, importe.

precioso, preciosa
(pre-**cio**-so) adjetivo
1. Que es valioso o tiene mucha importancia, en sí mismo o para alguien. *Su ayuda fue preciosa.* **SIN.** Estimable. **ANT.** Insignificante.
2. Hermoso. *Tienen una niña preciosa.* **SIN.** Bello. **ANT.** Feo.

precipicio (pre-ci-**pi**-cio) sustantivo masculino
Caída profunda y vertical del terreno. *Ten cuidado con el precipicio.* **SIN.** Despeñadero, barranco.

precipitación
(pre-ci-pi-ta-**ción**) sustantivo femenino
1. Rapidez e irreflexión en la forma de obrar. *No actúes con tanta precipitación.* **SIN.** Aceleración, prisa. **ANT.** Sosiego, calma.
2. Caída de agua, nieve o hielo desde el cielo al suelo. *En la montaña abundaron las precipitaciones.* **SIN.** Tormenta.

precipitar (pre-ci-pi-**tar**) verbo
1. Arrojar o caerse desde un lugar alto. *Resbaló y se precipitó al vacío.* **SIN.** Lanzar(se), tirar(se).
2. Apresurar, acelerar una cosa. *Los nuevos acontecimientos precipitaron la reunión.*

3. precipitarse Hacer o decir una cosa sin reflexionar antes. *Se precipitó a contestar y metió la pata.* **SIN.** Lanzarse. **ANT.** Meditar, contenerse, detenerse.

precisar (pre-ci-**sar**) verbo
1. Fijar o determinar de un modo exacto. *Llamó para precisar el lugar y la hora de la cita.* **SIN.** Definir, concretar, puntualizar.
2. Ser necesario o imprescindible. *Preciso patatas para hacer el guiso.* **SIN.** Necesitar, hacer falta.

precisión (pre-ci-**sión**) sustantivo femenino
Manera precisa, exacta y concreta de hacer o decir algo. *Los trenes cumplen el horario con precisión.* **SIN.** Exactitud.

preciso, precisa (pre-ci-so) adjetivo
1. Necesario, indispensable para un fin. *Es preciso que vayas a la escuela.* **SIN.** Forzoso, inevitable. **ANT.** Voluntario, opcional.
2. Se dice de lo que está realizado hasta en sus menores detalles de la forma o en el tiempo previstos, y de lo que cumple su función de forma adecuada. *El proyecto se realizó de forma precisa.*
3. Dicho de la forma más completa con las menos palabras posibles. *Solo dijo las palabras precisas.* **SIN.** Conciso.

precoz (pre-**coz**) adjetivo
1. Se dice de lo que sucede antes de lo habitual. *Su crecimiento ha sido muy precoz.*
2. Se dice de la persona que a corta edad muestra cualidades propias de edades más avanzadas. *Era un niño precoz.* **SIN.** Superdotado.
✎ Su plural es *precoces.*

predecesor, predecesora
(pre-de-ce-**sor**) sustantivo
1. Antecesor, antepasado. *Conserva la casa de sus predecesores.*

2. Persona que ocupó antes que otra un empleo o cargo. *Su predecesor en el cargo le informó de los problemas.* **SIN.** Antecesor.

predecir (pre-de-cir) verbo
Anunciar algo que va a suceder. *El servicio meteorológico predijo fuertes lluvias.* **SIN.** Pronosticar, presagiar, vaticinar, profetizar.

✎ Verbo irregular, se conjuga como *decir*, excepto en la segunda persona del singular del imperativo (*predice*). Su participio es irregular (*predicho*).

predicado
(pre-di-**ca**-do) sustantivo masculino
Lo que se dice del sujeto en una oración. *En la frase «Juan juega al fútbol», juega al fútbol es el predicado.*

predicar
(pre-di-**car**) verbo
Explicar lo que una religión enseña o aconsejar sobre cómo se debe obrar. *Predicó un sermón sobre la solidaridad.*

✎ Se conjuga como *abarcar*.

predicativo
(pre-di-ca-**ti**-vo) sustantivo masculino
Adjetivo que funciona, a la vez, como complemento del sujeto y del verbo. *En «el río baja turbio», turbio es predicativo.*

predilección
(pre-di-lec-**ción**) sustantivo femenino
Cariño especial que se tiene a una persona o cosa y no a otras. *Tiene predilección por el color amarillo.* **SIN.** Preferencia.

predominio
(pre-do-**mi**-nio) sustantivo masculino
Ventaja o superioridad que se tiene sobre una persona o cosa. *El equipo de casa tenía predominio en el juego.* **SIN.** Preponderancia, hegemonía.

preescolar (pre-es-co-**lar**) adjetivo
Se dice del período de la educación anterior a la enseñanza primaria. *Estaba en el primer año de preescolar.*

prefabricado, prefabricada
(pre-fa-bri-**ca**-do) adjetivo
Se dice de las construcciones que consisten solo en el acoplamiento y ajuste de sus piezas. *Compraron una casa prefabricada.*

preferencia
(pre-fe-**ren**-cia) sustantivo femenino
1. Ventaja o mayoría que una persona o cosa tiene sobre otra. *Tienen preferencia los que tengan invitación.* **SIN.** Prioridad, superioridad. **ANT.** Inferioridad.
2. Elección de una persona o cosa entre varias por tener una inclinación favorable o predilección hacia ella. *Tiene preferencia por su hija mayor.*

preferir (pre-fe-**rir**) verbo
Escoger o gustar más una persona o cosa entre varias. *Preferimos jugar al tenis.* **SIN.** Elegir, anteponer. **ANT.** Postergar, odiar.

✎ Verbo irregular, se conjuga como *sentir*.

prefijo (pre-**fi**-jo) sustantivo masculino
Se dice de la letra o grupo de ellas que se añade al principio de una palabra y cambia su significado. *El prefijo in hace que innoble sea lo contrario de noble.*

pregón (pre-**gón**) sustantivo masculino
1. Anuncio que se hace en voz alta y en lugares públicos, para que lo sepan todos. *El alguacil leyó su pregón en la plaza.*
2. Discurso que se realiza al comienzo de algunas fiestas. *El alcalde pronunció el pregón de las fiestas locales.*

pregonar (pre-go-**nar**) verbo
1. Anunciar a voces una mercancía que se vende o una información. *Los*

vendedores ambulantes pregonaban sus delicias. **SIN.** Vocear.

2. Decir lo que estaba oculto o debía callarse. *Nada más saberlo, lo pregonó por todo el barrio.*

pregunta (pre-gun-ta) sustantivo femenino

1. Lo que se dice a alguien para que responda lo que sabe. *Aunque la pregunta era sencilla, no supe contestarla.* **SIN.** Cuestión, interrogación. **ANT.** Respuesta.

2. Cada uno de los temas de un examen. *Nos puso dos preguntas.*

preguntar (pre-gun-tar) verbo

1. Hacer preguntas. *Me ha preguntado dónde está la biblioteca.* **SIN.** Interrogar. **ANT.** Contestar, responder.

2. Exponer algo en forma de interrogación para indicar duda o para dar a entender que se cree imposible o absurda la pregunta. *Me preguntaba si aquello no sería otra de sus invenciones.*

prehistoria

(pre-his-to-ria) sustantivo femenino

Período de la vida del ser humano anterior a la escritura. *Se especializó en prehistoria.*

prejuicio (pre-jui-cio) sustantivo masculino

Juicio negativo que se tiene de algo o alguien sin conocerlo bien. *Era una persona con muchos prejuicios hacia los extranjeros.*

prematuro, prematura

(pre-ma-tu-ro) adjetivo

1. Que ocurre antes de tiempo. *No hagas juicios prematuros, no sea que te equivoques.*

2. Se dice del niño que nace antes del tiempo normal de duración del embarazo. *El bebé estaba en la incubadora porque había sido prematuro.*

premiar (pre-miar) verbo

Dar una cosa a alguien por haber hecho algo bien. *El dibujo sobre las aves*

fue premiado con un viaje. **SIN.** Recompensar. **ANT.** Castigar, sancionar.

✎ Se conjuga como *cambiar.*

premio (pre-mio) sustantivo masculino

1. Recompensa o dinero que se da por haber hecho algo bueno o para pagar un servicio. *Ganó el segundo premio del concurso de pintura.* **SIN.** Galardón.

2. Cantidad de dinero que se gana en una lotería. *Le tocó el premio gordo en la lotería de Navidad.*

prenda (pren-da) sustantivo femenino

1. Cosa valiosa que se da como garantía de que se cumplirá una obligación. *Dejó el reloj en prenda de que pagaría su deuda.*

2. Cualquiera de las partes que componen el vestido y calzado. *Este detergente es especial para lavar las prendas de lana delicadas.* **SIN.** Ropa, trapo.

prendarse (pren-dar-se) verbo

Enamorarse de una persona o cosa. *Se prendó de él por su alegría y su buen corazón.* **SIN.** Encariñarse. **ANT.** Desengañarse.

prendedor

(pren-de-dor) sustantivo masculino

Broche usado para sujetar el pelo, una prenda de vestir, etc. *Llevaba un prendedor de concha en el pelo.*

prender (pren-der) verbo

1. Sujetar una cosa o engancharse una cosa en otra. *Prendió provisionalmente el botón con unas puntadas.* **ANT.** Soltar.

2. Meter a alguien en la cárcel por un delito cometido. *Lo prendieron cuatro años después de haber cometido el robo.* **SIN.** Capturar, aprisionar. **ANT.** Soltar, liberar.

3. Encender el fuego o la luz. *Prende la lumbre.*

4. Echar raíces la planta en la tierra. *Prendieron todos los rosales.*

prensa (**pren**-sa) sustantivo femenino
1. Aparato que sirve para aplastar, comprimir o hacer más pequeño el volumen de algo. *Para obtener el aceite, hay que meter las aceitunas en la prensa.* **2.** Conjunto de los periódicos y las revistas, y de las personas que trabajan en ellos. *La prensa diaria se vende en los quioscos.*

preñada (pre-**ña**-da) adjetivo
Se dice de la mujer o hembra de un animal que espera un hijo. *La perrita estaba preñada.* **SIN.** Embarazada.

preocupación
(pre-o-cu-pa-**ción**) sustantivo femenino
Estado de nerviosismo y tristeza producido por un problema difícil de resolver o el temor a un posible mal. *El futuro es su mayor preocupación.* **SIN.** Intranquilidad **ANT.** Sosiego.

preocupar (pre-o-cu-**par**) verbo
Ponerse nervioso o triste por miedo a algo malo que puede suceder o por no saber cómo solucionar un problema. *Le preocupaba mucho el resultado de los análisis.* **SIN.** Intranquilizar.

preparación
(pre-pa-ra-**ción**) sustantivo femenino
Enseñanza que se recibe, plan que se piensa, orden en que se colocan las cosas, etc. para que alguien o algo esté dispuesto para realizar una cosa en el momento preciso. *Asistía a clases de preparación para el parto.*

preparar (pre-pa-**rar**) verbo
1. Poner una cosa en orden o a punto, para un fin o un uso. *Mi hermano ha preparado ya las maletas para el viaje.* **SIN.** Arreglar. **2.** Hacer capaz a una persona de realizar o soportar un hecho que se ha

de producir. *Ya lo habían ido preparando para la operación.* **3.** Hacer todo lo necesario para obtener un producto o resultado. *Prepararon la mezcla.* **4. prepararse** Adquirir los conocimientos, práctica, ánimo y experiencia necesarios para realizar una cosa. *Se había preparado concienzudamente para la prueba.*

preparativos
(pre-pa-ra-**ti**-vos) sustantivo masculino plural
Actos de preparación para una ceremonia o suceso. *Están haciendo los preparativos para la visita del presidente.*

preposición
(pre-po-si-**ción**) sustantivo femenino
Palabra que no tiene género, número ni conjugación, que indica la relación que hay entre las palabras que están delante y detrás de ella. *Las preposiciones españolas son: a, ante, bajo, cabe, con, contra, de, desde, durante, en, entre, hacia, hasta, mediante, para, por, según, sin, so, sobre, tras, versus y vía.*

presa (**pre**-sa) sustantivo femenino
1. Animal que puede ser cazado o pescado. *El cazador mostraba orgulloso su presa.* **2.** Muro grueso, que atraviesa un río, arroyo o canal, para detener el agua y conducirla fuera del cauce. *Construyeron una presa para encauzar el agua del río.*

presagio (pre-**sa**-gio) sustantivo masculino
1. Señal que anuncia un suceso futuro. *Las nubes traían presagios de tormenta.* **SIN.** Anuncio. **2.** Especie de adivinación de las cosas futuras por presentimientos o deducciones. *Sentía un mal presagio respecto a ese negocio.* **SIN.** Predicción, pronóstico.

prescindir (pres-cin-**dir**) verbo

No contar con una persona o cosa o renunciar a algo. *Prescindieron de su colaboración.* **SIN.** Descartar, excluir, evitar.

presencia

(pre-**sen**-cia) sustantivo femenino

1. Asistencia, acto de estar una persona en un sitio. *Todos contamos con tu presencia en el festival.* **ANT.** Ausencia.

2. Aspecto exterior de una persona. *Andrés tiene muy buena presencia.* **SIN.** Apariencia, pinta, planta.

presenciar (pre-sen-**ciar**) verbo

Estar en un lugar cuando ocurre un hecho importante. *Muchos alemanes presenciaron la caída del muro de Berlín.* **SIN.** Asistir, contemplar, observar.

✎ Se conjuga como *cambiar*.

presentador, presentadora

(pre-sen-ta-**dor**) sustantivo

Persona encargada de dirigir o presentar un espectáculo o un programa de radio o televisión. *Es una famosa presentadora de televisión.* **SIN.** Locutor, conductor.

presentar (pre-sen-**tar**) verbo

1. Poner una cosa ante alguien. *Presentaron sus grabados a un experto en arte para que los valorara.* **ANT.** Mostrar, exponer. **ANT.** Ocultar, encubrir.

2. Dar el nombre de una persona a otra que está en el mismo lugar, cuando no se conocen entre sí. *Nos presentó a sus amigos en la fiesta.*

3. Dar a conocer al público a una persona o cosa. *La próxima semana presenta su última película.*

4. Anunciar los distintos números de un espectáculo, decir quiénes son las personas que participan en un programa de televisión o radio, o explicar los temas que se van a tra-

tar. *Ese locutor es el que presenta el telediario del mediodía.*

5. Producirse un hecho inesperadamente. *Se nos presentaron varios imprevistos.*

6. presentarse Aparecer en un lugar. *Como siempre, se presentará cuando nadie lo espere.* **SIN.** Comparecer, acudir.

7. presentarse Ofrecerse voluntariamente para algo. *Se presentó al concurso de la radio.*

presente (pre-**sen**-te) adjetivo y sustantivo

1. Que está en un sitio. *No estuve presente cuando ocurrió.* **SIN.** Asistente. **ANT.** Ausente.

2. adjetivo Actual o que sucede en el momento en que se habla. *En el momento presente, no trabajo.* **SIN.** Reciente. **ANT.** Pasado, futuro.

3. sustantivo masculino Tiempo en que se está. *En el pasado había menos comodidades que en el presente.* **SIN.** Actualidad. **ANT.** Pasado, futuro.

4. sustantivo masculino Regalo. *Le llevaron un bonito presente al hospital.*

5. sustantivo masculino Tiempo del verbo que expresa la coincidencia de la acción con el momento en que se habla. *Hace es la tercera persona del singular del presente de indicativo del verbo hacer.*

presentimiento

(pre-sen-ti-**mien**-to) sustantivo masculino

Adivinación de lo que va a suceder por intuición. *Tenía el presentimiento de que iba a ocurrir algo extraordinario.* **SIN.** Corazonada.

presentir (pre-sen-**tir**) verbo

Adivinar con anticipación lo que va a suceder. *Presentí que se enfadaría.* **SIN.** Intuir, barruntar, presagiar.

✎ Verbo irregular, se conjuga como *sentir*.

preservar (pre-ser-**var**) verbo
Proteger de un daño o peligro. *Trata de preservar a su hijo del contagio.*

preservativo
(pre-ser-va-**ti**-vo) sustantivo masculino
Funda de goma con que se cubre el pene en el acto sexual para impedir el contagio de ciertas enfermedades y evitar tener hijos. *El uso del preservativo evita el embarazo.* **SIN.** Condón.

presidencia
(pre-si-**den**-cia) sustantivo femenino
Cargo de presidente y tiempo que se ocupa. *Alcanzó la presidencia después de unas disputadas elecciones.*

presidente, presidenta
(pre-si-**den**-te) sustantivo
Persona que dirige una empresa, organización, junta, país, etc. *Hablé con el presidente de la asociación de vecinos.*

presidio (pre-si-dio) sustantivo masculino
Cárcel donde cumplen sus penas las personas condenadas por algún delito. *El condenado fue conducido a presidio.* **SIN.** Penal.

presidir (pre-si-**dir**) verbo
Llevar la dirección o el mando en un acto, reunión, empresa, etc. *El alcalde preside el Ayuntamiento.* **SIN.** Dirigir, gobernar.

presión (pre-**sión**) sustantivo femenino
1. Acción de apretar o comprimir algo. *Haz un poco más de presión sobre el botón.*
2. Fuerza con que se amenaza a una persona o un grupo para que actúe de una forma concreta. *Aseguró que no aceptaría bajo ninguna presión.*

presionar (pre-sio-**nar**) verbo
1. Ejercer fuerza sobre alguna persona o cosa. *Presiona el botón del encendido para que funcione.* **SIN.** Comprimir, empujar.

2. Influir por la fuerza, con amenazas o de otra forma, sobre una persona, país, etc. *Le presionaban para que aceptara.* **SIN.** Coaccionar.

preso, presa (pre-so) adjetivo y sustantivo
Que permanece en prisión. *Estaba preso desde hacía dos años.* **SIN.** Prisionero, cautivo.

préstamo
(**prés**-ta-mo) sustantivo masculino
Dinero prestado. *Pidió un préstamo al banco para comprar la casa.*

prestar (pres-**tar**) verbo
1. Dejar algo a una persona para que lo use por un tiempo y lo devuelva. *Le devolví el dinero que me prestó.* **SIN.** Dejar. **ANT.** Devolver.
2. Dar u ofrecer algo. *Prestó sus servicios gratuitamente.*
3. prestarse Ofrecerse para algo. *Todos los vecinos se prestaron para apagar el incendio.*

prestidigitador, prestidigitadora
(pres-ti-di-gi-ta-**dor**) sustantivo
Artista que hace juegos de manos, magia o malabares para distraer al público. *El prestidigitador sacó un conejo del sombrero.*

prestigio (pres-**ti**-gio) sustantivo masculino
Buena fama que tiene una persona. *Es un cirujano de mucho prestigio.* **SIN.** Reputación.

presumir (pre-su-**mir**) verbo
Alabarse a sí mismo para que los demás admiren lo que es, tiene, sabe o hace. *Presume de que es muy guapo.* **SIN.** Jactarse.

presunto, presunta
(pre-**sun**-to) adjetivo
Se dice de lo que es muy posible, pero aún no se ha demostrado que sea cierto. *Detuvieron al presunto autor de los hechos.* **SIN.** Probable, supuesto.

presuntuoso, presuntuosa

(pre-sun-**tuo**-so) adjetivo

Se dice de la persona llena de orgullo, que desprecia a los demás. *Es un presuntuoso y se cree mejor que los demás.* **SIN.** Soberbio.

presupuesto

(pre-su-**pues**-to) sustantivo masculino

Cálculo anticipado del coste de algo. *Pidió a varios albañiles que le hicieran un presupuesto.*

pretender (pre-ten-**der**) verbo

Intentar lograr algo. *Pretende cruzar el Atlántico en solitario.* **SIN.** Aspirar, procurar. **ANT.** Renunciar.

pretendiente

(pre-ten-**dien**-te) adjetivo y sustantivo

1. Persona que desea y tiene posibilidades de lograr un puesto o meta. *Había varios pretendientes al cargo de director.*

2. sustantivo masculino Novio, prometido. *Les presentó a su pretendiente.*

pretérito, pretérita

(pre-**té**-ri-to) adjetivo

1. Se dice de lo que ya ha pasado o sucedido. *Se conocían desde épocas pretéritas.* **SIN.** Pasado.

2. Tiempo verbal que indica una acción pasada. *En español hay varios pretéritos.*

pretexto (pre-**tex**-to) sustantivo masculino

Motivo o causa con que se quiere justificar una cosa, o excusarse por no haberla realizado. *Llegó tarde, pero tenía un pretexto.* **SIN.** Excusa, disculpa.

prevenir (pre-ve-**nir**) verbo

1. Intentar evitar o impedir un daño o perjuicio que se piensa que puede suceder. *Con su actitud los previno de posibles daños.*

2. Advertir, informar o avisar a alguien de una cosa. *Te previne de que*

era una carretera muy peligrosa. **SIN.** Aconsejar, anunciar.

✎ Verbo irregular, se conjuga como *venir.*

prever (pre-**ver**) verbo

Conocer o suponer con anticipación lo que va a suceder y prepararse para ello. *Lo había previsto tal como sucedió.* **SIN.** Precaver, prevenir.

✎ Verbo irregular, se conjuga como *ver.* Su participio es *previsto.*

previo, previa (pre-vio) adjetivo

Anticipado, que va delante o que sucede primero. *Habló con él de los momentos previos al suceso.* **SIN.** Anterior, precedente. **ANT.** Posterior, pospuesto.

previsor, previsora

(pre-vi-**sor**) adjetivo y sustantivo

Que piensa en lo que puede suceder en el futuro y se prepara para ello. *Es una persona muy previsora.* **SIN.** Precavido, cauto, prudente. **ANT.** Imprudente.

previsto, prevista (pre-**vis**-to) adjetivo

Anticipado, anunciado con antelación. *Todo sucedió como estaba previsto.* **ANT.** Imprevisto.

primario, primaria (pri-**ma**-rio) adjetivo

1. Principal o primero en orden o grado. *Comer es una necesidad primaria.* **SIN.** Primordial.

2. educación primaria expresión En España, enseñanza dirigida a alumnos y alumnas con edades entre 6 y 12 años. *Estudio primero de educación primaria.*

primavera

(pri-ma-**ve**-ra) sustantivo femenino

Estación del año, que abarca desde el 21 de marzo al 21 de junio en el hemisferio norte, y desde el 23 de septiembre al 21 de diciembre en el sur. *En primavera florecen las plantas.*

primer (pri-**mer**) adjetivo
Forma breve de *primero* que se usa delante de los sustantivos masculinos en singular. *Enero es el primer mes del año.*

primero, primera
(pri-**me**-ro) adjetivo y sustantivo
1. Que va delante o sobresale entre todos los demás de su clase. *La primera persona que llegó tuvo que esperar al resto.* **ANT.** Último.
2. adverbio En primer lugar. *Comemos primero y paseamos después.*
3. a primeros expresión En los primeros días del mes. *Cobramos a primeros de mes.*
4. de primera expresión De gran calidad, que destaca entre los demás. *Son unas natillas de primera.*

primitivo, primitiva
(pri-mi-**ti**-vo) adjetivo
1. Primero en su línea, que no tiene ni toma origen de otra cosa. *El hombre primitivo vivía en las cavernas.* **SIN.** Primigenio.
2. Que pertenece a los orígenes de alguna cosa. *La primitiva estructura de la organización había cambiado mucho.* **SIN.** Original.
3. Sin educar o refinar, o que está poco desarrollado. *Sus modales son un poco primitivos.*

primo, prima (pri-mo) sustantivo
1. Hijo o hija de un tío o tía. *Se lleva muy bien con sus primos.*
2. Persona demasiado inocente y fácil de engañar. *Siempre está haciendo el primo, el pobre.* **SIN.** Incauto, simple.

primogénito, primogénita
(pri-mo-**gé**-ni-to) adjetivo y sustantivo
Se dice del hijo que nace primero. *Era la primogénita de la familia y cuidaba a sus hermanos menores.*

primor (pri-**mor**) sustantivo masculino
Destreza, habilidad, esmero en hacer o decir una cosa. *Las sábanas fueron bordadas con primor por mi abuela.* **SIN.** Cuidado, maestría. **ANT.** Descuido.

primordial (pri-mor-**dial**) adjetivo
Necesario o muy importante para algo. *Era primordial aclarar aquel asunto antes de continuar.* **SIN.** Básico, fundamental. **ANT.** Secundario.

principado
(prin-ci-**pa**-do) sustantivo masculino
Territorio o lugar gobernado por un príncipe o princesa. *Mónaco es un principado.*

principal (prin-ci-**pal**) adjetivo
1. Lo que se considera más importante y necesario. *El trabajo principal fue limpiar; ordenar las estanterías era secundario.* **SIN.** Fundamental, esencial. **ANT.** Accesorio.
2. Se dice del piso que se encuentra entre la planta baja o entresuelo y el primer piso de un edificio. *Vive en el piso principal.*

príncipe, princesa (**prín**-ci-pe) sustantivo
1. Hijo del rey, especialmente el heredero de su corona. *El rey envió al príncipe en visita oficial.*
2. Soberano de un principado. *El pueblo apreciaba mucho a su príncipe.*
3. Persona que está casada con un príncipe. *Letizia Ortiz es la princesa de Asturias.*
4. príncipe azul expresión Hombre ideal soñado por una mujer. *No existen los príncipes azules.*

principiante (prin-ci-**pian**-te) sustantivo
Que empieza a estudiar, o a practicar un arte o profesión. *Los veteranos se encargaban de enseñar a los principiantes.* **SIN.** Aprendiz, novato. **ANT.** Experto, maestro.
✎ Es igual en masculino y femenino.

principio (prin-**ci**-pio) sustantivo masculino
1. Primera parte de una cosa. *El principio de la novela me gustó más que el final.* **SIN.** Comienzo, inicio. **ANT.** Final.
2. Idea principal u origen de un pensamiento. *¿En qué principios se basa tu teoría?*
3. Causa primitiva u origen de una cosa. *Aquello fue el principio de un gran cambio.* **SIN.** Origen.
4. desde un principio expresión Desde el inicio de algo. *Desde un principio me di cuenta de que no triunfarías.*

pringar (prin-**gar**) verbo
1. Manchar, ensuciar. *Me pringué entera de salsa de tomate.*
2. pringarla expresión Hacer algo equivocado, estropear. *Siempre la estás pringando, a ver si espabilas.*
✎ Se conjuga como *ahogar*.

pringue (prin-gue) sustantivo masculino
Suciedad pegajosa producida por una sustancia grasienta. *No me toques con las manos llenas de pringue.*

prioridad (prio-ri-**dad**) sustantivo femenino
1. Anterioridad de una cosa respecto de otra en tiempo, orden o importancia. *Lo había anunciado con prioridad al hecho.* **SIN.** Precedencia.
2. Derecho a pasar antes que otro, principalmente los automóviles que circulan por la calle. *Quien viene por la derecha tiene prioridad.* **SIN.** Preferencia.

prisa (pri-sa) sustantivo femenino
1. Rapidez con que pasa o se hace una cosa. *Tenía tanta prisa, que ni se paró a saludarnos.* **SIN.** Celeridad, apresuramiento.
2. Ansia por conseguir una cosa pronto. *Tenía prisa por terminar el trabajo.* **SIN.** Urgencia, apremio.
3. darse prisa expresión Apresurarse. *Tengo que darme prisa para llegar.*

4. meter prisa expresión Hacer que una persona haga rápidamente algo. *No me metas prisa, que ya voy.*

prisión (pri-**sión**) sustantivo femenino
Cárcel o sitio donde se encierra a los presos. *Lo enviaron a prisión.*

prisionero, prisionera
(pri-sio-**ne**-ro) sustantivo
Persona que en la guerra cae en poder del enemigo o que ha sido encerrada en una prisión. *Caí prisionero en la guerra.* **SIN.** Cautivo, preso.

prisma (pris-ma) sustantivo masculino
1. Cuerpo sólido cuyas dos bases son paralelas e iguales, y tiene tantas caras como lados tenga cada base. *Dibuja un prisma.*
2. Punto de vista. *No mirábamos las cosas desde el mismo prisma.*

prismáticos
(pris-**má**-ti-cos) sustantivo masculino plural
Aparato formado por dos tubos unidos por los que se mira con ambos ojos, que hacen que se vean cercanos los objetos que están lejos. *Observé las aves con los prismáticos.*

privado, privada
(pri-**va**-do) adjetivo
1. Que se se realiza en secreto o ante muy pocas personas. *Fue una ceremonia privada.* **SIN.** Íntimo, particular. **ANT.** Público.
2. Que pertenece a una persona. *Utilizó su coche privado.* **SIN.** Particular, personal.
3. Que no pertenece al Estado. *Estudia en un colegio privado.* **ANT.** Público, estatal.

privar (pri-**var**) verbo
1. Quitar a alguien una cosa que tenía. *El insomnio priva del sueño a quien lo padece.* **ANT.** Dar.
2. Prohibir. *El medicó lo privó de varios alimentos.* **ANT.** Permitir.

3. privarse Dejar de forma voluntaria una cosa agradable o conveniente. *Se priva de los dulces para adelgazar.* **SIN.** Renunciar.

privilegio (pri-vi-**le**-gio) sustantivo masculino
Derecho u oportunidad que tiene
una persona de hacer o dejar de hacer una cosa que no está al alcance
de cualquiera. *Has tenido el privilegio
de que ese gran deportista te firmara un
autógrafo.* **SIN.** Ventaja.

pro sustantivo masculino
1. Provecho, beneficio. *He decidido
hacerlo porque eran más los pros que
los contras.*
2. en pro de expresión En favor de algo
o de alguien. *Lucha en pro de los niños
del Tercer Mundo.*

proa (**pro**-a) sustantivo femenino
Parte delantera de una embarcación.
Nos colocamos en la proa del barco.
ANT. Popa.

probabilidad
(pro-ba-bi-li-**dad**) sustantivo femenino
Posibilidad grande de que algo suceda. *Hay muchas probabilidades de que
te den el trabajo.* **ANT.** Imposibilidad,
improbabilidad.

probable (pro-**ba**-ble) adjetivo
Se dice de aquello que tiene posibilidades de que suceda. *Es probable que
llueva.* **ANT.** Improbable, increíble,
imposible.

probador (pro-ba-**dor**) sustantivo masculino
En las tiendas de ropa, lugar en que
los clientes se prueban los trajes o
vestidos. *Se cambió en el probador.*

probar (pro-**bar**) verbo
1. Examinar las cualidades de personas o cosas. *Ha probado su invento y
funciona bien.* **SIN.** Experimentar, ensayar.
2. Dar a conocer la verdad de una
cosa con razones, experimentos o

testigos. *La factura prueba que pagué la
cuenta.* **SIN.** Demostrar, justificar.
3. Tomar un poco de comida o bebida para conocer o comprobar su
sabor. *Prueba la salsa a ver si te gusta.*
SIN. Catar, degustar.
4. Hacer pruebas, experimentar o intentar una cosa. *Prueba a hacerlo sin
agarrarte.* **SIN.** Tratar.
✎ Verbo irregular, se conjuga como
contar.

probeta (pro-**be**-ta) sustantivo femenino
Tubo de ensayo que se utiliza en el laboratorio. *Utilizó una probeta graduada.*

problema (pro-**ble**-ma) sustantivo masculino
1. Cuestión o pregunta que se trata
de aclarar. *Tengo un problema: no sé si
pintar la cocina o el salón.* **SIN.** Incógnita, duda. **ANT.** Solución.
2. Conjunto de hechos o circunstancias que impiden hacer algo o lo difi-
cultan. *Encontrar vivienda en las grandes ciudades es un serio problema hoy
en día.* **SIN.** Dificultad, obstáculo.
3. En matemáticas, ejercicio que hay
que resolver a partir de unos datos.
Hice bien los problemas del examen.
4. Inconveniente, molestia. *No quería
causar problemas en su casa.*
5. Disgusto, preocupación. *Los problemas no me dejaban dormir.*

procedencia
(pro-ce-**den**-cia) sustantivo femenino
Origen o lugar de donde procede
una cosa. *Desconocían la procedencia
de su vecino.* **SIN.** Nacimiento, fuente.
ANT. Destino, fin.

proceder (pro-ce-**der**) verbo
1. Tener origen o nacer una cosa de
otra. *El vino procede de las uvas.* **SIN.**
Provenir, descender.
2. Actuar de determinada forma. *No
me gusta su manera de proceder.* **SIN.**
Conducirse.

3. sustantivo masculino Modo de portarse o de actuar. *Tu mal proceder no admite disculpa.* **SIN.** Comportamiento.

procesión (pro-ce-**sión**)

Desfile de personas por la calle, generalmente con un motivo religioso. *Me gusta ver las procesiones de Semana Santa.*

proceso

(pro-**ce**-so) sustantivo masculino

1. Conjunto de hechos que se siguen unos a otros, todos relacionados con la misma actividad. *Un método industrial para fabricar una sustancia o producto es un proceso.* **SIN.** Sucesión, transcurso, transformación, desarrollo.

2. Conjunto de diligencias judiciales de una causa. *Había gran expectación ante el comienzo del proceso.* **SIN.** Causa, juicio.

3. Término general que se aplica a cualquier operación que un ordenador o computadora lleva a cabo entre los datos. *Programó el proceso para que se hiciera por la noche.* **SIN.** Proceso de datos.

proclamar (pro-cla-**mar**) verbo

Anunciar algo públicamente. *El alcalde proclamó la noticia.* **SIN.** Divulgar, pregonar.

procrear (pro-cre-**ar**) verbo

Engendrar hijos los animales o las personas. *Procreó varios hijos.*

procurar (pro-cu-**rar**) verbo

Hacer lo posible para lograr lo que se desea. *Cuando acabe mis estudios, procuraré conseguir un trabajo.* **SIN.** Pretender, intentar.

prodigio (pro-**di**-gio) sustantivo masculino

1. Hecho o suceso sobrenatural. *Aseguraron que lo que habían visto era un prodigio.* **SIN.** Portento, maravilla, asombro, pasmo.

2. Lo que es especial o extraordinario. *Es un niño prodigio: ofrece conciertos desde los ocho años.*

prodigioso, prodigiosa

(pro-di-**gio**-so) adjetivo

Maravilloso, extraordinario y digno de admiración. *Tiene un talento prodigioso.* **SIN.** Portentoso, maravilloso. **ANT.** Vulgar.

producir (pro-du-**cir**) verbo

1. Dar vida o fruto. *Este manzano ha producido fruto por primera vez.* **SIN.** Generar.

2. Ser causa, originar. *La sequía fue producida por la falta de lluvias.* **SIN.** Causar, ocasionar.

3. Fabricar. *En esta fábrica se producen automóviles.* **SIN.** Elaborar, hacer. **ANT.** Deshacer, consumir.

✎ Verbo irregular, se conjuga como *conducir.*

producto

(pro-**duc**-to) sustantivo masculino

1. Mercancía que se vende, compra o utiliza. *Ese supermercado ofrece productos de calidad a muy buen precio.*

2. En matemáticas, cantidad resultante de una multiplicación. *El producto de 5 por 5 es 25.*

productor, productora

(pro-duc-**tor**) adjetivo y sustantivo

1. Que produce. *Es un país productor de vinos.*

2. sustantivo Persona o empresa que pone el dinero para pagar los gastos de producción de una película o de un disco. *Los derechos del disco los tiene la productora.*

proeza

(pro-**e**-za) sustantivo femenino

Acción heroica que exige valor. *Innumerables fueron las proezas del Cid Campeador.* **SIN.** Hazaña. **ANT.** Cobardía, timidez.

profanar (pro-fa-**nar**) verbo
Tratar una cosa sagrada o importante sin respeto. *Profanaron las tumbas de los faraones.*

profano, profana (pro-**fa**-no) adjetivo
1. Que no es sagrado ni sirve a usos sagrados. *Hablaban de cuestiones profanas, no religiosas.* **SIN.** Secular, laico. **ANT.** Religioso, devoto.
2. adjetivo y sustantivo Se dice de la persona que no tiene conocimientos de un tema. *Es un profano en la materia.* **SIN.** Ignorante. **ANT.** Conocedor.

profecía (pro-fe-**cí**-a) sustantivo femenino
Adivinación de un hecho futuro por inspiración o intuición. *El Niño Jesús nació y así se cumplieron las profecías.* **SIN.** Predicción.

profesión
(pro-fe-**sión**) sustantivo femenino
Trabajo que tiene una persona. *Mi vecino es carpintero de profesión.* **SIN.** Empleo, oficio.

profesional
(pro-fe-sio-**nal**) adjetivo
1. Que se refiere a la profesión. *Viaja por motivos profesionales.*
2. Se dice de lo que está hecho por profesionales y no por aficionados. *Realizaron un trabajo muy profesional.*
3. sustantivo Persona preparada para realizar un trabajo determinado. *Es un profesional de la electricidad.*

profesor, profesora
(pro-fe-**sor**) sustantivo
Persona que enseña unos conocimientos. *El profesor explicó la suma a sus alumnos.* **SIN.** Maestro, educador, instructor, monitor.

profeta (pro-**fe**-ta) sustantivo masculino
Persona que habla en nombre de Dios de cosas futuras. *Isaías y Ezequiel fueron profetas.*
✎ Su femenino es *profetisa*.

profundizar (pro-fun-di-**zar**) verbo
1. Cavar una cosa para hacerla más profunda. *Profundizaron más de un metro.* **SIN.** Ahondar.
2. Pensar con la mayor atención y examinar una cosa para conocerla mejor. *Deberías profundizar más en el tema.* **SIN.** Ahondar, indagar. **ANT.** Ignorar.
✎ Se conjuga como *abrazar*.

profundo, profunda
(pro-**fun**-do) adjetivo
1. Que tiene el fondo muy alejado de la superficie o boca. *El pozo es muy profundo, no podemos ver el fondo.* **SIN.** Hondo.
2. Muy vivo o intenso. *Tengo un sueño tan profundo que no me despierta el despertador.* **SIN.** Penetrante. **ANT.** Ligero.
3. Difícil de comprender. *Le gustaba hablar de temas profundos.*
4. Se dice de la persona que comprende ideas complicadas. *Es una persona muy profunda.*

programa (pro-**gra**-ma) sustantivo masculino
1. Anuncio de algo que se piensa hacer antes de realizarlo. *Presentó su programa electoral.* **SIN.** Proyecto.
2. Papel impreso que contiene este anuncio. *Estaban imprimiendo el programa de fiestas.*
3. Emisión de radio o televisión con un tema concreto. *Esa cadena emite buenos programas infantiles.*
4. Conjunto de instrucciones que hay que dar al ordenador para que realice una tarea determinada. *Usaremos el programa para planos de edificios.*

programar (pro-gra-**mar**) verbo
1. Preparar con adelanto las acciones para su realización. *Programó las actividades de la semana.* **SIN.** Planear, planificar.
2. Crear un programa informático codificando órdenes y datos para que

un ordenador o computadora realice determinadas tareas. *Marta va a programar varios aplicativos informáticos.*

progresar (pro-gre-**sar**) verbo

Hacer progresos o adelantos en algo. *La medicina ha progresado mucho en el último siglo.* **SIN.** Avanzar, adelantar, evolucionar.

progresista

(pro-gre-**sis**-ta) adjetivo y sustantivo

Se dice de la persona que apoya o favorece ideas muy avanzadas, porque cree que sirven para mejorar la vida de las personas en el mundo. *Es una persona de ideas progresistas.*

progresivo, progresiva

(pro-gre-**si**-vo) adjetivo

Que avanza de forma creciente y gradual. *Habrá un progresivo aumento de las temperaturas.*

progreso (pro-**gre**-so) sustantivo masculino

Avance o mejora en un tema o en un aspecto de la vida. *Para ese país el petróleo ha supuesto un progreso económico.* **SIN.** Desarrollo, perfeccionamiento. **ANT.** Retroceso, estancamiento.

prohibir (pro-hi-**bir**) verbo

Impedir usar o hacer una cosa. *Han prohibido bañarse en esta playa debido a la contaminación.* **SIN.** Negar. **ANT.** Permitir, dejar.

✎ Verbo irregular. Ver pág. 781.

prójimo, prójima (**pró**-ji-mo) sustantivo

Cualquier persona respecto de otra. *Debemos respetar al prójimo.* **SIN.** Semejante.

prólogo (**pró**-lo-go) sustantivo masculino

Escrito que se pone en las primeras páginas de un libro para presentar la obra o el autor. *En el prólogo explicaba la intención de aquel libro.* **SIN.** Prefacio.

prolongar (pro-lon-**gar**) verbo

1. Alargar o extender una cosa a lo largo. *Prolongaron la vía del ferrocarril.*

2. Extenderse algo en el tiempo más de lo normal. *El curso se prolongó diez días más.*

✎ Se conjuga como *ahogar.*

promesa (pro-**me**-sa) sustantivo femenino

1. Expresión de la intención de dar algo a alguien o hacer por él una cosa. *Hizo una promesa.*

2. Persona que tiene cualidades para triunfar en una actividad. *Es toda una promesa del fútbol.*

prometer (pro-me-**ter**) verbo

1. Obligarse a hacer, decir o dar una cosa. *Lo haré, porque te lo he prometido.* **SIN.** Asegurar, comprometerse, garantizar.

2. Asegurar la certeza de lo que se dice. *Te prometo que lo haré y siempre cumplo mis promesas.*

3. Mostrar una persona cualidades que pueden llevarle a triunfar. *Este chico promete.*

4. prometerse Otorgarse dos personas palabra de que van a casarse. *Ya se habían prometido, pero tuvieron que retrasar la boda.*

prometido, prometida

(pro-me-**ti**-do) sustantivo

Persona que va a casarse. *Eva nos presentó a su prometido.* **SIN.** Novio, novia.

promoción

(pro-mo-**ción**) sustantivo femenino

1. Conjunto de personas que estudian juntas o empiezan a trabajar al mismo tiempo en una carrera o profesión. *Me encontré con una compañera de promoción.*

2. Preparación de las condiciones adecuadas para dar a conocer un producto. *Es la encargada de la campaña de promoción del producto.*

promocionar (pro-mo-cio-**nar**) verbo

1. Hacer que algo o alguien mejore en su posición o categoría. *Organizaron un*

prohibir

MODO INDICATIVO		MODO SUBJUNTIVO	
Tiempos simples	Tiempos compuestos	Tiempos simples	Tiempos compuestos

Presente	**Pret. perf. compuesto / Antepresente**	**Presente**	**Pret. perf. compuesto / Antepresente**
prohíbo	he prohibido	prohíba	haya prohibido
prohíbes / prohibís	has prohibido	prohíbas	hayas prohibido
prohíbe	ha prohibido	prohíba	haya prohibido
prohibimos	hemos prohibido	prohibamos	hayamos prohibido
prohibís / prohíben	habéis prohibido	prohibáis / prohíban	hayáis prohibido
prohíben	han prohibido	prohíban	hayan prohibido

Pret. imperfecto / Copretérito	**Pret. pluscuamperfecto / Antecopretérito**	**Pret. imperfecto / Pretérito**	**Pret. pluscuamperfecto / Antepretérito**
prohibía	había prohibido	prohibiera o prohibiese	hubiera o hubiese prohibido
prohibías	habías prohibido	prohibieras o prohibieses	hubieras o hubieses prohibido
prohibía	había prohibido	prohibiera o prohibiese	hubiera o hubiese prohibido
prohibíamos	habíamos prohibido	prohibiéramos o prohibiésemos	hubiéramos o hubiésemos prohibido
prohibíais / prohibían	habíais prohibido	prohibierais o prohibieseis /	hubierais o hubieseis prohibido
prohibían	habían prohibido	prohibieran o prohibiesen	hubieran o hubiesen prohibido
		prohibieran o prohibiesen	

Pret. perf. simple / Pretérito	**Pret. anterior / Antepretérito**		
prohibí	hube prohibido		
prohibiste	hubiste prohibido		
prohibió	hubo prohibido		
prohibimos	hubimos prohibido		
prohibisteis / prohibieron	hubisteis prohibido		
prohibieron	hubieron prohibido		

Futuro simple / Futuro	**Futuro compuesto / Antefuturo**
prohibiere	hubiere prohibido
prohibires	hubieres prohibido
prohibiere	hubiere prohibido
prohibiéremos	hubiéremos prohibido
prohibiereis / prohibieren	hubiereis prohibido
prohibieren	hubieren prohibido

Futuro simple / Futuro	**Futuro compuesto / Antefuturo**
prohibiré	habré prohibido
prohibirás	habrás prohibido
prohibirá	habrá prohibido
prohibiremos	habremos prohibido
prohibiréis / prohibirán	habréis prohibido
prohibirán	habrán prohibido

MODO IMPERATIVO

prohíbe (tú) / prohibí (vos) / prohíba (usted)
prohibid (vosotros)
prohíban (ustedes)

Condicional simple / Pospretérito	**Condicional compuesto / Antepospretérito**
prohibiría	habría prohibido
prohibirías	habrías prohibido
prohibiría	habría prohibido
prohibiríamos	habríamos prohibido
prohibiríais / prohibirían	habríais prohibido
prohibirían	habrían prohibido

FORMAS NO PERSONALES

Infinitivo	**Infinitivo compuesto**
prohibir	haber prohibido
Gerundio	**Gerundio compuesto**
prohibiendo	habiendo prohibido
Participio	
prohibido	

pronombres

FORMAS DE LOS PRONOMBRES PERSONALES ÁTONOS				
PERSONA GRAMATICAL			Singular	Plural
1.ª persona			me	nos
2.ª persona			te	os
3.ª persona	complemento directo	masc.	lo (también **le**)	los
		fem.	la	las
	complemento directo o atributo	neutro	lo	–
	complemento indirecto		le (o **se** ante otro pron. átono; → **se, la**)	le (o **se** ante otro pron. átono; → **se, la**)
	forma reflexiva		se	

FORMAS DE LOS PRONOMBRES PERSONALES TÓNICOS							
PERSONA GRAMATICAL			Singular		Plural		
1.ª persona	sujeto o atributo		yo		nosotros / as		
	término de preposición		mí (conmigo)				
2.ª persona	sujeto o atributo		tú, vos		vosotros / as		
	término de preposición		ti (contigo), vos				
3.ª persona	sujeto o atributo	masc.	él	usted	ellos	ustedes	
		fem.	ella		ellas		
	sujeto	neutro	ello		–		
	término de preposición	masc.	él	usted	ellos	ustedes	
		fem.	ella		ellas		
		neutro	ello		–		
	término de preposición exclusivamente reflexivo		sí (consigo)				

PRONOMBRES DEMOSTRATIVOS: Indican lugar				
		Cerca del hablante	Cerca del oyente	Lejos de los dos
Singular	Masculino	este	ese	aquel
	Femenino	esta	esa	aquella
Plural	Masculino	estos	esos	aquellos
	Femenino	estas	esas	aquellas
PRONOMBRES POSESIVOS: Indican posesión				
		Un solo poseedor	Varios poseedores	
Singular	Masculino	mío-tuyo-suyo	nuestro-vuestro-suyo	
	Femenino	mía-tuya-suya	nuestra-vuestra-suya	
Plural	Masculino	míos-tuyos-suyos	nuestros-vuestros-suyos	
	Femenino	mías-tuyas-suyas	nuestras-vuestras-suyas	

curso para promocionar al personal de la empresa.

2. Dar a conocer un nuevo producto o aumentar las ventas de uno ya existente, mediante una adecuada campaña publicitaria. *Van a lanzar una campaña de publicidad para promocionar los nuevos productos.*

promover (pro-mo-ver) verbo

Iniciar o adelantar una cosa para que se realice. *El presidente promovió la creación de esa sociedad.*

✎ Verbo irregular, se conjuga como *mover*.

promulgar (pro-mul-gar) verbo

Publicar formalmente una ley. *El Gobierno ha promulgado un nuevo decreto.* **ANT.** Derogar.

✎ Se conjuga como *ahogar*.

pronombre

(pro-nom-bre) sustantivo masculino

Clase de palabras que sustituyen a un sustantivo, lo determinan y hacen sus funciones. *Hay muchos tipos de pronombres: personales, numerales, relativos, posesivos, interrogativos, etc.*

pronosticar (pro-nos-ti-car) verbo

Conocer por algunos indicios lo futuro, y manifestar este conocimiento. *Pronosticó que empatarían el partido.* **SIN.** Predecir.

✎ Se conjuga como *abarcar*.

pronóstico

(pro-nós-ti-co) sustantivo masculino

1. Anuncio de lo que va a suceder en el futuro. *Escuchamos el pronóstico del tiempo para la próxima semana.*

2. Conclusiones acerca del desarrollo futuro de una enfermedad a las que llega un médico después de examinar a un paciente. *Su pronóstico era muy grave.*

pronto, pronta (pron-to) adjetivo

1. Veloz, rápido. *Desearon al enfermo un pronto restablecimiento.* **SIN.** Rápido, presto, acelerado.

2. sustantivo masculino Acción o actitud repentina o inesperada. *Le dan unos prontos muy raros.* **SIN.** Arrebato, arranque, salida.

3. adverbio En poco tiempo o antes de lo debido. *Ven pronto, tengo muchísima prisa.*

4. de pronto expresión De repente. *Se echó a llorar de pronto.*

pronunciar (pro-nun-ciar) verbo

1. Emitir los sonidos para hablar. *Pronuncia unas palabras.* **SIN.** Proferir, decir, deletrear.

2. pronunciarse Decir en público una opinión. *No quiso pronunciarse sobre el tema.*

✎ Se conjuga como *cambiar*.

propaganda

(pro-pa-gan-da) sustantivo femenino

Publicidad, difusión de algún mensaje, producto o imagen. *Han hecho mucha propaganda del libro para vender más ejemplares.* **SIN.** Divulgación, publicidad.

propagar (pro-pa-gar) verbo

1. Multiplicarse los seres vivos y reproducirse. *El fuego se propaga rápidamente.*

2. Extenderse o aumentar una cosa. *La epidemia se propagó a las regiones vecinas.*

3. Extender el conocimiento de una cosa o la afición a ella. *La noticia se propagó por toda la zona.*

✎ Se conjuga como *ahogar*.

propiedad (pro-pie-dad) sustantivo femenino

1. Posesión que se tiene sobre una cosa y aquello mismo que se posee. *El parque es propiedad de todos.* **SIN.** Pertenencia.

2. Cualidad propia de una persona o cosa. *El imán tiene la propiedad de atraer al hierro y otros metales.* **SIN.** Característica.

propietario, propietaria

(pro-pie-ta-rio) adjetivo y sustantivo

Que posee una cosa. *Habló con el propietario del local para hacer allí la fiesta.* **SIN.** Dueño, amo.

propina (pro-**pi**-na) sustantivo femenino

Cantidad de dinero que los padres dan a sus hijos para sus gastos, o que se paga voluntariamente por encima del precio para agradecer un buen servicio. *Se gastó casi toda la propina del fin de semana en cromos.*

propio, propia (pro-pio) adjetivo

1. Que pertenece a alguien. *Tiene coche propio.*

2. Característico o peculiar de una persona o cosa. *Esa forma de actuar es propia de él.* **SIN.** Específico. **ANT.** General.

3. Conveniente y adecuado. *Ese vestido no es propio para el acto.* **SIN.** Oportuno.

4. Se usa para insistir en quién es el que hace o dice una cosa. *Lo hizo el propio rey.* **SIN.** Mismo.

proponer (pro-po-**ner**) verbo

1. Explicar una cosa a alguien para que la sepa o sugerir una cosa para que la haga. *Te propongo ir a ver una película de risa, ¿qué opinas?* **SIN.** Sugerir, plantear. **ANT.** Aceptar.

2. proponerse Decidir hacer o no una cosa. *Me he propuesto hacer ejercicio cada día.* **SIN.** Intentar, procurar, empeñarse.

✎ Verbo irregular, se conjuga como *poner*. Su participio es *propuesto*.

proporción (pro-por-**ción**) sustantivo femenino

1. Correspondencia debida de las partes de una cosa con el todo o entre cosas relacionadas entre sí. *Las piernas de esa escultura no guardan proporción con el tamaño del cuerpo.* **SIN.** Relación, armonía. **ANT.** Desproporción.

2. sustantivo femenino plural Tamaño de un objeto. *Las proporciones de la estatua eran gigantescas.*

proporcionar (pro-por-cio-**nar**) verbo

Entregar o poner a disposición de alguien lo que necesita o le conviene. *Le proporcionó todo lo necesario para el viaje.*

proposición

(pro-po-si-**ción**) sustantivo femenino

Sugerencia u oferta de alguna cosa. *No estaba mal la proposición, pero voy a rechazarla.* **SIN.** Propuesta.

propósito (pro-**pó**-si-to) sustantivo masculino

1. Intención de hacer o de no hacer una cosa. *Tenía el firme propósito de dejar de fumar.*

2. Motivo por el que se hace algo. *Lo hizo con el propósito de facilitarle las cosas.* **SIN.** Fin.

propuesta (pro-**pues**-ta) sustantivo femenino

Proposición u ofrecimiento que se manifiesta a alguien. *Le hicieron buenas propuestas.*

propulsar (pro-pul-**sar**) verbo

Empujar hacia delante. *Propulsaron el cohete.* **SIN.** Impulsar.

prórroga (**pró**-rro-ga) sustantivo femenino

Continuación de una cosa por un tiempo fijado. *El partido se decidió en la prórroga.* **SIN.** Plazo.

prosa (**pro**-sa) sustantivo femenino

Forma normal del lenguaje, sin ritmo fijo ni rima, como la poesía. *Le gusta escribir en prosa.*

proseguir (pro-se-**guir**) verbo

Seguir, continuar lo que se tenía empezado. *Prosigue con el trabajo.* **SIN.** Avanzar. **ANT.** Interrumpir.

✎ Verbo irregular, se conjuga como *pedir*. Se escribe -*g*- en vez de -*gu*- seguido de -*a* y -*o*, como en *prosiga* o *prosigo*.

prospecto

(pros-**pec**-to) sustantivo masculino

Exposición o anuncio breve de algo en un papel o folleto, que explica su funcionamiento. *Leyó el prospecto del jarabe.*

prosperar (pros-pe-**rar**) verbo

1. Tener importancia creciente una cosa. *Económicamente, la región ha prosperado mucho.* **SIN.** Adelantar.

2. Progresar, salir adelante. *Gracias a su apoyo, la propuesta prosperó.* **ANT.** Fracasar, arruinarse.

próspero, próspera (**prós**-pe-ro) adjetivo
Favorable, propicio. *Te deseo un futuro muy próspero.* **SIN.** Rico, floreciente. **ANT.** Desgraciado.

prostitución
(pros-ti-tu-**ción**) sustantivo femenino
Actividad que realiza la persona que mantiene relaciones sexuales a cambio de dinero. *Se dedicaba a la prostitución porque no tenía papeles.*

prostituto, prostituta
(pros-ti-**tu**-to) sustantivo
Persona que mantiene relaciones sexuales a cambio de dinero. *Los prostitutos y prostitutas pedían medidas de seguridad.* **SIN.** Puta, puto.

protagonista
(pro-ta-go-**nis**-ta) sustantivo
Personaje principal de un libro, película u obra de teatro, o de cualquier suceso. *El protagonista de su novela es un niño que se va a vivir al campo.*

protección (pro-tec-**ción**) sustantivo femenino
Defensa de una persona, animal o cosa ante un peligro. *La Policía se encarga de la protección de los ciudadanos.* **SIN.** Auxilio, apoyo.

proteger (pro-te-**ger**) verbo
Defender a una persona, animal o cosa de un posible peligro. *El tejado de la casa nos protege de la lluvia.* **SIN.** Respaldar, amparar. **ANT.** Desamparar, desproteger.
✎ Verbo con irregularidad ortográfica. Ver pág. 786.

proteína (pro-te-**í**-na) sustantivo femenino
Sustancia fundamental en la composición de las células de los seres vivos. *Es importante tomar alimentos con proteínas.*

prótesis (**pró**-te-sis) sustantivo femenino
Aparato que hace las veces de un órgano del cuerpo que no se tiene. *Su cuerpo aceptó bien la prótesis de la pierna mutilada.*
✎ Es igual en plural y en singular.

protestar (pro-tes-**tar**) verbo
Manifestar desacuerdo por algo. *Protestó por la nota que le habían puesto.* **SIN.** Oponerse, refutar. **ANT.** Aceptar, someterse.

protocolo (pro-to-**co**-lo) sustantivo masculino
Modo en que está previsto que se realice una ceremonia solemne. *En la visita del presidente, se siguió el protocolo habitual.*

prototipo (pro-to-**ti**-po) sustantivo masculino
1. Original de una figura u otra cosa, que sirve como modelo para hacer otras. *Nos enseñaron el prototipo de su producto estrella.* **SIN.** Norma, patrón.
2. El más perfecto ejemplo de alguna cosa. *Lo consideraban el prototipo de belleza masculina.*

provecho (pro-**ve**-cho) sustantivo masculino
1. Beneficio o utilidad que se obtiene de alguna cosa. *Sacó buen provecho con la venta del ganado.*
2. de provecho expresión Se dice de la persona o cosa útil para lo que se desea o intenta. *Estudia, para ser una mujer de provecho.*

proveer (pro-ve-**er**) verbo
Preparar por anticipado todas las cosas necesarias para un fin. *Los materiales se los provee una fábrica alemana.* **SIN.** Suministrar(se).
✎ Verbo irregular, se conjuga como *leer*. Tiene dos participios: *proveído* y *provisto*.

provenir (pro-ve-**nir**) verbo
Proceder una cosa de otra o de algún lugar. *La madera proviene del árbol.*
✎ Verbo irregular, se conjuga como *venir*.

proverbio
(pro-**ver**-bio) sustantivo masculino
Refrán. *Mi abuela sabe muchos proverbios y refranes.*

proteger

MODO INDICATIVO		MODO SUBJUNTIVO	
Tiempos simples	Tiempos compuestos	Tiempos simples	Tiempos compuestos
Presente	**Pret. perf. compuesto / Antepresente**	**Presente**	**Pret. perf. compuesto / Antepresente**
protejo	he protegido	proteja	haya protegido
proteges / protegés	has protegido	protejas	hayas protegido
protege	ha protegido	proteja	haya protegido
protegemos	hemos protegido	protejamos	hayamos protegido
protegéis / protegen	habéis protegido	protejáis / protejan	hayáis protegido
protegen	han protegido	protejan	hayan protegido
Pret. imperfecto / Copretérito	**Pret. pluscuamperfecto / Antecopretérito**	**Pret. imperfecto / Pretérito**	**Pret. pluscuamperfecto / Antepretérito**
protegía	había protegido	protegiera o protegiese	hubiera o hubiese protegido
protegías	habías protegido	protegieras o protegieses	hubieras o hubieses protegido
protegía	había protegido	protegiera o protegiese	hubiera o hubiese protegido
protegíamos	habíamos protegido	protegiéramos o protegiésemos	hubiéramos o hubiésemos protegido
protegíais / protegían	habíais protegido	protegierais o protegieseis /	hubierais o hubieseis protegido
protegían	habían protegido	protegieran o protegiesen	hubieran o hubiesen protegido
		protegieran o protegiesen	
Pret. perf. simple / Pretérito	**Pret. anterior / Antepretérito**	**Futuro simple / Futuro**	**Futuro compuesto / Antefuturo**
protegí	hube protegido	protegiere	hubiere protegido
protegiste	hubiste protegido	protegieres	hubieres protegido
protegió	hubo protegido	protegiere	hubiere protegido
protegimos	hubimos protegido	protegiéremos	hubiéremos protegido
protegisteis / protegieron	hubisteis protegido	protegiereis / protegieren	hubiereis protegido
protegieron	hubieron protegido	protegieren	hubieren protegido
Futuro simple / Futuro	**Futuro compuesto / Antefuturo**	**MODO IMPERATIVO**	
protegeré	habré protegido	protege (tú) / protegé (vos) / proteja (usted)	
protegerás	habrás protegido	proteged (vosotros)	
protegerá	habrá protegido	protejan (ustedes)	
protegeremos	habremos protegido		
protegeréis / protegerán	habréis protegido		
protegerán	habrán protegido		
Condicional simple / Pospretérito	**Condicional compuesto / Antepospretérito**	**FORMAS NO PERSONALES**	
protegería	habría protegido	**Infinitivo** proteger	**Infinitivo compuesto** haber protegido
protegerías	habrías protegido		
protegería	habría protegido	**Gerundio** protegiendo	**Gerundio compuesto** habiendo protegido
protegeríamos	habríamos protegido		
protegeríais / protegerían	habríais protegido	**Participio** protegido	
protegerían	habrían protegido		

786

provincia

(pro-**vin**-cia) sustantivo femenino

Cada una de las grandes divisiones de un país o Estado. *Tarapacá es una provincia de Chile.*

provisional (pro-vi-sio-**nal**) adjetivo

Dispuesto o mandado solo por un tiempo, no para siempre. *Hicieron una pasarela provisional.*

provisiones

(pro-vi-**sio**-nes) sustantivo femenino plural

Conjunto de los alimentos que se llevan en un viaje o se tienen en un lugar. *Tenían provisiones para un día.*

provocar (pro-vo-**car**) verbo

1. Ser la causa de algo. *Un cigarrillo sin apagar provocó el incendio.*

2. Irritar a alguien con palabras u obras para que se enfade. *Trata de provocarme con sus insultos.*

✎ Se conjuga como *abarcar.*

proximidad

(pro-xi-mi-**dad**) sustantivo femenino

Cercanía en el tiempo o en el espacio. *Estaba nerviosa ante la proximidad del acontecimiento.* **SIN.** Vecindad. **ANT.** Lejanía.

próximo (**pró**-xi-mo) adjetivo

Que está cerca en el espacio o en el tiempo. *La casa está próxima al mar.* **SIN.** Cercano, vecino, contiguo. **ANT.** Alejado, lejano.

proyectar

(pro-yec-**tar**) verbo

1. Lanzar una cosa de manera que recorra cierta distancia. *Proyectó la flecha e hizo diana.* **SIN.** Arrojar, despedir, impulsar.

2. Idear, hacer un plan. *Proyectan boicotear la reunión.* **SIN.** Planear, planificar, urdir, tramar.

3. Hacer visible una imagen sobre una superficie o pantalla. *Proyectaron la película sobre una pared blanca.*

proyectil

(pro-yec-**til**) sustantivo masculino

Cualquier cuerpo que se puede lanzar, en especial el que se dispara con un arma de fuego. *Los proyectiles utilizados eran balas de pequeño calibre.*

proyecto (pro-**yec**-to) sustantivo masculino

1. Intención o pensamiento de hacer algo. *Teníamos el proyecto de ir a Londres.* **SIN.** Idea, plan.

2. Conjunto de escritos, cálculos y dibujos que se hacen para dar idea de la realización y coste de una obra.*Mañana será la presentación del proyecto del edificio.*

proyector

(pro-yec-**tor**) sustantivo masculino

Aparato para proyectar películas cinematográficas o diapositivas en una pantalla. *Compramos un proyector para la clase.*

prudencia (pru-**den**-cia) sustantivo femenino

Sensatez y moderación en la forma de obrar. *Hay que conducir con mucha prudencia.* **SIN.** Equilibrio, cordura. **ANT.** Imprudencia, insensatez, irreflexión.

prudente (pru-**den**-te) adjetivo

Que piensa las cosas antes de hacerlas y actúa con prudencia. *No meterá la pata, es muy prudente.* **SIN.** Sensato. **ANT.** Imprudente.

prueba (**prue**-ba) sustantivo femenino

1. Acción de probar algo para ver cómo funciona o cómo queda. *Déjame hacer una prueba.*

2. Explicación o hecho con que se pretende hacer evidente la verdad o falsedad de una cosa. *Tenía pruebas suficientes para demostrar su inocencia.* **SIN.** Demostración, justificación.

3. Pequeña porción de un alimento.*Le dio un trozo de queso de prueba.*

4. Muestra de un texto, grabado, fotografía, etc. *La prueba de la foto salió un poco borrosa.*

5. Sufrimiento, desgracia. *La enfermedad fue una dolorosa prueba para él.*

psicología (psi-co-lo-**gí**-a) sustantivo femenino

1. Ciencia que estudia el comportamiento humano. *Tiene el Grado en Psicología.*

2. Manera de sentir o pensar de una persona. *Eso depende de la psicología de cada uno.*

✎ También *sicología*.

psiquiatría (psi-quia-**trí**-a) sustantivo femenino

Parte de la medicina que trata de las enfermedades mentales. *Hizo la especialidad de psiquiatría.*

✎ También *siquiatría*.

púa (**pú**-a) sustantivo femenino

1. Cuerpo delgado y rígido que acaba en punta aguda. *El puercoespín tienen el cuerpo cubierto de púas.* **SIN.** Aguijón.

2. Diente de un peine. *Este peine tiene las púas muy separadas.*

3. Pieza triangular que se usa para tocar la bandurria y otros instrumentos. *Puntea su guitarra con la púa.*

pubis (**pu**-bis) sustantivo masculino

Parte inferior del vientre, entre las piernas. *El pubis de las personas adultas está cubierto de vello.*

publicación (pu-bli-ca-**ción**) sustantivo femenino

1. Acción de publicar. *La publicación de la noticia había causado un gran revuelo.* **SIN.** Difusión, lanzamiento.

2. Libro, revista, periódico o cualquier otra obra impresa. *Es una publicación quincenal.*

publicar (pu-bli-**car**) verbo

1. Hacer que una cosa sea conocida por todos. *Lo publicaron en todos los periódicos.* **SIN.** Divulgar, difundir, propagar.

2. Imprimir y poner a la venta un periódico, libro, etc. *Acaba de publicar su última novela.*

✎ Se conjuga como *abarcar*.

publicidad (pu-bli-ci-**dad**) sustantivo femenino

Conjunto de medios usados para dar a conocer las cosas o los hechos a mucha gente. *Esa canción ha recibido una enorme publicidad en la radio.* **SIN.** Propaganda, divulgación.

publicitario, publicitaria (pu-bli-ci-**ta**-rio) adjetivo

Que se refiere a la publicidad utilizada para que las personas compren una cosa, voten por un partido, se convenzan de una idea, etc. *Vi un interesante reportaje sobre los anuncios publicitarios.*

público, pública (**pú**-bli-co) adjetivo

1. Visto o sabido por todo el mundo. *Es inútil que lo niegues, es de dominio público.* **SIN.** Evidente, notorio. **ANT.** Secreto.

2. Que es de todos o pertenece al Estado. *Las playas son públicas.* **ANT.** Privado, particular.

3. sustantivo masculino Conjunto de personas que se juntan en un lugar. *El público llenaba el teatro cada noche.* **SIN.** Audiencia.

puchero (pu-**che**-ro) sustantivo masculino

1. Vasija de barro o de otra materia, de panza abultada, cuello ancho y una sola asa junto a la boca, que sirve para cocinar. *Retira el puchero de la lumbre.* **SIN.** Cazuela, olla.

2. hacer pucheros expresión Gesto que se hace cuando se echa uno a llorar, de verdad o fingiendo. *Se fue del parque haciendo pucheros.*

pudor (pu-**dor**) sustantivo masculino

Vergüenza que se siente ante ciertas cosas. *No le gustaba alabarse a sí mismo por pudor.*

pudrir (pu-**drir**) verbo

Descomponerse una materia no mineral. *Las manzanas se pudrieron.* **SIN.** Corromper(se).

✎ Verbo irregular: el infinitivo puede ser *pudrir* o *podrir*. El participio es *podrido*. Presenta la alternancia *-u-/-o-* en las formas de raíz átona del presente de indicativo, en los pretéritos de indicativo y subjuntivo, en el futuro y el condicional de indicativo y en las formas del imperativo para *vos* y *vosotros*.

pueblo (pue-blo) sustantivo masculino

1. Población más pequeña que una ciudad. *Nací en un pequeño pueblo de la montaña.*

2. Conjunto de los habitantes de un lugar, región o país. *El pueblo americano es multirracial.* **SIN.** Población.

3. Gente normal de una población, sin poder. *Sus palabras iban siempre dirigidas al pueblo.*

puente (puen-te) sustantivo masculino

Construcción de cemento, madera, hierro, etc. sobre los ríos, fosos y otros sitios, para poder pasarlos. *El nuevo puente atraviesa la bahía.*

puerco, puerca (puer-co) sustantivo

1. Cerdo, animal. *En la granja, mis abuelos criaban gallinas y puercos.*

2. adjetivo y sustantivo Persona sucia o mal educada. *No seas puerco y lávate las manos.*

3. puercoespín sustantivo masculino Animal mamífero de pequeño tamaño con el cuerpo cubierto de púas. *El puercoespín se enrosca para defenderse.*

pueril (pue-ril) adjetivo

Que tiene un comportamiento infantil. *Su comportamiento fue un tanto pueril.* **ANT.** Maduro.

puerro (pue-rro) sustantivo masculino

Planta con bulbo en forma de cebolla alargada, con hojas planas, largas, estrechas y enteras. *Le gustan los puerros en ensalada.*

puerta (puer-ta) sustantivo femenino

Hueco abierto en la pared que va desde el suelo hasta una altura conveniente para que pase una persona; y sirve para impedir o permitir la entrada y salida. *La casa tiene dos puertas de entrada.*

puerto (puer-to) sustantivo masculino

1. Lugar en la costa, abrigado y seguro, donde se detienen los barcos para cargar y descargar mercancías, y embarcar y desembarcar pasajeros. *El puerto estaba lleno de barcos.* **SIN.** Muelle.

2. Paso estrecho entre montañas. *El puerto de Pajares está cerrado debido a la nieve desde el pasado fin de semana.* **SIN.** Desfiladero.

pues conjunción

Conjunción que expresa causa, motivo o razón. *No fui a clase, pues estaba enfermo.*

puesta (pues-ta) sustantivo femenino

1. Acción de ponerse un astro. *Fuimos a ver la puesta del sol.* **SIN.** Ocaso.

2. Huevos puestos por una gallina en un tiempo determinado. *Con ese pienso, la puesta de las gallinas había mejorado.*

puesto, puesta

(pues-to) adjetivo

1. Enterado, que tiene buen conocimiento sobre una materia o situación. *Está muy puesto en internet.*

2. sustantivo masculino Espacio que ocupa una persona o cosa. *No había ni un puesto libre.*

3. sustantivo masculino Tienda pequeña, por lo general ambulante. *Compré unos churros en un puesto de la feria.* **SIN.** Quiosco, barraca.

4. sustantivo masculino Empleo o cargo. *Solicitó el puesto que quedó libre en la tienda.*

5. puesto que expresión Expresa la causa, motivo o razón de algo. *No iré, puesto que no quieres que vaya.*

pulcro, pulcra (pul-cro) adjetivo

Aseado, que está arreglado y limpio. *Siempre iba muy pulcro y bien vestido.* **SIN.** Limpio. **ANT.** Sucio.

pulga (**pul**-ga) sustantivo femenino

Insecto parásito que vive de la sangre de otros animales. *El gato tenía pulgas y lo llevamos al veterinario.*

pulgar

(pul-**gar**) adjetivo y sustantivo masculino

Dedo primero y más grueso de la mano y el pie. *Se hizo daño en el pulgar.* **SIN.** Dedo gordo.

pulir (pu-**lir**) verbo

Alisar o dar brillo a una cosa. *Pule la tabla y después dale una capa de barniz.* **SIN.** Bruñir.

pulmón (pul-**món**) sustantivo masculino

1. Órgano de la respiración del ser humano y de muchos animales. Se sitúa en el pecho, es esponjoso y flexible, y se mueve al entrar o salir el aire. *El tabaco es perjudicial para los pulmones.*

2. Capacidad para emitir una voz fuerte. *Este niño tiene buenos pulmones, de mayor será cantante de ópera.* **SIN.** Energía, vigor.

pulmonía (pul-mo-**ní**-a) sustantivo femenino

Enfermedad que causa la inflamación de los pulmones. *Abrígate bien o pillarás una pulmonía.*

pulpa (**pul**-pa) sustantivo femenino

Parte blanda y carnosa de los frutos. *Utiliza toda la pulpa del melocotón para hacer mermelada.*

pulpo (**pul**-po) sustantivo masculino

Animal con ocho brazos llenos de ventosas, para adherirse a los objetos, cuya carne es muy sabrosa. *Tengo la receta del pulpo a la gallega.*

pulsar (pul-**sar**) verbo

1. Tocar, golpear presionando. *Pulsa el timbre.*

2. Latir el corazón. *El corazón le pulsaba muy deprisa.*

pulsera (pul-**se**-ra) sustantivo femenino

Adorno o joya que se lleva en la muñeca. *Le regalaron una pulsera con su nombre.*

pulso (**pul**-so) sustantivo masculino

1. Ritmo de la circulación sanguínea en las arterias, condicionado por la frecuencia de los latidos. *Tiene el pulso acelerado por haber corrido demasiado.*

2. Seguridad, firmeza en la mano para realizar un movimiento preciso con acierto. *No tengo buen pulso, tiemblo mucho.*

3. a pulso expresión Levantar o sostener una cosa haciendo fuerza con la muñeca y la mano, y sin apoyar el brazo en ninguna parte. *Levantó el sillón a pulso.*

pulverizar (pul-ve-ri-**zar**) verbo

1. Reducir a polvo una sustancia *La piedra se pulverizó.*

2. Destruir totalmente. *El terremoto pulverizó varios edificios.*

✎ Se conjuga como *abrazar.*

puma (**pu**-ma) sustantivo masculino

Animal mamífero de América, parecido al tigre, pero de pelo suave y rojizo o leonado. *Vio un puma en la llanura.*

punta (**pun**-ta) sustantivo femenino

1. Extremo agudo de un arma u otro instrumento con que se puede herir. *Se ha roto la punta del cuchillo.* **SIN.** Aguijón, pico.

2. Extremo de una cosa. *Vive en la otra punta de la ciudad.*

3. Clavo pequeño. *Sujetó las maderas con unas cuantas puntas.*

puntada (pun-**ta**-da) sustantivo femenino

Agujero hecho con la aguja en la tela u otra materia que se está cosiendo, para que pase el hilo. *Tendré que darle unas puntadas al babi.*

puntapié (pun-ta-**pié**) sustantivo masculino

Golpe dado con la punta del pie. *Se enfadó y le dio un puntapié.*

puntería (pun-te-**rí**-a) sustantivo femenino

Habilidad del tirador para dar en el blanco. *Tiene buena puntería.* **SIN.** Acierto, pulso, vista.

puntiagudo, puntiaguda
(pun-tia-**gu**-do) adjetivo
Que tiene fina la punta. *Tiene la nariz puntiaguda.*

puntilla (pun-ti-lla) sustantivo femenino
1. Cinta de encaje. *Las enaguas de mi abuela llevan una puntilla.*
2. de puntillas expresión Modo de andar, pisando solo con las puntas de los pies. *Pasó de puntillas para no hacer ruido.*

punto (pun-to) sustantivo masculino
1. Signo ortográfico (.) que señala el final de una oración. *Haz una pausa en el punto cuando leas.*
2. Señal muy pequeña y redondeada. *Dibuja un círculo y rellénalo de puntos.* **SIN.** Lunar, mota.
3. Modo de enlazar los hilos que forman algunos tejidos. *La chaqueta era de punto de arroz.*
4. Lugar o momento concretos. *No recordaba el punto exacto.*
5. Valor que, según el número que le corresponde, tiene cada carta de la baraja o cada una de las caras del dado. *En el tute, el as vale 11 puntos.* **SIN.** Tanto.
6. Unidad que se adopta para medir o calificar ciertos ejercicios. *Obtuvo 8 puntos sobre 10.*
7. Cada uno de los asuntos de que se habla. *Indicó los puntos que se iban a tratar en la reunión.* **SIN.** Tema.
8. Cada una de las puntadas que realiza el médico para cerrar una herida. *Mañana te quitarán los puntos.*
9. a punto expresión De la forma o en el momento necesarios o precisos. *Tiene la comida a punto.*
10. a punto de expresión Indica que algo va a producirse próximamente. *Estoy a punto de estallar.*
11. punto cardinal expresión Cada uno de los cuatro, Norte, Sur, Este y Oeste, que toman como referencia el movimiento

del Sol, y sirven para orientarse. *Se expandió por los cuatro puntos cardinales.*

puntuación
(pun-tua-**ción**) sustantivo femenino
1. Calificación de un ejercicio o examen. *Obtuvo poca puntuación en la prueba.* **SIN.** Nota.
2. Conjunto de reglas para colocar correctamente los signos ortográficos. *Debes estudiar las normas de puntuación para saber escribir correctamente.*

puntual (pun-**tual**) adjetivo
Exacto, que llega o se realiza a la hora o plazo previstos. *No llegará tarde, es muy puntual.*

puntuar (pun-tu-**ar**) verbo
1. Poner los signos ortográficos en un texto escrito. *Pon más cuidado al puntuar tus redacciones.*
2. Poner la nota en un examen. *Se quejaban de que el profesor puntuaba muy bajo.*
✎ Se conjuga como *actuar.*

punzón (pun-**zón**) sustantivo masculino
Instrumento de hierro de punta aguda para abrir agujeros y otros usos. *Hizo pequeños agujeros en la tela con el punzón.*

puñado (pu-**ña**-do) sustantivo masculino
Porción de cualquier cosa que se puede contener en el puño. *Echa un puñado de sal.*

puñal (pu-**ñal**) sustantivo masculino
Arma corta de acero que solo hiere de punta. *Le arrojó un puñal.*

puñetazo
(pu-ñe-**ta**-zo) sustantivo masculino
Golpe dado con el puño de la mano. *Lo tumbó de un puñetazo.*

puño (pu-**ño**) sustantivo masculino
1. Mano cerrada. *Dio un golpe en la puerta con el puño.*
2. Parte de las prendas de vestir que rodea la muñeca. *Tienes los puños de la camisa algo sucios.*

pupa (**pu**-pa) sustantivo femenino

1. Herida o postilla. *Le han salido pupas del frío.*

2. Palabra que usan los niños pequeños para indicar un dolor o herida. *El pobre niño se había hecho pupa al caerse.*

pupila (pu-**pi**-la) sustantivo femenino

Círculo negro en el centro del ojo, por donde penetra la luz. *Una luz fuerte hace que las pupilas se hagan más pequeñas.*

pupitre (pu-**pi**-tre) sustantivo masculino

Mueble de madera, con tapa en forma de plano inclinado, para escribir sobre él. *Encima del pupitre solo tenía el libro.*

puré (pu-**ré**) sustantivo masculino

Pasta de legumbres u otras cosas comestibles, cocidas y pasadas por un colador. *Preparó un puré de verduras.* **SIN.** Papilla.

pureza (pu-**re**-za) sustantivo femenino

Cualidad de lo que no tiene mezcla ni imperfección alguna. *Hicieron varias pruebas para comprobar la pureza de aquellas aguas.* **SIN.** Perfección, limpidez.

purgatorio (pur-ga-**to**-rio) sustantivo masculino

En la religión católica, lugar donde las almas de los que mueren sin pecados graves se purifican de sus culpas, para ir después al cielo. *Rezaban por las almas del purgatorio.*

purificar (pu-ri-fi-**car**) verbo

Quitar toda impureza de una cosa. *Purificaron las aguas.* **SIN.** Depurar.

✎ Se conjuga como *abarcar*.

puro, pura (**pu**-ro) adjetivo

1. Que no tiene mezcla ni imperfección. *Es agua pura, sin contaminar.* **SIN.** Limpio, purificado. **ANT.** Sucio, impuro.

2. Inocente y limpio. *Tenía un alma muy pura.* **ANT.** Impuro.

3. sustantivo masculino Cigarro hecho con hojas de tabaco enrolladas. *Se fumó un puro después de comer.*

púrpura (**púr**-pu-ra) sustantivo femenino

Color rojo fuerte que tira a morado. *El lazo era de color púrpura.*

pus sustantivo masculino

Líquido amarillento y espeso que se produce en determinadas infecciones. *La llaga estaba llena de pus.*

puto, puta (**pu**-to) sustantivo

Persona que realiza el acto sexual por dinero. *No tuvo más remedio que hacerse puta para ganarse la vida.* **SIN.** Prostituto.

puzle (**puz**-le) sustantivo masculino

Rompecabezas, juego que consiste en hacer que encajen las diferentes piezas hasta formar un dibujo. *Pasaron un buen rato entretenidos haciendo el puzle.*

q sustantivo femenino

Consonante número catorce del abecedario español. Su nombre es *cu*. *Quilla se escribe con q.*

✎ En español, solo se usa con dos vocales, la *e* y la *i*, con una *u* entre ambas (*que*, *qui*), y se pronuncia /ke/ y /ki/.

que pronombre

1. Se emplea, con o sin preposición o artículo, en algunas oraciones, sustituyendo al nombre de una cosa o persona que ya se conoce o ha sido nombrada. La palabra que va justo delante suele ser un sustantivo. A veces equivale a *el cual, la cual*, etc. *Le presté el libro que tú me diste.*

2. conjunción Se usa a veces para unir las distintas partes de una oración con más de un verbo. La palabra que va justo delante suele ser uno de los verbos. *Quería que yo colaborara.*

qué pronombre

1. Se usa para comenzar una pregunta. *¿Qué quieres? Dime qué es lo que quieres.*

2. Se usa para comenzar una frase que expresa sorpresa o se dice con énfasis expresivo. *¡Qué alegría!*

3. **¿qué tal?** expresión «¿Cómo estás?» o «¿cómo te va?». *Hola, ¿qué tal?*

4. **¿y qué?** expresión Expresión para indicar que lo dicho o hecho por otra persona no convence o no importa. *Vale, no te lo dije, ¿y qué?*

quebrado

(que-**bra**-do) adjetivo y sustantivo masculino

Se dice del número que expresa las partes en que se divide la unidad (denominador) y las partes que se toman de ella (numerador). *4/5 es un quebrado.*

quebrantahuesos

(que-bran-ta-**hue**-sos) sustantivo masculino

Ave rapaz grande que se alimenta de pequeños animales. *Vimos un nido de quebrantahuesos.*

✎ Es igual en plural y en singular.

quebrantar

(que-bran-**tar**) verbo

1. Incumplir una ley, obligación, acuerdo, etc. *Quebrantó la ley al saltarse el stop.* **SIN.** Infringir, transgredir, traspasar. **ANT.** Cumplir, satisfacer.

2. Partir, romper con violencia. *Quebrantó el jarrón en mil pedazos.* **SIN.** Fragmentar(se).

quebrar (que-**brar**) verbo

1. Tener que cerrar una empresa o negocio a causa del dinero perdido. *El negocio no quebrará mientras tengamos esos ingresos.* **SIN.** Arruinarse.

2. Romper, partir con violencia. *El espejo se quebró cuando lo golpeaste.* **SIN.** Resquebrajar(se).

✎ Verbo irregular, se conjuga como *acertar*.

quedar (que-**dar**) verbo

1. Ponerse de acuerdo para verse en un lugar a una hora. *Quedé con mi madre para comprar los regalos.*

2. No haberse terminado una parte de una cosa. *Todavía quedan pasteles de la fiesta.* **SIN.** Restar.

3. quedarse Pararse o permanecer en un lugar. *Se quedó en casa porque llovía y no quería mojarse.* **SIN.** Mantenerse. **ANT.** Irse, seguir.

4. quedar en expresión Llegar a un acuerdo. *Hemos quedado en vernos mañana.* **SIN.** Acordar, decidir.

5. quedarse con expresión Tomar una cosa de otra persona y no devolverla, o no dar lo que es de uno. *¿Quieres quedarte tú con los libros?* **SIN.** Apoderarse, apropiarse. **ANT.** Dar, devolver.

6. quedarse con alguien expresión Engañarle, burlarse de él. *Eso es imposible, ¿te estás quedando conmigo?*

quehacer (que-ha-**cer**) sustantivo masculino

Ocupación, trabajo que alguien tiene que realizar. *Estaba muy ocupado con los quehaceres de la casa.* **SIN.** Tarea, labor, faena. **ANT.** Desocupación, vagancia.

✎ Se usa más en plural.

queja (que-ja) sustantivo femenino

Lamento de dolor, pena o enfado, o protesta por algo con lo que no estamos de acuerdo. *A pesar del dolor, no le hemos oído ni una sola queja.* **SIN.** Quejido, reclamación. **ANT.** Risa, satisfacción.

quejarse (que-**jar**-se) verbo

1. Expresar el dolor o la pena que se siente. *Se quejaba de dolor muelas.* **SIN.** Lamentarse.

2. Manifestar una protesta, reclamar. *Nos quejamos de la injusticia.*

3. quejarse de vicio expresión Quejarse sin motivo alguno. *No le pasa nada, se queja de vicio.*

quejica (que-**ji**-ca) adjetivo y sustantivo

Que se queja demasiado y sin motivo. *Es un quejica, en realidad no le duele nada.* **SIN.** Llorón, protestón. **ANT.** Fuerte, valiente.

quejido (que-**ji**-do) sustantivo masculino

Voz lastimosa de dolor o pena. *Estaba muy apenado, pero no daba ni un quejido.* **SIN.** Lamento, queja. **ANT.** Risa, alegría, júbilo.

quemacocos

(que-ma-**co**-cos) sustantivo masculino

En algunos automóviles, ventanilla corredera situada en el techo, que permite la entrada de la luz y el aire. *Intentó instalar un quemacocos siguiendo las instrucciones, pero le resultó imposible.*

quemadura

(que-ma-**du**-ra) sustantivo femenino

Herida o cicatriz producida por el fuego o algo muy caliente en contacto con la piel. *Se hizo una quemadura con aceite hirviendo.* **SIN.** Ampolla.

quemar (que-**mar**) verbo

1. Consumir una cosa por medio del fuego. *Quemó los periódicos viejos en la hoguera.* **SIN.** Incendiar, calcinar. **ANT.** Apagar.

2. Calentar demasiado o estar demasiado caliente. *El sol quema mucho a estas horas de la tarde.* **SIN.** Achicharrar, abrasar, arder.

3. Causar dolor, hacer llaga o ampolla en la piel una cosa muy caliente. *No toques el fuego o te quemarás.* **SIN.** Escaldar(se).

4. quemarse Perder la paciencia, irritarse. *Nos quema que llegues tarde.* **SIN.** Enojar(se), alterar(se). **ANT.** Calmar(se).

querer (que-**rer**) verbo

1. Sentir amor o cariño por algo o alguien. *Quiere mucho a su hermano.* **SIN.** Amar. **ANT.** Odiar.

2. Tener deseo de poseer algo. *Quiere una bicicleta nueva.* **SIN.** Ambicionar, desear, apetecer. **ANT.** Despreciar, conformarse.
3. Tener deseo de hacer algo. *Este año quisiera sacar buenas notas y por eso estoy estudiando.* **SIN.** Proponerse. **ANT.** Desistir.
4. sustantivo masculino Cariño, amor. *Son las cosas del querer.* **SIN.** Afecto, ternura. **ANT.** Odio, hostilidad, desdén.
5. sin querer expresión Sin darse cuenta o sin desearlo. *Le di sin querer.*
✎ Verbo irregular. Ver pág. 796.

quesito (que-**si**-to) sustantivo masculino
Pequeño trozo de queso blando, envuelto y empaquetado. *Unté un quesito en el pan.*

queso (que-**so**) sustantivo masculino
1. Alimento sólido hecho con leche cuajada. *Pedimos una tabla de quesos variados.*
2. Pie de una persona. *Te huelen los quesos, a ver si te los lavas.*

quicio (**qui**-cio) sustantivo masculino
1. Parte de las puertas y ventanas en que se apoyan para girar. *Solo queda por pintar el quicio de la puerta.* **SIN.** Jamba.
2. Conjunto de dos o más escalones que suele haber en la puerta exterior de algunas casas para bajar a la calle. *Estaba sentado en el quicio de la puerta.*
3. sacar de quicio a alguien expresión Hacerle perder la paciencia *Me saca de quicio su ineptitud.*
4. sacar de quicio una cosa expresión Exagerarla. *Estás sacando de quicio las cosas, no fue eso lo que dijo.*

quiebra (**quie**-bra) sustantivo femenino
Pérdida grande en un negocio que obliga a su dueño a cerrarlo. *Su empresa está en quiebra.* **SIN.** Ruina, bancarrota. **ANT.** Auge.

quien pronombre relativo
1. Se usa para sustituir al nombre de una persona que ya se conoce o ha sido nombrada. Equivale a «la persona que». *Ella es quien está interesada en el negocio.* ✎ Su plural es *quienes.*
2. no ser quien expresión No tener una persona capacidad o habilidad suficientes para hacer una cosa o no ser la más adecuada para ello. *Tú no eres quien para reñirme.*
3. quien más y quien menos expresión Todo el mundo. *Quien más quien menos tiene alguien que le quiera.*

quién pronombre interrogativo
1. Se usa para comenzar una pregunta. *¿Quién te lo ha dicho?*
2. pronombre exclamativo Se usa para comenzar una frase que expresa sorpresa o se dice con énfasis expresivo. *¡Quién lo iba a decir!*

quienquiera
(quien-**quie**-ra) pronombre
Persona indeterminada. *Quienquiera que sea, que venga.*
✎ Delante del verbo suele ir con *que* (*quienquiera que*).

quieto, quieta (**quie**-to) adjetivo
Que no se mueve o que está tranquilo y sin hacer ruido. *Haré la foto cuando te quedes quieto.* **SIN.** Inmóvil, sosegado. **ANT.** Intranquilo.

quietud
(quie-**tud**) sustantivo femenino
Tranquilidad, falta de movimiento y ruido. *Admiraba la quietud del mar en calma.* **SIN.** Inmovilidad, sosiego, paz. **ANT.** Agitación, nerviosismo, movimiento.

quilla (**qui**-lla) sustantivo femenino
Pieza alargada que recorre el exterior del fondo de un barco de delante atrás. *La barca volcó al chocar la quilla con un peñasco.*

querer

MODO INDICATIVO		MODO SUBJUNTIVO	
Tiempos simples	Tiempos compuestos	Tiempos simples	Tiempos compuestos

Presente	**Pret. perf. compuesto / Antepresente**	**Presente**	**Pret. perf. compuesto / Antepresente**
quiero	he querido	quiera	haya querido
quieres / querés	has querido	quieras	hayas querido
quiere	ha querido	quiera	haya querido
queremos	hemos querido	queramos	hayamos querido
queréis / quieren	habéis querido	queráis / quieran	hayáis querido
quieren	han querido	quieran	hayan querido

Pret. imperfecto / Copretérito	**Pret. pluscuamperfecto / Antecopretérito**	**Pret. imperfecto / Pretérito**	**Pret. pluscuamperfecto / Antepretérito**
quería	había querido	quisiera o quisiese	hubiera o hubiese querido
querías	habías querido	quisieras o quisieses	hubieras o hubieses querido
quería	había querido	quisiera o quisiese	hubiera o hubiese querido
queríamos	habíamos querido	quisiéramos o quisiésemos	hubiéramos o hubiésemos querido
queríais / querían	habíais querido	quisierais o quisieseis / quisieran o quisiesen	hubierais o hubieseis querido
querían	habían querido	quisieran o quisiesen	hubieran o hubiesen querido

Pret. perf. simple / Pretérito	**Pret. anterior / Antepretérito**		
quise	hube querido		
quisiste	hubiste querido		
quiso	hubo querido		
quisimos	hubimos querido		
quisisteis / quisieron	hubisteis querido		
quisieron	hubieron querido		

		Futuro simple / Futuro	**Futuro compuesto / Antefuturo**
		quisiere	hubiere querido
		quisieres	hubieres querido
		quisiere	hubiere querido
		quisiéremos	hubiéremos querido
		quisiereis / quisiesen	hubiereis querido
		quisiesen	hubieren querido

Futuro simple / Futuro	**Futuro compuesto / Antefuturo**
querré	habré querido
querrás	habrás querido
querrá	habrá querido
querremos	habremos querido
querréis / querrán	habréis querido
querrán	habrán querido

MODO IMPERATIVO

quiere (tú) / queré (vos) / quiera (usted)
quered (vosotros)
quieran (ustedes)

Condicional simple / Pospretérito	**Condicional compuesto / Antepospretérito**
querría	habría querido
querrías	habrías querido
querría	habría querido
querríamos	habríamos querido
querríais / querrían	habríais querido
querrían	habrían querido

FORMAS NO PERSONALES

Infinitivo	**Infinitivo compuesto**
querer	haber querido
Gerundio	**Gerundio compuesto**
queriendo	habiendo querido
Participio	
querido	

quimera (qui-**me**-ra) sustantivo femenino
Cosa imaginada, idea falsa o sueño que se toma como real. *Paco se pasa el día pensando en quimeras irrealizables.* **SIN.** Utopía, fantasía, ilusión. **ANT.** Realidad, verdad.

químico, química (**quí**-mi-co) adjetivo
1. Que se refiere a la química. *No sabía aquella fórmula química.*
2. sustantivo Persona que se dedica a la química o es especialista en esta materia. *Es un buen químico.*
3. sustantivo femenino Ciencia que estudia de qué están hechas las sustancias, cómo se transforman y cómo influyen unas sobre otras. *Tiene una buena colección de libros de química.*

quimono (qui-**mo**-no) sustantivo masculino
Vestido largo japonés, con mangas largas y anchas. *Keiko llevaba puesto un quimono.* **SIN.** Bata.
✎ También *kimono*.

quinceañero, quinceañera
(quin-ce-a-**ñe**-ro) adjetivo y sustantivo
Que tiene quince años o esa edad aproximadamente. *Es una música para quinceañeros.* **SIN.** Chaval, muchacho, adolescente. **ANT.** Adulto, maduro.

quincena (quin-**ce**-na) sustantivo femenino
Período de tiempo de quince días seguidos. *La primera quincena de agosto voy a ver a mis abuelos.*

quiniela (qui-**nie**-la) sustantivo femenino
Juego que consiste en adivinar los resultados de una competición deportiva, y con el que se puede ganar mucho dinero. *Acertaron una quiniela de fútbol.*

quinqué (quin-**qué**) sustantivo masculino
Pequeña lámpara de aceite o de petróleo, formada por un tubo largo de cristal en el que hay una mecha que se enciende. *Durante el apagón, encendieron un quinqué.*

quinquenio
(quin-**que**-nio) sustantivo masculino
Período de tiempo de cinco años. *Hoy, la fundación cumple su primer quinquenio.* **SIN.** Lustro.

quinta (**quin**-ta) sustantivo femenino
1. Casa en el campo que se utiliza para descansar. *Tenían una quinta en la montaña.* **SIN.** Finca.
2. Conjunto de jóvenes que ingresan cada año en el servicio militar, o personas que tienen más o menos la misma edad. *Somos de la misma quinta.* **SIN.** Reemplazo, generación.

quinto, quinta
(**quin**-to) numeral y sustantivo masculino
1. Que ocupa el último lugar en una serie ordenada de cinco. *Este año estudio quinto curso.*
2. sustantivo masculino Joven a quien le tocaba por sorteo ir al servicio militar cuando este era obligatorio. *Sale quinto este año.*

quiosco (**quios**-co) sustantivo masculino
1. Caseta pequeña o tienda en la que se venden periódicos, revistas, golosinas, etc. *Pasa por el quiosco para recoger el periódico.*
2. quiosco de música expresión Caseta circular, alta y con techo en jardines o paseos en donde se coloca la banda de música para dar conciertos. **SIN.** Templete. *La banda toca en el quiosco de música el domingo.*
✎ También *kiosco*.

quirófano
(qui-**ró**-fa-no) sustantivo masculino
Sala de un hospital donde los médicos operan a los enfermos. *Solo estuvo una hora en el quirófano.*

quirúrgico, quirúrgica
(qui-**rúr**-gi-co) adjetivo
Que se refiere a la cirugía. *Ordenó el material quirúrgico.*

quisquilloso, quisquillosa

(quis-qui-**llo**-so) adjetivo y sustantivo

Se dice de la persona que se molesta, irrita o siente ofendida con facilidad y sin motivos suficientes. *Se enfada por la cosa más tonta, es una quisquillosa.* **SIN.** Susceptible, picajoso.

quiste (**quis**-te) sustantivo masculino

Bulto que sale en alguna parte del cuerpo. *Le salió un quiste en el cuello.*

quitaesmalte

(qui-ta-es-**mal**-te) sustantivo masculino

Sustancia líquida que se usa para quitar el esmalte de las uñas. *Este quitaesmalte es de muy buena calidad.*

quitamanchas

(qui-ta-**man**-chas) sustantivo masculino

Producto que sirve para limpiar manchas. *Este quitamanchas limpia las manchas de rotulador.*

✎ Es igual en plural y en singular.

quitanieves

(qui-ta-**nie**-ves) sustantivo femenino

Máquina que se emplea para retirar la nieve de los caminos, carreteras o vías de tren. *Varios pueblos permanecían incomunicados porque no había podido entrar la quitanieves.*

✎ Es igual en plural y en singular.

quitar (qui-**tar**) verbo

1. Tomar una cosa separándola de otra o de un lugar. *Quité la cáscara a la castaña.* **SIN.** Arrancar, retirar, eliminar. **ANT.** Poner, colocar.

2. Tomar algo contra el deseo de su dueño. *Le quitaron la cartera.* **SIN.** Robar, hurtar. **ANT.** Devolver, dar, restituir.

3. Impedir una cosa o prohibirla. *La lluvia me quitó de ir a verte.* **SIN.** Dificultar. **ANT.** Ayudar.

4. Eliminar, hacer desaparecer. *Necesito un jabón más fuerte para quitar la suciedad.* **SIN.** Suprimir.

5. de quita y pon expresión Se dice de ciertas prendas de vestir cómodas y de mucho uso. *Uso ropa de quita y pon para hacer la limpieza.*

6. quitar de la cabeza expresión Hacer renunciar de un proyecto o idea. *No hay quien le quite de la cabeza la idea de viajar a Japón.*

7. quitar de enmedio expresión Situar una cosa o persona en un lugar distinto y donde no estorbe. *Quítate de enmedio y déjame pasar.*

8. quitarse de encima expresión Librarse de algo o de alguien que resultaba molesto o desagradable. *Ya nos quitamos de encima a ese pesado.*

quivi (**qui**-vi) sustantivo masculino

Fruta tropical de color verde, sabor agridulce y piel cubierta de pelillos. *El quivi era una fruta poco conocida hace unos años.*

✎ También *kiwi*.

quizá (qui-**zá**) adverbio

Expresa que una cosa es posible, pero que podría no ser, no suceder o no producirse. *Quizá llueva.* **SIN.** Acaso, probablemente, tal vez, posiblemente.

✎ También *quizás*.

r sustantivo femenino

Letra decimonovena del abecedario español, y la decimoquinta de sus consonantes. Su nombre es *erre* (para el sonido fuerte) o *ere* (para el sonido suave). *Rubén y araña se escriben con r.*

✎ Tiene dos sonidos: uno fuerte y otro suave. El fuerte se representa de tres maneras: en primer lugar, con una sola *r-* a principio de palabra, como en *rama*; en segundo lugar, a principio de sílaba cuando la sílaba anterior acaba en *-b*, *-l*, *-n* o *-s*, como en *subrayar*, *alrededor*, *enredo* e *Israel*; en tercer lugar, con dos erres (*-rr-*), como en *carro*. El sonido suave aparece con una sola erre (*-r-*), como en *cara*.

rábano

(**rá**-ba-no) sustantivo masculino

1. Raíz comestible de la planta del mismo nombre. Su color es rojo por fuera y blanco por dentro. *Le echó rábanos a la ensalada.*

2. importar, o no importar, un rábano expresión Importar poco o nada. *Me importa un rábano lo que digas.*

rabia

(**ra**-bia) sustantivo femenino

1. Enfermedad contagiosa que padecen algunos animales. *Le mordió su hurón y le contagió la rabia.*

2. Enfado grande. *Le dio mucha rabia suspender el examen.* **SIN.** Cólera, ira, furor, furia. **ANT.** Contento, calma, flema.

3. tener rabia a una persona expresión Tenerle odio o mala voluntad. *Creo que el maestro me tiene rabia, porque me pregunta lo más difícil.*

rabiar (ra-**biar**) adjetivo

1. Enfadarse, enojarse. *Mi hermano está que rabia porque no le dejan ir a la fiesta.* **SIN.** Enfurecerse. **ANT.** Calmarse.

2. Sentir un dolor muy fuerte. *Rabió de dolor hasta que le sacaron la muela.*

3. a rabiar expresión Mucho, más de lo normal. *Nos divertimos a rabiar.*

✎ Se conjuga como *cambiar.*

rabieta (ra-**bie**-ta) sustantivo femenino

Enfado grande y generalmente de poca duración, sin apenas motivo para ello. *Mi hermano pilló una rabieta porque no le dejaban comer más chocolate.* **SIN.** Berrinche.

rabioso, rabiosa (ra-**bio**-so) adjetivo

1. Se dice de la persona o animal que padece la rabia. *El perro estaba rabioso.*

2. Que muestra ira o enfado. *Estaba rabioso porque siempre perdía.* **SIN.** Colérico, furioso.

rabo (**ra**-bo) sustantivo masculino

1. Cola de los animales. *La niña tiró del rabo al gato.*

2. Tallo corto de las hojas y frutos. *Le dio vueltas al rabo de la manzana hasta que se rompió.*

3. ir, o salir, alguien con el rabo entre piernas expresión Quedar vencido y avergonzado. *Tras el fracaso, se fue con el rabo entre las piernas.*

rácano, rácana (rá-ca-no) adjetivo y sustantivo

Se dice de la persona avara, que gasta poco de lo que tiene y da muy poco o nada a los demás. *Invita a algo, no seas rácano.* **SIN.** Tacaño. **ANT.** Espléndido.

racha (ra-cha) sustantivo femenino

1. Aumento breve e inesperado de viento. *Una racha de viento cerró la puerta de golpe.*

2. Período corto de tiempo en el que suceden cosas buenas o malas. *Estamos pasando una mala racha económica.*

racial (ra-cial) adjetivo

Se dice de lo que tiene relación con la raza. *Estaba en contra de la discriminación racial.* **SIN.** Étnico.

racimo (ra-ci-mo) sustantivo masculino

Grupo de uvas u otras frutas, unidas a un mismo tallo. *Se comió un racimo de uvas él solo.*

ración (ra-ción) sustantivo femenino

1. Porción de comida. *Los granjeros dieron a las gallinas su ración diaria de pienso.* **SIN.** Parte.

2. Cantidad de alimentos que, en los bares y restaurantes, se sirve por determinado precio. *Pidieron dos raciones de gambas.*

3. Cantidad suficiente de alguna cosa. *Hoy ya hemos hecho nuestra ración de deberes.*

racional (ra-cio-nal) adjetivo

1. Se dice de lo que está relacionado con la razón o de lo que está de acuerdo con ella. *Se comportó de manera racional, sin hacer tonterías.* **SIN.** Razonable.

2. adjetivo y sustantivo Dotado de razón, es decir, que tiene capacidad de pensar. *El ser humano es racional.*

racismo (ra-cis-mo) sustantivo masculino

Actitud de rechazo de algunas personas hacia otras que pertenecen a una raza distinta y a la que consideran inferior. *El racismo dificulta la convivencia entre las personas.*

racista (ra-cis-ta) adjetivo

1. Se dice de lo que está relacionado con el racismo. *La política de contratar solamente a personas de raza blanca es racista.*

2. adjetivo y sustantivo Se dice de la persona que defiende una actitud de rechazo hacia personas de otras razas o países por considerarlas inferiores. *Eres un racista, ya que no quieres sentarte con nuestro nuevo compañero iraní.* **SIN.** Xenófobo.

radar (ra-dar) sustantivo masculino

Aparato que permite descubrir la situación de un cuerpo que no se ve. *Instalaron un nuevo radar en el aeropuerto para controlar los vuelos de los aviones.*

✎ Su plural es *radares.*

radiactividad

(ra-diac-ti-vi-dad) sustantivo femenino

Energía que se produce al romperse los átomos de algunos elementos químicos. *Las bombas atómicas, al explotar, producen radiactividad.*

radiactivo, radiactiva

(ra-diac-ti-vo) adjetivo

Se dice de lo que está relacionado con la radiactividad. *Algunos elementos químicos son radiactivos, como el uranio.*

radiador (ra-dia-dor) sustantivo masculino

Aparato que sirve para dar calor. Está compuesto de varios tubos, a través de los cuales pasa agua, vapor o aceite a elevada temperatura. *Al encender la calefacción, los radiadores se calientan.* **SIN.** Calefactor.

OFICIOS Y PROFESIONES

carnicera

zapatero

cartero

agricultor

pastora

bombero

panadera

carpintero

taxista

peluquero

¿qué quieres ser de mayor?

cámara de video

periodista

cirujano

enfermero

micrófono

cámara de fotos

bisturí

caja de herrramientas

mecánico

llave inglesa

tenista

bloque de piedra

cincel

mazo

escultor

cocineros

mortero

olla

vendedor

raqueta

jardinera

tijeras de podar

mostrador

¿qué quieres ser de mayor?

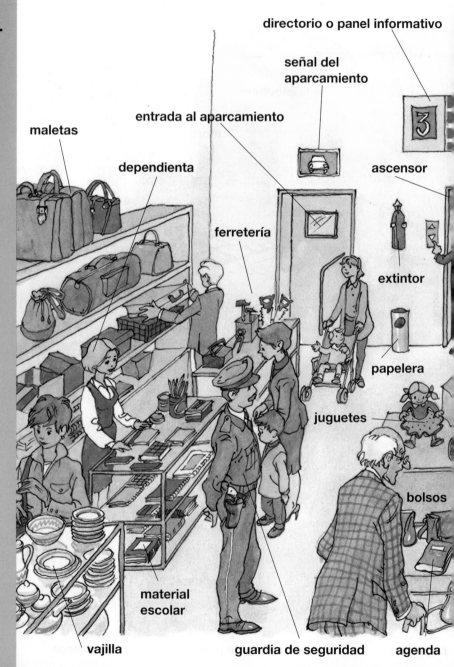

EL CENTRO COMERCIAL

directorio o panel informativo

señal del aparcamiento

entrada al aparcamiento

maletas

dependienta

ascensor

ferretería

extintor

papelera

juguetes

bolsos

material escolar

vajilla

guardia de seguridad

agenda

señal de cafetería

escalera mecánica

luz de emergencia

señal de salida
de emergencia

salida de
emergencia

maniquí

caja

discos

dependiente

cajera

gafas

perfumes

ropa

nos vamos de compras

leche
pollos
pescado
conservas
peines
aceite
patatas
vinagre
pan
espárragos
agua mineral
manzanas
peras
lechuga
plátanos
pimientos
tomates
zanahorias

gasas
desinfectant
farmacéutica
alcohol
grageas
tiritas
termómetro
algodón

ETIQUETA

composición

código de barras

temperatura adecuada
de plancha: suave

no se puede
usar lejía

no se puede
limpiar en se

temperatura máxima
de lavado: 30 ºC

radiante
(ra-**dian**-te) adjetivo
1. Que brilla mucho. *Tras la lluvia, salió un sol radiante.* **SIN.** Brillante, resplandeciente. **ANT.** Oscuro.
2. Que siente y manifiesta gran alegría y satisfacción. *El niño estaba radiante de felicidad con su juguete nuevo.* **SIN.** Contento, feliz. **ANT.** Triste, melancólico.

radiar (ra-**diar**) verbo
1. Emitir noticias, música, imágenes, etc., por medio de las ondas electromagnéticas. *Radian el partido de fútbol a las ocho.*
2. Tratar una enfermedad con radiaciones. *El médico nos dijo que iban a radiarlo para que mejorara.*
✎ Se conjuga como *cambiar*.

radical (ra-di-**cal**) adjetivo
1. Fundamental, completo, total. *El cambio es radical; antes suspendía y ahora es el mejor de la clase.*
2. adjetivo y sustantivo Se dice de la persona cuyas ideas son extremas, sin término medio, y que no suele aceptar las de los demás. *Eres muy radical, nunca das la razón a otros.* **SIN.** Intransigente, intolerante, extremista. **ANT.** Tolerante, permisivo.

radio (ra-dio) sustantivo masculino
1. Línea recta que une el centro de un círculo con cualquier punto de la circunferencia. *Las ruedas de las bicicletas tienen radios de metal.*
2. Espacio, distancia. *No había nadie en un radio de 20 kilómetros alrededor de la casa.*
3. sustantivo femenino Medio de comunicación que emite ondas a través del aire, que son recogidas por aparatos que las transforman en sonidos. *Los aviones o los barcos se comunican por radio.*
4. sustantivo femenino Aparato que recoge las ondas transmitidas a través del aire y las transforma en sonidos. *En casa hemos comprado una radio nueva.*

radioaficionado, radioaficionada
(ra-dio-a-fi-cio-**na**-do) sustantivo
Persona autorizada para emitir y recibir mensajes privados por radio. *Conecté con un radioaficionado de Vigo.*

radiografía (ra-dio-gra-**fí**-a)
Imagen fotográfica de un órgano interior o de un objeto oculto a la vista, que se hace mediante los rayos X. *Le hicieron una radiografía del tobillo para ver si estaba roto.*

radioyente (ra-dio-**yen**-te) sustantivo
Persona que escucha la radio. *El locutor se dirigió a todos los radioyentes.* **SIN.** Oyente, radioescucha.

raer (ra-**er**) verbo
Romper o gastar una superficie con el roce. *Se le han raído los pantalones con el roce de los zapatos.*
✎ Verbo irregular. Ver pág. 808.

ráfaga (**rá**-fa-ga) sustantivo femenino
1. Aumento breve e inesperado de viento. *Una ráfaga de viento le tiró su sombrero.*
2. Breve golpe de luz. *Le dio ráfagas con las luces del coche para avisarle.* **SIN.** Fulgor, destello.
3. Serie de proyectiles que dispara un arma automática. *Disparó varias ráfagas de metralleta al aire.*

raído, raída (ra-í-do) adjetivo
Se dice de la prenda o tela muy gastada por el uso, pero que aún no se ha roto. *Tenía el pantalón raído, pero lo seguía usando.* **SIN.** Ajado. **ANT.** Nuevo.

raíl (ra-**íl**) sustantivo masculino
Cada una de las dos barras de hierro por las que avanzan los trenes. *No atravieses los raíles de la vía.*
✎ También *rail*.

raer

MODO INDICATIVO		MODO SUBJUNTIVO	
Tiempos simples	Tiempos compuestos	Tiempos simples	Tiempos compuestos

Presente	**Pret. perf. compuesto** **/ Antepresente**	**Presente**	**Pret. perf. compuesto** **/ Antepresente**
		raiga o raya	
raigo o rayo	he raído	raigas o rayas	haya raído
raes / raés	has raído	raiga o raya	hayas raído
rae	ha raído	raigamos o rayamos	haya raído
raemos	hemos raído	raigáis o rayáis / raigan	hayamos raído
raéis / raen	habéis raído	o rayan	hayáis raído
raen	han raído	raigan o rayan	hayan raído

Pret. imperfecto **/ Copretérito**	**Pret. pluscuamperfecto** **/ Antecopretérito**	**Pret. imperfecto** **/ Pretérito**	**Pret. pluscuamperfecto** **/ Antepretérito**
		rayera o	hubiera o
raía	había raído	rayese	hubiese raído
raías	habías raído	rayeras o	hubieras o
raía	había raído	rayeses	hubieses raído
raíamos	habíamos raído	rayera o	hubiera o
raíais / raían	habíais raído	rayese	hubiese raído
raían	habían raído	rayéramos o	hubiéramos o
		rayésemos	hubiésemos raído
		rayerais o	hubierais o
		rayeseis / rayeran o	hubieseis raído
		rayesen	hubieran o
		rayeran o	hubiesen raído
		rayesen	

Pret. perf. simple **/ Pretérito**	**Pret. anterior** **/ Antepretérito**
raí	hube raído
raíste	hubiste raído
rayó	hubo raído
raímos	hubimos raído
raísteis / rayeron	hubisteis raído
rayeron	hubieron raído

Futuro simple **/ Futuro**	**Futuro compuesto** **/ Antefuturo**
rayere	hubiere raído
rayeres	hubieres raído
rayere	hubiere raído
rayéremos	hubiéremos raído
rayereis / rayeren	hubiereis raído
rayeren	hubieren raído

Futuro simple **/ Futuro**	**Futuro compuesto** **/ Antefuturo**
raeré	habré raído
raerás	habrás raído
raerá	habrá raído
raeremos	habremos raído
raeréis / raerán	habréis raído
raerán	habrán raído

MODO IMPERATIVO

rae (tú) / raé (vos) / raiga o raya (usted)
raed (vosotros)
raigan o rayan (ustedes)

Condicional simple **/ Pospretérito**	**Condicional compuesto** **/ Antepospretérito**
raería	habría raído
raerías	habrías raído
raería	habría raído
raeríamos	habríamos raído
raeríais / raerían	habríais raído
raerían	habrían raído

FORMAS NO PERSONALES

Infinitivo	**Infinitivo compuesto**
raer	haber raído
Gerundio	**Gerundio compuesto**
rayendo	habiendo raído
Participio	
raído	

raíz (ra-**íz**) sustantivo femenino

1. Parte de las plantas que crece bajo tierra, y que sirve para sujetarlas y para que reciban su alimento. *La zanahoria tiene una raíz comestible.*
2. Origen o principio de una cosa. *Mi familia tiene sus raíces en África.*
3. Parte oculta de la que nacen el pelo, las uñas o los dientes. *Esa muela tiene las raíces muy profundas.*
4. a raíz de expresión A causa de. *A raíz de su problema, comenzó a hacer yoga.*
5. echar raíces expresión Establecerse en un lugar. *Echamos raíces aquí.*
✎ Su plural es *raíces*.

raja (ra-ja) sustantivo femenino

1. Abertura o grieta de una cosa. *Se formó una raja en la pared.*
2. Pedazo de un fruto y de otros comestibles que se corta a lo largo o a lo ancho, como melón, sandía, queso, etc. *Dame una raja de melón.* **SIN.** Trozo, rodaja.

rajar (ra-jar) verbo

1. Dividir o romper algo haciendo rajas. *Con la humedad, se rajó la pared.* **SIN.** Romper.
2. Herir a alguien con un puñal o cuchillo. *Lo amenazaron con rajarlo si no les daba el dinero.*
3. Hablar mucho. *Se pasa horas rajando por teléfono.* **SIN.** Charlar, parlotear. **SIN.** Callar, silenciar.
4. rajarse Volverse atrás alguien, no hacer algo que se había comprometido a hacer con anterioridad. *Apostó a que subía la montaña y luego se rajó.* **SIN.** Desistir. **ANT.** Afrontar.

rallador (ra-lla-**dor**) sustantivo masculino

Utensilio de cocina, compuesto de una chapa de metal, llena de agujeros de borde saliente, con el cual se raspa el pan, el queso, etc., para desmenuzarlo. *Ralla el pan duro con el rallador.*

rallar (ra-**llar**) verbo

Desmenuzar una cosa en trozos muy pequeños y finos, raspándola con el rallador. *Ralla las galletas para preparar una papilla.*
✎ No debe confundirse con *rayar*.

rally sustantivo masculino

Carrera de automóviles o motocicletas, por etapas y por una ruta previamente trazada en carreteras y campo a través. *Participó en el rally Granada-Dakar.*
✎ Su plural es *rallis*.

rama (ra-ma) sustantivo femenino

1. Cada una de las partes que nacen del tronco o tallo principal de la planta y en las cuales brotan generalmente hojas, flores y frutos. *Un rayo partió la rama del árbol.*
2. Parte secundaria de una cosa o conjunto de cosas con un origen común. *No conozco a esa rama de la familia.* **SIN.** Ramificación.
3. Cada una de las partes en que se considera dividida una ciencia, arte, etc. *La acústica es una rama de la física.*
4. andar, o andarse, alguien por las ramas expresión Detenerse en lo menos sustancial de un asunto, dejando lo más importante. *No te andes por las ramas y ve al grano.*

ramillete (ra-mi-**lle**-te) sustantivo masculino

Ramo pequeño de flores, ramas o hierbas. *Le regaló un ramillete de margaritas.* **SIN.** Manojo.

ramo (ra-mo) sustantivo masculino

1. Rama cortada de árbol. *Utilizó un ramo como bastón.*
2. Conjunto natural o artificial de flores, ramas o hierbas. *Le envió un ramo de rosas.*

rampa (ram-pa) sustantivo femenino

1. Superficie inclinada dispuesta para subir y bajar por ella. *Han co-*

locado rampas para minusválidos en toda la ciudad.

2. Terreno inclinado. *No podía subir las rampas muy pendientes con la bicicleta.* **SIN.** Cuesta, pendiente. **ANT.** Llano, llanura.

rana (ra-na) sustantivo femenino

1. Animal anfibio de agua dulce, generalmente de color verde y vientre blanco, que tiene los ojos saltones y las patas traseras muy largas, con las que da grandes saltos. *La charca estaba llena de ranas.*

2. salir rana una persona o cosa expresión Desilusionar, defraudar. *Estaba ilusionada con ir al baile con Juan... y, ya ves, me salió rana.*

rancho (ran-cho) sustantivo masculino

1. Comida preparada para mucha gente. *No le gustaba el rancho de aquel colegio.*

2. Granja donde se tienen caballos y otros animales. *Criaban caballos y vacas en su rancho.*

rancio, rancia (ran-cio) adjetivo

1. Se dice del vino y de los alimentos que, con el tiempo, adquieren sabor y olor más fuertes, mejorándose o echándose a perder. *Este tocino no se puede comer, está muy rancio.*

2. Se dice de la persona de carácter seco y poco agradable. *Es una persona muy rancia y me aburro mucho cuando salgo con ella.*

rango (ran-go) sustantivo masculino

Orden de importancia que tienen las cosas o las personas. *Tiene un alto rango en el ejército.*

ranquin (ran-quin) sustantivo masculino

Clasificación de mayor a menor, útil para establecer criterios de valoración. *Es el que más libros ha vendido en el ranquin anual de las editoriales.*

✎ También *ranking*.

ranura (ra-nu-ra) sustantivo femenino

Abertura estrecha y larga de un objeto. *Metió la moneda por la ranura.* **SIN.** Raja, surco.

rap sustantivo masculino

Género musical de ritmo repetitivo, en el que la letra suele ser recitada en vez de cantada. *Son grandes aficionados al rap.*

rapar (ra-par) verbo

Cortar el pelo al cero o muy corto. *Se rapó la cabeza en la peluquería.* **SIN.** Rasurar, pelar.

rapaz, rapaza (ra-paz) sustantivo

1. Muchacho o muchacha de corta edad. *Eres un rapaz muy travieso.* **SIN.** Chaval, niño.

2. adjetivo y sustantivo femenino Se dice de las aves carnívoras, de pico fuerte y encorvado, patas robustas y uñas encorvadas y puntiagudas. *El águila, el búho, el azor y el buitre son aves rapaces.*

✎ Su plural es *rapaces*.

rape (ra-pe) sustantivo masculino

1. Corte excesivo del pelo. *Se dio un buen rape.*

2. al rape expresión A la orilla o casi a raíz. *Esquiló a las ovejas al rape.*

rapidez (ra-pi-dez) sustantivo femenino

Prisa, hacer algo con gran velocidad y en poco tiempo. *Me dijo que viniera con rapidez porque era importante.* **SIN.** Presteza, velocidad, prontitud. **ANT.** Lentitud, parsimonia, calma.

rápido, rápida
(rá-pi-do) adjetivo

1. Que se mueve a gran velocidad. *Es un avión muy rápido, en pocas horas cruza el océano.* **SIN.** Veloz, raudo. **ANT.** Lento.

2. sustantivo masculino Parte de un río donde la corriente corre con más rapidez. *La piragua volcó en un rápido.*

raptar (rap-**tar**) verbo

Retener a una persona en contra de su voluntad para conseguir un rescate. *Unos delincuentes raptaron a su familia para conseguir dinero.* **SIN.** Secuestrar. **ANT.** Liberar.

rapto (**rap**-to) sustantivo masculino

Secuestro de personas con el fin de obtener un rescate. *La Policía logró impedir el rapto.*

raqueta (ra-**que**-ta) sustantivo femenino

1. Pala que consta de un mango corto y una superficie ovalada, generalmente con una red, y que se emplea en diversos juegos. *Le han regalado una raqueta de tenis.*

2. Objeto similar a la raqueta de tenis que se pone en los pies para andar sobre la nieve. *Si no te pones las raquetas, te hundirás en la nieve.*

raquítico, raquítica

(ra-**quí**-ti-co) adjetivo

1. Se dice de la persona o animal débil y muy delgado. *Debes comértelo todo si no quieres quedarte tan raquítico.* **SIN.** Flaco, enclenque, esmirriado. **SIN.** Robusto, gordo.

2. Aplicado a las cosas, muy pequeño. *La ración de calamares era raquítica, pero el precio no lo era en absoluto.* **SIN.** Escaso, exiguo. **ANT.** Abundante, enorme.

raro, rara (**ra**-ro) adjetivo

1. Poco común, poco frecuente. *Es muy raro que en el sur nieve en verano.* **SIN.** Extraño, extraordinario, excepcional, insólito. **ANT.** Normal, frecuente, habitual.

2. Se dice de lo que llama la atención o causa sorpresa. *La moda de este año le parecía un poco rara.* **SIN.** Extravagante, estrafalario, excéntrico.

3. adjetivo y sustantivo Se dice de la persona que actúa de forma diferente de lo que se considera normal. *Tu amigo es un poco raro, no le gusta la música, ni el cine, ni salir.* **SIN.** Diferente, distinto.

ras

a ras expresión Casi tocando, casi al nivel de una cosa. *La avioneta volaba a ras de tierra.*

rascacielos

(ras-ca-**cie**-los) sustantivo masculino

Edificio muy alto y de muchos pisos. *Su oficina está en el piso número 25 de ese rascacielos.*

✎ Es igual en singular y en plural.

rascar (ras-**car**) verbo

1. Frotar la piel con una cosa áspera, y generalmente con las uñas. *No te rasques la postilla de la herida.* **ANT.** Acariciar.

2. Limpiar la superficie de alguna cosa con algo áspero o afilado. *Rascamos con cuidado la pintura de los cristales.*

3. rascarse alguien la barriga expresión Estar ocioso. *Te rascas la barriga mientras yo hago todo el trabajo de la casa.*

✎ Se conjuga como *abarcar*.

rasgar (ras-**gar**) verbo

Hacer pedazos cosas de poca consistencia, como tejidos, papel, etc. *Al tirar, la tela se rasgó enseguida.* **SIN.** Romper, desgarrar.

✎ Se conjuga como *ahogar*.

rasgo (**ras**-go) sustantivo masculino

1. Propiedad que diferencia unas cosas o personas de otras. *El rasgo que lo diferencia de los demás es su precio.* **SIN.** Cualidad, característica, peculiaridad, atributo.

2. Característica particular de una cara o rostro. *Tiene los rasgos de su madre: la nariz afilada y los ojos grandes.* ✎ Se usa más en plural.

3. a grandes rasgos expresión De un modo general. *Se lo conté a grandes rasgos, sin mucho detalle.*

rasguño (ras-**gu**-ño) sustantivo masculino

Pequeña herida hecha con las uñas o con algún instrumento cortante. *Me hice unos rasguños al caer del árbol.* **SIN.** Arañazo, raspadura.

raso, rasa (**ra**-so) adjetivo y sustantivo

1. Liso, sin estorbos. *Los aviones necesitan una superficie rasa para aterrizar y despegar.* **SIN.** Llano, plano. **ANT.** Dificultoso, escarpado.

2. adjetivo Que carece de título, grado o distinción. *Era un soldado raso.*

3. adjetivo Que pasa a poca altura del suelo. *El vuelo raso de un avión.*

4. sustantivo masculino Tela de seda de superficie muy lisa y brillante. *El forro del abrigo era de raso rojo.* **SIN.** Satén.

5. al raso, o a la rasa expresión En el campo o a cielo descubierto, sin resguardo. *Dormimos al raso.*

raspa (**ras**-pa) sustantivo femenino

Espina de algunos pescados. *El gato no dejó ni las raspas del pescado.*

raspar (ras-**par**) verbo

1. Frotar ligeramente la superficie de una cosa con algo áspero o afilado. *Hay que raspar esa suciedad de la vitrocerámica.*

2. Producir un tejido áspero una sensación desagradable en la piel. *Esa toalla vieja raspa mucho y me irrita la piel.*

rastrear (ras-tre-**ar**) verbo

Buscar una cosa siguiendo su rastro. *Los perros rastreaban sus huellas.* **SIN.** Seguir, perseguir.

rastreo (ras-**tre**-o) sustantivo masculino

Búsqueda, exploración. *Empezaron el rastreo de los niños perdidos.*

rastrillo (ras-**tri**-llo) sustantivo masculino

Instrumento compuesto de un mango largo con púas a manera de dientes en uno de sus extremos, y que sirve para recoger hierba, paja, etc. *Los campesinos recogieron la hierba seca con un rastrillo.*

rastro (**ras**-tro) sustantivo masculino

1. Huella que queda de una cosa. *Los perros seguían el rastro del fugitivo.* **SIN.** Pista, marca, indicio, señal, vestigio.

2. Mercado callejero donde se venden objetos viejos y nuevos. *Me compré la gorra en el rastro.* **SIN.** Mercadillo, baratillo.

rasuradora

(ra-su-ra-**do**-ra) sustantivo femenino

Máquina de afeitar. *Ha cambiado de rasuradora porque la última le abrasaba la cara.*

rata (**ra**-ta) sustantivo femenino

1. Mamífero roedor con cabeza pequeña, hocico puntiagudo, orejas tiesas, cuerpo grueso, patas cortas, cola delgada y pelo gris oscuro. *Las ratas suelen vivir donde hay mucha suciedad.*

2. adjetivo y sustantivo Se dice de la persona muy tacaña. *Es un rata, nunca invita a nadie.*

3. más pobre que las ratas, o que una rata expresión Muy pobre. *Aunque es más pobre que las ratas, siempre tiene un caramelo para la niña.*

ratero, ratera (ra-**te**-ro) sustantivo

Se dice de la persona que roba cosas de poco valor, o de los bolsillos. *Cazaron al ratero in fraganti.* **SIN.** Carterista.

rato (**ra**-to) sustantivo masculino

1. Espacio corto de tiempo. *Esperamos un rato y nos marchamos.* **SIN.** Instante, momento.

2. a cada rato expresión Con gran frecuencia. *A cada rato se paraba.*

3. a ratos, o de rato en rato expresión Con intervalos de tiempo. *Hablaba a ratos, y a ratos callaba.*

4. al poco rato, al rato, a poco rato expresión Al poco tiempo. *Discutimos y, al rato, me pidió perdón.*

5. para rato expresión Para mucho tiempo. Se aplica también a lo que parece poco probable. *¡Uf, qué difícil, tenemos problema para rato!*

6. pasar el rato expresión Perder el tiempo, entretenerse. *Pasé el rato mientras esperaba leyendo una revista.*

7. a ratos perdidos expresión Tiempo en que una persona se encuentra libre de ocupaciones obligatorias. *Estudio inglés a ratos perdidos.*

ratón (ra-**tón**) sustantivo masculino

1. Mamífero roedor de pelo gris, parecido a la rata, pero más pequeño. *Los ratones salen por la noche para buscar comida.*

2. Instrumento que se maneja deslizándolo sobre una superficie plana y que sirve para realizar ciertas funciones con el ordenador. *Desplazando el ratón, me puedo mover por la pantalla del ordenador.*

ratona (ra-**to**-na) sustantivo femenino

Hembra del ratón. *Las ratonas pueden tener crías varias veces al año.*

ratonera

(ra-to-**ne**-ra) sustantivo femenino

1. Trampa con la que se cazan los ratones. *Colocó varias ratoneras en el desván.* **SIN.** Cepo.

2. Madriguera de los ratones. *El gato persiguió al ratón hasta la ratonera.*

raya (**ra**-ya) sustantivo femenino

1. Señal larga y estrecha. *Dibuja una raya en el suelo.* **SIN.** Línea.

2. Término o límite que se pone a una cosa. *Te has pasado de la raya, esta vez te castigarán.*

3. Señal que queda al hacer una separación del pelo con el peine. *Siempre lleva raya al medio.*

4. Signo de ortografía (—) que se utiliza para introducir una explicación o, en un diálogo, para señalar las intervenciones de los personajes. *Javier —mi hermano mayor— se ha comprado una moto.*

—Deberías hacer más deporte para estar sano —le dijo el médico en tono muy serio.

5. Pez marino con el cuerpo ancho y aplanado, grandes aletas que se extienden desde la cabeza dando a su cuerpo forma de rombo, y una cola larga y delgada. *Las rayas viven en el fondo marino.* **SIN.** Manta.

6. a raya expresión Dentro de los límites precisos. *Me tiene a raya.*

7. tres en raya expresión Juego que consiste en poner tres fichas en línea y evitar que lo consiga el contrario, sobre un tablero cuadrado con distintas divisiones. *Jugamos al tres en raya.*

✎ No debe confundirse con *ralla* del verbo *rallar*.

rayar (ra-**yar**) verbo

1. Hacer o trazar rayas. *Raya la superficie para formar una retícula.* **SIN.** Marcar, subrayar.

2. Estropear una superficie con incisiones. *Se ha rayado el disco.*

✎ No debe confundirse con *rallar*.

rayo (**ra**-yo) sustantivo masculino

1. Línea de luz producida por un cuerpo luminoso. *Los rayos del Sol calientan la Tierra.*

2. Chispa eléctrica que se produce cuando hay tormenta. *Los rayos iluminaban el cielo durante la tormenta.*

3. Persona o cosa muy veloz en su actividad. *Reparte los paquetes como un rayo.*

4. oler, o saber, algo a rayos expresión Tener un olor o sabor muy desagradable. *Ese pulpo huele a rayos, debe de haberse estropeado.*

5. rayos X expresión Los que sirven para ver cosas que están ocultas a la vista, como los órganos del cuerpo. *Le examinaron con rayos X.*

✎ No debe confundirse con *rallo* del verbo *rallar.*

raza (**ra**-za) sustantivo femenino

1. Cada uno de los grupos que forman la humanidad y que se diferencian por sus características físicas. *Soy mestizo: mi padre es de raza india y mi madre de raza blanca.* **SIN.** Etnia.

2. Cada uno de los grupos de animales o plantas con características y origen comunes. *Le regalaron un gato de raza persa.* **SIN.** Clase, especie, familia.

razón (ra-**zón**) sustantivo masculino

1. Facultad de pensar y discurrir. *El estudio de la filosofía estimula la razón.* **SIN.** Inteligencia, juicio. **ANT.** Sinrazón.

2. Todo aquello por lo que se hace algo o argumento con el que se trata de demostrar una cosa. *No hay ninguna razón que pueda justificar la guerra.* **SIN.** Causa, motivo, móvil, prueba.

3. Información de un hecho, recado o mensaje. *Mañana te daré razón de lo que ha pasado.*

4. perder alguien la razón expresión Enloquecer. *Ella perdió la razón.*

5. tener razón expresión Estar en lo cierto. *Sí, claro, tienes razón.*

razonamiento

(ra-zo-na-**mien**-to) sustantivo masculino

Serie de argumentos que se dan para demostrar una cosa. *Demostró su inocencia con un razonamiento sencillo.* **SIN.** Argumentación.

razonar (ra-zo-**nar**) verbo

1. Pensar de forma lógica y ordenada. *Estaba tan enfadado que no razonaba.* **SIN.** Discurrir.

2. Exponer las razones en que se apoya una opinión, propuesta, etc. *Razona tu respuesta, diciendo por qué piensas eso.* **SIN.** Argumentar.

re sustantivo masculino

Segunda nota de la escala músical. *Re está situada entre do y mi.*

✎ Su plural es *res*, aunque a menudo se usa como invariable.

reacción (re-ac-**ción**) sustantivo femenino

Respuesta o forma de actuar ante ciertas situaciones o acciones. *Su reacción ante la noticia fue de alarma.*

reaccionar (re-ac-cio-**nar**) verbo

1. Responder o actuar de determinada manera ante ciertas situaciones o acciones. *Reaccionó con desprecio.*

2. Recuperar la salud o la actividad que parecía perdida. *El medicamento le hizo reaccionar.*

reacio, reacia (re-a-cio) adjetivo

Que muestra resistencia a hacer algo. *Es muy reacia a viajar en tren.*

reactor (re-ac-**tor**) sustantivo masculino

Motor cuyo impulso se produce por la salida de gases quemados a alta velocidad. *Los aviones suelen tener varios reactores.*

real (re-**al**) adjetivo

1. Que existe o ha existido de verdad. *En el libro aparecen personajes reales e imaginarios.* **SIN.** Existente, auténtico. **ANT.** Irreal, imaginario.

2. Que se refiere al rey o a su familia. *La corona real se puede ver en el museo.* **SIN.** Regio.

3. sustantivo masculino Antigua moneda. *Ese libro le costó a mi abuelo un real.*

realidad (re-a-li-**dad**) sustantivo femenino

1. Conjunto de todas las cosas y personas que existen en el mundo. *Las hadas no pertenecen a la realidad, sino al mundo de la fantasía.* **SIN.** Existencia. **ANT.** Inexistencia, irrealidad.

2. Existencia real, no imaginaria, de una cosa o acontecimiento. *Lo que te he contado es una realidad, no es mentira.* **SIN.** Verdad. **ANT.** Mentira.

3. en realidad expresión Indica que lo que se va a decir a continuación es verdadero. *No te enfades, en realidad no pensaba todas esas cosas horribles.*

4. realidad virtual expresión Conjunto de situaciones o hechos inexistentes que se perciben como si fueran reales, por medio de un sistema informático. *Utilizaba la realidad virtual en sus videojuegos.*

realismo (re-a-**lis**-mo) sustantivo masculino

Forma de representar las cosas tal como son en la realidad. *La película tiene mucho realismo, es como la vida misma.*

realista (re-a-**lis**-ta) adjetivo

Se dice de la persona que actúa con sentido práctico, porque ve las cosas tal y como son. *No pide imposibles, es muy realista.* **SIN.** Práctico. **ANT.** Idealista.

realizador, realizadora

(re-a-li-za-**dor**) sustantivo

Persona que lleva a cabo la realización de una película o programa televisivo. *El realizador mandó abandonar el estudio de grabación.*

realizar (re-a-li-**zar**) verbo

Llevar a cabo una acción. *Por fin he realizado mi deseo de volar.* **SIN.** Efectuar, hacer. **ANT.** Abstenerse, incumplir.

✎ Se conjuga como *abrazar.*

reanimar (re-a-ni-**mar**) verbo

1. Dar vigor, restablecer las fuerzas. *Después de tomarse un café bien cargado, se reanimó.* **SIN.** Avivar, fortificar, reavivar. **SIN.** Abatir, decaer.

2. Hacer que una persona recobre el conocimiento. *Cuando se desvaneció, lo mojaron para reanimarlo.*

3. Infundir ánimo y valor a la persona que está abatida. *Venir con nosotros a la fiesta te reanimará.* **SIN.** Animar, consolar, alentar. **ANT.** Desanimar.

reanudar (re-a-nu-**dar**) verbo

Continuar, volver a hacer una cosa que se había interrumpido. *Tras las vacaciones, se reanudaron las clases.* **SIN.** Proseguir, continuar. **ANT.** Abandonar, dejar.

reaparecer (re-a-pa-re-**cer**) verbo

Volver a aparecer o a mostrarse. *Voy a reaparecer en los escenarios.* **SIN.** Volver, retornar. **ANT.** Marcharse, desaparecer.

✎ Verbo irregular, se conjuga como *parecer.*

rebaja (re-**ba**-ja) sustantivo femenino

1. Disminución o descuento de una cosa, particularmente en la cantidad o precio. *Al comprar dos en vez de uno, nos hizo una rebaja.* **SIN.** Abaratamiento, deducción. **ANT.** Aumento, incremento.

2. sustantivo femenino plural Venta de productos a precios más bajos, generalmente durante un período de tiempo determinado. *Me compraré el abrigo en las rebajas.*

rebajar (re-ba-**jar**) verbo

Hacer más bajo el nivel o altura de una cosa, o disminuir una cantidad, precio, etc. *Los albañiles rebajaron medio metro el muro del jardín.* **SIN.** Aminorar, deducir, descontar. **ANT.** Elevar, subir.

rebanada

(re-ba-**na**-da) sustantivo femenino

Porción delgada y no muy gruesa que se corta de una cosa, especialmente de pan. *Untó una rebanada de pan con mantequilla.* **SIN.** Loncha, tajada, pedazo.

rebañar (re-ba-**ñar**) verbo

Apurar los restos de comida de un plato. *Rebaña bien la salsa con un trocito de pan.* **SIN.** Arrebañar, untar.

rebaño (re-ba-**ño**) sustantivo masculino

Cantidad grande de ganado, especialmente de ovejas o cabras. *El pastor cuidaba el rebaño de ovejas.*

rebasar (re-ba-**sar**) verbo

1. Exceder o pasar de un límite determinado. *Lo multaron por rebasar el límite de velocidad.* **SIN.** Traspasar, exceder, sobrepasar.

2. Superar a alguien o algo. *En los últimos metros de la carrera rebasó a todos y llegó el primero.* **SIN.** Adelantar.

✎ No debe confundirse con *rebosar*.

rebeco (re-**be**-co) sustantivo masculino

Mamífero rumiante del tamaño de una cabra grande; es de color pardo, con dos franjas negras en la cara. Sus cuernos son rectos al principio y ligeramente curvados al final. *Los rebecos viven en zonas de alta montaña.*

rebelarse (re-be-**lar**-se) verbo

1. Faltar a la obediencia debida a un superior o a la autoridad legítima. *Una parte de los militares se rebeló, pero la mayoría permaneció leal.* **SIN.** Alzarse, amotinarse, insubordinarse. **SIN.** Plegarse, someterse, obedecer.

2. Oponer resistencia. *La gente se rebeló contra la subida de los precios.* **SIN.** Resistirse, negarse, protestar. **ANT.** Resignarse.

✎ No debe confundirse con *revelar*.

rebelde (re-**bel**-de) adjetivo y sustantivo

1. Que no obedece o que no se deja dominar. *Es muy rebelde, nunca hace lo que le mandan.* **SIN.** Indócil. **ANT.** Obediente.

2. Se dice de la persona que se rebela contra la autoridad. *Los rebeldes luchaban contra el dictador.* **SIN.** Amotinado, insurrecto. **ANT.** Sometido, sumiso.

rebelión (re-be-**lión**) sustantivo femenino

Resistencia frente a la autoridad. *Hubo una rebelión de los alumnos.* **SIN.** Levantamiento, sedición, conspiración. **ANT.** Lealtad, obediencia, disciplina.

reblandecer (re-blan-de-**cer**) verbo

Ablandar una cosa o ponerla tierna. *Las galletas se reblandecen en la leche.* **ANT.** Endurecer.

✎ Verbo irregular, se conjuga como *parecer*.

reborde (re-**bor**-de) sustantivo masculino

Borde saliente de alguna cosa. *Se dio un golpe con el reborde de la mesa.*

rebosar (re-bo-**sar**) verbo

1. Derramarse un líquido por encima de los bordes de un recipiente en el que no cabe. Se dice también del recipiente que no puede contener un líquido. *El cántaro rebosaba de agua.*

2. Abundar en exceso una cosa, estar muy lleno un lugar. *El público rebosaba el estadio.*

✎ No debe confundirse con *rebasar*.

rebotar (re-bo-**tar**) verbo

1. Botar repetidamente un cuerpo elástico al chocar con otro. *El niño alcanzó la pelota cuando paró de rebotar.*

2. Cambiar de dirección un cuerpo en movimiento al chocar con un obstáculo. *El balón rebotó contra la pared.* **SIN.** Saltar.

3. rebotarse Enfadarse una persona. *¡No te rebotes conmigo, que no tengo la culpa!* **SIN.** Ofuscarse.

rebote (re-**bo**-te) sustantivo masculino

1. Cada uno de los botes que después del primero da el cuerpo que rebota. *Después de varios rebotes, logró hacerse con la pelota.*

2. En baloncesto, jugada en la que el balón golpea el tablero o el aro, sin entrar en la canasta. *Ese jugador es experto en atrapar rebotes.*

3. Enfado, mal humor. *Se pilló un rebote porque no lo llamamos.* **SIN.** Mosqueo.

rebozar (re-bo-**zar**) verbo

Cubrir un alimento con huevo batido, harina, pan rallado, etc. *Reboza las sardinas en harina para freírlas.* **SIN.** Enharinar, empanar.

✎ Se conjuga como *abrazar*.

rebuscado, rebuscada

(re-bus-**ca**-do) adjetivo

Se dice de lo que es complicado, especialmente del lenguaje. *Este autor utiliza un lenguaje muy rebuscado.* **ANT.** Sencillo.

rebuscar (re-bus-**car**) verbo

Buscar una cosa repetidamente y poniendo especial cuidado. *Rebuscó por todos los cajones, pero no encontró los guantes.* **SIN.** Escrutar, escudriñar.

✎ Se conjuga como *abarcar*.

rebuznar (re-buz-**nar**) verbo

Dar rebuznos el asno o burro. *Se oía a los asnos rebuznar en el establo.*

rebuzno

(re-**buz**-no) sustantivo masculino

Sonido que emiten el asno y el burro. *El rebuzno del burro asustó a los niños.* **SIN.** Roznido.

recado

(re-**ca**-do) sustantivo masculino

1. Aviso o respuesta que de palabra se da o se envía a otra persona. *Dijo que traía un recado muy urgente.* **SIN.** Mensaje.

2. Encargo, cosa que alguien está encargado de hacer, especialmente las compras que se necesitan para la casa. *Bajo a la tienda a hacer los recados todos los días.*

recaer (re-ca-**er**) verbo

1. Caer de nuevo enfermo de la misma enfermedad una persona que ya se había recuperado, o ponerse peor estando enfermo. *Recaí por no curarme bien el catarro.*

2. Volver a cometer los errores, malos hábitos, etc. *Ha recaído en la bebida.* **SIN.** Reiterar, repetir.

3. Venir a parar en alguien o sobre alguien las consecuencias de algo. *Al final, las culpas recayeron sobre él.*

✎ Verbo irregular, se conjuga como *caer*.

recalcar (re-cal-**car**) verbo

1. Decir palabras lentamente y con gran fuerza expresiva para llamar la atención sobre ellas. *Recalcó varias frases en el discurso.* **SIN.** Acentuar, subrayar.

2. Repetir una cosa una y otra vez. *Le recalcó insistentemente lo que tenía que hacer.* **SIN.** Machacar. **ANT.** Pasar por alto.

✎ Se conjuga como *abarcar*.

recalentado

(re-ca-len-**ta**-do) sustantivo masculino

1. Alimento de una comida previa que se caldea y consume después. *Lo mejor de las comidas de diciembre es el recalentado.*

2. Reunión para convivir y consumir los alimentos del día anterior. *Ya saben, mañana temprano los esperamos para el recalentado.*

recalentar (re-ca-len-**tar**) verbo

1. Volver a calentar o calentar demasiado una cosa. *Apaga el fuego, no se vaya a recalentar el guiso.* **SIN.** Tostar, abrasar.

2. recalentarse Tomar una cosa más calor del que conviene. *Los científicos dicen que la Tierra se está recalentando.*

✎ Verbo irregular, se conjuga como *acertar*.

recámara

(re-**cá**-ma-ra) sustantivo femenino

1. Juego de muebles del dormitorio. *Ya no está contenta con su habitación y ha cambiado la recámara.*

2. Dormitorio. *Se encuentra en la recámara descansando.*

recambio

(re-**cam**-bio) sustantivo masculino

1. Pieza nueva de una máquina que sirve para sustituir a otra, igual a ella, que se ha estropeado. *Llamaron para decir que han llegado los recambios de la lavadora.*

2. de recambio expresión Se dice de la pieza que va a sustituir a otra estropeada. *Lleva una rueda de recambio en el maletero del vehículo.*

recapacitar

(re-ca-pa-ci-**tar**) verbo

Analizar detenidamente un asunto, pensando en sus causas, consecuencias, etc. *Deberías recapacitar sobre lo que has hecho.* **SIN.** Reflexionar, meditar.

recargar (re-car-**gar**) verbo

1. Volver a cargar o aumentar la carga. *Recarga el fusil.*

2. Adornar con exceso una persona o cosa. *Ha recargado el vestido con demasiados lazos.* **SIN.** Emperifollar.

✎ Se conjuga como *ahogar*.

recaudación

(re-cau-da-**ción**) sustantivo femenino

Cantidad de dinero procedente de impuestos, ventas, donativos, colectas, etc. *La recaudación de hoy fue de 2000 euros.*

recaudador, recaudadora

(re-cau-da-**dor**) sustantivo

Persona encargada de la recaudación de impuestos para las administraciones del Estado. *Prepara las oposiciones de recaudador municipal.*

recaudar (re-cau-**dar**) verbo

Cobrar o percibir dinero por impuestos, ventas, donativos, colectas, etc. *Celebran una fiesta de recaudación de fondos para una organización benéfica.* **SIN.** Recibir. **ANT.** Pagar.

✎ Se conjuga como *causar*.

recelo (re-**ce**-lo) sustantivo masculino

Temor o sospecha de algo o alguien. *No tengas tanto recelo, mi hermano es un buen chico.* **SIN.** Desconfianza. **ANT.** Confianza.

recepción (re-cep-**ción**) sustantivo femenino

1. En hoteles, congresos, etc., oficina donde se inscriben los nuevos huéspedes, los asistentes al congreso, etc. *Deja las llaves en la recepción del hotel.*

2. Ceremonia o fiesta celebrada para agasajar a un personaje importante. *Organizaron una recepción de bienvenida al premiado.*

recepcionista

(re-cep-cio-**nis**-ta) sustantivo

Persona que se encarga de atender al público en una oficina de recepción. *Trabaja de recepcionista.*

receptor, receptora

(re-cep-**tor**) sustantivo

1. Persona que recibe el mensaje en un acto de comunicación. *Dirigió unas palabras a un gran grupo de receptores.* **ANT.** Emisor.

2. adjetivo y sustantivo masculino Se dice del aparato que sirve para recibir señales eléctricas, telegráficas o telefónicas. *Hay receptores de radio, televisión, etc.*

receso (re-**ce**-so) sustantivo masculino

1. Separación, apartamiento, desvío. *Hay un receso laboral importante que esperemos cambie.*

2. Pausa, descanso, interrupción. *El receso será de veinte minutos antes de empezar de nuevo el partido.*

3. En los cuerpos colegiados, asambleas, etc., vacación, suspensión temporal de actividades. *Será en el mes de agosto cuando este gabinete tome su receso.*
4. Tiempo que dura esta suspensión de actividades. *El receso es aproximadamente de veinte días.*
5. Recreo, suspensión de la clase. *El receso es de quince minutos para almorzar.*

receta (re-**ce**-ta) sustantivo femenino
1. Nota escrita en la que figuran el tratamiento o los medicamentos que el médico ha ordenado. *Este medicamento se vende con receta médica exclusivamente.*
2. Nota en la que se indica la composición de un producto y el modo de prepararlo. *Le regalaron un libro de recetas de cocina.*

recetar (re-ce-**tar**) verbo
Mandar un médico un tratamiento o un medicamento determinado. *Le recetó un jarabe para la tos.*

rechazar (re-cha-**zar**) verbo
1. Resistir un cuerpo a otro, haciéndole retroceder. *Rechazaron la ofensiva enemiga.*
2. No admitir lo que otra persona afirma, propone, ofrece o pide. *Rechazó su ofrecimiento de ayuda.* **SIN.** Declinar, rehusar, denegar. **ANT.** Admitir, dar.
✎ Se conjuga como *abrazar*.

rechazo (re-cha-zo) sustantivo masculino
Efecto de rechazar a alguien o algo. *Sus palabras provocaron el rechazo generalizado.*

rechinar (re-chi-**nar**) verbo
Hacer o causar una cosa un sonido desagradable por frotar con otra. *El frío le hacía rechinar los dientes.* **SIN.** Crujir, chirriar.

rechistar (re-chis-**tar**) verbo
Protestar o manifestar desacuerdo por algo. *Aunque le molestó que se lo pidiera, lo hizo sin rechistar.*

rechoncho, rechoncha
(re-**chon**-cho) adjetivoadjetivo
Se dice de la persona o animal grueso y de poca altura. *Ese caballo es un poco rechoncho, pero me gusta.* **SIN.** Rollizo. **ANT.** Espigado, alto.

rechupete (re-chu-**pe**-te)
de rechupete expresión Muy exquisito y agradable. *La tarta estaba de rechupete.*

recibidor
(re-ci-bi-**dor**) sustantivo masculino
Pieza que da entrada a las habitaciones de una casa. *El vendedor de libros esperó en el recibidor.* **SIN.** *Hall*, vestíbulo.

recibimiento
(re-ci-bi-**mien**-to) sustantivo masculino
Manera de recibir a alguien. *Le organizaron un gran recibimiento.*

recibir (re-ci-**bir**) verbo
1. Tomar una persona lo que le dan o le envían. *Recibí tu tarjeta de Navidad esta mañana.* **SIN.** Aceptar, admitir, coger. **ANT.** Rechazar, entregar, dar.
2. Ir al encuentro de alguien que viene de fuera. *Mis padres fueron a recibirme a la estación.*
3. Sufrir algún daño. *Recibió accidentalmente un puñetazo en la nariz.* **SIN.** Soportar.
4. Acoger uno a otro en su compañía o comunidad. *Recibió a la visita en el despacho.*

recibo (re-**ci**-bo) sustantivo masculino
Escrito o resguardo firmado que justifica la realización de un pago. *Ha llegado el recibo de la luz.* **SIN.** Comprobante, factura, justificante.

reciclar (re-ci-**clar**) verbo

Reutilizar un objeto varias veces hasta que ya no sirva o someterlo a un proceso que lo renueve para el mismo u otros usos. *Recicla todo lo que puedas: la naturaleza te lo agradecerá.*

recién (re-**cién**) adverbio

1. Hace poco, en un momento muy cercano. Se usa siempre antepuesto a los participios y, en Hispanoamérica, antepuesto al verbo. *Recién traído. Recién lo dejamos en su casa.* **SIN.** Recientemente.

2. Ante verbos y adverbios equivale a *apenas*. Se usa en algunas partes de Hispanoamérica. *Lo vi recién apareció.*

reciente (re-**cien**-te) adjetivo

1. Nuevo, fresco o acabado de hacer. *No te sientes en esa silla, la pintura está reciente.* **SIN.** Flamante. **ANT.** Viejo, antiguo.

2. Que ha sucedido hace poco. *La fecha del desagradable suceso estaba todavía muy reciente.*

✎ Tiene dos superlativos, *recentísimo* y *recientísimo*.

recinto

(re-**cin**-to) sustantivo masculino

Espacio, generalmente cerrado, comprendido dentro de ciertos límites. *Estuvimos en el recinto de la Feria de Muestras.* **SIN.** Contorno, lugar, perímetro, ámbito.

recipiente

(re-ci-**pien**-te) sustantivo masculino

Utensilio de diversos materiales destinado a guardar o contener algo. *Echa la salsa en ese recipiente de cristal.* **SIN.** Vasija.

recíproco, recíproca

(re-**cí**-pro-co) adjetivo

Que tiene lugar entre dos personas o cosas y que se ejerce al mismo tiempo de una a la otra. *Su sentimiento de amistad es recíproco.* **SIN.** Correlativo, mutuo.

recital (re-ci-**tal**) sustantivo masculino

1. Concierto compuesto por varias obras ejecutadas por un solo artista. *Asistimos a un recital de aquella conocida cantante.*

2. Lectura o recitación de composiciones de un poeta. *Fuimos a un recital de poemas de Lorca.*

recitar (re-ci-**tar**) verbo

Decir en voz alta o de memoria versos, discursos, lecciones, etc. *Recitó un poema de Gustavo Adolfo Bécquer.* **SIN.** Declamar.

reclamación

(re-cla-ma-**ción**) sustantivo femenino

Oposición o protesta que se hace por algo injusto. *Pidió el libro de reclamaciones para quejarse por el mal servicio.* **SIN.** Reivindicación.

reclamar (re-cla-**mar**) verbo

Pedir o exigir con razón una cosa. *Reclamó lo que le debían.* **SIN.** Reivindicar, demandar.

reclinar (re-cli-**nar**) verbo

Inclinar una cosa, el cuerpo, o parte de él, apoyándolo sobre alguna otra cosa. *Reclinó la cabeza.* **SIN.** Recostar, apoyar.

recluir (re-clu-**ir**) verbo

Encerrar a alguien. *El juez ordenó recluir al reo hasta que se celebrara el juicio.* **SIN.** Arrestar, confinar. **ANT.** Liberar, soltar.

✎ Verbo irregular, se conjuga como *huir*.

recluso, reclusa

(re-**clu**-so) adjetivo y sustantivo

Se dice de la persona encarcelada. *Hicieron un programa sobre la vida diaria de los reclusos.* **SIN.** Prisionero, presidiario, preso. **ANT.** Libre.

recluta (re-**clu**-ta) sustantivo
Persona alistada en el ejército. *El ejército necesitaba nuevos reclutas y se alistó voluntario.*

reclutar (re-clu-**tar**) verbo
1. Alistar personas para hacer el servicio militar o para formar un ejército. *La guerrilla estaba reclutando voluntarios entre los campesinos.* **SIN.** Enrolar, levar.
2. Captar personas para algún fin o actividad. *Reclutó muchos socios.* **SIN.** Afiliar.

recobrar (re-co-**brar**) verbo
1. Volver a tener algo que se había perdido. *Los buzos recobraron el viejo tesoro hundido.* **SIN.** Retomar, recuperar.
2. recobrarse Restablecerse de un daño recibido o de un accidente o enfermedad. *Se recobró de la operación con rapidez.* **SIN.** Reponerse, mejorar, sanar.

recochineo
(re-co-chi-**ne**-o) sustantivo masculino
Burla o ironía molestas. *Me lo dijo con recochineo.* **SIN.** Ensañamiento, befa. **ANT.** Respeto.

recodo (re-**co**-do) sustantivo masculino
Ángulo cerrado que forman las calles, caminos, ríos, etc., al curvarse. *Encontramos una madriguera en un recodo del río.* **SIN.** Esquina, revuelta. **ANT.** Recta.

recogedor
(re-co-ge-**dor**) sustantivo masculino
Utensilio para recoger la basura que se amontona al barrer. *Trae la escoba y el recogedor.*

recoger (re-co-**ger**) verbo
1. Levantar algo que se ha caído. *Mi hermano se agachó para recoger las llaves del suelo.* **SIN.** Alzar. **ANT.** Tirar, arrojar.
2. Juntar lo que está separado o disperso. *El delegado recogió el dinero de todos para la excursión.* **SIN.** Reunir.
3. Ordenar y asear una casa, una habitación, etc. *Recoge tu habitación antes de salir.* **ANT.** Desordenar.
4. Hacer la recolección de los frutos. *El mal tiempo nos impidió recoger la cosecha.* **SIN.** Recolectar, cosechar. **ANT.** Sembrar.
5. Ir a buscar a una persona o cosa donde sabemos que se encuentra. *Te recogeré en la estación.*
6. recogerse Peinarse el cabello de modo que se reduzca su longitud. *Me recogí el pelo en una coleta porque me daba calor.* **SIN.** Atarse. **ANT.** Soltarse.
✎ Se conjuga como *proteger*.

recolección
(re-co-lec-**ción**) sustantivo femenino
Cosecha de los frutos y época en la que tiene lugar. *Participamos en la recolección de la manzana.* **SIN.** Vendimia.

recolectar (re-co-lec-**tar**) verbo
Recoger la cosecha. *Recolectaron dinero para el asilo.* **SIN.** Cosechar, vendimiar. **ANT.** Sembrar.

recomendación
(re-co-men-da-**ción**) sustantivo femenino
1. Consejo que se le da a alguien. *No hizo caso de las recomendaciones de sus padres.*
2. Elogio, alabanza de una persona con algún fin concreto. *Consiguió el trabajo por recomendación.*

recomendar (re-co-men-**dar**) verbo
1. Hablar bien de algo o de alguien con algún fin concreto. *Recomendó sus productos.* **SIN.** Alabar, ensalzar.
2. Aconsejar a alguien para un bien suyo. *Te recomiendo que tengas mucho cuidado.*
✎ Verbo irregular, se conjuga como *acertar*.

recompensa - reconstruir

recompensa

(re-com-**pen**-sa) sustantivo femenino

Premio o gratificación que se da por un servicio o favor prestados. *La bici fue su recompensa por haber estudiado mucho.* **SIN.** Beneficio, premio.

recompensar

(re-com-pen-**sar**) verbo

Premiar o retribuir un servicio, favor o mérito. *Recompensó su trabajo con una propina y una buena cena.*

recomponer (re-com-po-**ner**) verbo

Reparar una cosa que se había roto o estropeado. *El fontanero recompuso el grifo averiado.* **SIN.** Arreglar. **ANT.** Estropear.

✎ Verbo irregular, se conjuga como *poner*. Su participio es *recompuesto*.

reconciliar

(re-con-ci-**liar**) verbo

Hacer que dos o más personas vuelvan a tener las relaciones que habían perdido. *Se reconciliaron después de estar un tiempo sin hablarse.* **SIN.** Contentar(se). **ANT.** Enemistar(se).

✎ Se conjuga como *cambiar*.

recóndito, recóndita

(re-**cón**-di-to) adjetivo

Muy escondido, reservado y oculto. *Estará oculto en algún lugar recóndito.* **SIN.** Hondo, secreto. **ANT.** Visible, patente.

reconfortar

(re-con-for-**tar**) verbo

Dar ánimos o devolver las fuerzas perdidas. *Lo reconfortaron tus palabras.* **SIN.** Alentar, aliviar. **ANT.** Debilitar, cansar.

reconocer

(re-co-no-**cer**) verbo

1. Examinar con cuidado a una persona o cosa para enterarse de su identidad, naturaleza, etc. *Los médi-*cos reconocen a los enfermos. **SIN.** Explorar, analizar.

2. Darse cuenta de que una persona o cosa es la misma que se cree o se busca. *Reconocí a tu hermano por la foto.* **SIN.** Identificar, distinguir. **ANT.** Desconocer.

3. Confesar una equivocación, dar la razón a otro. *Tengo que reconocer que lo que dices es cierto, sin ninguna duda.* **SIN.** Aceptar, admitir. **ANT.** Negar, rechazar.

4. Manifestar una persona que es cierto lo que otro dice. *Reconoció sus argumentos.* **SIN.** Ratificar, afirmar. **ANT.** Negar, refutar.

✎ Verbo irregular, se conjuga como *parecer*.

reconocimiento

(re-co-no-ci-**mien**-to) sustantivo masculino

1. Acción de reconocer con cuidado a una persona o cosa. *Ya tengo el resultado del reconocimiento médico.*

2. Agradecimiento, gratitud. *Le expresó su reconocimiento con un ramo de flores.*

reconquista

(re-con-**quis**-ta) sustantivo femenino

Recuperación de algo perdido, sobre todo un territorio en la guerra. *La reconquista de Granada tuvo lugar en 1492.* **ANT.** Pérdida.

reconstruir

(re-cons-tru-**ir**) verbo

1. Volver a construir una cosa que está en ruinas o en mal estado. *Reconstruyeron el castillo.*

2. Recordar y reunir todas las circunstancias de un hecho para completar su conocimiento. *En la película, los detectives reconstruyeron los hechos del crimen.*

✎ Verbo irregular, se conjuga como *huir*.

recopilación

(re-co-pi-la-**ción**) sustantivo femenino
Colección o unión de varias obras que estaban dispersas. *Esta cantante ha publicado una recopilación de sus canciones.* **SIN.** Antología.

recopilar (re-co-pi-**lar**) verbo
Juntar, recoger o unir diversas cosas que estaban diseminadas. *Recopilaron sus poemas en un solo libro.* **SIN.** Coleccionar, compilar, reunir.

récord (**ré**-cord) sustantivo masculino
1. Resultado máximo que se alcanza en un deporte o que alcanza un deportista en una prueba. *Tenía el récord del mundo en salto de longitud.* **SIN.** Marca.
2. Resultado máximo o mínimo en otras actividades. *El diccionario fue un récord de ventas.*

recordar (re-cor-**dar**) verbo
1. Traer a la memoria una cosa. *Recuerdo que de niños jugábamos al escondite.* **SIN.** Acordarse, evocar, rememorar. **ANT.** Olvidar.
2. Hacer que alguien tenga presente alguna cosa. *Recuerda que tienes que regar las flores.*
3. Parecerse una cosa a otra. *Su cara me recordaba a la de su madre.* **SIN.** Semejar, tirar.
✎ Verbo irregular, se conjuga como *contar.*

recordatorio

(re-cor-da-**to**-rio) sustantivo masculino
Tarjeta en la que se recuerda un acontecimiento como la primera comunión, o el fallecimiento o aniversario de una persona. *Encargó los recordatorios de la primera comunión.*

recorrer

(re-co-**rrer**) verbo
Atravesar un lugar o espacio o seguir un camino determinado. *Recorro el mismo camino todos los días.* **SIN.** Andar, correr, transitar, viajar.

recorrido

(re-co-**rri**-do) sustantivo masculino
Conjunto de lugares por los que se pasa al trasladarse de un sitio a otro, al hacer un viaje, una carrera, etc. *El recorrido hasta la cabaña es largo.* **SIN.** Camino, ruta.

recortable

(re-cor-**ta**-ble) sustantivo masculino
Hoja de papel con figuras que se recortan para jugar con ellas o reproducir un modelo. *Se entretiene mucho con los recortables.*

recortado, recortada

(re-cor-**ta**-do) adjetivo
Se dice de aquello que presenta bordes con entrantes y salientes. *Su costa es muy recortada.*

recortar

(re-cor-**tar**) verbo
1. Cortar lo que sobra de una cosa. *El peluquero recortó el pelo de mi perro.* **SIN.** Podar.
2. Cortar con arte el papel u otra cosa en varias figuras. *Recortó los adornos de Navidad.*
3. Disminuir, hacer más pequeña una cosa. *Recortaron los sueldos para no cerrar la empresa.* **SIN.** Empequeñecer. **ANT.** Agrandar, ampliar.

recorte

(re-**cor**-te) sustantivo masculino
1. Acción de disminuir una cosa o cortar lo que sobra. *No hay dinero, por lo que se harán recortes en los gastos.*
2. Parte que se recorta o lo que sobra al recortar. *Pide al carpintero unos recortes de madera.*
3. Noticia breve de un periódico. *Guardó el recorte del artículo.*

recrear

(re-cre-**ar**) verbo
1. Causar regocijo y alegría. *Se recrea viendo películas de vaqueros.*

SIN. Divertir, entretener. **ANT.** Fastidiar, cansar, aburrir.

2. Producir de nuevo una cosa o reproducirla haciéndola igual que un modelo. *El libro recrea el ambiente de un colegio.*

recreativo, recreativa

(re-cre-a-**ti**-vo) adjetivo

Que divierte o es capaz de producir diversión y alegría. *Le regalaron unos juegos recreativos.*

recreo (re-**cre**-o) sustantivo masculino

En los colegios, interrupción de las clases durante un breve período de tiempo destinado al juego y al descanso. *Llevaba un bocadillo para comerlo en el recreo.*

rectángulo

(rec-**tán**-gu-lo) sustantivo masculino

Polígono de cuatro ángulos rectos y de lados iguales dos a dos. *El terreno de juego de un campo de fútbol tiene forma de rectángulo.*

rectificar (rec-ti-fi-**car**) verbo

1. Corregir una cosa que estaba mal. *Rectifiqué el resultado del problema y aprobé.* **SIN.** Enmendar, modificar, reformar.

2. Modificar una persona sus opiniones o conducta por considerarlas equivocadas o para mejorarlas. *Rectificó y pidió perdón a su madre.*

✎ Se conjuga como *abarcar*.

recto, recta (**rec**-to) adjetivo

1. Que no se inclina a un lado ni a otro. *La Torre de Pisa no está recta.* **SIN.** Directo, derecho. **ANT.** Doblado, curvo, ondulado.

2. Se dice de la persona justa. *Los jueces deben ser rectos.* **SIN.** Íntegro, imparcial. **ANT.** Injusto.

3. adjetivo y sustantivo femenino Se dice de la línea que no tiene ninguna curva. *En línea recta, hay 30 kilómetros.*

recuadro

(re-**cua**-dro) sustantivo masculino

Compartimiento o división en forma de cuadro. *Pintó cada recuadro de un color.*

recuento

(re-**cuen**-to) sustantivo masculino

Cuenta o segunda cuenta que se hace de una cosa. *Han realizado el recuento de votos de las elecciones.*

recuerdo

(re-**cuer**-do) sustantivo masculino

1. Memoria de una cosa pasada. *Guardo un buen recuerdo de aquel día de verano.* **SIN.** Rememoración, evocación. **ANT.** Olvido.

2. Objeto que sirve para recordar a una persona o un lugar. *Te he traído un recuerdo de París.*

3. sustantivo masculino plural Saludo que una persona envía a alguien a través de otro. *Dale recuerdos a Luis de mi parte.*

recuperación

(re-cu-pe-ra-**ción**) sustantivo femenino

1. Acción de recuperar una persona su salud o lo que había perdido. *Experimentó una pronta recuperación.*

2. Examen que se realiza para aprobar una materia que había sido suspendida en un examen anterior. *Mañana es la recuperación de Lengua.* **SIN.** Repesca.

recuperar (re-cu-pe-**rar**) verbo

1. Volver a tener algo que se había perdido. *Los buzos recuperaron el viejo tesoro hundido.* **SIN.** Recobrar. **ANT.** Perder.

2. Trabajar o aprovechar un tiempo para compensar otro que no se había trabajado. *Tenía que recuperar las clases perdidas por su enfermedad.*

3. Aprobar una materia que se tenía suspensa. *Tengo que recuperar el examen de Física.* **ANT.** Suspender.

4. recuperarse Volver a encontrarse bien después de una enfermedad o situación desagradable. *Se recuperó de la operación con rapidez.* **SIN.** Curarse, reponerse, recobrarse. **ANT.** Empeorar.

recurrir (re-cu-**rrir**) verbo
1. Acudir a un juez o autoridad con una demanda o petición. *Recurrió la multa que le pusieron injustamente.* **SIN.** Apelar, reclamar, demandar.
2. Valerse de alguien o algo para conseguir una cosa o en busca de ayuda. *Recurrió a sus padres para que la ayudasen.* **SIN.** Ampararse.

recurso (re-**cur**-so) sustantivo masculino
1. Medio que se emplea para conseguir lo que se pretende o salir airoso de una situación. *No tuvo más recurso que salir corriendo.*
2. Demanda o petición ante un juez u otra autoridad. *Presentó un recurso en el juzgado en contra de la sentencia.*
3. sustantivo masculino plural Bienes, medios de subsistencia. *No tiene recursos; vive de la caridad de los demás.*

red sustantivo femenino
1. Aparejo hecho con hilos, cuerdas o alambres trabados en forma de mallas, y dispuesto para pescar, cazar, sujetar, etc. *Los pescadores sacaron las redes llenas de peces.* **SIN.** Malla.
2. Conjunto y trabazón de cosas o personas relacionadas entre sí. *Ha habido un fallo en la red eléctrica.* **SIN.** Organización.
3. Conjunto de establecimientos o construcciones distribuidos por varios lugares y que pertenecen a una sola empresa. *Mi primo es dueño de una red de gasolineras.* **SIN.** Cadena.
4. Conjunto de ordenadores que están conectados. *Internet es una red informática mundial.*

5. red social sustantivo femenino Servicio web que permite a usuarios de internet crear su propio perfil y establecer diferentes tipos de relaciones (de amistad, afectiva, familiar, laboral...) con otros usuarios. *Muchos jóvenes hoy en día se comunican a través de las redes sociales.*

REDES SOCIALES MÁS CONOCIDAS	
Tuenti	Google+
Facebook	Linkedin
Twitter	MySpace

redacción
(re-dac-**ción**) sustantivo femenino
1. Composición escrita sobre un tema. *El ejercicio de Lengua era una redacción sobre la paz en el mundo.* **SIN.** Narración, descripción.
2. Acción y efecto de redactar. *La redacción del libro no es muy buena.*
3. Lugar u oficina donde se redacta, y conjunto de personas que trabajan allí. *La noticia llegó pronto a la redacción del periódico.*

redactar (re-dac-**tar**) verbo
Poner por escrito cosas sucedidas, noticias o una cosa pensada con anterioridad. *El periodista redactó un artículo sobre las vacaciones.* **SIN.** Escribir, componer.

redactor, redactora
(re-dac-**tor**) sustantivo
Que forma parte de una redacción. *Es redactor de un conocido periódico.* **SIN.** Periodista.

redada
(re-**da**-da) sustantivo femenino
Operación policial que consiste en apresar de una vez a un conjunto de personas. *La Policía efectuó una redada en su barrio.*

redicho, redicha (re-**di**-cho) adjetivo

Se dice de la persona que habla pronunciando las palabras con una perfección excesiva. *Luis es un redicho.* **SIN.** Pedante.

redil (re-**dil**) sustantivo masculino

1. Terreno vallado en el que se recoge o guarda el ganado. *Metió a las ovejas en el redil.*

2. volver alguien al redil expresión Retornar al grupo, familia, etc. de los que se había separado. *Mi prima, la que se escapó de casa, volvió al redil.*

redoblar (re-do-**blar**) verbo

1. Aumentar una cosa. *En pocos años, se había redoblado el número de estudiantes.* **SIN.** Incrementar. **ANT.** Disminuir.

2. Tocar redobles en el tambor. *Redoblaban los tambores de la banda.*

redoble (re-**do**-ble) sustantivo masculino

Sonido que se produce tocando rápidamente el tambor con los palillos. *A lo lejos se oían los redobles del tambor.*

redondear (re-don-de-**ar**) verbo

1. Poner redonda una cosa. *Redondeó las esquinas.*

2. Hablando de cantidades, añadir o quitar una parte, de manera que se acerque a la cantidad más cercana y más sencilla. *Son 497 euros, 500 para redondear.*

3. Terminar algo de modo satisfactorio. *Redondeó su trabajo con un toque especial.* **SIN.** Acabar, pulir.

redondel (re-don-**del**) sustantivo masculino

Círculo o circunferencia. *Dibuja un redondel.*

redondo, redonda

(re-**don**-do) adjetivo

1. Que tiene forma de círculo o esfera. *La Tierra tiene una forma casi redonda, aunque achatada por los polos.* **SIN.** Circular, esférico.

2. Se dice de lo que resulta perfecto. *El negocio le salió redondo.* **SIN.** Acertado. **ANT.** Imperfecto.

reducir (re-du-**cir**) verbo

1. Hacer una cosa más pequeña. *Reduje mi exposición por falta de tiempo.* **SIN.** Disminuir, cortar. **ANT.** Aumentar, ampliar.

2. Hacer que un cuerpo cambie de estado, generalmente más pequeño. *Lo redujo a polvo.* **SIN.** Transformar, cambiar, licuar.

3. Persuadir a alguien por medio de razones para que no emplee la fuerza. *Los propios vecinos redujeron a los atracadores.* **SIN.** Disuadir.

✎ Verbo irregular, se conjuga como *conducir.*

reemplazar (re-em-pla-**zar**) verbo

Sustituir una cosa o persona por otra para el mismo trabajo o fin. *Reemplazó el viejo sofá por uno más cómodo.* **SIN.** Relevar, suplir.

✎ Se conjuga como *abrazar.*

referencia (re-fe-**ren**-cia) sustantivo femenino

1. Narración o relación de una cosa. *Hizo una breve referencia de los hechos.* **SIN.** Informe.

2. Relación, dependencia o semejanza de una cosa o persona con otra. *Mi referencia más cercana es mi familia.* **SIN.** Modelo.

3. Dato que se tiene sobre las cualidades de una persona, especialmente en relación a su trabajo. *Tenía buenas referencias de él.* ✎ Se usa más en plural.

referéndum

(re-fe-**rén**-dum) sustantivo masculino

Consulta que se hace al pueblo en un tema de interés nacional. *Votaron muchas personas en el referéndum.* **SIN.** Plebiscito.

✎ Su plural es *referéndums.*

referir (re-fe-**rir**) verbo
1. Contar algo. *Les referí mi último sueño.* **SIN.** Relatar, narrar.
2. referirse Decir algo de una persona o cosa de forma directa o indirecta. *Se refería a ti cuando dijo que nadie lo había ayudado.* **SIN.** Aludir, citar.
✎ Verbo irregular, se conjuga como *sentir.*

refilón (re-fi-**lón**)
de refilón expresión De pasada, sin detenimiento. *Se tocó el tema de refilón.*

refinado, refinada
(re-fi-**na**-do) adjetivo
Sobresaliente, muy fino en cualquier especie. *Ha recibido una educación muy refinada.* **SIN.** Delicado, distinguido. **ANT.** Tosco.

refinar (re-fi-**nar**) verbo
1. Hacer una cosa más fina y pura, separando las impurezas. *Refinaban el aceite.* **SIN.** Depurar.
2. Perfeccionar una persona sus modales y gustos. *Ha refinado sus modales últimamente.*

refinería
(re-fi-ne-**rí**-a) sustantivo femenino
Instalación industrial en la que se refinan determinados productos. *Instalaron una refinería de petróleo en esa zona.*

reflejar (re-fle-**jar**) verbo
1. Cambiar de dirección la luz, el sonido, el calor, etc., oponiéndoles una superficie lisa. *Con un espejo, reflejaba los rayos de sol en la pared.* **SIN.** Reflectar.
2. Formarse en una superficie lisa, como un espejo o el agua, la imagen de algo. *Las montañas se reflejaban en el agua.*
3. Expresar de forma clara una cosa. *Reflejó sus conocimientos en la redacción.*

reflejo, refleja (re-**fle**-jo) adjetivo
1. Se dice de los actos que se realizan de forma inconsciente e involuntaria. *Cerrar los ojos ante un destello de luz es un acto reflejo.* **SIN.** Automático, espontáneo.
2. sustantivo masculino Luz o imagen reflejada. *Vi mi reflejo en el agua.*
3. sustantivo masculino Representación o muestra de algo. *Vi en sus ojos el reflejo de su tristeza.*
4. sustantivo masculino plural Capacidad de alguien para reaccionar rápida y eficazmente ante algo. *Consiguió esquivar al otro coche gracias a sus reflejos.*

reflexión
(re-fle-**xión**) sustantivo femenino
Consideración, meditación hecha con detenimiento. *Después de muchas reflexiones, tomó una decisión.*

reflexionar (re-fle-xio-**nar**) verbo
Considerar nueva o detenidamente una cosa. *Deberías reflexionarlo con calma.* **SIN.** Calcular, meditar, cavilar, recapacitar.

reflexivo, reflexiva
(re-fle-**xi**-vo) adjetivo
1. Acostumbrado a hablar y a obrar con reflexión. *Es una persona muy reflexiva y prudente.* **SIN.** Pensativo, sensato. **ANT.** Irreflexivo.
2. Se dice del verbo u oración cuya acción recae sobre el mismo ser que la ejecuta. *Lavarse es un verbo reflexivo.*

reforestar (re-fo-res-**tar**) verbo
Repoblar un terreno con árboles y otras especies forestales. *Van a reforestar esa zona.* **SIN.** Replantar.

reforma (re-**for**-ma) sustantivo femenino
Lo que se propone, proyecta o ejecuta como innovación o mejora en alguna cosa. *Aprobaron la reforma.* **SIN.** Corrección, enmienda, perfeccionamiento.

reformar - refugiado

reformar (re-for-**mar**) verbo
1. Modificar algo para mejorarlo. *Reformaron la ley para adaptarla a los nuevos tiempos.* **SIN.** Reparar.
2. reformarse Corregirse en las costumbres o conducta. *Su hijo consiguió reformarse de sus malos hábitos.* **SIN.** Enmendarse.

reformatorio
(re-for-ma-**to**-rio) sustantivo masculino
Centro en donde, por medios educativos especiales, se trata de modificar la inadecuada conducta de algunos jóvenes. *Había pasado dos años en el reformatorio.* **SIN.** Correccional.

reforzar (re-for-**zar**) verbo
1. Añadir nuevas fuerzas a una cosa. *Tras la votación, la democracia se reforzó.* **SIN.** Acrecentar, vigorizar, fortalecer. **ANT.** Debilitar.
2. Animar, alentar, dar espíritu. *Reforzó sus esperanzas de conseguirlo.* **SIN.** Vigorizar, alentar.
✎ Verbo irregular, se conjuga como *contar*. Se escribe *-c-* en vez de *-z-* seguido de *-e*, como en *refuerce*.

refrán (re-**frán**) sustantivo masculino
Dicho agudo y sentencioso de uso común. *«Más vale pájaro en mano que ciento volando»* es un refrán muy conocido. **SIN.** Aforismo, máxima, proverbio.

refrescar (re-fres-**car**) verbo
1. Disminuir o rebajar el calor de una cosa o persona. *Una ducha fría te refrescará si tienes calor.* **SIN.** Enfriar. **ANT.** Calentar.
2. Renovar un sentimiento, recuerdo, etc. *Aquella foto le refrescó sus recuerdos.* **SIN.** Evocar.
3. Disminuir el calor del aire. *Por las noches, refresca mucho.*
✎ Se conjuga como *abarcar*.

refresco (re-**fres**-co) sustantivo masculino
Bebida sin alcohol que se suele tomar fría y que generalmente se hace a partir de alguna fruta, con agua y azúcar. *Me encantan los refrescos con sabor a limón.*

refrigeración
(re-fri-ge-ra-**ción**) sustantivo femenino
Acción y efecto de refrigerar o refrigerarse. *En el local había buena refrigeración y estaba muy fresquito en verano.*

refrigerador, refrigeradora
(re-fri-ge-ra-**dor**) adjetivo y sustantivo
Se dice de los aparatos e instalaciones que sirven para refrigerar o enfriar. *Saca el agua del refrigerador.*

refrigerar (re-fri-ge-**rar**) verbo
1. Refrescar, disminuir el calor. *Pon el ventilador para que refrigere el ambiente.* **SIN.** Enfriar. **ANT.** Calentar.
2. Enfriar en cámaras especiales alimentos y otros productos para su conservación. *Este frigorífico no refrigera bien.*

refuerzo
(re-**fuer**-zo) sustantivo masculino
1. Ayuda que se presta en situación de necesidad. *Llegaron refuerzos de los pueblos vecinos para apagar el fuego.* **SIN.** Amparo, apoyo, auxilio.
2. Apoyo con que se fortalece o afirma una cosa que puede amenazar ruina. *Un muro de ladrillo servía de refuerzo a la pared.* **SIN.** Estribo, soporte, sostén.
3. sustantivo masculino plural Tropas que se suman a otras para aumentar su fuerza. *Las tropas acantonadas estaban esperando refuerzos para atacar.*

refugiado, refugiada
(re-fu-**gia**-do) sustantivo
Persona que, a consecuencia de una guerra o persecución, tiene que buscar asilo en otro país. *Visitaron un cam-*

po de refugiados. **SIN.** Acogido, exiliado, desterrado. **ANT.** Repatriado.

refugiar (re-fu-**giar**) verbo
Amparar o acoger a alguien que sufre algún peligro o persecución. *Llovía tanto que tuvimos que refugiarnos en una cueva.* **SIN.** Amparar(se), guarecer(se). **ANT.** Desamparar, abandonar(se).
✎ Se conjuga como *cambiar*.

refugio
(re-**fu**-gio) sustantivo masculino
1. Asilo, acogida o amparo. *Buscó refugio en ella.*
2. Lugar que sirve para protegerse de algún peligro. *Los montañeros pasaron la noche en el refugio.* **SIN.** Albergue, guarida.

refunfuñar (re-fun-fu-**ñar**) verbo
Emitir voces confusas o palabras entre dientes en señal de enfado o desagrado. *Lo hizo, pero no dejó de refunfuñar.* **SIN.** Murmurar, rezongar.

regadera
(re-ga-**de**-ra) sustantivo femenino
1. Vasija o recipiente portátil que sirve para regar, que tiene un tubo terminado en una boca con muchos agujeros por donde sale el agua. *Llena la regadera para regar estas macetas.*
2. estar alguien como una regadera expresión Estar algo chiflado o tener un carácter raro. *El viejo profesor está como una regadera: muchas veces, habla solo.*

regalar (re-ga-**lar**) verbo
Dar algo a una persona como muestra de cariño. *A mi hermano le regalaron muchas cosas en su cumpleaños.* **SIN.** Agasajar, obsequiar.

regaliz (re-ga-**liz**) sustantivo masculino
1. Planta de cuya raíz se extrae la golosina del mismo nombre. *Fuimos a recoger regaliz al campo.*

2. Barrita o pastilla dulce que se toma como golosina y que se extrae de la raíz de la planta del mismo nombre. *Me han regalado un caja de pastillas de regaliz.*
✎ Su plural es *regalices*.

regalo (re-**ga**-lo) sustantivo masculino
Obsequio que se da sin esperar nada a cambio. *Ese fue mi regalo de aniversario.* **SIN.** Donación, ofrenda, obsequio.

regañadientes (re-ga-ña-**dien**-tes)
a regañadientes expresión De mala gana y refunfuñando. *La niña se fue a la cama a regañadientes.*

regañar (re-ga-**ñar**) verbo
1. Reñir, disputar dos o más personas. *Estuvieron regañando por una tontería.* **SIN.** Enfadarse. **ANT.** Contentarse.
2. Reprender, echar en cara a alguien su mal comportamiento. *Le regañaron sus padres por no hacer los deberes.*

regañina (re-ga-**ñi**-na) sustantivo femenino
Reprimenda que se le da a alguien por su mal comportamiento. *Le cayó una buena regañina por haber llegado tarde.* **SIN.** Rapapolvo.

regar (re-**gar**) verbo
1. Echar agua sobre las plantas o sobre un terreno. *Acuérdate de regar las plantas.* **SIN.** Asperger, irrigar.
2. Pasar un río o canal por un sitio determinado. *El Misisipi riega gran parte de América del Norte.* **SIN.** Bañar, atravesar.
✎ Se conjuga como *ahogar*.

regata (re-**ga**-ta) sustantivo femenino
Carrera que se disputa entre dos o más embarcaciones. *Era la primera vez que participaba en una regata.*

regate (re-**ga**-te) sustantivo masculino
Movimiento rápido que se hace para evitar un golpe, caída o la presencia

regatear - regla

de alguien. *Hizo un hábil regate y logró que no le quitaran el balón.*

regatear (re-ga-te-**ar**) verbo
1. Debatir el comprador y el vendedor el precio de una cosa puesta en venta. *Después de mucho regatear el precio, lo consiguió más barato.*
2. Hacer movimientos rápidos para evitar un golpe, una caída o la presencia de alguien. *Logró regatear el obstáculo y no chocar con él.*

regazo (re-ga-zo) sustantivo masculino
Especie de cavidad que se forma desde la cintura hasta la rodilla, estando la persona sentada. *Le gustaba sentarse en su regazo.*

régimen (**ré**-gi-men) sustantivo masculino
1. Forma de gobierno de un determinado país. *Han instaurado un régimen parlamentario.*
2. Conjunto de normas sobre los alimentos que debe guardar una persona por motivos de salud. *El médico le ha puesto a régimen porque es diabético.* **SIN.** Dieta.
✎ Su plural es *regímenes*.

regimiento
(re-gi-**mien**-to) sustantivo masculino
1. Tropas militares que están al mando de un coronel. *Estuvo al mando de nuestro regimiento.*
2. Conjunto numeroso de personas. *A comer éramos un regimiento.* **SIN.** Multitud.

región (re-**gión**) sustantivo femenino
Parte de una nación o territorio que tiene características propias, como clima, producción, topografía, gobierno, lengua, etc. *En las regiones montañosas hay buenos pastos para el ganado.*

regional (re-gio-**nal**) adjetivo
Que pertenece o se refiere a una región. *Va a clase de danzas regionales.*

regir (re-**gir**) verbo
Dirigir o gobernar. *El Parlamento rige los destinos del país.*
✎ Verbo irregular, se conjuga como *pedir*. Se escribe *-j-* en vez de *-g-* seguido de *-a* y *-o*, como en *rija* o *rijo*.

registrar (re-gis-**trar**) verbo
1. Examinar con todo cuidado y detalle una persona o cosa. *La detective registró la casa.*
2. Inscribir en una oficina determinados documentos públicos, instancias, etc. *Llevamos los documentos de la casa al Registro de la Propiedad.*
3. Inscribir o apuntar a alguien en una lista. *Nos registramos en el hotel al llegar a la ciudad.*
4. Anotar de forma automática un aparato los datos propios de su función, tales como presión, temperatura, velocidad, sonido, etc. *El termómetro apenas había registrado variación.*
5. registrarse Producirse ciertas cosas que pueden medirse. *Se ha registrado un aumento del número de aves en la laguna.*

registro
(re-**gis**-tro) sustantivo masculino
1. Acción de examinar con todo detalle a una persona o cosa. *Hicieron un registro de posesión de drogas.*
2. Departamento especial de la Administración Pública. *Inscribió el nombre de su hija en el Registro Civil.*
3. Libro a modo de lista o inventario, en que se realizan anotaciones. *Comprobó el registro de clientes del hotel para saber si había alguna habitación libre.*

regla (re-gla) sustantivo femenino
1. Instrumento para trazar líneas rectas y medir. *Utiliza la regla para subrayar lo más importante.*

2. Norma establecida por las personas para poder hacer una cosa. *Cuéntame las reglas del juego, que no las conozco.* **SIN.** Reglamento, pauta, máxima, precepto, ley.

3. Hemorragia que se produce en la vagina de las mujeres y de las hembras de algunos animales, durante unos días de cada mes y a partir de una cierta edad. *A partir de la primera regla, el cuerpo de la mujer está preparado para tener hijos.* **SIN.** Menstruación.

4. por regla general expresión Casi siempre. *Por regla general comemos a las dos de la tarde.*

5. en regla, o en toda regla expresión Como corresponde o es debido. *No pueden expulsarme del país porque tengo mi documentación en regla.*

reglamento

(re-gla-**men**-to) sustantivo masculino

Conjunto de reglas o normas para poder realizar un deporte o juego, para poder organizar un grupo de personas u organismo, etc. *Los reglamentos deportivos prohíben el dopaje de los deportistas.* **SIN.** Código, estatuto.

regocijar (re-go-ci-**jar**) verbo

Alegrarse, causar gusto o placer a alguien. *Se regocijó al conocer la noticia de la boda de su amigo.* **SIN.** Festejar, distraer(se). **ANT.** Aburrir(se), entristecer(se).

regocijo

(re-go-**ci**-jo) sustantivo masculino

Alegría, gozo. *Tenía gran regocijo.* **ANT.** Tristeza, aburrimiento.

regresar (re-gre-**sar**) verbo

Volver al lugar de donde se salió. *Las golondrinas regresan a este nido cada verano.* **SIN.** Tornar, retornar. **ANT.** Alejarse, marcharse.

regreso (re-**gre**-so) sustantivo masculino

Acción de regresar. *Esperaban con ilusión el regreso a casa.* **SIN.** Retorno, vuelta.

reguero (re-**gue**-ro) sustantivo masculino

Corriente, a modo de chorro o de arroyo pequeño, que se hace en una cosa líquida. *Había un reguero de agua en el jardín.*

regular (re-gu-**lar**) adjetivo

1. Que sigue una regla determinada. *Hay verbos regulares como* cantar *e irregulares como* oír.

2. De tamaño o condición media. *La cosecha ha sido regular, ni buena ni mala.* **SIN.** Medio, mediano. **ANT.** Excepcional.

3. Sin cambios bruscos. *Su rendimiento es siempre muy regular.* **SIN.** Uniforme. **ANT.** Irregular.

4. adverbio No muy bien. *El examen me salió regular.*

5. verbo Poner en orden una cosa. *Los semáforos regulan el tráfico.*

6. verbo Ajustar el funcionamiento de un sistema. *Regula el color de la televisión, está muy oscura.*

✎ Como adjetivo, es igual en femenino y en masculino.

rehabilitar (re-ha-bi-li-**tar**) verbo

Habilitar de nuevo o restituir una persona o cosa a su antiguo estado. *Lo rehabilitaron en su puesto porque lo habían despedido de forma improcedente.* **SIN.** Restablecer(se), reponer(se).

rehacer (re-ha-**cer**) verbo

1. Volver a hacer lo que se había deshecho o restablecer lo que se ha perdido o deteriorado. *Después del incendio, la casa tuvo que rehacerse entera.* **SIN.** Reconstruir, recomponer, reparar, restaurar. **ANT.** Derruir, arruinar.

2. rehacerse Tomar nuevas fuerzas una persona, serenarse, mostrar tranquilidad. *Necesitaba un descanso para rehacerse.* **SIN.** Fortalecerse, tranquilizarse, sosegarse.

✎ Verbo irregular, se conjuga como *hacer.*

rehén (re-**hén**) sustantivo

Persona que se tiene prisionera y que utilizan sus secuestradores para conseguir dinero o algún trato beneficioso para ellos. *Los atracadores mantenían rehenes en su poder.*

rehilete

(re-hi-**le**-te) sustantivo masculino

Juguete de niños que consiste en una varilla en cuya punta hay una cruz o una estrella de papel, con las puntas en forma de aspa, que giran por la acción del viento. *Lo mejor de la clase de talleres fue cuando hicimos lo rehiletes de colores.*

rehuir (re-hu-**ir**) verbo

1. Retirar, apartar o evitar una cosa o situación por algún temor o sospecha. *La mayor parte de los animales rehúyen el fuego porque lo temen.* **SIN.** Eludir, esquivar. **ANT.** Afrontar, acometer.

2. Evitar el trato con alguien. *Rehuyó mi presencia.*

✎ Verbo irregular, se conjuga como *huir* y se acentúa como *reunir.*

rehusar (re-hu-**sar**) verbo

No aceptar una cosa. *Rehusó su ayuda porque su orgullo se resintió.* **SIN.** Renunciar, rechazar. **ANT.** Aceptar, admitir.

reina (**rei**-na) sustantivo femenino

1. Mujer que reina en un Estado. *La reina de España se llama Sofía.* **SIN.** Majestad, soberana.

2. Pieza del juego de ajedrez, la más importante después del rey. *La reina*

se puede desplazar en cualquier dirección del tablero.

3. Mujer que es elegida representante de algo determinado. *Fue elegida reina de las fiestas.*

4. Animal o cosa del género femenino, que sobresale o se distingue entre las demás de su clase o especie. *Ganó la etapa reina de la Vuelta Ciclista a España.*

reinado (rei-**na**-do) sustantivo masculino

Espacio de tiempo en que reinan un rey o una reina. *Durante el reinado de los Reyes Católicos se descubrió América.*

reinar (rei-**nar**) verbo

1. Gobernar un rey o príncipe un Estado. *En la monarquía, reinan una reina o un rey.*

2. Dominar o tener predominio una persona o cosa sobre otra. *Reinaba la calma en la biblioteca.* **SIN.** Predominar, imperar.

reincidir (rein-ci-**dir**) verbo

Volver a caer en un error, falta o delito. *No había vuelto a reincidir en la misma falta.* **SIN.** Recaer, reiterar, repetir.

reino (**rei**-no) sustantivo masculino

Territorio sobre el que gobierna un rey. *La infanta fue la representante del reino de España en la ceremonia.*

reír (re-**ír**) verbo

1. Mostrar alegría con sonidos y gestos. *El payaso hizo reír a los niños.* **SIN.** Sonreír, desternillarse, carcajearse. **ANT.** Llorar.

2. Hacer burla de una persona o cosa. *Sus compañeros se reían de ella porque no la comprendían.*

✎ Verbo irregular. Ver pág. 833.

reiterar (rei-te-**rar**) verbo

Volver a decir o hacer una cosa. *Reiteró sus declaraciones anteriores al juicio.* **SIN.** Repetir, insistir.

reír

MODO INDICATIVO		MODO SUBJUNTIVO	
Tiempos simples	Tiempos compuestos	Tiempos simples	Tiempos compuestos

Presente	**Pret. perf. compuesto / Antepresente**	**Presente**	**Pret. perf. compuesto / Antepresente**
río	he reído	ría	haya reído
ríes / reís	has reído	rías	hayas reído
ríe	ha reído	ría	haya reído
reímos	hemos reído	riamos	hayamos reído
reís / ríen	habéis reído	riais / rían	hayáis reído
ríen	han reído	rían	hayan reído

Pret. imperfecto / Copretérito	**Pret. pluscuamperfecto / Antecopretérito**	**Pret. imperfecto / Pretérito**	**Pret. pluscuamperfecto / Antepretérito**
reía	había reído	riera o riese	hubiera o hubiese reído
reías	habías reído	rieras o rieses	hubieras o hubieses reído
reía	había reído	riera o riese	hubiera o hubiese reído
reíamos	habíamos reído	riéramos o riésemos	hubiéramos o hubiésemos reído
reíais / reían	habíais reído	rierais o rieseis / rieran o riesen	hubierais o hubieseis reído
reían	habían reído	rieran o riesen	hubieran o hubiesen reído

Pret. perf. simple / Pretérito	**Pret. anterior / Antepretérito**		
reí	hube reído		
reíste	hubiste reído		
rio	hubo reído		
reímos	hubimos reído	**Futuro simple / Futuro**	**Futuro compuesto / Antefuturo**
reísteis / rieron	hubisteis reído	riere	hubiere reído
rieron	hubieron reído	rieres	hubieres reído
		riere	hubiere reído
		riéremos	hubiéremos reído
Futuro simple / Futuro	**Futuro compuesto / Antefuturo**	riereis / rieren	hubiereis reído
reiré	habré reído	rieren	hubieren reído
reirás	habrás reído		
reirá	habrá reído	**MODO IMPERATIVO**	
reiremos	habremos reído		
reiréis / reirán	habréis reído	ríe (tú) / reí (vos) / ría (usted)	
reirán	habrán reído	reíd (vosotros)	
		rían (ustedes)	

Condicional simple / Pospretérito	**Condicional compuesto / Antepospretérito**	**FORMAS NO PERSONALES**	
		Infinitivo	**Infinitivo compuesto**
		reír	haber reído
reiría	habría reído		
reirías	habrías reído	**Gerundio**	**Gerundio compuesto**
reiría	habría reído	riendo	habiendo reído
reiríamos	habríamos reído		
reiríais / reirían	habríais reído	**Participio**	
reirían	habrían reído	reído	

reivindicar (rei-vin-di-**car**) verbo

1. Exigir alguien aquello a lo que cree que tiene derecho. *Reivindican su derecho a defenderse.* **SIN.** Reclamar. **ANT.** Renunciar.

2. Reclamar la autoría de una acción. *El atentado fue reivindicado por ese grupo terrorista.*

✎ Se conjuga como *abarcar*.

reja (**re**-ja) sustantivo femenino

1. Red formada de barras de hierro, que se pone en las ventanas y otras aberturas para seguridad y adorno. *Pusieron rejas en las ventanas del chalé.* **SIN.** Verja.

2. entre rejas expresión Encarcelado. *El delincuente está entre rejas.*

rejilla (re-**ji**-lla) sustantivo femenino

1. Red de alambre, tela metálica, etc. que suele ponerse en las aberturas o sitios huecos. *Coloqué una rejilla en la ventana para que no entren mosquitos.*

2. Tejido hecho con pequeñas tiras cortadas de los tallos de algunas plantas. *Estas sillas tienen el respaldo y el asiento de rejilla.*

rejuvenecer (re-ju-ve-ne-**cer**) verbo

Dar a alguien la fuerza y el vigor propios de la juventud. *Después de la operación parecía que había rejuvenecido.* **ANT.** Avejentar, envejecer.

✎ Verbo irregular, se conjuga como *parecer*.

relación (re-la-**ción**) sustantivo femenino

1. Correspondencia o enlace que hay entre las personas o cosas. *La escarcha tiene una relación directa con el frío.* **SIN.** Conexión, unión, vínculo, nexo. **ANT.** Desconexión, desunión, independencia.

2. Lista de nombres o elementos. *Leyó la relación de los participantes.* **SIN.** Enumeración.

3. sustantivo femenino plural Influencias que tiene una persona. *Ascendió gracias a sus relaciones.*

4. relaciones públicas expresión Actividad profesional cuyo fin es dar a conocer personas, empresas, productos, etc. *Mi prima es relaciones públicas de una discoteca.*

relacionar (re-la-cio-**nar**) verbo

Poner en relación personas o cosas. *El policía relacionó los hechos y descubrió al asesino.* **SIN.** Comunicar(se), vincular(se).

relajar (re-la-**jar**) verbo

1. Eliminar la rigidez, dureza o tensión de una cosa. *Hicieron ejercicios para relajar los músculos.* **SIN.** Distender. **ANT.** Tensar.

2. Esparcir o divertir el ánimo con algún descanso. *La música me relaja.*

relamerse (re-la-**mer**-se) verbo

1. Lamerse los labios una y otra vez. *El perro no dejaba de relamerse con su hueso.* **SIN.** Chupar.

2. Saborear alguna cosa por anticipado. *Se relamía pensando en la tarta de cumpleaños.*

relámpago

(re-**lám**-pa-go) sustantivo masculino

1. Resplandor muy vivo y breve producido en las nubes por una descarga eléctrica. *La tormenta estalló con fuertes truenos y muchos relámpagos.* **SIN.** Rayo.

2. Usado junto con un sustantivo, expresa el carácter rápido o repentino de una cosa. *Su luna de miel fue un viaje relámpago a Escocia.*

relampaguear

(re-lam-pa-gue-**ar**) verbo

Haber relámpagos. *Relampagueaba y llovía abundantemente.*

✎ Solo se conjuga en tercera persona del singular.

relatar (re-la-**tar**) verbo

Contar, dar a conocer un hecho. *Relató todo lo sucedido.* **SIN.** Narrar. **ANT.** Callar.

relativo, relativa

(re-la-**ti**-vo) adjetivo

1. Que pertenece o se refiere a una persona o cosa. *Está preocupada por los problemas relativos a su trabajo.*
2. Se dice de lo que no es absoluto porque depende de su relación con otras cosas. *Pensar que ese coche es barato es relativo, depende del dinero que tengas.*

relato (re-la-to) sustantivo masculino

1. Narración de un hecho real o ficticio. *Comenzó su relato de lo sucedido.* **SIN.** Descripción, exposición, relación.
2. Cuento o novela corta. *Era un libro de varios relatos cortos.*

relax (re-**lax**) sustantivo masculino

Relajamiento físico o mental. *La lectura le servía de relax.* **SIN.** Descanso, relajación.
✎ Es igual en singular y en plural.

releer (re-le-**er**) verbo

Leer de nuevo o volver a leer una cosa. *Cuando tenga tiempo, quiero releer esa novela.*
✎ Verbo irregular, se conjuga como *creer*.

relevante

(re-le-**van**-te) adjetivo

Se dice de lo que destaca o de lo tiene gran importancia. *Asistieron relevantes personajes del mundo de la cultura.* **SIN.** Sobresaliente, excelente, importante. **ANT.** Accesorio, insignificante, nimio.

relevar (re-le-**var**) verbo

1. Liberar de una pena, castigo u obligación. *Le relevó el castigo.* **SIN.** Excusar, eximir, perdonar.

2. Sustituir a una persona por otra. *Relevó a su compañera en el turno de guardia.* **SIN.** Reemplazar.

relevo (re-le-vo) sustantivo masculino

1. Acción de reemplazar a una persona por otra en una actividad o cargo. *Faltaba una hora para el relevo de vigilancia.* **SIN.** Sustitución, cambio, turno.
2. carrera de relevos expresión Carrera en la que los participantes de cada equipo se reemplazan unos a otros, entregándose un objeto, llamado *testigo*, en un lugar determinado. *Se me cayó el testigo en la carrera de relevos y perdimos.*

relieve

(re-**lie**-ve) sustantivo masculino

1. Figura que sobresale sobre el plano de una superficie. *Sobre la puerta de la casa hay un relieve con el escudo de la familia.*
2. Conjunto de las diversas formas naturales de la superficie de la Tierra. *El relieve de la zona es montañoso.*
3. Importancia de una persona o cosa. *Es una pintora de gran relieve.* **SIN.** Consideración.
4. dar relieve a algo o poner de relieve una cosa expresión Hacer que destaque entre otras. *El abogado puso de relieve su inocencia.*

religión

(re-li-**gión**) sustantivo femenino

Conjunto de creencias sobre lo divino y lo sagrado. *En el mundo hay muchas religiones: cristianismo, budismo, judaísmo, islamismo, etc.* **SIN.** Confesión, doctrina.

religioso, religiosa

(re-li-**gio**-so) adjetivo

1. Que pertenece o se refiere a la religión. *Fue un compositor de música religiosa.*

2. Devoto, piadoso. *Es una familia muy religiosa.* **SIN.** Beato, fervoroso. **ANT.** Impío, ateo.

3. adjetivo y sustantivo Que ha tomado hábito en una orden religiosa cristiana. *Tiene un hermano religioso franciscano.* **SIN.** Fraile, monja, monje.

relinchar (re-lin-**char**) verbo

Emitir el caballo su sonido propio. *Los caballos estaban nerviosos y no dejaban de relinchar.*

relincho (re-**lin**-cho) sustantivo masculino

Sonido propio del caballo. *A lo lejos se oía el relincho de un caballo.*

reliquia (re-**li**-quia) sustantivo femenino

Parte del cuerpo de un santo, vestidura o algún otro objeto relacionado con él al que se adora. *En el convento había reliquias de Santa Teresa.*

rellano (re-**lla**-no) sustantivo masculino

Llano en que termina cada tramo de escalera. *Se encontraron en el rellano de la escalera.* **SIN.** Descansillo.

rellenar (re-lle-**nar**) verbo

1. Volver a llenar o llenar enteramente una cosa, sin dejar ningún espacio. *Rellena la botella de agua.* **SIN.** Atestar, colmar. **ANT.** Vaciar.

2. Llenar un ave u otro manjar de carne picada u otros ingredientes. *Rellené los pimientos con carne.* **SIN.** Embutir.

3. Cubrir con los datos necesarios un documento, instancia, etc. *Rellenó la solicitud con su nombre, dirección, etc.*

relleno, rellena (re-**lle**-no) adjetivo

1. Muy lleno. *Los adornos eran bonitos, pero la pared estaba demasiado rellena para mi gusto.* **SIN.** Saturado, colmado.

2. Se dice de la persona que está un poco gorda. *Mi padre está algo relleno, debería hacer más ejercicio.*

3. sustantivo masculino Material u objeto con que se rellena algo. *El relleno de ese cojín es de plumas.*

reloj (re-**loj**) sustantivo masculino

1. Máquina o instrumento que sirve para medir el tiempo o dividir el día en horas, minutos y segundos. *El reloj de la plaza marcaba las doce.*

2. contrarreloj sustantivo femenino y adjetivo Modalidad de las carreras, sobre todo ciclistas, en la que se cronometra el tiempo que cada participante emplea en recorrer un trayecto determinado. *Contador afirmó que estaba preparado para ganar la contrarreloj.* ✎ Su plural es *contrarrelojes.* También *contra reloj.*

3. contra reloj expresión Hacer las cosas, o resolver un asunto en un tiempo muy limitado. *Estoy trabajando contra reloj para terminar a tiempo.*

relojería

(re-lo-je-**rí**-a) sustantivo femenino

Taller o tienda donde se hacen o venden relojes. *Llevó el reloj a la relojería para arreglarlo.*

relucir (re-lu-**cir**) verbo

1. Despedir luz o brillar una cosa. *El suelo relucía de limpio que estaba.* **SIN.** Resplandecer, relumbrar.

2. Sobresalir alguien en alguna cualidad o por hechos buenos. *Reluce por su bondad.* **SIN.** Destacar.

3. sacar, o salir, a relucir expresión Mencionar algún hecho o razón. *Su exnovia sacó a relucir todos los trapos sucios de la relación.*

✎ Verbo irregular, se conjuga como *lucir.*

relumbrar

(re-lum-**brar**) verbo

Despedir luz o brillar una cosa. *La medalla relumbraba con el sol.* **SIN.** Resplandecer, relucir.

remangar (re-man-**gar**) verbo

Recoger hacia arriba las mangas o la ropa. *Se remangó los pantalones para meter los pies en el agua.* **SIN.** Arremangar (se).

✎ Se conjuga como *ahogar*.

remanso (re-**man**-so) sustantivo masculino

Detención o suspensión de la corriente del agua o cualquier otro líquido, y lugar en el que esta corriente se detiene. *Ese remanso del río es ideal para bañarse.*

remar (re-**mar**) verbo

Mover los remos de una embarcación para que esta se desplace en el agua. *Me pidió que remara yo un rato porque él ya estaba muy cansado.* **SIN.** Bogar.

remarcar (re-mar-**car**) verbo

Volver a marcar alguna cosa. *Remarcó que se trataba de una opinión personal.* **SIN.** Acentuar, subrayar. **ANT.** Olvidar, omitir.

✎ Se conjuga como *abarcar*.

rematar (re-ma-**tar**) verbo

1. Acabar una cosa. *Le queda solo una semana para rematar el trabajo.* **SIN.** Concluir, finalizar. **ANT.** Comenzar, empezar.

2. Poner fin a la vida de la persona o del animal que está en trance de muerte. *Remató al toro cuando estaba medio muerto.*

3. En el fútbol y otros deportes, finalizar una jugada disparando a la portería contraria. *El delantero remató y consiguió el gol del empate.*

remate (re-ma-te) sustantivo masculino

1. Lo que sirve para acabar o terminar una cosa. *Faltan unos remates para acabar la obra.* **SIN.** Término, fin. **ANT.** Inicio.

2. Acción y efecto de rematar en el fútbol y otros deportes. *Felicitemos a la autora del remate ganador.*

3. de remate expresión Sin remedio, absolutamente. *Está loca de remate.*

remediar (re-me-**diar**) verbo

1. Poner los medios necesarios para que no suceda un daño. *No pudieron remediar la catástrofe.*

2. Socorrer o arreglar una necesidad o situación difícil. *Intentó remediar el daño que había hecho.* **SIN.** Aliviar.

✎ Se conjuga como *cambiar*.

remedio (re-**me**-dio) sustantivo masculino

1. Lo que se hace o se toma para arreglar o corregir un daño, un error, una enfermedad, etc. *Cambiando las cañerías, pondrás remedio a las goteras.*

2. remedio casero expresión El que se hace para curar una enfermedad sin recurrir a las farmacias. *La abuela le dijo un remedio casero para la tos.*

3. no haber remedio, o no tener más remedio expresión Ser preciso o necesario. *No tengo más remedio que vender la casa para pagar la deuda.*

4. sin remedio expresión Inevitablemente. *La abuela está muy enferma y se va a morir sin remedio.*

rememorar (re-me-mo-**rar**) verbo

Recordar, traer a la memoria alguna cosa. *Le gustaba rememorar su infancia.* **SIN.** Evocar, acordarse. **ANT.** Olvidar, omitir.

remendar (re-men-**dar**) verbo

Reforzar con remiendos lo que está viejo o roto. *Remienda el pantalón.* **SIN.** Zurcir, recoser.

✎ Verbo irregular, se conjuga como *acertar*.

remiendo

(re-**mien**-do) sustantivo masculino

Pedazo de paño u otra tela que se cose a lo que está viejo o roto. *Le echó un remiendo a la sábana.* **SIN.** Parche, zurcido.

remite (re-**mi**-te) sustantivo masculino

Nombre y dirección que una persona señala en un paquete o carta que quiere enviar por correo. *No te olvides de poner el remite a la carta.*

remitir (re-mi-**tir**) verbo

1. Enviar una cosa al lugar destinado. *Le remitió el paquete.* **SIN.** Facturar, mandar. **ANT.** Recibir.

2. Disminuir, aflojar o perder una cosa parte de su fuerza. *Parece que la tormenta remite.* **SIN.** Aplacarse, flojear. **ANT.** Arreciar, acrecentarse.

3. remitirse Atenerse a lo dicho o hecho por iniciativa propia o ajena. *A las pruebas me remito.* **SIN.** Ceñirse, referirse.

remo (re-mo) sustantivo masculino

Instrumento de madera, en forma de pala larga y estrecha, que sirve para mover las embarcaciones haciendo fuerza en el agua. *La corriente partió un remo mientras hacíamos rafting en el río.*

remodelar (re-mo-de-**lar**) verbo

Transformar la forma o estructura de un edificio, calle, etc. *Han remodelado todo el edificio.*

remojar (re-mo-**jar**) verbo

Empapar en agua u otro líquido una cosa o ponerla en remojo. *Hay que remojar las galletas en leche para hacer la tarta.* **SIN.** Bañar, humedecer, mojar.

remojo (re-**mo**-jo) sustantivo masculino

Acción de remojar o empapar una cosa en agua u otro líquido. *Dejó la ropa a remojo con agua y lejía.*

remolacha

(re-mo-**la**-cha) sustantivo femenino

Planta cuya raíz, del mismo nombre, sirve como alimento y de la cual se saca el azúcar. *Echó remolacha en la ensalada.*

remolcar (re-mol-**car**) verbo

Llevar arrastrando por medio de un cable, cadena, etc. un vehículo o embarcación a otro. *Avisó a la grúa para que le remolcara el coche.* **SIN.** Arrastrar, tirar, acarrear, transportar.

✎ Se conjuga como *abarcar*.

remolino (re-mo-**li**-no) sustantivo masculino

1. Movimiento giratorio y rápido del aire, el agua, el polvo, el humo, etc. *El agua del río formaba remolinos.* **SIN.** Torbellino, vorágine.

2. Onda del pelo. *No soy capaz de dominar este remolino del flequillo.* **SIN.** Rizo, retorcimiento.

3. Aglomeración de gente. *La gente formaba un gran remolino.* **SIN.** Multitud, muchedumbre.

4. Persona de carácter inquieto. *Tiene solo un año, pero es un remolino.*

remolón, remolona

(re-mo-**lón**) adjetivo y sustantivo

Se dice de la persona perezosa que huye del trabajo o de cualquier obligación. *Se hizo el remolón para no ayudar.* **SIN.** Perezoso. **ANT.** Activo.

remolque

(re-**mol**-que) sustantivo masculino

1. Vehículo, generalmente con forma de carro o de vagón a modo de casa, remolcado por otro. *El tractor llevaba un remolque con trigo.*

2. a remolque expresión Remolcando. *La grúa llevó el coche a remolque.*

remontar (re-mon-**tar**) verbo

1. Subir, ir hacia arriba. *Hay que remontar un duro repecho antes de llegar a la cima.* **SIN.** Alzar, ascender. **ANT.** Bajar, descender.

2. Navegar un río aguas arriba. *Los exploradores remontaron el río tierra adentro.*

3. Superar una dificultad. *Remontaron la crisis.* **SIN.** Vencer.

4. remontarse Elevarse una cosa por el aire. *La cometa se remontó en el cielo hasta desaparecer.* **SIN.** Alzarse. **ANT.** Descender.

5. remontarse Ascender hasta el origen de una cosa. *La historia se remonta a la Edad Media.*

remordimiento
(re-mor-di-**mien**-to) sustantivo masculino
Inquietud, pesar interno que queda después de hacer una mala acción. *Sentía muchos remordimientos.* **SIN.** Arrepentimiento.

remoto, remota (re-**mo**-to) adjetivo
1. Que está distante o apartado. *Había sucedido en tiempos remotos.* **SIN.** Lejano, alejado. **ANT.** Cercano, próximo, vecino.
2. Que es muy poco probable que suceda. *Existía solo una remota posibilidad.* **SIN.** Increíble.
3. no tener ni la más remota idea de algo expresión Ignorarlo totalmente. *No tengo ni la más remota idea de chino mandarín, pero me voy a apuntar a clases.*

remover (re-mo-**ver**) verbo
1. Mover una cosa, dándole vueltas para que sus elementos se mezclen. *Remueve durante un rato el aceite, la cebolla y los pimientos.* **SIN.** Agitar, revolver.
2. Investigar un asunto para sacar a la luz lo que estaba oculto. *Lo removió todo hasta que dio con el culpable.* **SIN.** Alterar.
✎ Verbo irregular, se conjuga como *mover.*

renacuajo
(re-na-**cua**-jo) sustantivo masculino
Cría de la rana y de otros animales anfibios, tiene una larga cola y no tiene patas. *Los renacuajos viven en el agua.*

rencor (ren-**cor**) sustantivo masculino
Resentimiento grande y arraigado. *Le guardaba rencor por el daño que le había hecho.* **SIN.** Odio. **ANT.** Amor.

rencoroso, rencorosa
(ren-co-**ro**-so) adjetivo
Que tiene o guarda rencor. *Es una persona muy rencorosa.* **SIN.** Resentido, vengativo.

rendido, rendida
(ren-**di**-do) adjetivo
Se dice de la persona o animal que está muy cansado. *Llegó a casa rendida después del trabajo.* **SIN.** Agotado. **ANT.** Descansado.

rendija (ren-**di**-ja) sustantivo femenino
Abertura larga y estrecha que hay entre dos cosas o que se produce en un cuerpo sólido. *Debido a las obras, se abrieron rendijas en las paredes.* **SIN.** Grieta.

rendir (ren-**dir**) verbo
1. Causar cansancio o fatiga. *Tanto trabajo me rindió.* **SIN.** Cansar, agotar, fatigar. **ANT.** Resistir, soportar, aguantar.
2. Ser de utilidad o producir beneficios una persona o cosa. *Esta finca rinde grandes beneficios.*
3. Dar, entregar. *Rendir cuentas.*
4. rendirse Entregarse una persona al considerar que ha sido vencida. *Los ladrones se rindieron a la policía.* **SIN.** Claudicar, doblegarse. **ANT.** Afrontar.
✎ Verbo irregular, se conjuga como *pedir.*

renegar (re-ne-**gar**) verbo
1. Negar con insistencia algo. *Niego y reniego que yo lo haya hecho.*
2. Mostrar a una persona desprecio o rechazar su parentesco o amistad. *Reniega de sus amigos desde que lo dejaron solo.*

3. Pasarse de una religión o culto a otro. *Renegó de su fe.*

4. Decir injurias contra alguien. *Se pasaba el día renegando de unos y de otros.* **SIN.** Maldecir.

5. Emitir voces confusas o palabras entre dientes en señal de enfado o desagrado. *No reniegues y haz lo que te mando.*

✎ Verbo irregular, se conjuga como *acertar.* Se escribe -*gu*- en vez de -*g*- seguido de -*e*, como en *reniegue.*

renglón (ren-**glón**) sustantivo masculino

Serie de palabras o caracteres escritos en línea recta. *Lee a partir del tercer renglón.* **SIN.** Línea.

reno (**re**-no) sustantivo masculino

Mamífero rumiante, que habita en los países del norte, con pelaje espeso y astas con muchas ramas. *El reno sirve como animal de tiro para los trineos.*

renombre (re-**nom**-bre) sustantivo masculino

Prestigio o buena fama que adquiere alguien o algo por sus acciones o cualidades. *Es una escritora de mucho renombre.*

renovar (re-no-**var**) verbo

1. Reemplazar una cosa usada por otra nueva o mejor. *Decidió renovar todos los muebles de la oficina.* **SIN.** Cambiar, sustituir.

2. Dar nueva energía a algo. *El paseo por el campo me ha renovado para seguir estudiando.* **SIN.** Vigorizar.

✎ Verbo irregular, se conjuga como *contar.*

renta (**ren**-ta) sustantivo femenino

Beneficio que rinde una cosa cada cierto tiempo. *Con su sueldo, tiene una buena renta anual.*

rentable (ren-**ta**-ble) adjetivo

Que produce o puede producir buenos beneficios. *Aquel negocio era muy rentable.* **SIN.** Productivo, provechoso, útil.

renunciar (re-nun-**ciar**) verbo

1. Ceder por voluntad propia. *Renunció a su trabajo para poder estudiar.* **SIN.** Dimitir, desistir, abandonar. **ANT.** Aceptar.

2. No querer admitir o aceptar una cosa. *Eva renunció a la presidencia.* **SIN.** Rechazar, rehusar. **ANT.** Aceptar.

✎ Se conjuga como *cambiar.*

reñir (re-**ñir**) verbo

1. Discutir dos o más personas. *Mis hermanas han reñido y no se hablan.* **SIN.** Disputar, pelear. **ANT.** Reconciliarse.

2. Llamar la atención a alguien por algo que ha dicho o hecho mal. *El profesor me riñó por hablar en clase.* **SIN.** Regañar.

✎ Verbo irregular, se conjuga como *ceñir.*

reo, rea (**re**-o) sustantivo

Persona que, por haber cometido una culp,a merece castigo. *El reo fue condenado a cadena perpetua.* **SIN.** Acusado, convicto.

reojo (re-o-jo)

mirar de reojo expresión Expresión que significa mirar disimuladamente dirigiendo la vista por encima del hombro. *Miró de reojo lo que estaba haciendo.*

reparar (re-pa-**rar**) verbo

1. Arreglar el daño que ha sufrido alguna cosa. *Reparó la avería.* **SIN.** Enmendar. **ANT.** Estropear.

2. Notar, advertir una cosa. *No reparó en ese detalle.* **SIN.** Percatarse.

3. Corregir, enmendar un daño hecho. *Reparó su falta.*

reparo (re-pa-ro) sustantivo masculino

Duda, dificultad que surge en un asunto. *No me vengas ahora con re-*

paros. **SIN.** Obstáculo, pega, pero, inconveniente.

repartir (re-par-**tir**) verbo

1. Hacer partes de una cosa y distribuirla entre varios. *Reparte la tarta entre todos los presentes.* **SIN.** Dividir. **ANT.** Reunir.

2. Distribuir en lugares distintos o a personas diferentes. *Repartieron los efectivos policiales por toda la zona.* **SIN.** Diseminar.

3. Extender uniformemente una materia sobre una superficie. *Reparte la nata sobre la tarta.*

reparto

(re-**par**-to) sustantivo masculino

1. Acción de hacer partes de algo y distribuirlo entre varios. *Nos hemos repartido el dinero.*

2. Acción de distribuir en lugares distintos o a personas diferentes. *El conserje se encarga del reparto del correo a las distintas secciones.*

3. Relación de los personajes y actores que intervienen en una obra dramática, televisiva o cinematográfica. *Esta película tiene un excelente reparto.*

repasar (re-pa-**sar**) verbo

1. Volver a mirar o registrar una cosa. *Repasa la cuenta.* **SIN.** Examinar, verificar.

2. Volver a estudiar la lección el estudiante. *Me queda un tema por repasar.*

repaso

(re-**pa**-so) sustantivo masculino

1. Estudio ligero que se hace de lo que se tiene visto o estudiado. *Solo me queda darle un repaso a la última lección.* **SIN.** Lectura.

2. Revisión de una cosa después de hecha, para ver si le falta algo. *Da un repaso a la solicitud para ver si le falta algún dato.*

repatear (re-pa-te-**ar**) verbo

Desagradar mucho una cosa o una persona. *Me repatea quedar con alguien y que llegue tarde.*

repecho

(re-**pe**-cho) sustantivo masculino

Cuesta bastante pronunciada y corta. *Subimos el último repecho casi sin aliento.* **SIN.** Subida.

repelente

(re-pe-**len**-te) adjetivo

1. Se dice de lo que no es nada agradable. *Piensa que las ratas son muy repelentes.* **SIN.** Repugnante, odioso. **ANT.** Agradable.

2. Se dice de la persona que presume en exceso de sus cualidades, las tenga o no. *Es un niño muy repelente, que presume de lo mucho que sabe.* **SIN.** Pedante, redicho. **SIN.** Sencillo, natural.

repeler (re-pe-**ler**) verbo

1. Arrojar, echar de sí una cosa con impulso o violencia. *Intentó repeler la agresión como le fue posible.* **SIN.** Rechazar.

2. Causar asco o una sensación desagradable. *Los insectos le repelen.* **SIN.** Repugnar, asquear. **ANT.** Agradar, gustar.

repelús (re-pe-**lús**) sustantivo masculino

Fuerte temor o repugnancia que inspira algo. *La oscuridad le daba repelús.* **SIN.** Asco, miedo.

repente (re-**pen**-te)

de repente expresión De pronto, sin reflexionar. *María llegó de repente, sin avisar.*

repentino, repentina

(re-pen-**ti**-no) adjetivo

Se dice de lo que llega o se hace sin previo aviso y de forma rápida. *Sucedió de modo repentino.* **SIN.** Inesperado. **ANT.** Esperado.

repercutir (re-per-cu-**tir**) verbo

Producir efecto una cosa en otra posterior. *La crisis económica repercutió en los precios.*

repertorio (re-per-**to**-rio) sustantivo masculino

Colección o recopilación de obras o de noticias de una misma clase, especialmente los que tiene preparados un artista para mostrarlos al público. *El cómico tenía un gran repertorio de chistes.*

repesca (re-**pes**-ca) sustantivo femenino

Nueva oportunidad que se da a la persona que había sido eliminada de un examen. *Aprobó Matemáticas en la repesca.*

repetición (re-pe-ti-**ción**) sustantivo femenino

Acción de volver a decir o hacer algo que ya se había dicho o hecho. *En la repetición de la jugada se vio claramente la falta.*

repetir (re-pe-**tir**) verbo

1. Volver a decir o hacer algo que ya se había dicho o hecho. *El cantante repitió la última canción. Repitió curso.* **SIN.** Reiterar.

2. Volver a servirse una comida o bebida. *Repitió postre.*

3. Venir a la boca el sabor de la comida o bebida después de un tiempo de haberlo probado. *Le gusta la morcilla, pero le repite.*

✎ Verbo irregular, se conjuga como *pedir.*

repicar (re-pi-**car**) verbo

Sonar repetidamente y con cierto ritmo las campanas u otros instrumentos. *Las campanas repicaban el día de la fiesta.*

✎ Se conjuga como *abarcar.*

repipi (re-**pi**-pi) adjetivo y sustantivo

Se dice de la persona pedante. *La niña es un poco repipi.* **SIN.** Redicho, cursi. **ANT.** Humilde, sencillo.

repisa (re-**pi**-sa) sustantivo femenino

Tabla que se coloca en sentido horizontal en paredes, armarios, etc., para poner sobre ella libros, adornos, etc. *Colócalo en la repisa de la ventana.*

repleto, repleta (re-**ple**-to) adjetivo

Muy lleno. *La calle estaba repleta de gente.* **SIN.** Ahíto, saciado, harto. **ANT.** Vacío, hambriento.

replicar (re-pli-**car**) verbo

Contestar a una respuesta o argumento, poner objeciones a lo que se dice o manda. *En seguida le replicó el portavoz de la oposición.* **SIN.** Argumentar, responder, criticar, objetar.

✎ Se conjuga como *abarcar.*

repoblar (re-po-**blar**) verbo

1. Volver a poblar. *Repoblaron la región.* **SIN.** Colonizar, instalarse, asentarse. **ANT.** Abandonar.

2. Volver a plantar árboles y otras especies vegetales en un lugar. *Repoblaron la finca con pinos.* **SIN.** Reforestar, replantar.

✎ Verbo irregular, se conjuga como *contar.*

repollo (re-**po**-llo) sustantivo masculino

Planta caracterizada por la forma redonda y apretada que adquiere el conjunto de sus hojas. *Le gusta el potaje hecho con repollo.*

reponer (re-po-**ner**) verbo

1. Completar lo que falta o lo que se había sacado de alguna parte; también referido a personas. *El camarero repuso las bebidas consumidas.* **SIN.** Restituir, devolver. **ANT.** Quitar, sustraer.

2. Representar una obra ya estrenada en otra época anterior en el teatro, cine o televisión. *Reponen la película la semana que viene.* **SIN.** Reestrenar.

3. reponerse Recuperar la salud, el sosiego o el patrimonio. *Se va reponiendo poco a poco de la operación.* **SIN.** Mejorar, rehacerse. **ANT.** Empeorar, recaer.

✎ Verbo irregular, se conjuga como *poner*.

reportaje

(re-por-**ta**-je) sustantivo masculino

Información periodística sobre alguna persona o sobre algún acontecimiento. *Vimos un reportaje en la tele sobre aquella guerra.* **SIN.** Crónica, reporte.

reportero, reportera

(re-por-**te**-ro) adjetivo y sustantivo

Se dice del periodista que se dedica a hacer reportajes. *Un reportero gráfico hace las fotos de los reportajes.*

reposar (re-po-**sar**) verbo

1. Descansar, hacer una pausa en el trabajo o dormir un breve sueño. *Me gusta reposar cinco minutos después de comer.*

2. Estar enterrado, yacer. *Los restos de ese personaje reposan en este cementerio.*

reposición

(re-po-si-**ción**) sustantivo femenino

Acción de reponer, sobre todo obras o películas. *Fueron al cine a ver una reposición de su película favorita.* **SIN.** Restitución.

reposo

(re-**po**-so) sustantivo masculino

Quietud o tranquilidad. *Me han recomendado reposo para recuperarme de mi enfermedad.* **SIN.** Descanso, relajamiento. **ANT.** Actividad.

repostar (re-pos-**tar**) verbo

Reponer provisiones, combustible, munición, etc. *Repostamos gasolina en una estación de servicio.* **SIN.** Proveer, suministrar.

repostería

(re-pos-te-**rí**-a) sustantivo femenino

Tienda donde se hacen y venden dulces, pastas, fiambres, embutidos y algunas bebidas. *Estaba en la sección de repostería.* **SIN.** Bollería, confitería, pastelería.

reprender (re-pren-**der**) verbo

Llamar la atención a alguien por algo que ha dicho o hecho mal. *La profesora nos reprendió por hablar en clase.* **SIN.** Reñir, reprochar. **ANT.** Elogiar, alabar.

represalia

(re-pre-**sa**-lia) sustantivo femenino

Mal o daño que una persona causa a otra como castigo o venganza. *Amenazó con tomar represalias si no le hacíamos caso.*

representación

(re-pre-sen-ta-**ción**) sustantivo femenino

1. Acción y efecto de sustituir, ir o estar en el sitio de alguien. *Mi hermana asistió en representación de la familia.*

2. Cada una de las veces que se presenta al público una obra dramática. *Asistimos a la representación teatral.* **SIN.** Función.

3. Figura, imagen o idea que sustituye a la realidad. *Ese paso es una representación de la Pasión de Cristo.* **SIN.** Símbolo, signo.

representante

(re-pre-sen-**tan**-te) sustantivo

1. Persona que representa a otra o a una organización. *Enviaron a un representante del Gobierno a la isla.* **SIN.** Delegado, portavoz.

2. Persona que representa a una empresa vendiendo los productos que fabrica. *Trabajó como representante de una editorial, vendiendo libros.* **SIN.** Viajante.

3. Persona que gestiona los asuntos profesionales de los artistas. *Negoció el contrato con su representante.*

representar (re-pre-sen-**tar**) verbo

1. Hacer presente una persona o cosa por medio de figuras o palabras. *Ese retrato representa a un antepasado nuestro.* **SIN.** Evocar, simbolizar, semejar, reproducir, personificar.

2. Hacer una obra de teatro o un papel en una película, obra o espectáculo. *Esta compañía de teatro representa obras clásicas.* **SIN.** Interpretar.

3. Sustituir, ir o estar en el sitio de alguien. *El subdirector representa a la empresa cuando el director no está.* **SIN.** Reemplazar.

4. Aparentar alguien determinada edad. *Representa menos años de los que tiene.*

5. Importar mucho o poco una persona o cosa. *Representa mucho para mí.* **SIN.** Significar.

representativo, representativa (re-pre-sen-ta-**ti**-vo) adjetivo

1. Se dice de lo que sirve para representar otra cosa. *La función del delegado es representativa, ya que representa a los alumnos.*

2. Que tiene condición de ejemplar. *Estos ideales son representativos de una generación.* **SIN.** Característico, modélico, típico.

represión (re-pre-**sión**) sustantivo femenino

Acto ordenado desde el poder para castigar con violencia alguna actuación. *En el país había una dura represión policial.* **SIN.** Coacción.

reprimenda (re-pri-**men**-da) sustantivo femenino

Llamada de atención a alguien por su mal comportamiento. *Se llevó una buena reprimenda por llegar tarde.* **SIN.** Amonestación, regañina.

reprimir (re-pri-**mir**) verbo

1. Contener un movimiento, impulso, sentimiento, etc. *Reprimió sus ganas de llorar.* **SIN.** Apaciguar, calmar.

2. Castigar desde el poder una sublevación política o social. *Reprimieron con dureza la revuelta.* **SIN.** Sofocar. **ANT.** Tolerar.

reprochar (re-pro-**char**) verbo

Echar en cara a alguien alguna cosa. *Le reprochó su falta de puntualidad.* **SIN.** Amonestar, reprender. **ANT.** Alabar, elogiar.

reproche (re-**pro**-che) sustantivo masculino

Expresión con la que se reprocha. *Basta de reproches.* **SIN.** Bronca, regañina. **ANT.** Alabanza, elogio.

reproducir (re-pro-du-**cir**) verbo

1. Volver a producir. *Reproducir ese modelo de coche ha sido una buena idea.* **SIN.** Reaparecer, repetir.

2. Sacar copias de un original. *El maquetista reproduce edificios en miniatura.* **SIN.** Imitar, copiar. **ANT.** Inventar, crear.

3. reproducirse Producir los seres vivos otros de su misma especie. *Los conejos se reproducen rápidamente.* **SIN.** Engendrar, procrear.

✎ Verbo irregular, se conjuga como *conducir.*

reptar (rap-**tar**) verbo

Andar arrastrándose como algunos reptiles. *Se acercó reptando para que no lo vieran.* **SIN.** Culebrear.

reptil (rep-**til**) adjetivo y sustantivo masculino

Se dice de los animales vertebrados que se reproducen a través de huevos y caminan rozando la tierra por tener los pies muy cortos o carecer de ellos. *Las serpientes, lagartos, cocodrilos y tortugas son reptiles.* **SIN.** Saurio.

✎ También *réptil.*

república

(re-**pú**-bli-ca) sustantivo femenino

Forma de gobierno en que el pueblo elige a sus gobernantes cada cierto tiempo y cuyo jefe es el presidente, y Estado que posee esta forma de gobierno. *Francia es una república.*

repuesto (re-**pues**-to) sustantivo masculino

Lo que se tiene guardado en reserva para utilizar en caso de necesidad. *Utilizaron la rueda de repuesto cuando pincharon.*

repugnancia

(re-pug-**nan**-cia) sustantivo femenino

Desagrado que se tiene o se siente hacia alguna persona o cosa. *Las ratas le daban repugnancia.*

repugnante (re-pug-**nan**-te) adjetivo

Que causa repugnancia. *El edificio incendiado despedía un repugnante olor.* **SIN.** Repulsivo. **ANT.** Agradable.

repugnar (re-pug-**nar**) verbo

Producir asco o desagrado una cosa. *Ese tipo de fiestas le repugnan.* **SIN.** Asquear, desagradar. **ANT.** Encantar, deleitar.

repulsión (re-pul-**sión**) sustantivo femenino

Repugnancia hacia algo o alguien. *No ocultaba su repulsión hacia ese tipo de personas.* **SIN.** Aversión. **ANT.** Atracción.

repulsivo, repulsiva

(re-pul-**si**-vo) adjetivo

Que causa repulsión o repugnancia. *Lo encontraba repulsivo.* **SIN.** Repugnante. **ANT.** Agradable.

reputación

(re-pu-ta-**ción**) sustantivo femenino

1. Fama, opinión común que se tiene sobre algo. *La gastronomía de esa zona tiene muy buena reputación.* **SIN.** Consideración.

2. Opinión favorable que la gente tiene sobre alguien que sobresale en algún aspecto. *Su reputación era conocida mundialmente.* **SIN.** Popularidad, prestigio, crédito, renombre.

requemar (re-que-**mar**) verbo

Volver a quemar o tostar con exceso alguna cosa. *Se requemó el guiso.* **SIN.** Chamuscar.

requesón

(re-que-**són**) sustantivo masculino

Masa blanca y ligera derivada de la leche o del queso. *Comimos requesón con miel.*

requisito (re-qui-**si**-to) sustantivo masculino

Circunstancia o condición necesaria para una cosa. *Cumplía todos los requisitos para el trabajo.*

res sustantivo femenino

Cualquier animal de cuatro patas de ciertas especies domésticas, como vacas, ovejas, etc., o de los salvajes, como venados, jabalíes, etc. *Las reses pastaban tranquilamente en el campo.*

resaca (re-**sa**-ca) sustantivo femenino

1. Movimiento en retroceso de las olas, una vez que han llegado a la orilla. *Cuando llegamos a la playa, había una gran resaca.*

2. Molestia que se siente por la mañana a consecuencia de haber tomado con exceso bebidas alcohólicas la noche anterior. *Tenía un fuerte dolor de cabeza por la resaca.*

resaltar (re-sal-**tar**) verbo

1. Sobresalir mucho una cosa. *Su belleza resaltaba mucho.* **SIN.** Acentuarse, alzarse, descollar.

2. Hacer que una cosa sobresalga o se note más que otras. *Resalta lo que te parezca más importante del texto.* **SIN.** Subrayar.

resbaladizo, resbaladiza

(res-ba-la-**di**-zo) adjetivo

Se dice de lo que resbala fácilmente. *Las truchas son muy resbaladizas.*

resbalar - resfriado

resbalar (res-ba-**lar**) verbo
Deslizarse sobre una superficie. *La lluvia resbala en los cristales.* **SIN.** Patinar.

resbalón (res-ba-**lón**) sustantivo masculino
Acción de resbalar. *El suelo estaba helado y se dio un resbalón.*

rescatar (res-ca-**tar**) verbo
1. Recuperar, mediante un pago o por la fuerza, personas o cosas que otro ha tomado. *Rescató a la niña secuestrada.* **SIN.** Liberar, recuperar. **ANT.** Capturar, secuestrar.
2. Liberar de un daño, peligro o molestia. *La rescataron de las llamas sin sufrir daño alguno.*

rescate (res-**ca**-te) sustantivo masculino
1. Acción y efecto de rescatar a alguien. *Las Fuerzas Armadas colaboraron en el rescate de los secuestrados.* **SIN.** Liberación, salvación.
2. Dinero con que se rescata. *Pagaron el rescate.*

rescatista (res-ca-**tis**-ta) sustantivo
Persona que se dedica a rescatar y salvar vidas de víctimas de accidentes y catástrofes. *Mandaron varios rescatistas después del terremoto ocurrido en Chile.*

resecar (re-se-**car**) verbo
Secar mucho una cosa. *La escasez de lluvias había resecado mucho el ambiente.* **ANT.** Humedecer(se), regar(se), refrescar(se).
✎ Se conjuga como *abarcar*.

reseco, reseca (re-**se**-co) adjetivo
Muy seco. *Necesitas una crema hidratante, tienes la piel reseca.*

reserva (re-**ser**-va) sustantivo femenino
1. Conjunto de cosas que se tienen guardadas para cuando se necesiten. *Tenían una reserva de víveres suficiente para pasar el invierno.* **SIN.** Previsión, repuesto.
2. Prevención o cautela para no descubrir algo. *Actuó con toda reserva.* **SIN.** Discreción, sigilo.
3. Actitud de recelo o desconfianza. *No estaba en contra, pero tenía sus reservas.* **SIN.** Reparo.
4. sustantivo Jugador que no es titular en su equipo y sale al terreno de juego como sustituto. *Tuvo que sacar a los reservas.*
5. sustantivo femenino En ciertos países, territorio que se concede a una comunidad indígena. *Visitamos la reserva india.*
6. reserva natural expresión Ecosistema natural protegido. *La laguna de san Juan, en Madrid, es reserva natural.*
7. de reserva expresión Se dice de lo que se guarda para una necesidad. *Compró tres latas de atún para la ensaladilla y una más de reserva.*
8. sin reserva expresión Abiertamente, sin secretos, sin disfraz. *Habló con él abiertamente y sin reserva.*

reservar (re-ser-**var**) verbo
1. Guardar para más adelante, o para cuando sea necesaria, una cosa. *Este año he reservado dinero para las vacaciones.* **SIN.** Ahorrar. **ANT.** Gastar.
2. Separar una cosa de las que se distribuyen, reteniéndola para sí o para otra persona. *Reservé una mesa en el restaurante.*
3. Ocultar una cosa. *Me reservé mi opinión.* **SIN.** Tapar, encubrir. **ANT.** Descubrir, publicar.

resfriado
(res-**fria**-do) sustantivo masculino
Enfermedad leve, provocada generalmente por cambios bruscos de clima, y caracterizada por la presencia de tos, estornudos, mocos, etc. *Abrígate, no vayas a tener un resfriado.* **SIN.** Catarro.

resfriarse (res-fri-**ar**-se) verbo
Atrapar un resfriado. *Salió muy ligero de ropa y se resfrió.* **SIN.** Acatarrarse, constiparse.
✎ Se conjuga como *desviar*.

resguardar (res-guar-**dar**) verbo
Defender o proteger a alguien o a uno mismo. *Los paraguas resguardan de la lluvia.* **SIN.** Amparar, cuidar. **ANT.** Abandonar.

resguardo
(res-**guar**-do) sustantivo masculino
1. Defensa o seguridad contra algo. *Se pusieron a resguardo de la tormenta en una vieja cabaña.* **SIN.** Amparo, protección. **ANT.** Desamparo, abandono.
2. Documento por escrito que da algún derecho. *Pidió un resguardo de la matrícula para solicitar la beca.*

residencia
(re-si-**den**-cia) sustantivo femenino
1. Lugar donde se vive. *El médico ha fijado su residencia en el pueblo donde trabaja.* **SIN.** Dirección, domicilio, hogar.
2. Lugar donde viven varias personas que tienen una ocupación, edad, etc. comunes. *Mi hermana vive durante el curso en una residencia de estudiantes.*
3. Hospital. *Mi madre es médica y trabaja en la residencia.*

residir (re-si-**dir**) verbo
Habitar en algún lugar. *Mis hermanos residen en Argentina.*

residuo (re-**si**-duo) sustantivo masculino
Parte o porción que queda de alguna cosa después de haberla utilizado. *Ya habíamos tirado los residuos de comida a la basura.* **SIN.** Resto, sobra, sobrante.

resignarse (re-sig-**nar**-se) verbo
Mostrar conformidad con lo que uno tiene o le sucede, aceptando los hechos. *No se resignó con ser un jugador normal: tenía que ser muy bueno.* **SIN.** Sacrificarse, conformarse. **ANT.** Rebelarse, resistirse.

resina (re-**si**-na) sustantivo femenino
Sustancia, generalmente de origen vegetal, pastosa y transparente, que se extrae del tronco de algunos árboles y que tiene diferentes usos. *Recogían resina de los pinos para hacer barniz.*

resistencia
(re-sis-**ten**-cia) sustantivo femenino
1. Capacidad para resistir de las cosas o de las personas. *Era una persona de gran resistencia física.* **SIN.** Fortaleza. **ANT.** Debilidad.
2. Renuncia u oposición a alguna cosa. *Su resistencia a creernos dificultó las cosas.* **SIN.** Rebeldía.

resistir (re-sis-**tir**) verbo
1. Aguantar o soportar una fuerza, un sufrimiento, etc. *La estantería no resistirá tanto peso.* **SIN.** Sostener, soportar. **ANT.** Doblegar, ceder.
2. resistirse Rechazar u oponerse a algo. *El niño se resistió a ir a la guardería el primer día.* **SIN.** Rebelarse. **ANT.** Aceptar.
3. resistirse Ofrecer algo dificultades para su comprensión o manejo. *La geografía es un saber que se le resiste.*

resolver (re-sol-**ver**) verbo
Dar la solución a una dificultad, duda o problema. *Resolvió el problema.* **SIN.** Despejar.
✎ Verbo irregular, se conjuga como *mover*. Su participio es *resuelto*.

resonar (re-so-**nar**) verbo
Sonar mucho o con eco. *El trueno resonó con fuerza.* **SIN.** Retumbar.
✎ Verbo irregular, se conjuga como *contar*.

respaldar (res-pal-**dar**) verbo

Prestar apoyo a una persona en un asunto. *Respaldaron su propuesta en la asamblea.* **SIN.** Apoyar, socorrer. **ANT.** Desamparar, abandonar.

respaldo (res-**pal**-do) sustantivo masculino

1. Parte de la silla o banco en que descansa la espalda. *El respaldo de estas sillas no es cómodo.*

2. Apoyo, garantía de una cosa. *Contaba con el respaldo del Gobierno.* **SIN.** Amparo, protección. **ANT.** Desamparo, abandono.

respectivo, respectiva

(res-pec-**ti**-vo) adjetivo

Se dice de lo que tiene relación con o pertenece a una persona o cosa determinada. *Cada uno llegó con su respectiva familia.* **SIN.** Correspondiente.

respecto (res-**pec**-to)

a, al respecto o con respecto a, al expresión Con relación a algo o a alguien nombrado con anterioridad. *No tenía nada que decir al respecto.*

respetable

(res-pe-**ta**-ble) adjetivo

1. Digno de respeto. *Su opinión me parece muy respetable.*

2. Se dice de lo que es grande o importante en número, tamaño, etc. *Contaba con un respetable número de seguidores.* **SIN.** Considerable. **ANT.** Insignificante.

3. el respetable expresión Expresión con que se designa al público de los espectáculos. *Brindó el toro al respetable.*

respetar (res-pe-**tar**) verbo

1. Obedecer. *Hay que respetar las leyes.* **SIN.** Acatar, cumplir. **ANT.** Desobeder, desacatar.

2. Tratar con respeto a personas y cosas. *Respeto su costumbre aunque no me guste.*

respeto (res-**pe**-to) sustantivo masculino

1. Obediencia. *Tenme un poco de respeto y obedéceme.*

2. Consideración, cuidado, atención que se tiene con alguien o con algo. *Hay que tratar con respeto y educación a todo el mundo.* **SIN.** Deferencia.

3. Miedo ante algo o alguien. *La oscuridad y la soledad me causan mucho respeto.* **SIN.** Temor.

respetuoso, respetuosa

(res-pe-**tuo**-so) adjetivo

Que se comporta con cortesía y respeto. *Se mostró muy respetuoso en todo momento.* **SIN.** Cortés, atento. **ANT.** Descortés, grosero.

respiración

(res-pi-ra-**ción**) sustantivo femenino

1. Proceso por el cual los seres vivos toman el oxígeno que necesitan del aire o del agua y expulsan lo que no necesitan. *En la respiración de los peces intervienen las branquias.*

2. sin respiración expresión Asombrado, asustado o muy cansado. *El susto me dejó sin respiración.*

respirar (res-pi-**rar**) verbo

Absorber y expulsar el aire los seres vivos. *Al respirar, se hinchan los pulmones.* **SIN.** Inhalar.

respiro (res-**pi**-ro) sustantivo masculino

Rato de descanso en el trabajo. *Decidió tomarse un respiro y salir a dar un paseo.* **SIN.** Recreo, asueto.

resplandecer (res-plan-de-**cer**) verbo

1. Despedir rayos de luz o brillar mucho una cosa. *Los relámpagos resplandecían en el cielo.* **SIN.** Fulgurar, relucir, relumbrar. **ANT.** Oscurecer, apagarse.

2. Reflejarse la alegría en el rostro. *Resplandecía de felicidad.*

✎ Verbo irregular, se conjuga como *parecer*.

resplandor

(res-plan-**dor**) sustantivo masculino

1. Luz muy clara que despide un cuerpo luminoso. *El foco despedía un gran resplandor.*

2. Brillo de algunas cosas. *El resplandor del oro.*

responder (res-pon-**der**) verbo

1. Contestar una pregunta, llamada, carta, etc. *Decidí dejar de escribirle porque no respondía a mis cartas.*

2. Producir una persona o cosa el efecto que se esperaba. *Los frenos no respondían.*

responsabilidad

(res-pon-sa-bi-li-**dad**) sustantivo femenino

1. Característica de una persona de cumplir con sus obligaciones y asumir las consecuencias de sus decisiones y actos. *La responsabilidad es una de sus virtudes.* **ANT.** Irresponsabilidad.

2. Obligación que tiene una persona de hacer algo determinado. *En mi trabajo tengo muchas responsabilidades.* **SIN.** Deber.

responsable (res-pon-**sa**-ble) adjetivo

1. Se dice de la persona que cumple con sus obligaciones y asume las consecuencias de sus decisiones y actos. *Me fío de ella, es una persona muy responsable.* **SIN.** Prudente. **ANT.** Irresponsable.

2. adjetivo y sustantivo Se dice de la persona encargada de hacer algo determinado. *Soy la encargada de recoger el dinero de la excursión.*

3. adjetivo y sustantivo Culpable de un hecho. *Se buscó al responsable del incendio.* **SIN.** Reo. **ANT.** Inocente.

respuesta

(res-**pues**-ta) sustantivo femenino

Lo que se dice o se hace para responder a alguien. *No oímos su respuesta.*

resta (**res**-ta) sustantivo femenino

Operación matemática que consiste en hallar la diferencia entre dos cantidades. *Haz la resta entre el dinero que tienes y lo que te vas a gastar, así sabrás lo que te quedará después.* **SIN.** Sustracción. **ANT.** Adición, suma.

restablecer

(res-ta-ble-**cer**) verbo

1. Volver a establecer una cosa o persona para que recupere un estado anterior. *Lo restablecieron en el puesto que tenía antes de despedirlo.* **SIN.** Restituir, rehacer, reformar. **ANT.** Eliminar, revocar.

2. restablecerse Recobrar la salud, repararse de una dolencia u otro daño. *Se restablece poco a poco del accidente sufrido.* **SIN.** Curarse, mejorar, sanar. **ANT.** Enfermar, empeorar.

✎ Verbo irregular, se conjuga como *parecer.*

restar (res-**tar**) verbo

1. En matemáticas, hallar la diferencia entre dos cantidades. *Si restas tres caramelos de los cinco que te he dado, aún te quedan dos.* **SIN.** Deducir, sustraer, quitar.

2. Hacer menor la intensidad, el número o la extensión de alguna cosa. *Restó importancia al hecho.* **SIN.** Disminuir, rebajar.

restaurante

(res-tau-**ran**-te) sustantivo masculino

Establecimiento donde se sirven comidas. *Celebraron el banquete en ese restaurante.*

restaurar (res-tau-**rar**) verbo

Reparar, volver a poner una cosa en aquel estado o estimación que antes tenía. *Restauraron el antiguo castillo medieval del pueblo para hacer un hotel.* **SIN.** Renovar, restablecer. **ANT.** Arruinar.

resto (**res**-to) sustantivo masculino

1. Parte que queda de un todo cuando le quitas otra parte. *Gastó la mitad del dinero y guardó el resto.* **SIN.** Residuo, remanente, restante. **ANT.** Totalidad.

2. En matemáticas, resultado de restar dos cantidades. *Tres es el resto de cinco menos dos.*

3. sustantivo masculino plural Desperdicios, sobras. *Recoge los restos de comida y tíralos a la basura.* **SIN.** Residuos.

4. restos mortales expresión Cadáver, cuerpo de la persona muerta. *Introdujeron los restos mortales en un ataúd.*

restregar (res-tre-**gar**) verbo

Frotar mucho y con fuerza alguna cosa. *Restriega bien la mancha con este producto.*

✎ Verbo irregular, se conjuga como *acertar*. Se escribe *-gu-* en vez de *-g-* seguido de *-e*, como en *restriegue*.

resucitar (re-su-ci-**tar**) verbo

Volver la vida a un muerto. *Jesucristo resucitó al tercer día de su muerte.* **SIN.** Revivir. **ANT.** Morir, fallecer, fenecer.

resultado

(re-sul-**ta**-do) sustantivo masculino

Consecuencia o efecto de un hecho, operación, competición, investigación, etc. *A los pocos días de los análisis, supe el resultado.*

resultar (re-sul-**tar**) verbo

1. Aparecer, demostrarse una cosa. *El coche resultó pequeño porque no cabía la silla del bebé.*

2. Originarse una cosa de otra. *De aquella amistad resultó un gran amor.* **SIN.** Derivar, proceder.

3. Tener buen o mal final. *La fiesta resultó un éxito.*

resumen (re-su-men) sustantivo masculino

Exposición resumida de un asunto o materia. *Hicimos un resumen del trabajo.*

resumir (re-su-**mir**) verbo

Hacer más breve un escrito o exposición, dejando lo más importante. *Tengo que resumir este libro en cien palabras.* **SIN.** Compendiar, reducir. **ANT.** Ampliar.

resurrección

(re-su-rrec-**ción**) sustantivo femenino

Acción y efecto de resucitar. *Creen en la resurrección de Jesucristo.*

retablo (re-ta-blo) sustantivo masculino

Conjunto o colección de figuras pintadas o esculturas, que representan una historia o suceso. *En el altar de la iglesia hay un hermoso retablo.*

retaco, retaca (re-ta-co) adjetivo y sustantivo

Se dice de la persona baja y gordita. *Era un poco retaco.* **SIN.** Rechoncho. **ANT.** Alto.

retaguardia

(re-ta-**guar**-dia) sustantivo femenino

Parte del ejército que va detrás. *Iba en la retaguardia y no entró en combate.* **ANT.** Vanguardia.

retal (re-**tal**) sustantivo masculino

Pedazo sobrante de una tela, piel, chapa, etc. *Utilizó unos retales para hacer el disfraz.* **SIN.** Recorte, retazo.

retar (re-**tar**) verbo

Provocar a una persona para competir con ella en un duelo, batalla o contienda. *Los protagonistas de la película se retaron a un duelo.* **SIN.** Desafiar.

retardar (re-tar-**dar**) verbo

Detener la realización de una cosa. *Retardamos la reunión para ver si llegaban.* **SIN.** Aplazar, demorar, posponer. **ANT.** Acelerar.

retazo (re-ta-zo) sustantivo masculino

1. Retal de una tela. *El mantel estaba hecho de retazos de distintos colores.*

2. Trozo o fragmento de un razonamiento o discurso. *Citó algunos retazos de su obra.*

retener (re-te-**ner**) verbo
1. Conservar en sí, no devolver una cosa. *Retuvo la carta en su poder.* **SIN.** Guardar. **ANT.** Dar.
2. Conservar en la memoria una cosa. *Retuve esa frase suya.* **SIN.** Memorizar. **ANT.** Olvidar.
3. Arrestar. *El policía retuvo a los sospechosos en comisaría.*
✎ Verbo irregular, se conjuga como *tener*.

retina (re-**ti**-na) sustantivo femenino
Membrana interior del ojo sensible a la luz. *El golpe le produjo un desprendimiento de retina.*

retirada (re-ti-**ra**-da) sustantivo femenino
Acción y efecto de retirar o retirarse. *El general ordenó la retirada de sus tropas.*

retirado, retirada
(re-ti-**ra**-do) adjetivo
1. Que se encuentra lejos, apartado. *Vivía en un lugar retirado.* **SIN.** Lejano. **ANT.** Próximo.
2. adjetivo y sustantivo Se dice de la persona que ya no está activa en su trabajo. *Mi abuelo está retirado del ejército.* **SIN.** Jubilado.

retirar (re-ti-**rar**) verbo
1. Quitar o separar a alguien o algo de un lugar. *Retira la escalera si no la necesitas.* **SIN.** Alejar, apartar. **ANT.** Acercar, aproximar.
2. Desdecirse de algo que se había dicho anteriormente. *Retiró lo que había dicho el día anterior.*
3. retirarse Dejar de trabajar o de realizar una actividad. *Se retiró a los 65 años. Se retiró a mitad de la carrera.*
4. retirarse Irse a dormir o irse a casa. *Me retiré temprano de la fiesta.*

retiro (re-**ti**-ro) sustantivo masculino
1. Lugar apartado de la gente. *No quiere dejar su retiro en el campo.*
2. Situación del trabajador retirado, y sueldo o pensión que disfruta. *Le quedan solo cuatro años para el retiro.* **SIN.** Jubilación.

reto (re-to) sustantivo masculino
1. Acción de retar a alguien. *Aceptó el reto.* **SIN.** Desafío.
2. Objetivo difícil de alcanzar y que produce una gran satisfacción cuando se logra. *Mi reto es llegar el primero.*

retocar (re-to-**car**) verbo
Dar a un dibujo, cuadro o fotografía ciertos toques para quitarle imperfecciones o restaurar deterioros. *Retocó las fotografías.* **SIN.** Arreglar.
✎ Se conjuga como *abarcar*.

retoño (re-to-**ño**) sustantivo masculino
1. Tallo que echa de nuevo la planta. *A la planta le ha salido un retoño.* **SIN.** Brote.
2. Referido a personas, hijo de corta edad. *Tiene dos retoños.*

retoque
(re-**to**-que) sustantivo masculino
Pequeñas correcciones que se hacen para que algo quede mejor o para acabarlo. *Le faltaba el último retoque.* **SIN.** Arreglo.

retorcer (re-tor-**cer**) verbo
1. Torcer mucho una cosa, dándole vueltas alrededor. *Se retorció la cuerda.* **SIN.** Rizar.
2. retorcerse Contraerse los músculos por causa de un dolor agudo, una risa violenta, etc. *Se retorcía de risa.* **SIN.** Doblarse.
✎ Verbo irregular, se conjuga como *mover*. Se escribe -z- en vez de -c- seguido de -a y -o, como en *retuerza* o *retuerzo*.

retornable (re-tor-**na**-ble) adjetivo
Se dice de los envases que pueden volver a ser utilizados. *Esta botella es retornable.*

retornar (re-tor-**nar**) verbo

1. Devolver, restituir. *Retornó los libros que tomó prestados.*

2. Volver al lugar o a la situación en que se estuvo. *Retornaron las golondrinas.*

retortijón

(re-tor-ti-**jón**) sustantivo masculino

Dolor breve y fuerte que se siente en las tripas. *Sentí un fuerte retortijón en la barriga.*

retozar (re-to-**zar**) verbo

Dar saltos y brincos alegremente. *Los corderos retozaban por el campo.* **SIN.** Corretear, jugar.

✎ Se conjuga como *abrazar*.

retractilar (re-trac-ti-**lar**) verbo

Envolver algo, protegiéndolo con una película plástica que se adapta a su forma. *Él es el encargado de retractilar los ejemplares de la librería.* **SIN.** Corretear, jugar.

retransmitir (re-trans-mi-**tir**) verbo

Emitir noticias, espéctaculos, deportes, etc. desde una emisora de radio o de televisión. *Retransmitieron el partido de fútbol.* **SIN.** Comunicar, difundir.

retrasado, retrasada

(re-tra-**sa**-do) adjetivo

1. Diferido, aplazado. *La reunión ha sido retrasada para la próxima semana.* **SIN.** Retardado. **ANT.** Adelantado.

2. adjetivo y sustantivo Se dice de la persona, planta o animal que no ha llegado al desarrollo normal que le corresponde por su tiempo. *Las personas retrasadas necesitan más tiempo para aprender las cosas.*

retrasar (re-tra-**sar**) verbo

1. Diferir o suspender la realización de una cosa. *Retrasaron la hora del partido.* **SIN.** Aplazar, atrasar. **ANT.** Adelantar.

2. retrasarse Andar menos aprisa que lo que se debe. *Se retrasó del grupo.* **SIN.** Rezagarse.

3. retrasarse Llegar tarde a alguna parte. *Este tren se retrasa.* **SIN.** Demorarse, tardar. **ANT.** Anticiparse, adelantarse.

retratar (re-tra-**tar**) verbo

Hacer el retrato de una persona o cosa dibujando su figura o por medio de la fotografía, escultura, etc. *Esa fotógrafa me retrató.*

retrato

(re-**tra**-to) sustantivo masculino

1. Representación de una persona por medio de la pintura, la fotografía o la escultura. *He colgado en la pared un retrato de mis abuelos.* **SIN.** Imagen.

2. Descripción de la figura o carácter de una persona. *Hizo un retrato de cada miembro de su familia.*

3. Lo que se parece mucho a una persona o cosa. *Es el vivo retrato de su madre.*

4. retrato robot expresión Retrato aproximado de una persona hecho a partir de la descripción de otras personas. *Hicieron un retrato robot del sospechoso.*

retrete

(re-**tre**-te) sustantivo masculino

Cuarto retirado y acondicionado para realizar algunas necesidades corporales. *El retrete estaba ocupado.* **SIN.** Letrina, váter.

retroceder (re-tro-ce-**der**) verbo

Volver hacia atrás. *Tuve que retroceder porque se me había olvidado la cartera.* **SIN.** Regresar, retornar. **ANT.** Avanzar, pasar.

retroceso

(re-tro-**ce**-so) sustantivo masculino

Acción volver hacia atrás. *Las negociaciones habían sufrido un retroceso.*

retrovisor

(re-tro-vi-**sor**) sustantivo masculino

Espejo pequeño que llevan algunos vehículos, en especial los automóviles, para ver lo que hay detrás. *Coloca bien los retrovisores.*

retumbar (re-tum-**bar**) verbo

Resonar mucho o hacer gran estruendo una cosa. *El portazo retumbó por toda la casa.* **SIN.** Atronar.

reuma (**reu**-ma) sustantivo masculino

Enfermedad que se manifiesta por dolores en las articulaciones o en los músculos. *El reuma le impedía moverse con agilidad.*

✎ También *reúma*.

reunión (reu-**nión**) sustantivo femenino

Conjunto de personas reunidas. *En la reunión de vecinos se acordó contratar un portero.* **SIN.** Asamblea, agrupación.

reunir (reu-**nir**) verbo

1. Juntar varios seres vivos o cosas. *Reuní a mis amigos en mi casa.* **SIN.** Congregar, agrupar, convocar. **ANT.** Separar, dispersar.

2. Volver a unir. *Reunió los trozos rotos para pegarlos.*

revancha (re-**van**-cha) sustantivo femenino

Venganza. *Sus amigos decidieron tomarse la revancha por su cuenta.*

revelar (re-ve-**lar**) verbo

1. Decir a alguien un secreto o algo que no se sabe. *Nunca me ha revelado su edad.* **SIN.** Confesar, declarar. **ANT.** Ocultar.

2. Hacer visible, por medio del proceso adecuado, la imagen impresa en la placa fotográfica. *Llevó el carrete a revelar.*

✎ No debe confundirse con *rebelar*.

reventar (re-ven-**tar**) verbo

1. Abrirse una cosa por impulso interior. *Se reventó la tubería a causa del*

exceso de presión del agua. **SIN.** Quebrarse, estallar.

2. Manifestar un afecto del ánimo con cierta violencia, particularmente si es negativo. *Reventó, diciéndole todo lo que pensaba de él.*

3. Destruir una cosa, aplastándola violentamente. *Hizo tanta fuerza que reventó el globo.*

4. Cansarse o fatigar mucho a alguien por exceso de trabajo. *Se reventaron a cavar en el huerto.*

5. Molestar constantemente a una persona. *Me revientan tus insolencias.* **SIN.** Fastidiar.

✎ Verbo irregular, se conjuga como *acertar*.

reverencia

(re-ve-**ren**-cia) sustantivo femenino

Inclinación del cuerpo en señal de respeto. *Hizo una reverencia a la princesa.* **SIN.** Saludo.

reversible (re-ver-**si**-ble) adjetivo

Se aplica a la prenda de vestir a la que se puede dar la vuelta para su uso. *Esa cazadora es reversible.*

reverso (re-**ver**-so) sustantivo masculino

Parte de atrás de una cosa, como de las hojas o las monedas. *La medalla llevaba una inscripción en el reverso.* **SIN.** Cruz, revés.

revés (re-**vés**) sustantivo masculino

1. Parte de atrás de una cosa. *Estás mirando la tela por el revés.* **SIN.** Cruz, dorso, reverso.

2. Golpe dado a otro con la mano vuelta. *Le dio un buen revés.* **SIN.** Bofetada, manotazo.

3. En los juegos en que se emplea pala o raqueta, golpe dado a la pelota cuando viene por el lado contrario al de la mano que empuña la raqueta o pala. *Ganó el punto con un excelente revés.*

4. Infortunio, desgracia o contratiempo. *Sufrió un serio revés en sus negocios.*

5. al, o de, revés expresión Al contrario, invertir el orden regular. *Mete la camiseta del revés en la lavadora.*

revisar (re-vi-**sar**) verbo

Analizar con atención una cosa, generalmente para comprobar si está bien. *El mecánico revisó nuestro automóvil.* **SIN.** Examinar, inspeccionar.

revisión (re-vi-**sión**) sustantivo femenino

Acción de analizar con atención una cosa para comprobar si está bien. *Le hizo una revisión al coche.* **SIN.** Comprobación, examen.

revisor, revisora

(re-vi-**sor**) sustantivo

Persona que tiene por oficio revisar o reconocer una cosa, sobre todo la que comprueba que el viajero de un transporte público tiene billete para viajar en él. *El revisor pidió los billetes a todos los viajeros del vagón.*

revista (re-**vis**-ta) sustantivo femenino

1. Inspección que un jefe hace de las personas o cosas sometidas a su cuidado o autoridad. *El general pasó revista a las tropas.*

2. Publicación periódica con escritos sobre varias materias, o sobre una sola. *Siempre está leyendo revistas de informática.*

revistero

(re-vis-**te**-ro) sustantivo masculino

Mueble para colocar revistas y periódicos. *No dejes el periódico en cualquier sitio, guárdalo en el revistero.*

revivir (re-vi-**vir**) verbo

1. Volver a la vida o recuperar las fuerzas perdidas. *El pez revivió en el agua.* **SIN.** Resucitar.

2. Recordar un suceso del pasado. *Esa canción hace que reviva mi infancia.*

revolcarse (re-vol-**car**-se) verbo

Arrojarse sobre una cosa, restregándose en ella. *Muchos animales se revuelcan en el barro.*

✎ Verbo irregular, se conjuga como *contar*. Se escribe -qu- en vez de -c- seguido de -e, como en *revolqué*.

revolotear (re-vo-lo-te-**ar**) verbo

Volar haciendo giros en poco espacio. *Las palomas revoloteaban en torno a la torre de la iglesia.*

revoltijo (re-vol-**ti**-jo) sustantivo masculino

Conjunto de muchas cosas sin orden. *Mira a ver si encuentras el otro calcetín en ese revoltijo de ropa.* **SIN.** Batiburrillo, lío.

revoltoso, revoltosa

(re-vol-**to**-so) adjetivo y sustantivo

Se dice de la persona traviesa y enredadora. *Es una niña muy revoltosa e inquieta, que no para un segundo.*

revolución

(re-vo-lu-**ción**) sustantivo femenino

1. Cambio profundo que se produce en el seno de una sociedad o en un ámbito determinado de la misma. *Su teoría supuso una auténtica revolución.*

2. Cambio violento en las instituciones políticas de una nación. *Hubo una revolución en el país.*

revolucionar (re-vo-lu-cio-**nar**) verbo

1. Producir inquietud o alboroto. *La llegada del cantante revolucionó al público.* **SIN.** Alborotar.

2. Producir cambio profundo en el seno de una sociedad o en un ámbito determinado de la misma, especialmente en las instituciones políticas de una nación. *Con su afirmación, revolucionó a las masas.*

revolver (re-vol-**ver**) verbo

1. Mover una cosa de un lado a otro, dándole vueltas. *Revuelve la* *sopa para que se enfríe.* **SIN.** Menear, remover, agitar.

2. Cambiar el orden de las cosas. *Revolvió el cajón para buscar un pañuelo.* **SIN.** Desordenar. **ANT.** Ordenar, arreglar.

3. revolverse Enfrentarse una persona a otra. *Se revolvió contra él y le atacó de frente.* **SIN.** Reñir. **ANT.** Reconciliarse.

✎ Verbo irregular, se conjuga como *mover.* Su participio es *revuelto.*

revólver
(re-**vól**-ver) sustantivo masculino
Pistola con un cilindro giratorio en el que se colocan las balas. *El vaquero disparó con un revólver.*

✎ Su plural es *revólveres.*

revuelo (re-**vue**-lo) sustantivo masculino
Agitación e inquietud entre las personas o desorden de las cosas. *Se montó un gran revuelo.*

revuelta (re-**vuel**-ta) sustantivo femenino
Alboroto de un grupo de personas que protestan en contra de algo o de alguien. *El Gobierno envió soldados a sofocar una violenta revuelta.*

revuelto, revuelta
(re-**vuel**-to) adjetivo
1. Se dice del líquido que se vuelve turbio por levantarse el poso del fondo. *El agua del arroyo estaba un poco revuelta.*

2. Se dice del tiempo inestable. *El día amaneció un poco revuelto.*

3. sustantivo masculino Plato elaborado a base de huevos mezclados con algún otro ingrediente. *De segundo plato, hice un revuelto de setas con gambas.*

rey sustantivo masculino
1. Hombre que gobierna en algunos países y cuyo cargo es hereditario, no lo elige la población. *El rey es el jefe del Estado español.*

2. Pieza principal del juego de ajedrez, la cual camina en todas direcciones, pero solo de una casilla a otra vecina. *El juego del ajedrez finaliza cuando se come el rey enemigo.*

3. Carta de la baraja que tiene dibujada la figura de un rey. *Pintó el rey de oros.*

4. Persona, animal o cosa del género masculino que, por sus cualidades, destaca entre los demás de su clase. *Se dice que el león es el rey de la selva.*

✎ Su femenino es *reina.*

rezagarse (re-za-**gar**-se) verbo
Quedarse atrás. *Se rezagó de sus compañeros en la excursión.* **SIN.** Retrasarse, retardarse.

✎ Se conjuga como *ahogar.*

rezar (re-**zar**) verbo
Dirigirse a Dios, la Virgen o los santos con una oración. *Mi madre va a rezar a la iglesia.* **SIN.** Suplicar, orar, rogar.

✎ Se conjuga como *abrazar.*

ría (**rí**-a) sustantivo femenino
Parte del río próxima a su entrada en el mar, hasta donde llegan las mareas y se mezcla el agua dulce con la salada. *Vivía en la orilla izquierda de la ría.*

riachuelo (ria-**chue**-lo) sustantivo masculino
Río pequeño y de poco caudal. *Se descalzaron para atravesar el riachuelo.* **SIN.** Regato, arroyo.

riada (ria-da) sustantivo femenino
Crecida impetuosa de las aguas. *La fuerte riada destrozó los cultivos y derruyó los puentes y las casas.* **SIN.** Inundación.

ribera (ri-**be**-ra) sustantivo femenino
Margen y orilla del mar o de un río. *El Ayuntamiento construyó un paseo junto a la ribera del río.* **SIN.** Costa, litoral, playa.

rico - riguroso

rico, rica (ri-co) *adjetivo*

1. Que tiene mucho dinero o bienes. *Su padre es rico y poderoso.* **SIN.** Acaudalado, adinerado. **ANT.** Pobre, necesitado.

2. Que tiene buen sabor. *El asado me supo muy rico.*

3. Que tiene algo en abundancia. *Esta mina es rica en carbón.* **SIN.** Abundante, copioso, fértil.

4. Se aplica a las personas, especialmente a los niños, como expresión de cariño. *¡Qué niña más rica!*

ridiculizar (ri-di-cu-li-zar) *verbo*

Burlarse de una persona o cosa por las extravagancias o defectos que tiene. *En sus imitaciones, ridiculizaba a los personajes.* **SIN.** Mofarse, reírse. **ANT.** Respetar.

✎ Se conjuga como *abrazar*.

ridículo, ridícula

(ri-dí-cu-lo) *adjetivo*

1. Que por su rareza o extravagancia puede mover a risa. *Su comportamiento fue ridículo.* **SIN.** Absurdo, bufo, grotesco.

2. Escaso, de poca estimación. *Es una cantidad ridícula.*

3. *sustantivo masculino* Situación ridícula en que cae una persona. *Juan hizo el ridículo delante de toda la clase.*

riego (rie-go) *sustantivo masculino*

Acción de echar agua sobre las plantas o sobre un terreno. *Establecieron los turnos de riego.*

riel *sustantivo masculino*

Barra de metal que sirve para colgar las cortinas. *Colocó el riel para colgar las cortinas del salón.*

rienda (rien-da) *sustantivo femenino*

1. Cada una de las correas que sirven para guiar a los caballos u otros animales. *Tira de las riendas para que el caballo se pare.*

2. *sustantivo femenino plural* Gobierno, dirección de una cosa. *Ahora es su hija quien lleva las riendas de la empresa.* **SIN.** Mando.

riesgo (ries-go) *sustantivo masculino*

Posibilidad de peligro o pérdida. *Subir allí era un gran riesgo.* **SIN.** Peligro. **ANT.** Seguridad.

rifa (ri-fa) *sustantivo femenino*

Juego que consiste en sortear una cosa entre varios. *Hicimos una rifa para el viaje de fin de curso.* **SIN.** Sorteo.

rifar (ri-far) *verbo*

Sortear una cosa en una rifa. *Rifaban un coche.*

rifle (ri-fle) *sustantivo masculino*

Arma de fuego que se apoya en el hombro y tiene un cañón largo. *Disparó su rifle.*

rígido, rígida (rí-gi-do) *adjetivo*

1. Que no se puede torcer o doblar. *Esa barra de metal es muy rígida.* **SIN.** Duro. **ANT.** Flexible.

2. Que se comporta con rigor, no perdonando las faltas o debilidades. *Es un profesor muy rígido.* **SIN.** Riguroso, severo. **ANT.** Flexible, transigente, tolerante.

rigor (ri-gor) *sustantivo masculino*

1. Exactitud en el cumplimiento de una ley, norma o regla. *Cumplió las órdenes con todo rigor.*

2. Dureza en el trato. *No era justo que nos tratase con tanto rigor, puesto que no hicimos nada malo.* **SIN.** Aspereza. **ANT.** Amabilidad, dulzura.

3. Precisión y exactitud. *Estos relojes están hechos con todo rigor.*

riguroso, rigurosa

(ri-gu-ro-so) *adjetivo*

1. Que se comporta con rigor, no perdonando las faltas o debilidades. *Es muy riguroso con sus alumnos.* **SIN.** Severo, rígido.

2. De gran exactitud y precisión. *Hace su trabajo de forma muy rigurosa.* **SIN.** Exacto, preciso. **ANT.** Impreciso, inexacto.
3. Hablando del tiempo, que es difícil de soportar. *En aquella región, los inviernos eran muy rigurosos.* **SIN.** Inclemente. **ANT.** Suave.

rima (ri-ma) sustantivo femenino
Semejanza entre los sonidos finales de un verso, a partir de la última vocal acentuada. *La rima da musicalidad al verso.*

rimar (ri-mar) verbo
Tener un verso o una palabra semejanza en los sonidos, sobre todo finales, con otra. *Casa rima con masa y con pasa.*

rincón (rin-cón) sustantivo masculino
1. Ángulo entrante que se forma en el encuentro de dos superficies. *La estantería quedará bien en ese rincón.*
2. Escondrijo o lugar alejado. *Buscó un rincón donde refugiarse.*
3. Espacio pequeño. *Guardé mis fotos en un rincón de la cómoda.*

ring sustantivo masculino
En boxeo, plataforma cuadrada donde se combate. *El ring está limitado por cuerdas.*

rinoceronte (ri-no-ce-ron-te) sustantivo masculino
Mamífero de Asia y África, de piel muy gruesa y rígida, muy corpulento, de patas cortas, cabeza estrecha con el hocico puntiagudo y uno o dos cuernos sobre la nariz. *El rinoceronte habita en lugares cenagosos.*

riña (ri-ña) sustantivo femenino
Pelea entre dos o más personas. *Estaban en plena riña cuando yo llegué.* **SIN.** Altercado, disputa.

riñón (ri-ñón) sustantivo masculino
Cada uno de los dos órganos que filtran los residuos de la sangre y producen orina, que se acumula en la vejiga. *Los riñones se encuentran a ambos lados de la columna vertebral.*

río (rí-o) sustantivo masculino
1. Corriente de agua que se origina en la tierra y fluye continuamente hasta desembocar en otra o en el mar. *Atravesó el río a nado.*
2. Abundancia de una cosa o de personas. *Se produjo un río de demandas.*

riqueza (ri-que-za) sustantivo femenino
1. Abundancia de bienes y cosas preciosas. *Su familia poseía una gran riqueza.* **SIN.** Acomodo, opulencia. **ANT.** Pobreza, escasez.
2. Abundancia de cualidades o atributos excelentes y, en general, de cualquier cosa. *Era una persona de gran riqueza humana.*

risa (ri-sa) sustantivo femenino
Movimiento del rostro que refleja alegría. *Les entró la risa en clase y no podían parar.* **SIN.** Carcajada. **ANT.** Llanto.

risco (ris-co) sustantivo masculino
Peña grande, elevada o escarpada. *Al bajar del risco, se cayó rodando.* **SIN.** Peñasco, peñón.

risueño, risueña (ri-sue-ño) adjetivo
Que muestra risa en el rostro o que se ríe con facilidad. *Venía risueña, así que supuse que le había ido bien.* **SIN.** Alegre, contento. **ANT.** Triste, enfadado.

ritmo (rit-mo) sustantivo masculino
1. Armoniosa combinación y sucesión de palabras, notas musicales, etc. de una composición musical o literaria. *Esta canción tiene mucho ritmo.*
2. Velocidad y orden con que suceden las cosas. *El ritmo de sus estudios es muy desigual.* **SIN.** Proporción, regularidad.

rito - rocío

rito (**ri**-to) sustantivo masculino

Costumbre o ceremonia con unas reglas establecidas. *Celebraron la boda según el rito judío.*

rival (ri-**val**) sustantivo

Persona que compite con otra o se enfrenta a ella para lograr una cosa. *Lo tenía difícil, su rival era muy buena.* **SIN.** Adversario, contrincante. **ANT.** Compañero.

rivalidad (ri-va-li-**dad**) sustantivo femenino

Oposición entre dos o más personas que aspiran a obtener una misma cosa. *La rivalidad por el puesto era enorme.*

rizar (ri-**zar**) verbo

Formarse artificial o naturalmente rizos en el pelo. *Fui a la peluquería para rizarme el pelo.* **SIN.** Ondular, ensortijar.

✎ Se conjuga como *abrazar*.

rizo (**ri**-zo) sustantivo masculino

1. Mechón de pelo que, artificial o naturalmente, tiene forma ondulada como una sortija. *Sobre la frente le caía un gracioso rizo.* **SIN.** Caracol, tirabuzón.

2. rizar el rizo expresión Complicar algo innecesariamente. *No rices el rizo, que es fácil de entender.*

robar (ro-**bar**) verbo

Quitar a alguien algo que es suyo. *El ladrón me robó la cartera y salió corriendo.* **SIN.** Hurtar, sustraer. **ANT.** Devolver, entregar.

roble (ro-ble) sustantivo masculino

Árbol de madera dura, compacta y muy apreciada, cuyo fruto es la bellota. *Tengo una mesa de madera de roble.*

robo (ro-bo) sustantivo masculino

Acción de robar, y cosa robada. *Cometieron un robo en un banco de la ciudad.* **SIN.** Hurto, botín.

robot (ro-**bot**) sustantivo masculino

Máquina electrónica que puede realizar automáticamente una serie de movimientos y operaciones de precisión, antes exclusivas de seres inteligentes. *El proceso de fabricación lo controla un robot.*

robusto, robusta (ro-**bus**-to) adjetivo

Se dice de la persona o cosa fuerte, grande, que goza de buena salud. *Tiene un cuerpo robusto por el deporte.* **SIN.** Firme, recio. **ANT.** Débil, enquencle.

roca (ro-ca) sustantivo femenino

Piedra muy dura y sólida. *El granito es una roca.*

rocanrol

(ro-can-**rol**) adjetivo y sustantivo masculino

Género musical que surgió en Estados Unidos en los años cincuenta del siglo XX y que ha dado lugar a numerosos subgéneros. Baile que se ejecuta al ritmo de esta música. *Es un estupendo bailarín de rocanrol.*

✎ También *rock and roll*.

roce (ro-ce) sustantivo masculino

1. Acción de pasar una persona o cosa muy cerca de otra, tocándola un poco. *Tenía los pantalones desgastados por el roce.* **SIN.** Fricción, rozamiento.

2. Trato frecuente entre las personas. *Apenas tiene roce con él porque no se llevan bien.* **SIN.** Comunicación, amistad.

3. Pequeña discusión. *Entre ellos ha habido algunos roces.* **SIN.** Enfrentamiento.

rociar (ro-ci-**ar**) verbo

Esparcir un líquido en gotas muy pequeñas. *Rocía la ensalada con aceite.* **SIN.** Pulverizar.

✎ Se conjuga como *desviar*.

rocío (ro-**cí**-o) sustantivo masculino

Vapor que, en el frío de la noche, se condensa en la atmósfera en gotas pequeñas y cae sobre la tierra o las plantas. *Esta mañana, el suelo estaba cubierto de rocío.*

rocódromo

(ro-**có**-dro-mo) sustantivo masculino

Instalación deportiva que se utiliza para practicar la escalada. *La instalación de rocódromos en numerosos lugares ha aumentado de forma considerable la afición por la escalada.*

rodaja (ro-**da**-ja) sustantivo femenino

Trozo de forma circular que se saca de algunos alimentos. *Partió unas cuantas rodajas de chorizo.* **SIN.** Loncha, lonja, pedazo.

rodaje (ro-**da**-je) sustantivo masculino

Toma con la cámara de las escenas de la película. *Mañana por la mañana comienzan el rodaje de la película.* **SIN.** Filmación.

rodapié (ro-da-**pié**) sustantivo masculino

Franja que rodea la parte inferior de una pared. *El rodapié era de una madera un poco más oscura.* **SIN.** Friso, zócalo.

✎ Su plural es *rodapiés*.

rodar (ro-**dar**) verbo

1. Dar vueltas. *La canica rodó por el suelo.* **SIN.** Girar, rotar.

2. Moverse una cosa por medio de ruedas. *La nieve hacía que los coches rodaran con dificultad.*

3. Ir de un lado a otro sin situarse en un lugar determinado. *Mira a ver dónde colocas esto, siempre está rodando por ahí.*

4. Filmar una película. *Había rodado su primera película cuando aún era muy joven.*

✎ Verbo irregular, se conjuga como *contar*.

rodear (ro-de-**ar**) verbo

1. Ir por un camino más largo que el normal. *Rodearon por el bosque en lugar de seguir por el camino.* **ANT.** Atajar, acortar.

2. Estar o poner una persona o cosa alrededor de otra. *Un bonito jardín rodeaba la casa.*

rodeo (ro-**de**-o) sustantivo masculino

1. Camino más largo que el normal para ir a un lugar. *Dio un rodeo para despistar a los que le seguían.*

2. Manera indirecta de hacer o decir algo para evitar las dificultades que presenta. *Dio muchos rodeos para contarme lo ocurrido.*

3. Deporte o diversión popular en algunos países de América, que consiste en montar un toro o potro salvaje. *Fuimos a un rodeo en Texas.*

rodilla (ro-**di**-lla) sustantivo femenino

1. Parte del cuerpo que une el muslo con la pierna, y especialmente la parte delantera de dicha zona. *Tenía una herida en la rodilla.*

2. de rodillas expresión Con las rodillas dobladas y apoyadas en el suelo. *Rezó de rodillas ante el santo.*

3. de rodillas expresión Suplicando. *Ya pedirás de rodillas que te perdone.*

rodillera (ro-di-**lle**-ra) sustantivo femenino

Cualquier cosa que se pone para comodidad, defensa o adorno de la rodilla. También se llama así el trozo de tela que se coloca en los pantalones a esa altura. *El futbolista llevaba una rodillera como protección.*

rodillo (ro-**di**-llo) sustantivo masculino

Utensilio de cocina, formado por un cilindro de madera con mangos en los extremos, que se utiliza para extender las masas. *Extiende la masa con el rodillo.*

roedor, roedora

(ro-e-**dor**) adjetivo y sustantivo masculino

Se dice del mamífero con grandes dientes frontales utilizados para roer alimentos duros. *Ratones, ardillas y castores son roedores.*

roer (ro-**er**) verbo

1. Cortar o desmenuzar con los dientes la superficie de una cosa dura. *Los ratones roían las paredes.* **SIN.** Desgastar, carcomer.

2. Desgastar superficialmente poco a poco y por el roce una cosa. *Al arrastrar el armario, se ha roído la pared.* **SIN.** Raer.

✎ Verbo irregular. Ver pág. 861.

rogar (ro-**gar**) verbo

Pedir por favor una cosa a alguien. *Te ruego que vengas aquí.* **SIN.** Suplicar, implorar, solicitar.

✎ Verbo irregular, se conjuga como *contar.* Se escribe *-gu-* en vez de *-g-* seguido de *-e*, como en *roguemos.*

rojo, roja

(**ro**-jo) adjetivo y sustantivo masculino

1. Del color de la sangre, del rubí, del tomate, etc. *Compra un bolígrafo rojo.* **SIN.** Colorado.

2. adjetivo y sustantivo En política, se dice de la persona con ideas y planteamientos de izquierdas. *Los comunistas son rojos.* **SIN.** Izquierdista.

3. al rojo, o al rojo vivo expresión Se emplea cuando están muy exaltados los sentimientos. *Los ánimos se pusieron al rojo vivo.*

4. ponerse alguien rojo Sentir vergüenza, aumentando el color rosado del rostro. *Se puso roja cuando le dijo que era muy guapa.*

rollizo, rolliza (ro-**lli**-zo) adjetivo

Se dice de la persona un poco gorda. *Se veía demasiado rollizo, tenía que adelgazar.*

rollo (ro-llo) sustantivo masculino

1. Objeto de forma cilíndrica, generalmente formado por un trozo de tela, papel, etc., enrollado sobre sí mismo. *Compra un rollo de fotos y otro de papel higiénico.* **SIN.** Cilindro.

2. Acto o discurso largo y aburrido. *La película fue un rollo.*

romance (ro-**man**-ce) sustantivo masculino

1. Composición poética. *Publicó una recopilación de romances.*

2. Relación amorosa superficial y pasajera. *Las revistas del corazón hicieron eco de su romance.* **SIN.** Idilio, amorío, flirteo.

romántico, romántica (ro-**mán**-ti-co) adjetivo

Se dice de lo sentimental y fantástico. *Es una persona muy romántica.* **SIN.** Sensible, tierno.

rombo (**rom**-bo) sustantivo masculino

Figura geométrica con los lados iguales y dos de sus ángulos mayores que los otros dos. *Esa piedra tiene figura de rombo.*

romería (ro-me-**rí**-a) sustantivo femenino

Fiesta popular que se celebra en el campo cercano a alguna ermita o santuario. *Nos lo pasamos muy bien en la romería.*

romero (ro-**me**-ro) sustantivo masculino

Planta aromática, utilizada como condimento o para hacer perfumes. *Le echó romero al guiso.*

rompecabezas (rom-pe-ca-**be**-zas) sustantivo masculino

1. Problema o acertijo de difícil solución. *Su vida era un rompecabezas.*

2. Pasatiempo que consiste en componer una figura que ha sido previamente dividida en trozos menudos. *Le regalaron un rompecabezas.* **SIN.** Puzle.

✎ Es igual en singular y en plural.

rompeolas (rom-pe-**o**-las) sustantivo masculino

Muro construido a la entrada de un puerto para protegerlo del oleaje. *Dimos un paseo hasta el rompeolas.*

✎ Es igual en singular y en plural.

roer

MODO INDICATIVO		MODO SUBJUNTIVO	
Tiempos simples	Tiempos compuestos	Tiempos simples	Tiempos compuestos
Presente	**Pret. perf. compuesto / Antepresente**	**Presente**	**Pret. perf. compuesto / Antepresente**
roo, roigo o royo	he roído	roa, roiga o roya	
roes / roés	has roído	roas, roigas o royas	haya roído
roe	ha roído	roa, roiga o roya	hayas roído
roemos	hemos roído	roamos, roigamos o royamos	haya roído
roéis / roen	habéis roído	roáis, roigáis o royáis /	hayamos roído
roen	han roído	roan, roigan o royan	hayáis roído
		roan, roigan o royan	hayan roído
Pret. imperfecto / Copretérito	**Pret. pluscuamperfecto / Antecopretérito**	**Pret. imperfecto / Pretérito**	**Pret. pluscuamperfecto / Antepretérito**
roía	había roído	royera o royese	hubiera o hubiese roído
roías	habías roído	royeras o royeses	hubieras o hubieses roído
roía	había roído	royera o royese	hubiera o hubiese roído
roíamos	habíamos roído	royéramos o royésemos	hubiéramos o hubiésemos roído
roíais / roían	habíais roído	royerais o royeseis / royeran o	hubierais o hubieseis roído
roían	habían roído	royesen	hubieran o hubiesen roído
		royeran o royesen	
Pret. perf. simple / Pretérito	**Pret. anterior / Antepretérito**		
roí	hube roído		
roíste	hubiste roído	**Futuro simple / Futuro**	**Futuro perfecto**
royó	hubo roído		
roímos	hubimos roído	royere	hubiere roído
roísteis / royeron	hubisteis roído	royeres	hubieres roído
royeron	hubieron roído	royere	hubiere roído
		royéremos	hubiéremos roído
Futuro simple / Futuro	**Futuro compuesto / Antefuturo**	royereis / royeren	hubiereis roído
		royeren	hubieren roído
roeré	habré roído		
roerás	habrás roído	**MODO IMPERATIVO**	
roerá	habrá roído		
roeremos	habremos roído	roe (tú) / roé (vos) / roa, roiga o roya (usted)	
roeréis / roerán	habréis roído	roed (vosotros)	
roerán	habrán roído	roan, roigan o royan (ustedes)	
Condicional simple / Pospretérito	**Condicional compuesto / Antepospretérito**	**FORMAS NO PERSONALES**	
		Infinitivo	**Infinitivo compuesto**
roería	habría roído	roer	haber roído
roerías	habrías roído	**Gerundio**	**Gerundio compuesto**
roería	habría roído	royendo	habiendo roído
roeríamos	habríamos roído	**Participio**	
roeríais / roerían	habríais roído	roído	
roerían	habrían roído		

romper (rom-**per**) verbo

1. Hacer pedazos una cosa. *Rompí el papel en mil pedazos.* **SIN.** Quebrar, partir. **ANT.** Componer, pegar.
2. Desgastar, destrozar. *Se rompieron los zapatos.*
3. Interrumpir la continuidad de algo. *Rompimos con nuestra amistad.*
4. Deshacerse en espuma las olas. *Las olas rompían con fuerza contra el acantilado.*
5. Empezar, tener principio, iniciar. *De repente rompió a llover.* **SIN.** Comenzar. **ANT.** Acabar.
6. romper filas expresión Deshacer una formación militar. *El sargento dio la orden de romper filas.*
✎ Su participio es *roto.*

ron sustantivo masculino

Bebida alcohólica que se obtiene de la caña de azúcar. *Se tomó una copa de ron.*

roncar (ron-**car**) verbo

Hacer ruido grave y áspero con la respiración cuando se duerme. *Ronca tanto que no deja dormir.*
✎ Se conjuga como *abarcar.*

ronco, ronca (**ron**-co) adjetivo

1. Que tiene o padece ronquera. *Se quedó ronco de tanto gritar.* **SIN.** Afónico, bronco, rauco.
2. Se aplica también a la voz o sonido áspero o fuerte. *Tiene la voz muy ronca.*

ronda (**ron**-da) sustantivo femenino

1. Acción de andar de noche paseando por las calles. *Le tocaba la ronda de vigilancia.*
2. Distribución de copas de vino o de cigarros a personas reunidas. *Yo pago esta ronda.*
3. Calle o avenida que se construye alrededor de una población. *Van a reformar la ronda este de la ciudad.*

rondalla (ron-**da**-lla) sustantivo femenino

Conjunto de personas con instrumentos, generalmente de cuerda, que tocan y cantan por las calles. *Tocaba la bandurria en una rondalla.*

rondar (ron-**dar**) verbo

1. Vigilar de noche una población, campamento, etc. *La policía ronda las calles por la noche.* **SIN.** Patrullar.
2. Andar de noche paseando por las calles. *La tuna estuvo rondando por las calles.*
3. Dar vueltas alrededor de una cosa. *Un desconocido rondaba alredor de la casa.*
4. Empezar a sentir una cosa. *La gripe me está rodando.*

ronquera

(ron-**que**-ra) sustantivo femenino

Enfermedad de la garganta, que afecta a la voz haciéndola más grave, áspera y poco sonora. *Tiene ronquera por los gritos que profirió.* **SIN.** Carraspera, afonía.

ronquido

(ron-**qui**-do) sustantivo masculino

Ruido grave y áspero que se hace roncando. *Sus ronquidos no me dejaban dormir.*

ronronear (ron-ro-ne-**ar**) verbo

Producir el gato una especie de ronquido. *El gatito comenzó a ronronear de contento.*

roña (ro-**ña**) sustantivo femenino

1. Porquería pegada fuertemente. *No conseguía quitarle la roña a esa mesa.* **SIN.** Mugre, suciedad, sarna.
2. Persona roñosa, que no le gusta gastar dinero. *Eres un poco roña, nunca invitas a nada.*

roñica (ro-**ñi**-ca) adjetivo y sustantivo

Se dice de la persona roñosa, que no le gusta gastar dinero. *Tu amigo es un roñica, no nos da ni un caramelo.*

roñoso, roñosa

(ro-ño-so) adjetivo y sustantivo

1. Se dice de la persona avara, que no le gusta gastar dinero, ni compartir sus cosas con los demás. *Es una persona muy roñosa, que nunca invita ni da nada a nadie.* **SIN.** Agarrado, avaro, tacaño. **ANT.** Dadivoso, generoso. **2.** Que está muy sucio. *Las paredes daban asco de lo roñosas que estaban.* **SIN.** Puerco, mugriento. **ANT.** Limpio, reluciente.

ropa

(ro-pa) sustantivo femenino

1. Todo género de tela o prenda de vestir que, con variedad de formas, sirve para el uso o adorno de las personas o cosas. *Necesitaba ropa de abrigo.* **SIN.** Indumentaria, vestimenta. **2. ropa interior** expresión La que va debajo de las otras prendas. *Salió con su madre a comprar ropa interior.*

ropero

(ro-pe-ro) adjetivo y sustantivo

Armario o cuarto donde se guarda ropa. *La chaqueta está en el ropero.* **SIN.** Guardarropa.

rosa

(ro-sa) sustantivo femenino

1. Flor del rosal. *Le regaló un ramo de rosas amarillas.* **2.** adjetivo y sustantivo masculino Color parecido al de la rosa común. *Llevaba una camiseta de color rosa.* **3. estar como una rosa** expresión Estar muy bien. *Ya se recuperó de la enfermedad y está como una rosa.* **4. ver de color de rosa** expresión Ser muy optimista. *Ve la vida de color de rosa y no se da cuenta de los problemas.*

rosal

(ro-sal) sustantivo masculino

Arbusto del que nacen las rosas. *Plantaron rosales en el jardín.*

rosario

(ro-sa-rio) sustantivo masculino

1. Conjunto de oraciones de la Iglesia católica dedicadas a la Virgen. *Rezamos el rosario.* **2.** Cadena compuesta de piezas en forma de bolitas que sirve para rezar el rosario. *Guardaba con cariño el rosario de su abuela.*

rosca

(ros-ca) sustantivo femenino

1. Objeto o instrumento de forma circular con un espacio en el centro y varias líneas en su interior, en las que encajan las líneas exteriores de otros objetos cilíndricos, que se pueden enroscar dándoles vueltas. *La rosca del tornillo está floja.* **2.** Pan o bollo de forma cilíndrica que, cerrada en redondo, deja enmedio un espacio vacío. *Compré una rosca de pan.*

rosco

(ros-co) sustantivo masculino

Bollo o pan en forma de rosca. *Compró un rosco.*

roscón

(ros-cón) sustantivo masculino

Bollo en forma de rosca grande. *El día de Reyes es tradicional comer un roscón.*

rosetón

(ro-se-tón) sustantivo masculino

Gran ventana circular generalmente con cristales de colores y diferentes formas en el interior. *La catedral tiene un rosetón encima de la puerta principal.*

rosquilla

(ros-qui-lla) sustantivo femenino

Dulce en forma de rosca. *Me gustan las rosquillas de palo.*

rostro

(ros-tro) sustantivo masculino

Cara, parte anterior de la cabeza. *Se le notaba el cansancio en el rostro.* **SIN.** Faz, semblante.

rotación

(ro-ta-ción) sustantivo femenino

Movimiento circular de un cuerpo alrededor de su propio eje. *El movimiento de rotación de la Tierra dura 24 horas.*

roto, rota

(ro-to) adjetivo y sustantivo masculino

Se dice de lo que está partido, estropeado, descompuesto, etc. *Llevaba el pantalón roto.*

rotonda - ruborizar

rotonda (ro-**ton**-da) sustantivo femenino
Plaza con forma circular. *La escuela está girando la rotonda a la derecha.* **SIN.** Glorieta.

rotulador
(ro-tu-la-**dor**) sustantivo masculino
Instrumento de escritura semejante a un bolígrafo, que tiene un trazo generalmente más grueso. *Escribió el nombre y la dirección en el sobre con rotulador negro.*

rótulo (**ró**-tu-lo) sustantivo masculino
Título, encabezamiento, letrero. *Ya casi no se podía leer el rótulo de la vieja tienda.*

rotundo, rotunda
(ro-**tun**-do) adjetivo
Se dice de lo que es completo y firme, que no admite discusión. *Su respuesta fue un rotundo no, que no dio lugar a insistir.*

rotura (ro-**tu**-ra) sustantivo femenino
Acción de romperse algo. *Era su segunda rotura de tobillo.* **SIN.** Brecha, fractura, rasgadura.

roulotte sustantivo femenino
Palabra francesa que designa un remolque preparado con lo necesario para vivir en él como una casa. *Nos gusta viajar con la* roulotte *por todo el mundo.* **SIN.** Caravana.
✎ Se pronuncia /rulot/.

router sustantivo masculino
Dispositivo que permite conectar varios equipos a internet de forma simultánea. *Esta tarde vienen los de la compañía de teléfono a instalarnos el* router.
✎ Es una palabra inglesa y se pronuncia /rúter/.

rozadura (ro-za-**du**-ra) sustantivo femenino
Herida superficial de la piel. *Los zapatos nuevos le hicieron rozaduras en los pies.* **SIN.** Rasponazo.

rozar (ro-**zar**) verbo
1. Pasar una cosa o persona muy cerca de otra, tocándola un poco. *Las gaviotas vuelan rozando el agua.* **SIN.** Acariciar.
2. Frotar la superficie de una cosa. *Rozaba una pierna con otra al andar.* **SIN.** Ajar, friccionar.
3. rozarse Tener trato entre sí dos o más personas. *Las dos familias se rozan mucho porque son vecinas.* **SIN.** Tratarse, relacionarse.
✎ Se conjuga como *abrazar*.

rubeola (ru-be-o-la) sustantivo femenino
Enfermedad infecciosa que se caracteriza por la aparición de granos y manchas rojas. *Se vacunó contra la rubeola.*
✎ También *rubéola*.

rubí (ru-**bí**) sustantivo masculino
Piedra preciosa de color rojo y brillo intenso. *La piedra engastada en el anillo era un rubí.*
✎ Su plural es *rubís* o *rubíes*.

rubio, rubia (**ru**-bio) adjetivo
De color parecido al del oro. Se dice en especial del cabello de este color y de la persona que lo tiene. *Su hermana pequeña es rubia.* **ANT.** Moreno.

rubor (ru-**bor**) sustantivo masculino
Vergüenza que siente una persona ante una determinada situación. *Pasó mucho rubor.*

ruborizar (ru-bo-ri-**zar**) verbo
1. Causar rubor o vergüenza. *Nos ruborizó con sus palabrotas.* **SIN.** Abochornar, avergonzar.
2. ruborizarse Sentir vergüenza, generalmente aumentando el color rosado del rostro. *Al ver que había metido la pata, se ruborizó.* **SIN.** Avergonzarse.
✎ Se conjuga como *abrazar*.

rudo (**ru**-do) adjetivo
Se dice de la persona tosca y sin modales. *Es algo ruda, pero tiene un gran corazón.* **SIN.** Basto. **ANT.** Fino.

rueda (**rue**-da) sustantivo femenino
1. Objeto circular que puede girar sobre un eje. *Se me pinchó una rueda del coche.* **SIN.** Disco.
2. rueda de prensa expresión Reunión de periodistas en torno a alguien para escuchar sus declaraciones y hacerle preguntas. *El campeón organizó una rueda de prensa.*

ruedo (**rue**-do) sustantivo masculino
Círculo central de la plaza de toros cubierto de arena y en el que se desarrollan las corridas de toros. *El torero dio la vuelta al ruedo.* **SIN.** Arena, plaza, coso.

ruego (**rue**-go) sustantivo masculino
Acción de pedir por favor una cosa a alguien. *No atendió sus ruegos.* **SIN.** Súplica, petición.

rufián (**ru**-**fián**) sustantivo masculino
Persona inmoral y con malas intenciones. *Se portó como un rufián engañando a todo el mundo.*

rugby (**rug**-by) sustantivo masculino
Juego que se practica con un balón ovalado entre dos equipos de 15 jugadores cuyo objetivo es puntuar, bien colocando el balón detrás de la línea de ensayo del campo contrario, o bien lanzando el balón por encima de la portería contraria. *Es muy aficionado al rugby.*

rugido (**ru**-**gi**-do) sustantivo masculino
Voz característica del león. *El león dio un fuerte rugido.*

rugir (**ru**-**gir**) verbo
Producir el león su voz característica. *Los leones del circo rugían en sus jaulas.*
✎ Se conjuga como *urgir*.

rugoso, rugosa (**ru**-**go**-so) adjetivo
Que tiene arrugas. *Salió del agua con las manos rugosas.* **SIN.** Arrugado, plegado. **ANT.** Liso.

ruido (**rui**-do) sustantivo masculino
Sonido o conjunto de sonidos confuso, más o menos intenso, que no agrada. *El ruido de la moto me molesta.* **ANT.** Silencio.

ruin adjetivo
1. Se dice de la persona o cosa despreciable. *Su acción fue muy ruin.* **SIN.** Vil. **ANT.** Honrado.
2. Se dice de la persona tacaña. *No seas tan ruin, aporta algo.* **SIN.** Avaro. **ANT.** Generoso.

ruina (**rui**-na) sustantivo femenino
1. Acción de caer o destruirse una cosa. *Esta casa está al borde de la ruina, deberían arreglarla.* **SIN.** Demolición, destrucción. **ANT.** Reconstrucción.
2. Pérdida grande de los bienes de fortuna. *La empresa estaba en la ruina.* **SIN.** Bancarrota, depresión, insolvencia, quiebra.
3. Causa de esta decadencia o pérdida de bienes. *El juego fue su ruina.*
4. sustantivo femenino plural Restos de uno o más edificios arruinados. *Del castillo solo quedaban unas ruinas.*

ruiseñor (**rui**-se-**ñor**) sustantivo masculino
Pájaro común en España, con plumaje pardo rojizo y notable por su canto melodioso. *Le gustaba escuchar a los ruiseñores cantar.* **SIN.** Filomena, roncal.

ruleta (**ru**-**le**-ta) sustantivo femenino
Juego de azar para el que se usa una rueda horizontal giratoria, dividida en 36 casillas numeradas y pintadas de negro y rojo. *Jugaron a la ruleta en el casino.*

rulo - rutina

rulo (**ru**-lo) sustantivo masculino

Cilindro de pequeño tamaño en el que se enrolla el pelo para rizarlo. *Le puso los rulos.*

rumba (**rum**-ba) sustantivo femenino

Baile y música popular de origen gitano-andaluz. *Le gustaba bailar rumbas.*

rumbo

(**rum**-bo) sustantivo masculino

1. Dirección que se toma al trasladarse, especialmente en avión o barco. *El piloto indicó su rumbo.* **SIN.** Orientación.

2. Camino o método que se propone seguir una persona. *Decidí cambiar el rumbo de mi vida y hacer lo que siempre deseé.* **SIN.** Derrotero.

rumiante

(ru-**mian**-te) adjetivo y sustantivo masculino

Se aplica a los mamíferos que tienen el estómago compuesto de cuatro cavidades, y que se alimentan de vegetales, los cuales vuelven a su boca después de haberlos tragado y haber permanecido en una de las cavidades de su estómago. *La vaca, la cabra y la oveja son animales rumiantes.*

rumiar (ru-**miar**) verbo

Masticar por segunda vez, volviéndo a la boca el alimento que ya estuvo en un depósito que, a este efecto, tienen algunos animales. *Las vacas rumiaban tranquilamente la hierba en el prado.*

✎ Se conjuga como *cambiar*.

rumor (ru-**mor**) sustantivo masculino

1. Noticia que corre entre el público sin saber de dónde procede o si es cierta. *El rumor corría por toda la ciudad.* **SIN.** Chisme, habladuría.

2. Ruido vago, sordo y continuado. *Desde donde estábamos sentados se*

escuchaba el rumor del agua del río. **SIN.** Zumbido, son.

rumorearse (ru-mo-re-**ar**-se) verbo

Difundirse un rumor. *Se rumoreaba que habría boda.*

✎ Solo se conjuga en tercera persona del singular.

rupestre (ru-**pes**-tre) adjetivo

Se dice de algunas cosas pertenecientes o relativas a las rocas. Se aplica especialmente a las pinturas y dibujos prehistóricos existentes en algunas rocas y cavernas. *En esa cueva se encontraron pinturas rupestres.* **SIN.** Prehistórico.

ruptura (rup-**tu**-ra) sustantivo femenino

Acción de romperse o de interrumpir la continuidad de algo. *La ruptura de las negociaciones era evidente.* **SIN.** Rotura.

rural (ru-**ral**) adjetivo

Que pertenece o se refiere al campo y a las labores de él. *Está de moda el turismo rural.* **SIN.** Campesino, agrario.

rústico, rústica

(**rús**-ti-ca) adjetivo

Que pertenece o se refiere al campo. *Alquilaron una casa rústica.* **SIN.** Rural, agrario.

ruta (**ru**-ta) sustantivo femenino

1. Itinerario o camino de un viaje o paseo. *Aún no sabían qué ruta iban a tomar.* **SIN.** Trayecto.

2. Camino que se toma para lograr un propósito. *Marco Polo llegó a China siguiendo la ruta de la seda.* **SIN.** Vía, derrotero.

rutina (ru-**ti**-na) sustantivo femenino

Costumbre, hábito adquirido de hacer las cosas por mera práctica y sin razonarlas. *Hizo el informe según la rutina acostumbrada en la oficina.* **SIN.** Práctica, usanza, uso.

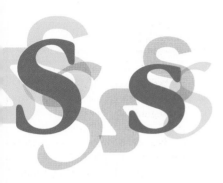

S sustantivo femenino

Consonante número dieciséis del abecedario español. Su nombre es *ese*. *Sonia empieza por s.*

sábado (**sá**-ba-do) sustantivo masculino

Día de la semana que está entre el viernes y el domingo. *Sábado, en lengua hebrea* sabbat, *significa «descanso».*

sabana (sa-**ba**-na) sustantivo femenino

Llanura extensa casi sin árboles. *Vimos un reportaje en televisión sobre la sabana africana.*

sábana (**sá**-ba-na) sustantivo femenino

Cada una de las dos piezas de tela, de tamaño suficiente para cubrir la cama, que se colocan encima del colchón, y entre las cuales nos metemos para dormir. *En verano duermo solo con las sábanas.*

sabbat sustantivo masculino

Día sagrado de descanso entre los judíos. *También han aparecido restos de vajilla del sabbat que hemos podido identificar por su decoración.*

saber (sa-**ber**) verbo

1. Conocer una cosa o estar informado de ella. *No sé dónde vives, así que no puedo ir a buscarte.* **ANT.** Desconocer.

2. Tener habilidad para una cosa. *Él sabe bailar rock.*

3. Saber mucho de algo que se ha estudiado. *La profesora sabe mucho de historia.* **ANT.** Ignorar.

4. Tener sabor una cosa. *La sopa sabía a pescado.*

✎ Verbo irregular. Ver pág. 868.

sabiduría (sa-bi-du-**rí**-a) sustantivo femenino

1. Forma prudente de comportarse y actuar en la vida. *La sabiduría popular está viva entre los mayores.* **SIN.** Juicio, cordura. **ANT.** Imprudencia.

2. Conocimiento profundo en ciencias, letras o artes. *Su sabiduría le ha convertido en un erudito.* **SIN.** Erudición, saber. **ANT.** Ignorancia, desconocimiento.

sabio, sabia (**sa**-bio) adjetivo

1. Se dice de la persona que posee sabiduría. *Aristóteles fue un gran sabio.* **SIN.** Erudito. **ANT.** Ignorante, tonto, lerdo.

2. Se dice de las cosas que enseñan o que contienen sabiduría. *Tu explicación es muy sabia.*

sabiondo, sabionda (sa-**bion**-do) adjetivo y sustantivo

Persona que presume de sabia sin serlo. *Hay demasiados sabiondos en mi clase.*

✎ También *sabihondo*.

sable (**sa**-ble) sustantivo masculino

Arma blanca de hoja curvada y terminada en punta, que solo corta por un lado. *En la película, el pirata iba armado con un sable.*

saber

MODO INDICATIVO		MODO SUBJUNTIVO	
Tiempos simples	Tiempos compuestos	Tiempos simples	Tiempos compuestos

Presente	Pret. perf. compuesto / Antepresente		Presente	Pret. perf. compuesto / Antepresente	
sé	he	sabido	sepa	haya	sabido
sabes / sabés	has	sabido	sepas	hayas	sabido
sabe	ha	sabido	sepa	haya	sabido
sabemos	hemos	sabido	sepamos	hayamos	sabido
sabéis / saben	habéis	sabido	sepáis / sepan	hayáis	sabido
saben	han	sabido	sepan	hayan	sabido

Pret. imperfecto / Copretérito	Pret. pluscuamperfecto / Antecopretérito		Pret. imperfecto / Pretérito	Pret. pluscuamperfecto / Antepretérito	
			supiera o	hubiera o	
sabía	había	sabido	supiese	hubiese sabido	
sabías	habías	sabido	supieras o	hubieras o	
sabía	había	sabido	supieses	hubieses sabido	
sabíamos	habíamos	sabido	supiera o	hubiera o	
sabíais / sabían	habíais	sabido	supiese	hubiese sabido	
sabían	habían	sabido	supiéramos o	hubiéramos o	
			supiésemos	hubiésemos sabido	
			supierais o	hubierais o	
Pret. perf. simple / Pretérito	Pret. anterior / Antepretérito		supieseis / supieran o	hubieseis sabido	
			supiesen	hubieran o	
supe	hube	sabido	supieran o	hubiesen sabido	
supiste	hubiste	sabido	supiesen		
supo	hubo	sabido			
supimos	hubimos	sabido	Futuro simple / Futuro	Futuro compuesto / Antefuturo	
supisteis / supieron	hubisteis	sabido			
supieron	hubieron	sabido	supiere	hubiere	sabido
			supieres	hubieres	sabido
			supiere	hubiere	sabido
Futuro simple / Futuro	Futuro compuesto / Antefuturo		supiéremos	hubiéremos	sabido
			supiereis / supieren	hubiereis	sabido
sabré	habré	sabido	supieren	hubieren	sabido
sabrás	habrás	sabido			
sabrá	habrá	sabido	MODO IMPERATIVO		
sabremos	habremos	sabido			
sabréis / sabrán	habréis	sabido	sabe (tú) / sabé (vos) / sepa (usted)		
sabrán	habrán	sabido	sabed (vosotros)		
			sepan (ustedes)		

Condicional simple / Pospretérito	Condicional compuesto / Antepospretérito		FORMAS NO PERSONALES	
			Infinitivo saber	**Infinitivo compuesto** haber sabido
sabría	habría	sabido		
sabrías	habrías	sabido	**Gerundio** sabiendo	**Gerundio compuesto** habiendo sabido
sabría	habría	sabido		
sabríamos	habríamos	sabido	**Participio** sabido	
sabríais / sabrían	habríais	sabido		
sabrían	habrían	sabido		

sabor (sa-**bor**) sustantivo masculino

1. Sensación que la bebida y la comida producen en el sentido del gusto. *Esta naranja tiene un sabor ácido.* **SIN.** Gusto.

2. Impresión que una cosa produce en el ánimo. *Su contestación me dejó mal sabor.* **SIN.** Huella, sensación.

saborear (sa-bo-re-**ar**) verbo

1. Comer o beber una cosa despacio, percibiendo su sabor con agrado. *He saboreado los mejores platos de la cocina vasca en su restaurante.* **SIN.** Paladear, degustar.

2. Disfrutar con gusto de las cosas que agradan. *Me gusta saborear los momentos agradables con la familia.* **SIN.** Complacerse.

sabotaje (sa-bo-**ta**-je) sustantivo masculino

1. Destrucción intencionada que hacen los obreros en la maquinaria, productos, etc., para llamar la atención sobre sus problemas y peticiones. *Durante la huelga, hubo un sabotaje en la fábrica.* **SIN.** Atentado, boicot.

2. Oposición y obstaculización de proyectos, órdenes, decisiones, etc. *La población ha hecho un sabotaje a la Ley de Inmigración.* **SIN.** Boicot.

sabroso, sabrosa

(sa-**bro**-so) adjetivo

1. Se dice de la comida agradable al sentido del gusto. *El guiso estaba muy sabroso.* **SIN.** Apetitoso, suculento. **ANT.** Insípido, soso.

2. Se dice de las cosas y situaciones que producen placer. *Pasé momentos muy sabrosos este verano.* **SIN.** Gustoso. **ANT.** Repugnante.

sacacorchos

(sa-ca-**cor**-chos) sustantivo masculino

Instrumento para quitar los tapones de corcho a las botellas. *Se nos olvidó*

el sacacorchos y no pudimos abrir la botella. **SIN.** Descorchador.

sacar (sa-**car**) verbo

1. Poner una cosa fuera del lugar donde estaba metida. *Saca el abrigo del armario.* **SIN.** Extraer, separar, retirar. **ANT.** Meter.

2. Quitar a una persona o cosa del sitio o situación en que se halla. *Le sacó del equipo porque no acudía a los entrenamientos.* **SIN.** Excluir, apartar. **ANT.** Incluir, atraer.

3. Resolver un problema. *Sacó la solución del acertijo.* **SIN.** Averiguar, solucionar. **ANT.** Ignorar.

4. Conseguir algo. *Sacó todas las asignaturas en junio.* **SIN.** Alcanzar, obtener, lograr. **ANT.** Fracasar.

5. Ir por delante, llevar ventaja. *Le saca dos años a su hermano el menor.* **SIN.** Aventajar, superar.

6. Lograr con fuerza o habilidad que alguien diga o dé una cosa. *Le sacó la verdad a base de halagos y engaños.*

7. Elegir por sorteo o por votos. *Sacaron a su candidato por mayoría.* **SIN.** Escoger, nombrar, seleccionar. **ANT.** Rechazar, repudiar.

8. Ganar por suerte una cosa, o ganar al juego. *Sacó el primer premio en la rifa de Navidad.* **SIN.** Llevarse.

9. Con sustantivos como *entradas*, *billetes*, *boletos*, etc., comprarlos. *Se encargó de sacar las entradas para el concierto.*

10. Hacer una fotografía. *Me sacó una foto sonriendo.*

✎ Se conjuga como *abarcar*.

sacarina (sa-ca-**ri**-na) sustantivo femenino

Sustancia blanca en forma de polvo o pastilla que endulza como el azúcar, pero tiene menos calorías. *Usó sacarina para endulzar el café porque está a régimen para adelgazar.*

sacerdote - sacudir

sacerdote, sacerdotisa

(sa-cer-**do**-te) sustantivo

1. Hombre o mujer que celebra sacrificios y ceremonias religiosas en honor de un dios o diosa. *Era una sacerdotisa egipcia.*

2. sustantivo masculino En la Iglesia católica, hombre que se dedica al servicio de Dios y de las demás personas, que ha recibido el sacramento del orden sacerdotal y puede, por tanto, confesar y decir misa. *El sacerdote de la parroquia se ha ido a las misiones.* **SIN.** Clérigo, cura. **ANT.** Laico.

saciar (sa-**ciar**) verbo

1. Sentirse satisfecho después de haber comido y bebido todo lo que se quería. *El bocadillo no me ha saciado el hambre.* **SIN.** Ahitarse, inflarse, atracarse.

2. Sentirse satisfecho después de haber logrado algo. *Los libros saciaron su sed de sabiduría.* **SIN.** Saturarse, satisfacerse.

✎ Se conjuga como *cambiar.*

saco (sa-co) sustantivo masculino

1. Bolsa de tela, cuero, papel, etc., generalmente de forma rectangular, abierta por uno de los lados. *En la obra tenían sacos para meter los escombros.* **SIN.** Bolso, costal, macuto, morral.

2. Lo que cabe o se lleva dentro de esa bolsa. *Necesitamos un saco de leña para la chimenea.*

3. saco de dormir expresión El que se usa para dormir dentro de él en acampadas, etc. *Durmió bajo las estrellas en su saco de dormir.*

sacramento

(sa-cra-**men**-to) sustantivo masculino

Según la religión cristiana, conjunto de palabras y gestos que hacen que Dios actúe en las almas. *El bautismo es uno de los siete sacramentos.*

sacrificar (sa-cri-fi-**car**) verbo

1. Hacer sacrificios, ofrecer o dar una cosa a un dios. *En muchas culturas antiguas, sacrificaban animales para honrar a los dioses.* **SIN.** Ofrendar, inmolar.

2. Matar a los animales para comer su carne. *Sacrificaron varios corderos y cerdos para la fiesta del pueblo.* **SIN.** Degollar.

3. Renunciar a una cosa para conseguir otra. *Sacrificó sus vacaciones para conseguir el ascenso.*

4. sacrificarse Soportar con paciencia una cosa que resulta molesta. *Decidió sacrificarse y ocuparse ella misma de su madre enferma.* **SIN.** Resignarse, aguantarse.

✎ Se conjuga como *abarcar.*

sacrificio

(sa-cri-**fi**-cio) sustantivo masculino

1. Cosa difícil que se hace para conseguir algo, para ser mejor o por amor a alguien. *En el pasado, hicieron muchos sacrificios para sacar adelante a sus hijos.* **SIN.** Privación, renuncia.

2. Ofrenda a un dios para pedir algo o darle gracias. *En la Antigüedad se realizaban sacrificios para aplacar la ira de los dioses.* **SIN.** Inmolación, oblación.

3. Acción que alguien tiene que hacer, pero que le cuesta mucho. *Coger el metro todos los días es para mí un sacrificio.*

sacudir (sa-cu-**dir**) verbo

1. Mover bruscamente una cosa a una y otra parte. *Un terremoto sacudió la ciudad y derribó varios edificios.* **SIN.** Agitar.

2. Golpear una cosa o moverla con brusquedad en el aire con el fin de quitarle el polvo, la humedad, etc. *Sacude la alfombra en el patio, que sale muchísimo polvo.* **SIN.** Batanear, aporrear.

3. Golpear, dar golpes. *Le sacudió una bofetada que le dejó la mejilla colorada.* **SIN.** Atizar.
4. sacudirse Evitar con violencia o astucia algo que resulta molesto o desagradable. *Se sacudió rápidamente de su compromiso.* **SIN.** Eludir. **ANT.** Aceptar.

saeta (sa-e-ta) sustantivo femenino
1. Arma que consiste en una vara delgada y ligera, con punta afilada en uno de sus extremos, que se dispara con el arco. *Los guerreros disparaban saetas con sus arcos desde la muralla.* **SIN.** Flecha.
2. Manecilla del reloj. *Las saetas del reloj no se movían.* **SIN.** Aguja, minutero, segundero.
3. Canción breve y devota que se canta al paso de las imágenes en algunas procesiones religiosas. *Le cantó varias saetas a la Macarena.*

safari (sa-fa-ri) sustantivo masculino
Expedición para cazar u observar los animales salvajes que se hace en algunos lugares, sobre todo en África. *Hicieron un safari para fotografiar a los elefantes.*

sagacidad
(sa-ga-ci-**dad**) sustantivo femenino
Astucia e inteligencia para saber en cada momento cómo actuar. *Actuó con mucha sagacidad consiguiendo convencerle de que era idea suya.* **SIN.** Cautela, perspicacia.

sagaz (sa-**gaz**) adjetivo
1. Se dice de la persona inteligente y astuta, que se da cuenta de lo que pasa a su alrededor y de cómo puede conseguir lo que quiere. *Es una chica muy sagaz.* **SIN.** Artero. **ANT.** Noble.
2. Precavido, que piensa las cosas con tiempo y prudencia. *Fue muy sagaz al tomar aquellas medidas de precaución.* **SIN.** Cauteloso, previsor. **ANT.** Ingenuo.
✎ Su plural es *sagaces.*

sagrado, sagrada (sa-**gra**-do) adjetivo
1. Dedicado a Dios. *El templo es un lugar sagrado.* **SIN.** Sacro, santo, bendito. **ANT.** Profano.
2. Que merece especial respeto. *Ese recuerdo eran sagrado para él porque era de su padre.*

sagrario (sa-**gra**-rio) sustantivo masculino
Caja o mueble que hay en las iglesias católicas, en el que se guardan el pan y el vino consagrados durante la misa. *El sacerdote abrió el sagrario para dar la comunión.*

sal sustantivo femenino
1. Sustancia en polvo de color blanco que da sabor salado a los alimentos. *La sal se extrae principalmente del agua de mar.*
2. Gracia en la forma de hablar. *Cuenta las cosas con mucha sal.*
3. sustantivo femenino plural Sustancias perfumadas que se disuelven en agua para el baño. *Llenó la bañera de agua caliente y echó sales.*

sala (sa-la) sustantivo femenino
1. Habitación principal y más grande de la casa, donde la familia pasa la mayor parte del tiempo. *Recibimos a las visitas en la sala.* **SIN.** Cuarto de estar.
2. sala de fiestas expresión Local donde se sirven bebidas y se puede bailar o presenciar alguna actuación musical o similar. *Nos veremos esta noche en la sala de fiestas.*

salado, salada (sa-**la**-do) adjetivo
1. Se aplica a los alimentos o guisos que tienen más sal de la necesaria. *Esta sopa está muy salada.* **ANT.** Soso, insípido.

2. Se dice de lo que es gracioso. *Es un chico muy salado.* **SIN.** Ingenioso, chistoso. **ANT.** Soso.

salamandra (sa-la-**man**-dra) sustantivo femenino
Animal de piel lisa, de color negro intenso con manchas amarillas, que se alimenta de insectos. *Vio una salamandra en una roca.*

salar (sa-**lar**) verbo
1. Echar sal en carnes, pescados y otras sustancias para que se conserven. *Mi padre saló el bacalao.* **SIN.** Acecinar, curar.
2. Echar más sal de la necesaria. *Has salado el guiso.*

salario (sa-**la**-rio) sustantivo masculino
Sueldo o paga que se da a la persona por realizar un trabajo. *Cobró su salario.* **SIN.** Jornal.

salazón (sa-la-**zón**) sustantivo femenino
Acción de salar carnes o pescados para que se conserven, y actividades industriales y comerciales que se realizan con esos alimentos salados. *Puso el pescado en salazón.*

salchicha (sal-**chi**-cha) sustantivo femenino
Embutido estrecho de carne de cerdo picada, que se sazona con sal, pimentón y otras especias, y que se come sin curar. *Cenó un huevo frito con salchichas.*

salchichón (sal-chi-**chón**) sustantivo masculino
Embutido de jamón y tocino, aromatizado con pimienta en grano. *Le encanta el salchichón.*

saldo (**sal**-do) sustantivo masculino
1. Cantidad de dinero que hay en una cuenta bancaria. *Pidió en el cajero información sobre el saldo de su cuenta.*
2. Mercancías que han sobrado, y que el fabricante o el comerciante venden a bajo precio para deshacerse pronto de ellas. *Esa tienda tiene buenos saldos.* **SIN.** Liquidación.

salero (sa-**le**-ro) sustantivo masculino
1. Recipiente en que se sirve la sal en la mesa. *Puso el salero en la mesa para que cada uno se sirviera.*
2. Gracia o chispa de una persona al hablar o actuar. *Esa niña tiene mucho salero.* **SIN.** Garbo.

saleroso, salerosa (sa-le-**ro**-so) adjetivo
Que tiene salero o gracia. *Toda su familia es muy salerosa.* **SIN.** Gracioso. **ANT.** Soso, aburrido.

salida (sa-**li**-da) sustantivo femenino
1. Acción de pasar de dentro afuera o irse de un sitio a otro. *Se informó sobre el horario de salida.* **SIN.** Partida. **ANT.** Retorno.
2. Lugar por donde se sale fuera de un sitio. *Por ese pasillo está la salida.*
3. Comienzo de una carrera de velocidad. *El juez dio la salida con un disparo al aire.*
4. Lugar donde se sitúan los participantes para comenzar una carrera de velocidad. *Todos los corredores estaban situados en la línea de salida.* **SIN.** Parrilla.
5. Aparición de un astro en el cielo. *Le gustaba observar la salida del sol desde la playa.*
6. Medio para vencer una situación peligrosa o un problema. *Esta enfermedad no tiene salida.*
7. Frase inteligente y graciosa. *Tuvo una salida muy simpática.* **SIN.** Gracia, ocurrencia.
8. sustantivo femenino plural Posibilidades de encontrar trabajo que ofrecen algunos estudios o profesiones. *Es una carrera con pocas salidas profesionales.*

saliente (sa-**lien**-te) sustantivo masculino
Parte que sobresale en alguna cosa. *Se dio un golpe en la frente con un saliente de la mesa.*

salina (sa-**li**-na) sustantivo femenino

Mina de sal o fábrica donde se extrae la sal de las aguas. *Las salinas de Alicante lo impresionaron mucho.*

salir (sa-**lir**) verbo

1. Pasar de dentro afuera o irse de un sitio a otro. *Los niños salieron al jardín.* **SIN.** Irse, retirarse. **ANT.** Meterse, entrar, volver.

2. Librarse de un mal o peligro. *Al fin ha salido del apuro.* **SIN.** Liberarse, desembarazarse.

3. Empezar a aparecer algo. *Cuando tomo el sol, me salen pecas.* **SIN.** Surgir, brotar. **ANT.** Ocultarse, quitarse.

4. Provenir una cosa de otra. *El mal olor salía de aquella fábrica.* **SIN.** Originarse, resultar.

5. En ciertos juegos, ser alguien el primero que juega. *Te toca salir a ti.*

6. Decir o hacer algo inesperado o inoportuno. *Ante aquella inesperada pregunta, salió por donde pudo.*

7. Tratarse mucho con otra persona por motivos amorosos. *Salen juntos desde hace meses.*

8. Ser nombrado por votación o suerte. *Salió delegada de clase.* **SIN.** Resultar.

9. Ir a parar, tener salida a un punto determinado un camino, calle, etc. *Esta pista forestal sale al pueblo de al lado.* **SIN.** Llegar.

10. salirse Derramarse el contenido de un recipiente por estar lleno o por tener una abertura por donde se escapa. *La sal se sale por ese agujero de la bolsa.* **SIN.** Verterse, desbordarse, derramarse.

11. salirse con la suya expresión Conseguir alguien lo que quiere. *Es tan lista que suele salirse con la suya.*

✎ Verbo irregular. Ver pág. 874.

saliva (sa-**li**-va) sustantivo femenino

Líquido producido en la boca que ayuda a tragar los alimentos. *La saliva ablanda los alimentos para que puedan tragarse mejor.*

salmo (**sal**-mo) sustantivo masculino

Poema o cántico que alaba a Dios. *Entonaron uno de los salmos de David.* **SIN.** Himno.

salmón (sal-**món**) sustantivo masculino

1. Pez de carne muy sabrosa, que vive cerca de las costas marinas y sube por los ríos en la época de la cría. *Se dedica a la pesca del salmón.*

2. adjetivo y sustantivo masculino Color rojizo, similar a la carne de este pez. *Llevaba una camiseta de color salmón.*

salobre (sa-**lo**-bre) adjetivo

Que tiene sabor de sal. *El agua marina es salobre.* **SIN.** Salado.

salón (sa-**lón**) sustantivo masculino

1. Habitación de grandes dimensiones que en las casas se utiliza para visitas y fiestas, y en edificios públicos para celebrar reuniones. *Tomaremos el café en el salón.* **SIN.** Sala.

2. Tienda o local donde se exponen determinados productos, como automóviles, electrodomésticos, etc., o se realizan ciertos servicios. *La exposición era en el Salón del Automóvil.*

salpicar (sal-pi-**car**) verbo

1. Hacer que salte un líquido esparcido en gotas pequeñas por choque o movimiento brusco. *Tira piedras al agua para salpicarlo.*

2. Caer gotas de un líquido en una persona o cosa. *Me salpicó un poco de aceite.*

3. Esparcir varias cosas, como si se rociase algo con ellas. *Salpicó la tarta con almendras y nueces.* **SIN.** Desparramar, diseminar. **ANT.** Recoger, amontonar.

✎ Se conjuga como *abarcar.*

salir

MODO INDICATIVO		MODO SUBJUNTIVO	
Tiempos simples	Tiempos compuestos	Tiempos simples	Tiempos compuestos
Presente	**Pret. perf. compuesto / Antepresente**	**Presente**	**Pret. perf. compuesto / Antepresente**
salgo	he salido	salga	haya salido
sales / salís	has salido	salgas	hayas salido
sale	ha salido	salga	haya salido
salimos	hemos salido	salgamos	hayamos salido
salís / salen	habéis salido	salgáis / salgan	hayáis salido
salen	han salido	salgan	hayan salido
Pret. imperfecto / Copretérito	**Pret. pluscuamperfecto / Antecopretérito**	**Pret. imperfecto / Pretérito**	**Pret. pluscuamperfecto / Antepretérito**
salía	había salido	saliera o saliese	hubiera o hubiese salido
salías	habías salido	salieras o salieses	hubieras o hubieses salido
salía	había salido	saliera o saliese	hubiera o hubiese salido
salíamos	habíamos salido	saliéramos o saliésemos	hubiéramos o hubiésemos salido
salíais / salían	habíais salido	salierais o salieseis / salieran o saliesen	hubierais o hubieseis salido
salían	habían salido	salieran o saliesen	hubieran o hubiesen salido
Pret. perf. simple / Pretérito	**Pret. anterior / Antepretérito**		
salí	hube salido		
saliste	hubiste salido		
salió	hubo salido		
salimos	hubimos salido	**Futuro simple / Futuro**	**Futuro compuesto / Antefuturo**
salisteis / salieron	hubisteis salido	saliere	hubiere salido
salieron	hubieron salido	salieres	hubieres salido
		saliere	hubiere salido
		saliéremos	hubiéremos salido
Futuro simple / Futuro	**Futuro compuesto / Antefuturo**	saliereis / salieren	hubiereis salido
saldré	habré salido	salieren	hubieren salido
saldrás	habrás salido		
saldré	habrá salido	**MODO IMPERATIVO**	
saldremos	habremos salido		
saldréis / saldrán	habréis salido	sal (tú) / salí (vos) / salga (usted)	
saldrán	habrán salido	salid (vosotros)	
		salgan (ustedes)	
Condicional simple / Pospretérito	**Condicional compuesto / Antepospretérito**	**FORMAS NO PERSONALES**	
saldría	habría salido	**Infinitivo** salir	**Infinitivo compuesto** haber salido
saldrías	habrías salido		
saldría	habría salido	**Gerundio** saliendo	**Gerundio compuesto** habiendo salido
saldríamos	habríamos salido		
saldríais / saldrían	habríais salido	**Participio** salido	
saldrían	habrían salido		

salsa (**sal**-sa) sustantivo femenino

Mezcla líquida de varias sustancias comestibles que se añade a las comidas para darles sabor. *Para acompañar el plato, podemos ofrecerle mahonesa, salsa rosa, salsa tártara, salsa verde...* **SIN.** Caldo, jugo.

saltamontes

(sal-ta-**mon**-tes) sustantivo masculino

Insecto de cinco a seis centímetros de longitud, de color verde amarillento, con las patas delanteras cortas y fuertes, y las posteriores largas, con las que da grandes saltos. *En la huerta había muchos saltamontes.*

✎ Es igual en plural y en singular.

saltar (sal-**tar**) verbo

1. Levantarse del suelo con impulso para caer en el mismo sitio o en otro diferente, cruzar de un salto una distancia o bajar a una altura inferior. *Saltó el charco para dar conciertos en América.* **SIN.** Brincar, botar.

2. Comenzar a funcionar. *Saltó el botón de alarma.*

3. Salir con fuerza un líquido hacia arriba. *El agua saltó de la fuente con fuerza.* **SIN.** Brotar.

4. Demostrar algún enfado o resentimiento. *Al oír aquellas mentiras, no pudo evitar saltar.*

5. Decir una cosa impertinente o inoportuna. *Saltó con una estupidez.* **SIN.** Soltar, espetar.

6. Pasar de una cosa a otra sin orden. *Salta de un estado de ánimo a otro continuamente.*

7. No leer una parte de un escrito. *Saltó el párrafo en el que hablaba de eso.* **SIN.** Omitir, olvidar, silenciar.

8. saltarse No cumplir una ley o un precepto. *Se saltó un semáforo en rojo.* **SIN.** Conculcar, quebrantar. **ANT.** Acatar, respetar.

saltarín, saltarina

(sal-ta-**rín**) adjetivo y sustantivo

Se dice de la persona inquieta y de poco juicio. *Es una niña muy saltarina.* **SIN.** Retozón.

saltear (sal-te-**ar**) verbo

1. Salir a los caminos y robar a los viajeros. *Los bandidos saltearon la diligencia.* **SIN.** Asaltar.

2. Empezar a hacer una cosa y dejarla comenzada, pasando a otra. *Fui salteando actividades para no aburrirme.*

3. Freír un alimento a fuego vivo en manteca o aceite hirviendo. *Salteó los riñones.*

salto (**sal**-to) sustantivo masculino

1. Acción de levantarse del suelo con impulso para caer en el mismo sitio o en otro diferente, cruzar de un salto una distancia o bajar a una altura inferior. *Dio un gran salto.* **SIN.** Brinco, bote.

2. Lugar que se ha de pasar saltando. *Le daba miedo aquel salto.*

3. Cambio brusco. *De un curso a otro hay un gran salto.*

4. Supresión de una parte de un escrito voluntariamente o por error. *Había un salto de párrafo.* **SIN.** Olvido, omisión.

5. Lanzamiento en paracaídas desde un avión. *El salto de los paracaidistas fue de exhibición.*

6. Prueba atlética que consiste en saltar una altura o longitud. *Es muy bueno en el salto de longitud.*

7. En natación, acción de saltar desde un trampolín. *Hizo un doble salto mortal perfecto.*

salud (sa-**lud**) sustantivo femenino

Estado en que el cuerpo de un ser vivo funciona correctamente y no tiene enfermedades. *Tiene tan buena salud que nunca lo he visto enfermo.* **SIN.** Vitalidad, bienestar. **ANT.** Enfermedad.

saludable (sa-lu-**da**-ble) adjetivo

1. Que sirve para conservar o restablecer la salud. *El aire de la montaña es muy saludable.* **SIN.** Beneficioso, conveniente, provechoso. **ANT.** Inconveniente.

2. Que tiene aspecto sano. *Después de un buen descanso, su aspecto era muy saludable.* **SIN.** Vigoroso, lozano. **ANT.** Enfermizo.

saludar (sa-lu-**dar**) verbo

1. Decir o hacer por educación palabras o gestos al encontrarse o despedirse de las personas. *Saludó a Pepe dándole la mano.*

2. Enviar saludos o recuerdos. *Saluda a tus primos de mi parte.*

saludo (sa-**lu**-do) sustantivo masculino

Palabra o gesto que sirve para saludar. *Le hizo un saludo discreto con la mano, para que no lo viera la prensa.*

salva (**sal**-va) sustantivo femenino

Serie de cañonazos consecutivos, disparados sin bala, que se hacen en honor de alguien o como saludo. *Su nacimiento fue anunciado con salvas de cañón.*

salvajada (sal-va-**ja**-da) sustantivo femenino

Acción o palabras propias de un salvaje. *La paliza que los ladrones dieron a la pobre víctima fue una salvajada.* **SIN.** Atrocidad, brutalidad, vandalismo.

salvaje (sal-**va**-je) adjetivo

1. Se dice de las plantas silvestres y sin cultivo. *La tierra estaba llena de plantas salvajes.*

2. Se dice del animal que no es doméstico. *Allí había patos salvajes.* **SIN.** Bravío. **ANT.** Doméstico.

3. adjetivo y sustantivo Se dice de los pueblos no civilizados, que mantienen formas de vida primitivas, y de los habitantes de estos pueblos. *Apenas quedan ya tribus salvajes.*

4. adjetivo y sustantivo Se dice de la persona que se comporta con crueldad. *Cuando se pone furioso es muy salvaje.* **SIN.** Bruto.

salvamanteles

(sal-va-man-**te**-les) sustantivo masculino

Pieza de cristal, loza, madera, etc. que se pone en la mesa debajo de las fuentes, botellas, vasos, etc. *Colocó los salvamanteles en la mesa.*

✎ Es igual en plural y en singular.

salvar (sal-**var**) verbo

1. Librar de un riesgo o peligro, poner en seguro. *Nos salvamos del accidente de milagro.*

2. Evitar una dificultad, inconveniente, etc. *Salvó el escollo con maestría y seguridad.*

3. Superar un obstáculo, pasando por encima o a través de él. *Para pasar al otro lado tenían que salvar un profundo precipicio.* **SIN.** Saltar, franquear.

4. Recorrer la distancia que existe entre dos puntos. *Salvó el desnivel entre la falda de la montaña y la cima.*

5. salvarse Conseguir que el alma vaya al cielo después de la muerte. *Se salvó gracias a su arrepentimiento.* **ANT.** Condenarse.

salvavidas

(sal-va-**vi**-das) sustantivo masculino

Objeto de corcho, goma, etc., que permite a alguien mantenerse a flote en el agua. *Le arrojaron un salvavidas.* **SIN.** Flotador.

✎ Es igual en plural y en singular.

salvo, salva (**sal**-vo) adjetivo

1. Ileso, librado de un peligro. *Salieron sanos y salvos.* **SIN.** Incólume, indemne.

2. adverbio Excepto, fuera de, con la excepción de. *Acepto todas tus condiciones salvo una.*

3. a salvo expresión Sin daño, fuera de peligro. *Los rehenes ya están a salvo.*

samba (sam-ba) sustantivo femenino
Canción y baile de Brasil, muy rápido y rítmico. *Le gustaba mucho bailar la samba.*

san adjetivo
Forma breve de decir *santo* que se usa solamente delante de los nombres propios de santos, salvo los de Tomás, Tomé, Toribio y Domingo. *Su abuela es muy devota de san Antonio.*

sanar (sa-nar) verbo
1. Restituir a alguien la salud que había perdido. *El doctor sanó al enfermo.* **SIN.** Curar, remediar. **ANT.** Enfermar, empeorar.
2. Recobrar la salud el enfermo. *Sanó de su enfermedad.* **SIN.** Reponerse, recuperarse, restablecerse. **ANT.** Recaer, empeorar.

sanatorio (sa-na-to-rio) sustantivo masculino
Hospital preparado para la estancia de enfermos que necesitan recibir tratamiento médico. *Lleva una semana en el sanatorio.* **SIN.** Clínica.

sanción (san-ción) sustantivo femenino
Castigo que la ley establece para quien la infringe. *Le pusieron una sanción económica.*

sancionar (san-cio-nar) verbo
1. Castigar una falta. *Lo sancionaron por exceso de velocidad.*
2. Aprobar una costumbre o ley. *El soberano sancionó la ley.*

sandalia (san-da-lia) sustantivo femenino
Zapato ligero y abierto que se usa cuando hace calor. *Llevaba puestas unas sandalias.*

sandía (san-dí-a) sustantivo femenino
Planta de flores amarillas y fruto grande, redondo, cuya pulpa encarnada se come, y fruto de esta planta. *De postre, tomaron unas rajas de sandía.*

sándwich
(sánd-wich) sustantivo masculino
Bocadillo hecho de jamón, queso, vegetales, etc., entre dos rebanadas de pan de molde. *Tengo que ir al baño: pídeme un sándwich vegetal.*

sangrar (san-grar) verbo
Echar sangre. *Le sangraba la nariz por la alergia.*

sangre (san-gre) sustantivo femenino
1. Líquido de color rojo que circula por las arterias y las venas del cuerpo de los animales vertebrados. *Sale sangre de la herida, hay que curarla.*
2. Linaje o parentesco. *Era de su sangre.* **SIN.** Casta, familia, raza.
3. sangre azul expresión De familia noble. *El conde es de sangre azul.*
4. a sangre fría expresión Sin muestras de pasión, de forma premeditada. *Lo mató a sangre fría.*

sangría (san-grí-a) sustantivo femenino
Bebida refrescante hecha con vino, azúcar y limón. *Se tomó una sangría.*

sangriento, sangrienta
(san-grien-to) adjetivo
1. Manchado de sangre o mezclado con ella. *Llegó con la ropa sangrienta.* **SIN.** Sanguinolento.
2. Que produce muertos y heridos. *Fue una batalla sangrienta.*

sanidad (sa-ni-dad) sustantivo femenino
Conjunto de servicios del Estado para preservar la salud de todos los habitantes de un país. *Ese es un tema que derivaremos a Sanidad.*

sanitario, sanitaria
(sa-ni-ta-rio) adjetivo
1. Que se refiere a la sanidad. *Hay que hacer hincapié en la política sanitaria.*
2. sustantivo masculino Que se refiere a las instalaciones sanitarias de una casa, edificio, etc. *Faltaban los sanitarios del cuarto de baño.*

sano, sana (sa-no) adjetivo

1. Que tiene buena salud. *Es un niño muy sano y alegre.* **SIN.** Lozano, saludable. **ANT.** Enfermo.

2. Que es bueno para la salud. *Es sano respirar aire puro, por eso, siempre que puede va a la montaña.* **SIN.** Saludable. **ANT.** Insano.

3. Hablando de vegetales, que no está estropeado, sin daño. *Esta pera está muy sana.* **SIN.** Fresco, fuerte, robusto. **ANT.** Podrido, estropeado.

4. Sincero, de buena intención. *Es una persona sana, me fío de él.* **SIN.** Honrado. **ANT.** Malvado.

5. sano y salvo expresión Sin enfermedad, ni peligro. *Regresaré sana y salva del viaje.*

santidad

(san-ti-**dad**) sustantivo femenino

1. Cualidad de santo. *Todos daban fe de su santidad.* **SIN.** Virtud, religiosidad, espiritualidad.

2. Tratamiento honorífico que se da al papa. *Dirigió una carta a Su Santidad.* ✎ Se escribe con mayúscula.

santiguarse (san-ti-**guar**-se) verbo

Hacer con la mano la señal de la cruz desde la frente al pecho y desde el hombro izquierdo al derecho. *Se santiguó al final de la oración.* **SIN.** Persignarse.
✎ Se conjuga como *averiguar*.

santo, santa

(**san**-to) adjetivo y sustantivo

1. Se dice de la persona excepcionalmente buena, en especial de las que la Iglesia católica presenta como modelo para los cristianos. *Mi madre es una santa.* **SIN.** Virtuoso. **ANT.** Malo.

2. Se dice de lo que está especialmente dedicado a Dios. *Es un objeto santo.* **SIN.** Sagrado, sacro.

3. sustantivo masculino Festividad del santo cuyo nombre lleva una persona. *El día de san José es el santo de los Pepes.* **SIN.** Onomástica.

4. santo y seña expresión Palabras que sirven de contraseña al soldado que está de centinela. *El santo y seña de hoy es «halcón solitario».*

santuario (san-tua-rio) sustantivo masculino

Templo en que se venera la imagen o reliquia de un santo. *Fuimos al Santuario de Lourdes.*

saña (sa-ña) sustantivo femenino

Furor, enojo ciego. *Su saña era terrible.* **SIN.** Ferocidad, furia.

sapo (sa-po) sustantivo masculino

1. Animal parecido a la rana, pero de cuerpo más grueso, y con la piel llena de verrugas, de ojos saltones y patas cortas. *Encontramos un sapo en el huerto.*

2. Persona torpe. *Se consideraba un poco sapo para la gimnasia.*

saque (sa-que) sustantivo masculino

1. En ciertos deportes, acción de poner en juego el balón. *Hizo el saque de honor del partido.*

2. tener buen saque expresión Comer o beber mucho de cada vez. *¡Qué buen saque tengo! Voy a engordar.*

saquear (sa-que-ar) verbo

Apoderarse o robar los soldados u otras personas lo que se encuentra en un sitio. *El enemigo saqueó el país.*

sarampión

(sa-ram-**pión**) sustantivo masculino

Enfermedad contagiosa que produce fiebre y que hace salir muchas manchitas pequeñas y rojas en la piel. *Mi hermano tiene sarampión.*

sarcasmo

(sar-**cas**-mo) sustantivo masculino

Burla que ofende, ironía cruel. *Lo dijo con mucho sarcasmo.*

sarcástico, sarcástica
(sar-**cás**-ti-co) adjetivo
1. Que expresa sarcasmo. *Utilizó un tono sarcástico.* **SIN.** Agresivo, irónico. **ANT.** Delicado.
2. adjetivo y sustantivo Se dice de la persona que habla con sarcasmo. *Habla con un tono sarcástico.*

sarcófago
(sar-**có**-fa-go) sustantivo masculino
Tumba de piedra, madera u otro material en donde se entierra un cadáver. *En el museo había varios sarcófagos.* **SIN.** Féretro.

sardana (sar-**da**-na) sustantivo femenino
Danza que se baila en corro, tradicional de Cataluña. *Le enseñaron a bailar la sardana.*

sardina (sar-**di**-na) sustantivo femenino
Pez marino de cuerpo alargado, de pequeño tamaño y de carne muy sabrosa. *Le gustan las sardinas fritas.*

sargento (sar-**gen**-to) sustantivo
Soldado que tiene una categoría superior a la de cabo, pero no es oficial. *Ascendió a sargento.*

sarna (sar-na) sustantivo femenino
Enfermedad contagiosa que consiste en multitud de pequeñas ampollas en la piel que causan mucho picor. *Tenía sarna y no paraba de rascarse.* **SIN.** Roña.

sarta (sar-ta) sustantivo femenino
1. Serie de cosas metidas por orden en un hilo, cuerda, etc. *El collar era un sarta de bolitas de cristal.* **SIN.** Ristra, rosario.
2. Grupo de personas o de cosas que van en fila unas tras otras. *Vino una sarta de gente a preguntar lo mismo.* **SIN.** Serie.
3. Serie de sucesos o cosas no materiales, iguales o parecidos. *Me contó una sarta de mentiras.*

sartén (sar-**tén**) sustantivo femenino
Recipiente circular, más ancha que honda, de fondo plano y con mango largo. *Frio un huevo en la sartén.*

sastre, sastra (sas-tre) sustantivo
Persona cuyo oficio es cortar y coser trajes. *Ese sastre es el que le hizo el traje.* **SIN.** Modisto.

satélite (sa-**té**-li-te) sustantivo masculino
Objeto, natural o artificial, que gira en torno a un cuerpo celeste. *Se han descubierto 60 satélites naturales en el sistema solar.*

satén (sa-**tén**) sustantivo masculino
Tela de seda o algodón brillante y suave, parecida al raso. *El vestido era de satén.*

sátira (**sá**-ti-ra) sustantivo femenino
Frase o palabras agudas y críticas. *Siempre está con sátiras.*

satírico, satírica (sa-**tí**-ri-co) adjetivo
Que pertenece a la sátira. *Utilizó expresiones muy satíricas.* **SIN.** Cáustico, incisivo, mordaz.

satisfacer (sa-tis-fa-**cer**) verbo
1. Pagar todo lo que se debe. *Nunca satisface sus deudas, es muy mal pagador.* **SIN.** Abonar, saldar. **ANT.** Deber, adeudar.
2. Comer o beber hasta saciarse. *He satisfecho mi apetito.*
3. Cumplir plenamente un deseo. *He satisfecho mi deseo de ser profesor.* **SIN.** Conseguir, colmar.
4. Agradar. *Me satisface que hayas decidido venir.*
5. Solucionar una dificultad o una duda. *No logró satisfacer su curiosidad.* **SIN.** Resolver.
✎ Verbo irregular, se conjuga como *hacer*, excepto la segunda persona del singular del imperativo, que es *satisfaz* o *satisface*. Su participio es *satisfecho*.

satisfecho, satisfecha

(sa-tis-**fe**-cho) adjetivo

Complacido, contento. *Estaba satisfecho de su trabajo.* **ANT.** Insatisfecho, triste, pesaroso.

saturar (sa-tu-**rar**) verbo

1. Saciar, sentirse satisfecho después de haber comido y bebido todo lo que se quería. *Estoy saturado y no quiero más.*

2. Llenar algo completamente. *La sala se saturó de gente.* **SIN.** Abarrotar, colmar. **ANT.** Vaciar.

sauce (**sau**-ce) sustantivo masculino

1. Árbol común en las orillas de los ríos, de hojas alargadas y suaves, verdes por arriba y blancas por debajo. *Se tumbó a leer un libro bajo el sauce.* **SIN.** Salce, salguero, saz.

2. sauce llorón expresión Árbol de ramas muy largas, flexibles y colgantes. *Plantó un sauce llorón en el jardín.*

sauna (**sau**-na) sustantivo femenino

1. Baño de vapor a altas temperaturas, que hace sudar, lo que es bueno para el cuerpo. *Después de la sauna se quedó muy relajado.*

2. Local en donde se toman estos baños. *Se vieron en la sauna.*

savia (**sa**-via) sustantivo femenino

Líquido que circula por el interior de las plantas, formado por el agua absorbida, en la que están disueltas materias minerales. *La savia es el jugo nutritivo de las plantas.*

saxofón (sa-xo-**fón**) sustantivo masculino

Instrumento musical de viento, formado por un tubo cónico de metal encorvado en forma de *U*, con varias llaves y una boquilla de madera. *Manolo toca el saxofón en una banda de jazz.*

sazón (sa-**zón**) sustantivo femenino

Punto de madurez o de sabor de una cosa. *Los frutos todavía no están en su sazón.* **SIN.** Punto.

sazonar (sa-zo-**nar**) verbo

Aliñar un alimento con sal u otras especias. *Sazona el guiso con tomillo.* **SIN.** Condimentar.

se pronombre personal

1. Forma del pronombre personal de tercera persona del singular y del plural, en masculino o femenino, que funciona como complemento directo o indirecto. *Se está lavando.* ✎ No lleva preposición, y se puede usar formando una sola palabra con el verbo, como en *lavarse*, incluso combinándolo con los pronombres de complemento directo *lo, la, los* y *las*, como en *dáselos*.

2. Se usa además para formar oraciones impersonales. *Se venden libros viejos.*

secador (se-ca-**dor**) sustantivo masculino

Aparato que sirve para secar el cabello. *Ese secador no funciona.*

secano (se-**ca**-no) sustantivo masculino

Tierra cultivada que no tiene riego. *Esas tierras son de secano.* **ANT.** Regadío.

secar (se-**car**) verbo

1. Quitar el agua o la humedad de un cuerpo mojado. *El sol y el aire secan la ropa.* **SIN.** Absorber, enjugar. **ANT.** Empapar, mojar.

2. Absorber con un trapo el líquido de una superficie. *Seca esa agua con la bayeta.* **SIN.** Enjugar, empapar. **ANT.** Mojar.

3. secarse Quedarse sin agua un río, fuente, laguna, etc. *Si no llueve pronto, el río se secará.*

4. secarse Perder una planta su verdor. *Se olvidó de regar la planta y se secó.* **SIN.** Marchitarse.

✎ Se conjuga como *abarcar*.

sección (sec-**ción**) sustantivo femenino

Cada una de las partes en que se divide un todo o un conjunto de cosas o personas. *Trabaja en la sección de paquetería.*

seco, seca (se-co) adjetivo

1. Que carece de jugo o humedad. *Esta carne está muy seca. El terreno está muy seco.* **SIN.** Reseco, árido. **ANT.** Húmedo.

2. Sediento. *Llegué seco y me bebí casi un litro de agua.*

3. Muy impresionado. *Me dejó seco al saberlo.*

4. Falto de verdor o lozanía. *Riega las plantas, están casi secas.* **SIN.** Marchito, mustio.

5. Flaco o de muy pocas carnes. *La enfermedad la ha dejado seca.* **SIN.** Delgado. **ANT.** Gordo.

6. Se aplica también al tiempo o al lugar en que no llueve. *Estamos teniendo un verano muy seco.*

7. Áspero en el trato. *Es una persona muy seca.* **SIN.** Adusto, desabrido, desagradable. **ANT.** Amable, agradable, simpático.

8. Respecto de algunos sonidos, corto y sin resonancia. *Se oyó un golpe seco.*

9. a secas expresión Solamente, sin ninguna otra cosa. *Quiero cerveza a secas, sin gaseosa.*

secretaría

(se-cre-ta-**rí**-a) sustantivo femenino

1. Cargo de secretario y oficina donde trabaja. *Ocupaba la secretaría desde hacía dos años.*

2. Sección de un organismo público o privado que se ocupa de las tareas administrativas. *Trabaja como administrativo en la secretaría de la universidad.*

secretario, secretaria

(se-cre-**ta**-rio) sustantivo

Persona que, en reuniones, oficinas, etc., se encarga de escribir cartas, redactar informes, enviar correspon-

dencia, ordenar documentos, etc. *El secretario se ocupó de redactar el acta de la reunión.* **SIN.** Administrativo, ayudante.

secreto, secreta (se-**cre**-to) adjetivo

1. Que no está a la vista de los demás. *Guarda su dinero en un lugar secreto.* **SIN.** Ignorado, escondido. **ANT.** Conocido, sabido.

2. Se dice de lo que se mantiene callado u oculto. *La fecha de la ceremonia era secreta.* **SIN.** Confidencial, íntimo. **ANT.** Público.

3. sustantivo masculino Lo que se mantiene oculto o es desconocido. *Ana nunca nos ha revelado a ninguno de nosotros el oscuro secreto de su pasado. Los científicos investigan sobre los secretos del universo.* **SIN.** Enigma.

4. sustantivo masculino Cuidado para evitar que una cosa se sepa. *Todo se llevó a cabo con gran secreto para que la prensa no se enterara.*

secta (**sec**-ta) sustantivo femenino

Creyentes de una religión que la mayoría de la gente considera falsa. *Decían que aquella secta era muy peligrosa y dañina.*

sector (sec-**tor**) sustantivo masculino

Parte de una clase o grupo que tiene características propias. *Se enfrentaron el sector más radical de la organización y el más moderado.* **SIN.** Grupo, sección.

secuela (se-**cue**-la) sustantivo femenino

1. Consecuencia de una cosa. *Sabía que aquella decisión iba a tener secuelas.* **SIN.** Efecto.

2. Lesión que queda después de una enfermedad. *La enfermedad le había dejado secuelas.*

secuencia

(se-**cuen**-cia) sustantivo femenino

1. Serie de cosas o seres relacionadas entre sí o con un determinado orden. *Secuencia de números.* **SIN.** Sucesión, cadena.

2. En cinematografía, serie de imágenes o escenas que forman un conjunto. *Vimos una secuencia de la película.* **SIN.** Toma.

secuestrar (se-cues-**trar**) verbo
Retener contra su voluntad a una o varias personas, exigiendo dinero o alguna petición para liberarlas. *Secuestraron a una niña.* **SIN.** Raptar.

secundario, secundaria
(se-cun-**da**-rio) adjetivo
1. Segundo en orden y no principal. *Aquello le parecía un aspecto secundario.* **SIN.** Accesorio, complementario. **ANT.** Esencial.

2. Educación Secundaria Obligatoria expresión En España, etapa educativa constituida por cuatro cursos, dirigida a alumnos entre los 12 y 16 años. **SIN.** ESO. *Estudia segundo de la ESO en el instituto.*

sed sustantivo femenino
1. Gana o necesidad de beber o de recibir humedad o agua. *Los alimentos salados dan sed.*
2. Gran deseo de una cosa. *Tenía sed de justicia.* **SIN.** Anhelo.

seda (se-da) sustantivo femenino
Hilo que hacen ciertos gusanos, con el que se fabrica una tela muy fina, llamada también *seda*. *Llevaba un pañuelo de seda.*

sedal (se-**dal**) sustantivo masculino
Hilo o cuerda que se ata por un extremo al anzuelo y por el otro a la caña de pescar. *El sedal se enganchó en la rama de un árbol.*

sedante
(se-**dan**-te) adjetivo y sustantivo masculino
Se aplica al medicamento que tiene virtud de calmar o sosegar. *Le dieron un sedante.* **SIN.** Tranquilizante.

sediento, sedienta
(se-**dien**-to) adjetivo y sustantivo
1. Que tiene sed. *Estaba sediento y bebió una botella de agua.*
2. Que desea mucho una cosa. *El pueblo estaba sediento de paz.* **SIN.** Anhelante, ansioso.

sedimento
(se-di-**men**-to) sustantivo masculino
1. Materia que, después de estar flotando en un líquido, se posa en el fondo. *El vino tenía sedimentos.* **SIN.** Hez, poso.
2. Material depositado por el agua o el viento. *Aquellas rocas estaban formadas por sedimentos.*

segadora
(se-ga-**do**-ra) adjetivo y sustantivo femenino
Se dice de la máquina que se utiliza para segar. *Segó el prado con segadora.* **SIN.** Cortacésped.

segar (se-**gar**) verbo
1. Cortar espigas o hierba con la hoz, guadaña, máquina, etc. *Segó el césped del jardín.*
2. Cortar, impedir desconsiderada y bruscamente el desarrollo de algo. *Segó sus ilusiones de un golpe.*
✎ Verbo irregular, se conjuga como *acertar.* Se escribe *-gu-* en vez de *-g-* seguido de *-e,* como en *segué.*

seglar
(se-**glar**) adjetivo y sustantivo
Que no es sacerdote, ni religioso. *Trabaja en ese convento, pero él es seglar.* **SIN.** Laico.

segmento
(seg-**men**-to) sustantivo masculino
1. Pedazo o parte cortada de una cosa. *Tomó un segmento de la baldosa.* **SIN.** Porción, sección.
2. Parte de una línea recta comprendida entre dos puntos. *Señala dos segmentos en esa recta.*

seguidor, seguidora

(se-gui-**dor**) adjetivo y sustantivo

Que sigue a o está de acuerdo con una persona o cosa. *Es seguidor del equipo local.* **SIN.** Partidario.

seguir (se-**guir**) verbo

1. Estar después o detrás de alguien o algo. *El tres sigue al dos.* **SIN.** Suceder. **ANT.** Preceder.

2. Ir detrás de alguien. *Te seguí para saber a qué lugar ibas.*

3. Acompañar a alguien. *El perro le sigue a todas partes.*

4. Continuar con lo comenzado. *Sigue con el trabajo hasta las 10.* **SIN.** Proseguir. **ANT.** Dejar.

5. Hacer una cosa siguiendo el modelo o los consejos de otra persona. *Seguí sus indicaciones.*

✎ Verbo irregular, se conjuga como *pedir*. Se escribe -*g*- en vez de -*gu*- seguido de -*a* y -*o*, como en *siga* o *sigo*.

según (se-**gún**) preposición

1. De acuerdo o en conformidad con alguna cosa. *Todo era según me dijiste.*

2. De acuerdo con lo que dicen las personas de que se trata. *Según tú, podía fiarme de él perfectamente.*

3. Tal vez. *Lo haré o no, según.*

segundo, segunda

(se-**gun**-do) adjetivo

1. Que va detrás del primero. *Febrero es el segundo mes del año.*

2. sustantivo masculino Cada una de las 60 partes iguales en que se divide un minuto de tiempo. *El corredor tardó 2 minutos y 5 segundos.*

seguridad

(se-gu-ri-**dad**) sustantivo femenino

1. Cualidad de seguro. *Le preocupaba la seguridad del edificio.* **SIN.** Protección. **ANT.** Desprotección.

2. Seguridad Social expresión Sistema con el que el Estado protege a los ciudadanos en caso de enfermedad, paro, jubilación, etc. *Me paga la pensión la Seguridad Social.*

seguro, segura (se-**gu**-ro) adjetivo

1. Libre de todo peligro o daño. *Guarda las joyas en un lugar seguro.* **SIN.** Protegido, resguardado. **ANT.** Inseguro, peligroso.

2. Cierto, verdadero. *Es seguro que no está allí.* **SIN.** Indudable, inequívoco. **ANT.** Dudoso.

3. Firme, que no va a caerse. *Este puente es muy seguro.* **SIN.** Fijo, estable, fiable. **ANT.** Inestable.

4. sustantivo masculino Contrato por el cual una persona se obliga a compensar los daños o pérdidas que ocurran en las cosas que corren un riesgo. *Tenía que pagar el seguro del coche.* **SIN.** Garantía.

5. sustantivo masculino Muelle o mecanismo que impide el funcionamiento no deseado de un aparato o utensilio, especialmente de las armas de fuego. *Pon el seguro al revólver.*

6. adverbio Seguramente. *Seguro que vendrá mañana.*

seísmo (se-**ís**-mo) sustantivo masculino

Movimiento repentino en el interior de la Tierra que provoca temblores en la superficie. *La intensidad de un seísmo se registra con sismógrafos.* **SIN.** Terremoto.

selección

(se-lec-**ción**) sustantivo femenino

1. Elección de una persona o cosa entre otras. *Hizo una selección de los modelos que más le gustaban.* **SIN.** Opción.

2. Conjunto de cosas escogidas. *No estaba muy de acuerdo con la selección que había hecho.*

3. Conjunto de deportistas de distintos clubes reunidos para participar en una competición internacional. *Hablaron con el entrenador de la selección nacional.*

seleccionar (se-lec-cio-**nar**) verbo

Elegir, escoger entre varias posibilidades. *Seleccionaron a los tres mejores.* **SIN.** Preferir, optar.

selecto, selecta

(se-**lec**-to) adjetivo

Lo mejor entre otras cosas de su clase. *El ambiente del lugar era de lo más selecto.* **SIN.** Distinguido, elegido, escogido.

sellar (se-**llar**) verbo

1. Imprimir el sello a una cosa. *Sella las cartas antes de enviarlas.*

2. Concluir una cosa. *Selló su trabajo con éxito.* **SIN.** Finalizar.

3. sellar los labios expresión Callar. *Juré sellar los labios y no contarlo nunca.*

sello (se-llo) sustantivo masculino

1. Utensilio que sirve para estampar lo que en él está grabado, y señal que deja el sello. *Estampó el sello con su firma.*

2. Trozo cuadrado o rectangular de papel, que se pega a las cartas y paquetes postales, que tiene el valor de lo que cuesta enviarlos por correo. *Esa carta necesita un sello de 0,40 euros.* **SIN.** Franqueo.

3. Característica propia de una cosa que la distingue de las demás. *Aquella colección llevaba el sello personal de su diseñadora.*

selva (**sel**-va) sustantivo femenino

Terreno extenso, sin cultivar y con muchos árboles. *Se internaron en la inmensa selva amazónica.* **SIN.** Boscaje, espesura.

semáforo

(se-**má**-fo-ro) sustantivo masculino

Aparato eléctrico de señales luminosas que sirve para ordenar el tráfico, de forma que los peatones y vehículos circulen sin peligro. *Espera a que el semáforo esté en verde para cruzar la calle.*

semana (se-**ma**-na) sustantivo femenino

Período de siete días de tiempo, contados a partir de uno cualquiera de ellos, hasta el siguiente del mismo nombre. *Te queda menos de una semana para entregar el trabajo.*

semanal (se-ma-**nal**) adjetivo

1. Que sucede o se repite cada semana. *Es una revista semanal.*

2. Que dura una semana. *El ciclo de conferencias es semanal.*

semanario

(se-ma-**na**-rio) sustantivo masculino

Periódico que se publica cada semana. *Lo leí en el semanario.*

semántica

(se-**mán**-ti-ca) sustantivo femenino

Rama de la lingüística que se centra en el significado de las palabras. *Da clases de Semántica en la Facultad de Filología.*

semblante

(sem-**blan**-te) sustantivo masculino

Cara y expresión del rostro. *No traía muy buen semblante.*

sembrar (sem-**brar**) verbo

1. Echar las semillas en la tierra para que broten nuevas plantas. *El agricultor siembra trigo en el campo arado.* **SIN.** Plantar. **ANT.** Segar, recolectar, cosechar.

2. Desparramar, esparcir alguna cosa. *Había sembrado la habitación de papeles y libros.* **SIN.** Arrojar, diseminar, repartir.

3. Ser causa o principio de una cosa. *Ese chico sembró la discordia entre los dos amigos.*

✎ Verbo irregular, se conjuga como *acertar.*

semejante (se-me-**jan**-te) adjetivo

1. Que se parece a un ser vivo o cosa. *Los dos hermanos tienen un carácter semejante, pero distinto aspecto.* **SIN.** Idéntico, similar. **ANT.** Distinto, opuesto.

2. Se emplea con sentido de comparación o para indicar la intensidad de algo negativo. *Nunca vi semejante desfachatez.*

3. Una persona con respecto a las demás. *Debes respetar a tus semejantes.* **SIN.** Prójimo.

✎ Es igual en masculino y femenino.

semejar (se-me-**jar**) verbo

Parecerse una persona o cosa a otra. *Los dos cuadros se semejan bastante.* **SIN.** Asemejarse.

semen (**se**-men) sustantivo masculino

Líquido que producen los órganos sexuales masculinos, que contiene células reproductoras. *El semen contiene los espermatozoides.* **SIN.** Esperma, simiente.

semestre (se-**mes**-tre) sustantivo masculino

Espacio de seis meses. *Fui mejor en el segundo semestre del curso.*

semicírculo

(se-mi-**cír**-cu-lo) sustantivo masculino

Cada una de las dos mitades del círculo separadas por un diámetro. *La sala tenía forma de semicírculo.* **SIN.** Hemiciclo.

semifinal (se-mi-fi-**nal**) sustantivo femenino

Cada una de las dos penúltimas competiciones de un campeonato. *Jugarán la semifinal del torneo.*

semilla (se-**mi**-lla) sustantivo femenino

1. Parte de la planta que produce nuevas plantas. *He sembrado semillas de calabaza.*

2. Cosa que es causa u origen de otras. *Aquel hecho fue la semilla de la nueva organización.*

seminario (se-mi-**na**-rio) sustantivo masculino

1. Cierto tipo de cursos o de centros especializados en ciertos temas. *Me he apuntado al seminario de literatura.*

2. Centro donde se educan los jóvenes que quieren ser sacerdotes. *Estudió en el seminario.*

semirrecta

(se-mi-**rrec**-ta) sustantivo femenino

Cada una de las dos porciones en que puede quedar dividida una recta por uno de sus puntos. *Dibuja una semirrecta.*

senado (se-**na**-do) sustantivo masculino

1. Institución formada por los senadores, elegidos como representantes del pueblo para elaborar o aprobar las leyes. *El proyecto de ley pasó al senado.*

2. Edificio donde el senado celebra sus reuniones. *La periodista espera a las puertas del senado.*

sencillez (sen-ci-**llez**) sustantivo femenino

Que es sencillo. *Viste con mucha sencillez.* **SIN.** Franqueza, naturalidad. **ANT.** Retorcimiento.

sencillo, sencilla (sen-**ci**-llo) adjetivo

1. Que no tiene dificultad. *Es un trabajo muy sencillo, no tendrás ningún problema.* **SIN.** Fácil.

2. Que no tiene adornos. *El vestido es sencillo y de un color.* **SIN.** Sobrio. **ANT.** Recargado.

3. Que no es presumido ni orgulloso. *Teresa es una mujer sencilla y nunca presume de todo lo que tiene.* **SIN.** Natural, humilde. **ANT.** Soberbio, orgulloso.

4. Se dice del lenguaje fácil de entender. *Utiliza un lenguaje sencillo y directo.* **ANT.** Oscuro.

senda (**sen**-da) sustantivo femenino

Camino estrecho por el que se suele ir andando. *Encontramos la senda que llevaba a la cabaña.*

sendero (sen-**de**-ro) sustantivo masculino

Senda, camino estrecho por el que se suele ir andando. *Seguí el sendero para llegar a la fuente.*

sendos, sendas (**sen**-dos) adjetivo plural

Uno para cada una de las personas o cosas aludidas. *Víctor, Concepción, Manuel y Vanesa se tomaron sendos helados.*

✎ Se usa siempre en plural.

seno (**se**-no) sustantivo masculino

1. Pecho humano. *El escote casi dejaba al descubierto sus senos.*

2. Interior de algunas cosas. *Extraen petróleo del seno de la tierra.*

sensación (sen-sa-**ción**) sustantivo femenino

Impresión que se recibe por medio de los sentidos. *Podemos tener sensaciones de frío, de calor, de bienestar, de debilidad, etc.* **SIN.** Percepción.

sensacional (sen-sa-cio-**nal**) adjetivo

Que causa sensación o emoción. *El partido fue realmente sensacional.* **SIN.** Impresionante, extraordinario. **ANT.** Ordinario.

sensatez (sen-sa-**tez**) sustantivo femenino

Cualidad que posee una persona prudente y juiciosa. *Demostró tener muy poca sensatez.* **SIN.** Prudencia. **ANT.** Insensatez.

sensato, sensata (sen-**sa**-to) adjetivo

Prudente, que piensa y actúa de forma juiciosa y con sentido común. *Fue muy sensata en todo momento.* **SIN.** Cuerdo, juicioso.

sensibilidad

(sen-si-bi-li-**dad**) sustantivo femenino

1. Facultad de sentir, propia de los seres vivos. *Tiene mucha sensibilidad en las manos.*

2. Tendencia natural del ser humano a dejarse llevar por la compasión y la ternura. *Es una persona con gran delicadeza y sensibilidad.* **SIN.** Sentimiento, delicadeza, intuición.

sensible (sen-**si**-ble) adjetivo

1. Capaz de sentir física o espiritualmente. *Es una mujer poco sensible.* **SIN.** Sensitivo. **ANT.** Insensible.

2. Que puede ser percibido por los sentidos. *Ese ruido es apenas sensible para el oído humano.* **SIN.** Perceptible, manifiesto, apreciable. **ANT.** Imperceptible.

3. Se dice de la persona que se deja llevar por sus sentimientos. *Es una persona sensible, que siente mucho los problemas ajenos.* **SIN.** Sentimental, tierno. **ANT.** Duro, impasible.

sensual (sen-**sual**) adjetivo

Se dice de los gustos y placeres de los sentidos, de las cosas que los incitan o satisfacen y de las personas aficionadas a ellos. *Tenía una mirada muy sensual.* **SIN.** Deleitoso, gustoso, voluptuoso.

sentar (sen-**tar**) verbo

1. Poner a alguien o ponerse uno mismo en una silla, banco, etc. *Sentó al niño en el sofá.* **ANT.** Levantar(se).

2. Parecer bien o mal lo que hacen o dicen otros. *Le sentó mal que no le hubieran invitado.*

3. Hacer la comida sentirse mal o bien después de comerla. *La fruta sienta bien.* **SIN.** Caer.

✎ Verbo irregular, se conjuga como acertar.

sentencia

(sen-**ten**-cia) sustantivo femenino

1. Decisión del juez al final del juicio acerca de la inocencia o culpabilidad del acusado, y del castigo que debe tener. *No estaba de acuerdo con su sentencia.* **SIN.** Decisión, resolución.

2. Frase breve con consejos o pensamientos morales. *Siempre está con sentencias.* **SIN.** Refrán.

sentido (sen-**ti**-do) sustantivo masculino

1. Capacidad del ser vivo para percibir, por medio de determinados órganos, las impresiones de los objetos externos. *Los perros tienen muy desarrollado el sentido del olfato.*
2. Inteligencia o sensatez. *Tiene muy poco sentido.*
3. Modo de entender una cosa. *Lo entendió por otro sentido.*
4. Razón de ser, finalidad. *Su actitud no tenía ningún sentido.*
5. Significado de una palabra, frase o texto. *Comprendió el sentido de la frase.* **SIN.** Significado.
6. sentido común expresión Facultad para juzgar razonablemente las cosas que tiene la mayoría de las personas. *Eso es de sentido común, no hace falta ser muy listo para entenderlo.*

sentimental (sen-ti-men-**tal**) adjetivo

1. Que expresa o excita sentimientos tiernos, o es propenso a ellos. *Aquella escena era muy sentimental.* **SIN.** Emotivo.
2. Se dice de la relación amorosa. *Mantienen una relación sentimental.*

sentimiento

(sen-ti-**mien**-to) sustantivo masculino

1. Acción de sentir o sentirse. *Aquella persona le producía un sentimiento extraño.* **SIN.** Emoción, sensibilidad, sensación.
2. Afecto, emoción. *Le costaba expresar sus sentimientos.*

sentir (sen-**tir**) verbo

1. Tener una sensación, notar algo. *No siento dolor.* **SIN.** Percibir.
2. Tener un sentimiento. *Siento una gran alegría por su regreso.*
3. Lamentar algo. *Siento haberte hecho esperar.* **SIN.** Arrepentirse.
4. Opinar, juzgar, criticar. *Sentía que aquello no estaba bien.*

5. sentirse Encontrarse en determinada situación o estado. *Se sentía un poco mareada.*
6. sentirse Reconocerse, considerarse. *Se sentía afortunada.*
✎ Verbo irregular. Ver pág. 888.

seña (**se**-ña) sustantivo femenino

1. Gesto para dar a entender una cosa. *Le hizo una seña para que se callara.* **SIN.** Ademán.
2. Huella que queda de una cosa. *No había ninguna seña de su estancia allí.* **SIN.** Rastro.
3. sustantivo femenino plural Indicación del lugar donde está o vive una persona. *Dame tus señas para visitarte.*
4. hacer señas expresión Indicar alguien con gestos lo que piensa o quiere. *Le hizo señas con la mano.*

señal (se-**ñal**) sustantivo femenino

1. Marca que se pone en una cosa para reconocerla. *Puse una señal en la página que estaba leyendo.* **SIN.** Signo, nota, seña.
2. Todo aquello que informa, advierte de algo o indica algo. *Si oyes el teléfono sonar, es señal de que alguien llama.* **SIN.** Signo, símbolo.
3. Huella que queda de una cosa, por donde se la puede reconocer. *No encontraron señales de su paso.*
4. Parte del precio que se paga por adelantado en garantía de que se cumplirá lo estipulado en un contrato. *Dejó 100 euros como señal.* **SIN.** Anticipo.
5. Aviso para llamar la atención. *Hizo señales con una bengala.*

señalar (se-ña-**lar**) verbo

1. Poner una marca o señal en una cosa para darla a conocer o para acordarse después. *Señala los nombres que encuentres en el dictado.* **SIN.** Destacar, marcar.

sentir

MODO INDICATIVO		MODO SUBJUNTIVO	
Tiempos simples	Tiempos compuestos	Tiempos simples	Tiempos compuestos
Presente	**Pret. perf. compuesto / Antepresente**	**Presente**	**Pret. perf. compuesto / Antepresente**
siento	he sentido	sienta	haya sentido
sientes / sentís	has sentido	sientas	hayas sentido
siente	ha sentido	sienta	haya sentido
sentimos	hemos sentido	sintamos	hayamos sentido
sentís / sienten	habéis sentido	sintáis / sientan	hayáis sentido
sienten	han sentido	sientan	hayan sentido
Pret. imperfecto / Copretérito	**Pret. pluscuamperfecto / Antecopretérito**	**Pret. imperfecto / Pretérito**	**Pret. pluscuamperfecto / Antepretérito**
sentía	había sentido	sintiera o sintiese	hubiera o hubiese sentido
sentías	habías sentido	sintieras o sintieses	hubieras o hubieses sentido
sentía	había sentido	sintiera o sintiese	hubiera o hubiese sentido
sentíamos	habíamos sentido	sintiéramos o sintiésemos	hubiéramos o hubiésemos sentido
sentíais / sentían	habíais sentido	sintierais o sintieseis / sintieran o sintiesen	hubierais o hubieseis / hubieran o hubiesen sentido
sentían	habían sentido	sintieran o sintiesen	
Pret. perf. simple / Pretérito	**Pret. anterior / Antepretérito**		
sentí	hube sentido		
sentiste	hubiste sentido		
sintió	hubo sentido		
sentimos	hubimos sentido	**Futuro simple / Futuro**	**Futuro compuesto / Antefuturo**
sentisteis / sintieron	hubisteis sentido	sintiere	hubiere sentido
sintieron	hubieron sentido	sintieres	hubieres sentido
		sintiere	hubiere sentido
Futuro simple / Futuro	**Futuro compuesto / Antefuturo**	sintiéremos	hubiéremos sentido
		sintiereis / sintieren	hubiereis sentido
sentiré	habré sentido	sintieren	hubieren sentido
sentirás	habrás sentido		
sentirá	habrá sentido	**MODO IMPERATIVO**	
sentiremos	habremos sentido		
sentiréis / sentirán	habréis sentido	siente (tú) / sentí (vos) / sienta (usted)	
sentirán	habrán sentido	sentid (vosotros)	
		sientan (ustedes)	
Condicional simple / Pospretérito	**Condicional compuesto / Antepospretérito**	**FORMAS NO PERSONALES**	
sentiría	habría sentido	**Infinitivo** sentir	**Infinitivo compuesto** haber sentido
sentirías	habrías sentido		
sentiría	habría sentido	**Gerundio** sintiendo	**Gerundio compuesto** habiendo sentido
sentiríamos	habríamos sentido		
sentiríais / sentirían	habríais sentido	**Participio** sentido	
sentirían	habrían sentido		

2. Llamar la atención hacia una persona o cosa, indicándola generalmente con la mano. *Nos señaló el camino.* **SIN.** Apuntar.

3. Nombrar o determinar algo para un fin. *Señalaron el día y la hora del examen.* **SIN.** Designar.

4. Fijar una cantidad que debe pagarse por algún motivo. *Señaló una cantidad mínima de 1000 euros.* **SIN.** Asignar, destinar.

5. Hacer una herida o señal en el cuerpo, especialmente en la cara. *Una cuchillada señaló su cara.*

señalizar (se-ña-li-**zar**) verbo

Señalar, hacer o poner señales en las vías de comunicación. *Señalizaron la curva peligrosa.*

✎ Se conjuga como *abrazar.*

señor, señora (se-**ñor**) adjetivo y sustantivo

1. Dueño de una cosa. *Era la señora de aquellas tierras.* **SIN.** Propietario.

2. Noble y educado. *Se comportó como un señor.*

3. sustantivo femenino Esposa. *Les presentó a su señora.*

4. sustantivo masculino Palabra cortés para referirse a un hombre adulto. *Un señor pregunta por ti. Diga al señor López que se ponga.*

5. nombre propio Escrito con mayúscula, es una forma de llamar a Dios o a Jesucristo. *Rezó al Señor.*

señorito, señorita

(se-ño-**ri**-to) sustantivo

1. Hijo o hija de un señor. *Tenía mucho cariño a su señorito porque lo cuidó de pequeño.*

2. sustantivo masculino Joven acomodado y ocioso. *Está hecho un señorito, ni trabaja ni estudia.*

3. sustantivo femenino Palabra cortés para referirse a una mujer soltera o joven. *Llaman por teléfono a la señorita Álvarez.*

4. sustantivo femenino Palabra cortés para referirse a una mujer que realiza algunos trabajos, como el de maestra o el de dependienta de una tienda. *La señorita le atendió amablemente.*

separación

(se-pa-ra-**ción**) sustantivo femenino

1. Acción de separar o separarse. *La separación duró sólo unas semanas, pero les resultó dura.* **SIN.** Alejamiento, desunión. **ANT.** Acercamiento.

2. Distancia entre dos cosas separadas u obstáculo que las separa. *Hay un metro de separación.*

separar (se-pa-**rar**) verbo

1. Poner un ser vivo o cosa más lejos de lo que estaba. *Separa los lapiceros azules de los rojos.* **SIN.** Alejar, distanciar, aislar. **ANT.** Juntar, unir.

2. Distinguir unas cosas de otras. *Separó la fruta de mejor calidad.* **SIN.** Diferenciar. **ANT.** Identificar.

3. Forzar a dos personas o animales que pelean a que dejen de hacerlo. *Se metió enmedio para separarlos.*

4. separarse Tomar caminos distintos dos cosas, personas, etc., que antes iban juntas. *Después de terminar la carrera, se separaron.* **SIN.** Bifurcarse, desviarse, alejarse. **ANT.** Juntarse, unirse.

5. separarse Interrumpir un matrimonio su vida en común. *Se separaron a los tres años de casados.* **SIN.** Divorciarse, desunirse. **ANT.** Casarse, unirse.

sepia (se-pia) sustantivo femenino

1. Animal parecido al calamar, de carne muy sabrosa. *Pidió sepia a la plancha de segundo.*

2. adjetivo y sustantivo masculino Tono del color marrón. *Se compró un vestido de color sepia.*

septentrional (sep-ten-trio-**nal**) adjetivo

Del Norte. *Visitamos la costa septentrional del país.*

septiembre

(sep-**tiem**-bre) sustantivo masculino

Noveno mes del año, que tiene 30 días. *Nací el 4 de septiembre.*

✎ También *setiembre.*

séptimo, séptima

(**sép**-ti-mo) numeral y sustantivo masculino

1. Se dice de cada una de las siete partes iguales en que se divide una cosa. *Pagué un séptimo de la cuenta, pues éramos siete.*

2. numeral Que ocupa el último lugar en una serie ordenada de siete. *Estoy el séptimo de la lista.*

sepulcro (se-**pul**-cro) sustantivo masculino

Tumba donde se entierra el cadáver de una persona. *Depositaron un hermoso ramo de flores sobre su sepulcro.* **SIN.** Túmulo.

sepultar (se-pul-**tar**) verbo

1. Encerrar un cadáver en una tumba. *Le sepultaron dos días después de su muerte.* **SIN.** Inhumar.

2. Ocultar alguna cosa como enterrándola. *Todos trataron de sepultar la verdad.* **SIN.** Encubrir, esconder. **ANT.** Sacar, exponer.

✎ Tiene dos participios: *sepultado* y *sepulto.*

sepultura (se-pul-**tu**-ra) sustantivo femenino

1. Acción de sepultar un cadáver. *Le dieron sepultura.*

2. Lugar en que está enterrado un cadáver. *Rezó ante su sepultura.* **SIN.** Nicho, tumba, panteón.

sequedad

(se-que-**dad**) sustantivo femenino

1. Calidad de seco. *La falta de lluvia produjo excesidad sequedad y los cultivos se echaron a perder.* **SIN.** Aridez, infertilidad. **ANT.** Fertilidad, humedad.

2. Antipatía y brusquedad en el trato. *Nos trató con sequedad.* **SIN.** Rudeza. **ANT.** Dulzura.

sequía (se-**quí**-a) sustantivo femenino

Tiempo seco por falta de lluvia. *Los pozos se han agotado a causa de la sequía.*

séquito (**sé**-qui-to) sustantivo masculino

Grupo de personas que acompaña y sigue a alguien. *Vino con todo su séquito.* **SIN.** Cortejo.

ser verbo

1. Indica que la persona o cosa de la que hablamos tiene la cualidad o empleo que se dice. *Mi hermano es muy alto.*

2. Tener existencia o vida. *Todo lo que existe, es.* **SIN.** Existir, estar. **ANT.** Morir, desaparecer.

3. Tener una utilidad, servir para algo. *Los abrigos son para quitar el frío.* **SIN.** Valer.

4. Pertenecer. *Aquella casa de allí es nuestra.*

5. Se usa para indicar la hora. *Son las cinco.*

6. Suceder, pasar. *Así fue.*

7. Valer, costar, tener un precio. *Son cinco mil euros.*

8. Nacer u originarse en un lugar. *Es de León.*

9. Sirve para formar la voz pasiva. *Ha sido hecho. Fue llamado.*

10. sustantivo masculino Todo lo que existe. *Las personas somos seres humanos. No hago daño a ningún ser vivo.*

✎ Verbo irregular. Ver pág. 891.

serenar (se-re-**nar**) verbo

1. Aclarar, sosegar una cosa. *Se serenó la tempestad.* **SIN.** Calmar. **ANT.** Exaltarse.

2. Apaciguar un disturbio. *Consiguió serenar los ánimos.* **SIN.** Calmar, pacificar, apaciguar.

3. serenarse Cesar en el enfado, tranquilizarse. *Se enojó mucho pero pronto se serenó.* **SIN.** Enfriarse, sosegarse. **ANT.** Exaltarse.

ser

MODO INDICATIVO		MODO SUBJUNTIVO	
Tiempos simples	Tiempos compuestos	Tiempos simples	Tiempos compuestos
Presente	**Pret. perf. compuesto / Antepresente**	**Presente**	**Pret. perf. compuesto / Antepresente**
soy	he sido	sea	haya sido
eres / sos	has sido	seas	hayas sido
es	ha sido	sea	haya sido
somos	hemos sido	seamos	hayamos sido
sois / son	habéis sido	seáis / sean	hayáis sido
son	han sido	sean	hayan sido
Pret. imperfecto / Copretérito	**Pret. pluscuamperfecto / Antecopretérito**	**Pret. imperfecto / Pretérito**	**Pret. pluscuamperfecto / Antepretérito**
era	había sido	fuera o fuese	hubiera o hubiese sido
eras	habías sido	fueras o fueses	hubieras o hubieses sido
era	había sido	fuera o fuese	hubiera o hubiese sido
éramos	habíamos sido	fuéramos o fuésemos	hubiéramos o hubiésemos sido
erais / eran	habíais sido	fuerais o fueseis / fueran o fuesen	hubierais o hubieseis sido
eran	habían sido	fueran o fuesen	hubieran o hubiesen sido
Pret. perf. simple / Pretérito	**Pret. anterior / Antepretérito**		
fui	hube sido		
fuiste	hubiste sido		
fue	hubo sido	**Futuro simple / Futuro**	**Futuro compuesto / Antefuturo**
fuimos	hubimos sido	fuere	hubiere sido
fuisteis / fueron	hubisteis sido	fueres	hubieres sido
fueron	hubieron sido	fuere	hubiere sido
		fuéremos	hubiéremos sido
		fuereis / fueren	hubiereis sido
Futuro simple / Futuro	**Futuro compuesto / Antefuturo**	fueren	hubieren sido
seré	habré sido		
serás	habrás sido	**MODO IMPERATIVO**	
será	habrá sido		
seremos	habremos sido	sé (tú / vos) / sea (usted)	
seréis / serán	habréis sido	sed (vosotros)	
serán	habrán sido	sean (ustedes)	
Condicional simple / Pospretérito	**Condicional compuesto / Antepospretérito**	**FORMAS NO PERSONALES**	
sería	habría sido	**Infinitivo** ser	**Infinitivo compuesto** haber sido
serías	habrías sido		
sería	habría sido	**Gerundio** siendo	**Gerundio compuesto** habiendo sido
seríamos	habríamos sido		
seríais / serían	habríais sido	**Participio** sido	
serían	habrían sido		

891

serenata (se-re-**na**-ta) sustantivo femenino
Música al aire libre y durante la noche, para festejar a una persona. *Escuchó la serenata desde su balcón.* **SIN.** Ronda.

serenidad (se-re-ni-**dad**) sustantivo femenino
Calma y tranquilidad. *Pidió serenidad en aquellas difíciles circunstancias.* **SIN.** Sosiego. **ANT.** Nerviosismo.

sereno, serena (se-**re**-no) adjetivo
1. Se dice de lo apacible y sosegado. *Estaba muy serena.* **ANT.** Tranquilo, relajado, templado. **ANT.** Exaltado, turbio.
2. Se dice de cielo sin nubes o niebla. *Hacía una noche muy serena.* **ANT.** Cubierto, encapotado.
3. Que no está borracho. *No había bebido nada de alcohol, estaba completamente serena.*
4. sustantivo masculino Guarda encargado de pasear de noche por las calles para vigilarlas. *El sereno nos abrió la puerta.*

serie (se-rie) sustantivo femenino
1. Conjunto de cosas relacionadas entre sí y que se suceden unas a otras. *Nos dio una serie de motivos bastante convincentes.* **SIN.** Lista, sucesión, cadena.
2. Programa radiofónico o televisivo por episodios. *Veo todos los jueves esa serie de televisión.*
3. en serie expresión Se aplica a la fabricación de muchos objetos iguales siguiendo un modelo. *Fabrica botellas en serie.*
4. fuera de serie expresión Se dice de lo que es extraordinario en su clase. *Es un músico fuera de serie.*

seriedad (se-rie-**dad**) sustantivo femenino
Cualidad de serio. *Le impresiona su seriedad.* **SIN.** Formalidad, gravedad, prudencia. **ANT.** Frivolidad.

serio, seria (**se**-rio) adjetivo
1. Se dice de la persona que no se ríe o es poco divertida. *Es tan serio que ni las bromas le hacen gracia.* **SIN.** Seco. **ANT.** Alegre.
2. Sincero, que no engaña y hace lo que debe. *Es muy seria en su profesión.* **SIN.** Formal, responsable. **ANT.** Informal.
3. Que tiene importancia. *La educación es un asunto serio.* **SIN.** Grave, importante. **ANT.** Leve.

serpentina (ser-pen-**ti**-na) sustantivo femenino
Tira de papel enrollada que en las fiestas se arrojan unas personas a otras, sujetándola por uno de sus extremos, de modo que se desenrolle en el aire. *Desde las carrozas tiraban caramelos y serpentinas.* **SIN.** Cinta.

serpiente (ser-**pien**-te) sustantivo femenino
Reptil largo, cilíndrico, sin patas y con una piel con escamas de la que se desprende cada cierto tiempo. *La mordedura de algunas serpientes puede matar rápidamente a una persona.*

serrar (se-**rrar**) verbo
Cortar con la sierra madera u otras materias. *Estuvo serrando ese tronco.*
✎ Verbo irregular, se conjuga como *acertar*.

serrín (se-**rrín**) sustantivo masculino
Conjunto de trocitos que se desprenden de la madera u otro material cuando se sierra. *Echó serrín sobre el suelo mojado, para que no resbalara.* **SIN.** Viruta.

serrucho (se-**rru**-cho) sustantivo masculino
Sierra de hoja ancha y con una sola manija. *Necesito un serrucho un poco más grande para serrar esta tabla.*

servicial (ser-vi-**cial**) adjetivo
Que se ofrece a ayudar y complacer a otras personas. *Es un chico muy servicial.* **SIN.** Complaciente, atento.

servicio (ser-**vi**-cio) sustantivo masculino
1. Acción de servir. *Se encargó del servicio de la mesa.*
2. Estado de criado o sirviente. *Llevaba más de once años a su servicio.* **SIN.** Servidumbre.
3. Retrete. *Pidió permiso para ir al servicio.* **SIN.** Lavabo, váter.
4. Cubierto que se pone a cada persona que va a comer en una mesa. *Falta un servicio.*
5. Conjunto de vajilla y otras cosas para servir la comida, el té, etc. *Le regaló por su boda un servicio de té.*
6. Organización y personas destinados a realizar ciertas funciones en beneficio de las personas, empresas u organismos. *Es la jefa del personal de servicio.*
7. En deportes, saque, acción de sacar. *Hizo un buen servicio.*
8. servicio militar expresión El que se presta al país siendo soldado durante un período de tiempo. *Mi padre hizo en Ceuta el servicio militar.*

servidor, servidora
(ser-vi-**dor**) sustantivo
1. Nombre que por cortesía se da a sí misma una persona respecto de otra. *Al preguntar quién era, contestó: «Servidora».*
2. sustantivo masculino Ordenador o computadora que proporciona servicios a otros conectados a él. *No pude conectar con el servidor.*

servidumbre
(ser-vi-**dum**-bre) sustantivo femenino
Conjunto de criados de una casa. *Decidió quedarse sola y despedir a la servidumbre.* **SIN.** Sirvientes, servidores.

servilleta (ser-vi-**lle**-ta) sustantivo femenino
Pedazo de tela que sirve en la mesa para limpiarse la boca. *Falta poner los vasos y las servilletas.*

servir (ser-**vir**) verbo
1. Ser una cosa útil o apta para un fin. *Esta tela sirve para hacer una bolsa.* **SIN.** Valer, usarse.
2. Trabajar como criado de una persona. *Sirvió en su casa un año.*
3. Traer la comida o la bebida a la mesa a los que están comiendo. *La doncella sirvió la mesa.*
4. servirse de algo expresión Utilizarlo con algún fin. *Se sirvió del martillo para clavar la punta.*
✎ Verbo irregular, se conjuga como *pedir.*

sesión (se-**sión**) sustantivo femenino
1. Conferencia o reunión entre varios para determinar una cosa. *Tuvimos que anular la sesión.*
2. Cada una de las funciones de teatro o cine que se celebran el mismo día en distintas horas. *Fui a la sesión de noche.*

seso (**se**-so) sustantivo masculino
1. Masa de carne y nervios que hay en el interior de la cabeza. *Los sesos de ciertos animales se comen.* **SIN.** Cerebro, encéfalo.
2. Prudencia, madurez en la forma de actuar. *Me parece que tiene poco seso.* **ANT.** Insensatez.

seta (**se**-ta) sustantivo femenino
Hongo con forma de sombrilla con un pie. Muchas son comestibles. *Pidió un revuelto de setas.*

setecientos, setecientas
(se-te-**cien**-tos) numeral y sustantivo masculino
Siete veces cien o que ocupa el último lugar en una serie ordenada de 700. *Seiscientos más cien son setecientos.*

setenta
(se-**ten**-ta) numeral y sustantivo masculino
Siete veces diez o que ocupa el último lugar en una serie ordenada de 70. *La asamblea tenía setenta miembros.*

A B C D E F G H I J K L M N Ñ O P Q R S T U V W X Y Z

seto (se-to) sustantivo masculino

Cercado hecho de palos o varas entretejidas, o formado por arbustos. *Podaron el seto del jardín porque estaba muy frondoso.*

seudónimo (seu-dó-ni-mo) sustantivo masculino

Nombre que usa un autor en vez del suyo verdadero. *«Clarín» era el seudónimo del escritor Leopoldo Alas.* **SIN.** Apodo, alias.

severo, severa (se-ve-ro) adjetivo

Que no perdona ni comprende las faltas o las debilidades. *No quería que le examinara ese profesor porque tenía fama de ser una persona muy severa.* **SIN.** Estricto, implacable. **ANT.** Tolerante, blando.

sevillanas

(se-vi-lla-nas) sustantivo femenino plural

Tipo de canción y baile propio de Sevilla. *Mi primo compuso unas alegres sevillanas.*

sexi adjetivo

Que excita sexualmente. *Esa minifalda es muy sexi.* **SIN.** Erótico, sensual.

✎ Su plural es *sexis*.

sexismo (se-xis-mo) sustantivo masculino

Tratar a las personas de forma injusta en razón de su sexo, por considerarlo inferior al otro. *El sexismo es una actitud injusta.*

sexista (se-xis-ta) adjetivo y sustantivo

Que practica, favorece o es partidario del sexismo. *Tenía una política muy sexista.*

sexo (se-xo) sustantivo masculino

1. Conjunto de características que distinguen al macho de la hembra y al hombre de la mujer. *Antes de que naciera el bebé, ya sabían su sexo.* **SIN.** Género.

2. Órganos sexuales de una persona o animal. *Se cubrió el sexo con una toalla.* **SIN.** Genitales.

sexto, sexta

(sex-to) numeral y sustantivo masculino

1. Se dice de cada una de las seis partes iguales en que se divide un todo. *Ya hice un sexto del trabajo.*

2. numeral Que ocupa el último lugar en una serie ordenada de seis. *Llegué el sexto a la meta.*

sexual (se-xual) adjetivo

Que se refiere al sexo. *Órgano sexual.* **SIN.** Erótico, genital.

sexualidad

(se-xua-li-dad) sustantivo femenino

Conjunto de condiciones físicas que caracterizan a cada sexo. *Publicaron una serie de libros de sexualidad para niños.*

show sustantivo masculino

Palabra inglesa que designa un espectáculo o diversión ante un grupo de gente en un teatro, en televisión, etc. *Vimos en televisión un show de magia.*

si conjunción

1. Denota condición o suposición necesaria para que se realice algo. *Si quieres, puedes venir conmigo.*

2. Introduce oraciones que expresan deseos. *Si me tocase la lotería... Si me compraras un coche.*

3. Detrás de *como* o *que*, se emplea para comparar. *Parecía como si le hubiera tocado un ángel.*

4. sustantivo masculino Séptima nota de la escala musical. *Do es la nota siguiente a si en la escala.*

5. si no expresión De otro modo. *Gasta bien el dinero; si no, pídeselo a otro.*

sí pronombre personal

1. Forma del pronombre personal de tercera persona del singular o plural, en masculino o femenino, que siempre va detrás de una preposición y funciona como complemento. *Lo hizo todo por sí misma.*

2. adverbio Respuesta afirmativa a las preguntas. *¿Irás? Sí, iré.*

3. adverbio Se usa para dar énfasis a una cosa o idea. *Esto sí que es vivir.*

sida (si-da) sustantivo masculino
Enfermedad grave que ataca a los glóbulos blancos de la sangre, dejando al cuerpo sin posibilidad de defenderse ante cualquier enfermedad. *Hicieron una campaña de prevención del sida.*

siderurgia
(si-de-**rur**-gia) sustantivo femenino
Arte de extraer el hierro y de trabajarlo. *La siderurgia era muy importante en aquella región.* **SIN.** Acería, forja, fundición.

sidra (si-dra) sustantivo femenino
Bebida alcohólica que se obtiene por la fermentación del zumo de las manzanas. *Se le daba muy bien escanciar la sidra.*

siega (sie-ga) sustantivo femenino
Trabajo de segar las mieses y tiempo en que se siegan. *Los campesinos comenzaron la siega.*

siembra (siem-bra) sustantivo femenino
Trabajo de sembrar y tiempo en que se siembra. *Llegó la época de la siembra.*

siempre (siem-pre) adverbio
1. En todo momento o en cualquier tiempo. *No siempre ha habido seres humanos en la Tierra.* **SIN.** Perpetuamente, constantemente. **ANT.** Nunca, jamás.
2. lo de siempre expresión Lo acostumbrado, lo habitual. *Tomaré lo de siempre.*
3. siempre que expresión Con tal de que. *Siempre que llames antes, puedes venir cuando quieras.*

sien sustantivo femenino
Cada uno de las dos lados de la cabeza entre la frente, la oreja y la mejilla. *Le dio un suave masaje relajante en las sienes.*

sierra (sie-rra) sustantivo femenino
1. Herramienta que consiste en una hoja de acero con dientes agudos en el borde, sujeta a un mango, que sirve para cortar madera u otros cuerpos duros. *Necesitarás la sierra para cortar ese tronco.* **SIN.** Serrucho.
2. Conjunto de montañas. *Fueron de excursión a la sierra.*

siervo, sierva (sier-vo) sustantivo
Antiguamente, criado o esclavo que servía a un señor. *Trataba muy duramente a sus siervos.*

siesta (sies-ta) sustantivo femenino
1. Tiempo destinado para dormir o descansar después de comer. *Era la hora de la siesta.*
2. Sueño que se echa después de comer. *Le gustaba dormir la siesta.*

siete (sie-te) numeral y sustantivo masculino
1. Seis y uno, o que ocupa el último lugar en una serie ordenada de 7. *Leyó el cuento de Blancanieves y los siete enanitos.*
2. sustantivo masculino Desgarrón en forma de ángulo en la ropa. *Se enganchó el pantalón en un alambre y se hizo un siete.* **SIN.** Jirón.

sigla (si-gla) sustantivo femenino
Letra inicial que se usa como abreviatura. *RAE es la sigla de Real Academia Española.*

siglo (si-glo) sustantivo masculino
1. Espacio de cien años. *El siglo XVIII fue el Siglo de las Luces.* **SIN.** Centuria, centenario.
2. Tiempo largo indeterminado. *Tardó en contestarnos un siglo.*

significación
(sig-ni-fi-ca-**ción**) sustantivo femenino
1. Sentido de una palabra o frase. *Sus palabras tenían doble significación.* **SIN.** Acepción, valor.

2. Importancia en cualquier orden. *Eso carece de significación para el futuro.* **SIN.** Trascendencia, alcance.

significado

(sig-ni-fi-**ca**-do) sustantivo masculino

Significación de una palabra o de otra cosa. *Busca el significado de la palabra en el diccionario.* **SIN.** Sentido.

significar (sig-ni-fi-**car**) verbo

1. Ser una cosa representación o signo de otra. *EE. UU. significa «Estados Unidos».* **SIN.** Designar, representar, simbolizar.

2. Expresar una palabra o frase, una idea, pensamiento o cosa. *Buscó proponer en el diccionario para saber lo que significaba.*

✎ Se conjuga como *abarcar*.

signo (sig-no) sustantivo masculino

1. Cosa que representa a otra. *La V es el signo de la victoria.* **SIN.** Icono, símbolo.

2. Señal de una cosa. *Que estén todas las persianas bajadas es signo de que no está en casa.* **SIN.** Marca, indicio, huella, vestigio.

3. Cualquiera de los caracteres que se emplean en la escritura y en la imprenta. *La interrogación (¿?) es un signo de pregunta.*

4. Cada una de las doce partes iguales en que se divide el Zodíaco. *Mi signo del horóscopo es Géminis.*

siguiente

(si-**guien**-te) adjetivo

Que sigue, que va después o detrás de acuerdo a un orden. *El día siguiente a hoy es mañana.* **SIN.** Posterior. **ANT.** Anterior.

sílaba (**sí**-la-ba) sustantivo femenino

Sonido o sonidos que se pronuncian juntos de una sola vez. *En este diccionario se indica el número de sílabas de cada palabra.*

silbar (sil-**bar**) verbo

1. Dar o producir silbidos. *Al ver a su amigo en la otra acera, silbó.*

2. Manifestar el público desagrado, con silbidos u otros ruidos. *Silbaron la actuación del cantante.* **SIN.** Abuchear, chiflar.

silbato (sil-**ba**-to) sustantivo masculino

Instrumento pequeño y hueco que produce un silbido agudo soplando en él con fuerza. *Tocó el silbato para señalar la salida.*

silbido (sil-**bi**-do) sustantivo masculino

1. Sonido agudo que hace el aire o que produce algún objeto o instrumento. *Se oía el fuerte silbido del viento entre los árboles.*

2. Sonido agudo que resulta de hacer pasar con fuerza el aire por la boca con los labios fruncidos o con los dedos colocados en ella convenientemente. *Dio un silbido para llamar a su perro, que vino corriendo.* **SIN.** Pitido.

3. Voz aguda de algunos animales, como la de la serpiente. *El silbido de la serpiente les alertó.*

silencio (si-**len**-cio) sustantivo masculino

1. Falta de ruido. *Cuando cesaron los ruidos, el silencio fue total.*

2. Hecho de callarse, o de no decir algo. *Cuando le preguntaron, su silencio fue total.* **SIN.** Mudez, mutismo.

silencioso, silenciosa

(si-len-**cio**-so) adjetivo

1. Que calla. *Permaneció muy silencioso durante toda la tarde.* **SIN.** Callado, taciturno.

2. Que no hace ruido. *Ese frigorífico no hace apenas ruido, es muy silencioso.* **SIN.** Insonoro.

3. Se aplica al lugar o tiempo en que hay o se guarda silencio. *El convento estaba silencioso.*

ESPECIES DESAPARECIDAS

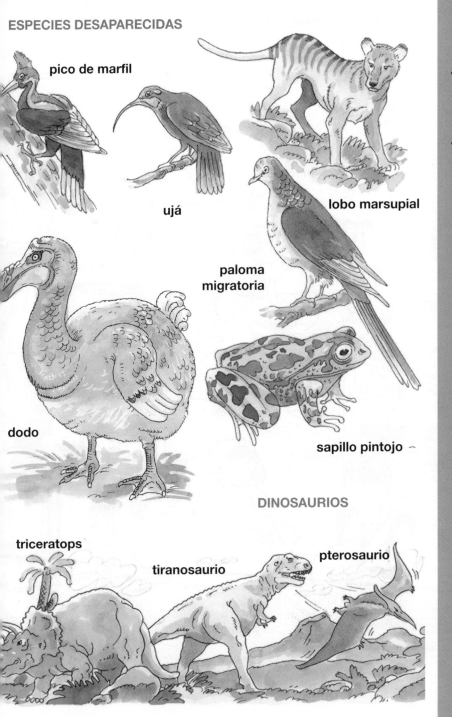

pico de marfil

ujá

lobo marsupial

paloma migratoria

dodo

sapillo pintojo

DINOSAURIOS

triceratops

tiranosaurio

pterosaurio

LA VIVIENDA A TRAVÉS DEL TIEMPO

aperos de labranza

utensilios de cocina

vela

rejas

palmatoria

macheta

olla de barro

aguamanil

tinaja

jofaina

palangana

cocina de carbón

vestidos antiguos

carbón

leña

tintero y pluma

ábaco

herramientas de carpintero

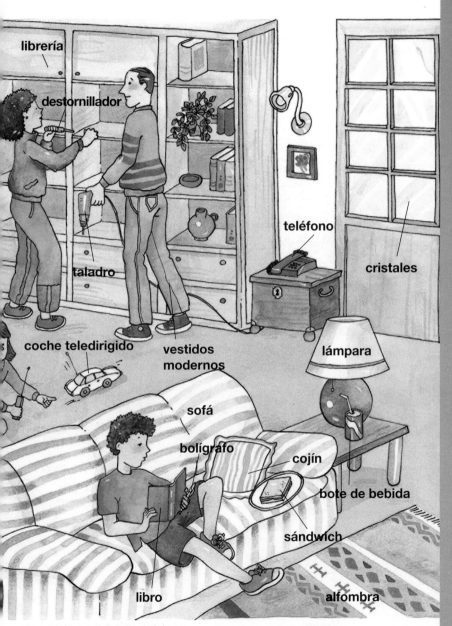

librería

destornillador

taladro

coche teledirigido

vestidos modernos

teléfono

cristales

lámpara

sofá

bolígrafo

cojín

bote de bebida

sándwich

libro

alfombra

LA EVOLUCIÓN DE LOS VIAJES

castillo

carromato

vaca

gallinas

tinaja

farol

abrevadero

riendas

caballo

heno

rueda

camino

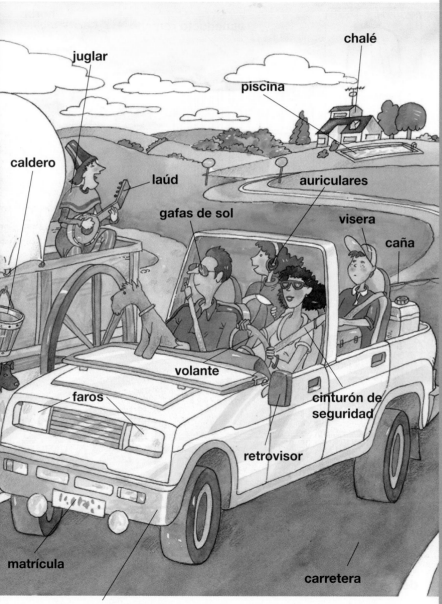

chalé

juglar

piscina

caldero

laúd

auriculares

gafas de sol

visera

caña

volante

cinturón de seguridad

faros

retrovisor

matrícula

carretera

coche todoterreno

EL AGUA, AYER Y HOY

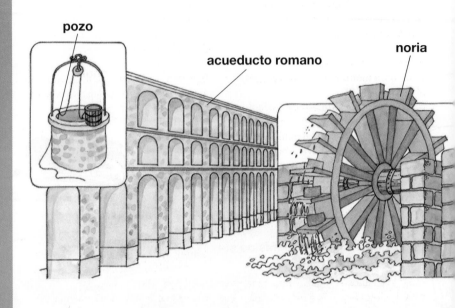

pozo

acueducto romano

noria

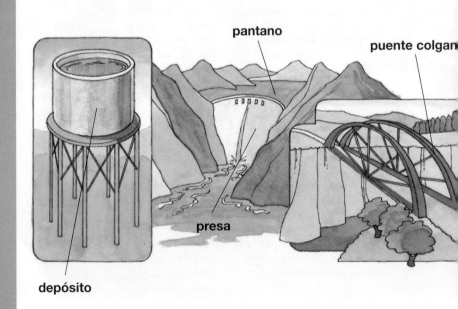

pantano

puente colgan

depósito

presa

silla (**si**-lla) sustantivo femenino
1. Asiento individual, generalmente con respaldo y con cuatro patas. *Acerca una silla y siéntate aquí con nosotros.*
2. Aparato que se coloca sobre el caballo para montar en él. *Coloca la silla al caballo.*
3. **silla de la reina** expresión Asiento que forman entre dos personas con las cuatro manos, agarrando cada una la muñeca de la otra. *Llevamos al niño a la cama a la silla de la reina.*
4. **silla de ruedas** expresión Silla con ruedas grandes a los lados, especial para personas con discapacidad. *Me llevaron a la sala de rehabilitación en silla de ruedas.*

sillín (si-**llín**) sustantivo masculino
Asiento que tienen la bicicleta y otros vehículos similares para montar en ellos. *Le quedaba muy alto el sillín de la bicicleta.*

sillón (si-**llón**) sustantivo masculino
Silla de brazos, mayor y más cómoda que la corriente. *Se sentó en el sillón a leer un rato.* **SIN.** Butacón, poltrona.

silvestre
(sil-**ves**-tre) adjetivo
Que se cría naturalmente sin cultivo en selvas o campos. *El arándano es una planta silvestre.* **SIN.** Salvaje. **ANT.** Cultivado.

sima (si-ma) sustantivo femenino
Hueco grande y muy profundo en la tierra. *Mirar al fondo de la sima le daba vértigo.* **SIN.** Abismo.

simbólico, simbólica
(sim-**bó**-li-co) adjetivo
Que se refiere al símbolo o se expresa por medio de él. *La manifestación por la paz fue un gesto simbólico.* **SIN.** Alegórico.

simbolizar (sim-bo-li-**zar**) verbo
Servir una cosa como símbolo de otra. *Una paloma blanca simbolizaba la paz.* **SIN.** Representar, encarnar.
✎ Se conjuga como *abrazar*.

símbolo (**sím**-bo-lo) sustantivo masculino
Figura o signo con que se representa algo. *La bandera es el símbolo de la patria.* **SIN.** Alegoría.

simetría (si-me-**trí**-a) sustantivo femenino
Proporción adecuada de las partes entre sí y con respecto al conjunto. *Las esculturas griegas guardaban una perfecta simetría.* **SIN.** Armonía, equilibrio. **ANT.** Desequilibrio, desproporción.

simiente
(si-**mien**-te) sustantivo femenino
Semilla que da lugar a otro nuevo ser vivo. *Plantó la simiente y nació la planta.*

similar (si-mi-**lar**) adjetivo
Que tiene semejanza con una cosa. *Esos dos abrigos son muy similares.* **SIN.** Parecido.

simio, simia (**si**-mio) sustantivo
Animal mamífero parecido al ser humano, con pies y manos de cinco dedos. *Visitamos los simios del zoo.*

simpatía
(sim-pa-**tí**-a) sustantivo femenino
1. Gusto que una persona siente al estar con otra, cuya forma de ser le agrada. *Nos teníamos mutua simpatía.* **SIN.** Afinidad, amistad. **ANT.** Antipatía.
2. Cualidad que hace agradable a una persona. *Su simpatía hacía que tuviera muchos amigos.*

simpático, simpática
(sim-**pá**-ti-co) adjetivo
Que es agradable o amistoso. *Es tan simpático que enseguida hace amigos.* **SIN.** Encantador, atractivo, divertido. **ANT.** Desagradable, antipático.

simpatizar (sim-pa-ti-**zar**) verbo
Sentir simpatía. *Tu amigo y yo no conseguimos simpatizar.* **SIN.** Congeniar. **ANT.** Aborrecer, odiar.
✎ Se conjuga como *abrazar*.

simple (**sim**-ple) adjetivo
1. Sencillo, sin complicaciones. *Es un trabajo simple y sin problemas.* **SIN.** Elemental, fácil. **ANT.** Complicado.
2. Sin duplicar o sin reforzar. *Es un ventana simple.* **SIN.** Sencillo. **ANT.** Múltiple.
3. adjetivo y sustantivo Se dice de la persona inocente, algo tonta y fácil de engañar. *Es demasiado simple para coger las indirectas.* **SIN.** Cándido, memo. **ANT.** Avispado, listo.

simplificar (sim-pli-fi-**car**) verbo
Hacer más sencilla o más fácil una cosa. *Esa nueva máquina simplificará mucho el trabajo.* **SIN.** Facilitar, allanar. **ANT.** Complicar, dificultar.
✎ Se conjuga como *abarcar*.

simulacro
(si-mu-**la**-cro) sustantivo masculino
Acción que se hace fingiendo una circunstancia que no es real para estar preparado cuando suceda de verdad. *Hicieron un simulacro de incendio y evacuaron a todos.*

simultáneo, simultánea
(si-mul-**tá**-ne-o) adjetivo
Se dice de lo que se hace u ocurre al mismo tiempo que otra cosa. *Los dos partidos eran simultáneos.* **SIN.** Coincidente.

sin preposición
Se usa para indicar que se carece o falta lo que se dice a continuación. *Estoy sin trabajo. Suelo tomar refrescos sin cafeína.*

sinagoga (si-na-**go**-ga) sustantivo femenino
Templo de la religión judía. *Estaban rezando en la sinagoga.*

sinceridad
(sin-ce-ri-**dad**) sustantivo femenino
Modo de expresarse sin fingir ni decir mentiras. *Admiraba su sinceridad.* **SIN.** Franqueza, veracidad. **ANT.** Hipocresía.

sincero, sincera (sin-**ce**-ro) adjetivo
Que no engaña al decir algo. *Fue sincero al darme su opinión sobre mi nuevo trabajo.* **SIN.** Veraz, franco. **ANT.** Mentiroso, falso.

sincronía (sin-cro-**ní**-a) sustantivo femenino
Coincidencia de dos sucesos o hechos en el tiempo. *La revolución industrial se produjo en Europa con gran sincronía.* **SIN.** Coexistencia, simultaneidad. **ANT.** Desigualdad, diferencia.

sincronizar (sin-cro-ni-**zar**) verbo
Hacer que coincidan al mismo tiempo dos o más movimientos o hechos. *Sincronizaron sus relojes.*
✎ Se conjuga como *abrazar*.

sindicato (sin-di-**ca**-to) sustantivo masculino
Asociación formada para la defensa de intereses económicos o políticos, comunes a todos los asociados. Se dice especialmente de las asociaciones obreras. *Ese es el sindicato mayoritario.* **SIN.** Gremio, colegio.

síndrome (**sín**-dro-me) sustantivo masculino
Conjunto de manifestaciones características de una enfermedad o de una situación. *El síndrome de aquella enfermedad era muy extraño.* **SIN.** Indicio, signo.

sinfín (sin-**fín**) sustantivo masculino
Gran cantidad de personas o cosas. *Había un sinfín de personas en la feria.* **SIN.** Infinidad, sinnúmero.

sinfonía (sin-fo-**ní**-a) sustantivo femenino
Pieza musical para ser tocada por una orquesta grande, normalmente en cuatro movimientos. *Beethoven escribió varias sinfonías.*

singular (sin-gu-**lar**) adjetivo

1. Se dice de lo extraordinario, raro o único. *Fue un hecho verdaderamente singular.* **SIN.** Extravagante, original. **ANT.** Vulgar, normal.

2. adjetivo y sustantivo masculino Se dice del número del sustantivo que se refiere a un solo ser. *Mesa es singular, mientras mesas es plural.*

siniestro, siniestra

(si-**nies**-tro) adjetivo

1. Se dice de lo mal intencionado. *Es una persona siniestra.* **SIN.** Perverso. **ANT.** Inocente, puro.

2. Se dice del suceso desgraciado. *Todos los periódicos hablaban del siniestro atentado terrorista.* **SIN.** Desgraciado, aciago. **ANT.** Afortunado.

3. sustantivo masculino Accidente grave, o pérdida importante que sufren las personas o las propiedades. *Una ambulancia se desplazó al lugar del siniestro.* **SIN.** Catástrofe, desastre, daño.

sino (si-no) conjunción

1. Contrapone a un concepto negativo otro afirmativo. *No lo vendió, sino que lo regaló.*

2. Expresa a veces idea de excepción. *Nadie es perfecto sino Dios.*

sinónimo, sinónima

(si-**nó**-ni-mo) adjetivo y sustantivo masculino

Se dice de las palabras y expresiones que tienen un significado igual o parecido. *En este diccionario puedes encontrar sinónimos y antónimos.* **SIN.** Equivalente, semejante. **ANT.** Antónimo, contrario.

sintagma

(sin-**tag**-ma) sustantivo masculino

Grupo de palabras que, dentro de una oración, realizan la misma función. *En «la casa es blanca», la casa es un sintagma y es blanca, otro.*

sintaxis

(sin-**ta**-xis) sustantivo femenino

Rama de la lingüística que estudia las posibilidades de combinar las palabras dentro de la oración. *Da clases de sintaxis.*

✎ Es igual en plural y en singular.

síntesis (**sín**-te-sis) sustantivo femenino

1. Resumen completo de un tema. *Hizo una síntesis del problema.*

2. Elaboración de un todo a partir de distintos elementos. *Este producto es la síntesis entre varias sustancias.*

3. en síntesis expresión En resumen. *En síntesis, la fiesta fue un rollo.*

✎ Es igual en plural y en singular.

sintético, sintética

(sin-**té**-ti-co) adjetivo

1. Resumido. *Su explicación de los hechos fue muy sintética.* **SIN.** Extractado. **ANT.** Ampliado.

2. Se dice de productos obtenidos por procesos químicos o industriales. *El nailon es un hilo sintético.* **SIN.** Artificial. **ANT.** Natural, puro.

síntoma

(**sín**-to-ma) sustantivo masculino

1. Manifestación de una enfermedad. *Los síntomas que tenía el enfermo eran de gripe.*

2. Señal de una cosa que está sucediendo o va a suceder. *No había notado ningún síntoma.*

sintonizar (sin-to-ni-**zar**) verbo

En radio y televisión, hacer que el aparato receptor capte las ondas de la emisora que se quiere escuchar o ver. *Sintoniza esa emisora.* **SIN.** Captar, recibir.

✎ Se conjuga como *abrazar*.

sinvergüenza

(sin-ver-**güen**-za) adjetivo y sustantivo

Se dice de las personas que cometen actos ilegales o inmorales. *Unos* sinvergüenzas habían destrozado las papeleras. **SIN.** Bandido, bribón, granuja, pícaro.

siquiera (si-**quie**-ra) adverbio
Equivale a *por lo menos* o a *tan solo*. *Deme una limosna siquiera.*

sirena (si-**re**-na) sustantivo femenino
1. Ser fantástico con cuerpo de mujer y cola de pez, que atraía a los navegantes con su canto. *Nos contó un cuento sobre sirenas.*
2. Pito que se oye a mucha distancia y que se emplea en los buques, automóviles, fábricas, etc., para avisar. *Al oír la sirena de la ambulancia, nos apartamos.* **SIN.** Bocina.

sistema (sis-**te**-ma) sustantivo masculino
1. Conjunto de elementos o reglas sobre una materia. *Nuestro sistema de numeración es arábigo.* **SIN.** Organización, método.
2. Conjunto de elementos que, relacionados entre sí, tienen un fin. *El sistema de calefacción funciona mediante agua.* **SIN.** Organización, estructura.
3. Conjunto de órganos de los seres vivos que, juntos, realizan una función. *El sistema digestivo se encarga de la asimilación de los alimentos.* **SIN.** Aparato.
4. por sistema expresión Hacer algo por rutina o de modo injustificado. *Me lleva la contraria por sistema.*

sitiar (si-**tiar**) verbo
1. Rodear una ciudad o lugar, sin dejar entrar ni salir personas ni productos, para que se rindan quienes están dentro. *Sitiaron la ciudad.* **SIN.** Asediar.
2. Cercar a alguien cerrándole todas las salidas para atraparlo o hacer que se rinda. *Sitiaron a los ladrones en el viejo caserón.*
✎ Se conjuga como *cambiar*.

sitio (si-tio) sustantivo masculino
1. Espacio que ocupan o pueden ocupar seres vivos o cosas. *Ya no queda sitio para poner más libros.* **SIN.** Punto, parte, lugar.
2. Lugar o terreno conveniente para una cosa. *No tuve que buscar hotel, porque tenía sitio en casa.*
3. Asedio de un lugar o unas personas, cerrándoles todas las salidas. *El ejército comenzó el sitio del castillo.* **SIN.** Bloqueo, cerco.

situación (si-tua-**ción**) sustantivo femenino
1. Disposición de una cosa respecto del lugar que ocupa. *Desconocía la situación del lugar donde tenía que examinarse.* **SIN.** Colocación, ubicación.
2. Estado de las cosas y personas. *La situación del edificio era casi de completa ruina.*
3. Conjunto de las realidades en las que una persona ha de desarrollar su existencia o sus acciones. *Sabíamos que estaba atravesando por una mala situación económica.* **SIN.** Circunstancia.

situar (si-tu-**ar**) verbo
1. Ponerse uno mismo o a una persona o cosa en determinado sitio o situación. *Se situó a su derecha.* **SIN.** Colocar(se).
2. situarse Lograr una posición social, económica, etc. buena. *Le costó mucho esfuerzo, pero logró situarse bien en la vida.* **SIN.** Acomodarse, mejorar, prosperar. **ANT.** Empobrecerse, arruinarse.
✎ Se conjuga como *actuar*.

slip sustantivo masculino
Palabra inglesa que designa a una prenda interior masculina ajustada y corta, que no cubre las piernas. *El slip me queda pequeño.*
✎ Se pronuncia /eslíp/.

SMS sustantivo masculino

Mensaje que se envía desde un teléfono móvil a otro. *Recibí un SMS de mi prima.*

✎ Aunque son siglas, se utiliza como sustantivo masculino. En plural es igual que en singular.

sobaco (so-**ba**-co) sustantivo masculino

Hueco que forma el comienzo del brazo con el cuerpo. *El grano del sobaco le molestaba mucho.* **SIN.** Axila.

sobar (so-**bar**) verbo

Tocar u oprimir una cosa repetidamente con las manos, o acariciar mucho a una persona. *No sobes los alimentos.* **SIN.** Amasar, manosear.

soberano, soberana

(so-be-**ra**-no) adjetivo y sustantivo

Que posee el poder máximo e independiente. *Esperan la visita de los soberanos.* **SIN.** Monarca, rey, señor.

soberbia (so-**ber**-bia) sustantivo femenino

Sentimiento de excesiva consideración de uno mismo, pensando o haciendo como si los demás fuesen peores. *Tiene mucha soberbia.* **SIN.** Inmodestia.

soberbio, soberbia (so-**ber**-bio) adjetivo

1. Que tiene soberbia o se deja llevar por ella. *Es una persona muy soberbia, no reconocerá que tú tenías razón.* **SIN.** Altanero.

2. Grandioso, magnífico. *Es un trabajo soberbio.*

sobornar (so-bor-**nar**) verbo

Hacer que alguien actúe de forma injusta o ilegal a cambio de regalos o dinero. *Intentó sobornar a los jueces.* **SIN.** Comprar.

soborno (so-**bor**-no) sustantivo masculino

1. Acción de dar regalos o dinero a alguien para que actúe de forma injusta o ilegal. *Le acusaban de soborno.* **SIN.** Cohecho.

2. Regalos o dinero con que se soborna. *Aquella magnífica mansión era el soborno.*

sobra

(so-bra) sustantivo femenino

1. Exceso de una cosa. *Este año hay sobra de fruta.* **SIN.** Abundancia **ANT.** Carencia, escasez.

2. sustantivo femenino plural Lo que queda de la comida. *Esta noche cenaremos las sobras.* **SIN.** Restos.

3. de sobra expresión Abundantemente o de forma suficiente. *Hay sitio de sobra para los dos.*

sobrar (so-**brar**) verbo

1. Haber más de lo necesario. *Sobra un cubierto en la mesa.* **SIN.** Abundar, exceder. **ANT.** Faltar.

2. Quedar parte de algo después de haberse usado o consumido. *Guarda lo que sobró para comerlo luego.* **SIN.** Restar. **ANT.** Acabarse, agotarse.

3. Estar de más. *Me di cuenta de que yo allí sobraba.*

sobrasada

(so-bra-**sa**-da) sustantivo femenino

Embutido grueso de carne de cerdo muy picada y sazonada con sal y pimiento molido. *Le gusta mucho la sobrasada.*

sobre (so-bre) preposición

1. Encima. *El libro está sobre la mesa del salón.*

2. Con dominio y superioridad. *Estaba sobre ellos.*

3. Acerca de. *Nos habló sobre sus planes.*

4. Tratándose de una cantidad, número u hora, indica aproximación. *Pasaré sobre las cinco.*

5. sustantivo masculino Cubierta de papel en que se incluye una carta, comunicación, documento, etc. *Pega el sello en el sobre.*

6. sustantivo masculino Medicamento en forma de polvos. *Le recetó unos sobres.*

sobrecargar (so-bre-car-**gar**) verbo

Cargar con exceso alguna cosa. *Sobrecargaron el ascensor.*

✎ Se conjuga como *ahogar.*

sobrecoger

(so-bre-co-**ger**) verbo

Sorprender a una persona algo atemorizador, inesperado o grandioso. *Aquel atronador ruido le sobrecogió.* **SIN.** Asustar, pasmar.

✎ Se conjuga como *proteger.*

sobredosis

(so-bre-**do**-sis) sustantivo femenino

Cantidad excesiva de alguna droga que se toma de una vez. *Casi se muere por una sobredosis de heroína.*

✎ Es igual en plural y en singular.

sobrellevar (so-bre-lle-**var**) verbo

Sufrir las cosas malas de la vida con paciencia y resignación. *Intentaba sobrellevar su desgracia.* **SIN.** Aguantar, soportar, sufrir.

sobremesa

(so-bre-**me**-sa) sustantivo femenino

Conversación que se establece inmediatamente después de comer y sin levantarse de la mesa. *Estuvimos un rato de sobremesa después cenar.*

sobresaliente

(so-bre-sa-**lien**-te) adjetivo y sustantivo

1. Que sobresale o destaca. *Nombró a los personajes más sobresalientes que asistían a la ceremonia.*

2. sustantivo masculino Nota más alta en un examen. *Sacó un sobresaliente en Lengua.*

sobresalir (so-bre-sa-**lir**) verbo

1. Exceder una persona o cosa a otras en tamaño, cualidades, etc. *Sobresale por su altura.* **SIN.** Aventajar, destacar, resaltar.

2. Ser más larga o saliente una parte de una cosa que las demás. *Esa madera sobresale demasiado, hay que cortarla un poco.*

✎ Verbo irregular, se conjuga como *salir.*

sobresaltar (so-bre-sal-**tar**) verbo

Asustar, alterar a alguien repentinamente. *Se sobresaltó al verme.* **SIN.** Azorar, alarmar.

sobrevivir (so-bre-vi-**vir**) verbo

1. Vivir alguien después de la muerte de otro o después de un determinado suceso o fecha. *Sobrevivieron a la catástrofe.*

2. Vivir con lo mínimo. *Tiene que hacer maravillas para sobrevivir.*

sobrino, sobrina (so-**bri**-no) sustantivo

Hijo o hija del hermano o hermana de una persona. *Los hijos de mi hermana son mis sobrinos.*

sobrio, sobria (so-**brio**) adjetivo

1. Moderado en comer y beber. *Es una persona muy sobria.*

2. Que carece de adornos o comodidades innecesarios. *Vivían en una casa pequeña y sobria.*

3. adjetivo y sustantivo Que no está borracho. *No había bebido nada de alcohol, estaba completamente sobria.*

socarrón, socarrona

(so-ca-**rrón**) adjetivo y sustantivo

Se dice de la persona que se burla de los demás. *Es un poco socarrón.* **SIN.** Astuto, burlón.

socavón (so-ca-**vón**) sustantivo masculino

Hoyo que se produce por hundimiento del suelo. *La carretera tenía profundos socavones.*

sociable (so-**cia**-ble) adjetivo

Se dice de las personas a las que no les cuesta hablar y relacionarse con los demás. *Es una niña muy sociable.* **SIN.** Comunicativo, abierto. **ANT.** Huraño.

social (so-**cial**) adjetivo

Que se refiere a una comunidad de personas y a las distintas clases que la forman. *Está muy interesada en los problemas sociales.*

sociedad

(so-cie-**dad**) sustantivo femenino

1. Conjunto de personas, familias, pueblos o naciones. *Los seres humanos tienden a vivir en sociedad.* **SIN.** Comunidad.

2. Agrupación de personas para un fin. *Mis amigos han creado una sociedad de montañismo.* **SIN.** Asociación, entidad.

3. Relación entre comerciantes, personas de negocios o accionistas de alguna empresa, que comparten los gastos y beneficios. *Entre todos los interesados formaron una sociedad anónima.* **SIN.** Consorcio.

socio, socia (so-cio) sustantivo

1. Miembro de una asociación. *Soy socio de un club de tenis.*

2. Persona asociada con otra para algún fin. *La empresa pertenece a dos socios.*

socorrer (so-co-**rrer**) verbo

Ayudar a alguien en un peligro o necesidad. *Los bomberos socorrieron a las víctimas del incendio.* **SIN.** Auxiliar. **ANT.** Desamparar.

socorro

(so-**co**-rro) sustantivo masculino

Ayuda que se presta a quienes la necesitan, y dinero, comida, etc., con que se les socorre. *Prestaron socorro a los accidentados.* **SIN.** Asistencia.

sofá (so-**fá**) sustantivo masculino

Asiento cómodo con respaldo y brazos para dos o más personas. *Se tumbó un rato en el sofá.* **SIN.** Diván, canapé, tresillo.

✎ Su plural es *sofás*.

sofisticado, sofisticada

(so-fis-ti-**ca**-do) adjetivo

1. Falto de naturalidad y sencillez. *Se comportó de una manera demasiado sofisticada.* **SIN.** Antinatural, elaborado, amañado.

2. Elegante, refinado. *Sus modales eran sofisticados.*

3. Se dice de aparatos, mecanismos, etc. muy complicados. *Este mecanismo es muy sofisticado.*

sofocar

(so-fo-**car**) verbo

1. Ahogar, impedir la respiración. *El calor me está sofocando.*

2. Apagar un fuego. *Los bomberos sofocaron el incendio.*

3. Acosar, importunar en exceso a alguien. *Le sofocaba con sus continuas exigencias.* **SIN.** Agobiar, fastidiar, fatigar.

4. Avergonzar, hacer sonrojar a alguien. *Se sofocó al darse cuenta de su equivocación.*

✎ Se conjuga como *abarcar*.

sofocón

(so-fo-**cón**) sustantivo masculino

Disgusto provocado por alguna contrariedad. *Se llevó un buen sofocón.*

sofrito (so-**fri**-to) sustantivo masculino

Condimento que se añade a un guiso compuesto por cebolla y ajo, fritos en aceite. *Arregló las alubias con un sofrito.* **SIN.** Refrito.

software sustantivo masculino

Programas e instrucciones que hacen posible que el ordenador realice ciertas funciones. *He comprado programas para actualizar mi software.*

✎ Se pronuncia /sóftgüer/.

soga (so-ga) sustantivo femenino

Cuerda gruesa de esparto. *Ataron la hierba del carro con una soga.* **SIN.** Maroma, cabo.

soja (so-ja) sustantivo femenino

Planta de la que se obtiene harina. *Me gusta el aceite de soja.*

✎ También *soya*.

sol nombre propio

1. Estrella centro del sistema solar. *La Tierra gira alrededor del Sol.* ✎ Se escribe con mayúscula.

2. sustantivo masculino Calor y luz que produce este astro. *Hace sol hoy.*

3. sustantivo masculino Quinta nota de la escala musical. *Tocó un sol en la flauta.*

solapa (so-la-pa) sustantivo femenino

1. Parte del vestido, en la parte del pecho, que suele ir doblada hacia fuera sobre la misma prenda de vestir. *Lleva una insignia en la solapa.*

2. Prolongación de la tapa de un libro que se dobla hacia dentro y en la que suele haber información sobre su contenido o autor. *En la solapa venía la biografía de la autora.*

solar (so-lar) sustantivo masculino

1. Terreno donde se ha construido o se piensa construir un edificio. *En ese solar van a construir un cine.*

2. adverbio Que pertenece al Sol. *Sistema solar.*

soldado (sol-da-do) sustantivo

Persona que sirve en el ejército y no tiene graduación. *Un soldado avisó al capitán.*

soldar (sol-dar) verbo

Unir entre sí dos partes o piezas de metal con calor. *Tenían que soldar la tubería.* **SIN.** Estañar.

✎ Verbo irregular, se conjuga como *contar.*

soledad (so-le-dad) sustantivo femenino

1. Falta de compañía. *Vivía desde hace años en soledad.*

2. Pesar que se siente por la muerte, ausencia o pérdida de alguna persona o cosa. *Cuando se quedó viuda sintió una gran soledad.* **SIN.** Añoranza, pena.

solemne (so-lem-ne) adverbio

1. Celebrado o hecho públicamente, con gran ceremonia. *Hubo una misa solemne en la catedral.* **SIN.** Ceremonioso, fastuoso, majestuoso.

2. Majestuoso, que impresiona por su grandeza, belleza o elegancia. *Sus solemnes palabras emocionaron a todos los presentes.*

3. Da un sentido despectivo a la significación de algunos nombres. *Eso es una solemne tontería.*

soler (so-ler) verbo

1. Tener costumbre. *Solemos madrugar en vacaciones.*

2. Ser frecuente una cosa. *En España suele hacer calor en verano.* **SIN.** Acostumbrar, frecuentar, repetirse. **ANT.** Omitir.

✎ Verbo defectivo. Ver el cuadro.

INDICATIVO		SUBJUNTIVO
Presente	Pret. imperfecto / Copretérito	Presente
suelo	solía	suela
sueles / solés	solías	suelas
suele	solía	suela
solemos	solíamos	solamos
soléis / suelen	solíais / solían	soláis/ suelan
suelen	solían	suelan
Pret. perf. comp. / Antepresente		Pret. imperfecto / Pretérito
he solido		soliera o soliese
has solido		solieras o solieses
ha solido		soliera o soliese
hemos solido		soliéramos o soliésemos
habéis solido		solierais o solieseis /
han solido		solieran o soliesen
FORMAS NO PERSONALES		solieran o soliesen
Infinitivo soler		
Gerundio solido		
Participio soliendo		

solicitar (so-li-ci-**tar**) verbo
Pedir algo siguiendo unas normas ya fijadas. *Los alumnos solicitaron ayuda para el viaje de estudios.* **ANT.** Conceder, rechazar.

solicitud (so-li-ci-**tud**) sustantivo femenino
Documento en que se solicita algo. *Presentó la solicitud de la prórroga.* **SIN.** Instancia.

solidario, solidaria
(so-li-**da**-ri-o) adjetivo y sustantivo
Se dice de la persona que se une o siente cercana al ideal, opinión o necesidades de otra. *Es una persona muy solidaria y generosa.*

sólido, sólida
(**só**-li-do) adjetivo y sustantivo masculino
1. Se dice del cuerpo con forma y volumen fijos. *El hielo es agua en estado sólido.* **ANT.** Líquido, gas.
2. adjetivo Firme, seguro. *Ese puente es muy sólido.* **ANT.** Débil, frágil.
3. adjetivo Establecido con razones fundamentales. *Tenía sólidos argumentos.* **SIN.** Firme, asentado.

solista (so-**lis**-ta) sustantivo
Persona que toca un solo de una pieza musical. *Actuó como solista en el concierto.*

solitario, solitaria
(so-li-**ta**-rio) adjetivo
1. Se dice de los lugares habitados o visitados por pocas personas. *Esa región es muy solitaria.* **SIN.** Desierto.
2. Que le gusta estar solo o vive en soledad. *Era una persona muy tímida y solitaria.* **ANT.** Sociable.
3. Juego para una sola persona. *Se entretenía haciendo solitarios de cartas.*

sollozar (so-llo-**zar**) verbo
Respirar de forma entrecortada y haciendo ruido cuando se llora. *Estaba sollozando.*
✎ Se conjuga como *abrazar*.

sollozo (so-**llo**-zo) sustantivo masculino
Especie de gemido que se produce al llorar. *Se oían sus sollozos.*

solo, sola (**so**-lo) adjetivo
1. Único. *Tenemos un solo hijo.* **SIN.** Uno. **ANT.** Varios.
2. Que no tiene compañía de nadie. *Se fueron todos y lo dejaron solo.* **ANT.** Acompañado.
3. Que no tiene quien le ayude o consuele. *Se sentía muy sola.*
4. sustantivo masculino Composición musical o parte de ella que canta o toca una sola persona. *Ejecutó un solo de violín.*
5. adverbio Únicamente, solamente. *Solo falta un día para las vacaciones.*
6. a solas expresión Sin compañía ni ayuda de otra persona. *Prefiero pasear a solas.*

soltar
(sol-**tar**) verbo
1. Desatar, deshacer un nudo. *Suelta el nudo.* **ANT.** Atar, unir.
2. Dar libertad. *Soltó al pájaro, que salió volando.* **SIN.** Liberar, libertar. **ANT.** Encerrar, retener.
3. Dejar lo que se tiene agarrado o sujeto. *Al conducir, no se debe soltar el volante.* **ANT.** Asir.
4. Decir con excesiva franqueza o violencia algo que debía permanecer callado. *Lo soltó de repente.*
5. soltarse Adquirir práctica y habilidad en la realización de las cosas. *Se soltó pronto.* **SIN.** Acostumbrarse.
✎ Verbo irregular, se conjuga como *contar*.

soltero, soltera
(sol-**te**-ro) adjetivo y sustantivo
Se dice de la persona que no se ha casado. *Solo su hijo menor está soltero, los demás están casados.*

soltura (sol-**tu**-ra) sustantivo femenino
1. Rapidez y habilidad para hacer una cosa. *Tiene mucha soltura.*
2. Facilidad e inteligencia para hablar. *Se expresa con soltura.*

solución (so-lu-**ción**) sustantivo femenino
1. Resultado que pone fin a una dificultad, duda, pregunta, etc. *Tengo la solución a tu problema.* **SIN.** Respuesta.
2. Desenlace o término de un proceso, negocio, etc. *La solución fue buena para las dos partes.* **SIN.** Conclusión, desenlace.

solucionar (so-lu-cio-**nar**) verbo
Resolver un asunto, hallar solución a un problema. *Tenía que solucionar urgentemente el problema de la vivienda.* **SIN.** Arreglar, resolver, zanjar.

solventar (sol-ven-**tar**) verbo
1. Arreglar cuentas, pagando la deuda a que se refieren. *Solventó su deuda con la sociedad en la cárcel.* **SIN.** Zanjar, saldar. **ANT.** Adeudar, deber.
2. Solucionar un asunto difícil. *Todavía tengo que solventar algunas cosas.* **SIN.** Resolver.

sombra
(**som**-bra) sustantivo femenino
1. Falta de luz. *Ya caían las sombras.* **SIN.** Opacidad, oscuridad.
2. Imagen oscura que proyecta sobre una superficie cualquiera un cuerpo opaco, al interceptar los rayos directos de la luz. *El árbol proyectaba su sombra contra la tumbona.*
3. Persona que sigue a otra por todas partes. *Estoy harto de él, parece mi sombra.*
4. **sombra de ojos** expresión Cosmético compuesto por polvo o crema de colores y que se aplica sobre los párpados. *Se puso sombra de ojos azul claro.*

sombrero (som-**bre**-ro) sustantivo masculino
1. Prenda de vestir que sirve para cubrir la cabeza, y que consta de copa y ala. *Iba vestido con un abrigo de paño y un sombrero negro.* **SIN.** Bonete, gorra, hongo, montera.
2. Parte superior y redondeada de los hongos. *Esta seta tiene el sombrero rojo con pintas blancas.*

sombrilla (som-**bri**-lla) sustantivo femenino
Paraguas que sirve para que no dé el sol. *La playa estaba llena de sombrillas.* **SIN.** Quitasol.

sombrío, sombría (som-**brí**-o) adjetivo
1. Se dice del lugar en que frecuentemente hay sombra. *Aquella casa era muy sombría.* **SIN.** Umbrío. **ANT.** Claro, soleado.
2. Tétrico, melancólico. *Tiene aspecto sombrío.* **ANT.** Alegre, jubiloso.

someter (so-me-**ter**) verbo
1. Imponer una persona a otra su voluntad o autoridad. *Ese pueblo estaba sometido a una dictadura.* **SIN.** Sojuzgar, dominar. **ANT.** Rebelarse, sublevarse.
2. Conquistar a un pueblo o región. *El ejército sometió la ciudad.*

somier (so-**mier**) sustantivo masculino
Superficie de tela metálica, láminas de madera, etc., con cuatro patas, sobre el cual se coloca el colchón. *Este somier es muy bueno para la espalda.*
✎ Su plural es *somieres.*

somnífero, somnífera
(som-**ní**-fe-ro) adjetivo y sustantivo masculino
Que causa o da sueño. *Estaba tan nervioso que le tuvieron que dar un somnífero.* **SIN.** Calmante.

son sustantivo masculino
1. Sonido agradable al oído. *Siempre tararea el mismo son.* **SIN.** Voz, ruido.
2. **sin ton ni son** expresión Sin razón, sin fundamento alguno. *Habla sin ton ni son, porque no tiene ni idea.*

sonajero (so-na-**je**-ro) sustantivo masculino

Juguete que hace ruido cuando se agita y que sirve para entretener a los bebés. *Le compraron un sonajero de llamativos colores.*

✎ También *sonaja.*

sonámbulo, sonámbula

(so-**nám**-bu-lo) adjetivo y sustantivo

Se dice de la persona que, durante el sueño, se levanta, camina, etc., sin que pueda recordarlo cuando se despierta. *Era sonámbulo y caminaba dormido por la casa.*

sonar (so-**nar**) verbo

1. Hacer o causar ruido una cosa. *Suenan las campanas.* **SIN.** Tintinear, resonar, retumbar. **ANT.** Enmudecer, silenciar.

2. Recordar algo de manera imprecisa. *Me suena su apellido, pero no recuerdo su cara.*

3. sonarse Quitarse los mocos de la nariz. *Le prestó un pañuelo para sonarse los mocos.*

✎ Verbo irregular, se conjuga como *contar.*

sondear (son-de-**ar**) verbo

Hacer las primeras averiguaciones sobre alguien o algo. *Sondearon a la opinión pública sobre el ganador de las elecciones.* **SIN.** Interrogar, pulsar.

soneto (so-**ne**-to) sustantivo masculino

Poema de catorce versos, generalmente de once sílabas, distribuidos en dos estrofas de cuatro versos y dos de tres, que repiten sus rimas. *Quevedo dedicó un soneto a la nariz de Góngora.*

sonido (so-**ni**-do) sustantivo masculino

Sensación producida en el órgano del oído. *Se oyó un sonido.*

sonoro, sonora (so-**no**-ro) adjetivo

Que suena o puede sonar, o que suena bien. *El canto de esas aves es muy sonoro.*

sonreír (son-re-**ír**) verbo

Reírse sin ruido, curvando la boca hacia arriba. *Al oír aquello, se sonrió.*

✎ Verbo irregular, se conjuga como *reír.*

sonrisa (son-**ri**-sa) sustantivo femenino

Gesto de curvar los labios hacia arriba, para mostrar alegría. *Se despidió con una sonrisa.*

sonrojar (son-ro-**jar**) verbo

Ponerse o hacer que alguien se ponga colorado por vergüenza. *Es muy vergonzoso y se sonroja por nada.* **SIN.** Ruborizar(se).

sonrosado, sonrosada

(son-ro-**sa**-do) adjetivo

De color rosa. Se aplica al color de la cara o la piel en general. *Su piel era muy sonrosada.*

soñador, soñadora

(so-ña-**dor**) adjetivo y sustantivo

Que piensa sin tener en cuenta la realidad. *Es una persona muy soñadora, por eso se lleva tantas decepciones.* **ANT.** Realista.

soñar (so-**ñar**) verbo

1. Imaginar cosas mientras se duerme. *Soñé algo muy extraño la pasada noche.* **SIN.** Ensoñar.

2. Imaginar cosas que son fantasía o están muy alejadas de la realidad. *Sueña con que le toque la lotería.* **SIN.** Fantasear, idealizar.

3. Desear mucho una cosa. *Sueña con encontrar otro trabajo.*

✎ Verbo irregular, se conjuga como *contar.*

sopa (so-pa) sustantivo femenino

Plato hecho con arroz, fideos, verduras, pan, etc., y el caldo en que se han cocido. *Preparó una exquisita sopa de marisco.*

sopapo (so-**pa**-po) sustantivo masculino

Golpe que se da con la mano en la cara. *Le dio un buen sopapo.* **SIN.** Bofetada, guantazo.

sope (so-pe) sustantivo masculino

Tortilla gruesa de maíz con un borde en la orilla, generalmente frita, en cuya parte superior se ponen frijoles molidos y refritos; carne, pollo o chorizo desmenuzado, salsa con chile, y algunos otros ingredientes como queso, crema y lechuga. *Los sopes son fáciles de encontrar en cualquier puesto de mercadillos.*

sopera (so-pe-ra) sustantivo femenino

Vasija honda en que se sirve la sopa. *Coloca la sopera en la mesa.*

sopetón (so-pe-tón)

de sopetón expresión De repente, sin pensarlo. *Se lo dijo de sopetón.*

soplar (so-plar) verbo

1. Echar aire por la boca, cerrando bastante los labios. *No soples la comida para enfriarla.*

2. Correr el viento. *El viento soplaba entre los árboles.*

3. Llenar algo con aire. *Sopla el globo.* **SIN.** Inflar, hinchar.

4. Hurtar o arrebatar una cosa ocultamente. *Le soplaron la cazadora.* **SIN.** Birlar, mangar, robar. **ANT.** Reponer, sustituir.

5. Sugerir a alguien algo que debe decir. *Su compañero le sopló la respuesta.* **SIN.** Apuntar.

6. Delatar, acusar. *No confiaban en él porque todo se lo soplaba a la profesora.*

soplete (so-ple-te) sustantivo masculino

Instrumento para soldar y fundir metales. *Necesitaba un soplete para soldar la tubería.*

soplo (so-plo) sustantivo masculino

1. Instante o brevísimo tiempo. *Sucedió todo en un soplo.* **SIN.** Tris, santiamén.

2. Aviso dado en secreto y con cautela. *Le dieron el soplo.* **SIN.** Acusación, delación.

soplón, soplona

(so-plón) adjetivo y sustantivo

Se dice de la persona que acusa en secreto y cautelosamente. *Era el soplón de la clase.* **SIN.** Delator, acusica, chivato.

sopor (so-por) sustantivo masculino

Adormecimiento, somnolencia. *Tras horas conduciendo, notó sopor y tuvo que parar.*

soportal (so-por-tal) sustantivo masculino

Pórtico cubierto que en algunas casas precede a la entrada principal o que rodea la fachada de algunos edificios. *Se encontraron en el soportal.* **SIN.** Porticada.

soportar (so-por-tar) verbo

1. Sostener o llevar sobre sí una carga o peso. *Tres grandes pilares soportan el puente.* **SIN.** Sobrellevar, aguantar, mantener.

2. Aguantar con paciencia, tolerar. *El enfermo soporta mal el dolor. No soporto su forma de ser.* **SIN.** Padecer, resistir. **ANT.** Rebelarse, rechazar, protestar.

soporte (so-por-te) sustantivo masculino

1. Cosa que sirve para apoyar o sostener algo. *Utiliza esa tabla como soporte.*

2. Medio material. *Tenía un gran soporte técnico para hacer la obra.*

soprano (so-pra-no) sustantivo

Voz femenina o infantil de timbre agudo. *Montserrat Caballé es una famosa soprano.*

sor sustantivo femenino

Se usa delante del nombre de las religiosas de algunas Órdenes. *Sor Amparo es la hermana encargada de la portería.*

sorber (sor-ber) verbo

Beber aspirando. *No sorbas la leche.* **SIN.** Aspirar, chupar.

sorbo (sor-bo) sustantivo masculino

1. Porción de líquido que se puede tomar de una vez. *Bebió solamente un sorbo de leche.*

2. Cantidad pequeña de un líquido. *Quiero un sorbito de café.*

3. a sorbos expresión Poco a poco, a tragos pequeños. *Se bebió el café a sorbos porque estaba caliente.*

sordera (sor-**de**-ra) sustantivo femenino

Privación o disminución de la facultad de oír. *Padecía sordera desde el accidente.*

sordo, sorda (**sor**-do) adjetivo y sustantivo

1. Que no oye o que oye poco. *Una infección lo dejó sordo.*

2. adjetivo Que suena poco o sin claridad. *Se oyó un ruido sordo, y después nada.* **SIN.** Apagado, amortiguado. **ANT.** Estridente.

sordomudo, sordomuda

(sor-do-**mu**-do) adjetivo y sustantivo

Se dice de la persona que no puede oír ni hablar. *Tenía un hermano sordomudo.*

sorprender (sor-pren-**der**) verbo

1. Pillar desprevenido a alguien. *La tormenta nos sorprendió en campo abierto.* **SIN.** Descubrir.

2. Extrañar a alguien algo imprevisto o fuera de lo común. *Me sorprende que no me hubiera llamado antes.* **SIN.** Asombrar(se).

3. Descubrir lo que otro ocultaba o disimulaba. *Sorprendió con sus perversas intenciones.*

sorpresa (sor-**pre**-sa) sustantivo femenino

1. Impresión que produce algo inesperado. *Se llevarán una gran sorpresa.* **SIN.** Desconcierto, pasmo, sobresalto, asombro.

2. Cosa que da motivo para que alguien se sorprenda. *Verte allí fue una agradable sorpresa.*

sortear (sor-te-**ar**) verbo

1. Echar algo a suertes. *Sortearon un coche entre los asistentes.*

2. Evitar con maña un compromiso, riesgo o dificultad. *Fue sorteando to-*

dos los peligros que le salieron al paso. **SIN.** Eludir.

sorteo (sor-**te**-o) sustantivo masculino

Medio por el que se decide un premio u otra cosa por suerte. *Nos dieron una papeleta para entrar en el sorteo.* **SIN.** Rifa.

sortija (sor-**ti**-ja) sustantivo femenino

Aro pequeño que se ajusta a los dedos. *Le regaló a su prometida una sortija en la pedida de mano.* **SIN.** Anillo, sello, solitario.

sosegar (so-se-**gar**) verbo

Suavizar la violencia de algo o tranquilizar a una persona o animal. *Se sosegó después de su ataque de furia.*

✎ Verbo irregular, se conjuga como *acertar*. Se escribe -*gu*- en vez de -*g*- seguido de -*e*, como en *soseguemos*.

sosería (so-se-**rí**-a) sustantivo femenino

1. Falta de gracia y de viveza. *Bailaba con mucha sosería.* **SIN.** Insulsez.

2. Algo dicho o hecho sin gracia. *Esos chistes son una sosería.* **SIN.** Insipidez, **ANT.** Gracia.

sosiego (so-**sie**-go) sustantivo masculino

Quietud, estado de tranquilidad. *En aquel alejado lugar, el sosiego era absoluto.* **SIN.** Serenidad.

soso, sosa (**so**-sa) adjetivo

1. Que no tiene sal o tiene poca. *Añade sal al guiso, está soso.* **SIN.** Insípido, insulso. **ANT.** Salado.

2. adjetivo y sustantivo Que no tiene gracia. *Es una persona muy sosa, nunca le hace gracia nada.* **SIN.** Inexpresivo, aburrido. **ANT.** Gracioso.

sospecha (sos-**pe**-cha) sustantivo femenino

Intuición que tiene una persona de algo que no sabe con exactitud. *Sus sospechas eran falsas.*

sospechar (sos-pe-**char**) verbo

1. Imaginar una cosa en algo que parece o es verdadero. *Por la fiebre,* sospecho que tengo gripe. **SIN.** Conjeturar, creer.

2. Desconfiar, dudar. *El detective sospechaba de ella.*

sospechoso, sospechosa

(sos-pe-**cho**-so) adjetivo

1. Que da motivo para sospechar. *Su comportamiento era sospechoso.* **SIN.** Equívoco, turbio.

2. sustantivo Persona cuya conducta hace pensar mal de ella. *La Guardia Civil seguía la pista a los sospechosos.*

sostén (sos-**tén**) sustantivo masculino

1. Persona o cosa que cuida, mantiene o apoya a otra. *Sus padres eran su principal sostén.*

2. Prenda interior femenina para sostener el pecho. *Compró un sostén de encaje.*

sostener (sos-te-**ner**) verbo

1. Sujetar algo para que no se caiga. *Sostén la escalera mientras subo.* **SIN.** Aguantar, soportar, mantener. **ANT.** Soltar.

2. Defender una idea u opinión. *Sostuvo que él no había estado en el banco durante el robo.*

3. Ocuparse de alguien dándole lo necesario para que pueda vivir. *Los padres siempren sostienen a los hijos mientras son pequeños.*

4. sostenerse Mantener el equilibrio y no caerse. *El acróbata logró sostenerse encima de la cuerda.*

✎ Verbo irregular, se conjuga como *tener.*

sota (**so**-ta) sustantivo femenino

Carta décima de cada palo de la baraja española. *Tengo la sota de copas y la de bastos.*

sotana (so-**ta**-na) sustantivo femenino

Vestido negro, largo hasta los pies y con botones, que usan los sacerdotes católicos. *Ese cura siempre va vestido con sotana.*

sótano (**só**-ta-no) sustantivo masculino

Lugar subterráneo de un edificio. *El garaje está en el sótano.* **SIN.** Bodega, subterráneo.

sotehuela (so-te-**hue**-la) sustantivo femenino

Patio interior, techado o no, de una casa o departamento, azotehuela. *La encontraron cantando sola en la sotehuela de la casa de sus padres.*

souvenir sustantivo masculino

Palabra francesa que designa un objeto que se compra o lleva como recuerdo de un viaje. *Vino de París cargada de* souvenirs.

✎ También *suvenir*, de plural *suvenires.* Se pronuncia /suvenír/.

spam sustantivo masculino

Correo electrónico basura. *Lo primero que hago es eliminar todo el* spam *que tengo en el* e-mail.

sport adjetivo

Palabra inglesa que se aplica a las prendas de vestir cómodas y no especialmente elegantes. *Desentonaba porque iba vestido de* sport.

✎ Se pronuncia /espórt/.

spray sustantivo masculino

Palabra inglesa que designa un recipiente que sirve para lanzar al exterior en forma de pequeñas gotas un líquido almacenado bajo presión, y el líquido mismo. *Prefiero los desodorantes en* spray. **SIN.** Aerosol.

✎ También *espray*, de plural *espráis.* Se pronuncia /esprái/.

squash sustantivo masculino

Palabra inglesa que designa un deporte practicado entre dos jugadores que se sirven de raquetas para lanzar la pelota contra la pared frontal de una pequeña cancha cerrada. *Quedaron para jugar al* squash *en la cancha del polideportivo.*

✎ Se pronuncia /escuás/.

stop sustantivo masculino

En el código de circulación, señal de parada. *Se saltó el* stop.

✎ En algunos países de Hispanoamérica también se usa *alto* o *pare*.

su posesivo

Forma breve de *suyo, suya, suyos* y *suyas* cuando van delante de un sustantivo. *Devuélvele su libro.*

suave (sua-ve) adjetivo

1. Liso y blando al tocarlo. *Esa toalla es tan suave como la seda.* **SIN.** Terso, fino, sedoso. **ANT.** Rugoso, áspero, basto.

2. Que es agradable a los sentidos. *Hay un suave olor de violetas en la habitación.* **SIN.** Delicado, grato. **ANT.** Fuerte.

3. Quieto, tranquilo. *Tiene un carácter suave.* **SIN.** Reposado, pacífico, dulce. **ANT.** Violento, irritable.

4. Se dice del movimiento lento, moderado. *Golpea más suave.* **SIN.** Tranquilo. **ANT.** Rápido.

suavizante

(sua-vi-zan-te) sustantivo masculino

1. Producto de limpieza que sirve para que la ropa lavada quede suave al tacto. *Echa detergente y suavizante en la lavadora.*

2. Producto de belleza que se apliica en el pelo recién lavado para que tenga brillo, suavidad y se peine mejor. *Uso suavizante porque se desenreda mejor el pelo.*

suavizar (sua-vi-zar) verbo

Hacer suave y dulce una cosa. *Trató de suavizar sus palabras.*

✎ Se conjuga como *abrazar*.

subasta (su-bas-ta) sustantivo femenino

Venta pública de bienes que se hace al que se ofrece a pagar un precio más alto. *Asistió a una subasta de antigüedades.*

subastar (su-bas-tar) verbo

Vender algo en una subasta a quien se ofrece a pagar un precio más alto. *Subastaron la construcción de la urbanización.*

subcampeón, subcampeona

(sub-cam-pe-ón) sustantivo

Deportista o equipo que, en una competición, queda en segundo lugar. *Quedó subcampeona en el campeonato regional de natación.*

subdesarrollado, subdesarrollada

(sub-de-sa-rro-lla-do) adjetivo

Que no ha llegado a un desarrollo normal. Se dice de los países de economía pobre y atrasada, y bajo nivel de vida. *Deberíamos ser más solidarios con los países subdesarrollados.* **SIN.** Atrasado.

súbdito, súbdita (súb-di-to) sustantivo

Persona nacida en un país, que debe obedecer sus leyes y a su Gobierno. *Se consideraba un súbdito español a todos los efectos.* **SIN.** Habitante, ciudadano.

subida (su-bi-da) sustantivo femenino

Paso de un lugar o estado a otro más alto. *El ciclista tuvo problemas en la subida al puerto de montaña.* **SIN.** Ascenso, aumento. **ANT.** Baja, bajón, descenso.

subir (su-bir) verbo

1. Pasar de un lugar a otro más alto, ir hacia arriba o trasladar algo a un sitio elevado. *Puedes subir a mi casa por la escalera o en el ascensor.* **SIN.** Ascender, elevar. **ANT.** Bajar.

2. Aumentar el precio de las cosas. *El pan ha subido este mes.* **SIN.** Encarecer. **ANT.** Abaratar.

3. Aumentar algo en volumen, intensidad o calidad. *Sube la radio, no oigo nada.* **SIN.** Elevar, encarecer. **ANT.** Bajar.

súbito, súbita (**sú**-bi-to) adjetivo

1. Improviso, repentino. *Le dio un sú-bito mareo.*

2. adverbio Súbitamente. *¡Fue todo tan súbito!*

subjetivo, subjetiva

(sub-je-**ti**-vo) adjetivo

Que se refiere a nuestro modo de pensar o de sentir, y no a la realidad en sí misma. *Esa es una opinión dema-siado subjetiva, no me vale.* **SIN.** Ínti-mo, personal. **ANT.** Objetivo.

subjuntivo

(sub-jun-**ti**-vo) adjetivo y sustantivo masculino

Se dice del modo del verbo que ex-presa el hecho como un deseo o como algo no real. *Corriera es un subjuntivo.*

sublevar (su-ble-**var**) verbo

1. Negarse a aceptar las órdenes del que manda. *El ejército se sublevó.* **SIN.** Rebelarse. **ANT.** Obedecer.

2. Excitar enfado o protesta. *Con su actitud sublevó los ánimos de todos.* **SIN.** Enfadarse, irritarse. **ANT.** Cal-marse, sosegarse.

submarinismo

(sub-ma-ri-**nis**-mo) sustantivo masculino

Actividad o deporte de nadar bajo la superficie del mar. *Practica el subma-rinismo.* **SIN.** Buceo.

submarino, submarina

(sub-ma-**ri**-no) adjetivo

1. Que está o se realiza bajo la super-ficie del mar. *Se ha comprado el equi-po para practicar pesca submarina.*

2. sustantivo masculino Barco que puede navegar bajo el agua. *Un submarino controlaba aquellas aguas.*

subnormal (sub-nor-**mal**) adjetivo y sustantivo

Se dice de la persona que tiene me-nos capacidad mental de la habitual. *Es la directora de un centro especial pa-ra niños subnormales.* **SIN.** Anormal, retrasado.

subordinado, subordinada

(su-bor-di-**na**-do) adjetivo

1. Se dice de la persona que depende de otra. *Se lo mandó a su subordinado.* **SIN.** Subalterno.

2. adjetivo y sustantivo femenino Se dice de la oración que depende de otra, a la que es la principal. *En «Te digo que vengas», que vengas es la oración su-bordinada.*

subrayar (sub-ra-**yar**) verbo

1. Poner una raya debajo de lo es-crito. *Cuando estudio, subrayo lo más importante.* **SIN.** Marcar.

2. Recalcar las palabras en la pro-nunciación. *Subrayó aquella idea.* **SIN.** Destacar.

subsistir (sub-sis-**tir**) verbo

1. Conservarse o durar una cosa. *To-davía subsistía aquella vieja cabaña de su infancia.*

2. Vivir, mantener la vida. *Lograron subsistir a la catástrofe.*

subterráneo, subterránea

(sub-te-**rrá**-ne-o) adjetivo

Que está debajo de la tierra. *Hay un túnel subterráneo debajo de esta mon-taña.* **ANT.** Superficial.

subtítulo (sub-**tí**-tu-lo) sustantivo masculino

1. Título secundario que se pone a veces después del principal. *La novela tenía un subtítulo.*

2. Letrero que aparece en la imagen inferior de una película con la tra-ducción de lo hablado. *La película era con subtítulos.*

suburbio (su-**bur**-bio) sustantivo masculino

Barrio en las afueras de la ciudad. *Vi-ve en un suburbio.*

subvencionar (sub-ven-cio-**nar**) verbo

Ayudar con dinero a la realización de un proyecto. *El Ayuntamiento sub-vencionó la restauración del monumen-to.* **SIN.** Auxiliar, financiar.

sucedáneo, sucedánea

(su-ce-**dá**-ne-o) adjetivo y sustantivo masculino

Se dice de la sustancia que, por tener propiedades parecidas a las de otra, puede reemplazarla. *La achicoria es un sucedáneo del café.*

suceder (su-ce-**der**) verbo

1. Entrar una persona o cosa en lugar de otra o seguirse a ella. *Benedicto XVI sucedió a Juan Pablo II en el papado.* **SIN.** Reemplazar.
2. Tener lugar un hecho. *Sucedió lo que todo el mundo esperaba.* **SIN.** Acontecer, ocurrir.

sucesivo, sucesiva

(su-ce-**si**-vo) adjetivo

Que sucede o sigue a otra cosa. *Tres y cuatro son números sucesivos.* **SIN.** Siguiente. **ANT.** Anterior.

suceso (su-ce-**so**) sustantivo masculino

Cosa que ocurre o tiene lugar, especialmente cuando es importante. *La gente suele recordar los sucesos felices de su vida y olvidar los tristes.* **SIN.** Acontecimiento, hecho.

sucesor, sucesora

(su-ce-**sor**) adjetivo y sustantivo

Que sucede a alguien o sobreviene en su lugar. *Nombró un sucesor para el cargo que dejaba vacante.* **SIN.** Heredero.

suciedad

(su-cie-**dad**) sustantivo femenino

Estado de las cosas sucias. *La suciedad es insana.*

sucio, sucia (su-cio) adjetivo

1. Que tiene manchas. *He lavado aquella alfombra tan sucia.* **SIN.** Mugriento, manchado, pringoso. **ANT.** Limpio, aseado.
2. Que se ensucia fácilmente. *El color blanco es bonito, pero sucio.*
3. Que produce suciedad. *Esa fábrica es muy sucia.*

4. adverbio Jugar sin guardar las reglas o hacer cosas fuera de la ley. *Juega sucio con nosotros.*

sucursal (su-cur-**sal**) sustantivo femenino

Se dice del establecimiento que sirve de ampliación a otro del cual depende. *Trabaja en una sucursal de esa entidad bancaria.* **SIN.** Agencia, filial.

sudadera (su-da-**de**-ra) sustantivo femenino

Parte superior del chándal o jersey utilizado para hacer deporte. *Llevaba una sudadera roja.*

sudar (su-**dar**) verbo

1. Exhalar el sudor la piel. *Después de la carrera estaba sudando.* **SIN.** Transpirar, trasudar.
2. Trabajar fatigosamente. *Sudamos para conseguirlo.*
3. Empapar en sudor. *El futbolista sudó la camiseta.*

sudor (su-**dor**) sustantivo masculino

1. Líquido claro y transparente que sale por los orificios de las glándulas sudoríparas de la piel. *Se secó el sudor de la frente.*
2. Trabajo y fatiga. *Conseguirlo le había costado muchos sudores.*

suegro, suegra (**sue**-gro) sustantivo

Padre o madre del marido respecto de la mujer, o de la mujer respecto del marido. *Fue a casa de sus suegros.*

suela (**sue**-la) sustantivo femenino

Parte del calzado que toca al suelo. *Esos zapatos tienen una gruesa suela de goma.*

sueldo (**suel**-do) sustantivo masculino

Dinero que se paga a una persona por su trabajo. *El sueldo de un día se llama jornal.* **SIN.** Paga, salario, retribución, honorarios.

suelo (**sue**-lo) sustantivo masculino

Piso de una habitación o casa, o superficie de la tierra. *El salón tiene el suelo de madera.* **SIN.** Pavimento.

suelto, suelta (suel-to) adjetivo

1. Ágil en la realización de las cosas. *Se le ve muy suelto en su nuevo trabajo.* **SIN.** Desenvuelto. **ANT.** Torpe, tardo.

2. Tratándose del lenguaje, estilo, etc., fácil, corriente. *Se expresaba de manera muy suelta y natural.* **SIN.** Sencillo, llano.

3. Separado, que no hace juego, o no está unido. *Este calcetín está suelto. El arroz quedó suelto.*

4. Que no está envasado o empaquetado. *Compro los cigarrillos sueltos y no por paquetes.*

5. adjetivo y sustantivo Dinero en monedas. *No tengo suelto, solo billetes.*

sueño (sue-ño) sustantivo masculino

1. Acto de dormir. *No quiero que interrumpan mi sueño.* **SIN.** Descanso. **ANT.** Insomnio, vigilia.

2. Imágenes que pasan por la mente mientras se duerme. *A un mal sueño se le llama* pesadilla. **SIN.** Ensueño. **ANT.** Realidad.

3. Ganas de dormir. *Suelo sentir mucho sueño después de comer.* **SIN.** Sopor, somnolencia.

4. Cosa fantástica, sin fundamento y razón. *Había sido solo un sueño.*

5. Deseo, ilusión. *Lograr aquel trabajo era uno de sus sueños.*

suero (sue-ro) sustantivo masculino

Líquido que se da a los enfermos para evitar que se deshidraten y que, a la vez, les sirve de alimento. *Tenía diarrea y en el hospital le pusieron suero.*

suerte (suer-te) sustantivo femenino

1. Hecho o conjunto de hechos favorables o desfavorables para alguien y que no puede controlar. *Tuve la suerte de ganar un viaje en el concurso de la radio.* **SIN.** Azar.

2. Circunstancia de ser, por mera casualidad, favorable o adverso lo que sucede. *Eso depende de la suerte, no del talento o el esfuerzo.*

3. Casualidad a que se confía la resolución de una cosa. *No hizo nada por lograrlo, lo dejó a la suerte.* **SIN.** Fortuna, ventura.

4. por suerte expresión Por fortuna. *Por suerte, no critiqué a mi jefe delante de su padre.*

suficiente (su-fi-cien-te) adjetivo

1. Que no necesita más. *La calificación que obtuve fue suficiente para aprobar.* **SIN.** Bastante. **ANT.** Insuficiente.

2. Apto o idóneo para algo. *No se considera lo bastante suficiente para hacer eso.* **SIN.** Hábil, capaz, competente. **ANT.** Incapaz, incompetente.

3. sustantivo masculino En la calificación de exámenes, nota que equivale a aprobado. *Saqué solo un suficiente en el examen de ayer.*

sufijo (su-fi-jo) adjetivo y sustantivo masculino

Se dice de los grupos de letras que se colocan en la parte final de las palabras para formar otras distintas. *En la palabra* lechería, -ería *es un sufijo.*

sufragio (su-fra-gio) sustantivo masculino

Voto, parecer o manifestación de la voluntad de alguien. *Fue elegido por sufragio.*

sufrir (su-frir) verbo

1. Sentir un daño, dolor, enfermedad, castigo, carga, etc. *Sufrió mucho cuando su perro se escapó.* **SIN.** Aguantar, padecer, penar, sentir. **ANT.** Gozar, disfrutar.

2. Tolerar un hecho con el que no se está de acuerdo. *Tuve que sufrir su presencia.* **SIN.** Permitir, consentir. **ANT.** Prohibir, negar.

sugerir (su-ge-**rir**) verbo

Hacer entrar o despertar en alguien una idea o imagen. *Me sugirió que aceptara, pero me negué.*

✎ Verbo irregular, se conjuga como *sentir*.

suicida (sui-**ci**-da) sustantivo

1. Persona que se suicida. *El suicida que se arrojó ayer al mar estaba gravemente enfermo.*

2. adjetivo Que se refiere al suicidio. *Su conducta fue suicida.*

suicidarse (sui-ci-**dar**-se) verbo

Quitarse voluntariamente la vida. *Lograron evitar que se suicidara.* **SIN.** Matarse.

suicidio (sui-**ci**-dio) sustantivo masculino

Muerte de una persona causada a propósito por ella misma. *Habló sobre el suicidio de Larra.*

suite sustantivo femenino

1. En un hotel, pieza formada de dos o más habitaciones. *Alquilaron una suite para una noche.*

2. Tipo de composición musical. *Interpretó varias suites.*

✎ Se pronuncia /suít/.

suizo (sui-zo) sustantivo masculino y adjetivo

Bollo especial de harina, huevo y azúcar. *Se pidió un café con leche y un suizo.*

sujetador

(su-je-ta-**dor**) sustantivo masculino

1. Prenda interior femenina para sujetar el pecho. *Se compró un sujetador de encaje.*

2. Pieza del biquini que cubre el pecho. *Me gusta más el sujetador de ese biquini que el de este.*

sujetar (su-je-**tar**) verbo

Agarrar algo con fuerza para que no se caiga o no se mueva. *Sujeta los perros, no los sueltes.* **SIN.** Retener, atar. **ANT.** Soltar.

sujeto (su-**je**-to) sustantivo masculino

1. Forma de hablar con desprecio de una persona cuyo nombre no se dice. *Ese sujeto no me ofrece ninguna confianza.*

2. En una oración, función desempeñada habitualmente por un sustantivo, caracterizada por concordar en número y persona con el verbo. *El sujeto de «El niño saltaba» es el niño.*

sultán, sultana

(sul-**tán**) sustantivo

1. Emperador de los turcos. *El pueblo admiraba a su sultán.*

2. En algunos países musulmanes, príncipe o gobernador. *Vivían con todo lujo en el palacio del sultán.*

✎ La voz *sultana* se refiere a la mujer del sultán.

suma (su-ma) sustantivo femenino

1. Conjunto de muchas cosas, sobre todo de dinero. *Se llevaron una importante suma de dinero.*

2. En matemáticas, operación de sumar. *Halla el resultado de esta suma.* **SIN.** Adición.

sumar (su-**mar**) verbo

Obtener el resultado de reunir varias cantidades en una sola. *10 y 10 suman 20.* **SIN.** Ascender, adicionar, añadir. **ANT.** Restar.

sumergir (su-mer-**gir**) verbo

Meter una cosa debajo del agua o de otro líquido, o tirarse al agua uno mismo. *Se sumergió en el agua para buscar el anillo que cayó en la piscina.* **SIN.** Zambullir(se).

✎ Se conjuga como *urgir*.

suministrar

(su-mi-nis-**trar**) verbo

Proveer a alguien de algo que necesita. *Suministraron alimentos y medicinas a la zona afectada por la catástrofe.* **SIN.** Surtir, abastecer.

sumiso, sumisa (su-**mi**-so) adjetivo
Se dice de la persona que muestra obediencia a otra. *Es un niño muy sumiso.* **SIN.** Obediente, sometido. **ANT.** Desobediente.

sumo, suma (su-mo) adjetivo
1. Supremo o que no tiene superior. *Se dirigió al sumo sacerdote.* **SIN.** Elevado, máximo.
2. Muy grande, enorme. *Lo hizo con sumo gusto.*

superar (su-pe-**rar**) verbo
1. Ser superior a otro. *Lo supera en fuerza.* **SIN.** Exceder.
2. Vencer obstáculos y dificultades. *Confiábamos en que superaría todas las dificultades.* **SIN.** Sortear, vadear, salvar.
3. superarse Hacer alguien una cosa mejor que en otras ocasiones. *En esta película, la actriz se ha superado.* **SIN.** Mejorar.

superficial
(su-per-fi-**cial**) adjetivo
1. Poco profundo, que está o permanece en la superficie. *La herida es superficial.* **SIN.** Exterior.
2. Sin solidez, ni profundidad. *Me parece una persona superficial.* **SIN.** Insustancial, frívolo.

superficie
(su-per-**fi**-cie) sustantivo femenino
1. Parte externa de una cosa. *Los barcos surcan la superficie del mar.* **SIN.** Exterior. **ANT.** Fondo.
2. Extensión en que solo se consideran el largo y el ancho, no la profundidad. *Halla la superficie de este rectángulo.*

superfluo, superflua
(su-**per**-fluo) adjetivo
No necesario, que está de sobra. *Me parece un gasto superfluo.* **SIN.** Innecesario, redundante. **ANT.** Necesario.

superior (su-pe-**rior**) adjetivo
1. Que está más alto que otra cosa. *El campanario es la parte superior de la torre.* **ANT.** Inferior.
2. Que es mejor o muy bueno. *Este café es superior a todos.* **SIN.** Excelente, supremo. **ANT.** Peor.
3. sustantivo Persona que manda, gobierna o dirige a otras. *Los empleados informaron del trabajo a sus superiores.* **SIN.** Jefe.
✎ Es igual en masculino y femenino.

superiora (su-pe-**rio**-ra) sustantivo femenino
Mujer que dirige una comunidad religiosa. *Eso lo tengo que consultar con la madre superiora.*

superlativo, superlativa
(su-per-la-**ti**-vo) adjetivo
1. Muy grande y excelente en su clase. *Es un proyecto superlativo.*
2. Son superlativos absolutos los adjetivos y adverbios a los que se añade al final -*ísimo* o -*ísima* para indicar la gran intensidad de una cualidad. *Altísimo o tardísimo son superlativos absolutos.*
3. Son superlativos relativos los que, acompañados de un artículo o de un posesivo asignan el grado de la cualidad a una o varias personas o cosas en relación con las demás de un conjunto determinado. *Es la mejor perra de la camada.*

supermercado
(su-per-mer-**ca**-do) sustantivo masculino
Tienda en la que el cliente se sirve a sí mismo y paga a la salida. *Fue al supermercado a hacer la compra para la semana.*

superstición
(su-pers-ti-**ción**) sustantivo femenino
Creencia contraria a la razón, que no tiene sentido. *No querer pasar por debajo de una escalera es una superstición.*

supervivencia

(su-per-vi-**ven**-cia) sustantivo femenino

Conservación de la vida en duras condiciones o después de algo que pudo haber causado la muerte. *La supervivencia en el desierto, sin agua ni alimentos, fue muy difícil.*

suplantar (su-plan-**tar**) verbo

Ocupar sin derecho el puesto o los derechos de otro. *Suplantó sus funciones.* **SIN.** Usurpar.

suplementario, suplementaria

(su-ple-men-**ta**-rio) adjetivo

Que sirve para sustituir una cosa o completarla. *Necesitaban personal suplementario.* **SIN.** Complementario, adicional, subsidiario. **ANT.** Principal, esencial.

suplemento

(su-ple-**men**-to) sustantivo masculino

1. Cosa que se añade a otra para perfeccionarla. *Una ensalada es un buen suplemento para ese plato.*

2. Hoja o cuadernillo independiente que publica un periódico o revista. *Los domingos compra el periódico y el suplemento.*

suplente

(su-**plen**-te) adjetivo y sustantivo

Que sustituye a otro en ciertas circunstancias. *Es uno de los jugadores suplentes del equipo.*

súplica (**sú**-pli-ca) sustantivo femenino

Ruego o petición hechos de forma humilde. *Atendió sus súplicas y le levantó el castigo.*

suplicar (su-pli-**car**) verbo

Pedir con sumisión y humildad una cosa. *Le suplicó ayuda.* **SIN.** Rogar, implorar. **ANT.** Otorgar.

✎ Se conjuga como *abarcar*.

suplicio (su-**pli**-cio) sustantivo masculino

Gran dolor físico o moral. *Aquel trabajo era un suplicio.* **SIN.** Tormento.

suponer (su-po-**ner**) verbo

1. Creer que una cosa es cierta, aunque no se esté seguro de ella. *Supuse que estaban en casa, pues vi luz.* **SIN.** Imaginar, sospechar, presuponer. **ANT.** Conocer.

2. Traer consigo, conllevar. *Aquello supuso grandes gastos.*

✎ Verbo irregular, se conjuga como *poner*.

supositorio

(su-po-si-**to**-rio) sustantivo masculino

Medicina rodeada por un pequeño tubo de pasta en forma cónica, que se mete por el ano. *Prefería inyecciones a supositorios.*

supremo, suprema

(su-**pre**-mo) adjetivo

Que no tiene superior. *Era de calidad suprema.* **SIN.** Sumo.

supresión (su-pre-**sión**) sustantivo femenino

Acción de suprimir una cosa. *Defendían la supresión de esa ley.*

suprimir (su-pri-**mir**) verbo

Hacer que algo no ocurra o que desaparezca. *Tuvieron que suprimir el concierto por la lluvia.* **SIN.** Anular, eliminar, quitar. **ANT.** Poner.

supuesto, supuesta

(su-**pues**-to) participio

1. Participio irregular del verbo suponer. *He supuesto que era broma.*

2. sustantivo masculino Idea que se considera verdadera aunque no esté demostrada. *Estás hablando de un supuesto, no de una realidad.*

3. dar algo por supuesto expresión Tenerlo por cierto. *Puedes dar por supuesto que iré contigo.*

4. por supuesto expresión Ciertamente. *Te ayudaré, por supuesto.*

supurar (su-pu-**rar**) verbo

Formar o echar pus. *La herida le supuraba.*

sur nombre propio

1. Uno de los cuatro puntos cardinales. *El clima es más cálido en el Sur.* ✎ Se escribe con mayúscula.

2. sustantivo masculino Lugar de la Tierra que se orienta hacia el Polo Antártico. *La expedición se dirigía hacia el sur.*

surcar (sur-**car**) verbo

1. Hacer surcos en la tierra u otra materia. *Surcó la finca con el arado.*

2. Ir o caminar por un líquido cortándolo. *Surcar los mares.* **SIN.** Atravesar, hender.

✎ Se conjuga como *abarcar*.

surco (**sur**-co) sustantivo masculino

1. Hendidura que se hace en la tierra con el arado. *Hizo varios surcos para plantar patatas.*

2. Señal o hendidura prolongada que deja una cosa que pasa sobre otra. *Quedaron todos los surcos marcados.* **SIN.** Carril.

3. Arruga en el rostro o en otra parte del cuerpo. *Los surcos de su rostro indicaban que se trataba de un señor muy mayor.*

surf sustantivo masculino

Deporte náutico que se practica con una tabla y que consiste en deslizarse sobre las olas. *Le encanta hacer surf.*

surgir (sur-**gir**) verbo

Aparecer o manifestarse algo. *El agua surgió de la roca. Surgió una duradera amistad entre ellos.* **SIN.** Brotar, manar.

✎ Se conjuga como *urgir*.

surtido, surtida

(sur-**ti**-do) adjetivo y sustantivo masculino

Mezcla de cosas de diversas clases. *Compró una caja de galletas surtidas.*

surtidor

(sur-ti-**dor**) sustantivo masculino

1. Chorro de agua que brota especialmente hacia arriba. *Había un sur-*

tidor en el patio del palacio. **SIN.** Fuente, manantial.

2. Bomba que extrae la gasolina de un depósito subterráneo para surtir a los vehículos. *Paró junto a un surtidor de gasolina.*

surtir (sur-**tir**) verbo

1. Dar o proveer a alguien de lo que necesita. *Le surtió de alimentos.* **SIN.** Abastecer, equipar.

2. Brotar, salir el agua, sobre todo hacia arriba. *Después de varias horas cavando, el agua empezó a surtir con fuerza.* **SIN.** Emerger.

susceptible (sus-cep-**ti**-ble) adjetivo

Se dice de la persona que se molesta sin razón. *No deberías ser tan susceptible.*

suspender (sus-pen-**der**) verbo

1. Levantar, sostener algo en alto o en el aire. *Lo suspendieron de un árbol.* **SIN.** Colgar, pender.

2. Interrumpir temporalmente una cosa. *La actuación se suspendió debido al mal tiempo.* **SIN.** Parar(se), detener(se).

3. No pasar alguien un examen por no haber obtenido la puntuación mínima necesaria. *Suspendí el examen de ortografía.*

suspense (sus-pen-se) sustantivo masculino

En el cine y otros espectáculos, situación emocional angustiosa producida por una escena cuyo final se va alargando o no se sabe cuál será. *Le gustaban las películas de mucho suspense.* **SIN.** Intriga, tensión, angustia.

suspenso (sus-pen-so) sustantivo masculino

1. Nota que indica que no se ha pasado un examen. *Tenía un suspenso en Conocimiento del Medio.* **SIN.** Insuficiente. **ANT.** Aprobado.

2. en suspenso expresión Se dice de lo que aún no ha sido resuelto. *El final de la película quedó en suspenso.*

suspirar (sus-pi-**rar**) verbo
Dar suspiros. *Suspiraba de pena.* **SIN.** Anhelar, ansiar.

suspiro (sus-**pi**-ro) sustantivo masculino
1. Aspiración fuerte y prolongada de aire, seguida de una espiración y que suele expresar queja, aflicción o deseo. *Dio un suspiro de alivio.*
2. Espacio de tiempo muy breve. *Todo pasó en un suspiro.*

sustancia (sus-**tan**-cia) sustantivo femenino
1. Cualquier materia. *Este medicamento está hecho con sustancias naturales.*
2. Cosa que es lo más importante de otra. *La savia es la sustancia del árbol.* **SIN.** Esencia.

sustantivo (sus-tan-**ti**-vo) sustantivo masculino
Clase de palabras que sirve para designar a los seres, tanto materiales como inmateriales. *Mesa es un sustantivo común.*

sustento (sus-**ten**-to) sustantivo masculino
1. Mantenimiento, alimento. *Se ocupaba del sustento diario de toda la familia.* **SIN.** Manutención.
2. Sostén o apoyo. *Contaba con el sustento de sus amigos.*

sustitución (sus-ti-tu-**ción**) sustantivo femenino
Cambio de una cosa o persona por otra. *Era una sustitución de cuatro meses.* **SIN.** Reemplazamiento. **ANT.** Permanencia.

sustituir (sus-ti-tu-**ir**) verbo
Poner a una persona o cosa en lugar de otra. *Sustituyó el sillón viejo por uno nuevo.* **SIN.** Reemplazar, relevar, cambiar. **ANT.** Mantener, conservar.
✎ Verbo irregular, se conjuga como *huir*.

sustituto, sustituta (sus-ti-**tu**-to) sustantivo
Persona que hace las veces de otra en un empleo o servicio. *Iba a ser su sustituto durante los próximos meses.* **SIN.** Suplente.

susto (**sus**-to) sustantivo masculino
Impresión repentina de miedo o pavor. *Se llevó un buen susto.*

sustraer (sus-tra-**er**) verbo
1. Hurtar, robar. *Había sustraído mercancía de la tienda.*
2. Quitar, restar. *De esta cantidad hay que sustraer la mitad.*
✎ Verbo irregular, se conjuga como *traer*.

susurrar (su-su-**rrar**) verbo
Hablar en voz baja, produciendo un murmullo. *Me susurró algo pero no lo entendí.*

susurro (su-su-**rro**) sustantivo masculino
1. Rumor suave que resulta de hablar en voz baja. *Se oía solo un leve susurro.* **SIN.** Murmullo.
2. Ruido suave que hacen naturalmente algunas cosas, como el viento, el agua, etc. *Le gustaba escuchar el susurro del arroyo.*

sutil (su-**til**) adjetivo
1. De poco grosor o consistencia. *Colgaba de un hilo muy sutil, que se podría romper con facilidad.* **SIN.** Delgado, delicado, tenue. **ANT.** Grueso, tosco.
2. Agudo, perspicaz, ingenioso. *Sus comentarios fueron muy sutiles.* **ANT.** Torpe, lerdo.

suyo, suya (**su**-yo) pronombre posesivo
1. Forma de la tercera persona del singular o del plural del posesivo en masculino y femenino. Indica posesión o pertenencia a la persona o personas de que se habla. *Quiero unas fotografías suyas.*
2. salirse con la suya expresión Conseguir alguien lo que pretendía. *Aunque lloró, chilló y pataleó, el niño no consiguió salirse con la suya.*

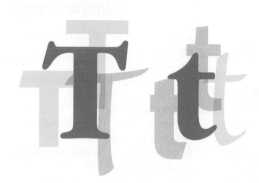

t sustantivo femenino

Consonante número diecisiete del abecedario español. Su nombre es *te*. Teresa *empieza por* t.

tabaco (ta-ba-co) sustantivo masculino

1. Planta narcótica, de olor fuerte, hojas alternas, grandes y lanceoladas, que se usan para fumar. *Visitaron una plantación de tabaco.*

2. Hoja de esta planta, curada y preparada para sus diversos usos. *En esa fábrica se manipula el tabaco.*

3. Color semejante al de esta hoja curada. *Llevaba unos zapatos de ante color tabaco.*

tabardo (ta-bar-do) sustantivo masculino

Prenda de abrigo ancha y larga, de paño tosco. *Lleva un tabardo gris marengo.* **SIN.** Capote, zamarra.

tabarra

(ta-ba-rra) sustantivo femenino

1. Cosa impertinente y molesta. *Esa música es una tabarra.* **SIN.** Lata, molestia, fastidio, tostón.

2. dar la tabarra expresión Molestar continuamente con algo. *El niño daba la tabarra para que le comprara golosinas.*

taberna

(ta-ber-na) sustantivo femenino

Tienda donde se sirven o se venden vino y otras bebidas alcohólicas al por menor. *Estaban tomando un vino en la taberna.* **SIN.** Bar, tasca, cantina.

tabique (ta-bi-que) sustantivo masculino

Pared delgada que se hace principalmente para la división de los cuartos o aposentos de las casas. *Tiraron el tabique para hacer una sola habitación.* **SIN.** Muro, pared.

tabla (ta-bla) sustantivo femenino

1. Pieza plana y fina de madera, más larga que ancha. *Hizo una estantería con las tablas que le habían sobrado.* **SIN.** Plancha, tablón.

2. Cuadro o lista de números. *Me sé la tabla de multiplicar de memoria.* **SIN.** Enumeración, relación.

3. Parte que se deja sin plegar en un vestido. *Llevaba un falda de tablas.* **SIN.** Pinza.

4. sustantivo femenino plural Resultado en el juego de damas o en el de ajedrez, en el cual ninguno de los jugadores puede ganar la partida. *Quedamos en tablas.* **SIN.** Empate.

5. tener tablas expresión Tener soltura ante el público. *Hace teatro desde pequeña y ya tiene tablas.*

tablao (ta-bla-o) sustantivo masculino

1. Escenario dedicado al cante y al baile flamencos. *Era la primera vez que pisaba un tablao.*

2. Local dedicado a espectáculos de cante y baile flamencos. *Después de cenar estuvieron viendo una actuación en un tablao.*

tablero - tacón

tablero (ta-**ble**-ro) sustantivo masculino
1. Tabla o conjunto de tablas que forman una superficie. *Su mesa de estudio eran dos caballetes y un tablero.*
2. Tabla cuadrada con casillas para jugar al ajedrez, a las damas, etc. *Trae el tablero y las fichas.*

tableta (ta-**ble**-ta) sustantivo femenino
1. Lámina de chocolate, normalmente dividida en porciones. *Se comió media tableta de chocolate blanco.* **SIN.** Placa, onza.
2. Medicamento en forma de pastilla. *Estas tabletas son muy buenas para el dolor de muelas.* **SIN.** Gragea, comprimido, píldora.

tablón (ta-**blón**) sustantivo masculino
1. Tabla gruesa. *Clavó varios tablones.*
2. tablón de anuncios expresión Tablero en el que se fijan anuncios para información pública. *Vio tu nota en el tablón de anuncios del colegio.*

tabú (ta-**bú**) sustantivo masculino
Prohibición supersticiosa fundada en prejuicios o preocupaciones irracionales. *Para aquel pueblo primitivo, era tabú entrar en el cementerio.*
✎ Su plural es *tabús o tabúes.*

taburete
(ta-bu-**re**-te) sustantivo masculino
Asiento sin brazos ni respaldo para una persona. *Se subió a un taburete porque no alcanzaba.*

tacaño, tacaña
(ta-**ca**-ño) adjetivo y sustantivo
Que gasta exageradamente poco de lo que tiene. *Es una persona muy tacaña.* **SIN.** Avaro, roñoso. **ANT.** Manirroto.

tacatá (ta-ca-**tá**) sustantivo masculino
Andador con patas que terminan en ruedecillas que se mueven en cualquier dirección. *El bebé ya anda en el tacatá.*
✎ Su plural es *tacatás.*

tacha (ta-**cha**) sustantivo femenino
Falta o defecto que se halla en una persona o cosa. *No tenía ninguna tacha.* **SIN.** Impureza, tara.

tachar (ta-**char**) verbo
1. Poner en una cosa falta o tacha. *Nos tacharon de excesivamente responsables.* **SIN.** Reprochar.
2. Corregir lo escrito. *Tacha esa palabra, está mal escrita.* **SIN.** Borrar, suprimir, enmendar.

taco (ta-co) sustantivo masculino
1. Pedazo de madera, metal u otra materia, corto y grueso, con que se tapa o llena algún hueco. *Este taco es demasiado grande para este agujero.* **SIN.** Tapón, cuña.
2. Trozo de madera. *Parte ese tronco en tacos.*
3. Vara de madera dura y pulida con la cual se golpean las bolas del billar. *Un taco mide aproximadamente metro y medio.*
4. Volumen de papel formado por las hojas del calendario de pared. *Este cuaderno tiene un buen taco de hojas.* **SIN.** Bloc.
5. Bocado que se toma fuera de las horas de comer. *Partió unos tacos de queso y de jamón.*
6. Embrollo, lío. *Se hizo un taco.*
7. Palabra vulgar empleada para mostrar enfado, disgusto, etc. *No digas tacos.* **SIN.** Voto, juramento, palabrota, maldición.
8. Tortilla de maíz enrollada con algún alimento dentro, típica de México. *¿Me invitas a unos tacos?*
9. sustantivo masculino plural Se dice de los años cumplidos por alguien. *Mi hermana ha cumplido treinta tacos.*

tacón (ta-**cón**) sustantivo masculino
Pieza semicircular que va exteriormente unida a la suela del calzado

927

en la parte del talón. *Estos zapatos tienen demasiado tacón, resultan un poco incómodos.*

taconear (ta-co-ne-**ar**) verbo

Pisar o bailar haciendo ruido con el tacón. *Sabía que era ella por su forma de taconear.* **SIN.** Zapatear, pisotear.

táctica

(**tác**-ti-ca) sustantivo femenino

1. Método para realizar algo. *Tenía sus propias tácticas para ligar.* **SIN.** Método, procedimiento, sistema.

2. Conjunto de reglas para la instrucción y ejercicio de la tropa y para la realización de las operaciones militares. *Tenían que aprender tácticas militares.* **SIN.** Estrategia, maniobra.

táctil (**tác**-til) adjetivo

Que se refiere al tacto. *La mano es un órgano táctil.*

tacto (**tac**-to) sustantivo masculino

1. Uno de los sentidos, con el cual se descubren o se notan las características de las cosas al tocarlas: forma, tamaño, etc. *Se guio por el tacto en la oscuridad.* **SIN.** Sensibilidad. **ANT.** Insensibilidad.

2. Habilidad para obrar o hablar con acierto, según la oportunidad, conveniencias, circunstancias, etc. *Se lo dijo con mucho tacto.* **SIN.** Delicadeza, diplomacia.

tahona (ta-**ho**-na) sustantivo femenino

Casa en la que se hace y se vende pan. *Compraron el pan en la tahona.* **SIN.** Horno, panadería.

tahúr (ta-**húr**) sustantivo masculino

Jugador que hace habitualmente trampas en los juegos de naipes y otros. *Lo acusaban de tahúr.*

tajada (ta-**ja**-da) sustantivo femenino

1. Trozo de un alimento. *La tajada del pollo que más le gusta es la zanca.* **SIN.** Trozo, corte.

2. Corte, herida. *Se metió una buena tajada con el cuchillo.*

3. Borrachera. *Bebió mucho vino y llevaba una buena tajada.*

4. sacar tajada expresión Conseguir con maña alguna ventaja. *Quiere sacar tajada de la herencia.*

tajo (ta-jo) sustantivo masculino

1. Corte hecho con un instrumento. *Se le fue el cuchillo y se hizo un tajo en el dedo.* **SIN.** Cortadura, incisión. **ANT.** Unión, cierre.

2. Trabajo que se realiza en un tiempo determinado. *Se pusieron al tajo.* **SIN.** Tarea, labor, faena.

3. Pedazo de madera grueso que se utiliza para cortar la carne. *Usa el tajo para partir las chuletas.*

tal adjetivo

1. Igual, semejante o de la misma forma. *Tal desfachatez jamás se vio.*

2. Tanto o tan grande. Se usa para admirar o exagerar. *Tal era su desconsuelo.*

3. Se usa para indicar de manera indeterminada algo o alguien que no está especificado o distinguido. *Nombraron a tal y tal persona.*

4. Aplicado a un nombre de persona, indica que esta es poco conocida de la persona que habla o de las que escuchan. *Un tal Enrique vino a verte y dijo que le llamaras.*

5. adverbio Así, de esta manera. *Lo hizo tal cual se lo mandé.*

6. con tal que expresión A condición de, en el caso de que. *Con tal que pagues tu entrada, puedes venir conmigo.*

taladrar (ta-la-**drar**) verbo

1. Agujerear una cosa con un taladro u otro instrumento semejante. *Taladró la pared.* **SIN.** Horadar. **ANT.** Cerrar, obstruir.

2. Herir los oídos fuerte y desagradablemente algún sonido agudo. *Aquella* *música ratonera taladraba los oídos.* **SIN.** Ensordecer, atronar. **ANT.** Silenciar.

taladro (ta-**la**-dro) sustantivo masculino

Instrumento agudo o cortante con que se agujerea la madera u otro material. *Necesito un taladro para hacer los agujeros en la pared.*

talante (ta-**lan**-te) sustantivo masculino

1. Semblante o disposición personal, o estado y calidad de las cosas. *Tiene buen talante.* **SIN.** Índole, disposición, temperamento.

2. estar de buen talante expresión Estar con buena disposición para hacer o conceder una cosa. *Está de buen talante: le pediré el aumento de sueldo.*

talar (ta-**lar**) verbo

Cortar árboles por la base. *Talaron el árbol que había delante de la casa porque estaba podrido.* **SIN.** Cercenar, truncar, serrar, podar.

talco (**tal**-co) sustantivo masculino

Sustancia blanda, suave al tacto, en forma de hojas superpuestas que, reducida a polvo, se usa en farmacia y cosmética. *Échale polvos de talco porque se le van a irritar las piernas.*

talento

(ta-**len**-to) sustantivo masculino

Dotes intelectuales que sobresalen en una persona. *Esa muchacha tiene un talento especial.* **SIN.** Razón, habilidad, lucidez.

talismán (ta-lis-**mán**) sustantivo masculino

Objeto, signo o figura a la que se atribuyen virtudes portentosas. *Aquella figurita de marfil era su talismán.* **SIN.** Amuleto, fetiche.

talla (**ta**-lla) sustantivo femenino

1. Obra de escultura, especialmente en madera. *La talla de aquel Cristo era de un famoso escultor del siglo xvi.*

2. Estatura o altura de una persona. *Tiene una buena talla.*

3. no dar la talla expresión Carecer alguien de las cualidades necesarias para algo. *El presidente actual no da la talla para sus funciones.*

tallar (ta-**llar**) verbo

1. Hacer obras de escultura. *Es muy buena tallando la madera.* **SIN.** Esculpir, labrar, cincelar.

2. Labrar piedras preciosas. *Este diamante lo ha tallado él.*

3. Medir la estatura de una persona. *Esta tarde, tallaremos a la pequeña Sara.* **SIN.** Determinar, comprobar.

taller (ta-**ller**) sustantivo masculino

1. Lugar donde se reparan automóviles. *Tienes que llevar el coche al taller, no frena bien.*

2. Lugar en que se trabaja una obra manual. *Trabaja en un taller de costura.* **SIN.** Fábrica, factoría.

tallo (**ta**-llo) sustantivo masculino

Órgano de las plantas que se prolonga en sentido contrario al de la raíz y sirve como sujeción a las hojas, flores y frutos. *La mayoría de los tallos crecen por encima del suelo.*

talón (ta-**lón**) sustantivo masculino

1. Parte posterior del pie humano. *Tenía una herida en el talón.*

2. Parte del calzado que cubre el calcañar. *La bota se le abrió por el talón.* **SIN.** Calcañar, zancajo.

3. Cheque. *Me firmó un talón.*

talonario (ta-lo-**na**-rio) sustantivo masculino

Bloque de hojas impresas en las que constan determinados datos que han de ser completados por quien las expide. *Solicitó un nuevo talonario de cheques al banco.* **SIN.** Bloque, libreta, cuadernillo.

tamaño (ta-**ma**-ño) sustantivo masculino

Tamaño de una cosa, lo grande o lo pequeña que es. *Busca una caja de tamaño mediano para guardar estos libros.* **SIN.** Medida, volumen, magnitud.

tambalear (tam-ba-le-**ar**) verbo

Menearse una cosa a uno y otro lado, como si fuera a caerse. *La barca se tambaleaba mucho.* **SIN.** Oscilar(se), bambolear(se), vacilar. **ANT.** Inmovilizar(se).

también (tam-**bién**) adverbio

1. Se usa para afirmar la igualdad o semejanza de una cosa con otra ya nombrada. *También vino su hermano.* **SIN.** Asimismo.

2. Se utiliza para añadir más información a lo ya dicho. *Trajo una sombrilla y una hamaca también.* **SIN.** Además.

tambor

(tam-**bor**) sustantivo masculino

1. Instrumento musical de percusión, de forma cilíndrica, hueco, cubierto por sus dos bases con piel estirada. *Tocaba el tambor.*

2. Muro cilíndrico que sirve de base a una cúpula. *El edificio tenía una cúpula sobre el tambor.*

3. Bote grande de cartón que se emplea como envase. *Mi madre compró un tambor de detergente.*

tampoco (tam-**po**-co) adverbio

Adverbio con que se niega una cosa después de haberse negado otra. *No quiero té, ni tampoco café.* **SIN.** No, nunca, menos. **ANT.** También, siempre, sí.

tampón

(tam-**pón**) sustantivo masculino

1. Almohadilla empapada en tinta, encerrada en una pequeña caja metálica, que sirve para entintar sellos, estampillas, etc. *Este tampón está ya muy seco, ponle más tinta.*

2. Rollo de material absorbente que, introducido en la vagina de la mujer, absorbe la sangre menstrual. *Utiliza tampones en verano porque le resultan muy cómodos.*

tan adverbio

1. Forma breve de *tanto.* Se usa delante del adjetivo, adverbio y participio. *No me lo imaginaba tan alto.*

2. Correspondiéndose con *como* o *cuan* en comparación expresa, denota idea de equivalencia o igualdad. *La película no era tan buena como me habías dicho.*

tanatorio

(ta-na-**to**-rio) sustantivo masculino

Edificio o habitaciones donde se acompaña a las personas fallecidas y donde a veces se ofrecen otros servicios funerarios. *Fue al tanatorio a dar el pésame a la familia.*

tanda (tan-da) sustantivo femenino

1. Alternativa, turno. *Te toca en la siguiente tanda.* **SIN.** Sucesión.

2. Cada uno de los grupos de personas que se turnan en algún trabajo. *Por la tarde, los relevó la segunda tanda de trabajadores.* **SIN.** Conjunto, cuadrilla.

3. Número determinado de ciertas cosas de un mismo género. *Mañana llegará el camión con otra tanda de productos.* **SIN.** Conjunto.

tango (tan-go) sustantivo masculino

Baile de salón argentino de los primeros años del siglo xx, y música de este baile. *Querían aprender a bailar tangos con su profesor argentino.*

tanque (tan-que) sustantivo masculino

1. Vehículo de guerra blindado y armado que, moviéndose sobre una rueda flexible, puede andar por terrenos muy escabrosos. *Vimos tanques en el desfile del Día de la Hispanidad.* **SIN.** Carro de combate.

2. Gran recipiente con agua u otro líquido, transportado en un vehículo. *La sequía hizo que tuvieran que llevar tanques de agua.*

tantear (tan-te-**ar**) verbo

1. Considerar y reconocer prudentemente las cosas antes de tomar una decisión. *Tanteó sus posibilidades.* **SIN.** Sopesar, meditar.

2. Examinar cuidadosamente a una persona o cosa para llegar a conocer sus condiciones. *Lo estaban tanteando para ese puesto.* **SIN.** Pulsar, sondear, investigar.

tanto, tanta (**tan**-to) adjetivo

1. Se dice de la cantidad de una cosa indeterminada o indefinida. *Nunca había visto tanta gente.*

2. Tan grande o muy grande. *Era la primera vez que tenía tanta cantidad de dinero en las manos.*

3. sustantivo masculino En un juego o deporte, acierto. *Marcó dos tantos.*

4. adverbio De tal manera o grado, hasta tal punto o en tal cantidad. *No se cree que cueste tanto.*

5. entre tanto expresión Mientras. *Ventila los cuartos; entre tanto, haré las camas.*

6. estar al tanto expresión Estar enterado de una cosa. *No estaba al tanto de que sabías música.*

tañer (ta-**ñer**) verbo

1. Tocar un instrumento musical. *Tañía el violín con gran maestría.* **SIN.** Pulsar, rasguear.

2. Tocar las campanas. *El monaguillo se encargó de tañer las campanas.* **SIN.** Voltear, doblar.

✎ Verbo irregular. Ver pág. 932.

tapa (**ta**-pa) sustantivo femenino

1. Pieza que cierra por la parte superior las cajas, cofres, etc. *Cierra la tapa de la caja.*

2. Cada una de las capas de suela del tacón del calzado. *Llevó las botas al zapatero para ponerles tapas.*

3. Cada una de las dos cubiertas de un libro encuadernado. *Rompió las tapas del libro.*

4. Alimento ligero que se toma con el vino, vermú, etc. *En ese bar ponen una tapa de gambas muy rica.* **SIN.** Aperitivo, entremés.

tapadera (ta-pa-**de**-ra) sustantivo femenino

1. Parte movible que cubre la boca de algunos objetos huecos. *Busca la tapadera de esta cazuela.* **SIN.** Tapa, cubierta, corcho.

2. Persona que encubre lo que otra desea que se ignore. *Utilizaba a su hermano de tapadera.* **SIN.** Encubridor, ocultador.

tapar (ta-**par**) verbo

1. Cerrar o recubrir las cosas que están abiertas o descubiertas. *Tapa la botella.* **SIN.** Cerrar, cubrir, taponar. **ANT.** Destapar.

2. Cubrir con algo para proteger una cosa o persona. *Tapó al niño con una manta.* **SIN.** Envolver(se).

3. Cerrar con tapa. *Tapa la caja.*

4. Encubrir u ocultar un defecto una persona o cosa. *Siempre tapaba a su amigo.* **SIN.** Disimular, camuflar. **ANT.** Descubrir.

taparrabo (ta-pa-**rra**-bo) sustantivo masculino

Trozo de tela u otro material, a modo de falda, con que se cubren los órganos genitales los miembros de algunos pueblos aborígenes. *Los indígenas llevaban taparrabos.*

✎ También *taparrabos*.

tapete (ta-**pe**-te) sustantivo masculino

1. Alfombra pequeña. *Pusieron un tapete para jugar a los dados.*

2. Paño que se suele poner como adorno encima de las mesas y otros muebles. *Sobre la mesa tenían un tapete de ganchillo.* **SIN.** Mantel, cobertor.

tapia (**ta**-pia) sustantivo femenino

1. Muro de cerca. *Levantaron una tapia alrededor de la huerta.* **SIN.** Valla, empalizada.

tañer

MODO INDICATIVO		MODO SUBJUNTIVO	
Tiempos simples	Tiempos compuestos	Tiempos simples	Tiempos compuestos
Presente	**Pret. perf. compuesto / Antepresente**	**Presente**	**Pret. perf. compuesto / Antepresente**
taño	he tañido	taña	haya tañido
tañes / tañés	has tañido	tañas	hayas tañido
tañe	ha tañido	taña	haya tañido
tañemos	hemos tañido	tañamos	hayamos tañido
tañéis / tañen	habéis tañido	tañáis / tañan	hayáis tañido
tañen	han tañido	tañan	hayan tañido
Pret. imperfecto / Copretérito	**Pret. pluscuamperfecto / Antecopretérito**	**Pret. imperfecto / Pretérito**	**Pret. pluscuamperfecto / Antepretérito**
tañía	había tañido	tañera o tañese	hubiera o hubiese tañido
tañías	habías tañido	tañeras o tañeses	hubieras o hubieses tañido
tañía	había tañido	tañera o tañese	hubiera o hubiese tañido
tañíamos	habíamos tañido	tañéramos o tañésemos	hubiéramos o hubiésemos tañido
tañíais / tañían	habíais tañido	tañerais o tañeseis / tañeran o tañesen	hubierais o hubieseis tañido
tañían	habían tañido	tañeran o tañesen	hubieran o hubiesen tañido
Pret. perf. simple / Pretérito	**Pret. anterior / Antepretérito**		
tañí	hube tañido		
tañiste	hubiste tañido		
tañó	hubo tañido	**Futuro simple / Futuro**	**Futuro compuesto / Antefuturo**
tañimos	hubimos tañido	tañere	hubiere tañido
tañisteis / tañeron	hubisteis tañido	tañeres	hubieres tañido
tañeron	hubieron tañido	tañere	hubiere tañido
		tañéremos	hubiéremos tañido
Futuro simple / Futuro	**Futuro compuesto / Antefuturo**	tañereis / tañeren	hubiereis tañido
		tañeren	hubieren tañido
tañeré	habré tañido		
tañerás	habrás tañido		
tañerá	habrá tañido	**MODO IMPERATIVO**	
tañeremos	habremos tañido		
tañeréis / tañerán	habréis tañido	tañe (tú) / tañé (vos) / taña (usted)	
tañerán	habrán tañido	tañed (vosotros)	
		tañan (ustedes)	
Condicional simple / Pospretérito	**Condicional compuesto / Antepospretérito**	**FORMAS NO PERSONALES**	
		Infinitivo tañer	**Infinitivo compuesto** haber tañido
tañería	habría tañido		
tañerías	habrías tañido		
tañería	habría tañido	**Gerundio** tañendo	**Gerundio compuesto** habiendo tañido
tañeríamos	habríamos tañido		
tañeríais / tañerían	habríais tañido	**Participio** tañido	
tañerían	habrían tañido		

932

2. más sordo que una tapia expresión Muy sordo. *La abuela está más sorda que una tapia.*

tapiz (ta-**piz**) sustantivo masculino
Paño grande, tejido con distintos colores haciendo diferentes formas y dibujos, con que se adornan generalmente las paredes de las habitaciones. *En la pared del salón tenía un bonito tapiz.*
✎ Su plural es *tapices.*

tapizar (ta-pi-**zar**) verbo
Forrar con tela los muebles o las paredes. *Tapizaron el sofá y les quedó como nuevo.* **SIN.** Acolchar, cubrir, revestir, forrar.
✎ Se conjuga como *abrazar.*

tapón (ta-**pón**) sustantivo masculino
1. Pieza de corcho, cristal, madera, etc. con que se tapan botellas, toneles y otras vasijas, introduciéndola en el orificio por donde ha entrado o ha de salir su contenido. *Pon el tapón a la botella.* **SIN.** Taco, corcho.
2. Acumulación de cera en el oído que puede impedir oír bien y puede producir varios trastornos. *Javier tenía un tapón de cera en el oído y le molestaba.*
3. Embotellamiento de vehículos. *La manifestación por el centro de la ciudad produjo un gran tapón.* **SIN.** Atasco.
4. Persona rechoncha y baja. *Tu amigo es un tapón.*

taponar (ta-po-**nar**) verbo
1. Cerrar con tapón un orificio, una herida o una cavidad del cuerpo. *Le taponaron la nariz para que no sangrara.* **SIN.** Tapar, sellar, obstruir.
2. Obstruir un paso. *Taponaron las principales calles de la ciudad.* **SIN.** Obstaculizar, embotellar, entorpecer, impedir.

taquigrafía
(ta-qui-gra-**fí**-a) sustantivo femenino
Arte de escribir tan deprisa como se habla, por medio de signos especiales. *Aprendí taquigrafía cuando quería ser secretaria.* **SIN.** Estenotipia.

taquilla (ta-**qui**-lla) sustantivo femenino
1. Despacho de billetes, y también lo que en él se recauda. *Hizo cola en la taquilla del cine.*
2. Armario pequeño. *Guarda la ropa en la taquilla.*

taquillero, taquillera
(ta-qui-**lle**-ro) adjetivo
Se dice del espectáculo que atrae a gran público y proporciona buena taquilla. *Ha sido un película muy taquillera.*

taquiza (ta-**qui**-za) sustantivo femenino
1. Reunión de personas para comer tacos. *El sábado habrá una taquiza por mi cumpleaños.*
2. Atracón de tacos. *Me duele la panza por la taquiza de anoche.*

tara (**ta**-ra) sustantivo femenino
Defecto, lacra. *No tenía ninguna tara.* **SIN.** Anomalía, degeneración.

tarántula
(ta-**rán**-tu-la) sustantivo femenino
Araña grande de picadura venenosa, pero no mortal, muy común en el sur de Europa. *Tenía verdadero pánico a las tarántulas.*

tararear (ta-ra-re-**ar**) verbo
Cantar una canción entre dientes y sin articular palabras. *Iba tarareando una canción.* **SIN.** Canturrear, entonar, silbar.

tardar (tar-**dar**) verbo
1. No llegar a tiempo. *Tardé tanto en llegar que perdí el tren.* **SIN.** Retrasarse. **ANT.** Adelantar.
2. Emplear tiempo en hacer las cosas. *Tardará un mes en pintar el cuadro.* **SIN.** Invertir, gastar.

tarde (tar-de) sustantivo femenino
1. Parte del día comprendida entre el mediodía y el anochecer. *Te llamaré por la tarde.*

2. adverbio A hora avanzada del día o de la noche. *Avisó de que llegaría tarde.* **ANT.** Pronto.

3. adverbio Después de haber pasado el tiempo oportuno, o en tiempo futuro relativamente lejano. *Ahora ya es tarde para presentar la solicitud.* **SIN.** Tardíamente.

4. buenas tardes expresión Se emplea como saludo durante la tarde. *Buenas tardes, ¿cómo está usted?*

5. de tarde en tarde expresión De cuando en cuando. *Viene de tarde en tarde a ver a su abuelo.*

tardío, tardía (tar-dí-o) adjetivo

1. Que tarda mucho en madurar. *Estas manzanas son tardías.*

2. Que sucede fuera de tiempo. *Esta lluvia ya es tardía.* **SIN.** Extemporáneo, intempestivo.

tarea (ta-re-a) sustantivo femenino

1. Trabajo o actividad. *Las tareas del campo son duras.* **SIN.** Faena.

2. Función o encargo. *Decía que aquello no era tarea suya.*

tarifa (ta-ri-fa) sustantivo femenino

Tabla de los precios, derechos o impuestos que se han de pagar por algo. *Pidió la tarifa del teléfono.*

tarima (ta-ri-ma) sustantivo femenino

Armazón de madera móvil, de varias dimensiones según su uso. *Se subió a la tarima.* **SIN.** Estrado.

tarjeta

(tar-je-ta) sustantivo femenino

1. Pedazo de cartulina, pequeño y rectangular, con el nombre, cargo y dirección de una persona. *Te doy una tarjeta y me llamas si quieres.*

2. tarjeta de crédito expresión Tarjeta de plástico que permite a su titular pagar sin dinero en efectivo o tener acceso al cajero automático. *Mi madre siempre paga con tarjeta.*

tarro (ta-rro) sustantivo masculino

1. Vasija cilíndrica, por lo común más alta que ancha, de porcelana, vidrio u otra materia. *Compró unos tarros para envasar la mermelada.*

2. comer el tarro expresión Hacer que alguien piense y actúe de determinada manera. *No dejes que tu amigo te coma el tarro.*

3. comerse el tarro expresión Pensar insistentemente en un problema. *Haz lo que debes y no te comas el tarro.*

tarta (tar-ta) sustantivo femenino

Pastel hecho con cualquier tipo de masa homogénea y rellena con dulces de frutas, crema, etc. *Les encanta la tarta de fresas con nata.*

tartamudear (tar-ta-mu-de-ar) verbo

Hablar con pronunciación entrecortada y repitiendo sílabas o sonidos. *Tartamudeó al pronunciar esas palabras.* **SIN.** Farfullar, mascullar. **ANT.** Articular.

tartamudo, tartamuda

(tar-ta-mu-do) adjetivo y sustantivo

Que habla repitiendo sílabas o sonidos. *Mi amigo es un poco tartamudo.* **SIN.** Balbuciente.

tartera (tar-te-ra) sustantivo femenino

Recipiente con cierre hermético que sirve para conservar los alimentos. *Metió los filetes empanados en una tartera.* **SIN.** Fiambrera.

tarugo (ta-ru-go) sustantivo masculino

1. Clavija gruesa de madera. *Calzó el coche con unos tarugos.*

2. Pedazo de madera o de pan. *Echa unos tarugos de madera en la chimenea.*

3. Persona poco inteligente o hábil. *Es un poco tarugo.*

tarumba (ta-rum-ba) adjetivo

Aturdido, atolondrado. *Casi me deja tarumba.*

✎ Es igual en masculino y femenino.

tasa (ta-sa) sustantivo femenino

Precio fijo puesto por la autoridad a las cosas vendibles. *Las tasas de matrícula habían subido.* **SIN.** Tarifa, tasación.

tasar (ta-sar) verbo

1. Poner precio a las cosas vendibles. *Tasó la mercancía.* **SIN.** Valorar, estimar, cuantiar, tarifar.

2. Valorar algo. *Pidió que le tasaran el coche antes de venderlo.*

tata (ta-ta) sustantivo femenino

Nombre infantil con que se designa a la niñera. *Quería a su tata.*

tatami (ta-ta-mi) sustantivo masculino

Tapiz acolchado sobre el que se realizan algunos deportes como el yudo o el kárate. *Le inmovilizó sobre el tatami.*

tatarabuelo, tatarabuela

(ta-ta-ra-**bue**-lo) sustantivo

Abuelo del abuelo. *Tenía un retrato de sus tatarabuelos colgado en la pared.*

tataranieto, tataranieta

(ta-ta-ra-**nie**-to) sustantivo

Nieto del abuelo de su abuelo. *El abuelo más viejo del mundo tenía muchos tataranietos.*

tatuaje (ta-**tua**-je) sustantivo masculino

Dibujo o palabra que se graba de forma imborrable en la piel, introduciendo materias colorantes debajo de esta. *Llevaba un tatuaje de una flor en el hombro.*

taurino, taurina (tau-**ri**-no) adjetivo

Que se refiere al toro, las corridas de toros o la afición al toreo. *Llevé a los turistas a ver un espectáculo taurino.*

taxi (ta-xi) sustantivo masculino

Automóvil de alquiler con conductor, con un aparato llamado *taxímetro* que va marcando el precio que costará el viaje. *Paramos un taxi para ir a la estación.*

taxímetro (ta-**xí**-me-tro) sustantivo masculino

Aparato que, en los taxis, marca la distancia recorrida y la cantidad que se debe cobrar. *Miró lo que marcaba el taxímetro y pagó la carrera.*

taza (ta-za) sustantivo femenino

1. Vasija pequeña, con asa, para tomar líquidos. *Esta taza grande es para la leche.*

2. Lo que cabe en ella. *Desayuna una taza de café con leche y dos magdalenas.*

3. Lugar del retrete donde se sienta la persona que lo está utilizando. *He puesto una taza nueva en el servicio.*

tazón (ta-**zón**) sustantivo masculino

Taza grande de desayuno. *Este tazón blanco es el del abuelo.*

te sustantivo femenino

1. Nombre de la letra *t*. *Me dijiste que tu nombre empezaba por te, pero no que era Telesforo.*

2. pronombre personal Forma del pronombre personal de segunda persona del singular y el plural, en masculino o femenino, que puede funcionar como complemento directo y también como complemento indirecto. *Ya te lo he dicho antes.* ✎ No lleva preposición, y se puede usar formando una sola palabra con el verbo, como en *ponte*, incluso combinándolo con los pronombres de complemento directo *lo*, *la*, *los* y *las*, como en *póntelos*.

té sustantivo masculino

1. Arbusto propio de Asia, con cuyas hojas se prepara una infusión en agua hirviendo. *Cuando vino de su viaje asiático, trajo dos tipos de té.*

2. Esta misma infusión. *Se tomó un té después de comer.* **SIN.** Tisana.

3. Reunión de personas que se celebra por la tarde y durante la cual se sirve té. *Las señoras habían quedado para el té.*

teatral (te-a-**tral**) adjetivo

1. Que se refiere al teatro. *Estuvimos viendo un espectáculo teatral.* **SIN.** Escénico.

2. Se dice de las cosas de la vida real en las que hay una intención deliberada de llamar la atención. *Adoptó una actitud muy teatral para impresionarnos.* **SIN.** Aparatoso, estudiado. **ANT.** Espontáneo.

teatro (te-a-tro) sustantivo masculino

1. Edificio o sitio donde se representan obras de teatro u otros espectáculos, como conciertos, *ballet*, etc. *Fuimos al teatro a ver el ballet ruso.*

2. Profesión del autor de obras dramáticas y del actor que las representa. *Shakespeare fue un gran autor de teatro.* **SIN.** Drama.

3. Conjunto de obras dramáticas de un pueblo, época o autor. *Estamos estudiando el teatro español del Siglo de Oro.* **SIN.** Dramática.

tebeo (te-be-o) sustantivo masculino

Revista infantil de historietas cuyo asunto se desarrolla en series de dibujos. *Mi padre guarda varios tebeos de El capitán Trueno.*

techo (te-cho) sustantivo masculino

1. Parte interior y superior de una habitación o edificio, que lo cubre y cierra. *El techo de esa habitación se está resquebrajando.* **SIN.** Tejado, techumbre, cubierta.

2. Casa, habitación o domicilio. *Pedían una ayuda para las personas sin techo.* **SIN.** Hogar, cobijo.

tecla (te-cla) sustantivo femenino

1. Cada una de las piezas que, por la presión de los dedos, ponen en movimiento las palancas que hacen sonar los tubos del órgano o las cuerdas del piano y otros instrumentos semejantes. *Las teclas del piano son blancas y negras.*

2. Piezas móviles que tienen algunos aparatos como las máquinas de escribir, de calcular, etc., que han de pulsarse para ponerlas en funcionamiento. *La tecla de mayúsculas está estropeada.*

teclado (te-cla-do) sustantivo masculino

Conjunto ordenado de teclas de un instrumento u otro aparato. *Compré un producto para limpiar el teclado del piano.*

teclear (te-cle-**ar**) verbo

Mover las teclas. *La mecanógrafa tecleaba con increíble rapidez.* **SIN.** Presionar, imprimir, pulsar.

técnica (**téc**-ni-ca) sustantivo femenino

1. Conjunto de procedimientos que usa una ciencia o arte. *Este pintor domina la técnica del color.* **SIN.** Tecnología, método, sistema.

2. Habilidad para usar estos procedimientos. *Tiene mucha técnica.* **SIN.** Maña, pericia, práctica.

técnico, técnica

(**téc**-ni-co) adjetivo

1. Que se refiere a las aplicaciones de las ciencias y las artes. *Estudio en una escuela técnica.* **SIN.** Tecnológico.

2. Se dice en particular de las palabras o expresiones empleadas en el lenguaje propio de una ciencia, arte, oficio, etc. *Utiliza un lenguaje muy técnico y no es fácil entenderlo.*

3. sustantivo Persona que es especialista en una ciencia, arte u oficio. *Llamaron al técnico para que arreglara la lavadora.*

tecnología

(tec-no-lo-**gí**-a) sustantivo femenino

Conjunto de los conocimientos propios de un oficio mecánico o arte industrial. *Se han producido algunos espectaculares avances en tecnología industrial.* **SIN.** Técnica, método, procedimiento.

tedio (te-dio) sustantivo masculino
1. Repugnancia, fastidio o molestia. *Tener que asistir le producía tedio.*
2. Aburrimiento extremo. *No sabía cómo salir de aquel tedio insoportable.* **SIN.** Rutina.

teja (te-ja) sustantivo femenino
Pieza de barro cocido en forma de canal que se usa para cubrir exteriormente los techos. *El tejado de las casas del pueblo era de teja.*

tejado (te-ja-do) sustantivo masculino
Cubierta hecha generalmente con tejas. *Se subieron al tejado para reparar las goteras.* **SIN.** Techumbre, techo, revestimiento.

tejemaneje
(te-je-ma-ne-je) sustantivo masculino
Manejos enredosos para algún asunto turbio. *Me gustaría saber qué tejemanejes te traes entre manos.* **SIN.** Maquinación, engaño.

tejer (te-jer) verbo
1. Entrelazar hilos de seda, lana, algodón, etc., o los nudos o anillos de un solo hilo para formar telas, trencillas, esteras, etc. *Estaba tejiendo una trenza de colores.*
2. Formar ciertos insectos sus telas y capullos. *La araña tejía su tela.*
3. Discurrir, inventar. *Tejieron un plan para defenderse.* **SIN.** Maquinar, pensar, idear.

tejido (te-ji-do) sustantivo masculino
1. Textura de una tela. *Compró un tejido de pura lana para hacerse un abrigo.*
2. Masa de células y material intercelular que las rodea a todas, y que en el conjunto efectúan la misma función. *El tejido muscular puede contraerse.*
3. Cosa formada al entrelazarse diversos elementos. *La trama política tenía un complicado tejido.*

tela (te-la) sustantivo femenino
1. Pieza alargada de poco grosor formada por hilos entrecruzados, con la que se hacen vestidos, pantalones, mantas, etc. *La seda es una tela muy fina.*
2. Tejido que forman algunos animales, como la araña. *Quitó las telas de araña del techo.*
3. Lienzo pintado. *Esa tela era de un famoso pintor.*
4. Dinero. *Nos falta tela para ir.*

telar (te-lar) sustantivo masculino
Máquina para tejer. *En el Museo Etnográfico Provincial de León se puede admirar un telar antiguo.* **SIN.** Tejedora.

telaraña (te-la-ra-ña) sustantivo femenino
Tela que forma la araña. *En la esquina había una enorme telaraña.*

tele (te-le) sustantivo femenino
Forma breve de llamar a la televisión o el televisor. *Esta noche no echan nada interesante en la tele.*

telecomunicación
(te-le-co-mu-ni-ca-ción) sustantivo femenino
Sistema de transmisión y recepción a distancia de señales por medios electromagnéticos. *La telecomunicación le fascina, especialmente la telefonía.*

telediario
(te-le-dia-rio) sustantivo masculino
Información televisada de las noticias más importantes del día. *Oí la noticia en el telediario.*

teleférico
(te-le-fé-ri-co) sustantivo masculino
Sistema de transporte en que los vehículos van suspendidos de un cable de tracción, utilizado principalmente para salvar diferencias de nivel. *Montamos en el teleférico para subir a lo alto de la montaña.* **SIN.** Funicular.

telefilme (te-le-fil-me) sustantivo masculino
Película de televisión. *El telefilme de esta noche es bastante bueno.*

telefonazo - teletipo

telefonazo

(te-le-fo-**na**-zo) sustantivo masculino
Llamada telefónica. *Cuando llegues, me das un telefonazo.*

telefonear (te-le-fo-ne-**ar**) verbo

Llamar a alguien por teléfono. *Telefoneó para decir que llegaría tarde.*

telefonillo

(te-le-fo-**ni**-llo) sustantivo masculino
Dispositivo para la comunicación dentro de un edificio. *No le oía nada por el telefonillo.*

telefonista (te-le-fo-**nis**-ta) sustantivo

Persona ocupada en el servicio de los aparatos telefónicos. *Trabaja de telefonista en esa empresa.*

teléfono (te-**lé**-fo-no) sustantivo masculino

1. Aparato eléctrico que usan las personas para hablar desde lugares diferentes. *Lo llaman por teléfono desde México muy a menudo.*
2. Número que se asigna a cada uno de esos aparatos. *No tengo tu teléfono.*

telegrafía (te-le-gra-**fí**-a) sustantivo femenino

1. Servicio de comunicaciones a través del telégrafo. *La telegrafía supuso un gran avance en las comunicaciones.*
2. telegrafía sin hilos expresión Transmisión por radio de mensajes telegráficos. *Transmitió el mensaje por telegrafía sin hilos.*

telegrafiar (te-le-gra-fi-**ar**) verbo

Dictar comunicaciones para su expedición telegráfica. *Telegrafió el mensaje.* **SIN.** Comunicar, cablegrafiar, emitir.
✎ Se conjuga como *desviar*.

telegráfico, telegráfica

(te-le-**grá**-fi-co) adjetivo
Muy breve, como cuando se escriben telegramas. *Sus cartas siempre son telegráficas.*

telégrafo (te-**lé**-gra-fo) sustantivo masculino

1. Conjunto de aparatos que sirven para transmitir despachos con rapi-

dez y a larga distancia mediante señales convenidas. *Se ocupaba del telégrafo.*
2. sustantivo masculino plural Administración de la que depende este mismo sistema de comunicación. *Lo encontré en la oficina de telégrafos.*

telegrama

(te-le-**gra**-ma) sustantivo masculino
Mensaje transmitido por el telégrafo. *Recibió un telegrama urgente.* **SIN.** Cable, comunicado.

telenovela

(te-le-no-**ve**-la) sustantivo femenino
Novela filmada, que se retransmite en capítulos por televisión. *No se pierde ni un día la telenovela.*

telepatía (te-le-pa-**tí**-a) sustantivo femenino

Percepción extraordinaria de un fenómeno que tiene lugar fuera del alcance de los sentidos. *Supe por telepatía que mi prima tuvo un accidente.*

telescopio

(te-les-**co**-pio) sustantivo masculino
Anteojo de gran alcance que se destina a observar objetos lejanos, especialmente, cuerpos celestes. *Lleva un telescopio de mano.*

telesilla (te-le-**si**-lla) sustantivo masculino

Asiento suspendido de un cable de tracción para el transporte de personas a la cumbre de una montaña o un lugar elevado. *Le daba vértigo montarse en el telesilla.*

telespectador, telespectadora

(te-les-pec-ta-**dor**) sustantivo
Persona que ve la televisión. *Se dirigió a todos los telespectadores de la cadena.*

teletexto (te-le-**tex**-to) sustantivo masculino

Sistema de transmisión de textos escritos mediante ondas. *Compró un televisor con teletexto.*

teletipo (te-le-**ti**-po) sustantivo masculino

Aparato telegráfico que sirve para transmitir y recibir mensajes en letras comunes, mediante un teclado parecido al de la máquina de escribir. *Leyó la noticia en el teletipo.*

televidente
(te-le-vi-**den**-te) sustantivo
Persona que ve la televisión. *Este programa tiene más televidentes que el otro.* **SIN.** Telespectador.

televisar (te-le-vi-**sar**) verbo
Transmitir imágenes por la televisión. *Mañana televisan el partido.* **SIN.** Emitir, radiar.

televisión
(te-le-vi-**sión**) sustantivo femenino
1. Transmisión de imágenes a distancia, que en la emisora se transforman en ondas electromagnéticas y se recuperan en el aparato receptor. *Este programa de televisión se transmite vía satélite.*
2. Televisor. *Vi el partido en la televisión del bar.*

televisor
(te-le-vi-**sor**) sustantivo masculino
Aparato que las personas utilizan para entretenerse viendo y escuchando las imágenes y sonidos que en él aparecen como, por ejemplo, películas, concursos, noticias, etc. *Les hemos comprado un televisor con 3D.* **SIN.** Tele.

telón (te-**lón**) sustantivo masculino
Lienzo grande que puede subirse y bajarse en el escenario de un teatro. *Se levantó el telón y los actores saludaron.*

tema (**te**-ma) sustantivo masculino
Aquello de lo que se habla, se escribe, se canta, etc. *El tema de la conversación fue el verano.* **SIN.** Asunto, materia, cuestión.

temblar (tem-**blar**) verbo
1. Agitarse una persona con movimientos frecuentes e involuntarios. *Temblaba de frío y miedo.*

2. Vacilar, moverse rápidamente una cosa a uno y otro lado. *El viento hacía temblar la llama de la vela.* **SIN.** Oscilar, vibrar, fluctuar.
✎ Verbo irregular, se conjuga como *acertar.*

temblor (tem-**blor**) sustantivo masculino
1. Movimiento involuntario, repetido y continuado. *De repente le entró un gran temblor de piernas.*
2. Vibración de la superficie de la Tierra. *En toda la ciudad se asustaron por el temblor.* **SIN.** Terremoto.

temer (te-**mer**) verbo
1. Tener miedo o temor. *Mucha gente teme la oscuridad.* **SIN.** Asustarse, aterrorizarse.
2. Sospechar. *Temo que algo va mal.* **SIN.** Recelar, desconfiar.
✎ Verbo regular de la primera conjugación. Ver pág. 940.

temor (te-**mor**) sustantivo masculino
1. Sensación de angustia o miedo debido a un mal real o imaginario, presente o futuro. *Siente un gran temor de caer enfermo.* **SIN.** Miedo, espanto, pavor.
2. Presunción o sospecha. *Tengo el temor de que algo malo va a pasar.*

témpera (**tém**-pe-ra) sustantivo femenino
Pintura hecha con colores preparados con líquidos glutinosos y calientes, como agua de cola, etc. *Ahora pintaremos con témperas.*

temperamento
(tem-pe-ra-**men**-to) sustantivo masculino
1. Carácter físico y mental peculiar de cada persona. *Tiene un temperamento muy fuerte.* **SIN.** Naturaleza, personalidad, humor.
2. Manera de ser de las personas impulsivas. *Es una persona de mucho temperamento.* **SIN.** Exaltación, apasionamiento.

temer

MODO INDICATIVO		MODO SUBJUNTIVO	
Tiempos simples	Tiempos compuestos	Tiempos simples	Tiempos compuestos

Presente	**Pret. perf. compuesto / Antepresente**	**Presente**	**Pret. perf. compuesto / Antepresente**
temo	he temido	tema	haya temido
temes / temés	has temido	temas	hayas temido
teme	ha temido	tema	haya temido
tememos	hemos temido	temamos	hayamos temido
teméis / temen	habéis temido	temáis / teman	hayáis temido
temen	han temido	teman	hayan temido

Pret. imperfecto / Copretérito	**Pret. pluscuamperfecto / Antecopretérito**	**Pret. imperfecto / Pretérito**	**Pret. pluscuamperfecto / Antepretérito**
temía	había temido	temiera o temiese	hubiera o hubiese temido
temías	habías temido	temieras o temieses	hubieras o hubieses temido
temía	había temido	temiera o temiese	hubiera o hubiese temido
temíamos	habíamos temido	temiéramos o temiésemos	hubiéramos o hubiésemos temido
temíais / temían	habíais temido	temierais o temieseis / temieran o temiesen	hubierais o hubieseis temido
temían	habían temido	temieran o temiesen	hubieran o hubiesen temido

Pret. perf. simple / Pretérito	**Pret. anterior / Antepretérito**		
temí	hube temido		
temiste	hubiste temido		
temió	hubo temido		
temimos	hubimos temido		
temisteis / temieron	hubisteis temido	**Futuro simple / Futuro**	**Futuro compuesto / Antefuturo**
temieron	hubieron temido	temiere	hubiere temido
		temieres	hubieres temido
		temiere	hubiere temido
Futuro simple / Futuro	**Futuro compuesto / Antefuturo**	temiéremos	hubiéremos temido
		temiereis / temieren	hubiereis temido
temeré	habré temido	temieren	hubieren temido
temerás	habrás temido		
temerá	habrá temido	**MODO IMPERATIVO**	
temeremos	habremos temido		
temeréis / temerán	habréis temido	teme (tú) / temé (vos) / tema (usted)	
temerán	habrán temido	temed (vosotros)	
		teman (ustedes)	

Condicional simple / Pospretérito	**Condicional compuesto / Antepospretérito**	**FORMAS NO PERSONALES**	
		Infinitivo	**Infinitivo compuesto**
temería	habría temido	temer	haber temido
temerías	habrías temido	**Gerundio**	**Gerundio compuesto**
temeríamos	habría temido	temiendo	habiendo temido
temerían	habríamos temido		
temeríais / temerían	habríais temido	**Participio**	
temerían	habrían temido	temido	

temperatura

(tem-pe-ra-**tu**-ra) sustantivo femenino

1. Grado de calor de los cuerpos o de la atmósfera. *En esta habitación hay una temperatura demasiado elevada.*

2. Grado de calor del cuerpo humano y de los animales. *Cuando estuve enfermo, siempre me subía la temperatura por la noche.*

tempestad

(tem-pes-**tad**) sustantivo femenino

1. Fuerte perturbación de la atmósfera acompañada de lluvia, nieve o granizo, y frecuentemente, de rayos y relámpagos. *Se acercaba una fuerte tempestad.* **SIN.** Tormenta, temporal.

2. Perturbación de las aguas del mar, causada por la violencia del viento. *El barco estuvo a punto de naufragar a causa de la tempestad.* **SIN.** Tifón, tromba, galerna.

templar (tem-**plar**) verbo

1. Moderar o suavizar la fuerza de una cosa. *Su mediación templó los ánimos y hablaron ya con tranquilidad.* **SIN.** Mitigar, atenuar, atemperar. **ANT.** Extremar, acentuar, excitar.

2. Quitar el frío de una cosa, calentarla ligeramente, especialmente hablando de líquidos. *Pon la leche al fuego para que se temple.* **SIN.** Entibiar, calentar. **ANT.** Enfriar, refrescar.

3. Perder el frío una cosa, comenzar a calentarse. *Como llevaba días sin calefacción, la casa tardó en templar.* **SIN.** Entibiarse, tibiarse, encenderse.

temple

(**tem**-ple) sustantivo masculino

1. Carácter, temperamento. *Tiene muy mal temple.*

2. Arrojo, valentía para afrontar las dificultades. *Demostró mucho temple.* **SIN.** Audacia, valor. **ANT.** Desánimo, cobardía.

templo (**tem**-plo) sustantivo masculino

Edificio destinado públicamente a practicar la religión. *El templo más bello de la ciudad es la catedral.* **SIN.** Iglesia, santuario, mezquita, sinagoga.

temporada

(tem-po-**ra**-da) sustantivo femenino

Espacio de varios días, meses o años que tienen una unidad. *Durante la temporada de invierno, siempre nos trasladamos a Canarias.* **SIN.** Tiempo, época, período.

temporal (tem-po-**ral**) adjetivo

1. Que se refiere al tiempo, en oposición a *perpetuo* o *eterno*. *Los bienes terrenos son temporales.* **SIN.** Provisional, momentáneo. **ANT.** Eterno.

2. Que dura por algún tiempo. *Era una sustitución temporal.* **SIN.** Transitorio, provisional, momentáneo. **ANT.** Duradero.

3. sustantivo masculino Tempestad. *Estaba prevista la llegada de un fuerte temporal.* **SIN.** Borrasca, tifón, tempestad.

temprano, temprana

(tem-**pra**-no) adjetivo

1. Que es o se da antes del tiempo señalado. *La parra tiene uvas tempranas.* **SIN.** Prematuro, anticipado. **ANT.** Retrasado, tardío.

2. adverbio Pronto, antes de lo habitual o en las primeras horas del día o de la noche. *Se levantó temprano.* **ANT.** Tarde.

tenaz (te-**naz**) adjetivo

1. Que opone mucha resistencia a romperse o deformarse. *La barra opuso una tenaz resistencia a doblarse.* **SIN.** Fuerte, duro, resistente. **ANT.** Frágil, delicado.

2. Firme, terco en un propósito. *No abandonará fácilmente, es muy tenaz.* **SIN.** Tozudo, constante.

✎ Su plural es *tenaces*.

tenaza (te-**na**-za) sustantivo femenino

1. Instrumento de metal, compuesto de dos brazos movibles trabados por un eje o enlazados por un muelle semicircular. Se usa para coger o sujetar fuertemente una cosa, o arrancarla, o cortarla. *Arranca la punta que te ha quedado en la pared con las tenazas.* **SIN.** Alicates, pinzas.

2. Pinza de las patas de algunos animales. *El centollo tiene tenazas.*

✎ Se usa más en plural.

tendedero

(ten-de-**de**-ro) sustantivo masculino

Sitio, cuerda, mueble con alambres, etc., donde se tiende la ropa para que seque. *En la azotea había un tendedero.* **SIN.** Secadero.

tendencia (ten-**den**-cia) sustantivo femenino

1. Dirección o inclinación hacia un fin. *Mi hijo tiene tendencia a coger catarros.* **SIN.** Predisposición, propensión. **ANT.** Aversión, desagrado.

2. Idea religiosa, política, artística, etc., con una orientación concreta. *Eran dos partidos de la misma tendencia.*

tender (ten-**der**) verbo

1. Desdoblar, extender lo que está doblado o amontonado, especialmente la ropa mojada para que se seque. *Saca la ropa de la lavadora y tiéndela.* **SIN.** Colgar.

2. Tener alguien o algo una cualidad no bien definida pero próxima a otra semejante. *Este color tiende a rojo.* **SIN.** Tirar.

3. Manifestar tendencia hacia un fin. *Tiende a ser muy pesimista.* **SIN.** Aspirar, propender.

4. tenderse Echarse, tumbarse a la larga. *Se tendió sobre la hierba.* **SIN.** Arrellanarse, acomodarse.

✎ Verbo irregular, se conjuga como *entender*.

tendón (ten-**dón**) sustantivo masculino

Haz de tejido que une los músculos a los huesos. *Se retorció un tendón.* **SIN.** Ligamento, nervio.

tenebroso, tenebrosa

(te-ne-**bro**-so) adjetivo

Oscuro, cubierto de tinieblas. *Le daba miedo atravesar aquel tenebroso túnel.* **SIN.** Triste, sombrío. **ANT.** Claro, alegre, brillante.

tenedor (te-ne-**dor**) sustantivo masculino

Utensilio de mesa que consiste en un mango con tres o cuatro púas iguales en un extremo, para pinchar los alimentos sólidos y llevarlos a la boca. *Coloca el tenedor a la izquierda del plato.*

tener (te-**ner**) verbo

1. Ser dueño de una cosa o disfrutarla. *Tiene muchos libros.*

2. Sentir o padecer. *Tengo mucho calor. Mi hermano tuvo la gripe.*

3. Atribuye a la persona o cosa de la que se habla una cualidad, estado o circunstancia. *Tiene una blanquísima dentadura.*

4. Contener una cosa algo dentro de sí misma. *Mi coche tiene aire acondicionado.* **SIN.** Comprender, incluir. **ANT.** Excluir.

5. Asir, sujetar. *Tenme el abrigo mientras me pruebo el vestido.* **SIN.** Agarrar, sostener. **ANT.** Soltar.

6. Con sustantivos que significan tiempo, expresa la duración o edad de los seres. *Tiene diez años.*

7. Construido con algunos sustantivos, hacer o padecer lo que el sustantivo significa. *Tenía mucho miedo.*

8. tenerse Sujetarse o apoyarse alguien para no caer. *Apenas se tenía en pie después de su grave y prolongada enfermedad.* **SIN.** Sostenerse. **ANT.** Derrumbarse, caerse.

9. tener por expresión Juzgar de una forma a una persona. *Te tenía por una persona más seria.*

10. tener que expresión Expresa la necesidad u obligación de hacer una cosa. *Tenemos que esforzarnos más.* **SIN.** Deber.

✎ Verbo irregular. Ver pág. 944.

tenia (te-nia) sustantivo femenino
Gusano de cabeza pequeña y cuerpo largo y segmentado, que vive parásito en el intestino del ser humano y de algunos animales. *La tenia puede medir metros de longitud.* **SIN.** Solitaria.

teniente (te-nien-te) sustantivo
Militar cuya graduación es inmediatamente inferior a la de capitán. *Le nombraron teniente.*

tenis (te-nis) sustantivo masculino
1. Deporte en que los jugadores, separados en dos bandos por una red, se lanzan una pelota por medio de raquetas. *Nadal prefiere jugar al tenis en pista de tierra batida.*
2. sustantivo masculino plural Calzado de tipo deportivo. *Llevaba unos tenis y un pantalón vaquero.*

✎ Es igual en plural y en singular.

tenor (te-nor) sustantivo masculino
Voz masculina de timbre agudo. *Plácido Domingo es un gran tenor.* **ANT.** Bajo.

tensión (ten-sión) sustantivo femenino
1. Estado de un cuerpo sometido a la acción de fuerzas que lo estiran. *La cuerda del arco está en tensión.* **SIN.** Tirantez, rigidez. **ANT.** Flojedad, relajamiento.
2. Estado de oposición u hostilidad latente entre personas o grupos. *Había una fuerte tensión entre los dos países.* **SIN.** Enemistad, violencia.
3. Estado de excitación o esfuerzo producido por circunstancias o actividades como la espera, la concentración, la creación intelectual, etc. *Llevaba una semana de mucha tensión en el trabajo.* **SIN.** Nerviosismo. **ANT.** Tranquilidad.

tenso, tensa (ten-SO) adjetivo
1. Se dice del cuerpo que se halla en tensión. *Esta cuerda está demasiado tensa, aflójala un poco o se romperá.* **SIN.** Tirante, estirado. **ANT.** Flojo, flexible.
2. En estado de tensión emocional. *Deberías hacer algo para relajarte, te veo un poco tensa.* **SIN.** Nervioso, preocupado. **ANT.** Tranquilo, calmado, sosegado.

tentación
(ten-ta-ción) sustantivo femenino
Lo que incita a hacer una cosa mala o con consecuencias malas. *Se saltó la dieta cayendo en la tentación de comer bombones.*

tentáculo
(ten-tá-cu-lo) sustantivo masculino
Cualquiera de los brazos móviles y blandos que tienen algunos animales, que les sirven como órganos del tacto o para hacer presas. *El pulpo tiene grandes tentáculos.* **SIN.** Palpo.

tentar (ten-tar) verbo
Instigar, inducir a alguien a hacer algo. *Lo tentaba para que fuera.* **SIN.** Provocar, mover, incitar.

✎ Verbo irregular, se conjuga como *acertar.*

tentempié
(ten-tem-pié) sustantivo masculino
Comida ligera que se toma entre horas. *Se tomó un tentempié a media mañana.*

✎ Su plural es *tentempiés.*

tenue (te-nue) adjetivo
Se dice de las cosas delicadas. *Una tenue brisa acariciaba su rostro.* **SIN.** Sutil, delicada.

tener

MODO INDICATIVO		MODO SUBJUNTIVO	
Tiempos simples	Tiempos compuestos	Tiempos simples	Tiempos compuestos
Presente	**Pret. perf. compuesto / Antepresente**	**Presente**	**Pret. perf. compuesto / Antepresente**
tengo	he tenido	tenga	haya tenido
tienes / tenés	has tenido	tengas	hayas tenido
tiene	ha tenido	tenga	haya tenido
tenemos	hemos tenido	tengamos	hayamos tenido
tenéis / tienen	habéis tenido	tengáis / tengan	hayáis tenido
tienen	han tenido	tengan	hayan tenido
Pret. imperfecto / Copretérito	**Pret. pluscuamperfecto / Antecopretérito**	**Pret. imperfecto / Pretérito**	**Pret. pluscuamperfecto / Antepretérito**
tenía	había tenido	tuviera o tuviese	hubiera o hubiese tenido
tenías	habías tenido	tuvieras o tuvieses	hubieras o hubieses tenido
tenía	había tenido	tuviera o tuviese	hubiera o hubiese tenido
teníamos	habíamos tenido	tuviéramos o tuviésemos	hubiéramos o hubiésemos tenido
teníais / tenían	habíais tenido	tuvierais o tuvieseis / tuvieran o tuviesen	hubierais o hubieseis tenido
tenían	habían tenido	tuvieran o tuviesen	hubieran o hubiesen tenido
Pret. perf. simple / Pretérito	**Pret. anterior / Antepretérito**		
tuve	hube tenido		
tuviste	hubiste tenido	**Futuro simple / Futuro**	**Futuro compuesto / Antefuturo**
tuvo	hubo tenido	tuviere	hubiere tenido
tuvimos	hubimos tenido	tuvieres	hubieres tenido
tuvisteis / tuvieron	hubisteis tenido	tuviere	hubiere tenido
tuvieron	hubieron tenido	tuviéremos	hubiéremos tenido
		tuviereis / tuvieren	hubiereis tenido
		tuvieren	hubieren tenido
Futuro simple / Futuro	**Futuro compuesto / Antefuturo**		
tendré	habré tenido	**MODO IMPERATIVO**	
tendrás	habrás tenido		
tendrá	habrá tenido	ten (tú) / tené (vos) / tenga (usted)	
tendremos	habremos tenido	tened (vosotros)	
tendréis / tendrán	habréis tenido	tengan (ustedes)	
tendrán	habrán tenido		

Condicional simple / Pospretérito	**Condicional compuesto / Antepospretérito**	**FORMAS NO PERSONALES**	
		Infinitivo	**Infinitivo compuesto**
tendría	habría tenido	tener	haber tenido
tendrías	habrías tenido	**Gerundio**	**Gerundio compuesto**
tendría	habría tenido	teniendo	habiendo tenido
tendríamos	habríamos tenido		
tendríais / tendrían	habríais tenido	**Participio**	
tendrían	habrían tenido	tenido	

teñir (te-**ñir**) verbo
Dar un color distinto de su color natural o del que pueda tener accidentalmente a una cosa. *Tiñó los zapatos de negro.* **SIN.** Tintar, pintar. **ANT.** Desteñir.
✎ Verbo irregular, se conjuga como *ceñir.*

teología (te-o-lo-**gí**-a) sustantivo femenino
Ciencia que trata de la existencia, forma de ser y manera de actuar de Dios. *Estudió Grado en Teología.*

teoría (te-o-**rí**-a) sustantivo femenino
1. Conocimiento de una materia, pero sin la parte práctica. *Sabe la teoría musical, pero no toca instrumento alguno.* **SIN.** Especulación. **ANT.** Experimentación.
2. Conjunto de razonamientos que intentan explicar provisionalmente ciertas cuestiones que aún no están demostradas. *Expuso su teoría ante toda la directiva.* **SIN.** Hipótesis.

terapia (te-**ra**-pia) sustantivo femenino
Tratamiento de las enfermedades. *La nueva terapia le vino muy bien.*

tercer (ter-**cer**) numeral
Forma breve de *tercero*, que se usa delante del sustantivo masculino singular. *Vivo en el tercer piso.*

tercero, tercera
(ter-**ce**-ro) numeral y sustantivo
1. Que ocupa el último lugar en una serie ordenada de tres. *La c es la tercera letra.*
2. numeral Se dice de cada una de las tres partes iguales en que se divide un todo. *Una tercera parte de la tortilla.*
3. sustantivo masculino Persona que interviene en una discusión o pleito judicial de forma ajena a los que están enfrentados. *En el accidente estaba implicado un tercero.*
4. sustantivo femenino Marcha del motor de un vehículo que tiene mayor ve-

locidad que la segunda y menor de la cuarta. *Redujo a tercera en la curva.*

tercio, tercia
(ter-cio) adjetivo y sustantivo masculino
Se dice de cada una de las tres partes iguales en que se divide un todo. *Se comió un tercio de la tarta.* **SIN.** Parte, división.

terciopelo
(ter-cio-**pe**-lo) sustantivo masculino
Tela tupida y con pelo, de seda o algodón. *El cojín era de terciopelo negro.*

terco, terca (**ter**-co) adjetivo
Se dice de la persona obstinada en sus acciones o ideas. *Es muy terco, no atiende a razones.* **SIN.** Testarudo, tozudo.

tergal (ter-**gal**) sustantivo masculino
Tejido muy resistente elaborado con un hilo no natural, sino elaborado industrialmente. *Lleva una falda de tergal.*

terminación
(ter-mi-na-**ción**) sustantivo femenino
1. Acción de terminar. *Esperaban ya con ganas la terminación del asunto.* **SIN.** Clausura, conclusión. **ANT.** Comienzo, apertura.
2. Parte final de una obra o cosa. *No me gustó la terminación del cuento.* **SIN.** Final, desenlace, término. **ANT.** Comienzo.
3. Letra o letras que en poesía se repiten al final de ciertos versos. *La terminación de los dos versos era -aba.*

terminar (ter-mi-**nar**) verbo
1. Dar fin a una cosa. *Terminó sus estudios hace un mes y ya está trabajando.* **SIN.** Completar, finalizar, concluir. **ANT.** Iniciar, comenzar, empezar.
2. Tener fin una cosa. *El camino termina en este pueblo.*

término (**tér**-mi-no) sustantivo masculino
1. Último punto hasta donde llega o dura una cosa. *Alcanzamos la cima casi*

al *término de nuestras fuerzas.* **SIN.** Fin, terminación.

2. Palabra. *Le prestaron un diccionario de términos literarios.* **SIN.** Voz.

termo (**ter**-mo) sustantivo masculino

Vasija para conservar la temperatura de las sustancias que en ella se ponen, aislándolas de la temperatura exterior. *Echó el café bien caliente en el termo.* **SIN.** Recipiente, cantimplora.

termómetro

(ter-**mó**-me-tro) sustantivo masculino

Instrumento para medir la temperatura, consistente en un tubo de vidrio cerrado y terminado en un pequeño depósito, que contiene cierta cantidad de mercurio o alcohol. Las variaciones en el nivel que el líquido alcanza en el tubo se leen en una escala graduada. *El termómetro señalaba 45 ºC.*

termostato

(ter-mos-**ta**-to) sustantivo masculino

Aparato que se conecta a una fuente de calor y que, mediante un mecanismo automático, impide que la temperatura suba o baje del grado que se desea o se necesita. *El radiador tiene un termostato regulable.* **SIN.** Regulador.

ternero, ternera

(ter-**ne**-ro) sustantivo

Cría de la vaca. *La vaca no se separaba de sus pequeños terneros.*

ternura (ter-**nu**-ra) sustantivo femenino

Sentimiento de amor, manifestado con un trato delicado. *Sentía por él una gran ternura.* **SIN.** Simpatía. **ANT.** Odio, animosidad, desagrado.

terquedad

(ter-que-**dad**) sustantivo femenino

Cabezonería, obstinación. *Lo sacaba de quicio su terquedad.* **SIN.** Testarudez. **ANT.** Docilidad.

terraplén (te-rra-**plén**) sustantivo masculino

Desnivel con una cierta pendiente. *Estuvo a punto de caer por el terraplén.* **SIN.** Talud.

terráqueo, terráquea

(te-**rrá**-que-o) adjetivo

Que está compuesto de tierra y agua. Se aplica únicamente a la esfera o globo terrestre. *Encontré un globo terráqueo antiguo.* **SIN.** Terrestre.

terraza (te-**rra**-za) sustantivo femenino

1. Espacio de terreno llano que forma escalón en un jardín o a la orilla de un río, lago, etc. *En Canarias, son frecuentes los cultivos en terraza.* **SIN.** Bancal, rellano.

2. Sitio abierto de una casa. *Salió a tomar el aire a la terraza.* **SIN.** Azotea, tejado, solario.

3. Terreno situado delante de un café, bar, etc., en el que se puede tomar algo al aire libre. *Se sentaron a tomar un refresco en una terraza del paseo.*

terremoto

(te-rre-**mo**-to) sustantivo masculino

Movimiento en el interior de la corteza terrestre que emite ondas sísmicas cuando las rocas se fracturan repentinamente. *Es una zona muy azotada por los terremotos.* **SIN.** Seísmo, temblor.

terrenal (te-rre-**nal**) adjetivo

Que se refiere a la tierra, en contraposición a lo que pertenece al cielo. *Da demasiado valor a los bienes terrenales.* **SIN.** Terrestre, terreno, material.

terreno, terrena

(te-**rre**-no) adjetivo

1. Terrestre, terrenal. *La naturaleza es un bien terreno.* **SIN.** Terrenal. **ANT.** Celeste, celestial.

2. sustantivo masculino Espacio de tierra. *Plantó pinos en ese terreno.* **SIN.** Suelo, superficie, campo, finca.

3. sustantivo masculino Campo de juego. *Los jugadores del equipo saltaron al terreno de juego.* **SIN.** Estadio.

terrestre (te-**rres**-tre) adjetivo
Que se refiere a la tierra. *Hay transporte aéreo, marítimo y terrestre.* **ANT.** Celestial, aéreo, marítimo.

terrible (te-**rri**-ble) adjetivo
1. Que causa temor. *La película de ayer era terrible.* **SIN.** Aterrador, espeluznante, pavoroso. **ANT.** Bello, placentero, tierno.
2. Enorme, extraordinario. *Tengo una jaqueca terrible.* **SIN.** Desmesurado, exagerado, tremendo, increíble. **ANT.** Corriente, insignificante.
3. Áspero y duro de genio. *Tiene un terrible carácter muy difícil de soportar.* **SIN.** Cruel, violento. **ANT.** Grato, tierno, dulce, manso.
✎ Es igual en masculino y femenino.

terrícola (te-**rrí**-co-la) sustantivo
Habitante de la Tierra. *En la película, los marcianos se enfrentan a los terrícolas.*

territorio
(te-rri-**to**-rio) sustantivo masculino
1. Extensión de superficie terrestre perteneciente a una nación, región, provincia, etc. *En ese territorio africano hablan francés.* **SIN.** Comarca, país, lugar, zona.
2. Área señalada por un animal como propia y defendida frente a otros de su misma especie. *El lobo defendió su territorio.*

terrón (te-**rrón**) sustantivo masculino
Masa pequeña y suelta de una sustancia. *Toma el café con dos terrones de azúcar.*

terror (te-**rror**) sustantivo masculino
1. Miedo extremo, pavor de un mal que amenaza. *Las tormentas le producían terror.* **SIN.** Susto, horror, pánico. **ANT.** Valentía.

2. Persona o cosa que lo infunde. *Ese grupo de incontrolados era el terror de la ciudad.*

terrorífico, terrorífica
(te-rro-**rí**-fi-co) adjetivo
Que infunde terror. *Resultaba un espectáculo terrorífico.* **SIN.** Espantoso, terrible. **ANT.** Placentero.

terrorismo
(te-rro-**ris**-mo) sustantivo masculino
Actos de violencia realizados para infundir terror. *El Gobierno adoptaba nuevas medidas contra el terrorismo.* **SIN.** Atentado, amenaza, sabotaje, secuestro.

terrorista (te-rro-**ris**-ta) sustantivo
Partidario del terrorismo o que lo practica. *Había sido secuestrado por unos terroristas.* **SIN.** Violento.

terso, tersa (**ter**-so) adjetivo
Sin arrugas. *Su piel era tersa y suave.* **SIN.** Liso. **ANT.** Arrugado.

tertulia (ter-**tu**-lia) sustantivo femenino
Conjunto o reunión de personas que se juntan habitualmente para conversar o divertirse. *Mantenían una agradable tertulia los domingos.*

tesorero, tesorera
(te-so-**re**-ro) sustantivo
Persona encargada de guardar y distribuir el dinero de un grupo. *Es la tesorera de la comunidad de vecinos.* **SIN.** Cajero.

tesoro (te-**so**-ro) sustantivo masculino
1. Cantidad de dinero y objetos de valor reunida y guardada. *Tenían un gran tesoro guardado en el banco.* **SIN.** Fortuna, riqueza.
2. Dinero que el Gobierno de la nación emplea en servicios públicos. *Las carreteras se hacen con dinero del Tesoro Público.*

test sustantivo masculino
1. Examen, prueba. *He sacado muy buena nota en el test.*

2. Prueba psicológica que pretende estudiar alguna función o capacidad. *Le hicieron test de inteligencia y de personalidad en la prueba para el trabajo.*

✎ Es igual en plural y en singular.

testamento

(tes-ta-**men**-to) sustantivo masculino

Documento en el que aparecen las decisiones de una persona sobre qué se ha de hacer con sus bienes y asuntos después de su muerte. *Hizo testamento.*

testarudo, testaruda

(tes-ta-**ru**-do) adjetivo

Porfiado, terco. *Es una persona muy testaruda.* **SIN.** Pertinaz, obstinado. **ANT.** Dócil, comprensivo.

testículo (tes-**tí**-cu-lo) sustantivo masculino

Cada uno de los órganos sexuales masculinos, que producen espermatozoides. *Tenía inflamado un testículo.*

testificar (tes-ti-fi-**car**) verbo

Declarar como testigo en algún acto judicial. *Fue llamado a testificar.* **SIN.** Atestiguar, exponer.

✎ Se conjuga como *abarcar.*

testigo (tes-**ti**-go) sustantivo

1. Persona que conoce una cosa por haberla visto y puede hablar de ella. *Fue testigo del atraco y tuvo que ir a declarar.*

2. sustantivo masculino En las carreras de relevos, objeto que intercambian los corredores de un mismo equipo en un lugar señalado. *Perdieron tiempo porque se les cayó el testigo.*

testimonio

(tes-ti-**mo**-nio) sustantivo masculino

Afirmación de que una cosa es cierta. *Su testimonio será de vital importancia en el juicio.*

testuz (tes-**tuz**) sustantivo masculino

En algunos animales, frente, y en otros, nuca. *Mató al pobre animal de un golpe en la testuz.*

✎ Su plural es *testuces.*

teta (**te**-ta) sustantivo femenino

Cada uno de los órganos redondeados y salientes que tienen las hembras de los mamíferos y que sirven para producir leche. *Los cachorros chupaban con ganas la leche de la teta de su madre.* **SIN.** Pecho, ubre, mama, seno.

tetera (te-**te**-ra) sustantivo femenino

Vasija con tapadera y un pitorro que sirve para preparar o servir el té. *Me he comprado una bonita tetera de porcelana.*

tetilla (te-**ti**-lla) sustantivo femenino

Cada una de las tetas de los machos en los mamíferos, menos desarrolladas que en las hembras. *El boxeador recibió un golpe en la tetilla derecha.*

tetina (te-**ti**-na) sustantivo femenino

Especie de pezón de plástico que se pone en los biberones. *Esterilizamos la tetina con agua hirviendo.* **SIN.** Chupete, tetilla.

tétrico, tétrica (**té**-tri-co) adjetivo

De tristeza deprimente, grave y melancólico. *El ambiente era muy tétrico.* **SIN.** Macabro, lóbrego, funesto. **ANT.** Alegre, animado.

textil (tex-**til**) adjetivo

Se dice del arte de tejer, de los tejidos y de la materia que puede tejerse. *La industria textil ha experimentado un crecimiento.*

texto (**tex**-to) sustantivo masculino

1. Párrafo de un libro o escrito de un autor. *Copia ese texto y envíalo a todos los socios.*

2. Libro, manual. *Compré el texto de Lengua que nos habían indicado.* **SIN.** Obra, volumen.

textura (tex-**tu**-ra) sustantivo femenino

1. Disposición y orden de los hilos en una tela. *Este tejido tiene una textura sedosa.*

2. Disposición que tienen las partículas de un cuerpo o sustancia entre sí. *Era un suelo de textura limosa.*

tez sustantivo femenino

Superficie, especialmente la del rostro humano. *Tenía una tez tan pálida que tenía que utilizar una protección solar elevada.* **SIN.** Cutis, epidermis.

✎ Su plural es *teces*.

ti pronombre personal

Forma del pronombre personal de segunda persona del singular, en masculino o femenino, que siempre va detrás de una preposición y funciona como complemento, y no como sujeto. *Depende de ti y de nadie más.*

tibia (**ti**-bia) sustantivo femenino

Hueso que ocupa la parte delantera de la pierna del ser humano, entre el pie y la rodilla. *Tenía una fractura de tibia.*

tibio, tibia (**ti**-bio) adjetivo

Templado, que no está ni caliente ni frío. *El agua sale tibia.* **SIN.** Suave, fresco, agradable. **ANT.** Ardiente, helado.

tiburón

(ti-bu-**rón**) sustantivo masculino

Pez marino de gran tamaño, muy voraz, con la espalda gris azulada y el vientre blanco. *En el océano Pacífico hay tiburones.*

tic sustantivo masculino

Movimiento inconsciente habitual por contraerse un músculo. *Tenía un tic en el ojo.* **SIN.** Espasmo.

tiempo

(**tiem**-po) sustantivo masculino

1. Duración de las cosas. *Los zapatos me duraron poco tiempo.* **SIN.** Lapso, transcurso, espacio.

2. Época en la que vive alguien o sucede algo. *Este puente se construyó en tiempo de los romanos.* **SIN.** Era, vida, existencia.

3. Estado de la atmósfera, particularmente los distintos estados que se producen en un breve período de tiempo. *Hoy hace buen tiempo.* **SIN.** Clima.

4. Oportunidad de realizar algo. *Casi se te pasa el tiempo y no puedes apuntarte.*

5. Espacio libre de que alguien dispone para dedicarse a determinada ocupación. *Apenas tenía tiempo para sus aficiones.*

6. Aspecto de la conjugación del verbo que indica los distintos momentos en que se produce la acción. *Presente, pretérito, futuro, etc. son tiempos verbales.*

tienda (**tien**-da) sustantivo femenino

1. Casa o local donde se venden cosas. *Trabaja de dependiente en una tienda de zapatos.* **SIN.** Comercio, establecimiento.

2. Especie de caseta de tela armada con palos, que sirve de alojamiento en el campo. *Lo primero que hicimos nada más llegar al campin fue montar la tienda.*

tierno, tierna (**tier**-no) adjetivo

1. Que no es duro, fácil de doblar, deformar o romper. *El viento rompió los tallos más tiernos de la planta.* **SIN.** Blando, delicado, flexible. **ANT.** Duro, rígido.

2. Que es de hace poco tiempo. *Los frutos están tiernos.* **SIN.** Reciente, fresco. **ANT.** Pasado.

3. Cariñoso y amable. *Le dijo palabras muy tiernas que la consolaron mucho.* **SIN.** Afectuoso, amoroso. **ANT.** Hosco, antipático, cruel.

tierra (**tie**-rra) nombre propio

1. Planeta que habitamos. *La Tierra gira alrededor del Sol.* ✎ Se escribe con mayúscula.

2. sustantivo femenino Superficie del planeta que no está ocupada por el mar.

La tierra ocupa menos superficie del planeta que el mar. **SIN.** Tierra firme.
3. sustantivo femenino Materia de la que está hecho el suelo. *He cogido tierra para plantar tulipanes.*
4. sustantivo femenino Región o país. *La gente que vive lejos de su tierra la añora.* **SIN.** Patria, nación. **ANT.** Extranjero.

tieso, tiesa (**tie**-so) adjetivo
1. Duro, que cede con dificultad, se dobla o rompe. *El árbol estaba muy tieso.* **SIN.** Recio, sólido, rígido. **ANT.** Encogido, flojo.
2. Tenso, tirante. *La cuerda estaba muy tiesa.* **ANT.** Flojo, relajado.

tiesto (**ties**-to) sustantivo masculino
Maceta para plantas. *Tiene el balcón lleno de tiestos.* **SIN.** Macetero, florero, jardinera.

tigre, tigresa (**ti**-gre) sustantivo
Animal mamífero muy feroz, propio de Asia, de gran tamaño y con el pelaje amarillento y rayado de negro en el lomo y la cola. *El tigre de Bengala es una especie en peligro de extinción.*

tijera (ti-**je**-ra) sustantivo femenino
Instrumento para cortar compuesto de dos hojas de acero, trabadas en un punto desde el que se mueven. *Déjame la tijera para cortar la tela que sobra.*
✎ Se usa más en plural.

tila (**ti**-la) sustantivo femenino
Flor del tilo, con la que se prepara en infusión una bebida tranquilizante. *Cuando está nervioso, se toma una tila para tranquilizarse.*

tilde (**til**-de) sustantivo femenino
Signo de distinto tipo que se emplea en la escritura, como el acento ortográfico, el rasgo que se pone sobre algunas abreviaturas, el que lleva la eñe, etc. *Te falta la tilde de la eñe.*

tilo (**ti**-lo) sustantivo masculino
Árbol de flores blancas, olorosas y medicinales. Su madera es usada en escultura y carpintería. *Han plantado tilos en la avenida.*

timar (ti-**mar**) verbo
Quitar o robar algo con engaño. *Le timaron en la calle.* **SIN.** Estafar, robar. **ANT.** Devolver.

timbrazo (tim-**bra**-zo) sustantivo masculino
Toque fuerte de un timbre. *Dio un timbrazo.* **SIN.** Llamada.

timbre (**tim**-bre) sustantivo masculino
1. Aparato eléctrico o manual que sirve para llamar. *Suena el timbre, alguien llama.* **SIN.** Llamador.
2. Manera de ser un sonido. *Ese sonido tiene un timbre muy agudo.*
3. Sello, especialmente el que se estampa en seco. *Estampó el timbre.* **SIN.** Estampilla, póliza.

tímido, tímida (**tí**-mi-do) adjetivo
Se dice de la persona vergonzosa y a la que cuesta hablar delante de gente. *Es un poco tímido.*

timo (**ti**-mo) sustantivo masculino
Engaño para quitar o robar algo. *Le dieron el timo.* **SIN.** Estafa.

timón (ti-**món**) sustantivo masculino
1. Dirección o gobierno de un negocio. *Llevaba el timón de la empresa.* **SIN.** Mando, autoridad, gobierno, riendas.
2. Pieza de madera o de hierro que sirve para señalar la dirección que debe seguir la nave. *El capitán se ocupaba del timón.*

timonel (ti-mo-**nel**) sustantivo masculino
Persona que maneja el timón de la nave. *Era timonel de un barco.* **SIN.** Conductor, piloto.

tímpano (**tím**-pa-no) sustantivo masculino
Piel fina que separa el oído externo del interior. *Se le perforó el tímpano.* **SIN.** Tela, telilla.

tina (**ti**-na) sustantivo femenino

Bañera. Pila que sirve para lavar todo el cuerpo o parte de él. *Se metieron los dos niños en la tina a la hora del baño.*

tinaja (ti-**na**-ja) sustantivo femenino

Vasija grande de barro cocido, mucho más ancha por el medio que por el fondo y por la boca. *En el sótano guardaba varias tinajas de aceite.* **SIN.** Cántaro, barrica.

tiniebla (ti-**nie**-bla) sustantivo femenino

Falta de luz. *Todo estaba en tinieblas.* **SIN.** Oscuridad, negrura. **ANT.** Claridad, luminosidad.

✎ Se usa más en plural.

tino (**ti**-no) sustantivo masculino

1. Destreza para acertar y para hacer bien las cosas. *Tiene mucho tino.* **SIN.** Pulso, puntería. **SIN.** Torpeza.

2. Juicio y prudencia. *Actuó con tino.* **SIN.** Discreción, ponderación.

tinta (**tin**-ta) sustantivo femenino

1. Sustancia de color, fluida o espesa, para escribir, dibujar o imprimir. *Se acabó la tinta del bolígrafo.*

2. Líquido que segregan los calamares para protegerse tiñendo el agua a su alrededor. *Preparó calamares en su tinta.*

tinte (**tin**-te) sustantivo masculino

Cambio de color que se produce en un objeto, y color con que se tiñe. *Dio un segundo tinte al bolso.*

tintero (tin-**te**-ro) sustantivo masculino

1. Vaso o frasco de boca ancha, en que se pone la tinta de escribir. *Se le derramó el tintero.*

2. quedar en el tintero expresión Olvidar o no decir una cosa. *La última parte del discurso se quedó en el tintero.*

tinto, tinta (**tin**-to) adjetivo y sustantivo masculino

Se dice de la uva que tiene negro el zumo y del vino que de ella se obtiene. *Pidieron vino tinto.*

tintorería

(tin-to-re-**rí**-a) sustantivo femenino

Taller o tienda donde se tiñe o se limpia la ropa en seco. *Vete a recoger la americana a la tintorería.*

tío, tía (**tí**-o) sustantivo

1. Hermano del padre o de la madre. *La tía Ana es hermana de mi madre.*

2. Persona de quien se recalca algo bueno o malo. *Es un tío simpático.*

3. Persona cuyo nombre se ignora o no se quiere decir. *Encontramos a un tío sentado en la puerta.*

4. tío abuelo expresión Hermano de uno de los abuelos de una persona. *Visité a mi tío abuelo en la residencia.*

5. tía abuela expresión Hermana de uno de los abuelos de una persona. *Vi fotos de la boda de mi tía abuela.*

tiovivo

(tio-**vi**-vo) sustantivo masculino

Plataforma giratoria sobre la cual se instalan caballitos de madera, coches, etc., en los que se puede montar, que sirve de diversión en las ferias. *Le gustaba montar en el tiovivo.* **SIN.** Caballitos, carrusel.

típico, típica (**tí**-pi-co) adjetivo

1. Peculiar de la persona o cosa de que se trata. *No avisar es muy típico de él.* **SIN.** Característico.

2. Se aplica a las costumbres, productos, etc. de un país o región. *Comimos el plato típico de allí.* **SIN.** Popular, costumbrista.

tipo (**ti**-po) sustantivo masculino

1. Aquello que tiene bien definidas las cualidades del grupo al que pertenece. *El rock es el tipo de música que les gusta a los jóvenes.* **SIN.** Clase.

2. Figura de una persona. *Mi hermana tiene buen tipo.* **SIN.** Silueta.

3. Persona extraña y singular. *Vino un tipo preguntando por ti.*

tique (**ti**-que) sustantivo masculino

Papel que se emplea como billete para viajar en un medio de transporte o ir a un espectáculo, o como justificante de haber pagado algo. *Nos pidieron el tique del autobús.*

tiquismiquis

(ti-quis-**mi**-quis) sustantivo masculino plural

1. Escrúpulos y pegas vanos o nimios. *No se anduvo con tiquismiquis.* **SIN.** Melindres, remilgos.

2. sustantivo Persona que los hace o dice. *Se está volviendo un poco tiquismiquis.* **SIN.** Remilgado.

✎ Es igual en plural y en singular.

tira (**ti**-ra) sustantivo femenino

1. Pedazo largo y estrecho de tela, papel u otra cosa delgada. *Corta la tela en tiras.* **SIN.** Cinta.

2. la tira expresión Gran cantidad de una cosa. *Tengo en casa la tira de libros.*

tirachinas (ti-ra-**chi**-nas) sustantivo masculino

Goma atada a un palo en forma de horquilla que sirve para lanzar piedras pequeñas. *Estaban jugando con el tirachinas.*

✎ Es igual en plural y en singular.

tirada (ti-**ra**-da) sustantivo femenino

1. Lanzamiento. *Falló su tirada a puerta.* **SIN.** Disparo.

2. Distancia que hay de un lugar a otro, o de un tiempo a otro. *Toma un taxi, que hasta tu casa queda todavía una buena tirada.* **SIN.** Trecho, tramo, trayecto, extensión.

3. Número de ejemplares del mismo libro que se editan a la vez. *Hicieron una tirada de 90 000 ejemplares.* **SIN.** Edición.

4. de una tirada expresión De una sola vez, sin interrupciones. *Pintó las cuatro paredes de una tirada.*

tirado, tirada (ti-**ra**-do) adjetivo

1. Se dice de las cosas que abundan mucho o que se dan muy baratas. *Es-*

te año el precio de las patatas está tirado. **SIN.** Regalado, saldo, ganga. **ANT.** Caro.

2. Se dice de aquello que es muy sencillo de conseguir o de hacer. *El problema estaba tirado.* **SIN.** Fácil, chupado.

tirador (ti-ra-**dor**) sustantivo masculino

Asidero, cordón, cadenilla, etc. del cual se tira para cerrar una puerta, abrir un cajón, etc. *Se quedó con el tirador de la puerta en la mano.* **SIN.** Pomo, mango.

tiranía (ti-ra-**ní**-a) sustantivo femenino

Abuso de cualquier poder o fuerza. *Su gobierno era una auténtica tiranía.* **SIN.** Avasallamiento, atropello. **ANT.** Tolerancia, respeto.

tirano, tirana (ti-**ra**-no) adjetivo y sustantivo

1. Se dice de la persona que se apropia del poder supremo ilegítimamente, o que rige un Estado sin justicia. *El gobernante de aquel país era un tirano.* **SIN.** Déspota, dictador. **ANT.** Demócrata.

2. Se dice de la persona que abusa de su poder, superioridad o fuerza. *Se comporta como una tirana.* **SIN.** Déspota, dictador.

tirante (ti-**ran**-te) adjetivo

1. Que está muy tenso o estirado. *Esta cuerda está tirante.*

2. Se dice de las relaciones de amistad próximas a romperse. *Nuestras relaciones están un poco tirantes últimamente.* **SIN.** Difícil.

3. sustantivo masculino Cada una de las dos tiras elásticas o de tela que suspenden de los hombros el pantalón y otras prendas de vestir. *Se puso los tirantes porque se le caía el pantalón.*

tirar (ti-**rar**) verbo

1. Arrojar una cosa con la mano. *Tiró piedras al río.* **SIN.** Lanzar, echar. **ANT.** Recoger, tomar.

2. Derribar. *Han tirado la vieja casa.* **SIN.** Demoler, derrumbar. **ANT.** Construir, edificar.
3. Disparar, lanzar. *Tiraron cohetes en la fiesta.*
4. Estirar o extender. *Tira de ese extremo.* **SIN.** Desdoblar.
5. Malgastar una cosa. *Tiró todos sus ahorros.* **SIN.** Derrochar, despilfarrar. **ANT.** Ahorrar.
6. Hacer fuerza para acercar una cosa o para llevarla detrás. *El caballo asturcón tira del carro.* **SIN.** Arrastrar, remolcar.
7. Atraer. *Le tira mucho su tierra.* **SIN.** Agradar, gustar. **ANT.** Desagradar, repeler, disgustar.
8. Producir el tiro o corriente de aire de una chimenea. *La chimenea tira bien.*
9. Durar o mantenerse a duras penas una persona o cosa. *Va tirando como puede.* **SIN.** Renquear.
10. Tender hacia algo. *Últimamente tira a no agobiarse por nada.* **SIN.** Propender, inclinarse, aficionarse. **ANT.** Inhibirse, evitar.
11. Parecerse a otra cosa; se dice sobre todo de los colores y algunas cualidades. *La camisa es de un color que tira a amarillo.* **SIN.** Tender, semejarse. **ANT.** Distinguirse.
12. tirarse Abalanzarse sobre algo o alguien. *Se tiró sobre nosotros.* **SIN.** Acometer, arremeter.
13. tirarse Echarse o tenderse en la cama u otra superficie horizontal. *Se tiró un rato en el sofá.* **SIN.** Acostarse, caer, descansar. **ANT.** Levantarse, erguirse.

tiritar (ti-ri-**tar**) verbo
Temblar o estremecerse de frío. *Le encontré tiritando de frío.* **SIN.** Temblequear, castañetear.

tiritona (ti-ri-**to**-na) sustantivo femenino
Temblor que causa la fiebre. *Le entró la tiritona.* **SIN.** Tembladera, fiebre, castañeteo.

tiro (**ti**-ro) sustantivo masculino
1. Disparo de un arma de fuego y señal que deja. *Tenía un tiro en el hombro.* **SIN.** Balazo, carga, andanada.
2. Conjunto de caballerías que tiran de un carruaje. *El carruaje llevaba un tiro de diez caballos.*
3. Corriente de aire, y en especial la que origina el fuego de una hoguera, llevando consigo los humos. *La cocina no tiene tiro.* **SIN.** Ventilación.
4. tiro al blanco expresión Ejercicios de puntería practicados sobre siluetas y a distancias cada vez mayores. *Los policías practican tiro al blanco.*
5. tiro al plato expresión Deporte que consiste en disparar con una escopeta a un plato especial lanzado para este propósito. *Los domingos practico tiro al plato.*

tirón (ti-**rón**) sustantivo masculino
1. Acción de tirar con violencia. *Recibió un tirón y cayó al suelo.* **SIN.** Estirón, sacudida, empujón.
2. Estiramiento o aumento de tamaño en breve tiempo. *Dio un tirón.*
3. Robo que consiste en apropiarse de un objeto tirando violentamente de él. *Le quitaron el bolso con un tirón.*
4. de un tirón expresión De una vez. *Dormí nueve horas de un tirón.*

tirotear (ti-ro-te-**ar**) verbo
Disparar repetidamente de una parte a otra contra el enemigo. *Los atracadores empezaron a tirotear.*

títere (**tí**-te-re) sustantivo masculino
Muñeco de pasta u otra materia, movido con algún artificio, que imita los movimientos humanos. *Le gustaba hacer teatro de títeres.* **SIN.** Guiñol, marioneta.

titilar (ti-ti-**lar**) verbo

Oscilar un cuerpo luminoso o brillante. *La bombilla titilaba.* **SIN.** Refulgir, parpadear, resplandecer. **ANT.** Oscurecer.

titiritero, titiritera

(ti-ti-ri-**te**-ro) sustantivo

Persona que anda y da vueltas por el aire con facilidad sobre una cuerda o alambre, y hace otras acrobacias. *Unos cuantos titiriteros bailaron en el alambre.*

titubear (ti-tu-be-**ar**) verbo

Vacilar o tropezar en la elección o pronunciación de las palabras. *Titubeó un momento.* **SIN.** Tartamudear, balbucir.

titubeo (ti-tu-**be**-o) sustantivo masculino

Vacilación o tropiezo. *Tras un titubeo, le dijo lo que pensaba.* **SIN.** Duda, turbación. **ANT.** Seguridad, decisión, firmeza.

titular (ti-tu-**lar**) adjetivo

1. Se dice de la persona que ejerce profesión con cometido especial y propio. *Las clases eran impartidas por profesores titulares.* **SIN.** Facultativo, profesional.

2. sustantivo masculino Título de una revista, periódico o cualquier otra publicación destacados en tipos de mayor tamaño. *Leyó los titulares del periódico.* **SIN.** Encabezamiento, cabecera.

3. verbo Poner título o nombre a una cosa. *No sabía cómo titular su redacción.* **SIN.** Rotular, intitular, llamar.

4. titularse verbo Obtener un título académico. *Se tituló en Medicina.*

título (**tí**-tu-lo) sustantivo masculino

1. Nombre de una canción, libro, película, etc. *¿Recuerdas el título del último libro que has leído?*

2. Documento que prueba el derecho a algo. *No pudo vender la casa por-*que no tenía el título de propiedad. **SIN.** Certificado.

3. Certificado de haber realizado unos estudios que permiten practicar una profesión. *Tiene el título de Grado en Derecho.*

4. Categoría de las personas nobles. *Tiene el título de conde.*

tiza (**ti**-za) sustantivo femenino

Barrita que se usa para escribir en las pizarras. *Uso tizas de colores.*

toalla (to-**a**-lla) sustantivo femenino

Paño que se utiliza para secarse uno después de haberse lavado. *Compró un juego de toallas.*

tobillera (to-bi-**lle**-ra) sustantivo femenino

Venda elástica con que se sujeta el tobillo. *Se retorció el tobillo y llevaba una tobillera.*

tobillo (to-**bi**-llo) sustantivo masculino

Saliente de cada uno de los dos huesos de la pierna llamados *tibia* y *peroné*, en el lugar donde la pierna se une con el pie. *Se torció el tobillo.*

tobogán (to-bo-**gán**) sustantivo masculino

Rampa que sirve para deslizarse por ella. *En los parques infantiles hay toboganes.*

tocador (to-ca-**dor**) sustantivo masculino

Mueble con espejo, para el peinado y aseo de una persona. *Se miró en el espejo del tocador.*

tocar (to-**car**) verbo

1. Usar el sentido del tacto. *Me quemé con la plancha al tocarla.* **SIN.** Palpar, acariciar, rozar.

2. Hacer sonar un instrumento musical. *Mi hermano toca muy bien el piano.* **SIN.** Interpretar.

3. Cambiar el estado de las cosas. *No toques ese poema, así está perfecto.* **SIN.** Alterar, cambiar.

4. Llegar a una cosa con la mano, sin atraparla. *Es tan alta que casi toca el techo.* **SIN.** Rozar.

5. Avisar mediante la campana u otro instrumento. *Tocó el timbre de salida.* **SIN.** Doblar, voltear.
6. Tropezar ligeramente dos cosas. *Los dos extremos casi se tocan.* **SIN.** Chocar, rozar, pegar.
7. Tratar superficialmente de una materia. *Tocó el tema solo por encima.* **SIN.** Mencionar, aludir. **ANT.** Profundizar, estudiar.
8. Ser la obligación de alguien. *Esta semana te toca poner la mesa.* **SIN.** Corresponder.
9. Caer en suerte una cosa. *Le tocó la lotería.* **SIN.** Ganar.
10. Corresponder a alguien una porción de una cosa que se distribuye entre varios. *Te ha tocado el trozo de tarta más pequeño.*
✎ Se conjuga como *abarcar*.

tocayo, tocaya (to-**ca**-yo) sustantivo
Respecto de una persona, otra que tiene su mismo nombre. *Era tocayo mío.* **SIN.** Homónimo.

tocino (to-**ci**-no) sustantivo masculino
Grasa del cerdo. *Este jamón tiene mucho tocino.*

todavía (to-da-**ví**-a) adverbio
1. Hasta un momento determinado desde tiempo anterior. *Están comiendo todavía.* **SIN.** Aún.
2. Con todo eso, a pesar de ello, sin embargo. *Se lo he negado mil veces y todavía insiste.*
3. Expresa más intensidad en lo que se está diciendo. *Luis es todavía más alto que su padre.*

todo, toda (to-do) adjetivo
1. Se dice de lo que se toma o se comprende enteramente en la cantidad, sin dejar partes fuera. *Toda la clase está aquí.* **SIN.** Global, total.
2. sustantivo masculino Cosa completa. *Se lo llevó todo.* **SIN.** Totalidad, con-

junto, integridad, total. **ANT.** Nada, parte, parcialidad.
3. adverbio Enteramente. *Estaba de acuerdo en todo.*
4. sobre todo expresión De forma particular, principalmente. *Quiero, sobre todo, a mi familia.*

todoterreno (to-do-te-**rre**-no) adjetivo y sustantivo masculino
Se dice del vehículo que puede circular por todo tipo de terrenos. *Se ha comprado un todoterreno.*

toldo (**tol**-do) sustantivo masculino
Cubierta de lona que se tiende para hacer sombra en alguna parte. *Pusieron un toldo en la terraza de la cafetería.* **SIN.** Carpa.

tolerancia (to-le-**ran**-cia) sustantivo femenino
1. Acción de tolerar. *Tiene mucha tolerancia con sus hijos.*
2. Disposición a admitir en los demás una manera de ser, de obrar o de pensar distinta de la propia. *Es una persona que se caracteriza por su gran tolerancia.* **SIN.** Respeto, transigencia. **ANT.** Intolerancia.

tolerar (to-le-**rar**) verbo
1. Llevar con paciencia. *No tolero tanto calor. No tolero su mal genio.* **SIN.** Soportar. **ANT.** Rebelarse.
2. Dejar hacer a alguien una cosa. *Mi padre me toleró llegar más tarde el día de la fiesta.* **SIN.** Consentir, permitir. **ANT.** Prohibir.

toma (**to**-ma) sustantivo femenino
1. Acción de tomar o recibir una cosa. *Asistimos al acto de toma de posesión.* **SIN.** Apropiación, apoderamiento. **ANT.** Devolución, restitución.
2. Conquista, asalto por armas de una fortaleza o ciudad. *Los Reyes Católicos unificaron España con la toma de Granada.* **SIN.** Ocupación, botín. **ANT.** Liberación.

3. Abertura para dar salida a parte del agua de una corriente o de un embalse. *Solicitó la toma de aguas.* **SIN.** Orificio, entrada.

4. Conexión eléctrica. *Conectaron otra toma de luz.* **SIN.** Acceso, derivación, desviación.

5. En cinematografía, acción y efecto de fotografiar o filmar. *Hicieron varias tomas.*

6. Cada una de las veces que se administra un medicamento. *Eran tres tomas al día.* **SIN.** Dosis.

tomar (to-**mar**) verbo

1. Coger con la mano una cosa. *Tomó al niño de la mano.* **SIN.** Asir, agarrar, enganchar. **ANT.** Soltar.

2. Comer o beber. *No tomo azúcar con el café.* **SIN.** Ingerir.

3. Entender una cosa con cierto sentido. *Tomó mal que olvidaran felicitarlo.* **SIN.** Interpretar, juzgar.

4. Subir a un vehículo. *Tomé el tren en la estación.* **SIN.** Coger. **ANT.** Bajar, desmontar.

5. Adoptar una determinación, decidir algo o actuar de cierta forma. *Hay que tomar medidas para que no ocurra.*

tomate (to-**ma**-te) sustantivo masculino

1. Fruto carnoso y comestible, de color rojo brillante. *Preparó una ensalada de tomate.*

2. Rotura hecha en una prenda de punto. *Tenía tomates en los calcetines.* **SIN.** Agujero, roto.

3. ponerse como un tomate expresión Ponerse colorado, ruborizarse. *Cuando le besó, se puso como un tomate.*

tómbola (**tóm**-bo-la) sustantivo femenino

Rifa o lotería, generalmente organizada con fines benéficos, y en la que los premios son objetos y no dinero. *Organizaron una tómbola.* **SIN.** Sorteo, lotería.

tomillo (to-**mi**-llo) sustantivo masculino

Planta aromática, muy común en toda Europa, utilizada como condimento. *Échale un poco de tomillo a la carne guisada.*

tomo (to-mo) sustantivo masculino

Cada una de los libros encuadernados separadamente en que suelen dividirse las obras largas. *Es un diccionario enciclopédico de doce tomos.* **SIN.** Volumen, libro.

tonalidad (to-na-li-**dad**) sustantivo femenino

Relación de tonos y colores. *En sus cuadros siempre hay una tonalidad de amarillos.* **SIN.** Gama, gradación.

tonel (to-**nel**) sustantivo masculino

Recipiente grande de madera para contener líquidos. *En la bodega había varios toneles de vino.* **SIN.** Barrica, cubeta, barril.

tonelada (to-ne-**la**-da) sustantivo femenino

Peso de 1000 kilogramos. *El camión llevaba una tonelada de patatas.*

✎ También *tonelada métrica.* Su símbolo es *t.*

tónico, tónica

(**tó**-ni-co) adjetivo y sustantivo

1. Que da fuerza y energía. *Era una buena bebida tónica.*

2. Se dice de la vocal o sílaba de una palabra que se pronuncia con más fuerza. *En* tomillo, *la sílaba tónica es* mi.

3. sustantivo masculino Crema o loción de belleza que sirve para limpiar y refrescar la piel. *Date primero la leche limpiadora y luego el tónico.*

tono (to-no) sustantivo masculino

1. Grado de elevación de un sonido. *Ese sonido tiene un tono alto.*

2. Carácter del estilo y de la expresión de una obra literaria. *El tono de sus obras suele ser elevado.*

3. Forma de hablar y manera especial de decir una cosa, según la intención o el estado de ánimo de la persona que habla. *Lo dijo en un tono muy débil.*

4. Energía, fuerza para realizar algo. *No se encontraba muy a tono.* **SIN.** Ánimo, vigor, fuerza.

tontear (ton-te-**ar**) verbo

1. Hacer o decir tonterías. *Deja de tontear, esto va en serio.* **SIN.** Disparatar, fantochear, bobear.

2. Intentar atraer a una persona, pero sin establecer una relación seria. *Se pasó la tarde tonteando con su vecino.* **SIN.** Coquetear.

tontería (ton-te-**rí**-a) sustantivo femenino

1. Bobada, memez. *Deja de decir tonterías.* **ANT.** Agudeza.

2. Dicho o hecho sin importancia. *Se enfadaron por una tontería.* **SIN.** Nimiedad, nadería.

tonto, tonta

(**ton**-to) adjetivo y sustantivo

1. De escaso entendimiento. *Es un poco tonto, le cuesta entender las explicaciones.*

2. Infeliz, ingenuo. *La toma por tonta.*

3. a lo tonto expresión Con disimulo. *A lo tonto, a lo tonto, ha ganado un montón de dinero.*

tope (**to**-pe) sustantivo masculino

1. Pieza que sirve para detener o limitar el movimiento de un mecanismo. *Puso un tope en la puerta para que no se cerrara mientras metía los materiales.* **SIN.** Bloqueo, seguro.

2. Extremo superior de cualquier palo o madero. *El palo tenía una punta en el tope.*

tópico, tópica (**tó**-pi-co) adjetivo

1. Que se refiere a ideas y expresiones superficiales o muy empleadas, aunque no necesariamente ciertas. *Esas ideas son muy tópicas y por eso mismo no muy realistas.*

2. sustantivo masculino Frase o idea muy usada y conocida. *Siempre recurres al mismo tópico.*

topo (**to**-po) sustantivo masculino

Animal mamífero de pelaje muy fino, ojos pequeños, brazos fuertes, manos anchas y cinco dedos con fuertes uñas, con las que excava galerías subterráneas. *El prado estaba lleno de galerías de topo.*

toque (**to**-que) sustantivo masculino

1. Acción de tocar una cosa. *Di un toque al balón.* **SIN.** Roce.

2. Aviso o advertencia. *Al final, te darán el toque por hablar tan alto.*

3. Pincelada ligera. *Remató el cuadro con unos toques amarillos.*

toquilla (to-**qui**-lla) sustantivo femenino

Pañuelo, generalmente triangular, que se pone en la cabeza o al cuello. *Envolvió al bebé en la toquilla.*

tórax (**tó**-rax) sustantivo masculino

1. Pecho del ser humano y de los animales. *Le radiografiaron el tórax.* **SIN.** Busto.

2. Parte media del cuerpo de un insecto entre la cabeza y el abdomen. *Del tórax salen las alas de las moscas.*
✎ Es igual en plural y en singular.

torbellino (tor-be-**lli**-no) sustantivo masculino

1. Remolino de viento. *Entramos a casa porque se levantó un torbellino.*

2. Abundancia de cosas que ocurren o pasan a la vez. *Se le venía encima un torbellino de preguntas.* **SIN.** Revuelo, jaleo, confusión.

3. Persona demasiado viva e inquieta. *Esta niña no para, es un torbellino.* **ANT.** Pacífico, tranquilo.

torcer (tor-**cer**) verbo

1. Poner una cosa curva o formando ángulo. *Torció un alambre para hacer un gancho.* **SIN.** Doblar(se), curvar(se). **ANT.** Enderezar(se), rectificar.

torcido - torpe

2. Hacer tomar a una cosa dirección distinta de la natural. *Al llamarle, torció la cabeza.* **SIN.** Girar, dislocar.

3. Hacer un gesto de desagrado con el rostro. *Torció el gesto.* **SIN.** Enfadarse, agriarse, enojarse. **ANT.** Contentarse, alegrarse.

4. Cambiar de dirección. *Tuerce a la izquierda.* **SIN.** Girar.

5. torcerse Fracasar o surgir dificultades en un asunto que parecía que iba bien. *Al final se torció todo y no fuimos de excursión.* **SIN.** Frustrarse.

✎ Verbo irregular, se conjuga como *mover*. Se escribe -*z*- en vez de -*c*- seguido de -*a* y -*o*, como en *tuerza* o *tuerzo*.

torcido, torcida (tor-**ci**-do) adjetivo

1. Que no es recto. *Esa línea está muy torcida.* **SIN.** Retorcido, oblicuo, curvo. **ANT.** Recto, derecho.

2. Se dice de la persona que no obra con rectitud. *Es un poco torcido.* **SIN.** Inmoral. **ANT.** Justo.

torear (to-re-**ar**) verbo

1. Lidiar los toros en la plaza. *Su ilusión desde pequeño era torear.*

2. Burlarse de alguien. *Parecía que me estaba toreando.*

3. Llevar hábilmente un asunto difícil. *Toreó las dificultades con astucia.*

torero, torera (to-**re**-ro) sustantivo

1. Persona cuyo oficio es torear en las plazas. *El torero cortó las dos orejas.* **SIN.** Diestro, matador.

2. sustantivo femenino Chaquetilla ceñida al cuerpo y que no baja de la cintura. *Llevaba puesta una torera negra.*

tormenta

(tor-**men**-ta) sustantivo femenino

Tempestad de lluvia acompañada de rayos, truenos y viento intenso. *La tormenta en el mar se llama tempestad.* **SIN.** Temporal.

tormento (tor-**men**-to) sustantivo masculino

1. Dolor corporal que se causaba a un prisionero para obligarle a decir o hacer algo. *Le dieron tormento para que confesara.* **SIN.** Tortura, suplicio.

2. Gran pena o amargura. *Tener que cargar con la culpa era un tormento.* **SIN.** Tristeza, desolación, aflicción. **ANT.** Alegría, placer.

torneo (tor-**ne**-o) sustantivo masculino

1. Competición entre caballeros de la Edad Media. *Se celebró el torneo.* **SIN.** Justa, liza, desafío.

2. Competición entre varios participantes que se van eliminando en sucesivos encuentros. *Participó en el torneo de ajedrez.*

tornillo (tor-**ni**-llo) sustantivo masculino

Pieza cilíndrica de metal, madera, etc. con rosca, que encaja en la tuerca. *Sujétalo con un tornillo.*

torno (tor-no) sustantivo masculino

1. Máquina formada por un cilindro que gira sobre su eje. *Para hacer vasijas, se usa el torno.*

2. en torno a expresión Alrededor de. *Se puso una bufanda en torno al cuello.*

toro (to-ro) sustantivo masculino

1. Animal mamífero de gran tamaño, cabeza gruesa con cuernos curvos, piel dura con pelo corto y cola larga. *Se dedicaba a la cría de toros.* **ANT.** Vaca.

2. Persona muy robusta y fuerte. *Está hecho un toro.* **SIN.** Fornido, forzudo. **ANT.** Debilucho.

3. sustantivo masculino plural Fiesta o espectáculo en la que se torean toros o novillos. *Fuimos a los toros.*

torpe (tor-pe) adjetivo

1. Desmañado, falto de habilidad. *Tenía un andar muy torpe.* **SIN.** Negado, incapaz. **ANT.** Hábil.

2. Poco inteligente. *Parece un poco torpe.* **SIN.** Lerdo, penco.

torpedo (tor-**pe**-do) sustantivo masculino
Máquina de guerra, submarina y dirigible, que sirve para hundir, cuando explota, a la nave que choca con ella o está próxima. *Dispararon varios torpedos.*

torpeza (tor-**pe**-za) sustantivo femenino
Acción o palabras inoportunas, molestas o tontas. *Cometió una torpeza cuando le preguntó la edad.* **SIN.** Necedad, tontería.

torre (**to**-rre) sustantivo femenino
1. Construcción o parte de un edificio mucho más alta que ancha. *En los castillos, la torre sirve de defensa.* **SIN.** Fortificación, torreón.
2. Pieza del ajedrez, en figura de torre, que camina en cualquier dirección paralela a los lados del tablero. *Movió la torre.*
3. Bloque de viviendas de gran altura. *Viven en una torre.*
4. torre de control expresión Edificio de los aeropuertos, desde el cual los controladores se comunican con los aviones, para que haya coordinación y orden en las salidas y entradas. *El piloto siguió las indicaciones de la torre de control.*

torrencial (to-rren-**cial**) adjetivo
Se dice de lo que se produce de forma rápida y fuerte, como los torrentes. *Se avecinaban lluvias torrenciales.* **SIN.** Impetuoso, incontenible. **ANT.** Suave, lento.

torrente (to-**rren**-te) sustantivo masculino
Corriente de agua rápida, impetuosa, que se produce cuando llueve mucho. *El torrente amenazaba con desbordarse.*

torreón (to-rre-**ón**) sustantivo masculino
Torre grande para defender un lugar o un castillo. *Desde el torreón había una bonita vista de la ciudad.*

torrija (to-**rri**-ja) sustantivo femenino
Rebanada de pan mojada en leche y a veces en vino, que se recubre de huevo batido, se fríe en aceite y se endulza con miel o azúcar. *Las torrijas son un postre muy popular en la cocina española.*

torta (**tor**-ta) sustantivo femenino
1. Masa de harina, de figura redonda, que se cuece a fuego lento. *Hizo tortas de chocolate.*
2. Golpe dado con la mano en la cara. *Estuvo a punto de darle una torta.* **SIN.** Bofetada, cachete.
3. Caída, accidente. *Se metió una torta con la bici.*
4. Tarta. *Voy a poner un negocio de tortas ahogadas en Ciudad de México.*
5. Panecillo partido longitudinalmente que se rellena con diversos alimentos. *En México, las tortas están hechas con pan blanco; en otros países se conoce como* sándwiches.

tortazo (tor-**ta**-zo) sustantivo masculino
1. Golpe dado en la cara con la mano. *Se llevó un tortazo.* **SIN.** Bofetada, sopapo. **ANT.** Caricia.
2. darse un tortazo expresión Sufrir un accidente. *Se dio un tortazo con el coche y está en el hospital.*

tortícolis
(tor-**tí**-co-lis) sustantivo femenino
Dolor del cuello que obliga a mantenerlo torcido. *Se levantó de la cama con tortícolis.*
✎ Es igual en plural y en singular.

tortilla (tor-**ti**-lla) sustantivo femenino
1. Plato hecho con huevos que se baten y fríen en aceite. *Se preparó una tortilla de espárragos.*
2. Alimento en forma circular y aplanada, para acompañar la comida, que se hace con masa de maíz hervido en agua con cal, y se cuece en comal. *Las*

tortillas se comen calientes, siempre envolviendo carnes, huevo, y diversas comidas saladas, o alguna dulce como el mole.

tortuga (tor-**tu**-ga) sustantivo femenino

Animal terrestre o marino con un caparazón duro, dentro del cual puede recogerse, cuyos movimientos son lentos. *Vimos una tortuga de agua.*

tortura (tor-**tu**-ra) sustantivo femenino

1. Grave dolor físico o psicológico hecho a una persona para castigarla u obligarla a decir o hacer algo. *Los denunció por torturas.* **SIN.** Tormento. **ANT.** Placer.

2. Dolor o pena grande, y lo que lo produce. *Tener que estar allí era para él una tortura.* **ANT.** Alegría.

torturar (tor-tu-**rar**) verbo

Dar tortura, atormentar. *Se torturaba pensando en lo que había hecho.* **SIN.** Martirizar, sufrir.

tos sustantivo femenino

Expulsión brusca y ruidosa del aire contenido en los pulmones, que suele producirse cuando se tiene catarro. *Tenía una tos muy ronca.* **SIN.** Estornudo.

tosco, tosca (**tos**-co) adjetivo

1. Grosero, basto, sin pulimento. *Es un tela muy tosca.* **SIN.** Ordinario, vulgar. **ANT.** Refinado.

2. adjetivo y sustantivo Inculto, sin modales ni educación. *Sus modales eran toscos.* **SIN.** Basto. **ANT.** Refinado.

toser (to-**ser**) verbo

Tener y padecer tos. *Tenía catarro y tosía sin parar.* **SIN.** Estornudar.

tostada (tos-**ta**-da) sustantivo femenino

Rebanada de pan tostada al horno o en un tostador eléctrico. *Untó la tostada con mermelada.*

tostar (tos-**tar**) verbo

1. Secar una cosa a la lumbre sin quemarla, hasta que tome color. *Tostó el pan.* **SIN.** Dorar.

2. Poner morena la piel del cuerpo el sol o el viento. *Le gustaba tostarse al sol en la playa.* **SIN.** Broncear, curtir. **ANT.** Palidecer.

✎ Verbo irregular, se conjuga como *contar.*

tostón (tos-**tón**) sustantivo masculino

Lo que resulta molesto, latoso o impertinente. *La conferencia fue un tostón.* **SIN.** Tabarra, rollo.

total (to-**tal**) adjetivo y sustantivo masculino

Completo, que incluye todas sus partes. *Ese era el total del dinero que te debía.* **SIN.** General. **ANT.** Parcial.

totalidad (to-ta-li-**dad**) sustantivo femenino

Conjunto de todas las cosas o personas que forman una clase o grupo. *Afectaba a la totalidad de los vecinos de la región.* **SIN.** Generalidad. **ANT.** Parcialidad.

tótem (**tó**-tem) sustantivo

Persona u objeto que poseen un valor protector simbólico. *Los tótems de la Isla de Pascua son conocidos a nivel mundial.*

tóxico, tóxica

(**tó**-xi-co) adjetivo y sustantivo masculino

Se dice de las sustancias venenosas o dañinas para la salud. *Retiraron el producto del mercado porque era tóxico.*

tozudo, tozuda (to-**zu**-do) adjetivo

Se dice de la persona que no cede fácilmente en sus actitudes o ideas. *No esperes convencerle tan fácilmente, es muy tozudo.* **SIN.** Obstinado, testarudo. **ANT.** Flexible.

traba (**tra**-ba) sustantivo femenino

Obstáculo para la realización de algo. *Le puso muchas trabas.* **SIN.** Estorbo. **ANT.** Facilidad, ayuda.

trabajador, trabajadora

(tra-ba-ja-**dor**) adjetivo

1. Que trabaja mucho y bien. *Es una persona muy trabajadora.* **SIN.** Laborioso, activo. **ANT.** Vago.

2. sustantivo Persona que trabaja para otra o para una empresa. *Los trabajadores mostraron su descontento.* **SIN.** Operario, asalariado.

trabajar

(tra-ba-**jar**) verbo

1. Realizar una actividad física o mental durante un determinado período de tiempo. *Hemos trabajado todo el día para pintar la casa.* **SIN.** Hacer. **ANT.** Holgar.

2. Desempeñar una profesión para ganarse la vida. *Trabaja como abogado en un bufete.* **SIN.** Ejercer.

trabajo

(tra-**ba**-jo) sustantivo masculino

1. Actividad física o mental útil, especialmente la que se realiza para ganar dinero. *Está en paro, busca trabajo.* **SIN.** Labor, faena.

2. Obra o resultado de una tarea. *Hizo un gran trabajo.*

3. Gran esfuerzo que cuesta hacer una cosa. *Le costó trabajo.*

trabalenguas

(tra-ba-**len**-guas) sustantivo masculino

Frase difícil de pronunciar, sobre todo cuando sirve de juego para hacer a alguien equivocarse. *Le gustan los trabalenguas.*

✎ Es igual en plural y en singular.

trabar (tra-**bar**) verbo

1. Enlazar una cosa con otra, o los distintos elementos de un conjunto. *Traba las correas.* **SIN.** Unir, ligar. **ANT.** Separar, soltar.

2. Coger o enganchar algo. *Trabó la tela con un imperdible.* **SIN.** Agarrar. **ANT.** Soltar, desasir.

3. Dar comienzo a una batalla, pelea, etc. *Trabaron un duro combate.*

4. trabarse Quedar alguien atascado al hablar o al hacer algo. *Al llegar a la última pregunta, me trabé.*

tractor (trac-**tor**) sustantivo masculino

Máquina con motor que se utiliza en los trabajos del campo. *Conducía un tractor.*

tradición

(tra-di-**ción**) sustantivo femenino

Transmisión de noticias, historias, costumbres, etc., hecha de padres a hijos durante años. *Ese poema se conserva por tradición oral.*

tradicional (tra-di-cio-**nal**) adjetivo

Que se ha transmitido por tradición o que se hace igual que se hacía hace mucho tiempo. *Aquella procesión era la más tradicional de la zona.* **SIN.** Ancestral.

traducción

(tra-duc-**ción**) sustantivo femenino

Actividad de expresar en un idioma lo que se escucha o lee en otro. *Necesito una traducción del alemán al español.*

traducir (tra-du-**cir**) verbo

Decir o escribir en una lengua lo que se ha escrito o dicho en otra. *Traduce libros del portugués al inglés.*

✎ Verbo irregular, se conjuga como *conducir.*

traductor, traductora

(tra-duc-**tor**) adjetivo y sustantivo

Que pasa palabras o escritos de una lengua a otra. *Es un buen traductor de coreano.* **SIN.** Intérprete.

traer (tra-**er**) verbo

1. Llevar una cosa al lugar en donde uno está. *Nos ha traído sus discos.* **SIN.** Trasladar, conducir.

2. Tener puesta alguna prenda de ropa o adorno. *Traes un bonito vestido.* **SIN.** Vestir, llevar.

3. Ser causa de algo, ocasionar. *La avaricia trajo su desgracia.* **SIN.** Acarrear, originar, producir.

✎ Verbo irregular. Ver pág. 962.

traer

MODO INDICATIVO		MODO SUBJUNTIVO	
Tiempos simples	Tiempos compuestos	Tiempos simples	Tiempos compuestos

Presente	**Pret. perf. compuesto / Antepresente**	**Presente**	**Pret. perf. compuesto / Antepresente**
traigo	he traído	traiga	haya traído
traes / traés	has traído	traigas	hayas traído
trae	ha traído	traiga	haya traído
traemos	hemos traído	traigamos	hayamos traído
traéis / traen	habéis traído	traigáis / traigan	hayáis traído
traen	han traído	traigan	hayan traído

Pret. imperfecto / Copretérito	**Pret. pluscuamperfecto / Antecopretérito**	**Pret. imperfecto / Pretérito**	**Pret. pluscuamperfecto / Antepretérito**
		trajera o trajese	hubiera o hubiese traído
traía	había traído	trajeras o trajeses	hubieras o hubieses traído
traías	habías traído	trajera o trajese	hubiera o hubiese traído
traía	había traído	trajéramos o trajésemos	hubiéramos o hubiésemos traído
traíamos	habíamos traído	trajerais o trajeseis / trajeran o trajesen	hubierais o hubieseis traído hubieran o hubiesen traído
traíais / traían	habíais traído	trajeran o trajesen	
traían	habían traído		

Pret. perf. simple / Pretérito	**Pret. anterior / Antepretérito**	**Futuro simple / Futuro**	**Futuro compuesto / Antefuturo**
traje	hube traído	trajere	hubiere traído
trajiste	hubiste traído	trajeres	hubieres traído
trajo	hubo traído	trajere	hubiere traído
trajimos	hubimos traído	trajéremos	hubiéremos traído
trajisteis / trajeron	hubisteis traído	trajereis / trajeren	hubiereis traído
trajeron	hubieron traído	trajeren	hubieren traído

Futuro simple / Futuro	**Futuro compuesto / Antefuturo**
traeré	habré traído
— traerás	habrás traído
traerá	habrá traído
traeremos	habremos traído
traeréis / traerán	habréis traído
traerán	habrán traído

MODO IMPERATIVO

trae (tú) / traé (vos) / traiga (usted)
traed (vosotros)
traigan (ustedes)

Condicional simple / Pospretérito	**Condicional compuesto / Antepospretérito**
traería	habría traído
traerías	habrías traído
traería	habría traído
traeríamos	habríamos traído
traeríais / traerían	habríais traído
traerían	habrían traído

FORMAS NO PERSONALES

Infinitivo	**Infinitivo compuesto**
traer	haber traído

Gerundio	**Gerundio compuesto**
trayendo	habiendo traído

Participio	
traído	

traficar (tra-fi-**car**) verbo
Comerciar, especialmente si se trata de negocios ilegales. *Traficaba con cosas robadas.*

✎ Se conjuga como *abarcar.*

tráfico (**trá**-fi-co) sustantivo masculino
1. Movimiento de vehículos por tierra, mar o aire. *En verano, las carreteras tienen mucho tráfico.*
2. Comercio, especialmente si es ilegal. *Formaba parte de una banda que se dedica al tráfico de marfil.* **SIN.** Negocio.

tragaluz (tra-ga-**luz**) sustantivo masculino
Ventana abierta en un techo o en la parte superior de una pared. *Tengo un tragaluz en el baño.* **SIN.** Claraboya, lucerna.

✎ Su plural es *tragaluces.*

tragaperras
(tra-ga-**pe**-rras) adjetivo y sustantivo femenino
Aparato de juegos que funciona al echarle una moneda. *Era un vicioso de las tragaperras.*

✎ Es igual en plural y en singular.

tragar (tra-**gar**) verbo
1. Hacer pasar el alimento de la boca al estómago. *No podrás tragar esas pastillas tan grandes.* **SIN.** Engullir, ingerir. **ANT.** Expulsar.
2. Absorber las aguas o la tierra lo que está en su superficie. *La riada se tragó el puente.* **SIN.** Chupar, hundir.
3. Creer con facilidad cosas absurdas o mentiras. *Se lo tragó todo.* **SIN.** Admitir, aceptar.
4. no tragar expresión Tenerle antipatía o aborrecimiento a una persona o cosa. *No traga a su suegra.*

✎ Se conjuga como *ahogar.*

tragedia (tra-**ge**-dia) sustantivo femenino
1. Obra de teatro seria, con un final desgraciado. *El protagonista moría al final de la tragedia.* **SIN.** Drama. **ANT.** Comedia.

2. Cualquier suceso de la vida real, que puede infundir terror y lástima. *Su muerte fue una auténtica tragedia.* **SIN.** Infortunio, desgracia. **ANT.** Fortuna, suerte.

trágico, trágica (**trá**-gi-co) adjetivo
1. Que se refiere a las tragedias teatrales. *Teatro trágico.*
2. Adverso, muy desgraciado. *Fue un suceso trágico.* **SIN.** Desastroso, infortunado. **ANT.** Afortunado, alegre.

trago (**tra**-go) sustantivo masculino
1. Porción de líquido que se bebe o se puede beber de una vez. *Echó un trago de agua.* **SIN.** Sorbo.
2. Suceso desgraciado. *Ha sido un mal trago.* **SIN.** Disgusto.

tragón, tragona
(tra-**gón**) adjetivo y sustantivo
Que come mucho. *Carmen es una tragona.* **SIN.** Glotón, comilón. **ANT.** Sobrio, inapetente.

traición (trai-**ción**) sustantivo femenino
Comportamiento de la persona que engaña o falta a la lealtad de alguien que ha confiado en ella. *Si algo no soportaba era la traición.* **SIN.** Infidelidad, deslealtad. **ANT.** Lealtad.

traicionar (trai-cio-**nar**) verbo
1. Hacer traición o engañar a una persona. *No podía creerse que lo hubieran traicionado.* **SIN.** Estafar, abandonar. **ANT.** Ayudar.
2. Descubrir una cosa que se quería ocultar. *Su mirada lo traicionó: nos estaba mintiendo.*

traidor, traidora
(trai-**dor**) adjetivo y sustantivo
1. Que comete traición. *Era un traidor.* **SIN.** Infiel, falso, desleal. **ANT.** Leal, noble, fiel.
2. adjetivo Se dice de las cosas y personas dañinas y que aparentan no serlo. *Este mar es muy traidor.*

traje (**tra**-je) sustantivo masculino

1. Vestido completo de una persona. *Llevaba un traje negro.*

2. Vestido peculiar de una clase de personas o de los naturales de un país. *Iban vestidos con trajes regionales.*

3. traje de baño expresión Bañador. *Me pongo el traje de baño y ¡a la piscina!*

4. traje de luces expresión Traje de seda, bordado de oro o plata, con lentejuelas, que se ponen los toreros para torear en el ruedo. *El matador vestía un traje de luces.*

trajín (tra-**jín**) sustantivo masculino

Movimiento excesivo, actividad. *Hoy hay mucho trajín.* **SIN.** Ajetreo, jaleo. **ANT.** Tranquilidad, calma.

trama (**tra**-ma) sustantivo femenino

1. Conjunto de hilos que, cruzados y enlazados entre sí, forman una tela. *La trama de este tejido es muy tupida.* **SIN.** Tejido.

2. Trampa oculta con que se perjudica a alguien. *Descubrió la trama de la conspiración.* **SIN.** Intriga, complot.

3. Aventuras y sucesos del argumento de una novela u obra de teatro. *Resumió la trama de la obra.*

tramar (tra-**mar**) verbo

Preparar con astucia un enredo o traición. *Seguro que están tramando algo.* **SIN.** Intrigar.

trámite (**trá**-mi-te) sustantivo masculino

Cada uno de los pasos que hay que dar para solucionar un asunto administrativo o legal. *Tenía que cumplir todos los trámites.*

tramo (**tra**-mo) sustantivo masculino

1. Conjunto de los escalones de una escalera entre dos descansillos. *Había subido el primer tramo de escaleras y ya estaba agotado.*

2. Parte de algo largo. *Ya hemos hecho un buen tramo del camino.*

trampa (**tram**-pa) sustantivo femenino

1. Sistema o artefacto que se usa para atraer y atrapar los animales que se quieren cazar. *Dispusieron unas trampas para los conejos.* **SIN.** Cepo, red, lazo.

2. Puerta abierta en el suelo, para poner en comunicación cualquier parte de un edificio con otra inferior. *Abre la trampa de la bodega.* **SIN.** Trampilla.

3. Astucia o estratagema para perjudicar a alguien. *Le tendieron una trampa.* **SIN.** Emboscada.

4. Jugada o acción en contra de las reglas de un juego o deporte. *Estás haciendo trampas, así no vale.*

trampolín (tram-po-**lín**) sustantivo masculino

1. Plataforma, fija o elástica, desde la que se salta a la piscina o se toma impulso para saltar. *Salto de trampolín.*

2. Persona o cosa de la que alguien se aprovecha para conseguir algo. *Lo utilizó de trampolín.*

tramposo, tramposa

(tram-**po**-so) adjetivo y sustantivo

Que hace trampas en el juego. *No querían jugar con él porque era un tramposo.* **SIN.** Tahúr, fullero.

tranquilidad

(tran-qui-li-**dad**) sustantivo femenino

Calma y sosiego para obrar sin prisas, inquietud, ni violencia. *Busco tranquilidad.* **SIN.** Serenidad, placidez.

tranquilizante (tran-qui-li-**zan**-te)

adjetivo y sustantivo masculino

Se dice de las medicinas para tranquilizarse o dormir. *Me tuvieron que dar un tranquilizante.*

tranquilizar (tran-qui-li-**zar**) verbo

Poner tranquilo, hacer desaparecer la agitación. *Intentaron tranquilizarlo.* **ANT.** Intranquilizar.

✎ Se conjuga como *abrazar*.

tranquilo, tranquila

(tran-**qui**-lo) adjetivo

1. Quieto, en reposo. *El mar está tranquilo tras la tempestad.* **SIN.** Pacífico, sereno. **ANT.** Inquieto.

2. Se dice de las personas poco propensas a alterarse por las preocupaciones. *Es una persona muy tranquila.*

transatlántico

(tran-sat-**lán**-ti-co) sustantivo masculino

Barco muy grande que recorre los océanos y grandes mares. *Hicieron la travesía en un transatlántico.*

✎ También *trasatlántico*.

transbordador

(trans-bor-da-**dor**) sustantivo masculino

Embarcación que transporta personas, vehículos y trenes de una orilla a otra de un río o canal. *Pasé a la isla en transbordador.* **SIN.** Ferri.

✎ También *trasbordador*.

transbordar

(trans-bor-**dar**) verbo

Trasladar cosas o personas de un vehículo o medio de transporte a otro. *El viaje no era directo y tuvimos que transbordar una vez.*

✎ También *trasbordar*.

transcurrir (trans-cu-**rrir**) verbo

Correr o pasar el tiempo. *Transcurrió un año desde que nos vimos por última vez.* **SIN.** Sucederse, correr. **ANT.** Detenerse, pararse.

✎ También *trascurrir*.

transeúnte

(tran-se-**ún**-te) adjetivo y sustantivo

Que pasa de un lugar a otro, especialmente si es a pie. *Las calles estaban llenas de transeúntes.* **SIN.** Viandante, peatón.

transferencia

(trans-fe-**ren**-cia) sustantivo femenino

Operación bancaria que consiste en pasar el dinero de la cuenta de una persona a la de otra. *Te pagaré mediante transferencia.* **SIN.** Traspaso, cesión, abono, pago.

transformar (trans-for-**mar**) verbo

Cambiar de forma o aspecto una persona o cosa. *El sastre transformó el abrigo en chaqueta.* **SIN.** Modificar(se). **ANT.** Permanecer.

✎ También *trasformar*.

transfusión

(trans-fu-**sión**) sustantivo femenino

Operación para hacer pasar cierta cantidad de sangre de una persona a otra. *Necesitaba con urgencia una transfusión de sangre.*

✎ También *trasfusión*.

transición

(tran-si-**ción**) sustantivo femenino

Paso de un estado o situación a otro. *Escribió un libro sobre la época de la transición a la democracia.*

transistor

(tran-sis-**tor**) sustantivo masculino

Aparato de radio. *Encendió el transistor para oír las noticias.*

transitar (tran-si-**tar**) verbo

Pasar por calles o lugares públicos. *Por esa avenida transita poca gente.* **SIN.** Andar, circular.

transitivo, transitiva

(tran-si-**ti**-vo) adjetivo

Se dice del verbo que admite complemento directo. *Regalar es un verbo transitivo.*

tránsito (**trán**-si-to) sustantivo masculino

1. Acción de pasar las personas y vehículos por las calles. *Es una calle de mucho tránsito.* **SIN.** Circulación, paso, tráfico.

2. Paso de un estado o situación a otro. *Está en el tránsito entre ser niño y convertirse en un adulto.*

3. Sitio por donde se pasa de un lugar a otro. *Es un lugar de tránsito.*

transmisor

(trans-mi-**sor**) sustantivo masculino

Aparato que sirve para producir o transmitir las señales y ondas eléctricas, telegráficas o telefónicas. *Instalaron un nuevo transmisor.* **SIN.** Emisor. **ANT.** Receptor.

✎ También *trasmisor.*

transmitir (trans-mi-**tir**) verbo

1. Comunicar un mensaje, conocimiento, noticia, etc. *Me transmitió el aviso de mi amigo.* **SIN.** Dar.

2. Emitir por radio o televisión un programa. *Escucha a diario el programa que transmiten por radio a las diez.*

✎ También *trasmitir.*

transparente

(trans-pa-**ren**-te) adjetivo

Se dice del cuerpo que deja ver los objetos que están detras de él. *El agua del río era transparente.* **SIN.** Diáfano. **ANT.** Opaco.

✎ También *trasparente.*

transpirar (trans-pi-**rar**) verbo

Salir sudor por los poros de la piel. *El calor me hacía transpirar.*

✎ También *traspirar.*

transportar (trans-por-**tar**) verbo

Llevar una cosa o persona de un lugar a otro. *Los autobuses transportan viajeros.* **SIN.** Trasladar.

✎ También *trasportar.*

transporte

(trans-**por**-te) sustantivo masculino

Acción de llevar una cosa o persona de un lugar a otro. *El tren es un medio de transporte.*

✎ También *trasporte.*

tranvía (tran-**ví**-a) sustantivo masculino

Ferrocarril urbano que comparte las calles con el resto de vehículos. Funciona con electricidad y se usa para transportar viajeros. *En Praga nos desplazábamos siempre en tranvía.*

trapecio (tra-**pe**-cio) sustantivo masculino

1. Palo horizontal colgado en sus extremos por dos cuerdas paralelas. Sirve para realizar ejercicios gimnásticos y acrobacias. *El equilibrista del circo hacía ejercicios sobre el trapecio.* **SIN.** Columpio.

2. Figura geométrica con cuatro lados de los que solo dos son paralelos. *Tenía figura de trapecio.*

trapecista

(tra-pe-**cis**-ta) adjetivo y sustantivo

Se dice del artista de circo que realiza ejercicios en el trapecio. *Era trapecista y siempre había vivido en el circo.* **SIN.** Malabarista.

✎ Es igual en masculino y femenino.

trapero, trapera (tra-**pe**-ro) sustantivo

Persona cuyo oficio consiste en recoger, o comprar y vender, trapos y otros objetos usados. *Le vendió los retales al trapero.*

trapo (**tra**-po) sustantivo masculino

Pedazo de tela desechado por viejo y roto. *Déjame un trapo para limpiar esto.* **SIN.** Harapo, andrajo.

tras preposición

Después o a continuación de algo, en el espacio o en el tiempo. *Salió tras ella.*

trascendencia

(tras-cen-**den**-cia) sustantivo femenino

Influencia de unos hechos, palabras o comportamientos por sus posibles consecuencias graves. *El asunto no tuvo mayor trascendencia.* **SIN.** Importancia.

✎ También *transcendencia.*

trascendental

(tras-cen-den-**tal**) adjetivo

Que tiene mucha importancia o gravedad. *La firma del acuerdo era trascendental.* **SIN.** Grave, relevante. **ANT.** Nimio, intrascendente.

✎ También *transcendental.*

trasero, trasera (tra-**se**-ro) adjetivo

1. Que está o viene detrás. *Tenía un jardín en la parte trasera de la casa.*

2. sustantivo femenino Parte de atrás o posterior de un coche, casa, etc. *El choque fue por la trasera del coche.*

3. sustantivo masculino Culo. *Esos pantalones te marcan el trasero.* **SIN.** Nalga.

trasladar (tras-la-**dar**) verbo

1. Llevar o mover una cosa o persona a otro lugar. *Se trasladó a Madrid.*

2. Cambiar de fecha un acto o una celebración. *Hay que trasladar la reunión.* **SIN.** Pasar, variar.

trasluz (tras-**luz**)

al trasluz expresión Manera de mirar un objeto, colocándolo entre la luz y el ojo. *Se veía al trasluz.*

trasnochar (tras-no-**char**) verbo

Pasar alguien sin dormir la noche o gran parte de ella, o acostarse muy tarde. *A Gerardo no le gustaba trasnochar los días de diario.* **SIN.** Velar, vigilar. **ANT.** Dormir.

traspapelar (tras-pa-pe-**lar**) verbo

Desaparecer o perderse un papel entre otros. *Se me traspapeló esa factura.* **SIN.** Extraviarse. **ANT.** Encontrar, hallar.

traspasar (tras-pa-**sar**) verbo

1. Pasar a la otra parte de alguna cosa. *Estaba haciendo un agujero y traspasó la pared.* **SIN.** Cruzar.

2. Dar o transmitir algo a otra persona, sobre todo un negocio. *Traspasó la tienda.* **SIN.** Ceder.

3. Pasar un límite. *Le multaron por traspasar la valla de su vecino.*

traspaso

(tras-**pa**-so) sustantivo masculino

Cambio de dueño de un negocio. *Mis padres aprovecharon el traspaso del bar para crear un restaurante.* **SIN.** Transmisión, cesión.

trasplantar (tras-plan-**tar**) verbo

Cambiar el sitio donde está plantado un vegetal. *Trasplantó la planta a otro tiesto.* **SIN.** Replantar.

trastada (tras-**ta**-da) sustantivo femenino

Acción de un niño que causa un pequeño trastorno sin importancia. *Mi hija es muy traviesa, siempre hace trastadas.* **SIN.** Travesura.

trastero, trastera

(tras-**te**-ro) adjetivo y sustantivo masculino

Se dice de la habitación que se destina a guardar lo que no sirve ya. *Guardó la ropa vieja en el trastero.* **SIN.** Buhardilla, desván.

trasto (**tras**-to) sustantivo masculino

1. Mueble o utensilio doméstico, especialmente si es inútil. *Tiene la habitación llena de trastos.*

2. Persona inútil o traviesa. *No lo quiero en el grupo, es un trasto.* **SIN.** Zascandil, enredador.

trastornar (tras-tor-**nar**) verbo

1. Cambiar el orden de una cosa. *Trastornó la colocación de todo.* **SIN.** Desordenar, alterar.

2. Inquietar, poner nervioso. *Lo trastornó tanto alboroto.*

3. Volver a alguien loco. *Se trastornó después del accidente.* **SIN.** Enloquecer, chalarse, chiflarse.

trastorno (tras-**tor**-no) sustantivo masculino

1. Molestia que produce algo. *No puedo cambiar los planes, me hace mucho trastorno.* **SIN.** Desarreglo, perturbación, desorden.

2. Alteración anormal. *El embarazo le produjo algunos trastornos.*

tratado (tra-**ta**-do) sustantivo masculino

1. Acuerdo al que llegan las personas o las naciones después de negociar. *Los dos países se comprometieron a respetar el tratado.* **SIN.** Acuerdo, pacto.

2. Estudio sobre un tema. *Escribió un tratado de filosofía.*

tratamiento (tra-ta-**mien**-to) sustantivo masculino

1. Forma cortés de dirigirse a una persona, según su cargo, edad o título. *Recibe el tratamiento de ilustrísima.*

2. Sistema que se emplea para curar enfermos. *Respondió bien al nuevo tratamiento.*

3. Procedimiento empleado en una experiencia o en la elaboración de un producto. *Sometieron la leche a un tratamiento de pasteurización.* **SIN.** Sistema, método.

tratar (tra-**tar**) verbo

1. Manejar o trabajar una cosa. *Se dedica a tratar la madera.* **SIN.** Manipular, usar, utilizar.

2. Tener relación con alguien. *Se trata mucho con su familia.* **SIN.** Relacionarse. **ANT.** Enemistarse.

3. Forma de cuidar las cosas o de comportarse con las personas. *S Ella se queja de que la trataban mal.*

4. tratar de expresión Intentar algo. *Trata de esforzarte más.* **ANT.** Desistir.

5. tratar de expresión Hablar sobre un tema en una conversación, libro, etc. *El programa trata de las nuevas técnicas publicitarias.*

trato (tra-to) sustantivo masculino

1. Cuidado de las cosas. *El trato que das a la ropa no es el apropiado.*

2. Manera de comportarse con alguien. *Me suele dar un trato bueno.*

3. Acuerdo entre dos o más personas. *Ayer firmaron un trato muy importante.* **SIN.** Convenio.

4. Tratamiento, título de cortesía. *El trato siempre era de usted.*

trauma (**trau**-ma) sustantivo masculino

Impresión que deja una huella profunda en la mente y es causa de diversos trastornos. *La muerte de su madre cuando era pequeña le dejó un trauma.* **SIN.** Complejo.

través (tra-**vés**)

a través de expresión Expresa la posición de una cosa que está colocada de un lado al opuesto de otra. También indica la manera de realizar una acción cuando ha de pasarse al otro lado de algún sitio. *Pasó a través del jardín a la casa del vecino.*

travesaño (tra-ve-**sa**-ño) sustantivo masculino

Pieza que atraviesa de una parte a otra. *Se rompió un travesaño de la escalera.* **SIN.** Barra, barrote.

travesía (tra-ve-**sí**-a) sustantivo femenino

1. Parte de la carretera que está dentro de una ciudad. *Redujo la velocidad al entrar en la travesía.*

2. Viaje, especialmente por mar. *No se mareó durante la travesía en barco.*

travestido, travestida (tra-ves-**ti**-do) sustantivo

Persona que suele vestirse y arreglarse como si fuera del otro sexo. *El personaje de la obra era travestido.*

✎ También *travesti* o *travestí*.

travesura (tra-ve-**su**-ra) sustantivo femenino

Acción de un niño que causa un pequeño trastorno sin importancia. *Esta es otra más de sus travesuras.* **SIN.** Trastada.

travieso, traviesa (tra-**vie**-so) adjetivo

Se dice de las personas inquietas y revoltosas. *Desde pequeñín había sido muy travieso.* **SIN.** Juguetón, revoltoso, diablillo.

trayecto (tra-**yec**-to) sustantivo masculino

1. Espacio que se recorre de un punto a otro. *Hicimos una parada a mitad de trayecto.* **SIN.** Camino.

2. Camino previsto para un recorrido. *Nos indicaron el trayecto de la excursión.* **SIN.** Ruta, itinerario.

trayectoria

(tra-yec-**to**-ria) sustantivo femenino

1. Línea dibujada en el espacio por algo que se mueve. *Dibujó la trayectoria del proyectil.* **SIN.** Dirección, órbita.

2. Orientación en la personalidad o la manera de actuar de una persona. *No había grandes cambios en su trayectoria profesional.* **SIN.** Conducta, evolución.

trazar (tra-**zar**) verbo

1. Hacer trazos o dibujar líneas. *Traza varias líneas paralelas.* **SIN.** Dibujar, rayar, caligrafiar.

2. Pensar y preparar los medios y modos adecuados para conseguir un fin. *Teníamos que trazar una estrategia.* **SIN.** Planear, idear.

✎ Se conjuga como *abrazar*.

trazo (tra-zo) sustantivo masculino

Línea dibujada o escrita. *Hizo un retrato con cuatro trazos.* **SIN.** Raya.

trébol (**tré**-bol) sustantivo masculino

1. Planta con tres hojas unidas casi redondas, de flores blancas o moradas. *Encontró un trébol de cuatro hojas.*

2. Palo de la baraja francesa. *Yo gano, tengo el as de trébol.* ✎ Se usa más en plural.

trece

(**tre**-ce) numeral y sustantivo masculino

Diez y tres, o que ocupa el último lugar en una serie ordenada de 13. *En España, dicen que da mala suerte que el día trece de mes caiga en martes.*

trecho (**tre**-cho) sustantivo masculino

Espacio de lugar o tiempo. *Para acabar el trabajo, nos queda todavía un trecho.* **SIN.** Intervalo, tramo.

tregua (tre-gua) sustantivo femenino

1. Paz que se acuerda solo por un tiempo determinado en una guerra. *Firmaron una tregua.* **SIN.** Suspensión, interrupción.

2. Interrupción o descanso en alguna labor o actividad. *Decidieron darse una tregua para tomar un café.* **SIN.** Pausa.

treinta

(**trein**-ta) numeral y sustantivo masculino

Tres veces diez, o que ocupa el último lugar en una serie ordenada de 30. *Acabo de cumplir treinta años.*

tremendo, tremenda

(tre-**men**-do) adjetivo

1. Terrible, digno de ser temido. *Recibió una tremenda impresión.* **SIN.** Espantoso, horroroso.

2. Muy grande. *Había un tremendo número de llamadas.* **SIN.** Formidable, enorme.

tren sustantivo masculino

1. Serie de vagones enlazados unos con otros que, arrastrados por una locomotora, circulan por vías. *Le gusta más viajar en tren que en autobús.* **SIN.** Ferrocarril.

2. Modo de vivir con mayor o menor lujo y comodidades. *Llevaban un buen tren de vida.*

3. para parar un tren expresión Ser muy fuerte o abundante una cosa. *Compró comida para parar un tren.*

trenca (**tren**-ca) sustantivo femenino

Abrigo corto con capucha. *Llevaba una trenca azul marino.*

trenza (**tren**-za) sustantivo femenino

Enlace de tres o más cuerdas, hilos, mechones de pelo, etc. que se entretejen cruzándolos de forma alternativa. *Se hizo una trenza en el pelo.*

trepador, trepadora

(tre-pa-**dor**) adjetivo

Que trepa. *La fresa tiene tallos trepadores.*

trepar (tre-**par**) verbo

1. Subir a un lugar alto, ayudándose de los pies y las manos. *Trepó por la cuerda.* **SIN.** Ascender, escalar, encaramarse. **ANT.** Bajar, descender.

2. Crecer y subir las plantas agarrándose a los árboles, las paredes, etc. *La yedra trepa hasta la ventana.* **SIN.** Ascender.

tres numeral y sustantivo masculino

Dos y uno, o el último en una serie ordenada de 3. *Los tréboles tienen tres hojas.*

trescientos, trescientas

(tres-**cien**-tos) numeral y sustantivo masculino

Tres veces cien, o que ocupa el último lugar en una serie ordenada de 300. *Había trescientos invitados en la boda de tu hermana.*

treta (**tre**-ta) sustantivo femenino

Plan inteligente y astuto para conseguir algo. *Seguro que esta es otra de sus tretas.*

triangular (trian-gu-**lar**) adjetivo

De figura de triángulo o semejante a él. *Las señales triangulares indican peligro.*

triángulo (**trián**-gu-lo) sustantivo masculino

1. Figura geométrica de tres lados que forman tres ángulos. *Dibuja un triángulo.*
2. Instrumento musical que consiste en una varilla de metal doblada en forma de triángulo, que se hace sonar colgada de un cordón y golpeándola con otra varilla. *Aprendió a tocar el triángulo.*

tribu (**tri**-bu) sustantivo femenino

Cada una de las agrupaciones en que se dividen algunos pueblos. *La lucha había estallado entre las dos tribus.* **SIN.** Clan, raza.

tribuna (tri-**bu**-na) sustantivo femenino

Lugar elevado y visible desde el cual se lee o habla en las asambleas. *Las autoridades presenciaron el desfile desde la tribuna.*

tribunal (tri-bu-**nal**) sustantivo masculino

1. Persona o personas que, en un juicio, deciden la inocencia o culpabilidad del acusado. *El tribunal dictó sentencia.*
2. Profesores o jueces que califican a los que se presentan a un examen, o compiten en un concurso o prueba. *La nombraron presidenta del tribunal.*

triciclo (tri-**ci**-clo) sustantivo masculino

Vehículo de tres ruedas que se mueve dando pedales. *El niño disfrutaba mucho con su triciclo.*

trienio (**trie**-nio) sustantivo masculino

Espacio de tres años. *El mandato duraba un trienio.*

trigo (**tri**-go) sustantivo masculino

Planta de cuyos granos molidos se saca la harina. *Con la harina de trigo se hace pan.* **SIN.** Cereal.

trigueño, trigueña (tri-**gue**-ño) adjetivo

De color del trigo, entre moreno y rubio. *Tenía el pelo trigueño.*

trillar (tri-**llar**) verbo

1. Separar el grano de la paja de los cereales. *Están trillando el trigo en la era.*
2. Hacer una cosa de forma continua o habitual. *Tiene ese camino muy trillado.*

trillizo, trilliza

(tri-**lli**-zo) adjetivo y sustantivo

Persona que ha nacido en el mismo parto que dos de sus hermanos. *Esta semana han nacido trillizos en el hospital.*

trimestre (tri-**mes**-tre) sustantivo masculino

Espacio de tres meses. *El pago se realiza por trimestres.*

trinar (tri-**nar**) verbo

1. Cantar algunos pájaros. *Le gustaba oír trinar a los pájaros.*
2. estar alguien que trina expresión Estar muy enfadado o irritado. *Está que trina con sus traviesos alumnos.*

trinchera (trin-**che**-ra) sustantivo femenino

Pasillo o hueco cavado en la tierra en el que se meten los soldados para defenderse de los disparos del enemigo. *Los soldados disparaban desde la trinchera.*

trineo (tri-**ne**-o) sustantivo masculino

Vehículo sin ruedas que se desliza sobre el hielo. *Le encantaba jugar en la nieve con su trineo.*

trino (tri-no) sustantivo masculino

Sonido agradable emitido por los pájaros al cantar. *Le gustaba oír el trino de los pájaros.* **SIN.** Gorjeo.

trío (trí-o) sustantivo masculino

1. Conjunto musical de tres voces o tres instrumentos. *Los tres cantantes fundaron un trío musical.*
2. Conjunto de tres personas. *Los tres amigos forman un buen trío.*

tripa (tri-pa) sustantivo femenino

1. Intestino del ser humano y de ciertos animales. *Las tripas de cerdo se usan para hacer chorizo.*
2. Vientre o barriga, sobre todo si es abultada. *Desde que no hago deporte, me está saliendo tripa.*

triple (tri-ple) numeral y sustantivo masculino

Que contiene un número exactamente tres veces. *Ganó el triple de dinero que el año anterior.*

triplicar (tri-pli-**car**) verbo

Multiplicar por tres. *En poco tiempo, triplicó su capital.*
✎ Se conjuga como *abarcar*.

trípode (trí-po-de) sustantivo masculino

Mueble o soporte de tres patas. *Colocó la cámara en el trípode.*

triptongo (trip-**ton**-go) sustantivo masculino

Conjunto de tres vocales que forman una sola sílaba. *En* estudiáis, -iái- *es un triptongo.*

tripulación (tri-pu-la-**ción**) sustantivo femenino

Conjunto de personas que trabajan en una embarcación o en un avión. *El capitán se dirigió a la tripulación.* **SIN.** Personal.

tripulante (tri-pu-**lan**-te) sustantivo

Persona que forma parte de una tripulación. *En el barco iban el capitán y cinco tripulantes.*

tripular (tri-pu-**lar**) verbo

Conducir un barco o vehículo aéreo. *Lleva años tripulando barcos.*

trisílabo, trisílaba
(tri-**sí**-la-bo) adjetivo y sustantivo

Se dice de las palabras que tienen tres sílabas. *Manada es una palabra trisílaba.*

triste (**tris**-te) adjetivo

Que siente o produce tristeza o dolor. *Está muy triste porque ha perdido un amigo.* **ANT.** Alegre, contento.

tristeza (tris-**te**-za) sustantivo femenino

Sentimiento de falta de alegría producido por un dolor o un mal. *Verlo tan enfermo le producía una gran tristeza.* **SIN.** Pesar, pena. **ANT.** Alegría, contento.

triturar (tri-tu-**rar**) verbo

Moler una materia sólida hasta convertirla en trozos muy pequeños o en pasta. *Tritura las verduras.*

triunfar (triun-**far**) verbo

Ganar en una competición o tener éxito para lograr un objetivo. *Triunfó en su nuevo trabajo.* **SIN.** Ganar, vencer. **ANT.** Fracasar.

triunfo (**triun**-fo) sustantivo masculino

1. Victoria frente a un contrincante o éxito en un objetivo. *Obtuvo el triunfo en el campeonato.*
2. Carta que, por su palo o numeración, vale más en ciertos juegos de naipes. *Ganó porque tenía más triunfos.*

trivial (tri-**vial**) adjetivo

Que carece de toda importancia y novedad. *Fue una conversación muy trivial.* **SIN.** Superficial. **ANT.** Importante, grave.

trocear (tro-ce-**ar**) verbo

Cortar en trozos. *Trocea el queso.*

trofeo (tro-**fe**-o) sustantivo masculino

Objeto que se entrega al ganador de una prueba y que simboliza su victoria. *El trofeo del partido era una bonita copa.*

trola (**tro**-la) sustantivo femenino

Mentira que se dice a alguien para engañarlo. *Le metió una buena trola.* **SIN.** Embuste, engaño.

tromba (**trom**-ba) sustantivo femenino

1. Remolino de agua al que el viento hace girar sobre sí mismo a gran velocidad. *La tromba produjo destrozos.*

2. en tromba expresión Con ímpetu y todos al mismo tiempo. *Salieron en tromba de la clase.*

trombón (trom-**bón**) sustantivo masculino

Instrumento musical de viento que parece una trompeta grande. *Toca el trombón en una banda.*

trompa (**trom**-pa) sustantivo femenino

1. Instrumento musical de viento, formado por un tubo de latón enroscado circularmente, que va ensanchándose desde la boquilla al extremo. *Toca la trompa.*

2. Prolongación de la nariz en algunos animales, como el elefante, con la que pueden absorber líquidos y agarrar cosas. *El elefante tiene trompa.*

trompazo (trom-**pa**-zo) sustantivo masculino

Cualquier golpe fuerte que se recibe al caer o chocar con algo. *Tropezó y se dio un buen trompazo.*

trompeta (trom-**pe**-ta) sustantivo femenino

Instrumento musical de viento que produce diversos sonidos según la fuerza con que se sopla. *Está aprendiendo a tocar la trompeta.*

trompicón (trom-pi-**cón**) sustantivo masculino

1. Tropezón que da una persona. *Resbaló y dio unos trompicones.*

2. a trompicones expresión Con dificultades o constantes interrupciones. *Anda tropezando y a trompicones.*

tronar (tro-**nar**) verbo

1. Sonar truenos. *De repente empezó a tronar.* ✎ Solo se conjuga en tercera persona del singular.

2. Producir un ruido parecido al del trueno. *Sus voces tronaban en toda la casa.* **SIN.** Retumbar.

✎ Verbo irregular, se conjuga como *contar.*

tronchar (tron-**char**) verbo

1. Partir o romper con violencia algo, especialmente el tronco, tallo o ramas de un vegetal. *La rama se tronchó cuando tropecé con ella.*

2. troncharse Reírse con ganas. *Se tronchaba con sus chistes.* **SIN.** Desternillarse.

tronco (**tron**-co) sustantivo masculino

1. Tallo fuerte y grueso de los árboles y arbustos. *Ese árbol tiene un tronco muy grueso y robusto.*

2. Cuerpo humano o de cualquier animal sin la cabeza y las extremidades. *En la foto se ven la cabeza y el tronco.*

3. estar como un tronco expresión Estar profundamente dormido. *No te oí llegar porque estaba como un tronco.*

trono (**tro**-no) sustantivo masculino

Asiento utilizado por los monarcas y otras personas de alta posición durante las ceremonias. *El emperador se sentó en el trono.*

tropa (**tro**-pa) sustantivo femenino

Conjunto de personas que componen un ejército. *Estaba al mando de aquella tropa.*

tropel (tro-**pel**) sustantivo masculino

Movimiento rápido, ruidoso y desordenado de varias personas o cosas. *Venía un tropel de gente.*

tropezar (tro-pe-**zar**) verbo

1. Dar con los pies contra algo. *Tropezó y estuvo a punto de caerse.* **SIN.** Chocar, topar, trompicar.

2. Detenerse una cosa por encontrar un estorbo que le impide avanzar. *Tropezó con serias dificultades.* **SIN.** Topar.

3. Encontrar por casualidad una persona a otra donde no la buscaba. *Me tropecé con Luis.* **SIN.** Hallar, toparse.

✎ Verbo irregular, se conjuga como *acertar.* Se escribe *-c-* en vez de *-z-* seguido de *-e,* como en *tropecé.*

tropezón (tro-pe-**zón**) sustantivo masculino
1. Choque contra un obstáculo que se da al andar y que puede hacer caer. *Dio un buen tropezón; casi se cae.*
2. Pedazo pequeño de jamón u otro alimento que se mezcla con las sopas o los guisos. *La sopa tenía tropezones de jamón.*

trópico (tró-pi-co) sustantivo masculino
Cada uno de los dos círculos paralelos al ecuador que se trazan imaginariamente en torno a la Tierra. *El trópico que está situado en el norte de la Tierra se llama de Cáncer, y el del sur,de Capricornio.*

tropiezo (tro-**pie**-zo) sustantivo masculino
Dificultad u obstáculo que impide o hace más difícil conseguir algo. *Superados los primeros tropiezos, todo fue de maravilla.*

trotamundos (tro-ta-**mun**-dos) sustantivo
Persona aficionada a viajar y recorrer países. *Era un trotamundos.* **SIN.** Vagabundo, nómada.
✎ Es igual en plural y en singular.

trote (**tro**-te) sustantivo masculino
1. Modo de caminar del caballo, deprisa pero sin llegar al galope. *La yegua iba al trote.*
2. no estar para muchos trotes expresión Sentirse cansado. *Me acuesto ya, que no estoy para muchos trotes.*

trozo (**tro**-zo) sustantivo masculino
Pedazo de una cosa separado del resto. *Se comió un buen trozo de tarta.* **SIN.** Porción. **ANT.** Todo.

trucha (**tru**-cha) sustantivo femenino
Pez de agua dulce de carne muy sabrosa. *En ese río hay truchas.*

truco (**tru**-co) sustantivo masculino
Trampa hecha con astucia o habilidad. *Hacía fantásticos trucos de magia.* **SIN.** Estratagema, treta.

trueno (**true**-no) sustantivo masculino
Sonido fuerte que se oye durante las tormentas, justo después de que se vea un rayo. *Se acerca la tormenta, he oído un trueno.*

tu adjetivo posesivo
Forma breve de *tuyo* o *tuya* cuando van delante de un sustantivo. *Te devuelvo tu libro.*

tú pronombre personal
Forma del pronombre personal de segunda persona del singular, en masculino o femenino, que funciona como sujeto. *Tú lees esta definición.*

tuba (**tu**-ba) sustantivo femenino
Instrumento de viento de metal, de gran tamaño, que produce sonidos fuertes y graves. *Tocaba la tuba en una orquesta.*

tubérculo (tu-**bér**-cu-lo) sustantivo masculino
Tallo hinchado de algunas plantas que crece bajo tierra y sirve para almacenar sustancias alimenticias. *La patata es un tubérculo.*

tubería (tu-be-**rí**-a) sustantivo femenino
Conducto formado de tubos para llevar líquidos o gases. *Se atascó la tubería del agua.* **SIN.** Cañería.

tubo (**tu**-bo) sustantivo masculino
Pieza hueca, cilíndrica, y generalmente abierta por ambos extremos. *Metió los mapas en un tubo de cartón.* **SIN.** Conducto.

tuerca (**tuer**-ca) sustantivo femenino
Pieza con un hueco que ajusta exactamente en la rosca de un tornillo. *Aprieta bien la tuerca.*

tuerto, tuerta (**tuer**-to) adjetivo y sustantivo
Que ha perdido la vista en un ojo. *Se le metió una astilla en un ojo y se quedó tuerto.*

tufo (**tu**-fo) sustantivo masculino

Olor molesto. *Abre esa ventana, aquí hay un tufo insoportable.* **SIN.** Pestilencia, hedor.

tulipán (tu-li-**pán**) sustantivo masculino

Planta de flor única, del mismo nombre, grande, en forma de campana de seis pétalos de hermosos colores. *El jardín estaba lleno de tulipanes amarillos.*

tumba (**tum**-ba) sustantivo femenino

Lugar, excavado o construido, donde está enterrado un cadáver. *Pusieron flores sobre la tumba de su padre.* **SIN.** Enterramiento, sepulcro, fosa, panteón.

tumbar (tum-**bar**) verbo

1. Hacer caer a un ser vivo o cosa. *Tumbó al herido en el suelo.* **SIN.** Derribar, tirar. **ANT.** Levantar.

2. Inclinar una cosa sin que llegue a caer. *El cuadro se ha tumbado un poco.* **SIN.** Ladear, escorar.

3. tumbarse Echarse en la cama o sobre una superficie para dormir o descansar. *Se tumbó un rato en el sofá a ver la televisión.* **SIN.** Acostarse. **ANT.** Levantarse.

tumbona

(tum-**bo**-na) sustantivo femenino

Silla con respaldo muy largo que se puede poner más alto o más bajo. *Estaba descansando en la tumbona del jardín.* **SIN.** Hamaca.

tumor (tu-**mor**) sustantivo masculino

Bulto causado por un crecimiento anormal de células inútiles en alguna parte del cuerpo del animal o del ser humano. *Le dijeron que su tumor era benigno y tenía curación.* **SIN.** Quiste, absceso.

tumulto (tu-**mul**-to) sustantivo masculino

Confusión agitada o desorden ruidoso. *Se armó un gran tumulto.* **SIN.** Alboroto. **ANT.** Silencio.

tuna (**tu**-na) sustantivo femenino

Grupo musical formado exclusivamente por estudiantes. *Entró el año pasado en la tuna universitaria.* **SIN.** Estudiantina.

tunda

(**tun**-da) sustantivo femenino

Palos, azotes, golpes, etc. que se dan a alguien. *Recibió una buena tunda.* **SIN.** Paliza, zurra.

túnel (**tú**-nel) sustantivo masculino

Paso subterráneo que se abre para que pasen vías de ferrocarril o una carretera a través de un monte, por debajo de un río, etc. *No te olvides de poner las luces al entrar en el túnel.* **SIN.** Galería.

túnica

(**tú**-ni-ca) sustantivo femenino

Vestido exterior amplio, largo y sin mangas. *El mago vestía una larga túnica negra.*

tupé

(tu-**pé**) sustantivo masculino

Pequeño mechón de cabello levantado sobre la frente. *Siempre llevaba muy peinado su tupé.*

turbante

(tur-**ban**-te) sustantivo masculino

Especie de sombrero que se usa en los pueblos orientales, y que consiste en una faja larga de tela que se enrolla alrededor de la cabeza. *Llevaba puesto un turbante azul en la cabeza.*

turbar (tur-**bar**) verbo

1. Alterar o conmover el estado o evolución natural de una cosa. *Con su presencia, turbó la tranquilidad de todos.* **SIN.** Desordenar.

2. Aturdir a alguien, hacerle perder la serenidad o dejarle sin saber qué decir o qué hacer. *Se turbó al verme.* **SIN.** Aturullar, azorar. **ANT.** Tranquilizar.

turbio, turbia (tur-bio) adjetivo
1. Mezclado o alterado por una cosa que oscurece o quita transparencia. *Las aguas bajaban muy turbias.* **SIN.** Sucio. **ANT.** Límpido.
2. Se dice de los negocios poco honrados o no claramente legales. *Andaba metido en turbios negocios.* **SIN.** Dudoso, sospechoso.

turbulento, turbulenta
(tur-bu-**len**-to) adjetivo
1. Se dice de las aguas agitadas y mezcladas de tierra. *El mar estaba turbulento.* **SIN.** Turbio.
2. Se aplica a las situaciones confusas y desordenadas. *El ambiente estaba un poco turbulento.*

turismo (tu-**ris**-mo) sustantivo masculino
1. Afición a viajar por gusto de recorrer países o regiones distintas. *Le gusta hacer turismo y ya ha recorrido medio mundo.*
2. Organización de los medios para facilitar estos viajes. *Promocionaron el turismo de la región.*

turista (tu-**ris**-ta) sustantivo
Persona que recorre un país por placer. *La zona recibía por el verano la visita de un gran número de turistas.* **SIN.** Veraneante, visitante.

turnar (tur-**nar**) verbo
Alternarse con una o más personas en un trabajo o en el disfrute de alguna cosa siguiendo un orden determinado. *Se turnaban para hacer la vigilancia.* **SIN.** Relevarse, cambiar.

turno (**tur**-no) sustantivo masculino
1. Orden que siguen las personas para hacer algo. *Le dejé mi turno en la carnicería porque tenía prisa.* **SIN.** Vez.
2. Momento en que toca la vez de hacer una cosa según un orden. *Los agricultores establecieron turnos para el riego.* **SIN.** Vez.

turquesa (tur-**que**-sa) sustantivo femenino
Piedra de color azul verdoso que se emplea en joyería. *La piedra de la sortija era una turquesa.*

turrón (tu-**rrón**) sustantivo masculino
Dulce fabricado con almendras, piñones, avellanas o nueces, enteras o molidas, tostado todo y mezclado con miel y otros ingredientes. *En Navidades, siempre compramos turrón.*

tutear (tu-te-**ar**) verbo
Hablar a alguien empleando el pronombre de segunda persona del singular, como muestra de familiaridad en el trato. *Se tutearon desde el primer momento.*

tutor, tutora (tu-**tor**) sustantivo
1. Persona que, a falta de sus padres, se responsabiliza de cuidar a una persona menor de edad o incapacitada. *Fue su tutor hasta que cumplió la mayoría de edad.*
2. Profesor encargado de orientar a los alumnos de un curso. *Habló con el tutor para solucionar su problema escolar.*

tutti-frutti sustantivo masculino
Helado de frutas variadas. *Pidió un tutti-frutti.*

tutú (tu-**tú**) sustantivo masculino
Falda corta y rígida que se utiliza para bailar *ballet* clásico. *Todas iban vestidas con tutú blanco.*
✎ Su plural es *tutús*.

tuyo, tuya (**tu**-yo) pronombre posesivo
1. Forma del posesivo de la segunda persona del singular en masculino y femenino. Indica posesión o pertenencia a la persona a quien se habla. *¿Ese libro es tuyo?*
2. de las tuyas expresión Acción propia y esperable de la persona a la que se dirige el que está hablando. *¿Ya has vuelto a hacer una de las tuyas?*

u sustantivo femenino

1. Vigésimo segunda letra del abecedario español y última de sus vocales. Es muda en *que*, *qui*; y también en las sílabas *gue*, *gui*, excepto cuando lleva diéresis: *güe*, *güi*. *Úlcera empieza por u.*

2. conjunción Conjunción que se emplea en vez de la conjunción *o* ante palabras que empiezan por esta misma letra, con o sin *h*. *Tienes que decidirte entre una u otra.*

ubicación

(u-bi-ca-**ción**) sustantivo femenino

Lugar en que se encuentra situada una cosa. *Me gusta la ubicación de la casa, cerca del centro.*

ubicar (u-bi-**car**) verbo

Estar en un determinado lugar. *La Torre Eiffel está ubicada en París.* **SIN.** Encontrarse.

✎ Se conjuga como *abarcar*.

ubre (**u**-bre) sustantivo femenino

Cada una de las mamas de las hembras de los mamíferos. *Esa vaca tiene grandes ubres y produce mucha leche.*

ufano, ufana (u-**fa**-no) adjetivo

1. Se dice de las personas presuntuosas. *Llegó todo ufano, dándose importancia.* **SIN.** Engreído.

2. Satisfecho, alegre. *Estaba ufano porque había aprobado.* **SIN.** Contento. **ANT.** Triste.

úlcera (**úl**-ce-ra) sustantivo femenino

Herida abierta en la piel o en la parte interna del cuerpo, que supura. *Tenía una úlcera de estómago.* **SIN.** Herida, pústula.

ultimar (ul-ti-**mar**) verbo

Dar el toque final a algo. *Ultimó algunos detalles antes de entregar el trabajo.* **SIN.** Acabar, concluir. **ANT.** Comenzar, empezar.

ultimátum (ul-ti-**má**-tum) sustantivo masculino

Decisión definitiva, última oferta que se le propone a alguien. *El ultimátum era claro: o aprobaba o se iba.*

último, última (**úl**-ti-mo) adjetivo y sustantivo

1. Que no tiene nada ni a nadie después. *El 31 de diciembre es el último día del año.* **ANT.** Primero.

2. Se dice de lo más lejano, retirado o escondido. *Buscó hasta en el último rincón de la casa, pero no lo encontró.*

3. Se dice de lo más excelente, superior. *Este aparato es lo último en tecnología.*

4. a la última expresión A la última moda. *Va siempre a la última.*

5. por último expresión Después o detrás de todo, finalmente. *Por último, me despido de todos ustedes.*

ultrajar (ul-tra-**jar**) verbo

Ofender a alguien de obra o de palabra, despreciarlo. *Lo ultrajó públicamente.* **SIN.** Agraviar.

ultraligero, ultraligera

(ul-tra-li-**ge**-ro) adjetivo

1. Sumamente ligero. *Este tejido es ultraligero, no pesa nada.* **SIN.** Ligerísimo.

2. adjetivo y sustantivo masculino Se dice de la nave de poco peso y escaso consumo. *Están trabajando en la construcción de un moderno ultraligero.*

ultramar (ul-tra-**mar**) sustantivo masculino

País o conjunto de territorios que están al otro lado del mar. *España fue perdiendo las colonias de ultramar.*

ultramarinos

(ul-tra-ma-**ri**-nos) sustantivo masculino plural

Establecimiento de comestibles. *Compra la leche y el pan en el ultramarinos.*

ultravioleta (ul-tra-vio-**le**-ta) adjetivo

Se dice de ciertos rayos de luz, invisibles, que emiten el sol y algunas lámparas. *La luz solar es rica en radiación ultravioleta.*

ulular (u-lu-**lar**) verbo

1. Dar los animales alaridos o aullidos. *Los lobos ululaban por los montes.* **SIN.** Aullar.

2. Producir el sonido del viento. *Desde dentro de la cabaña, oíamos ulular al viento con fuerza.*

umbilical (um-bi-li-**cal**) adjetivo

Que pertenece o se refiere al ombligo. *Cordón umbilical.*

umbral (um-**bral**) sustantivo masculino

1. Parte inferior en la puerta o entrada de una casa. *Estaba sentada en el umbral de la puerta.*

2. Principio de cualquier cosa. *Estaba todavía en el umbral de su investigación.* **SIN.** Comienzo, inicio.

umbrío, umbría

(um-**brí**-o) adjetivo

Que está en sombra. *Aquel lugar era umbrío.* **SIN.** Sombreado. **ANT.** Soleado.

un, una artículo indeterminado

Artículo indeterminado en género masculino y femenino, y número singular. *Me dijo que el regalo era un libro.*

unánime (u-**ná**-ni-me) adjetivo

Se dice de la opinión o sentimiento compartido por todos. *El aplauso fue unánime.* **SIN.** Avenido, concorde. **ANT.** Opuesto, encontrado.

unanimidad

(u-na-ni-mi-**dad**) sustantivo femenino

Cualidad de una decisión u opinión compartida por todos. *Se tomó la decisión por unanimidad en la asamblea.* **SIN.** Avenencia, unión. **ANT.** Desacuerdo, disconformidad.

undécimo, undécima

(un-**dé**-ci-mo) numeral

1. Que ocupa el último lugar en una serie ordenada de 11. *Llegó a la meta volante en el undécimo lugar.*

2. numeral y sustantivo masculino Se dice de cada una de las 11 partes iguales en que se divide un todo. *Le tocó solo una undécima parte del trabajo.*

ungir (un-**gir**) verbo

Untar con una materia grasa o aceitosa. *Le ungieron con óleo.*

✎ Se conjuga como *urgir*.

ungüento

(un-**güen**-to) sustantivo masculino

Medicamento que se aplica en la piel compuesto de diversas sustancias grasas. *En la farmacia le dieron un ungüento para los golpes.* **SIN.** Bálsamo, pomada.

único, única (**ú**-ni-co) adjetivo

1. Solo y sin otro de su especie. *Es un ejemplar único.* **SIN.** Exclusivo, uno. **ANT.** Variado, plural.

2. Se dice de aquello que es singular y extraordinario. *Mi hermana tiene un estilo único.* **SIN.** Especial, inapreciable. **ANT.** Común, ordinario.

unicornio

(u-ni-**cor**-nio) sustantivo masculino

Animal fabuloso con figura de caballo y con un cuerno en mitad de la frente. *Le regalaron un pequeño unicornio de cristal.*

unidad (u-ni-**dad**) sustantivo femenino

1. Propiedad de los seres por la cual no pueden dividirse sin que su naturaleza cambie. *El cuerpo forma una unidad.*

2. Cantidad que se toma como medida o término de comparación en relación con las demás de su especie. *El metro, el litro y la milla son unidades de medida.*

3. Unión o conformidad entre dos o más partes. *La unidad de los aliados contra el enemigo común fue decisiva.* **SIN.** Concordancia, acuerdo. **ANT.** Desacuerdo, disconformidad.

4. Dispositivo de un ordenador o computadora que acepta CD, DVD, USB, etc. en los que lee o graba datos. *Tenía la unidad del ordenador averiada.*

5. unidad de cuidados intensivos expresión Sección hospitalaria especializada en la vigilancia y tratamiento de pacientes en estado grave. Es común designarla por medio de sus siglas, *UCI. Lo trasladaron la unidad de cuidados intensivos.* ✎ También *unidad de vigilancia intensiva* (*UVI*).

unifamiliar (u-ni-fa-mi-**liar**) adjetivo

Que corresponde a una sola familia. *Se compraron una casa unifamiliar.*

uniformar (u-ni-for-**mar**) verbo

1. Hacer uniformes dos o más cosas. *Uniformaron las dos colecciones.* **SIN.** Igualar, unificar.

2. Hacer que alguien lleve uniforme. *Uniformaron a los alumnos para que no hubiera diferencias externas.*

uniforme (u-ni-**for**-me) adjetivo

1. Se dice de dos o más cosas que tienen la misma forma o que son iguales o semejantes. *Los ciclistas llevaron un ritmo uniforme durante toda la carrera.* **SIN.** Equivalente, coincidente. **ANT.** Distinto, diferente.

2. sustantivo masculino Traje especial y distintivo que usan las personas que pertenecen a un mismo cuerpo o profesión. *Se puso el uniforme militar.*

unilateral (u-ni-la-te-**ral**) adjetivo

Se dice de lo que se refiere a una sola parte o aspecto de alguna cosa. *Ofrecieron una visión unilateral del asunto.* **SIN.** Limitado, parcial.

unión (u-**nión**) sustantivo femenino

1. Acción y efecto de hacer de dos o más cosas una sola o de que se junten. *La unión del azul y el amarillo produce el verde.* **SIN.** Agregación, fusión.

2. Acuerdo y concordia entre dos o más personas o cosas. *Había mucha unión en el grupo.* **SIN.** Conformidad, avenencia. **ANT.** Discordia.

unir (u-**nir**) verbo

1. Hacer de dos o más cosas una sola o juntarlas. *Hemos unido dos habitaciones para hacer una más grande.* **SIN.** Fundir, juntar. **ANT.** Disgregar, dividir.

2. unirse Juntarse dos o más personas para un fin. *Los vecinos del pueblo se unieron para arreglar la plaza.* **SIN.** Asociarse, aliarse. **ANT.** Separarse.

unísono (u-**ní**-so-no)

al unísono expresión Con unanimidad, al mismo tiempo. *Todos gritaron al unísono en la manifestación.*

unitario, unitaria (u-ni-**ta**-rio) adjetivo

Que tiene unidad o que tiende a ella. *Querían ser un grupo unitario.* **SIN.** Indivisible. **ANT.** Fragmentario.

universal
(u-ni-ver-**sal**) adjetivo
1. Que comprende o es común a todos en su especie, sin excepción de ninguno. *La respiración pulmonar es una característica universal de todos los vertebrados.* **SIN.** General. **ANT.** Particular.
2. Que pertenece o se extiende a todo el mundo, a todos los países, a todos los tiempos. *Es un concepto universal, todo el mundo lo entiende.* **SIN.** Internacional.

universidad
(u-ni-ver-si-**dad**) sustantivo femenino
Institución de enseñanza superior que comprende diversas facultades y escuelas, y que también se dedica a la investigación. *Ese es el rector de la universidad.*

universitario, universitaria
(u-ni-ver-si-**ta**-rio) adjetivo
1. Que pertenece o se refiere a la universidad. *Canta en la tuna universitaria.*
2. sustantivo Estudiante de universidad. *Los universitarios pedían mayor número de clases prácticas.*

universo
(u-ni-**ver**-so) sustantivo masculino
Mundo, conjunto de todo lo que existe. *Hay millones de astros en el universo.* **SIN.** Cosmos. **ANT.** Nada.

uno, una
(**u**-no) adjetivo
1. Que no está dividido. *La finca es una, aunque una parte sea de regadío y otra, de secano.*
2. adjetivo y pronombre indefinido Se emplea para referirse a una persona o cosa indeterminada. *Llamó uno preguntando por ti.*
3. numeral y sustantivo masculino El primero de los números naturales. *El uno de enero se celebra el año nuevo.*
4. a una expresión Al mismo tiempo, simultáneamente. *Los remeros bogaban todos a una.*
5. cada uno expresión Cualquier persona considerada individualmente. *Cada uno sabe lo que tiene que hacer.*

untar
(un-**tar**) verbo
1. Aplicar aceite u otra materia grasa. *Lo untó de aceite.* **SIN.** Engrasar, pringar.
2. Sobornar a alguien con dinero o regalos para conseguir algo de él. *Lo untaron para conseguir su voto.* **SIN.** Comprar, corromper.

uña
(**u**-ña) sustantivo femenino
Parte dura que nace y crece en las extremidades de los dedos. *Siempre lleva las uñas pintadas.*

urbanidad
(ur-ba-ni-**dad**) sustantivo femenino
Buen trato y buenos modales. *Se comporta con urbanidad.* **SIN.** Cortesía, educación. **ANT.** Grosería, incorrección.

urbanismo
(ur-ba-**nis**-mo) sustantivo masculino
Conjunto de los conocimientos para la planificación, reforma y embellecimiento de las poblaciones. *Están desarrollando un nuevo plan de urbanismo para la ciudad.*

urbanización
(ur-ba-ni-za-**ción**) sustantivo femenino
Núcleo residencial urbanizado. *Viven en una urbanización a las afueras de la ciudad.* **SIN.** Complejo urbanístico.

urbano, urbana
(ur-**ba**-no) adjetivo
1. Que pertenece o se refiere a la ciudad. *El guardia urbano le señaló la dirección.* **ANT.** Rural.
2. Cortés, atento, educado. *Su conducta es muy urbana.* **ANT.** Descortés, desatento.

urbe (**ur**-be) sustantivo femenino

Ciudad, especialmente la que tiene muchos habitantes. *La ajetreada vida de la urbe le llamó mucho la atención.* **SIN.** Capital, metrópoli. **ANT.** Pueblo, aldea.

urgencia (ur-**gen**-cia) sustantivo femenino

1. Necesidad de que algo se haga con rapidez. *Tenía mucha urgencia en conseguir ese préstamo.*

2. sustantivo femenino plural Sección de un hospital en la que se atiende a los enfermos y heridos que necesitan cuidados médicos inmediatos. *Lo tuvieron que llevar a urgencias en ambulancia.*

urgente (ur-**gen**-te) adjetivo

Que tiene que hacerse pronto. *Me quedé hasta tarde para sacar un trabajo urgente.* **SIN.** Apremiante. **ANT.** Demorable.

urgir (ur-**gir**) verbo

Ser indispensable la rápida ejecución de una cosa. *Urgía tomar una decisión, la situación iba de mal en peor.* **SIN.** Apremiar, acuciar.

✎ Verbo con irregularidad ortográfica. Ver pág. 981.

urinario, urinaria

(u-ri-**na**-rio) adjetivo

1. Que pertenece o se refiere a la orina. *En clase de Anatomía, estudiamos el aparato urinario.*

2. sustantivo masculino Lugar destinado para orinar. *Han instalado otros urinarios públicos.* **SIN.** Retrete.

urna (**ur**-na) sustantivo femenino

1. Caja de cristal que sirve para tener protegidos ciertos objetos delicados. *La estatua estaba en una urna para que nadie la tocara.*

2. Caja en la que se depositan las papeletas de las votaciones. *La urna estaba llena de votos.*

urogallo (u-ro-**ga**-llo) sustantivo masculino

Ave de plumaje negruzco con patas y pico negros, que vive en los bosques. *El urogallo es una especie protegida por la ley.*

urraca (u-**rra**-ca) sustantivo femenino

Ave de plumaje blanco en el vientre, y negro con reflejos metálicos en el resto del cuerpo, abundante en España. *Las urracas se domestican con facilidad.*

usar (u-**sar**) verbo

1. Hacer servir una cosa para algo. *Usé un palo para sujetar la planta.* **SIN.** Utilizar, emplear.

2. Llevar una prenda de vestir o un adorno habitualmente. *Usa pantalones muy a menudo.*

3. usarse Estar de moda. *Ese año se usaba mucho la minifalda.*

USB sustantivo masculino

Pequeño dispositivo portátil dotado de una memoria informática de gran capacidad y velocidad que se utiliza para guardar información. *Llevo todas las fotos en mi USB.*

✎ También *lápiz USB* o *lápiz de memoria.* Se pronuncia /uesebé/.

uso (**u**-so) sustantivo masculino

1. Acto de hacer servir una cosa para algo. *Al comprar el nuevo horno, le han garantizado su uso.* **SIN.** Utilización, empleo.

2. Costumbre. *Celebrar así la fiesta del pueblo es un uso típico de esta región.* **SIN.** Hábito.

3. Empleo continuado y habitual de algo. *Se ha costumbrado al uso de ese bolígrafo y no le gusta escribir con otro.*

usted, ustedes

(us-**ted**) pronombre personal

Forma del pronombre personal de segunda persona del singular o del plural, en masculino o femenino, que

urgir

MODO INDICATIVO		MODO SUBJUNTIVO	
Tiempos simples	Tiempos compuestos	Tiempos simples	Tiempos compuestos
Presente	**Pret. perf. compuesto / Antepresente**	**Presente**	**Pret. perf. compuesto / Antepresente**
urjo	he urgido	urja	haya urgido
urges / urgís	has urgido	urjas	hayas urgido
urge	ha urgido	urja	haya urgido
urgimos	hemos urgido	urjamos	hayamos urgido
urgís / urgen	habéis urgido	urjáis / urjan	hayáis urgido
urgen	han urgido	urjan	hayan urgido
Pret. imperfecto / Copretérito	**Pret. pluscuamperfecto / Antecopretérito**	**Pret. imperfecto / Pretérito**	**Pret. pluscuamperfecto / Antepretérito**
urgía	había urgido	urgiera o urgiese	hubiera o hubiese urgido
urgías	habías urgido	urgieras o urgieses	hubieras o hubieses urgido
urgía	había urgido	urgiera o urgiese	hubiera o hubiese urgido
urgíamos	habíamos urgido	urgiéramos o urgiésemos	hubiéramos o hubiésemos urgido
urgíais / urgían	habíais urgido	urgierais o urgieseis / urgieran o urgiesen	hubierais o hubieseis urgido hubieran o hubiesen urgido
urgían	habían urgido	urgieran o urgiesen	
Pret. perf. simple / Pretérito	**Pret. anterior / Antepretérito**		
urgí	hube urgido	**Futuro simple / Futuro**	**Futuro compuesto / Antefuturo**
urgiste	hubiste urgido	urgiere	hubiere urgido
urgió	hubo urgido	urgieres	hubieres urgido
urgimos	hubimos urgido	urgiere	hubiere urgido
urgisteis / urgieron	hubisteis urgido	urgiéremos	hubiéremos urgido
urgieron	hubieron urgido	urgiereis / urgieren	hubiereis urgido
		urgieren	hubieren urgido
Futuro simple / Futuro	**Futuro compuesto / Antefuturo**		
urgiré	habré urgido		
urgirás	habrás urgido	**MODO IMPERATIVO**	
urgirá	habrá urgido		
urgiremos	habremos urgido	urge (tú) / urgí (vos) / urja (usted)	
urgiréis / urgirán	habréis urgido	urgid (vosotros)	
urgirán	habrán urgido	urjan (ustedes)	
Condicional simple / Pospretérito	**Condicional compuesto / Antepospretérito**	**FORMAS NO PERSONALES**	

Condicional simple / Pospretérito	**Condicional compuesto / Antepospretérito**		
urgiría	habría urgido	**Infinitivo**	**Infinitivo compuesto**
urgirías	habrías urgido	urgir	haber urgido
urgiría	habría urgido	**Gerundio**	**Gerundio compuesto**
urgiríamos	habríamos urgido	urgiendo	habiendo urgido
urgiríais / urgirían	habríais urgido	**Participio**	
urgirían	habrían urgido	urgido	

se usa como tratamiento de respeto o de cortesía. Puede funcionar como sujeto o como complemento con preposición, y se usa con el verbo en tercera persona. *Espero que usted se sienta cómodo aquí.*
2. En algunas regiones de Andalucía, Canarias e Hispanoamérica, equivale a *tú* y a *vosotros. ¿Ustedes vienen con nosotros al cine?*

usual (u-**sual**) adjetivo
Que es de uso frecuente y general. *Es una expresión muy usual en toda la región.* **SIN.** Común, habitual, corriente.

usuario, usuaria
(u-**sua**-rio) adjetivo y sustantivo
Que usa habitualmente una cosa. *Los usuarios de este coche están encantados con él.*

usurero, usurera
(u-su-**re**-ro) adjetivo y sustantivo
Persona que presta con la condición de que le devuelvan mucha más de la cantidad que la prestada. *No le pidas dinero a él; es un usurero.* **SIN.** Avaro. **ANT.** Generoso.

usurpar (u-sur-**par**) verbo
Quitar a alguien lo que es suyo o quedarse con ello, generalmente de forma ilegal y con violencia. *Le usurparon el trono.* **SIN.** Robar, arrebatar. **ANT.** Reponer, devolver.

utensilio (u-ten-**si**-lio) sustantivo masculino
Objeto o instrumento que sirve para algún uso. *Un cuchillo es un utensilio para cortar.* **SIN.** Avío, bártulo.

útero (**ú**-te-ro) sustantivo masculino
Órgano femenino en cuyo interior tienen lugar la fertilización y el desarrollo del embrión. *No podía tener niños por una enfermedad del útero.*

útil (**ú**-til) adjetivo
1. Que da fruto, interés o provecho. *Tu consejo fue muy útil, solucionamos el problema.* **SIN.** Fructífero, provechoso. **ANT.** Inservible, inútil.
2. sustantivo masculino Herramienta. *Para plantar las flores, necesitaré útiles de jardinería.* **SIN.** Utensilio.

utilidad (u-ti-li-**dad**) sustantivo femenino
1. Cualidad de lo que puede dar fruto, interés o provecho. *Tus herramientas me han sido de gran utilidad.* **SIN.** Aptitud, capacidad. **SIN.** Incompetencia.
2. Provecho que se saca de una cosa. *La utilidad de un cuchillo es cortar.* **SIN.** Rendimiento, lucro.

utilitario
(u-ti-li-**ta**-rio) sustantivo masculino
Vehículo pequeño que consume poco. *Nos hemos comprado un utilitario.*

utilizar (u-ti-li-**zar**) verbo
Hacer servir una cosa para algo. *Utiliza mi lápiz, yo no lo necesito.* **SIN.** Manejar, emplear. **ANT.** Desaprovechar.
✎ Se conjuga como *abrazar.*

utopía (u-to-**pí**-a) sustantivo femenino
Plan, proyecto, etc., ideal, inexistente e irrealizable. *Tu idea de un mundo perfecto es una utopía.* **SIN.** Quimera. **ANT.** Realidad.

uva (**u**-va) sustantivo femenino
Fruto de la vid redondo y jugoso que se agrupa en racimos. *Me ofreció un racimo de uvas.*

uve (**u**-ve) sustantivo femenino
1. Nombre de la letra *v. Valencia se escribe con uve.*
2. uve doble expresión Nombre de la letra *w. Waterpolo se escribe con uve doble.*

V sustantivo femenino

1. Vigésimo tercera letra del abecedario español y decimoctava de sus consonantes. Su nombre es *uve*. Vacío *se escribe con v.*

2. Letra que tiene el valor de cinco en la numeración romana. *VII = 7.*

vaca (**va**-ca) sustantivo femenino

1. Hembra del toro. *Estaban ordeñando las vacas.*

2. vacas flacas expresión Etapa de escasez. *En las vacas flacas hay que economizar.*

3. vacas gordas expresión Etapa de prosperidad. *En la tienda, estamos viviendo una etapa de vacas gordas.*

✎ No debe confundirse con *baca.*

vacaciones

(va-ca-**cio**-nes) sustantivo femenino plural Suspensión del trabajo o del estudio durante algún tiempo. *En vacaciones, iremos a la playa.* **SIN.** Descanso, ocio. **ANT.** Trabajo.

vacante (va-**can**-te) adjetivo y sustantivo femenino

Se dice del cargo o empleo que está sin cubrir. *Había dos vacantes.* **SIN.** Desocupado. **ANT.** Ocupado.

vaciar (va-ci-**ar**) verbo

Dejar vacío un recipiente, un local, etc. *Tenía tanta hambre que vació el frigorífico.* **SIN.** Desocupar. **ANT.** Abarrotar, atestar.

✎ Se conjuga como *desviar.*

vacilar (va-ci-**lar**) verbo

1. Estar poco firme una cosa en su sitio o estado. *La brisa hacía vacilar la luz de la vela.* **SIN.** Balancearse, tambalearse, oscilar.

2. Estar alguien indeciso. *Vacilaba, no sabía si ir o quedarse.* **SIN.** Titubear, flaquear.

3. Tomar el pelo. *Sus amigos nos vacilaban mucho.*

vacío, vacía (va-**cí**-o) adjetivo

1. Que no tiene nada dentro. *La botella está vacía.* **SIN.** Desocupado, hueco. **ANT.** Lleno.

2. Se dice de los sitios sin gente, o con poca gente. *La casa está vacía sin ti.* **SIN.** Deshabitado. **ANT.** Abarrotado.

3. sustantivo masculino Lugar profundo y con mucho peligro. *Se precipitó al vacío desde el tercer piso.*

4. sustantivo masculino En física, espacio sin aire sometido a una presión inferior a la atmósfera. *El vacío se halla sobre la atmósfera terrestre.*

5. sustantivo masculino Falta de una persona o cosa que se echa de menos. *Su muerte había dejado un gran vacío.*

6. de vacío expresión Sin carga. *No te vayas de vacío, llévate la basura.*

7. envasado al vacío expresión Envasado sin aire. *Los productos envasados al vacío se conservan mejor.*

vacuna (va-**cu**-na) sustantivo femenino

Medicamento que se inyecta a una persona o animal para protegerlos de una enfermedad determinada. *Le inyectaron la vacuna de la gripe.*

vacunar (va-cu-**nar**) verbo

Poner o ponerse una vacuna. *Se vacunó contra la varicela.*

vacuno, vacuna (va-**cu**-no) adjetivo

Que pertenece o se refiere a la vaca, al toro o a cualquier otro mamífero rumiante parecido. *Cría ganado vacuno.*

vado (va-do) sustantivo masculino

1. Parte de un río poco profundo por donde se puede pasar andando sin dificultad. *Pasó el río por un vado.*

2. Modificación de las aceras de las vías públicas para facilitar el acceso de los vehículos a los locales y viviendas. *Ahí no puedes aparcar, hay un vado privado.*

vagabundo, vagabunda

(va-ga-**bun**-do) adjetivo y sustantivo

Que anda errante de un lado para otro. *El pobre vagabundo pasaba las noches a la intemperie.*

vagar (va-**gar**) verbo

Andar una persona de una parte a otra sin encontrar su camino o lo que se busca. *Vagaba pensativa por las callejas de la ciudad.* **SIN.** Vagabundear.

✎ Se conjuga como *ahogar*.

vagina (va-**gi**-na) sustantivo femenino

Órgano sexual femenino. *Durante el parto, la vagina se dilata para permitir el paso del bebé.*

vago, vaga (va-go) adjetivo y sustantivo

1. Se dice de la persona poco trabajadora. *Haz algo, no seas tan vago.* **SIN.** Gandul, haragán. **ANT.** Trabajador, laborioso.

2. adjetivo Se dice de las cosas sin límites o significado bien definido. *Oí un vago rumor.* **SIN.** Impreciso.

vagón (va-**gón**) sustantivo masculino

En los ferrocarriles, recinto reservado para los viajeros o las mercancías y equipajes. *Nuestro asiento está en el segundo vagón.*

vagoneta (va-go-**ne**-ta) sustantivo femenino

Vagón pequeño y descubierto, utilizado para transporte. *Volcó una vagoneta de carbón.*

vaguear (va-gue-**ar**) verbo

Estar sin hacer nada de provecho. *Le gusta mucho vaguear.* **SIN.** Remolonear, holgazanear.

vaho (va-ho) sustantivo masculino

Vapor que despiden los cuerpos en determinadas condiciones. *Limpia el vaho de los cristales.*

vahído (va-**hí**-do) sustantivo masculino

Desmayo pasajero. *Tuvo un ligero vahído.* **SIN.** Mareo, vértigo.

vaina (**vai**-na) sustantivo femenino

1. Funda en la que se guardan algunas armas o instrumentos de metal, como espadas, etc. *Enfundó su espada en la vaina.*

2. Cáscara tierna y larga en que están encerradas algunas semillas, como las de las judías, las habas, etc. *Los guisantes están envueltos en una vaina.*

vainilla (vai-**ni**-lla) sustantivo femenino

Planta de origen americano, que produce la semilla del mismo nombre, empleada para dar aroma a licores, helados, dulces, etc. *Me encanta el helado de vainilla.*

vaivén (vai-**vén**) sustantivo masculino

Movimiento repetido de un cuerpo en dos sentidos opuestos. *Se mareó con el vaivén del autobús.* **SIN.** Balanceo, oscilación

vajilla (va-**ji**-lla) sustantivo femenino

Conjunto de utensilios y vasijas para el servicio de mesa. *Le regalaron una vajilla de 12 servicios.*

vale (va-le) sustantivo masculino

1. Documento que se puede cambiar por dinero. *Le dio un vale.* **SIN.** Talón, pagaré.

2. Nota firmada que se da a la persona que ha de entregar una cosa y que sirve como prueba de la entrega. *Tenía que presentar el vale.* **SIN.** Recibo.

3. Papel que sirve para adquirir ciertos artículos. *Con este vale te harán descuento.*

valentía (va-len-tí-a) sustantivo femenino

Determinación a actuar de forma decidida y sin temor al riesgo. *Demostró mucha valentía al decir la verdad.* **SIN.** Intrepidez, osadía. **ANT.** Cobardía.

valer (va-ler) verbo

1. Tener las cosas un precio determinado para el comercio. *¿Cuánto vale?* **SIN.** Costar.

2. Ser una persona o cosa, útil o importante. *Esta tela tan fuerte vale para hacer un bolso.*

3. valerse Utilizar una cosa o los servicios de otra persona. *Mi abuelo se vale de las muletas para andar.* **SIN.** Servirse.

4. vale expresión Indica que se está de acuerdo con alguien. *Vale, iremos.*

5. valer por expresión Indica que algo equivale a o tiene las cualidades de otra cosa. *Esta tarjeta vale por un refresco mañana por la noche.*

✎ Verbo irregular. Ver pág. 986.

valeroso, valerosa (va-le-ro-so) adjetivo

1. Eficaz, que puede mucho. *Es un remedio valeroso.*

2. Se aplica a la persona valiente y esforzada. *Se la ve muy valerosa.* **SIN.** Animoso, valiente, brioso. **ANT.** Cobarde, miedoso.

valía (va-lí-a) sustantivo femenino

Valor de alguien o algo. *Demostró su valía en los momentos difíciles.* **SIN.** Coste, estimación, precio.

validez (va-li-dez) sustantivo femenino

Cualidad de lo que vale legalmente o de lo que es adecuado para algo. *Aquella firma no tenía validez.* **SIN.** Autenticidad, vigencia. **ANT.** Desautorización.

✎ Su plural es *valideces*.

válido, válida (vá-li-do) adjetivo

Que vale legalmente, adecuado para algo. *El documento era válido.* **SIN.** Autorizado, vigente. **ANT.** Nulo, derogado, abolido.

valiente (va-lien-te) adjetivo y sustantivo

Que no tiene miedo en las situaciones difíciles y peligrosas. *Fue muy valiente al salvar a aquel niño de las llamas.* **SIN.** Valeroso, atrevido, osado. **ANT.** Cobarde.

✎ Tiene dos superlativos, *valentísimo* y *valientísimo*.

valioso, valiosa (va-lio-so) adjetivo

Que vale mucho o tiene mucha estimación o poder. *Este cuadro es muy valioso.* **SIN.** Preciado. **ANT.** Despreciable.

valla (va-lla) sustantivo femenino

1. Línea formada por estacas o tablas unidas, para cerrar algún sitio o señalarlo. *Saltaron la valla de la huerta.* **SIN.** Tapia, cerca.

2. Obstáculo que debe ser saltado por los participantes en ciertas competiciones deportivas. *Ganó la carrera de vallas.*

3. valla publicitaria expresión Cartelera situada en la calle o en las carreteras, para colocar publicidad. *Pusieron el cartel en la valla publicitaria.*

vallado

(va-lla-do) sustantivo masculino

Cerco que se levanta para defender un lugar e impedir la entrada en él. *Los caballos tiraron parte del vallado de la finca.* **SIN.** Empalizada, valla.

valer

MODO INDICATIVO		MODO SUBJUNTIVO	
Tiempos simples	Tiempos compuestos	Tiempos simples	Tiempos compuestos
Presente	**Pret. perf. compuesto / Antepresente**	**Presente**	**Pret. perf. compuesto / Antepresente**
valgo	he valido	valga	haya valido
vales / valés	has valido	valgas	hayas valido
vale	ha valido	valga	haya valido
valemos	hemos valido	valgamos	hayamos valido
valéis / valen	habéis valido	valgáis / valgan	hayáis valido
valen	han valido	valgan	hayan valido
Pret. imperfecto / Copretérito	**Pret. pluscuamperfecto / Antecopretérito**	**Pret. imperfecto / Pretérito**	**Pret. pluscuamperfecto / Antepretérito**
valía	había valido	valiera o valiese	hubiera o hubiese valido
valías	habías valido	valieras o valieses	hubieras o hubieses valido
valía	había valido	valiera o valiese	hubiera o hubiese valido
valíamos	habíamos valido	valiéramos o valiésemos	hubiéramos o hubiésemos valido
valíais / valían	habíais valido	valierais o valieseis / valieran o valiesen	hubierais o hubieseis valido / hubieran o hubiesen valido
valían	habían valido	valieran o valiesen	
Pret. perf. simple / Pretérito	**Pret. anterior / Antepretérito**		
valí	hube valido		
valiste	hubiste valido		
valió	hubo valido	**Futuro simple / Futuro**	**Futuro compuesto / Antefuturo**
valimos	hubimos valido		
valisteis / valieron	hubisteis valido	valiere	hubiere valido
valieron	hubieron valido	valieres	hubieres valido
		valiere	hubiere valido
		valiéremos	hubiéremos valido
Futuro simple / Futuro	**Futuro compuesto / Antefuturo**	valiereis / valieren	hubiereis valido
valdré	habré valido	valieren	hubieren valido
valdrás	habrás valido		
valdrá	habrá valido	**MODO IMPERATIVO**	
valdremos	habremos valido		
valdréis / valdrán	habréis valido	vale (tú) / valé (vos) / valga (usted)	
valdrán	habrán valido	valed (vosotros)	
		valgan (ustedes)	
Condicional simple / Pospretérito	**Condicional compuesto / Antepospretérito**	**FORMAS NO PERSONALES**	
valdría	habría valido	**Infinitivo** valer	**Infinitivo compuesto** haber valido
valdrías	habrías valido		
valdría	habría valido	**Gerundio** valiendo	**Gerundio compuesto** habiendo valido
valdríamos	habríamos valido		
valdríais / valdrían	habríais valido	**Participio** valido	
valdrían	habrían valido		

vallar - vanidoso

vallar (va-**llar**) verbo
Cercar un sitio con vallas para defender un lugar e impedir la entrada en él. *Van a vallar el huerto.*

valle (**va**-lle) sustantivo masculino
Terreno llano entre montañas. *Este río atraviesa todo el valle.* **SIN.** Depresión, hoya, vaguada.

valor (va-**lor**) sustantivo masculino
1. Grado de utilidad e importancia de las cosas. *Aquel documento no tenía valor.* **SIN.** Importancia, significación. **ANT.** Incapacidad, nulidad.
2. Precio de una cosa. *Preguntó por el valor del collar.*
3. Cualidad moral que mueve a realizar con energía grandes empresas y a afrontar con valentía los peligros. *Afrontó la situación con valor.* **SIN.** Brío, coraje, valentía. **ANT.** Cobardía.
4. de valor expresión Valioso. *Guarda sus objetos de valor en el banco.*

valoración
(va-lo-ra-**ción**) sustantivo femenino
Determinación o reconocimiento del valor de una persona o cosa. *Su valoración del curso no fue muy positiva.* **SIN.** Evaluación, estimación.

valorar (va-lo-**rar**) verbo
1. Determinar el valor correspondiente a una cosa, ponerle precio. *El coche está muy viejo, te lo valorarán poco.* **SIN.** Tasar.
2. Reconocer el valor de una persona o cosa. *Valora mucho su amistad.* **SIN.** Estimar, apreciar. **ANT.** Ignorar, aborrecer.

vals sustantivo masculino
Danza, de origen alemán, que ejecutan las parejas con un movimiento giratorio. *Nosotros bailamos el Vals de las mariposas en nuestra boda.*
✎ Su plural es *valses.*

valva (**val**-va) sustantivo femenino
Cada una de las piezas duras que constituyen la concha de ciertos moluscos y gusanos. *El mejillón y la almeja tienen valvas.*

válvula (**vál**-vu-la) sustantivo femenino
Pieza de una máquina o instrumento, que sirve para interrumpir la comunicación entre dos de sus órganos, o entre estos y el exterior. *Cierra la válvula del gas.*

vampiro (vam-**pi**-ro) sustantivo masculino
1. Murciélago que chupa la sangre de las personas y animales dormidos. *Los vampiros son mamíferos voladores.*
2. Ser fantástico que, muerto y según la creencia popular, va por las noches a chupar la sangre de los vivos. *Me gusta leer leyendas de vampiros.*

vandalismo
(van-da-**lis**-mo) sustantivo masculino
Espíritu de destrucción que no respeta nada. *Quemar un autobús es un acto de vandalismo.* **SIN.** Brutalidad, salvajada, barbarie.

vanguardia (van-**guar**-dia) sustantivo femenino
1. Conjunto de ideas, personas, etc., que se adelantan a su tiempo en cualquier actividad. *Picasso formó parte de la vanguardia de su época.*
2. a la, o en, vanguardia expresión Ir el primero, estar en el punto más avanzado, adelantarse a los demás, etc. *El general iba a la vanguardia de su ejército durante la gran batalla.*

vanidad (va-ni-**dad**) sustantivo femenino
Alabanza presuntuosa que una persona hace de sí misma. *Siempre habla de sí mismo con mucha vanidad.* **ANT.** Humildad, modestia.

vanidoso, vanidosa
(va-ni-**do**-so) adjetivo y sustantivo
Que tiene mucha vanidad. *Es una persona muy vanidosa, se cree mejor*

que los demás. **SIN.** Creído, orgulloso, engreído. **ANT.** Modesto, vergonzoso, humilde.

vapor (va-**por**) sustantivo masculino

Gas en que se convierten los líquidos por la acción del calor. *El vapor de agua forma nubes.* **SIN.** Vaho.

vaporizador

(va-po-ri-za-**dor**) sustantivo masculino

Aparato para vaporizar. *Echó agua a las plantas con el vaporizador.* **SIN.** Aerosol.

vaporizar (va-po-ri-**zar**) verbo

1. Hacer pasar un cuerpo del estado líquido al de vapor por la acción del calor. *La colonia se vaporizó con el calor.*

2. Dispersar un líquido en gotitas muy finas. *Vaporizó las plantas con agua.* **SIN.** Rociar.

✎ Se conjuga como *abrazar*.

vaporoso, vaporosa

(va-po-**ro**-so) adjetivo

Delicado, ligero, se dice sobre todo de los tejidos. *La falda era de una tela muy vaporosa.*

vaquería (va-que-**rí**-a) sustantivo femenino

Lugar donde hay vacas o se vende su leche. *Esta mantequilla es de la vaquería.* **SIN.** Lechería.

vaquero, vaquera (va-**que**-ro) sustantivo

1. Pastor o pastora de reses vacunas. *El vaquero llevó el ganado a pastar.*

2. adjetivo y sustantivo masculino Se dice de la ropa, especialmente de los pantalones, de tela fuerte y generalmente azul. *Necesito unos vaqueros nuevos.*

vara (va-ra) sustantivo femenino

Rama delgada, larga y sin hojas. *Cortó una vara de avellano para dirigir a las vacas.*

varadero (va-ra-de-ro) sustantivo masculino

Lugar donde se detienen las embarcaciones para resguardarlas o arreglarlas. *El barco permaneció anclado en el varadero.*

varar (va-**rar**) verbo

1. Quedar atascada una embarcación a causa de la arena, las piedras, etc. *Se varó un barco en los arrecifes.* **SIN.** Encallar, embarrancar, estancarse.

2. Sacar a la playa y poner en seco una embarcación. *Vararon el buque para repararlo.*

3. vararse En Hispanoamérica, quedarse detenido un vehículo por una avería. *Se varó el carro en mitad del camino.* **SIN.** Averiarse.

variable (va-ria-ble) adjetivo

Que varía o puede variar. *Son datos variables.* **SIN.** Versátil, inconstante. **ANT.** Constante.

variación (va-ria-**ción**) sustantivo femenino

Cambio que se da en una cosa. *No había ninguna variación.* **SIN.** Alteración, mudanza, transformación. **ANT.** Permanencia.

variado, variada (va-**ria**-do) adjetivo

Que tiene variedad. *Tienen productos muy variados en la tienda de al lado.* **SIN.** Compuesto, heterogéneo. **ANT.** Homogéneo, uniforme.

variar (va-ri-**ar**) verbo

Cambiar algo o alguien de forma, estado, etc. o hacer que cambie. *Las costumbres han variado mucho en los últimos años.* **SIN.** Alterar, modificar. **ANT.** Permanecer, continuar.

✎ Se conjuga como *desviar*.

varicela (va-ri-**ce**-la) sustantivo femenino

Enfermedad contagiosa, caracterizada por la aparición de granos en la piel. *El niño se contagió de varicela.*

variedad (va-rie-**dad**) sustantivo femenino

1. Conjunto de cosas diferentes entre sí. *Había variedad de productos.*

2. Cada uno de los grupos que componen otro mayor. *La hormiga es una variedad de insecto.*

3. sustantivo femenino plural Espectáculo en el que se alternan números musicales, de baile, circo, etc. *Fue a un espectáculo de variedades.*

varilla (va-ri-lla) sustantivo femenino
Barra larga y delgada. *Se le rompió una varilla del paraguas.*

varios, varias
(va-rios) adjetivo y pronombre indefinido plural
Algunos, unos cuantos. *Javier vino con varios amigos a mi fiesta.*

varón (va-rón) sustantivo masculino
Persona del sexo masculino. *Nuestros amigos han tenido un hijo varón.* **SIN.** Hombre, macho. **ANT.** Mujer, hembra.
✎ No debe confundirse con *barón*.

vasallo, vasalla (va-sa-llo) sustantivo
1. Durante la Edad Media, persona sometida a un señor feudal, rico y poderoso, al que servía y obedecía. *Los vasallos trabajaban las tierras de sus señores.*
2. Persona sujeta a la autoridad de un superior al que tiene que obedecer. *El rey trataba bien a sus vasallos.*

vasija (va-si-ja) sustantivo femenino
Recipiente para contener líquidos o cosas destinadas a la alimentación. *Se le cayó la vasija de aceite.* **SIN.** Ánfora, tinaja.

vaso (va-so) sustantivo masculino
1. Recipiente destinado a contener un líquido, especialmente el que sirve para beber. *Compró una docena de vasos altos.*
2. Cualquiera de los tubos que transportan la savia de las plantas o la sangre de los animales. *Las arterias y las venas son vasos sanguíneos.*

vástago (vás-ta-go) sustantivo masculino
Persona descendiente de otra. *Se sentía orgulloso de sus vástagos.* **SIN.** Hijo, retoño.

vasto, vasta (vas-to) adjetivo
Muy extenso. *Desde el cerro, se contempla una vasta llanura.*
✎ No debe confundirse con *basto*.

váter (vá-ter) sustantivo masculino
1. Aparato que se coloca en los cuartos de aseo para que las personas hagan sus necesidades corporales. *La cisterna del váter se ha estro-peado.*
2. Lugar acondicionado para lavarse, arreglarse, o realizar algunas necesidades corporales. *La pasta de dientes está en el váter.*
✎ Su plural es *váteres*.

vecindario (ve-cin-da-rio) sustantivo masculino
Conjunto de los vecinos de una casa, calle, barrio, población, etc. *Era una persona conocida en el vecindario.*

vecino, vecina (ve-ci-no) adjetivo y sustantivo
1. Se dice de la persona que vive en el mismo pueblo, barrio o casa que otra. *Los vecinos de mi barrio se reúnen en la plaza.* **SIN.** Convecino.
2. Que es habitante de una determinada población. *Su amigo es vecino de Madrid.* **SIN.** Residente. **ANT.** Forastero.
3. adjetivo Cercano. *El jardín vecino tiene muchas flores.* **SIN.** Inmediato, próximo. **ANT.** Alejado, lejano.

veda (ve-da) sustantivo femenino
Prohibición de realizar algo y época durante la que es válida esa prohibición. *Los cazadores se saltaron la veda.* **SIN.** Coto, veto. **ANT.** Permiso, autorización.

vedar (ve-dar) verbo
1. Prohibir una cosa por ley, estatuto o mandato. *Vedaron la pesca en este río.* **SIN.** Abolir, proscribir. **ANT.** Permitir.
2. Impedir la realización de algo. *Les vedó el paso.* **SIN.** Obstaculizar, estorbar. **ANT.** Facilitar.

vega (ve-ga) sustantivo femenino

Tierra baja y fértil, generalmente regada por un río. *La vega del Duero es famosa por sus viñedos.* **SIN.** Vergel, jardín, huerta.

veganismo

(ve-ga-**nis**-mo) sustantivo masculino

Régimen alimenticio basado en el consumo de alimentos vegetales exclusivamente. No ingieren lácteos, huevos, pescados ni carne. *Su médico le recomendó el veganismo para eliminar toxinas.*

vegano, vegana

(ve-**ga**-no) adjetivo y sustantivo

Se dice de la persona cuyo régimen alimenticio se basa en el veganismo. *No tomo leche de vaca, sino de soja, porque soy vegana.*

vegetación

(ve-ge-ta-**ción**) sustantivo femenino

Conjunto de plantas que crecen en grupos o en comunidades. *Esa zona tiene una vegetación abundante y variada.* **SIN.** Flora.

vegetal (ve-ge-**tal**) adjetivo

1. Que pertenece o se refiere a las plantas. *Las hortensias pertenecen al reino vegetal.*

2. sustantivo masculino Ser que crece y vive sin moverse por propio impulso. *Debemos aumentar el consumo de vegetales en nuestra dieta.* **SIN.** Planta.

vegetarianismo

(ve-ge-ta-ria-**nis**-mo) sustantivo masculino

Régimen alimenticio basado principalmente en el consumo de alimentos vegetales, pero que admite productos que provengan del animal vivo, como la leche, los huevos, etc. *En esa familia son vegetarianos.* **SIN.** Naturista.

vegetariano, vegetariana

(ve-ge-ta-**ria**-no) adjetivo y sustantivo

1. Se dice de la persona cuyo régimen alimenticio se basa en el vegetarianismo. *En esa familia son vegetarianos.* **SIN.** Naturista.

2. adjetivo Que pertenece o se refiere a este régimen alimenticio. *Sigue una dieta vegetariana.*

vehemente (ve-he-**men**-te) adjetivo

Que mueve o se mueve con ímpetu y pasión. *Usó un tono vehemente.* **SIN.** Apasionado. **ANT.** Calmoso.

vehículo (ve-**hí**-cu-lo) sustantivo masculino

1. Cualquier medio de transporte. *Su vehículo es un coche todoterreno.*

2. Lo que sirve para conducir o transmitir fácilmente una cosa, como el sonido, los contagios, etc. *La suciedad es vehículo de infecciones.*

veinte (**vein**-te) numeral y sustantivo masculino

Dos veces diez, o que ocupa el último lugar en una serie ordenada de 20. *Nos conocimos hace veinte años.*

veinteañero, veinteañera

(vein-te-a-**ñe**-ro) adjetivo

Se dice de la persona cuya edad está comprendida entre los 20 y los 29 años. *Es un comportamiento propio de veinteañeros.*

veintena (vein-**te**-na) sustantivo femenino

Conjunto de veinte unidades. *Me faltan dos trofeos para tener una veintena.*

veinticinco

(vein-ti-**cin**-co) numeral y sustantivo masculino

Veinte y cinco, o que ocupa el último lugar en una serie ordenada de 25. *El veinticinco de diciembre es Navidad.*

veinticuatro

(vein-ti-**cua**-tro) numeral y sustantivo masculino

Veinte y cuatro, o que ocupa el último lugar en una serie ordenada de 24. *Llegará el día veinticuatro.*

veintidós

(vein-ti-**dós**) numeral y sustantivo masculino

Veinte y dos, o que ocupa el último lugar en una serie ordenada de 22. *La caja tiene veintidós rotuladores.*

veintinueve

(vein-ti-**nue**-ve) numeral y sustantivo masculino
Veinte y nueve, o que ocupa el último lugar en una serie ordenada de 29. *Tuvo su primer hijo a los veintinueve años.*

veintiocho

(vein-**tio**-cho) numeral y sustantivo masculino
Veinte y ocho, o que ocupa el último lugar en una serie ordenada de 28. *Hay veintiocho kilómetros hasta el pueblo.*

veintiséis

(vein-ti-**séis**) numeral y sustantivo masculino
Veinte y seis, o que ocupa el último lugar en una serie ordenada de 26. *El examen tenía veintiséis preguntas.*

veintisiete

(vein-ti-**sie**-te) numeral y sustantivo masculino
Veinte y siete, o que ocupa el último lugar en una serie ordenada de 27. *¿Cuántos años tienes? Veintisiete.*

veintitrés

(vein-ti-**trés**) numeral y sustantivo masculino
Veinte y tres, o que ocupa el último lugar en una serie ordenada de 23. *Cumplo veintitrés años el próximo mes.*

veintiún

(vein-**tiún**) numeral y sustantivo masculino
Apócope de *veintiuno*. *Veintiún muchachos.*
✎ Se antepone siempre al sustantivo.

veintiuno, veintiuna

(vein-**tiu**-no) numeral y sustantivo masculino
Veinte y uno, o que ocupa el último lugar en una serie ordenada de 21. *Llegará a las veintiuna horas.*

vejez

(ve-**jez**) sustantivo femenino
Período de la vida de una persona en que se tiene una edad avanzada. *Hace falta salud para disfrutar de una buena vejez.*
✎ Su plural es *vejeces*.

vejiga

(ve-**ji**-ga) sustantivo femenino
Órgano del cuerpo en forma de bolsa que recoge la orina producida por los riñones. *Tenía cálculos en la vejiga.*

vela

(ve-la) sustantivo femenino
1. Cilindro de cera u otra materia grasa con una mecha en el centro que la recorre por dentro y que sobresale para poder encenderla y alumbrar. *Busca una vela, la luz se ha ido.* **SIN.** Cirio.
2. Lona fuerte que sirve para recibir el viento que impulsa una nave. *Desplegaron las velas del barco.*
3. a toda vela expresión Se utiliza cuando algo se hace con rapidez y sin dificultades. *El negocio está yendo a toda vela.*
4. en vela expresión Estar sin dormir. *Pasé la noche en vela esperándolo.*

velada

(ve-la-da) sustantivo femenino
Reunión nocturna de varias personas para charlar o disfrutar juntos. *Fue una velada muy agradable.*

velar

(ve-**lar**) verbo
1. Estar despierto en el tiempo destinado a dormir, para cuidar a un enfermo o por otras razones. *Mi hermano estuvo enfermo y mi madre se quedó velándolo.*
2. Cuidar de alguien o de algo con gran interés. *Mis padres velan por mis intereses.*
3. En fotografía analógica, borrarse del todo o en parte la imagen por darle la luz antes de revelarla. *El carrete se ha velado.*

velatorio

(ve-la-**to**-rio) sustantivo masculino
Acto de velar a un difunto y lugar destinado a ello. *Está en el velatorio.*

velero

(ve-**le**-ro) sustantivo masculino
Barco de vela. *Nos llevó en su velero.*

veleta

(ve-**le**-ta) sustantivo femenino
Pieza de metal giratoria que, colocada en lo alto de un edificio, señala

la dirección del viento. *En la torre de la iglesia hay una veleta decorada con un gallo.*

velís (ve-**lís**) sustantivo masculino

Maleta de mano. *Llené mi velís de vestidos de verano y me marché.*

✎ También *veliz.*

vello (ve-llo) sustantivo masculino

Pelo corto y suave que nace en algunas partes del cuerpo humano y que es más corto que el de la cabeza. *Apenas tenía vello en las piernas.* **SIN.** Pelusa.

✎ No debe confundirse con *bello.*

velludo, velluda (ve-llu-do) adjetivo

Que tiene mucho vello. *Es muy velludo, tiene pelo por todo el cuerpo.*

velo (ve-lo) sustantivo masculino

Prenda, generalmente de tela fina y transparente, que se utiliza para cubrir algo, sobre todo el rostro o la cabeza. *La novia llevaba un velo de tul blanco que le cubría la cabeza.*

velocidad (ve-lo-ci-**dad**) sustantivo femenino

1. Relación entre el espacio recorrido por un objeto y el tiempo empleado para recorrerlo. *En esta carretera, la velocidad máxima es de 100 kilómetros por hora.*

2. Rapidez con la que se hacen las cosas. *Ven a toda velocidad, es importante.* **SIN.** Celeridad, prisa. **ANT.** Lentitud, torpeza.

velódromo

(ve-**ló**-dro-mo) sustantivo masculino

Lugar destinado para carreras en bicicleta. *El público abarrotaba el velódromo durante la carrera.*

veloz (ve-**loz**) adjetivo

Que se mueve a gran velocidad. *Ese caballo es muy veloz y probablemente gane la carrera.* **SIN.** Rápido, ligero. **ANT.** Lento.

✎ Su plural es *veloces.*

vena (ve-na) sustantivo femenino

Vaso o tubo del cuerpo por donde la sangre vuelve al corazón. *La sangre va del corazón al resto del cuerpo por las arterias y vuelve por las venas.* **SIN.** Conducto, capilar.

venado (ve-na-do) sustantivo masculino

Ciervo. *Vimos un grupo de venados en la montaña.*

vencedor, vencedora

(ven-ce-**dor**) adjetivo y sustantivo

Que vence. *Era la vencedora de la carrera.* **SIN.** Ganador, triunfador. **ANT.** Perdedor.

vencer (ven-**cer**) verbo

1. Ganar al contrario. *Vencieron al equipo visitante por tres goles.* **SIN.** Derrotar. **ANT.** Perder.

2. No poder resistirse ante una sensación o deseo. *Me venció el sueño.*

3. Dominar una persona sus pasiones y sentimientos o superar las dificultades. *Logró vencer su ira.*

4. Acabarse el tiempo acordado. *Tienes que entregar el trabajo hoy, pues vence el plazo.* **SIN.** Terminar, finalizar.

5. vencerse Ladearse, inclinarse o torcerse una cosa. *La estantería se vence hacia la derecha.*

✎ Se conjuga como *convencer.*

venda (ven-da) sustantivo femenino

Tira de tela, generalmente de gasa, que sirve para tapar una herida o sujetar un miembro lastimado. *Se puso una venda en el pie abierto.* **SIN.** Gasa.

vendaje (ven-da-je) sustantivo masculino

Conjunto de vendas de una herida o un miembro lastimado. *Le cambiaron el vendaje.*

vendar (ven-**dar**) verbo

Cubrir una herida o zona del cuerpo lastimada con vendas. *Le vendaron el brazo roto.*

vendaval (ven-da-**val**) sustantivo masculino
Viento muy fuerte. *El vendaval derribó todo a su paso.*

vendedor, vendedora
(ven-de-**dor**) adjetivo y sustantivo
Que vende. *Era vendedora ambulante.* **SIN.** Expendedor, comerciante, feriante, tendero.

vender (ven-**der**) verbo
1. Dar una cosa a cambio de dinero. *En esa tienda venden muebles muy baratos.* **SIN.** Expender. **ANT.** Comprar, adquirir.
2. Traicionar a una persona. *Su amigo lo vendió.*
3. venderse Dejarse sobornar. *Se vendió al enemigo.*
4. venderse por expresión Atribuirse alguien cualidades que no tiene. *Se vende por poeta y no sabe casi ni leer.*

vendimia (ven-di-mia) sustantivo femenino
Recolección de la uva. *Los ayudó en la vendimia.* **SIN.** Cosecha.

vendimiar (ven-di-**miar**) verbo
Recoger el fruto de las viñas. *Necesitaban más gente para vendimiar.* **SIN.** Cosechar, recolectar. **ANT.** Sembrar, plantar.
✎ Se conjuga como *cambiar.*

veneno (ve-**ne**-no) sustantivo masculino
Cualquier sustancia que, introducida en el organismo de un ser vivo, ocasiona la muerte o graves trastornos. *Dejó veneno para las ratas.* **SIN.** Ponzoña.

venenoso, venenosa
(ve-ne-**no**-so) adjetivo
Que tiene veneno. *Esa serpiente es venenosa.* **SIN.** Letal, ponzoñoso. **ANT.** Inocuo, sano.

venerar (ve-ne-**rar**) verbo
1. Respetar mucho a una persona o cosa. *Veneró su memoria.* **SIN.** Honrar, reverenciar.

2. Dar culto a Dios, a los santos o a las cosas sagradas. *Veneraban a la Virgen de Fátima.* **SIN.** Adorar.

venganza
(ven-**gan**-za) sustantivo femenino
Satisfacción del daño recibido, causando otro daño. *Lo hizo como venganza.* **SIN.** Desquite, revancha. **ANT.** Perdón, clemencia.

vengar (ven-**gar**) verbo
Causar un daño a alguien como satisfación del daño recibido. *El conde de Montecristo se vengó de los que lo habían traicionado.* **SIN.** Desquitarse. **ANT.** Perdonar, absolver.
✎ Se conjuga como *ahogar.*

vengativo, vengativa
(ven-ga-**ti**-vo) adjetivo
Inclinado a tomar venganza del daño o agravio recibido. *Es una persona muy vengativa.* **SIN.** Rencoroso.

venidero, venidera
(ve-ni-**de**-ro) adjetivo
Que ha de venir o suceder. *En tiempos venideros, todo será mejor.* **SIN.** Futuro. **ANT.** Pasado.

venir (ve-**nir**) verbo
1. Acercarse una persona hasta el lugar en que se halla la que está hablando. *Vendrá esta tarde a mi casa.* **SIN.** Acudir, llegar. **ANT.** Marcharse, irse.
2. Empezar a suceder una cosa. *Me viene un mareo.*
3. Estar situada una cosa después de otra en una serie ordenada. *Después de la noche, viene el día.*
4. Ajustarse o encajar bien o mal una cosa a otra o con otra. *La falda ya no me viene.*
5. Ser una cosa consecuencia de otra, tener origen en ella. *Esta reacción viene del enfado del otro día.*
6. Figurar en un libro o publicación. *Ese dato viene en la enciclopedia.*

7. venir a expresión Con un infinitivo, indica algo de forma aproximada. *Vienen a ser unas cien personas.*

8. ¡venga! expresión Se usa para animar a alguien, para hacer que se dé prisa, o para expresar sorpresa. *¡Venga, corre, que llegamos tarde!*

9. venir al mundo Nacer. *El bebé vino al mundo en León.*

10. venir a menos Decaer una persona o cosa. *Esa ciudad ha venido a menos, antes era la capital.*

✎ Verbo irregular. Ver pág. 995.

venta (**ven**-ta) sustantivo femenino

1. Acción y efecto de vender. *Esa tienda tiene pocas ventas.* **SIN.** Transacción. **ANT.** Compra.

2. Posada en los caminos o despoblados para hospedaje de los pasajeros. *Comimos en una venta.* **SIN.** Fonda, parador, hostal.

3. en venta expresión Se aplica a lo que se tiene para vender. *Este piso está en venta.*

ventaja (ven-**ta**-ja) sustantivo femenino

1. Superioridad de un ser vivo o cosa sobre otro. *Ser más alto le da ventaja para jugar al baloncesto.*

2. Interés o provecho que proporciona algo. *Hacer deporte tiene muchas ventajas.* **SIN.** Utilidad, beneficio. **ANT.** Inconveniente.

3. Distancia, en tiempo, espacio o puntos, que separa a un jugador de otro para ganar en una competición. *Le sacaba 10 minutos de ventaja en la carrera.*

ventajoso, ventajosa

(ven-ta-**jo**-so) adjetivo

Que tiene ventaja o la da. *Es un trato muy ventajoso.* **SIN.** Provechoso. **ANT.** Contraproducente.

ventana (ven-**ta**-na) sustantivo femenino

1. Abertura elevada sobre el suelo que se deja en una pared para dar luz y ventilación. *Hicieron una ventana más grande.*

2. Hoja u hojas de madera y de cristales con que se cierra esa abertura. *Abre la ventana, hace mucho calor.*

ventanal (ven-ta-**nal**) sustantivo masculino

Ventana grande. *El salón tiene dos enormes ventanales.*

ventanilla (ven-ta-**ni**-lla) sustantivo femenino

1. Abertura pequeña que hay en la pared o tabique de algunas oficinas para despachar, cobrar, pagar, etc. *Había una gran cola en la ventanilla del cine para sacar las entradas.*

2. Abertura acristalada que tienen los vehículos. *Cierra un poco la ventanilla, me molesta el viento.*

ventilador (ven-ti-la-**dor**) sustantivo masculino

Instrumento que remueve el aire de un local cerrado y refrigera el ambiente. *No funciona bien el ventilador.*

ventilar (ven-ti-**lar**) verbo

1. Hacer que el aire de un lugar se renueve y limpie, especialmente haciendo entrar aire del exterior. *Abre las ventanas y ventila la habitación.* **SIN.** Airear, orear.

2. Poner una cosa al viento. *Tiende la ropa para que se ventile.*

3. Dar a conocer algo íntimo o privado. *Tiene la costumbre de ventilar los asuntos familiares entre extraños.* **SIN.** Divulgar.

4. Consumir algo rápidamente. *Se ventiló el bocadillo en un momento.*

ventisca (ven-**tis**-ca) sustantivo femenino

Borrasca de viento, generalmente acompañada de nieve. *La ventisca los pilló en la sierra.* **SIN.** Nevasca.

ventolera (ven-to-**le**-ra) sustantivo femenino

1. Golpe de viento poco durable. *En una ventolera, la barca volcó.*

2. Pensamiento o determinación inesperada y extravagante. *Le dio la*

venir

MODO INDICATIVO		MODO SUBJUNTIVO	
Tiempos simples	Tiempos compuestos	Tiempos simples	Tiempos compuestos
Presente	**Pret. perf. compuesto / Antepresente**	**Presente**	**Pret. perf. compuesto / Antepresente**
vengo	he venido	venga	haya venido
vienes / venís	has venido	vengas	hayas venido
viene	ha venido	venga	haya venido
venimos	hemos venido	vengamos	hayamos venido
venís / vienen	habéis venido	vengáis / vengan	hayáis venido
vienen	han venido	vengan	hayan venido
Pret. imperfecto / Copretérito	**Pret. pluscuamperfecto / Antecopretérito**	**Pret. imperfecto / Pretérito**	**Pret. pluscuamperfecto / Antepretérito**
		viniera o viniese	hubiera o hubiese venido
venía	había venido	vinieras o vinieses	hubieras o hubieses venido
venías	habías venido	viniera o viniese	hubiera o hubiese venido
venía	había venido	viniéramos o viniésemos	hubiéramos o hubiésemos venido
veníamos	habíamos venido	vinierais o vinieseis / vinieran o viniesen	hubierais o hubieseis venido hubieran o hubiesen venido
veníais / venían	habíais venido	vinieran o viniesen	
venían	habían venido		
Pret. perf. simple / Pretérito	**Pret. anterior / Antepretérito**	**Futuro simple / Futuro**	**Futuro compuesto / Antefuturo**
vine	hube venido	viniere	hubiere venido
viniste	hubiste venido	vinieres	hubieres venido
vino	hubo venido	viniere	hubiere venido
vinimos	hubimos venido	viniéremos	hubiéremos venido
vinisteis / vinieron	hubisteis venido	viniereis / vinieren	hubiereis venido
vinieron	hubieron venido	vinieren	hubieren venido

Futuro simple / Futuro	**Futuro compuesto / Antefuturo**
vendré	habré venido
vendrás	habrás venido
vendrá	habrá venido
vendremos	habremos venido
vendréis / vendrán	habréis venido
vendrán	habrán venido

MODO IMPERATIVO

ven (tú) / vení (vos) / venga (usted)
venid (vosotros)
vengan (ustedes)

Condicional simple / Pospretérito	**Condicional compuesto / Antepospretérito**
vendría	habría venido
vendrías	habrías venido
vendría	habría venido
vendríamos	habríamos venido
vendríais / vendrían	habríais venido
vendrían	habrían venido

FORMAS NO PERSONALES

Infinitivo	**Infinitivo compuesto**
venir	haber venido
Gerundio	**Gerundio compuesto**
viniendo	habiendo venido
Participio	
venido	

ventolera y se fue de casa. **SIN.** Capricho, veleidad.

ventosa (ven-**to**-sa) sustantivo femenino

1. Pieza cóncava de material plástico que, al ser oprimida contra una superficie, crea un vacío en su interior y permanece pegada. *Pegó el muñeco con una ventosa en la ventana.*

2. Órgano de ciertos animales que les permite pegarse a los objetos. *El pulpo se agarró con sus ventosas.*

ventosear (ven-to-se-**ar**) verbo

Expeler del cuerpo los gases intestinales. *Los gases te hacían ventosear.*

ventosidad

(ven-to-si-**dad**) sustantivo femenino

Gases acumulados en el intestino y expulsados por el ano. *Las ventosidades huelen mal.* **SIN.** Pedo, cuesco, flatulencia.

ventrículo

(ven-**trí**-cu-lo) sustantivo masculino

Nombre que recibe cada una de las cavidades del corazón de las personas y de muchos animales. *El corazón humano tiene dos ventrículos.*

✎ No confundir con *ventrílocuo.*

ventrílocuo, ventrílocua

(ven-**trí**-lo-cuo) adjetivo y sustantivo

Se dice de la persona que puede hablar sin mover los labios, dando la impresión de que es otra persona la que habla. *Actuó una ventrílocua con sus muñecos.*

✎ No confundir con *ventrículo.*

ventura (ven-**tu**-ra) sustantivo femenino

Felicidad, suerte. *Les deseó mucha ventura.* **SIN.** Dicha.

ver verbo

1. Percibir los objetos por los ojos. *No veo bien sin gafas.*

2. Visitar a una persona o encontrarse con ella. *Fui a ver a mi amigo.* **SIN.** Reunirse.

3. Estudiar o examinar algo. *Vamos a ver el problema con detenimiento.* **SIN.** Analizar.

4. Comprender o darse cuenta de algo. *Ahora veo cuál era su intención.* **SIN.** Advertir.

5. Experimentar o cerciorarse personalmente. *Créeme, yo lo he visto.*

6. verse Estar o encontrarse en un sitio o situación. *Se vio sola en aquel embrollo.* **SIN.** Hallarse.

7. ¡habráse visto! expresión Expresa reproche o disgusto. *¡Habráse visto la desfachatez de ese sinvergüenza!*

8. vérselas con alguien expresión Enfrentarse. *Como pegues a mi amigo, tendrás que vértelas conmigo.*

✎ Verbo irregular. Ver pág. 997.

vera (**ve**-ra) sustantivo femenino

1. Extremo límite de la superficie de algunas cosas. *Comimos en la vera de un río.*

2. a la vera de expresión Junto a, al lado de. *Plantaron árboles a la vera del río.*

veranear (ve-ra-ne-**ar**) verbo

Pasar las vacaciones de verano en algún lugar distinto de aquel donde se reside habitualmente. *Les gusta ir a veranear al campo.*

veraneo (ve-ra-**ne**-o) sustantivo masculino

Vacaciones de verano, cuando se pasan en algún lugar distinto de aquel donde se reside. *El mes de agosto se van de veraneo.*

veraniego, veraniega

(ve-ra-**nie**-go) adjetivo

Que pertenece o se refiere al verano. *Hace un tiempo muy veraniego.* **SIN.** Estival.

verano (ve-**ra**-no) sustantivo masculino

Una de las cuatro estaciones del año, que en el hemisferio norte comprende los meses de junio, julio y agosto, y en el sur corresponde a diciembre,

ver

MODO INDICATIVO		MODO SUBJUNTIVO	
Tiempos simples	Tiempos compuestos	Tiempos simples	Tiempos compuestos
Presente	**Pret. perf. compuesto / Antepresente**	**Presente**	**Pret. perf. compuesto / Antepresente**
veo	he visto	vea	haya visto
ves / ves	has visto	veas	hayas visto
ve	ha visto	vea	haya visto
vemos	hemos visto	veamos	hayamos visto
veis / ven	habéis visto	veáis / vean	hayáis visto
ven	han visto	vean	hayan visto
Pret. imperfecto / Copretérito	**Pret. pluscuamperfecto / Antecopretérito**	**Pret. imperfecto / Pretérito**	**Pret. pluscuamperfecto / Antepretérito**
		viera o viese	hubiera o hubiese visto
veía	había visto	vieras o vieses	hubieras o hubieses visto
veías	habías visto	viera o viese	hubiera o hubiese visto
veía	había visto	viéramos o viésemos	hubiéramos o hubiésemos visto
veíamos	habíamos visto	vierais o vieseis / vieran o viesen	hubierais o hubieran o hubieseis visto
veíais / veían	habíais visto	vieran o viesen	hubieran o hubiesen visto
veían	habían visto		
Pret. perf. simple / Pretérito	**Pret. anterior / Antepretérito**	**Futuro simple / Futuro**	**Futuro compuesto / Antefuturo**
vi	hube visto	viere	hubiere visto
viste	hubiste visto	vieres	hubieres visto
vio	hubo visto	viere	hubiere visto
vimos	hubimos visto	viéremos	hubiéremos visto
visteis / vieron	hubisteis visto	viereis / vieren	hubiereis visto
vieron	hubieron visto	vieren	hubieren visto
Futuro simple / Futuro	**Futuro compuesto / Antefuturo**	**MODO IMPERATIVO**	
veré	habré visto	ve (tú / vos) / vea (usted)	
verás	habrás visto	ved (vosotros)	
verá	habrá visto	vean (ustedes)	
veremos	habremos visto		
veréis / verán	habréis visto		
verán	habrán visto		
Condicional simple / Pospretérito	**Condicional compuesto / Antepospretérito**	**FORMAS NO PERSONALES**	
		Infinitivo ver	**Infinitivo compuesto** haber visto
vería	habría visto		
verías	habrías visto	**Gerundio** viendo	**Gerundio compuesto** habiendo visto
vería	habría visto		
veríamos	habríamos visto	**Participio** visto	
veríais / verían	habríais visto		
verían	habrían visto		

veraz - verdor

enero y febrero. *El verano es la estación más calurosa del año.* **SIN.** Estío. **ANT.** Invierno.

veraz (ve-**raz**) adjetivo

Que dice siempre la verdad. *Quiero que seas más veraz.* **SIN.** Sincero, franco. **ANT.** Mentiroso.

✎ Su plural es *veraces*.

verbal (ver-**bal**) adjetivo

1. Que se refiere a la palabra o que se sirve de ella. *Evaluaron su expresión verbal.* **SIN.** Oral.

2. Que se hace o estipula solo de palabra y no por escrito. *Tenemos un acuerdo verbal.*

3. Que pertenece o se refiere al verbo. *Dime el modo verbal de ese verbo.*

verbena

(ver-**be**-na) sustantivo femenino

Fiesta popular nocturna. *Había verbena en la pradera.*

verbo (ver-bo) sustantivo masculino

Palabra que indica la acción, la existencia o el estado de los seres. Admite variaciones para indicar persona, número, tiempo, modo, aspecto y voz. *El verbo es el núcleo del sintagma predicado.*

verdad (ver-**dad**) sustantivo femenino

1. Lo que está de acuerdo con la realidad. *Siempre digo la verdad, no me gusta mentir.* **SIN.** Certeza, veracidad. **ANT.** Mentira, falsedad, falacia.

2. a la verdad, a decir verdad, o de verdad expresión Se usan para afirmar la certeza y realidad de algo. *A decir verdad, ya sabía lo que me estás contando.*

3. en verdad expresión Verdaderamente. *¿Me invitas, en verdad, a ir a Disneyworld?*

4. ¿verdad? expresión Busca el asentimiento del interlocutor. *Tú sabes inglés, ¿verdad?*

verdadero, verdadera

(ver-da-**de**-ro) adjetivo

Que contiene verdad. *Creo que no sabes lo que es la verdadera amistad.* **SIN.** Real, auténtico, cierto. **ANT.** Dudoso, irreal.

verde (ver-de) adjetivo y sustantivo masculino

1. Se dice del color de la hierba fresca. *El verde es el color de la esperanza.*

2. adjetivo Se dice del fruto que no está maduro. *Me gustan las manzanas aún verdes.* **SIN.** Temprano, inmaduro. **ANT.** Maduro.

3. Se dice de la planta que no está seca y todavía tiene savia. *La leña que todavía está verde no prende bien.* **ANT.** Seco.

4. Se dice de las legumbres que se consumen frescas. *Hoy hemos comido habas verdes.*

5. Se aplica a las cosas que están en los comienzos y aún imperfectas. *El proyecto está un poco verde, lo acabaremos pronto.*

6. Se dice de la persona poco experta. *Estás muy verde, tienes que practicar más.*

7. Se dice de lo que trata sobre el sexo de forma obscena. *Siempre cuenta chistes verdes.*

8. Se dice de los lugares dedicados a parques o jardines. *La ciudad necesitaba más zonas verdes y espacios de recreo.*

9. Se dice de los partidos ecologistas y sus miembros. *Los verdes tienen tres escaños.*

10. Hierba, césped. *En el parque hay un cartel que prohíbe pisar el verde.*

11. poner verde a alguien expresión Reprenderle con dureza o criticarle. *Sus amigas están esperando que se dé la vuelta para ponerla verde.*

verdor (ver-**dor**) sustantivo masculino

Color verde vivo de las plantas. *Me gusta el verdor de los campos en primavera.*

verdoso, verdosa (ver-**do**-so) adjetivo
Que tira a verde. *La tela es de color amarillo verdoso.*

verdugo (ver-**du**-go) sustantivo masculino
1. Persona que tiene el oficio de ejecutar las penas de muerte. *El verdugo ejecutó al reo.*
2. Gorro de lana que tapa la cabeza y el cuello dejando descubierto el rostro. *Al niño no le gustaba nada ponerse el verdugo.*

verdulero, verdulera
(ver-du-**le**-ro) sustantivo
Persona que tiene por oficio vender verdura. *El verdulero me escogió el melón.*

verdura (ver-**du**-ra) sustantivo femenino
Planta comestible que se cultiva en huerta. *Debes incluir muchas verduras en tu dieta.*

vereda (ve-**re**-da) sustantivo femenino
Camino estrecho. *Pasean por la vereda del monte.* **SIN.** Senda, sendero.

veredicto (ve-re-**dic**-to) sustantivo masculino
Decisión de un tribunal al acabar un juicio. *Mañana se sabrá el veredicto.* **SIN.** Sentencia.

vergel (ver-**gel**) sustantivo masculino
Huerto con gran variedad de flores y árboles frutales. *La finca es un vergel.*

vergonzoso, vergonzosa
(ver-gon-**zo**-so) adjetivo
1. Que causa vergüenza. *Su comportamiento me pareció vergonzoso.* **SIN.** Deshonroso.
2. adjetivo y sustantivo Que se avergüenza con facilidad. *Es una niña muy vergonzosa.* **SIN.** Tímido. **ANT.** Atrevido.

vergüenza (ver-**güen**-za) sustantivo femenino
1. Sentimiento desagradable, que suele producir sonrojo, causado por una falta cometida, por una humillación o por sentirse objeto de la atención de alguien. *Le daba vergüenza hablar en público.* **SIN.** Bochorno, rubor, pudor, sonrojo. **ANT.** Osadía.
2. Estimación de la propia honra. *No tiene vergüenza.*
3. Acción que cuesta hacer, o deja en mal lugar al que la hace. *El espectáculo fue una vergüenza.*
4. sustantivo femenino plural Órganos genitales. *Tapó sus vergüenzas con la toalla que le prestaron.*

verídico, verídica (ve-**rí**-di-co) adjetivo
Que dice la verdad o la incluye. *Son hechos verídicos.* **SIN.** Veraz, verdadero. **ANT.** Falso.

verificar (ve-ri-fi-**car**) verbo
Comprobar o examinar la verdad de una cosa. *Tenían que verificar su declaración.*
✎ Se conjuga como *abarcar*.

verja (**ver**-ja) sustantivo femenino
Conjunto de rejas y barras, generalmente de hierro, que sirve de puerta, ventana o cerca. *Una verja rodeaba el jardín.*

verosímil (ve-ro-**sí**-mil) adjetivo
Que tiene apariencia de verdadero y puede creerse. *Lo que contaba parecía verosímil.* **SIN.** Creíble, posible. **ANT.** Increíble.

verruga (ve-**rru**-ga) sustantivo femenino
Bulto rugoso que se forma en la piel, generalmente redondo. *Tenía verrugas en la rodilla.*

versado, versada (ver-**sa**-do) adjetivo
Se dice de la persona que tiene experiencia en alguna actividad. *Mi tío es una persona versada en astronomía.* **SIN.** Instruido. **ANT.** Inexperto.

versar (ver-**sar**) verbo
Tratar de cierta materia un libro, discurso, conversación, etc. *La charla versó sobre las nuevas tecnologías.*
✎ Se usa con la preposición *sobre* o la expresión *acerca de.*

versátil (ver-**sá**-til) adjetivo

1. Se dice de la persona o cosa que se adapta con facilidad y rapidez a diversas funciones o actividades. *Es un músico muy versátil, se apunta rápidamente a las nuevas tendencias.*

2. De personalidad o carácter variable e inconstante. *Es una persona muy versátil, en realidad no sabe lo que quiere.*

versión (ver-**sión**) sustantivo femenino

1. Traducción, acción y efecto de traducir. *Preparaban una versión al francés de la novela.*

2. Modo que tiene cada uno de referir un mismo suceso. *Cada uno contó su versión de los hechos.*

3. Cada una de las formas que puede tomar el texto de una obra o la interpretación de un tema. *La película era una versión de* La Celestina.

verso (ver-so) sustantivo masculino

Conjunto de palabras combinadas que forman cada una de las líneas de un poema. *«Verde que te quiero verde» es un verso de un poema de Federico García Lorca.*

vértebra (**vér**-te-bra) sustantivo femenino

Cada uno de los huesos cortos articulados entre sí que forman la columna vertebral de los mamíferos, aves, reptiles y peces. *Con el golpe, se hundió una vértebra.*

vertebrado, vertebrada

(ver-te-**bra**-do) adjetivo y sustantivo masculino

Se dice de los animales con columna vertebral y cráneo. *Peces, anfibios, reptiles, aves y mamíferos son animales vertebrados.*

vertedero (ver-te-**de**-ro) sustantivo masculino

Sitio en el que se vierte algo, particularmente escombros, basuras, etc. *Se necesita un nuevo vertedero.* **SIN.** Basurero, cloaca.

verter (ver-**ter**) verbo

1. Derramar o vaciar líquidos y también cosas menudas, como sal, harina, etc. *Vertió la leche en el cazo.* **SIN.** Volcar, vaciar, derramar.

2. Desembocar una corriente de agua en otra. *Las aguas de ese río vierten al mar.* **SIN.** Afluir.

✎ Verbo irregular, se conjuga como *entender*.

vertical (ver-ti-**cal**) adjetivo y sustantivo femenino

Se dice de todo aquello que es perpendicular al horizonte. *La torre de la iglesia es vertical.* **SIN.** Derecho. **ANT.** Horizontal.

vértice (**vér**-ti-ce) sustantivo masculino

Punto en el que se unen los lados de un ángulo. *Un triángulo tiene tres vértices.*

vertido (ver-**ti**-do) sustantivo masculino

1. Derramamiento de líquido. *Hubo un vertido de petróleo en el mar.*

2. sustantivo masculino plural Conjunto de materias de desecho que arrojan algunas instalaciones industriales. *Esa fábrica arroja vertidos sólidos al río.*

vertiginoso, vertiginosa

(ver-ti-gi-**no**-so) adjetivo

1. Que pertenece o se refiere al vértigo, o que lo causa. *Había una bajada vertiginosa.*

2. Se dice del movimiento rápido o apresurado. *Conducía a una velocidad vertiginosa.*

vértigo (**vér**-ti-go) sustantivo masculino

1. Trastorno del sentido del equilibrio, caracterizado por una sensación de movimiento giratorio de las cosas o del propio cuerpo. *La altura le da vértigo.*

2. Apresuramiento anormal de la actividad de una persona o colectividad. *Lo hizo a una velocidad de vértigo.* **SIN.** Prisa, aceleración. **ANT.** Lentitud, calma.

vestíbulo (ves-**tí**-bu-lo) sustantivo masculino

Pieza que da entrada a cada uno de los pisos habitados por una familia, o de un edificio. *Esperé en el vestíbulo.* **SIN.** Recibidor, *hall.*

vestido (ves-**ti**-do) sustantivo masculino

1. Conjunto de prendas que sirven para cubrir el cuerpo humano. *Había una exposición sobre la evolución del vestido.* **SIN.** Indumentaria, traje, ropa.

2. Traje entero de mujer. *Llevaba un vestido de tirantes.*

vestir (ves-**tir**) verbo

1. Cubrir el cuerpo con ropa. *Vistió a su hijo y le llevó al parque.* **SIN.** Arropar. **ANT.** Desnudar, desvestir.

2. Cubrir una cosa con otra para defensa o adorno. *Vistieron la pared con un hermoso tapiz.* **SIN.** Revestir.

✎ Verbo irregular, se conjuga como *pedir.*

vestuario (ves-**tua**-rio) sustantivo masculino

1. Conjunto de trajes necesarios para una representación escénica. *La película recibió un premio por el vestuario.*

2. Local destinado a cambiarse de ropa en teatros, gimnasios, piscinas, etc. *Me dejé las llaves en el vestuario.*

veta (**ve**-ta) sustantivo femenino

1. Raya o franja de color distinto. *Esa madera tiene muchas vetas.*

2. Capa de un mineral que se encuentra en la tierra. *Encontraron una nueva veta de carbón.* **SIN.** Vena, filón.

veterano, veterana

(ve-te-**ra**-no) adjetivo y sustantivo

1. Antiguo y experimentado en cualquier profesión. *Es veterano en el oficio.* **SIN.** Avezado, experto. **ANT.** Novato, primerizo.

2. Se dice de los militares que ya llevan mucho tiempo. *Tenían que obedecer a los veteranos.* **ANT.** Novato.

veterinario, veterinaria

(ve-te-ri-**na**-rio) sustantivo

1. Persona que se dedica a la veterinaria por profesión o estudio. *La veterinaria vacunó al perro.*

2. sustantivo femenino Ciencia y arte de prevenir y curar las enfermedades de los animales. *Se matriculó en Grado en Veterinaria.*

vez sustantivo femenino

1. Cada uno de los casos en que tiene lugar un acto o acontecimiento que puede repetirse. *Lo intentó por segunda vez.*

2. Tiempo u ocasión determinada. *Solo nos vimos esa vez.*

3. Tiempo u ocasión para hacer una cosa por turno u orden. *He pedido la vez en el dentista.* **SIN.** Turno, tanda.

4. a la vez expresión Simultáneamente. *Vamos a saltar a la vez.*

5. a veces expresión Ocasionalmente. *A veces desayuno en el bar.*

6. de una vez expresión Con una sola y única acción. *Trajo todo el montón de libros de una vez.*

7. de vez en cuando expresión Cada cierto tiempo. *No como mucho dulce pero, de vez en cuando, tomo un pastel.*

8. hacer las veces de alguien expresión Sustituirle. *Como el rey estaba enfermo, hizo las veces la reina.*

9. otra vez expresión Reiteradamente. *Inténtalo una y otra vez.*

10. rara vez expresión En pocas ocasiones. *Rara vez tienes razón.*

11. tal vez expresión Acaso, quizá. *Tal vez debiera haberme esforzado más.*

12. una vez que expresión Después que. *Una vez que empiezo, no paro.*

✎ Su plural es *veces.*

vía (**ví**-a) sustantivo femenino

1. Camino por donde se transita. *Seguí la vía más corta para ir a tu casa.* **SIN.** Calle, avenida, senda.

2. Carriles por donde circulan el ferrocarril, el metro, etc. *Están arreglando la vía del tren.*

3. Conducto del cuerpo por el que pasan los alimentos, el aire, etc. *Vías respiratorias.*

4. Camino o instrumento para hacer una cosa. *Eligieron la vía del diálogo para solucionar el conflicto.*

5. en vías de expresión Estar en proceso de realización. *Es un país en vías de desarrollo.*

6. vía pública expresión Calle, plaza, etc., por la que transita la gente. *Lo detuvo por escándalo en la vía pública.*

viable (via-ble) adjetivo
Se dice del asunto que tiene probabilidades de llevarse a cabo. *Era un proyecto viable.* **SIN.** Posible. **ANT.** Imposible.

viaducto (via-duc-to) sustantivo masculino
Puente para salvar un barranco, quebrada, etc. *Están a punto de finalizar las obras del viaducto.*

viajante (via-jan-te) sustantivo
Dependiente comercial que hace viajes para negociar. *Su padre era viajante.* **SIN.** Representante.

viajar (via-jar) verbo
Ir de un lugar a otro, casi siempre lejano. *Los pilotos viajan mucho.* **SIN.** Trasladarse. **ANT.** Permanecer.

viaje (via-je) sustantivo masculino
Acción de trasladarse de un lugar a otro. *Hicimos el viaje en autobús.* **SIN.** Recorrido, trayecto.

viajero, viajera
(via-je-ro) sustantivo
Persona que hace un viaje, especialmente si es largo. *Los viajeros estaban esperando que llegara el tren.*

vial adjetivo
Que pertenece o se refiere a la vía o al tráfico. *Seguridad vial.*

víbora (ví-bo-ra) sustantivo femenino
Serpiente venenosa, de cabeza en forma de corazón. *Lo mordió una víbora y lo llevaron al hospital.*

vibración (vi-bra-ción) sustantivo femenino
Acción y efecto de vibrar. *Sintieron las vibraciones del terremoto.*

vibrar (vi-brar) verbo
1. Moverse un cuerpo con rapidez y con movimientos pequeños que van de un lado a otro. *Vibran las cuerdas de la guitarra.*

2. Sonar la voz como temblando. *Le vibraba la voz de miedo.*

vicepresidente, vicepresidenta
(vi-ce-pre-si-den-te) sustantivo
Persona que está facultada para hacer las veces de presidente o presidenta. *La vicepresidenta de la empresa asistió al acto.*

viceversa (vi-ce-ver-sa) adverbio
Al contrario del orden que se acaba de señalar. *Lo harás primero tú y luego yo, o viceversa.*

vicio (vi-cio) sustantivo masculino
1. Costumbre de obrar mal. *Tiene más vicios que virtudes.* **ANT.** Virtud.

2. Defecto o costumbre desagradable para los demás. *Tiene el vicio de sorber la sopa.*

3. Excesivo deseo de una cosa, de la que se abusa en exceso. *Tenía el vicio del juego.* **SIN.** Adicción.

4. quejarse de vicio alguien expresión Quejarse sin motivos. *Te quejas de vicio, porque no te has hecho daño.*

víctima (víc-ti-ma) sustantivo femenino
1. Persona que sufre por culpa ajena o por causa fortuita. *Las víctimas del terrorismo formaron una asociación.* **SIN.** Martirizado, perjudicado.

2. hacerse alguien la víctima expresión Fingir un daño. *Te estás haciendo la víctima, porque yo ni te he tocado.*

victoria (vic-**to**-ria) sustantivo femenino

1. Triunfo que se consigue al ganar o vencer. *¿Sabes quién ha obtenido la victoria en la carrera?* **SIN.** Éxito, ventaja. **ANT.** Derrota, pérdida, fracaso.

2. cantar alguien victoria expresión Alardear del triunfo. *No cantes victoria, que aún no terminó la partida.*

victorioso, victoriosa

(vic-to-**rio**-so) adjetivo y sustantivo

Que ha conseguido una victoria. *Logró salir victorioso.* **SIN.** Ganador, vencedor. **ANT.** Perdedor.

vid sustantivo femenino

Arbusto trepador, cuyo fruto, la uva, se agrupa en racimos. *Había una vid enferma.* **SIN.** Cepa, parra.

✎ Su plural es *vides*.

vida (**vi**-da) sustantivo femenino

1. Tiempo que va del nacimiento a la muerte. *La vida del perro es más corta que la humana.* **ANT.** Muerte.

2. Estado de actividad de una persona, de un organismo o de un sector social. *La ciudad tiene mucha vida.* **SIN.** Energía, dinamismo.

3. Duración de las cosas. *Ese juguete tuvo poca vida.*

4. Modo de vivir o de comportarse. *Tiene una vida cómoda.*

5. Persona o ser humano. *El temporal se cobró varias vidas.*

6. Relación o historia de los hechos notables realizados por una persona. *Leyó la vida de Cervantes.* **SIN.** Biografía.

7. de por vida expresión Siempre. *Lo encerraron de por vida en la cárcel.*

8. en vida expresión Durante el transcurso de la misma. *Prefiero disfrutar mi dinero en vida que morirme rico.*

vidente (vi-**den**-te) sustantivo

Persona que puede adivinar lo que aún no ha sucedido. *Visitó a una viden-*

te para que le predijera el futuro. **SIN.** Profeta, adivino, médium.

video (**vi**-de-o) sustantivo masculino

1. Sistema de grabación de imágenes y sonidos que se puede reproducir en la televisión. *Les gusta hacer películas de video.*

2. Aparato que graba y reproduce imágenes y sonidos. *Veremos la película en el video.*

3. Cinta magnética en la que se graban imágenes y sonidos. *Grabamos el documental en ese video.* **SIN.** Cinta de video, videocasete.

✎ También *vídeo*.

videoclip

(vi-de-o-**clip**) sustantivo masculino

Película de video musical. *No he visto el último videoclip del grupo.*

videoclub

(vi-de-o-**club**) sustantivo masculino

Establecimiento comercial en el que se pueden alquilar o comprar cintas de video. *Fueron al videoclub a devolver la película.*

videoconsola

(vi-de-o-con-**so**-la) sustantivo femenino

Aparato electrónico que permite jugar, con un monitor de televisión, a diferentes videojuegos. *Pidió una videoconsola como premio por aprobar.*

videojuego

(vi-de-o-**jue**-go) sustantivo masculino

Software con el que se puede jugar a distintos juegos a través de un ordenador, pantalla de televisión o videoconsola. *El sector de los videojuegos ha aumentado sus ganancias.*

vidriera

(vi-**drie**-ra) sustantivo femenino

Conjunto de vidrios con que se cierran puertas y ventanas. *Las vidrieras de la catedral de León son muy famosas.* **SIN.** Cristalera.

vidrio (**vi**-drio) sustantivo masculino

Material duro, generalmente transparente, que se puede romper con facilidad. *Visitó una fábrica de vidrio.* **SIN.** Cristal.

viejo, vieja

(**vie**-jo) adjetivo y sustantivo

1. Se dice de la persona de mucha edad. *Las personas viejas guardan infinidad de recuerdos.* **SIN.** Anciano. **ANT.** Joven, niño.

2. Padre y madre de una persona. Se usa en ambientes familiares y, sobre todo, en Hispanoamérica. *Mis viejos me quieren mucho.*

3. adjetivo Que tiene, existe o se conoce desde hace muchos años. *Nos contó una vieja historia.* **SIN.** Antiguo. **ANT.** Nuevo.

4. adjetivo Muy estropeado o muy usado. *Tira ese viejo pantalón.* **SIN.** Ajado. **ANT.** Nuevo.

viento (**vien**-to) sustantivo masculino

1. Corriente de aire. *El viento en el Estrecho es fuerte y peligroso.* **ANT.** Calma.

2. a los cuatro vientos expresión En todas direcciones. *Difundió la noticia a los cuatro vientos.*

3. contra viento y marea expresión Superando todas las dificultades. *Luchó contra viento y marea para ganar.*

4. viento en popa expresión Con prosperidad o suerte favorable. *El negocia va viento en popa.*

vientre (**vien**-tre) sustantivo masculino

Cavidad del cuerpo en la que están el estómago y los intestinos. *Le dolía el vientre.* **SIN.** Barriga, panza, tripa.

viernes (**vier**-nes) sustantivo masculino

Día de la semana comprendido entre el jueves y el sábado. *Todos los viernes voy al cine.*

✎ Es igual en plural y en singular.

viga (**vi**-ga) sustantivo femenino

Madero largo y grueso que sirve generalmente para formar los techos y sostener una construcción. *Barnicé las vigas del techo de la cabaña.*

vigente (**vi**-**gen**-te) adjetivo

Se dice de las leyes, costumbres, etc., que están en vigor. *Esa ley está aún vigente.* **SIN.** Válido. **ANT.** Abolido, prescrito.

vigésimo, vigésima

(**vi**-**gé**-si-mo) numeral y sustantivo masculino

Se dice de cada una de las 20 partes iguales en que se divide un todo, o que ocupa el último lugar en una serie ordenada de 20. *Es el vigésimo de la lista.*

vigía (**vi**-**gí**-a) sustantivo

Persona encargada de vigilar, generalmente desde un lugar elevado. *Releva al vigía en su puesto.* **SIN.** Centinela.

vigilancia (**vi**-gi-**lan**-cia) sustantivo femenino

Acción de vigilar, atendiendo adecuadamente las cosas que están a cargo de cada uno. *No desatendió la vigilancia de los enfermos.* **SIN.** Cuidado, protección.

vigilante (**vi**-gi-**lan**-te) adjetivo

1. Que vela o está despierto. *Permaneció en una actitud vigilante.*

2. sustantivo Persona encargada de velar por algo. *Trabajaba de vigilante en esa fábrica.* **SIN.** Guarda, supervisor.

vigilar (**vi**-gi-**lar**) verbo

Atender cuidadosamente a una persona o cosa u observar su conducta. *Un policía vigilaba la casa.* **SIN.** Atender, cuidar. **ANT.** Desatender.

vigor (**vi**-**gor**) sustantivo masculino

1. Fuerza o actividad notable de las cosas animadas o inanimadas. *Tiene mucho vigor.* **SIN.** Aliento, vitalidad, energía.

2. Obligatoriedad de una ley. *La ley entró en vigor hace un mes.*

vigoroso, vigorosa

(vi-go-**ro**-so) adjetivo

Que tiene vigor. *Es una niña muy vigorosa y fuerte.* **SIN.** Activo, enérgico. **ANT.** Débil, extenuado.

vil adjetivo

Se dice de lo que es digno de desprecio. *Su forma de mentir a su madre fue muy vil.* **SIN.** Ruin, despreciable, infame. **ANT.** Importante, excelente.

vileza (vi-**le**-za) sustantivo femenino

Acción o expresión indigna y despreciable. *Cometió una gran vileza.* **SIN.** Ruindad, villanía.

villa (**vi**-lla) sustantivo femenino

1. Casa de campo. *Pasaban los fines de semana en la villa.* **SIN.** Quinta, finca.

2. Denominación que se da a algunas poblaciones. *Visitamos aquella histórica villa.*

villancico

(vi-llan-**ci**-co) sustantivo masculino

Composición popular con estribillo, especialmente la de asunto religioso que se suele cantar en Navidad. *Cantaron villancicos junto al belén.*

villano, villana

(vi-**lla**-no) adjetivo y sustantivo

Se dice de la persona ruin y miserable. *Eres una villana.* **SIN.** Bellaco, vil, sinvergüenza.

vinagre (vi-**na**-gre) sustantivo masculino

Líquido agrio y oloroso que se obtiene del vino. *Echa un poco más de vinagre en la ensalada.*

vinagreras

(vi-na-**gre**-ras) sustantivo femenino plural

Utensilio con dos o más frascos para aceite y vinagre. *Trae las vinagreras.* **SIN.** Aceiteras.

✎ No debe confundirse con *vinajeras*.

vinajeras

(vi-na-**je**-ras) sustantivo femenino plural

En las iglesias católicas, conjunto de los dos jarrillos con que se sirven el vino y el agua en la misa. *El monaguillo llevó las vinajeras.*

✎ No debe confundirse con *vinagreras*.

vínculo (**vín**-cu-lo) sustantivo masculino

Unión o atadura de una persona o cosa con otra. *Les unía un vínculo de amistad.* **SIN.** Lazo.

vino (**vi**-no) sustantivo masculino

Bebida alcohólica que se obtiene de las uvas. *En la comida, bebí vino.*

viña (**vi**-ña) sustantivo femenino

Terreno plantado de vides. *Estaba trabajando en la viña.* **SIN.** Majuelo, parral, viñedo.

viñedo (vi-**ñe**-do) sustantivo masculino

Terreno plantado de vides. *En Jerez hay muchos viñedos.* **SIN.** Viña.

viñeta (vi-**ñe**-ta) sustantivo femenino

Cada uno de los recuadros que componen un cómic, historieta, etc. *Hemos coloreado las viñetas.* **SIN.** Dibujo, ilustración.

violación (vio-la-**ción**) sustantivo femenino

1. Delito que comete la persona que obliga a otra, en contra de su voluntad, a realizar el acto sexual. *Estaba acusado de violación.*

2. Acción y efecto de no respetar una ley, lugar, etc. *Se vio sometido a una constante violación de su intimidad.*

violar (vio-**lar**) verbo

1. Cometer un acto de violación. *Estaba acusado de haber violado a una niña.* **SIN.** Forzar.

2. Infringir, quebrantar una ley o precepto. *Violó las normas de circulación.* **SIN.** Transgredir. **ANT.** Respetar, acatar.

violencia (vio-**len**-cia) sustantivo femenino

Cualidad de violento. *La violencia engendra violencia.*

violento, violenta

(vio-**len**-to) adjetivo

1. Que está fuera de su natural estado, situación o modo. *El mar estaba muy violento.*

2. Que obra con ímpetu y fuerza para hacer daño. *No me gustan las películas violentas.* **SIN.** Agresivo. **ANT.** Calmado.

3. Se dice de la situación embarazosa en la que se encuentra una persona. *Me sentí muy violento ante la situación.*

violeta (vio-**le**-ta) sustantivo femenino

1. Planta de flores casi siempre de color morado claro y de suave olor. *Preparó un ramo de violetas.*

2. adjetivo y sustantivo masculino Se dice del color morado claro, similar al de la violeta. *Llevaba una chaqueta violeta.*

violín (vio-**lín**) sustantivo masculino

Instrumento musical de cuerda y arco. *Toca el violín como un experto.*

violonchelo

(vio-lon-**che**-lo) sustantivo masculino

Instrumento musical de cuerda y arco que el músico toca sentado. *Afina el violonchelo.* **SIN.** Chelo.

virar (vi-**rar**) verbo

Cambiar de rumbo. *El barco viró a estribor.* **SIN.** Girar(se).

virgen (**vir**-gen) adjetivo y sustantivo

1. Se dice de la persona que no ha tenido relaciones sexuales. *Era virgen.* **SIN.** Célibe.

2. adjetivo Que no ha sido cambiado por nadie. *Compró una cinta virgen para grabar el disco.*

3. nombre propio María, la madre de Jesucristo. *Rezaron a la Virgen.* ✎ Se escribe con mayúscula.

viril (vi-**ril**) adjetivo

Que pertenece o se refiere al varón. *Tiene una voz viril.* **SIN.** Varonil, masculino. **ANT.** Femenino.

virtual (vir-**tual**) adjetivo

1. Que puede producir un efecto, aunque en el momento presente todavía no se ha producido. *Ya es el virtual campeón.* **SIN.** Eventual, posible, supuesto.

2. Que tiene existencia aparente y no real. *A través del ordenador podemos vivir una realidad virtual.* **SIN.** Imaginario, irreal.

virtud (vir-**tud**) sustantivo femenino

1. Capacidad de una persona o cosa para causar un efecto bueno. *Sus palabras tuvieron la virtud de calmarlo.* **SIN.** Poder, eficacia. **ANT.** Ineficacia.

2. Costumbre de obrar bien. *Tiene la virtud de ser muy generosa.* **SIN.** Honradez. **ANT.** Vicio.

virtuoso, virtuosa

(vir-**tuo**-so) adjetivo y sustantivo

1. Que practica la virtud. *Es una persona muy virtuosa.* **SIN.** Bueno, honesto. **ANT.** Deshonesto.

2. sustantivo Persona dotada de talento natural para un arte, especialmente la música. *Es un virtuoso del piano.* **SIN.** Artista.

viruela (vi-**rue**-la) sustantivo femenino

1. Enfermedad contagiosa, que se caracteriza por una erupción de granos que, cuando se caen, suelen dejar un hoyo en la piel. *Se vacunó contra la viruela.*

2. sustantivo femenino plural Cada uno de los granos y hoyos producidos por esta enfermedad. *Estaba lleno de viruelas.*

virus (**vi**-rus) sustantivo masculino

Microbio capaz de causar enfermedades a plantas y animales. *El sarampión y las paperas son enfermedades producidas por virus.*

✎ Es igual en plural y en singular.

viruta (vi-**ru**-ta) sustantivo femenino

Hoja delgada que sale al cepillar la madera o los metales. *Recoge las virutas.*

víscera (vís-ce-ra) sustantivo femenino

Cada uno de los órganos contenidos en el pecho y vientre del cuerpo humano y de los animales. *El corazón es una víscera.*

viscoso, viscosa (vis-co-so) adjetivo

Se dice de lo blando, pegajoso. *La miel es muy viscosa.*

visera (vi-se-ra) sustantivo femenino

Ala pequeña que tienen en la parte delantera las gorras y otras prendas semejantes. *Ponte la visera si vas a salir.*

visibilidad

(vi-si-bi-li-dad) sustantivo femenino

Posibilidad de ver o de ser visto a larga distancia. *La curva tenía mucha visibilidad.*

visible (vi-si-ble) adjetivo

Que se puede ver. *Todavía no está visible.*

visillo (vi-si-llo) sustantivo masculino

Cortina muy fina. *Puso visillos en la ventana de la cocina.*

visión (vi-sión) sustantivo femenino

1. Acto de ver algo o a alguien. *Su visión es buena.* **SIN.** Vista.

2. Objeto de la vista, especialmente cuando es ridículo o espantoso. *Fue una visión horrible.* **SIN.** Aparición, espantajo.

3. Ilusión que nos representa como reales las cosas que solo existen en nuestra imaginación. *Veía visiones.* **SIN.** Fantasma.

4. Punto de vista particular sobre un asunto. *Tenía su propia visión acerca del asunto y no se dejó influir.* **SIN.** Opinión.

visir (vi-sir) sustantivo masculino

Ministro de un soberano musulmán. *Fui a la fiesta del visir.*

visita (vi-si-ta) sustantivo femenino

1. Acto de visitar a una persona o lugar. *Fuimos de visita a su casa.*

2. Persona que visita. *Tenía una visita.* **SIN.** Visitante, invitado.

visitar (vi-si-tar) verbo

Ir a ver a una persona o un lugar. *Fue a visitar a sus tíos cuando estuvo en la ciudad.*

visón (vi-són) sustantivo masculino

Mamífero carnívoro de piel muy apreciada. *Se dedicaba a la cría de visones.*

víspera

(vís-pe-ra) sustantivo femenino

1. Día que precede inmediatamente a otro determinado. *Nochebuena es la víspera de Navidad.* **SIN.** Vigilia.

2. en vísperas expresión Cerca o con inmediación cronológica. *Eso pasó en vísperas de la fiesta.*

vista (vis-ta) sustantivo femenino

1. Uno de los sentidos del cuerpo que permite a los seres vivos ver lo que les rodea. *Los invidentes no poseen el sentido de la vista.*

2. Paisaje que se contempla desde un lugar. *El cuarto tenía vistas al mar.*

3. Conjunto de ambos ojos. *Tiene un problema en la vista.*

4. Sagacidad para descubrir algo que los demás no ven. *Tiene mucha vista para los negocios.*

5. a la vista expresión De modo que pueda ser visto. *Ponlo a la vista.*

6. a primera, o a simple vista expresión Considerando una cosa por vez primera y sin reflexionar. *A primera vista no parecía muy interesante.*

7. a vista de pájaro expresión Da a entender que se ven, se observan o se describen objetos desde un punto muy elevado. *Sacó fotografías a vista de pájaro.*

8. en vista de En atención a una cosa. *En vista de que no me escuchas, creo que no te volveré a hablar.*

9. hasta la vista Hasta volvernos a ver. *Adiós, hasta la vista.*

vistazo (vis-**ta**-zo) sustantivo masculino

Mirada rápida y superficial. *Echamos un vistazo.* **SIN.** Ojeada.

visto, vista (**vis**-to) participio

1. Del verbo *ver*. *No lo había visto.*

2. bien, o mal, visto expresión Se emplea para indicar que un acto o una cosa es digna de la aprobación o censura de la sociedad. *Vestir de gala está bien visto en ese baile.*

3. estar muy visto expresión Ser una cosa o persona muy conocida o estar pasado de moda. *Este año compraré ropa roja, el azul está muy visto.*

4. visto bueno expresión Fórmula que se escribe en algunos documentos para autorizarlos o legalizarlos. *El ministro dio el visto bueno al proyecto.*

vistoso, vistosa

(vis-**to**-so) adjetivo

Que llama mucho la atención por su brillantez, viveza de colores o apariencia ostentosa. *El loro tiene un plumaje muy vistoso.* **SIN.** Brillante. **ANT.** Deslucido.

vital (vi-**tal**) adjetivo

1. Que pertenece o se refiere a la vida. *Comer o beber son funciones vitales.* **SIN.** Fisiológico.

2. De gran importancia o trascendencia. *Era vital para su trabajo.* **SIN.** Imprescindible.

3. Que posee gran energía para vivir. *Es una persona muy alegre y vital.*

vitalidad (vi-ta-li-**dad**) sustantivo femenino

Actividad, empuje, vigor. *Tiene una vitalidad admirable.* **SIN.** Energía. **ANT.** Decaimiento.

vitamina (vi-ta-**mi**-na) sustantivo femenino

Cada una de las sustancias que existen en pequeñas cantidades en la leche, grasas, verduras, frutas, etc., y que son indispensables para el organismo. *Una persona necesita pequeñas cantidades de unas 15 vitaminas diferentes.*

vitorear (vi-to-re-**ar**) verbo

Aplaudir o aclamar a una persona o acción. *El público vitoreaba entusiasmado a su equipo.* **SIN.** Ovacionar. **ANT.** Abuchear.

vitrina (vi-**tri**-na) sustantivo femenino

Armario o caja con puertas o tapas de cristal. *En la vitrina estaban todos los trofeos ganados por el equipo.* **SIN.** Escaparate.

viudedad (viu-de-**dad**) sustantivo femenino

1. Estado de viudo o viuda. *Todavía no se había hecho a la idea de su viudedad.* **SIN.** Viudez.

2. Pensión que percibe el viudo o la viuda de un trabajador mientras permanezca en tal estado. *Cobra la pensión de viudedad.*

viudo, viuda (**viu**-do) adjetivo y sustantivo

Se dice de la persona a quien se le ha muerto su cónyuge y no ha vuelto a casarse. *Se quedó viudo a los dos años de casarse.*

vivencia (vi-**ven**-cia) sustantivo femenino

Experiencia vivida por una persona. *Nos contó algunas de sus vivencias juveniles.*

víveres (**ví**-ve-res) sustantivo masculino plural

Comestibles necesarios para el alimento de las personas. *No llevaron suficientes víveres para la acampada.* **SIN.** Alimentos.

vivero (vi-**ve**-ro) sustantivo masculino

Criadero de plantas, peces u otros animales. *Tenían un vivero de plantas tropicales.*

vivienda (vi-**vien**-da) sustantivo femenino

Lugar donde viven las personas. *Su familia ha cambiado de vivienda.* **SIN.** Morada, domicilio.

vivir (vi-**vir**) verbo
1. Tener vida. *Todavía vive.* **SIN.** Existir, estar, ser. **ANT.** Morir.
2. Pasar la vida en un país, una casa, etc. *Ha vivido siempre en este pueblo.* **SIN.** Habitar, morar.
3. Durar las cosas. *Este coche no vivirá mucho tiempo.* **SIN.** Perdurar, persistir. **ANT.** Morir.
4. Pasar la vida de un modo determinado. *Vive cómodamente.*
5. sustantivo masculino Conjunto de los medios de vida y subsistencia. *El vivir se le ponía cada vez más difícil.*
6. ¡viva! expresión Expresión de alegría y aplauso. *Grité: «¡Viva el vencedor!».*

vivo, viva (**vi**-vo) adjetivo
1. Que tiene vida. *Los cangrejos estaban vivos.* **SIN.** Vital.
2. Intenso, fuerte. *Sentía un vivo deseo de hacerlo.*
3. Que tiene o está en vigor. *La costumbre sigue viva.*
4. Que es inteligente, diligente, pronto y ágil. *Esa niña es muy viva.* **SIN.** Agudo, ocurrente, listo.
5. en vivo expresión En directo. *El disco fue grabado en vivo en un concierto.*

vocablo (vo-**ca**-blo) sustantivo masculino
Sonidos articulados que expresan una idea. *En este diccionario encontrarás la definición de muchos vocablos.* **SIN.** Palabra, voz.

vocabulario
(vo-ca-bu-**la**-rio) sustantivo masculino
Conjunto de palabras que forman una lengua. *Leer es de mucha utilidad para aprender vocabulario.* **SIN.** Léxico.

vocación
(vo-ca-**ción**) sustantivo femenino
Inclinación de una persona hacia un estado, profesión o carrera. *Tenía vocación para la enseñanza.* **SIN.** Preferencia.

vocal (vo-**cal**) adjetivo
1. Que pertenece o se refiere a la voz. *Tenía dañadas las cuerdas vocales.* **SIN.** Oral, verbal.
2. sustantivo Persona que tiene voz en un consejo, reunión o junta. *Fue elegido vocal.* **SIN.** Consejero.
3. sustantivo femenino Sonido producido por la aspiración del aire, modificado por las distintas posiciones que adoptan los órganos de la boca, y letra que representa ese sonido. *Las vocales del español son:* a, e, i, o, u. **ANT.** Consonante.

vocalista
(vo-ca-**lis**-ta) sustantivo
Cantante de un grupo musical. *Es la vocalista del grupo, aunque también toca la guitarra.*

vocalizar (vo-ca-li-**zar**) verbo
Articular claramente vocales y consonantes al hablar. *Se le entiende mal porque no vocaliza.*
✎ Se conjuga como *abrazar*.

vocear (vo-ce-**ar**) verbo
Dar voces o gritos. *No vocees, no estamos sordos.* **SIN.** Chillar, gritar. **ANT.** Callar, silenciar.

volante
(vo-**lan**-te) adjetivo
1. Que vuela. *No creía en los platillos volantes.*
2. sustantivo masculino Tira de tela con que se adornan prendas de vestir o de tapicería. *Las cortinas estaban rematadas con un volante.*
3. sustantivo masculino En los automóviles, pieza con figura de aro que forma parte de la dirección y permite modificar la misma girando en un sentido o en otro. *Gira más el volante.*
4. Hoja de papel, estrecha y larga, que se utiliza para notas breves. *Le dieron un volante para el especialista.*

volar (vo-**lar**) verbo

1. Ir por el aire. *Los pájaros vuelan usando las alas.* **SIN.** Planear. **ANT.** Aterrizar, descender.

2. Viajar en avión. *Volamos a México haciendo escala en Canadá.*

3. Hacer algo con rapidez. *Me ducho volando.* **SIN.** Correr.

4. Pasar muy rápido el tiempo. *El fin de semana se pasó volando.* **SIN.** Esfumarse, evaporarse.

5. Desaparecer rápida e inesperadamente una cosa. *El dinero voló este mes.*

6. Hacer saltar algo en pedazos. *Volarán el almacén para construir una casa.* **SIN.** Dinamitar.

✎ Verbo irregular, se conjuga como *contar.*

volcán (vol-**cán**) sustantivo masculino

Montaña en forma de cono por la que salen vapor, lava, gases y rocas del interior de la Tierra. *El Teide es un volcán.*

volcánico, volcánica

(vol-**cá**-ni-co) adjetivo

Que pertenece o se refiere al volcán. *La piedra pómez es una roca volcánica.*

volcar (vol-**car**) verbo

1. Torcer una cosa de modo que caiga o se vierta lo contenido en ella. *El coche volcó en la curva.*

2. volcarse Poner alguien el mayor interés posible en favor de una persona o de una actividad. *Se volcó mucho en su trabajo.*

✎ Verbo irregular, se conjuga como *contar.* Se escribe -*qu*- en vez de -*c*- seguido de -*e*, como en *volqué.*

voleibol (vo-lei-**bol**) sustantivo masculino

Juego entre dos equipos, que consiste en pasar el balón por encima de una red al campo contrario, sin que toque el suelo en el nuestro. *Me gusta jugar al voleibol en la playa.*

voltear (vol-**te**-ar) verbo

1. Dar vueltas a una persona o cosa. *Lo voltearon con una manta.* **SIN.** Girar.

2. Trasladar o cambiar una cosa a otro estado o sitio. *Volteó toda la ropa del armario.*

voltereta (vol-te-**re**-ta) sustantivo femenino

Vuelta ligera dada en el aire. *Aprendió a dar volteretas.* **SIN.** Pirueta.

voltio (**vol**-tio) sustantivo masculino

Unidad que sirve para medir la potencia eléctrica. *El símbolo del voltio es V.*

volumen (vo-**lu**-men) sustantivo masculino

1. En matemáticas, espacio ocupado por un cuerpo. *Calcula el volumen de esa esfera.*

2. En física, intensidad del sonido. *Baja el volumen de la radio.*

3. Cuerpo material de un libro encuadernado. *Es una obra de varios volúmenes.* **SIN.** Tomo.

voluminoso, voluminosa

(vo-lu-mi-**no**-so) adjetivo

Que tiene mucho volumen o bulto. *El paquete era voluminoso y el cartero no podía con él.* **SIN.** Grande, grueso.

voluntad

(vo-lun-**tad**) sustantivo femenino

1. Facultad de las personas de hacer o no hacer una cosa. *No lo hizo por propia voluntad, sino porque le obligaron.* **SIN.** Albedrío, propósito, determinación.

2. Intención o resolución de hacer una cosa. *Tenía la firme voluntad de marcharse.* **SIN.** Propósito.

voluntariado

(vo-lun-ta-**ria**-do) sustantivo masculino

Conjunto de personas que se ofrecen voluntarias para un trabajo. *El voluntariado está realizando una gran labor humanitaria.*

voluntario, voluntaria

(vo-lun-**ta**-rio) adjetivo

1. Se dice del acto que nace de la voluntad de una persona. *Fue un ofrecimiento voluntario.*

2. sustantivo Persona que se presta a hacer algún trabajo por su propia voluntad. *Pidió voluntarios.*

voluntarioso, voluntariosa

(vo-lun-ta-**rio**-so) adjetivo

Se dice de la persona que pone toda su buena voluntad en hacer las cosas. *Es muy voluntariosa.* **SIN.** Diligente, cumplidor.

volver (vol-**ver**) verbo

1. Poner una cosa al revés de como estaba. *No vuelvas la cara cuando te hablo.* **SIN.** Girar.

2. Hacer girar una puerta o ventana para cerrarla o entornarla. *Vuelve un poco la puerta.*

3. Ir otra vez a un sitio en el que ya se ha estado. *No pienso volver a esta ciudad.* **SIN.** Regresar.

4. Repetir o reiterar. *Volverá a hacerlo.*

5. volverse Dar la vuelta. *Me volví para ver quién era.*

6. volver en sí expresión Recobrar el sentido tras un desvanecimiento. *Me quedé con él hasta que volvió en sí.*

✎ Verbo irregular, se conjuga como *mover.* Su participio es *vuelto.*

vomitar

(vo-mi-**tar**) verbo

Arrojar con violencia por la boca lo contenido en el estómago. *Se pasó toda la noche vomitando.* **SIN.** Devolver, regurgitar.

voraz (vo-**raz**) adjetivo

1. Que come mucho y con ansia. *Tiene un apetito voraz.* **SIN.** Comilón, devorador.

2. Que destruye o consume rápidamente. *Las termitas son animales vora-*

ces que destruyen todo a su paso. **SIN.** Destructor, intenso.

vos pronombre personal

Forma del pronombre personal de segunda persona del singular, en masculino y femenino, que puede funcionar como sujeto o complemento. Se usa sobre todo en algunas zonas de Hispanoamérica. *«¿Vos querés venir?», me dijo mi amigo argentino.*

vosotros, vosotras

(vo-**so**-tros) pronombre personal

Forma del pronombre personal de segunda persona del plural, en masculino y femenino, que puede funcionar como sujeto o como complemento con preposición. *Vosotros tenéis la culpa.*

votación (vo-ta-**ción**) sustantivo femenino

Acto de votar o elegir entre varias opciones. *Mañana será la votación.* **SIN.** Elección, plebiscito.

votante (vo-**tan**-te) adjetivo y sustantivo

Que vota o emite el voto. *Acudieron muchos votantes a las elecciones generales.* **SIN.** Elector.

votar (vo-**tar**) verbo

Dar alguien su voto o decir su opinión en una reunión. *Votó en contra.* **SIN.** Elegir, opinar.

✎ No debe confundirse con *botar.*

voto (vo-to) sustantivo masculino

1. Opinión que se expresa en una asamblea o en una elección ante las urnas. *No se supo su voto.*

2. Papeleta con la que se vota, y acción de votar. *La presidenta de la mesa metió el voto en la urna.*

3. Derecho a votar que tiene una persona. *En España tienen derecho a voto los mayores de 18 años.*

4. Promesa hecha a Dios, a la Virgen o a un santo. *Hizo un voto a san Antonio.* **SIN.** Ofrenda.

5. Cualquiera de las promesas que constituyen el estado sacerdotal o el de religión. *Hizo votos de castidad y pobreza.*

voz sustantivo femenino

1. Sonido que produce el aire al salir de los pulmones a la boca, haciendo vibrar las cuerdas vocales. *Cuando Pedro habla por teléfono, su voz es muy clara.*

2. Grito. *No des tantas voces, te oigo perfectamente.*

3. Palabra. *Este diccionario tiene muchas voces definidas.*

4. Poder, facultad para hacer una cosa en nombre propio o por delegación de otro. *Tú no tienes ni voz ni voto.*

5. voz activa expresión Forma de conjugación que sirve para significar que el sujeto es agente, es decir, que es quien realiza la acción.

6. voz pasiva expresión Forma de conjugación que sirve para significar que el sujeto es paciente, es decir, que es quien recibe la acción.

✎ Su plural es *voces.*

vuelco (**vuel**-co) sustantivo masculino

Acto de volcar o volcarse. *El coche quedó destrozado por el vuelco.*

vuelo (**vue**-lo) sustantivo masculino

1. Acto de volar. *Observa el vuelo de los pájaros.* **SIN.** Planeo.

2. Viaje en avión. *El vuelo de Santiago a México sale a las 10.*

3. Anchura de una prenda de vestir en la parte que no se ajusta al cuerpo. *Tu falda tiene vuelo.*

vuelta (**vuel**-ta) sustantivo femenino

1. Movimiento de una persona o cosa alrededor de algo o de sí misma. *La peonza dio muchas vueltas.* **SIN.** Giro, rotación.

2. Regreso al punto de partida. *Emprendieron la vuelta a casa.* **SIN.** Retorno. **ANT.** Ida, marcha.

3. Dinero que da el vendedor al que compra, cuando este paga con moneda o billete que vale más de lo que ha comprado. *Dejó la vuelta de propina.* **SIN.** Cambio.

4. En algunos deportes, como el ciclismo, carrera por etapas. *La Vuelta Ciclista a España pasa por aquí.*

5. Paseo. *Me voy a dar una vuelta.*

vuelto (**vuel**-to) sustantivo masculino

Vuelta del dinero entregado de sobra al hacer un pago. *Perdí el vuelto de comprar el pan.*

vuestro, vuestra

(**vues**-tro) adjetivo y pronombre posesivo

Forma del posesivo masculino y femenino de la segunda persona del plural. Indica posesión o pertenencia a dos o más personas, a las que se dirige el que habla. *¿Es vuestro ese coche?*

vulcanizar (vul-ca-ni-**zar**) verbo

Reparar neumáticos. *Ese garaje está especializado en la vulcanización rápida de neumáticos.*

vulgar (vul-**gar**) adjetivo

1. Grosero, tosco. *Sus modales son vulgares.* **SIN.** Ordinario.

2. Común o general, que no destaca. *Era una casa vulgar.* **SIN.** Corriente. **ANT.** Interesante.

vulgaridad

(vul-ga-ri-**dad**) sustantivo femenino

Dicho o hecho vulgar, que carece de novedad e importancia, o es grosero y tosco. *No digas vulgaridades.*

vulnerar (vul-ne-**rar**) verbo

1. Dañar, perjudicar. *Vulneró sus intereses.*

2. Incumplir una ley o un precepto. *Vulneraron la orden que prohibía el paso.* **SIN.** Quebrantar.

vulva (**vul**-va) sustantivo femenino

Parte externa de la vagina. *Tenía una infección en la vulva.*

W sustantivo femenino

Vigésimo cuarta letra del abecedario español y decimonovena de sus consonantes. Su nombre es *uve doble*. Wenceslao *se escribe con* **w**.

✎ Solo se usa en sustantivos extranjeros o derivados de sustantivos extranjeros. Se puede pronunciar como /u/ (*web*) o como /b/ (*Kuwait*). Su plural es *uves dobles*.

walkie-talkie sustantivo masculino

Palabra inglesa que designa al aparato portátil que sirve para emitir o recibir comunicaciones por radio a corta distancia. *Estábamos jugando a hablar por el* walkie-talkie *de una habitación a otra.* **SIN.** Emisor.

waterpolo (wa-ter-**po**-lo) sustantivo masculino

Deporte de pelota que se juega en una piscina entre dos equipos y que consiste en intentar introducir el balón en la portería del equipo contrario. *Jugó la final con la selección nacional de waterpolo.*

web sustantivo femenino

1. Sistema gráfico de comunicación dentro de internet, que permite vincular textos, imágenes y películas dentro de una o varias páginas. *He entrado en la web de mi grupo favorito.* ✎ También *página web*.

2. Red informática mundial. *Busqué datos suyos en la web, y aparece en pá-*ginas de todo el mundo. ✎ También *world wide web* (*www*).

weekend sustantivo masculino

Palabra inglesa que significa «fin de semana». *Están de* weekend *en la sierra; volverán el lunes.*

wéstern (**wés**-tern) sustantivo masculino

Palabra inglesa que designa a un género cinematográfico al que pertenecen las películas ambientadas en el Lejano Oeste durante la colonización. *Muchos sábados por la tarde en la tele emiten un wéstern.*

whisky sustantivo masculino

Güisqui. *Hemos comprado una botella de whisky irlandés.* ✎ También *güisqui*, de plural *güisquis*, y *wiski*, de plural *wiskis*.

windsurf sustantivo masculino

Deporte que se practica en el mar sobre una tabla con una vela. *Todos los veranos van a hacer windsurf a esa playa.* ✎ También *windsurfing* y *wind surfing*.

wireless sustantivo masculino

Sistema de comunicación que sirve para conectar algunos aparatos sin utilizar cables. *Prefiero tener en casa aparatos wireless.*

wok sustantivo masculino

Sartén ligera y profunda que sirve para saltear los alimentos; también sirve para cocinar al vapor, al grill, etc. *Últimamente utilizo mucho el wok.*

X <small>sustantivo femenino</small>

1. Vigésimo quinta letra del abecedario español y vigésima de sus consonantes. Su nombre es *equis*. *La x de* México *se pronuncia como la jota.* ✎ Cuando va entre vocales, se pronuncia como [ks] o [gs], y como [s] ante consonantes. Su plural es *equis*.

2. Signo con que se suele representar en matemáticas una incógnita. *El problema tiene varias soluciones, dependiendo del valor de la x en la ecuación.*

3. Signo con que se suple el nombre de una persona o lugar que no se sabe o no se quiere dar a conocer. *No voy a ser indiscreto, así que le llamaré «señor x».*

4. Letra que tiene el valor de 10 en la numeración romana. *XX = 20.*

xenofobia

(xe-no-**fo**-bia) <small>sustantivo femenino</small>

Odio hacia lo extranjero o hacia los extranjeros. *Se están haciendo muchas campañas contra la xenofobia, defendiendo la igualdad de todos.*

xenófobo, xenófoba

(xe-**nó**-fo-bo) <small>adjetivo y sustantivo</small>

Se dice de las actitudes o de las personas que sienten odio hacia lo extranjero o hacia los extranjeros. *Hablar mal de las personas de otra raza es una actitud xenófoba.*

xhosa <small>sustantivo</small>

1. Miembro del grupo étnico sudafricano del mismo nombre. *Nelson Mandela tiene origen* xhosa.

2. Idioma que hablan las personas pertenecientes al grupo étnico sudafricano del mismo nombre. *Aprendimos unas palabras en* xhosa.

xilófono (xi-**ló**-fo-no) <small>sustantivo masculino</small>

Instrumento musical de percusión formado por láminas de madera o metal que se golpean con dos macillos. *Ha aprendido a tocar el xilófono.*

xilografía (xi-lo-gra-**fí**-a) <small>sustantivo femenino</small>

Arte de grabar en madera. *Mi hermana aprendió xilografía en la Escuela de Artes y Oficios.*

xiloprotector

(xi-lo-pro-tec-**tor**) <small>adjetivo y sustantivo masculino</small>

Se dice de los productos que se usan para proteger la madera de peligros como la humedad o los parásitos. *Le aplicaron a la cómoda una capa de tinte xiloprotector.*

xilórgano (xi-**lór**-ga-no) <small>sustantivo masculino</small>

Instrumento musical antiguo hecho con unos cilindros de madera compacta. *Ellos estaban intentando crear un xilórgano.*

xocoyote (xo-co-**yo**-te) <small>sustantivo masculino</small>

Benjamín, hijo menor, en México. *Él era el xocoyote de sus padres, y tenía cuatro hermanos mayores.*

y sustantivo femenino

1. Vigésimo sexta letra del abecedario español y vigésimo primera de sus consonantes. Su nombre es *ye*, aunque se puede optar por nombrarla también como *i griega*. *Buey se escribe con y.*

2. conjunción Su función es unir palabras u oraciones. *Fue al cine y al teatro.*

ya adverbio

1. Indica tiempo pasado. *Se solucionó ayer por la tarde.*

2. Indica tiempo presente, haciendo relación al pasado. *Hace tiempo que no va a clase de inglés.*

3. En tiempo u ocasión futura. *Ya te llamaré un día de estos.*

4. Inmediatamente, pronto. *Ya acabo, no te preocupes.*

5. Sirve para apoyar lo que nos dicen. *Ya comprendo.*

6. conjunción Su función es unir palabras o frases que se alternan. *Ya llueva, ya truene, iremos a pescar.* **SIN.** Ora, bien.

7. interjección Expresa que se ha recordado una cosa. *¡Ya! No me engañarás ahora que sé quién eres.*

8. interjección Denota que no se hace caso de lo que otra persona dice. *Ya, ya, no te lo crees ni tú.*

9. desde ya expresión Desde ahora. *Empieza a estudiar desde ya, que luego llegan rápido los exámenes.*

10. ya que expresión *Una vez que, aunque, porque* y *puesto que. Ya que estás libre, podrías ayudarme.*

yacer (ya-**cer**) verbo

1. Estar alguien echado o tendido. *Yacía en la cama por su enfermedad.* **SIN.** Echarse, tumbarse.

2. Estar enterrado un cadáver en la sepultura. *Sus restos yacen en el panteón familiar.*

✎ Verbo irregular. Ver pág. 1016.

yacimiento

(ya-ci-**mien**-to) sustantivo masculino

Sitio donde hay de modo natural una roca, un mineral, etc., o restos de antiguas civilizaciones. *El petróleo se extrae de yacimientos subterráneos.* **SIN.** Mina, excavación.

yate (**ya**-te) sustantivo masculino

Embarcación de lujo o de recreo. *Hizo un crucero en un yate por el Mediterráneo.* **SIN.** Barco.

yedra (**ye**-dra) sustantivo femenino

Hiedra. *La fachada de la casa estaba cubierta de yedra.*

yegua (**ye**-gua) sustantivo femenino

Hembra del caballo. *Participó en la carrera con su yegua.* **SIN.** Jaca.

yema (**ye**-ma) sustantivo femenino

1. Brote de las plantas por el que comienzan a salir las ramas, hojas, etc. *Esa planta ya tiene yemas.* **SIN.** Renuevo, botón.

yacer

MODO INDICATIVO		MODO SUBJUNTIVO	
Tiempos simples	Tiempos compuestos	Tiempos simples	Tiempos compuestos
Presente	**Pret. perf. compuesto / Antepresente**	**Presente**	**Pret. perf. compuesto / Antepresente**
yazco, yazgo o yago	he yacido	yazca, yazga o yaga	
yaces / yacés	has yacido	yazcas, yazgas o yagas	haya yacido
yace	ha yacido	yazca, yazga o yaga	hayas yacido
yacemos	hemos yacido	yazcamos, yazgamos o yagamos	haya yacido
yacéis / yacen	habéis yacido	yazcáis, yazgáis o yagáis /	hayamos yacido
yacen	han yacido	yazcan, yazgan o yagan	hayáis yacido
		yazcan, yazgan o yagan	hayan yacido
Pret. imperfecto / Copretérito	**Pret. pluscuamperfecto / Antecopretérito**	**Pret. imperfecto / Pretérito**	**Pret. pluscuamperfecto / Antepretérito**
yacía	había yacido	yaciera o	hubiera o
yacías	habías yacido	yaciese	hubiese yacido
yacía	había yacido	yacieras o	hubieras o
yacíamos	habíamos yacido	yacieses	hubieses yacido
yacíais / yacían	habíais yacido	yaciera o	hubiera o
yacían	habían yacido	yaciese	hubiese yacido
		yaciéramos o	hubiéramos o
		yaciésemos	hubiésemos yacido
Pret. perf. simple / Pretérito	**Pret. anterior / Antepretérito**	yacierais o	hubierais o
		yacieseis / yacieran o	hubieseis o
yací	hube yacido	yaciesen	hubieran o
yaciste	hubiste yacido	yacieran o	hubiesen yacido
yació	hubo yacido	yaciesen	
yacimos	hubimos yacido		
yacisteis / yacieron	hubisteis yacido	**Futuro simple / Futuro**	**Futuro compuesto / Antefuturo**
yacieron	hubieron yacido		
		yaciere	hubiere yacido
		yacieres	hubieres yacido
Futuro simple / Futuro	**Futuro compuesto / Antefuturo**	yaciere	hubiere yacido
		yaciéremos	hubiéremos yacido
yaceré	habré yacido	yaciereis / yacieren	hubiereis yacido
yacerás	habrás yacido	yacieren	hubieren yacido
yacerá	habrá yacido		
yaceremos	habremos yacido	**MODO IMPERATIVO**	
yaceréis / yacerán	habréis yacido		
yacerán	habrán yacido	yace o yaz (tú) / yacé (vos) / yazca, yazga o yaga (usted)	
		yaced (vosotros)	
		yazcan, yazgan o yagan (ustedes)	
Condicional simple / Pospretérito	**Condicional compuesto / Antepospretérito**	**FORMAS NO PERSONALES**	
		Infinitivo yacer	**Infinitivo compuesto** haber yacido
yacería	habría yacido		
yacerías	habrías yacido	**Gerundio**	**Gerundio compuesto**
yacería	habría yacido	yaciendo	habiendo yacido
yaceríamos	habríamos yacido		
yaceríais / yacerían	habríais yacido	**Participio**	
yacerían	habrían yacido	yacido	

2. Parte central del huevo, rodeada de la clara y protegida por la cáscara. *La yema es la parte que más me gusta del huevo.*

3. Extremo del dedo opuesto a la uña. *El piano se toca con las yemas de los dedos.*

yerba (yer-ba) sustantivo femenino
Hierba. *La yerba del prado está muy alta, hay que cortarla.*

yerno, yerna (yer-no) sustantivo
1. Respecto de una persona, marido de su hija. *El domingo vendrán a comer mi hija y mi yerno.*
2. En algunos países de Hispanoamérica, respecto de una persona, esposa de su hijo. *El sábado fui de compras con mi yerna.*

yesca (yes-ca) sustantivo femenino
Madera seca que prende con mucha facilidad. *Recogimos yesca para hacer el fuego.*

yeso (ye-so) sustantivo masculino
Roca de color blanco que se puede rayar con facilidad, muy utilizado en construcción y para hacer el modelado de esculturas. *El albañil necesita más yeso para acabar la obra.*

yincana (yin-ca-na) sustantivo femenino
Juego con distintos obstáculos y pruebas, realizado generalmente por equipos. *He participado en una yincana.*

yo pronombre personal
Forma del pronombre personal de primera persona del singular en masculino o femenino, que funciona como sujeto. *Yo no dije eso, fuiste tú.*

yodo (yo-do) sustantivo masculino
Sustancia de color gris negruzco y brillo metálico. *El símbolo del yodo es I.*

yoga (yo-ga) sustantivo masculino
Conjunto de técnicas físicas y mentales cuya finalidad es conseguir la perfección espiritual. *Desde que practica yoga, se siente más relajado.*

yogur (yo-gur) sustantivo masculino
Producto derivado de la leche sometida a procesos especiales. *Hicimos yogur en casa.*

yóquey (yó-quey) sustantivo masculino
Jinete profesional de carreras de caballos. *En sus tiempos, fue un buen yóquey.*
✎ También *yoqui.*

yoyó (yo-yó) sustantivo masculino
Juguete formado por dos pequeños discos unidos, que suben y bajan enrollados en un hilo. *Manejaba muy bien el yoyó.*

yudo (yu-do) sustantivo masculino
Lucha japonesa, que se practica también como deporte. *El objetivo del yudo es defenderse sin armas.*
✎ También *judo.*

yudoca (yu-do-ca) sustantivo
Persona que practica el yudo. *Al campeonato asistirán yudocas de todo el mundo.*

yugo (yu-go) sustantivo masculino
Instrumento que sirve para unir dos animales de tiro. *Puso el yugo a los bueyes para arar.*

yugular (yu-gu-lar) adjetivo y sustantivo femenino
Se dice de cada una de las dos venas situadas a ambos lados del cuello. *Sangra mucho; tiene un corte en la yugular.*

yunque (yun-que) sustantivo masculino
Pieza de hierro donde se colocan los metales para darles forma cuando están calientes. *Hay que golpear la pieza de hierro en el yunque.*

yunta (yun-ta) sustantivo femenino
Par de bueyes, mulas u otros animales unidos para arar o para transportar una carga. *En casa de mis abuelos conservamos una yunta.*

yupi sustantivo
Persona joven cualificada que ocupa un puesto de responsabilidad en una empresa privada. *Pareces un yupi con ese traje.*

z sustantivo femenino

Vigésimo séptima y última letra del abecedario español y vigésimo segunda de sus consonantes. Su nombre es *zeta*. Zaga se escribe con z.

✎ Su plural es *zetas*.

zacate (za-**ca**-te) sustantivo masculino

1. Hierba, pasto, forraje. *Esa parte del país es rica en zacate para los animales.*

2. Estropajo para fregar o esponja para el baño. *Con el bote de gel le regalaron un zacate.*

zafarrancho

(za-fa-**rran**-cho) sustantivo masculino

1. Acción de preparar un barco para determinado trabajo o actividad. *El domingo haremos zafarrancho de limpieza.*

2. zafarrancho de combate expresión Preparativos necesarios para una acción de guerra próxima. *Estaban en pleno zafarrancho de combate.*

zafarse (za-**far**-se) verbo

1. Escaparse u ocultarse para evitar un encuentro o un riesgo. *Como no quería verlo, se zafó entre la multitud.* **SIN.** Esconderse, escabullirse. **ANT.** Afrontar.

2. En Hispanoamérica, trastornarse. *No le hagas caso; está completamente zafado.*

3. En Hispanoamérica, dislocarse un hueso. *Se me zafó el hombro y tuvieron que colocármelo.*

zafio, zafia (za-fio) adjetivo

Se dice de la persona tosca o grosera en sus modales o en su comportamiento. *Se comportó como un zafio.* **SIN.** Ordinario. **ANT.** Educado, culto.

zafiro (za-**fi**-ro) sustantivo masculino

Piedra preciosa de color azul que se utiliza en joyería. *La piedra de estos pendientes es un zafiro.*

zafra (**za**-fra) sustantivo femenino

1. Vasija grande de metal en la que se guarda aceite. *Limpia la zafra antes de rellenarla.*

2. Cosecha de la caña de azúcar, y fabricación del azúcar de caña y de remolacha. *Ha terminado la zafra en la azucarera.*

3. Escombro de una mina o cantera. *La ladera del monte está cubierta de zafra.* **SIN.** Desechos.

zaga (**za**-ga) sustantivo femenino

1. Parte trasera o posterior de una cosa. *Iba en la zaga del grupo.* **SIN.** Trasera, dorso. **ANT.** Delantera, anverso.

2. En algunos deportes, jugadores que forman la defensa del equipo. *La zaga del equipo cometió errores imperdonables* **SIN.** Retaguardia. **ANT.** Delantera.

3. a la zaga, a zaga, o en zaga expresión Atrás, detrás. *El ciclista iba a la zaga del pelotón.*

zagal, zagala (za-**gal**) sustantivo

Muchacho o muchacha adolescente. *Todavía es un zagal.* **SIN.** Chaval, chico.

zaguán (za-**guán**) sustantivo masculino

Espacio cubierto, contiguo a la puerta de la calle, que sirve de entrada a una casa. *Esperó en el zaguán de la casa.* **SIN.** Portal, vestíbulo.

zalamero, zalamera

(za-la-**me**-ro) adjetivo y sustantivo

Que hace demostraciones de cariño afectadas y empalagosas. *No le gustaba nada la gente tan zalamera.* **SIN.** Halagador, adulador. **ANT.** Arisco, hosco.

zambo, zamba

(**zam**-bo) adjetivo y sustantivo

1. Se dice de la persona que tiene las rodillas juntas, y separadas las piernas hacia fuera. *Por su forma de andar, parece zambo.* **SIN.** Patizambo.

2. En Hispanoamérica, hijo de madre de raza negra y padre de raza india, o al revés. *Actualmente,* zambo *se usa para las personas con una gran ascendencia de africanos y amerindios.*

zambomba

(zam-**bom**-ba) sustantivo femenino

Instrumento musical con una forma parecida a la de un tambor pequeño, con un palo en el centro, que, al frotarlo con la mano, produce un sonido fuerte. *La zambomba es un instrumento típico de Navidad.*

zambullir (zam-bu-**llir**) verbo

Tirarse al agua o meter algo debajo del agua con ímpetu o de golpe. *Se zambulló en el agua* **SIN.** Sumergir(se). **ANT.** Flotar, emerger.

✎ Verbo irregular, se conjuga como *mullir*.

zampar (zam-**par**) verbo

Comer mucho apresuradamente. *Se zampó su trozo de tarta en un minuto.*

SIN. Tragar(se), engullir(se). **ANT.** Comedirse.

zanahoria

(za-na-**ho**-ria) sustantivo femenino

Planta con flores blancas y raíz jugosa y comestible de color anaranjado. Nombre de la raíz comestible. *La zanahoria tiene muchas vitaminas.*

zancada (zan-**ca**-da) sustantivo femenino

Paso muy largo. *Menudas zancadas das, no hay quien te siga el paso.*

zancadilla

(zan-ca-**di**-lla) sustantivo femenino

Acción de cruzar alguien su pierna por delante de la de otro para derribarle. *Le hizo la zancadilla y se cayó.*

zancón (zan-**cón**) adjetivo

Prenda de vestir demasiado corta. *El traje del ministro era un poco zancón.*

zancajo

(zan-**ca**-jo) sustantivo masculino

1. Hueso del pie que forma el talón. *Al caer, se rompió el zancajo.*

2. no llegarle uno a los zancajos, o al zancajo, a otro expresión Haber mucha diferencia de una persona a otra. *Esa chica no te llega al zancajo.*

zanco (zan-co) sustantivo masculino

Cada uno de los dos palos largos, con salientes para apoyar los pies, que se usan en algunos juegos de equilibrio. *Andar con zancos es muy difícil.*

zancudo, zancuda

(zan-**cu**-do) adjetivo

1. Que tiene la patas o piernas muy largas. *La cigüeña es un ave zancuda.*

2. sustantivo masculino En Hispanoamérica, mosquito. *En el pantano hay muchos zancudos.*

zángano, zángana

(**zán**-ga-no) adjetivo y sustantivo

1. Persona holgazana que vive de los demás. *Es un zángano, nunca hace nada.* **SIN.** Vago.

2. sustantivo masculino Macho de la abeja reina. *En una colmena hay muchos zánganos.*

zanja (**zan**-ja) sustantivo femenino

Excavación larga y estrecha que se hace en la tierra. *Practicaron una zanja para conducir el agua hasta el otro extremo.* **SIN.** Fosa.

zanjar (zan-**jar**) verbo

1. Resolver un asunto o negocio. *Zanjaron la discusión con un apretón de manos.* **SIN.** Solucionar, solventar, terminar, acabar.

2. Abrir zanjas en un terreno. *Están zanjando esa finca para construir un edificio.* **SIN.** Cavar, excavar.

zapatear (za-pa-te-**ar**) verbo

1. Golpear con el zapato. *Cogió tal berrinche, que no dejo de zapatear el suelo.* **SIN.** Patear.

2. En ciertos bailes, golpear el suelo con los pies siguiendo el compás de la música. *Se zapatea muy bien sobre este suelo de madera.* **SIN.** Taconear.

zapatería

(za-pa-te-**rí**-a) sustantivo femenino

1. Taller donde se fabrican zapatos. *Trabaja en una zapatería.*

2. Tienda donde se venden. *Me compré las botas en esa zapatería.*

zapatero, zapatera

(za-pa-**te**-ro) sustantivo

1. Persona que tiene por oficio hacer zapatos, arreglarlos o venderlos. *He llevado las botas al zapatero para arreglarlas.*

2. sustantivo masculino Mueble para guardar zapatos. *Ordena los zapatos en el zapatero.*

3. sustantivo masculino Insecto que corre por la superficie del agua. *Esta charca está llena de zapateros.*

4. zapatero, a tus zapatos expresión Frase con que se indica a alguien que no se meta en lo que no le incumbe. *No te metas en política, que no sabes; zapatero, a tus zapatos.*

zapatilla

(za-pa-**ti**-lla) sustantivo femenino

1. Zapato cómodo, generalmente de abrigo, para estar en casa. *Al llegar a casa, siempre me pongo las zapatillas.*

2. Zapato utilizado para realizar algún deporte. *He comprado unas zapatillas de baloncesto.*

zapato (za-**pa**-to) sustantivo masculino

1. Calzado que no pasa del tobillo, con la suela de cuero y lo demás de piel, fieltro, etc. *He comprado un par de zapatos.*

2. estar alguien como un niño con zapatos nuevos expresión Estar muy contento. *Está como un niño con zapatos nuevos con su despacho.*

3. no llegarle a alguien a la suela del zapato expresión Ser muy inferior a esa persona en algo. *Miss Mundo no te llega a la suela del zapato.*

zapear (za-pe-**ar**) verbo

Cambiar repetidamente el canal de televisión con el mando a distancia. *Te pasas el día zapeando.*

✎ También *hacer zapping.*

zar sustantivo masculino

Antiguamente, emperador de Rusia o soberano de Bulgaria. *Juan el Terrible fue el primer zar.*

✎ Su femenino es *zarina.*

zarandear (za-ran-de-**ar**) verbo

Agitar o mover a una persona o cosa con cierta brusquedad. *Zarandeó a su hermano hasta hacerle llorar.* **SIN.** Menear(se).

zarpa (**zar**-pa) sustantivo femenino

Mano de ciertos animales, como el león y el tigre, con dedos y uñas. *El león atrapó a sus presas con las zarpas.* **SIN.** Garra.

zarpar (zar-**par**) verbo

Salir un barco del lugar en el que estaba fondeado. *El barco zarpará al amanecer.* **SIN.** Marchar, levar anclas.

zarpazo

(zar-**pa**-zo) sustantivo masculino

Golpe dado con la zarpa. *Uno de los leones dio un zarpazo al domador.* **SIN.** Arañazo.

zarrapastroso, zarrapastrosa

(za-rra-pas-**tro**-so) adjetivo y sustantivo

Desaliñado, andrajoso, desaseado. *Eres muy descuidado, vas como un zarrapastroso.* **SIN.** Descuidado, harapiento. **ANT.** Elegante, pulcro.

zarza (**zar**-za) sustantivo femenino

Arbusto de flores blancas y ramas con agudas espinas, cuyo fruto es la mora. *Me pinché con las espinas al cortar zarzas.*

zarzal (zar-**zal**) sustantivo masculino

Lugar poblado de zarzas. *Se les cayó la pelota en un zarzal.*

zarzamora (zar-za-**mo**-ra) sustantivo femenino

Zarza y su fruto. *Comimos una tarta de zarzamoras.*

zarzaparrilla

(zar-za-pa-**rri**-lla) sustantivo femenino

Arbusto, muy común en España, de tallos delgados, flores verdosas y fruto en bayas y bebida refrescante preparada con ellas. *Suelo beber zarzaparrilla porque es muy refrescante.*

zarzuela

(zar-**zue**-la) sustantivo femenino

1. Obra dramática y musical de origen español que alterna pasajes cantados y hablados. *Fuimos a ver una zarzuela.*

2. Plato que consiste en varias clases de pescado y marisco, condimentados con una salsa. *Comimos una zarzuela de marisco.*

zascandil (zas-can-**dil**) sustantivo masculino

Persona inquieta y revoltosa. *Es un zascandil, no para ni un momento.* **SIN.** Enredador, tarambana. **ANT.** Serio, formal.

zeta (**ze**-ta) sustantivo femenino

Nombre de la letra *z*. *Zacarías empieza por zeta.*

zigzag (zig-**zag**) sustantivo masculino

Línea quebrada a derecha e izquierda alternativamente. *El automóvil hizo un zigzag extraño.* **SIN.** Serpenteo, ondulación.

✎ Su plural es *zigzags*.

zinc sustantivo masculino

Metal de color blanco azulado y de brillo intenso. *El zinc tiene muchas aplicaciones.*

✎ También *cinc*. Su plural es *zincs* o *cincs*.

zíper (**zí**-per) sustantivo masculino

Cremallera. *Se me ha estropeado varias veces el zíper de mi viejo gabán.*

zócalo (**zó**-ca-lo) sustantivo masculino

1. Rodapié que se coloca en la pared. *Hay que barnizar los zócalos de la habitación porque están deteriorados.*

2. Plaza principal de una ciudad. *El zócalo de México D. F. es la plaza más importante y representativa de ese país.*

zoco (**zo**-co) sustantivo masculino

En Marruecos, mercado, lugar en que se celebra. *Compramos varios recuerdos en el zoco de Fez.* **SIN.** Mercadillo.

zódiac (**zó**-diac) sustantivo femenino

Embarcación rígida, hecha de caucho, con un motor fueraborda. *El rescate de los náufragos se llevará a cabo utilizando una zódiac.*

✎ Su plural es *zódiacs*.

Zodiaco (Zo-**dia**-co) nombre propio

Zona del cielo, que está dividida en 12 constelaciones: Aries, Tauro, Géminis,

Cáncer, Leo, Virgo, Libra, Escorpión, Sagitario, Capricornio, Acuario y Piscis. *He comprado un libro sobre el Zodiaco que te va a gustar.*

✎ También *Zodíaco*.

zombi (**zom**-bi) sustantivo masculino

Muerto que ha sido revivido por arte de brujería y actúa sin tener conciencia de sus actos. *Vimos una película de zombis.*

zona (**zo**-na) sustantivo femenino

1. Parte de un todo. *En esta zona del jardín pondremos la piscina.* **SIN.** Área.

2. Extensión de terreno cuyos límites están determinados por razones administrativas, políticas, etc. *Ese país pertenece a la zona de influencia capitalista.*

3. En baloncesto, la parte del campo que está más cerca de la canasta. *Encestó desde fuera de la zona y anotó tres puntos.*

4. zona verde expresión En una ciudad, terreno destinado a parques o arbolado. *En esta ciudad hay muchas zonas verdes.*

zonzo, zonza

(**zon**-zo) adjetivo y sustantivo

Soso, insulso, simple. *Eres un zonzo, siempre metido en casa.* **SIN.** Soseras, patoso. **ANT.** Divertido, ingenioso.

zoo (**zo**-o) sustantivo masculino

Abreviación de parque o jardín zoológico. *Pasamos la mañana del domingo en el zoo.*

zoología (zo-o-lo-**gí**-a) sustantivo femenino

Parte de la biología que estudia los animales. *Asistimos a una clase de zoología en la universidad.*

zoológico, zoológica

(zo-o-**ló**-gi-co) adjetivo

1. Que pertenece o se refiere a la zoología. *Han realizado un exhaustivo estudio zoológico del parque natural.*

2. sustantivo masculino Parque en el que se conservan, cuidan y exhiben fieras y otros animales no comunes. *Fuimos al zoológico con las niñas y observamos a los elefantes.*

zopenco, zopenca

(zo-**pen**-co) adjetivo y sustantivo

Tonto, bruto. *¡No lo trates como si fuera un zopenco!* **SIN.** Torpe, lerdo. **ANT.** Agudo, listo.

zoquete

(zo-**que**-te) sustantivo masculino

1. Pedazo de madera corto y grueso que sobra al labrar un madero. *Trae algunos zoquetes para la chimenea.* **SIN.** Taco.

2. adjetivo y sustantivo masculino Persona torpe e ignorante. *Soy un zoquete para las matemáticas.* **SIN.** Torpe, ignorante. **ANT.** Culto, listo.

zorro, zorra (zo-**rro**) sustantivo

1. Mamífero carnívoro, de larga cola, hocico estrecho y orejas empinadas. *El zorro ártico tiene el pelaje blanco en invierno.*

2. adjetivo y sustantivo Se dice de la persona muy astuta. *Es un zorro para los negocios.* **SIN.** Sagaz.

3. sustantivo masculino Abrigo confeccionado con la piel de este animal. *Las mujeres llevaban zorros en la fiesta.*

4. sustantivo femenino Prostituta. *Zorra se emplea de forma despectiva.*

5. estar alguien hecho unos zorros expresión Estar muy cansado. *Salí anoche y estoy hecho unos zorros.*

zote (zo-te) adjetivo y sustantivo

Ignorante, torpe. *Hazlo bien, no seas zote.* **SIN.** Memo, mentecato, tarugo, zopenco. **ANT.** Listo.

zozobrar (zo-zo-**brar**) verbo

1. Hundirse una embarcación. *El barco zozobró en la tormenta.* **SIN.** Naufragar. **ANT.** Flotar.

2. Correr algo el peligro de no realizarse. *Su relación zozobra día a día.* **SIN.** Peligrar. **ANT.** Salvar.

zueco (**zue**-co) sustantivo masculino

1. Zapato de madera de una pieza que usan en algunas zonas los campesinos. *Me compré unos típicos zuecos holandeses.* **SIN.** Abarca, almadreña, madreña.

2. Zapato de cuero, generalmente con suela de corcho o de madera, y con el talón descubierto. *El personal médico suele llevar zuecos.*

zulo (**zu**-lo) sustantivo masculino

1. Hoyo, agujero. *Estoy cavando un zulo.*

2. Escondite pequeño y generalmente debajo de tierra. *Encontraron el dinero en un zulo.*

zum sustantivo masculino

Objetivo especial de una cámara, que permite la aproximación o alejamiento de aquello que se pretende filmar o fotografiar. *Ajusta el zum para sacar bien la foto.*

✎ También *zoom.*

zumbado, zumbada

(**zum**-**ba**-do) adjetivo y sustantivo

Se dice de la persona que está un poco chiflada, loca. *No le hagas caso, parece que está zumbado.* **SIN.** Majareta. **ANT.** Cuerdo, prudente.

zumbar (**zum**-**bar**) verbo

1. Hacer una cosa ruido continuado y bronco. *El viento zumbaba con fuerza.* **SIN.** Ronronear, retumbar. **ANT.** Callar, silenciar.

2. Golpear, pegar. *Como sigas burlándote de ella, te van a zumbar.* **SIN.** Asestar. **ANT.** Cuidar.

3. ir, marchar, o salir, zumbando expresión Salir a toda prisa. *Sal zumbando, que llegamos tarde.*

4. zumbarle a alguien los oídos expresión Sentir un zumbido dentro del oído. *Desde que tuve aquella infección, me zumban los oídos.*

zumbido (**zum**-**bi**-do) sustantivo masculino

Ronroneo, murmullo. *Se oyen los zumbidos de las abejas.* **ANT.** Silencio.

zumo (**zu**-mo) sustantivo masculino

Líquido que se extrae de las hierbas, flores, frutas u otras cosas parecidas. *Preparé un zumo de naranja.* **SIN.** Jugo, néctar.

zurcir (**zur**-**cir**) verbo

1. Remendar la parte desgastada o rota de una tela por medio de puntadas muy pequeñas, de modo que casi no se note. *Tengo que aprender a zurcir calcetines.*

2. ¡que te, lo, la, os, los, las zurzan! expresión Indica rechazo o desinterés hacia alguien. *Si no quieres venir, ¡que te zurzan!*

✎ Verbo irregular, se conjuga como *esparcir.*

zurdo, zurda (**zur**-do) adjetivo y sustantivo

1. Que utiliza la mano izquierda para escribir, agarrar cosas, etc. *Es un tenista zurdo.* **ANT.** Diestro.

2. adjetivo y sustantivo femenino Se dice de la mano izquierda. *Le dio un golpe con la zurda que lo tumbó.*

zurrar (**zu**-**rrar**) verbo

Castigar a alguien, especialmente con azotes o golpes. *Los jefes de las bandas rivales se han zurrado en la calle.* **SIN.** Pegar(se), golpear(se). **ANT.** Respetar(se), acariciar(se).

zutano, zutana

(**zu**-**ta**-no) sustantivo

Palabra usada cuando se alude a una tercera persona indeterminada. *Vino un zutano y nos ganó la partida.* **SIN.** Fulano.

El *Diccionario escolar de la lengua española* va dirigido especialmente a los estudiantes de Secundaria. Tendrás acceso a más de 30 000 voces y 80 000 definiciones con ejemplos de cada una de ellas, expresiones, locuciones y frases hechas. Incluye un CD (versión PC y MAC) que cuenta con el diccionario en soporte digital, y en el que encontrarás conjugados todos los verbos. Se recogen las actualizaciones de la RAE en su versión *on-line*.

ISBN: 978-84-441-1023-3

El *Diccionario de sinónimos y palabras afines* va dirigido especialmente a los estudiantes de 1.er y 2.o ciclo de la ESO. Con él hemos pretendido elaborar un diccionario especial para que no sea solo la sucesión de palabras ordenadas alfabéticamente. No queremos quedarnos ahí, porque hasta ahí, ya han llegado muchos, demasiados diccionarios. Este diccionario cuenta con las últimas aprobaciones de la Real Academia Española.

ISBN: 978-84-441-1004-2